2021

江阴年鉴

JIANGYIN ALMANAC

江阴市人民政府　主办

江阴市档案史志馆 编

方志出版社
Publishing House of Local Records

图书在版编目（CIP）数据

江阴年鉴. 2021 / 江阴市档案史志馆编. -- 北京：方志出版社，2021.10
ISBN 978-7-5144-4818-4

Ⅰ. ①江… Ⅱ. ①江… Ⅲ. ①江阴—2021—年鉴 Ⅳ. ①Z525.33

中国版本图书馆CIP数据核字（2021）第195305号

江阴年鉴（2021）

编　　者：江阴市档案史志馆
责任编辑：高孟君
出 版 者：方志出版社
地址　北京市朝阳区潘家园东里9号（国家方志馆4层）
邮编　100021
网址　http://www.zgfzcb.cn
发　　行：方志出版社图书经销中心
电话（010）67110500
经　　销：各地新华书店
印　　刷：南京凯德印刷有限公司
开　　本：889×1194　1/16
印　　张：30
字　　数：1138千字
版　　次：2021年10月第1版　2021年10月第1次印刷
印　　数：0001~2500册

ISBN 978-7-5144-4818-4　**定价**：180.00元

江阴市地方志编纂委员会

《江阴年鉴》编辑部

地址：江苏省江阴市澄江西路159号　电话：0510-86849900（传真）　邮编：214431

江阴市获得的全国性2020年荣誉

【全国双拥模范城（县）】

【全国县域数字农业农村发展先进县】

【第二批全国农村集体产权制度试点典型单位】

【中国营商环境百佳示范县市 】

【被复查确认为全国文明城市】

【全国县域经济与县域综合发展“十八连冠”】

【中国工业百强县（市）“四连冠”】

【中国全面小康十大示范县市“十三连冠”】

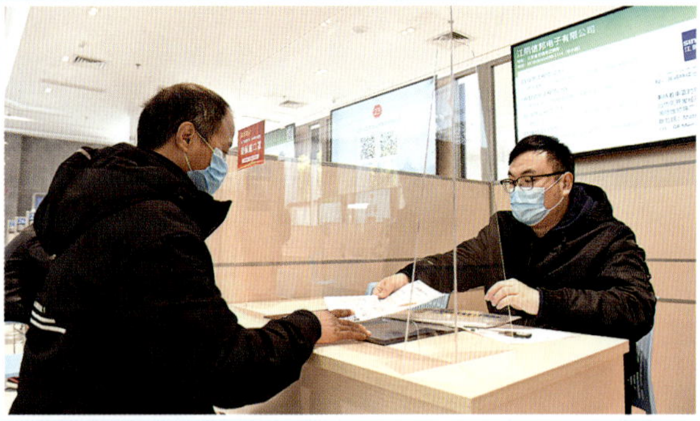

▲ **实事一**

全市全年完成提供就业岗位6.5万个，本地劳动力实现就业5.7万人，扶持自主创业4713人。居民基础养老金、被征地农民养老补助金在一季度完成提标。居家养老援助服务年底扩面至18%。图为在江阴市人力资源市场招聘大厅，求职者与招聘单位工作人员进行交流

▲ **实事二**

南京理工大学江阴校区建成投运，首批2380名师生于2020年9月正式开学入驻。江南大学江阴校区建设待新规划重新选址确定后继续推进。毗陵路小学完成前期各项准备工作。智慧技防校园建设正式开标，智慧教育环境部分完成建设方案制订，南菁高中通过江苏省智慧校园审核认定。图为南京理工大学江阴校区

▶ **实事三**

中医院异地新建完成工程主体建筑设计工作，完成工程桩基和建安部分招标并签订施工合同。江阴市城乡居民大病保险制度覆盖全市职工基本医保、城乡居民基本医保参保人，于2020年7月1日正式实施。图为江阴市政务服务中心医保窗口

▼ **实事四**

报批江阴高铁站初步设计方案，同步开展施工图设计，开展北广场勘察设计招标工作。夏东路、滨江路快速内环项目完成施工图设计等前期手续，按照市委、市政府要求进一步优化设计。范钱路东延段进场建设施工。全市新增设置君巫路等停车泊位79个，改建寿山路等临时停车场248个泊位，协调九方广场开放泊位800个，塔南社区等167个泊位改扩建，共计1294个。图为江峰社区广场停车场

▼ **实事五**

按计划完成650个以上村庄生活污水治理，切实改善农村水体环境。环境卫生运营中心生活楼、综合楼主体结构施工基本完成，主体站房土方开挖，浇筑垫层，完成防水层。秦望山工业废弃（二期）项目所有单体全部验收完毕，具备投产能力。锡澄运河（黄昌河—长江段）整治工程江边枢纽（定波水利枢纽）完成水下工程。锡澄运河（黄昌河—长江段）整治工程河道工程于2020年11月13日开工建设。图为锡澄运河定波水利枢纽工程

▲ 实事六

开展公共安全应急救护培训 350 余次，约 3.1 万人次，11 个全民自救互救项目点完成安装和验收。应急指挥中心建成投用，价值 6510 万元的先进消防装备和应急指挥车配备到位，实训大楼完成主体大楼建设。公路运输车辆动态称重系统完成施工图审查，进入施工招投标。图为江苏省江阴市危化品救援实训基地

▼ 实事九

中国移动、中国电信、中国联通 3 个江阴运营公司累计完成 1500 个 5G 基站建设，实现城区、主要商圈 5G 信号全覆盖。江苏有线江阴分公司按计划完成 20000 户标清置换高清任务。图为中国电信 5G 信号基站

▲ 实事七

南门 A 地块：完成二层以上外立面施工，室外工程完成 7 号南侧样板段铺装，完成两座景观桥梁基础工程。南门 B 地块：完成地下室顶板工程施工。江阴城市记忆馆全面建设完成，具备开馆条件。根据 2020 年 11 月 20 日锡澄运河公园驳岸优化提升方案专题会议要求，对二期南段施工图进行优化提升。建成春麓苑等 8 个安置房小区，合计面积 44.83 万平方米。图为江阴城市记忆馆

◀ 实事八

全市 18 个镇（街道、园区）投放“澄事之窗”自助服务终端 103 台，超计划 3 台。整合上线税务等 24 个部门 107 个功能事项，月均办件量高达 2.3 万余件。完成公安智慧大厅环境装饰改造，弱电系统安装调试以及应用系统的开通运行等工作。图为澄江街道政务服务中心“澄事之窗”自助服务终端

▼ 实事十

开展“文化走基层，服务进万家”惠民活动。送演出 85 场、评弹 255 场、电影 2976 场，场次数量均超额完成；向农家书屋配送图书 2.35 万册。一站式服务中心完成自助立案、查询终端，实现跨域立案、无纸化快审，启动集约送达、网上在线调解等。20 个法律“夜门诊”免费服务点全部实体化运作，覆盖全市 17 个镇（街道）的 20 个社区。图为周庄镇乐群艺术团巡回演出现场

建成的韭菜港公园 （丁家骏　摄）

建成的锡澄运河公园（一期） （丁家骏　摄）

建成的锡澄运河公园（一期） （沈思远　摄）

锡澄运河定波水利枢纽工程建设现场　（丁家骏　摄）

锡澄运河　（沈思远　摄）

锡澄运河定波水利枢纽工程建设现场　（丁家骏　摄）

建成通车的芙蓉大道与建设中的南沿江高铁江阴段（沈思远　摄）

竣工通车的新虹桥工程（丁家骏　摄）

南门商业街建设工程　　（丁家骏　摄）

无锡至江阴轨道交通S1 线江阴段建设现场

（丁家骏　摄）

中山公园站建设现场　　（丁家骏　摄）

①② 南沿江城际铁路江阴段建设现场

（丁家骏　摄）

无锡至江阴轨道交通S1 线南门站建设现场　（沈思远　摄）

①② 江阴长江第二过江通道建设现场 （丁家骏　摄）

南沿江城际铁路江阴段建设现场　　（黄亮安　摄）

南沿江城际铁路江阴段与无锡至江阴轨道交通S1 线建设现场　　（丁家骏　摄）

南沿江城际铁路项目跨芙蓉大道连续梁顺利合龙现场

（丁家骏　摄）

2020年8月31日，徐霞客镇新农村建设现场 （丁家骏　摄）

2020年12月2日，云亭街道新农村建设现场 （丁家骏　摄）

2020年10月10日，江阴高新区青阳园区徐家湾安置房项目建设现场　　（沈思远　摄）

2020年4月29日，长泾镇蒲市村新农村建设现场　　（沈思远　摄）

2020年4月20日，云亭街道朱家宕新农村建设现场　　（沈思远　摄）

2020年江阴经贸合作洽谈会 （沈思远　摄）

2020年11月9日，全市机关干部“三转一提”学习报告会 （张　岚　摄）

2020年9月12日，江苏省帆船俱乐部联赛在敔山湾举行

（陆　波　摄）

2020年10月27日，江阴市连续第19年举行长江渔业资源增殖放流活动。图为放流鱼苗现场

（丁家骏　摄）

2020年10月17日，第十五届徐霞客国际旅游节活动

（黄坤达　摄）

编辑说明

一、《江阴年鉴》是由中共江阴市委领导、江阴市人民政府主办、江阴市档案史志馆负责逐年编辑的江阴地方年度资料性文献。

二、《江阴年鉴（2021）》是《江阴年鉴》于1993年创刊后的第29卷。该部年鉴以马克思列宁主义、毛泽东思想、邓小平理论、“三个代表”重要思想、科学发展观、习近平新时代中国特色社会主义思想为指导，坚持辩证唯物主义和历史唯物主义的立场、观点和方法，紧扣年度时代特征，准确把握新时代的丰富内涵，全面系统、准确翔实地记载2020年江阴市自然、政治、经济、文化、社会、生态文明建设等方面取得的新进展、新成就和新经验，以及在经济社会发展中所遇到的新问题、新矛盾，充分反映这一年度江阴市各项建设中的大事、要事、新事、特事，为全市当好高质量发展排头兵、现代化建设先行军、一体化发展领跑者提供最全面、最及时、最可靠、最权威、信息量最大的地情资料。该部年鉴的编辑，旨在为各级领导决策提供参考依据，为江阴经济社会发展服务，为中外人士了解和研究江阴提供可靠信息，也为编史修志积累资料。

三、《江阴年鉴（2021）》按分类记事体例，设40个类目。类目下共设256个分目、1412个条目。总篇幅113.8余万字，彩色插页44页，随文图片63幅，内芯表格96张，附表29张。为便于检索，除卷首设详细目录外，卷尾还设主题分析索引。

四、《江阴年鉴（2021）》与《江阴年鉴（2020）》相比，类目新设“特载”，专门记载2020年度江阴市抗疫实录；彩色插页新设“防疫抗疫”等专栏。其他框架基本不变。

五、《江阴年鉴（2021）》人物类目收录2020年度江苏省级以上劳模和先进个人简介及江阴市级以上先进个人名录，逝世人物收录原江阴市级领导、旅外江阴籍地市级以上领导干部和正高级以上知名人士。

六、《江阴年鉴（2021）》部分条目涉及缩略语（注有“*”号），其注释按首字笔画顺序排列。缩略语注释列于目录前。书名由中国书协名誉主席、江阴籍书法家沈鹏题写。

七、《江阴年鉴（2021）》采用的稿件，由各相关单位提供，并由供稿单位领导审定。各类目编辑署名于该类目尾页。封面扉页图片由丁家骏提供，前环衬图片由顾强提供，后环衬图片由周文静提供。彩色插页编辑为纪晓华。

八、《江阴年鉴（2021）》正文所用统计数据，因统计来源、口径、方式、方法和时间不同而有一定差异，使用时请以江阴市统计局提供的《经济社会发展统计资料》数据为准。

九、《江阴年鉴（2021）》有纸型版和网络版两种版本。

十、因水平有限，《江阴年鉴（2021）》难免有疏漏之处，敬请读者指正。该年鉴的编辑出版得到各单位领导和撰稿者的关心和支持，在此谨表谢意。

江阴市档案史志馆　江苏全方测绘地理信息有限公司　联合编制　审图号：苏B(2021)005号　编制日期：2021年4月

说明：图中境界不作实地划界依据

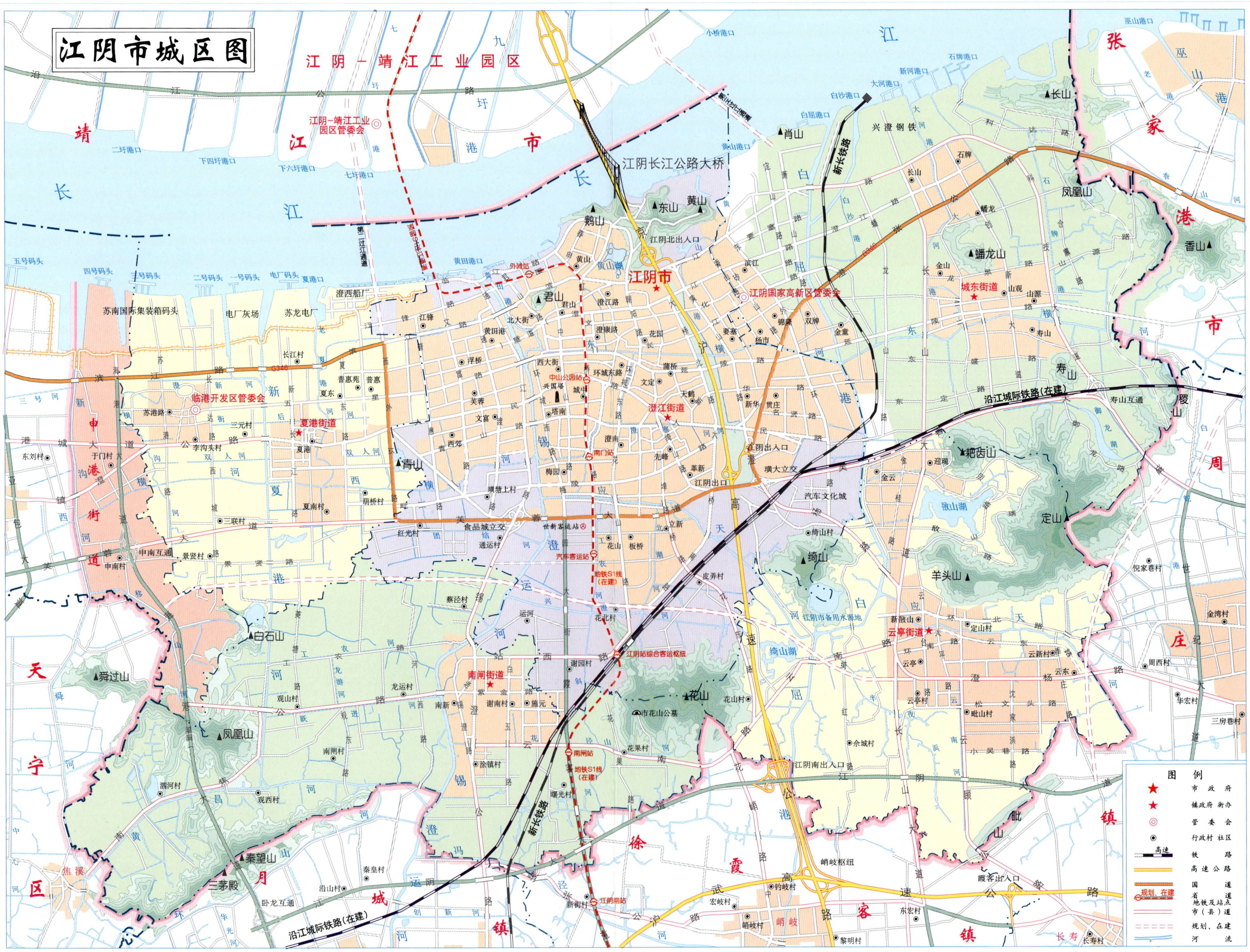

江阴市档案史志馆　江苏全方测绘地理信息有限公司　联合编制　　审图号：苏B(2021)005号　　编制日期：2021年4月　　版权所有　翻印必究　　说明：图中境界不作实地划界依据

各单位审稿领导名单

（以姓名首字笔画为序）

万小溪	万庆涛	万国锋	王　吉	王　凯	王　敏	王　馥	王光华
王雨鸥	王建波	王建新	王新龙	王新达	仇　丰	六　扬	方枫云
孔晓燕	邓国平	卢　芳	冯　健	朱立新	朱佳虎	朱皆康	朱富强
朱锡军	华　江	华　锋	郇闽澄	刘　铭	刘文敏	江兆成	江国虔
汤建影	许　晨	许忠新	许海英	孙国良	严会东	严军明	李　明
李宏兵	李俊伟	李啸天	时　平	吴泽昱	吴雅英	何　冰	何　恺
何尧军	何志强	邹鹏辉	沈　军	沈毅锋	宋　萍	宋新春	张　伟
张　忠	张　峰	张志浩	张学春	张建忠	张晓东	陈　虹	陈　奕
陈　峰	陈俊虎	陈海叶	陈雪源	陈解平	陈福良	邵伟锋	季　震
金丹菁	周　翀	周　琛	周晓虹	郑　元	赵叶勤	胡洪平	胡莹洁
俞均彦	姜澄华	宦雪忠	夏建辉	顾　微	顾行行	顾春宇	顾洪伟
钱　晴	倪　鲲	徐　飞	徐　勇	徐科新	徐前锋	徐洪伟	徐振华
徐慧南	郭　诚	谈海平	陶郁峻	黄　宇	黄　葵	梅海荣	曹文杰
曹建峰	符迎英	梁　柱	董积微	蒋万春	程　政	程学仨	程建明
傅建荣	谢　挺	蔡　高	蔡晓华	翟　菁	缪　慧	潘少峰	薛　健
薛建国	檀春节	魏　锋					

各单位分管领导名单

（以姓名首字笔画为序）

门开阳	马秋云	王　辉	王　新	王宏斌	王君明	王建新	毛　亚
计鹏宇	石效民	叶志伟	包凯凯	冯士伟	邢　盈	朱　波	朱　斌
朱立新	朱皆康	朱琳琳	仲国良	任陈芳	刘永刚	刘迅风	刘建军
刘敏芳	刘智超	江　勇	江龙平	汤德胜	许卫国	许金辉	许瑞刚
孙　敏	孙国良	孙明丰	苏晓华	苏曦泓	李伟刚	李华兴	李彩琴
杨　峰	杨　雷	杨红波	杨国琪	杨荣国	时　平	时军文	吴　洁
吴　敏	吴一鸣	吴卫东	吴春华	何　矩	何　恺	佘晓萍	余益平
沙晓军	沈全龙	沈桂祥	沈敏能	宋　健	张　华	张　芳	张　坡
张　荣	张　俊	张光华	陆　飞	陆正宇	陆海能	陈　刚	陈　怡
陈　虹	陈　亮	陈　斌	陈　鑫	陈文奇	陈忠宇	陈晓东	范　荣
林贤青	郁晴虹	季克军	金锡妹	周佳能	居　琳	赵云飞	赵建新
赵晓敏	施丽娟	洪向宇	姚陈颖	姚剑刚	勇晓东	耿澄娟	顾　敏
顾　微	钱　江	钱　彪	钱　敏	倪　鲲	徐沂江	徐佳琰	徐岳明
殷天锡	高　立	高　恒	高慧敏	浦　强	谈海燕	黄宇昕	黄勇锋
曹文杰	曹海凌	渠立岗	彭松波	董李锋	董积微	蒋　峰	程　云
程　晔	程卓强	谢映军	楚海芹	蔡凌燕	谭荣伟	檀春节	

缩略语注释

“PPP”　Public-Private Partnership，又称 PPP 模式，即政府和社会资本合作，是公共基础设施中的一种项目运作模式。在该模式下，鼓励私营企业、民营资本与政府进行合作，参与公共基础设施的建设。

“12345”民生热线　指“非紧急救助服务系统”，用来帮助诉求人解决生活、生产中所遇困难和问题，是市委、市政府关注民生、倾听民意的平台。

“1310 工程”　指江阴市在“十三五”期间实施的滨江亲水、靓山亲山、江阴绿道、文化提升、交通畅通、城际轨道、环境整治、五网升级、城市管理、民生实事等十大重点工程。

“22212”制度　指各级党委每年至少两次专题研究意识形态工作，每半年向上级党委汇报一次意识形态工作，每半年召开一次意识形态分析研判会议，定期在党内通报意识形态领域情况，全年中心组学习不少于 12 次。

“2440”审批服务　指企业注册登记 2 个工作日内、不动产登记 4 个工作日内、工业建设项目施工许可 40 个工作日内完成。

“263”专项行动　即“两减六治三提升”专项行动，由江苏省委、省政府于 2016 年底部署启动，以弥补生态环境这个江苏发展中的突出短板。“两减”指减少煤炭消费总量和减少落后化工产能。“六治”指治理太湖及长江流域水环境、生活垃圾、黑臭水体、畜禽养殖污染、挥发性有机物和环境隐患。“三提升”指提升生态保护水平、环境经济政策调控水平和环境执法监管水平。

“321 人才计划”　培养 30 名左右，年龄在 50 岁以下，在国内或省内学术和技术领域具有较高知名度，进入国家“百千万人才工程”或省“151 人才工程”第一、二层次培养序列的高级专家；培养 200 名左右，年龄在 45 岁以下，能够代表我市科学优势和学术、技术水平的市级学术和技术带头人，以及入选省“151 人才工程”第三层次培养序列的专业技术人才；培养 1000 名左右，年龄在 40 岁以下，在各自学科领域有一定学术造诣和技术水平，在本行业起骨干作用的年轻优秀人才，作为学术和技术带头人的后备人选。

“333”行动　消除城乡黑臭水体、消除污水直排口、消除污水管网空白区，整治工业企业排水、整治“小散乱”排水、整治阳台和单位庭院排水，提升城镇污水处理综合能力、提升新建污水管网质量管控水平、提升污水管网检测修复和养护管理水平。

“省 333 工程”　指江苏省委、省政府实施科教兴省、人才强省战略，加强高层次人才队伍建设的一项重要举措。通过工程的实施，重点培养出 3000 名省内各学科、各行业具有一定声望的学术、技术带头人；300 名国内学术、技术界具有重大影响的高级专家；30 名能进入世界科技前沿并在国际上具有较高知名度的杰出专家。

“456”创新创优　“456”创新创优，即围绕 4 项职能，5 个重点方向，引领全市直属团组织和少先队打造 60 个以上创新创优项目和团建示范点。

“7＋2”集成改革方案　“7”指行政管理体制、经济体制、生态文明体制、开发开放体制、城乡发展一体化体制、社会事业体制、加强党的建设制度等七大领域集成改革专项方案；“2”指工作推进机制和宣传工作方案两个集成改革工作意见。

“一带一路”　指丝绸之路经济带和 21 世纪海上丝绸之路。

“一岗双责”　“一岗”指一个领导干部的职务所对应的岗位；“双责”指一个领导干部既要对所在岗位应当承担的具体业务工作负责，又要对所在岗位应当承担的党风廉政建设责任制负责。

“一突出四联动”　指突出政治功能，推动基层党委、支部、党员和群众四个主体联动。

“一推三治五化”　持续推进农村住房和美丽乡村建设；全面治理农村垃圾、污水、河塘；加快实现厕所净化、道路优化、路灯亮化、村庄绿化、管理长效化。

“一云四屏”　指线上智慧云＋有线电视屏、电脑屏、手机屏、展示屏，实现线下线上同频共振。

“一年小灶”“三年大灶”　“一年小灶”是指国务院对江苏提出的为期一年的安全生产专项整治（2020 年）；“三年大灶”是指在全国范围内开展的为期三年的安全生产专项整治（2020—2022 年）。

“两会”　指全国人民代表大会和中国人民政治协商会议。

“两委”　指村中国共产党支部委员会和村民自治委员会。

“两山”理念　指绿水青山就是金山银山。

“两个责任”　指党委负主体责任、纪委负监督责任。

“两个维护”　指坚决维护习近平总书记党中央的核心、全党的核心地位，坚决维护党中央权威和集中统一领导。

“两化融合” 指信息化和工业化融合。

“两聚一高” 指聚力创新、聚焦富民，高水平全面建成小康社会。

“两品一标” 指绿色食品、有机农产品和农产品地理标志。

“两违三乱” 违法圈圩、违法建设，乱占、乱排、乱建。

“两学一做” 指学党章党规、学系列讲话，做合格党员。

“两新”组织 指新经济组织、新社会组织。

“两走进两促进” 指走进基层、走进企业，促进项目建设、促进企业发展。

“两业”融合龙头企业 年主营业务收入超10亿元，拥有较高的市场占有率、行业影响力和品牌知名度，集“智能制造+增值服务”功能为一体的先进制造业和现代服务业深度融合发展的标杆企业。

“双述双评” 指村干部既向乡镇党委述职又向群众述职，既接受组织评价又接受群众评价。

“双随机、一公开”监管 在监管过程中随机抽取检查对象，随机选派执法检查人员，抽查情况及查处结果及时向社会公开。

“三查三看” 查思想，看科学发展意识是否明显加强；查工作，看科学发展能力是否明显进步；查作风，看践行科学发展观的实效是否明显。

“三大平台” 指镇（街道）政务服务中心、综合执法局、管理服务指挥中心。

“三大攻坚战” 指防范化解重大风险、精准脱贫、污染防治。

“三定” 指定部门职责、定内设机构、定人员编制。

“三定一督”模式 指生活垃圾分类定时投放、定点收集、定人督导。

“三高两低”企业 指能耗高、污染物排放高、安全生产风险高、附加值低、技术水平低的企业。

“三公”消费 指政府部门人员在因公出国（境）经费、公务车购置及运行费、公务招待费（即“三公”经费）产生的消费。

“三个关口” 指产业导向关口、项目准入关口、节能减排关口。

“三个区分开来” 指把干部在推进改革中因缺乏经验、先行先试出现的失误和错误，同明知故犯的违纪违法行为区分开来；把上级尚无明确限制的探索性试验中的失误和错误，同上级明令禁止后依然我行我素的违纪违法行为区分开来；把为推动发展的无意过失，同为牟取私利的违纪违法行为区分开来。

“三会一课” 指定期召开支部党员大会、支部委员会、党小组会，按时上好党课。

“三好” 指各民主党派和无党派人士要做中国共产党的“好参谋、好帮手、好同事”。

“三解决三提升” 指解决群众的操心事、烦心事、揪心事，提升群众的获得感、幸福感、满意度。

“三进三退” 指生态进、生产退，治理进、污染退，高端进、低端退。

“三区一仓一园” 指澄江跨境电商产业园区、江阴综合保税区、邮政跨境电商产业园区，云蝠洛杉矶公共海外仓，江阴市电商产业园。

“三听三问三征求” 指听党员群众、听服务对象、听党外干部意见和建议，在开门纳谏中问症、问策、问效，通过个别谈话征求、座谈会征求、书面征求方法。

“三务”公开 指定期对村级党务、村务、财务进行公开。

“三务”公开“户户通” 指以有线电视为主要载体，把村级党务、村务、财务情况全面公开到每一户老百姓，真正实现人人知晓、参与、监督的三务公开监督管理机制。

“三为主一报告” 纪委书记、纪检组长的人选提名和考察，以市纪委监委会同市委组织部为主；查办腐败案件以市纪委监委领导为主；纪委书记、纪检组长的管理、培训、考核，以市纪委监委会同市委组织部为主；线索处置和案件查办在向同级党委报告的同时必须向上级纪委报告。

“三无”船舶 指无船名船号、无船舶证书、无船籍港的“三无”渔业船舶。

“三农” 指农业、农村和农民。

“三资” 指农村集体经济中的资金、资产、资源。

“三资”投农 指民间资本、工商资本和外资投资建设现代农业。

“三巡叠加” 指巡察与审计、纪委、条线监管部门联动协作的工作机制。

“三线一单” 指生态保护红线、环境质量底线、资源利用上线和生态环境准入清单。

“三项机制” 指干部鼓励激励、容错纠错、能上能下机制。

“三转一提” 指让机关干部通过培训，转变工作思路、工作方法、工作作风，提升工作效能。

“四不发展” 指不主动申请的不发展，对团的纲领、组织原则纪律和团员义务不认同的不发展、对党员的基本知识不掌握的不发展、不参加团组织活动的不发展。

“四不两直” 指国家安全生产监督管理总局建立的安全生产暗查暗访制度，分别为“不发通知、不打招呼、不听汇报、不用陪同接待，直奔基层、直插现场”。

“四场硬仗” 指全面小康收官仗、产业强市纵深仗、长三角一体化主动仗、重大风险防控攻坚仗。

四大类“500强”企业 指中国企业500强、中国制造业企业500强、中国服务业企业500强、中国民营企业500强。

“四单三式”服务 指群众点单、中心（所、站）派单、志愿者或志愿服务组织接单、群众评单，菜单式开展主题活动、配送式开展定制活动、孵化式开展创新活动。

“四风” 指形式主义、官僚主义、享乐主义和奢靡之风。

“四个自信” 指中国特色社会主义道路自信、理论自信、制度自信、文化自信。

“四个全面” 指全面建成小康社会、全面深化改革、全面依法治国、全面从严治党。

“四个意识” 指政治意识、大局意识、核心意识、看齐意识。

“四个一同” 指意识形态工作要与经济建设、政治建设、文化建设、社会建设、生态文明建设和党的建设工作紧密结合，一同部署、一同落实、一同检查、一同考核。

“四个最严” 指用最严谨的标准、最严格的监管、最严厉的处罚、最严肃的问责，确保人民群众“舌尖上的安全”。

“四个排头兵” 指当好经济高质量发展、区域一体化、改革再出发、长江大保护排头兵。

“四严四实” 指标准要严、检查要严、要求要严、处置要严；责任有没有压实、整治方案是不是务实、排查是不是扎实、整改有没有落实。

“四新” 指多党合作要有“新气象”，思想共识要有“新提高”，履职尽责要有“新作为”，参政党要有“新面貌”。

“四个责任” 指领导班子主体责任、党组织书记第一责任、分管领导直接责任、班子其他成员领导责任。

“四种形态” 指党内关系要正常化，批评和自我批评要经常开展，让咬耳扯袖、红脸出汗成为常态；党纪轻处分和组织处理要成为大多数；对严重违纪的重处分、作出重大职务调整应当是少数；而严重违纪涉嫌违法立案审查的只能是极少数。

“五大品牌” 指集成改革品牌、制造业第一县品牌、江阴板块品牌、人文宜居品牌、民富村强品牌。

“五个纳入” 指纳入党委（党组）重要议事日程、各级各部门党建工作责任制、领导班子和领导干部目标管理、党的纪律监督检查范围、领导干部民主生活会和述职述廉报告。

“五个责任” 指党政领导责任、部门监管责任、属地管理责任和企业主体责任、岗位行为责任。

“五老” 指老干部、老战士、老专家、老教师、老模范。

“五聚力五提升” 指聚力基本组织提升党的领导力，聚力基本队伍提升党的战斗力，聚力基本活动提升党的凝聚力，聚力基本制度提升党的执行力，聚力基本保障提升党的支撑力。

“五全”监管模式 指生态环境“全天候”监测、“全手段”治理、“全过程”管理、“全市域”覆盖、“全数据”考核。

“五突出五强化” 指突出岗位分析，强化因事择人；突出立体考核，强化精准识人；突出综合研判，强化人岗相适；突出结构优化，强化整体质态；突出组织把关，强化标准程序。

“五位一体” 指经济建设、政治建设、文化建设、社会建设、生态文明建设为一体的总体布局。

“六保” 指保居民就业、保基本民生、保市场主体、保粮食能源安全、保产业链供应链稳定、保基层运转。

“六大发展战略” 指产业强市战略、创新驱动战略、改革开放战略、城乡统筹战略、绿色发展战略、民生优先战略。

“六个高质量” 指经济发展高质量、改革开放高质量、城乡建设高质量、文化建设高质量、生态环境高质量、人民生活高质量。

“六攻坚六突破” 指打赢协同开放攻坚战，在区域一体发展上实现新突破；打赢重大项目攻坚战，在产业转型升级上实现新突破；打赢创新驱动攻坚战，在新旧动能转换上实现新突破；打赢城乡建设攻坚战，在滨江城市打造上实现新突破；打赢污染防治攻坚战，在长江生态保护上实现新突破；打赢风险防控攻坚战，在社会治理共享上实现新突破。

“六水共建” 指水规划建设、水生态建设、水资源建设、水景观建设、水安全建设、水文化建设。

“六稳” 指稳就业、稳金融、稳外贸、稳外资、稳投资、稳预期。

“七种能力” 指政治能力、调查研究能力、科学决策能力、改革攻坚能力、应急处突能力、群众工作能力、抓落实能力。

“八严禁” 一、严禁有与“两个维护”、党的政治纪律、政治规矩和全面从严治党要求不一致的言行；二、严禁利用职权或职务影响搞特权、谋私利；三、严禁接受可能影响公正执纪执法的礼品礼金、有价证券和宴请等活动安排;四、严禁压案不查、拖案不办、办人情案关系案、越权执纪执法等不作为乱作为行为;五、严禁非因工作需要谈论、透露纪检监察工作秘密和可能影响纪检监察工作正常开展的内部信息;六、严禁以权压人、以势压人等粗暴执纪执法行为;七、严禁酗酒、公务活动期间饮酒和酒后参与公务活动;八、严禁出入私人会所、营利性陪侍场所消费。

"八查八改" 指"一查改"企业环境应急管理机构与人员;"二查改"企业突发环境事件风险等级识别情况;"三查改"企业突发环境事件隐患排查治理情况;"四查改"企业监测预警机制建设情况;"五查改"企业环境风险防控措施;"六查改"企业环境应急预案备案工作;"七查改"企业环境应急演练工作;"八查改"企业环境应急保障体系建设情况。

"八礼四仪" "八礼"指"仪表之礼""仪式之礼""言谈之礼""待人之礼""行走之礼""观赏之礼""游览之礼""餐饮之礼";"四仪"指入学仪式(7岁)、成长仪式(10岁)、青春仪式(14岁)、成人仪式(18岁)。

"十大专项提升行动" 指江阴市按照文明城市创建测评体系标准要求,深入开展小区管理、背街小巷、城郊接合部、城乡河道、建筑工地、公共场所、社会秩序、市政设施、美丽乡村、文明素养十大专项提升行动。

"十百千"示范工程 指全省重点扶持10个县级文化馆图书馆、100个乡镇综合性文化服务中心、1000个村级综合性文化服务中心示范建设。

"百千万"引才专项行动 指到"十三五"期末,江阴市将新引进百名领军型人才,柔性引进千名教授博士到企业开展常态化产学研合作,全职引进万名紧缺型优秀大学毕业生。

中央八项规定 指中央政治局关于改进工作作风、密切联系群众的八项规定:一、要改进调查研究,切忌走过场、搞形式主义;要轻车简从、减少陪同、简化接待,不张贴悬挂标语横幅,不安排群众迎送,不铺设迎宾地毯,不摆放花草,不安排宴请;二、要精简会议活动,严格控制以中央名义召开的各类全国性会议和举行的重大活动,未经中央批准一律不出席各类剪彩、奠基活动和庆祝会、纪念会、表彰会、博览会、研讨会及各类论坛;提高会议实效,开短会、讲短话,力戒空话、套话;三、要精简文件简报,没有实质内容、可发可不发的文件、简报一律不发;四、要规范出访活动,出访活动严格控制出访随行人员,严格按照规定乘坐交通工具,一般不安排中资机构、华侨华人、留学生代表等到机场迎送;五、要改进警卫工作,减少交通管制,一般情况下不得封路、不清场闭馆;六、要改进新闻报道,中央政治局领导出席会议和活动应根据工作需要、新闻价值、社会效果决定是否报道,进一步压缩报道的数量、字数、时长;七、要严格文稿发表,除中央统一安排外,个人不公开出版著作、讲话单行本,不发贺信、贺电,不题词、题字;八、要厉行勤俭节约,严格遵守廉洁从政有关规定,严格执行住房、车辆配备等有关工作和生活待遇的规定。

行政执法"三项制度" 指行政执法公示制度、执法全过程记录制度、重大执法决定法制审核制度。

"美丽河湖三年行动" 开展入河排污口专项整治、推进污水收集管网设施建设、全面清除河湖水面垃圾杂物、依法治理河湖岸线违规行为、拆除河湖非法围网管桩、绿化美化河湖岸线、严厉打击河湖"三无"船舶、系统整治河湖住家船舶、整治船舶码头环境、规范船舶运行管理、开展美丽河湖示范创建。2020年10月为动员部署阶段;2020年10月至2021年12月为全面推进阶段;2022年1月至2022年6月为巩固提升阶段。

河湖"两违" 指河湖违法圈圩和河湖违法建设。

扫黑除恶"六清行动" 指线索清仓行动、逃犯清零行动、案件清结行动、伞网清除行动、黑财清底行动、行业清源行动。

乡村治理体系"十大工程" 指乡村制度改革工程、农业产业升级工程、乡村产业繁荣工程、农民群体多元工程、乡村设施换代工程、民生福利提质工程、乡村生态回归工程、基层行政换血工程、乡村文明重塑工程、农村农民尊严工程。

产学研"双百行动计划" 指"百家企业进高校、百项成果进企业"行动计划,即组织100家企业走出去,与高校院所开展点对点产学研活动。

年轻干部墩苗挂职锻炼"952"计划 指从党建工作、集成改革、经济发展、民生保障、生态环保、征地拆迁、信访调解、法制维稳和工程建设等9个方面推行"项目化锻炼",通过基层一线、发展一线、稳定一线、骨干企业、上级机关5类挂职途径,选派年轻干部进行为期2年的墩苗挂职锻炼。

县域治理"1+4"体系 "1"指党建统领;"4"指便捷高效的政务服务体系、沉底到边的基层治理体系、精准有力的社会救助体系、温馨周到的生活服务体系。

国土绿化"三化" 指国土绿化彩色化、珍贵化、效益化。

“长江经济带” 指覆盖上海、江苏、浙江、安徽、江西、湖北、湖南、重庆、四川、云南、贵州等11个省市，面积约205.23万平方千米，占全国的21.4%，人口和生产总值均超过全国的40%。

“放管服” 指简政放权、放管结合、优化服务。

“全链通” 将申请人原本需要依次向各部门提交材料的传统办事流程，改造为一次提交、同步办理、信息共享、限时办结的“一窗受理、并行办理”模式。依托“全链通”平台，市场监管、行政审批、公安、税务、人力资源社会保障等部门间实现企业开办、注销等数据的共享交换。

环保“绿岛” 江苏在全国的一项重大创新，指按照“集约建设，共享治污”的理念建设的可供多个市场主体共享的环保公共基础设施。

“蜗牛警示牌”评定 在污染防治攻坚上存在工作落实不力、环境质量持续不达标等10种情形，由市政府向相关责任部门颁发“蜗牛警示牌”，倒逼责任落实到位。

“科技副总” 指江苏首创的引导企业柔性引进科研人才的机制，主要从全国高校院所引进专家教授，到企业兼任技术副总或副总工程师。

省“双创博士” 指江苏省创新、创业博士。

省“双创人才” 指江苏省高层次创新、创业人才。

省“双创计划” 指江苏省高层次创新、创业人才引进计划，包括“双创人才”“双创团队”和“双创博士”三项项目。

省“双创团队” 指江苏省创新、创业团队。

基层党建“四项工程” 指村（社区）党组织“领头雁”建设工程、党支部标准化规范化星级化建设工程、基层党建工作指导站建设工程、党建品牌“333培育工程”（从2018年到2020年，用3年时间，按照党组织、党员团队、党建工作三种类别，在全市基层各领域，共计选树、培育、打造300个具有示范性、影响力、带动力的“暨阳红色先锋”党建品牌，每年培育打造100个）。

党员联户“1+10+N”制度 指一名先锋党员，联系10名普通党员，联系N户群众，发挥党员先锋模范作用，直接联系服务群众，积极参与基层治理。

徐霞客镇“1+4”基层治理新模式 “1”指党建统领；“4”指镇村治理一张网、政务服务一窗口、综合执法一队伍、指挥调度一中心。

“强富美高” 指经济强、百姓富、环境美、社会文明程度高。

“套路贷” 指假借民间借贷之名，通过虚增借贷金额、恶意制造违约、肆意认定违约、毁匿还款证据等方式形成虚假债权债务，并借助诉讼、仲裁、公证或者采用暴力、威胁以及其他手段非法占有被害人财物的相关违法犯罪活动。

“上云”企业 指能以互联网为基础进行信息化基础设施、管理、业务等方面应用，并通过互联网与云计算手段连接社会化资源、共享服务及能力的企业。

“独角兽”企业 指在境内注册且具有法人资格，成立时间不超过10年，获得过私募投资且尚未上市，企业估值超过（含）10亿美元的企业。

“准独角兽”企业 指市场估值不低于10亿元人民币，有望在较短时期成长为“独角兽”的企业。

“雏鹰企业” 指依托一定数量的科技人员从事科学技术研究开发活动，取得自主知识产权并将其转化为高新技术产品或服务的科技型中小企业。

“瞪羚企业” 指以科技创新或商业模式创新为支撑进入高成长期的科技型中小企业。

“新三板” 指中关村科技园区非上市股份有限公司股份报价转让系统，因进入该系统的挂牌企业多为高科技企业而不同于原转让系统内的退市企业及原STAQ、NET系统挂牌公司（俗称“老三板”），故称为“新三板”。

“暨阳英才计划” 指江阴市为深化人才发展体制机制改革、策应无锡市“太湖人才计划”，推进江阴“人才强企”战略而打造的新一轮人才政策，从2017年开始，实施产业领军人才汇智工程、特色乡土人才育智工程、青年人才创智工程、高技能人才强智工程、社会事业人才聚智工程，打造具有江阴特色的人才新高地。

外贸“破零”行动 指通过政策引导、强化服务，鼓励推动江阴市2019年12月31日之前进行对外贸易经营者备案登记但无进出口实绩的企业和未备案登记的内贸企业，实现进出口实绩零的突破，促进对外贸易稳中提质、做大规模。

企业用电工况建设 对排污企业生产设施与治污设施的用电情况实时动态监测的技术手段。

类　目

目　录

特　载

重要文献

大事记

江阴概况

中共江阴市委

江阴市人民代表大会

江阴市人民政府

政协江阴市委员会

纪检·监察

民主党派

群众团体

法治·军事

人力资源

农业农村

水利建设

工　业

开放型经济

开发区建设

上市企业

建筑业

房地产业

商贸流通服务业

金融业

港口　口岸

城乡建设与管理

生态环境

信息化建设

交通运输

经济事务管理

科学技术

教　育

文　化

卫生健康

体　育

社会事务

公共安全

街道·镇概况

组织机构和领导人员名录

人　　物

附　　录

索　　引

彩色插页

Content

Special Issue

Important Literature

Chronicle of Events

Brief Introduction of Jiangyin

Jiangyin Municipal Committee of the Communist Party of China

The Standing Committee of Jiangyin Municipal People's Congress

Jiangyin Municipal People's Government

Jiangyin Municipal Committee of the Chinese People's Political Consultative Conference

Discipline Inspection & Supervision

Democratic Parties

Social Group and Organization

Rule of Law & Military

Human Resource

Rural Work & Agriculture

Water Conservancy Construction

Industry

Open-Oriented Economy

Construction of Development Zones

Listed Enterprises

Architecture

Real Estate Industry

Commodity Circulation

Finance

Port & Harbor

Urban & Rural Construction and Administration

Ecological Construction

Informationization Construction

Transportation

Economic Affairs Management

Science Technology

Education

Culture Construction

Sanitation

Sports

Social Work

Public Safety

Survey of Block & Towns

Name List of the Organizations and the Leaders

Personages

Appendix

Index

Colored Inserts

特　载

江阴市抗疫实录

2020 年 1 月 22 日，江阴市委、市政府就如何防控新型冠状病毒感染的肺炎，召开专题会议，市卫生健康委成立专项工作组和专家组，制订工作方案和各项应急措施，各级医疗机构开展全员培训，加强应急队伍配置和药品物资储备，全面加强预检分诊和发热门诊病例筛查，确定市人民医院为定点收治医院，随时做好医疗救治和疫情处置准备。市人民医院按照上级部署积极稳妥开展应对工作，对医务人员进行多层次、多维度的培训，加强对疾病的认知，加强防范、科学应对，同时做好科普宣传工作，正面引导，解除群众恐慌心理。建立干练的领导小组和专家小组，加强对重点部门、重要岗位人员的专业培训，提档升级，未雨绸缪。市人民医院积极准备应对新型冠状病毒感染的肺炎的必要物资储备，各类口罩、隔离服、消毒剂，以及诊疗规范要求的特殊药品等储备充足。对发热门诊、观察隔离病房、负压病房进行试运行，确保随时应对。对各类医疗器械，监护抢救设备进行彻底维护，并使之处于良好备用状态。医院针对实际情况，对医学观察、负压病房收住等流程进行科学、合理、规范制定，确保在有需要的时候第一时间能够启用。同时，与市卫健委、"120"指挥中心密切联系，制定其他医疗机构疑似患者转运流程，确保无缝衔接。医院医护人员积极主动报名，几天内就有近百名医护人员志愿要求到最需要的岗位工作。

1 月 23 日，江阴市委常委会召开第 110 次（扩大）会议，研究部署新型冠状病毒感染的肺炎疫情防控工作。会议要求要全面加强联防联控、应急预案、市场监管、发热病例监测、病例和密切接触者规范管理、实战准备和卫生防疫等各项工作，强化流动人口监测，加强排查、摸清底数，加大物资和技术保障，确保各项要求落实到位。严格执行 24 小时专人值班和领导干部在岗带班、外出报备制度，各级党委、政府主要负责人不得同时离开江阴，分管负责人要坚守岗位，疫情防控所有相关人员要在岗在班，医院、卫生防疫等单位和相关医务人员要迅速进入战备状态，严肃工作纪律，坚持"零报告"制度，确保信息报送渠道畅通。迅速建立工作沟通会商制度，完善工作方案、加强工作指导、强化督促检查。加强舆论引导，依规依程序及时客观准确发布疫情和防控工作信息，科学宣传疫情防护知识，提高公众自我保护意识。密切关注舆情特别是网络舆情动态，对造谣传谣、引发社会恐慌的要依法严厉打击，切实维护正常社会秩序。会后，全市各级各部门紧急行动起来，市公安、卫生等部门单位和村（社区）全面发动等部署，落细落实联防联控措施。全市发热门诊 24 小时应诊连轴转，车站、道口监测点全天候轮值，社区网格化排查全员发动入户登记等。是日下午至 24 日，市委、市政府领导带领相关部门负责人赴社区、高速路口、客运车站、医学观测点、农贸市场、酒店等场所检查新型冠状病毒感染的肺炎疫情防控情况。与此同时，在锡澄高速江阴道口，由市卫生、公安等部门工作人员组成的工作小组设置监测点，对进出车辆及人员进行体温监测与登记。相关部门在全市各高速道口、市级主要道路出入口、渡口等地均设有监测点。

1 月 25 日，江阴市政府决定成立市新型冠状病毒感染的肺炎疫情防控应急指挥部。指挥部下设办公室、防疫治疗组、社会防控组、宣传舆情组、物资保障组、检查督查组。办公室、防疫治疗组设在市卫生健康委。社会防控组设在市公安局。宣传舆情组设在市委宣传部。物资保障组设在市发改委（市粮食和储备局)。检查督查组春节假期设在市政府办公室,假期结束后由市纪委监委负责牵头。下午4时许,江阴首批援鄂医疗队正式出征,赶赴湖北援助新型冠状病毒感染的肺炎救治工作。该医疗队由江阴市人民医院感染性疾病科主任医师郭春辉,检验科检验技师司煜安,重症医学科护士李娟、潘静婉、顾斌等5名队员组建。医疗队目的地是武汉市江夏区第一人民医院。

1月26日零时起,江阴市就突发公共卫生事件实施一级响应防控措施。

1月27日上午,市委常委会第111次(扩大)会议召开,对做好全市新型冠状病毒感染的肺炎疫情防控工作进行再研究、再部署、再动员。1月28日、29日,市领导一行及相关部门负责人赴高速道口、市交通运输局综合执法大队水上二中队、港城大道封闭口、部分社区、集中医学观察点和防护口罩生产企业,现场检查新型冠状病毒感染的肺炎疫情防控工作落实情况。深入部分集中医学观察点、社区、超市、企业、高速公路收费站、市界道路卡口等,突击检查督查疫情防控和市场保供工作。

1月27日,江阴市中医院ICU副护士长任杰随无锡市第一批援鄂医疗队出征武汉,进驻武汉市江夏区第一人民医院。

1月28日下午,市委组织部发出倡议,动员全市党员在防控工作中勇于担当、主动作为,构筑起疫情防控的铜墙铁壁,全力守护人民群众的生命安全和身体健康。倡议发出后,全市党员纷纷报名,希望成为一名党员志愿者,为江阴的防控工作出把力。1月30日,江阴1738名党员志愿者经过首批分批培训后,陆续奔赴防疫一线,高速公路江阴出口处,党员志愿者分布在各车辆出口处,配合医护人员对每辆车上的司乘人员逐个进行体温监测。江阴在防疫一线的各个卡点路口设立党员先锋岗,越来越多的普通党员加入志愿者队伍,积极参与防疫志愿服务,检查登记来往车辆、人员信息及测量体温、宣传防疫知识等。短短几天,就有近万名经过专业培训的志愿者冲到疫情防控第一线。

2月9日,江阴市第二批援鄂医疗队踏上征程,总共19人,分别是市人民医院感染科副主任、主任医师张建春,呼吸与危重症医学科副主任医师曹励强,重症医学科主治医师沈基,重症医学科主管护师范春亚,重症医学科护师程雪、叶静、蒋胡虹、姚芳,急诊科主管护师李杨,呼吸与危重症医学科副护士长、主管护师俞敏娟,呼吸与危重症医学科护师曹亚洁、金晨华、黄彩燚;江阴市中医院呼吸科副主任医师崔娣,内科副护士长方海燕、顾晓青,内科护士蒋心自、陶雨霞,急诊科护士朱琳娜。医疗队目的地是武汉华中科技大学同济医学院附属同济医院光谷院区。此次援鄂,无锡市卫生健康委征召各医疗单位共130名医护人员,以一支医疗队接管一个病区的模式开展医疗支援。

3月13日,市人民医院敔山湾院区新冠肺炎患者收治点,经过35天的精心治疗,5名确诊病例的最后一位患者痊愈出院,这是江阴这场疫情阻击战取得阶段性胜利的重要标志。江阴在这场战"疫"中累计确诊5例病例,全部治愈出院,治愈率100%。

自第一批援鄂医疗队到达江夏区第一人民医院后,至3月15日病区清零的50余天,医疗队共收治患者200人。他们利用自身专业优势,按照新冠肺炎诊疗指南,通过实际病例治疗调整治疗方案,总结共性,获得非常满意的疗效。3月11日,共青团江苏省委对在新冠肺炎疫情防控中表现突出的60个先进青年集体和49名团员青年进行第二批通报表扬。市人民医院护士顾斌作为先进团员青年受到表扬。是月17日,江苏省第一批援助湖北医疗队员709人开始分批撤离,江阴市第一批医疗队队员郭春辉、司煜安、李娟、潘静婉、顾斌告别武汉返回,并在无锡继续14天的医学观察期。是月20日,江苏省人社厅、省卫健委出台表彰决定,市人民医院感染性疾病科主任医师张建春被评为江苏省卫生健康系统新冠肺炎疫情防控工作先进个人。是月23日,江苏省人社厅和省卫健委联合发布奖励决定,给予150名支援湖北一线医务人员记功奖励,市人民医院检验科主管技师司煜安上榜。是月31日,市第二批支援湖北医疗队19名抗疫队员返回江阴。4月1日,在解除14天的医学观察期后,市第一批支援医疗队5名队员回到江阴。江阴市人民医院先后派遣出两批次18名医护人员支援湖北武汉,ECMO医护团队3名医护人员支援无锡市传染病医院。市中医院总共派遣7名医疗人员支援武汉。

2020年高考期间,市卫生健康委精心组织、提前部署,成立市级考试疫情防控领导小组和技术指导组,并根据疫情需要,设立巡视组、卫生防疫组等,严把健康监测关、环境卫生关、考场防控关以及优化医疗服务关、强化卫生监督关等,确保疫情防控无死角、无疏漏。在全市4个考点,配备12名医务人员全程参与医疗保障。同时在考生入住的9个酒店设置9个临时医疗服务点,配备9名医生做好医疗保障工作。市急救中心为高考准备4辆急救车,随时处于待命状态。从考前14天开始,所有考生由所在学校负责每日体温测量记录并进行健康状况监测。每个考点都设有临时医务室和隔离监察室,为考生和监考老师提供及时周到的医疗服务。同时,市人民医院敔山湾院区急诊科开辟绿色通道,一旦考生遇有突发情况,医院将及时启动应急预案进行处置。

7月23日,江苏省疾病预防控制中心病原微生物研究所一行专家对江阴市疾病预防控制中心新冠病毒核酸检测实验室开展督导工作。市疾控中心参加由江苏省疾病预防控制中心组织的第一批新冠肺炎病毒核酸检测盲样考核结果准确率100%。

9月26日,第二届中国健康县域大会暨致敬"中国县域抗疫英雄"特别峰会系列评选活动颁奖典礼在四川省成都市举行。江阴市人民医院荣获中国县域抗疫英雄、全国医共体建设示范奖。市人民医院内科主任、消化内科主任刘鹏飞，骨关节中心副主任、骨关节中心一科主任姜雪峰荣获中国基层好医护奖。

9月30日上午，江阴市举行2020年新冠肺炎小规模疫情处置演练。演练以某冷冻食品经销企业职工接触外地输入性新冠肺炎无症状感染者后，在企业内发生的局部新冠肺炎暴发疫情和食品冷链环节污染为背景，各级各部门及时报告疫情并迅速组织力量开展相关应急防控工作。市委宣传部，市发改委、卫生健康委、公安局、市场监管局、教育局、民政局、商务局、文体广电和旅游局，澄江街道、市人民医院、市疾控中心、市第三人民医院、城南社区卫生服务中心等单位参加演练。该次演练由市新冠肺炎疫情防控指挥部主办，市卫生健康委承办。

10月20日，市疾控中心工作人员针对回国人员易为新冠高危人群，也是输入性疟疾的高发人群，为避免新冠隔离点出现疟疾病例未及时检出、得不到有效治疗的情况发生，先后到酒店集中隔离点，分别向两个隔离点负责人发放疟疾防治宣传易拉宝、海报、行李牌及折页等物品，讲解疟疾防治的有关知识及如何与新冠肺炎鉴别。告知工作人员若从东南亚、非洲等地入境，一旦有发热症状要考虑是疟疾，采用“快检”方法进行排查，半小时左右就能出结果。确诊后，对同行人员也要进行排查。共发现2例输入性病例，及时落实规范治疗措施。

2020年，江阴市疫情防控成效显著。疫情期间，实行“大数据+网格化+铁脚板”常态管控，设立进口冷链食品集中监管仓，织牢织密疫情防控网，全市未发生集聚性疫情、二代病例和死亡病例。强化国内中高风险地区人员和入境人员管理，动员党员干部、志愿者等1.4万余名奔赴抗疫一线，转运各类人员5600余人，开展核酸检测近19.5万人次，疫情防控取得阶段性胜利。科学组织复工复产，出台“惠企25条”等扶持政策，减免租金、城市基础设施配套费等1.9亿元，累计提供各类专项信贷112.5亿元。主动服务疫情防控大局，累计保供市场口罩1300余万只，接收各界捐款捐物8512万元，展现非常时期的江阴担当。

其间，各行各业、各单位积极参与疫情防控。

江阴市卫健委　第一时间成立新冠肺炎疫情救治领导小组，制订和完善《江阴市新型冠状病毒感染的肺炎医疗救治工作预案》。依托市人民医院敔山湾院区设立定点救治医院，紧急建设全市发热门诊13个，扩容改造片区隔离病房6个，组建市级医疗救治梯队。全市定点救治医院收治患者5人，均治愈出院。全市各发热门诊累计接诊患 者13248人，收治排除疑似病例100余例。8个医院建设病毒核酸检测实验室，其中市人民医院成为省内首个开展新冠病毒检测的县级医院，全市各医疗机构完成核酸检测超10万余人次。年内，江阴市有25名“最美逆行者”舍生忘死驰援湖北，助力打赢湖北保卫战。1万余人次医护人员接力实施卫生检疫措施，守住入江阴门户。集中医学观察7715人，居家医学观察76182人，追踪摸排密切接触者466人，最大限度地阻断疫情传播。出动12万余人次消杀人员，对14万余个公共场所开展预防性消杀，防范“粪口传播”风险。编制印发各类宣传折页、手册、海报累计38万余份。市卫生健康委被评为江苏省抗击新冠肺炎疫情先进集体；李斌、周菊静被评为江苏省抗击新冠肺炎疫情先进个人；谈海平被表彰为江苏省卫生健康行业优秀党务工作者；俞敏娟、任杰、崔娣被江苏省人力资源和社会保障厅和江苏省卫生健康委员会记功奖励；江阴市人民医院被中共无锡市委、无锡市政府评为全市抗击新冠肺炎疫情先进集体；江阴市疾病预防控制中心党总支被表彰为无锡市先进党组织；郭春辉荣获“无锡最美战疫先锋”荣誉称号。

江阴市公安局　第一时间成立公安疫情防控应急指挥部，下设工作专班，要求全市公安机关按照上级指示部署，提高政治站位、强化底线思维，立足公安职能，全力做好疫情防控工作。其间，广大民警、辅警放弃休息，夜以继日、风雨无阻，全力以赴做好通道封控、守卡查验工作，共投入警力2.87万人次，检验车辆43.5万辆、人员64.6万人；率先成立10个数据核查专班，梳理汇总基础数据200余万条；保障复工复产，累计接收各类转运人员1600余人；成立230人应急处突队，排查化解各类矛盾纠纷2900余件，查处各类涉疫案件140余件。为有效防控疫情，维护社会秩序稳定，江阴公安全体民警和辅警落实24小时勤务机制，冒着严寒风雪，全员坚守在一线、吃住在卡点，全力做好疫情联防联控工作。在高速公路出入口、国省道口和渡口等主要通道设立检查站，会同市卫健委等部门开展查验登记、人员转运等服务保障工作，做好各项防控措施。下社区、进行业、抓宣传，全面防控。全力配合职能部门落实人员核查、医学观察、防疫宣传等工作。加强对旅馆、酒店、菜市场等重点场所的卫生检查和防疫指导，减少和取消大型公众聚集性活动。依托数据赋能，用足用好智慧数据、防控平台、卡口管控等信息化技术，核查专班夜以继日“连轴转”，汇总梳理各类基础数据200余万条，支撑入口防控、医学观察和复工复产环节。积极主动服务保障社会面复工复产，强化重要物资通行应急保障，专门开辟绿色通道，开通24小时咨询求助热线，成立应急处突队，及时协调解决车辆通行问题，确保运输“生命线”畅通无阻。坚持从严从速打击利用疫情哄抬物价、囤积居奇以及制售假劣药品、医用卫生材料等违法犯罪活动，对涉疫类、影响企业复工复产的违法犯罪行为快速查处。帮助企业建立隔离观察点，指导落实安全保卫措施。做好水电油气、学校、金融等重点单位的日常监管，对复工复学后的防控机制、内部管理落实情况开展实

时检查,督促落实有关规定。迅速建立战时思想政治工作体系,综合运用记功嘉奖、火线入党、战地授奖等多种方式,激励“疫线”民警奋勇担当、共克时艰。局党委领导高频次赴重点部位督导检查防控工作、看望慰问参战警力。开辟表彰奖励“绿色通道”,先后对95名先进个人予以表彰,极大鼓舞广大民警抗疫的决心和斗志。全市公安机关1600余名党员递交请战书,建立战时临时党支部3个,组建党员先锋岗25个,成立党员突击队、青年突击队46个,党旗始终飘扬在疫情防控最前沿。中国警察网、《人民公安》杂志对江阴民警赵冠华的抗疫先进事迹进行报道。11月26日,江阴市公安局获评全省抗击新冠肺炎疫情先进集体。

江阴市委宣传部　迅速成立工作专班,全天候值守,全面跟进防控指挥部的工作进程,组建宣传舆情组同步实体化运作,突发事件及时联动,做好每日信息上报、新闻宣传协调、网民诉求回应、突发舆情处置、对外宣传联络等各项工作。1月24日,开设“众志成城　联防联控——江阴在行动”新闻专栏,全面报道市委、市政府组织开展疫情防控的扎实举措,全面反映各级各部门联防联控的积极行动,全面打响防疫保卫战。2月1日,开设“坚持两手抓、夺取双胜利”专栏,做好重点企业复工和疫情防控、开学前的准备、公益广告加减乘除、境外入江阴提示、友好城市和外资企业支援口罩等方面的宣传报道,持续不断为全市上下营造良好的舆论氛围。从1月27日起,“最江阴”APP每天图文直播14个小时,不间断聚焦疫情防控,开设专题专栏专版,24小时向市民及时发布防控最新动态、防控措施及各类防控知识。疫情期间,共刊发疫情防控专版202个,发布疫情防控资讯6000余条,制作发布海报260余张、新闻短视频230余个,以权威的报道迅速搭建起党和政府与人民群众的沟通桥梁。对外宣传主动设置议题、加强新闻策划,先后组织《江阴抓复工复产打好组合拳》《政策兑现按下“快进键”》《江阴复工再传捷报、精准施策打通产业链复工微循环》等重点外宣报道。有策划有重点的内宣题材被不断优先为外宣素材,引起中央和省市级媒体的广泛关注。

江阴市发改委　成立物资保障组,抓紧抓实疫情防控物资保障工作。物资保障各小组按照任务分工,细化工作举措,加强任务推进,有力有序做好疫情防控物资生产服务、分类采购、保管储存、精准调拨全过程工作。各小组通过挖潜扩产一批、服务提质一批、域外采购一批、接受捐赠一批“四个一批”,畅通采购渠道,聚集各方力量进行物资采购,确保防护、消杀等各类应急物资保障到位。协调企业加快应急物资生产筹措,共落实重点防控物资生产企业34个、医药企业5个。从大年初二(1月26日)起,组织相关生产企业陆续开工,为后续保障抢得先机。建立工作例会制度,先后召开工作协调会35次。建立日报告制度,各小组每日上报工作情况,制作物资保障专报共54期。建立物资审批、出入库登记制度,坚持每天汇总统计全市疫情防控物资总体情况,及时报市委、市政府,为市领导决策部署提供依据。摸底全市防疫物资生产企业清单,掌握“现有+潜在”生产能力,建立重点物资生产企业名单及具备潜在生产力的企业名单。加强问题协调,先后为江阴市檬佳非织布制品有限公司等7个口罩生产企业解决原料紧缺问题,为江阴汇诚医疗科技有限公司等8个企业协调用工难问题,为江阴市医疗器械有限公司等2个企业申请医用物资生产临时牌照,为400多个应急物资保供企业开具交通证明2000余份。根据保障需求,落实生产任务,先后2次提请指挥部下达防护口罩生产保供任务,多次下达原料保供任务,锁定每日口罩生产产量,确保江阴市和无锡市口罩保供任务落实到位。每天落实生产任务、交货时间、入库地点,确保下达任务颗粒归仓。累计采购口罩3500万只、乳胶手套21万副、防护服16.4万套、护目镜6280副、额温枪8000只、红外线测温门70台、三氯泡腾消毒片3万多瓶、免洗手消毒液2.2万瓶等各类应急物资。拓展域外采购渠道,充分借助生产企业、医疗机构、工商联等各方力量,收集业内信息,全面打通与域外联络、采购渠道。会同市红十字会、慈善总会、工商联等单位,汇集各方信息,接受多方捐赠。物资保障组共接收捐赠N95口罩约2.5万只、防护服超2000套、外科手套超62万副等。牵头制定“惠企25条”政策,帮助企业坚定发展信心。落实疫情防控期间临时性涉电价格扶持政策中两部制电价政策,惠及非高耗能大工业企业超过3500户,预计减少企业电费支出超过2.1亿元;惠及非高耗能一般工商业企业超过13万个,预计减少一般工商企业电费支出超0.2亿元。为推动市场主体积极履行社会责任,保障疫情防控期间市场信用权益,形成打赢疫情防控阻击战、稳定经济秩序的强大合力,出台“15条信用管理措施”,开通企业信用核查不见面、在线办渠道。推行“特快电力”报装接电服务,对全市防疫物资生产企业、医疗机构、集中隔离场所等疫情防控重点单位的新建和扩建用电需求,实施线上报装“零上门”、绿色通道“免审批”服务。积极做好油气管道企业日常巡线人员和车辆通行的协调工作,确保油气管道安全平稳运行。严格执行粮油保供稳价工作的各项政策,切实维护正常粮食流通秩序,全市39个粮食应急保供点和40个成品粮油存储单位供应粮油合计4800吨,累计从外地调拨粮食600余吨。每日组织走访农贸市场、超市和连锁药店,监测了解全市主副食品、居民防护品和消杀用品的价格及供销情况,形成《价格监测快讯》71期。为平抑猪肉价格上涨,从2月22日开始组织第二批储备肉投放,10天共销售10.41吨。积极协调市融媒体中心、市场监管局、各大医药公司,开通口罩线上预约服务,有效缓解民众“口罩难”问题;企业复工复产后,会同市工商联、青商会和相关医药公司，开通全市复工企业口罩预约服务，有力保障企业复工复产。与此同时，江阴市全力支援新疆伊犁哈萨克自治州霍城县抗击疫情，先后支援霍城县防疫物资9批，捐赠一次性口罩、N95口罩、一次性手套、预防用中药颗粒、防护服、体温计、护目镜、防护面罩、新冠病毒测试剂、额温枪、消毒机器人等十余种防疫医疗物资，捐助负压救护车、专业救护车5辆，各类物资累计400万元。

江阴市委统战部　全市宗教界凝心聚力，支援全市抗疫大局。按照防疫要求，各宗教活动场所从1月24日(除夕夜)起全部关闭，并停止一切有组织的宗教活动；6月5日起，在落实好疫情防控常态化措施的前提下逐步恢复开放。疫情期间，各宗教团体动员场所信众踊跃捐款捐物援助抗疫一线，累计捐款捐物总价值达170万余元。君山寺、市基督教堂、暨阳圆融慈善基金会、江南弥陀慈爱基金会分别被评为无锡市第三届宗教“慈善之星”爱心单位。

江阴市委老干部局　坚决落实中央和省市委决策部署，认真做好局机关和市老干部活动中心疫情防控工作。根据《江阴市机关事业单位新型冠状病毒感染的肺炎防控指南》的要求，1月26日起暂停开放市老干部活动中心、老干部医务室、理发室。1月28日通过“江阴老干部”微信公众号发布《致全市离退休干部的一封信》，倡议全市老干部树立长者风范，发挥模范作用，带头支持疫情防控工作。通过自发捐款、志愿服务、文艺作品创作等方式参与抗疫、发挥作用。积极采取措施，做好局机关和市老干部活动中心公共场所、公务用车的消杀及工作人员、物业人员的防护工作，防范病毒传播。积极响应市委、市政府号召，2—3月，组织局“情暖桑榆”志愿服务队13名工作人员赴江阴市云亭街道一线，协助基层社区开展疫情防控工作，切实在疫情防控阻击战中履职尽责、发挥作用。疫情发生后，第一时间组织工作人员分组联系55名市级老领导、133名离休干部、104名离退休干部党支部书记(学习组长)，关心询问他们的身体状况和困难情况。定期通过微信公众号等线上平台推送疫情防护知识，发布疫情权威公告，加强正面舆论宣传，让全市老干部学习科学防控常识，了解疫情发展情况。1—3月，要求离休干部家庭医生签约团队不上门服务，但电话跟踪服务不间断，4月开始全面恢复上门服务，并组织全局工作人员上门走访慰问，提供口罩、洗手液等防疫物品。为因病外地返江阴的2名离休干部住院开辟绿色通道。积极帮助易地安置在外省市的离休干部及遗属做好医药费报销。及时有序开放老干部医务室、理发室，制定、执行严格的消毒、测温、扫码、登记、人员值班制度。为落实好疫情防控要求，丰富老同志“宅”家文化生活，组织开展“相约虹园 · 相聚云端”线上活动，倡导老干部运用信息化手段，开展线上创作、交流活动。9月7日起，市老干部活动中心全面恢复开放。全市776名老干部参与抗击疫情志愿服务，累计时长8090个小时；1308名老干部自发捐款65.13万元，捐物714件；创作各类作品222件，拍摄制作的锡剧视频《定能战胜病毒渡难关》，被江阴市文化馆、锡剧团采用上线。大力宣传各类抗疫典型人物16人，其中3人获评无锡市离退休干部“防疫战疫”优秀党员。老干部刊物《七彩人生》刊登“抗疫书画作品”和老干部“抗疫群英谱”。

江阴市委党校　认真落实上级疫情防控工作的部署要求，坚持党校姓党，坚定在党爱党、在党言党、在党为党、在党忧党的政治立场，党员高举党旗，亮明身份，积极参加疫情防控工作。1月25日，市委党校成立疫情防控工作领导小组，制定《防控工作方案》，周密部署，积极落实。2月25日，利用“学习强国”视频会议功能组织全体党员学习习近平总书记在统筹推进新冠肺炎疫情防控和经济社会发展工作部署会议上的讲话精神，通过网络平台和微信公众号及时传达中央精神和省、市疫情防控工作决策部署，统一思想，强化武装；多措并举，扎实推进校内外疫情防控。加强人员管控，严格执行24小时值班制；对校园进行全面消毒，公共区域由专人每日至少消毒1次；对来校人员实行分餐制，错峰用餐；强化抗疫防疫物资保障；根据市委组织部关于党员干部下沉一线服务疫情防控工作的要求，2月3日至3月15日，党校13名党员志愿者，轮流协助江阴高新区滨江社区、杨市社区、寿山社区开展排查摸底和进出居民值守登记、卫生防疫巡查、重点卡口协管等服务工作；积极响应疫情防控捐款号召，全体教职工踊跃参与，共捐款4700元；2名党员参加无偿献血。其间，市委党校服从抗疫大局，立足实际，主动作为，做到抗疫防疫、教学科研“两手抓”。教师潜心学理论、搞科研、备新课，做好充分开班准备。针对基层社会治理、突发公共事件应急管理等问题，认真梳理江阴防疫实践的创新举措和一线防疫鲜活案例，开发《从抗疫斗争看“中国之治”》《绽放抗疫青春 贡献后浪力量》等新专题20余个，录制微党课视频5个。

江阴市人大办　第一时间向全市1200余名五级人大代表发出倡议书，动员人大代表和机关干部积极参与疫情防控一线工作，踊跃建言献策、献计出力。市人大常委会及时听取和审议市政府《关于新型冠状病毒肺炎疫情防控工作情况报告》，适时视察检查复工复产复市工作情况，在全民抗疫中展现人大担当作为与履职成效。全市各级人大组织和全体代表积极响应，在医疗诊治、群防群控、物资保障、支援帮扶等多条战线多个岗位上尽职尽责，带动社会各界捐款捐物，累计8512万元。

江阴市外事办　及时发布多语种(英语、日语、韩语)疫情防控信息，常态保持24小时多语种服务热线，接听电话1500余个，协助解决569名在江阴外籍人士在疫情防控方面遇到的困难和问题，对外籍人士及境外公民回江阴事宜进行正确指引。扎实做好海外留学生、人才和滞归人员的相关服务工作,向全市不返江阴留学生合计发放口罩12.18万只。针对涉外疫情关注面广、影响力大、敏感度高等特点,市外办及时当好涉外舆论宣传“引导员”,及时发出声音,消除负面舆论影响,争取国际社会对市疫情防控工作的关心和支持,凝聚同心抗疫、守卫家园的强大力量。与此同时,主动做好与外国驻华使领馆、外国团体、友好人士的沟通联系,宣传江阴疫情防控成效,分享疫情防控工作政策措施、主要做法和经验成效,增强外商投资江阴信心,做好舆论引导和宣传工作,引导外籍人士提高防护意识,配合防控工作,传递正能量。积极做好“市疫情防控指挥部涉外防控协调组”的沟通联络,按照“守住一线、放开全域”要求,形成信息研判、口岸入境、人员转运、属地防控的全流程闭环衔接,确保可知可控、精准防控。8月初,牵头负责涉外转运专班工作,全力做好车辆调度、信息报送、防疫物资申领、工作人员健康防护培训、专班后勤物资保障等工作,确保人员、车辆和交通运输安全,并全部落实闭环管理措施。市外事办年轻党员干部积极奔赴疫情防控一线,参与转运工作,为防范境外疫情输入风险当好江阴“守门员”,充分展示新时代外事人的担当和风采。至12月24日,涉外转运专班累计转运从上海入境的回江阴人员510人次,出动车辆195趟,未出现一例感染案例。国外疫情发生后,江阴市政府第一时间向7个友好城市、8个友好交流城市和9个友好交流意向城市致信慰问,主动向其中5个国家6个国际友城(日本藤冈市、日本南城市、韩国群山市、意大利托尔托纳市、美国阿拉米达市和法属波利尼西亚法阿市)捐赠22万只防护口罩等防疫物资,助力其抗击疫情。

江阴市教育局　市教育系统及各级各类学校于第一时间成立防控工作领导小组,做到“一把手”抓带头、“一张网”抓防控、“一盘棋”抓统筹、“一竿子”抓到底。市教育部门发布通知(公告)67份、工作实施方案16份,科学指导疫情防控工作。市教育局与市卫健委等部门联合对全市246所学校(园)分7个批次进行现场评估验收,与镇(街道)联合对属地学校开展为期一周防控和开学工作蹲点督查,市、镇两级累计督查各类培训机构延期开学期间停止线下培训25643次,开展复课防疫检查1230人次。全市教育系统98名校医、54名党员志愿者组成市级志愿者队伍,局机关20名党员组成机关志愿者队伍,各校近万名党员教师组成防控志愿小分队506支,开展“五导”(防控知识指导、在线学业辅导、学生心理疏导、延迟返澄劝导、居家观察引导)服务,服务学生20.51万人次。14支关爱行动小分队,点对点为江阴市驰援湖北一线医务工作者子女服务。延期开学期间,市教育部门组织开展“网上教学”,开发市级优质课程462节,推送校本课程7万余节,为学前阶段提供12周不间断微家园互动课程,为初三、高中分别提供市级课程202节、260节,有1.5万余名学生参加学习。组织教师线上培训196项81936人次,名特优教师100余人次参与“锡慧在线”课程录制。按照要求组织2020年常态化疫情防控下的延期高考、中考,确保考务工作安全平稳。市教育局相关科室6次走进市融媒体中心参加网上直播,为学生和家长析疑解惑、指导引导。推送防控知识教育微文210条,发送教育系统抗疫动态文稿423篇,“携手战‘疫’”专栏发布抗疫典型宣传文章28篇。5万余名学生参与防疫知识网上竞答,省级媒体发布江阴市教育系统防控经验总结10余篇。全年为全市学校调拨防疫物资20余种,安装红外线测温门70台,发放一次性口罩557万余只、医用外科口罩5174只、N95口罩1300只、测温枪3019把、一次性隔离衣(防护服)2076套、医用外科手套26000副、泡腾消毒片10400瓶、75%酒精喷雾5200瓶等。南理工江阴校区和江阴职业技术学院分别制定《师生入驻准备工作实施方案》《疫情防控工作方案》,明确教学运行、信息化、基础建设等7项专项任务,开展开学准备工作攻坚战。严格落实“晨午检”“零报告”和“晚点名”制度,开展防疫宣传和教育,建立心理危机干预机制,确保学校顺利启用和平稳运行,取得疫情防控和学校内涵建设“双胜利”。

江阴市工业和信息化局　市新型冠状病毒感染的肺炎疫情防控应急指挥部企业防控组,先后制定印发《疫情防控企业复工和防护工作须知》《疫情防控企业复工审核方案》《疫情防控督查督办组工作方案》《关于做好江阴市新冠肺炎疫情常态化企业防控工作的实施方案》等文件,全面落实江阴市应对疫情“惠企25条”,压紧压实属地政府监管责任和企业防控主体责任。建立完善联防联控机制,采用“一听汇报、二查资料、三看现场”的方法,由市卫健委牵头,会同市工信局、商务局和人社局成立4个督查检查组,企业防控督查检查组累计督查58次,排查隐患253处,反馈防控建议99条,形成“部署—执行—检查—整改”闭合回路,强化督查合力,推动企业落实复工后的各项防控措施。坚持“一企一策”“一事一策”,督促企业实施“两点一线”精准管理,精心抓好生产经营、安全生产、交通组织、餐饮安排、员工上下班管理等各项工作。各镇(街道、园区)选派督导服务员进驻复工企业,及时掌握企业在疫情防控、复工复产以及安全生产等方面的工作情况。建立11条解难绿色通道,及时了解和掌握企业诉求,想方设法为企业解决实际困难;坚持“全国一盘棋”的思想,累计协调办理外省(市)来电来函和相关防控物资生产企业反映问题困难195件;协助重点企业推动核心配套供应商复工复产,以最快速度打通供应链,累计发放路条(通行证)3.3万余张。指导属地政府、企业设立集中隔离点458个。全力以赴应对疫情冲击影响,保物资、促生产。疫情发生后,紧急协调全市疫情防控应急保供物资生产及配套企业尽快复产达产,累计协调解决应急保供企业反映的员工短缺、原料短缺、运输保障等问题近200个。在疫情发生后不到一个月的时间里，全市相关口罩、防护服及原辅料生产企业基本满负荷生产。对全市范围内疫情防控应急物资生产企业的产能、产量、库存及原材料储备、复工装备等情况走访摸排，开展跨区域合作，为企业争取原材料支持，应急物资产能得到释放。控风险、保运行。开展数据分析，实现人员精准追踪管理，改变"大海捞针式排查"。为方便市民购买口罩，协调"最江阴"手机客户端推出"政府保障性口罩线上预约购买系统"，为市民提供在线预约和下单购买服务，防止人群聚集造成可能的交叉感染风险。同时，政务云平台不仅做好硬件的保障工作，还对"口罩购买"应用进行优化指导，成功承受住7万多人同时涌入的压力；通过"最江阴"应用累计投放口罩727.46万只。保复工、促消费。2020年2月底，在疫情基本得到控制时，依托"返锡通"开展有序复工复产，保障疫情防控措施落实到位的企业顺利开工，保障企业所需的市外人员便捷进入江阴。累计向无锡大数据管理局上传复工企业数6730个、外地员工信息103199条。同时，对于企业每日用电用水、人员流动、物资供需对接、员工健康检测、企业用工对接、物流运输调度等情况进行数据分析，确保真实反映复工复产的整体进度。4月，在"消费券"发放工作中，负责与支付宝的数据对接，认真做好248226条数据的发送和11422条信息核对工作，"政务云"为活动及时优化硬件资源并进行专题跟踪，保障"消费券"活动的顺利开展。抓好企业生产防控，持续加强对企业务工人员特别是对从疫情严重国家进入江阴人员的摸排管理力度，始终紧盯企业"人员聚集"疫情防控的重点和难点，做到摸排到位、管理到位、措施到位、保障到位，坚决抓好内防扩散、外防输入工作。采用"抓点、连线、织网"的工作方式，织密"点上深化、线上延伸、面上拓展"的复工复产防控网，将疫情防控、企业复产复工和安全生产同部署、同检查、同落实，确保夺取疫情防控和经济社会发展双胜利。抓好冷链食品企业，重点对冷链食品工业企业加强指导和检查，围绕加强冷链食品的监测，督促板块加强冷链食品加工企业的梳理和防疫工作的督查。组织对全市32个冷链食品工业企业实施全覆盖检查，进一步摸清底数，掌握情况；指导企业完善台账溯源，推进智慧化监管平台，开展科学监管溯源；督促企业严格落实从国外进口冷藏冷冻食品及时向主管部门申报，严格落实核酸检测、个人防护、消毒处置等工作。深入分析疫情对固定资产投资及项目建设影响，梳理推进重点项目投资计划，指导各镇（街道、园区）和企业做好项目申报，力争早审批、早开工、早投产、早见效。抓好数据信息共享，结合数据专班和抗击疫情工作需要，加强跨部门信息资源共享，主动开展对有疫情严重地区旅居史人员基本信息和活动数据等大数据分析挖掘，有效助力精准排查，推动联防联控。打通企业融资堵点，建立应急融资机制，开通贷款绿色审核通道，银行业机构为全市71个防疫物资供应企业累计发放贷款18.39亿元，为530个受疫情影响企业累计发放贷款91.4亿元；资金池累计为中小微企业发放贷款78394万元，平均贷款利率5.12%，惠及企业283个。疫情期间，帮助31个企业列入省新冠疫情防控重点保障企业名单，占无锡市的49.2%，其中有16个被列入工信部重点保障名单；争取16个企业进入央行疫情防控重点保障企业名单，占无锡总数的60%，8个企业获信贷优惠利率和财政贴息支持，享受专项再贷款支持的优惠贷款6.54亿元，年贷款利率2.05%左右，申请贴息673万元。累计对上争取资金20362.4万元，切实为企业纾难解困。制定出台"5.0"升级版产业强市政策，累计兑付2019年产业强市发展专项资金18368.39万元，涉及309项项目。全年江阴市澄企联中小企业转贷基金平台共发生转贷741笔，累计转贷金额57.13亿元，服务企业515个，为企业节约融资成本1990万元。市级企业应急转贷资金，全年为30个企业办理转贷业务255笔，提供转贷资金近142亿元。突出抓好"六稳"*"六保"*重点工作，保产业链、供应链稳定。明确产业发展方向，构建高端纺织服装、石化新材料、金属新材料等3个千亿元级支柱产业链；以"一产业、一基地、一机制、一联盟、多基金"模式，大力发展新能源、集成电路、高端装备、生物医药4个战略性新兴产业集群；积极布局5G通信、智能制造、节能环保、现代物流、健康文旅5个未来产业，培育更多新增长极。抓政策惠企，保企业主体。梳理各级、各条线对企业的帮扶政策，做好对上争取；全面落实全市应对疫情"惠企25条"，从要素保障、金融支持、优化服务等方面"快准实"帮扶企业；牵头制定新的产业强市政策，突出先进制造业发展导向，加大对数字经济发展的奖补力度，取消对传统产业一般化技改项目的补助，引导企业攀高创优；落实应急转贷、贷款贴息、政策性担保、结构性利率下调等政策，有效降低企业融资成本。扎实抓好"六稳""六保"巡察整改。无锡市委落实"六保"任务专项巡察组于5月25日至6月18日对江阴市巡察，对照巡察反馈意见和问题，研究制定并细化分解30条整改措施。全面落实"六保"任务整改主体责任，完善整改工作组织架构，定期分析整改推进情况，研究制定整改对策，形成"个个解决、件件结办"的整改闭环体系。建立全程跟踪问效工作机制，把问题整改抓严抓细，坚持问题不解决不松劲、解决不彻底不放手。对已经完成或者基本完成整改的问题，适时组织开展"回头看"，巩固整改成果，确保每条整改措施都能落地见效。

江阴市司法局　成立疫情防控专项法律服务工作小组，组建防疫法律服务队，出台法律服务举措，提供防疫志愿服务，做好涉"疫"心理辅导，把牢防疫法治宣传阵地，以实际行动全方位助力经济社会管理和

社会防控,紧抓疫情发展变化态势,梳理编写疫情防控法律法规指引,下发《关于做好疫情防控期间法律服务工作的意见》《疫情防控和企业复工复产公共法律服务工作指引》,针对性开展科学依法防控,助力复工复产;做好经济下行背景的法律保障,服务“六稳”,落实“六保”,为全市战“疫”提供坚强的法治保障。市司法局60人参加抗疫志愿者服务45天,10人参加献血,捐款25万余元,捐口罩、防护服、护目镜、手套、酒精、消毒剂等6000余件抗疫物资,公共法律服务热线平台回复热线近1300次,江阴法网解答回复咨询500余次。市委发出支援基层号召后,第一时间选派20名优秀年轻党员充实到月城镇村(社区)疫情防控一线,协助该镇进村入户到企,对医学观察人员一日两次进行体温询问和心理安抚,协助村(社区)做好卫生防疫宣传工作,当好依法防疫“巡查员”;根据卡口设置要求,积极参与卡口轮值检查,协助做好重点防控区域到江阴或经停重点防控区域的过境船舶的管控和劝返工作,当好重点卡口“协管员”;指导企业建立医学观察点,统筹推进企业疫情防控工作,督促企业强化主体责任、落实防控措施;加强复工企业监测和防控,协调生产企业复产达产,当好复工复产“指导员”。阳光心理咨询服务所孙静芬等4名党员专职心理咨询师踊跃报名参加由“益心益意”武汉援助组委会发起的线上心理咨询师招募活动,并通过审核,为武汉地区承受工作负担重和精神压力大的社区工作者以及居家隔离的市民提供线上情绪疏导、情感支持及家庭增能等专业服务,同时还积极参与江阴市抗疫心理援助热线服务,自2月5日起,每天8:30—20:30为抗疫前线医护工作人员及其家属,隔离或留置观察人员,疑似、确诊为病毒感染的人员以及广大公众开展一对一的在线心理援助服务。广大党员律师围绕做好涉“疫”心理辅导、把牢防疫法治宣传等服务阵地、助力“疫”情防控摸排,踊跃参加江阴法律志愿服务队和市司法局防疫法律服务队,积极参与各类志愿服务和献爱心活动。驻场律师通过“12348”江阴法网、“法润暨阳”微信公众号,以视频(微信、电话、邮件)形式,远程回复各类法律咨询,推送各类涉“疫”防控法律微信,做到抗疫期间全市公共法律服务24小时不见面、不断线;公共法律服务热线平台回复热线近1300次,江阴法网解答回复咨询500余次。法治宣传全覆盖,使依法防疫相关法律内容进入每一个家庭。加强宣传《中华人民共和国传染病防治法》《突发公共卫生事件应急条例》等重点法律法规的宣传。通过电视和“法润暨阳”“法治全澄”“江阴发布”“最江阴”等微信公众号平台对“对于缓报、瞒报、谎报疫情的行为采取‘零容忍’的态度”进行相关司法解释,使“零容忍”意识深入人心,全力遏制疫情蔓延和扩散。同时,充分利用“学习强国”APP中“强国视频会议”功能,组织社区矫正对象开展线上集中学习教育,确保疫情期间在矫人员教育管理不放松。充分发挥法律专业和信息化平台的优势,集中围绕企业复工等疫情防控新情况,成立疫情防控专项法律服务工作小组,组建防疫法律服务队,组织和动员全系统司法干警和法律从业人员,落实法治保障,快速出台七项法律服务举措,为企业复工期间提供政策法规、劳动用工、规范企业执法检查、矛盾纠纷排查化解等切实有效的法律服务,助力经济社会管理和社会防控。全程参与市政府疫情处置会议,为市委、市政府疫情防控工作重大决策提供法律意见,为疫情防控指挥部发布文件提供合法性审核。编写《江阴市新型冠状病毒肺炎疫情防控工作法律法规指引》,出台《江阴市司法局疫情防控期间法律服务七项举措》,发布《循正行而不乱——江阴市法宣办、江阴市司法局告市民书》,江苏瀛优律师事务所还编写“致全市人民的疫情期间法律风险告知书”。其中“指引”对疫情防控中政府法定职责权限、政府行政执法重点领域等法律法规进行全面梳理。同时对市民、企业等社会力量配合政府开展疫情防控工作的法律义务进行明确,同时对疫情防控期间造谣、传谣,传播疫病,生产销售伪劣产品、药品,生产、销售不符合标准的医用器材,虚假广告,非法经营,妨害公务等可能出现并且妨害疫情防控工作的违法违规行为的法律责任进行宣传指引。

江阴市人社局　第一时间开发上线企业返江阴人员数据采集系统,及时向江阴市防疫指挥部报送各类外来人员信息,为“返澄通”、企业复工复产等提供各类数据资料。组织党员志愿者近千人次驰援高速卡口、青阳镇村(社区)疫情一线开展疫情防控工作。围绕促进疫情期间企业复工复产,打出系列“组合拳”,创新推出“云招聘”,举办网络招聘会,组织企业“点对点”包车接送、组织人员按“四班三运转制”赴火车站分区引导转运务工人员近万人返回江阴。同时,积极出台惠企政策,参与制定支持企业共渡难关保障经济平稳运行的“惠企25条”,细化出台5个专项政策文件,对全市企业开展线上线下相结合的劳动用工指导服务4000余次。是年,市人社局被无锡市委、市政府表彰为全市抗击新冠肺炎疫情先进集体。

江阴市自然资源和规划局　建立工作专班,成立局主要领导任组长的局新型冠状病毒感染肺炎疫情防控工作专班,全面负责疫情防控的组织协调、情况调度、督导检查等工作。出台《关于进一步加强疫情防控工作的通知》《关于新冠肺炎疫情防控进一步加强工作人员管理的通知》《新型冠状病毒肺炎预防手册》,落实24小时值班值守、上班登记、疫情日报告、信息报送等制度。加强野生动物监管,编制《关于陆生野生动物防控工作方案》,发布《关于禁止野生动物交易的通告》及“野生动物禁食禁售倡议书”,加大野生动物疫情排查防控。疫情期间,市自然资源和规划局累计出动检查73人次,联合检查市场4场次,除驯养、经营的龟类、蛙类冬眠外,陆生野生动物人工繁育、经营单位做到应查必查，未发现非法养殖、加工、经营和交易野生动物的情况。深入开展"我是党员我先上"等行动，让党旗飘扬在疫情防控一线。组建17支350人志愿服务队，先后开展疫情防控、无偿献血、走进社区、尊老敬老等志愿服务107次。春节期间摸排出全市范围内2800套登记在湖北省户籍人员名下的房产，为市疫情防控指挥部排查敏感人员提供渠道。2月12—20日，不动产登记中心成立房产协查小组，在入江阴各高速卡口实行24小时轮班值守，做好非江阴户籍人员返江阴时房屋信息核查工作，核验704人。主动策应镇村防疫工作，6个批次、356人次党员志愿者赴徐霞客、周庄两地开展人员摸排、值班巡查、卡口检查、留观人员管控服务、企业复工检查等防控工作，平均日测体温1500余人，排查车辆800余辆、走街入户宣传780余次、居家检测70余户、排查复工企业十余个。血库告急之时，40余名党员志愿者参加"携手同心抗击疫情"无偿献血活动，累计献血12000毫升。坚持疫情防控和保障发展两手抓，全力做好项目用地规划服务和用地保障工作，出台惠企利企政策3条，创新开展不动产线上登记模式，助力企业复工复产。加强疫情防控宣传，通过张贴宣传告示、发放疫情宣传资料、疫情防控知识竞赛答题、"战疫情、保发展，当先锋、双胜利"网上征文、网上书画、摄影视频展和退役军人党员"微党课"授课竞赛等方式宣传疫情知识。认真执行《关于应对新型冠状病毒感染的肺炎疫情保障城乡有序建设的政策意见》精神，落实疫情期间延期缴纳出让金、延期开竣工、提供不见面政务服务等扶持企业发展政策3条。疫情期间，全市有4宗地、12.91公顷土地出让金延期缴纳，报市政府同意后减免企业延期缴纳产生的违约金2535万元，24项项目办理延期开竣工。对企业登记业务开通"免预约、马上办"绿色通道，做到优先办、抓紧办，为全市涉疫企业办理抵押登记200余份，担保金额近30亿元；用好用足援企登记政策，对复工复产的小微企业，免收不动产登记费，疫情期间减免小微企业不动产登记费61.89万元，减免变更、更正不动产登记费72.44万元。5月6日，上线运行江阴市不动产统一登记平台，形成"一网申请、业务联办"的存量房业务新模式，做到一份材料实现交易、税务、登记、水电气过户联办，不动产全业务登记可实现3个工作日内办结。7月17日，与市法院签订《联动机制协议》，做到法院不动产查询、查封、解封业务专网专办，实现"零取号、零排队、零等待、零见面"。9月8日，在江阴农商银行完成全市首笔"线上抵押登记"，累计办理417笔抵押登记，有力保障实体经济企业复工复产。

江阴市住房和城乡建设局　市住房和城乡建设系统及时向物业企业传达上级下发的疫情防控通知，拟订《关于加强住宅小区疫情防控工作的通告》，制定疫期物业小区门岗工作制度，督促物业企业配合属地镇（街道）做好疫情防控工作，摸排外地返江阴人员具体情况。督促物业企业利用小区内部的宣传栏分别为电子大屏、横幅、海报、微信业主群等各种载体，积极宣传疫情防控，加强对业主的疫情防控宣传。督促企业上报物资储备情况，了解物业企业物资缺口，积极协调各物业企业共享物资购置渠道，购置防控所需物资。成立督查组现场督查各物业管理项目，督促企业加强门岗管理，严格询问进出人员具体情况，杜绝外来车辆及人员进出，积极配合所在社区做好在家隔离观察人员的日常生活所需物资配备工作。市人防部门组织人防志愿者参与抗击新冠肺炎疫情工作，共出动人员3800余人次、车辆3100余次，对10余个社区、100余个居民小区及10余所学校100余个公共场所及相关机构等进行全方位防疫消杀。

江阴市公用事业管理局　市公用事业部门38名党员志愿者主动报名参与卡口值班，62名党员志愿者积极支援申港街道疫情防控一线，累计服务2万余人次，全系统134名党员捐款捐物累计4万余元，18名党员积极义务献血。对全市34个集中隔离点生活垃圾进行专人收集、专车运输、专道焚烧，加强环卫设施消杀，共高温焚烧处置垃圾180余吨，处置废弃口罩5573千克。优化民生服务举措，加强应急保障，疫情期间供水、供气、生活垃圾处理等各类保障工作稳定有序。抗疫经验做法在全市先进事迹报告会上交流。

江阴市城市综合管理局　该局自2020年1月24日（除夕夜）起，根据疫情防控相关文件，特别是市疫情防疫应急指挥部会议作出的相关决定，及时与相关部门进行对接，第一时间获取权威性解答，并严格按照文件精神向诉求人做好政策解释工作。同时，每天根据疫情情况，分析研判疫情诉求及处置的热点、难点、堵点，实时制定疫情诉求专报，形成《"12345"民生热线疫情诉求情况简报》，及时上报市疫情防控应急指挥部，为疫情防控后续工作开展提供参考。全年向市防疫指挥部报送《"12345"民生热线疫情诉求情况简报》128期，办理群众疫情有关诉求82023件，其中诉求量位居前五位的是：返回江阴管控类诉求30915件、占比37.69%；医学观察类诉求17206件，占比20.98%；"健康码"（含"苏康码""锡康码"）类诉求6174件，占比7.53%；开工复工类诉求5422件，占比6.61%；交通出行类诉求4797件，占比5.85%。网格化管理平台运用"大数据＋网格化"织密疫情阻击"一张网"，利用"锡康码"等信息化手段，持续提升城市大数据运维能力，构建起横向连接83个市级机关部门、协会、单位的联动管理网络，织牢织密疫情防控网，全面助力精准决策、科学防控。根据市疫情防控应急指挥部的要求，第一时间向全市网格员发布摸底排查相关采集信息任务，抢占疫情防控工作先机，打好疫情防控工作基础。依托"网格＋警格"双网融合机制，将采集的入江阴人员信息进行大数据赋能，第一时间分流至各镇（街道）。市镇两级管理服务指挥中心组建疫情防控专班，落实24小时值班制度,确保平台流转的核查事件10小时内完成流程闭环,对相关人员落实管控责任。全年网格化管理平台共流转办理疫情防控相关人员信息2.59万条。全市平台助力疫情联防联控工作,承担全市统一发布网格摸排、流转处置相关疫情信息的工作任务。借助平台联动指挥优势,配合市防控指挥部,纵向实时贯通17个镇(街道)指挥中心、274个村(社区)、1123个网格员,横向联动83个市级部门(单位),第一时间向一线网格化工作人员传达市政府的决策意见和工作要求,第一时间发布摸底排查相关工作任务,收集汇总防控工作信息数据。

江阴市交通运输局　市交通运输系统第一时间启动应急响应机制,成立疫情防控指挥部,设立货运防控、水上防控、物资保障、宣传舆情等9个工作小组,全力遏制疫情传播扩散。累计投入13800余人次,24小时坚守工作岗位,外防输入、内防扩散,奋战抗击疫情第一线。加强运力调配,落实客货运输企业30余个,后备客货运输车辆各500辆,驾驶员近1000人,保障应急物资和民生物资快捷通行。有序恢复相关班车线路,为企业开展市内通勤包车服务,组开行班车2600趟次,接送人员超过10万人次,全力保障企业复工复产。江阴口岸严格落实省、无锡市和江阴市防指的各项指示要求,2月27日,召集海事、海关、边检、引航等口岸单位以及相关代理公司和开放码头,由市商务局、卫健委牵头,建立江阴口岸疫情联防联控机制口岸工作组;制定完善《江阴口岸新冠肺炎疫情联防联控工作方案》《江阴口岸新冠肺炎疫情防控应急预案》《江阴口岸新冠肺炎应急处置技术方案》。9月29日,在江阴海关进行江阴口岸应急防控演练;完成高风险船舶"佐伊轮"、"帕拉波拉轮"、"阿托斯轮"的应急处置,防患于未然。开发运行省内首个"江阴口岸登轮作业人员信息管理系统",确保每个登轮作业人员信息全受控、可追溯。积极协调,主动作为,全年完成2090名船员换班,其中登轮出境1077人,离船入境1013人,隔离转运942人(中国籍927人、外国籍15人)。做好服务保障,年初完成400余名引航员,特别是湖北籍引航员在江阴卡口正常进出的问题;分批次组织口岸一线工作人员接种疫苗。助企促产,完成中船澄西船舶修造有限公司9名外籍船员换船出海工作,为船方节省费用80万元;船舶快进快出,全年产值同比实现两位数增长;先后完成外贸船舶转内贸船舶4艘次,为航企增加经济效益。

江阴市水利局　全力加强沿江闸站及内河水利闸站管理,全力排查并劝返武汉到江阴船舶,加强加密船舶人员体温监测及身份信息核实。1月26日零时起,全市就突发公共卫生事件实施一级响应防控措施,水利局立即响应,向全社会发布公告,全市水利(套)闸中除白屈港套闸外的12个闸口全部实施临时封闭。对于白屈港套闸全面加强通航管控,在码头企业复工复产前,对从中高风险地区到江阴的船舶一律劝返;对低风险地区来船确需进闸的船舶,由码头企业如实提供"船舶过闸通行申报表",经套闸工作人员查验核对无误后,在做好防疫措施的前提下给予办理过闸手续,过闸期间,在船人员一律不得上岸,由全面防护的工作人员测温并检视"锡康码",凭"船舶过闸通行申报表"在套闸工作人员的协助下办理相关手续,符合条件,安排出闸。水利船闸管理人员死守防疫一线,仔细排查过往船舶、对船户进行宣传引导,落实各项防控任务和管控措施,确保通航和人员管控"双安全"。

江阴市文体广电和旅游局　第一时间成立疫情防控工作领导小组。局系统213名党员干部和职工积极参与一线抗"疫"战斗,有186名志愿者参加支援新桥镇的服务,为居民、村民倒垃圾、送菜、测体温及排查人员、贴封条,累计服务1347次;14名志愿者参加江阴南北卡口服务,累计服务66次;13名志愿者参加西大街社区的服务,累计服务72次。全局系统174人参与捐款捐物共计140473元。局文艺工作者原创30余个主题文艺作品,一大批反映疫情防治、讴歌一线英雄事迹的文艺作品在局系统微信公众号平台推出,阅读点击量达万余次。原创歌曲《平安归来》由市文化馆集体创作,为武汉同胞祈福,为奋战在防疫工作一线的"逆行者"们点赞,被"学习强国"平台选用并展示。旅游调解人员耐心调处100余件旅游退团纠纷及消费投诉事件。打造"声动江图"线上故事会、"澄韵·群文微课堂"、"云"上送戏等品牌线上产品,举办网络掼蛋比赛、广场舞网络比赛、2020年江阴线上跑等线上赛事活动。覆盖全市的"云游江阴"智能导览系统建成运行,全面启动线上旅游宣传,多条旅游宣传短视频登上"学习强国"平台。紧急完成全市311个点位音柱(喇叭)安装。向江阴市民发放400万元体旅消费券,全市体彩网点获疫情防控专项补助121万元,29个旅行社暂退旅游服务质量保证金404万元,2个星级酒店、4个旅行社、2个绿色网吧获上级纾困资金128万元,暨阳体育对承租户共减免租金360万元。自启动疫情一级响应后,市文体广电和旅游局迅速组织图书馆、文化馆、博物馆、体育中心室内场馆及13个文保单位、17个镇(街道)文化中心闭馆,系统上下取消春节期间活动62场,延期20场。为保障公共文化服务供给,该局贴近公众需求、精心设计线上文化资源、充分发挥"江阴文化云"平台的文化信息资源集成优势,为市民奉上丰富多样的"网上文体旅营养餐"。"江阴数字图书馆"全天候免费提供260多个数据库、3.8亿条数据资源,有超过百万册电子图书、2万集视频、3000余种电子期刊、数千集有声读物、海量报纸文章以及中外文献数字资源。市文化馆推出"文化网约"数字平台,为市民提供五大板块、45个分类、上千种数字资源。编发线上文艺特刊《防疫咏赞》30期,创作包含动画、小品、歌曲、快板、锡剧、评弹等多种文艺形式在内的系列文艺作品。"江阴文体旅游"公众号推出居家运动、广播体操等线上体育健身活动教学系列短视频、江阴景点介绍等系列推介展示。应急广播播发的疫情通告和防控信息，让人民群众特别是农村群众通过权威官方渠道及时了解江阴疫情相关信息，将疫情防控宣传下沉到“最后一公里”。江苏省广播电视局组织无锡市文化广电和旅游局、无锡市广播电视台等相关专家对江阴市应急广播体系建设项目进行验收。专家组实地检查应急广播机房和应急广播终端安装点位，对南闸街道、利港街道的村镇平台、应急救援指挥中心的市级平台进行现场应急功能演示。项目建设情况得到验收组的肯定，并通过验收。至此，江阴市共建设市级平台2个、镇级平台17个、村级平台240个、户外终端1250个，并实现与省、无锡市平台对接。市文体广电和旅游局获评无锡市抗击新冠肺炎疫情先进集体。

江阴市退役军人事务局　1月31日，市退役军人服务中心、关爱退役军人协会联合发布《致全市退役军人的一封公开信》，号召各级党组织和广大退役军人党员凝聚思想、统一行动，全力以赴做好防疫工作。广大退役军人充分发挥自身优势、展现过硬作风，3648名基层退役军人参与地方巡逻、卡口执勤、防疫宣传、隔离监督等工作；累计捐赠资金105.3万元、防疫用物资8吨，江阴市军队离休退休干部服务管理中心的离休干部王永康主动捐赠2万元，获评无锡市“最美战‘疫’先锋”。组织开展疫情防控期间“关爱疫线军人家庭”活动，建立沟通联络服务、临时困难救助、复工复产帮扶“三项机制”，向援鄂军队医护人员家庭公开24小时关爱服务热线，发放联系卡“一对一”与其家属进行对接，利用电话联系、走访等多种形式帮助解决实际困难，确保后方生活稳定，前方安心战疫。广泛发动拥军企业、社会组织和全市退役军人，协调集结大量口罩、护目镜等各类医疗物资和日常生活物资，先后3次赴驻江阴部队医院慰问援鄂医护人员家属及一线执勤部队；响应无锡双拥办号召，筹措理发器、洗发水等十余类生活用品运送至武汉抗疫一线。坚持“一手抓疫情防控、一手抓就业创业”，联合市人社局共同举办2020年“战疫情·拥军情”退役军人及军人家属专场网络招聘会，广泛发动包括市公安局、八佰伴商贸中心、中船澄西船舶修造有限公司、月星家居等在内的50多个用人单位，提供涉及管理营销、会计、辅警、安保等各类招聘岗位200多个，助推企业复工复产，助力退役军人就业创业。

江阴市审计局　认真落实联防联控机制，选派1名审计人员作为市首批抗疫志愿者，参与江阴南卡口24小时轮班值守工作，负责配合交警做好体温检测和消毒工作，检查各类往返车辆，坚决防止疫情输入扩散。20余名审计人员积极主动参与，组成审计局疫情防控志愿服务队深入社区一线。志愿者深入社区内的10个居民小区开展地毯式入户排查登记，到归口小区门岗，协同小区物业管理人员做好出入人员体温测量、车辆出入登记等工作。志愿者共为8500余户居民、22000余名常住人员发放小区通行证，并主动开展疫情防控宣传，引导群众不信谣，不传谣，做好科学防控；为13个网格点，300余户居家隔离家庭和近700名居家隔离人员提供最温暖的后勤保障服务；督促并指导21000余人注册“锡康码”。

江阴市行政审批局　成立疫情防控领导小组，发挥党组织战斗堡垒作用和党员先锋模范作用，发布倡议书，组织战时动员、重温入党誓词、向党旗庄严宣誓。组建4支党员先锋队在江阴北高速出入口，开展信息采集、宣传告知、疫控监督、排查等工作。共安排8批次、每批32名志愿者到华士镇16个村防控一线，按照宣传员、排查员、督查员、代办员、整改员的“五大员”工作定位，在村头路口设卡检测体温、筛查外来人员，宣传防疫知识、做好心理疏导。建立和完善大厅分区管理制度，仅开放大厅北侧大门一个办事入口和大厅南侧11号门一个出口，并在入口设置安检区、缓冲区、留观区，进入大厅办事人员必须测温核验，对体温异常人员引导至留观区进行检测问询，并作相应处置。严格落实大厅消杀措施，做到重点区域每日消毒一次、其他公共区域每两天消毒一次；对公共区域进行彻底大扫除，设置隔离间，所有事业单位工作人员进入一律核验身份，配合体温检查，佩戴口罩上岗，不得带无关人员进入大厅。对业务量大、办理时间相对集中的窗口，提倡和实行预约服务，防止人员扎堆；在大厅设置安全警戒标志标识、配发相应防疫物资，对办理完事项的群众安排导服人员及时提醒和引导离开大厅，减少人员逗留。设置疫情防控绿色通道专窗，实现疫情防控相关企业办理一个入口。通过开通电话预约、微信咨询、线上答疑等功能，实现24小时“一对一”指导，实现“一站式”贴心服务。对医疗物资经营企业，在基本审批条件具备、申报材料主件齐全，其他条件和申报材料暂缺的情况下，容缺受理，帮助企业即刻取得变更后的营业执照，助力企业及时组织货源，缓解市场防疫医疗物资的紧缺。立足“防疫”“服务”两不误，坚持线上线下齐发力，凡抗疫相关事项一律特事特办、急办快办，当场办结，节假日照常办理，保障防疫医疗物资经营企业在第一时间获证。发布“网上办、不见面”倡议书，推进线上办事一网通，通过统一网上政务服务出入口，实现企业群众“一次注册、单点登录、多处互认、全网畅通”，95%以上的政务服务事项实现“不见面”审批。

江阴市市场监督管理局　1月23日制定《江阴市市场监管局新型冠状病毒疫情防控预案》。同日，联合市商务局、农业农村局联合下发《关于暂时停止全市农产品市场活禽交易的通知》，要求全市56个农贸市场（含1个批发市场）及1个花鸟市场全部暂停活禽交易。1月25日，江阴市市场监管局出台《关于实施市政府新型冠状病毒感染的肺炎疫情一级响应措施工作方案》。2月19日，出台《关于支持复工复产缓解新型冠状病毒肺炎疫情影响的若干措施》共4个方面25项措施。完成全市56个农贸市场的“扫码入场”工作。全年督查各类市场130余个次,检查经营户635个次,督促整改问题255个。开展早餐和夜宵突击检查,禁止聚餐经营和堂食活动,共检查餐饮单位7197个次,督促餐饮服务单位开展消毒防控14430个次,累计消毒面积228.26万平方米,消耗消毒药水15415千克。根据江苏省市场监管局《关于进一步加强疫情防控期间全省党政机关和企事业单位食堂食品安全监管工作的通知》要求,督促企业在疫情防控期间改变供餐方式。检查复工企业食堂466个。开展熔喷无纺布价格调查专项行动,对江阴市金凤特种纺织品有限公司、市健发特种纺织品有限公司、市远升无纺布制品有限公司等防疫产品原材料生产企业,作进一步深入细致调查,重点核查企业生产的熔喷布种类、出厂销售价格、销售途径及去向、上涨幅度及涨价详细原因,全面加强防疫用品原材料生产企业及销售终端商店的价格监管。为178个企业免费制定并公示209种防疫产品企业标准。为复工食品生产企业开具“车辆通行证明”58车次。向复工企业发放《关于疫情防控期间市食品生产企业复工提示》,135个食品生产企业实现复工。发布《发挥合同行政监管职能作用助力缓解服务业小微企业和个体工商户房屋租金压力的通知》。开辟检定绿色通道,优先保证对疫情防控和企业复工复产急需的计量器具检定校准需求,加班加点提供快收快检服务。全年,累计免费检定红外额温计92台、热成像仪6台、生物安全柜6台;免费检定压力表、流量计、燃油加油机、电子计价秤等计量器具2.46万台(件),累计为企业减轻负担100余万元。累计实现网上动产抵押审核34件,其中办结登记设立29件,担保主债权数额17.02亿元,办结注销登记5件。全面开展特种设备专项整治工作,落实特种设备安全问题隐患清单管理、动态更新、闭环整改。4月,帮助700余个机构陆续复课(工)。制定印发《江阴市市场监管领域熔喷布、口罩产品专项执法行动实施方案》。立案查处涉疫类案件114件,案值553.1万元,罚没款278.97万元。其中,查处1件熔喷布生产企业涉嫌囤积居奇、哄抬价格案,处罚款150万元;查办1件66万只不合格口罩案;向苏州市公安局移送1件销售假冒3M口罩案;联合江阴市公安局成功查处全省首例以水刺无纺布冒充熔喷布的生产、销售伪劣产品案,此案件获评2020年全国消费品质量执法稽查典型案例。全年处理涉及疫情类投诉举报2279件。通过多个监测系统对防疫相关产品(口罩、消毒液、护目镜等)进行不间断监测,同时对线上销售野生动物及其制品、猎捕工具等产品进行监控,累计监测相关产品5600余种,涉及市内网店115个,发现违法线索8条。组织进口冷链食品使用单位从业人员核酸检测536人次。11月20日集中监管仓正式运行,按照进口冷链食品全检测、外包装全消杀、进口冷链食品来源全追溯“三全”管理要求,对于进入江阴市场储存、加工、销售的进口冷链食品,开展针对性防控措施。

江阴市医疗保障局　及时落实确诊和疑似患者医保待遇,开辟药品耗材采购绿色通道,向集中收治医院预付医保资金2.07亿元,确保患者不因费用问题影响就医,确保收治医院不因支付政策影响救治。综合采取“网上办”“掌上办”“长处方”等多种方式,为参保群众提供不间断医保服务,共处理不见面业务2万余件,汇总报送购药实名信息13万条。扎实做好常态化疫情防控工作,落实核酸检测省定价格和医保结算政策;选派9名志愿者参加交通卡口和社区志愿服务。

江阴市供销合作总社　联合市农业农村局、市商务局、市新国联投资发展有限公司,做好大型超市、农产品批发市场、农产品生产基地、农民专业合作社和种植大户产销对接。1—2月,向市场投放200吨政府储备冷鲜肉,屠宰生猪6992头;向镇(街道)零售店配送除草剂、杀虫剂等物资,销售各类农药38.6吨,销售额200余万元;存储各类化肥2000余吨,出库销售化肥713吨;平价专供社区84消毒液1055桶、75%酒精339瓶。疫情防控期间落实房租减免政策,市级、基层两级减免房租212.2万元。向全国供销合作总社及下属中国畜产品流通协会捐赠口罩2万只,全国供销合作总社委托中国畜产品流通协会和北京市西城区金融街街道办事处送来感谢信。

江阴市政协办　1月28日,江阴市政协发出倡议书,号召全市政协系统积极参与疫情防控阻击战。2月3日,市政协机关袁建明、任陈芳、张蓝等7名党员主动请缨一线,分赴夏港街道社区和江阴高速北卡口参加抗疫值勤。10日,利用“学习强国”视频会议平台召开党组(扩大)会议,学习习近平总书记重要讲话精神,就统筹做好疫情防控和市政协各项工作进行研究部署。19日,走访市政协委员企业和澄江街道黄山社区,实地调研企业复工复产情况,了解社区疫情防控工作。同日,转发省政协关于助力夺取疫情防控和经济社会发展双胜利的意见。20日,市政协主席徐冬青参加省政协专题网络议政会,并作为县(市、区)代表作题为《履职尽责 争做贡献 助力夺取疫情防控和复工复产双胜利》的交流发言。28日,市政协举行第三十七次主席会议,专题学习贯彻习近平总书记在统筹推进新冠肺炎疫情防控和经济社会发展工作部署会议上的重要讲话精神和省、市相关会议精神,研究部署相关工作。3月4日,走访驻江阴无锡市政协委员、江阴市政协委员企业和农业农村界委员,调研了解委员企业和农村防控措施落实情况。18日,走访挂钩服务业骨干企业及部分委员企业,了解企业、项目复工复产复市情况,协调解决困难问题。19日,市政协举行捐赠仪式,向市人民医院、市中医院援鄂医护人员捐款70万元。2020年,市政协先后走访调研110余个企业和挂钩社区,深入了解企业和社区疫情防控情况，积极为夺取“双胜利”献智出力。其间，市政协各参加单位、各镇（街道、园区）政协工委和全体政协委员立足本职、担当作为，以多种形式积极投身疫情防控，在江阴各级政协委员和政协机关干部捐款捐物折合人民币2600余万元（其中支援援鄂医护队员专项资金109.49万元），上报抗疫社情民意专报3期共12条，《关于中小学疫情防控期间“稳学生、稳学业、不折腾、不误学”的建议》获省委书记娄勤俭批示。

江阴市检察院　以忠诚履职投入疫情防控大局，“全链式”打击群众反映强烈的网络电信诈骗犯罪，审查起诉涉疫网络诈骗案件8件8人；从快批捕1名因怀疑自己感染新冠肺炎而故意杀人的犯罪嫌疑人，加强舆论引导，减少民众恐慌情绪；针对江苏某纱业有限公司销售熔喷布、口罩等涉疫物资不开发票情况，向税务部门制发检察建议，促使该公司补缴470余万元税款，推动税务部门对全市1789个涉疫物资生产企业开展稽查专项行动，帮助守好政府的“钱袋子”。积极响应党委政府号召，17名党员志愿者至各管控点参与24小时轮值体温测量工作，累计参加志愿服务200余小时，为共同打赢疫情防控持久战扛起检察担当；100余名检察干警投入镇（街道）疫情防控一线，协助各村（社区）做好卫生防疫巡查、重点卡口协管、复工复产指导等工作；组织22名干警参加“携手同心、抗击疫情”无偿献血活动，为战“疫”添上浓墨重彩的检察印记。成立疫情风险排查防控应对领导小组，严格落实排查日报制度，全面排查全院干警、职工及家属855人次；贯彻“非必须、不接触”原则，鼓励群众采取信件、网络和电话等“不见面”方式反映诉求；实行律师异地阅卷制度，接到咨询、预约来电80次，办理零接触阅卷申请24件；开启“云办案”模式，严格来院嫌疑人轨迹查询，运用远程视频提讯、庭审系统办理案件69件；成立企业复工复产法律支持团队，向企业提供法律咨询20次，得到企业的好评。

江阴市法院　把疫情防控、维护稳定、保障经济社会发展作为一项重要政治任务，迅速成立疫情防控领导小组，妥善安排疫情防控和审判执行工作。及时出台《关于进一步做好疫情防控和维护稳定工作的实施意见》，向社会动态发布疫情防控诉讼提示，加强网上办公办案，网上开庭审理案件515件，通过线上远程调解，为全市一个新能源重点规模企业回笼资金近亿元。依法办理涉疫情案件436件，从重从快“隔空”审结涉防疫物资诈骗案，协助属地党委政府及相关部门妥善处理因疫情引发的多起群体性商铺租赁纠纷。开展司法网拍直播月活动，降低疫情对司法网拍工作的影响，提高网络司法拍卖成交率和溢价率。走访企业界、医疗卫生界代表、委员190余人、企业600余个，助力企业复工复产。积极参加联防联控，组织150余名干警在高速路口、乡村、社区协助开展人员排查、测温、隔离等防控工作；号召干警捐款21.5万元，定向支援疫情防控一线。举办“援湖北医疗队抗疫先进事迹报告会”，引导干警学习抗疫英雄不畏艰险、勇于担当的优秀精神品质；“江阴法院”微信公众号发布38篇抗疫相关报道，被最高人民法院、中央政法委长安剑、江苏高院等微信公众号采用8篇。

江阴市总工会　第一时间深入疫情防控一线走访慰问，为定点医疗机构、援湖北医疗队员、一线公安干警、疫情防控重点物资生产企业等拨付专项资金，并组织慰问物资，总计221万元。在疫情防控关键节点，及时印发参与疫情防控和复工复产的相关通知、工作方案和倡议书，引领广大职工同心协力促防疫、同舟共济促发展。宣传职工积极参与疫情防控的先进事迹，“江阴职工之家”微信公众号推送疫情防控专题文章128篇，宣传报道一线劳模、职工、志愿者和企业家等先进典型72个。做好疫情期间稳就业工作，线上线下发布用工信息80期，提供就业岗位2.2万个。贯彻落实江苏省总工会小微企业工会经费支持政策相关文件精神，返还2.4万个小微企业工会经费9500余万元。对122户特困职工家庭发放疫情防控一级响应期间专项生活补贴51万余元。组织113名一线社区抗疫人员开展疗（休）养活动。

江阴团市委　成立数据专班、防疫物资生产、复工复产等青年突击队50余支，集结在江阴大学生、青年志愿者等群体740余人，为打赢疫情防控阻击战发挥积极作用。

江阴市妇联　发动全市妇联干部、执委、巾帼志愿者1.5万余人投身疫情防控第一线。通过“江阴LADY”微信公众平台及时宣传各类抗疫一线巾帼妇女典型事迹，特别策划开设抗疫专题专栏，宣传“立足岗位、争做最美巾帼奋斗者”系列典型，发布“我想对她说”“我来跟她学”“我能帮她忙”系列微课，累计推送文章、课程近百篇，阅读量20万余次。响应省妇联号召，发动“在你身边，抗击疫魔”健康守护行动和“守护逆行者”暖心行动网络捐款。落实“四暖”（暖心包、暖心菜、暖心话、暖心卡）服务，将“四暖”送至驰援武汉25名医务人员家庭。开展“守护最美逆行者暖心行动”——关爱赴武汉和全市抗疫一线医务人员活动。助力企业复工复产，开展“春风送岗”网上招聘活动。为增强防控安全意识和防护技能，开展同心战“疫”——网上妇联团建疫情防控知识竞赛。分批走访慰问交通管控卡点一线工作人员，关心关爱困难妇女儿童和社区一线巾帼志愿者，送上开学防疫和复工复产暖心包。据不完全统计，全市各级妇联、女企业家协会发动线上线下捐资捐物价值1200余万元。

江阴市科协　开展疫情防控应急科普和志愿服务工作，助力企业复工复产。动员以“四长”（学校校长、医院院长、农技站站长、高新企业董事长）为代表的科技工作者投身战“疫”一线，选派市科协机关人员充实志愿者队伍，深入长泾镇相关村（社区）参加疫情防控志愿服务。制定疫情防控应急科普工作方案,利用“江阴科协”微信公众号等平台,转发“科普中国”“健康中国”等权威科普信息3000余条(次),免费发放应急科普报刊和图册70余万份。举办“防控疫情科普同行”“诚信江阴建设”“防震减灾”等线上专题科普知识竞赛十余次,推出线上家庭亲子科学实验课100余次,与市应急管理局联合印制《江阴市民安全与应急手册》,会同镇(街道)开展科技类校外培训机构复学现场验收,推动13个科技类校外培训机构按要求规范做好复课防疫工作。

江阴市侨联 组织全体党员志愿者参加一线疫情防控服务,参与人员排查、社区巡查、隔离人员服务等工作。市内各级侨联组织发动海外华人社团和爱国华侨采购防控疫情急需防护物资,捐赠给指挥部和医疗机构。组织在江阴侨资企业捐款捐物,支持疫区和地方抗击疫情。据不完全统计,全市侨界募集捐赠善款5804.4万元,以及医用口罩、防护服、手套、隔离面罩、护目镜、消毒产品、喷雾瓶、空气净化器等物资,价值100万余元,较好地履行社会责任,展示新时代侨企形象。加强与相关板块和部门、侨联分会联动与沟通,及时掌握疫情期间海外留学人员回国和滞留情况。密切关注疫情变化,及时了解汇总留学生归国出入境和隔离检测过程中的问题,宣传有关出入境政策法规,全天候答复各种咨询,为留学生出入境提供便利。联动相关部门帮助留学生家庭及时解决困难,缓解心理压力,妥善化解矛盾。通过网络途径加强与海外侨胞联系沟通,了解他们在海外工作和生活情况,传递家乡的关心、关注、关爱。

江阴市文联 组织全市文艺工作者创作大量直面抗击疫情优秀作品,描绘疫情防控阻击战中的动人场景和感人故事,以文艺形式刻画英雄、讴歌壮举、振奋精神,为疫情防控凝聚起强大精神力量。其间,举办“‘艺’起前行”——致敬抗疫中的你和江阴、“笑容”——致敬抗疫英雄等主题展览,编发美术、书法、摄影和音乐类主题作品集,向江苏援湖北医务工作者捐赠书画作品62幅。累计创作各类文艺作品3086件,连续推出微信公众号127期,刊发抗疫主题作品1348件。

江阴市工商联 第一时间发出倡议,号召各基层商会(协会)和广大会员积极参与疫情防控。据不完全统计,全市各基层商会(协会)和民营企业家捐款捐物,总价值超1.5亿元。全力做好企业服务,帮扶企业复工复产,市工商联与江阴浦发村镇银行联合推出助力企业复工综合服务平台,为10108个民营企业定向申购防护口罩550.58万只,收到企业贷款申报29笔,计5760万元,审批通过6笔,计680万元。

江阴市红十字会 1月29日,发布《江阴市红十字会关于接收社会捐赠的公告》,得到社会各界的积极响应。当日就收到第一笔爱心市民捐款500元。30日,接收一批价值384.4万元的医疗设备和医疗试剂,该批捐赠物资立即由邮政EMS装车发往中国人民解放军中部战区总医院。2月4日,江苏三房巷集团有限公司捐赠500万元,定向用于江阴市疫情防控应急指挥部。根据疫情防控工作要求,组织动员红十字会机关干部、基层组织成员、会员、志愿者参加新冠肺炎疫情社区联防联控工作。市委、市政府激励关爱疫情防控一线人员的爱心举措,主动为医务人员特别是援湖北医务人员办好“暖心事”,向援湖北医务人员和全市抗疫一线医务工作者送上慰问金194.83万元。市红十字会联合市卫健委向全市疫情防控一线医务人员开展慰问活动,送去慰问用品价值7.25万元。以中国美术家协会会员、江阴市美术家协会名誉主席王俭所画江阴25位援鄂英雄肖像作品为素材,印制抗疫主题邮册《春暖花开时,白衣战士归》,赠送给江阴援湖北医护人员。其间,市红十字会共接收社会捐赠款物折合人民币20256612.92元,其中接受捐款10784657.32元,接受物资折价9471955.60元。70.9%的款物用于江阴市抗疫一线,有力支持全市疫情防控工作。据不完全统计,全市红十字会系统共发放各类新冠肺炎防控公告25000份,新冠肺炎疫情宣传单和海报15100份,新冠肺炎防控知识手册7500份,悬挂宣传横幅近1500条。

江阴市残疾人联合会 因疫情影响,“残疾人之家”活动暂停,引导残疾人康复机构为残疾人康复提供线上指导、心理疏导等服务项目。为408人发放临时生活补贴24万元。采取线上年审残疾人就业保障金办法,年审企业512个,其中51个企业获安置残疾人奖励83万元。开展线上招聘活动,新增实名制就业131人,辅助性就业500人,事业单位招录1人,应届毕业大学生就业率100%。发放创业扶持补贴12.5万元,扶持残疾人自主创业8人;发放社保补贴55万元,惠及自主创业、灵活就业残疾人350余人。开展线上培训教育,实施残疾人面点、插花、美甲、电商、服装设计等培训课目10项,与各镇(街道)联合开展“送训到家”服务,累计培训221人。举办“破疫迎春 静待花开”书画摄影活动,2件作品被评为书画摄影优秀作品。以“战疫的青春最美丽”为主题,开展励志宣讲进校园、进社区、进企业20余场次,受益师生及社会公众3000余人。市各级残联组织、残疾人专门协会、残疾人服务机构人员和残疾人工作者积极响应号召,深入抗击疫情一线,在高速道口、镇(街道、园区)、企业、超市、政务服务中心等公共场所协助开展疫情防控、防疫宣传、排查登记、卡口执勤等志愿服务活动,对居家隔离人员开展入户走访、消毒消杀、体温监测、物资输送等工作。紧密联系残疾人,迅速组建志愿服务团队支援防疫一线,号召爱心企业、爱心团队、爱心人士积极参与疫情防控募捐活动。残疾人工作者、志愿者组成多支“宣传队”,拍摄公益宣传片,实录抗疫先锋,到道路和重要卡口进行流动宣传,免费发放防疫物资,积极助力疫情防控。

市爱卫办 开展疫情防控爱国卫生运动,采取“倡议书”“小视频”

“乡音小喇叭”等多种方式，利用传统媒体、新媒体等多种平台广泛发动全社会共同参与爱国卫生工作，全方位宣传防疫健康知识，最大程度提高公众防疫水平。紧急采购消毒药剂，下发各镇（街道），解决物资紧缺困难。因地制宜开展全市公共场所预防性消毒培训。部署及规范对农贸市场、超市、社区等重点场所消毒工作。成立爱国卫生工作专班，组织开展爱国卫生专项督导。制定下发《关于持续开展爱国卫生运动全面做好环境卫生整治和精准消毒工作的通知》，建立“周末卫生日”“每月大扫除”等制度，常态化开展好爱国卫生工作。

江阴高新区　党工委、管委会第一时间贯彻落实中央、省、市各级防疫工作部署要求，成立9个工作组、7个专业组，并抽调力量，实行24小时实体化运作，与社区、医院、企业等携手。迅速出台高新区防疫操作要求，发放20万余份各类告知书、800万余条群发短信，60个广播大喇叭语音轮播，广泛宣传。制订物资调配方案，累计调配口罩30万只、额温枪355个、防护服3830套、各类消杀用品5471千克，为一线防疫提供坚实保障。根据每个社区人口规模配备相应的网格员和志愿者，为居家隔离户提供物资配送、体温测量、垃圾清运等后勤保障服务，主动关心隔离人员的心理健康，邀请专业人员开展“云对云”“点对点”心理疏通。全面落实市公安部门措施，严厉打击违反防疫要求行为，查封违规提供堂食餐馆3个，拘留违反疫情防控要求人员2人。选派126名机关工作人员下沉至12个社区，与社区工作人员同吃同行同值班。选派100名机关工作人员分成45个一线工作组下沉至全区185个规模以上企业，指导企业防疫防控、复工复产。发动医务人员、居民党员、社会青年、教师群体、企业职工共1000余人组成志愿者队伍，纳入工作网格，参与防控工作。志愿者在长山卡口和5个村卡口，专人24小时值守，切实守好江阴东大门。按照“一支队伍、一套装备、一个流程、一部电话、一个宣传栏”“五个一”的标准，封堵小区出入口106个，保留小区出入口64个，对进出人员严把登记关、测温关、验码关。志愿者在社区对来自非重点疫区人员，率先按照风险等级，创新实施红蓝分类居家隔离管控，落实一人一档，不折不扣做到闭环操作，累计隔离13713人。志愿者先后在艾美家、良居、东恒3个集中隔离点，累计隔离676人；推动外来人员较多的7个重点企业自行设立集中隔离点，由医务人员加强防疫规范指导，一线工作组加强日常巡查，累计观察1646人。成立由医务人员任组长的疫情防控解除隔离专业工作组，对隔离满14天的集中、居家隔离人员，进行现场查核，建立一人一档，发放解除隔离告知书。通过相互比对、反复核查，摸清辖区内外来人员底数和来源分布，准确掌握外来人员动态，共排查企业8509个、出租户14163户、外来员工70130人次、外地学生5081人。累计核查疫情防控数据229019条，为2335名3月1日以后湖北到江阴人员、175名5月30日后北京到江阴人员、21名7月6日以后新疆到江阴人员、8名7月24日以后大连到江阴人员、76名9月27日以后青岛到江阴人员、4名10月10日以后新疆喀什地区到江阴人员、6名10月27日以后天津市滨海新区到江阴人员、2名11月5日以后安徽阜阳颍上县到江阴人员、65名11月7日以后上海浦东新区到江阴人员进行核酸检测。先后推广使用“返锡通”“来澄通”“锡康码”“苏康码”，采取轨迹查询等手段，及时掌握重点人员去向和接触范围，“锡康码”已注册1557830人，登记注册验证员4125人，审核员84人。率先设立防疫督导员制度，对复工企业开展现场防疫指导，协助企业编制防控方案、完善复工流程，督促企业严格落实“五个到位”。安排志愿者队伍入驻防疫保供单位生产一线，填补员工缺口，助推企业在最短时间内恢复产能、保障生产；积极为返江阴员工提供防疫服务；协调解决企业生产物资运输困难，发放无锡运输车辆通行证118份、江阴运输车辆通行证近10000份。在贯彻落实全市“惠企25条”的基础上，结合高新区实际，出台减免中小企业房租政策，对承租和使用国有资产类经营用房（包括科创载体）的中小企业免收3个月房租。通过“云招商”“云签约”“云审批”“云服务”等模式，变“面对面”为“屏对屏”，推动一批重大项目及时落地。

江阴临港开发区　始终以实际行动践行抗击疫情责任与担当，第一时间成立应对疫情工作领导小组，全区上下防疫一盘棋，区镇街园防控一张网。开发区和镇街机关干部、基层党员干部以及社会各界共3822名党员志愿者“5＋2”“白加黑”奋战在防疫第一线，指导企业复工复产工作，为打赢疫情防控阻击战贡献力量。组织开展“丹心热血、战‘疫’同行”无偿献血活动，1500余名干群无偿献血，30名志愿者完成干细胞采样入库。社会各界纷纷捐款捐物、奉献爱心，远景能源有限公司捐赠5000万元、长江村捐款500万元、双良集团有限公司捐款500万元等。宣传各类疫情防控知识，更换宣传内容3000多条，发放宣传资料48万份，挖掘疫情防控先进经验和典型事迹54个。

国家税务总局江阴市税务局　统筹做好疫情防控工作，全局组建11支党员突击队，组织136人上岗，支援6个社区、2个高速卡口的防疫任务，志愿服务累计时长5000多个小时。组建“党员复工复产税援团”，开展“千企千问”活动，保障企业有序复工复产，全局累计3363人次参加并志愿服务企业2203个。涌现出“95后”青年党员驱车百余千米凌晨4点志愿站岗、党员夫妻档驻守高速卡口携手抗疫等先进典型，以此为感召，25名干部主动递交入党申请书，积极向组织靠拢。在了解到共建单位国家税务总局四川省泸定县税务局防疫物资紧缺后，江阴市税务局克服自身物资紧张，第一时间筹集防疫物资帮助其解决燃眉之急。配合江阴市委、市政府推出“惠企25条”,点对点推送优惠政策、分级分类加强对纳税人辅导服务,以最快速度、最高效率,确保政策红利直达市场主体,确保抗疫、复工复业优惠政策应免尽免、应享尽享。全年累计新增减税降费53.74亿元,其中共3.4万个次企业享受疫情防控优惠政策合计减免税额5.5亿元。

江阴市住房公积金管理中心　贯彻落实《关于妥善应对新冠肺炎疫情实施住房公积金阶段性支持政策的通知》《关于疫情防控期间进一步加强住房公积金服务保障的通知》等政策,指导受疫情影响的企业降低住房公积金缴存比例、缓缴住房公积金,减轻疫情对企业生产经营的影响,全力支持企业复工复产。全年,江阴有230个单位根据自身经营状况,降低缴存比例,累计节约资金1590万元。缓缴政策持续半年,中心共指导78个单位延期办理住房公积金缴存业务,涉及缴存职工3916人、资金227万元。

国家统计局江阴调查队　按照国家局、总队及江阴市政府统一部署,第一时间成立应对新型冠状病毒感染肺炎疫情工作领导小组。坚持疫情防控和统计调查两手抓、两手强,一方面加强防控知识宣传教育,提高全队人员的自我防护能力。另一方面坚持做好各项统计调查工作。充分发挥青年学习小组作用,发挥统计轻骑兵作用,积极创新调查方式方法,及时开展相关调研,了解疫情对江阴市民生活影响以及市民对政府防疫工作认可度,了解医疗及生活物资的生产供应和价格变动情况,知晓当下市民对防疫用品的需求和担忧情绪的影响因素,倾听市民对政府防控措施的评价、期盼与建议;疫情防控对江阴养殖业的影响情况;疫情期间农耕备耕情况;以及江阴市企业复工复产情况等。累计撰写报送疫情防控相关调研信息分析14篇,工作交流6篇,其中总队录用3篇,国家统计局录用2篇,为地方抗击疫情做出统计人应有的贡献。同时参加江阴高速卡口24小时轮值,志愿服务者配合社区开展巡查、外来人员排查登记、路口卡点执勤等工作,为社区减轻负担,累计服务126小时。制作《江阴居民对新型冠状病毒肺炎疫情知信行情况调查》的电子问卷,共收回有效问卷463份。江阴调查队两名“90后”入党积极分子第一时间响应号召,每人献血300毫升。

江阴市邮政公司　全面实施“四不中断”(网点服务不中断、机要通信不中断、揽投服务不中断、在线服务不中断)“四免费办”(救援物资免费送、上门揽收免费办、个人捐助免费寄、捐款转账免费汇)服务。疫情期间寄递防疫物资1.2万件,助力1万余名学生寄递教科书本,协助扶贫助农产品销售,配送超市生活用品、蔬菜等361吨;保证机要通信和党报党刊发行安全畅通;承办政府保障性口罩封装工作,累计44天898人次,包装配送口罩327万只,惠及百姓32.7万户;为受疫情影响、经营困难的小微企业和个体工商户减免租金37.13万元。9月23日,市邮政公司承办“致敬战‘疫’英雄——新时代文明实践爱心邮路有你”启动仪式,向江阴援湖北医护代表捐赠《众志成城·抗击疫情》纪念邮折、以江阴画家王俭笔下25名援鄂医护人员画像为设计素材制作的《春暖花开时,白衣战士归》抗疫主题邮册和邮折。是日,江阴市委宣传部,市文明办、卫健委、邮政公司正式宣布启动“新时代文明实践爱心邮路”和“防疫宣传邮路”。

江阴海事局　全力抓好水路疫情防控。落实“一断三不断”(“一断”是坚决阻断病毒传播渠道;“三不断”是公路、交通、网络不能断,应急运输绿色通道不能断,必要的群众生产生活物资运输通道不能断)要求,建立抵达江阴72小时、48小时和24小时警戒线,设置专用锚泊点,建立船舶防控隔离区,牢牢守住水上疫情防控安全底线。有效保障船员合法权益,累计帮助1879人次国际航行船舶中国籍船员在江阴港换班。常态化抓好内部疫情防控,及时调整优化工作模式,强化干部职工动态管理,全局实现“零感染”。全力阻断境外疫情传播。成立涉外防控领导小组,制定《江阴海事局涉外疫情防控现场工作指南》,发布国际航行船舶进出口岸10条注意事项,合理确定船舶风险等级。开展严防疫情水路输入专项检查行动,推动口岸开发省内首个登轮作业人员信息管理系统,实现全领域全链条排查监管。全力助推企业复工复产。开辟援湖北物资绿色通道,安排运输重要民生物资往返湖北的船舶优先装卸、集中锚泊,全力驰援打赢疫情防控攻坚战。组建援企专班,统筹船舶修造与疫情防控,全年协调澄西船厂修理外轮178艘次,实现逆势增长。实施“四季党建”项目,助力江阴兴澄特钢有限公司提升散货中转效率,帮助中石油江苏江阴石油分公司规范油品高温运输,提高中粮集团江阴分公司粮食调拨转运保障能力,解决中石化江苏江阴油品储运有限公司保税油品运输难题,复工复产成绩单得到央视关注报道。

江阴海关　第一时间成立工作指挥部,党员带头组建疫情防控突击队,实体化运作支持口岸一线,落实“7+8”口岸疫情防控模式(“7”即七项措施,包括开展风险评估、确定防控措施、严格口岸查验、合理调配人员、强化物资储备、完善联防联控、加强健康宣教。“8”即八个及时,包括及时成立相关组织机构,加强组织领导;及时制定防控对策,部署防控工作;及时制定防控工作方案,统一防控要求;及时针对防控工作要点,开展专项督查;及时做好检测技术储备,提供技术支撑;及时加强物资更新维护,确保准确有效;及时开展教育培训演练,提升应急水平;及时开展健康宣教工作,强化舆论引导)和地方联防联控机制。1月23日至12月31日,累计检疫出入境船舶2810艘次、船员5.28万人次,办理船员离船入境1013人次、登轮离境1077人次,验核“出入境健康申明卡”52513份,未发现异常状况。全年强化对出口医疗防疫物资申报不实行为打击力度,共立案3件,涉案口罩580万只、医用防护服

20040件，案值1421万元。

江阴边检站　坚持“外防输入、内防反弹”的总体策略，严格落实江苏边检总站港口“四四六”管控机制（即“四类人员”：登陆作业人员、换班离船回家的中国船员、入境非换班临时登陆的中国船员、引航人员；“四个重点部位”：梯口、锚地、重点船体、口岸限定区域；“六类船舶”：“幽灵船”、货郎船、供给船、作业船、外贸转内贸船、沿海渔船），研发“江阴口岸登轮作业人员信息系统”，针对锚地、梯口等防输入的高风险点位，设置电子围栏，实时掌握锚地动态。先后开展严防水路疫情输入、“三无”船舶*专项整治活动11次，协同处置新型冠状病毒肺炎疫情突发事件6件，为1711名中国籍船员办理登离船手续，为89名需登陆就医的外籍船员办理临时入境许可，妥善解决34名滞留港口外籍船员登陆休息难题，为3名外籍船员办理离船换班手续。

江阴长江引航中心　1月24日，组建疫情预防应对领导小组，坚持疫情防控24小时应急值班。并根据国内外疫情发展变化，阶段性调整防控策略，3月1日，将疫情防控重心由“内防扩散”调整为“外防输入”，制订并持续完善《引领国际航行船舶防控新冠疫情输入风险工作方案》。依托属地政府联防联控机制，建立信息共享渠道，对入境进江船舶精准实施分类，分级强化疫情防护措施，采取固定专班引航员、固定交通车艇、固定休息场所的“三固定”模式引领，定期核酸检测，闭环管理。建立引领国际航行船舶新型冠状病毒肺炎疫情应急响应处置预案，切实有效防止疫情发生和扩散。全年调派专班引航员2.3万人次，引领高风险船舶2.1万艘次，妥善处置应急响应56次（其中重大风险14次），流调隔离引航职工261人，未发生引航职工感染事件。

江阴市供电公司　出台10项服务举措，助力企业复工复产，保障用电安全可靠，以实际行动践行“人民电业为人民”的企业宗旨，服务江阴经济社会高质量发展，复工市重点项目电力迁改及接入工程，有序开展全年电网工程建设，保障各类企业复工复产。按照“先复电、后抢修”原则开展应急抢修，快速恢复供电。推行报装接电“特快电力”服务。进一步优化电力营商环境，保障客户快速接电、快速投产。对涉及疫情防控、供电抢修等相关项目的紧急物资需求，畅通“绿色通道”，高效做好物资采购工作。加强对各类企业日用电情况监测，开展企业复工复产情况动态分析，为政府防控疫情提供数据支撑。对全市发热门诊提供“一家发热门诊、一个保电方案与应急对策”的服务，对防疫物资生产企业、道口疫情管控点做到“每日一检、每日一问”。对全市疫情防控重点单位的新建和扩建用电需求，实施线上报装“零上门”、绿色通道“免审批”服务，并由供电公司投资建设外线工程至客户红线。执行临时性电价扶持政策，做好复工复产企业服务，加大对疫情防控扩产企业支持力度。全力确保民生用电，疫情防控期间居民用电客户欠费不停电；防疫物资生产企业确因流动资金紧张、交费有困难的，疫情防控期间欠费不停电。开展驰援湖北医疗救护人员“用电无忧”行动。积极服务驰援湖北医疗救护人员，及时解决其家庭用电需求和困难，主动进行家庭用电情况分析和用电隐患检查。

江阴市新国联集团有限公司　党委第一时间成立疫情防控领导小组，始终坚持公司“一盘棋”，上下“一条心”，紧密织牢集团、部门、子公司三级联防联控网络，动员和组织各方力量宣传疫情防控知识、做实信息摸排工作，多渠道、全方位筹集疫情防控物资，全力以赴抗击疫情。农贸市场、纺织市场、花鸟市场等市场主体坚守防疫不放松，第一时间禁止市场内活禽交易，清空市场内活禽，加强长效化管理，坚持对冷冻食品进行索证索票工作，从源头做好防控工作，并按卫生防疫要求对交易场所、设施设备进行全面清洗消毒。及时掌握疫情最新动态，扎实开展疫情防控工作，累计发放口罩3万余只，发放《新型冠状病毒防控指引》千余份。组织相关市场工作人员和经营户进行咽拭子核酸检测，共采集标本971份。响应市政府“惠企25条”政策号召，履职尽责，制定《关于应对疫情减免承租户房屋租金的实施细则》，认真细致完成租金减免工作。全年各相关单位签订减租协议1462户，减免租金1166.27万元。金阳、信联两个担保公司切实做好中小微企业扶持工作，帮助企业克服困难，补链、强链，全年新增贷款担保663笔，新增贷款担保21.44亿元，优惠担保笔数336笔，优惠担保费842.31万元。

江苏江南水务股份有限公司　为全力确保供水的平稳运行、市民的安心用水。健全组织，细化职责。成立新型冠状病毒疫情防控工作领导小组，统一指挥、协调、管理疫情防控工作，制定科学有效防控机制，各部门和子公司分别成立相应工作小组，强化主体责任落实。压实责任，明确纪律。加强执纪问责力度，加密检查督导频次，确保公司疫情防控工作有序有效开展。摸底排查，消除隐患，严把排查关口，全体员工签署承诺书，报告身体情况和假期出行轨迹；对进公司人员进行体温测量，做好台账记录；对离江阴员工实行审批制度；对返江阴员工，严格落实核酸检测和居家隔离相关规定，累计对32名离江阴员工排查摸底、居家隔离。宣传引导，科学防控。通过公司办公平台，定向推送防控指南，张贴防疫小常识。落实戴口罩制度，每周配发口罩等防护物资，累计发放口罩8.46万只、防疫包1042包、防护服128套。落实消毒制度，每天两次通风消毒公共场所。落实分餐制度，疫情严重期间，采取取餐后回办公室用餐制度，恢复堂食后，实行分时段、分区域用餐。防控期间，非工作人员禁止进入水厂、加压站；各营业厅严格落实防疫要求，所有进入人员必须佩戴口罩、测量体温、登记信息、扫码显示绿码，才可进入办理业务。

江阴城建产业发展有限公司　接到市委组织部发出的《关于招募党员志愿者参与做好新型冠状病毒感染的肺炎疫情防控工作的倡议》后，全体党员积极响应踊跃报名。2月2日起，城建志愿者遵循有关部门统一安排陆续到各自工作岗位。3月2日，组织员工开展义务献血活动，市直属机关物业管理有限公司坚守防控一线，严格按照上级指示精神，全力做好疫情防控阻击战、成果守卫战的后勤保障工作。作为疫情防控的第一道关口，机关物业公司高度重视门岗工作，细化门卫保安防控方案，落实内部防控措施。保安人员严格执行进入大院前测温、扫码步骤，合理疏导交通，减少车辆拥堵，维护和保障机关大楼办公秩序，防止发热人员进入机关大楼。机关物业公司安排专业公司对办公区域进行全覆盖的环境消杀工作，组织人员参加疫情防控志愿者培训，熟练掌握各类消毒原料专业配比。为防止废弃口罩成为新的传染源，特别增设废弃口罩收集处，同时增加楼层垃圾清理次数、增设电梯轿厢感应式紫外线消毒灯等，做到专业器械消杀与人工保洁消杀的有机结合，全方位、不留死角。车辆服务人员全天候待命，提前做好车辆消毒工作，保障市政府办、卫健委"疫情检查组"对全市卡口、乡镇的大范围检查，以及市发改委"物资组"的防疫物资的调配和运输保障工作。会务人员按流程使用消毒液、酒精、紫外线灯、空气净化器等对会议室整体消毒，保持会场空气流通，对会议物品进行消毒液浸泡清洗，并高温烘干，保障疫情防控会议顺利召开。按照各部门制定的疫情防控工作方案内容，领导层及品质管理人员组成4个督查组，进行实地检查，确保疫情防控工作落细落小落实。机关物业公司各部门、各服务点统筹安排、协同作战，在确保各项防控措施精准落实到位的同时，对部门以及各分包单位进行人员动态情况盘查，仔细核对花名册、做好每日测温上报工作。江阴敔山湾开发发展有限公司按照疫情防控工作要求，做好疫情防控工作，成立疫情防控领导小组，制订防控应急预案。在敔山湾区域内，及时悬挂疫情防控标语、播放疫情宣传音频，呼吁市民做好疫情防控工作。同时，也加强区域内的巡逻工作，对未戴口罩的市民进行劝导。积极与上级部门协调筹措额温枪、消毒水、口罩等防疫物资。积极与合作单位江阴市少年宫对接，做好防疫宣传音频、标语制作工作。对户外作业人员进行防疫排查，做好防疫宣传。疫情防控期间，敔山湾区域、国际会展中心停止一切活动的承接和举办，运动中心停止营业。复工复产后，江阴市国际会展中心(少年宫敔山湾分部、敔山湾运动中心)严格落实"测温、扫码、登记"工作措施，防疫工作形成制度化、常态化。

江阴市秦望山产业园公司　党支部充分发挥好国企党组织"把方向、管大局、保落实"的领导核心作用，坚定不移地把中央和省市委各项决策部署落到实处，引导党员干部员工积极投身疫情防控第一线。同时，统筹安排部署年度重点工作，做到疫情防控和复工复产"两手抓、两手硬"，制定秦望山产业园公司疫情防控(含常态化防控)工作方案，落实严格的主体责任和工作责任制，及时准确规范报告疫情信息。严格遵守疫情防控有关管理规定，购买防疫物资，加强宣传教育，开展志愿服务，完成员工各轮排查工作，及时上报防控措施信息日报。公司党支部4名青年党员志愿者积极投身疫情防控第一线，在高速公路卡口累计服务5个白天、16个夜晚；公司党支部募集党员捐款8000元；公司23名员工积极参与无偿献血活动，献血总量6200毫升。积极参与关爱返江阴民工和企业复工复产工作，倾力解决外地员工在江阴住宿问题，推进公司复工复产。秦望山产业园公司、锦绣江南公司成立工作专班，合理调配人员，科学制定计划，有序推进锦绣江南工业废弃物综合利用项目二期(常规线)建设。

江阴市保安服务有限公司　1月24日召开紧急会议，第一时间成立疫情防控工作领导小组，以及后勤、安全、勤务运营等疫情保障组，制定周密的应急预案，构建"4+4"(4个副总经理+4个保安管理大队长)组织架构，按照管理区域属地负责、部门守岗尽责的原则，由主要领导挂帅指挥，分管领导分片区监管，公司上下联动工作。广大保安人员忠于职守、坚守一线，在服务岗点、居民社区构筑起一道道安全防线。公司领导带头在江阴南、江阴北、江阴轮渡等卡口管控站执勤；每天有1900余名保安员坚守全市政府机关、企事业单位、医院、金融等565个人力防范点执勤。据统计，疫情防控中，公司共为客户单位消除安全隐患1594处，制止灾害事故228次，扑灭火情(险)360次，为群众做好事1869件次，检查、消杀车辆540余万辆次，为1000万人次出行群众测量体温和登记，开展应急处突演练1130余次，有效处理各类应急突发事件325件，抓获犯罪嫌疑人2人，2000余人次参加市公安局组织的联勤联防义务巡逻。

(以上内容由全市各相关单位提供)

■类目编辑　纪晓华

开局十四五　奋战新征程
以优异成绩庆祝中国共产党成立100周年

——在市委十三届十一次全体（扩大）会议上的讲话

（2020年12月31日）

江阴市委书记　许　峰

一、2020年的工作和“十三五”的成就

即将过去的2020年，是极不平凡的一年。面对突如其来的疫情冲击和严峻复杂的宏观形势，全市上下坚决落实上级决策部署，坚定信心、加压奋进，在大战大考中经受住了重大考验，较好地实现了预期目标。疫情防控成效显著。坚持严防严控、可知可控、精准防控，全市人民守望相助，“最美逆行者”舍生忘死，党员干部冲锋在前，澄商澄企“以义战疫”，以一场果敢的阻击战，取得了疫情防控的阶段性胜利。经济运行稳中有进。主要经济指标逐月回升，预计实现地区生产总值4100亿元、一般公共预算收入259.7亿元、全社会固定资产投资880亿元，实际使用外资9.2亿美元，进出口总额192亿美元，稳住了经济发展的基本盘。城乡建设扎实推进。国土空间总体规划、锡澄协同发展区启动区规划等加快编制，锡澄S1线、南沿江铁路江阴段、江阴靖江长江隧道工程加快推进，芙蓉大道快速化改造工程、黄田港公园、锡澄运河公园样板段建成投用，农房翻建试点全面推进。生态治理有序实施。“厂中厂”“散乱污”整治深入开展，减煤任务超额完成，长江流域江阴段退捕工作全面完成，城乡生活污水治理取得明显进展，生态环境质量持续提升。民生福祉稳步提升。新增就业岗位6.5万个，扶持自主创业4713人，各项社会事业协调发展，为民办实事基本完成，安全隐患排查整治持续深化，社会大局和谐稳定。党的建设全面加强。“两个责任”*持续压实，全面从严治党纵深推进，“三转一提”*专题学习活动深入开展。人大、政协围绕中心履职尽责，统战、人武、法院、检察、群团、双拥、老干部、老龄、对口援建等各项工作取得新的成绩。

2020年工作的顺利完成，标志着“十三五”圆满收官，标志着决胜高水平全面建成小康社会取得决定性胜利。过去的五年，全市上下团结一心、砥砺奋斗，以实现全国县域经济基本竞争力“十八连冠”、中国全面小康十大示范县市“十三连冠”、中国工业百强县“四连冠”和蝉联全国文明城市、全国双拥模范城的显著业绩，为“十四五”发展奠定了坚实基础。经济发展在应对挑战中迈上新台阶。地区生产总值连跨两个千亿台阶，全社会研发投入占比达到3.3%，上市公司净增18个、累计达53个，四大类中国“500强”企业累计达50个，遥遥领先全国同类城市。阳光集团荣获中国质量奖，双良集团、法尔胜集团荣获中国工业大奖。改革开放在思想解放中取得新成效。县级集成改革试点顺利完成，现代化建设试点扎实推进，基层治理“1+4”模式等改革经验在无锡、全省复制推广。外资外经外贸稳步提升，锡澄一体化进程持续加快，江阴综保区正式封关运营。城乡建设在攻坚克难中展现新面貌。“1310工程”*全面推进，滨江等重点片区形态初现，江阴绿道不断延伸，农村人居环境有效整治，南理工江阴校区建成投用。生态环境在标本兼治中实现新改善。长江生态安全示范区建设加快推进，污染防治攻坚战成效明显，节能减排任务超额完成，城区8千米长江岸线成为全省最美岸线之一。人民生活在共建共享中交出新答卷。民生支出占比每年保持在75%左右，农民收入实现全省县市“二十连冠”，公共安全体系建设扎实推进，全面依法治市架构初步形成，群众安全感保持全省前列。党的建设在全面从严中实现新提升。管党治党意识不断强化，各类主题教育扎实开展，清正廉洁的政治生态和干事创业的良好环境更加巩固。这一切，都是全市人民众志成城、合力攻坚的结果，凝聚着大家的智慧、心血和汗水。

二、奋力谱写“十四五”发展新篇章

“十四五”时期，是江阴市全面开启社会主义现代化建设新征程、向着第二个百年奋斗目标进军的第一个五年。奋力谱写“十四五”发展新篇章，必须对江阴发展面临的现实性、根本性、战略性问题，有一个清醒的思考：

新发展使命如何全面落实？近期，习近平总书记殷切期望江苏“争当表率、争做示范、走在前列”，为我们的“十四五”发展，明确了新指引、确立了新坐标。尽管改革开放以来，江阴赢得了许多“连冠”“第一”，但我们还有不少短板、弱项。如何更好地贯彻总书记重要讲话指示精神，更深刻地正视与反思，更坚定地追赶与超越，更精准地扬长与补短，争当表率中的表率、示范中的示范、前列中的前列，是我们必须答好的“赶考题”。

新发展阶段如何全面把握？进入以现代化建设为核心的新发展阶段，尽管我们作为全省现代化建设试点地区，已经开展了一些探索、取得了一些进步，但面对新发展阶段这一全新历程，面对现代化建设这一全新课题，如何走出一条符合时代规律、具有县域特色、体现江阴特点的现代化之路，为全省提供更多可复制、可推广的江阴经验，仍然有很长的路要走。

新发展理念如何全面贯彻？对比上级要求、先进地区，为什么我们的差距仍然突出？动能总显不足？根本原因，还是贯彻新发展理念不全面、不到位，创新发展的力度、协调发展的高度、绿色发展的强度、开放发展的广度、共享发展的温度，都还不够。如何把崇尚创新、注重协调、倡导绿色、厚植开放、推进共享的新发展理念，时刻体现在谋划工作的大棋局、研发政策的工具箱、推动落实的施工图中，已然成为当务之急。

新发展格局如何全面融入？加快构建以国内大循环为主体、国内国际双循环相互促进的新发展格局，是我们谋划未来发展的重要战略基点。面对经济全球化遭遇逆流、外部需求明显收缩带来的挑战，面对扩大内需成为战略基点、区域自由贸易加快推进带来的机遇，如何准确识变、科学应变、主动求变，切实放大比较优势，奋力成为在大循环、双循环中承上启下、联通内外、不可替代的重要节点，是江阴“十四五”发展的重大课题。

新发展能力如何全面增强？当前，我们面临的发展环境、任务要求都发生了根本变化，无论是把江阴的短板锻成长板、优势化成胜势，还是把一手的“好牌”打成“好局”、把更多的不可能变成可能，都对江阴干部提出了更高要求。如何推动全市广大干部特别是领导干部，更深入地转思路、转方法、转作风、提效能，是我们抓当前谋长远、抢新机开新局的重中之重。

基于以上思考，“十四五”时期，江阴市发展的指导思想是：高举习近平新时代中国特色社会主义思想伟大旗帜，深入贯彻党的十九大和十九届二中、三中、四中、五中全会精神，全面落实习近平总书记视察江苏重要讲话指示精神，以“强富美高”和“争当表率、争做示范、走在前列”为总目标、总纲领、总要求，统筹推进“五位一体”*总体布局，协调推进“四个全面”*战略布局，准确把握新发展阶段，深入践行新发展理念，积极融入新发展格局，坚持稳中求进工作总基调，以深化供给侧结构性改革为主线，以改革创新为根本动力，以满足人民日益增长的美好生活需要为根本目的，统筹发展和安全，依托长江经济带，面向太湖科创湾，深度融入长三角，精心布局“十四五”，着力推进高质量发展、创造高品质生活、实现高效能治理，勇当新时代县域高质量发展排头兵、社会主义现代化建设先行军、区域一体化发展领跑者。

根据上述指导思想，江阴市“十四五”发展的主要目标是：

产业更高端，就是产业转型升级成效明显，产业基础高级化、产业链现代化推进有力，开放园区升格进位取得重大突破，智能化、绿色化、服务化、高端化不断深化，以新兴产业为主导、先进制造业为基础、现代服务业为支撑的现代产业体系更加成熟，“中国制造业第一县”“华夏A股第一县”品牌持续打响。

创新更澎湃，就是各类创新资源汇聚，各类科创企业集聚，以高层次创新园区、高效率成果转化、高水平人才支撑、高质量要素保障为核心的创新生态体系基本形成，霞客湾科学城初步成形。全面深化改革继续走在全省前列，重点领域和关键环节改革深入推进，成为最优营商环境市(县)。

城市更美好，就是城市形态更加现代，交通体系更加完善，城市管理更加精细，社会治理更加健全，环境质量明显改善，历史文脉和现代设计有机结合，山水格局和建筑肌理相得益彰，城市功能和乡村振兴融合共生，美丽江阴建设成效明显，现代化滨江花园城市展露现实模样。

人民更幸福，就是高质量就业更加充分，城乡居民人均可支配收入和中等收入群体比重明显提高，社会保障体系、现代教育体系、卫生健康体系、养老服务体系、住房保障体系更加优质均衡，公共服务供给能力持续提升，社会大局和谐稳定，努力成为广大群众认可的最具幸福感城市。

实现“十四五”发展目标，必须牢牢把握以下五个方面：

一要坚定勇站排头的不变追求。江阴如今的成就和地位，是在一场场浴火重生中拼出来的，是从一次次风雨洗礼中闯过来的。奋战新征程，我们必须紧紧依托永不服输、勇争一流的百万人民，紧紧依靠敢打敢拼、善闯善赢的江阴企业家，敢同勇者比胆识、敢与快者比速度、敢和强者比位次，认清形势、把握优势，以更多的先人一步、快人一拍、胜人一筹，确保江阴在新一轮区域竞跑中立于不败之地。

二要突出转型提升的战略取向。“十四五”时期，是江阴发展爬坡过坎的关键期。我们要按照“南征北战、东西互搏”的总路径，坚持产业为根、创新为魂，全面促进经济转型;坚持数字化引领,全面促进城市转型;坚持共建共治共享原则,全面促进治理转型,加快推动经济发展从规模总量向效益质量提升、百姓生活从全面小康向品质品位提升、城乡环境从基本有序向美丽宜居提升、县域治理从机构整合向集成融合提升,引领江阴闯过转型提升的“腊子口”、赢得创新发展的“新长征”。

三要强化精明增长的发展导向。江阴人口密集、产业密集,土地资源少、环境容量小,必须坚定走节约紧凑、精耕细作、绿色发展的路子。我们要始终坚持“以亩均论英雄”,甚至“以平方米论英雄”,在提升投入产出强度、盘活利用存量土地上下功夫,力争用最小的土地空间、最少的资源消耗、最低的污染排放,实现最大的发展效益,加快破解成长的烦恼、发展的窘境。

四要坚持统筹推进的系统观念。江阴的高质量发展是一个有机整体,各个条块相互学习、相互促进。我们要强化顶层设计,加强政策协同,更科学地统筹产业发展立与破的关系、科技创新凤与巢的关系、地域空间大与小的关系、城市发展城与乡的关系、生态环境表与里的关系、民生事业有与好的关系、党的建设管与治的关系,以各方面工作的系统强化、整体优化、迭代深化,牢牢掌握驾驭全局的主动权。

五要保持励精图治的情怀定力。“十四五”时期,我们能不能笑看风浪、劈波斩浪、乘风破浪,首先在于情怀、在于定力,有情怀才有格局,有定力才有坚守。我们要大力弘扬“人心齐、民性刚、敢攀登、创一流”的江阴精神,舍我其谁地干、风雨兼程地干、挑战极限地干,在发展有我、奋斗忘我、追求无我中,轰出推背感、跑出加速度、啃下硬骨头、打赢翻身仗,让我们这座城市持续不断地演绎奋进的故事、攀上发展的高峰。

三、全力以赴做好2021年工作

2021年是“十四五”发展的开局之年,也是实现第二个百年奋斗目标的起步之年,做好全年工作,意义重大、责任重大,需要我们准确把握时与势,在审时度势中认清目标、明确举措。准确把握时与势,就是要更加坚定地依托长江经济带。江阴,因江而名、滨江而建、依江而兴,在地理版图上,我们具有承启东西、贯通南北的独特区位优势;在经济版图上,我们是长江经济带发展基础最好、综合竞争力最强的县市之一。我们要充分利用长江黄金水道,推动港口发展,促进园区繁荣;充分利用长江立体交通走廊,畅通内外交通,巩固枢纽地位;充分利用沿江广阔发展空间,深化跨江融合,实现协作共赢;充分利用长江生态屏障,推动绿色发展,建设花园城市。准确把握时与势,就是要更加主动地面向太湖科创湾。建设太湖科创湾,是无锡培育新动能、提升新势能的重大战略举措。江阴虽然不处在太湖科创湾的内圈,但外围板块要有内核意识,岛链区位要有链主作为。我们要更加积极地融入锡澄一体化进程,更加主动地参与太湖科创湾建设,通过“科创+智造”“科创+总部”“科创+研发”等模式,全方位承接溢出效应,以霞客湾科学城、苏南国家自主创新示范区核心区、江阴数字创新港“一城一区一港”的加快打造,锻造永续发展的最强引擎。准确把握时与势,就是要更加自觉地深度融入长三角。融入和服务长三角一体化,是江阴的重大政治责任,也是推进高质量发展的重大机遇。我们要通过深度融入长三角,更快速地融入国内大循环、国内国际双循环,助推江阴企业更稳健地走出江阴、跨出国门,找到更广阔的发展空间;通过深度融入长三角,更好地拥抱无锡、拥抱上海,找到更多“城市合伙人”、赢得更多发展红利。准确把握时与势,就是要更加系统地精心布局“十四五”。身处危机中育新机、变局中开新局的重要关头,比拼的是眼光与智慧,考验的是能力与韧劲。我们要科学研判世界科技变革和产业发展的最新动态,全力对接国家、省市“十四五”最新部署,在重大战略、重大产业、重大项目、重大平台、重大设施、重大民生、重大改革、重大政策上,以务实、进取、讲大局的态度和精神,谋定战略、调优战术,确保“十四五”发展首战告捷、确保现代化建设开局必胜。

2021年经济社会发展主要预期目标是:地区生产总值增长7%左右;一般公共预算收入增长5%左右;规模以上工业增加值增长8%左右;固定资产投资增长10%左右;社会消费品零售总额增长8%左右;外贸进出口促稳提质;到位注册外资10亿美元;城乡居民收入与经济增长同步;节能减排和大气、水环境质量完成上级下达的目标任务。

围绕以上目标要求,重点要抓好七个方面的工作。

(一)着力加快转型升级,夯实现代化建设的产业根基。始终牢记企业稳则江阴稳、产业强则江阴强,以全市现代产业发展规划为指引,以数字经济、总部经济、枢纽经济为推动,切实提升现代产业比重、自主可控能力、整体产出水平。一要做强主导产业链。强化链式思维,以“标杆企业引领+产业链垂直整合”的方法,推动行业“大树”加速成长为产业“森林”。夯实先进制造业基础。深入推进信息化和工业化“两化融合”、先进制造业和现代服务业“两业融合”,加快高端纺织服装、石化新材料、金属新材料等3个千亿级支柱产业链智能化改造、数字化升级,持续做强江阴智造。主攻新兴产业提速增效。以“一产业、一基地、一机制、一联盟、多基金”模式,大力发展新能源、集成电路、高端装备、生物医药4个战略性新兴产业集群,积极布局5G通信、智能制造、节能环保、现代物流、健康文旅5个未来产业,培育更多新增长极。强化现代服务业支撑。加快推动生产性服务业向专业化和价值链高端延伸、生活性服务业向高品质和多样化升级,更好地推动智造升级、满足群众需求、促进消费提振。二要紧抓项目牛鼻子。按照专业化、市场化方向,全面重构招商体系、建强招商队伍、研发招商平台,精准开展日、韩、德、以和国内北、上、广、深等驻点招商,在招大引强、招优引新、招急引缺上实现新突破。健全重大项目全生命周期管理机制,畅通联审通办绿色通道,确保项目如期达产、释放产能。三要稳固企业压舱石。全力支持大企业大集团通过兼并重组、合资合作等形式,打造航母巨舰;支持中小企业通过科技创新、技改扩能等途径,实现“专精特新”,培养更多产业链上的“隐形冠军”。引导企业科学把握产值、市值、估值的不同内涵,加快产业发展与资本经营深度融合,推动江阴板块量质并举,实现科创板上市零的突破。四要筑牢风险防火墙。以不发生区域性系统性金融风险为底线，“一企一策”有效处置重点企业风险点，综合运用市场、行政、司法手段，科学压降不良贷款，依法打击逃废债行为，积极压降债务规模，筑牢风险化解防线。五要打造板块增长极。三大开放园区要稳步推进去行政化改革，扛好招商大旗，做强产业支撑，优化发展环境，在全省全国同类园区中稳步升格进位。各镇街要加快推进镇、村工业集中区升级改造，全力向特色小镇转型，变工厂集聚地为创新生态区。

（二）着力推进科技创新，激发现代化建设的强劲动能。坚持创新在发展全局中的核心地位，积极对接长三角科创一体化，全面融入太湖科创湾建设，推动“科产城人”深度融合。一要在创新之核打造上再聚力。按照“一年行动、两年框架、三年起势、五年成城”的要求，全面启动霞客湾科学城建设，做到征地拆迁、科技招商、基础建设一体推进，努力打造智慧互联之城、绿色生态之城、青春时尚之城、未来科技之城。二要在创新企业培育上再提速。坚持企业创新主体地位，分层梯队扶持，分类靶向施策，扎实做好“雏鹰”企业、“瞪羚”企业、“准独角兽”企业、高新技术企业的培育、引进和认定工作，让更多成长性好、爆发力强的优质创新种子落户江阴。三要在创新平台建设上再完善。以苏南国家自主创新示范区核心区和江阴数字创新港建设为引领，提升现有各类创新平台载体绩效，主动对接大院大所，深入推进军民融合、院地合作、校企联合，创建一批国字号、省字号重大平台、“双创”基地和新型研发机构，实现产业与创新的无缝对接。四要在创新要素集聚上再发力。提档升级暨阳英才计划，大力招引领军人才，集聚能工巧匠，吸引青年才俊，让更多优秀大学生扎根江阴、展翅江阴。强化金融支撑，用好澄科贷、锡科贷、苏科贷，以全链条创新生态系统，助推实现“千凤还巢”“花开满园”。

（三）着力深化改革开放，释放现代化建设的动力活力。保持战略定力和闯劲韧劲，更加坚定地打破常规、深化改革，跳出江阴、双向开放。一要形成更多改革“风景”。完善新一轮财政管理体制，优化市与镇街园区的事权与支出责任划分。优化国资公司运行和监管体系，加快资产证券化步伐。深化事业单位改革省级试点工作，健全综合执法运行模式。深化省农村改革试验区建设，深化村社分离改革、农村集体产权制度改革、土地制度改革，有效解决一批显著制约发展的体制性矛盾。二要全面打响营商品牌。围绕“澄心办·办澄事”，持续深化“放管服”改革，推进“一门、一窗、一次、一件事”改革，全面优化涉企服务机制，当好“保姆”“店小二”。持续优化企业家特别是新生代企业家培养机制，让江阴企业家精神代代相传。三要持续提升外经外贸。依托“三区一仓一园”*，优化外贸综合服务平台，推动服务贸易创新发展，完善跨境电商生态圈建设，更好实现优进优出。支持有条件的企业抱团出海，通过建设境外园区等形式，加快布局海外市场，开展技术并购，规避贸易壁垒。四要深度融入一体发展。加快推进锡澄协同发展区建设，主动承接上海高端资源溢出效应，稳步推进江阴靖江跨江融合发展，全力支持江阴睢宁工业园创建省级特色园区。持续深化与上海港、宁波港的合作，以市场化导向统筹岸线资源，加快推进综保区与港口联动发展，推动港产城深度融合，促进港口流量更多转变为经济增量。

（四）着力促进城乡融合，彰显现代化建设的品质品位。以创建国家生态园林城市为总抓手，城乡协同，内外兼修，努力实现城市让生活更美好、农村让城市更向往。一要优化规划设计。高标准完成全市国土空间总体规划编制，启动编制综合交通、城市更新、历史文化、地下空间等专项规划，加强对霞客湾、高铁枢纽、绮山水源地周边、滨江地区等重要片区的城市设计。二要加快建设进度。重点片区方面，加快沿江地块开发、滨江公园提升，持续打造江阴外滩。加快建设锡澄运河公园二期、三期，全面建成应天河风光带。继续推进北门国乐岛、南门商业街区建设，建成八字桥公园。交通方面，加快打通塘前路等城区断头路，开工建设高铁站综合交通枢纽，推进锡澄S1线、南沿江铁路江阴段、江阴靖江长江隧道工程建设，加快实施大桥南路、新澄杨线、长山大道、滨江路一期、徐霞客大道快速化改造，持续打通“任督二脉”。三要实施城市更新。以老旧街区改造提升、老旧工业片区转型升级、传统商圈提档升级、公共服务设施与公共空间优化升级、城中村改造提升为重点，成片规划、分步更新，让城区持续出新出彩。按照“凡拆必净”原则，全年计划完成拆迁509万平方米，其中城区267万平方米，建成安置房103万平方米。四要推动乡村振兴。加快推进农业农村现代化，深入开展特色田园乡村建设，有序扩大农房翻建试点规模，打造更多“天然去雕饰、清水出芙蓉”的梦想田园。在乡村嵌入更多生态功能、文旅功能，让农村资产有收益、群众得实惠、发展有动力。五要强化精细管理。以治理数字化为突破口，聚焦城市主干道、沿街商铺、农贸市场等重点区域，聚焦违建整治、垃圾分类、停车秩序、小区物业、宠物管理等热点问题，完善“大数据+指挥中心+N”综合指挥架构，加快城市数字化转型，促进城市治理的革命性重塑。

（五）着力守好绿水青山，厚植现代化建设的生态底色。紧盯国家生态文明示范市创建目标，深入打好污染防治攻坚战。一要解决突出问题。持续巩固各级环保督察问题整改成效，集中开展重点重复信访问题整治。加强水源地、国省考断面、重点河道综合治理，确保水质稳定达标。扎实推进$PM_{2.5}$和臭氧浓度“双控双减”，全力提升优良天数比率。加强重点区域污染土壤综合治理与修复，加快建设秦望山循环产业园，全力打造“无废城市”。二要强化源头管控。严守“三线一单”*，严把“三个关口”*，深入推进雨污分流、控源截污工程，加强化工园区规范管理，促进产业生态化、企业低碳化和能源绿色化。三要加快生态修复。稳步拓展滨江生态岸线，严格执行“十年禁渔”。强化江滩、通江河流、南部湖荡水岸同治，打造一批生态美丽河湖。有序推进环城森林公园建设，扎实开展绿化造林，让城乡大地绿意盎然。四要完善治理体系。深化“测管治”一体化改革，加强污染防治攻坚“蜗牛警示牌”评定工作，全面落实林长制、河长制、断面长制、点位长制，健全群众参与、板块部门协同、行政司法联动机制，共同擦亮江阴的生态底色。

（六）着力增进民生福祉，展现现代化建设的情怀温度。坚持以人的现代化为目标，扎实推进惠民实事，持续补齐民生短板，让群众生活年年都有新进步。一是疫情防控要精准可控。紧盯重要时段、重点场所、重点人群，突出“人、物”同防，加强进口冷链食品集中监管，持续健全公共卫生服务体系，全面提升应急处置能力，把防控工作常态化抓紧抓细抓实。二是富民渠道要更宽更广。精准做好援企稳岗、职业技能培训，着力扩大重点群体就业，确保零就业家庭动态清零，打造一体化创业服务体系，提升群众创业成效和就业质量。持续深化村企联建、经济薄弱村帮扶，促进村级财力稳定增长。三是公共服务要提标提质。有序深化集团化办学，推进江大江阴校区建设，促进各类教育协调发展。深化紧密型医联体建设，加快市中医院异地新建、市妇幼保健院改建工程，优化家庭医生签约服务。深化医养结合，促进社区养老、居家养老协同发展，兴办高水平养老机构，提升为老服务质量。深入开展文化惠民、全民健身活动，推动文商体旅跨界融合，让群众共享文化、体育和旅游的美好。四是民生底线要兜牢兜实。持续推进社保提质扩面，完善多层次医疗保障体系，合理提升各类社保标准，促进各类人群应保尽保。发挥市社会救助中心作用，全力用好低保、特困、临时救助、专项救助等政策，提高托底帮扶的精准率、暖心度。五是文明创建要常态长效。扎实做好新时代文明实践中心全国试点工作，持续深化群众性精神文明创建活动，大力选树先进典型，广泛开展文明宣传，全面加强制度建设，让文明之风如春风化雨浸润江阴大地。

（七）着力优化社会治理，营造现代化建设的和谐氛围。紧扣影响和谐稳定的薄弱点和风险点，全面推进社会治理现代化。一要防范化解突出矛盾。统筹市、镇两级社会治理现代化综合管理指挥平台建设，持续完善全要素网格，着力推进专职网格员队伍建设，强化重点信访矛盾化解攻坚。启动实施“八五”普法，全面深化依法治市，加快法治江阴、法治政府、法治社会的一体推进。二要时刻紧抓安全生产。全面落实安全生产专项整治“三年大灶”各项目标任务，深化公共安全体系建设、双重预防机制建设、安全标准化建设，加快推进江苏省沿江（江阴）危险化学品应急救援基地二期建设，严守安全生产底线。三要切实维护公共安全。健全扫黑除恶长效机制，完善社会治安防控体系，推进新一代雪亮工程建设应用，依法严厉打击各类违法犯罪活动，加强对食品药品、交通安全、特种设备等重点领域的集中整治，筑牢保护群众生命财产安全的防火墙。

四、纵深推进全面从严治党

全面从严治党永远在路上。全市各级党组织要以庆祝中国共产党成立100周年为契机，推动全面从严治党向纵深发展，为江阴“十四五”首战必胜提供坚强保证。

（一）坚持以政治建设为首位，筑牢“两个维护”*的思想根基。政治建设是党的建设的根和魂。要认真落实“不忘初心、牢记使命”长效机制，精心组织开展中国共产党成立100周年庆祝活动，从灵魂深处自觉对标、坚定看齐。要找准理论教育、理论宣讲与干部群众的结合点，提升理论宣传的亲和力、穿透力，推动全市上下更加自觉地以新思想定向领航、向新思想寻策问道。要切实抓好省委巡视反馈意见整改落实工作，严格落实民主集中制、“三会一课”*等基本制度，全覆盖开展干部政治体检，深化政治生态监测评估，推动党内政治生活进一步严起来、实起来。

（二）坚持以崇实重干为导向，锻造堪当重任的干部队伍。干部能担当，事业才有保障。要强化精准识人，把政治坚定、德才兼备、廉洁自律、工作务实的干部，选配到重要岗位上，圆满完成市镇村三级换届任务。要围绕提升“七种能力”*，精准强化干部思想淬炼、政治历练、实践锻炼、专业训练，让人在事上练、刀在石上磨。加强年轻干部培养，让江阴干部队伍当下有活力、发展有潜力、未来有竞争力。要坚持严管和厚爱结合，用准用实用足“三项机制”*，以有强度的激励、有底线的包容，让能干实干者扬眉吐气、敢闯敢干者暖心提气、得过且过者愧而争气。

（三）坚持以基层基础为核心，打造坚如磐石的战斗堡垒。基层组织有力量，各项工作才能上下贯通、落细落实。要深化“双强双优”党支部创建，构建党（工）委、党支部、党员和群众“四个主体”联动共进机制，统筹抓好各领域基层党建工作，形成百花齐放的党建品牌矩阵。要选优配强村（社区）“两委”班子，探索村（社区）干部专职化管理，深入实施“苗圃计划”，确保村（社区）事业后继有人。要深入实施党员教育“百千万”工程，大力培育、选树、宣传基层党员先进典型，引导广大党员全方位融入高质量发展全局，让党旗在基层一线高高飘扬。

（四）坚持严的主基调不动摇，涵养风清气正的政治生态。正风气、严纪律、反腐败，必须持之以恒、攻坚突破。要统筹运用纪律监督、监察监督、派驻监督、巡察监督力量，灵活运用“四种形态”*，做细做实日常监督、长期监督。完成十三届市委巡察对象全覆盖，启动十四届市委巡察工作，扎实做好“后半篇文章”，确保震慑常在。要全面落实中央八项规定及其实施细则精神，深挖细查隐形变异“四风”*问题，健全“三转一提”*长效机制，让全市干部的执行力更好、战斗力更强。要保持惩治腐败高压态势，严肃查处群众身边的腐败和作风问题，一体推进不敢腐、不能腐、不想腐，让江阴的政治生态更加山清水秀。

（五）坚持以同心同德为目标，凝聚携手奋斗的强大合力。团结就是力量。要严格落实意识形态工作责任制，加强阵地管理，把牢工作领导权。要推动宣传思想战线全面挺进主战场，全方位宣传江阴，立体式展示江阴，引导全市上下切实把思想和行动统一到市委决策部署上来。要积极支持人大、政府、政协依法履行职责；更好发挥各民主党派、工商联和无党派知识分子作用，全面构建大统战工作格局；强化工会、共青团、妇联等群团组织的桥梁纽带职能；加强党管武装，深化双拥共建，形成上下同心、目标同向、工作同步的强大合力。

政府工作报告

——2021年1月13日在江阴市第十七届人民代表大会第五次会议上

江阴市代市长 包 鸣

2020年和过去五年工作回顾

2020年,面对复杂多变的宏观经济形势和突如其来的新冠肺炎疫情冲击,市政府以习近平新时代中国特色社会主义思想为指导,在中共江阴市委的坚强领导下,在市人大、市政协的监督和支持下,认真贯彻落实中央、省市委决策部署,坚决打好三大攻坚战,扎实做好“六稳”*工作,全面落实“六保”*任务,积极开展社会主义现代化建设试点,统筹疫情防控和经济社会发展,全力推进“强富美高”新江阴建设,较好地完成了市十七届人大四次会议确定的目标任务。

一、疫情防控成效显著。第一时间成立市新冠肺炎疫情防控应急指挥部,启动重大突发公共卫生事件一级响应。实行“大数据+网格化+铁脚板”常态管控,设立进口冷链食品集中监管仓,织牢织密疫情防控网,全市未发生集聚性疫情、二代病例和死亡病例。强化国内中高风险地区人员和入境人员管理,动员党员干部、志愿者等1.4万余名奔赴抗疫一线,转运各类人员5600余人,实施各类医学观察8万余人,开展核酸检测近19.5万人次,疫情防控取得阶段性胜利。科学组织复工复产,出台“惠企25条”等扶持政策,减免租金、城市基础设施配套费等1.9亿元,累计提供各类专项信贷112.5亿元。主动服务疫情防控大局,组织25名医疗队员驰援武汉,累计保供市场口罩1300余万只,接收各界捐款捐物达8512万元,展现非常时期的江阴担当。

二、经济运行稳中有进。预计完成地区生产总值4100亿元,完成一般公共预算收入259.7亿元,江阴市实现全国县域经济基本竞争力“十八连冠”。预计规模以上工业产值增长6.6%,新兴产业产值占规上工业产值比重提高0.5个百分点,江阴市荣获中国工业百强县(市)“四连冠”。新增上市企业3个,已上市挂牌企业完成股权融资102.8亿元。工业企业资源利用绩效评价有序推进,盘活存量土地7123亩。大力推进服务业提质增效,新增总部企业8个,预计服务业增加值占地区生产总值比重达47.7%。加快重点服务业项目建设,绿地香港绿珠文华商业、星河科创园等项目开工建设,红豆集团万花城综合体项目完成主体工程。江阴港完成货物吞吐量2.5亿吨,增长8.7%。组织“暨阳”品牌五大节庆活动,发放3000万元电子消费券,拉动消费超8000万元。成功举办第十五届中国徐霞客国际旅游节,实现全年旅游总收入303亿元。加快发展现代农业,预计完成农业总产值62亿元。实现“三资”投农5.5亿元,农业园区化率达52%,生猪出栏数超额完成上级下达的目标任务。“璜土智慧葡萄园”获批国家产业强镇示范项目,顾山红豆村入选全国乡村特色产业亿元村。

三、转型升级步伐加快。大力推进项目招引和建设,预计全社会固定资产投资增长9.8%。全年引进超50亿元项目2项,预计实际利用外资9.2亿美元。智建美住移动建筑、嘉盛液化天然气等项目顺利开工,中芯长电、远景动力智能电池等项目加快建设。大力实施科技创新,净增高新技术企业150个,高新技术产业产值占规上工业产值比重预计达40%以上。实施重点技改项目105项,新增省星级“上云企业”*73个。新建院士工作站4个,江阴集成电路设计创新中心正式投运。新增高层次人才539人、高技能人才6012人。深入推进开发开放,预计完成进出口总额192亿美元,新增外贸“破零”企业*219个,预计实现对外直接投资5.26亿美元。江阴港口岸获批药品进口口岸,苏南国际集装箱码头获批进境肉类指定监管场地。持续深化重点领域改革,徐霞客镇行政管理体制改革综合标准化省级试点项目通过验收,“社会联动救助”获批国家基本公共服务标准化试点项目。

四、城乡面貌持续改善。加快国土空间总体规划编制,完成主城南部片区、锡澄S1线站点及周边、北大街及周边等区域城市设计。盐泰锡常宜铁路、第三过江通道前期工作有序实施,南沿江铁路江阴段顺利推进,锡澄S1线、江阴靖江长江隧道等工程开工建设。大桥南路、长山大道一期等快速化改造工程启动建设,芙蓉大道快速化改造工程建成通车。蟠龙山公园、八字桥公园等项目进展顺利,锡澄运河定波枢纽完成主体工程,锡澄运河公园样板段、黄田港公园建成投运。北门国乐岛建设有序推进,南门商业街区忠义街南段完成主体工程。完成拆迁278万平方米、清点清障项目62项,建成安置房53.7万平方米。大力实施城市精细化管理,全市清除户外违规广告18.2万平方米,拆除违建27万平方米。深入实施农村人居环境整治“一推三治五化”*专项行动,完成村庄生活污水治理项目961项、农村供水户表改造2105户,基本完成41个自然村1898户农房建设试点任务,建成省特色田园乡村5个。

五、生态环境不断优化。深入推进节能减排,华西钢厂资源综合利用发电、华能江阴燃机热电联产项目完成建设,江阴热电燃机热电联产项目完成主体工程。大力推进污染防治攻坚战,完成694项大气污染治理工程,全市空气质量优良天数比率提升至77.9%,$PM_{2.5}$年均浓度下降至37微克/立方米。扎实开展“美丽河湖”三年行动，大力实施 11 项专项整治，完成无锡下达的 15 条河道环境综合整治任务。国省考断面水质优Ⅲ比例达到 88.9%。264 项江河“两违三乱”* 问题整改到位，“三无”船舶*和长江过驳区整治全面结束，长江流域江阴段退捕工作如期完成。加快环保基础设施建设，餐厨废弃物集中处理（一期）、建筑垃圾资源化利用（一期）项目建成投运。

六、安全监管全面加强。制定“党政领导、部门监管、属地管理、企业主体”四张责任清单，实现监管对象和监管责任全覆盖。扎实开展安全生产专项整治，安全生产“一年小灶”*整治隐患 5.1 万余项，停产整顿企业 210 个、关闭取缔 189 个，安全生产事故发生起数和亡人数均下降 60% 以上。深化体制机制建设，编制公共安全总体规划和 26 个专项规划，在全省率先实现市安委办实体化运作和部门、属地安全生产内设机构全覆盖。深化车辆超限超载治理，货物装载源头信息化监管平台建成投用。持续提升安全生产保障能力，江阴沿江危化品应急救援基地建设成为全省第一项长三角一体化应急协同发展重点项目。

七、民生福祉稳步提升。大力促进就业创业，新增就业岗位 6.5 万个，扶持自主创业 4713 人。社保扩面新增 4.8 万人，城乡居民基础养老金、基本医疗保险人均筹资标准等稳步提高，大病保险政策范围内报销比例达 60% 以上。稳步发展教育事业，南京理工大学江阴校区、江阴外国语学校一期、礼延实验学校、辅延幼儿园等建成投用，华姿中专校获评省优质特色职业学校。加大优质医疗资源供给，市中医院异地新建、泰富临港医院等项目开工建设，市人民医院、中医院医疗集团建成双向转诊中心。开展文化惠民活动 3600 余场，新增体育公园 4 个、健身步道 23 千米。着力创新社会治理，加快建设“网格 + N”联动融合机制，璜土村建成全国民主法治示范村。基本完成江阴市第七次全国人口普查工作。第五次创成“全国双拥模范城”。“七五”普法圆满收官。深化平安江阴建设，开展扫黑除恶“六清行动”*，严厉打击通信网络诈骗、非法金融活动等违法犯罪行为，社会大局保持安定有序。

2020 年，我们始终把深入学习贯彻习近平新时代中国特色社会主义思想作为首要政治任务，扎实开展“三转一提”*主题活动，切实加强政府自身建设，不断提高政府服务效能。自觉接受市人大及其常委会法律监督、工作监督和市政协民主监督，定期向市人大报告工作、向市政协通报情况。173 件人大代表建议、333 件政协委员提案全部按期办结，办理满意和基本满意率均达 100%。全年“12345”热线、市长信箱办理群众和企业诉求 36 万余件。推动基层政务公开全覆盖，全年发布各类政务信息 2.4 万条。持续压降非刚性非急需支出，全市行政事业单位行政运行支出压减 20%。严格落实党风廉政建设责任制，认真落实中央八项规定及其实施细则精神，驰而不息纠正“四风”*。同时，民族、宗教、外事、对台事务、侨务、档案史志、审计等工作取得新进展，工会、妇女、青少年、红十字、残疾人、关心下一代、对口支援等各项事业实现新进步。

2020 年全市主要目标任务的完成，标志着“十三五”发展画上了圆满句号。过去五年，是江阴应对重大挑战、经受重大考验、实现重大发展的五年，“十三五”规划确定的主要目标任务基本完成，决胜高水平全面建成小康社会取得决定性成就，“强富美高”新江阴建设取得重大阶段性成果。

五年来，我们坚定实施产业强市战略，经济运行稳中向好、综合实力全面增强。全市地区生产总值连跨两个千亿台阶、年均增长超 6%，一般公共预算收入稳步增长。全社会固定资产投资年均增长 4.6%，引进超 50 亿元项目 9 个。市场主体由 11.7 万户增加到 26.4 万户，规上工业企业数较“十二五”末增长 31.7%。上市公司由 35 个增加到 53 个，累计实现直接融资近 500 亿元。各类“500 强”企业比“十二五”末增加 17 个、累计达 50 个。双良集团、法尔胜集团获中国工业大奖，阳光集团获中国质量奖。金融服务实体经济能力持续增强，累计实现信贷投放超 1300 亿元。有效化解金融、政府性债务风险，经济运行质态持续向好。

五年来，我们坚定实施创新驱动战略，新旧动能加速转换、转型升级取得实效。全社会研发投入占地区生产总值比重从 2.95% 提高到 3.3%，高新技术企业总数较“十二五”末增长 85.7%、累计达 650 个，高新技术产业产值占规上工业产值比重提高 7 个百分点。新增省级工程技术研究中心 41 个、省级企业技术中心 40 个。万人有效发明专利拥有量较“十二五”末增长 78.6%，累计制修订国际、国家、行业标准 88 项，新增中国驰名商标 7 个。高端创新资源加速集聚，引育国家级人才 51 人，柔性合作国际顶尖人才达 66 人，建成诺奖得主研究院 7 个。

五年来，我们坚定实施改革开放战略，内生动力有效激发、发展活力持续迸发。扎实推进社会主义现代化建设试点，实施全省唯一的县级集成改革试点，赋予镇街经济社会管理权限 861 项，徐霞客镇“1 + 4”基层治理模式等改革经验在无锡、全省复制推广。供给侧结构性改革成效明显，单位 GDP 能耗较“十二五”末下降 19.5%，累计减税降费超 280 亿元。对外开放全方位拓展，实际利用外资总额达 48.1 亿美元，年均进出口、出口分别比“十二五”期间增长 5% 和 11%，江阴综保区获批并正式封关运营。累计实现对外投资 33.7 亿美元，稳居全省同类城市第一。三大开放园区一般公共预算收入在全市占比接近 40%，进出口总额年均增长 5.3%，限上单位零售额年均实现两位数增长。

五年来，我们坚定实施城乡统筹战略，功能配套日益完善、城乡建设展现新貌。强化规划引领，编制锡澄协同发展区、长江生态保护与绿色发展 1 + 9 等专项规划，完成镇村布局、无锡（江阴）港等规划修编。“1310 工程”*全面推进，滨江等重点片区形态初现。城市快速路网体系逐步构建，锡沙线、新锡澄路等锡澄一体化项目有序实施。加快完善城市综合功能配套，新建污水主管网 240 公里，累计完成城乡防汛应急工程 143 个、城区老旧小区改造 41 个。开展优美环境合格区建设，高分创成并蝉联全国文明城市。扎实推进美丽乡村建设，完成农田连片整治 1.2 万亩、农村生活污水治理项目 2358 项，提档升级农村公路 255 千米、新（改）建农村桥梁 37 座，全市美丽宜居乡村建成率达100%。

五年来，我们坚定实施绿色发展战略，生态建设切实加强、环境质量不断优化。全面完成中央、省环保督察信访交办问题整改。推动临港开发区两个化工集中区整合提升，取消高新区化工集中区定位，关停"散乱污"企业3750个、"三高两低"企业*250个、化工生产企业157个。淘汰燃煤锅炉816台，完成超低排放改造燃煤机组34台，改造治理工业窑炉90台，压减非公用电厂燃煤175万吨。空气质量优良天数比率、国省考断面水质优Ⅲ比例较"十二五"末分别提升13个和44.5个百分点。光大垃圾焚烧发电三期扩建、秦望山工业废弃物综合利用等项目建成投运。完成造林绿化1.6万亩，林木覆盖率、自然湿地保护率较"十二五"末分别增长0.18%和5.8%。

五年来，我们坚定实施民生优先战略，社会事业扎实推进、人民生活明显改善。持续加大民生投入，财政民生支出占比每年保持在75%左右。城镇、农村居民人均可支配收入分别比"十二五"末增长42.2%、46.4%。累计提供就业岗位30.7万个，扶持自主创业2.1万人。新（改）建学校62所，组建扩容15个教育集团。成立市人民医院、中医院两大医疗集团，建成市人民医院敔山湾院区，获评全国健康城市建设示范市。每千名老人拥有养老床位数增加至45.6张。居民平均期望寿命提高到82.2岁。创成省级村（社区）综合性文化服务中心240个，人均体育场地面积达4平方米。安全生产事故发生起数和亡人数比"十二五"末分别下降50.8%、36.2%。公众安全感和法治建设满意度名列全省前茅。

"十三五"期间取得的成绩，是中共江阴市委正确领导的结果，是市人大、市政协加强监督和大力支持的结果，也是全市人民凝心聚力、团结拼搏、共同奋斗的结果。

在总结成绩的同时，我们也清醒地看到发展中面临着一些问题和挑战：经济下行压力仍然较大，实体经济发展困难较多。产业"三为主"问题依然突出，推动高质量发展的新动能还不够强劲，科技创新战略支撑力亟待提升。城市规划设计、功能配套、品质能级有待完善，城乡融合发展的步伐还需加快。资源环境约束不断加剧，水、气、土等环境问题依然突出，打赢长江大保护之战任重道远。教育、医疗、养老等民生领域还有不少短板，优质公共服务供给还不足，安全生产、社会治理领域面临许多新的挑战。政府部门干事创业的激情和敢于担当的劲头还不足，全市营商环境仍需进一步优化。对此，我们一定高度重视，采取有效措施，认真加以解决。

"十四五"发展主要目标任务

当今世界正经历百年未有之大变局，中华民族伟大复兴正处于关键阶段。进入"十四五"时期，中国发展面临的机遇和挑战都有了新的发展变化。我们既要清醒地认识到，经济全球化遭遇逆流，新冠肺炎疫情影响广泛而深远，日趋复杂的国际环境带来的新矛盾新挑战明显增多。我们更要看到，大变局大挑战中蕴含着重大机遇，国际力量对比深刻调整，全球区域合作与竞争发展的新格局接连展开，中国已转向高质量发展阶段，特别是中央作出构建新发展格局的战略部署，给我们提供了新的重大机遇。江阴拥有长江经济带发展、长三角一体化发展等多重重大战略带来的叠加机遇，只要我们辩证认识国内国外大势，准确把握江阴高质量发展的重大阶段性特征，全面落实新发展使命、把握新发展阶段、贯彻新发展理念、融入新发展格局、增强新发展能力，就一定能够在新阶段新征程"争当表率、争做示范、走在前列"，不断把"强富美高"新江阴建设推向新高度。

"十四五"时期，政府工作的指导思想是：高举习近平新时代中国特色社会主义思想伟大旗帜，深入贯彻党的十九大和十九届二中、三中、四中、五中全会精神，全面落实习近平总书记视察江苏重要讲话指示精神，以"强富美高"和"争当表率、争做示范、走在前列"为总目标、总纲领、总要求，统筹推进"五位一体"*总体布局，协调推进"四个全面"*战略布局，准确把握新发展阶段，深入践行新发展理念，积极融入新发展格局，坚持稳中求进工作总基调，以深化供给侧结构性改革为主线，以改革创新为根本动力，以满足人民日益增长的美好生活需要为根本目的，统筹发展和安全，依托长江经济带，面向太湖科创湾，深度融入长三角，精心布局"十四五"，着力推进高质量发展、创造高品质生活、实现高效能治理，勇当新时代县域高质量发展排头兵、社会主义现代化建设先行军、区域一体化发展领跑者。

美好蓝图需要在接续奋斗中变为现实。今后五年，我们将在市委坚强领导下，坚定勇站排头的不变追求，突出转型提升的战略取向，强化精明增长的发展导向，坚持统筹推进的系统观念，保持励精图治的情怀定力，牢牢把握好四项主要任务：

一是坚定不移推动产业更高端。坚持以"产业基础高级化、产业链现代化"为导向，巩固提升高端纺织服装、石化新材料、金属新材料等先进制造业基础优势，大力推动新能源、集成电路、高端装备、生物医药等战略性新兴产业提速发展，积极布局5G通信、智能制造、节能环保、现代物流、健康文旅等未来产业，加快发展以数字经济、总部经济和枢纽经济为重点的新经济，持续深化生产性、生活性服务业标准化和品牌化建设，努力推动开放型经济质效位居前列，持续打响"中国制造业第一县""华夏A股第一县"品牌，全力打造以新兴产业为主导、先进制造业为基础、现代服务业为支撑的现代产业体系。

二是坚定不移推动创新更澎湃。突出创新在现代化建设全局中的核心地位，大力实施创新主体扩容行动，加快打造江阴创新企业的"航母舰队"。坚持以霞客湾科学城、苏南国家自主创新示范区核心区和江阴数字创新港建设为引领，持续提升重大创新平台载体绩效，有力推动产业与创新无缝对接。全面完善人才培养、流动、使用激励和评价考核机制，引进和培养一批创新创业领军人才，壮大高水平工程师和高技能人才队伍，提升企业家队伍综合素质，加快把江阴打造成为优秀创新人才集聚的新高地。

三是坚定不移推动城市更美好。紧紧围绕高标准打造现代化滨江花园城市的目标，扎实推进重大枢纽性工程、“一江一河”标志区建设,推动江阴港资源整合和转型升级,打造江阴长江生态安全示范区。积极推进城市更新,持续改善人居环境、补齐城市短板、提升城市品质、治理“城市病”,努力推动“美丽江阴”建设取得明显成效。统筹推进新型城镇化和乡村振兴,实施城乡基础设施统一规划、建设和管护,促进治理资源向基层延伸,持续提升城镇化水平和质量,加快构建新型城乡关系。

四是坚定不移推动人民更幸福。始终把人民对美好生活的向往作为奋斗目标,大力推进社会保障、教育医疗、文化体育、人口老龄等社会事业,不断提高城乡居民人均可支配收入,持续提升公共服务供给能力,深化公共安全体系建设,加快构建共建共享共同富裕的民生发展格局,努力把江阴建成广大群众认可的最具幸福感城市。全面巩固拓展县域治理“1+5”总架构、基层治理“1+4”模式,完善“智慧江阴”建设,推进城市数字化转型,全力打造基层社会治理江阴样板。

2021年主要工作

2021年是“十四五”发展的开局之年,也是实现第二个百年奋斗目标的起步之年,做好全年工作,意义重大、责任重大。综合各方面因素,2021年全市经济社会发展的主要预期目标是:地区生产总值增长7%左右;一般公共预算收入增长5%左右;规模以上工业增加值增长8%左右;固定资产投资增长10%左右;社会消费品零售总额增长8%左右;外贸进出口促稳提质;实际利用外资10亿美元;城乡居民收入与经济增长同步;节能减排和大气、水环境质量完成上级下达的目标任务。

当前,境外疫情仍在蔓延,国内多地出现散发病例,外防输入、内防反弹的压力仍然很大,我们将时刻保持警醒、警觉、警惕,坚持“人、物同防”,严格执行入境人员闭环管理,强化冷链食品源头管控,着力提升重点场所防控能力,持续推进核酸检测能力建设、抗疫物资储备等工作,落实落细各项常态化防控措施,巩固来之不易的防控成果,全力维护好全市人民生命安全和身体健康。在做好疫情防控的同时,今年重点做好七个方面的工作:

一、加快转型升级,在增强区域综合实力上有新突破

坚定不移狠抓实体经济,着力深化产业强市建设,全面提升重点产业在全球供应链、产业链、价值链中的地位和优势,加快构建自主可控的现代产业体系。

放大产业特色优势。引导传统产业加快应用新技术、新工艺、新装备、新材料,落实固定资产加速折旧、进口设备免税等支持政策,持续提升主导产业发展水平。不断壮大新兴产业,确保新兴产业产值占规上工业产值比重提高0.5个百分点。加快发展新经济,力争年内新增各类总部企业6个、“上云企业”100个。大力推动生产性服务业向专业化和价值链高端延伸,生活性服务业向高品质和多样化升级,确保规上服务业营业收入增长8%。持续深化文体旅融合发展,引进和培育一批文化骨干企业,办好第十六届中国徐霞客国际旅游节,实现旅游总收入300亿元以上。大力推进农业产业提质增效、融合发展,确保完成农田连片整治8000亩,创成国家级渔业健康养殖示范县。

强力攻坚重大项目。全面重构招商体系、健全招商网络、建强招商队伍,扎实推进产业链招商、驻点招商,加快引进一批超50亿元、超百亿元重特大项目。探索建立项目招引的全链条投资基金体系,打造覆盖企业全生命周期的金融服务模式,推动各类资源向新兴产业领域倾斜,努力在招大引强、招优引新、招急引缺上实现新突破。推进“千企技改”重点工程,全年实施重点技改项目100项以上。完善重点项目跟踪服务督导机制,推动环普产业园、中新智地等项目开工建设,确保中芯长电二期、远景动力智能电池一期等项目竣工达产。鼓励民间资本投向重大基础设施、社会民生、生态环保等领域,着力增强产业发展的支撑力。加大专项债券申报和中央预算内投资、中央财政专项争取力度,落实项目资本金调整政策,确保列入年度计划的政府投资项目全部开工。

培育壮大骨干企业。支持骨干企业持续做强做精,加快打造一批行业领军企业,不断壮大各类“500强”企业群体。完善中小企业公共服务体系,加快中小企业“专精特新”发展,着力培育更多“隐形冠军”企业。支持企业实施智能化改造、数字化升级,新增省级智能制造示范车间5个。推进新桥镇智能制造示范镇建设,力争建成海澜国家级工业互联网平台。开展国家级、省级先进制造业和现代服务业深度融合试点工作,着力培育一批税收超亿元服务业重点骨干企业,年内新增“两业融合”龙头企业*1个。加快“江阴板块”高质量发展,新增境内外上市企业5个以上,其中科创板1~2个。加强现代农业园区建设,确保新增无锡市级以上示范家庭农场10个、农业龙头企业2个。

切实强化要素保障。认真落实减税降费政策,健全完善惠企政策公开平台,着力减轻企业负担。实施工业企业资源利用绩效评价差异化政策,高标准建设工业经济高质量发展综合服务平台。开展集体经营性建设用地入市试点和生态产品价值实现等工作,大力推进存量土地盘活和城乡建设用地增减挂钩,力争新增储备土地1500亩、盘活低效用地6900亩。大力实施普惠金融政策,推进知识产权质押融资,完善信贷风险资金池政策,着力缓解中小微企业融资难融资贵问题。加强地方金融行业监管,加快完善非法金融治理长效机制,坚决守牢不发生区域性系统性金融风险的底线。

二、坚持创新引领,在加快新旧动能转换上有新突破

深入实施创新驱动战略,大力推进“创新江阴”三年行动计划,加快构建产业创新体系,着力推动“科产城人”深度融合,全力打造先进制造业科创中心。

突出企业创新主体地位。围绕主导产业核心基础零部件、关键基础材料、先进基础工艺等领域短板,积极对接国家和省市重大科技专项,努力在关键领域突破一批核心技术。深化产学研协同创新,探索建立主导产业技术攻关“揭榜制”,年内实施重点产学研合作项目70项以上。推动优质资源向高新技术企业集聚,力争净增高新技术企业150个以上，新增无锡市准“独角兽”企业1个、“瞪羚”企业5个、“雏鹰”企业5个，确保规上工业企业中有研发活动企业数占比达65%。积极推进知识产权保护中心建设，建立健全知识产权公共服务体系。强化标准、质量和品牌建设，主导、参与完成国内外标准30项，培育中国驰名商标1件，力争万人有效发明专利拥有量达28件。

发挥创新平台倍增效应。主动对接太湖科创湾建设，加快打造霞客湾科学城、苏南国家自主创新示范区核心区、江阴数字创新港。科学布局创新载体平台，切实提高对科技项目和高层次人才的承载能力，确保年内新增创新载体20万平方米。推进江苏智海新材料与人工智能研究院建设，强化江阴金属材料创新研究院、江阴集成电路设计创新中心研发和引育功能，确保孵化、引进科创型企业10个以上。鼓励和引导企业与国内外知名高校院所、顶尖人才团队等共建联合研发中心，新建省级以上研发机构12个、市级研发机构80个。推进麻省理工长三角(江阴)国际创新中心、上海交通大学技术转移中心江阴分中心建设，增强技术交易市场、技术转移中心的活力，完成技术合同成交额60亿元。

加快引育创新创业人才。提档升级“暨阳英才计划”*，落实“科技人才25条”，深化“百千万”引才专项行动*，创新柔性人才引进方式，新引进科技人才项目50项。实施紧缺型高层次人才激励计划，力争年内引育高层次人才500人以上。加快推进现代化高技能实训基地建设，全面推行企业新型学徒制，确保年内新增高技能人才7000人，全市人才总量达到46万人。完善人才评价激励机制和服务保障体系，优化人才租房、购房补贴和紧缺人才学费补贴等政策，打造国际人才社区，全面激发人才创新创造创业活力。

三、深化改革开放，在释放发展动力活力上有新突破

坚持以改革创新破解高质量发展的体制机制障碍，集聚开发开放的发展要素，促进形成区域协同、市域联动、城乡一体的协调发展新格局，全面提升区域竞争的新优势。

推进重点领域改革。深化“放管服”改革，推广企业开办“0.5天完成”模式，提升工程建设领域审批效能，推进“一窗一次一件事”改革，全力打造“澄心办·办澄事”营商环境品牌。全面落实“双随机、一公开”监管，不断增强审管衔接和重点领域事中事后监管能力。优化综合行政执法改革，加快构建“大数据+指挥中心+综合执法”体系。全面完成事业单位改革省级试点工作。完善新一轮财政管理体制，优化市与镇街园区的事权与支出责任划分。推进国资公司运行和监管体系建设，加快资产证券化步伐。实施公共卫生应急管理体系、“县管校聘”管理体制等民生领域改革，完成社会联动救助基本公共服务标准化国家级专项试点。深化省农村改革试验区建设，推进村社分离、农村集体产权制度、土地制度等改革，不断激发农村发展活力。

对接区域一体发展。深度融入长三角一体化发展战略，强化与上海黄浦区等地区的战略合作，积极对接上海自贸区临港新片区、虹桥商务区等载体平台，推动产业链、创新链无缝对接。加强与上海港、宁波港的战略合作，充分发挥江阴港“江海换装”优势，加快完善港口集疏运体系，持续推动现有码头、岸线、产业等资源整合提升，全力打造长三角江海联动区域性组合港、综合型物流服务中心。全面融入锡澄一体化进程，有序实施锡澄协同发展区建设，稳步推进与惠山、锡山等周边地区在高新技术产业、文化旅游业等领域的协同发展。

拓展开发开放格局。全面贯彻中央构建国内大循环和国内国际双循环部署要求，引导企业抢抓“区域全面经济伙伴关系协定”签署的重大机遇，大力实施市场多元化、出口品牌建设等战略，优化外贸市场结构、主体结构、产品结构，不断提升外贸发展水平。完善重点外贸企业服务机制，持续推进外贸“破零”行动，着力稳定外贸规模。强化口岸功能建设，新增开放码头泊位2个。有序推进综保区加工制造中心、物流分拨中心、销售服务中心建设，加快打造港口保税小镇。扩大与“一带一路”*沿线国家和地区产能合作，实现对外直接投资2.8亿美元。

提升园区发展水平。推进开放园区去行政化改革，做强产业支撑，优化发展环境，着力提升贡献能力和水平。高新区要围绕打造国内一流的创新型国际化园区总目标，紧扣建设苏南国家自主创新示范区的工作主线，办好“国批”十周年系列活动，推进重大产业项目及创新平台建设，抢先布局未来产业，加快在全国高新区中实现争先进位。青阳园区要发挥产业发展区联动效应，推进智慧物流、高端智能装备等特色产业发展，力争早出形象、快出效益。临港开发区要围绕打造竞争力一流的国际化开放园区总目标，用好高端教育、人才和创新等资源，推进重大科技平台建设，持续做强千亿级、500亿级产业集群比较优势，力争创成国家级经济技术开发区。靖江园区要完善两地联动发展体制机制，壮大车船及配件、金属新材料、港口物流等主导产业，持续推动园区提档升级。江阴睢宁工业园要围绕建设省级特色园区，加快打造苏南苏北跨区域合作发展的新增长极。各镇街要推进镇村工业集中区升级改造，探索发展特色小镇，全力建设创新生态区。

四、聚力城乡统筹，在展现美丽江阴面貌上有新突破

坚持统筹协调、城乡融合，以高水平规划引领城市发展，以高质量建设提升城市功能，以高标准管理彰显城市魅力，全力打造现代化滨江花园城市。

优化城市发展布局。紧紧围绕“南征北战、东西互搏”总路径，持续优化市域空间格局，完成国土空间总体规划编制，动态调整优化各专项规划，加快形成全市国土空间开发保护“一张图”。高起点规划建设霞客湾科学城，着力优化高铁枢纽、滨江地区、绮山水源地周边等重点片区城市设计。深化内外环快速路、锡澄一体化等交通路网研究，开展“多规合一”实用性村庄规划编制，扎实推进城乡融合发展。完善镇级国土空间规划编制，优化镇街生产、生态、生活空间布局和功能定位，不断提升镇街发展承载力和竞争力。

加快城市更新工作。遵循城市发展规律，加快编制老旧街区、老旧工业片区、传统商圈、城中村、公共基础与服务设施等重点地区和领域的城市更新规划。围绕高铁片区、北大街历史文化街区、锡澄运河西侧等地区，率先启动15个符合更新条件、更新效果和更新收益的示范项目，以点带面推动城市更新工作稳步推开、层层推进。有效利用城市零星土地、低效用地，新建或改建一批公共活动空间。深入推进城中村、棚户区改造，完成天鹤三村、大桥二村等老旧小区整治提升工作。探索建立城市更新的项目审批、资金投入、专项监管等工作机制，切实保障城市更新工作有序实施。

完善城市功能配套。继续推进南沿江铁路江阴段、锡澄S1线、江阴靖江长江隧道等工程建设，做好盐泰锡常宜铁路、第三过江通道建设前期工作，推动沿江高速江阴段扩容改造。开工建设高铁综合枢纽站等工程，加快推进徐霞客大道、大桥南路等快速化改造和新锡澄路（青阳段）工程建设。启动北大街历史文化街区项目，推进北门国乐岛、南门商业街区等重点片区开发建设。加快建设锡澄运河公园二期、三期等项目，确保八字桥公园、应天河风光带三期建成开放。大力推进征地拆迁工作，全市计划完成拆迁509万平方米、建成安置房103万平方米。

落实城市精细管理。扎实开展城市环境综合治理，聚焦城市主干道、背街小巷、农贸市场等重点区域，推进户外广告、违法建设、宠物管理等热点问题专项整治，探索实施无物业封闭小区市场化物业管理，不断提升城市环境面貌。推行车位共享、错时停车、限时停车等停车模式，持续优化停车秩序。推广实施城区生活垃圾分类"三定一督"模式*，实现全市域生活垃圾密闭式收集、转运。发挥市城管委统筹协调作用，探索建立城市管理"红黑榜"机制，不断提高精细化、智能化、专业化管理水平。

提升镇村发展水平。全面实施乡村振兴战略，推进镇容镇貌优化和被撤并镇区整治提升，促进各镇街差异化、个性化发展。扎实推进村级"散乱污"企业搬迁复垦，探索生态补偿、财政转移支付机制，推动复垦指标统一收购和调配，着力提升村级经济可持续发展能力。深化农村人居环境整治，持续推进农房翻建工作。加强农村生活污水治理设施管养，实施农村供水户表改造7000户。新（改）建农村公厕52座。新增天然气居民用户1.5万户，建成燃气管线150千米。继续推进"四好农村路"建设，建成美丽乡村公路示范线8条，完成农村危桥改造128座。深入开展美丽乡村建设，全年创成无锡市特色田园乡村8个。

五、强化保护治理，在提升生态文明水平上有新突破

牢固树立和践行绿水青山就是金山银山的理念，以更加有力的举措深入打好污染防治攻坚战，加快打造长江生态安全示范区。

推进集约节约发展。严守"三线一单"*，严把"三个关口"*，切实提升源头管控水平。加快推进全市域印染行业整合，推动连片式、区域性"散乱污"企业专项整治，年内关停化工生产企业21个。严格实行能耗强度和总量"双控"，积极推进绿色制造示范企业创建，建成投运江阴热电燃机热电联产项目，确保完成上级下达的单位GDP能耗下降目标。推动环保"绿岛"*建设，着力降低中小企业治污成本。加强绿色低碳发展，实施重点节能改造工程20个，全年节能5万吨标煤以上，创建省、市级节水型载体8个。

强攻环境综合治理。深入实施"测管治"一体化改革，积极推动"蜗牛警示牌"评定*，倒逼压实治污责任。深化大气管控点位长制，推动高值排放区域和企业落实深度减排措施，确保$PM_{2.5}$年均浓度和空气质量优良天数比率完成上级下达的目标任务。落实河长制和断面长制，开展国省考断面周边支浜支流综合整治，实施控源截污、污水管网等工程，推动污水零直排区建设，力争城乡黑臭河道整治达标率、重点地表水功能区达标率和国省考断面水质优Ⅲ比例均达100%。加强重点行业企业用地调查、建设用地土壤污染调查评估，持续推进污染地块治理与修复。积极开展"无废城市"建设，着力提升固废、危废处理能力。

实施生态环境修复。落实"共抓大保护、不搞大开发"要求，严格执行长江"十年禁渔"政策，持续开展沿江环境整治和生态修复，确保主要入江支流水质达到Ⅲ类。深入开展"美丽河湖"三年行动，启动白屈港、老桃花港综合达标整治和新桃花港江边枢纽等工程，高标准建设10条美丽示范河湖。开展林长制试点，大力推进国土绿化工作。统筹推进山水林田湖草一体化修复与保护，全面完成沿江10千米范围内20个废弃矿山治理，加快桃花港、窑港口长江生态湿地保护区建设，确保林木覆盖率维持在24.5%左右、自然湿地保护率达22.6%。

六、坚守安全底线，在营造安全稳定环境上有新突破

牢固树立安全发展理念，切实加强重点领域专项整治，坚决防范化解重大安全风险，确保安全生产事故起数、亡人数实现大幅下降。

加强突出问题治理。持续抓好国务院、省、无锡市安全生产专项督导反馈意见整改。全力推进安全生产专项整治"三年大灶"*，继续狠抓危化品、交通运输、建筑施工、"厂中厂"、群租房等领域安全监管，深入治理制约江阴市安全发展的根源性问题。进一步强化事前执法，加大事故易发环节监管力度，防范遏制同类事故反复发生。实施安全生产领域"黑名单"制度，健全风险隐患信息多部门联动识别机制，充分运用法律、行政、经济等多种手段，对隐患突出、存在严重违法违规行为的企业实施严厉惩戒。

加强风险隐患防范。坚持从源头上防范化解重大安全风险，完善风险隐患排查治理机制和风险防范化解机制，真正把问题解决在萌芽状态。强化专家技术支撑，深化与专业第三方机构合作，运用互联网、云计算、大数据等信息技术，加强重点行业领域安全风险识别和预警分析，提升精准监管和风险防控水平。加快推进传统行业领域"机械化换人、自动化减人"，切实降低企业安全风险。持续推动安全文化进企业、进社区、进学校，在全社会营造关爱生命、关注安全的良好氛围。

加强安全体系建设。细化落实安全生产"党政领导、部门监管、属地管理、企业主体”四张责任清单,持续深化专委会工作规范化建设。督促企业加大安全投入、落实全过程管理,提高本质安全水平。推进公共安全体系、双重预防机制、安全标准化建设,着力提升安全监管效能。加快优化应急管理、防灾减灾等工作机制,推进江阴沿江危化品应急救援基地二期建设,不断提升应急救援保障能力。加大安全生产执法队伍规范化、专业化建设力度,牢牢守住安全生产防线。坚决落实重大安全事故“一票否决制”,强化对安全生产失职渎职行为的监督问责。

七、突出补短补弱,在创造人民美好生活上有新突破

坚持以人民为中心的发展思想,强化数字化赋能,实施“微幸福”民生工程,以改革创新精神破解民生难题,努力让民生工作更加有温度,持续增强人民群众获得感、幸福感、安全感。

健全社会保障。完善常态化援企稳岗帮扶机制,实施全民创业行动计划,新增就业岗位6.4万个,促进自主创业3200人,确保城镇登记失业率控制在3%以内。稳步提升社会保障水平,城乡居民基础养老金调整为每人每月392元,被征地农民养老年龄段人员政府保养金调整为每人每月1010元,城乡居民基本医疗保险二、三级医疗机构政策范围内住院报销比例提高10%至30%。深化养老服务体系建设,实现镇街级示范型居家养老服务中心、助餐中心全覆盖。持续提升退役军人服务保障水平。加大重点困难群体帮扶和集体经济薄弱村扶持力度,进一步巩固脱贫攻坚成果。

发展社会事业。深化省义务教育优质均衡发展市创建工作,有序推进多模式集团化办学,深入实施学位制管理,推进高品质示范学校、优质特色学校建设。启动江阴中专校改扩建、敔山湾第二实验学校等工程,全面实施18项校安工程,建成投运青阳金桥实验学校小学部。深化健康江阴建设,开工建设市人民医院敔山湾疫情防控改造工程,加快推进市妇幼保健院改建工程。完善中医药服务体系,持续推动家庭医生签约服务扩面提质。大力实施基层公共文化服务效能提升“十百千”示范工程*,深化新时代文明实践中心全国试点市建设,开展文化惠民活动3300场。办好各类品牌体育赛事,新增一批体育公园、健身步道。

推进社会治理。加快市、镇街社会治理现代化综合指挥体系建设,着力完善“大数据+网格化+铁脚板”治理机制。推进全国乡村治理体系建设试点工作,积极构建“网络化服务+网格化管理”的现代农村治理体系。组织完成村(居)民委员会换届选举工作,持续推进村民居民自治,着力提升基层治理水平。创新信访稳定工作机制,推动重大矛盾纠纷源头处置。启动“八五”普法工作,全面深化依法治市。开展食品药品领域专项清理整治行动,全力保障人民群众饮食用药安全。持续推进平安江阴建设,大力实施“反诈护澄墙”行动,常态化开展扫黑除恶,严厉打击非法集资、恶意逃废债等非法金融活动,切实维护社会和谐稳定。

全力打造人民满意政府

积极顺应时代要求和人民期盼,以持续深化“三转一提”主题活动为动力,勇于担当,砥砺前行,不断推动政府治理体系和治理能力现代化。

始终做到政治过硬。切实增强“四个意识”*,坚定“四个自信”*,做到“两个维护”*,始终在思想上、政治上、行动上与以习近平为核心的党中央保持高度一致,确保政府各项工作沿着正确方向前进。严格政治纪律和政治规矩,不折不扣落实中央、省市委各项重大战略和决策部署,坚决做到政令畅通、令行禁止。加强政府系统党的建设,严肃党内政治生活,严格落实意识形态工作责任制,切实把党的领导贯穿政府工作的全过程各领域。

始终做到担当作为。加强学习型政府建设,引导和激励政府工作人员深入解放思想、提升专业素养、增强履职本领,以开放的视野、改革的办法、创新的举措破解发展难题,推动江阴在发展中勇于争第一、敢于创唯一。强化政务督查问责,坚决杜绝“庸、懒、散、浮、拖”等现象,以“钉钉子”精神推动市委确定的各项工作任务落地见效。畅通“12345”热线、市长信箱等民意诉求渠道,全力为企业和群众做好事、解难事。深入落实“三项机制”*,不断激发党员干部锐意创新的勇气、敢为人先的锐气、蓬勃向上的朝气。

始终做到依法行政。全面落实法治政府建设要求,健全完善重大行政决策规范化管理,落实合法性审查制度,实施行政执法“三项制度”*,不断提高运用法治思维和法治方式推动发展的能力。认真执行人大及其常委会的决议决定,落实重大事项决策前向人大报告制度,大力支持政协履职,健全与人大代表、政协委员沟通对接机制,主动接受人大及其常委会法律监督、工作监督和政协民主监督,高质量办好人大代表建议和政协委员提案。主动接受舆论和社会监督,持续加强重点领域政务公开,不断提升政府工作的公信力。

始终做到清正廉洁。坚持全面从严治党,持续加强政府系统党风廉政建设,严格遵守中央八项规定及其实施细则精神,坚决防止形式主义、官僚主义等“四风”*问题变异反弹。牢固树立过紧日子思想,进一步压降“三公”经费*和一般性支出,腾出更多财力保障和改善民生。加强重点领域、关键岗位的全程管控和审计监督,坚决查处发生在群众身边的不正之风和腐败问题,推动政府系统全体人员永葆清正廉洁的政治本色。

新时代赋予新使命,新征程呼唤新作为。让我们更加紧密地团结在以习近平为核心的党中央周围,在中共江阴市委的坚强领导下,紧紧依靠全市人民,紧紧依靠关心支持江阴发展的各界朋友,凝心聚力、攻坚克难、奋发有为,勇当新时代县域高质量发展排头兵、社会主义现代化建设先行军、区域一体化发展领跑者,加快建设“强富美高”新江阴,以优异成绩庆祝中国共产党成立100周年。

■类目编辑 邢 盈

大事记

1月

2日　江苏省举行2020年重大产业项目建设现场推进会议。在江阴分会场，智建美住江阴总部基地项目等49项重大项目宣布开工。

8日　江阴市晓达金属制品制造股份有限公司在全国中小企业股份转让系统（新三板）挂牌，为江阴市第56个新三板挂牌企业。

9日　全国爱卫办公布全国健康城市评价结果，314个城市参评，江阴市获评2018年度“全国健康城市建设示范市”，位列全国县级市榜首。

10日　在2019年度国家科学技术奖励大会上，由江阴兴澄特种钢铁有限公司作为主要完成单位之一参与的“高品质特殊钢绿色高效电渣重熔关键技术的开发和应用”项目，获国家科技进步奖一等奖。

同日　首届长三角地区优质稻米产业发展创新成果交流会在华西村举行。会上，成立长三角稻米产业协同创新联盟，举行稻米产销对接签约仪式，并开展第四届江苏好大米品鉴推介活动；江苏华西都市农业科技发展有限公司“华西臻米”获江苏好大米特等奖；江阴市谷盛农业专业合作社“南粳46”优质大米获江苏好大米金奖，并获评江苏十佳稻田综合种养大米。

同日　江苏科茂新材料科技有限公司在澳大利亚国家证券交易所上市（股票代码为“KEM”），成为江阴市第51个上市公司。

14日　江苏省政府下发《关于表彰江苏大工匠、江苏工匠获得者的决定》。江阴兴澄特种钢铁有限公司许君锋、中船澄西船舶修造有限公司陈彬烽和江阴和港机械有限公司罗自利获评“江苏工匠”。

14—15日　中共江阴市委召开十三届九次全体（扩大）会议。会议审议通过《中共江阴市委关于贯彻落实党的十九届四中全会精神、推动县域治理体系和治理能力现代化建设走在前列的实施意见》和《中国共产党江阴市第十三届委员会第九次全体会议决议》。

22日　天华国防教育馆开馆。活动现场举行江苏省国防教育基地和无锡市全民国防教育实践基地揭牌仪式。

23日　中共江阴市委常委会第110次（扩大）会议召开，研究部署新型冠状病毒肺炎联防联控工作。

26日　江阴市启动突发公共卫生事件一级响应。

27日　中共江阴市委常委会第111次（扩大）会议召开。会议传达学习中共中央政治局常务委员会会议精神、省委常委会会议精神、省疫情防控工作领导小组会议和全省疫情防控工作电视电话会议精神、无锡市委常委会会议精神，对做好江阴市新型冠状病毒感染的肺炎疫情防控工作进行再研究、再部署、再动员。

同日　瑰宝新材料股份有限公司首批3000平方米复合风管板材及配套安装配件从祝塘镇出发，用于武汉火神山医院建设。

28日　江阴市第一批援鄂医疗队进驻武汉市江夏区第一人民医院。队员分别为市人民医院感染科副主任、主任医师郭春辉，重症科护师李娟、潘静婉，ICU护师顾斌，检验科主管技师司煜安，市中医院ICU副护士长任杰。

同日　江阴市向全市发出《关于招募党员志愿者参与做好新型冠状病毒感染的肺炎疫情防控工作的倡议》，紧急动员全市25～45周岁的党员自愿报名，作为防控工作后备力量，到全市各管控点24小时轮值，对进入江阴市人员进行体温测量，对体温升高人员进行登记。

29日　江阴市举行新型冠状病毒感染的肺炎疫情防控应急工作视频工作调度会，讨论前期疫情防控工作，及时协调解决当前问题，部署推进下阶段疫情防控工作。

同日　江阴市开展疫情防控党员志愿者培训。30日，1738名党员志愿者经过分批培训后奔赴防疫一线。

同日　江苏江阴农村商业银行有限公司捐赠150万元，江苏新潮仁爱基金会、江苏新潮科技集团有限公司捐赠100万元，均捐向江阴市慈善总会作为“湖北疫情防控专项捐款”，用于防疫物资采购。

30日　海澜之家股份有限公司向湖北省武汉市捐赠价值1500万元的物资，其中包括制氧机、雾化器、呼吸机、面罩等超过1400件、价值800万元的医疗物资和价值700万元的海澜之家新款鹅绒服。医疗设备定向捐赠给雷神山医院,用于医疗救助;鹅绒服捐赠给当地抗击疫情的医护人员。

同日 江苏力博医药生物技术股份有限公司和江苏中济万泰生物医药有限公司向疫情防控重点地区捐赠医用物资。物资包含全自动血库系统、医用离心机、试剂卡孵育器、全自动核酸提取纯化仪、核酸纯化试剂等,总计价值 384.4 万元。中国邮政集团有限公司江苏省江阴市分公司为这批物资开通绿色通道。

同日 江阴市暂停全市道路运输、水路运输及汽车综合性能检测站的汽车综合性能检测业务、运政违法处理窗口业务的办理。

31 日 中共江阴市委常委会第 112 次(扩大)会议暨市委应对疫情工作领导小组第一次会议召开。会议传达学习习近平总书记关于疫情防控工作的重要指示批示精神,研究江阴市当前疫情防控工作,对下阶段工作作进一步部署安排。

同日 江阴市召开新型冠状病毒感染的肺炎疫情农村防控工作推进会暨群防群治“五五”专项行动(五处必须严防:租住房必问,小旅馆必查,活动室必关,聚集会必禁,路道口必控;五项全面覆盖:网格管理、楼道排查、路口巡查、住户走访、人员登记)专题部署会,传达贯彻落实江苏省、无锡市农村疫情防控相关工作会议精神,调度和推进江阴市农村地区疫情防控各项工作,对落实好群防群治“五五”专项行动,加强农村疫情防控进行再动员、再部署、再推进。

是月 国家广播电视总局发布 2019 年度国家广播电视和网络视听产业发展项目库入库项目名单,江阴市融媒体中心选送的“打造‘最江阴’城市综合服务平台”项目,作为智慧广电生态体系建设与网络融合类项目入选。

是月 民政部办公厅公布 2019 年度社会救助领域创新实践十佳案例名单,市民政局选送的《“澄”“救”你我、一点而“救”——“智慧救助”为兜底保障贡献江阴方案》入选十佳案例。

是月 江阴市 13 个村入选第一、第二批国家森林乡村认定名单,分别是周庄镇长乐村、顾山镇红豆村、璜土镇璜土村、青阳镇普照村、华士镇华西新市村、申港街道申兴村、利港街道东支社区、月城镇沿山村、云亭街道花山村、南闸街道曙光村、长泾镇蒲市村、徐霞客镇金凤村、月城镇黄桥村。

2 月

1 日 无锡市委书记黄钦深入江阴市重点防疫物资生产企业,调研了解企业复工、防疫物资生产等情况。

同日 江苏新长江实业集团有限公司向无锡市疫情防控应急指挥部捐款 500 万元。

同日 江阴澄星实业集团有限公司捐赠一批从海外紧急采购的价值近 50 万元的医疗物资,用于支援疫情防控一线医护人员。

2 日 江阴市举行新型冠状病毒感染的肺炎疫情防控应急工作视频工作调度会,讨论前期疫情防控工作,协调解决当前问题,部署推进下阶段疫情防控工作。

同日 双良集团有限公司通过江阴市慈善总会向武汉市洪山区定向捐款 500 万元,用于支持疫情防控工作。

3 日 全市疫情防控领导小组会议召开,部署推进下阶段疫情防控工作。

4 日 三房巷集团向江阴市红十字会捐赠 500 万元,定向支持江阴市新型冠状病毒肺炎疫情防控应急指挥部。

7 日 江阴市慈善总会累计接收捐款 2283 余万元。捐赠资金中的 1525 余万元分别转赠给湖北省慈善总会、武汉市慈善总会、黄冈市慈善总会,以及江阴市部分镇(街道)慈善会和医院。此外,还募集口罩、变频电暖器、空气净化器、移动对讲机、紫外线杀菌车、消毒液等总价值达 118 余万元物资,用于江阴市防疫一线。

8 日 江阴市委、市政府发布《关于应对新型冠状病毒感染的肺炎疫情支持企业共渡难关保障经济平稳运行的政策意见》,从降低企业运营成本、加强财政金融支持、加强稳岗就业保障、强化重点企业扶持、支持企业开工复工 5 个方面推出 25 条政策措施。

同日 江阴市政府保障性口罩线上预约购买系统上线运行。每天供应 7 万只口罩。

9 日 江阴市人民医院、市中医院 19 名医护人员组成第二批紧急医疗救援队驰援武汉市。

11 日 江苏吉麦隆超市管理有限公司向市红十字会捐赠 200 万元,用于资助赴湖北省疫情防控一线的江阴市医务工作者,并向市慈善总会捐赠 100 万元物资,用于支持江阴市低保户、特困供养对象。

12 日 江阴市委、市政府发布《关于应对新型冠状病毒感染的肺炎疫情切实加强民生保障的政策意见》,从保障重要民生商品市场供应、强化民生底线保障、优化教育管理服务、优化医疗健康服务、优化社会公共服务 5 个方面推出 21 条政策措施。

15 日 到江阴人员线上登记平台“来澄通”上线运行。当日访问量突破 70 万人次,近 3 万人完成线上登记。

18 日 江苏省副省长马秋林到江阴市调研疫情防控和复工复产工作。

20 日 江阴市以视频连线方式举行春节后首场重大项目签约仪式,总投资 50 亿元的航天交通物联网产业基地项目和总投资 30 亿元的御霖国际智慧康养项目落户江阴高新区。

同日 江苏省新闻出版局公布 2018—2019 年度“江苏省五星级示范农家书屋”和“江苏省优秀农家书屋管理员”名单。江阴市澄江街道革新社区书屋、天鹤社区书屋,新桥镇新桥社区书屋 3 个书屋获评五星级示范农家书屋,新桥镇康定社区书屋郁颖洁、澄江街道天鹤社区书屋张蓉获评优秀农家书屋管理员。

同日 江阴市首批 2 名新型冠状病毒肺炎患者治愈出院。

22 日 江阴市防控应急指挥部发布《关于启用“锡康码”的通告》,并启用“锡康码”。

24日 江阴市各大医院全面恢复日间诊疗服务。

同日 江阴高速各大卡口全线开通。

26日 中央电视台《新闻联播》栏目以《守望相助 各地全力支援湖北》为题，聚焦江苏阳光集团有限公司加快复工复产、紧急生产防疫物资全力驰援防控重点地区的相关举措。

27日 江阴市突发公共卫生事件一级响应调整为二级响应。

28日 江阴市华英轻工制品有限公司、圣华盾防护科技股份有限公司、江阴飘迈医疗用品有限公司、江阴华锋纺织五金配件有限公司、江阴天江药业有限公司、中粮贸易江苏有限公司6个企业入选全国疫情防控重点保障企业名单。

同日 中船澄西船舶修造有限公司自主研发的4万吨自卸船成功下水。

是月 国家发改委主导、国家信息中心中经网主推的城市信用监测2020年首期《城市信用监测月报》通报2019年度全国省级、地级、县级672个城市的信用监测指数和排名情况。江阴市以综合信用指数87.11排名全省同类城市第一。

是月 江阴市获评江苏省法治政府建设示范县（市、区）。

3月

2日 江苏省卫生健康委员会官方网站发布江苏省新冠肺炎疫情风险等级名单，江阴市属低风险地区。

4日 江阴第一批医疗队队员任杰所在的江苏重症护理支援队，获评全国卫生健康系统新型冠状病毒肺炎疫情防控工作先进集体。

同日 江苏省政府发布《关于2019年度江苏省科学技术奖励的决定》。江阴市6项项目获奖，创历史最好成绩。

6日 江阴金属新材料创新园举行项目入驻签约仪式和江阴金属材料创新研究院网站启用仪式。8项来自国内高校及相关企业的科技人才项目集中签约。

同日 江苏省人力资源社会保障厅、省卫健委联合给予120名江苏援鄂医务人员记功奖励，江阴市中医院崔娣名列其中。

7日 江阴市重大产业项目集中开工仪式在临港经济开发区举行。无锡市委书记黄钦宣布申桦高端密封技术研发项目等重大产业项目集中开工。

9日 江阴市首批83个餐饮单位恢复堂食。

同日 江阴市四方游泳康复产业园在江阴高新技术产业园开工奠基，计划建成全国最大的游泳装备制造基地，预计年产智能装配式游泳馆300套。

10日 江阴市重大项目集中签约仪式在临港经济开发区举行，总投资109.5亿元的10项项目签约。

11日 无锡市委组织部、无锡市人力资源社会保障局给予10名在新型冠状病毒肺炎疫情防控工作中有突出表现人员记功奖励。江阴市人民医院感染科主任邓国炯为其中之一。

13日 江阴市最后一名新型冠状病毒肺炎确诊患者康复出院。至此，江阴市5名新型冠状病毒肺炎患者全部治愈出院。

16日 江阴市委、市政府出台《关于建设先进制造业科创中心加快创新发展的若干政策措施》，启动建设先进制造业科创中心。

同日 江苏省信用办发布《2019年度各设区市和县级地区政务诚信评价结果的通知》。江阴市获评政务诚信建设"一等次"。

17日 江苏省副省长赵世勇到江阴调研生态环境保护工作。

同日 江阴开源非织造布制品有限公司收到国务院应对新型冠状病毒肺炎疫情联防联控机制医疗物资保障组的感谢信。

19日 江阴市委、市政府召开全市科技创新和人才大会，正式启动"创新江阴"三年行动计划（2020—2022年）。

同日 中国锅炉与锅炉水处理协会发布2019年度（首届）锅炉科学技术奖获奖名单。江苏双良锅炉有限公司的"大型模块组装高效超低氮燃气热水锅炉技术和产业化应用"项目获二等奖。

20日 江阴市政府与中国铁建昆仑投资集团就市高铁站综合交通枢纽PPP（指政府和社会资本合作，是公共基础设施中的一种项目运作模式）项目进行签约。

同日 江苏省人社厅、卫健委授予60人"江苏省卫生健康系统新冠肺炎疫情防控工作先进个人"称号。江阴市人民医院感染科副主任、主任医师张建春名列其中。

同日 江阴市捐赠的12万只医用外科口罩分别运往日本群马县藤冈市、日本冲绳县南城市、韩国全罗北道群山市、意大利托尔托纳市4个城市。

21日 中共无锡市委宣传部、无锡市卫健委发布11位无锡最美

2020年2月28日，中船澄西船舶修造有限公司新船下水 （沈思远 摄）

战“疫”先锋。江阴市人民医院感染科副主任郭春辉名列其中。

22日 江阴市商贸服务业全面恢复正常营业。

24日 由江苏振江新能源装备股份有限公司制造的国内首座1200吨自航自升式风电安装平台“振江号”在江苏如东风场完成首次吊装任务。

25日 科技部火炬中心举办第九届中国创新创业大赛新冠肺炎疫情防控技术创新创业专业赛决赛,江阴市企业江苏飞慕生物科技有限公司被评为优秀企业。

26日 江阴高新区综合金融服务中心揭牌启用。

31日 国家市场监管总局、发展改革委、财政部公布2020年度国家基本公共服务标准化试点项目名单。“江阴市社会联动救助基本公共服务标准化专项试点”入选,为无锡市唯一入选项目。

同日 江阴市第二批驰援国际友好城市的防疫物资发出。物资包括5万只医疗外科口罩、3万副一次性医用手套以及500件医用防护服。这些物资发往法属波利尼西亚法阿市等地。

同日 双良集团有限公司旗下的生物医药企业——佰翱得生物科学有限公司基于新型冠状肺炎病毒蛋白的研发项目入选无锡市新型冠状病毒感染应急防治科技专项拟立项名单。

是月 江苏省人社厅、省卫健委联合给予150名援湖北一线医务人员记功奖励。江阴市人民医院检验科主管技师司煜安名列其中。

4月

1日 江阴市首批援鄂医疗队6名队员隔离医学观察期满,返回江阴市。20名交警在京沪高速江阴道口列队敬礼迎接并护送至市政府大楼。

同日 《〈长江三角洲区域一体化发展规划纲要〉江苏实施方案》发布,明确支持江阴—靖江工业园区建设跨江融合发展试验区。

4日 10时至10时3分,全市默哀3分钟,汽车、火车、舰船鸣笛,防空警报鸣响,表达对抗击新型冠状病毒肺炎疫情斗争牺牲烈士和逝世同胞的深切哀悼。

7日 江阴市多个志愿公益组织共同发起“一起抗疫,驰援巴铁”活动,7天募集10万余只爱心口罩。

8日 水利部副部长叶建春率队到江阴市开展汛前检查活动,重点检查防洪工程度汛准备、超标准洪水防御准备等工作。

同日 第五届全国基层党建创新典型案例征集评选活动公布复评结果。江阴市报送的《江阴市:高质量基层党建引领乡村振兴》入围农村领域的候选案例。

12日 中国工程建设标准化协会发布第577号、578号公告,批准发布《T/CECS 680—2020间接空冷塔测试规程》和《T/CECS 681—2020间接空冷散热器传热元件测试规程》两项标准。双良集团有限公司旗下的双良冷却系统公司受邀参加该两项标准的制定与审核。

14日 江阴市19名第二批援鄂医疗队队员隔离医学观察期满返回江阴市。交警在京沪高速江阴道口列队敬礼迎接并护送至市政府大楼。

同日 江阴市设立新冠病毒核酸检测集中采样服务点,位于澄江中路19号市体育馆内。

同日 江阴市向全体市民发放首期电子消费券600万元。后续继续发放电子消费券,总计3000万元。

15日 在江阴市融媒体中心成立一周年之时,“中央厨房”全媒体生产指挥平台正式启用,标志江阴媒体融合发展迈进“融为一体、合而为一”全新阶段。

同日 江阴高新区举行熙麦(江阴)现代智慧物流产业园项目签约仪式。项目总投资3.2亿美元,能为长三角经济区提供优质高效的城市配送和生活服务。

同日 华西村向莫桑比克捐赠的防疫物资发车。该批物资含50万只口罩、6000套防护服和3000副防护眼罩。

16日 “致敬江苏援鄂白衣勇士”书画赠送仪式在江苏省现代美术馆举行。江苏艺术家专题创作的2813件书画作品被赠予2813名江苏援鄂医务工作者。江阴市画家陈亮、王俭、陶建荣、夏晓云捐赠《砥砺前行》等8幅作品,并参与该次活动。

17日 由江苏锦明工业机器人自动化有限公司研发生产的全自动KN95口罩生产线下线,单条生产线可日产KN95口罩7万余只。

28日 江阴第二过江通道工程开工。

同日 吴汀鹭诞辰150周年纪念研讨会暨《百年故居》出版发行签约仪式在国民党江阴要塞司令部旧址举行。

29日 总投资近120亿元的7项“未来产业”项目在江阴高新区集中签约。

是月 江阴市筛选出28项“绿岛”(指由政府投资或政府参与、多元投资,配套建有可供多个市场主体共享的环保公共基础设施,从而实现污染物统一收集、集中治理、稳定达标排放的集中点或片区)试点建设项目,总投资60亿元。

是月 江阴市确定2020年度重点重大项目110项,计划总投资1502.9亿元,年内完成投资320.6亿元。

5月

1日 由江阴籍总导演黄瀛灏执导的国内首部自然园艺类纪录片——《花开中国》在中央电视台纪录频道和综合频道播出。

6日 光大环保能源(江阴)有限公司三期智慧化改造项目实施完成。这是国内首项垃圾焚烧发电厂智慧化改造项目。

7日 江阴市青年点点爱心港会长、江阴市益枫社工事务所理事长顾伟锋被评为“2019年度中国十大社工人物”。

8日 海门市委书记陈勇率党政代表团到江阴市考察。两市签订《共同推进高质量跨江融合发展战略合作协议》。

10日 “2020年中国钢铁行业品牌榜”发布,中信泰富特钢集团股份有限公司获评“2020年中国卓越钢铁企业国际影响力品牌”；该集团公司旗下的江阴兴澄特种钢铁有限公司和大冶特殊钢有限公司获评“2020年中国钢材市场优秀品牌（优特钢）”。

同日 江苏省体育局、无锡市体育局、无锡市文化广电和旅游局、江阴市文体广电和旅游局、江阴市新桥镇镇政府、海澜集团有限公司在江阴市新桥镇签署“联合打造体旅融合示范基地”战略合作协议，举行创建体旅融合示范基地启动仪式。启动仪式上，东武太极研修院新桥分院、江苏省武术队新桥集训基地、江苏省摔跤柔道队新桥集训基地三大基地落户海澜飞马水城。

11日 临港经济开发区和中联重科股份有限公司就中联重科建筑起重机华东智能制造基地项目举行合作签约仪式，打造世界一流的塔机智能制造工厂。

12日 江阴市举行庆祝“5·12”国际护士节暨先进表彰大会，对19名“最美逆行护士”、10个“优秀护理团队”、10名“十佳护士”进行表彰。

同日 南沿江城际铁路江阴段举行40米千吨箱梁首架仪式，标志南沿江城际铁路江阴段进入桥梁上部结构施工阶段。

13日 经市教育局、市场监管局、公安局等部门及镇街评估验收合格的首批478个校外培训机构恢复线下培训。

14日 新桥镇政府和张家港广大投资控股有限公司举行大型海上风电核心精密部件项目合作签约仪式。项目总投资35亿元，年产2000台（套）海上风电主增速器精密齿轮及核心零部件。

17—19日 中国人民政治协商会议江阴市第十五届委员会第四次会议召开。365名市政协委员出席大会。会议听取无锡市副市长、中共江阴市委书记王进健所作的题为《携手再出发 奋斗新征程 合力书写“六攻坚六突破”*精彩答卷》的讲话；听取并审议江阴市政协主席徐冬青代表政协江阴市第十五届委员会常务委员会所作的工作报告和市政协副主席张英毅所作的提案工作情况报告；列席市第十七届人民代表大会第四次会议（由于新型冠状病毒肺炎疫情防控需要，大会部分列席和邀请列席人员在现场参加会议，其他列席人员在分会场观看大会实况直播），听取并讨论市长蔡叶明代表市政府所作的《政府工作报告》，讨论其他有关报告；举行专题座谈会。

18—19日 江阴市第十七届人民代表大会第四次会议召开。会议应到代表396名，实到代表374名。会议听取大会主席团常务主席黄耀清所作的财政预算审查报告；听取并通过大会主席团常务主席朱敏所作的议案审查报告；通过《关于政府工作报告的决议》；通过关于江阴市2019年国民经济和社会发展计划执行情况及2020年国民经济和社会发展计划的决议；通过关于江阴市2019年财政预算执行情况和2020年财政预算的决议；通过关于江阴市人大常委会工作报告的决议；通过关于江阴市人民法院工作报告的决议；通过关于江阴市人民检察院工作报告的决议。

19日 江阴—霍城产业合作暨开发区结对共建仪式在江阴市临港经济开发区管委会举行。是日，还举行霍城招商推介活动，近50个江阴企业负责人观看霍城招商引资宣传片，听取招商推介。

20日 青阳镇政府与无锡金桥教育集团签署合作办学框架协议，合作创办无锡青阳金桥实验幼儿园和无锡青阳金桥实验学校（暂定名）。

27日 江阴高新区（上海张江）科创孵化器在上海市揭牌，这是无锡市首个驻沪科创孵化器。

29日 2020睢宁（江阴）优质农产品推介暨农业招商洽谈会在江阴市举行。活动现场举行多项项目签约仪式，并对两地优质农产品进行推介展示。

30日 江阴市举行江苏省沿江（江阴）危险化学品应急救援基地挂牌暨2020年江阴市“安全生产月”和“安全生产万里行”活动启动仪式。

31日 总投资195亿元的16项“主题产业园”项目在江阴高新区集中签约。项目包括江阴集成电路设计创新中心、中信泰富特钢主题产业园、耐磨新材料等。

6月

1日 江苏省政府办公厅印发通报，对2019年江苏省推进有关重大政策措施真抓实干、取得明显成效的13个设区市87个县（市、区及高新区、开发区）予以督查激励。江阴市三项工作获督查激励，分别是推动“放管服”*改革、实施知识产权战略、生产性服务业发展。

2日 2020全国城市传播热度排名发布会在人民日报社举行。江阴名列全国县级市传播百强榜第三，江苏省内第一。

3日 江苏省首单跨境电商特殊区域出口业务在江阴市通关。江阴市诺莉家居科技有限公司产品以跨境电商特殊区域（江阴综合保税区）出口模式，经江阴邮政运至苏州国际邮件互换局，将通过空港发往欧美。

同日 无锡市首个司法修复基地——江阴市窑港口长江生态湿地司法修复基地揭牌成立。

5日 “高举旗帜扬‘六爱’（爱党、爱国、爱家乡、爱父母、爱同胞、爱自然）、决胜小康重‘六保’*”座谈会在华西村举行。第十届全国人大常委会副委员长顾秀莲，国务院原副秘书长刘济民，中国作协副主席、中国报告文学学会会长何建明，江苏省人大常委会原副主任张艳等领导参加活动。

同日 江苏省科技厅公布2020年省创新能力建设计划暨中央引导地方科技发展专项资金拟支持项目（第一批）公示名单，全省69项项目。江阴市2项项目入选，分别是江阴兴澄特种钢铁有限公司承担的“江苏省高品质轴承钢关键技术重点实验室”项目和江苏法尔胜泓昇集团有限公司承担的“江苏省院士企业研究院”项目。

8日 江阴高新区联手深圳天安数码城集团共建孵化器，在福田园区T+SPACE路演厅举行对接会及签约仪式。这是江阴高新区继在上海市张江高科技园区建立孵化器后,在国内一线城市建立的第二个异地孵化器。

10 日 江阴市收到江苏省自然资源厅转发自然资源部《关于无锡至江阴城际轨道交通工程建设用地的批复的函》。江阴市呈报的无锡至江阴城际轨道交通(S1 线)工程建设用地获自然资源部批复。

同日 江苏省委、省政府召开全省科学技术奖励大会,表彰奖励2019 年度省科学技术奖获奖单位和科技工作者。江阴市 6 个企业的 6 项项目受到表彰。

11 日 来自乌克兰敖德萨港的货物首次直接运到江阴港,改变以往货物经上海港、无锡仓库等多个环节转运的方式,极大地缩减运输时间和成本。

同日 教育部、中国福利会、中国宋庆龄基金会公布第十四届宋庆龄奖学金获奖名单。江阴市第一初级中学学生郭禹彤获得该项荣誉。

13 日 江阴市总工会、人社局、交通运输局、邮政管理局联合主办江阴市首届快递员技能比赛。

15 日 江阴市水上搜救中心首次向社会清污力量发放清污补偿金,以表彰积极参与清污应急处置、保护长江水域环境的行为。领取这笔补偿金的是江苏扬远船舶服务有限公司。

15—16 日 中央电视台中文国际频道《百年巨匠·音乐篇》连续两天分别播出《刘天华(上集)》和《刘天华(下集)》,讲述刘天华振兴国乐的故事。

17 日 江阴市青阳实验小学入选 2020 年度"全国青少年人工智能活动特色单位",这是江阴市唯一入选的学校。

18 日 江阴市青少年武术训练基地揭牌仪式在要塞实验小学举行。

19 日 无锡市首例投标电子保函业务在江阴市落地。江阴市公共资源交易中心举行"新桥镇环卫所新建项目"开评标仪式,江苏植业工程有限公司通过市公共资源交易中心投标电子保函系统开出首张电子保函。

21 日 第十四届江苏省"五星工程奖"苏南片区赛在海澜集团有限公司会展中心开幕。

23 日 首届江阴市文明家庭名单公布,吴协恩家庭等 56 户家庭被评为江阴市文明家庭。

24 日 总投资 85 亿元的扬子江 LNG(液化天然气)产业园、临港君泰扬子股权投资基金和江苏建泉临港产业发展并购投资基金 3 项重大项目集中签约,落户临港经济开发区。

同日 无锡市唯一可通千吨级船舶的长江口门船闸——锡澄运河新夏港船闸(即新江阴船闸)建设项目通过江苏省交通运输厅组织的竣工验收。

29 日 2020 江阴产业对接恳谈会在上海举行。东部科创城、中锐国际教育社区、麻省理工江阴国际创新中心等 23 项项目在会上集中签约,总投资 235 亿元。上海市工商业联合会副主席徐惠明,法国、埃塞俄比亚等驻沪使领馆嘉宾,在沪央企、世界 500 强企业、上海知名及行业协会的 200 余名客商出席恳谈会。

是月 江苏省科技发展战略研究院发布"2019 江苏省百强创新型企业"名单,远景能源有限公司、江苏长电科技股份有限公司、江苏法尔胜泓昇集团有限公司、江阴兴澄特钢有限公司 4 个江阴市企业入选,分别名列第八、第十、第十五和第十六。

是月 江苏省科技厅发布 2019 年度省级以上科技企业孵化器绩效评价结果。全省 559 个省级以上科技企业孵化器和 34 个省级以上大学科技园中,91 个被评定为优秀。江阴百桥国际生物科技孵化园有限公司连续 4 年被评为优秀。江阴高新技术创业中心首次被评为优秀。

7 月

1 日 江阴市实施城乡居民大病保险制度,与基本医保、医疗救助等制度紧密衔接,共同发挥托底保障功能,提高重特大疾病保障水平,降低群众大病费用负担。

2 日 2020 第五届长泾文化旅游推广暨纪念上官云珠诞辰 100 周年主题活动在长泾老街启动。

3 日 2020 年全国"创新社会治理典型案例"征集活动结果公布,江阴市《构建矛盾纠纷化解共同体,激发基层社会治理新动能》获评优秀案例。

7 日 江阴市举行退役军人志愿服务队暨老兵故事宣讲团成立仪式。

8 日 江苏省人力资源和社会保障厅公布 2020 年江苏省有突出贡献的中青年专家名单。江阴市 3 人入选,分别是双良节能系统股份有限公司毛洪财、江苏省南菁高级

2020 年 7 月 2 日,长泾镇举办第五届长泾文化旅游推广暨纪念上官云珠诞辰 100 周年主题活动启动仪式 (长泾镇提供)

中学杨培明和江阴兴澄特种钢铁有限公司许君锋。

同日 江苏省教育厅公布2019年江苏省智慧校园审核认定结果。江阴市46所学校通过省级智慧校园审核认定。其中,江阴市周庄实验小学被认定为首批江苏省智慧校园示范校。

9日 江苏省发改委公布《2020年度省级现代服务业发展专项资金切块扶持名单》,决定对7个试点区域给予切块资金支持,江阴市入选;同时,对2020年度省级现代服务业发展专项资金财政奖励名单(省两业深度融合试点单位)进行公示。双良节能系统股份有限公司作为龙头骨干企业试点、江阴高新区管委会作为特钢新材料产业集群试点入围。

14日 国家知识产权局发布第二十一届中国专利奖授奖决定,江苏法尔胜缆索有限公司的专利项目"一种热挤聚乙烯锌铝合金镀层钢丝拉索的制作方法"获优秀奖。至此,江阴市企业累计获得中国专利奖金奖1项、优秀奖11项;江苏省专利奖金奖2项、银奖2项、铜奖3项、优秀奖9项;无锡市专利奖金奖13项、优秀奖32项。

16日 江阴市召开全市领导干部会议,宣布江苏省委、无锡市委关于江阴市委主要领导职务调整的决定:许峰任中共江阴市委委员、常委、书记,江阴高新技术产业开发区党工委书记。

同日 水利部副部长陆桂华一行到江阴市调研新沟河江边枢纽,检查新沟河排水情况。

20日 长江江阴段各类"三无"船舶全部清零。

22日 无锡市委书记黄钦率无锡市领导和各市(县)区、无锡市有关部门主要负责人,到江阴市观摩重大产业项目建设情况。

同日 江苏省县级融媒体中心互联网新闻信息服务许可颁证仪式在南京市举行。会议宣布全省首批获批互联网新闻信息服务许可的32个县级融媒体中心名单。江阴市融媒体中心名列其中,并在会上作交流发言。

同日 江阴市生态环境局联合市公安局、交通运输局以及第三方检测机构,在长山大道与江阴大道交叉路口开展机动车尾气路检路查行动,开出江阴市首张机动车尾气超标罚单,这也是无锡市首张。

23日 《人民日报》在要闻二版头条位置刊登《保护和激发市场主体活力——习近平总书记在企业家座谈会上的重要讲话引发热烈反响》,文中提到江阴企业保障生产、有力支援疫情防控的相关情况。

同日 江南大学技术转移中心江阴分中心揭牌,为江阴市区域经济的转型升级提供科技和人才支撑。

25日 江苏省摔跤柔道队新桥集训基地迎来揭牌成立后的首轮集训。江苏省武术队和摔跤柔道队的运动员在这里进行为期一个月的转训。

26日 江苏省副省长、省公安厅厅长刘旸到江阴市调研公安工作和长江大保护工作推进情况。

27日 江阴市人民医院感染性疾病科副主任、主任医师郭春辉入选无锡市"十大医德标兵"。江阴市中医院肛肠科主任、副主任医师马炯等12名江阴市医护人员入选无锡市"百名医德之星"。

同日 江阴市互联网协会成立大会暨第一次会员代表大会召开。首批会员为35个企业,涵盖互联网运营及网络安全、大数据、智能制造、智慧农业等领域。

28日 国务院江苏安全生产专项整治督导组副组长、常驻现场督导组组长、国务院安委办副主任王浩水率常驻督导组第一组成员到江阴市督导汛期安全生产工作。

同日 南菁明远教育奖学金(基金)成立,举办线上成立仪式,设立北京市、江苏省江阴市、湖北省长阳土家族自治县、甘肃省酒泉市、甘肃省会宁县5个会场,向12名学生发放首批奖学金。

29日 全国爱卫会公布2019年国家卫生城市(区)和国家卫生乡镇(县城)复审结果。江阴市云亭街道、青阳镇上榜,连续第三次获评国家卫生乡镇。

同日 江苏省知识产权局发布2020年度江苏省知识产权示范园区创建单位名单。江阴市临港经济开发区名列其中,示范创建周期为2年(2020年8月至2022年8月)。

同日 由江阴市退役军人双创学院、退役军人就业创业示范基地和江阴高新区军民科技协同创新中心联合组建的集课程教学、实训实践、平台基地、支撑保障为一体的退役军人创新创业教育机构——"军创之家"成立。

30日 江阴市璜土镇璜土村马家头、云亭街道花山村姚家村入选江苏省第三批次特色田园乡村面上创建村庄命名名单。

是月 锡澄运河公园样板段西岸建成开放,二期南段的建设工作启动。

8月

4日 江苏省首届专利拍卖季新材料等领域专利路演活动在江阴高新区举行。市内有10项技术专利参加路演。

5日 中国服装协会发布2019年度"中国服装行业百强"名单。海澜集团有限公司在"营业收入"百强企业和"利润总额"百强企业中均位居榜首。这是海澜集团连续第四年获"营业收入"百强企业、"利润总额"百强企业"双冠军"。

6日 无锡市首单跨境电商出口海外仓B2B业务在江阴综保区顺利通关。该单业务由江阴综合保税区区内企业——江阴佳利达公司申报。

同日 江阴市3件作品获第十四届江苏省"五星工程奖"。该奖项是江苏省群众文艺的政府最高奖。3件作品分别为:故事《撞猪》、小话剧《那年橘花开》和女子群舞《又见希望的田野》。

7日 中共江阴市委召开十三届十次全体(扩大)会议。会议由市委常委会主持。会议审议通过《中国共产党江阴市第十三届委员会第十次全体会议决议》。

10—11日 江阴市委书记许峰率领江阴市党政代表团赴陕西省延川县学习考察,推动两地对口协作。

15日 江阴市祝塘镇的民间博物馆——东方口琴博物馆向社会公众开放。该馆是国内规模最大的口琴博物馆。

18日 江阴市政府和新疆维吾尔自治区伊犁哈萨克自治州霍城县政府在江阴市举办“江阴援疆助力霍城”——消费扶贫专题对接推进会。江阴援疆特产专卖店揭牌开业。

同日 江阴市颁发首张乡村建设规划核实合格证。该证颁发给位于长泾镇蒲市村新农房建设点的贝尔乐民办幼儿园项目。

19日 江阴市召开庆祝“中国医师节”暨优秀医师表彰大会，表彰战“疫”先锋、医德之星、优秀医师、优秀家庭医生团队等先进个人和团体，向援鄂医务人员赠送肖像画。

21日 江阴市与河南省温县缔结为友好县市。温县县委副书记、县长李培华一行到江阴市，参加友好城市战略合作签约仪式。

同日 在2020江苏最美绿色食品葡萄企业评选中，江阴神宇果品专业合作社获评江苏最具人气绿色食品葡萄企业。

25日 江阴市教育局对2020年新组建扩容的周庄实验小学教育集团等10个教育集团授牌。

26日 中船澄西船舶修造有限公司首艘910RFEU支线全冷藏集装箱船下水，实现主流常规船型全覆盖。

30日 江苏扬子江船业集团与海丰国际控股有限公司签订6艘1800标准箱新造船合同及6艘选择权协议，总价值约2.52亿美元。

是月 世界知名建筑网站Architizer公布“Architizer A + Awards”获奖名单。包括北京大兴机场在内，中国揽获29个大奖，其中专业评审奖17个、大众评审奖12个。江阴绿道同时获得专业评审奖和大众评审奖。

9月

1—3日 中央电视台戏曲频道《翰墨戏韵》栏目分3期播出纪录片《书法大家·沈鹏》。

2日 全国政协常委、提案委员会主任李智勇率全国政协重点提案督办调研组到江阴市，就《促进长三角现代综合交通运输体系建设一体化高质量发展》重点提案开展督办调研。

同日 江苏省睢宁县县委书记贾兴民率党政代表团到江阴市参观考察。在对口协作联席会议上，两地签订南北挂钩深化合作协议、合作共建园区框架协议。

3日 “她”之百年邂逅——纪念《教我如何不想她》创作百年音诗剧雅集在适园举行。

7日 江苏省教育厅公布2020年“诵读中国”经典诵读大赛江苏选拔赛获奖名单。江阴高新区实验小学选送的作品《平语近人》获小学组一等奖，江阴市文体广电和旅游局选送的作品《铁骨军魂》获社会人员组一等奖，江阴市南闸中心小学选送的作品《致橡树》获教师组二等奖。

8日 江苏省副省长费高云一行到江阴市调研农村乱占耕地建房问题整治工作。

同日 经国家税务总局、财政部、海关总署审核备案，江苏省税务局、财务厅、南京海关联合下发通知，批准江阴综合保税区开展增值税一般纳税人资格试点，自9月1日起执行。

10日 全国工商联在北京发布2020中国民营企业500强榜单，江阴市14个民营企业上榜，比2019年增加1个。其中，海澜集团有限公司、江阴澄星实业集团有限公司、三房巷集团有限公司分列第41位、第48位和第100位。江苏大经集团和江阴市金桥化工有限公司为2020年新上榜企业。

11日 南京理工大学江阴校区举办启用仪式。无锡市委书记黄钦宣布南京理工大学江阴校区启用。

12日 文化和旅游部、国家发展改革委发布第二批全国乡村旅游重点村名单并进行授牌，华西村位列其中。

12—13日 2020江苏省帆船俱乐部联赛首站比赛在江阴敔山湾水域开幕，这是江阴市首次举办帆船赛事运动。来自省内多个俱乐部和学校的70余名队员参赛。开幕式上，无锡市文化旅游发展集团党委副书记、工会主席王颋，江阴市委常委、宣传部部长程政共同为“江苏省帆船培训发展基地”揭牌；江阴市敔山湾实验学校被授牌“江苏省帆船运动特色学校”。

13日 2020赛季中国足球协会甲级联赛第一阶段第一轮比赛在江阴体育中心开赛。

14日 国家药品监督管理局发布公告，增设江阴港口岸为药品进口口岸。

15日 由法尔胜泓昇集团有限公司承担建设的国家技术标准创新基地（金属线材制品国际标准化），通过国家标准化管理委员会组织的考核验收。该基地是全国首批获准筹建、江苏省内首个获批并通过验收的国家技术标准创新基地。

同日 工信部公示拟入选第五批绿色制造名单。江阴华西钢铁有限公司入围第五批绿色工厂名单；江阴兴澄特种钢铁有限公司的普通钢级管线钢、高钢级管线钢和抗湿硫化氢腐蚀管线钢，普天法尔胜光通信有限公司的层绞式通信用室外光缆，江阴市华宏化纤有限公司的涤纶短纤维、再生涤纶短纤维，江苏阳光集团有限公司的粗纺羊绒、精纺呢绒、西服、大衣、半精纺呢绒产品，江苏红柳床单有限公司的基于纤维素纤维的家具印染面料等，入围绿色设计产品名单。

16日 江苏省委宣传部、江苏省妇联、新华报业传媒集团联合举办的“强国赋能家庭　共创美好生活”——“‘学习强国’进家庭”云分享活动在夏港街道长江村举行，集中展示“‘学习强国’进家庭”工作的阶段性成果，分级分层推进全省2600万个家庭有效使用“学习强国”平台。江苏省委宣传部副部长赵金松、省妇联副主席陈丽艳，无锡市及江阴市领导袁飞、袁秋中、邵文松参加活动。

同日 江苏省文化和旅游厅公示江苏省省级夜间文旅消费集聚区建设单位名单。全省30个单位入选。江阴市海澜飞马水城位列其中。

17日 《教我如何不想她》创

作100周年之际，江阴市刘半农研究会成立，在天华文化中心召开成立大会。

同日 中央文明办发布2020年2—7月“中国好人榜”。长江村党委书记、江苏新长江实业集团有限公司董事长李洪耀上榜。至此，江阴市“中国好人”增至16人。

同日 江苏省文化和旅游厅公布50条江苏省乡村旅游精品线路。江阴“社会主义新农村”三日游线路入选。

同日 澄江街道新建绮山、板桥、运河、西郊、黄田港5个社区；原大桥社区更名为要塞社区，原世新社区更名为花山社区；原黄田港村、工农村部分区域划至属地社区管理，举办新建(更名)社区揭牌授印仪式。

20日 首届“认知症友好社区”高峰论坛暨中国健诺思医学研究院江阴分院揭牌仪式举行。

同日 江阴市举行第十一届“中国统计开放日”暨江阴市第七次全国人口普查宣传日活动。

21日 江苏省工商联发布最新民营企业百强名单。该次榜单范围扩大到200强，同步发布江苏民营企业制造业100强。入围两榜的江阴企业分别为20个、14个，均超无锡市入围企业总数的一半。

同日 新时代“华西精神”研讨会在江阴市华西村举行。江苏省委副书记任振鹤出席会议并发言。全国政协教科卫体委员会副主任、江苏省政协原主席张连珍，中央政策研究室原副主任郑新立，国务院原副秘书长刘济民，江苏省政协原副主席胡福明，中国作协副主席何建明出席研讨会。

23日 江苏省委常委、常务副省长樊金龙率队到江阴市召开苏南社会主义现代化建设试点现场推进会。

24日 江苏省法治乡村建设推进会在江阴市召开。

同日 江苏省政府发布2020年江苏省省长质量奖名单。江阴天江药业有限公司获江苏省省长质量奖，为江阴市第五个获该项奖励的企业。

25日 优彩环保资源科技股份有限公司在深圳证券交易所中小板上市，为江阴市第52个上市公司。

同日 世界最高输电铁塔工程——385米高的江苏凤城至梅里500千伏线路长江大跨越工程在江阴市开工建设。

27日 江苏省委、省政府公布江苏省第四批次特色田园乡村名单。顾山镇红豆村红豆树坞入选省级试点村庄命名名单。长泾镇蒲市村蒲市里上榜面上创建村庄命名名单。

28日 中国企业联合会、中国企业家协会在2020中国500强企业高峰论坛上发布2020中国企业500强、中国制造业企业500强、中国服务业企业500强三份榜单。江阴企业入围数量分别是11个、15个、10个，占无锡市入围总数的一半以上，继续领跑全国同类城市。

同日 中央文明办发布2020年1月“中国好人榜”。云亭街道退休教师蒋士凡获评敬业奉献“中国好人”。至此，江阴市“中国好人”增至17人。

同日 南京理工大学社会工作计算与干预研究中心以及南京理工大学——江阴市民政局社会工作专业实习基地在南京理工大学江阴校区揭牌，举行签约、揭牌仪式。

同日 作为2020东西部产销对接与消费扶贫系列活动之一，东西部农产品消费扶贫产销对接会暨中国供销海外购苏南运营中心开业仪式在江阴市举行。

同日 江阴市欧美同学会(江阴市留学人员联谊会)成立并召开大会。无锡市委常委、统战部部长陈德荣，江阴市委书记许峰共同为市欧美同学会(市留学人员联谊会)揭牌。

29日 抗击新冠肺炎疫情全国三八红旗手(集体)表彰云发布活动在北京举行。江苏苏利精细化工股份有限公司董事长缪金凤获评抗击新冠肺炎疫情全国三八红旗手。

30日 中国质量协会公布2020年全国质量标杆名单。中信泰富特钢集团股份有限公司旗下江阴兴澄特种钢铁有限公司、大冶特殊钢有限公司各有1条典型经验上榜，占据5个上榜钢铁企业中的2个。

同日 江苏省商务厅发布“2020—2022年度江苏省重点培育和发展的国际知名品牌”。法尔胜泓昇集团有限公司“法尔胜”、远景能源有限公司“Envision”、江苏云蝠服饰股份有限公司“SHERFFER”等30个江阴企业的32个品牌入选。

同日 江阴市举行2020年新型冠状病毒肺炎小规模疫情处置演练。

是月 江苏长电科技股份有限公司的金属基高性能封装技术、江苏阳光股份有限公司的易护理速干舒适花呢等12个新技术、新产品入选第23批江苏省重点推广应用的新技术新产品目录，涉及集成电路、前沿新材料、高端装备、高端纺织等行业。

是月 江阴市首个诚信用工企业联盟在顾山镇成立。首批有7个企业加盟。

10月

7日 江阴市举行“宥星杯”2020年健身健美城市精英邀请赛。来自周边地区的200名选手参加传统健美、古典健美、男子健体、女子比基尼、男子元老组、大众健体组等6项项目的角逐。

8日 中国测绘学会发布“2020年全国优秀地图作品裴秀奖”评选结果公告。《江阴城市地图集》获“2020年全国优秀地图作品裴秀奖”银奖。

10日 江阴市慈善总会第四届会员大会暨慈善突出贡献奖颁奖仪式举行。大会表决通过江阴市慈善总会第四届理事会会长、常务副会长、副会长、秘书长、常务副秘书长、副秘书长、法人代表建议名单，并对江阴市慈善突出贡献项目、个人、单位(组织)、企业以及抗疫突出贡献奖进行颁奖。

同日 江苏省文物局公布2019—2020年江苏省博物馆教育示范项目。江阴市博物馆的博悟研学课程“又见江南”入选。

11日 国家市场监督管理总局和国家标准化管理委员会发布2020年第21号中国国家标准公告。由江苏法尔胜缆索有限公司、江苏东纲金属制品有限公司、冶金工业信息标准研究院等单位起草的国家标准 GB/T 39133－2020《悬索桥吊索》于本日发布,于 2021 年 5 月 1 日正式实施。

同日 江阴市 8000 余名人口普查员开始入户摸底工作,为第七次全国人口普查做准备。

15 日 江阴市中医院异地新建项目举行开工仪式。项目总投资 15 亿元,位于世新路南侧、虹桥南路西侧、花北路北侧,按照三级甲等中医院的标准设计,总建筑面积 18 万余平方米,床位规模 1000 张,机动车停车位约 1300 个,约 3 年建成。

同日 2020 年全国大众创业万众创新活动周江苏分会场启动仪式在南京市举行。现场举行首届江苏特色小镇"创新创业"大赛颁奖仪式。江阴市新桥"时裳小镇"推荐的海澜智云科技有限公司"海澜工业互联网智慧云平台项目"入选十佳项目。

同日 在 2020 年全国大众创业万众创新活动周江苏分会场上,江阴高新区入选江苏省侨联新侨创新创业基地。

16 日 临港经济开发区举行重大项目集中开工暨泰富临港医院开工仪式。市委书记许峰宣布泰富临港医院项目开工。

17 日 第十五届中国徐霞客国际旅游节暨 2020 长三角水上运动邀请赛在黄山湖公园开幕,300 多名嘉宾、游客和市民代表参加。中国徐霞客研究会会长王宝才,省体育局副局长熊伟,市领导许峰等出席开幕式。来自江苏省、浙江省、上海市、安徽省等地的近 300 名运动员进行动力冲浪板、桨板运动等项目比赛。开幕式上揭晓"第五届中国徐霞客游记文学奖"评比结果并为获奖代表颁奖,举行全国体育旅游十佳精品景区——海澜飞马水城、2019 全国文明旅游优秀案例——"志在旅游"项目、第二批全国乡村旅游重点村——华西村等授牌仪式。该届旅游节包含"美丽江阴"旅游踩线采风、江阴文旅招商推介会、"霞客宴"发布品鉴会暨江阴旅游餐饮行业青年厨艺大赛等 10 余项活动。

同日 首届长三角高新视听博览会重点活动——2020 江苏省广播电视媒体融合优秀案例评选成果发布会在南京国际展览中心(新庄)举行。江阴市融媒体中心的"'最江阴'城市综合服务平台项目"获成长项目奖,"'组合拳'出招、大小'屏'共振 看抗疫报道中的江阴融媒实践"获融媒体抗疫宣传优秀案例奖。

18 日 "南闸杯"2020 年江苏省滑翔伞俱乐部联赛(江阴花山站)开幕。江苏省内 6 个航空俱乐部及全国各地的 30 余名运动员参赛。

20 日 中国纳泉能源科技控股有限公司(江阴弘远新能源科技有限公司)在香港联交所上市。这是江阴市 2020 年第三个在境内外主板上市的企业,也是江阴市第 53 个上市公司。

同日 全国双拥模范城(县)命名暨双拥模范单位和个人表彰大会在北京举行。江阴市被命名表彰为"全国双拥模范城(县)"。这是江阴市第五次获得该项荣誉。

25 日 中央电视台少儿频道《大手牵小手》栏目组走进华西村录制节目。

26 日 由江苏省委宣传部、省文化和旅游厅、省文学艺术界联合会主办的"小康颂 · 第三届江苏美术奖作品展"终评结果公布。江阴市 3 件作品入选:夏静的油画《春江行》入选获奖提名作品,陈亮的中国画《共画祖国好》和陈成的油画《畅想》入选作品展。

27 日 自然资源部发布第二批生态产品价值实现典型案例,入选案例有 10 个。江阴市"三进三退"护长江生态产品价值实现案例入选。

28 日 中华全国总工会、国家应急管理部、国家卫生健康委员会表彰 2018—2019 年度全国"安康杯"竞赛优胜集体、优胜班组和优秀个人。江阴市总工会获评全国"安康杯"竞赛优秀组织单位;国网江苏省电力有限公司江阴市供电分公司调控分中心调控运行班获评全国"安康杯"竞赛优胜班组。

同日 农业农村部向中向旭曜科技有限公司颁发国内第一份泥炭土壤调理剂登记证,标志以泥炭为主要原料的土壤调理剂正式进入市场。

同日 "教我如何不想她"——首届"刘半农诗歌奖"全国诗歌征集活动颁奖典礼在市融媒体中心举办。

同日 江苏省农业农村厅发布 2020 年新增农业产业化省级重点龙头企业名单。江阴牧野鲜生食品科技有限公司、江阴市邵氏食品有限公司入选。

29 日 无锡市"村企共发展、同奔现代化"行动现场推进会暨村级集体经济改革发展经验交流会在江阴市新桥镇举行。

30 日 长三角工业互联网产业发展合作论坛在南京理工大学江阴校区举行。会上,举行工业互联网平台工程实训基地揭牌、企业转型提升创新发展研修班开班启幕和南京理工大学江阴校区首批企业教授聘任仪式,3 项产教合作项目协议签约。

31 日 在第五届江苏志愿服务展示交流会上,江阴市"彩虹课堂"志愿服务项目获全省文明实践志愿服务金奖,为无锡市唯一金奖项目。

是月 江阴市设立复产基金,帮助企业解决复工复产后运营资金短缺的燃眉之急,助力符合产业发展政策的中小企业渡过难关、稳定发展。

是月 共青团中央、中国青年志愿者协会评选表彰全国"抗击新冠肺炎疫情青年志愿服务先进个人"。长江引航中心江阴引航站职工张蕾入选。

11 月

1 日 江苏省政府表彰见义勇为先进个人和先进群体。江阴市陈传香获评江苏省见义勇为英雄,浦金涛获评江苏省见义勇为模范。

2 日 江苏省政府办公厅公布全省定位化工园区、化工集中区名单。江阴临港化工园区被认定为全省 14 个化工园区之一。

4 日 江苏省文化和旅游厅公布第五批江苏省非物质文化遗产代表性项目代表性传承人。江阴市花海兵、吴丰硕、陈冰栩、徐惠、徐满治5人上榜。他们分别是朱氏诊法(咽喉诊、脐腹诊)、精细木作技艺、二胡艺术、锡剧、黄酒酿造技艺的传承人。

8日 江阴市人力资源服务行业协会成立,召开成立大会暨第一次会员大会,首批168个会员单位及个人入会。

10日 江苏省苏南国家自主创新示范区建设促进服务中心公布2020年度苏南国家自主创新示范区"独角兽"*企业、潜在"独角兽"企业及"瞪羚"*企业名单。中芯长电半导体(江阴)有限公司、江苏法尔胜光电科技有限公司、江苏中宏环保科技有限公司3个江阴企业入选潜在"独角兽"企业名单。江苏紫米电子技术有限公司、星科金朋半导体(江阴)有限公司、无锡佰翱得生物科学有限公司等12个江阴企业入选"瞪羚"企业名单。

11日 农业农村部公示2020年全国乡村特色产业十亿镇、亿元村名单。江阴市顾山镇红豆村上榜亿元村名单。

13日 由中国信息通信研究院主办的中国县域工业经济发展论坛(2020)在江阴市举行。论坛发布《中国工业百强县(市)、百强区发展报告(2020)》。江阴市位列中国工业百强县(市)榜单第一名,连续4年获第一名。

同日 由江阴企业中建钢构江苏有限公司参与开发的"建筑钢结构机器人焊接智能化关键技术与应用"技术成果,获2020年中国钢结构协会科学技术奖一等奖。

14日 江苏省广播电影电视协会学术专业委员会年会在江阴市召开。

16日 江苏省召开首批"江苏精品"发布会。海澜之家股份有限公司的衬衫产品获得"江苏精品"首批认证。

17日 2020中国·江阴智能制造技术创新论坛举行。中国科学院院士、华中科技大学学术委员会主任丁汉等智能制造领域的学术权威、学者和优秀企业代表参加。

同日 中国关工委、中央文明办联合表彰593个先进集体和1907名先进个人,江阴市关工委获评全国关心下一代工作先进集体。

18日 全国人大常委会委员、民盟中央副主席、中国文联副主席张平到江阴市调研江阴民盟盟务工作,并为民盟中央传统教育基地揭牌。

20日 全国精神文明建设表彰大会在北京召开。江阴市经复查确认保留全国文明城市荣誉称号,并成为受到中央文明办通报表扬的全国十个县级市之一。周庄镇山泉村、夏港街道长江村、长泾镇蒲市村获评全国文明村。长江引航中心获评全国文明单位。吴协恩家庭获评全国文明家庭。

24日 2020年全国劳动模范和先进工作者表彰大会在北京举行,海澜集团有限公司董事长、总经理、高级经济师周建平获评全国劳动模范。至此,江阴市累计有15名全国劳动模范。

同日 2020年全国火炬统计工作会议召开。江阴高新区获评2019年度全国火炬统计工作先进单位。这是江阴高新区第六次获得该荣誉。

26日 江苏省抗击新冠肺炎疫情表彰大会在江苏省大剧院召开,江阴市有5名个人、2个团体获得表彰。江阴市人民医院副院长、工会主席、主任医师李斌,市疾病预防控制中心副主任、主任医师周菊静,江阴海关综合业务科科员胡丹,江阴海事局长山海事处处长李萌,澄江街道澄康路社区党总支书记周怡科获评全省抗击新冠肺炎疫情先进个人;市卫生健康委员会、市公安局获评全省抗击新冠肺炎疫情先进集体。

同日 中国银行江阴支行举行升格分行揭牌活动,成立中国银行江阴分行。

同日 由江阴天江药业有限公司倡议发起的中华中医药学会专科专病合作发展平台正式成立,推动医疗机构在专科专病方面的交流合作,促进中医药学科建设与学术传承,提升中医药的服务能力。

27日 2020能源转型论坛暨第十届全球新能源企业500强峰会发布"2020全球新能源企业500强榜单",位于江阴市临港经济开发区的江苏振江新能源装备股份有限公司上榜。

同日 江阴高新区白屈港区域11.8亿元城市更新融资项目通过审批,成为无锡市首项"城市更新贷"落地项目。

28日 2020年全国县域数字农业农村发展交流会发布《2020年全国县域数字农业农村发展水平评价报告》。江阴市被评为2020年全国县域数字农业农村发展评价先进县。

同日 由中国企业评价协会主办的2020中国新经济企业500强发布会在杭州市举行。会上发布《2020中国新经济企业500强发展报告》及"2020中国新经济企业500强榜单"。江苏长电科技股份有限公司列榜单第285位。

2020年11月20日,周庄镇山泉村被评为全国文明村。图为山泉村一景

(周庄镇提供)

12 月

4 日 江苏省住房和城乡建设厅公布省第三批传统村落名录。顾山镇红豆村红豆树坞、云亭街道花山村姚家村上榜。至此,江阴市有4个村庄入选该名录。

5 日 江阴市举行致敬最可爱的人——抗美援朝出国作战70周年纪念活动暨江阴市退役军人志愿者晚会。

同日 江苏省体育总会、江苏省农民体育协会联合公布2020年度"全省最美乡村健身公园"名单。江阴市黄田港公园上榜。

7 日 南闸街道"残疾人之家"、青阳镇毓秀社区"残疾人之家"获评江苏省残疾人社区康复示范点。

8 日 月城镇通过国家卫生镇考核评估。

10 日 科技部火炬中心下发《关于公布国家级科技企业孵化器2019年度评价结果的通知》。在全国1173个国家级科技企业孵化器中,江阴高新技术创业中心、江阴百桥国际生物科技孵化园有限公司被评为"优秀(A类)"。

11 日 中国少年先锋队江阴市第三次代表大会召开。

同日 江苏省商务厅认定第十一批跨国公司地区总部和功能性机构。远景能源有限公司、江阴天江药业有限公司两个企业被认定为江苏省跨国公司地区总部。

14 日 江苏省农业技术推广协会、江苏省作物学会、江苏省水稻产业技术体系联合发文,公布2020年江苏"味稻小镇"推介名单。徐霞客镇获评2020年江苏"味稻小镇"。

15 日 江阴市人才创投联盟揭牌成立。

16 日 全国县域经济与县域发展专业研究机构、社会智库中郡研究所发布《第二十届县域经济与县域发展监测评价报告》,揭晓2020年全国县域经济基本竞争力前100名县市名单。江阴再次位列榜首,实现"十八连冠"。

21 日 "江阴市融媒体中心"上线"学习强国"平台,是全省首批上线该平台的县级融媒号。

同日 江苏省第五批次特色田园乡村名单公布。璜土镇璜土村东贯庄入选面上创建村庄命名名单。至此,江阴有5个村庄被命名为江苏省特色田园乡村。

22 日 江阴高新区青阳工业园区环普江阴国际产业园开工建设。这是该园区首项外资项目,也是江阴高新区首项工业载体项目。

同日 无锡市江阴生态环境综合行政执法局揭牌成立。

22—23 日 新沟河延伸拓浚江边枢纽工程通过江苏省水利厅竣工验收。

25 日 江阴市行政审批局获评2020年度江苏省公共机构节能示范单位。

26 日 2020第十五届中国全面小康论坛在广东省中山市举行。江阴市位列"2020年度中国全面小康十大示范县市"榜单第一名,实现"十三连冠",并再次入选"2020年度中国营商环境百佳县市"。

27 日 第六届中国工业大奖发布会在北京举行。双良集团有限公司"智能化大型钢结构间接空冷系统"获第六届中国工业大奖项目奖。双良集团有限公司2016年获第四届中国工业大奖企业奖。至此,双良集团有限公司是全国唯一同时获中国工业大奖企业奖与项目奖的民营企业。

29 日 2020—2021年度全省基层党员冬训工作部署暨骨干培训会在南京市召开。江阴市获评2019年度全省基层党员冬训工作示范市,并受邀向全省交流党员冬训工作经验。

同日 江苏省政府发布《关于表彰第九届江苏省农业技术推广奖的决定》。江阴市农业技术推广中心参与完成的"葡萄新品种及优质高效生产技术集成与推广"项目获一等奖,江苏华西都市农业科技发展有限公司、江阴市雪峰农业专业合作社参与项目分别获二等奖,江阴市动物疫病预防控制中心、江阴市鹏程农业科技发展有限公司、江阴市永恒农业专业合作社、江阴市南北绛农业专业合作社参与项目分别获三等奖。

31 日 中共江阴市委召开十三届十一次全体(扩大)会议。会议由市委常委会主持。市委书记许峰代表市委常委会讲话,并就《中共江阴市委关于制定江阴市国民经济和社会发展第十四个五年规划和二〇三五年远景目标的建议(讨论稿)》向全会作说明。市委副书记、代市长包鸣部署当前工作。会议审议通过《中共江阴市委关于制定江阴市国民经济和社会发展第十四个五年规划和二〇三五年远景目标的建议》和《中国共产党江阴市第十三届委员会第十一次全体会议决议》。

■类目编辑 朱其涛

江阴概况

市情简介

【建置沿革】 江阴古称暨阳，位于长江三角洲，有7000年人类生息史、5000年文明史、2500年文字记载史。西晋太康二年(281年)置暨阳县，属毗陵郡，治所在今江阴市东南。南梁绍泰元年(555年)废县置郡，建治君山之麓，因地处长江之南，遂称江阴郡，下辖江阴、利城、梁丰3县，为“江阴”名称之开始。此后，江阴分别为郡、国、军、路、州治，建置几经变化。元至正二十七年(1367年)，恢复县建置。1949年4月23日江阴解放后，属苏南行署常州专区。1953年，改属苏州地区。1983年3月，实行市管县体制，改属无锡市。1987年4月，经国务院批准撤县建市。

【地理位置】 江阴市位于北纬31°40′34″至31°57′36″、东经119°59′至120°34′30″。北枕长江，南近太湖，东接常熟、张家港，西连常州，地处苏锡常“金三角”几何中心，交通便捷，历来为大江南北的重要交通枢纽和江海联运、江河换装的天然良港。

【区域面积】 江阴市总面积986.97平方千米，陆地面积829.66平方千米，水域面积157.31平方千米，其中长江水面56.7平方千米。沿江深水岸线长35千米。城市建成区面积125平方千米。

【行政区划】 2020年，全市有镇10个、街道7个、村民委员会194个(其中村居合一2个)，社区居民委员会81个。市政府设在澄江中路9号。

【人口】 2020年，全市户籍人口126.66万人，常住人口177.95万人。全年出生人口8811人，出生率6.96‰；死亡人口9565人，死亡率7.57‰，人口自然增长率为-0.6‰。全市人均预期寿命为82.4岁。

(澄　鉴)

【气候】 2020年，江阴市气候总特点：气温偏高，降水偏多，日照正常。降水时空分布不均，2月、5月和8月偏少，12月明显偏少，1月偏多，11月明显偏多，6月和7月异常偏多。其中6月降水量408.7毫米，是常年同期的2.4倍；7月降水量367.5毫米，是常年同期的1.8倍。全年出现35℃以上的高温日数24天；出现大于等于0.1毫米的雨日147天；雪日7天；雾日20天；霾日30天。梅雨：6月10日到7月21日为梅雨期，入梅早，出梅晚，梅雨期长42天(为有气象记录以来第三)，梅雨量711.9毫米，为常年梅雨量的2.9倍，为有气象记录以来第二(1991年梅雨量810.3毫米)。梅雨期内出现1天大暴雨、2天暴雨。暴雨：全年出现1次大暴雨和3次暴雨，大暴雨是6月15日125.5毫米，暴雨分别是4月19日51.2毫米、6月28日59.3毫米、7月15日55.4毫米。台风：全年出现3次台风影响过程，受第4号台风“黑格比”影响，8月4—5日江阴市局部出现暴雨，并出现5～6级阵风，无明显灾情。受第8号台风“巴威”影响，8月25—26日江阴市局部出现大雨，并出现5～6级阵风，无灾情。受第9号台风“美莎克”影响，9月1日江阴市利港街道和璜土镇出现短时强降雨，日雨量分别为34.1毫米和28.6毫米；9月1—2日全市普遍出现5～6级阵风，无明显灾情。寒潮：全年3次寒潮，分别是2月14—16日、3月26—28日和12月29—31日，均无明显灾情。初终期：无霜期274天，霜初终间日数108天，雪初终间日数101天。

·小资料·

江阴市第七次全国人口普查主要数据

全市常住人口1779515人，家庭户647571户，集体户36235户。全市常住人口中，男性人口为920161人，占51.71%；女性人口为859354人，占48.29%。0岁至14岁人口为227723人，占12.80%；15岁至59岁人口为1204104人，占67.66%；60岁及以上人口为347688人，占19.54%。拥有大学(指大专及以上)文化程度的人口为300187人；拥有高中(含中专)文化程度的人口为326985人。居住在城镇的人口为1331352人，占74.82%；居住在乡村的人口为448163人，占25.18%。

说明：常住人口为普查登记的2020年11月1日零时的时点数。

2020 年江阴市气象资料一览表

表 1

项目			1月	2月	3月	4月	5月	6月	7月	8月	9月	10月	11月	12月	全年
平均气温(℃)	2020年		6.0	8.4	12.5	15.4	22.8	25.9	26.1	30.7	24.5	18.3	14.1	5.6	17.5
	1957—2019年	平均值	3.1	4.7	9.0	14.9	20.2	24.3	28.2	27.8	23.4	17.9	11.8	5.6	15.9
		最高值	6.1	9.0	12.5	17.9	23.2	27.2	32.0	31.5	25.6	21.1	15.7	7.9	17.6
		年份	2002	2007	2002	2005/2018	2007	2005	2013	2013	1999/2018	2006	2011	1968/1994	2007
		最低值	-0.2	0.7	5.5	12.1	17.7	22.1	25.4	24.3	20.6	15.1	7.7	0.5	14.5
		年份	1977	1964	1970	1965	1977	1983	1976	1980	1957	1981	1976	1967	1957/1980
最高气温(℃)	2020年		16.8	24.9	28.9	34.2	35.2	34.4	36.0	38.5	34.6	29.5	27.9	15.8	38.5
	日期		6	24	21	30	3	4	22	15	8	2	18	28	8月15日
	1957—2019年	最高值	20.8	26.8	30.4	34.3	37.7	38.2	40.6	41.3	37.8	33.3	28.8	23.2	41.3
		日期	31	12	9	21/28	16	21	23	6	7	4	1/2	10	8月6日
		年份	2014	2009	2013	2004/2005	2018	2006	2017	2013	1995	2002	1979/2003	2008	2013
最低气温(℃)	2020年		-2.5	-2.2	0.8	5.8	13.4	19.7	20.0	23.4	16.0	6.8	3.3	-7	-7
	日期		1	18	5	7	19	16	15	29	18	24	30	31	12月31日
	1957—2019年	最低值	-14.2	-11.4	-7.5	-1.0	3.8	11.7	15.5	17.1	9.3	1.3	-4.6	-10.0	-14.2
		日期	31	6	3	4	5	6	5	30	29	30	30	29	1月31日
		年份	1977	1969	1958	1962	1961	1969	1976	1968	1972	1986	1971	1991	1977
降水量(毫米)	2020年		78.4	36.5	71.6	71.6	64.6	408.7	367.5	80.1	90.7	59.9	79.4	15.3	1424.3
	1957—2019年	平均值	44.4	53.8	72.1	85.2	100.0	174.0	187.9	158.0	103.9	61.4	53.4	33.8	1127.8
		最多值	136.8	147.6	206.7	180.9	249.5	868.4	481.7	552.0	358.6	372.8	162.3	110.0	2217.5
		年份	2006	2014	1991	1958	2002	2015	1991	2011	2016	2016	1967	1959	2016
		最少值	—	5.2	13.3	21.0	22.6	19.2	8.8	9.5	1.4	0.4	0.0	—	581.8
		年份	1963	1968	1962	2011	2003	2010	1971	1978	1997	1979	1995	1973/1987	1978
日照时数(小时)	2020年		45.7	133.3	154.2	199.3	177.6	101.5	63.0	209.8	149.6	169.7	134.7	140.1	1678.5
	1957—2019年平均值		137.9	129.5	152.6	169.5	185.8	162.2	210.1	220.7	170.5	177.0	152.1	153.3	2021.3

(耿丹　沈浩)

经济发展

【综合实力】 2020 年,全市实现地区生产总值4113.75 亿元,按可比价格计算,比 2019 年增长 3%。按常住人口计算,人均地区生产总值 23.12 万元。全年实现第一产业增加值 38.04 亿元,增长 2.5%;第二产业增加值 2094.11 亿元,增长 4.2%;第三产业增加值 1981.6 亿元,增长 1.6%。三次产业比例调整为 0.9∶50.9∶48.2。全年实现一般公共预算收入 259.66 亿元,增长 1.2%;其中税收收入 215.91 亿元,下降 1%。一般公共预算支出 237.86 亿元,增长 2.9%。

【企业上市】 2020 年,全市有上市公司 53 个,包括境外上市 20 个,境内上市 33 个,其中主板 27 个、创业板 6 个。

【农林牧渔业】 2020 年,江阴市农林牧渔及农林牧渔服务业总产值 62.49 亿元。全年粮食总产量 12.3 万吨,比 2019 年下降 5.2%。其中谷物总产量 11.7 万吨,下降 5.6%。蔬菜总产量 38.85 万吨,增长 2.4%。水果产量 84116 吨,下降 6.5%。全年粮食种植面积 17.16 千公顷,比 2019 年减少 1.82 千公顷。蔬菜种植面积 12.23 千公顷,比 2019 年增加 280 公顷。水果种植面积 2.74 千公顷,比 2019 年减少 190 公顷。全年出栏生猪 5.25 万头,增长 134.4%,猪肉产量 3938 吨,增长 134.4%。奶牛存栏972头,增长9.5%,牛奶产量3427吨,下降63.4%。水产品产量24093吨,下降4.1%。

【工业】 2020年,全市规模以上工业实现营业收入5853.7亿元,增长1.3%;产品销售率97.8%,利润总额359.96亿元。在全市跟踪统计的19种重点产品中,有8种产品的产量实现正增长。全年工业用电量235.38亿千瓦时。全市工业百强企业全年完成产品销售收入3895.73亿元,实现利润292.64亿元,分别占全市规模以上工业企业的66.6%和81.3%。海澜集团有限公司、中信泰富特钢集团股份有限公司税务销售超1000亿元,江苏三房巷集团有限公司、远景能源有限公司税务销售超500亿元,江苏新长江实业集团有限公司、江阴澄星实业集团有限公司、江苏华西集团有限公司、江苏阳光集团税务销售超300亿元。

【建筑业】 2020年,江阴市实现建筑业总产值111.01亿元。全年获国家优质工程奖2个,江苏省"扬子杯"优质工程奖2个,江苏省标准化星级工地17个,江苏省优秀住宅项目2项,无锡市市政基础设施工程"太湖杯"优质工程奖2个,无锡市优秀物业管理项目6项。

【水利建设】 2020年,江阴市实施重点水利工程(含续建)10项,完成投资7.02亿元。疏浚整治河道33条;完成土方186万立方米,建成农村生态河道2条、生态美丽家河示范样板2个;维修养护农田灌排泵站57座,新改建沟渠7.41千米。

【房地产业】 2020年,江阴市实现房地产开发投资增长11.6%。房屋建筑施工面积1409.25万平方米,房屋新开工面积376.14万平方米,房屋建筑竣工面积398.15万平方米。商品房销售面积365.45万平方米,其中住宅销售面积330.63万平方米。

【金融业】 2020年,年末金融机构各项本外币存款余额4394.43亿元,各项本外币贷款余额3439.05亿元。存款中,住户存款余额1588.24亿元。住户贷款中,人民币短期贷款114.06亿元,中长期贷款507.49亿元。全市证券交易开户总数36.45万户,证券机构交易金额11689.56亿元。实现保费收入83.26亿元,其中财产险收入24.24亿元,人寿险收入59.02亿元。

【国内贸易业】 2020年,江阴市实现社会消费品零售总额675.07亿元,其中限额以上零售额212.34亿元。限额以上批发和零售业零售额199.53亿元,限额以上住宿和餐饮业零售额12.81亿元。在限额以上批发和零售业零售额中,汽车类下降12.9%,粮油食品类增长47.3%,服装鞋帽针纺织类增长35.1%,中西药品类增长28.4%。

【邮电通信业】 2020年,江阴市邮政业务总收入7亿元。年末移动电话用户227.50万户,其中4G移动电话用户151.98万户,5G移动电话用户25.92万户。

【交通运输业】 2020年,江阴市完成客运量6584万人次,完成货运量5223万吨。完成港口货物吞吐量25624万吨。年末全社会拥有车辆59.92万辆,其中汽车55.49万辆。私人汽车拥有量47.82万辆。

【固定资产投资】 2020年,江阴市固定资产投资881.37亿元,比2019年增长9.8%。分产业投向看,第一产业投资3.14亿元,下降67.3%;第二产业投资423.88亿元,增长12.5%;第三产业投资454.35亿元,增长9.1%。分投资主体看,国有投资83.15亿元,下降5.0%;民间投资676.78亿元,增长6.7%;外商及中国港澳台投资84.32亿元,增长16.6%。

【外向型经济】 2020年,江阴市实现进出口总额191.4亿美元,其中出口123.89亿美元,进口67.51亿美元。30个企业32个出口品牌获批"2020—2022年度江苏省重点培育和发展的国际知名品牌"。全年到位注册外资9.2亿美元。新批外资项目40项,协议外资超3000万美元项目13项,总投资超亿美元项目8项。新批境外投资项目27项,完成对外直接投资总额10.56亿美元。对"一带一路"* 国家投资项目8项,中方协议投资额5346万美元。

【旅游业】 2020年,江阴市接待国内游客857.75万人次,旅游总收入142.73亿元。拥有国家A级景区7个,星级饭店9个,旅行社44个;拥有江苏省旅游度假区1个,江苏省乡村旅游区13个,全国乡村旅游重点村1个,无锡市美丽乡村休闲旅游示范村4个。

【所有制结构】 2020年末,江阴市拥有各类工商登记市场主体总数228686户,增长14.7%。企业总数75990个,增长12.6%;其中国有及集体控股企业3844个,外商投资企业1197个,私营企业70949个。个体工商户总数151700户,增长15.4%。

社会事业

【科技】 2020年,江阴市全年新认定高新技术企业150个,高新技术企业总数达650个;高新技术企业培育库入库212个;国家科技型中小企业入库991个;通过无锡市遴选入库"雏鹰"企业*"瞪羚"企业*分别为8个、14个。高新技术产业

2020年8月14日,江阴港一景 (沈思远 摄)

产值2132.45亿元,占规模以上工业产值比重为40.9%。发明专利授权量586件,比2019年增长14.2%。万人有效发明专利拥有量26.8件。全年获批江苏省企业重点实验室1个,江苏省院士企业研究院1个。新增江苏省工程技术研究中心11个,无锡市工程技术研究中心52个,江阴市工程技术研究中心172个。江苏省工程技术研究中心累计达173个。全市获江苏省科技成果转化项目2项,江苏省重点研发计划项目7项,省"双创计划"*"科技副总"*19名,引进外国专家人才专项3项,江苏省"外国专家工作室"项目4项;无锡市"太湖人才计划"创新人才5名,创业人才11名。获江苏省科学技术奖2项。

【教育】 2020年年末,江阴市各类学校教职员工18112人,各类学校在校学生186295人。幼儿园在园幼儿44480人。在校小学生103998人,在校初中生42492人,在校高中生21274人。小学入学率、巩固率、毕业率均为100%。初中学生入学率、巩固率、毕业率分别为100%、98.9%、99.7%。特殊教育中心校在籍学生303人。南京理工大学江阴校区建成启用。全市高校招收全日制研究生、本科生、高职新生5383人。全市有市管高等学校1所、普通高中12所、中等职业学校2所、初中41所(含九年一贯制学校8所、体育中学1所、特殊教育学校1所)、小学43所、幼儿园(办班点)142所(个)。教育现代化监测综合指标总得分94.43分。有6546人参加江苏省学业水平合格性考试,有5472人参加高考,录取5391人,录取率98.51%,其中本科录取率88.36%。全市教育经费总支出54.61亿元,其中一般公共教育经费38.84亿元,占一般公共预算支出的16.33%。

【文化】 2020年,江阴市组织文化下乡活动3600场,开展"书香江阴"读书节、市民文化节系列活动165项。"三味书咖"阅读联盟增至11个,建成24小时图书馆6个,微书房3个。参加无锡市"群芳奖"获金奖8项银奖5项铜奖4项。1件作品获江苏省"五星工程奖",2件作品获无锡市第九届精神文明建设"五个一工程"优秀作品奖。6个企业7项项目获江阴市文化产业专项资金扶持215.41万元。

2020年9月9日,南京理工大学江阴校区一景　　(张　岚　摄)

【卫生】 2020年,江阴市拥有各类医疗卫生机构645个,其中医院37个,卫生院15个,社区卫生服务中心11个,开放床位9789张。年末,有卫生技术人员12120人。全市医疗服务总诊疗1009.26万人次,收治住院26.45万人次。

【体育】 2020年,全市新建健身步道23千米,体育公园4个。累计承办中国足球甲级联赛、中国足协杯赛等省级以上体育竞赛8项次。江阴籍运动员在省级以上赛事中获金牌24枚。组织元旦公益徒步等各类群众体育活动245场。江阴市获评江苏省综合类体育产业基地,4个单位获评省级体育产业示范单位。体育彩票销售超7亿元。

城市建设

【基础设施建设】 2020年,江阴市南沿江城际铁路江阴段加快推进,江阴第二过江通道、无锡至江阴城际轨道交通S1线、长山大道快速化改造等开工建设,江阴港洗舱站建设完成,集疏运体系不断完善。"澄堡"配套道路改建工程、沿江景观大道一期工程、塘前路东段一期改建工程、通运路工程、青果路南段改建工程、应天河整治工程、辅延幼儿园工程和立新中学工程8项项目竣工。年末,公路总里程2450.11千米,其中高速公路72.7千米。征收拆迁完成278.4万平方米,其中主城区完成87.21万平方米;全市建成安置房53.7万平方米,其中城区建成21万平方米。

【公用事业】 2020年,江阴市全社会用电量273.99亿千瓦时,市供电公司完成售电量242.79亿千瓦时。长江自来水覆盖率100%,日供水能力52.36万立方米,供水管道长1711千米。新敷设燃气管道127千米,新增天然气居民用户2.3万户。新改扩建农村公厕123个。建成省级生活垃圾分类达标小区30个,建设环卫运营中心、餐厨废弃物集中处理、建筑垃圾资源化利用等项目,全年无害化焚烧处理生活垃圾71.96万吨,处理建筑垃圾125万吨,城市建成区居民小区垃圾分类设施覆盖率达100%。新增洗扫车3辆,多功能抑尘车2辆,打造"超净路"15条、"优胜路"144条、五星级公厕9个。新建管径100毫米以上供水管道30千米,改建40千米,完成肖山、澄西水厂80万吨深度处理改造、2105户农村供水管网和户表改造、4个居民住宅小区的二次供水设施改造，全年优质供水2.57亿立方米。

【环境保护与治理】 2020年，全市$PM_{2.5}$平均浓度37微克/立方米，下降11.9%；空气质量优良天数比率77.9%，比2019年提高5个百分点。国、省考断面水质优Ⅲ比例88.9%。

【造林绿化】 2020年，全市森林覆盖率20.28%，林木覆盖率24.65%。城市建成区绿化覆盖面积5492公顷，绿地面积5080公顷，公园绿地面积581公顷。人均公园绿地面积15.65平方米，建成区绿化覆盖率43.94%。

人民生活

【就业创业】 2020年，江阴市提供就业岗位6.50万个，本地劳动力实现就业5.97万人，城镇新增就业2.92万人，城镇困难人员再就业6445人，城镇登记失业率1.75%。扶持自主创业5817人，带动就业2.72万人，发放各类创业补贴3969万元，发放创业担保贷款3.14亿元。

【社会保障】 2020年，全市企业职工基本养老保险扩面新增5.49万人，净增2.22万人；养老、工伤、失业缴费人数分别达64.02万人、56.83万人、56.16万人，医疗、生育保险参保人数分别达91.92万人和56.84万人。居民养老保险和居民医疗保险参保人数分别达2.71万人和48.04万人。年末全市拥有养老床位14991张。城乡居民最低生活保障对象3458人，发放最低生活保障金2942.07万元。全年实施直接救助19.02万人次，直接医疗救助支出7392.63万元；实施临时救助269户次，发放救助金193.88万元。国家抚恤、补助各类优抚对象5148人。

【居民收入】 2020年，江阴市居民人均可支配收入61859元，增长4.8%；其中城镇居民人均可支配收入72185元，增长4.1%；农村居民人均可支配收入38416元，增长6.4%。城镇居民家庭恩格尔系数27.8%，农村居民家庭恩格尔系数30%。城镇居民人均消费性支出34329元，下降0.9%；农村居民人均消费性支出22275元，下降4.9%。

（刘叶军）

人文风情

【民族宗教】 江阴市居民绝大部分是汉族。20世纪80年代中期起，四川、云南、广西、贵州、湖南等地农村少数民族女子婚嫁到域内农村，成为常住少数民族人口主要来源。1990年第四次全国人口普查全市有24个少数民族1415人。20世纪90年代后期起，新疆、宁夏、甘肃、青海、内蒙古等地少数民族群众到江阴市经商务工，暂住少数民族人口增加。2000年第五次全国人口普查全市有34个少数民族5253人。2010年第六次全国人口普查全市有40个少数民族12129人。

江阴民间信奉的宗教主要有佛教、道教、天主教、基督教。佛教在三国时传入江阴，隋唐达鼎盛，至近代渐衰。中华人民共和国成立后，寺庵改为学校和粮仓较多。“文化大革命”期间佛教活动停止，1979年后恢复，佛教信徒日增。江阴著名高僧有唐代道松、清代通琇、当代巨赞等。道教传入江阴及兴盛的年代与佛教一致，明中叶后走向衰落。1949年后，道士、道姑改行，道观充公。1978年后，少数非职业道士恢复活动，以做法事为营利。2001年起，政府把散居道士逐步纳入管理。天主教在清康熙初年传入，民国2年（1913年）建造的青阳圣母主教堂是江南教区规模最大的1座教堂。1949年后，天主教徒参加爱国运动，施教活动一直正常开展。“文化大革命”期间停止，1978年后恢复活动。基督教在清光绪时传入，后逐步发展。中华人民共和国成立后，实行自治、自养、自传的革新运动。“文化大革命”期间停止活动，部分教徒在家过宗教生活，1981年恢复。2020年年末，全市有合法宗教活动场所105个。

【民风方言】 江阴地处江尾海头，沃野平畴，气候宜人，远古就有先民在这大江大海融合之地繁衍生息，在不断抗争中，勤劳而充满智慧，创造悠久的人类文明史。自古以来，江阴人民滨江而居，依江而生，在奔腾不息、永不回头的长江哺育下，铸就宽广博大、直爽豪放、勇往直前的秉性。江阴有着得天独厚的自然环境，城北黄山插入江心，与江对岸仅距1.25千米，形成山锁大江之势，因此自古被称为“锁航要塞”，历来是兵家必争之地。早在春秋时期就建烽火台，明清时期建炮台，抗日战争和解放战争等重要战争时期都在这里发生过著名战斗。战火洗礼、忧患纷扰，赋予江阴人民坚韧不拔、顽强拼搏的精神和民性刚毅、负有担当的气质。有文字记载以来，江阴即有“延陵古邑”“春申旧封”之称，春秋战国时期先后为吴国公子季札、楚国春申君黄歇封地，既是吴文化的发源地之一，又受楚文化的熏陶。杏花烟雨、吴韵楚风成就江阴人灵秀儒雅、讲究礼仪的品性。明清时期江苏学政驻节江阴近300年，按试八府三州秀才，素有“风教总持”之地美称，尚文重教之风根植于民间。中华人民共和国成立以来，特别是改革开放以来，勤劳智慧的江阴人民勇立潮头，敢为人先，创造了辉煌业绩，获得200余项全国性荣誉。同时也总结出“人心齐、民性刚、敢攀登、创一流”的江阴精神，不断昭示每个江阴人不断开拓创新，与时俱进、争取新的辉煌。

江阴在隋朝起长期隶属常州府，主要方言归属吴语太湖片毗陵小片，俗称江阴话。非吴语地区有利港下乡片及零星渔民集居村落，属江淮方言，俗称滩里话。方言按地域差异大致分为澄西片、澄中片、澄东片、澄南片和江淮片。江阴方言在发展中有内部变异情况，也有受周边张家港、常熟、无锡等地语言影响变化的，并因年龄不同而有差异。近30年来，江阴话发生比较大的变化，一些显著特征在逐渐消失和消退，声调调类减少，一些特色词消失，固有词变得更趋近普通话。江阴话在家庭中使用比例最高，工作中次之；普通话在其他环境使用比例最高，工作中次之。

【名胜古迹】 江阴是吴文化发祥地之一，域内考古发掘证明，这里新石器时代就有先民活动。见证江阴历史悠久的遗存有祁头山、高城墩、佘城(全国重点文物保护单位)等古遗址20余处;有兴国塔、徐霞客故居、适园、黄山炮台旧址、刘氏兄弟故居、国民党江阴要塞司令部旧址、江阴蚕种场(以上7处均为全国重点文物保护单位)、文庙、梁武堰遗址、江苏学政衙署遗址等古代和近现代建筑;有舜过井、虎跑泉、广济泉(四眼井)、万安桥、犀带桥、五云桥等古井古桥;有王羲之换鹅碑、心经碑、晴山堂石刻、倪云林山水石刻等古碑刻150余块,有吴季札墓、吴王八子墓、楚春申君黄歇墓、酒圣杜康墓、三国大将凌统墓、梁敬帝墓、徐霞客墓、杨名时墓等古墓葬40余座;有中共江阴"一大"会址、渡江战役纪念馆、陈毅演讲处、新四军六师驻地旧址等革命遗址遗迹30余处。千古奇人徐霞客、狂草巨碑心经碑、梁代昭明太子萧统手植之红豆树被誉为"江阴三奇",享誉海内外。

江阴旅游资源丰富,主要有滨江要塞旅游区(国家AAAA级景区)、江苏学政文化旅游区(国家AAAA级景区)、长泾古镇文化旅游区(国家AAA级景区)、双泾生态园(国家AAA级景区)、国家工农业旅游示范区(华西新市村、海澜工业园)、徐霞客故里文化旅游区等旅游板块。

【历史名人】 江阴钟灵毓秀,历代人才辈出。唐代有诗人魏璞;宋代有葛氏一族出进士33人,其中有词人、国子监祭酒葛胜仲,诗论家、词人、吏部侍郎葛立方,左丞相葛邲等;明代有杰出的地理学家、旅行家、探险家徐霞客;清代有理学家,兵部、吏部、礼部尚书杨名时,词人蒋春霖,诗人金武祥,小说家夏敬渠和屠绅,画家缪炳泰,创办京师、江南两图书馆(后为国家图书馆和南京图书馆)的中国近代图书馆之父、目录学家、方志学家缪荃孙等。宋至清,域内出进士415人、武进士14人。近现代则涌现众多政治家、军事家、科学家、教育家、文学家、艺术家、实业家和一大批其他精英人物。其中,中国科学院和中国工程院院士12人、国际宇航科学院和美国纽约科学院院士3人、高等院校校长100余人、共和国将军20余人。杰出代表有:现代文学家、语言学家刘半农,民族音乐家、国乐一代宗师刘天华,爱国高僧、佛学家巨赞,社会学家、人类学家、民族学家吴文藻,化学家赵承嘏,中医学家、针灸学家承淡安,化学家张大煜、钱保功,地理学家章申,建筑材料与土木工程专家吴中伟,"中国现代机器人之父"蒋新松,电影表演艺术家上官云珠,教育家吴研因,油画家吕斯百,中国妇女运动领导人罗琼等。

(澄　鉴)

2020年江阴市全国性荣誉

【概况】 1978—2019年,江阴市先后获得全国性荣誉215项。2020年,全市上下以习近平新时代中国特色社会主义思想为指导,认真贯彻落实中央、省市委决策部署,坚决打好三大攻坚战*,扎实做好"六稳"*工作,全面落实"六保"*任务,积极开展社会主义现代化建设试点,统筹疫情防控和经济社会发展,全力推进"强富美高"*新江阴建设。是年,江阴市被评为全国双拥模范城(县)、全国县域数字农业农村发展先进县、第二批全国农村集体产权制度试点典型单位、中国营商环境百佳示范县市,被复查确认为全国文明城市,蝉联全国县域经济与县域综合发展"十八连冠"、中国工业百强县(市)"四连冠"、中国全面小康十大示范县市"十三连冠"等,总计获全国性荣誉8项。至年末,累计获全国性荣誉223项。

(澄　鉴)

【第五次被评为全国双拥模范城(县)】 2020年,江阴市围绕争创双拥模范城,打造独具特色的创建载体。出台拥军优属等一系列政策文件,持续推动社会化拥军,做好疫情防控期间拥军支前工作,协助驻江阴部队落实好疫情防护物资。持续宣扬"最美退役军人",开展退役士兵返乡欢迎、集中悬挂"光荣之家"牌匾、立功喜报送达等活动,在全社会树立尊崇军人、关爱军人导向。成立退役军人志愿服务队暨老兵故事宣讲团,举办"致敬最可爱的人"主题晚会、战时二等功以上功臣座谈会、"戎耀70载致敬老英雄"等活动。10月20日,全国双拥模范城(县)命名暨双拥模范单位和个人表彰大会在北京举行。江阴市被命名表彰为"全国双拥模范城(县)"。这是江阴市第五次获得该项荣誉。

(沈　洁)

【被评为全国县域数字农业农村发展先进县】 江阴市多年持续按照"引进团队、依托园区、紧抓项目"的总体思路,大力实施数字农业战略,创新大数据技术在农业上的应用,集成融合物联网、云计算、移动互联等信息技术,通过引进技术研发团队、筹建示范试验基地、实施示范试点项目,融合整合江阴市农业生态补偿、农业保险、园区平台、循环农业平台、智慧农机等数据,建设江阴市农业社会化服务云数据中心,推进全市智慧农业社会化服务平台建设。2020年11月28日,年度全国县域数字农业农村发展交流会在重庆召开,会上农业农村部信息中心发布《2020年全国县域数字农业农村发展水平评价报告》,江阴市被评为2020年全国县域数字农业农村发展先进县。(许　栋)

【入选第二批全国农村集体产权制度试点典型单位】 近年来,江阴市深入实施乡村振兴战略,围绕加快构建城乡一体化目标,推进以村级集体经济发展为重点的农村集体产权制度改革,强化保障措施,抓好关键环节,创新工作方法,探索在市场经济条件下农村集体经济的有效组织形式和发展机制。2018年,全面完成农村集体产权制度改革试点县各项任务。238个村全部组建村级股份经济合作社,确认成员股东90.78万人,量化净资产60.27亿元。2018年全市村级收入35.23亿元,股份经济合作社发放分红和福利8.43亿元。2019年8月,根据江苏省农业农村厅《关于公布新一轮省农村改革试验区和改革试验任务的通知》,江阴市继续深化产权制度改革,探索集体经济组织与村(居)委会财务事务分离改革——村社分离改革任务。2020年4月17日,农业农村部从前三批中央确定的试点单位中选择工作扎实、成效明显、具有引领作用的北京市大兴区等60个县(市、区)作为第二批全国农村集体产权制度试点典型单位，供各地学习借鉴，江阴市入选。

（陆新梅）

【被复查确认为全国文明城市】 2020年，江阴市围绕建设“崇德向善、文化厚重、和谐宜居”文明城市目标，坚持为民、育民、惠民理念，大力弘扬江阴精神，始终把文明创建工作放在全市经济社会发展和高质量发展总体布局，坚持长效创建网格化、全域化、一体化推进，健全完善各级组织领导，压实创建网格责任，纵深推动创建全覆盖。坚持问题导向、目标导向、效果导向，纵深推进“十大专项提升行动”、深入开展江阴文明“八不”系列活动，精准发力破解以往历史欠账多，基础管理薄弱，环境面貌与经济实力、城市影响力不相称等突出问题。常态落实周暗访督查、季度测评排名、媒体曝光、问题交办督办等制度，组织常态测评组、市民巡访团暗访督查80次，组织城市文明程度指数测评2次，编发周通报33期，协调媒体曝光11期，通报整改问题1.2万余个，持续提升创建工作成效。11月20日，中央精神文明建设指导委员会公布复查确认保留荣誉称号的往届全国文明城市，江阴位列其中。

（林豆豆）

【中国工业百强县（市）“四连冠”】 2020年，江阴市实现地区生产总值4113.75亿元、规模以上工业增加值1104.7亿元，有规模以上工业企业1843个、入库税金超亿元企业35个、开票销售超百亿元企业16个、超千亿元企业2个。11个企业位列中国企业500强，15个入围中国制造业企业500强，14个企业入围中国民营企业500强，10个企业入围中国服务业企业500强，领跑全国同类城市。11月13日，中国信息通信研究院在中国县域工业经济发展论坛（2020）上发布《中国工业百强县（市）、百强区发展报告》，江阴市再次位列中国工业百强县（市）之首，实现“四连冠”。 （赵 峰）

【被评为中国营商环境百佳示范县市】 2020年，江阴市围绕企业全生命周期，打造高质高效的政务环境、暖心周到的政策环境、开放包容的市场环境、公平公正的法治环境和重商亲商的社会环境，是江苏省唯一实现自助办照一体机乡镇全覆盖的地区，不需预核名称、不需填表，营业执照立等可取。此外，着力消除影响企业发展的不合理市场因素和人为障碍，护航民营企业发展壮大，维护企业利益，给企业实实在在的“获得感”。12月26日，2020第十五届中国全面小康论坛在广东省中山市举行，江阴市被评为2020年度中国营商环境百佳示范县市，位列第六。

【全国县域经济与县域综合发展“十八连冠”】 2020年，江阴市面对新型冠状肺炎疫情的冲击和复杂严峻的国内外环境，科学统筹疫情防控和经济社会发展，推动生产生活秩序恢复。1—11月，全市完成规模以上工业产值4679.75亿元，比2019年增长5.2%。至年末，全市拥有上市公司53个、中国企业500强11个、中国制造业企业500强15个、中国民营企业500强14个。县域发展质量基本指数、县域经济活力基本指数、县域居民增收基本指数和县域民生建设基本指数均达到A类水平。其中，县域发展质量基本指数增添高质量发展导向的“新视角”和“新思维”，设置以人均质量为标尺的“新坐标”，江阴的该项指数达到“A+”最优等级水平，远高于全国同类县市。12月16日，全国县域经济与县域发展专业研究机构、社会智库中郡研究所发布《第二十届县域经济与县域发展监测评价报告》，江阴市居全国县域经济基本竞争力前100名县市名单首位，实现“十八连冠”。

【中国全面小康十大示范县市“十三连冠”】 2020年，江阴市围绕继续当好全国县域高质量发展排头兵的目标定位，扎实开展社会主义现代化建设试点，全面实施“六攻坚六突破”*，统筹推进疫情防控和经济社会发展。坚定实施产业强市首要战略，构建纺织服装、装备制造、智慧能源、新材料、石化五大1000亿级产业集群和集成电路、生物医药、石墨烯三大500亿级产业集群，企业总数突破7万个。主动对接无锡市太湖湾科创带规划，全力参与科创带“第一岛链”建设，全面实施“南征北战、东西互搏”战略。城市建设提速，加快推进锡澄轨道S1线、南沿江城际铁路江阴段、江阴高铁站综合交通枢纽等重大交通工程建设。城市文明彰显，以全国第三的成绩蝉联全国文明城市，并成为受到中央文明办通报表扬的全国10个县级市之一。12月26日，2020第十五届中国全面小康论坛在广东省中山市举行，江阴位列“2020年度中国全面小康十大示范县市”榜单第一名，实现这一奖项“十三连冠”。

（澄 鉴）

■类目编辑 朱其涛

中共江阴市委

重要会议

【市委十三届九次全体(扩大)会议】 2020年1月14—15日,中共江阴市委召开第十三届委员会第九次全体(扩大)会议。市委委员27人、市委候补委员5人出席会议。全会以习近平新时代中国特色社会主义思想为指导,深入贯彻中共十九大和十九届二中、三中、四中全会精神,认真落实中央经济工作会议和省委十三届七次全会、无锡市委十三届九次全会要求,总结“强富美高”*新江阴建设成效,确定2020年重点目标任务,部署推进县域治理体系和治理能力现代化建设,动员全市上下坚定信心、锐意进取、接续奋斗,全力夺取高水平全面建成小康社会历史性胜利,合力谱写“强富美高”新江阴建设新篇章,奋力当好新时代县域高质量发展排头兵。全会由市委常委会主持。全会听取和讨论王进健代表市委常委会所作的讲话和蔡叶明关于经济工作的讲话。全会审议《中共江阴市委关于贯彻落实中共十九届四中全会精神、推动县域治理体系和治理能力现代化建设走在前列的实施意见(草案)》。全会认为,五年来,市委常委会坚持把习近平总书记提出的“强富美高”作为江阴各项工作的总纲,聚焦自主可控、做强实体经济,持续铸就“经济强”的江阴高度;突出民生优先、增进群众福祉,持续彰显“百姓富”的江阴情怀;坚定绿色发展、提升城乡品质,持续描绘“环境美”的江阴画卷;共筑精神家园、推进平安法治,持续打造“社会文明程度高”的江阴样本。全会认为,2019年,全市统筹推进稳增长、促改革、调结构、优生态、惠民生、防风险等各项工作,保持经济社会稳健发展、各项事业协调并进的良好态势。全会强调,全市各级党组织要坚决扛起首要之责,全面贯彻新时代党的建设总要求,突出“两个维护”*,持续强化政治引领;突出凝心铸魂,持续筑牢信仰之基;突出基层基础,持续建强战斗堡垒;突出严管厚爱,持续锻造过硬队伍;突出正风肃纪,持续巩固良好生态,不断推动全面从严治党向纵深发展,持续提升党的建设质量,全面夯实高质量发展坚强保证。全会号召,全市各级党组织和广大党员干部要更加紧密地团结在以习近平为核心的党中央周围,按照省委、省政府和无锡市委、市政府的统一部署,始终保持攀登者无惧艰险、执着追梦的昂扬姿态,始终保持排头兵披荆斩棘、一往无前的冲天干劲,只争朝夕、不负韶华,以“十三五”目标的顺利完成、高质量发展的过硬成果,奋力夺取高水平全面建成小康社会历史性胜利,持续书写新时代“强富美高”新江阴建设的崭新篇章。

【市委十三届十次全体(扩大)会议】 2020年8月7日,中共江阴市委召开第十三届委员会第十次全体(扩大)会议。市委委员30人、市委候补委员6人出席会议。全会以习近平新时代中国特色社会主义思想为指导,深入贯彻中共十九大和十九届二中、三中、四中全会精神,全面落实省委十三届八次全会、无锡市委十三届十次全会要求,总结上半年工作,安排下半年任务,对建设美丽江阴作出部署。全会由市委常委会主持。全会听取和讨论许峰代表市委常委会所作的讲话。全会认为,2020年以来,全市上下坚决落实上级决策部署,志不求易,事不避难,扎实开展现代化建设试点,全面实施“六攻坚六突破”*,统筹推进疫情防控和经济社会发展,经济运行回暖向好、城乡建设有力推进、环境质量加快提升、县域治理不断深化、民生福祉有效改善、党的建设全面从严,交出大战大考的合格答卷。全会指出,做好下半年工作,要在奋力夺取疫情防控和经济社会发展“双胜利”上聚焦聚力,在决胜全面小康、完成现代化建设试点上定向定靶,在收官“十三五”、谋划“十四五”上协同协调,重点做好八个方面工作。全力稳固经济发展基本盘,着力打造现代产业升级版,精心营造亲商惠企好环境,持续锻造转型升级强引擎,纵深推进改革开放再出发,聚力打赢污染防治攻坚战,切实增进人民群众幸福感,坚决筑牢安全风险“防护堤”。全会提出,要认真学习贯彻习近平总书记重要论述精神,全面落实“美丽中国”“美丽江苏”“美丽无锡”建设战略部署,围绕当好全国县域高质量发展排头兵目标,坚持现代化滨江花园城市总定位,扎实开展“美丽江阴”建设,更加充分地彰显自然生态之美、城乡宜居之美、人文特色之美、文明和谐之美。全会强调,全市各级党组织要全面贯彻新时代党的建设总要求,坚决扛起“首要之责”,以更强担当、更实举措、更大作为推动全面从严治党迈上新台阶。要永葆绝对忠诚的政治自觉,强化干事创业的鲜明导向,打造固本强基的战斗堡垒,巩固风清气正的政治生态,为新一轮发展提供坚强政治保证。全会号召,全市各级党组织和广大党员干部要更加紧密地团结在以习近平为核心的党中央周围,在省委和无锡市委的坚强领导下,进一步强化排头兵意识、树牢排头兵标准、展现排头兵作为,全力打赢“收官战”,奋力夺取“双胜利”,在“两个一百年”的历史交汇点上,留下我们这一代人激情奋斗的独特印记,书写新时代县域高质量发展的崭新篇章。

【市委十三届十一次全体(扩大)会议】 2020年12月31日,中共江阴市委召开第十三届委员会第十一次全体(扩大)会议。市委委员29人、市委候补委员6人出席会议。全会以习近平新时代中国特色社会主义思想为指导,全面贯彻中共十九大和十九届二中、三中、四中、五中全会精神,深入落实习近平总书记视察江苏重要讲话指示精神,按照中央经济工作会议和省委、无锡市委全会部署要求,回顾总结2020年和“十三五”工作,研究部署“十四五”和2021年工作,动员全市上下承前启后、真抓实干,合力开启现代化建设新征程,奋力谱写“十四五”发展新篇章。全会认为,2020年,面对突如其来的疫情冲击和严峻复杂的宏观形势,全市上下坚决落实上级决策部署,坚定信心、加压奋进,疫情防控成效显著,经济运行稳中有进,城乡建设扎实推进,生态治理有序实施,民生福祉稳步提升,党的建设全面加强,实现“十三五”的圆满收官。全会客观总结“十三五”时期江阴发展取得的主要成就,认为过去五年,全市上下团结一心、砥砺奋斗,经济发展在应对挑战中迈上新台阶,改革开放在思想解放中取得新成效,城乡建设在攻坚克难中展现新面貌,生态环境在标本兼治中实现新改善,人民生活在共建共享中交出新答卷,党的建设在全面从严中实现新提升,为“十四五”发展奠定坚实基础。全会听取讨论许峰代表市委常委会所作的题为《开局十四五、奋战新征程,以优异成绩庆祝中国共产党成立100周年》的讲话。全会提出“十四五”时期江阴发展的指导思想:高举习近平新时代中国特色社会主义思想伟大旗帜,深入贯彻中共十九大和十九届二中、三中、四中、五中全会精神,全面落实习近平总书记视察江苏重要讲话指示精神,以“强富美高”和“争当表率、争做示范、走在前列”为总目标、总纲领、总要求,统筹推进“五位一体”*总体布局,协调推进“四个全面”*战略布局,准确把握新发展阶段,深入践行新发展理念,积极融入新发展格局,坚持稳中求进工作总基调,以深化供给侧结构性改革为主线,以改革创新为根本动力,以满足人民日益增长的美好生活需要为根本目的,统筹发展和安全,依托长江经济带,面向太湖科创湾,深度融入长三角,精心布局“十四五”,着力推进高质量发展、创造高品质生活、实现高效能治理,勇当新时代县域高质量发展排头兵、社会主义现代化建设先行军、区域一体化发展领跑者。全会提出“十四五”江阴发展“四个更”的主要目标即产业更高端、创新更澎湃、城市更美好、人民更幸福。全会指出,2021年是“十四五”发展的开局之年,也是实现第二个百年奋斗目标的起步之年,做好全年工作,意义重大、责任重大。必须重点抓好七个方面的工作即着力加快转型升级、着力推进科技创新、着力深化改革开放、着力促进城乡融合、着力守好绿水青山、着力增进民生福祉、着力优化社会治理。全会强调,全市各级党组织要以庆祝中国共产党成立100周年为契机,坚持以政治建设为首位,筑牢“两个维护”*的思想根基;坚持以崇实重干为导向,锻造堪当重任的干部队伍;坚持以基层基础为核心,打造坚如磐石的战斗堡垒;坚持严的主基调不动摇,涵养风清气正的政治生态;坚持以同心同德为目标,凝聚携手奋斗的强大合力,推动全面从严治党向纵深发展,为江阴“十四五”首战必胜提供坚强保证。全会审议通过《中共江阴市委关于制定江阴市国民经济和社会发展第十四个五年规划和二〇三五年远景目标的建议》。全会号召,全市各级党组织和广大党员干部要更加紧密地团结在以习近平为核心的党中央周围,在省委和无锡市委的坚强领导下,以更强的使命意识、更大的责任担当、更硬的作风纪律,为江阴而拼、为江阴而战,在这波澜壮阔的新时代,留下我们这一代人劈波斩浪的奋进足迹,交上我们这一代人建功立业的时代答卷,以优异成绩庆祝中国共产党成立100周年。

【全市2019年度综合考核总结表彰暨“六攻坚六突破”*三年行动誓师大会】 2020年4月26日,江阴市举行2019年度综合考核总结表彰暨“六攻坚六突破”三年行动誓师大会,全面吹响攻坚突围的冲锋号。无锡市副市长、江阴市委书记王进健动员全市上下为领先而战、为荣誉而战、为使命而战,以“六攻坚六突破”的强大声势和实际行动,开启再攀高峰的新征程,奋力当好新时代县域高质量发展排头兵,全力争做社会主义现代化建设先行军。市委副书记、市长蔡叶明主持大会,孙小虎、徐冬青等市四套班子领导出席大会。

【“不忘初心、牢记使命”主题教育总结大会】 2020年1月15日,江阴市召开全市“不忘初心、牢记使命”主题教育总结大会。无锡市副市长、江阴市委书记王进健出席会议并讲话,强调要认真学习贯彻习近平总书记重要讲话精神,巩固拓展成果,建立长效机制,推动全市各级党组织、广大党员干部把不忘初心、牢记使命作为永恒课题和终身课题,纵深推进全面从严治党,为高水平全面建成小康社会、加快建设“强富美高”*新江阴、奋力当好新时代县域高质量发展排头兵提供坚强保证。无锡市委第一巡回指导组组长、无锡市人大常委会副主任吴峰枫出席会议并讲话,无锡市委第一巡回指导组副组长余小鹰及指导组相关成员出席会议。江阴市委副书记袁秋中主持会议。

【全市安全生产工作会议暨安全生产专项整治工作推进会议】 2020年1月18日，江阴市委、市政府召开全市安全生产工作会议暨安全生产专项整治工作推进会议。无锡市副市长、江阴市委书记王进健强调，全市上下要贯彻落实省委、省政府和无锡市委、市政府安全生产工作会议精神，以更高的政治站位、更强的责任担当、更实的工作举措，扎实做好安全生产各项工作，建立一套符合江阴特点、具有时代特征的安全生产工作体系，以安全生产治理体系和治理能力现代化建设水平的持续提升，推动全市安全生产总体形势向稳趋好。市领导徐冬青、袁秋中、计军、吴芳、陈兴华、邵文松、程政、靳佳高等出席会议。

【全市重大项目推进会】 2020年3月7日，江阴市举行全市重大项目推进会。无锡市政府副市长、江阴市委书记王进健强调，全市上下要围绕打好产业强市纵深仗，进一步提高认识，统一思想，增强抓重大产业项目的责任感和紧迫性，以更大的力度、更集中的精力来招项目、引项目、推项目，使重大项目真正成为江阴高质量发展的重要载体，以高质量项目推动江阴高质量发展。孙小虎、徐冬青等市领导出席推进会。

【全市科技创新和人才工作大会】 2020年3月19日，江阴市委、市政府召开全市科技创新和人才大会，认真贯彻习近平总书记关于科技创新和人才工作的重要论述，全面落实中央和省、市相关部署安排，全面谋划、系统部署全市科技创新和人才工作。无锡市副市长、江阴市委书记王进健强调，全市上下要进一步统一思想、转变观念，对标找差、务实作为，全力建设具有全国影响力的先进制造业科创中心，奋力开创江阴科技创新和人才工作新局面，为当好新时代县域高质量发展排头兵，再造更强劲的新引擎，注入更澎湃的新动能。孙小虎、徐冬青、计军、陈兴华、邵文松等市领导出席会议。

【全市农村工作会议】 2020年3月20日，市委、市政府召开全市农村工作会议，深入贯彻习近平总书记关于做好"三农"*工作重要论述，全面落实中央和省、市农村工作会议精神，特别是关于统筹推进疫情防控和经济社会发展的决策部署，总结2019年成绩，安排2020年任务。无锡市副市长、江阴市委书记王进健在会上强调，全市上下要进一步统一思想、坚定信心、克难奋进，奋力夺取农村疫情防控和高质量发展双胜利，坚决打好高水平全面小康收官仗，不断开创新时代"三农"工作新局面，确保全市农业农村高质量发展始终走在全省全国前列。市领导蔡叶明、吴芳、郁秋皓出席会议。

【开放型经济暨招商引资工作会议】 2020年3月25日，江阴市举行开放型经济暨招商引资工作会议，认真贯彻中央和省、无锡市关于开放型经济工作的部署要求，全面对标找差、科学研判形势、部署2020年任务。无锡市副市长、江阴市委书记王进健在会上强调，全市上下要转变观念、统一思想、明确任务、真抓实干，奋力开创全市开放型经济新局面，为江阴当好新时代县域高质量发展排头兵奠定更好、更强、更坚实的经济基础。市长蔡叶明主持会议，市领导计军、陈兴华、张韶峰出席会议。

【全市城乡建设管理大会】 2020年4月29日，市委、市政府召开全市城乡建设管理大会。无锡市副市长、江阴市委书记王进健动员全市上下，要进一步咬定目标、攻坚克难，加快补短板、抓攻坚、求突破，迅速掀起新一轮城乡建设的热潮，使江阴城乡面貌实现质的提升，美丽江阴建设取得突破性进展，合力书写现代化滨江花园城市建设新篇章。市委副书记、市长蔡叶明作工作部署，孙小虎、徐冬青等市领导出席会议。

【全市党政企外出学习考察交流座谈会】 2020年8月9日，江阴市举行全市党政企外出学习考察交流座谈会，深入贯彻落实习近平总书记在企业家座谈会上的重要讲话精神和省委十三届八次全会、无锡市委十三届十次全会精神，动员全市上下在更高的站位上为江阴而拼、为江阴而战。市委书记许峰在会上指出，要坚定信心、保持恒心，在化危为机中笑看风浪；要保持低调、补上差距，在强身健体中劈波斩浪；要真诚信任、竭诚服务，在共克时艰中乘风破浪。蔡叶明、孙小虎、徐冬青等市领导出席会议。

【庆祝中国共产党成立99周年大会暨抗疫先进事迹报告会】 2020年6月28日，江阴市举行庆祝中国共产党成立99周年大会暨抗疫先进事迹报告会，回顾党的光辉历程，讴歌党的丰功伟绩。市委副书记、市长蔡叶明寄语全市各级党组织和广大党员干部，要以庆祝建党99周年为契机，坚定信心、攻坚克难，真抓实干、接续奋斗，为当好高质量发展排头兵、争做现代化建设先行军作出新的更大贡献。孙小虎、徐冬青等市领导出席庆祝大会。

【2020年江阴经贸合作洽谈会】 2020年10月16日，2020年江阴经贸合作洽谈会在江阴大剧院开幕。许峰、蔡叶明、孙小虎、徐冬青等市四套班子全体领导出席开幕式。市委书记许峰在开幕式上致辞，市委副书记、市长蔡叶明主持开幕式。该次经洽会以"新起点·新产业·新动能·新机遇"为主题，聚焦高端制造业、战略性新兴产业、高新技术产业、现代服务业，有力推动一批高质量项目的成功签约和运行启动。在经洽会期间，各镇街园区分别举行一系列项目招商、投资说明活动。全市签约项目137项，总投资911.5亿元，单项项目平均投资6亿元以上。其中，制造业项目111项，总投资640.2亿元，涉及新能源、新材料、汽车零部件等领域；服务业项目26项，总投资271.3亿元，涉及智能仓储、交通物流、生物医药、跨境电商等领域。

【江阴市第30届科技节】 2020年10月29日，以"产业更高端、创新更澎湃"为主题的江阴市第30届科技节开幕。中国科学院院士孙和平，中国工程院院士张佳宝，挪威技术与科学院院士白勇、特鲁斯·埃文德·诺比，中国科学院金属研究所所长左良，东北大学校长赵继出席开幕式。市委书记许峰致开幕辞并向"江阴市科学顾问"颁发聘书。市长蔡叶明主持活动。孙小虎、徐冬青等市领导出席活动。

【市委工作务虚会】 2020年12月15—16日，市委召开工作务虚会，系统回顾2020年工作,系统谋划2021年任务,更好地校准发展方向、科学决策,谋定而后动。市委书记许峰要求,全市上下要坚持以习近平新时代中国特色社会主义思想为指导,深入贯彻中共十九届五中全会精神、习近平总书记视察江苏重要讲话指示精神,按照中央和省、无锡市委的决策部署,统筹推动各项工作取得更大进步,实现"十四五"发展首战告捷,确保现代化建设开局必胜。包鸣、孙小虎、徐冬青等市四套班子全体领导参加会议。

【全市领导干部警示教育大会】 2020年12月29日,江阴召开全市领导干部警示教育大会,引导广大党员干部自觉从反面案例中吸取教训、引以为戒,进一步深化"三转一提"*专题学习活动、锤炼忠诚干净担当的政治品格、巩固风清气正的政治生态,为开启"十四五"、迈上新征程提供坚强政治保证。市委书记许峰讲话,代市长包鸣主持会议,孙小虎、徐冬青、袁秋中、计军、吴芳、陈兴华、靳佳高、赵强等市领导出席会议。

重要活动

【领导干部学习活动】 2020年1月3日,无锡市副市长、江阴市委书记王进健主持召开十三届市委常委会第106次(扩大)会议,传达学习省委十三届七次全会和无锡市委十三届九次全会精神,研究部署有关工作。14日,王进健主持召开十三届市委常委会第108次(扩大)会议,传达学习无锡市"两会"精神。21日,王进健主持召开市委常委会第109次(扩大)会议,传达学习江苏省"两会"主要精神,27日,王进健主持召开十三届市委常委会第111次(扩大)会议,传达学习中共中央政治局常务委员会会议精神、省委常委会会议精神、省疫情防控工作领导小组会议和全省疫情防控工作电视电话会议精神、无锡市委常委会会议精神,对做好全市新型冠状病毒感染的肺炎疫情防控工作进行再研究、再部署、再动员。31日,王进健主持召开十三届市委常委会第112次(扩大)会议暨市委应对疫情工作领导小组第一次会议,传达学习习近平总书记关于疫情防控工作的重要指示批示精神,研究全市当前疫情防控工作,对下阶段工作作进一步部署安排。

2月6日,无锡市副市长、江阴市委书记王进健主持召开十三届市委常委会第113次(扩大)会议暨市委应对疫情工作领导小组第三次会议,传达学习习近平总书记在中共中央政治局常务委员会会议上的重要讲话精神。12日,王进健主持召开市委常委会第115次(扩大)会议暨市委应对疫情工作领导小组会议、市委审计委员会会议,传达学习习近平总书记在北京调研指导新型冠状病毒肺炎疫情防控工作时的重要讲话精神。17日,王进健主持召开十三届市委常委会第116次(扩大)会议暨市委理论中心组学习会,传达学习习近平总书记在中央全面依法治国委员会第三次会议、在中央政治局常委会会议上的重要讲话精神以及省委书记娄勤俭在省委常委会会议上的讲话精神。21日,市委常委会召开巡视整改专题民主生活会,学习习近平总书记关于巡视工作的重要论述、切实抓好省委巡视反馈意见整改为主题,全面对照省委巡视反馈意见,深入查摆问题,深刻剖析根源,明确整改方向和整改措施。王进健主持会议并讲话。

3月5日,无锡市副市长、江阴市委书记王进健主持召开十三届市委常委会第118次(扩大)会议暨市委理论中心组学习会,观看学习江苏省安全生产教育培训视频教材,讨论研究《关于打好产业强市纵深仗2020年工作要点》《江阴市重大项目管理办法》等议题。同日,王进健主持召开市委全面深化改革委员会会议,传达学习中央深改委第十一、十二次会议精神和省委深改委第十、十一次会议精神,市领导蔡叶明、孙小虎、徐冬青等出席会议。12日,王进健主持召开市委理论中心组学习会暨市委农村工作领导小组会议,传达学习习近平总书记在中央政治局常委会会议上的重要讲话精神、对全国春季农业生产工作作出的重要指示精神以及无锡市委书记黄钦到江阴市调研时的讲话精神,听取国务院江苏安全生产督导组第六工作组对江阴反馈问题整改落实情况的汇报,对统筹抓好疫情防控和经济社会发展作进一步部署。19日,王进健主持召开十三届市委常委会第120次(扩大)会议暨市委理论中心组学习会,传达学习习近平总书记在决战决胜脱贫攻坚座谈会上和在湖北省武汉市考察新冠肺炎疫情防控工作时的重要讲话精神,以及省委书记娄勤俭在外资企业座谈会上的讲话精神。24日,王进健主持召开十三届市委常委会第122次(扩大)会议暨市委理论中心组学习会,传达学习习近平总书记在中央政治局常委会会议上的重要讲话精神、江苏省省长吴政隆和应急管理部副部长孙华山在省安委会全体(扩大)会议上的讲话精神。

4月2日,无锡市副市长、江阴市委书记王进健主持召开十三届市委常委会第123次(扩大)会议暨市委统一战线工作领导小组会议、市委全面依法治市委员会会议,传达学习中央全面依法治国委员会第三次会议和省委、无锡市委相关会议精神。9日,王进健主持召开十三届市委常委会第124次(扩大)会议暨市委理论中心组学习会,传达学习习近平总书记在中央政治局会议上的重要讲话精神。23日,王进健主持召开十三届市委常委会第125次(扩大)会议,传达学习中央纪委四次全会、江苏省和无锡市纪委全会精神,习近平总书记关于安全生产的重要指示精神。

5月6日,无锡市副市长、江阴市委书记王进健主持召开十三届市委常委会第126次(扩大)会议暨市委理论中心组学习会、市委全面深化改革委员会会议,交流学习《党委(党组)落实全面从严治党主体责任规定》,传达中央深改委第13次会议精神、省委书记娄勤俭在全省2019年度高质量发展总结表彰大会上的讲话精神。27日,王进健主持召开十三届市委常委会第128次(扩大)会议暨市委理论中心组学习会、市委全面深化改革委员会会议,传达学习习近平总书记在中央政治局常委会会议上的重要讲话精神和在陕西、山西考察时的重要讲话精神。同日,“江阴大学堂”举行第37次专题讲座,邀请中国科学院青藏高原研究所二级研究员,原科技部创新发展司、战略规划司副司长余健作题为《“长三角一体化”与科技创新》的专题讲座。无锡市副市长、江阴市委书记王进健,市人大常委会主任孙小虎,市政协主席徐冬青等市领导和各级领导干部听取讲座。市委副书记袁秋中主持讲座。

7月24日,市委书记许峰主持召开十三届市委常委会第132次(扩大)会议暨市委全面深化改革委员会会议,传达学习中共中央政治局常务委员会会议精神,研究部署防汛减灾工作;学习贯彻习近平总书记关于统计工作重要讲话指示批示精神和中共中央、国务院重要文件精神。

8月4日,市委书记许峰主持召开十三届市委常委会第133次(扩大)会议,传达学习中共中央政治局会议精神;传达学习赵乐际到江苏调研时的讲话精神;传达学习省委十三届八次全会和无锡市委十三届十次全会精神。

9月27日,市委书记许峰主持召开十三届市委常委会第136次(扩大)会议暨市委理论中心组学习会,专题学习《中华人民共和国民法典》;传达学习副省长樊金龙到江阴市召开苏南社会主义现代化建设试点现场推进会会议精神;传达学习无锡市委书记黄钦到江阴市调研金融工作时的讲话精神和无锡市市长杜小刚到江阴市召开企业家座谈会会议精神。

10月28日,市委书记许峰主持召开十三届市委常委会第137次(扩大)会议暨市委全面深化改革委员会会议,传达学习习近平总书记在广东考察调研时的重要讲话精神、在深圳经济特区建立40周年庆祝大会上的重要讲话精神;传达学习全国、江苏省、无锡市双拥模范表彰相关会议精神。

11月9日,市委、市政府举行全市机关干部“三转一提”*第二场学习报告会,邀请上海市委党校经济管理教研部主任、教授成刚作题为《使命、担当、干劲——提升党员干部岗位工作的精气神》的专题讲座。市委书记许峰,市委副书记、代市长包鸣,市人大常委会主任孙小虎,市政协主席徐冬青等市四套班子领导参加活动。市委副书记、统战部部长袁秋中主持活动。18日,许峰主持召开十三届市委常委会第138次(扩大)会议暨市委理论中心组学习会、市委国家安全委员会会议,交流学习中共十九届五中全会精神;传达学习习近平总书记在江苏考察时的重要讲话精神、在纪念中国人民志愿军抗美援朝出国作战70周年大会上的重要讲话精神。

12月11日,市委书记许峰主持召开市委理论中心组学习会,交流学习中共十九届五中全会精神。17日,市委常委会召开专题民主生活会,结合全市2020年以来发生的严重违纪违法典型案例,联系思想和工作实际,联系履行党风廉政建设“一岗双责”*情况,进行党性分析和对照检查,剖析典型案件发生的根源和危害。市委书记许峰主持会议并讲话。29日,江阴召开全市领导干部警示教育大会。市委书记许峰讲话,代市长包鸣主持会议,孙小虎、徐冬青、袁秋中、计军、吴芳、陈兴华、靳佳高、赵强等市领导出席会议。

【重要工作推进活动】 2020年1月2日,江阴市召开全市领导干部会议,宣布省委、无锡市委关于江阴市委主要领导职务调整的决定:王进健任中共江阴市委委员、常委、书记,江阴高新技术产业开发区党工委书记;免去陈金虎中共江阴市委书记、常委、委员,江阴高新技术产业开发区党工委书记职务。无锡市委书记黄钦出席会议并讲话,无锡市委常委、组织部部长冯军主持会议并宣读任免决定,无锡市副市长、江阴市委书记、江阴高新技术产业开发区党工委书记王进健,江阴市委副书记、市长蔡叶明先后发言。江阴市正科职以上干部,部分老领导,有关驻江阴单位主要负责人参加会议。3日,省委第一巡视组向江阴市(江阴高新技术产业开发区党工委)反馈巡视情况。省委第一巡视组组长陈志扬主持召开向无锡市副市长、江阴市委书记王进健的反馈会议,传达省委书记娄勤俭在省委书记专题会议上关于巡视工作的讲话精神。陈志扬代表省委巡视组分别向王进健和江阴市委(江阴高新技术产业开发区党工委)领导班子反馈巡视情况,对抓好巡视整改工作提出要求。无锡市委书记黄钦就履行主体责任、抓好整改工作提出要求。王进健主持向领导班子反馈会议并作表态发言。6日,市委召开部分老领导座谈会,就市委十三届九次全体(扩大)会议报告(征求意见稿)听取意见建议。市领导王进健、邵文松出席座谈会。同日,市委召开各民主党派、工商联、无党派知识分子联谊会相关负责人座谈会,听取对市委十三届九次全体(扩大)会议报告(征求意见稿)的意见建议。市领导王进健、徐冬青、袁秋中出席座谈会。同日,王进健主持召开十三届市委常委会第107次(扩大)会议,听取市委十三届九次全体(扩大)会议有关事项的汇报,讨论研究《中共江阴市委关于贯彻落实中共十九届四中全会精神、推动县域治理体系和治理能力现代化建设走在前列的实施意见(草案)》。14—15日,中共江阴市委召开十三届九次全体(扩大)会议。会议由市委常委会主持,听取和讨论王进健代表市委常委会所作的讲话和蔡叶明关于经济工作的讲话,审议通过《中共江阴市委关于贯彻落实中共十九届四中全会精神、推动县域治理体系和治理能力现代化建设走在前列的实施意见》和《中国共产党江阴市第十三届委员会第九次全体会议决议》。市委委员27人、市委候补委员5人出席会议,全体市领导列席会议。15日,江阴召开全市“不忘初心、牢记使命”主题教育总结大会。王进健出席会议并讲话,无锡市委第一巡回指导组组长、无锡市人大常委会副主任吴峰枫出席会议并讲话,无锡市委第一巡回指导组副组长余小鹰及指导组相关成员出席会议。市委副书记袁秋中主持会议。同日,王进健主持召开2019年度全市党(工)委书记抓全面从严治党述职会议。无锡市纪委监委、无锡市委组织部、无锡市委宣传部相关人员出席会议。袁秋中、计军、吴芳、陈兴华、邵文松、程政、尹平、靳佳高等市领导出席会议。17日，江阴市召开老干部春节慰问大会。王进健通报“强富美高”*新江阴建设五年实践情况、2019年经济社会发展情况、县域治理体系和治理能力现代化建设打算以及2020年工作打算。市领导袁秋中、邵文松、唐仲贤、虞卫才等出席慰问大会。同日，江阴举行2020年春节军政座谈会。王进健主持座谈会。市领导尹平、虞卫才、叶韩清和驻江阴市部队首长出席座谈会。18日，江阴市召开全市安全生产工作会议暨安全生产专项整治工作推进会议。王进健出席会议并讲话。市领导徐冬青、袁秋中、计军、吴芳、陈兴华、邵文松、程政、靳佳高等出席会议。21日，江阴市举行援外干部座谈会。王进健出席会议并讲话。吴芳、邵文松、郁秋皓、张国兴、邢益新、顾文浩等市领导，以及援疆干部和延川、睢宁挂职与扶贫干部参加座谈会。24日，中共江阴市委、市政府向中国人民解放军、武装警察驻江阴市部队全体指战员，全市烈属、军属、伤残军人、军队离退休干部，转业、复员、退伍军人致春节慰问信。

2月3日，无锡市副市长、江阴市委书记王进健主持召开全市疫情防控领导小组会议，部署推进下阶段疫情防控工作。蔡叶明、袁秋中、计军、吴芳、陈兴华、邵文松、程政、尹平、靳佳高等市领导参加会议。4日，江阴市举行疫情防控工作领导小组会议暨视频调度会，分析研判当前疫情防控工作面临的形势，部署下阶段疫情防控重点工作。王进健出席会议并讲话。市长蔡叶明主持会议。市领导靳佳高、虞卫才、赵强、郁秋皓、张韶峰、许晨、王庆春出席会议。16日，江苏省安全生产督导组到江阴市督导复工复产安全防范和安全服务工作。省安全生产第二督导组副组长、省交通运输厅副厅职领导方建华主持情况汇报会并讲话。王进健作表态发言，市长蔡叶明作工作汇报。省安全生产督导组成员出席会议，市领导计军、赵强、许晨参加会议或陪同检查。19日，王进健赴江阴绿道、船厂公园、韭菜港公园等地调研城乡建设“1310工程”*推进情况，并主持召开座谈会专题研究江阴城市规划建设工作。21日，无锡市安全生产第一督导组进驻江阴市，并召开督导工作汇报会。督导组组长、无锡市人大常委会监察和司法工委主任吴早春到会讲话，王进健作表态发言，市长蔡叶明汇报江阴安全生产工作情况。督导组副组长、无锡市应急局副局长华文明主持会议，副市长赵强，以及督导组成员参加会议。27日，王进健主持召开十三届市委常委会第117次(扩大)会议暨市委应对疫情工作领导小组会议，贯彻落实中央政治局会议、中央统筹推进新冠肺炎疫情防控和经济社会发展工作部署会议以及省委常委会(扩大)会议暨省委应对疫情工作领导小组会议精神，听取前阶段有关工作情况汇报，对统筹推进疫情防控和经济社会发展工作作进一步部署。同日，王进健主持召开推进长三角一体化发展领导小组会议，讨论研究江阴市推进长三角一体化发展相关文件，对江阴融入长三角一体化发展作工作部署。蔡叶明、孙小虎、徐冬青等出席会议。28日，王进健、蔡叶明、孙小虎、徐冬青等市委、市人大常委会、市政府、市政协全体领导带头自愿捐款支持新冠肺炎疫情防控工作。

3月7日，全市重大项目推进会在临港开发区举行。无锡市副市长、江阴市委书记王进健出席会议并讲话。孙小虎、徐冬青等市领导出席推进会。11日，无锡市委书记黄钦到江阴实地考察了解江阴经济社会发展情况，并对做好当前及今后一个时期各项工作提出要求。无锡市和江阴市领导朱爱勋、王进健、蔡叶明、孙小虎、徐冬青等参加调研和座谈会。12日，市委、市政府召开金融支持疫情防控和经济社会发展座谈会。王进健出席会议并讲话。市领导蔡叶明、赵强、张少波参加座谈会。13日，市委、市政府召开全市污染防治攻坚大会。王进健出席会议并讲话。蔡叶明、孙小虎、徐冬青等市领导出席会议。19日，市委、市政府召开全市科技创新和人才大会。王进健出席会议并讲话。孙小虎、徐冬青、计军、陈兴华、邵文松等市领导出席会议。20日，市委、市政府召开全市农村工作会议，深入贯彻习近平总书记关于做好“三农”*工作重要论述，全面落实中央和省、市农村工作会议精神，特别是关于统筹推进疫情防控和经济社会发展的决策部署，总结2019年成绩，安排2020年任务。王进健出席会议并讲话。市领导蔡叶明、吴芳、郁秋皓出席会议。23日，市委召开人大工作会议。王进健出席会议并讲话。市委副书记、市长蔡叶明主持会议，市人大常委会主任孙小虎、市政协主席徐冬青出席会议。25日，市委召开党的建设工作领导小组会议，深入学习贯彻习近平新时代中国特色社会主义思想，特别是习近平总书记关于党的建设的重要论述，认真落实省委、无锡市委党建工作领导小组会议精神，审议讨论全市党建工作要点，研究部署2020年党建工作任务。江阴市委党的建设工作领导小组组长王进健主持会议并讲话。市领导邵文松、程政、靳佳高参加会议。同日，市委、市政府举行开放型经济暨招商引资工作会议。王进健出席会议并讲话。市长蔡叶明主持会议，市领导计军、陈兴华、张韶峰出席会议。

4月11日，市委、市政府举行外出学习考察交流座谈会。无锡市副市长、江阴市委书记王进健出席会议并讲话。市长蔡叶明主持会议。孙小虎、徐冬青等市领导出席会议。14日，市委召开2020年度巡察工作动员部署会。王进健出席会议并讲话。市领导袁秋中、吴芳、邵文松、程政、靳佳高、张少波出席会议。14日，无锡市委第五巡察组向江阴临港经济开发区党工委反馈巡察情况。无锡市委第五巡察组组长吴惠明反馈巡察意见，无锡市委巡察工作领导小组成员、市委组织部副部长、市公务员局局长戴美忠对做好巡察整改工作提出要求。王进健就抓好巡察整改和统筹当前工作作讲话。江阴市委常委、临港经济开发区管委会主任计军主持会议并作表态发言。江阴市委常委、市纪委书记、市监委主任靳佳高，无锡市委第五巡察组副组长王雪松出席会议。同日，无锡市委第五巡察组向江苏江阴—靖江工业园区党委反馈巡察情况。无锡市委第五巡察组组长吴惠明反馈巡察意见,无锡市委巡察工作领导小组成员、市委组织部副部长、市公务员局局长戴美忠对做好巡察整改工作提出要求。王进健就抓好巡察整改和统筹当前工作提出要求。江阴市委常委、市纪委书记、市监委主任靳佳高,无锡市委第五巡察组副组长杨大雄出席会议。江阴市人大常委会党组成员、江阴—靖江工业园区党委书记赵巧新主持会议并作表态发言。18日,江阴举行全市经济运行分析会。王进健出席会议并讲话。市领导蔡叶明、孙小虎、徐冬青等参加会议。24日,中共江阴市第十三届纪律检查委员会举行第五次全体会议。王进健到会讲话,蔡叶明、孙小虎、徐冬青等全体市领导出席会议。市委常委、市纪委书记、市监委主任靳佳高主持会议并作工作报告。26日,江阴市举行2019年度综合考核总结表彰暨"六攻坚六突破"三年行动誓师大会。王进健出席会议并讲话。市委副书记、市长蔡叶明主持大会,孙小虎、徐冬青等市四套班子领导出席大会。29日,市委、市政府召开全市城乡建设管理大会。王进健出席会议并讲话。市委副书记、市长蔡叶明作工作部署,孙小虎、徐冬青等市领导出席会议。

5月9日,市委、市政府召开深化全国文明城市建设工作推进会。无锡市副市长、江阴市委书记王进健出席会议并讲话。孙小虎、徐冬青等市领导出席会议。28日,江阴市召开重大产业项目招引建设推进会。王进健出席并讲话。市领导孙小虎、徐冬青、计军、陈兴华、靳佳高、赵强参加会议。

6月5日,"高举旗帜扬'六爱'(爱党、爱国、爱家乡、爱父母、爱同胞、爱自然)、决胜小康重'六保'(保居民就业、保基本民生、保市场主体、保粮食能源安全、保产业链供应链稳定、保基层运转)"座谈会在华西村举行。第十届全国人大常委会副委员长顾秀莲,国务院原副秘书长刘济民,中国作协副主席、中国报告文学学会会长何建明,江苏省人大常委会原副主任张艳,无锡市和江阴市领导徐劼、吴峰枫、王进健、孙小虎、吴芳、郁秋皓参加活动。

7月1日,市委副书记、市长蔡叶明主持召开市委应对疫情工作领导小组会议,贯彻落实省、市委应对疫情工作领导小组会议精神,研究部署全市下阶段疫情防控工作。市领导徐冬青、袁秋中等参加会议。10日,江阴市召开《江阴市国土空间总体规划(2020—2035)》编制动员大会。蔡叶明出席会议并讲话。市领导计军、陈兴华、赵巧新、张国兴、喻伟力出席会议。16日,江阴市召开全市领导干部会议,宣布江苏省委、无锡市委关于江阴市委主要领导职务调整的决定:许峰任中共江阴市委委员、常委、书记,江阴高新技术产业开发区党工委书记。免去王进健中共江阴市委书记、常委、委员,江阴高新技术产业开发区党工委书记职务。无锡市委书记黄钦出席会议并讲话,无锡市委组织部常务副部长崔荣国主持会议并宣读任免决定,江阴市委书记、江阴高新技术产业开发区党工委书记许峰,江阴市委副书记、市长蔡叶明先后发言。

8月9日,市委、市政府召开全市党政企外出学习考察交流座谈会,深入贯彻落实习近平总书记在企业家座谈会上的重要讲话精神和省委十三届八次全会、无锡市委十三届十次全会精神。许峰、蔡叶明、孙小虎、徐冬青等市领导出席会议。26日,江阴市人武部党委第一书记任职宣布大会召开,大会宣布,市委书记许峰任江阴市人武部党委第一书记。无锡军分区政委常新生,江阴市领导袁秋中、虞卫才、叶韩清参加会议。

9月21日,"华西精神"研讨会在华西村召开。省委副书记任振鹤出席会议并讲话。全国政协教科卫体委员会副主任、省政协原主席张连珍,中央政策研究室原副主任郑新立,国务院原副秘书长刘济民,省政协原副主席胡福明,中国作协副主席何建明出席研讨会,无锡市委书记黄钦致辞。省委副秘书长赵旻,省委组织部常务副部长王立平,省委党史工作办公室主任邢光龙,省委宣传部副部长赵金松,省委农办副主任杨天水,省人大常委会外事委员会原主任袁静波,无锡市和江阴市领导徐劼、袁飞、柏长岭、陆志坚、吴峰枫、叶勤良、许峰、徐冬青、袁秋中、吴芳、邵文松、程政参加会议。同日,市委书记许峰到澄江街道皮弄村督导软弱涣散基层党组织整顿工作,并主持召开座谈会。市领导邵文松、叶韩清陪同调研和参加座谈会。

10月9日,市委、市政府召开"十四五"规划专题汇报会。市委书记许峰出席会议并讲话。市长蔡叶明主持会议,副市长赵强出席会议。17日,第十五届中国徐霞客国际旅游节暨2020年长三角水上运动邀请赛开幕。许峰致辞,市长蔡叶明主持开幕式。中国徐霞客研究会会长王宝才,省体育局副局长熊伟,市领导孙小虎、徐冬青、程政、张韶峰等出席开幕式。20—21日,市委、市政府举行三季度重大项目观摩活动暨经济运行分析会,现场检阅重大项目建设进展,研究分析前三季度全市经济运行和重大项目推进情况,全面部署下阶段工作举措。许峰出席观摩活动并在经济运行分析会上讲话。市领导蔡叶明、孙小虎、徐冬青等参加观摩活动和经济运行分析会。29日,市委、市政府召开市政府主要负责人调整见面会,宣布省委、无锡市委关于江阴市政府主要领导调整任免的决定:蔡叶明不再担任中共江阴市委副书记、常委、委员,江阴市市长,免去江阴国家高新技术产业开发区党工委副书记、管委会主任职务;包鸣任中共江阴市委委员、常委、副书记,提名为江阴市市长候选人。无锡市委常委、组织部部长柏长岭宣读省委、无锡市委决定并代表无锡市委讲话。许峰主持会议并作表态发言。蔡叶明、包鸣分别作表态发言。同日,"产业更高端、创新更澎湃"为主题的江阴市第30届科技节开幕。中国科学院院士孙和平,中国工程院院士张佳宝,挪威技术与科学院院士白勇、特鲁斯·埃文德·诺比,中国科学院金属研究所所长左良,东北大学校长赵继出席开幕式。市委书记许峰致开幕辞并向"江阴市科学顾问"颁发聘书。市长蔡叶明主持活动。孙小虎、徐冬青等市领导出席活动。

11月5日，市委、市政府召开全市机关干部“三转一提”学习报告会。市委书记许峰，市委副书记、代市长包鸣，市人大常委会主任孙小虎，市政协主席徐冬青等市四套班子领导参加会议。包鸣主持会议。同日，无锡市委巡察组集中召开巡察江阴市76个村(社区)党组织情况反馈会议。会上，无锡市委巡察组组长叶照、吴惠明分别向6个镇、76个村(社区)反馈巡察意见。无锡市委巡察工作领导小组成员、市纪委副书记、市监委副主任刘葱葱对巡察整改工作提出明确要求，许峰就履行主体责任、抓好整改工作提出要求，顾山镇党委书记王文平作为代表作表态发言。江阴市委常委、市纪委书记、市监委主任靳佳高主持会议。

12月4日，省纪委常委、无锡市委常委、市纪委书记、市监委主任王唤春率队到江阴市调研沿江(危化品)储罐安全专项整治和污染防治“百日攻坚”专项行动督查工作。江阴市委书记许峰，市委常委、临港经济开发区管委会主任计军，市委常委、市纪委书记、市监委主任靳佳高陪同调研。15—16日，市委召开工作务虚会，系统回顾2020年工作，谋划2021年任务。许峰出席会议并讲话。包鸣、孙小虎、徐冬青等市四套班子全体领导参加会议。17日，市委书记、市委全面深化改革委员会主任许峰主持召开十三届市委常委会第141次(扩大)会议暨市委全面深化改革委员会会议，学习《党委(党组)意识形态工作责任制实施办法》，听取2020年下半年全市意识形态工作责任制落实情况汇报，审议通过《关于坚持和完善“大数据+网格化+铁脚板”治理机制加快推进基层社会治理现代化的实施意见》《关于加快推进总部经济高质量发展的若干政策意见》《江阴市总部经济高质量发展三年行动计划(2020—2022)》《关于支持在澄高等院校引进高层次人才的实施办法(试行)》。19日，江阴市企业家协会举行2020年年会。许峰出席会议并讲话。江苏省企业联合会副会长、无锡市企业家协会会长林国忠，江阴市领导包鸣、孙小虎、徐冬青、计军、陈兴华、邵文松、程政、赵强、张韶峰参加年会。21日，市委组织召开“十四五”规划建议民主协商座谈会，就市委关于制定国民经济和社会发展第十四个五年规划和2035年远景目标的建议(征求意见稿)，听取市各民主党派、工商联和无党派知识分子联谊会代表的意见和建议。市委副书记、统战部部长袁秋中出席会议。同日，江阴市青年企业家协会举行2020年年会。许峰对举行该次会议作出批示。市领导邵文松、赵强、张光伟、孙志红参加活动。30日，市委召开老领导座谈会，就市委十三届十一次全体(扩大)会议报告(征求意见稿)和市委关于制定国民经济和社会发展第十四个五年规划和2035年远景目标的建议(征求意见稿)，征求部分老领导意见。市领导许峰、邵文松参加座谈会。同日，市委召开各民主党派、工商联、无党派知识分子联谊会相关负责人座谈会，听取对市委十三届十一次全体(扩大)会议报告(征求意见稿)的意见建议。市领导许峰、徐冬青、袁秋中参加座谈会。

【走访调研活动】 2020年1月5日，无锡市副市长、江阴市委书记王进健走访调研华西集团股份有限公司、海澜集团股份有限公司、阳光集团股份有限公司等部分重点企业，深入部分镇(街道、园区)，现场了解发展情况。市领导陈兴华、赵强参加走访调研活动。9—10日，国务委员王勇在江苏调研检查安全生产专项整治和岁末年初安全防范工作。省委书记娄勤俭，省长吴政隆，国务院副秘书长孟扬，应急管理部副部长孙华山，省委常委、常务副省长樊金龙分别陪同调研。无锡市和江阴市领导黄钦、朱爱勋、王进健、计军参加有关调研活动。16日，王进健分别走访慰问全国道德模范提名奖获得者张纪清、澄江街道花园社区困难党员徐林章、长泾镇和平村和蒲市村、江阴顾山护养院等先进模范、困难群众、经济薄弱村和养老机构。市领导程政、虞卫才等参加走访慰问。17日，市领导王进健、尹平、虞卫才分组走访慰问驻江阴市部队、江阴市人民武装部、武警部队江阴中队。18日，王进健、徐冬青、袁秋中、邵文松、靳佳高等市领导分组走访慰问老领导。17日、19日，王进健分别走访江阴贝瑞森生化技术有限公司董事长顾铭，会见远景能源有限公司董事长张雷。市委常委、组织部部长邵文松陪同走访。19日，无锡市委常委、统战部部长陈德荣到江阴市走访慰问驻江阴部队、养老机构、困难群众和见义勇为先进个人。市领导王进健、计军、虞卫才、王庆春参加走访慰问活动。21日，王进健带队走访肖山水厂、天力燃气营业厅、市供电公司电力调度中心、市融媒体中心、江阴边检执勤二队、市信访局等保供单位、加班单位、新闻单位和维稳单位，看望慰问奋战在一线的职工和公安干警。市领导吴芳、程政、张韶峰分别参加走访慰问活动。23日，无锡市市长杜小刚带队到江阴市检查新型冠状病毒感染的肺炎疫情防控工作，赴江阴市人民医院敔山湾院区、云亭街道新敔山社区等地了解网格化摸排防控情况。市领导王进健、蔡叶明、许晨陪同检查。24日，王进健带领相关部门负责人赴社区、高速道口、客运站、医学观测点、酒店等场所检查新型冠状病毒感染的肺炎疫情防控情况，部署下阶段工作举措。市领导许晨、王庆春参加检查活动。28—29日，王进健带领相关部门负责人赴高速道口、市交通运输局综合执法大队水上二中队、港城大道封闭口、部分社区、集中医学观察点和防护口罩生产企业，现场检查新型冠状病毒感染的肺炎疫情防控工作落实情况，并就进一步加强防控工作进行部署安排。市领导计军、陈兴华、许晨、王庆春参加检查活动。30日，无锡市副市长陆志坚带领相关部门负责人，到江阴市检查指导新型冠状病毒感染的肺炎疫情防控工作，看望慰问奋战在防控一线的工作人员，部署下阶段防控举措。市领导王进健、蔡叶明、王庆春参加检查。

2月1日，无锡市委书记黄钦到江阴重点防疫物资生产企业，调研了解企业复工、防疫物资生产等情况。无锡市及江阴市领导朱爱勋、王进健、高亚光参加调研活动。2日，无锡市副市长、江阴市委书记王进健到挂钩联系点澄江街道，检查新型冠状病毒感染的肺炎疫情防控工作，慰问支援防控重点地区医护工作者家属。市领导许晨、王庆春参加检查活动。6日，王进健前往临港开发区，检查企业防疫责任落实、复工复产准备情况。市委常委、临港经济开发区管委会主任计军参加检查。同日，王进健到江阴长山卡口、锡澄高速江阴南道口检查站等市际交通管控卡口，看望慰问奋战在一线的疫情防控工作人员。副市长王庆春参加慰问活动。7日，王进健以“四不两直”*方式，先后前往月城镇、青阳镇、徐霞客镇、周庄镇、华士镇、新桥镇，检查农村、企业疫情防控工作。副市长赵强参加检查。8日，王进健以“四不两直”方式，先后前往顾山镇、长泾镇、祝塘镇，现场督导农村疫情防控和企业复工复产准备情况。市委常委、组织部部长邵文松参加检查。11日，王进健先后赴江阴天江药业有限公司和江苏阳光集团，实地调研企业疫情防控举措落实情况和复工复产工作进展情况。市领导陈兴华、赵强参加调研。13日，无锡市委副书记徐劼到江阴市调研台资企业复工复产工作。市领导王进健、袁秋中、陈兴华参加调研活动。14日，王进健、蔡叶明分组看望慰问支援防控重点地区医护人员家属。18日，江苏省副省长马秋林到江阴市调研疫情防控和复工复产工作。市领导王进健、蔡叶明、计军、陈兴华、赵强参加调研活动。19日，王进健调研江阴交通路网体系建设，深入了解当前重点交通道路工程推进情况，听取交通体系建设规划汇报。市领导蔡叶明、张少波分别参加现场调研或座谈会。20日，无锡市市长杜小刚带队到江阴市调研经济社会发展和企业复工复产情况。市领导王进健、蔡叶明、袁秋中、计军、吴芳、陈兴华、邵文松、程政、尹平、靳佳高等陪同调研或参加座谈会。23日，无锡市委书记黄钦到江阴市调研，实地查看企业、重点工程防控和复工情况。无锡市和江阴市领导朱爱勋、王进健、高亚光、计军、陈兴华参加调研。25日，王进健带领相关部门负责人，赴高新区调研经济社会发展情况。市领导陈兴华、张少波参加调研。27日，王进健带领相关部门负责人，赴临港开发区调研经济社会发展情况。市领导计军、张少波参加调研。28日，王进健赴澄江街道，先后实地调研商业综合体建设、民生项目投用以及部分企业发展情况，并召开座谈会。市领导王庆春、张少波参加现场调研或座谈会。29日，王进健赴周庄镇调研经济社会发展情况。

3月2日，无锡市副市长、江阴市委书记王进健率有关部门负责人和安全专家，以“四不两直”方式赴高新区、云亭街道、徐霞客镇、月城镇、南闸街道和澄江街道实地检查督导重点行业领域安全生产工作。市领导陈兴华、赵强参加检查活动。同日，王进健带领相关部门负责人到白屈港水质自动监测站、普惠路东侧地块、江阴西城钢铁有限公司、秦望山产业园等地，专题调研江阴环境污染防治工作。市领导计军、陈兴华、郁秋皓参加调研活动。4日，王进健带领相关部门负责人赴江阴—靖江工业园区调研经济社会发展情况。市领导赵巧新、张少波参加调研活动。7日，王进健赴云亭街道调研经济社会发展情况。市委副书记袁秋中参加调研。8日，王进健赴南闸街道调研经济社会发展情况。市领导吴芳参加调研活动。9日，王进健专题调研全市农业农村工作。市领导吴芳、郁秋皓参加调研。12日，王进健走访挂钩服务企业江苏新长江实业集团有限公司，了解生产经营情况，协调解决企业在发展过程中遇到的困难问题。市委常委、临港开发区管委会主任计军参加走访活动。16日，江苏省产业技术研究院院长刘庆到江阴市调研金属新材料产业创新方面情况。市领导王进健、陈兴华、邵文松、赵强陪同调研或参加座谈。17日，江苏省副省长赵世勇到江阴市调研生态环境保护工作。省政府副秘书长诸纪录陪同调研，无锡市和江阴市领导王进健、蒋敏、郁秋皓参加调研活动。19日，王进健、蔡叶明、孙小虎、徐冬青等全体市领导到蟠龙山公园参加全民义务植树活动。24日，王进健前往高新区、云亭街道，深入调研外资外贸企业发展情况。市领导陈兴华、张韶峰陪同调研。30日，王进健带领相关部门负责人，到智建美住江阴总部基地、江苏嘉盛燃气LNG(液化天然气)调峰储配站、无锡至江阴城际轨道交通工程等项目现场，调研督查挂钩联系重点重大项目，协调解决项目推进过程中遇到的问题困难。市领导计军、陈兴华参加调研督查。

4月7日，无锡市副市长、江阴市委书记王进健带领相关部门负责人到江阴市实验小学北校区、江阴中专和江阴初级中学，检查疫情防控工作。副市长郁秋皓参加检查活动。8日，水利部副部长叶建春率队到江阴市开展汛前检查活动，重点检查防洪工程度汛准备、超标准洪水防御准备等工作。无锡市和江阴市领导杜小刚、王进健、蒋敏、郁秋皓陪同检查。9日，省委组织部副部长、省委编办主任俞军一行到江阴市调研深化集成改革、镇街“三整合”改革、综合执法改革等工作。无锡市和江阴市领导冯军、王进健、计军、邵文松陪同调研或参加座谈会。15日，王进健率全市各相关部门、镇街园区负责人，对全市18项项目进行现场观摩。蔡叶明、孙小虎、徐冬青等市领导参加现场观摩活动。17日，常州市委书记、市人大常委会党组书记齐家滨，常州市委副书记、代市长陈金虎带领常州市党政代表团到江阴市考察集成改革、长江大保护、乡村振兴、制造业企业发展等方面情况。无锡市委书记黄钦，无锡市委副书记、市长杜小刚，江阴市领导王进健、蔡叶明、孙小虎、徐冬青等陪同考察。30日，王进健率有关部门负责人，以“四不两直”*方式，到高新区、临港开发区实地检查督导安全生产工作。市领导计军、陈兴华、赵强参加检查活动。

5月6日，无锡市副市长、江阴市委书记王进健调研市人大及其常委会工作。市人大常委会主任孙小虎汇报该届以来市人大及其常委会主要工作及下阶段工作计划，市委常委、组织部部长邵文松，市人大常委会副主任唐仲贤、龚振东、朱敏、黄耀清等参加调研座谈会。7日,王进健调研市政协工作。市政协主席徐冬青汇报市政协主要工作及下阶段工作计划。市委常委、组织部部长邵文松,市政协副主席张英毅、喻伟力、陈兴初、张晓东等参加调研座谈会。11日,王进健专题调研法院工作,先后调研法院执行局、滨江法庭、法院诉讼服务中心和长江流域环境资源第一法庭,并在随后举行的座谈会上听取法院工作情况汇报。12日,王进健专题调研市检察院工作,先后调研未成年人司法保护中心、智慧公益诉讼平台、生态环保和食品安全快速检测中心,并在随后举行的座谈会上听取市检察院工作情况汇报。13日,王进健专题调研全市纪检监察工作,先后调研苏南学校食材配送有限公司江阴分公司和澄心楼,并在随后召开的座谈会上听取市纪委监委工作情况汇报。市委常委、市纪委书记、市监委主任靳佳高参加调研。14日,王进健带队走访城东街道长山社区的“残疾人之家”、江阴市特殊教育中心校、江阴市第三人民医院等残疾人护理机构、教育机构,看望慰问残障人士。市领导龚振东、虞卫才、陈兴初参加走访慰问。16日,王进健、蔡叶明等市四套班子全体领导利用双休日时间,带头前往各自挂钩社区,结合爱国卫生运动,开展志愿服务活动。18日,国务院江苏安全生产专项整治督导组到江阴市督导。交通运输部安质司调查统计处副处长宋宏图、长江海事局副处长刘海强、应急部安全生产协调司三级调研员王晓艳等国务院督导组成员出席工作汇报会。王进健汇报全市安全生产工作情况。市领导蔡叶明、赵强参加会议。26日,无锡市委书记黄钦到江阴市调研“三农”*工作,深入了解江阴在乡村治理体系建设、现代农业科技创新、“百企建百园”等方面的工作亮点和成效。无锡市和江阴市领导徐劼、王进健、吴芳、郁秋皓陪同调研。

6月1日,无锡市副市长、江阴市委书记王进健,市人大常委会主任孙小虎分组走访敔山湾实验幼儿园、城中实验小学东区,市福利院、实验幼儿园。市领导徐冬青、邵文松、虞卫才、郁秋皓参加走访慰问。同日,王进健带队到黄田港江苏水建水利建设工地、人民西路拆迁工地和高铁枢纽站施工工地等地,专题督导“六攻坚六突破”*长江大保护工作。市领导郁秋皓、叶韩清参加督导活动。6日,王进健再次前往挂钩社区,开展志愿服务活动。10日,王进健到江阴市人力资源市场、江阴市疾病预防控制中心、江阴市中医外科医院、江苏省南菁高级中学等地,专题调研教育、卫生健康、就业等领域的民生“补短板”工作。市领导计军、陈兴华参加调研。15日,王进健到白屈港抽水站、锡澄运河定波水利枢纽和防汛抗旱服务中心等地,现场检查防汛防旱工作,并召开座谈会听取全市后续天气趋势、水利工程建设及防汛备汛有关情况的汇报,对防汛防旱工作作全面部署。市领导吴芳、郁秋皓和相关部门负责人参加检查活动。

7月2日,市委副书记、市长蔡叶明到徐霞客镇,看望慰问潘国强、孔银芬、石正才等困难党员。13日,无锡市委书记黄钦到江阴市,实地检查防汛和长江禁捕工作情况,并召开座谈会研究部署下一步工作。市领导蔡叶明、吴芳、郁秋皓陪同检查或参加座谈会。19日,市委书记许峰到华士镇、新桥镇和顾山镇,走访调研部分重点骨干企业,深入了解企业发展情况。副市长赵强参加走访调研活动。22日,无锡市委书记黄钦率无锡市领导和各市(县)区、无锡市有关部门主要负责人,到江阴市观摩重大产业项目建设。无锡市和江阴市领导杜小刚、徐一平、周敏炜、徐劼、许峰、蔡叶明、计军、陈兴华等参加观摩活动。25日,许峰带领有关部门主要负责人走访调研中信特钢股份有限公司、天江药业股份有限公司、法尔胜泓昇集团股份有限公司等部分重点骨干企业。市委常委、高新区党工委副书记陈兴华参加调研活动。26日,许峰带领有关部门主要负责人到临港开发区夏港街道以及南闸街道、云亭街道,走访调研新长江集团股份有限公司、惠尔信股份有限公司和长龄液压股份有限公司等部分重点骨干企业。市领导计军参加调研活动。28日,国务院江苏安全生产专项整治督导组副组长、常驻现场督导组组长、国务院安委办副主任王浩水率常驻督导组第一组成员,到江阴市督导汛期安全生产工作。应急管理部办公厅副主任、一级巡视员张本清,应急管理部安全执法局四级调研员刘钊等参加督导活动。无锡及江阴市领导黄钦、朱爱勋、许峰、计军、陈兴华陪同督导活动。30日,许峰、蔡叶明等分组走访慰问驻江阴市部队、市人武部、以及武警江阴中队、退役军人和现役军人代表家庭。同日,无锡市市长杜小刚走访慰问驻江阴市部队。无锡军分区政委常新生,江阴市领导许峰、虞卫才参加走访慰问。

8月20日,市委书记许峰带领相关部门负责人到江阴第二过江通道项目、快速内环一期(夏东路)项目、芙蓉大道、江阴高铁综合枢纽站建设现场等地,调研江阴交通路网建设,深入了解重点交通工程推进情况。副市长张国兴参加调研。24日,许峰到兴澄特钢有限公司、暨阳消防救援站、澄江执法大队城东中队、南门商业街施工现场等生产车间、保供单位、工程建设现场,代表市委、市政府慰问坚持奋战在高温一线的各行各业劳动者。孙小虎、赵强、张国兴等市领导参加走访慰问活动。24日,许峰到兴澄特钢、暨阳消防救援站、澄江执法大队城东中队、南门商业街施工现场等生产车间、保供单位、工程建设现场,代表市委、市政府慰问坚持奋战在高温一线的各行各业劳动者。孙小虎、赵强、张国兴等市领导参加走访慰问活动。28日,许峰带领相关部门负责人,赴高新区调研经济社会发展情况。市领导陈兴华、张少波参加调研。29日,许峰带领有关部门负责人专题调研城市重点片区规划工作。市领导张国兴参加调研。31日,许峰到全国文明城市创建挂钩网格联系点澄江街道江锋社区,现场检查督导创建工作并召开座谈会。

9月1日,无锡市委副书记徐劼到江阴市调研农村人居环境整治推进情况。市委书记许峰,市委常委、政法委书记吴芳,副市长郁秋皓陪同调研。同日,无锡市委常委、组织部部长柏长岭一行到江阴市调研组织工作。市领导许峰、陈兴华、邵文松陪同调研。4日,许峰带领相关部门负责人,赴临港开发区调研经济社会发展情况。市领导计军、张少波参加调研。5日,许峰率队调研征收拆迁工作,走访慰问奋战在征收拆迁一线的工作人员。市领导蔡叶明、邵文松、靳佳高、张国兴、王庆春、叶韩清陪同调研或参加推进会。10日,许峰、蔡叶明分组开展教师节走访慰问活动,前往部分学校看望慰问教职员工。15日,许峰带领相关部门负责人调研白屈港水质达标工作。市领导陈兴华、郁秋皓、叶韩清陪同调研或参加座谈会。29日,许峰到企业、车站、警务工作站、综合体和供气站,实地检查安全生产、常态化疫情防控、交通组织和市场保供等情况。市领导王庆春、叶韩清参加检查。

10月14日,市委书记许峰赴澄江街道调研经济社会发展情况。市领导张少波、叶韩清参加现场调研或座谈会。15日,许峰率队先后调研澄江街道贯庄一村加装电梯项目、市福澄颐养院、市礼延实验学校、市中医院异地新建项目、市人力资源市场等,实地查看老小区改造、养老、教育、医疗、就业等民生工作情况。市领导张少波、叶韩清参加调研。24日,江阴市开展老年节走访慰问活动。许峰一行先后走访南闸街道爱晚庭爱心护理院、市老年大学、江阴市军队离休退休干部服务管理中心,慰问"中国好人"张纪清和澄江街道两位高龄老人,市领导孙小虎、程政、许晨参加慰问活动。蔡叶明一行先后走访慰问"江苏好人"钱佐、夏港街道两户高龄老人家庭、颐乐居爱心护理院城西分院和利港光大金夕延年养老服务中心,市领导徐冬青、计军参加慰问活动。31日,许峰到江阴市融媒体中心、江阴市新时代文明实践中心、介居书院等地专题调研宣传思想工作。市领导程政参加调研活动。

11月3日,市委书记许峰专题调研海关工作。市领导计军、张韶峰、张少波参加调研活动。4日,许峰赴周庄镇调研经济社会发展情况。10日,许峰赴云亭街道调研经济社会发展情况。市领导邵文松陪同调研。20日,许峰率相关部门负责人到文明创建网格挂钩联系点澄江街道江锋社区,检查督导文明创建工作。市领导郁秋皓、叶韩清陪同检查。同日,许峰到华士镇调研经济社会发展情况。市领导张少波参加调研。23日,许峰赴南闸街道调研经济社会发展情况。市领导张少波参加调研。同日,江阴市举行全国文明城市长效建设推进会。市领导包鸣、程政、王庆春、叶韩清参加会议。市委副书记袁秋中主持会议。28日,市委书记许峰赴青阳镇调研经济社会发展情况。市领导吴芳参加调研。30日,市委书记许峰赴长泾镇调研经济社会发展情况。市领导虞卫才、张少波陪同调研。

12月1日,市委书记许峰赴顾山镇调研经济社会发展情况。3日,许峰赴祝塘镇调研经济社会发展情况。市领导邵文松、张少波参加调研活动。7日,许峰带领相关部门负责人检查督导白屈港水质达标工作。市委常委、高新区党工委副书记陈兴华陪同检查督导。9日,许峰赴新桥镇调研经济社会发展情况。市委常委、宣传部部长程政陪同调研。26日,无锡市委书记黄钦率无锡市领导和各市(县)区、市各有关部门主要负责人到江阴市观摩重大产业项目。无锡市和江阴市领导徐一平、徐劼、许峰、陈兴华等参加观摩活动。同日,许峰赴党支部工作联系点云亭街道毗山村小徐家村开展调研走访。市委常委、组织部部长邵文松陪同调研。同日,市委书记许峰以市人大代表正式候选人的身份,到高新区(城东街道)第一选区参加选民见面会,与选民代表见面交流。市领导孙小虎、陈兴华参加见面会。

【学习考察活动】 2020年3月5日,江阴市党政代表团在无锡市副市长、江阴市委书记王进健的带领下,赴无锡市新吴区、惠山区观摩学习重大产业项目建设工作。惠山区委书记李秋峰,新吴区委副书记、区长封晓春陪同观摩。市领导蔡叶明、孙小虎、徐冬青等参加观摩活动。26日,王进健带领江阴市党政代表团赴昆山市学习考察,参观借鉴周边先进地区在产业发展、科技创新、外资招引、城市建设等方面的特色亮点和工作经验。昆山市委书记吴新明陪同考察。市领导蔡叶明、孙小虎、徐冬青等参加考察活动。

4月10日,无锡市副市长、江阴市委书记王进健带领江阴党政代表团赴苏州工业园区、张家港市,学习借鉴两地在园区建设、产业发展、科技创新、招商引资、城市建设等方面的好经验好做法。苏州市委常委、苏州工业园区党工委书记吴庆文,苏州市人大常委会副主任、张家港市委书记沈国芳陪同考察。市领导蔡叶明、徐冬青等参加考察。

7月6日,市委书记许峰率江阴党政企代表团赴无锡市新吴区、滨湖区考察,学习两地在产业发展、科技创新、外资招引、文旅塑造等方面的特色亮点和工作经验。无锡市副市长、高新区党工委书记、新吴区委书记蒋敏,滨湖区委书记马良陪同考察。市领导蔡叶明、孙小虎、徐冬青等参加考察。

8月10—11日,市委书记许峰率领江阴市党政代表团赴陕西省延川县学习考察。延川县委书记张永祥,延川县委常委、副县长吴慧婷等延川县领导,赴延川县挂职的江阴市人民政府党组成员,延川县委常委、副县长尹志华以及江阴市领导计军、郁秋皓、叶韩清参加学习考察活动。

【表彰活动】 2020年1月13日,江阴市青年企业家协会举行成立15周年大会暨2019年年会。无锡市副市长、江阴市委书记王进健出席活动并讲话。蔡叶明、孙小虎、徐冬青等市领导出席活动。14日,江阴市女企业家协会举行"不忘初心 牢记使命"主题活动暨2019年年会。王进健寄语全市女企业家,要尽心经营产业企业,爱心奉献回报社会,用心享受美好人生。蔡叶明、吴芳、邵文松等市领导出席会议。19日,市委、市政府召开全市重点骨干企业座谈会。王进健出席会议并讲话。蔡叶明、孙小虎、徐冬青等市领导出席会议。

4月1日,江阴市举行首批支援湖北医疗队返回江阴迎接仪式。无锡市副市长、江阴市委书记王进健,市长蔡叶明出席仪式并讲话。市领导邵文松、程政、许晨参加活动。14日，江阴市第二批19名支援湖北医疗队队员在隔离医学观察期满后返回江阴。王进健、蔡叶明参加迎接活动并送上鲜花。市领导邵文松、程政、许晨参加活动。24日，第二十四届“书香江阴”读书节开幕。王进健向“中国好人”、全国道德模范提名奖获得者、最美战“疫”先锋及援鄂医务人员代表赠书，并与市领导程政、龚振东、陈兴初为读书节揭幕。30日，江阴市召开庆祝“五一”国际劳动节暨先进表彰大会。王进健出席会议并讲话。市领导孙小虎、徐冬青、邵文松、虞卫才参加活动。

5月28日，江阴市举行庆祝“全国科技工作者日”暨第三届“十大科技之星”及“最美抗疫科技卫士”风采展示专题沙龙活动。无锡市副市长、江阴市委书记王进健出席活动并讲话。市领导孙小虎、徐冬青、虞卫才、赵强、许晨参加活动。

6月28日，江阴市举行庆祝中国共产党成立99周年大会暨抗疫先进事迹报告会。市委副书记、市长蔡叶明出席会议并讲话。孙小虎、徐冬青等市领导出席庆祝大会。

9月7日，江阴市举行“爱国、敬业、诚信、友善”——江苏省道德模范与身边好人(无锡·江阴)现场交流活动暨第七届“德耀江阴·十佳江阴好人”颁奖典礼，对获奖好人和团队进行表彰，并发布8月“江苏好人”和“新时代江苏好少年”名单。江苏省委宣传部副部长、省文明办主任葛莱，无锡市委常委、宣传部部长袁飞，江阴市领导蔡叶明、袁秋中、程政、张光伟、虞卫才、陈兴初参加颁奖典礼。

10月10日，江阴市慈善总会第四届会员大会暨慈善突出贡献奖颁奖仪式举行。市委书记许峰出席颁奖仪式。市长蔡叶明当选为市慈善总会第四届理事会会长，市领导徐冬青、邵文松、吴国忠、虞卫才出席会议或参加颁奖仪式。

【项目签约、奠基、竣工活动】 2020年1月2日，江苏省举行2020年重大产业项目建设现场推进会议。现场推进会以视频会议形式召开，采取省市县三级联动推进，省主会场设在苏州工业园区桑田岛，各地均设置分会场。在江阴分会场，江阴市委副书记、市长蔡叶明宣布“智建美住”江阴总部基地项目等49项重大项目开工，总投资245.7亿元。孙小虎、徐冬青、袁秋中、计军、吴芳、陈兴华、邵文松、程政、靳佳高等市领导出席江阴分会场开工仪式。

2月20日，江阴市通过视频连线方式举行重大项目签约仪式，总投资50亿元的航天交通物联网产业基地项目和总投资30亿元的御霖国际智慧康养项目落户高新区。市领导王进健、蔡叶明、陈兴华、赵强、张韶峰在江阴主会场出席签约仪式。深圳航天科技创新研究院党委书记、院长姜文正，上海御霖医院管理有限公司董事长王玥婷，分别在深圳、上海两个分会场出席仪式。

3月7日，全市重大产业项目集中开工仪式在临港开发区举行。无锡市委书记黄钦宣布申桦高端密封技术研发项目等重大产业项目集中开工。王进健、孙小虎、徐冬青等市领导出席开工仪式。10日，临港开发区举行重大项目集中签约仪式，总投资109.5亿元的10项重大项目签约。市领导王进健、蔡叶明、计军、张韶峰出席签约仪式。20日，江阴市政府与中国铁建昆仑投资集团就市高铁站综合交通枢纽PPP项目*进行签约。中国铁建西南区域总部党委书记、总经理，中国铁建昆仑投资集团党委书记、董事长金跃良，市领导王进健、蔡叶明、张少波出席签约仪式。

4月29日，总投资近120亿元的7项“未来产业”项目集中签约，落户江阴市高新区。中国科学院院士、华中科技大学学术委员会主任丁汉，市领导王进健、陈兴华、赵强、张韶峰出席签约活动。

5月11日，临港开发区和中联重科股份有限公司就中联重科建筑起重机华东智能制造基地项目举行合作签约仪式。无锡市副市长、江阴市委书记王进健会见中联重科助理总裁兼建筑起重机械公司总经理唐少芳，就项目合作进行沟通洽谈。市领导计军、赵强参加签约仪式。14日，新桥镇和张家港广大投资控股有限公司就大型海上风电核心精密部件项目举行合作签约仪式。王进健会见张家港广大投资控股有限公司董事长徐卫明，就项目合作进行沟通洽谈。副市长赵强参加签约仪式。20日，青阳镇政府与无锡金桥教育集团签署合作办学框架协议。王进健会见无锡金桥教育集团董事长马自雄一行，并出席签约仪式。副市长郁秋皓参加签约仪式。31日，总投资195亿元的16项“主题产业园”项目集中签约、落户高新区。中国科学院微电子研究所所长叶甜春，中国科学院微电子研究所产业化促进中心主任商立伟，王进健出席活动。市长蔡叶明主持活动。市领导陈兴华、邵文松、赵强、张韶峰参加签约活动。

6月18日，江苏阳光股份有限公司与北京玄奘安邦科技有限公司举行签约仪式。无锡市委常委、江阴市委书记王进健，副市长张国兴参加签约仪式。24日，总投资85亿元的扬子江LNG(液化天然气)产业园、临港君泰扬子股权投资基金和江苏疌泉临港产业发展并购投资基金等3项重大项目集中签约、落户临港开发区。王进健、计军参加签约活动。29日，2020江阴产业合作恳谈会在上海举行。东部科创城、中锐国际教育社区、麻省理工江阴国际创新中心等23项项目集中签约，总投资235亿元。上海市工商业联合会副主席徐惠明，法国、埃塞俄比亚等驻沪使领馆嘉宾等出席恳谈会。市委副书记、市长蔡叶明出席会议并致辞。市领导计军、陈兴华等参加恳谈会，副市长张韶峰主持恳谈会。

9月3日，江南大学与江苏逅厨举行战略合作签约仪式。中国工程院院士、江南大学校长陈卫，市领导许峰、计军、张韶峰出席签约仪式。11日，南京理工大学江阴校区正式启用。无锡市委书记黄钦宣布南京理工大学江阴校区启用，南京理工大学党委书记张骏、南京理工大学校长付梦印、省工信厅副厅长胡学同、法国驻沪总领事纪博伟出席启用仪式。无锡市领导陆志坚、华博雅、高慧，江阴市领导许峰、蔡叶明、孙小虎等参加仪式。启用仪式上，南京理工大学和江阴市政府签署长三角(江阴)数字创新港战略合作协议。

10月15日,总投资约15亿元的江阴市中医院异地新建项目举行开工仪式。市委书记许峰宣布项目开工,省卫生健康委副主任、省中医药管理局局长朱岷,市领导蔡叶明、孙小虎、徐冬青、张国兴、许晨、张少波出席开工仪式。16日,2020江阴经贸合作洽谈会在江阴大剧院开幕。市委书记许峰在开幕式上致辞。市委副书记、市长蔡叶明主持开幕式。孙小虎、徐冬青等市四套班子全体领导出席开幕式。现场举行江阴国际产业园、联东U谷创新港、中信泰富新能源总部等总投资达604.8亿元的49项重点重大项目签约仪式和千亿级企业合作签约仪式。同日,临港开发区举行重大项目集中开工暨泰富临港医院开工仪式。许峰宣布泰富临港医院项目开工。中信泰富首席财务官、中信泰富(中国)投资有限公司总裁费怡平,市领导蔡叶明、计军、张韶峰出席开工仪式。计军主持仪式。

11月26日,中联重科华东智能制造基地揭牌仪式暨新品发布会在江阴市举行。市委书记许峰,市委常委、临港开发区管委会主任计军,副市长张韶峰参加活动。计军主持揭牌仪式。 (吴通扬)

【接待活动】 2020年,江阴市接待各类宾客170批4968人次,其中党和国家现任领导和原领导5人次,部省级领导34人次,军队少将及以上军衔将领5人次。到江阴市百人以上团队有3批,团队人数最多的是中国县域工业经济发展论坛与会代表250人。

2020年,国家现任领导和原领导到江阴视察指导工作的有5人次。现任领导有全国人大常委会副委员长张春贤,国务委员、国务院党组成员王勇,原领导有全国人大常委会原副委员长顾秀莲、热地,全国政协原副主席张怀西等。

2020年,到江阴市考察调研工作的江苏省委、省政府领导有任振鹤、樊金龙、马秋林、费高云、刘旸、赵世勇、惠建林等;江苏省人大常委会领导有王燕文、陈震宁等;江苏省政协领导有周健民、阎立等。到江阴市考察指导工作的老领导有张连珍、蒋定之、胡福明、弘强、张艳等。

2020年到江阴市考察调研工作的国家各部委及各省省级领导和原领导有18人,其中在职领导14人,先后为应急管理部副部长孙华山,水利部副部长叶建春,水利部副部长陆桂华,国务院安委办副主任王浩水,应急管理部总工程师李万春,全国政协常委、提案委员会主任、原中央国家机关工委常务副书记李智勇,全国政协委员、提案委员会驻会副主任陈因,全国政协委员、提案委员会委员、中国铁路总公司原副总经理、党组成员王志国,全国政协委员、提案委员会委员、国资委副部长级干部、原国有重点大型企业监事会主席孙来燕,全国政协委员、提案委员会委员、中国民用航空局原副局长李健,全国政协委员、提案委员会委员、交通运输部原党组成员、副部长何建中,青海省副省长、党组成员、省委政法委副书记、省公安厅厅长、督察长、党委书记王正升,全国人大常委、全国文联副主席、民盟中央副主席张平,中信集团党委书记、董事长朱鹤新等。老领导4人,先后为国务院原副秘书长刘济民,中央政策研究室原副主任郑新立,工业和信息化部原部长、中国工业经济联合会会长李毅中,国务院发展研究中心原副主任侯云春等。

2020年,到江阴市的其他重要人士有11人,先后为东中西部区域发展和改革研究院副院长于青山,中信泰富有限公司董事长、总裁曾晨,小康杂志社社长兼总编辑舒富民,中国国际经济交流中心党委委员、国经公司董事长韩易虎,中植企业集团创始人解直锟,深圳证券交易所首席风控官张兆义,北京汽车集团有限公司董事长徐和谊,中梁地产江苏区域集团总裁陈国栋,南京理工大学党委书记张骏,中国诚通集团党委书记、董事长朱碧新,建设银行江苏省分行行长张伟煜等。

(王 亚)

组织工作

【概况】 2020年,全市提拔任用市管领导干部9批次243人次,其中提拔市管正科职领导干部24人,提拔市管副科职领导干部33人,晋升职级186人次,跨部门交流轮岗95人次。完成市十七届四次人代会选举工作,补选产生市人大常委会副主任3人、委员8人,市人大财政经济委员会主任委员1人、社会建设委员会主任委员1人,市法院院长1人。基层党建以深化"四项工程"(村党组织"乡村振兴领头雁358工程"、"暨阳红色先锋"党支部标准化规范化星级化创建工程、基层党建工作指导站建设工程、"暨阳红色先锋"党建品牌"333培育工程")为抓手,全面增强基层党组织政治功能和组织力,着力把党的组织优势转化为基层治理优势、组织活动力转为基层治理活力。落实村书记"县乡共管"制度,全市"五强"(政治素质强、担当作为强、发展本领强、治理能力强、作风纪律强)型书记比例达80%,选任30名优秀村(社区)书记进镇(街道)事业编制,建立全市村(社区)书记企业年金制度。探索以"选用、培养、管理、考核、保障"为内容的"两新"党务工作者专业化建设办法,建立"四级十九档"的资格认证和"红领津贴"体系。深化推进"行动中心户"建设,创新"党员联职1+N"做法,在机关成立先锋攻坚队、服务队推进落实59项党建项目,"高质量基层党建引领乡村振兴"获评全国基层党建创新案例。扎实推进"两新""雁阵计划",确定双良集团党委、众网互联党支部等9个无锡市级培育对象,成功承办无锡市"两新"组织党组织"雁阵计划"现场推进会。持续推广"红色车间"做法,新建48个红色车间,拓展技术攻关、质量提升等功能,进一步与生产融合。动员组织党员志愿者、机关干部支援抗疫一线,在防疫一线确定入党积极分子215人、发展党员11人。党管人才工作机制不断完善,制定出台《"创新江阴"三年行动计划(2020—2022)》《江阴市人才引育机制改革专项行动实施方案》等文件,探索实施从退出领导岗位干部中选聘招才引项专员制度,组建江阴市引才攻坚党建联盟,推动人才工作和党建业务深度融合。人才引育效能持续攀升,是年新入选省“双创计划”团队1个、人才6人，省科技副总19人，无锡“太湖人才计划”项目35项，举办“百企千才高校行”西安、郑州专场、创新创业大赛、优秀海外学子家乡行等活动52场，累计与西安交通大学、北京理工大学等16个高校合作建立引才联络站。科创载体建设量质并举，江阴金属材料创新研究院、江阴集成电路设计创新中心投运，长三角（江阴）数字创新港改造基本完成，工业互联网研究院落户启动建设，江阴市人才资源产业园正式开园，上海、深圳两个异地孵化器相继落地运行，开创无锡“科创飞地”先河。创新创业生态显著增强，开发完成人才服务平台网站，打造线上线下同步的高层次人才一站式服务中心，为1900余名高层次人才完成拎包式入住服务办理，协调解决42名高层次人才子女入学申请，组建高层次人才联谊会，开展诗词庆中秋、精英徒步、名医进企等活动83场。至年末，全市有基层党组织4236个，其中党（工）委156个，党总支310个，党支部3770个，党员数88247人。

【村（社区）“两委”*换届】 2020年，江阴市组织部门把村（社区）“两委”换届作为推动基层治理、振兴乡村面貌、巩固基层基础的“先锋工程”，精心谋划，严密组织，统筹推进。8月前，全面考核考察“两委”班子和成员，形成“一村社一报告”。9月，召集村（社区）书记、相关部门负责人，分层分类召开专题调研和座谈，重点关注选情复杂、工作难度大的村（社区），及时化解矛盾问题。10月，进行经济责任审计，审计结果通过“三务”公开“户户通”平台、村（居）务公开栏等渠道公布，接受群众监督。同时，确定云亭街道为村（社区）“两委”换届试点，各环节工作前置一个月，为全市面上推进提供经验和样板。针对换届程序规范、过程严密等特点，编制流程图、进度表，打造操作规程模板。针对标准要求高、时间任务紧等特点，拍摄全流程纪录片、及时发布工作提醒，打造全程纪实模板。针对党员大会步骤多、疫情防控要求严等特点，优化完善党员和群众推荐、选举大会等工作方案，开展情景模拟演练，设置云亭街道佘城村现场教学点，打造现场教学模板。到2021年1月底，全市274个村（社区）党组织圆满完成“两委”换届工作，选举产生村（社区）“两委”委员2084人。

【村书记专职管理】 2020年，江阴市组织部门积极探索村书记专职管理试点，着力构建“星级管理、教育培养、考核监督、激励保障”四位一体的村书记职业体系。建立星级评定制度，综合任职年限、年度考核、工作业绩等要素，细化明确一至五星级评定条件，实行优进劣退动态调整。全市191名村书记完成评星定级，三星级及以下152人、四星级34人、五星级5人。实行“全程+跟踪+源头”三位一体培育，发挥省“百名示范”“千名领先”优秀村书记示范带动作用，开展新老支书“导师制”结对。建立市镇村“三级联考”机制，实行百分考核，开展“双述双评”，考核项目量化打分。设定“五星十三级”基本工资，形成“基本工资+星级工资+考核报酬”的薪酬结构。完善调整社保基数+缴纳企业年金+选任事业岗位“三重激励”，每年择优选任不少于15名村书记进事业编制，累计选任47人。

【健全选人用人机制】 2020年，江阴市牢牢把握新时期好干部标准，深入贯彻落实《2019—2023年全国党政领导班子建设规划纲要》和江苏省、无锡市委相关办法，细化制定《“六抓六促六提升”实施办法》（抓学习教育，促思想理论武装水平提升；抓政治建设，促政治站位政治能力提升；抓关键引领，促领导班子整体功能提升；抓统筹谋划，促年轻干部培养质量提升；抓能力素养，促领导干部治理能力提升；抓严管厚爱，促干部队伍作风形象提升），着力打造适应高质量发展要求的高素质专业化干部队伍。全年共提拔市管干部57人（其中市管正职24人），晋升职级186人次，跨部门交流轮岗95人次。修订江阴市领导干部选拔任用分析研判和动议、民主推荐、考察、任前听取有关部门意见等实施办法，绘制选拔任用工作流程图。深入考察干部担当作为表现，对全市775名市管领导干部实施担当作为专项测评。开展精准识别比选，升级完善干部综合信息系统平台，对市管领导班子进行全覆盖实地调研，强化干部比选信息化、智能化运用，不断提升选人用人科学化水平。

【扎实落实“三项机制”】 2020年，江阴市组织部门扎实落实“三项机制”（《江阴市党政干部鼓励激励实施办法》《江阴市进一步健全容错纠错机制的办法》《江阴市推进党政领导干部能上能下实施办法》）。新冠疫情防控期间，在无锡市率先出台《关于激励全市党员干部打赢疫情防控阻击战的八项举措》，对在防控一线表现突出的8名公务员晋升职级、将13名村（社区）书记选任事业领导岗位。加强制度配套，制定《江阴市开放园区特设岗位选聘管理办法》等。坚持正向激励主基调，加大从信访维稳、安全环保、援疆援外等急难险重岗位中发现使用干部力度；对2名曾受党政纪处分、后续表现优秀的市管领导干部提拔任职。加大“下”的力度，对工作失察失责的1名市管领导干部予以免职。

【培养选拔年轻干部】 2020年，江阴市始终坚持把优化干部队伍结构、选拔培养年轻干部放在重要位置。制定出台《关于大力发现培养选拔优秀年轻干部的若干措施》，实施年轻干部实践能力培优工程，持续推进年轻干部墩苗挂职锻炼“563”计划（围绕市委“六攻坚六突破”三年行动计划，从镇、街道、开发园区、市级机关、国资公司和垂直条线5类单位中，分3年每年选派30名左右年轻干部，分别到协同开放、重大项目、创新驱动、城乡建设、污染防治、风险防控等6个攻坚一线，开展为期一年的“项目化”“攻坚式”锻炼），选派36名优秀年轻干部在重大项目、城乡建设、污染防治、风险防控等一线进行项目化挂职锻炼。选派4名年轻副科职干部至上级部门挂职锻炼，其中1人到江苏证监局、1人到深圳福田区、2人到无锡市级机关。进一步拓宽来源畅通渠道，共接收2名省委组织部名校优生、5名选调生。实施名校优生选调“350计划”（连续3年，每年招录50名左右国内“双一流”建设高校及THE世界排名前200强国(境)外高校的优秀青年人才充实到机关、镇街事业单位及国资公司中去),公开选调海内外优秀青年人才25名,分配至机关、镇街事业单位及国资公司。加强年轻干部统筹选配,全年新提拔80后正科职3名,35岁左右及以下副科职17名,其中90后5名。

【干部监督管理】 2020年,江阴市坚持把"严"的要求贯穿干部监督管理工作全过程,严格执行干部监督管理各项制度规定,推动形成从严监督管理新常态。全力做好省委巡视整改工作,选人用人方面反馈问题逐条整改到位。扎实开展领导干部社团违规兼职清理,进一步规范领导干部经商办企业行为。加强干部日常监督管理,制定《关于进一步从严把关领导干部近亲属选拔任用的规定》《江阴市加强退出领导岗位干部管理办法(试行)》,持续发力干部选任和日常监管的制度建设。强化提醒函询诫勉,对个人有关事项不如实填报的诫勉3人、提醒谈话21人,因档案审核发现问题诫勉3人。深入推进党政领导干部任期责任"五方联审"(是指在市委、市政府的统一领导下,按照干部管理权限和部门职能分工,由纪检、监察、组织、编办、农工办、审计等部门,同步联动实施市管主要领导干部任期廉洁自律考查、选人用人责任审查、机构编制责任审核、镇、街道经济发展成果和公有资产保值增值审计和任期经济责任审计),对10名市管主要领导开展任期经济责任五部门联合审计。结合市委巡察,对16个单位的选人用人工作进行专项检查。对2019年度选人用人"一报告两评议"满意度分值较低的1个单位进行书面提醒。

【干部教育培训】 2020年,江阴市始终坚持以习近平新时代中国特色社会主义思想为指引,围绕培养锻造新时代"四千四万"*精神干部、企业家,高标准、高质量、高水平开展教育培训。下发《干部教育培训工作要点》,组织市管干部开展学习贯彻中共十九届四中全会精神、市委十三届十次全会精神、"三转一提"*等系列轮训,开设招商引资、科技创新、城乡建设、政务服务、污染防治、综合执法等7个领域专题培训班次,举办企业家"论道"讲坛、新生代科创型企业家培训班,开展中层公务员任职培训、公务员初任培训,累计举办"江阴大学堂"专题讲座8场、专题学习报告会2个、各类培训班23个,培训干部、企业家11040余人次,选送科级以上干部参加上级举办的各类培训班86人次。深入推进领导干部上讲台制度,邀请市委常委、副市长专题授课27次,市管干部、中层骨干授课18次。打造全市特色教学案例、精品课程,其中《始终高举旗帜,始终坚持发展——践行新时代村支部书记的初心与使命》入选全国好课程,同时列入全省干部教育名师名课目录,《基层政府行政管理体制改革——以徐霞客镇"1+4"模式为例》列入全省干部教育名师名课目录;华西村、海澜集团股份有限公司、法尔胜泓昇集团股份有限公司、双良集团股份有限公司入选"四千四万"*精神现场教学点。

【年度综合考核】 2020年,江阴市充分发挥综合考核"指挥棒"作用,对标江苏省高质量发展监测评价、无锡市综合考核指标体系,优化完善全市年度综合考核评价办法,构建由市考核委领导、市考核办统筹、牵头部门推动、责任部门落实的一体化工作机制。制定出台《江阴市2020年度综合考核实施办法》,明确考核细则、指标内容、计分办法,规范综合考核组织实施、考核环节、评定等次、结果反馈等程序。突出考核体系和内容相统一、考核过程和结果相统一、考事和考人相统一,做好考核结果与评先评优、物质奖励、干部选用挂钩。构建分级负责、三色预警、约谈提醒等配套制度,强化跟踪评估,狠抓督查推进,细分134个指标205项内容,细化分解至35个牵头单位、配合部门以及17名分管领导,做到指标细化到部门、到岗位、到人员。组织对全市85个单位开展综合满意度评价,选取社会公众、"两代表一委员"(党代表、人大代表、政协委员)、在职市领导三类对象开展评议,累计发放纸质评议表58份、网上测评4745次、电话抽样测评4000人次。

【江阴集成电路设计创新中心】 2020年5月31日,江阴集成电路设计创新中心正式揭牌成立,该中心属于集成电路设计、人工智能、传感器等领域的技术创新公共服务平台与产业孵化培育平台,由江阴市政府、中国科学院微电子研究所、江阴高新区、新潮集团四方共同发起设立,致力于打造集成电路技术创新中心、产业孵化中心、高层次人才创业中心和人才培养中心,建设成为具有国际影响力的集成电路及其应用领域的高端新型研发机构及科技成果转移转化示范基地,支撑江阴并辐射支持长三角地区集成电路产业的发展。中心建设计划在五年内承担省、部级以上项目及课题20项以上,集聚高端科研人员100人以上,形成知识产权超150项、设计流片超20个,培训专业人才1000人次以上。是年,中心已成功入驻企业5个,承办第八届江苏省青年科学家年会"芯设计新未来"半导体精英论坛。

【公务员队伍建设】 2020年,江阴市全面贯彻落实《中华人民共和国公务员法》,积极推进公务员职务与职级并行制度,不断加强公务员队伍规范化管理,持续提升公务员管理水平。科学合理编制招录计划,全年新招录公务员(参公人员)98人,其中市级机关71人(含公安警校招录28人)、镇(街道)20人、选调生5人、名校优生2人。坚持人员合理配置,严格规范公务员队伍日常管理,办理公务员调动48人,其中市外调入9人、调出市外6人、市内调动33人。严格执行公务员辞职、辞退等各项制度,严肃行政机关纪律,规范公务员行为,辞去公职11人,有47人因违反党纪政纪受到处分,其中行政开除7人。严格规范公务员年度考核,上年度全市共有5812人参加机关(参公单位)年度考核,其中评定优秀1578人、称职4116人、基本称职1人、不称职3人、未定等次114人。推进公务员职务与职级并行制度,完成全市公务员首轮职级晋升工作,首轮晋升职级161人,其中晋升一级主任科员47人、一级主办2人、三级主任科员85人、三级主办9人、三级书记员

1人、四级主任科员11人、四级主办6人。至年底，全市有公务员（参公人员）5587人，其中：市级机关3895人（含公安1852人、法院200人、检察院108人）、镇（街道）802人、群团63人、参公人员827人。

2020年江阴市党的基层组织设置一览表

表2 单位：人

党（工）委						党总支部					党支部					党组
总数	其中					总数	其中				总数	其中				
	党工委	企业	事业单位	机关	其他		机关	事业	企业	其他		机关	事业	企业	其他	
156	10	32	15	30	79	310	44	30	54	182	3770	409	508	1551	1302	30

2020年江阴市党员队伍结构情况一览表

表3 单位：人

总数	性别		年龄					学历					
	男	女	35岁及以下	36岁至45岁	46岁至55岁	56岁至60岁	61岁及以上	研究生	大学本科	大学专科	中专	高中	初中及以下
88247	62441	25806	19967	16468	15592	7336	28884	3285	26444	17663	3465	13258	24132

2020年江阴市发展新党员情况一览表

表4 单位：人

总数	性别		年龄				学历					
	男	女	35岁以下	36岁至45岁	46岁至60岁	61岁以上	研究生	大学本科	大学专科	中专	高中	初中及以下
1101	673	428	669	390	42	0	20	622	278	97	69	15

（孔浩宇）

宣传工作

【概况】 2020年，江阴市宣传思想文化战线坚持以习近平新时代中国特色社会主义思想为指导，深入贯彻中共十九大、十九届二中、三中、四中、五中全会精神和省市委全会精神，紧扣主题主线，坚持守正创新，围绕中心、服务大局，切实履行举旗帜、聚民心、育新人、兴文化、展形象的使命任务，各项工作有力有序有效推进。市委中心组全年集体学习31次，其中交流研讨6次，党员冬训参训率达99%以上。举办全省“学习强国”进家庭云分享活动，“学习强国”覆盖率、活跃度和稿件录用数均列无锡市第一。江阴市获评全省基层党员冬训工作示范市。充分发挥基层党校、各类讲堂的辐射作用，组织“百姓名嘴”等各类宣讲1700多场次，发布“江阴党员微学堂”微信公众号信息50余期、300余条，编发《党员之友》近100万册，推动党的创新理论“飞入寻常百姓家”。组织开展专题读书调研活动和“四千四万”精神学习研讨活动，促进领导干部带头学、带头写、带头讲，汇编《转思路、转方法、转作风、提效能》江阴市“三转一提”* 主题学习活动市管领导干部千字文，切实把理论学习成果转化为推动工作的思路举措。组建市社科联，深入开展社科普及活动。完善党委党组主责、宣传部门主管、职能单位主抓的“三主管理”机制，坚持“五个纳入”*，“四个一同”*，常态落实“22212”制度*，市委常委会专题研究意识形态工作3次，召开意识形态领域情况分析研判联席会议2次，向无锡市委汇报意识形态工作情况2次，市委中心组学习31次，建立健全考核机制和责任追究机制。把意识形态工作责任制落实作为“一把手”工程，督促党委（党组）严格落实“四个责任”*。以月报形式督导各级党委（党组）认真分析研判意识形态领域的安全形势，落实《全市党委（党工委、党组）意识形态工作“责任清单”》，通过“三查三看”*

定期对各镇街、园区开展专项巡查,结合市委第十一轮巡察,对16个单位开展意识形态专项检查。持续推进省委意识形态工作专项检查反馈问题的整改,33项整改措施全部落实到位。紧扣市委、市政府中心工作,聚焦美丽江阴建设等重点工作和民生实事,开展"聚力强富美高,决胜全面小康"等大型新闻行动,刊播各类新闻报道近7000篇。完善新闻发布制度,定期召开新闻通气会、新闻策划会,召开新闻发布会,加强新闻发言人队伍建设。新冠肺炎疫情发生以来,坚持高频发声,《江阴日报》及时改版、提前复刊,第一时间刊登习近平总书记重要讲话重要指示精神。新闻媒体撤销新春备播节目,开设"众志成城,联防联控——江阴在行动""坚持两手抓、夺取双胜利"等专栏6个,刊发疫情防控专版202个,发布疫情防控资讯6000多条。主动对接《人民日报》、新华社、央视、《新华日报》等中央、省级主流媒体聚焦江阴,向中央、省级主流媒体发稿650多篇,发稿数量和质量持续领跑全省县市。推出《2020江阴概览》和《教我如何不想她》城市形象宣传片,举办第4届"喜欢江阴的理由"城市形象推介活动等网络文化活动,全面展示江阴对外形象。以网络舆情为"第一信号",完善网络舆情搜集研判报送处置"24小时工作机制",建好网民诉求"中转站",将矛盾诉求解决在"第一时间",编报网络舆情简讯700多期,供各级领导决策参考。用好"江阴微信联盟",加大各级政务微信和自媒体微信的管控力度。成立江阴市互联网行业协会,进一步规范互联网企业管理。扎实做好市融媒体中心省试点工作,全媒体生产指挥平台"中央厨房"建成投用。形成"江阴发布""最江阴"等10个"10万+"微信公众号。"最江阴"下载量超过88万次,"江阴发布""最江阴"总阅读量突破5100万次,粉丝量分别达到40万人和65万人,是年,"10万+"稿件达到150多条,牢牢锁定全国区县级政务微信排行榜第一、全国县级广电微信排行榜第一。全省县级融媒体中心建设工作推进座谈会在江阴市召开,市融媒体中心建设通过省验收,工作经验在全省宣传部部长讲坛、中宣部"县级融媒体中心建设"网络培训班进行交流推广。纵深推进"十大专项提升行动"*,深化"八不"*,常态落实周暗访督查、季度测评排名、媒体曝光等制度,组织常态暗访督查80次,通报整改问题1.5万多个。结合农村人居环境整治、优美环境合格区建设和城市精细化管理等工作,开展"美丽江阴、美家美户"系列评选活动,推动创建工作提质增效,成功蝉联全国文明城市。进一步深化"四单三式"服务模式,实现"群众点单、中心派单、志愿者接单、群众评单"的工作回路,推动群众需求与志愿服务精准对接。持续打响"志愿者之乡"品牌,1200多支新时代文明实践志愿服务队遍布全市城乡各地,志愿江苏平台注册志愿者达36万名,24小时以上活跃志愿者人数占城镇常住人口比重达20.44%。发动800多个志愿服务组织、14000多名志愿者参与疫情防控工作。获第五届江苏志愿服务展示交流会金奖。设立"志愿服务活动日",市领导带头开展新时代文明实践志愿服务,在全社会形成"有时间当志愿者、有困难找志愿者"的浓厚氛围。加强先进典型选树,组织时代楷模、道德模范、最美人物、身边好人评选推荐,举办江苏省道德模范与身边好人现场交流活动暨第七届"德耀江阴·十佳江阴好人"颁奖典礼。新增中国好人2人,江苏最美人物1人,江苏好人4人,无锡最美战"疫"先锋3人,无锡最美人物8人,无锡好人6人。运用"加减乘除"法开展公益广告专项整治,优化全市公益广告布设,统筹布设100多处核心价值观景观小品。深入开展"扣好人生第一粒扣子"主题教育实践活动、"童"字系列美育活动,新增江苏省文明校园1个,省、无锡市"新时代好少年"10人。深化"我们的节日"主题活动,推动传统文化深入基层、深入群众。以争创全国农村精神文明建设示范县为抓手,深入推进移风易俗、弘扬时代新风。大力推进"公筷公勺·文明就餐"行动,推广文明健康生活习惯。大力开展文明村镇、文明单位、文明社区、文明家庭、文明校园评选工作,新增全国文明村3个、全国文明单位1个,全国文明家庭1户,82个单位获评省级先进。围绕实现阅读惠民,着力统筹各类阅读阵地建好用活,进一步浓郁"爱读书 爱生活 爱江阴"的良好氛围,举办第24届"书香江阴"读书节系列活动,"美丽江苏·共读经典"——"江阴,教我如何不想她"经典诵读活动在全省直播,开展"美丽江阴·书香家园"万场主题阅读活动,235个农家书屋与新时代文明实践站加快融合,阅读空间规划、环境氛围和设施设备进一步改善,公益阅读推广队伍不断壮大。举办江苏省第12届新人书法篆刻作品评选活动和第十四届江苏省"五星工程奖"(苏南片)比赛活动,全市有32人作品入展、4个节目参加省级比赛,均居无锡市之首。第五届"群芳奖"金奖数列无锡市第一。开展"教我如何不想她"系列主题文化活动,举办市民文化节等文艺活动,组织各类文化惠民活动3000多场,送图书2万多册,送电影2000多场,举办书法、美术、摄影等各类展览100多场次,丰富群众文化生活。完成文联换届工作,深入实施老中青文艺人才队伍建设"三江工程"(江花胜火——青年艺术人才培育工程、江山揽胜——中年艺术人才培养工程、江上风骨——老年艺术家扶持工程),培育文化艺术人才,新增国家级会员8人。成立刘半农研究会,发挥介居书院文化名人效应,搭建文化交流平台。开展"民富村强画小康"江阴艺术家乡村行写生采风活动。创作各类优秀文艺作品3000多件。举办"校园小锡班"十周年活动,推动特色文化传承发展。文艺抗"疫"成效显著,创作各类文艺作品3086件,157件优秀作品登上"学习强国"等媒体平台,为抗击疫情鼓劲助力。完善文化产业发展政策,制定出台《江阴市文化建设高质量发展方案》《江阴市文化产业高质量发展三年行动计划》,开展文化产业招商活动,不断提升文化产业增加值占地区国民生产总值的比重。完成红星电影院改造升级,新建镇街影院3个。新华书店年销售首次突破2亿元,连续

14年销售超亿元，稳居全国县级新华书店销售总额第一。切实做好行业监管工作，保证全市新闻出版、电影行业安全有序健康发展。

【学习宣传贯彻中共十九届五中全会精神】 2020年11月18日、12月11日，市委召开市委理论学习中心组学习会，深入交流学习贯彻中共十九届五中全会精神的心得体会。11月27日，市委宣传部召开学习贯彻中共十九届五中全会精神宣讲动员部署会，下发《关于组建市委宣讲团并开展中共十九届五中全会精神集中宣讲的通知》，组建由市委常委、宣传部部长程政为团长，市有关部门领导、镇（街道）党（工）委书记和专家学者组成的51人宣讲团。11月29日，组织省委宣讲团五中全会精神宣讲报告会，全市200名党员干部参加。无锡市委常委、江阴市委书记许峰和市长包鸣分别结合调研在徐霞客镇和民生口部门带头宣讲五中全会精神。全年开展集中宣讲活动68场次，受众20000多人，各级党组织结合党员冬训活动开展理论学习、专题讲座、支部党课等活动，全市累计宣讲1500多场次，受众80000多人。

【获评全省基层党员冬训工作示范市】 2019年12月至2020年3月，江阴市委宣传部按照省、无锡市冬训工作部署要求，推动冬训工作务实高效开展。全市各级党委（党组）始终把学习贯彻习近平新时代中国特色社会主义思想作为首要政治任务常学常新，突出“六个专题”（学懂弄通做实习近平新时代中国特色社会主义思想；深入学习中共十九届四中全会精神；深入学习贯彻中央经济工作会议精神；深入学习省委、无锡市委和江阴市委全会精神；深入学习党史、中华人民共和国史；加强和改进党的农村基层组织建设）学习内容，结合疫情防控，开展分众化培训、分层次施教，实现冬训全覆盖，党员干部参训率99%。开展“点赞中国之治”演讲比赛，组建中共十九届四中全会市委宣讲团，集中宣讲68场次，20000余人次参与，开展网络宣讲、骨干宣讲、百姓名嘴宣讲、新时代文明实践志愿宣讲等共1700多场次。江阴市被表彰为2019—2020年度全省基层党员冬训工作示范市，澄江街道获评省冬训工作示范镇（街道），冬训工作经验在全省冬训工作部署会上交流。

【主题新闻宣传】 2020年，江阴市委宣传部以“强富美高”* 和“争当表率、争做示范、走在前列”为总目标、总纲领、总要求，立足“全面挺进主战场　职责使命我担当”新历史使命，围绕市委重大决策部署和中心工作，精准策划，靠前部署，推出权威报道和系列评论。开设好“学习贯彻十九届五中全会精神——奋进新时代　开启新征程”和“践行嘱托开新局——争当表率、争做示范、走在前列”两个主题新闻专栏，启动“聚力‘强富美高’，决胜全面小康”大型融媒体新闻行动，选树10个小康村，推出专题专栏和系列报道，及时迅速地贯彻落实好中央精神宣传工作。紧扣“疫情防控和复工复产”双胜利这条主线，开设“众志成城　联防联控——江阴在行动”专栏，建立高效响应机制，及时回应社会关切，提振士气凝聚人心，壮大主流舆论声势，营造全民一心、共抗疫情的良好氛围。组织贯彻落实无锡市委书记黄钦系列讲话精神，开展江阴市委全会精神的主题宣传，以新闻专栏和“一把手”访谈活动相结合的方式，凝聚广大干部群众的共识。围绕市委、市政府中心工作，紧扣“产业更高端、创新更澎湃、城市更美好、人民更幸福”的新目标，精心策划“建设美丽江阴、创造美好生活”“大力弘扬‘四千四万’精神、深入开展‘三转一提’活动”“新时代文明实践　我们奋进在路上”、澄企新观察、一帮到底、天南海北江阴人等20余个专题专栏，全年刊播各类新闻报道近7000篇，助力江阴实现高质量发展。

【落实意识形态工作责任制】 2020年，江阴全市上下按照中央决策要求和省市委的部署安排，把牢政治方向、坚持守正创新、壮大主流舆论、强化阵地建设，持续增强社会主义意识形态的凝聚力引领力，全市意识形态领域总体平稳有序、积极向上。认真学习贯彻《中国共产党宣传工作条例》《党委（党组）意识形态工作责任制实施办法》，坚持党管宣传、党管意识形态不动摇。坚持“五个纳入”*“四个一同”*，常态化落实“22212制度”*，着力完善党委党组主责、宣传部门主管、职能单位主抓的三主管理机制。全年市委常委会专题研究意识形态工作4次，召开意识形态领域情况分析研判联席会议2次，向无锡市委汇报3次，开展意识形态责任制落实情况检查2次。进一步健全责任体系，完善督查、巡查、考核、通报、问责机制，全年对16个单位进行市委巡察意识形态专项检查。深入推进省委巡视意识形态整改工作，11项整改任务、33项整改措施全部整改落实到位。以每月上报、每季督查、每半年调研的形式，督导各级党委（党组）认真分析研判意识形态领域的安全形势，及时化解风险隐患，确保新闻媒体、讲座论坛、文化市场、民族宗教、网络空间、校园内外等各类意识形态阵地可管可控。

【扩大对外宣传】 2020年，江阴市对外宣传紧扣防疫复产和全面小康这两条主线，围绕“美丽江阴”建设，通过主动策划精准对接大报大台和重点刊物，新华社、中央电视台和《人民日报》《光明日报》《新华日报》等中央、省级主流媒体聚焦报道达650篇。其中，《人民日报》15篇（头版3篇），新华社41篇（新华每日电讯头版1篇），中央电视台25条（《新闻联播》栏目16条），《光明日报》7篇（头版1篇），《经济日报》1篇，《新华日报》52篇（头版16篇），江苏卫视39条（江苏新时空38条），继续保持全省县市领先地位。上半年，新华社、中央电视台和《人民日报》《光明日报》《新华日报》等中央、省级主流媒体聚焦报道江阴防疫复产工作。中央电视台《远方的家》栏目推出4期节目详细介绍江阴的人文胜景。编印《2020江阴概览》《2019记者眼中的江阴》等外宣出版物，展示江阴发展特色亮点，制作《教我如何不想她》《江阴好》等城市宣传片，不断提升城市影响力和美誉度。6月2日，在人民日报社等单位举办的2020全国城市传播热度排名发布会上，江阴名列（县级市）百强榜全国第三、全省第一。

【"学习强国"进家庭云分享活动】 "学习强国进家庭"云分享活动是"学习强国"江苏学习平台自进机关、进企业、进高校之后,走进基层社区街道的又一创新举措。活动分级分层推进全省2600万个家庭有效使用学习平台、积极学习民法典,为家庭赋能。2020年9月16日,为江苏2600万个家庭赋能"学习强国进家庭"云分享活动在江阴市夏港街道长江村村民活动中心新时代文明实践点启动。此次活动由中共江苏省委宣传部、江苏省妇女联合会、新华报业传媒集团主办。活动现场,《我家的"强国"书包!》以情景剧的形式展现首批"强国"书包装载着书籍进入家庭、爱心传递的故事。省市领导为无锡市"学习强国进家庭"首批推广大使颁发聘书。

【江苏省第十二届新人书法篆刻作品展】 2020年9月18日,第十二届江苏省新人书法篆刻作品展在江阴市天华国防教育馆开幕。江苏省新人书法篆刻作品展面向非省书协会员每两年举办一届,该届展览由江苏省书法家协会、江阴市委宣传部主办,收到投稿作品6209件,投稿数量创历届新高。最终展出作品553件,其中优秀作品59件,江阴市32人的作品入围,徐兴国、黄虹烨获评优秀作者。

【"美丽江苏·共读经典"经典诵读江阴站活动】 2020年9月28日,由江苏省全民阅读办指导,江苏省全民阅读促进会、凤凰出版传媒集团共同主办的"美丽江苏·共读经典"928经典诵读活动在省内6市7地接力举办。作为活动的第二站,江阴以"教我如何不想她"为主题,在市图书馆举办全民阅读活动。活动以江阴籍著名文学家刘半农的现代诗歌经典名作《教我如何不想她》开场,通过情景剧、朗诵、访谈等形式,展示江阴用好名人资源,弘扬优秀文化的扎实举措,现场还分享江阴名家及作家的文学作品,逾90万人次观看江阴站活动。

【全省县级融媒体中心建设工作推进座谈会】 作为江苏省县级融媒体中心建设试点,江阴市融媒体中心(传媒集团)于2019年4月15日正式挂牌,以"主流舆论阵地、综合服务平台、社区信息枢纽"为定位,形成报、台、网、微、端、屏"六位一体"的现代传播体系。投资3000万元打造的"中央厨房"全媒体生产指挥平台,可实现一次采集、多种生成、多元发布、全媒传播。跨界融合打造的"媒体+服务+N"产业生态圈,使媒体融合向多领域拓展。是年,中心(集团)荣获江苏省市、县广电媒体融合创新"综合示范案例奖"。2020年6月,中心(集团)高标准通过县级融媒体中心建设省级验收。7月,获江苏首批互联网新闻信息服务许可证。9月16日,全省县级融媒体中心建设工作推进座谈会在江阴市举行。会议深入贯彻落实中宣部关于县级融媒体中心建设相关部署要求,交流县级融媒体中心建设经验,研究部署第二批县级融媒体中心建设推进工作。会议指出,推进县级融媒体中心建设是党中央巩固拓展基层宣传文化阵地,夯实党的意识形态工作根基,提升社会治理能力作出的重大决策。

【江苏省最美人物发布会】 2020年10月20日,江苏电视台城市频道《江苏最美人物发布厅》栏目播出,江阴市芙蓉长江鲜生态养殖专业合作社理事长郑金良被授予"最美生态环境保护者"称号,他同时也成为江阴市第四位"江苏最美人物"。《新华日报》《现代快报》《扬子晚报》《无锡日报》《无锡博报》、江苏省广播电视总台、无锡市广播电视台、联播无锡、江阴市融媒体中心等媒体对郑金良进行集中采访,深入挖掘宣传其先进事迹。 (张 胜)

统战工作

【概况】 2020年,江阴市统战系统始终坚持以习近平新时代中国特色社会主义思想为指导,围绕中心、服务大局,努力推进全市统一战线工作提质增效,全市统战工作不断取得新进展,在建设"强富美高"新江阴、当好全省高质量发展排头兵的征程中,彰显统战力量,发挥积极作用。坚持党管统战的原则,将统战工作纳入市委工作大局,市委中心组专题学习省委统战工作领导小组会议和省、市委统战部部长会议精神。"健全完善大统战格局"纳入江阴市委《当好改革再出发排头兵三年行动计划(2020—2022)》和《2020年工作要点》。健全以全体会议、专题会议为架构的统战工作领导小组运行机制,召开统战工作领导小组会议、民宗工作领导小组会议等会议,专题研究统战领域重点工作。深入开展调查研究,多篇统战工作交流文章在中央、省统战杂志和《新华日报》等主流媒体刊登,3个理论调研课题中标无锡市社科联年度统战专项,并获一、二、三等奖各1项,信息宣传和理论调研工作分别荣获2020年度无锡市先进。继续开展"不忘合作初心,继续携手前进"专题教育活动,下发市委领导与党外人士联系交友文件,举行江阴"统战学堂"。党派中心基地建设稳步推进,推进党派基地共享行动。起草2020年度江阴市委政党协商计划,召开民主协商会。拟定2020年度各党派和知联会重点调研与自主调研课题,召开调研工作座谈会,及时调整部分政协委员,突出江阴非公"逢入先评价"的特色程序,严把入口关,对是年党派发展对象中的非公经济人士开展综合评价工作。继续开展"星级支部"创建活动。民进江阴市委获评民进中央全国会史工作先进集体,民盟江阴市委获评江苏民盟社会服务工作特别贡献奖,市知联会获评2015—2020年度全省知联会工作先进集体,一批基层支部和个人荣获党派中央和省级荣誉。开展"恒守初心、凝新筑梦"主题活动。开展新阶层代表人士信息梳理工作。积极推进新阶层实践创新基地建设,实现基层新联会、实践创新基地"两个全覆盖",江阴市新联会被评为江苏省新联会工作先进集体,江阴新阶层人士综合评价工作成为全国唯一的县级试点。指导基层新联会开展各具特色的活动,全年举办各类线上线下活动300多场。推进民族团结进步事业,市民宗局被省政府表彰为全省民族团结进步模范集体。市少数民族活动中心改造完成并创成江苏省民族工作"红石榴家园"。组织开展丰富多彩的民族特色文体活动。推进宗教中国化理念"三融三入"(与场所环境、宗教仪规、社会活动相融合,入场、入脑、入行)。创建省星级场所,创成四星级6个,三星级11个。会同市公安局推进宗教活动场所技防建设,并接入民宗局、公安局和城市综合指挥中心,基本实现宗教活动场所全覆盖。审批7处民间信仰场所并发放牌证,新增5个反邪教警示教育示范点。指导各民宗团体完成年检、市基督教三自爱国会完成法人变更、市道教协会进行换届筹备工作。坚持问题导向、聚焦重点、条块结合、齐抓共管,对全市各宗教活动场所开展安全工作专项整治。通过"双随机"(随机抽选场所、随机选派人员)检查、巡查等方式,对全市宗教活动场所实现安全检查三轮全覆盖,联合消防、应急、住建部门对重点场所开展"回头看"并全部整改到位。重大隐患全部建档,无锡市安全生产监管平台数据同步更新,所有隐患均做到闭环管理。开展两次宗教活动场所非法出版物清理工作。坚决落实中央关于支持民营经济发展的决策部署,会同税务、金融、法院、检察院等部门继续发挥"纳税人之家""法律服务平台"等作用,推动各级应对疫情惠企政策落实。全年举办银企对接会4次,税务线上线下培训6次,"抗疫助企"专题培训50余场,"护航民企发展"法律服务活动5次,惠及企业近1500个。指导做好"中国民企500强"申报工作,14个企业入围"中国民营企业500强",比2009年增加1个。持续推进工商联所属商会改革和发展工作。全年有16个基层商(协)会成立党组织,青阳商会、夏港商会获评全国"四好"商会(班子建设好、团结教育好、服务发展好、自律规范好),周庄商会等7个商会获评江苏省"四好"商会。开展理想信念教育,组织非公代表人士赴常熟市沙家浜、嘉兴市南湖等地开展主题教育;举办"创新发展、转型提升"学习培训班,引导非公经济人士立足创新、专注实业;举办"江阴企业家论道"活动,500多名企业家参加。完善党委、政府与非公经济代表人士的沟通协商机制,引导非公经济人士开展专题调研,积极反映社情民意,不断提升参政议政能力水平。推进侨务"进三区"工作(进社区、进园区、进校区),祝塘镇文林村被评为基层侨务工作优秀单位。用好江苏发展大会成果,疫情期间通过视频连线等方式,关心海外乡贤,做细做实物资捐赠、侨胞及留学生返江阴等工作。帮助侨企持续做好云南双江、山西石楼精准扶贫工作。建立台企常态联络机制,帮助台企解决疫情防控、返江阴复工、台胞子女入学、居住证申领等问题29件。借力江苏省南菁高级中学、江阴高级中学校友会等平台,多渠道挖掘海内外乡贤资源,积极联络海外江阴籍青年一代。9月,江阴市欧美同学会(江阴市留学人员联谊会)正式成立。发挥江阴旅港同乡会、香港江阴商会作用,支持在港乡亲积极参加爱国爱港活动。举办海峡两岸纪念徐霞客公祭典礼、"澄台一家亲·齐绘同心圆"中秋联谊等活动,组织台胞参加2020年海峡两岸"环太湖"经贸文化系列活动。助力台企复工复产,走访台企100个次,协调解决200余名台商台胞返回江阴市。近1000名台企员工回厂复工。落实"三联系三掌握三通报"("三联系":市台办按联系分工,及时与基层台办联系;市及市(县)、区台办及时与台商协会、联谊会窗口联系;及时与在锡台企台商,特别是重点挂钩台企联系。"三掌握":掌握在锡返锡台胞台商情况;掌握台企台商困难情况;掌握台企开工复工情况。"三通报":通报台商、台胞出现疑似和确诊病例的;台企受疫情影响遇到困难的;台企台商献爱心做慈善的)机制,推动重大台资项目落地开工,申桦密封件研发中心项目、新杰科技半导体项目开工。年内新批台资企业4个,投资总额2813.14万美元,合同利用台资1988.33万美元,到账2447.79万美元。新冠肺炎疫情防控期间,全市统战系统组织1000余名志愿者参与疫情防控,提交社情民意和意见建议30余条;多名党派成员获省市表彰;组织捐款捐物折合人民币超1.55亿元。

【提升多党合作制度效能】 2020年,江阴市委统战部坚持共筑同心,思想引领有高度。强化政治引领,继续开展"不忘合作初心,继续携手前进"主题教育活动,下发市委领导与党外人士联系交友文件,11名市委领导与29名党外人士开展联系交友活动50多次。强化理论学习,举行江阴"统战学堂"5期,近900名党外人士参加。指导各民主党派开展支部学习会、分享会、读书会深入学习贯彻中共十九届五中全会精神。强化载体建设,党派中心基地建设稳步推进,新建成九三学社中心基地,推进党派基地共享行动。坚持聚焦中心,建言履职有深度。推进多党合作和政治协商制度化、规范化,起草2020年度江阴市委政党协商计划,协助市委召开民主协商会3次。拟定2020年度各民主党派、工商联和知联会重点调研与自主调研课题,召开调研工作座谈会。各民主党派、工商联和知联会认真开展调研活动30余次,形成15篇调研报告,其中民进江阴市委的《关于停课不停学的有关建议》经民进省委递送后,被省委书记娄勤俭批示并落实,九三学社江阴市委的《关于合力打造霞客湖科产新城,构建江阴高质量发展新引擎的建议》被江阴市委书记许峰批示。推动支持和帮助党外人士围绕中心、服务大局,利用"两会"平台,提交高质量的课题调研材料、反映群众呼声的提案和社情民意。在政协会议上提交提案207件,占总数的55.6%。及时调整部分政协委员,严格按照选举程序,在市政协十五届四次会议上调整、增补政协秘书长1人,常委6人。在党派建设上把好"成员入口关"。突出江阴非公"逢入先评价"的特色程序,对是年党派发展对象中的非公经济人士开展综合评价工作。继续推进党外优秀青年干部到基层一线挂职墩苗,有3名年轻党外干部参加"563"墩苗锻炼。把好"基层提升关"继续开展"星级支部"创建活动,经过自评和复核两轮严格考核,有32个基层支部获评三星级以上,其中有9个支部获评五星级。引导各党派团体加强组织建设,民建江阴市委和民进江阴市委分别完成支部换届,民建江阴市委成立青年工作委员会,民进江阴市委成立新会员部。九三学社中心基地、“满庭芳”民主党派共享教育培训基地等一批载体建成投用。民盟黄炎培事迹展览馆获评民盟中央传统教育基地，江阴民盟美术院获评民盟中央美术院分院。

【新阶层统战工作】 2020年7月，江阴市被中央统战部选定为新的社会阶层人士综合评价工作试点市，成为全国唯一的县级试点城市。10月底，全市有19个新阶层实践创新基地、17个镇级新联会，实现基层新联会、实践创新基地“两个全覆盖”。11月，市新联会被评为江苏省新联会工作先进集体。建成法尔胜“党外知识分子思想政治工作基地”、青阳“青凝盟”、周庄“益家人公益坊”、华士“天本众创空间”4个无锡市统一战线“同心”基地。12月，中央统战部六局一级巡视员许睢宁等到江阴市调研试点工作推进情况，省委统战部副部长黄仕亮、无锡市委统战部副部长刘列等陪同调研。

【江阴市欧美同学会(江阴市留学人员联谊会)成立】 2020年9月28日，江阴市欧美同学会(江阴市留学人员联谊会)成立大会召开。无锡市委常委、统战部部长陈德荣，江阴市委书记许峰共同为市欧美同学会(市留学人员联谊会)揭牌，市委副书记、统战部部长袁秋中主持会议，副市长张韶峰参加会议。成立大会前召开江阴市欧美同学会(江阴市留学人员联谊会)第一届第一次理事会议和第一届第一次常务理事会议，分别选举产生第一届常务理事和理事会领导班子。江南模塑科技股份有限公司董事长曹克波当选为首任会长。

【多个台资企业受表彰】 2020年4月26日，在江阴市2019年度综合考核总结表彰大会上，多个台资企业受到表彰。瀚宇博德股份有限公司、信邦电子股份有限公司、新树工程塑料股份有限公司、见龙投资股份有限公司荣获“百强明星企业”称号。其中瀚宇博德股份有限公司、信邦电子股份有限公司、见龙投资集团2019年度上缴税金超亿元。瀚宇博德股份有限公司、通利光电股份有限公司荣登全市开票销售收入前50名工业企业榜，瀚宇博德股份有限公司和信邦电子股份有限公司位列全市入库税金前50名工业企业，见龙投资股份有限公司荣登全市入库税金前30名服务业企业榜单。在全市出口前30名企业中，信邦电子股份有限公司、瀚宇博德股份有限公司、宗承钢铁股份有限公司3个台资企业榜上有名。在先进个人奖项中，廖振铎、刘叶、茅继忠等台资企业人员获评优秀企业家、优秀总经理。

【举办2020年海峡两岸纪念徐霞客公祭典礼】 2020年5月19日，海峡两岸纪念徐霞客公祭典礼在霞客故里仰圣园举行，台湾徐霞客研究会副会长、炎黄职业技术学院董事长蒋维泰参加典礼并宣读祭文。在江阴市期间，蒋维泰率炎黄职业技术学院骨干为澄台职业技术教育、文化旅游学术交流搭建新平台。

【举办“澄台一家亲·齐绘同心圆”中秋联谊活动】 2020年9月30日，市委统战部在江阴国际大酒店与市台协联合举办中秋联谊活动。市台协顾问单位代表及嘉宾，与台协会员及家属近200人参加活动。联谊晚会中展示台资台企发展风采、分享澄台爱情婚姻故事、颁发台企防疫捐赠证书，增进政企联系，凝聚两岸亲情，为涉台工作打下更加坚实的基础。

【全市宗教活动场所安全工作专项整治】 2020年，江阴市民宗局牵头开展全市宗教活动场所安全工作专项整治。对全市105个宗教活动场所开展3轮全覆盖安全检查，共排查出安全隐患491处(其中重大隐患4处)，并督促场所全部整改到位。建立健全“双随机”检查制度等多项长效机制，全市宗教活动场所建立安全工作小组104个，配备安全员344人，安装各类监控设备300个，宗教活动场所安全工作水平显著提高。

【7处民间信仰活动场所完成登记】 2020年，根据省民宗委的统一部署，按照《江苏省民间信仰活动场所编号建档工作指南(试行)》要求。江阴市完成南烈帝庙、府庙等7处民间信仰活动场所的甄别归类、编号和审批工作，并于12月正式登记发证。 (程　晔)

保密工作

【概况】 2020年，江阴市保密工作继续发挥“保安全，保发展”的保障作用，纪念《中华人民共和国保守国家秘密法》修订实施10周年扎实开展保密宣传教育，组织保密大检查，结合年度考核考评，推进保密自查自评工作常态化、制度化，提升保密管理水平，强化互联网出口、政务网站等日常巡查监控，筑牢保密安全防线，确保党和国家秘密的安全。是年，江阴市加强地方党委保密委员会建设，调整扩充市委保密委员会成员单位至18个，修订《工作规则及成员单位工作职责》。10月，保密委主任、市委副书记袁秋中等专程赴镇江参加县(市、区)党委保密委主任专题培训，并撰写调研报告。

【保密宣传教育】 2020年10月，为纪念《中华人民共和国保密法》修订实施10周年，江阴市保密部门组织在江阴电视台新闻综合频道每天早中晚分三个时段播放保密公益宣传片；政法委、工信局、祝塘镇、新桥镇等参加保密宣传教育作品征集活动，报送警示教育视频3部和保密征文及微小说若干篇。云亭街道、华士镇等结合法治广场宣传，璜土镇向市民发放宣传手册800余份，夏港街道走进村(社区)党群服务中心等开展保密宣传。市公安局组织警务工作站、新警岗前保密教育3次，检察院利用苏检掌上通、微信公众号等推送保密知识，国家统计局江阴调查队、璜土镇、华士镇、新桥镇等专题学习《工作秘密管理暂行办法》。年内，保密局为公务员初任培训等各类培训班以及统计局、纪委办等做保密知识专题讲座，累计培训近300人次。

【保密自查自评】 2020年7月，江阴市组织开展保密大检查，利用市疫情防控指挥部工作调度例会，通报涉疫失泄密典型案例，部署检查工作。市教育局克服新型冠状病毒肺炎疫情困难，加强中高考安全保密检查；市公安局督促“锡康码”审验员与所在社区(单位)签订保密协议，对公安大数据应用的12个协作单位、20名协作人员进行资质审查，查实违规查询泄露公民个人信息2起，3名民警被通报批评，1名辅警被辞退；市住建局规范确定新建涉密工程，制定保密预案，开展针对性检查；市信访局采用个人电脑搜索自查与检查工具重点查相结合对所有计算机深入检查，保密室添置手机存放柜，张贴警示标识；市检察院结合分级保护现场测评，制定《移动存储介质保密管理规定》，规范登记，进行拉网式检查；市法院制定《人民法院工作秘密管理暂行办法》，加强工作秘密确定和日常管理。8月，市委办、政法委等5台涉密计算机新装违规外联监控软件，信访局接受无锡市保密局现场抽查，获评优秀。11月，下发《机关、单位保密自查自评标准》，开展年度自查自评；各单位根据自查情况进行百分考评，并结合信息报送加分及违规行为扣分等综合评分，纳入年度绩效考核。（李朝阳）

机构编制工作

【概况】 2020年，江阴市委机构编制委员会办公室坚持以习近平新时代中国特色社会主义思想为指导，深入学习贯彻中共十九大和十九届二中、三中、四中、五中全会精神，坚持突出保障重大战略、突出保障重要改革、突出保障重点民生，协同推进重要领域体制机制改革，强化机构编制管理创新，持续提升机构编制工作整体水平，自觉以履职尽责、实干担当、服务发展、奋发有为的良好状态全力服务江阴发展战略，为加快建设“强富美高”新江阴，继续当好新时代高质量发展领跑者提供体制机制和机构编制保障。先后获江阴市改革工作先进集体一等奖、人民满意机关和先进基层党组织等荣誉。

【行政管理体制改革】 2020年，江阴市委机构编制委员会办公室全面推进基层整合审批服务执法力量工作。立足“优化提升”，制定实施深化改革工作方案。根据省市委统一部署，制定《关于深入推进全市镇（街道）整合审批服务执法力量的工作方案》和《关于加强市级职能部门派驻镇（街道）园区机构属地管理的实施办法》等，保证改革任务落实到位。围绕治理效能，优化调整镇（街道）职能机构。进一步加强党的领导，贴近群众需求，在镇（街道）相关职能机构加挂“党建办公室”“党建工作指导站”“安全生产监督管理局”“生态环境办公室”牌子，将管理服务指挥中心更名为综合管理服务指挥中心、政务服务中心更名为行政审批局（为民服务中心），完善“加强党的全面领导、镇村治理一张网、政务服务一窗口、综合执法一队伍、指挥调度一中心”的“1+4”基层治理模式，让百姓诉求“事事有交待、件件有着落”。解决“基层急需”，推动各类资源要素向镇（街道）集聚。在前期人员编制划转的基础上，再新增51名事业编制由各镇（街道）综合执法局统筹使用，新增下沉人员220人，招录镇（街道）事业人员107人。坚持法律导向、“三定”（定职能配置、定内设机构、定人员编制）导向、改革导向，推动镇（街道）权责清单编制工作。梳理行政许可等6大类行政权力事项56项，行政处罚、行政强制等执法类行政权力事项798项，并与责任清单事项一一对应，实现“法定职权进清单，清单之外无权力”。

【机构改革和行政机构编制管理】 2020年，江阴市委机构编制委员会办公室对集成改革后全市综合执法体制架构和运行情况进行深入细致的摸排，对综合指挥、联动执法和配合机制等环节重点予以研究。组织实施《江阴市综合行政执法改革专项行动实施方案》，通过做实市综合行政执法局、做强综合管理服务指挥中心，加强综合执法信息与集成指挥平台对接，进一步优化综合行政执法体系。推进澄江街道综合执法队伍整合下沉，做好108名综合执法参公事业编制人员和112名编外人员划转及下沉交接等工作。在市交通运输局探索提升综合行政执法效能的局队合一执法体制。进一步深化机构改革，印发市纪委监委机关和市公安局机构改革“三定”方案。明确临港经济开发区机构规格和领导职数。成立市哲学社会科学界联合会机关和市法学会机关。

【事业机构和编制管理】 2020年，江阴市委机构编制委员会办公室围绕疫情防控的重大部署，落实无锡市政府办公室《关于为无锡援鄂医疗人员办好十大“暖心事”的通知》要求，于2月20日出台“为援鄂及抗疫一线编外医务人员专项增核18名事业编制”相关政策。对全市公共卫生体系开展现场调研，形成《江阴市公共卫生体系补短板专题调研报告》。健全全市重大疫情防控体制和公共卫生应急管理体制，按照市（县、区）常住人口万分之1.19的标准配齐疾病预防控制中心人员编制，增核80名编制。组织对教育系统用编情况开展专项调研，按照编制标准，探索实施中小学教职工编制核定的精细化和动态化管理，实现科学优化配置。着重保障满足教育集团化办学和医疗集团等民生领域用编需求，大力支持教育和卫生人才引进工作，办理144名卫生领域和497名教育领域人才引进列编审批手续，设立市高校教师发展中心，出台《江阴市支持南京理工大学江阴校区高等教育人才专项编制使用和人员管理规定》，调剂50名编制支持南理工江阴校区建设。全面完成生产经营类事业单位改革。推进事业单位省级改革试点。按省委要求推进事业单位改革试点工作。统计基础数据，梳理基本情况，以6类事业单位为改革推进重点，拟定改革实施方案，形成改革专题报告。与各主管部门沟通形成机构编制调整方案并分类统计测算，形成改革操作口径、事业编制创新管理实施办法等配套实施方案，为全面部署实施改革试点做好基础保障工作。按照省、无锡市关于参公单位重新确定的相关要求，形成精简参公编制操作方案，梳理全市参公单位编制数、实有数及参公编制占比情况，研究提出压缩参公编制操作方案和撤销部分参公单位挂牌建议，测算精简参公编制341人。制定农机职责人员划转方案。明确具体操作口径和方式，将市水利局下属各基层站履行的农机管理服务职责调整至各镇（街道）行使，进一步理顺农机管理职责。（王珏 王振宇）

老干部工作

【概况】 2020年，江阴市以习近平新时代中国特色社会主义思想为指导，认真学习贯彻中共十九大、十九届二中、三中、四中、五中全会精神，按照全国、全省和无锡市老干部局长会议要求，围绕中心、服务大局，强化担当、履职尽责，持续推进离退休干部党组织建设和思想政治建设，注重发挥离退休干部优势作用，不断优化离退休干部服务管理，推动全市老干部工作高质量发展。至年末，老干部局管理服务离退休干部1482人，其中离休干部116人，市管退休干部1366人。

【离退休干部思想政治建设】 2020年，江阴市老干部部门坚持把学习贯彻习近平新时代中国特色社会主义思想作为首要政治任务，大力实施“素质提升”工程，举办为期2天的离退休干部党支部书记(学习组长)学习培训班，召开学习贯彻中共十九届五中全会精神离退休干部专场宣讲会，组织以“长三角一体化”等为主题的集中学习培训3次。开展“畅谈奔小康，助推双胜利”主题党日活动，围绕听取收集老干部在美丽江阴建设、助力脱贫攻坚等方面的心声感言，全市共召开老干部座谈会60余场，形成调研报告56篇，提出意见建议70余条。探索推行“线上线下联动学习”新模式，为全市离退休干部订阅党报党刊6000余份，编发《老干部学习通讯》3期。依托“江阴老干部”微信公众号、离退休干部支部书记微信工作群等平台，开设“云端课堂”34期，收看全国离退休干部网上专题报告会3期，进一步引导广大离退休干部强素质、增干劲、葆本色。

【离退休干部党组织建设】 2020年，江阴市出台《关于加强和改进离退休干部党建工作的实施意见》，组织召开全市离退休干部党建工作推进会和“六有一提升”(有党的组织、有领导班子、有工作制度、有组织活动、有作用发挥、有工作保障，提升离退休干部党组织的组织力)达标创优工作推进会，下发《离退休干部党支部工作手册》，制定离退休干部党支部任务清单，实行“六有一提升”工程动态督查考评，全市66个建制性离退休干部党支部全部通过江苏省委老干部局、无锡市委老干部局达标验收。其中澄江街道、云亭街道、月城镇、青阳镇、长泾镇、市人力资源和社会保障局6个离退休干部党支部被评为无锡市“六有一提升”示范党支部。大力开展“支部亮品牌、书记亮绝活”党建特色工作创建活动和党建创新典型案例征集活动，形成以徐霞客镇“晚霞生辉‘五维五心’党建工作法”、璜土镇“党建引领文化铸魂工程”、市公安局“退休不褪色警徽映初心”等为代表的一批离退休干部党建特色项目和品牌。徐霞客镇离退休干部党总支部获评全省离退休干部先进集体，璜土镇离退休干部党总支部书记获评全省离退休干部先进个人。

【老干部服务工作】 2020年，江阴市老干部部门坚决落实中央和省市委决策部署，在抗击新型冠状病毒肺炎疫情中，第一时间发出倡议信，定期通过线上平台向离退休干部推送疫情防护知识，发布疫情权威公告。及时分组联系离退休干部，关心询问身体状况和困难情况。积极申请调配防疫物资，解决离休干部实际困难。开展全市老干部活动阵地疫情防控和安全生产工作大检查，有序开放市老干部活动中心和医务室及理发室，为老干部活动、配药、理发提供便利。全力做好“三有一落实”(有一条就医绿色通道、有一名家庭签约医生、有一套自费医疗补助办法，落实好离休干部提高享受医疗待遇相关政策工作)工作，85名离休干部签约家庭医生服务，并为因病外地返江阴的2名离休干部住院开辟绿色通道。做好走访慰问工作，全年共走访慰问各类离退休干部、离休干部遗属464人次，发放慰问信1450封。组织全市离退休干部体检，并开展健康咨询活动。全年探视住院老干部97人次。协助处理44名老干部后事。为全市29名80岁及以上老干部举办集体祝寿活动，对33名90岁及以上老干部开展上门祝寿慰问。帮助做好易地安置在外省市的离休干部及遗属的医药费报销问题。加强老干部活动统筹安排，探索老干部活动的新方法、新途径，组织开展“相约虹园·相聚云端”活动，实现线上线下联动。市老干部协会各分会在做好防疫工作的前提下，逐步正常开展各类活动。参与无锡市“讴歌新时代、圆梦小康路”离退休干部文化展示活动，获优秀组织奖。

【发挥老干部作用】 2020年，江阴市召开“银发生辉”工程志愿服务工作联席会议，举办“银领先锋报告团”主题教育培训交流会。围绕市委、市政府中心工作，研究出台《关于开展“助力‘六攻坚六突破’、汇聚‘银领先锋’正能量”主题活动的通知》，组织离退休干部开展“宣讲进基层、理论入人心”主题宣讲、“凝心聚力谋发展、建言献策促振兴”调研和“千人助千企、情暖江阴城”“长江大保护、你我共担当”“携手文明建设、引领和谐风尚”等活动。举办离退休干部党组织“长江文明带”党建联盟行动启动仪式，通过组织联建、队伍联动、资源联享、文明联创、经验联学，引导离退休党组织和广大离退休干部助力江阴经济社会发展。参加江苏省、无锡市“最美”系列评选活动，获评无锡市最美老干部志愿服务团队1个、最佳老干部志愿服务项目2项、最美老干部志愿者2人，徐霞客镇“老干部新乡贤，助力基层治理”获评全省最佳老干部志愿服务项目。引导老干部通过自发捐款、志愿服务、文艺作品创作等方式在抗疫中发挥正能量。全市776名老干部参与一线抗击疫情志愿服务，累计时间8090小时，1308名老干部自发捐款651279元，捐物714件。宣传各类抗疫典型16人，3人获评无锡市离退休干部“防疫战疫”优秀党员。 (贺东海)

党校工作

【概况】 2020年，江阴市委党校坚持以习近平新时代中国特色社会主义思想为指导，深入贯彻中共十九大和十九届三中、四中、五中全会精神，贯彻落实《中国共产党党校(行政学院)工作条例》及全国和省市委党校工作会议精神，围绕市委、市政府中心工作，团结带领教职工积极应对新型冠状病毒肺炎疫情，聚焦主业主课，聚力创业创新，突出办学特色，提升办学质量，发挥党校作用，教研咨各项工作继续走在全省乃至全国前列。建立党校校委会，荣获无锡市党校（行政学院）系统优秀教学组织奖。年内，高质量完成市管干部中共十九届四中全会精神轮训班、“三转一提”*专题轮训班等核心班次，培训人数创历史新高，学员评教好评率98%以上；充分发挥党校理论宣讲优势，坚持先学一步、学深一层，第一时间制定菜单、送教上门，积极开展面向基层的对象化、分众化、互动化宣讲，广受好评；面对新型冠状病毒肺炎疫情影响，主动作为，积极调整，开放办学从做大数量向做优质量转变，着力开发新现场教学点，串连精品线路，培育金牌讲解员，提供精致培训服务，持续做强江阴党校协作办班品牌；以出科研精品、强资政效用为目标，聚焦江阴经济社会发展的重点领域重大课题，特别是深化集成改革研究，全面开展调查研究、课题研究和理论研究。集成改革第二批8项先进经验在无锡市复制推广；编撰完成逾30万字的《江阴县域改革蓝皮书（2020）》，完成各类科研课题立项26项，立项课题层次、质量、数量均创历年新高，21项课题结项，公开发表论文24篇；大力加强党校人才队伍、基础设施、服务保障和校园文化建设。组织16名骨干教师分3批赴北京、省委党校、无锡党校参加中共十九届五中全会精神专题培训；高质量完成总投资1700万元的学员宿舍老楼改造工程；党风廉政建设、意识形态工作、法治建设、阳光扶贫等专项工作持续推进；获评“书香江阴”读书节十佳书香机关。

【干部培训】 2020年，江阴市委党校坚持以理论教育和党性教育为主导，遵循需求导向和问题导向，合理设置理论武装、党性教育、能力提升、政策宣讲、市情解读等课程模块，丰富课程专题，优化课程设计，不断完善干部教育培训课程体系。组织精品课研讨活动5次，新开发理想信念教育、党性教育、“四史”教育、法治教育、“美丽江阴”建设等教学专题20余个，理论教育和党性教育内容占培训总课程的70%以上。坚持市委办党校、管党校主体地位，完善市领导进党校上党课制度，4期全市党员干部学习贯彻市委十三届十次全体（扩大）会议精神专题轮训班全部由相关市领导授课，市领导全年进党校上课达55人次，创历史纪录。坚持“一班一策”，提升培训实效，通过办学力量集中化、示范教学全员化、教师专长多元化，精准实施靶向培训、专门培训、日常培训，全年举办市管干部中共十九届四中全会精神轮训班、“三转一提”*专题轮训班等主体班次37期、委托办班19期，共56期6701人次，培训人数创历史新高。

【理论宣讲】 2020年，江阴市委党校充分发挥党校理论宣讲优势，坚持先学一步、学深一层，第一时间制定菜单、送教上门，开展面向基层的对象化、分众化、互动化宣讲，及时发出党校最强音，掀起学习新热潮。组织骨干教师多批次、多层次参加江苏省委党校、无锡市委党校、中国人民大学、北京理工大学等举办的师资培训，开展集体备课，严把专题质量，完善教师外出授课备案制度，参加市委宣讲团，确保宣讲服务及时、到位，宣讲内容讲准、讲透。全年新开发《中共十九届四中全会精神解读》《全国“两会”精神解读》《学深悟透〈习近平谈治国理政〉（第三卷）》《〈民法典〉解读》《市委十三届十次全会精神解读》《“美丽江阴”展望》《中共十九届五中全会精神解读》等宣讲专题20余个。服务基层宣讲达200场，受众约2万人次，实现基层宣讲的多层次、广覆盖，推动党的理论“飞入寻常百姓家”。

【开放办学】 2020年，江阴市委党校主动作为，积极调整，持续做强协作办班品牌。“深耕”江阴资源，利用办班空档期，校领导带队到镇（街道）、村（社区）和企业开展调研十余次，创建华西村、海澜集团股份有限公司、法尔胜泓昇集团有限公司和双良股份有限公司等无锡市“四千四万”*精神现场教学点4个，新辟江阴乡村振兴、生态环境保护、新时代文明实践等领域现场教学点5个，总结江阴特色案例5个。借力优质资源，加强与南京市委党校、苏州市委党校、常州市委党校的沟通协作，充实外聘教师师资库，丰富授课专题菜单；依托无锡市委党校和无锡企培中心，拓展城市规划、营商环境等现场教学资源，新开发无锡城市规划馆、鸿山物联网小镇等现场教学点，建构起以江阴为圆心，辐射市外的现场教学网。全年完成协作办班43期，培训学员1871人次。

【科研资政】 2020年，江阴市委党校在深化集成改革研究中勇担主角，自觉担当，主动作为，不断充实改革研究队伍，组建改革攻坚“核心智库”；完善每周例会制度、职能单位会商制度、协同调研制度、集中统稿制度等工作机制；组织参与各类研讨、统稿、座谈等40余场次；赴市教育局、卫健委等部门，青阳、高新区等镇（街道、园区），上海黄浦、昆山等地调研10余次；完成8篇3万余字的第二批亮点经验材料，环境保护“测管治”一体化和“外贸融资宝”“互联网+”村级医疗互助等8个经验经无锡市委发文在全市进行复制推广；及时跟进2020江阴“改革再深化”专题研究，对统筹推进“多规合一”、镇街工业园区升级改造、深化招商体系改革、农村住房建设改革等12项改革形成11篇专题研究报告，计11万余字；修改完善7篇，累计17万余字的第二批评估报告；编撰完成逾30万字的《江阴县域改革蓝皮书（2020）》；以高质量、高层次为课题成果导向，打造江阴哲学社会科学研究高地。完成各类科研课题立项26项，立项课题层次、质量、数量均创历年新高；21项课题结项，其中省委党校优秀、良好结项各1项。无锡市委党校系统科研课题12项，5项课题获优秀结项，优秀率全市最高；该年度无锡市哲学社会科学招标课题统战专项课题获一等次结项；5项无锡市委党校习近平新时代中国特色社会主义思想无锡实践典型案例研究课题顺利定稿；在各类科研评比中党校斩获12项荣誉，其中1项成果获无锡市第十五届哲学社会科学优秀成果奖，4篇论文在无锡市社科联第十一届学术大会中获奖，5篇论文获评无锡市党校系统2020年科研协作会议优秀论文,5篇论文入选环太湖发展研究中心2020年年会,有2篇获评大会优秀论文,6篇论文入选第十七届长三角地区党校校长论坛,为县市区党校最多,1篇论文入选2020年全国党校(行政学院)系统社会建设学科发展研讨会,开创县(市)级党校参会历史。教师公开发表论文24篇,其中在《学习时报》等权威报刊发表2篇,省级以上刊物发表22篇。

【队伍建设】 2020年,江阴市委党校始终坚持党管人才,深入推进人才强校战略,优化人才队伍职称结构。2名教师通过高级讲师评审,3名教师通过讲师评审;优化人才队伍学历和年龄结构,1名教师博士后成功出站,公开招录应届生1名;提升人才队伍发展层次,1名教师授课获评无锡市党校系统精品课(县级党校唯一),4名教师入选无锡市评审专家库,1名教师被聘为江阴市第一届特约监察员和公职律师;提升人才队伍核心竞争力,有序推进全省党校系统"三个一批"人才培养工程,新增入选年轻教师2名;坚持教师上公开课制度,组织公开试讲评课活动5次,拍摄党课专题片及微党课短片5个,组织16名骨干教师分3批赴北京、省委党校、无锡党校参加中共十九届五中全会精神专题培训。

【党校建设】 2020年,江阴市委党校切实加强班子建设,建立校委会领导体制,把党校姓党贯穿到办学治校全过程。深入推进"三学一进"(善于学习、重视学习、重新学习,不断上进)党建书记项目,创新打造"红色"金牌讲师团党建品牌项目和改革攻坚"核心智库"项目,先后组织"访红色印记 明初心使命""学悟伟大精神、争当领跑先锋""再扬四千四万精神、推进三名三味建设"等党群活动十余次。切实加强意识形态工作,健全一岗双责、形势分析研报等制度,大力推进文明共建。组织11名抗疫志愿者长时段深入社区、卡口一线,率先进驻,最后回撤,组织2名志愿者无偿献血。全年开展集中学习及党日活动21次,其中班子成员上党课9次,班子领学上党课成为常态,组织凝聚力、向心力不断增强。联合青阳、新桥、顾山等基层党校构建市镇党校联合体,与云亭街道迎瑞社区、市医疗保障局成立党建联盟,与澄江街道塔南社区、市档案史志馆开展结对联建联创,以党建联盟、党校联合、文明联创"三联"式共建,推进党校与结对单位相互促进、共同提高。办学条件持续改善。在硬件设施上,学员宿舍老楼改造工程投用,项目涵盖94间客房,3间会议室及若干工作间、库房等,改造面积4500平方米。完成教学楼电梯加装项目、第二报告厅内部改造和多媒体设施的升级工程,校园路面整修翻新,校园5G网络和无线网提速升级,高清数字电视更新换代,智慧校园与图书馆建设有序推进。后勤服务品质提升。以"有数、有度、有固"的人力资源管理原则把控中心队伍,用工流动率控制在10%~15%的最优范围。在无锡市党校系统后勤服务技能竞赛展评活动中,获得1个一等奖、3个二等奖、2个三等奖的优异成绩。校园管理安全和谐。狠抓内控制度落实,主动防范风险。严格执行公示制度、消防管理制度、服务中心首问负责制度、易耗品领用流程制度、日常安全管理制度等,不断提升制度治校水平;严格落实疫情防控措施,自始至终做到检查规范、扫码全面、消毒及时、物资充足,保证全校工作有序开展。

(申静文)

档案史志工作

【概况】 2020年,江阴市档案史志馆各项工作取得新的进步。117.5万字的《江阴年鉴(2020)》出版发行。全年接待查阅1.05万人次、1.5万卷(件)次,打复印9万多页。不断创新利用方式,"江阴档案之乡村记忆"专题纪录片第一季(共10集)有计划地在江阴电视台新闻综合频道播放。《朱杏南传》获全省党史优秀成果二等奖,《文鼎江阴三百年——明清江苏学政传略》获2020年江苏省优秀地方志成果奖。该馆被江苏省地方志办公室评为信息及地情宣传工作优秀组稿单位。

【基层档案业务指导】 2020年,江阴市档案史志馆认真做好进馆单位2019年度文件材料归档指导工作,同时通过江阴市委办、市政府办印发《关于做好新冠肺炎疫情防控档案工作的通知》,确保新冠肺炎疫情防控期间各种文件材料做到应收尽收、应归尽归。继续做好档案工作星级测评、复查单位的业务指导工作,年内完成55个星级复查单位的验收,其中五星2个、四星1个、三星27个、二星25个。切实加强对相关条线档案的业务指导,重点加强对全市各医院2003年前的医学出生证明档案、儿童福利机构业务档案、各类学校档案规范化管理的指导工作。做好"锡商记忆"示范点推荐工作,年内推荐华西集团股份有限公司、长电科技股份有限公司、法尔胜泓昇集团有限公司、长强钢铁股份有限公司、苏之酥食品公司等企业申报第二批"锡商记忆"示范点。

【档案保管利用】 2020年,江阴市档案史志馆积极做好查档利用工作,全年接待查阅1.05万人次、1.5万卷(件)次,打复印9万多页;其中接待异地查档近40批次,跨省12批次。接收各类档案7.2万(件)卷(其中公证档案近1.7万卷、婚姻登记档案1.2万件、其他文书档案1.9万件、工伤认定档案近1.6万件);接收整理家谱23部264卷。鉴定到期档案3085件。完成14个单位公开信息接收工作。

【档案信息化建设】 2020年,江阴市档案史志馆全面做好业务系统、内外网络、安全设备、各种数据及门户网站的建设、日常维护工作。年内完成档案重要数据备份11T,其中馆藏数据7.2T,档案室数据3.8T。门户网站加入云防护系统保护。完成网站改版,更新发布信息77篇,点击浏览量4521次。完成档案室进馆移交数据9个,合计文件目录101303条,原文数量511879页,数据量211G;馆藏档案数字化挂接104批次,合计案卷目录627条,文件目录42479条,原文数量1365592页,数据量574G。完成8个单位3A数字档案室的申报。

【党史工作】 2020年,江阴市档案史志馆编审《江阴市基层党建工作的发展》等专题材料88篇，约200万字，另对试点单位示范文稿13篇35万字重新进行校对审读；加快推进江阴渡江战役亲历者口述资料汇编工作，形成文字资料4万余字，同时，完成70余万字的《江阴渡江战役史资料选编》编印工作。参与中共江阴一大会址扩建、重新布展讨论，并提出展陈意见；组织开展纪念渡江战役胜利暨江阴解放70周年文献图片展。组织撰写的红色故事《隐蔽战线上的尖兵——唐坚华、仇英》被江阴市委宣传部、市文明办等6个单位联合评为二等奖。

【《江阴年鉴(2020)》出版】 2020年8月，江阴市地方综合系列年鉴第28卷《江阴年鉴(2020)》由方志出版社出版。该年鉴全面系统、准确翔实地记载2019年度江阴市自然、政治、经济、文化、社会、生态文明建设等方面取得的新进展、新成就和新经验，反映全市各行各业贯彻中共十九大精神，在有序推进城乡建设、实施各项改革、改善生态环境、协调发展社会事业等方面的新思想、新举措、新亮点。该年鉴按分类记事体例，设40个类目。类目下设248个分目、1466个条目。总篇幅117.5万字，彩色插页24页，随文图片80幅，表格126张。为便于检索，除卷首设详细目录外，卷尾还设主题分析索引。为体现时代特色、年度特色、地方特色，《江阴年鉴(2020)》与《江阴年鉴(2019)》相比，彩色插页新设《图说1940—2019：沧桑巨变看江阴》等专栏，取消光盘版，采用纸质版和网络版两种形式。

【地方志工作】 2020年，江阴市档案史志馆继续做好全市基层志书的指导审阅工作，指导《南闸街道志》《云亭街道志》《周庄镇志》《长泾镇志》《定山村志》《璜土村志》《红豆村志》《景阳村志》《建南村志》《江阴供销社志续志》以及徐霞客镇各行政村志等镇(街道)村志的编撰工作，提出修改意见3500余条。《青阳镇志》于6月由凤凰出版社正式出版，《定山村志》于12月完成内部印刷。按时完成12期3.2万余字的江阴市委大事记编撰工作。参与市民政局、华夏村落研究会《江阴72墩24城》地情书籍的编纂工作。按计划点校《常州府志》内《宋代江阴军志》部分。按江苏省地方志办公室要求，2次上报编撰《江苏援藏援疆建设志》(江阴部分)3.5万余字材料，提供百余张图片和多段影视资料。协助补充完善国家方志馆江南分馆展陈大纲《千年一曲咏江南》部分内容。向省方志办报送党员干部学历史推荐书《文鼎江阴三百年——明清江苏学政传略》《迈向强富美高》共20本。接收省方志办赠书《江苏历代方志全书》共21箱220册。协调省方志办部署的"你阅读我送书，党员干部学历史"——方志文化"六进"(进机关、进农村、进社区、进校园、进企业、进军营)主题活动事宜，与塔南社区共同举办方志文化进社区活动。配合省方志办参加江苏书展，参与市委宣传部组织的"全民阅读"工作。向省方志办上报工作信息8篇，在"方志江苏"微信公众号发表文章6篇，其中《"长江三鲜"海里来！一城一诗长江行之江阴》列全省第一季度阅读量第三名。该馆被江苏省地方志办公室评为信息及地情宣传工作优秀组稿单位，方志工作科科长党辉被评为优秀联络员。该馆编撰的地情书籍《文鼎江阴三百年——明清江苏学政传略》获2020年江苏省优秀地方志成果奖，方志工作科参与编撰的《江阴市城市地图集》获2020年优秀地图作品裴秀奖银奖。

【档案资料征集编研】 2020年，江阴市档案史志馆征集到社会各界捐赠的抗疫防疫档案资料1000余件，"追寻先烈足迹"短视频1部、"家国小康图片故事"55篇、家谱16部245卷(册)，各类书籍、资料777册(件)，其中有1921年的《新安蒋氏宗谱》等部分珍贵档案资料。完成《"江阴·忆"——2019江阴纪事推文选编》编印工作。"江阴纪事"微信公众号全年推送各类图文信息70余次90多篇，阅读量8万多次。与江阴市融媒体中心合作，打造"江阴档案之乡村记忆"专题纪录片，是年，完成第一季10个乡村10集节目制作，并有计划地在江阴电视台新闻综合频道播放。继续推进文创用品的开发，报送的《江阴档案——我的家庭档案》专题片获江苏省档案开放利用成果精品奖二等奖。

(陈 忠)

■类目编辑 党 辉

江阴市人民代表大会

重要会议

【**概况**】 2020年，江阴市召开第十七届人民代表大会第四次会议，市人大常委会召开常委会会议8次、主任会议11次、工作专题会3次，审议市人大常委会和“一府两院”（市政府、法院、检察院）工作报告、专项报告40项，依法作出决议、决定16项。

【**市十七届人大四次会议**】 江阴市第十七届人民代表大会第四次会议于2020年5月17—19日在江阴大剧院举行，正式会期2天。出席会议的代表应到396人，实到374人。会议列席和邀请人员有市委、市人大、市政府、市政协有关领导；市委、市政府各部门，群众团体及有关单位主要负责人；驻江阴有关单位主要负责人；在江阴的全国人大代表、省人大代表和无锡市人大代表小组组长；江阴高新区、临港经济开发区和靖江园区党工委、管委会有关负责人；有关镇政府主要负责人、有关街道人大工委专职副主任；市人大常委会各办事机构有关人员；往届市人大常委会主任和市政协主席；出席市政协会议的政协委员和列席人员。会议期间，代表听取和审议《政府工作报告》，审查并批准《关于江阴市2019年国民经济和社会发展计划执行情况及2020年国民经济和社会发展计划草案的报告》《关于江阴市2019年财政预算执行情况和2020年财政预算草案的报告》《关于2019年列入市人大资金监督的政府投资重点项目资金计划执行情况和2020年重点项目资金计划安排情况的报告》，审议市政府《关于实施城乡建设“1310”工程*议案决议2019年度执行情况的报告》《关于长江生态安全示范区建设情况的报告》《关于市十七届人民代表大会第三次会议代表所提建议办理情况的报告》《2020年市委、市政府为民办实事》，听取并审议《江阴市人大常委会工作报告》《江阴市人民法院工作报告》《江阴市人民检察院工作报告》，审议《江阴市人民代表大会法制、监察和司法委员会工作报告》《江阴市人民代表大会财政经济委员会工作报告》《江阴市人民代表大会社会建设委员会工作报告》。会议经表决，决定接受唐仲贤、龚振东、黄耀清辞去江阴市第十七届人民代表大会常务委员会副主任职务，补选江阴市第十七届人民代表大会常务委员会副主任3人、江阴市第十七届人民代表大会常务委员会委员8人和江阴市法院院长，通过江阴市第十七届人民代表大会财政经济委员会主任委员、社会建设委员会主任委员名单，并举行宪法宣誓仪式。会议期间，收到代表建议、批评和意见173件。

【**市人大常委会会议**】 江阴市十七届人大常委会第二十五次会议于2020年1月21日召开。会议审议代表资格审查委员会关于代表变动情况以及补选代表资格审查情况的报告，确认补选市人大代表的代表资格，审议并表决通过代表工作有关决定草案，审议通过市十七届人大四次会议有关文件及名单草案、市人大常委会工作报告和市人大法制、监察和司法委员会以及财政经济委员会、社会建设委员会工作报告，并举行宪法宣誓仪式。

市十七届人大常委会第二十六次会议于2020年4月3日召开。会议审议通过《江阴市人大常委会2020年工作要点》，审议市政府关于市人大常委会《建设工程质量管理条例》执法检查审议意见落实情况的报告，表决通过有关人事任免事项，并举行宪法宣誓仪式。

市十七届人大常委会第二十七次会议于2020年4月28日召开。会议听取和审议市政府《关于新型冠状病毒肺炎疫情防控工作情况的报告》；观看江阴市环保工作情况多媒体短片，听取和审议市政府《关于2019年度江阴市生态环境保护工作情况（含突出环境问题清单及整治方案）的报告》；审议市政府《关于2019年法治政府建设情况的报告》；审议代表资格审查委员会《关于代表变动情况的报告》，并表决通过代表工作有关决定草案；听取部分无锡市人大代表履职情况报告并进行民主评议。

市十七届人大常委会第二十八次会议于2020年5月7日召开。会议审议并表决通过关于召开市十七届人大四次会议的决定草案，审议通过市十七届人大四次会议有关文件及名单草案。

市十七届人大常委会第二十九次会议于2020年7月28日召开。

会议审议市政府《关于2019年财政决算和财政同级审情况的报告》以及市人大财经委相关审查报告，批准江阴市2019年度市级财政决算；审议市政府关于2019年国有资产管理情况的综合报告和行政事业国有资产专项报告以及市人大财经委相关调查报告；审议市政府《关于科技创新创业载体建设情况的报告》以及市人大常委会教科文卫工委相关调查报告；审议市政府《关于南沿江城际铁路江阴段开挖稷山局部山体事项的报告》《关于市十七届人大常委会第二十七次会议审议意见落实情况的报告》；听取市教育局、人社局、文体广电和旅游局、信访局主要负责人履职情况报告并开展民主评议；审议并表决通过有关人事任免事项，并举行宪法宣誓仪式。

市十七届人大常委会第三十次会议于2020年8月31日召开。会议听取和审议市政府关于2020年上半年国民经济和社会发展计划执行情况、财政预算执行情况、政府投资重点项目资金管理情况和项目建设进展情况的报告以及市人大财经委相关调查报告；听取和审议市人大常委会执法检查组关于检查江阴市安全生产“一法两条例”（《中华人民共和国安全生产法》《江苏省安全生产条例》《无锡市安全生产条例》）贯彻实施情况的报告；听取和审议市政府《关于农村人居环境整治提升专项行动推进情况的报告》以及市人大常委会农业农村工委相关调研报告。

市十七届人大常委会第三十一次会议于2020年10月30—31日召开。会议决定接受蔡叶明辞去江阴市市长职务的请求，决定任命包鸣为江阴市副市长、代理市长职务，表决通过市法院有关人事任免事项，举行宪法宣誓仪式。会议审议市政府《关于2019年度财政同级审查出问题整改情况的报告》《关于城乡建设“1310工程”议案决议执行情况的报告》《关于高质量建设长江生态安全示范区议案决议2020年执行情况的报告》；听取市政府《关于市十七届人大四次会议代表建议办理情况的报告》，并以联组审议方式对本届以来代表建议办理情况开展专题询问；审议市法院《关于基本解决执行难工作成效及长效机制建设情况的报告》；审议并表决通过关于批准市政府2020年财政收支预算、政府投资重点项目计划调整方案的决议和关于召开市十七届人大五次会议的决定；审议市政府《关于市十七届人大常委会第二十九次、第三十次会议审议意见落实情况的报告》。

市十七届人大常委会第三十二次会议于2020年12月18日召开。会议审议并表决通过有关人事任免、代表工作事项及相关决定草案，并举行宪法宣誓仪式。

【市人大常委会主任会议】 2020年，召开江阴市第十七届人大常委会主任会议11次。主要议题有：讨论研究《江阴市人大常委会2020年工作要点》；讨论研究《关于2020年基层人大工作的指导意见》《关于2020年市人大代表小组活动的意见》和重点督办的市十七届人大四次会议代表建议、组织开展“人大代表接待联系日”暨会前视察活动相关事项、关于开展2019—2020年度市人大先进代表小组和代表活动积极分子及优秀联络员评选活动的意见；讨论通过2020年市人大代表小组定向视察活动方案、2020年“代表建议督办月”活动方案、2020年市人大代表“履职活动周”活动方案、市人大常委会土壤污染防治法执法检查方案、组织开展人大代表建言献策“十四五”规划的活动方案、代表建议办理情况专题询问方案、《中华人民共和国安全生产法》执法检查工作方案、涉野生动物“一决定一法”（《关于全面禁止非法野生动物交易、革除滥食野生动物陋习、切实保障人民群众生命健康安全的决定》和《中华人民共和国野生动物保护法》）和省“条例”（《江苏省野生动物保护条例》）执法检查工作方案、市人大预算联网监督系统使用管理办法、无锡市人大“双争”活动先进评选建议名单、无锡市人大代表述职人员名单、“一府两院”述职评议对象名单；听取“代表履职活动周”活动情况汇报、各季度基层人大分片交流情况汇报；讨论通过市人大常委会各办事机构专题调研报告；听取并审议市政府《关于2019年财政预算执行情况和2020年财政预算草案的报告》《关于2019年政府投资重点项目资金计划执行情况和2020年重点项目资金安排情况的报告》以及各开放园区、有关街道财政预算情况报告；听取并审议《关于江阴市国土空间生态修复工作情况的报告》《关于“七五”普法工作情况的报告》《关于“旅游+”产业融合发展情况的报告》《关于南沿江城际铁路江阴段开挖稷山山体事项的报告》《关于促进农业绿色发展情况的报告》，市检察院《关于“充分发挥刑事检察职能，保障经济社会健康发展”情况的报告》；听取市民政局、公用事业局关于政府专项资金绩效跟踪管理情况的报告；集中学习中共十九届五中全会精神，中共中央总书记习近平法治思想和中央全面依法治国工作会议精神，以及习近平视察江苏重要讲话指示精神，全国、省、市人代会精神和江阴市委十三届九次全会精神。

【市人大常委会与“一府一委两院”联席会议】 2020年3月27日，召开市人大常委会与“一府一委两院”联席会议，听取市政府、市监察委员会、市法院和市检察院对《江阴市人大常委会2020年工作要点》的意见建议，就贯彻落实市委人大工作会议精神进一步凝聚共识，加强相互协作，促进市委决策部署落实和经济社会高质量发展，提升社会治理成效，推进民主法治建设。

监督工作

【概况】 2020年，江阴市人大常委会紧紧围绕全市中心工作和市民群众普遍关注的重点热点问题，综合运用各种监督方式，听取和审议“一府一委两院”专项工作报告33项，开展执法检查3次、专题询问1次，组织视察活动9次，切实加强工作监督和法律监督，全面助推全市经济社会高质量发展。

【行使重大事项决定权】 2020年，江阴市人大常委会依法作出决议、决定10项，通过法定程序把党的主张变为国家意志和人民意愿，有效推进决策科学化、民主化。贯彻江苏省人大常委会、无锡市人大常委会决定决议，组织在江阴五级人大代表积极投身一线疫情防控，踊跃建言献策、捐款捐物。围绕“十四五”规划和2035年远景目标纲要编制和审查批准，市人大常委会提前介入，认真开展调研并提出修改意见建议，促进规划纲要编制趋于完善。深入贯彻省委、无锡市委关于建设美丽江苏、美丽无锡战略决策，认真开展调查研究，为江阴市人代会审议关于扎实推进美丽江阴建设决议做好准备。加强对市人大已作出决议决定的跟踪落实，督促市政府贯彻执行市人代会关于城乡建设“1310工程”议案的决议、市人大常委会关于高质量建设长江生态安全示范区的决议。探索创新公民有序政治参与方式，健全深化乡镇民生实事项目代表票决制。推动街道民主政治建设，推行街道选民代表会议制度，拓展街道人大工作范畴，激发基层群众民主参与热情，丰富基层治理监督机制。

【全口径预决算审查监督】 2020年，江阴市人大常委会持续推进审查监督重点向支出预算和政策方向拓展，建成预算审查联网监督系统，形成动态化、全过程“闭环”审查监督体系和工作机制。通过现场检查、动态跟踪、视察审议和专题报告等方式，把常态化监督列入人大资金监督的政府投资项目建设，督促政府加强项目建设进度管理，提高财政投入资金使用绩效。听取和审议政府及相关市级预算管理单位关于审计查出问题的专项整改报告，要求政府加强工作监督管理，以清单销号方式对标对表抓好整改落实，以建章立制规范行为，提升绩效管理成效。在审议2019年度国有资产管理情况综合报告的同时，首次听取审议行政事业性国有资产管理专项报告，推动政府坚守主体责任，提高国有资产经营管理水平，提升国有资本在财政增长中的贡献份额。

【监督推动实体经济稳健发展】 2020年，江阴市人大常委会高度重视新型冠状病毒肺炎疫情对经济发展带来的冲击影响，密切关注年度发展计划执行，结合听取审议专项报告，视察疫情防控和复工复产复市情况，组织开展专题调研，及时掌握一线实情，积极反馈基层呼声，提出6个方面19条审议意见，推动政府扎实做好“六稳”*工作、落实“六保”*任务，加快实现经济回稳向好。着眼产城融合互动，专题审议“旅游+”产业融合发展情况，督促政府充分发挥旅游“润滑剂”作用，统筹推进城乡建设和三次产业融合发展，完善产业链，优化价值链，不断提升城市产业发展能级。立足优化营商环境，组织第三方评估，多层次多领域听取基层意见建议，要求政府认真贯彻实施国务院《优化营商环境条例》，扎实推进改革集成，系统加强政务、市场、法治等环境建设，加快构建新一轮区域竞争优势。

【监督推动打好污染防治攻坚战】 2020年，江阴市人大常委会深入学习贯彻习近平生态文明思想，紧盯环境突出问题清单整改，常态化跟踪产业治理、岸线修复、长江禁捕、生态建设、绿色发展等关键事项，专题审议议案决议年度执行情况，督促政府全力推进长江生态安全示范区建设三年行动计划落实。围绕打赢污染防治攻坚战目标，听取年度环境状况和环境保护目标完成情况报告，配合上级人大联动开展《中华人民共和国土壤污染防治法》执法检查，以清单制方式形成13条检查意见反馈政府整改落实。履行“河长制”职责，视察农村河道综合整治、水利重点工程，持续关注污水处理资源整合、城市黑臭河道治理、农村村庄生活污水治理工程等重点工作，推动水系、水域、水体治理。

【促进民生改善提升】 2020年，江阴市人大常委会贯彻以人民为中心的发展理念，把握人民群众普遍关切，监督民生实事落实，推动改革发展成果普惠均等，社会事业发展共建共享。持续关注全市职业教育发展，强调要进一步优化职教发展规划，整合职教资源，打造区域职教品牌，为江阴产业发展培养更多技能型实用人才。结合疫情防控，专题视察公共卫生应急管理体系建设情况，督促政府完善公共卫生监测预警响应机制，加强应急预案演练，提升医疗救护能力，全面加强全域公共安全应急体系和应急能力建设。重点紧盯农村人居环境整治，市镇两级人大联动，通过视察检查、专项报告、审议询问等方式，从当下整治、长远建设、长效治理等方面推动美丽乡村建设，加快打造“让城市更向往”的美丽田园乡村。围绕城乡建设“1310工程”议案决议执行，市人大常委会细化监督事项，紧盯“1310工程”10个方面145项工程，综合运用专题审议、视察调研、走访检查等方式，分类分序开展监督推进，督促政府加大落实执行力度，重视城建项目与民生事业衔接，重视共建共享推进城乡各项事业，实现议案结案。结合重点建议办理对年度民生实事项目建设情况开展视察检查和专题审议，南京理工大学江阴校区、江阴市妇幼保健院、高铁枢纽站等一批实事工程或建成投运，或落地开工，或规划布点。教育、医疗、养老、健康、休闲、出行等基本公共服务更趋完善均衡。

【促进社会治理创新】 2020年，江阴市人大常委会建立常态工作机制，听取和审议年度依法行政工作情况报告，对“七五”普法、综合行政执法改革情况开展专题调研，促进“一府两院”依法行政、公正司法，督促政府进一步优化行政审批服务机制，完善基层网格治理体系，推动综合执法力量下沉，全面提升服务保障水平，切实增强人民群众获得感满意度。组织视察民间借贷案件等庭审活动，听取和审议“两院”工作报告及法院执行、检察院刑事检察等专项工作报告，持续推动“两院”全面落实司法责任制，着力推动解决法治领域人民群众反映强烈的突出问题，提高司法公信力。规范加强人大备案审查工作，完成规范性文件备案审查6件，切实维护法制统一。规范做好人大信访工作，依法办理群众来信来访15件(次)，督促解决群众合理诉求，切实维护群众合法权益。

【助力“十四五”规划纲要编制】 2020年，江阴市人大常委会主动谋划、提前介入，与政府及相关职能部门并联开展调研，为有序完成专项审议奠定扎实基础。按照市委关于规划纲要编制总体安排，市人大常委会围绕事关“十四五”发展的全局性、战略性领域和关键性环节，组织赴上海、广东、浙江等先行地区学习调研，就融入和服务长三角一体化、新一轮产业布局导向、深化改革实践、国土空间规划、科创载体打造、美丽江阴建设等方面提出意见建议。组织全市五级人大代表开展建言献策“十四五”规划专题活动，各级代表发挥岗位专业和深耕基层优势提出建议，市政府主要领导及相关职能部门负责人参加代表建言座谈会听取意见建议，规划纲要编制中采纳和回应建议61条。

【执法检查】 2020年6月，受无锡市人大常委会委托，江阴市镇两级人大联动开展全国人大常委会《关于全面禁止非法野生动物交易、革除滥食野生动物陋习、切实保障人民群众生命健康安全的决定》和《中华人民共和国野生动物保护法》及《江苏省野生动物保护条例》（简称“一决定一法”及省“条例”）执法检查。江阴市人大常委会成立执法检查组，认真检查市政府贯彻落实涉野生动物“一决定一法”及省“条例”情况，针对检查发现的法律宣传普及面不广、野生动物执法能力缺失等问题，提出制定养殖补贴政策、加强社会舆论宣传等建议5条。6—8月，市人大常委会对江阴市贯彻实施《中华人民共和国安全生产法》情况进行执法检查。市人大常委会成立执法检查组，下设工作组2个，制定执法检查重点内容清单45条，先后对14个重点职能部门、17个镇（街道、园区）板块、26个生产经营单位进行现场检查，召开座谈会17次，排查安全隐患和问题61件，当场向受检单位、部门和企业反馈意见建议。委托国家统计局江阴调查队向社会各界发放调查问卷924份，为执法检查提供客观数据支持。对执法检查中发现的安全宣传教育亟待深化、安全监管体系亟待完善、生产经营单位主体责任亟待加强等问题，执法检查组提出要持续加强安全生产法制宣传教育、层层落实安全生产责任体系、健全完善安全监管机制、切实加强安全风险防控、着力夯实安全生产基础等建议，督促政府依法落实“五级责任”，更大力度健全安全生产责任体系和长效监管机制。8—9月，受无锡市人大常委会委托，市镇两级人大联动开展《中华人民共和国土壤污染防治法》执法检查，市人大常委会组建执法检查组，采取“坚持法律法规学用结合、坚持存在问题即知即改、坚持执法普法相互推进”方式，通过座谈交流、察看现场、查阅资料、走访群众等多种渠道，对市政府贯彻实施土壤污染防治法情况进行检查。对检查中出现的土壤环境负荷强度偏高、工作合力尚未形成、配套政策措施相对滞后等问题，执法检查组提出要加强宣传教育，提升全民生态环保意识；要坚持预防为主，做好土壤污染预防工作；要压紧压实责任，全面强化监管执法；要加强防治联动，打赢污染防治攻坚战。

【组织开展述职评议】 2020年7月28日，根据《江阴市人民代表大会常务委员会述职评议工作实施办法》有关规定，市十七届人大常委会第二十九次会议听取和审议市教育局局长徐前锋、人社局局长王光华、文体广电和旅游局局长周晓虹、信访局局长邓国平的工作述职报告并进行民主评议测评。评议组通过召开征求意见座谈会、问卷调查等方式对述职对象德、能、勤、绩、廉等方面情况进行前期调研并形成报告。市人大常委会组成人员从政策理论水平、民主意识、全局观念、人大意识、思想作风、廉洁自律、决策能力和工作质效等方面，以无记名投票方式对述职人员进行民主测评，4人测评结果均为优秀。

【组织无锡市人大代表述职评议工作】 2020年，江阴市人大常委会根据无锡市人大常委会《关于市人大代表向原选举单位报告履职情况的意见》，组织部分无锡市人大代表以口头或书面形式向江阴市人大常委会报告履职情况。4月28日，市十七届人大常委会第二十七次会议听取王红、卞平芳、方容、邓峰、邬红梅、刘晓红、李亚东、李洪芳、张协、张剑、陈福良、周德洪、赵志军、夏俭、徐玲、殷琴、郭先喜、唐伟锋、梁林宝、谢兴福20名无锡市十六届人大代表的履职情况报告并进行民主测评，测评结果均为满意。

【市委人大工作会议】 2020年3月23日，召开市委人大工作会议。无锡市副市长、江阴市委书记王进健要求全市上下深入学习贯彻习近平总书记关于坚持和完善人民代表大会制度的重要思想，全面落实省委、无锡市委人大工作会议精神，进一步解放思想、奋发有为，把人大独特优势转化为发展优势，奋力开创新时代江阴人大工作新局面。会议印发《中共江阴市委关于加强新时代人大工作和建设的实施意见》，就规范和加强人大建设、支持和保障人大代表履职、鼓励履职创新实践明确具体措施要求。会上，澄江街道党工委、市人大代表新桥小组、青阳镇人大主要负责人作交流发言。

人事任免

【概况】 2020年，江阴市人大常委会认真审议各项人事任免议案，依法规范做好人事任免工作。全年任免国家机关工作人员31人次。

2020年江阴市人大常委会任免国家工作人员一览表

表5

时间	会议名称	任免名单
4月3日	市十七届人大常委会第二十六次会议	任命周科为市法院副院长、审判委员会委员、审判员（挂职）；免去沈洪兴市法院滨江法庭副庭长职务；免去陈丽英、徐俊市法院审判员职务 任命张旭、陈春来、赵宇峰为市检察院检察委员会委员；免去缪红雄市检察院检察委员会委员职务

续表5

时间	会议名称	任免名单
7月28日	市十七届人大常委会第二十九次会议	决定任命孙协军为江阴市政府副市长(挂职) 任命张勇为市法院民事审判第一庭庭长,免去其民事审判第二庭庭长职务;任命浦峥为市法院民事审判第二庭庭长,免去其民事审判第一庭庭长职务;免去张铮市法院审判委员会委员、审判员职务;免去王永芬、徐建国市法院审判员职务
10月31日	市十七届人大常委会第三十一次会议	决定任命包鸣为江阴市政府副市长、代理市长职务 任命廖宏娟、黄静宇、冯强、郑清、顾成竹、庞宠、蒋磊君、相娟、丁莉、吉祥、刘晓成为市法院审判员;免去孔霞英、龚理坚市法院审判员职务;免去任方亮市法院审判委员会委员、审判员职务

代表工作

【概况】 2020年,江阴市人大常委会充分尊重代表主体地位,用担当激发代表履职热情,用创新赋能代表履职实践,全力支持和保障代表依法履职,充分发挥代表察民情、解民忧、聚民智的重要作用。全年形成调研报告88篇;代表建议督办173件;通过"家、站、室"等代表履职平台接待联系群众7606人次,收集意见建议1340条,督促解决群众反映问题756件。

【"人大代表在行动"主题实践活动】 2020年,江阴市人大常委会以"人大代表在行动"主题实践活动为抓手,统筹安排"学习调研年、建议督办月、履职活动周、联系接待日"系列专题活动,抓实抓牢代表小组活动,着力提升代表活动质量。持续推进代表履职能力建设,先后组织170余名代表进行专题培训,通过线上信息推送、线下资料寄送等方式,不断扩大代表履职知情知政。完善代表履职登记管理制度,组织开展代表述职评议。年内,66名市人大代表回选区向选民报告履职情况,主动接受监督。"学习调研年"活动中,注重代表履职能力培训,实施年度培训计划,定期寄送刊物和学习资料,组织61名代表赴扬州参加预决算审查监督专题培训班,提升代表预决算审查监督能力。7月,开展"建议督办月"活动,通过领导领衔督办、常委会联系办事机构跟踪督办、办理情况报告审议、专题询问等方式,对173件代表建议进行集中督办。9月,组织代表开展以"助推公共安全体系建设"为主题的"履职活动周"活动,坚持问题导向,组织全市各级代表以查、听、议等方式,摆问题、提建议,督促推动全市各领域公共安全水平有效提高,提出意见建议21件。12月,开展代表"接待联系日"活动,市人大代表在代表联络站积极接待选民,收集选民意见建议,为参加市、镇两级人代会审议各项报告和提出议案、批评和意见作积极准备。

【"两联系"活动】 2020年,江阴市人大常委会坚持"请上来"和"走下去"相结合,全年参加或列席市人大常委会、"一府一委两院"各类履职活动代表610人次。坚持常委会组成人员联系代表、代表联系群众"两联系"工作制度,常态化联系人大代表523人次。代表主动走进企业、村和社区,通过"家、站、室"等代表履职平台接待联系群众7606人次,收集意见建议1340条,督促解决群众反映问题756件。结合江阴市人大网站、微信公众号、客户端等信息化平台,实现代表履职平台实体和网络融合、线上与线下互动。街道选民议事制规范运行,通过"代表+选民代表"机制,代表履职联系更加广泛,街道民主决策管理机制进一步拓展。

【代表建议意见督办】 2020年,江阴市人大常委会认真梳理市十七届人大四次会议期间代表提出的173件建议,确定9件重点督办建议,坚持全年度、全流程抓跟踪督办,强化常委会领导领衔督办、常委会联系办事机构跟踪督办工作机制,专题听取和审议建议办理情况报告。对本届以来782件代表建议"回头看",首次开展"审议+专题询问"方式,围绕养老服务体系建设、农房改造、物业管理等建议进行询问督办。年内,市中医院异地新建、住宅小区消防设施改造等一批重要建议得到有效落实和推进。全年建议办理代表满意和基本满意率100%。

【代表小组定向视察监督】 2020年,江阴市人大常委会经市委同意,在试点基础上,全面落实代表小组定向视察制度。22个市人大代表小组与23个政府部门定向结对,围绕政府年度有关工作重点、代表建议办理,一对一议题、一议题一周期,采用工作调研论证、执法检查、工作评议、专项询问、视察调研、座谈审议、约谈质询等方式,开展监督检查。推动解决智慧交通建设缓解城郊道路拥堵、行政审批便民化高效化集成改革等一批民生难点问题。

(何思施)

■类目编辑 徐文辉

江阴市人民政府

市政府领导成员分工

2020年6月5日调整

蔡叶明　主持市政府全面工作，兼管财政、审计、城乡规划、国有资产监管、税务方面工作。分管市财政局、市审计局。联系市监委、江阴税务局。

费　平　负责市政府常务工作，分管发展改革、重大项目、社会信用、能源、粮食、物资储备、军民融合、自然资源、林业、应急管理、统计方面工作，协助分管财政、国有资产监管、税务工作。分管市发展和改革委员会、市自然资源和规划局、市应急管理局、市统计局、市土地储备中心，协助分管市财政局。联系国家统计局江阴调查队。

虞卫才　负责民政、司法、人力资源、社会保障、退管、双拥、退役军人事务、人民武装、国防动员、政务公开、机关事务、民族宗教、地方志、档案工作以及与人大、政协联络方面工作。分管市政府办公室、市民政局、市司法局、市人力资源和社会保障局、市退役军人事务局。联系市法院、市检察院、市民宗局、市档案史志馆、市总工会、团市委、市妇联、市残联、市慈善总会、关工委、驻江阴部队。

赵　强　负责科技、工业和信息化、大数据管理、民营经济、金融监管、资本经营、市场监管、知识产权、通信方面工作。分管市科学技术局、市工业和信息化局、市市场监督管理局。联系市科协、市工商联、江阴烟草专卖局、人民银行江阴市支行、江阴银保监组、各银行保险机构、江阴供电公司、中国电信江阴分公司、中国移动江阴分公司、中国联通江阴分公司、江阴盐业公司。

郁秋皓　负责水利、农业农村经济、生态环境、经济协作、对口支援、扶贫方面工作，协助分管审计工作。分管市水利局、市农业农村局、市供销合作总社，协助分管市审计局。联系江阴生态环境局、江阴气象局。

张国兴　负责住房和城乡建设、人防、城市管理、交通运输、公用事业管理、公共资源交易方面工作，协助分管城乡规划工作。分管市住房和城乡建设局、市公用事业管理局、市城市综合管理局、市交通运输局。联系江阴住房公积金中心、江阴邮政管理局。

张韶峰　负责教育、商务、口岸、文化、旅游、体育、广播电视、行政审批、政务服务方面工作。分管市教育局、市商务局、市文体广电和旅游局、市行政审批局、市招商局。联系市侨联、市文联、江阴海事局、江阴海关、江阴边检站、长江引航中心、船级社江阴办事处。

许　晨　负责卫生健康、医疗保障、老龄方面工作。分管市卫生健康委员会、市医疗保障局。联系市红十字会、老龄委。

王庆春　主持市公安局全面工作，负责信访方面工作。分管市公安局、市信访局。

许迎春　负责科技镇长团工作，协助赵强分管工信、科技工作。

顾文浩　赴新疆伊犁州霍城县挂职工作。

孙协军　负责外事和港澳事务方面工作，协助张韶峰分管行政审批、政务服务工作。

张少波　主持市财政局全面工作。

尹志华　赴陕西省延安市延川县挂职工作。

叶韩清　主持澄江街道全面工作。

杭　成　主持江苏江阴—靖江工业园区工作。

10月27日调整

蔡叶明不再担任江阴市人民政府市长职务。

江阴市人民政府副市长孙协军挂职结束。

10月31日调整

包鸣任江阴市人民政府副市长，代理市长职务。

11月12日调整

费平不再担任江阴市人民政府副市长职务。

12月10日调整

虞卫才不再担任江阴市人民政府副市长职务。

年度重点工作

【推进经济运行】　2020年，江阴市完成地区生产总值4113.75亿元，完成一般公共预算收入259.66亿元，规模以上工业产值增长6.8%，新兴产业产值占规模以上工业产值比重比2019年提高0.5个百分点,荣获中国工业百强县(市)“四连冠”。服务业提质增效,新增总部企业8个。江阴港完成货物吞吐量2.5亿吨,增长8.7%。实现“三资”*投农5.5亿元,农业园区化率为52%。璜土智慧葡萄园获批国家产业强镇示范项目,顾山镇红豆村入选全国乡村特色产业亿元村。江阴市实现全国县域经济基本竞争力“十八连冠”。

【加快转型升级】 2020年,江阴市推进项目招引和建设,全年引进超50亿元项目2项。大力实施科技创新,净增高新技术企业150个,新增省星级“上云企业”73个。新建院士工作站4个,江阴集成电路设计创新中心正式投运。深入推进开发开放,江阴港口岸获批药品进口口岸,苏南国际集装箱码头获批进境肉类指定监管场地。持续深化重点领域改革,徐霞客镇行政管理体制改革综合标准化省级试点项目通过验收,“社会联动救助”获批国家基本公共服务标准化试点项目。

【改善城乡面貌】 2020年,江阴市加快国土空间总体规划编制,完成主城南部片区、锡澄S1线站点及周边、北大街及周边等区域城市设计。盐泰锡常宜铁路、第三过江通道前期工作有序实施,南沿江铁路江阴段推进,锡澄S1线、江阴靖江长江隧道等工程开工建设。大桥南路、长山大道一期等快速化改造工程启动建设,芙蓉大道快速化改造工程建成通车。锡澄运河定波枢纽完成主体工程,锡澄运河公园样板段、黄田港公园建成投运。深入实施农村人居环境整治“一推三治五化”*专项行动,建成省特色田园乡村5个。

【优化生态环境】 2020年,江阴市深入推进节能减排,华西钢厂资源综合利用发电、华能江阴燃机热电联产项目完成建设,江阴热电燃机热电联产项目完成主体工程。大力推进污染防治攻坚战,扎实开展“美丽河湖”三年行动。264个江河“两违三乱”*问题整改到位,“三无”船舶*和长江过驳区整治全面结束,长江流域江阴段退捕工作如期完成。餐厨废弃物集中处理(一期)、建筑垃圾资源化利用(一期)项目建成投运。

【加强安全监管】 2020年,江阴市扎实开展安全生产专项整治,安全生产“一年小灶”整治隐患5.1万余处。深化体制机制建设,编制公共安全总体规划和26个专项规划,在全省率先实现市安委办实体化运作和部门、属地安全生产内设机构全覆盖。深化车辆超限超载治理,货物装载源头信息化监管平台建成投用。江阴沿江危化品应急救援基地建设成为全省第一项长三角一体化应急协同发展重点项目。

【提升民生福祉】 2020年,江阴市新增就业岗位6.5万个,扶持自主创业4713人,社保扩面新增4.8万人。城乡居民基础养老金、基本医疗保险人均筹资标准等稳步提高。南京理工大学江阴校区、江阴外国语学校一期、礼延实验学校、辅延幼儿园等建成投用。市中医院异地新建、泰富临港医院等项目开工建设,市人民医院、中医院医疗集团建成双向转诊中心。新增体育公园4个、健身步道23千米。加快建设“网格+N”联动融合机制,璜土镇璜土村建成全国民主法治示范村。深化平安江阴建设,社会大局保持安定有序。

政府重要会议

【政府常务会议】 2020年1月12日,江阴市政府召开第十七届政府第五十八次常务会议。会议讨论并原则通过《关于鼓励支持小热电企业整合关停的实施意见》《江阴市进一步优化营商环境实施方案》《江阴市新建住宅有线数字电视配套工程建设费的调整方案》《江阴市镇村布局规划(2019版)》《关于调整2020年度居民养老保险待遇标准的方案》《江阴市残疾人事业现代化改革方案》《关于稳定生猪生产保障市场供应的实施意见》《江阴市畜禽养殖禁养区调整划定方案》《关于成立江阴市社会组织管理工作联席会议的情况汇报》《关于在市场监管领域全面推行部门联合“双随机、一公开”监管的实施意见》《江阴市行政执法主体(第一批)》等议题。

1月19日,江阴市政府召开第十七届政府第五十九次常务会议。会议讨论并原则通过《关于2019年财政预算预计执行情况和2020年财政预算草案的报告》《关于市人大资金监督的政府投资项目2019年执行情况和2020年项目安排情况的报告》《政府工作报告》《关于市人大代表建议、政协委员提案办理情况的报告》《关于江阴市2019年国民经济和社会发展计划执行情况及2020年国民经济和社会发展计划草案的报告》《江阴市2020年市委、市政府为民办实事项目方案》《关于实施城乡建设“1310工程”议案决议2019年度执行情况的报告》《关于〈江阴市人大常委会关于高质量建设长江生态安全示范区的决议〉落实情况的报告》《江阴市高铁站综合交通枢纽PPP项目合同》《江阴市户外广告和店招标牌设施设置管理办法》等议题。

1月22日,江阴市政府召开第十七届政府第六十次常务会议,传达学习江苏省“两会”精神、市委十三届九次全体(扩大)会议精神,听取关于贯彻落实国务院、省政府和无锡市政府新型冠状病毒肺炎联防联控工作会议精神的汇报。

2月16日,江阴市政府召开第十七届政府第六十一次常务会议。会议讨论并原则通过《江阴市安全生产委员会成员名单调整方案》《江阴市政府领导班子成员2020年安全生产重点工作清单》《江阴市安全生产派驻督导工作方案》《江阴市危险化学品安全综合治理实施方案》《关于应对新冠肺炎疫情支持农业经营主体稳定“菜篮子”产品生产供应的政策意见》等议题。会议还学习贯彻2月10日习近平总书记在北京市调研指导新冠肺炎疫情防控工作时的讲话精神和2月12日中央政治局常委会会议精神,传达学习江苏省委书记娄勤俭就南京市中医院新型冠状病毒感染的肺炎防治工作小组组长徐辉突发疾病逝世作出的批示精神,对政府系统关心关爱一线防控工作人员作出具体部署。

3月3日,江阴市政府召开第十七届政府第六十二次常务会议。会议讨论并原则通过《江阴市安全生产行政执法工作实施意见》《关于应对新型冠状病毒肺炎疫情支持外贸企业稳定发展的政策意见》《江阴市现代农业高质量发展行动计划》《2020年江阴市工业“双百企业”（百强企业和百佳企业）名单》等议题，听取国务院江苏安全生产督导组第六工作组对江阴反馈问题整改落实情况的汇报。

3月10日，江阴市政府召开第十七届政府第六十三次常务会议。会议讨论并原则通过《江阴市推进长江经济带高质量发展当好长江大保护排头兵三年行动计划（2020—2022年）》《江阴市推进长江经济带高质量发展当好长江大保护排头兵2020年重点工作》《江阴市当好经济高质量发展排头兵三年行动计划（2020—2022年）》《“创新江阴”三年行动计划（2020—2022年）》《“创新江阴”三年行动计划2020年重点工作目标》《关于建设先进制造业科创中心加快创新发展的政策措施》《江阴市政府投资工程项目集中建设的工作意见（试行）》《2020年污染防治攻坚战重点目标任务书》《2019年全市农村工作先进集体和先进个人名单》《2020年全市农业农村工作要点》《江阴市开展乡村治理体系建设试点实施意见》《江阴市村社分离——农村集体经济组织与村（居）委会财务事务分离改革试点意见》《关于开展全市农村人居环境整治提升专项行动的意见》等议题。

3月27日，江阴市政府召开第十七届政府第六十四次常务会议。会议讨论并原则通过《江阴市2020年度城建项目房屋征收拆迁任务书》《关于加快推进土地节约集约利用的实施意见》《江阴市2020年度政府投资项目计划》《江阴市2020年度重点重大项目安排计划》《2020年度全市重点重大项目建设市领导挂钩联系安排计划》《2020年江阴市社会信用体系建设工作意见》《江阴市推进“行业+信用”监管，构建以信用为基础的新型监管机制的实施方案》《2020年诚信镇街（园区）、社区（村居）、村（居）户示范创建工作实施意见》《江阴市关于推进政务服务、综合监管、检查执法、司法公信等涉信信息数据归集共享的实施意见》《江阴市公共信用信息应用事项清单（2020年版）》《江阴市社会信用体系建设领导小组成员调整名单》《江阴市水土保持规划（2019—2030年）》《关于进一步促进生猪生产的若干政策》《2020年度江阴市政府重大行政决策事项目录》《关于成立江阴市江阴—靖江第二过江通道建设协调领导小组及服务指挥部的方案》《江阴快速内环建设方案和建设计划》等议题。

4月8日，江阴市政府召开第十七届政府第六十五次常务会议。会议讨论并原则通过《江阴市2020年节能工作实施意见》《关于做好我市第七次全国人口普查工作的方案》《江阴市长江沿线“三无”船舶专项整治工作方案》《关于免收公共资源交易综合服务费事宜》《江阴睢宁工业园高质量发展总体方案》等议题。

4月16日，江阴市政府召开第十七届政府第六十六次常务会议。会议讨论并原则通过《第十二届江阴市市长质量奖评定情况》《江阴市电子商务进农村综合示范项目工作方案》《关于规范我市管道燃气工程安装收费的建议》《关于大力推进产业强市建设推动经济高质量发展的政策意见》《关于提高生均公用经费标准等经费保障的方案》等议题。

4月28日，江阴市政府召开第十七届政府第六十七次常务会议。会议讨论并原则通过《江阴市公共安全体系改革专项行动实施方案》《江阴市招商体制改革专项行动实施方案》《江阴市国资国企市场化改革专项行动实施方案》《江阴市智慧城市综合管理平台网格化管理业务工作考核细则》《江阴市渣土运输管理工作联席会议成员名单》《江阴市政府合同管理办法》《江阴市城镇污水专项规划修编（2018—2030年）》等议题。

5月16日，江阴市政府召开第十七届政府第六十八次常务会议。会议讨论并原则通过《江阴市人才引育机制改革专项行动实施方案》《江阴市2020年供给侧结构性改革指导意见》《江阴市2020年国民经济和社会发展重点管理目标责任分解》《江阴市工业园区升级改造三年行动方案（2020—2022年）》《江阴市经济金融风险防范和处置工作方案》《关于进一步加强职业病防治工作的意见》《江阴中专校高质量发展实施方案》等议题。

5月30日，江阴市政府召开第十七届政府第六十九次常务会议。会议讨论并原则通过《市政府重点工作落实分工方案》《江阴市政府投资管理办法》《江阴市军民融合2020年工作要点》《江阴市停车秩序综合治理实施意见》《投资建设类权力事项全链委托高新区、临港经济开发区工作实施方案》《关于进一步加快推进第五代移动通信网络建设发展的若干意见》等议题。

6月6日，江阴市政府召开第十七届政府第七十次常务会议。会议讨论并原则通过《江阴市城乡建设三年行动计划（2020—2022年）》《江阴市集中开展违法违规“小化工”专项整治行动工作方案》《江阴市农村住房建设改革专项行动实施方案》《江阴市医疗救助办法》《关于实施江阴市城乡居民大病保险制度的意见》等议题。

6月13日，江阴市政府召开第十七届政府第七十一次常务会议。会议讨论并原则通过《江阴市撤村建居改革专项行动实施方案》《江阴市职业技能提升行动实施方案（2019—2021年）》《江阴市深化涉疫物资专项整治行动方案》等议题。

6月20日，江阴市政府召开第十七届政府第七十二次常务会议。会议学习《江苏省重大行政决策程序实施办法》，听取全市新冠肺炎疫情防控工作进展情况汇报。会议讨论并原则通过《2020年度江阴市新型智慧城市建设工作要点及任务分解》《江阴市加快推进数字经济高质量发展三年行动计划（2020—2022年）》《江阴市工业互联网和智能制造发展三年（2020—2022年）行动计划》《江阴市工业用地项目评审办法（试行）》等议题。

7月6日，江阴市政府召开第十七届政府第七十三次常务会议。会议讨论并原则通过《江阴市防汛防旱防台风应急预案》《江阴市加快推进跨境电子商务发展实施方案》《关于加强市场主体事中事后监管工作的情况汇报》《全市经济运行分析联席会议制度》《江阴市地区生产总值统一核算工作联席会议制度》《江阴市12345政府公共服务热线运行管理办法》《关于进一步落实粮食安全责任制确保粮食稳产增效的实施方案》《关于调整2020年度社会保险缴费基数的方案》等议题。

8月3日,江阴市政府召开第十七届政府第七十四次常务会议。会议讨论并原则通过《国务院江苏安全生产专项整治督导组“四个清单”分解落实方案》《江苏省安全生产第二督导组“三个清单”分解落实方案》《江阴市安全生产专项整治三年行动实施方案》《关于扎实推进美丽江阴建设的实施意见》《关于全面推进我市长江流域禁捕退捕工作的实施方案》《江阴口岸进境肉类产品质量安全保障工作方案》《江阴市进境肉类指定监管场地重大突发事件应急处理预案》《关于2020年中央财政特殊转移支付和特别国债有关资金分配情况的汇报》《关于优化支出结构带头落实过紧日子要求做好“六稳”“六保”工作的意见》等议题。

8月10日,江阴市政府召开第十七届政府第七十五次常务会议。会议讨论并原则通过《江阴市率先基本实现农业农村现代化示范建设实施方案(2020—2022年)》《关于开展“村企共发展　同奔现代化”行动的实施意见》《江阴市2020年富民增收工作要点》《江阴市工程建设项目审批制度改革实施方案》《关于加快推动新基建积极培育新动能的实施方案》《江阴市房屋征收清点清障攻坚行动计划》《江阴市棚户区改造范围和界定标准实施方案》《江阴市建筑垃圾资源化处理项目(一期)特许经营实施方案》《江阴市农村乱占耕地建房问题摸排工作方案》等议题。

9月4日,江阴市政府召开第十七届政府第七十六次常务会议。会议讨论并原则通过《江阴市创建国家生态园林城市三年行动计划(2020—2022年)》《江阴市社会联动救助基本公共服务标准化专项试点实施方案》《江阴市“十四五”农村生态河道建设规划》《江阴市印染行业发展专项规划(2020—2030年)》《2020年江阴市各镇(街)、开发区污染防治重点指标及工作月度考核办法》等议题。

9月30日,江阴市政府召开第十七届政府第七十七次常务会议。会议讨论并原则通过《村(居)民委员会盖章证明事项清单》《村(居)民委员会依法协助工作事项清单》《不应由基层群众性自治组织出具证明事项清单(第一批)》《江阴市排查解决突出民生问题实施方案》《关于进一步推进权力事项进驻政务服务中心的实施方案》《江阴市通信基础设施空间布局规划(第五代移动通信)》《关于公布江阴市征地区片综合地价标准的事宜》《江阴市美丽河湖三年行动(2020—2022年)实施意见》《江阴市综合行政执法改革专项行动实施方案》等议题。

10月19日,江阴市政府召开第十七届政府第七十八次常务会议。会议讨论并原则通过《关于全面推进行政规范性文件合法性审核和备案审查工作的实施意见》《关于全面推行涉企轻微违法行为不予处罚清单、一般违法行为从轻减轻处罚清单优化营商环境的实施意见》《关于加强全市市场主体信用分级分类监管的实施意见》《关于调整粮油储备计划的情况汇报和关于落实粮食安全责任制考核的情况汇报》《江阴市城市抗震防灾规划(2017—2030年)》《江阴市健全公共卫生应急管理体系改革专项行动实施方案》《关于深化改革加强食品安全工作的实施意见》《江阴市食品安全工作三年行动计划》《关于表彰2020年度“创新江阴”建设先进集体和先进个人的决定》《江阴市第30届科技节活动方案》《江阴市推进产业链高质量发展工作方案》《江阴市污染防治攻坚战“蜗牛警示牌”认定办法(试行)》等议题。

11月26日,江阴市政府召开第十七届政府第七十九次常务会议。会议讨论并原则通过《关于支持在澄高等院校引进高层次人才的实施办法(试行)》《关于坚持和完善“大数据+网格化+铁脚板”治理机制加快推进基层社会治理现代化的实施意见》《关于进一步优化招商体系的实施方案》《江阴市城镇污水处理提质增效行动实施方案(2019—2021年)》《江阴市价格异常波动应急预案》《江阴市气象灾害应急预案》《关于进一步提升消费信心激发消费需求的若干措施》《江阴市城乡居民基本养老保险办法》《2021年江阴市城乡居民基本医疗保险及长期护理保险筹资方案》《关于江阴市城乡居民基本医疗保险有关政策调整的情况汇报》《关于扎实开展江阴城市更新工作的实施意见》等议题。

12月9日,江阴市政府召开第十七届政府第八十次常务会议。会议讨论并原则通过《江阴市重大行政决策程序规定》《关于加快推进总部经济高质量发展的若干政策意见》《江阴市总部经济高质量发展三年行动计划(2020—2022年)》《关于在全市全面推行林长制的实施意见》《江阴市改革完善医疗卫生行业综合监管制度实施方案》《江阴市基础教育集团化办学发展规划(2020—2022年)》《江阴市声环境功能区划分调整方案》《江阴市高排放车辆提前淘汰补贴工作方案》《关于对部分高排放车辆提前淘汰实施补贴的通告》《关于2020年财政预算预计执行情况和2021年财政预算安排情况的汇报》等议题。

12月25日,江阴市政府召开第十七届政府第八十一次常务会议。会议讨论并原则通过《政府工作报告》《关于江阴市人大有关决议落实情况和市十七届人大四次会议代表建议办理情况的报告》《关于政协江阴市十五届四次会议提案办理情况的通报》《江阴市2021年度政府投资项目计划》《江阴市国民经济和社会发展第十四个五年规划纲要和二〇三五年远景目标》《关于江阴市2020年国民经济和社会发展计划执行情况及2021年国民经济和社会发展计划草案的报告》《2021年市委、市政府为民办实事》《关于扎实推进美丽江阴建设的议案》《无锡(江阴)港高质量发展战略规划》《“微幸福”民生工程实施方案》《企业破产处置协调联动机制》《江阴市出租汽车行业突发性群体事件应急预案》《江阴市内河(长江除外)船舶污染事故应急预案》《江阴市内河(长江除外)水上搜救应急预案》

《全市农用车(含拖拉机)专项整治工作方案》《关于调整2021年度江阴市城乡居民基础养老金和被征地农民政府保养金的方案》等议题。

【市长办公会议】 2020年1月12日,江阴市政府召开十七届政府第四十八次市长办公会议。会议讨论并原则通过《关于启动东二过江输电工程项目拆迁工作的汇报》《关于中石化江阴公司安全环保提升项目的情况报告》《江阴市独柱墩桥梁加固提升专项整治方案》等议题。

3月3日,江阴市政府召开十七届政府第四十九次市长办公会议。会议讨论并原则通过《位于长江干支流1公里范围内的历史遗留化工项目补办的处理意见》等议题。

3月13日,江阴市政府召开十七届政府第五十次市长办公会议。会议讨论并原则通过《南闸街道、云亭街道财政管理体制调整方案》议题,及有关公司搬迁补偿、项目补办等事宜。

3月20日,江阴市政府召开十七届政府第五十一次市长办公会议。会议讨论并原则通过《江阴市物流运输企业政策奖励实施办法》《关于强化外资项目招引提升利用外资质量的政策措施》等议题。

3月27日,江阴市政府召开十七届政府第五十二次市长办公会议。会议讨论并原则通过《关于支持江阴综合保税区高水平开放高质量发展的若干政策意见》《江阴市政府购买服务目录》《关于授予市融媒体中心广告资源开发权限的情况汇报》《沿江景观大道一期项目(涉江段)设计变更的情况汇报》《关于与江苏资产合资组建江苏联澄资产管理有限公司的情况汇报》等议题。

4月2日,江阴市政府召开十七届政府第五十三次市长办公会议。会议讨论并原则通过《江阴发放电子消费券工作方案》《关于开展〈江阴市国土空间总体规划(2020—2035年)〉编制相关工作的情况汇报》《关于撤销澄江街道黄田港村村民委员会建制的请示》等议题。

4月8日,江阴市政府召开十七届政府第五十四次市长办公会议。会议讨论并原则通过《江阴市土地综合整治建新指标统筹及有偿使用交易实施细则(试行)》《关于设立江苏ط泉临港产业投资基金的方案》《江阴临港化工园区总体规划(2019—2030年)》等议题。

4月30日,江阴市政府召开十七届政府第五十五次市长办公会议。会议讨论并原则通过《江阴临港经济开发区化工园区(东片区)500米防护距离内商户等管控方案》《江阴高新区化工集中区取消定位"一企一策"处置方案》议题,及有关公司搬迁补偿、有关建设项目追加投资等事宜。

5月16日,江阴市政府召开十七届政府第五十六次市长办公会议。会议讨论并原则通过《华西化工码头有限公司三期项目办理补办手续的建议》议题,及关于投资建设江阴周南热电有限公司等事宜。

5月19日,江阴市政府召开十七届政府第五十七次市长办公会议。会议讨论并原则通过《江阴市城镇污水专项规划修编的情况汇报》等议题。

5月30日,江阴市政府召开十七届政府第五十八次市长办公会议。会议讨论并原则通过《关于共建江阴集成电路设计创新中心的情况汇报》等议题。

6月6日,江阴市政府召开十七届政府第五十九次市长办公会议。会议讨论并原则通过《市中医院异地新建项目总投资调整方案》等议题。

6月13日,江阴市政府召开十七届政府第六十次市长办公会议。会议讨论并原则通过有关企业搬迁补偿等事宜。

6月20日,江阴市政府召开十七届政府第六十一次市长办公会议。会议讨论并原则通过《江阴市餐厨废弃物集中处理PPP项目(一期)合同》《新建江苏南沿江城际铁路江阴站站房建设框架协议》《江阴南部高铁城及南沿江重要节点高压线路迁改方案》等议题。

7月6日,江阴市政府召开十七届政府第六十二次市长办公会议。会议讨论并原则通过《关于一揽子处理富民担保公司债务的情况汇报》《关于建设江阴市人力资源产业园的情况汇报》等议题。

8月3日,江阴市政府召开十七届政府第六十三次市长办公会议。会议讨论并原则通过《关于扶持打造江阴市电商产业园的方案》议题,及有关公司搬迁补偿等事宜。

8月21日,江阴市政府召开十七届政府第六十四次市长办公会议。会议讨论并原则通过《关于兴澄金属耐磨新材料等5个重大项目50年土地出让年限的情况汇报》《关于中粮麦芽第三期麦芽项目建设的情况汇报》《关于华西新市村土地出让收益返还及有关事项的情况汇报》议题,及有关公司增资等事宜。

9月4日,江阴市政府召开十七届政府第六十五次市长办公会议。会议讨论并原则通过《关于调整江阴市女性灵活就业参保人员退休年龄的操作口径》《关于调整江阴市上市公司原始股托管减持纳税优惠政策的情况汇报》《关于设立江阴市政府性融资担保公司的方案》《关于中瑞生物医药创新中心有限公司投资款延期问题的情况汇报》等议题。

9月15日,江阴市政府召开十七届政府第六十六次市长办公会议。会议讨论并原则通过《关于江苏海伦石化有限公司长江干流1公里范围内建设PTA成品仓储项目准入事宜的情况汇报》《关于白石山整治详细调查适用应急程序的情况汇报》等议题。

9月30日,江阴市政府召开十七届政府第六十七次市长办公会议。会议讨论并原则通过《关于沿江高速拓宽后江阴互通设置方案及出资情况汇报》《关于明确城区行政村撤村后继续享受留置用地政策的情况汇报》等议题。

10月19日,江阴市政府召开十七届政府第六十八次市长办公会议。会议讨论并原则通过《关于调整南沿江铁路江阴站出资保函的情况汇报》《关于支持江阴综保区引进"龙工场·江阴跨境电商产业园项目"的方案》《关于解决人社局等相关单位档案及其他业务用房的建设方案》议题,以及有关用地出让、有关公司搬迁补偿等事宜。

10月26日,江阴市政府召开十七届政府第六十九次市长办公会议。会议讨论并原则通过《原江阴广播电视集团文化事业单位转制为企业实施方案》《江阴市大数据股份有限公司组建工作方案》《关于实施苏南国家自主创新示范区江阴高新区“一区多园”管理体制的报告》《江阴高新区新城镇综合开发 PPP 项目实施方案(修订版)》《关于支持临港开发区新引进外贸企业政策的意见》《关于江阴睢宁园区创建省级特色园区相关问题的情况汇报》等议题。

10 月 27 日,江阴市政府召开十七届政府第七十次市长办公会议。会议讨论并原则通过《关于收购江阴市能化商贸有限公司燃气资产项目的报告》等议题。

12 月 9 日,江阴市政府召开十七届政府第七十一次市长办公会议。会议讨论并原则通过《关于新沟河江边枢纽土地有关事宜的情况汇报》《江阴市产业发展中心有限公司组建方案》《关于澄邦基金国资增资事宜的情况汇报》等议题。

12 月 25 日,江阴市政府召开十七届政府第七十二次市长办公会议。会议讨论并原则通过《关于进一步规范改制医院注册登记的实施方案》《关于延续创业园载体租金所缴税收扶持政策的情况汇报》等议题。 (钱晓瑜)

外 事

2020 年 12 月,在日本藤冈市举办中国江阴展 (市外事办提供)

【概况】 2020 年,江阴外事工作者冲锋在前,把保障人民群众生命安全和身体健康放在第一位,将疫情防控作为最重要的工作来抓,在坚持抓紧抓实抓细各项涉外防控措施的同时,积极加强国际合作和友城交流,为增强江阴的城市美誉度和国际影响力作出贡献。是年,江阴市外事办公室接待来自外国驻华使领馆的客人 6 批 64 人次;保障和推进 APEC 商务旅行卡申报工作,新受理 23 人的申报事项,办结颁卡 8 张;妥善处理涉外事件 30 余件;接听多语种热线电话 1500 余个,协助解决 569 名在江阴外籍人士在疫情防控方面遇到的困难和问题,对外籍人士到江阴各项事宜进行正确指引。

【外宾接待】 2020 年,江阴市外事办公室接待来自外国驻华使领馆的客人 6 批 64 人次。

6 月 29 日,法国驻沪总领事纪博伟、埃塞俄比亚驻沪总领事巍澜等 10 名外国驻沪领馆官员参加江阴(上海)合作恳谈会。市长蔡叶明会见客人。

8 月 8 日,韩国驻上海总领事馆商务领事朱原奭一行 7 人访问江阴,考察江阴市外商投资环境并调研在江阴韩资企业,副市长孙协军会见客人。

8 月 13 日,日本驻上海总领事馆福田高干副总领事携日本在沪金融机构高管一行 21 人访问江阴,考察江阴市金融投资环境。市长蔡叶明会见客人,副市长孙协军陪同考察。

9 月 11 日,法国驻上海总领事馆纪博伟一行 3 人访问江阴,参加南京理工大学江阴校区启用(开学)仪式,市长蔡叶明会见客人。

10 月 16 日,日本、韩国、以色列、瑞士、英国驻沪总领馆领事官员代表团一行 9 人访问江阴,考察江阴经济社会发展情况并出席江阴市经贸洽谈会。副市长孙协军会见客人。

12 月 17 日,刚果驻华大使尼埃尔一行 14 人访问江阴,参观海澜集团有限公司。

【友城交流】 2020 年,国外疫情发生后,江阴市政府第一时间向 7 个友好城市、8 个友好交流城市和 9 个友好交流意向城市致信慰问,主动向其中 5 个国家 6 个国际友城(日本藤冈市、日本南城市、韩国群山市、意大利托尔托纳市、美国阿拉米达市和法属波利尼西亚法阿市)捐赠 22 万只防护口罩等防疫物资,助力其抗击疫情。在疫情面前,江阴市与国际友城患难与共、守望相助,获得国际友城各界、中国人民对外友好协会、驻外领馆的感谢,为疫情后的江阴国际产业合作、经贸人文往来打下坚实基础。 (邱佳珩)

退役军人事务

【概况】 2020 年,江阴市退役军人事务工作围绕“让军人成为全社会尊崇的职业”目标定位,忠实践行“为军服务”宗旨,以建立健全组织管理体系、工作运行体系、政策制度体系为载体,扎实做好“基层服务站建设、服务退役军人、打造一流队伍”三项工作。年内,移交安置工作达到安置人员和接收单位“双满意”目标,企业军转干部待遇得到保障;全面落实退役军人教育培训制度,多渠道畅通退役军人就业创业途径,普遍开展退役士兵适应性培训,线上线下举办专场招聘会，近 100 个企业提供 2000 余个岗位；全面落实优抚对象福利待遇，加大退役军人走访慰问力度，常态化开展退役军人和优抚对象信息采集工作。是年，江阴市第五次荣膺“全国双拥模范城(县)”称号，局下属退役军人服务中心被评为江苏省退役军人工作模范单位；江阴市雷马技能培训有限公司被评为江苏省退役军人教育培训实习实训示范基地。

【“江阴退役军人”微信公众平台上线】 2020 年 5 月 28 日，“江阴退役军人”微信公众平台上线。平台设置服务资讯、政策法规、专题专栏 3 个主栏目，分设老兵特惠、教育培训、政策解读、双拥动态、退役军人风采等 13 个子栏目，主要功能为及时传达各级关于退役军人事务工作的决策部署、发布重大政策、推广工作经验、宣传先进典型、回应社会关切，为全市退役军人和其他优抚对象提供服务，为推进退役军人事务工作营造良好舆论氛围。全年推送 156 条信息，发布岗位招聘 25 期，提供自主就业退役军人适应性线上培训、法律在线等，服务 6220 余人次。

【退役军人双创学院成立】 2020 年 7 月 29 日，江阴市退役军人双创学院和高新区军民科技协同创新中心举行揭牌仪式，首批聘请 8 位创业导师，6 个企业签约入驻“军创之家”众创空间。双创学院是江阴市首个集政策服务、创业孵化、培训交流、科技服务、成果展示为一体的综合性创业服务平台，致力于为退役军人的创新创业提供全方位指导和高质量服务。

【移交安置】 2020 年，江阴市退役军人事务局按照“公开透明、廉洁高效”原则，认真研究接收安置政策要求，扩大“积分选岗”方式适用范围，构建江阴退役军人移交安置工作“阳光工程”。规范自主择业军转干部管理服务工作，集中走访慰问企业军转干部，发放节日慰问金 321.95 万元，定期开展健康体检、座谈交流、主题教育活动，并按时缴纳医疗、工伤、生育保险，缴纳社保费用 50.01 万元，发放医疗救助金 21.42 万元，对特别困难的企业军转干部发放救助金 6.8 万元。市、镇两级发放退役士兵一次性经济补助金 3911.2 万元；发放转业士官待岗生活补贴 9.09 万元、补缴待岗社保费用 10.61 万元。

【优待抚恤】 2020 年，江阴市退役军人事务局全面实施“一人一档”工作，为享受定补的优抚对象 100% 建立服务台账；建立常态化联系退役军人制度，密切沟通联系；向参加过抗美援朝的 279 人发放“中国人民志愿军抗美援朝出国作战 70 周年”纪念章。慰问 884 户困难优抚对象家庭、1100 余名重点优抚对象，按时、足额发放各类抚恤、困难补助 9500 余万元，组织符合条件的优抚对象开展年度体检，提供好各类优抚服务保障。对是年新申报的各类优抚对象进行医疗鉴定和网络申报工作，向重点优抚对象及时拨付门诊费 57.15 万元；组织 58 名优抚对象开展为期 6 天的健康疗养工作。推进部分退役士兵社保接续工作，补缴总额 4097 万元，其中个人缴费 1365 万元。

【拥军优属】 2020 年，江阴市实施军地互办实事工程，实施退役军人及军属就业工程，举办退役士兵及随军家属网络专场招聘会，投入 10.6 万元组织现役士兵和随军家属进行短期技能培训，安排部队官兵子女入学入托。探索社会化拥军新模式，先后与邮政、驾培、保险、养老等系统签订拥军优属合作协议；完善市关爱退役军人协会和下设基金运行机制，形成“兵帮兵、兵爱兵、兵为兵”氛围。疫情防控期间，组织开展“关爱疫线军人家庭”活动，帮助驻地部队援鄂医护人员家庭解决实际困难；协调 1000 套口罩、500 套防护服，全力保障执行重大任务的部队所需；组织全市退役军人捐赠爱心款 100 万余元，爱心物资 9 吨。

【军休服务】 2020 年，江阴市退役军人事务局围绕服务管理军队离退休老干部这个中心任务，扎实工作、规范服务，全年安全无事故。江阴市军队离休退休干部服务管理中心党支部获评“暨阳先锋”五星级堡垒党支部；离休干部王永康被无锡市评为“最美战疫先锋”。投入 65 万元用于环境、设施建造和器材购置，优化军休环境，完善服务设施。依法依规全面落实好军休干部的“两个待遇”(政治待遇和生活待遇)，按时足额发放军休干部离退休费。做好军休干部医疗保障工作，全年组织 4 次大走访活动，看望住院和长期卧病在床的老干部，为每位军休干部发放生日蛋糕。在春节、八一建军节发放慰问金 18 万元。疫情防控期间，加强宣传引导，做好所属人员排查工作，并发出“抗击疫情献爱心”捐款倡议书，收到老干部及职工捐款 13.6 万元。

【烈士纪念】 2020 年，江阴市革命烈士纪念馆紧扣“褒扬先烈，教育后人”的宗旨，推进防控防疫、基础建设、信息化升级、活动接待等重点工

2020 年 7 月 7 日，江阴退役军人志愿服务队暨老兵故事宣讲团成立

(市退役军人事务局提供)

作。拨付专项基建资金70万元对纪念馆长廊、公共厕所进行维修改造。申请政府专项维修基金16万元对自来水管道和防洪沟进行全面改造。纪念馆工作人员整理各类信息1000余条,补充录入200余位烈士资料,拍摄362件烈士遗物、实物图片。全新改版江阴市革命烈士纪念馆网站,上线江阴烈士纪念馆微信公众号及纪念馆语音导览系统。承办新时代文明实践“红色线路、红色记忆、红色宣讲”主题党日、“七彩夏令营”等46场次活动,志愿宣讲8场次。全年接待参观人员1485批12104人,烈士家属10批40人。全年接待服务实现零投诉。(沈 洁)

行政审批

【概况】 2020年,江阴市行政审批局认真贯彻落实市委、市政府决策部署和全市政务服务工作会议精神,深化行政审批改革,提升政务服务水平,全力推动营商环境优化。江阴市行政审批局受理并办结投资建设类审批事项2440件,收取各类规费逾3.49亿元;办理12831个企业注册登记,全市市场主体突破22.5万户;开展公共资源交易1246项,实现交易额54.68亿元。

【市场准入领域】 2020年,江阴市行政审批局组建“0.5天快手服务队”,联合推进“新设企业0.5天完成”工作,自5月起在全市各镇(街道)、园区全面铺开。推进企业商事登记档案外网查询服务系统开发、数据迁移,为全市市场主体、相关部门提供全方位24小时信息查询、打印服务。全市年内新增市场主体40155个,比2019年增长23.8%。办理“企业开办0.5天”总计7093个,占实施以来新设企业总数的83%。对17项行政权力事项、631件申报材料进行全面清理,申报材料减少至495件,压减率为22%。

【投资建设领域】 2020年,江阴市行政审批局制定出台《江阴市工程建设项目审批制度改革实施方案》及16个配套文件,完成工程建设项目审批综合服务区的升级改造,出台《江阴市工业项目“拿地即开工”操作实施办法》,推动无锡首项拿地即开工项目的落地。制定出台《投资建设类权力事项全链委托高新区、临港经济开发区实施方案》,将建设用地规划许可证的核发、建设工程设计方案审查等14项投资建设类权力事项委托江阴高新区和临港经济开发区实施。至年底,两区实现与市级审批同权。

【公共资源交易】 2020年,江阴市行政审批局启用“不见面交流”“不见面审批”“不见面开标”“不见面交易”等立体式“不见面”服务,持续保障疫情防控和复工复产有力有效。是年,完成不见面开标690宗。采取取消建设工程项目交易综合服务费、取消政府采购保证金、全面调整政府采购履约保证金收取等方式,加大对中小微企业支持力度。启用公共资源交易金融服务支撑平台,启动投标电子保函业务,开保函926笔,涉及保费219.63万元,节约保证金应缴纳金额4.39亿元。

【政务服务体系建设】 2020年,江阴市行政审批局完善三级服务体系,编制《江阴市镇(街)政务服务中心建设标准规范》,全面建立“1+18+N”管理模式,即1个市级政务服务大厅,18个镇(街道)、园区政务服务中心,N个村级便民服务中心的窗口设置、服务标准、监督考核统一规范。通过“澄事之窗”自助服务终端,建立推广市、镇、村三级24小时自助服务区,实现107项功能事项的自助办理,打造全市15分钟自助服务圈。推出“外网申请、内网审核、现场核对、即时领证”的不动产线上登记服务,全年通过平台受理二手房交易业务7921件,办结业务6709件。梳理“我要办运输公司”“我要办灵活就业参保”等100余项“一件事”事项清单,设立“一件事”专窗,推动不同部门、不同层级的关联事项“一链办理”,变“一段一流程”为“一事一流程”。 (周明明)

医疗保障

【概况】 2020年,江阴市医疗保障局践行“以人民健康为中心”的发展理念,统筹推进疫情防控与医疗保障事业高质量发展,在“健全机制、深化改革、强化管理、提升服务、夯实基础”等方面持续发力,不断提升人民群众获得感、幸福感和安全感。全市基本医疗保险参保139.96万人,其中职工医保91.92万人、居民医保48.04万人,生育保险参保56.84万人,基本医疗保险覆盖率达98.4%。全市有定点医疗机构379个、定点零售药店549个。至年底,职工医保(含生育)基金累计结余41.97亿元,其中统筹基金结余23.68亿元,个人账户结余18.29亿元;居民医保基金累计结余3.93亿元。

【健全多层次医保制度体系】 2020年6月,江阴市政府出台《江阴市医疗救助办法》,市政府办公室出台《关于实施江阴市城乡居民大病保险制度的意见》,完善以基本医保为主体、大病保险为延伸、医疗救助为托底的多层次医疗保障体系。大病保险保障对象覆盖全市居民基本医疗保险和职工基本医疗保险参保人,政策范围内报销比例达60%以上;医疗救助对象起付标准降低50%,各报销段报销比例提高5%。将最低生活保障家庭成员、特困供养人员、建档立卡低收入人口等11类对象全部纳入医疗救助保障范围,政策范围内住院医疗费用救助比例不低于70%,年度救助最高为30万元,形成防范和化解因病致贫因病返贫问题的长效机制。

【落实医保市级统筹】 2020年,江阴市医保局印发《关于统一基本医疗保险医疗费用结算年度等有关工作的通知》,将基本医保结算年度统一调整为自然年度;落实无锡市2021年度居民医保筹资标准,参保、缴费政策进一步接轨;印发《关于调整江阴市城乡居民基本医疗保险有关政策的通知》,推动居民医保待遇标准以及门诊慢性病、门诊特殊病种保障待遇范围和标准与无锡统一。推动医保经办一体化,医保经办和定点管理统一规范。落实基金统一预决算管理、统一专户收支要求,制定《江阴市城乡居民基本医疗保险医疗费用结算办法》。

【基金监管智能化】 2020年,江阴市医保局推进“智慧医保监管4+1

体系”建设，主要包括严格药店、诊所进销存管理的“医保反欺诈系统”；实现移动查房、人脸识别全覆盖的“医保互联网+实时监控系统”；通过数据挖掘分析加强监管的“医保大数据智能审核系统”；完善经办内控机制的“医保经办电子档案全程纪实系统”以及中心端可视化分析系统。同时，全面实行电子病历数据传输，有效提升医保智能监管水平。

【打击欺诈骗保】 2020年，江阴市医保局分级分类组织医保政策宣传培训和基金监管能力培训，开展基金监管源头治理、定点医疗机构专项治理和“回头看”；在传统病案抽查基础上，重点开展轻症收治、目录对应、医保限制用药、违规收费等专项检查，抽查医保病历8300余份，组织专家评审病历2000份，审核手术病种6220例，追回资金670万元。“双随机”（随机抽取检查对象、随机选派执法检查人员）现场检查定点机构726个。处理违规机构81个，其中，终止协议3个、暂停协议12个、限期整改66个。

【医保待遇水平稳步提升】 2020年，江阴市城乡居民基本医保筹资标准由上年度的1100元/人调整为学生少儿1070元/人、其他居民1280元/人。充分发挥三重保障制度作用，城镇职工基本医疗保险累计结报929.49万人次、28.16亿元，城乡居民基本医疗保险累计结报370.78万人次、5.46亿元；大病保险累计结报6597人次、3911万元；全额资助6143名困难人员参保，医疗救助金额达6700余万元。长期护理保险发放待遇4994人、4655万元；医保特药增加至72种，累计特药补助7431人次、4433.81万元，有效减轻大重病患者和困难人员负担。

【医保阶段性降费】 2020年，江阴市医保局落实江苏省、无锡市医保降费政策以及江阴市委、市政府“惠企25条”要求，阶段性降低企业职工基本医保单位缴费比例和职工补充医保缴费比例，累计为企业和灵活就业人员减负6.65亿元。

【深化医保支付方式改革】 2020年，江阴市医保局根据上级文件精神和全面深化改革要求，深化总额控制下多元复合式医保支付方式改革，推进按疾病诊断相关分组（DRGs）付费试点工作，统一试点医院DRGs编码和支付标准，按无锡CHS-DRG试点要求做好结算数据上传、分组器调整、模拟测算等工作。继续完善医联体“打包付费”政策，建立向紧密型医联体预拨医疗费用周转金制度，确定是年预拨周转金额度1.37亿元。健全医保经办机构与医疗机构间的谈判协商机制，完善风险分担机制，促进“结余留用、合理超支分担”落到实处。

【推进药品和医用耗材集中采购】 2020年，江阴市医保局有序扩大国家组织集中采购和使用药品品种范围，组织43个医疗机构参加3批国家药品集中带量采购，112种品规集采药品平均降价55%、最高降价98%；开展高值医用耗材集中采购试点，组织11个公立医疗机构参加3轮省高值医用耗材联盟采购，督促集采药品和医用耗材落地采购和使用。通过医药集中采购和高值医用耗材联盟采购，全年节约资金1.85亿元。

【医疗服务价格管理】 2020年，江阴市医保局稳妥推进公立医院医疗服务价格改革，完成改革阶段性评估；选取5个医药机构探索开展医药价格定点监测。及时转发执行上级关于调整核酸检测、冠状动脉搭桥术等医疗服务项目价格的通知，按程序组织人民医院医疗服务项目申报执行三类医院价格、中医医疗服务项目价格调整工作。先后开展400余人次医疗服务价格政策培训，召开国家药品集采及医保政策座谈会，组织完成医疗服务价格调查和药品采购供应数据统计。

【推进异地就医直接结算】 2020年，江阴市医保局持续提升异地就医直接结算水平，落实异地就医经办服务规程，推动异地就医备案“网上办”“掌上办”；全面实现长三角区域门诊费用直接结算、无锡医保大市免备案一卡同城结算；江阴市异地就医定点医院联网覆盖率100%；江阴市以外异地就医门诊直接结算率74.1%，住院直接结算率62.3%，有效缓解群众异地看病就医“垫资难、跑腿烦”的问题。

【医保公共服务】 2020年，江阴市医保局开展医保公共服务专项治理，落实全省统一的医保经办政务服务事项清单、办事指南和操作指引，推行医保定点申请常态化受理，精简优化门诊慢性病、门诊特殊病种申请等22项办事流程，全面实行综合柜员制，推进“一单制”结算、“一站式”办理。建成“江阴医保”微信公共服务平台，实现医保政策动态发布、账户信息在线查询、常见业务掌上办理，为参保人提供24小时不间断医保服务，关注使用量超过20万人。加强窗口考核，全面实行“好差评”制度，着力打造“五最”（最简办事环节、最少提交材料、最短办结时限、最小自由裁量、最高群众满意度）医保服务体系。

【社商合作】 2020年，江阴市医保局进一步健全优势互补、安全高效的“社商合作”机制，经无锡市统一招标确定由3个商业保险公司组成共保体，共同承保江阴市城乡居民大病保险业务；指导大病保险承办机构组建大病保险运营中心，实行融合办公，统一医保服务站标识，完善人员配置，促进力量整合、资源融合、效能聚合。

【“智慧医保”建设】 2020年，江阴市医保局推动国家医保局15项信息业务编码落地使用；推广应用医保电子凭证，年内累计激活43万余人，率先达到30%激活率的省定目标；对接江苏省“医保云”平台，完成“金保”系统硬件更新，对医保数据专网实施双线路改造，医保信息化水平进一步提升。 （张 伟）

信访工作

【概况】 2020年，江阴市信访局学习领会习近平总书记关于加强和改进人民信访工作的重要思想，把信访工作放在全市经济社会发展大局中考量，抓住融入县域治理体系和治理能力现代化建设的结合点、关键点，突出阳光信访、责任信访、法治信访三大建设。全市信访部门、信访干部坚决落实联防联控、群防群治要求，在积极投身疫情防控一线，从严抓好内部防控的同时，高度重视涉疫信访矛盾,做到极速反应、高效办理。持续开展“人民满意窗口”质量提升工程,全市各镇、街道成功创建无锡市“人民满意窗口”。运作以市人民来访接待中心为载体的“1+4”一站式联动处理体系,加强群众来访引导接待工作,节假日安排人员全天到岗,重要时期24小时值班,保持信访渠道全天候畅通。全年市级层面接待来访群众480批2742人次,完成重大活动信访保障任务,全市信访秩序持续好转。

【信访信息系统应用】 2020年,江阴市信访局持续推进信息化建设,深化“阳光信访信息系统”应用,对群众访、信、网、电诉求全口径纳入信访信息系统管理,做到“当日接、当日转、当日办”;深化“智能化信访服务与管理系统”应用,加强涉访信息收集汇总,动态监测和评估全市涉访风险隐患,实现“诉求网上办、结果网上查、问题网上督、形势网上判”的一网式信访综合管理服务体系。探索推进基层信访工作与网格化治理深度融合,研究借助大数据、信息化手段将信访平台与公安、司法、城管、综治等平台对接事宜。

【信访工作标准化规范化建设】 2020年,江阴市信访局坚持以标准化促规范化,以规范化落实标准化,着眼信访法治化建设和依法行政能力提升,严格按照《信访条例》《江苏省信访业务标准化建设手册》《无锡市信访业务标准化建设实用手册》等规定要求,会同镇(街道)和部门狠抓初信初访办理。通过建立网上巡察、定期检查、随机抽查、逐月通报等制度,及时发现、通报、整改问题,确保办理质效;以群众需求为导向,打破固定思维,建立“简易事项马上办、普通事项提速办、所有事项认真办”三办机制,全力压缩在途时间,提升办理时效。信访事项办理标准化、规范化水平不断提高,“四率”(受理率、办结率、参评率、满意率)水平持续提升,及时受理率和办结率均为100%,参评率信访部门99.79%、责任部门99.76%,满意率信访部门98.09%、责任部门98.07%。落实依法分类处理制度,学习省《依法分类处理信访诉求工作规则》及江阴市依法分类处理工作清单,区分信访途径与行政复议、行政监察、行政确认、行政许可等其他法定途径的受理范围,提高依法分类处理意识和水平。全市信访系统业务标准不断完善,一次性化解率得到提升,重复信访明显下降,较好实现源头预防。

【信访矛盾化解攻坚】 2020年,江阴市信访局围绕打好重大风险防控攻坚战,把开展重点领域突出矛盾防范化解“一战六行动”(涉法涉诉、住建、经济金融、环保、市场、劳资六个领域)和“排风险、建清单、除隐患、保稳定”作为重要抓手,结合城乡建设领域信访问题专项整治、集中治理重复信访化解信访积案专项工作等,对重点矛盾、重复事项进行综合排查研判,力求清仓见底。对梳理出的重点矛盾、重复事项进行集中交办,建立卷宗档案,实施分级管理,形成“一案一策、一人一档”,做到心中有数、有序推进。是年,国家和省交办重点信访矛盾6件,化解4件,稳定2件;无锡市级交办信访矛盾84件,化解41件;江阴市级交办信访矛盾207件,化解120件。坚持“条块结合、以块为主”,根据党政领导工作分工和以往包案情况、信访案件疑难程度等,对重点矛盾全部落实领导包案。强化领导接访保障工作,用足用好领导接访下访平台,成立工作专办,首创预约登记,结合党政主要领导“百县千案”工作,化解工作计划、分级管理目录,严格选案、主动约访,形成部门现场会审,领导现场决策、共同会商化解的高效运作模式,助力信访事项矛盾化解,促进全市信访形势的总体平稳、持续向好。

(张　慧)

对口支援与帮扶

【概况】 2020年,江阴市深入落实习近平总书记在决战决胜脱贫攻坚座谈会上的讲话精神和第三次新疆工作座谈会精神,按照“争当表率、争做示范、走在前列”目标要求,真情帮扶、科学援建,不断提升对口援疆综合效益。落实江苏省和无锡市关于做好新一轮东西部扶贫协作工作的要求,克服新冠疫情给江阴延川两地对口协作工作带来的不利情况,突出工作重点,强化工作措施,确保苏陕扶贫工作平稳有序开展。与徐州市睢宁县深化传统帮扶结对关系,不断拓宽合作领域,南北共建关系得到加强。全年安排财政上缴省援疆统筹资金8763万元;安排财政上缴省东西部扶贫协作统筹资金8172万元;安排援建睢宁帮扶资金500万元。

【对口援疆】 2020年,江阴市全力支援新疆霍城县抗击疫情,先后支援霍城防疫物资九批,捐赠一次性口罩、N95口罩、一次性手套、预防用中药颗粒、防护服、体温计、护目镜、防护面罩、新冠病毒测试剂、额温枪、消毒机器人等十余种防疫医疗物资,捐助负压救护车、专业救护车5辆,各类物资累计超400万元。针对疫情影响造成的项目开工晚、推进慢等实际问题,江阴市对口支援霍城县工作组到达霍城后先后召开4次重点项目推进会,着力解决项目推进过程中存在的各类问题,全力以赴确保援疆项目高水平推进。年内,实施援疆项目32项,总投资2.3亿元,其中援疆资金2.06亿元,基建类项目17项,投入援疆资金1.5亿元,江苏医院综合大楼、清水河消防中队等14项项目完工,其余3项项目按时序进度正常推进。非基建类项目15项,投入援疆资金0.56亿元。援疆资金投资完成率达100%。赴江苏、上海、浙江对接企业,同时围绕驻新疆央企国企和成都、西安区域开展精准招商,走访各类意向企业超50个。达成意向项目12项,其中落地开工新征地项目3项、入驻标准厂房项目5项。聚焦当地特色产业、重点企业,设立1000万元特色产业发展引导扶持资金,助推受援地产业高质量发展。推动制定《旅游业发展奖励实施办法》,安排100万元资金扶持旅游产业发展。做好智力援疆,实施“澄远英才361计划”(计划自2020—2022年,实施红色引擎工程、就业促进工程、组团援疆工程、育引智工程、创业创新工程、交流交融工程六大人才培训培养工程,组织培训农村富余劳动力10000人以上，党员干部、专业技术人员精准培训各1000人以上，赴无锡江阴挂职锻炼党政干部人才、重点培养青年创业人才、引进“高精尖专”和紧缺人才、短期引进江苏优秀人才各100人以上），实施干部人才培训项目28项。开办“澄远大讲堂”，保障落实“万名教师支教行动计划”，启动“澄远教育援疆十百千计划”。1名教师获“全国脱贫攻坚先进个人”称号，25名教师获州县两级“优秀教师”称号。设立“澄远教育援疆基金”，启动“澄远医疗援疆245计划”，填补霍城县6项医疗技术空白。柔性引进人才37人。江阴市工商联、青创联、青商会赴霍城开展专项帮扶活动。动员无锡、江阴社会各界人士开展援疆爱心行动，捐赠书籍1.5万册、衣服7000套、课桌1000套等，资助贫困学生500人，累计价值450万余元。江阴市对口支援新疆霍城县前方工作组被评为伊犁州民族团结进步模范集体，顾文浩获“新疆维吾尔自治区抗击新冠肺炎疫情先进个人”称号，朱晓峰、马忠洪获“伊犁州民族团结进步模范个人”称号。

【扶贫协作】 2020年8月10—11日，江阴市委书记许峰率领江阴市党政代表团赴陕西省延川县学习考察，召开对口协作联席会议，对两地扶贫协作进行安排部署。9月17—18日，延川县党政代表团在县委书记张永祥的率领下到江阴考察，寻求两地在能源化工、农业农村、招商引资等方面的交流合作，推动双方对口协作往更深更广领域延伸。其间，双方签订江阴—延川新时代深化对口协作共建备忘录。年内，江阴市选派新一轮挂职延川县党政干部2人，接受5名延川县领导干部到江阴挂职交流。江阴教育、医疗、农业“三支”专技人才18人赴延川县开展工作，延川县选派35名专业人才到江阴学习交流。推进产业协作，两地组织16批182人次互动交流。台湾见龙机构投资1亿美元的壬庚新材料有限公司年产20万吨EPS（可发性聚苯乙烯塑料）项目一期竣工。江阴市房屋建设工程有限公司等企业总投资1.5亿元、年产150万平方米集成建筑项目竣工投产。延安润恩汽车科技公司总投资4800万元、年产4.5万套汽车高级驾驶辅助系统项目签约启动建设。落实苏陕扶贫协作专项资金1176万元，主要支持延川县小微企业孵化基地建设、千亩黄花菜种植基地建设、杨家圪坮镇社区工厂建设3项项目和人才交流及劳务技能培训工作。江阴市人社部门牵头，先后组织江苏阳光集团有限公司、中船澄西船舶修造有限公司、瀚宇博德科技（江阴）有限公司等15个大中型企业，赴延川县开展澄延协作专场劳务招聘活动，并通过延川政务网、延川快讯公众号发布信息，提供就业岗位922个。江阴市协助组织开展“家政服务技能”培训活动2次，参加培训人员累计111人。申港商会、廖友章爱心基金会、江苏春森园林建设工程有限公司、江阴市江东塑胶有限公司、江苏长强钢铁有限公司等企业分别派员赴延川县走访交流，捐款捐物合计224.9万元。江阴市镇（街道）、园区开展与延川县乡镇、园区结对活动，累计捐款860万元。组织开展“我在延川有棵（亩）苹果树”公益助农品牌活动，全市企业和个人认领认购延川苹果园8.67公顷。

【南北合作】 2020年9月2日，徐州市睢宁县委书记贾兴民率党政代表团到江阴参观考察，双方举行对口协作联席会议，畅谈合作项目，签订战略合作协议。江阴市10个企业与睢宁10个村建立联建关系，制定联建计划，建立合作项目，增强村集体发展能力。睢宁县佳盛源农业发展有限公司在江阴市中心合作设立农产品销售专卖店，销售西瓜、草鸡蛋等农特产品100万元。江阴市援建的睢宁县鲁庙村建设农业合作社帮扶项目，建设粮库、收储场地改善村集体生产经营场所，协助村集体流转土地66.67公顷，购置农机等设备，村集体实力得到增强。按照省委、省政府关于推动南北共建园区高质量发展的要求，江阴、睢宁积极创建省级特色园区，制订出台《江阴睢宁工业园高质量发展总体方案》《江阴睢宁工业园高质量发展规划》。12月1日，江阴市选派6人到园区任职，园区领导班子、基础设施投入资金、项目招商以江阴市为主。园区建立两地党委政府联席会议、园区管理机构、投资开发公司三层管理架构，做好园区决策协调、日常管理、投资开发工作。江阴市、睢宁县按照8:2比例，共同投入1亿元，成立江苏澄宁投资开发有限公司，进行园区开发建设。

【助力挂牌督战】 2020年4月，无锡市下发《关于组织社会力量助力挂牌督战工作的通知》，要求江阴

2020年12月1日，江阴睢宁工业园办公大楼正式启用 （市发改委提供）

市组织社会力量助力挂牌督战云南省昭通市镇雄县3个贫困村工作任务。5月，江阴市组织新国联集团有限公司、城建产业发展公司、交通产业发展公司赴云南昭通市镇雄县3个村举行结对签约仪式。江阴市企业采取因地制宜方式，在开展产业扶贫、消费扶贫等方面提供支持，各捐助10万元用于专项扶贫工作。11月，在各方共同努力下，江阴市结对帮扶对象云南省昭通市镇雄县3个村全部脱贫摘帽。（李开章）

机关事务管理

【概况】 2020年，江阴市机关事务管理工作部门贯彻国家、省市机关事务管理办法，落实职责范围内行政事业单位机关事务的管理、保障、服务。制定行政事业单位防疫工作指南，落实各项防控举措，全力做好集中办公区防疫工作；保障21个行政事业单位代记账服务，做好机关事业人员公积金、养老金申报代扣、日常个税报送、财政非税票据代开等；保障机关房改房报修维修服务，完成绿园新村、天鹤四村部分屋面整体换瓦和防水工程；保障市“两会”等全市性重大活动36次，保障各类会议5216场，公务用车2703台次，行驶里程32.2万千米，车辆年检211台次；机关大楼、行政事业中心、市民中心完成维修类项目招标采购25项127万元，日常设备报修维修5854次，房屋报修维修5212平方米，市民中心完成安防监控系统升级改造。

【党政机关办公用房管理】 2020年，江阴市机关事务管理部门审核28项市级机关办公用房维修改造项目经费，经费核减率41.3%；联合市财政局走访调研86个市级机关派驻镇（街道）有关单位，为后续全市办公用房进一步规范管理提供依据；完成对市卫生监督所、市法院、公安局卡口新建房屋、沿江公路江阴收费站、交通运输局各综合管理所、水利工程有限公司等20处固定资产划拨，对市第一中学、暨阳中学、长泾中学、白屈港水利枢纽工程管理处等5处固定资产报损；建立办公用房信息统计报告制度，统计上报全市市级机关及下属单位、镇（街道）、开发区办公地点、用地面积、建筑面积（含技术业务用房）；推进全市行政事业单位不动产权证办理，市委老干部局、法院、检察院、革命烈士纪念馆补办取得不动产权证；保障市自然资源规划局等10个机关部门完成办公用房调配；实地抽测全市党政机关和镇街园区办公用房，市领导干部办公用房配备使用情况通过无锡市机关事务管理局专项督查。

【党政机关公务用车管理】 2020年，江阴市机关事务管理部门指导建立“一车一档”工作制度，配合市纪委调查私家车违规喷涂公车标识、核实公车ETC卡使用情况、函询公车运行轨迹及“12345”公共服务热线投诉处理，同步利用公车信息平台数据分析掌握公车全程运行轨迹；对31个单位（部门）公车管理使用情况进行全面核查并督促限时整改；集中统一处置市级行政事业单位公务车辆82台，拍卖成交53台；严格公车购置经费预算审核，公车报损审核66台，公车更新购置审核83台，公务交通补贴发放审核146份；完成全市公车信息化管理平台升级改造，促进日常公务活动保障精准高效，实现核定编制数的公车全数纳入全省“一张网”管理；完成公车租赁定点采购工作，全年机关事业单位租赁社会车辆5137台次；高质量保障疫情防控期间公车保障1000余台次。

【公共机构节能管理】 2020年，江阴市机关事务管理部门深入开展“绿水青山、节能增效，绿色低碳、全面小康”为主题的环境宣传月、世界粮食日宣传活动；完成节能信息系统填报、节约型机关创建申报、公共机构垃圾分类信息系统填报；摸清全市党政机关食堂场所的使用管理情况；完成市行政审批局、自然资源规划局、高新区管委会、澄江街道办事处公共机构能源审计；市行政审批局通过江苏省节能示范单位验收。

【行政事业单位物业服务集中管理】 2020年，江阴市机关事务管理部门完成全市12个到期物业经费审核，核减40.33万元；加强小额物业单位集中管理工作，节约物业经费83.33万元；完成48个市级机关首批“无烟机关”创建申报。

（钱晓瑜）

■类目编辑 邢 盈

政协江阴市委员会

重要会议

【概况】 2020年，江阴市政协以习近平新时代中国特色社会主义思想为指导，坚决贯彻中共江阴市委决策部署，坚持疫情防控和履职工作两手抓、建言资政和凝聚共识同步推，在非常之年彰显非常之为。全年举行全体会议1次、常委会议6次、主席会议11次、委员论坛1次、民主议政会1次。

【市政协十五届四次会议】 2020年5月17—19日举行。365名政协委员出席会议。市委、市人大、市政府有关领导，担任过政协主要领导职务的老领导，在江阴的全国政协委员应邀出席开幕会和闭幕会。根据市委常委会议精神，因疫情防控需要，此次政协全会不安排列席人员和市民代表列席。会议由市十五届政协常务委员会召集并主持，主席、副主席担任执行主席。

根据会议议程，委员们听取市委书记王进健讲话；审议并通过市政协主席徐冬青代表政协江阴市第十五届委员会常务委员会所作的工作报告和副主席张英毅所作的提案工作报告；列席市十七届人大四次会议，听取并讨论市长蔡叶明所作的《政府工作报告》和其他报告；补选邹鹏辉为市十五届政协秘书长，冯明刚、朱佳虎、宋萍、陈栋辉、童金良、缪剑波为常务委员；听取关于市政协十五届四次会议期间提案审查情况报告；通过大会决议；徐冬青在会议闭幕时讲话。

会议期间，举行大会专题发言；收到提案370件，其中集体提案112件。

【市政协十五届常委会十八次至二十三次会议】 江阴市政协十五届十八次常委会议于2020年4月9日召开。会议协商讨论市十五届政协常委会工作报告和十五届政协三次会议以来提案工作情况报告，并委托报告人；协商讨论市政府工作报告（征求意见稿）；协商决定有关人事事项；协商通过《政协江阴市委员会2020年工作要点》《2020年政协委员学习意见》《江阴市政协常委提交年度履职报告工作办法（试行）》《江阴市政协关于完善履职评价办法的意见（试行）》。副市长许晨到会通报全市新冠肺炎疫情防控工作和经济社会发展情况，并听取意见建议；市政府党组成员魏锋作政府工作报告有关情况说明。市政协主席徐冬青总结政协系统助推疫情防控和经济社会发展工作，回顾2019年市政协履职工作成效，就市政协常委会组成人员发挥“关键龙头”作用提出要求。

第十九次常委会议于5月11日召开。会议学习贯彻市委书记王进健调研市政协工作时的讲话精神；协商决定有关人事事项；协商通过市十五届政协委员届中调整名单；协商讨论市十五届政协四次会议议程、日程，通过关于召开市十五届政协四次会议的决定。市政协主席徐冬青就助推全市经济社会发展和做好市十五届政协四次会议筹备工作提出要求。

第二十次常委会议于5月17日召开。会议听取并同意市委常委、组织部部长邵文松关于市委有关人事安排提名和说明；协商提出《选举办法（草案）》和补选市十五届政协秘书长、常务委员候选人建议名单。

第二十一次常委会议于5月18日召开。会议听取市政协十五届四次会议各组讨论情况汇报；确定补选市十五届政协秘书长、常务委员正式候选人名单；审议《江阴市政协十五届四次会议决议（草案）》和《提案审查情况报告（草案）》。

第二十二次常委会议于7月9日召开。会议民主评议市城管局工作，听取市城管局局长沈军关于全市城市管理工作情况汇报，市政协城镇建设与环境保护委副主任陆雁作调研情况中心发言，常委会组成人员进行现场评议投票。副市长张国兴到会通报上半年经济社会发展情况，并听取意见建议。市政协主席徐冬青对半年以来市政协常委会工作进行总结，部署下半年政协重点工作。

第二十三次常委会议于10月19日召开。会议专题评议市政府提案办理工作；民主评议市卫生健康委、文体广电旅游局提案办理工作，听取市卫生健康委主任谈海平、市文体广电旅游局局长周晓虹关于部门提案办理工作情况汇报，市政协常委、委派卫生健康委民主监督员小组组长、教文卫体委主任缪剑波和市政协常委、委派文体广电旅游局民主监督员小组组长、市委宣传部常务副部长薛建国分别作调研情况中心发言,常委会组成人员进行现场评议投票。副市长虞卫才到会通报2020年政协提案办理情况,并听取意见建议。市政协主席徐冬青对进一步做好提案办理工作提出要求,部署下阶段政协工作。

【委员论坛】 2020年10月22日,江阴市政协举办"促进旅游业发展"委员论坛。市发改委、自然资源规划局、农业农村局等单位分管负责人到会听取意见建议。黄宇昕、冯德强、张成奇、洪朝晖、方军、李克雨、金荣蕾等7名政协委员围绕打响江阴旅游业品牌、深入推进全域旅游、创新旅游发展机制、促进旅游与城市融合发展、优化提升旅游公共服务体系、引育龙头项目企业、发展乡村旅游等方面提出建议。市政协主席徐冬青指出,要坚持真抓实干,高起点谋划旅游新框架;把握工作重点,高标准建设旅游新亮点;优化政策措施,高水平推进江阴旅游业在"十四五"规划期间取得突破性新发展。

【民主议政会】 2020年7月17日,江阴市政协举行既有多层住宅加装电梯工作民主议政会。副市长张国兴和市自然资源规划局、住建局、行政审批局、市场监管局等部门负责人到会听取意见建议。会议由市政协副主席喻伟力主持。会议听取市住建局局长严军明、澄江街道办事处副主任俞健关于江阴市既有多层住宅加装电梯工作情况汇报,民主党派、工商联、知联会代表进行议政建言。市政协主席徐冬青希望提升认识、统一思想,学习先进、勇于担当,加强组织领导,推动试点先行,以更大决心、更大力度在更大范围推动既有多层住宅加装电梯工作,不断提升人民群众居住环境品质。

协商议政

【概况】 2020年,江阴市政协坚持守正创新、提质增效,聚焦全市党政工作要事、民生改善实事、社会治理难事,开展多种形式的政治协商和参政议政活动。市政协领导就家庭医生签约服务、公共安全体系构建、工业重点重大项目推进、城乡建设重大工程、重点提案办理等工作开展视察活动5次。市政协举行人民法院融入长江大保护工作、创新江阴、高水平全面建成小康社会等政情交流会3次。先后召开2次"有事好商量"协商议事工作推进会,在全市建成294个"有事好商量"协商议事室,实现镇街园区政协工委"四合一"协商议事平台以及村(社区)"有事好商量"协商议事室全覆盖。市政协打造融履职党支部、委员活动之家、协商议事室、社情民意联系点"四合一"协商议事工作平台,被评为全省年度政协工作最佳创新案例,青阳镇"优化工业集中区土地利用规划"、月城镇"团结河环境整治提升"等协商议事案例入选全省典型案例。

【专题调研】 2020年,江阴市政协组织各参加单位、专门委员会、镇街园区工委围绕"南征北战、东西互搏"战略和美丽江阴建设,就经济发展、教育医疗、生态环保、公共安全、社会治理等深入调研,全年形成调研报告51篇,评选优秀调研报告30篇,《加快构建自主可控现代产业发展体系的调查与建议》获无锡市政协履职成果二等奖。

【重要视察】 2020年6月12日,江阴市政协领导视察江苏法尔胜光电科技有限公司、利港街道兴港社区(国家防灾减灾示范社区)、江苏省沿江(江阴)危险化学品应急救援基地,听取市应急管理局关于全市公共安全体系构建推进情况汇报。市政协领导建议市政府和有关部门要居安思危,强化使命担当,推进公共安全体系建设,加强公共安全风险管控,为持续增进群众获得感、幸福感、安全感提供坚强保障。

6月17日,市政协领导视察云亭社区卫生服务中心、城南社区卫生服务中心,听取市卫生健康委关于全市家庭医生签约服务工作情况汇报。市政协领导建议市政府和有关部门要凝聚改革共识,把握工作重点,加强宣传引导,提升家庭医生服务水平,打通社区居民健康管理"最后一公里"。

8月19日,市政协领导视察周庄镇三房巷光电基膜项目、高新区联动天翼锂电池项目和长庚科技功能性薄膜项目的建设情况,听取市工信局关于全市工业重点重大项目推进情况汇报。市政协领导建议市政府和有关部门要进一步认清重大意义,科学研判当前形势,全力提升招商实效,着力打造现代产业升级版,持续锻造转型升级强引擎,大力营造浓厚氛围,加强组织领导,改革招商模式,更加坚定地做强先进制造业、做大战略性新兴产业。

2020年10月28日,市政协领导视察城乡建设重大工程推进情况
(市政协办提供)

10月28日,市政协领导视察锡澄城际轨道S1线外滩公园站、城市记忆馆、锡澄运河公园样板段、芙蓉

大道快速化改造、大桥南路快速化改造等城乡建设重大工程推进情况，听取市城乡建设指挥部办公室关于城乡建设工作情况汇报。市政协领导建议市政府和有关部门要从思想上切实增强加快城乡建设的紧迫感、使命感，从行动上切实推进新一轮城乡建设取得新突破，从落实上切实增强城乡建设组织保障能力，加快打造现代化滨江花园城市。

12月28日，市政协领导视察中国移动5G基站建设及应用项目、博丞养老公寓、高铁综合客运枢纽站建设、定波水利枢纽建设等重点提案所提建议的落实情况，听取市政府关于2020年提案办理工作情况通报。市政协领导建议要进一步强化质量导向，深化办理协商，瞄准供给需求，注重创新探索，继续抓好跟踪督办，做优沟通协调保障，深化"互联网+"思维，为助推美丽江阴建设、争当社会主义现代化建设先行军贡献政协智慧和力量。

【政情交流】 2020年4月16日，江阴市政协举行"人民法院发挥审判职能，积极融入长江大保护战略"政情交流会。出席会议的市政协领导和部分政协常委、委员听取市法院关于人民法院积极融入长江大保护战略的发展情况介绍，并就长江禁捕、跨区域一体化司法协助机制、提升审判专业性等提出建议。市政协主席徐冬青指出，要发挥审判优势，以联合亮剑的实际行动推动长江生态环境质量持续改善；坚持创新理念，以生态修复的导向促进长江经济带发展实现效益多赢；加大资源整合，以过硬的审判质量提升长江法庭影响力；全体政协委员要为打赢长江生态保护与治理攻坚战、持久战监督建言、献计出力，助推江阴当好长江大保护排头兵。

5月26日，市政协举行"创新江阴"（科技创新）工作政情交流会。出席会议的市政协领导和部分政协常委、委员听取市科技局关于全市科技创新工作和"创新江阴"三年行动计划情况介绍，就加强创新平台载体建设、持续推进技术成果转移转化、加快高端人才引育等问题提出建议。市政协主席徐冬青指出，要在警醒忧急中提高认识，进一步增强"创新江阴"建设的使命感紧迫感；在补齐短板中聚焦聚力，切实发挥企业参与科技创新的主体作用，促进科技与产业深度融合；在统筹协调中担当作为，把推动江阴创新发展作为政协委员履职、服务大局的重中之重，全面汇聚"创新江阴"建设的强大合力；全体政协委员要多提合理化意见建议，为江阴市当好高质量发展排头兵、现代化建设先行军做出积极贡献。

11月20日，市政协举行"高水平全面建成小康社会"政情交流会。出席会议的市政协领导和部分政协常委、委员听取市农业农村局关于全市全面小康社会建设情况、市统计局关于全市全面小康建设监测指标完成情况介绍，就推动现代服务业做大做强、提升高技术产品出口比重、发展新型文化业态等问题提出建议。市政协主席徐冬青指出，要对照差距、深化认识，进一步增强全面建成小康社会的责任感和使命感；强化统筹、全力配合，进一步保障全面小康指标高水平完成；紧抓项目、多出成果，进一步提升小康社会的群众幸福指数，决胜全年度、打好收官仗，不折不扣完成高水平全面建成小康社会的决战决胜任务。全体政协委员要有效开展协商监督，广泛凝聚各界合力，为高水平全面建成小康社会、开启"十四五"新篇章贡献智慧和力量。

【政协协商与基层协商有效衔接工作】 2020年4月28日，江阴市政协召开全市"有事好商量"协商议事工作推进会，实地考察省内海门市"有事好商量"协商议事室建设情况，现场观摩江阴市顾山镇"有事好商量"协商议事工作，澄江街道、璜土镇、月城镇、周庄镇、顾山镇相关负责人作交流发言。会议要求，要深入理解"有事好商量"协商议事工作在基层社会治理体系中的独特定位和重要作用，准确把握切入点和着力点，探索"有事好商量"协商议事室嵌入基层社会治理体系的有效路径。7月29日，市政协召开全市"有事好商量"协商议事工作推进会，现场观摩澄江街道文定社区协商议事室、月城镇"四合一"（融履职党支部、委员工作室、协商议事室、社情民意联系点为一体）工作平台、璜土镇璜土村协商议事室建设情况，璜土镇、云亭街道、徐霞客镇作交流发言。会议要求，要进一步深化思想认识，主动扛起做好协商议事工作的使命担当；进一步提高工作水平，推动协商议事工作取得更大成效；进一步助力社会治理，为江阴当好县域高质量发展排头兵、现代化建设先行军作出新的更大贡献。

民主监督

【概况】 2020年，江阴市政协通过提交提案和民主监督建议书、反映社情民意、开展民主评议等民主监督活动，服务高质量发展。全年共收到提案373件，审查立案333件，确定重点提案16件，集体提案112件。所有提案在规定日期前全部答复完毕，所提问题已经解决或基本解决的有208件，占62.5%；所提问题正在解决或列入计划、规划逐步解决的有100件，占30%；所提问题因条件限制或与现行政策规定不符暂时不能解决的有25件，占7.5%，无不满意提案。全年向市委、市政府报送《社情民意》7期，上报信息24条。市委、市政府主要领导高度重视，批示要求相关部门认真研究，积极办理。继续开展"提案督办宣传月"活动，对年度提案办理工作进行督办落实。

【重点提案】 2020年6月5日，市十五届政协第四十一次主席会议协商确定16件提案为2020年重点提案，分别是：《关于进一步加快高新区生物医药产业发展的建议》《关于聚焦养老难点，大力发展"医养结合"养老事业的建议》《关于大力挖掘和宣传"人民海军在江阴组建"军事历史文化的建议》《关于推进江阴中医流派传承创新的建议》《关于进一步促进江阴市中小微企业稳健发展的建议》《关于加快推进引入社会资本参与既有多层住宅加装电梯工作的建议》《关于江阴深度融入长三角区域一体化发展的思考与建议》《关于进一步优化营商环境的建议》《关于精准招大引强、壮大重点产业的建议》《关于打造长江生态安全示范区的建议》《关于进一步提升江阴市住宅小区物业管理水平的建议》《关于继续加大对蔬菜基地建设投入,促进蔬菜产业可持续发展的建议》《关于打造公共安全“前沿哨所”,助力打赢风险防控攻坚战的建议》《关于超前谋划乘势而为,迎接高铁时代做大做强江阴枢纽经济的建议》《关于江阴市家庭医生签约服务工作的思考和建议》《关于进一步完善安全生产监管的建议》。16件重点提案由市政府主办,相关部门协办,市政府、市政协联合督办,至8月31日全部办复。9月30日,市委书记许峰围绕重点提案《关于打造长江生态安全示范区的建议》,专题视察并听取办理情况汇报,向提案人、政协委员征询意见建议。许峰指出,打造长江生态安全示范区要突出补短板,以压倒性态势深化环境污染治理攻坚;突出还欠账,以系统化举措推进沿江生态整体修复;突出展特色,以大力度建设放大山水湿地自然禀赋。10月10日,市长蔡叶明围绕重点提案《关于进一步优化营商环境的建议》,专题视察并听取办理情况汇报,向提案人、政协委员征询意见建议。蔡叶明指出,要以深化“放管服”改革为抓手,打造更加优质高效的政务环境、更加暖心周到的政策环境、更加开放包容的市场环境、更加公平公正的法治环境、更加重商亲商的社会环境。10月15日,市政协主席徐冬青围绕重点提案《关于加快推进既有多层住宅加装电梯工作的建议》,专题视察并听取办理情况汇报,向提案人、政协委员征询意见建议。徐冬青指出,要深化认识、提高站位,博采众长、善于借鉴,统筹推进、形成合力,加强组织领导、政策保障、各方配合、社区协调,推动该项民生实事落地见效。

【民主监督员工作会议】 2020年5月29日,江阴市政协举行民主监督员工作会议,部署年度民主监督员工作,下发《政协江阴市委员会关于进一步加强和改进民主监督员工作的意见》,政协民主监督工作实现对29个政府部门和9个市属一级国资公司全覆盖。会上向36名新任民主监督员颁发聘书,市政协委派市自然资源规划局、新国联集团有限公司、城乡规划设计院有限公司民主监督员小组,委派市公安局、市司法局民主监督员小组和受派部门市卫生健康委相关负责人作交流发言,副市长虞卫才参加会议。会议指出,要提高思想认识、把握工作原则,切实增强行动自觉;加强能力建设、突出监督重点;切实提升工作水平,注重工作协同、完善制度机制,切实强化履职保障。9月2日、3日,市政协召开民主监督员小组工作推进会。会议指出,要强化责任意识和主业意识,把委员“双主业”意识落实落细;要明确主线,选准主题,围绕“美丽江阴”建设主线把工作做足做实;要抓好考评工作,客观公正评分评优;要打造品牌,突出民主监督工作成效;要加强信息报送,积极营造氛围。

【民主评议】 2020年4月,江阴市政协成立民主评议市城管局工作调研小组,制定《关于民主评议市城管局方案》,组织召开多次座谈会,发放700份民主测评表展开测评。7月9日,召开市十五届政协第二十二次常委会议,对市城管局工作进行评议。会议建议,市城管局要坚持多措并举,管服联动激活力,在共治、精治、法治上下功夫;要加强沟通协调,部门联动聚合力,进一步健全“大城管”机制,不断推动城市管理水平再上新台阶。

7月,市政协先后成立民主评议市卫生健康委、市文体广电旅游局提案办理工作调研小组,分别制定民主评议两个部门提案办理工作方案,开展多次调研并召开座谈会,听取提案人对办理工作的意见。10月19日,召开市政协十五届第二十三次常委会议,对市卫生健康委、文体广电旅游局提案办理工作进行民主评议。会议建议,市卫生健康委要进一步加强统筹办理、创新办理、“落实型”办理,促进整个办理工作真正由“答复型”向“落实型”转化,推动部门工作不断取得新突破;市文体广电旅游局要深化提案办理工作,更加注重全面系统做好提案工作,提高提案采纳落实率,为提升工作水平作出应有贡献。会议指出,做好提案办理工作要把握好五个关系:提案质量和提案数量的关系,重点提案督办和一般提案办结的关系,办结率与落实率的关系,制度推动和典型带动的关系,提案办理和凝聚共识的关系。

(郭　良　徐小龙)

附:政协江阴市第十五届委员会2020年度优秀提案

1.《关于对长江船舶水污染防治中的薄弱点加强监管的建议》（王小立）

2.《关于加强燃气安全管理工作的建议》（吴群力）

3.《关于加强农村控源截污工程质量管理的建议》（顾山镇政协工委）

4.《关于进一步加快高新区生物医药产业发展的建议》（市政协高新区工委）

5.《关于聚焦养老难点,大力发展“医养结合”养老事业的建议》（农工党江阴市委）

6.《关于后疫情时代提升突发公共卫生事件社区应急能力的建议》（俞　军）

7.《关于大力挖掘和宣传“人民海军在江阴组建”军事历史文化的建议》（市政协学习文史委）

8.《关于解决江阴市传统制造业发展瓶颈的建议》（梅士强）

9.《关于推进江阴中医流派传承创新的建议》（市政协教文卫体委）

10.《关于进一步促进江阴市中小微企业稳健发展的建议》（民建江阴市委）

11.《关于加快推进引入社会资本参与既有多层住宅加装电梯工作的建议》（民建江阴市委）

12.《关于江阴深度融入长三角区域一体化发展的思考与建议》（民盟江阴市委）

13.《关于打造职业教育高质量,助力地方制造业转型升级的建议》（沙梅芳）

14.《关于加快江阴市文化旅游业全域化产业化发展的建议》（徐卫忠）

15.《关于进一步优化营商环境的建议》（市工商联）

16.《关于“村中厂、厂中村”安

全隐患的整治和搬迁问题的意见和建议》（张富祥）

17.《关于精准招大引强，壮大重点产业的建议》

（市政协经济科技和农业农村委员会）

18.《关于抢占人工智能产业发展的先机和制高点，推动江阴市实体经济由“江阴制造”向“江阴智造”高质量飞跃的建议》（刘 斌）

19.《关于加强银政合作，促进江阴市小微企业高质量发展的建议》

（李 明）

20.《关于高铁时代完善综合交通运输体系的建议》（时 平）

21.《关于加快江南大学江阴校区周边区域一体规划的建议》

（市政协临港开发区工委、市政协夏港街道工委）

22.《关于加快江阴市家庭医生签约服务推广的建议》（汤东燕）

23.《关于扶持江阴市互联网企业实现总部经济的建议》（林 良）

24.《关于市公安警务力量融入城市网格化治理体系的建议》

（杨翠龙）

25.《关于打造长江生态安全示范区的建议》（民进江阴市委）

26.《关于进一步提升江阴市住宅小区物业管理水平的建议》

（民进江阴市委）

27.《关于完善南京理工大学江阴校区周边配套建设的建议》

（何 炬）

28.《关于提高江阴市新建住宅小区车位配比的建议》

（市政协云亭街道工委）

29.《关于新冠肺炎疫情冲击下稳就业的几点建议》（李克雨）

30.《关于加快老旧小区改造，夯实疫情防控基础，提升小区治理能力的建议》（张建兴）

31.《关于继续加大对蔬菜基地建设投入，促进蔬菜产业可持续发展的建议》（市政协澄江街道工委）

32.《关于推动安全生产监管水平再提升的建议》

（周庄镇政协工委）

33.《关于打造公共安全“前沿哨所”，助力打赢风险防控攻坚战的建议》（市无党派知识分子联谊会）

34.《关于超前谋划乘势而为，迎接高铁时代做大做强江阴枢纽经济的建议》（九三学社江阴市委）

35.《关于江阴市家庭医生签约服务工作的思考和建议》

（九三学社江阴市委）

36.《关于优化基层网格化管理的建议》（陆金伟）

37.《关于高质量发展实体经济，助推“六攻坚六突破”的思考建议》（楚健健）

38.《关于借力长三角一体化，打造人才引进新引擎的建议》

（赵文碧）

39.《关于进一步完善城市急救体系，提升市民的急救素养和自救互救能力的建议》（殷凤华）

40.《关于大量引进工程师人才，打造江阴“智能制造第一县市”的建议》（管宇翔）

41.《关于推进我市中医药事业高质量发展的建议》

（青阳镇政协工委）

42.《关于建立供应链金融科技平台，创新助力经济高质量发展的建议》（叶卫春）

43.《关于进一步优化江阴市营商环境，助推高质量发展的建议》

（胡鹏飞）

44.《关于美丽乡村建设的建议》

（华士镇政协工委）

45.《关于做好江阴生态湿地保护，共谱长江大保护新篇章的建议》

（徐霞客镇政协工委）

46.《关于实现政策突破，激励名医名科名院建设的建议》

（高 恒）

47.《关于进一步完善安全生产监管的建议》

（市政协经济科技和农业农村委第一组）

48.《关于理顺澄江街道综合执法机制的建议》

（市政协城镇建设与环境保护委）

49.《关于加快现代服务产业发展的建议》（范恩卓）

50.《关于大力发展高端生产性服务业的建议》（赵维强）

■类目编辑 邢 盈

纪检·监察

综　述

【概况】　2020年，江阴市纪委监委在上级纪委监委和市委的坚强领导下，深入学习贯彻习近平新时代中国特色社会主义思想，全面贯彻落实中共十九大和十九届二中、三中、四中、五中全会精神，按照中央纪委四次全会、省纪委五次全会、无锡市纪委五次全会和江阴市委十次全会部署，坚持稳中求进工作总基调，知责担责、强化监督、冲锋在前，展现出了非常时期的责任担当。政治监督坚定有力。围绕新型冠状病毒肺炎疫情防控、“六稳六保”*工作、安全生产工作等开展专项监督，确保政令畅通、令行禁止。紧盯关键少数，推动“两个责任”落实，对24名党组织负责人、7个党组织实施党内问责。配合无锡市委做好专项巡察，开展对16个市级机关单位的市委年度常规巡察，移送问题线索151条，党纪政务立案80人。纠治“四风”坚定有力。严肃查处享乐主义、奢靡之风问题案件59件，问责追究87人，通报曝光9批51人次。组织开展“打造良好营商环境、护航美丽江阴建设”专题调研，查处形式主义、官僚主义问题案件73件86人。开展廉政宣讲60场次，累计教育党员干部7700余人次。惩治腐败坚定有力。坚持以人民为中心，查处群众身边腐败和作风问题案件143件195人。保持惩治腐败高压态势，受理群众信访举报618件，立案540件，党纪政务处分410人，移送起诉25件，挽回经济损失8465万余元。深化以案促改，提出纪检监察建议37件。是年2月，市纪委监委被评为全省带头建设模范机关工作走前列纪检监察组织（机构）。

【践行“两个维护”】　2020年，江阴市纪委监委坚持用新思想定向领航，把做到“两个维护”贯穿正风肃纪反腐全过程。紧盯“三大攻坚战”*，做好“六稳”*工作，落实“六保”*任务，统筹疫情防控和经济社会发展，对长江流域禁捕退捕、抗洪抢险、长江经济带环境问题整改、违法违规小化工专项整治、农村人居环境整治等工作加强监督检查，切实推动党中央、省市委决策部署落到实处。严明政治纪律和政治规矩，查处违反政治纪律案件11件。严格执行请示报告制度，全年提请市委常委会专题研究部署党风廉政建设和反腐败工作10次，就立案审查调查、采取留置措施等事项向市委请示报告28次。

【纪检监察体制改革】　2020年，江阴市纪委监委持续推进市属国有企业纪检监察体制改革，在江阴市新国联集团有限公司、江苏江南水务股份有限公司、市传媒集团、市交通产业集团有限公司4个市属国有企

2020年6月23日，江阴市纪委监委开展江阴口岸外贸物流供应链和水上疫情防控工作监督检查　（朱菊萍　摄）

业设置纪委和派驻监察专员办公室，对江阴城建产业发展有限公司、市秦望山产业园投资发展有限公司、市旅游文化产业发展有限公司、市公用事业产业发展有限公司4个未设立纪检监察机构的市属国有企业，明确专职纪检委员，由派驻纪检监察组实施监察覆盖。落实“三为主一报告”*制度，制定《江阴市市属国有企业纪检监察工作考核细则》，明确12个方面17条考核内容，对市属国有企业纪检监察机构加强政治监督、强化日常监督、依规依纪依法开展审查调查等工作情况进行量化评估。制定《江阴市属国有企业纪检监察机构工作规定(试行)》，明确职责定位，规范监督检查、问题线索处置、审查调查、案件审理、问责处置等工作流程，健全工作机制，推动规范履职。巩固提升派出监察员办公室监督质效，推动监察监督向基层延伸。年内，派出监察员办公室以市监委名义政务处分35人。加强对镇(街道)、园区纪(工)委的领导，建立镇(街道)、园区纪(工)委自身建设分片督导联系制度，指导镇(街道)、园区纪检组织加强自身建设，进一步明确规范各镇(街道)纪(工)委委员产生流程，严把基层纪委委员“入口关”。

日常监督

【概况】 2020年，江阴市纪委监委紧盯关键环节，创新监督方式，将监督融入日常、做在经常，不断提升监督的精准性。紧盯“关键少数”，加强对“一把手”和领导班子的监督，党纪政务处分“一把手”28人，推动正确用权、规范用权。抽查核实廉政档案，运用第一种形态对不如实报告个人事项的18名领导干部予以处理。坚持惩前毖后、治病救人，准确妥善运用“四种形态”*处理1137人次，其中第一种形态700人次，占比61.6%；第二种形态357人次，占比31.4%；第三种形态20人次，占比1.8%；第四种形态60人次，占比5.2%，做到纪法约束有硬度、组织关怀有温度。严把党员干部党风廉政意见“回复关”，对拟选拔任用、表彰奖励的5317人次党员干部进行“廉政体检”，32人被暂缓提拔或取消资格。以规范问责、精准问责保证监督刚性，对24名党组织负责人、7个党组织实施党内问责。严格按照“三个区分开来”*要求，推动容错纠错落地见效，为担当者担当、为负责者负责，实施容错免责4件、创新风险备案16件。

【疫情防控专项监督】 2020年，江阴市纪委监委围绕统筹疫情防控和经济社会发展工作，组织开展专项监督，印发《关于为防控新冠肺炎疫情提供坚强纪律保障的通知》，研究制定《关于开展疫情防控工作监督检查的方案》，成立8个监督检查组，由纪委监委领导班子成员分别带队，对市内18个镇(街道、园区)、25个重点职能部门常态化开展监督检查。围绕疫情防控阶段重点和企业复工复产，加强与疫情防控指挥部的对接，实时掌握疫情防控新形势新要求、“12345”民生热线举报数据、暨阳论坛社情民意，实现“靶向”监督、精准施策。建立督查情况日报告、日分析制度，发挥“上情下达、下情上报”的桥梁纽带作用。全年编报督查专报89期，推动立行立改问题186个。用好问责利器，对疫情防控工作落实不到位、履行职责不力的追责问责15人次。会同市委组织部门出台《关于激励全市党员干部打赢疫情防控阻击战的八项举措》，明确一线发展党员、优先选拔使用、落实容错纠错等举措，激励各级党组织和广大党员干部在疫情防控工作中担当作为、冲锋在前。

【嵌入式监督】 2020年，江阴市纪委监委着眼提升派驻监督质效，探索实践嵌入式监督工作。各派驻纪检监察组聚焦行政审批、监管执法、工程建设、资金管理等公权力集中环节，按照“嵌入职责、嵌入流程、嵌入岗位”要求，形成10项项目化监督方案，精准发现问题，推动健全机制。年内，9个派驻纪检监察组通过嵌入式监督，发现问题线索48件，立案32件，党纪政务处分22人，推动完善制度机制24项。其中，派驻第三纪检监察组针对教育系统“助教助学”资金管理使用情况，组织开展嵌入式监督，发现存在保管方式不规范、管理机制有风险、执行过程缺监管、公开程度不到位4个方面问题，党纪政务处分4人，留置1人，下发监察建议书2份，推动市教育局制定《江阴市教育系统“助教助学”资金管理办法(试行)》，明确资金保管的4种方式、资金使用的6种用途、资金开支程序及监督管理责任，建立健全“助教助学”资金使用公开公示制度。

【安全生产专项监督】 2020年，江阴市纪委监委坚持“监督的再监督”职能定位，对安全生产工作跟进监督、全程监督，以有力监督为实现

2020年7月28日，江阴市纪委监委派驻第三纪检监察组开展嵌入式监督工作
(唐建明 摄)

"压降事故起数、遏制一般事故、杜绝较大事故"工作目标提供坚强纪律保障。制定《关于开展安全生产整治行动专项监督的实施方案》,建立市纪委监委领导推进安全生产专项整治联系点机制,分阶段、多轮次对18个镇(街道、园区)和30个行业专项整治的20个牵头部门进行调研督导,切实掌握事故易发、多发薄弱环节,为加强监督管理、防范安全风险打下良好基础。建立健全部门联动机制,加强与市安委办、应急局、公安局、住建局、城管局、总工会等部门的协调对接,常态参与安全生产事故调查,确保问题见底、定性准确、证据有效。年内参与安全生产事故调查40件,问责5人次。

正风肃纪

【概况】 2020年,江阴市纪委监委持续巩固拓展作风建设成效,狠抓中央八项规定*及其实施细则精神落实,坚决纠治"四风"*顽疾,切实管出习惯、抓出成效、化风成俗。进一步健全查处违反中央八项规定精神问题会商机制,对11批70个问题调查处置情况开展会商会审。深入贯彻以人民为中心的发展思想,聚焦人民群众反映强烈的突出问题,深入查处民生领域的"微腐败"、放纵包庇黑恶势力的"保护伞"、妨碍惠民政策落实的"绊脚石",回应群众关切,维护群众利益。

【纠治"四风"】 2020年,江阴市纪委监委紧盯元旦、春节、"五一""十一"等重要时间节点,持续开展明察暗访,精准发现、严肃查处违规吃喝、收受礼品礼金、私车公养等享乐主义、奢靡之风问题案件59件87人,通报曝光9批51人,持续释放越往后执纪越严信号。认真贯彻落实习近平总书记关于坚决制止餐饮浪费行为的重要指示精神,加强监督检查,严防"舌尖上的浪费和腐败"。协助市委开展"三转一提"*专题学习活动,组织开展"打造良好营商环境、护航美丽江阴建设"专题调研督查,走访镇(街道)、机关部门、中小企业124个,访谈300余人次,查找出4大类10个方面问题,收集意见建议150余条。紧盯干部队伍"庸懒散浮拖"问题,从严执纪问责,查处形式主义、官僚主义问题案件73件86人。把严肃会风会纪作为改进作风、严肃纪律的"切入口"。全年立案查处违反会风会纪问题6人,约谈49人,通报曝光6人。开展服务窗口作风不实、散漫懈怠问题明察暗访,提醒谈话7人,批评教育2人,责令通报批评并取消考核奖1人。

【整治群众身边的腐败和作风问题】 2020年,江阴市纪委监委持续整治群众身边腐败和作风问题,让群众在反腐"拍蝇"中增强获得感,查处侵害群众利益的腐败和作风问题案件143件,处理195人。纵深推进扫黑除恶专项斗争,全年查处涉黑涉恶腐败案件10件10人、"保护伞"1件1人,对推动专项斗争工作不力的20个责任人追责问责。成立"套路贷"虚假诉讼、"黄赌毒"问题、交通运输、征地拆迁、商业领域敲诈勒索等5个涉黑涉恶问题专项治理小组,监督推动重点行业领域和突出问题专项治理。开展超发被征地农民社会保障金专项整治,立案7件,追回超发保障金50余万元,向市人社局下发《关于对被征地农民社会保障金加强日常管理的监察建议》,督促追缴超发资金,明晰停发的条件、职责、程序,健全审核、纠错和复核机制,管好被征地农民的"退休金""养老钱"。

【加强"三资"监管】 2020年,江阴市纪委监委聚焦农村集体"三资"*监管薄弱问题,联合市农业农村局制定下发《关于开展村级集体资金违规出借和资产出租问题专项清理整治工作的实施方案》,部署开展村级集体资金违规出借和资产出租问题专项清理整治。对2018年开展的全市农村集体资金出借、资产资源出租专项清理工作进行"回头看",对2018年7月1日后新增资金出借、新发生欠缴租金情况进行全面摸排,从严查处违规违纪问题。全年围绕专项清理整治工作查处案件7件,党纪政务处分11人,催缴收回违规出借资金及欠缴租金2.57亿元。每月定期检查"三资"监管平台、E银通、"户户通"平台监督反馈和预警信息处置情况,督促进行及时处置,对32条预警信息进行调查核实,严查优亲厚友、赚取利差、挪用侵占等问题,推动"三资"管理规范化、制度化。

巡察工作

【概况】 2020年,江阴市委巡察机构始终把"两个维护"作为政治巡察根本任务,协助市委制定巡视反馈问题整改落实方案,明确3个方面123条整改措施,组织开展省委巡视

2020年6月1日,江阴市纪委监委党风政风监督室赴徐霞客镇走访调研农村集体"三资"监管工作
(朱菊萍 摄)

反馈问题整改落实情况专项督查，省委巡视反馈的14个问题全部整改到位，整改完成率100%，巡视交办的信访件和问题线索，办结率均为100%。积极配合无锡市委巡察组对江阴法院提级巡察、“六保”任务专项巡察、对村(社区)一体化巡察，组织开展危化品安全生产专项巡察，对16个市级机关单位党组织进行常规巡察，巡察发现问题157个，移送问题线索151件，党纪政务立案80人，移送起诉9人，挽回经济损失1122万余元。

【提升巡察质效】 2020年，江阴市委巡察机构坚持政治巡察定位，细化完善政治巡察监督重点清单11个方面117项内容，有效提升政治巡察针对性与实效性。坚持有形覆盖和有效覆盖相统一，健全巡察机构与纪委监委、组织、宣传、信访、司法等部门的协作配合机制，推动常规巡察与选人用人、意识形态责任制专项检查同步开展，精准发现问题，形成监督合力。全年抽调纪委监委、组织、审计等单位专业人员89人次参加巡察工作，向纪委监委、组织等9个部门收集线索260余条，巡察期间同步组织开展选人用人、意识形态责任制专项检查12次。加强巡察干部培养力度，组织开展巡察业务培训13次、巡察工作业务交流12次，组织专(兼)职巡察干部53人赴南京大学开展“业务强基”专题培训，有效提升巡察干部队伍发现问题的能力。

【巡察整改】 2020年，江阴市委巡察机构注重发挥巡察标本兼治作用，不断细化巡察整改落实的具体措施，提高整改落实水平。巡察工作领导小组主要领导和成员亲自参加巡察反馈会议并部署整改落实要求，巡察办、各巡察组、相关派驻纪检监察组加强对巡察反馈问题整改方案和整改报告的联动审核，确保责任明确、措施具体、整改到位。年内联动审核整改方案、整改报告40份。对2019年度巡察的21个单位整改落实情况进行专项督查，对整改不力、拖延整改、敷衍整改、虚假整改的，严肃追责问责，对整改完成率低于95%的2个单位党组织负责人进行约谈并通报曝光，以严格问责提升整改成效。拓展巡察成果运用，对巡察工作书记专题会指出的问题，以巡察督办单形式进行整改督办并通报分管市领导。全年发放整改督办单6份，推动婚姻登记有偿拍照、虚假违法广告、老年人保健品乱象等问题得到有效整治。

“三不”体制机制建设

【概况】 2020年，江阴市纪委监委将“三不”(不敢腐、不能腐、不想腐)体制机制建设一体谋划部署、一体推动落实，充分发挥惩治震慑、制度约束与教育感化的叠加效应。年内，加强全市信访举报工作力度，提升信访举报办理质效；加强执纪审查，严把案件质量关口；通过以案促改、廉洁教育等手段，以治标促进治本、以治本巩固治标，切实提高腐败治理效能，不断巩固发展反腐败斗争压倒性胜利，为经济社会发展提供坚强保障。是年，市纪委监委获全省纪检监察信访举报工作先进单位一等奖，连续3年获评“全省纪检监察信访举报优质交办件”。

【信访举报】 2020年，江阴市纪委监委深入学习贯彻《纪检监察机关处理检举控告工作规则》，全面提升信访举报办理质效。坚持“分级负责，归口受理”，规范受理、登记、录入及处置，提高基础数据精准度，确保信访件在5个工作日内转办，年内受理信访举报案件618件。加强联动协同，化解矛盾纠纷，实现业务范围内进京访零登记。坚持有访必接、有信必复，建立健全实名举报反馈机制，全年接待来访群众79批105人次，为受到不实举报的1名党员干部澄清正名。聚焦办理质效这个根本，调整优化办信流程，健全固化以信访室为主、监督检查室(派出监察员办公室)、派驻纪检监察组为辅的信访件督办机制。建立督办台账，重点关注扶贫、民生、涉黑涉恶等领域信访办理情况，对超期未办结、调查不认真、处理不到位、程序不规范、群众不满意等问题加强督查办理。对超出办理期限的，采取电话督办、实地督办、发函提醒督办、适时通报等方式及时提醒加压，促使难点问题有效解决。

【执纪审查】 2020年，江阴市纪委监委坚持有腐必反、有案必查，处置问题线索1008件，立案540件，给予党纪政务处分410人，其中乡科级干部24人，移送起诉25件，挽回经济损失8465万余元。查处江阴—靖江工业园区管委会原主任梁某、市法院审判委员会原专职委员任某、江阴高级中学原党委副书记陈某、市实验小学原校长何某等严重违纪违法案件，形成有力震慑。严把案件质量关，作为省纪委监委案件审理室的11个联系点之一，不断加强案件审理工作，提升案件审理质量。是年，市纪委监委办理的龚某案被表彰为“全省党纪政务精品案件”。落实安全责任，年内开

2020年12月29日，江阴市组织召开全市领导干部警示教育大会

(张 岚 摄)

展安全工作培训16次，应急处置演练7次，健全安保、消防、供电、餐饮等安全保障机制，切实守牢审查调查安全工作底线。

【以案促改】 2020年，江阴市纪委监委注重做好查办案件“后半篇文章”，深入研究案件特点，剖析案件背后的深层次原因，提出纪检监察建议37个，督促相关单位堵塞制度漏洞、防范廉政风险，不断扎牢“不能腐”的笼子。针对法院执行领域发现的共性问题，督促法院系统健全执行款发放制度、建强执行队伍，提升执行工作的规范化、制度化水平。着眼提升专项资金使用效率，防范廉政风险，推动相关部门健全完善农业高质量发展专项资金、创业投资引导资金、储备原粮保障专项基金的使用办法，确保专款专用、安全运行。

【廉洁教育】 2020年，江阴市纪委监委注重发挥党章党规党纪教育的正面引领作用，不断增强党员干部的纪法意识、底线意识。深化“江上清风”廉政宣讲工作，精选《家庭腐败警示录》等11个主题，面向基层单位开展“点单式”宣讲54场次，6700余名党员干部接受党章党规党纪教育。继续办好“清风故事会”，创作、改编《撞猪》《一只导盲犬》等10个廉洁小故事，组织志愿者团队深入基层开展巡讲6场次。做优“大巍说纪”栏目，被“学习强国”平台刊用9期，设计制作“大巍来也”系列表情包，《大巍诞生记》廉政微视频获评全省廉洁文化实践探索活动“优秀成果奖”。开展同级同类警示教育，摄制警示教育片《贪欲之殇》，依托“江上清风”公众号通报曝光违纪违法典型案例10件12人次，以案为鉴，敲响警钟。编发“微悦读”廉政短信40期近6万余条，编印《江上清风报》5期，举办“江上清风”廉洁公益广告征集活动，扩大廉洁教育影响力。加强廉洁文化建设，联合打造申港街道缪燧纪念馆，传播贤吏故事。在城区主干道打造13个廉洁公交站台，寓廉于“行”，植廉于“心”。推进“廉洁锡剧进校园”活动，编印《江阴市中小学生锡剧廉洁教育进课堂实验教材》21万册，依托“锡剧课型评比”“学生人人唱评比”等活动，浸润人心，根植廉洁种子。

纪检监察队伍

【概况】 2020年，江阴市纪委监委认真落实“政治过硬、本领高强”要求，持续锻造忠诚干净担当、敢于善于斗争的铁军。把学习贯彻习近平新时代中国特色社会主义思想作为首要政治任务，市纪委监委理论学习中心组集体学习13次，深入学习中共十九届五中全会精神和习近平总书记视察江苏重要讲话指示精神，跟进学习习近平总书记最新重要讲话及指示批示精神，组织研讨交流32人次，不断增强政治认同、思想认同、理论认同、情感认同。认真贯彻《中共江阴市纪委常委会议事决策规则》《江阴市监察委员会议事决策规则》，召开市纪委常委会市监委会议21次，讨论案件办理、人事任免、“三重一大”* 等各类事项363项。

【堡垒建设】 2020年，江阴市纪委监委着力打造“江上清风”特色党建品牌，筑好党组织坚强堡垒，制定下发《2020年市纪委监委机关党建工作要点》，明确13项党建重点工作，11项特色党建活动，机关党委与6个党支部分别签订党建工作责任书。加强党支部“标准化、规范化、星级化”建设，机关党委第一党支部被市委组织部评为2020年度“暨阳红色先锋”五星级堡垒党支部。开展“学恩来精神、守初心使命”专题教育活动，举办“跟着恩来学看齐”专题讲座，领导班子围绕“周恩来精神与新时代纪检监察工作”主题进行研讨交流，弘扬周恩来的高尚品质和崇高风范。“七一”前夕，组织党员代表赴无锡革命史陈列馆开展“缅怀革命先烈、发扬优良传统”党建活动，牢记初心使命。组织书香纪检读书月、“翰墨飘香”硬笔书法比赛、“守初心、担使命”主题演讲比赛等活动，营造良好氛围。

【学习培训】 2020年，江阴市纪委监委把提升干部队伍专业化能力作为队伍建设的重要内容，制定《江阴市纪检监察系统开展“打铁必须自身硬”专项行动实施方案（2020年度）》，明确5大类16项具体工作举措。充分认识意识形态工作的极端重要性，组织开展全市纪检监察干部意识形态工作专题培训，增强斗争意识，提升斗争本领。开设“清风学堂”6期、“纪检讲坛”1期、新任纪检监察干部专题培训班1期，累计培训1000余人次，有效提升全体纪检监察干部的理论素养、专业素养。举办“学榜样力量　强业务本领”笔录制作竞赛，推荐上挂中央纪委、省市纪委参与案件办理和巡视巡察工作14人，在实战中提升综合能力。落实导师结对帮带制度，通过以老带新、言传身教，帮助青年干部提高政治能力、专业能力、实践能力。

【内部监督制约】 2020年，江阴市纪委监委不断强化内部监督管理，深入贯彻落实《监督执纪工作规则》《监督执法工作规定》，不断增强法治意识、程序意识、证据意识，依规依纪依法开展纪检监察工作。制定《疫情防控期间走读式谈话工作规范》等制度规定，深化运用省纪委监委监督办案业务平台，部署应用检举举报平台（基层版），规范审查调查工作流程，加强问题线索管理、初步核实、审查调查、审理处置等各个环节的监督制约。坚决落实省纪委“八严禁”* 要求，制定《江阴市纪委监委公务员平时考核实施办法（试行）》《江阴市纪委监委2020年度干部监督工作计划》，组织全市纪检监察干部填报廉政档案。加强警示教育，专题传达学习中央纪委、省纪委关于纪检监察干部违纪违法案件的通报，以案为鉴、敲响警钟。加强异常行为管控，抓早抓小、防微杜渐。树立主动接受监督的意识，邀请特约监察员参与各类活动29人次。

（房自立）

■类目编辑　赵修平

民主党派

中国民主同盟江阴市委员会

【概况】 2020年，中国民主同盟江阴市委员会（以下简称“民盟江阴市委”）对照“四新”（新时代多党合作要有新气象、思想认识要有新提高、履职尽责要有新作为、参政党要有新面貌）“三好”（做中国共产党的好参谋、好帮手、好同事）新时代参政党建设要求，不断巩固政治思想共识，切实优化组织队伍，努力提升参政议政水平，持续拓展社会服务能力，全面投身“美丽江阴”建设，为全市夺取疫情防控和经济社会发展“双胜利”、高水平全面建设小康社会献智出力，各项工作再上新台阶。年内，62名盟员参加江阴民盟盟务骨干培训班，24名盟员参加中共江阴市委统战部2020年度党外新成员培训班，18名盟员参加无锡市新盟员培训班，7名盟员参加无锡民盟参政议政研讨培训会，4名盟员参加无锡民盟宣传思想培训会，1名盟员参加无锡市委党校党外中青年干部培训班。是年，吸收新盟员16人，去世5人，盟员总数365人，平均年龄53.4岁。其中，江苏省政协委员1人；无锡市人大代表3人，政协委员2人；江阴市人大代表6人，政协委员34人。盟员中，教育界206人，文化界31人，科技界35人，教科文界别占74.5%，其他界别93人，占25.4%；博士研究生学历5人，硕士研究生学历63人，本科以上学历296人，占81.1%；高级职称196人，占53.7%，中级职称105人，占28.8%，中高级职称301人，占82.5%；副科级以上干部13人，有16名盟员分别担任政府各部门民主监督员、行风监督员。综合一支部获评民盟中央盟务工作先进基层组织，1名盟员获民盟中央表彰，3名盟员获民盟省委表彰。

【参政议政】 2020年5月，民盟江阴市委在市政协十五届四次会议上，作题为《江阴深度融入长三角区域一体化发展》专题发言，提交集体提案12件，《构建三大圈层，实现五大融合——关于江阴深度融入长三角区域一体化发展的思考与建议》获优秀调研报告一等奖，《深度挖掘长江文化，擦亮江阴文化名片》《完善体制机制，推进学前教育普惠健康发展》获优秀调研报告三等奖，《关于加强江阴城市精细化管理工作的建议》获优秀提案；8名盟员获评优秀政协委员，2名盟员获评优秀民主监督员；冯德强撰写的《关于提升教师信息化素养、促进教育信息化发展的建议》被评为优秀社情民意信息，周禹珺撰写的《关于解决“厕所革命”建而难用、用而失管的建议》被转化为全国政协委员个人提案并立案。在中共江阴市委召开的民主协商会上，民盟市委主要领导代表盟市委就历史文脉传承、教育资源均衡等提出意见建议。在市政协民主议政会上，孙玉明围绕“既有多层住宅加装电梯工作”发言；黄宇昕、冯德强、金荣蕾在市政协促进旅游业发展委员论坛上发言。年内，向民盟中央经济论坛、教育论坛提交论文各1篇；参加第三届江苏文化发展研讨会，2篇论文分获二等奖和优秀奖；参加第十一届江苏教育发展论坛，3篇论文分获一、二、三等奖。冯德强作为论文一等奖作者，以《五育并举构建普通高中立德树人的转化机制》为题在大会上发言；在第七届江苏生态文明建设研讨会上，石陈云作为论文一等奖作者，以《融入“美丽江苏”建设，统筹抓好“长江大保护”》为题在大会上发言。是年，向省政协、民盟省委、中共江阴市委统战部等部门报送信息100余条。其中，被全国政协采用1条，中共江苏省委统战部采用2条，民盟省委采用14条，中共无锡市委办采用1条，有8条社情民意获中共江阴市委主要领导批示。

【中国民主同盟传统教育基地在江阴挂牌】 2020年11月18日，该基地揭牌仪式在江苏省南菁高级中学黄炎培事迹展览馆举行。全国人大常委会委员、全国文联副主席、民盟中央副主席张平和中共江阴市委书记许峰为基地揭牌，民盟中央宣传部部长曲伟，民盟江苏省委秘书长唐双辰等出席仪式。该基地的建立，旨在进一步学习和传承民盟重要创始人黄炎培立盟为公的精神，扩大民盟社会影响力。同日，江阴民盟美术院升格为民盟中央美术院江阴分院，与教育基地同时揭牌。

【民盟江阴市委志愿者服务队成立】 2020年，民盟江阴市委成立志愿者服务队，下设教育、文化和综合三支分队，招募盟员志愿者127人。年内，服务队与塔南社区结对，针对社区居民需求开展常态化定向服务。是年,民盟市委分别与徐霞客镇政协工委、月城镇政协工委共建青少年传统文化教育基地和月城实验小学实践基地,并由综合二支部和文艺支部作为实践活动实施单位,不断提升社会服务特色化、精准化、实体化水平。

【盟员成果和荣誉】 2020年,教育界盟员杨晓丽获全国中小学教师优质课大赛一等奖,谢建民获江苏省教育科学研究院2020年度教科研工作先进个人,杭建伟当选为无锡市中共党史学会副会长,杨兰获评2020年省职业院校创新创业大赛三等奖指导老师,杨晓丽获无锡市德育先进工作者,朱学尧、黄华获评无锡市优秀班主任,金洁获评无锡市教学能手;文化界盟员许建铭作品入选全国首届草书学术提名展,许达作品参加兰亭奖等获奖作者作品展,蔡晓英作品获江苏省五星工程奖,姜少伯入选省紫金文化人才培养工程文化优秀青年;科技界盟员薛花娟与吴琼参与的发明专利获第二十一届中国专利优秀奖,薛花娟参与的"超千米高速铁路斜拉桥斜拉索关键技术与应用"获江苏省科技进步奖三等奖。盟员黄宇昕获评民盟中央社会服务工作先进个人,陈捷元、龚振东、苏婉、许国生、金荣蕾、刘嘉薏6名盟员获民盟无锡市地方组织成立70周年杰出贡献奖。

(刘嘉薏)

中国民主建国会江阴市委员会

【概况】 2020年,中国民主建国会江阴市委员会(以下简称"民建江阴市委")加强自身建设,切实履行职能,应对形势变化,参与抗击疫情,为夺取疫情防控和全市经济社会发展做出贡献,被民建江苏省委评为先进集体。全年吸收新会员10人,平均年龄34岁。其中,本科学历9人,硕士研究生学历1人;非公经济代表人士3人,企业高管3人,政府机关人员2人,新社会阶层人士2人。年末,会员总数247人。8月27日,民建市委成立青年联合会。9—11月,完成各支部领导班子换届工作,新一届支部领导班子中,"80后"支部委员数占50%。11月18日,会员韩纪军作为民建无锡市委推选代表,在民建江苏省委召开的"民建会员之家"建设研讨会上发言,介绍临港支部"会员之家"建设经验。11月23日,江阴民建企业家协会召开换届大会,产生新一届会长、副会长。年内,企业家协会组织专题学习习近平总书记在企业家座谈会上讲话精神,特邀对口联系部门市工信局领导作相关指导;宣传王小立精准扶贫事迹,王秋芬、沙昳创业事迹和胡鹏飞、范建芬、缪晓善等抗疫事迹;组队参加中共江阴市委统战部举办的"不忘合作初心,继续携手前进"——2020年统一战线同心文体活动,获团体一等奖。民建市委继续办好"江阴民建"微信公众号和《江阴民讯》会刊,全年推送和刊登各类稿件近300篇,编发《江阴民讯》4期。有150篇次稿件被中央、省、无锡市统战部门和民建组织网站、刊物录用。是年,临港支部与民建河南省焦作市委解放二支部结为友好支部。临港支部被评为民建无锡市委2017—2020年度优秀基层组织,澄东、法尔胜两个支部分别被中共江阴市委统战部评为"四星级支部"和"三星级支部"。

【参政议政】 2020年5月,在江阴市政协十五届四次会议期间,耿澄娟代表民建江阴市委作题为《保持定力稳发展,持续创新破难题——关于进一步促进我市中小微企业稳健发展的建议》专题发言;民建江阴市委集体提案《关于多举措推动制造业升级、"制造业第一县"聚力再出发》,周璐撰写的《关于老小区加装电梯的建议》、赵文碧撰写的《关于深度链接"大虹桥"、借力上海资源为江阴所用的建议》、宋立人撰写的《关于加强对物业服务企业管理的建议》被评为优秀提案;季燕林撰写的《关于对大桥绿道进一步完善和加强管理的建议》、赵文碧撰写的《关于尽快开通便民的废旧电池回收渠道的建议》被评为优秀社情民意;民建江阴市委提交的《量质并举,全力塑造"江阴板块"新优势》《保持定力稳发展,持续创新破难题——关于进一步促进我市中小微企业稳健发展的建议》2篇调研报告分别获三等奖和鼓励奖。是年,民建江阴市委及会员有36件提案被市政协立案交办,其中集体提案8件、个人提案28件,集体提案《关于进一步促进我市中小微企业稳健发展的建议》《关于加快推进引入社会资本参与既有多层住宅加装电梯工作的建议》被确定为市政协2020年重点提案。7月中旬,市政协召开既有多层住宅加装电梯工作民主议政会,潘倍刚代表民建江阴市委作《破解"爬梯之痛"——我市既有多层住宅加装电梯现状调查》发言。10月中旬,市政协就重点提案《关于加快推进既有多层住宅加装电梯工作的建议》,听取市政府办理情况,并向提案人、政协委员征询相关意见,缪志强代表民建江阴市委发表意见和建议。在市政协高水平全面建成小康社会政情交流会上,胡正伟、魏静就服务业增加值占地区生产总值比重、高技术产品出口额占出口总额比重、空气质量优良率等进行提问发言。在市政协促进旅游业发展委员论坛上,方军作《优化提升旅游公共服务体系、夯实旅游业发展基础》发言,对进一步推动全市智能旅游信息服务体系建设提出建议。季燕林报送的《城区主次道路部分盲道被违规挤占的现象必须大力整治》社情民意,得到中共江阴市委主要领导批示。12月30日,在中共江阴市委民主协商会上,市委主要领导代表民建市委就经济发展、城市建设、文化建设、民生事业等方面提出意见和建议。年内,民建市委承接《抢抓"新基建"发展机遇,布局江阴未来产业》《策应上海国际航运中心建设,深度融入长三角区域一体化发展》2项调研课题,调研成果作为集体提案提交市政协十五届五次全会。是年,各支部切实做好"一支部两调研"工作,相继完成《积极探索"物业服务+养老服务"新模式的建议》《关于加强学生抑郁症防治工作的建议》等十余篇调研报告。

【社会服务】 2020年春节前,民建市委领导赴"同心实践基地"南闸街道泗河村慰问20户贫困家庭,每户发放慰问金500元。4月下旬,副主委承皓参加民建江苏省委在宿迁市宿城区王官集镇花园村举行的乡村振兴实践基地揭牌仪式，现场走访结对助学帮扶对象，代表民建江阴市委送上助学金1000元，随后定期给予帮扶。年内，会员赵文碧捐赠江阴市慈善总会2020冠名基金25万元。赵静连续第9年捐赠江阴市慈善总会冠名基金15万元，并设立关爱少数民族人士“红石榴”专项基金。民建市委响应民建中央、江苏省委对河北省承德市丰宁满族自治县实施“精准扶贫”号召，对该县胡麻营镇后大庙村实施爱心帮扶，募捐善款1.17万元，全部用于该村“爱心超市”物资补充。与山西省吕梁市石楼县扶贫开发办公室签署协议，联合支持“认领一分田、播种一份爱”扶贫项目，推广山西省石楼县优质小米和蜂蜜等消费扶贫产品。承办“江阴市统战大学堂”——《中华人民共和国民法典》专题讲座，邀请北京市盈科律师事务所高级合伙人、中国政法大学法律硕士学院兼职教授葛磊作题为《民法典实施对政府及企事业单位的影响及实务应用》讲座。是年，民建市委被市红十字会授予“红十字奉献奖”。

【会员成果及荣誉】 2020年，会员季丰被评为江苏省全民阅读推广人、省新联会优秀成员，受聘并成为江苏省首届公益阅读推广人；仲伟沧获发明专利2件、实用新型专利12件；胡跃年参与编著并出版法律专业书籍2本；王凤瑛两次获上海信托2020创新奖；强士坤在国家级专业刊物上发表论文2篇，并获专利1件。年末，王小立被民建中央授予民建全国优秀会员称号，胡鹏飞、高文蓓被民建江苏省委评为优秀会员，范建芬被民建江苏省委评为抗击新型冠状病毒肺炎疫情先进个人，吴研、张玄、陆正洪、陆志慧、陈奇峰、陈铮、季国华、单银霞、居燕玲被民建无锡市委评为2017—2020年度优秀会员。（耿澄娟）

中国民主促进会江阴市委员会

【概况】 2020年，中国民主促进会江阴市委员会（以下简称“民进江阴市委”）吸收新会员10人，平均年龄36岁。成立江阴高新区支部和澄东支部。为适应江阴教育集团化办学新形势，合并原暨阳中学支部与南菁高中初中部会员，更名为南菁实验教育集团支部。年内，民进市委班子领导分工指导，完成全部11个支部换届工作，换届后主委平均年龄40岁。在中共江阴市委统战部第二轮“星级支部”评选活动中，临港、暨阳、科文3个支部被评为“五星级支部”，教联、要塞、学院、小教4个支部被评为“四星级支部”，经济支部被评为“三星级支部”。各项考核指标连续第二年在江阴各民主党派中名列第一。是年为中国民主促进会成立75周年，江阴民进组织成立25周年，民进市委召开会员代表座谈会，重温多党合作历史，传承民进优良传统；开展纪念江阴民进组织成立25周年征文活动，收到征文48篇，结集出刊《风雨同舟，岁月如歌》文集。全年市委及各支部等编撰新闻报道99篇，其中发布无锡民进网77篇、江苏民进网40篇、民进中央网17篇、团结报网4篇、《团结报》2篇。《江阴民进》出刊2期。制作发布视频短片30余部，微视频《彩虹行动》获中共江苏省委统战部微视频创意大赛三等奖。是年，民进市委在全国会史工作会议上被中央民进评为全国会史工作先进集体，在江苏省民进机关目标考评中获县级市（区）委组二等奖。

【参政议政】 2020年，民进江阴市委收集“三个一”（一会员一信息、一会员一社情民意、一会员一模拟提案）222篇，在政协江阴市十五届四次会议上递交集体提案18件，立案18件；个人提案50余件，立案20件。其中《打造长江生态安全示范区》被列为中共江阴市委书记领衔督办重点提案。《着力提升基层社会治理成效》被民进江苏省委评为2019—2020年度参政议政成果一等奖。申报民进中央、江苏省委、无锡市委课题5项，完成《以农房建设试点为契机，打造美丽乡村新天地》年度调研报告，《全力打造新兴产业生态圈，建设以高端制造为特质的新兴中心城市》获江阴市政协调研报告一等奖。全年送交信息214条，被全国政协采用1条、民进中央采纳5条、民进省委采纳30余条，采纳分值列全省县区第一。其中《疫情防控歼灭战转入持久战相关法律问题分析》《关于合理应对网络舆情提供法制保障的几点建议》等被中共江苏省委统战部录用；《应依法规范项目审批“容缺预审制”》被全国政协采用，并获民进江苏省委参政议政成果二等奖。

【社会服务】 2020年，民进江阴市委拓展社会服务工作思路，启动“有了爱就有一切”社会服务项目。开展金沙行动，继续助力贵州省金沙县脱贫工作，与沙土镇第一小学开展“再读小橘灯、两地战役书”活动，邀请该校教师到江阴考察与培训。民进市委与市第二中学女子足球队共建基地，以经济综合支部为平台，计划5年内为二中女足捐助100万元。启动建设四川省凉山基地，计划投建小学1所，用10年服务凉山儿童1000人。（何 炬）

中国农工民主党江阴市委员会

【概况】 2020年，中国农工民主党江阴市委员会（以下简称“农工党江阴市委”）围绕中国农工民主党成立90周年，立足抗疫情、促发展，带领全体党员为江阴夺取疫情防控和经济社会发展“双胜利”做出贡献。举办专题培训学习，邀请党校老师解读中共十九届五中全会及江阴市委“三转一提”* 重要精神，有40余名党员骨干参加；扎实开展“不忘合作初心，继续携手前进”主题教育活动，筑牢多党合作共同思想政治基础；中医院总支、药业支部、综合一支部、人民医院三支部等分赴淮安、南通、无锡等地红色教育基地参观学习。组织8名新党员参加无锡市委新党员培训班；组织9名党员参加中共江阴市委统战部党外新成员培训；先后组织100余名党员参加五期“江阴市统战大学堂”，并承办第五期“朗诵之美”讲座。全年吸收新党员9人，党员总数180人，平均年龄51.70岁。其中，医药卫生界130人，占总数的72.22%，其他界别50人,占27.78%;博士后1人,博士研究生学历2人,硕士研究生学历40人、本科学历113人,大专学历17人,中专学历8人;高级职称99人,中级职称58人,高中级职称分别占55%和32.22%;无锡市人大代表2人、政协委员3人,江阴市人大代表6人(含常委1人)、政协委员14人(含常委4人)。全年被各级媒体录用稿件219篇次,分别为《团结报》、"学习强国"各1篇,农工党中央网站2篇,江苏省统一战线网站11篇,省农工党网站及微信公众号41篇次,无锡市级媒体118篇,中共江阴市委统战部公众号"暨阳同舟"46篇。是年,人民医院四支部、中医院二支部、环保支部、综合一支部获评农工党无锡市委示范支部;在中共江阴市委统战部"星级支部"评比中,综合一支部、环保支部获"五星级支部",药业支部、中医院一支部获"三星级支部"。

【纪念农工党成立90周年】 2020年,农工党江阴市委组织开展纪念中国农工民主党成立90周年活动,召开纪念大会,赴"同心实践基地"开展义诊服务活动;参与农工党江苏省委"燃情三行诗"征文活动,征集上报诗文20余篇,其中薛艳芳、刘斌分获二、三等奖;党史研究音频工作站制成《邓演达瑰奇的一生》音频8集,于8月初在农工党江苏省委公众号上播出;朗诵《时间的入口》入选农工党无锡市委庆祝建党90周年大会演出节目。纪念活动中,薛艳芳获评农工党中央宣传思想先进个人;中医院总支获评农工党省委先进基层组织,奚蕾、奚海明获评农工党省委先进个人;人民医院总支、李洁等9人分别获评农工党无锡市委先进基层组织和先进个人。

【参政议政】 2020年5月,农工党江阴市委向市政协十五届四次会议提交提案28件,均被立案。其中《关于聚焦养老难点,大力发展"医养结合"养老事业的建议》作大会交流,列为年度重点提案,获优秀调研报告一等奖;有6件被列为市政协督查提案。《关于推进中医药高质量发展,建设中医强市的建议》等3件提案获优秀提案。年内,市委承接探索养老服务新路径和全面推进生活垃圾分类2项重点调研课题,由黄青蓝主笔的《构建美丽江阴养老新格局,开启老有颐养幸福新生活》调研报告,再获市政协年度优秀调研报告一等奖。奚海明代表市委在市政协"人民法院融入长江大保护工作"政情交流会上发言;王曼撰写的《加快多层住宅加装电梯步伐推进居家养老工作》调研报告,并在市政协民主议政会作交流发言。蒋立新、奚蕾、黄国强提出的《关于家庭医生签约服务、做强江阴银行》等3条社情民意被市领导批示。黄国强、顾敏分别反映的《建议进一步加强金融支持促进中小企业高质量转型升级》《建议加强中小学医务室专职校医配备》分获2019年度无锡市政府人民建议书二等奖和优秀奖。薛艳芳提交的《建议在集中隔离点开展爱国主义教育活动》被《无锡党政信息》及农工党江苏省委录用。环保支部程凯申报的《提升放射源安全水平的建议》被农工党江苏省委调研课题立项并录用。是年,党员高恒被推荐为中共无锡市委统战部"统战智库"成员。

【社会服务】 2020年,农工党江阴市委继续与江苏省睢宁县岚山镇中心小学开展助学结对活动,援助10名优秀贫困学子每人1000元,捐赠学校2万元,用于建设特色书法教室;向江阴市金钥匙儿童启智中心捐赠医疗防疫物资价值5000元。社会服务工委开展"爱同行"慢病防控服务,赴周庄镇山泉村举行义诊活动,并向该村60岁以上重点人群捐赠血糖仪与试纸,价值1万余元。市中医院总支各支部分赴江阴热电公司、石牌社区、锦隆社区等开展义诊服务活动。党员奚蕾等参加市政协"五送一助"(送医、送教、送文化、送器械、送健康,助残)义诊活动;许振芳向江阴市特殊教育中心校捐赠延川苹果30箱,撰写的《情系延川,情暖公益梦》文章被《团结报》及农工党中央网站转载报道;林乾隆向璜土镇教育基金捐赠20万元,并向困难员工及学生捐款10.3万元;黄国强向徐霞客镇峭岐黎明村公益事业捐赠40万元;盛龙才捐资30万元,连续第10年支持锡剧进校园等传统文化活动。

【党员成果及荣誉】 2020年,党员卢明霞被评为第九批江苏省优秀援疆干部人才;朱晓华获评江苏省委组织部第二批乡土人才三带能手;高恒入选2020年度无锡市有突出贡献中青年专家;冒小欧获评无锡市抗击新型冠状病毒肺炎疫情先进工作者;朱晓强获全国医院改善医疗服务擂台赛总决赛银奖;袁保承担的"基于县域中医流派特色的膏方标准化体系推广应用"项目获中华中医药学会科学技术二等奖;曹向明领衔的"基于毫米波雷达的虚拟穿刺手术培训与教学系统研发与产业化"项目获江苏省科协创业创新大赛优胜奖;林乾隆主导研发的"可调光泽水溶性丙烯酸树脂"项目成功量产,并被"学习强国"推送报道。徐威等22人在各类期刊发表论文30多篇,黄锡琴、曹向明2人申报实用新型专利4件,林乾隆申报发明专利3件、实用新型专利7件。

(薛艳芳)

九三学社江阴市委员会

【概况】 2020年,九三学社江阴市委员会(以下简称"九三学社江阴市委")围绕中共江阴市委、市政府的新部署和新要求,凝聚力量,发挥优势,同心抗疫,切实履职,各项工作取得新成绩,为江阴夺取疫情防控和经济社会发展"双胜利"做出新贡献。是年,吸收新社员7人,其中,博士研究生学历1人,硕士研究生学历2人,本科学历3人;高级职称2人,国家二级运动员1人。社员总数138人。全年在微信公众号推送文稿60余篇,被省级以上媒体录用15篇,被无锡市级以上媒体录用30余篇,被中共江阴市委统战部"暨阳同舟"公众号录用40篇。

【社员教育培训】 2020年,九三学社江阴市委组织输送骨干社员分别参加九三学社中央宣传部新闻宣传骨干网络培训班、社省委中青年骨干培训班、中共无锡市委统战部民主党派代表人士培训班、社无锡市委"不忘合作初心,继续携手前进"干部培训班各1人,参加九三学社无锡市委、中共江阴市委统战部举办的新社员培训班计17人。依托九三学社中央宣传部“互联网+教育”远程教育，组织社员参加专题政治“网络课堂”集体学习，聆听中央社会主义学院教授杜玉芳所作的《中国共产党与中华民族伟大复兴——结合〈习近平谈治国理政〉第三卷的学习与思考》报告。组织100多人次参加六期“江阴市统战大学堂”。社市委承办一期“江阴市统战大学堂”，由社市委常委、城建支社主委荣朝晖作题为《建筑与审美》讲座，市内各民主党派、知联会成员150余人参加。

【建社75周年纪念】 2020年，九三学社江阴市委围绕庆祝九三学社创建75周年，开展社史教育系列活动。组织社员参加社省委建社75周年征文活动，耿柯镠撰写的《写在纪念九三学社创建75周年的日子里》、朱文艺撰写的《九三后浪，毅然前行》、陆健撰写的《我的九三情怀》等7篇文章分别被社江苏省委、社无锡市委等微信公众号、网站刊登；组织开展“爱祖国、爱家乡”系列活动，召开欢迎驰援湖北勇士郭春辉凯旋座谈会，学习抗疫先进事迹；组织全体社员集中观看《八佰》《夺冠》等爱国主义教育影片；组织退休社员参观江阴长江大保护展示馆、定波水利枢纽工程。9月3日，学院支社召开“为组织庆祝生日”座谈会，畅谈支社发展历程，感悟九三先贤遗风。

【组织建设】 2020年1月，九三学社江阴市委召开社员大会进行届中调整，增选杜凯、李倩为社江阴市第四届委员会委员；4月，召开社市委扩大会议，增选郁昉为社江阴市第四届委员会常务委员。11月，启用社市委中心基地，推进各支社打造各具特点的工作载体，为社员履职提供新舞台。加强各支社横向交流，农业技监、经贸支社联合赴顾山众网互联网公司学习阵地建设先进经验；综合支社与九三学社宜兴市基层委员会开展共建活动，探讨交流组织活动工作经验；学院支社与市知联会法尔胜小组联合参加法尔胜集团“圆梦千桥”庆祝活动。在中共江阴市委统战部“星级支部”创建活动中，综合支社被评为“四星级支社”，学院、经贸2支社被评为“三星级支社”。年末，对经贸支社进行届中调整，增选耿柯镠、承怡为支社副主委；成立兴澄支社，选举王京冉为支社主委，郭英才、邓斌为支社副主委。

【参政议政】 2020年5月，九三学社江阴市委在市政协第十五届四次会议上提交集体提案8件、个人提案15件。提案《关于超前谋划乘势而为，迎接高铁新时代做大做强江阴枢纽经济的建议》《关于江阴市家庭医生签约服务工作的思考和建议》等被列为重点督查提案；时平撰写的《关于高铁时代完善综合交通运输体系的建议》、荣朝晖撰写的《关于引进人才、用好人才、留住人才的建议》、范恩卓撰写的《关于加快现代服务业发展的建议》被评为优秀提案。社市委向市政协提交的重点课题调研报告《超前谋划乘势而为，迎接高铁时代做大做强江阴枢纽经济》、自选课题调研报告《以“特”为本打造江阴品质美丽新农村》，分别获优秀调研报告一等奖和二等奖。会上，社市委主委时平作专题发言。9月，组织社员赴市水利局、住建局开展调研交流，了解全市重点建设项目进展情况，为水利、住建事业出谋划策；组织社内政协委员赴祝塘镇视察高标准农田，针对提升政务服务效能，围绕“助力企业家转型发展”“全面提升营商环境”等提出意见建议。10月，赴长泾镇访查花园村养老服务点、澄东护理院，就养老服务工作与镇政协工委开展协商讨论，提出建设性建议。是月，组织社员分赴苏州工业园区、无锡市政府相关部门和新吴区，以及徐霞客镇、市发改委、江阴高新区、阳光集团有限公司等地调研，形成《关于合力打造霞客湾科学城，构建江阴高质量发展新引擎的建议》调研报告，获中共江阴市委书记许峰批示。11月，时平在社中央九三青年论坛上提交《以集成改革促进县域治理现代化》调研文章，获大会好评。在复工复产阶段，社市委举办题为“江阴如何发展地摊经济”参政议政沙龙，形成社情民意《关于有效规范管理“地摊经济”的建议》，获市政府主要领导批示。年内，社员张成奇参与市政协“既有住宅加装电梯工作”“创新江阴”“促进旅游业发展”等专题调研，并在相应会议上作交流发言。

【社会服务】 2020年，九三学社江阴市委与宜兴市、无锡市新吴区九三学社及无锡九三学社参政议政工委等联合赴“同心实践基地”顾山镇红豆村考察调研，紧扣当地实际情况，对镇村环境改善、乡村经济可持续发展等提出意见建议；社员冯军指导红豆村开展农产品电商销售，杜凯提供农业技术指导和政策辅导。社内法律工作人员持续赴兴澄法律服务站，开展法律知识培训，宣讲《中华人民共和国民法典》，提供法律案件咨询110次。12月，社市委在周庄镇金湾村成立社会服务基地，融入基层，服务基层。开展扶贫帮困活动，资助红豆村困难家庭15户每户1000元。

【社员成果及荣誉】 2020年，社员曹亚明入选九三学社中央书画院成员；郭春辉获评第五届江苏省“百名医德之星”、第五届无锡市“十大医德标兵”；王猛获社省委第四届“九三杯”乒乓球邀请赛单打第二名；荣朝晖、王雪丰建筑设计作品获评省优秀勘查一、二等奖，省建筑师协会优秀设计一、二等奖；邵淑艳获评2020年无锡市十大创新争先科技人物；俞妍君获评无锡市委宣传部、无锡市卫健委2019年度生态文明建设暨打好污染防治攻坚战先进个人。 （郁 昉）

■类目编辑 成苏萍

群众团体

江阴市总工会

【概况】 2020年,江阴市总工会以习近平新时代中国特色社会主义思想为指导,深入贯彻落实市委和上级工会决策部署,围绕疫情防控和经济社会发展大局,全面加强职工思想政治引领,广泛开展建功立业活动,全力维护职工合法权益,深入推进工会改革建设,充分发挥工会在组织职工、引导职工、服务职工和维护职工合法权益等方面的重要作用,圆满完成各项工作任务。是年,市总工会被评为全国"安康杯"竞赛优秀组织单位、全国工会财务工作先进单位,全省"互联网+"工会普惠性服务示范城市。至年末,全市共有基层工会17617个,其中独立建会2647个,联合工会和行业工会439个;工会会员88.06万人,其中农民工会员60.74万人。

【产业工人队伍建设改革】 2020年,江阴市总工会发挥牵头抓总作用,推动产业工人队伍建设改革工作纳入江阴市"当好改革再出发排头兵"2020年度工作要点,纳入党建带群建品牌项目。协调联席会议成员单位制定下发《贯彻落实〈新时代江阴产业工人队伍建设改革方案〉责任分工方案》《2020年江阴产业工人队伍建设改革工作要点》等文件。牵头召开全市产业工人队伍建设改革联席会议暨产改试点工作部署会议,推动市产改联席会议成员单位结合部门职能,出台系列配套政策措施。分类打造非公企业党建引领、高技能人才鉴定考核、劳动竞赛助力技能提升等江阴特色产改工作试点项目8项,市、镇两级参与产改试点企业42个,并形成《江阴产业工人队伍建设改革试点单位方案汇编》。是年,组织举办送教进企业、职工周末课堂、班组长岗位能力提升、育匠班等各类培训296场次,培训职工23586人次。

【立功劳动竞赛活动】 2020年,江阴市总工会围绕市委、市政府"六攻坚六突破"*战略部署,组织开展"当好主力军　建功新征程"主题劳动竞赛,组织市级层面南京理工大学江阴校区等3项工程、食品安全等5个行业、江阴市供电公司等20个企业,开展示范性主题劳动竞赛。举办快递员、金属检测、行车、数控等10大工种职工职业技能大赛,全市有201个企业、430名产业工人进入市级大赛角逐竞技,并带动全市各级开展岗位练兵、比武交流5.23万人次。组织实施全市职工科技创新成果、合理化建议评选表彰活动,征集创新成果631项、合理化建议784条,表扬职工优秀成果、建议120项(条),发放奖金27万元,江阴兴澄特种钢铁有限公司赵晓雷等10人被授予江阴市"十佳职工科技创新标兵"称号。深入推动劳模支部"双创双提升"(创建党支部、创建党员先锋岗,提升职工政治素质、提升业务技能)工程,新建市级示范性劳模(职工)创新工作室20个。

【工会安全生产行动】 2020年,江阴市总工会认真贯彻全省安全生产专项整治行动工作要求,专题部署组织实施工会安全生产"安康守护"行动,推出安全生产工作举措15项。深入开展"安康杯"竞赛活动,全市报名参赛单位3978个,覆盖职工37.6万余人。组织开展全市劳动保护技能大赛、劳动保护合格工会创建、化工企业班组长安全培训、"幸福安康我的家"主题征文、安全隐患随手拍等职工安全生产活动。线上开设"安康文化"专栏及在线学习积分有礼、"百日千题"网上学习竞赛,发布安全生产宣传推文69期,有效提升广大职工劳动安全意识和安全素质。是年,市总工会被中华全国总工会应急管理部、国家卫生健康委员会评为全国"安康杯"竞赛优秀组织单位。

【职工帮扶服务】 2020年,江阴市总工会围绕广大职工美好生活现实需求,有效整合工会各项帮扶资源,持续优化升级普惠服务项目。建立健全特困职工解困脱困体系和机制,精准实施生活保障、子女助学、医疗救助、就业创业等帮扶措施,全市122户特困职工家庭实现脱困47户,脱困率38.5%。全市各级工会发放困难职工春节慰问金、金秋助学金1299万元;职工大病医疗参保职工18.8万人,为2.66万人次职工发放互助保障金、大病救助金、临时救助金、工会慰问金932.6万元;"惠购蛋糕""欢乐观影""惠购书籍"项目资金规模2700万元,有46.9万人次职工享受折扣优惠450余万元。在新型冠状病毒肺炎疫情期间,围绕市委、市政府"稳企业、促消费"工作,探索实践"职工周末欢乐购"和"会员职工天天购"线上普惠新项目,以"互联网+"生活普惠架起服务职工、服务企业的"彩虹桥"。

【构建和谐劳动关系】 2020年,江阴市总工会积极维护疫情期间劳动关系的和谐稳定,针对疫情期间工资支付等热点难点问题,编印下发《新冠肺炎疫情期间相关劳资问题处理指引》。因企制宜开展工资集体协商"五讲行动"(讲团结劳资互谅成共识、讲奉献互帮互助有境界、讲长远共渡难关促发展、讲关爱职工生计放心间、讲感情危难之际见真情),动员广大职工与企业同舟共济、共克时艰、共渡难关,全市签订工资专项集体合同企业8036个,建制率99.8%。开展全市基层工会"交流互鉴促提升、服务职工助发展"暨厂务公开民主管理经验交流观摩活动,提升工会干部指导基层开展民主管理能力。深入开展"百人千企"工会法律监督服务志愿行动,对1013个企业进行免费"法律体检",发现用工隐患368处,解决劳资纠纷事件139件。在"江阴职工之家"微信公众号开通"律师一点通"栏目,聘请10名具有专业背景的执业律师全天候为职工提供线上免费法律咨询、法律援助。是年,市总工会共接待并处理职工来信、来访、来电、网上投诉事件共725件,涉及人数819人次,来信来访来电结案率100%。

【"互联网+"工会建设】 2020年,江阴市总工会深入推进"网上工会"建设,升级改版"江阴职工之家"微信公众号,将原有的"为你服务""会员优享""我要入会"升级调整为"工会之声""服务大厅""个人中心"。"工会之声"开设党政要闻、工会信息、政策文件、产改进行时4个栏目;"服务大厅"开设工会业务、工惠生活、网上职工学校、网上工人文化宫4个栏目;"个人中心"为实名绑定会员提供电子会员卡和积分优享服务。建立完善集普惠项目、会员服务、业务办理等功能于一体的"互联网+"服务职工体系,将建会入会、思想引领、劳动就业、创业帮扶、教育培训、安全生产、职业健康、法律援助等各项工作与互联网全面融合,做到"问计于网、业务上网、服务在网、维权到网"。至年末,"江阴职工之家"微信公众号拥有用户30.02万人,传播力指数稳居全市政务微信前列。 (夏伟刚)

共青团江阴市委员会

【概况】 2020年,共青团江阴市委员会(以下简称"团市委")带领各级团组织、团干部和广大团员青年以习近平新时代中国特色社会主义思想为指导,全面贯彻中共十九届五中全会和共青团第十八次全国代表大会精神,深入落实中央、省委、市委系列决策与部署,在中共江阴市委和上级团组织正确领导下,聚焦主责主业,服务中心大局,服务青年发展,全面从严治团,为江阴勇当新时代县域高质量发展排头兵、社会主义现代化建设先行军、区域一体化发展领跑者贡献青春力量。年内,团市委、市青年企业家协会分别获江苏希望工程"圆梦行动"15周年优秀组织奖和杰出贡献奖;市青少年禁毒教育项目"花young年华,无毒青春"入选2020年团中央青少年法制宣传、禁毒防艾教育专项资助项目名单。有7名学生获省级诵读大赛奖项。

【青少年思想引领】 2020年,江阴团市委以思想建设为核心,坚定青年政治信仰,每周开展"青年大学习"网上主题团课学习,每月下发"青年大学习·统一团课日"学习素材,制作下发"青年学习社"导师公开课2集,建成无锡市级"青年学习社"2个、"青年学习社"线路1条。开展主题教育活动,弘扬青春主旋律,分层分类开展"绽放战疫青春·坚定制度自信"宣讲、"从小学先锋、长大做先锋""青春(红领巾)唱响'全面小康'好声音"等主题活动100余场。创作小英雄故事、战'疫'先锋故事6个,队前教育礼仪视频2个。构建并用好"江阴青年汇"微信公众号、"抖音"账号宣传阵地,打造"团团直播间"系列直播活动,营造正能量网络空间。挖掘选树"新时代向上向善好青年""最美中学生(中职生)""追梦好少年"等优秀青(少)年1533人,多渠道全方位宣传先进典型,激励青年学先锋做先锋。

【基层组织建设】 2020年,江阴团市委持续完善"智慧团建"组织树建设,完善团组织信息,夯实团组织工作数据基础。继续做好"学社衔接"工作,全年"学社衔接率""升学衔接率"均超99%。扩大非公企业团组织建设覆盖面,全年非公领域新建团组织623个。印发《江阴市共青团推优入党"4+1+N"工程实施方案》("4+1+N"指4项基础项目,1项加减分项目,N项个性化项目),以远景能源有限公司、江苏大经集团有限公司等企业为推优试点,把企业团员纳入积分管理,通过量化考核向党组织输送优秀青年人才。举办"磐石工程"专题培训班,分层分类举办基层团干部专题培训班,邀请各领域专家学者授课,并组织结业测试,提升培训实效,累计培训500余人。

【服务中心大局】 2020年,江阴团市委以服务中心大局为主线,组织举办"产业强市、基业长青"青年企业家创新学习班,参加培训青年企业家58人。邀请国内知名经济学专家到江阴为青年企业家作专题讲座3场。举办"创青春·蓝海计划"创客沙龙12期,跨省座谈交流会5场。搭建助农平台,培育江阴青年农民网络红人5人,推出"新农菁英·我为自己代言"系列直播活动6场,观看人数9600余人。开展"团团助农挑战赛",帮助售卖江阴农产品累计30余万元。成立一线青年突击队30余支,参与全市重大项目攻坚突破、基层治理、村(社区)换届等工作,均有质有效完成各项重点工作。

【服务青年发展】 2020年,江阴团市委以青年需求为导向,举办"青澄有I"青年相亲交友联谊活动、高知青年联谊会6场,参与青年300余人;举办第十五届大学生暑期勤工助学"阳光行动",联系203个企业提供社会实践岗位1000余个;连续第15年开展"我要上大学"圆梦行动和"暖冬行动",资助49名困难青少年圆梦大学,为241名青少年赠送爱心暖包。举办"后浪行动"青年创业夏令营,首期参与学员50人,进一步提升大学生创新创业意识和创新创业能力。开展"才聚江阴"优秀海外学子家乡行活动,成立江阴市海外留学青年联谊会,疫情期间为9个国家的江阴籍海外学子捐赠防护物资价值10万余元。举办"行走的美丽江阴"青年文化创意集市、"我们的诗和远方"访谈活动等,在青年群体中引发共鸣。为进一步提升青少年自护自理能力,开展"益+青"志愿服务活动168场,受益青少年5280人。联合市青少年权益保护协会,提升帮教服务专业水平,开展个案服务700余次,帮教未成年人139人。实施事实孤儿牵手关爱行动,组建"1+N"(1名事实孤儿由1名社工、1名心理咨询师、1名团干部、1名志愿者开展多对一结对)关爱小分队10个,通过结对关爱、心理辅导、成长教育、素质拓展等活动,帮助孩子摆脱成长困境。深化"希望有约,青春不'毒'行"禁毒宣传,开展禁毒主题教育、禁毒夏令营等活动,全面增强青少年珍爱生命、远离毒品自我防范意识。

【中国少年先锋队江阴市第三次代表大会召开】 2020年12月11日,中国少年先锋队江阴市第三次代表大会召开,有265名代表参加。中共江阴市委书记许峰出席大会并讲话,共青团无锡市委书记俞政业到会讲话。团市委副书记、市少工委主任吴泽昱代表上届少工委作题为《传承红色基因 培育时代新人 引领少年儿童在"美丽江阴"建设新征程中茁壮成长》工作报告。大会选举产生第三届市少工委委员,并审议通过第二届市少工委工作报告的决议。市少工委三届一次全委会选举产生第三届市少工委主任2人、副主任5人,并举行市少先队总辅导员(少先队活动教研员)、荣誉总辅导员、片区总辅导员聘任仪式。大会期间,举行2020年"江阴市十佳少先队员""江阴市十佳少先队辅导员""江阴市十佳少先队志愿辅导员""江阴市优秀少先队集体"颁奖仪式。大会对三年来江阴少先队工作进行全面回顾和总结,进一步明确之后三年江阴少先队工作的指导思想、主要任务和工作举措。大会要求,紧密团结在以习近平为核心的中共中央周围,高举习近平新时代中国特色社会主义思想伟大旗帜,凝心聚力,开拓进取,团结、教育、引领全市少先队员为全面建设社会主义现代化强国、实现中华民族伟大复兴的中国梦、建设"美丽江阴"时刻准备着。 (谢天琦)

江阴市妇女联合会

【概况】 2020年,江阴市妇女联合会(以下简称"市妇联")坚持以习近平新时代中国特色社会主义思想和对江苏工作重要讲话指示精神为指导,落实全国妇联县级妇联改革破难行动和省妇联活力提升计划目标任务,围绕中心,服务大局,凝心聚力,真抓实干,全市妇女儿童家庭各项工作取得新成效。是年,市妇联党支部被无锡市委评为先进基层党组织;市妇联获江苏省妇女儿童慈善优秀组织奖,获评江阴慈善突出贡献单位。香山书屋苏龙苑新时代文明实践点成为全国巾帼志愿阳光服务站,为全省唯一。缪培家庭获评全国五好家庭,缪金凤获评2020年度抗击新型冠状病毒肺炎疫情全国三八红旗手。

【妇联基层组织建设】 2020年,江阴市妇联积极探索"党建带妇建、妇建服务党建"长效机制,研究制定《关于进一步强化党建带妇建全面落实妇联改革活力提升计划的实施意见》,不断增强妇联组织引领服务联系妇女群众能力和本领,构建党建和妇建相互融合、相互促进、共同提高的良好生态。探索新兴领域妇建模式,在楼宇、商圈、行业协会、互联网行业等女性集中领域,通过行业联建、阵地共建等方式,新建传澄云妇联、菁英教育联盟妇联、云心瑜伽协会妇联等新兴领域妇联组织24个;加强机关事业单位妇联组织建设,推动机关事业单位妇联应建尽建、应改尽改,改建江阴市融媒体中心、市农业农村局2个妇联组织,成立市发改委、市交通产业有限公司2个妇联组织。推进"妇女微家"规范性建设,推动各级各类社会资源和优秀女性人才入驻微家,培育"女性社会组织(优秀女性人才)+项目+妇女微家"新模式,全市累计建成各类"妇女微家"140个;常态化开展群众最喜爱的"妇女微家"寻访活动,首批入选18个。出台《江阴市妇联机关干部联系基层妇女群众制度》,推动落实"四必访"(困难家庭必访、空巢老人及留守妇女儿童家庭必访、婚姻家庭矛盾纠纷的信访户必访、生产经营遇到困难的创业女性必访)和"三提三知"(提户知人、提人知事、提事知情)制度,改进妇联机关干部工作作风,实施基层妇联"领头雁"培训计划,举办"领头雁"培训班,组织妇联干部和执委150人参加培训,全方位加强专业培训和实践锻炼。出台《江阴市妇女代表大会代表和妇联执委常委履职规则(试行)》文件,市、镇两级妇联执委领办项目84项,宣传推荐优秀执委30人。举办女性社会组织负责人培训班,培育发展优秀女性社会组织,年内新培育女性社会组织3个。依托江苏省、无锡市级巾帼党性教育(示范)基地,联合江阴市委党校开发巾帼党性教育课程,培育巾帼党课宣讲员76人,开展"十百千巾帼大宣讲"活动300余场,受益群众近10万人。项目化开展"'学习强国'进家庭"活动,承办江苏省委宣传部、省妇联"'学习强国'进家庭"云分享活动,在线观看人数384万人。发放1000个共享书包到优秀典型家庭,线上打卡、先学先行、示范带动,结合线下推广活动,让人人、时时上"学习强国"成为家庭新时尚。探索"妇联+社会组织+新时代文明实践"模式,以项目化、社会化推动巾帼新时代文明实践为特色,以服务"一老一小"群体为重点,充分发挥巾帼志愿服务在文明实践、基层治理中作用,队伍与阵地挂钩,项目与需求对接,带动全市百支巾帼特色志愿服务队,深度融入新时代文明实践,常态化、点单式开展巾帼特色志愿活动2500余次。高度重视网上妇联建设,顺应新媒体发展,与省妇联合作成立Women+"在你身边"融媒体工作室,Women+平台发布"她播"巾帼助农等各类活动1300余次。是年,全市各级妇联组织被"学习强国"平台录用宣传稿件

14篇。江阴LADY公众号发布推文320余篇，阅读量40万余人次，在无锡妇联系统Women+数据排行、微信传播指数排行榜上位居前列。组织参加省、无锡市女性融媒体创意大赛，报送融媒体作品43件，获评省级奖项2件、无锡市奖项5件。

【服务妇女发展】 2020年，江阴市妇联始终坚持发展为要，主动服务经济大局，发挥市女企业家协会在女性创业创新中引领作用，启动全市女企业家“领跑新时代”项目，实施“走好新时代长征路”研学、“巾帼助力 幸福延川”精准扶贫、“让爱益起来”和谐家庭等项目5项。举办政策解读、交流互访等内容“Lady创智汇”沙龙活动22场次，组织女企业家开展“不忘初心”主题分享活动，参加江阴市企业家“论道”讲坛，赴上海开展“学悟伟大精神，争当领跑先锋”研学活动，激励女企业家强化使命担当，助力江阴高质量发展。激发女性“双创”（创新、创业）新动能，举办巾帼创业雏鹰班，培训初创业女性40余人。协办无锡市女性创新创业大赛，推荐参赛项目25项，获奖5项。推荐市女企业家协会理事孙瑜参加无锡市妇联“慧创她时代”优秀女企业家宣传直播活动，观众超40万人次，创该直播节目最高点击量。依托“腾创巾帼”就业实训基地、名妆美业女性就业创业实践基地，举办家政服务、“抖音”直播等技能培训、农村劳动力转移培训等20余场，600余人参加。与江阴生态环境局、市住建局、农业农村局等部门联合启动“特色田园乡村，美丽家园”建设，引导广大妇女投身美丽江阴建设、岗位建功生动实践。是年，获评江苏省美丽家园示范点2个，省“双学双比”（学文化、学技术，比成绩、比贡献）活动示范基地2个，省巾帼建功标兵1人；无锡市巾帼文明岗8个，无锡市巾帼建功标兵4人；创评江阴市“美丽家园”示范村（社区）30个，“美丽庭院”示范户20户、达标户100户。

【依法维护权益】 2020年，江阴市妇联落实“五项机制”（妇女儿童侵权案件发现报告机制、多部门联防联动机制、妇女儿童舆情应对机制、重点人群和家庭关爱服务机制、妇女儿童侵权案件督查推进机制），推动妇女儿童侵权线索排查纳入全市网格事项，与市司法局联合建设标准化家事调解工作室17个，开展《中华人民共和国民法典》等维权普法活动近百场，与市检察院联合出台《关于共同推动妇女儿童权益保护工作的意见》，聘请首批亲职教育指导师9人，实施“澄家有爱，护航成长”关护项目。持续深化婚姻家庭指导中心“和谐婚姻家庭指导”项目，年内接待拟离婚夫妻733对，劝返216对，劝和率稳中有升；“港湾”家事调解工作室受理调解事件170件，调处成功24件、撤诉15件。持续开展妇女儿童家庭公益项目大赛，从资金、阵地等方面扶持获奖项目，提升镇（街道）、村（社区）妇联工作项目化、社会化、专业化。是年，依托市妇联公益项目大赛资金、“99公益”项目资金，设计和实施妇女儿童家庭实事项目45项，惠及3万人次。参与“腾讯99公益日”网络筹款，3天社会筹集124万余元，实现项目“众推”、资金“众筹”。不断优化妇女儿童发展环境，“十三五”妇女儿童发展规划主要量化评估指标中157项提前达标，达标率95.7%，通过省级督导评估终期检查。深化江阴市与陕西省延川县妇联结对帮扶行动，举办“巾帼牵手，助力小康”直播活动。持续做好“春晖”单亲贫困母亲援助和“两癌”（乳腺癌、宫颈癌）特困妇女救助项目，慰问单亲贫困母亲100人，救助“两癌”特困妇女18人，分别发放慰问金20万元、18万元。

【家庭文明建设】 2020年，江阴市妇联持续开展“最美家庭”等各类家庭典型选树活动，评选表彰最美（五好）家庭151户，首次发放最美家庭礼遇卡。全年，获评最美抗疫家庭省级1户、无锡市级4户，书香家庭省级2户、无锡市级4户，无锡市级最美绿色家庭4户。举办家风家教主题宣传月活动，培育“澄家有爱”家庭工作品牌，成立江阴市婚姻家庭教育服务联盟，精选“智慧父母课堂”等婚姻家庭教育课程，配送基层妇女儿童阵地近百场。助力“书香江阴”建设，实施家庭阅读推广人项目，命名首批江阴市亲子阅读体验基地10个，培育无锡市亲子阅读示范基地2个。启动儿童友好城市（社区）建设，开展第四届“江阴小市长”评选活动，落实“小市长议事会”政校社结对项目。与市教育局联合表彰优秀家长学校40所、优秀家庭教育指导者189人、优秀家长765人、优秀家庭教育案例686个、优秀家庭教育微课155个。深入实施“幸福家”家政服务职业导航项目，组织召开“家政服务进社区”座谈会，精准对接妇女群众关切需求。与市总工会、人社局等部门联合举办育婴员职业技能大赛。依托市巾帼家政服务联盟，启动乐茵母婴“公益大讲堂”进社区巡讲及困难家庭“乐茵帮扶计划”。 （黄丽娟）

江阴市科学技术协会

【概况】 2020年，江阴市科学技术协会（以下简称“市科协”）认真履行工作职能，各项工作取得新发展。全面加强党的建设，巩固拓展“不忘初心、牢记使命”主题教育成果，开展“三转一提”*专题学习活动；扎实开展疫情防控应急科普和志愿服务工作，助力企业复工复产；落实与派驻纪检组共同管党治党工作机制，修订完善科协工作制度10项，完成市委巡察整改任务；开展党建带群建活动，与市委组织部联合印发《关于进一步强化党建引领科建助力创新江阴建设的实施意见》，被省科协全文刊发，经验做法在全省科协系统推广；举办江阴市庆祝“全国科技工作者日”暨第三届“十大科技之星”及“最美抗疫科技卫士”风采展示专题沙龙，承办第八届江苏省青年科学家年会半导体精英论坛，承接2020年江苏省科协院士专家科普社区行、科普乡村行等活动；深化市科技工作者“1+3+N”（1是指1个江阴市科技工作者服务中心，3是指与社会公益组织香山书屋联合打造3个科技工作者服务站点，N是指N个各具特色、覆盖城乡的“科技工作者之家”实体阵地）服务新体系建设，拓宽服务科技工作者平台；持续实施“党建强会”计划，丰富科技社团党建教育活动形式；实施“共享科普馆”提升行动,市“全国科普日”活动项目受到中国科协表扬。是年,市科协2项工作经验入选全国科协系统改革成果汇编,市科协获江苏省人社厅、省科协全省科协系统先进集体等省级以上荣誉3项。至年末,全市有镇(街道)科协16个,开放园区科协2个,市级学会(协会、研究会)35个,院校科协2个,企业科协169个、企业科协联盟13个。

【服务科技工作者】 2020年,江阴市科协持续构建“1+3+N”科技工作者服务体系,新增夏港街道、澄江街道、月城镇和市水利学会等“科技工作者之家”服务站点5个,总数15个。推进“网上之家”建设,采用“线上+线下”结合形式,加强科技工作者网上联系、动员和服务。建立走访慰问科技工作者制度,深入镇(街道)、园区和企业一线走访慰问科技工作者150余人次,宣传“暨阳英才计划”升级版等政策。举办科技工作者迎“七一”、迎国庆、迎元旦等主题科技沙龙活动33场,在迎“七一”专题沙龙上,与市委组织部、市人才办联合为市高层次人才联谊会成立揭牌。举办江阴市庆祝“全国科技工作者日”暨第三届“十大科技之星”及“最美抗疫科技卫士”风采展示专题沙龙,表彰优秀科技人才32人;举荐科技人才、创新团队和优秀项目参加上级科协遴选与评比活动,有1名科技工作者入选2020年无锡市十大创新争先科技人物,11名科技工作者入选2020年无锡市“百名科技之星”。进一步营造尊重劳动、尊重知识、尊重人才、尊重创造良好氛围,组织300余名科技工作者参加趣味运动比赛。

【助力创新驱动发展】 2020年,江阴市科协系统5类科技创新服务工作纳入《“创新江阴”三年行动计划(2020—2022年)》。扎实开展“院士专家江阴行”活动,分别推动江苏省青年科学家半导体人才之家、省半导体行业协会科技服务站和省室内环境污染防治学会首个科技服务落户江阴。配合中国科协“百城千会万企”服务行动,发布“科创中国”技术路演专场线上直播活动信息3场,联系相关专家为江阴市十余个企业提供创新项目服务。加强科技信息企业推广应用与服务工作,新增应用企业85个、累计1099个,新增成果案例29件、累计150件,应用企业及成果数量位居全省县级市榜首。开展“讲理想、比创新、比贡献”活动,评定优秀项目26项,2名企业科技工作者获评江苏省企业“创新达人”。组织科技创新团队参加上级科协举办的创新创业和创新方法大赛,3项项目进入无锡市级决赛,12项项目被无锡市科协推荐参加省级大赛。中船澄西船舶修造有限公司获中国企业创新方法大赛江苏赛区决赛一等奖、全国总决赛三等奖;江苏秋林特能装备股份有限公司获无锡市青年科技工作者创新创业大赛二等奖。继续抓好金桥工程、企会协作、科技兴农富民工程,完善《2020年江阴市科协科技创新服务活动项目申报指南》,择优对130项科技创新服务活动项目予以立项资助。推进海智工作,组织开展国际创新创业大赛、国际技术交流等活动28场,对接海外科技人才100余人,成功落地海外项目22项,江阴海外人才离岸创新创业基地以优良成绩通过省科协绩效评估。

【市民科学素质提升】 2020年,江阴市科协实施“共享科普馆”提升行动,推动科普场馆、科普展品、科普队伍、科普活动、线上科普等共建共享。切实履行市全民科学素质工作领导小组办公室职责,牵头研究与推进全民科学素质建设规划,该规划被列入江阴市“十四五”市级重点专项规划编制目录。与月城镇联合完成市委、市政府为民办实事项目——月城镇(水韵社区)科普馆开馆;与市住建局在锡澄运河样板段联合新建科普画廊,至此,全市有各类专题科普场馆27个。开展科普示范创建活动,江阴高新区山观社区获评江苏省社区科普益民计划科普示范社区,天华国防教育馆获评省科普教育基地,2个单位获评无锡市科普教育基地,1个单位获评无锡市优秀科普教育基地。结合科普志愿者服务月、科普宣传周和全国科普日等,组织“科技下乡”和科普讲座、夏令营科普、集中宣传展示等活动256场次,择优对“科普书香共享”等18项科普活动特色项目予以立项资助,市中医药学会《医心医意——杏林素问中医健康科普》著作获江苏省优秀科普作品二等奖。创新打造“科普之翼”青少年科普工作品牌,与市教育局联合成立市青少年科技教育工作者联盟,举办青少年科技教育工作者专题沙龙。壮大新时代文明实践科普志愿服务支队,全市科普志愿者注册人数累计11963人。是年,江阴市以高分通过全国2016—2020年度科普示范县(市、区)考核评估。

【科技智库建设】 2020年,江阴市科协继续加强科技智库建设,为党和政府科学决策提供服务与支撑。加强与市科技人才专家咨询委员会各成员联系与服务,报送基层建议和意见、调研报告和动态信息,有5篇科技工作者建议得到市委主要领导批示,300余条信息被《江阴党政信息》录用,其中27条被《无锡党政信息》录用,得分在全市党政机关中列前位、在群团部门中列首位。搭建软科学课题研究、学术交流、科技论坛等平台,凝聚科技人才资源力量。举办全市优秀科技论文评选活动,评出优秀科技论文228篇,其中获无锡市自然科学优秀学术论文奖61篇。建立智库成果奖励机制,扶持奖励学术交流项目10项、软科学课题研究和建言献策成果18项。履行中国科技工作者状况调查站点职责,优质完成“人才发展专项调查”等5项460人次调查任务,报送有效信息6条,其中2条被中国科协“科情在线”调查平台采用。

【科协基层组织建设】 2020年,江阴市科协拓展科协系统深化改革工作成果,进一步加强科协组织力量,完成镇(街道)、园区科协换届和调整工作,实现城乡科协基层组织建设“4+1”(4是支持引导以“四长”为代表的基层一线科技者在县乡镇科协组织建设中发挥作用,1是指加强上级科协对下级科协的指导)工作全覆盖,有医院院长、院校校长、农技推广站站长、科技型企业家“四长”136人,人数在无锡市各县(市、区)中名列第一。指导市老科技工作者协会、市水利学会、市农林协会换届工作,市心理健康协会在青阳镇毓秀社区设立实践基地。培育企业科协建设"江阴模式",年内成立企业科协15个、企业科协联盟1个。持续实施县级科协创新发展能力提升计划,组织科协干部赴南京市溧水区等地开展专题学习调研,不断增强服务创新发展能力和水平。组建市科协科创先锋服务队,开展"三转一提"* 专题学习研讨,市科协党支部获评市委组织部"暨阳红色先锋"五星级堡垒党支部,《强化宗旨意识提升科协服务效能》微党课获市级机关"三转一提"* 支部书记微党课观摩评比一等奖。是年,"以改革为动力打造科技工作者之家'升级版'""以改革增动力以创新促发展"2项改革工作经验入选全国科协系统改革成果汇编,《江阴:以"四新"举措践行科技为民》等5篇经验文章(视频)被"学习强国"平台录用,有20余篇文章被中国科协、省科协网站和内刊等录用。(陈　芬)

江阴市归侨侨眷联合会

【概况】 2020年,江阴市归侨侨眷联合会(以下简称"市侨联")认真学习习近平总书记关于侨务工作的重要论述,坚持"两个并重"(海内海外工作并重、老侨新侨工作并重),拓展海外工作和新侨工作,各项工作取得新进展。持续深化"不忘初心、牢记使命"主题教育,落实"三转一提"* 专题学习研讨活动和侨联党建责任清单。举办2020年侨界迎春联谊会,组织开展"侨看发展新貌"系列主题活动和节日走访慰问侨胞侨眷活动。7月,与江阴市天华艺术学校联合承办"亲情中华"海外华裔青少年网上夏令营江苏营活动。至年末,全市有镇(街道)、园区侨联分会14个、侨商商会1个。江阴高新区获评江苏省侨联新侨创新创业基地。

【参政议政】 2020年,江阴市侨联认真履行职责,发挥参政议政作用。是年,组织发动侨界政协委员和涉侨人大代表围绕市委、市政府的发展大局和人民群众关注的热点、难点问题,深入基层开展调查研究,撰写议案、提案、建议,反映社情民意,反馈侨界心声,为江阴经济社会发展建言献策。江阴市人大、政协"两会"期间,全市各级侨界人大代表、政协委员撰写建议、提案和社情民意,侨界政协委员赵文碧提交的《关于借力长三角一体化打造人才引进新引擎的建议》、沙梅芳提交的《关于打造职业教育高质量　助力地方制造业转型升级的建议》、徐卫忠提交的《关于加快我市文化旅游业全域化产业化发展的建议》等提案均被立案交办。

【为侨服务】 2020年,江阴市侨联发挥血缘、地缘、业缘优势,用好亲情、乡情、友情纽带,聚焦侨界群众对美好生活的需要,做好为侨服务工作,增强侨界群众获得感和幸福感。组织开展"双访双促"(走访侨资企业,排忧解难促发展;走访空巢侨眷,抚慰帮困促和谐)活动,各级侨联组织采取登门走访、座谈交流、电话联络等形式,进一步摸清侨资企业复产复工、运营发展情况和侨胞侨眷困难需求,及时提供支持和帮助;组织归侨侨眷代表观看影片《夺冠》,激发爱国主义情怀;开展侨看江阴新农村发展主题活动,组织侨胞侨眷到璜土镇璜土村参观学习,丰富归侨侨眷精神文化生活。11月13日,与无锡市侨联、江南大学侨联联合举办"2020创业中华服务新侨企业面对面"走进江苏利安达集团活动,实地参观企业,听取公司负责人介绍集团建设发展情况,详细了解时尚创意工坊筹建情况及面临的困难问题,为校企双方全面深化产学研对接搭建平台。11月20日,与无锡市侨联联合举办"2020服务侨企面对面"走进江阴高新区活动,泰中罗勇工业园开发有限公司介绍工业园概况、产业及政策优势,与会企业家深入沟通和交流企业经营状况以及赴海外发展有关问题。

【联谊交流】 2020年,江阴市侨联加强与上级侨联、相关职能部门和开发园区沟通联动,利用接待联谊、日常联络等契机,宣传江阴产业发展和人才政策,参与招商引资、聚才引智活动,鼓励更多海外同胞回国创业、兴办实体,助力江阴发展。配合江苏省侨联、无锡市侨联和江阴市天华艺校做好2020年"亲情中华"海外华裔青少年网上夏令营江苏营活动,有美国、英国、法国、加拿大等国海外华裔青少年311人,通过网络课程形式,学习中文15天,了解中国国情和中华传统文化,获取抗疫知识,并通过视频领略无锡、江阴历史人文景观和风景名胜,感受江阴市天华艺校民乐特色,体验中华文化。年内,组织全市高中学生参加第二十一届世界华人学生作文大赛,开展自评表彰活动,推荐236篇优秀作文参赛,展现江阴学子风采,抒发爱国情怀。推荐优秀侨界人士接受专题采访,有3篇专题采访在无锡电视台播出。加强江阴侨联网站管理更新力度,大力宣传侨界先进事迹,全年编发侨界抗疫工作信息30余篇。(张永振)

江阴市工商业联合会

【概况】 2020年,江阴市工商业联合会(以下简称"市工商联")面对新形势、新任务特别是新型冠状病毒肺炎疫情严重冲击下,围绕中心,服务大局,充分发挥职能优势,在引导民营企业抗击疫情、服务复工复产中彰显作为,在促进民营经济高质量发展中体现担当。年内,组织调研全国工商联上规模民营企业,海澜集团有限公司等14个民营企业入围2020中国民营企业500强。指导夏港商会等16个基层商会(协会)成立中共党组织,有商会党组织23个。持续开展"守法诚信示范企业"争创活动,江阴滨江(澄东)热电有限公司等156个企业获评市工商联2020年度"守法诚信示范企业"。市工商联被中华工商时报社评为构筑民营经济舆论阵地先进单位。年末,全市有镇(街道)、园区商会18个,市级行业商(协)会16个,江阴异地商会7个,异地江阴商会6个,青年商会1个;有各类会员4922个,其中企业会员4031个、个人会员891个。

【参政议政】 2020年5月,江阴市工商联在政协江阴市十五届四次会议上作《全力攻坚创新驱动,着力培育江阴产业集群》专题发言,并被市政协评为2019年度优秀调研报告二等奖。大会期间,提交集体提案和社情民意6件，其中《关于进一步优化营商环境的建议》被市政协确定为重点督办提案。是月，在市政协“创新江阴”(科技创新)工作政情交流会上，工商联界别政协委员李海青就加快高端人才引育等方面提出意见和建议。7月，在市政协既有多层住宅加装电梯工作民主议政会上，工商联界别政协委员周仁忠作《既有多层住宅加装电梯各地成功模式探讨》发言。是年，上报《共筑风险防控“防火墙”，共促江阴经济稳发展》《加快建设江阴—靖江跨江融合发展试验区，全力打造跨江联动发展重要节点城市》2篇调研报告。

【精准扶贫】 2020年，江阴市工商联参与“万企联万村　共走振兴路”行动，引导民营企业主动投身乡村振兴伟大实践，工商联25个主席(会长)单位与29个村结对，230个企业与207个村共建；上报工作动态7篇、企情指引41份。市工商联与市青年企业家协会、市青年创业者联合会共同向新疆霍城县“澄远教育援疆基金”捐赠15万元，奖励霍城县江苏中学品学兼优学生。年内，超额完成陕西省延川县扶贫任务，其中祝塘商会购买农产品价值14.1万元，申港商会爱心捐赠54.29万元，徐霞客总商会对口捐赠10万元，江苏长强钢铁有限公司捐赠帮扶10万元，合计88.39万元。

【会员培训】 2020年，江阴市工商联依托“澄商学堂”阵地，与格局商学院推出“澄商学堂——抗疫助企”专题线上免费培训，内容涵盖时政趋势、“两会”精神解读等课程49个，参训人员超1000人次。组织举办2020江阴市青年企业家“创新发展、转型提升”南京理工大学培训班，市内53名青年企业家参加学习。与市企业家协会联合举办“江阴企业家论道”2期，有500余名企业家参加。组织市工商联常执委30余人赴无锡市滨湖区学习考察，推动企业转型升级、创新发展。组织30余名企业家分别参加无锡市工商联2020年度青年企业家基业长青培训班和江阴市创业大学第五期创业明星班。

【会员服务】 2020年，江阴市工商联搭建政企服务平台，组建重点骨干企业家群、科技型成长优势企业家群和优秀青年企业家群3个微信群，实现政企沟通“零距离”。与市司法局启动“优化营商环境、服务企业高质量发展”专项法律服务活动，设立政府立法基层联系点，推进惠企利企专项法律服务。召开纳税人之家“进基层商会”税企座谈会，各行业商会(协会)、异地商会、青年商会会长20余人参加，详细解读小微企业所得税等5项普惠性税务政策。举办2020年税务知识培训班，帮助企业了解税收最新政策和防范涉税风险，有65名财务骨干人员参加。联合市科技局，依托夏港商会，成立特种金属设计与先进制造协同创新中心产学研合作平台，不断提高企业科技创新能力。

【经贸交流】 2020年，江阴市工商联分别与上海市虹口区工商联、黄浦区工商联签署友好合作协议，搭建合作交流平台，为江阴企业融入长三角一体化发展创造条件。7月，组织主席(会长)、部分常执委20余人赴昆山、张家港等地参观考察，学习先进经验，加强经贸合作与交流，不断探索两地企业合作发展新领域。10月，组织异地江阴商会会长参加2020江阴经贸合作洽谈会，会上，北京、上海等异地商会被授牌驻点招商。12月，围绕跨江融合发展，与靖江市企业家开展经贸交流活动，加强两地企业的交流与合作，实现两地优势互补。

【基层商会工作】 2020年，江阴市工商联持续开展以班子建设好、团结教育好、服务发展好、自律规范好的“四好”商会争创活动。夏港商会、青阳商会获评全国工商联2019—2020年度“四好”商会；月城商会等7个基层商会(协会)获评江苏省工商联2019—2020年度“四好”商会；高新区商会等13个基层商会(协会)获评江阴市“四好”商会。年内，成立江阴市宿迁商会，成为在江阴的第七个异地商会。新建2个协会，即长泾镇新材料行业协会、徐霞客镇再生化纤行业协会。完成江阴市盐城商会、青阳商会、徐霞客总商会、利港商会、广东省江苏江阴商会5个基层商会换届工作。

(李盛凉)

江阴市文学艺术界联合会

【概况】 2020年，江阴市文学艺术界联合会(以下简称“市文联”)深入学习贯彻习近平总书记关于文艺工作的重要论述，全面落实习近平总书记视察江苏重要讲话指示精神，按照市委、市政府工作部署，牢牢把握社会主义先进文化前进方向，坚持以人民为中心创作导向，坚持文艺“为人民服务，为社会主义服务”方向和“百花齐放、百家争鸣”方针，坚持创造性转化和创新性发展，自觉肩负起举旗帜、聚民心、育新人、兴文化、展形象的使命任务，为加快文化强市建设，绘写美丽江阴新时代画卷作出贡献。全年累计策划、指导开展各类主题文艺展览(演)、文化惠民活动近600场次。会员全年创作优秀作品3500余件，其中近200件作品在省级以上展览、赛事中入选、获奖。是年，新增国家级会员8人。至年末，全市有镇(街道)文联18个、开发区文联2个、企业文联2个、村级文联1个；文联直属协会8个，注册会员1602人，其中国家级会员97人、省级会员377人、无锡市级会员355人。

【文艺惠民活动】 2020年，江阴市文联坚持以人民为中心工作导向，问需于民，送需于民，广泛开展常态化、品牌化文艺惠民系列活动，不断深化“到人民中去”文艺志愿服务。组织开展“百名书家送春联”“欢乐小舞台·我们一起来”“艺风讲堂”等多门类多层次品牌文艺惠民活动20余场次，累计写送春联2.5万余副。

【文艺人才队伍建设】 2020年，江阴市文联持续加大优秀文艺人才培养、评选和推荐力度，不断增强文艺人才队伍整体实力。引导文艺工作者追求德艺双馨，鼓励优秀文艺人才脱颖而出，组织开展“民富村强画小康”大型创作采风活动、“江花胜火”江阴市第二届青年美术作品展、“介居杯”首届江阴市新人书法美术作品展、江阴摄影艺术展等活动。继续开展2020年度“江阴文艺协会奖”评选活动，充分发挥文艺评奖褒扬先进、发现人才、引导风尚重要作用,营造争先创优良好氛围,评选出2020年度“江阴文艺协会奖”获奖人员46人,其中大奖3人、优秀创作奖13人、佳作奖14人、新人奖16人。坚持“走出去”与“请进来”相结合,邀请汪家芳、周祥林等全国、省内知名文艺家和优秀文艺作品到江阴交流展览。年内,1人入选“百年江苏”大型美术精品创作工程,10名文艺工作者入选江苏省第二批群众文化“百千万”工程优秀文艺骨干队伍。

【江阴市抗击新冠肺炎疫情美术书法摄影主题展】 2020年4月17日,江阴市委宣传部、市文联主办,市书画院、市美术家协会、市书法家协会、市摄影家协会联合承办的艺起前行·致敬抗疫中的你和江阴——江阴市抗击新冠肺炎疫情美术、书法、摄影主题展在市展览馆开幕,从近3000件投稿作品中遴选237件展出,所有作品均为原创作品。该主题展是对前期线上展览一次深化创作和集中展示,作品主题鲜明,形式多样,内涵丰富,刻画挺身而出、逆行向危的抗疫英雄形象,抒写全国人民战疫必胜的坚强信心、同舟共济的血脉真情和拥抱春天的希望与憧憬。5月17日,该主题展结束。

【江阴市第二届青年美术作品展】 2020年7月3日,江阴市委宣传部、市文联主办的“江花胜火”——江阴市第二届青年美术作品展在市展览馆开幕。市委常委、宣传部部长程政出席并观摩展览。该展览征集到60多名作者102件作品。经评审,评选优秀奖作品8件、入展作品56件,涵盖国画、油画、版画、水彩粉画、综合艺术等种类。作品题材丰富,主题鲜明,视角新颖,格调清新,充分展示全市美术青年在创作中敢于创新的勇气、敏捷活跃的思维和不懈审美追求,集中反映青年美术创作进展、面貌和特点。7月25日,该展览结束。

【纪念《教我如何不想她》创作百年音诗剧雅集】 2020年9月3日,江阴市文联主办,市作家协会、市戏剧曲艺家协会、市音乐舞蹈家协会、市电影电视艺术家协会、博雅艺文中心联合承办的“‘她’之百年邂逅”——纪念《教我如何不想她》创作百年音诗剧雅集在江阴适园举行。市委常委、宣传部部长程政出席并观看演出。该场雅集活动以音乐《教我如何不想她》为主线,以原创话剧小段为主体,市音乐、戏剧、影视家等协会代表和文艺爱好者参加演出,在江南古典园林实景中演绎,剧情简要回顾和勾勒刘氏三兄弟生平点滴和艺术成就。原创话剧、音乐新作、实景演出成为该场雅集活动亮点,同时,也是江阴文艺工作者在探索道路上又一次成功尝试。

【江阴文艺家采风写生活动】 2020年9月14日,江阴市委宣传部、市文联主办的“民富村强画小康”江阴文艺家采风写生活动启动仪式在华西村举行。市委常委、宣传部部长程政参加启动仪式。“民富村强画小康”江阴文艺家采风写生活动是继“霞客行”“延安行”“新疆行”后举办的又一主题写生活动。市文联精心组织艺术工作者组团赴市内代表性乡村,开展采风创作活动,以文艺形式刻画描摹高水平全面建成小康社会进程中巨大成就和幸福时刻,推出体现市艺术创作风貌和水平优秀作品,不断繁荣全市文艺精品创作。同时,通过文艺讲堂、艺术展览、艺术笔会等形式与当地文艺爱好者进行深度互动交流,碰撞出艺术之花。12月25日,“民富村强画小康”写生作品展在市展览馆开幕,展出写生作品81件,均为全市文艺工作者践行“深入生活、扎根人民”号召真实写照。展期至2021年2月28日。

【第十二届江苏省新人书法篆刻作品展】 2020年9月18日,江苏省书法家协会、江阴市委宣传部主办,江阴市文联、市书法家协会、华士镇政府承办,江苏天华纱业集团、市介居书院协办的第十二届江苏省新人书法篆刻作品展开幕式在市天华国防教育馆举行。市委副书记袁秋中,市委常委、宣传部部长程政出席开幕式并为展览揭幕。该作品展是江阴首次主办,收到全省各地投稿作品6209件,投稿数量再创历史新高。经过专家初评、交叉复评、终评和面试等程序,产生入展作品553件,其中被评为优秀作品59件。江阴入展新人新作32件,创历届入展人数之最。展期至10月31日。

【江阴市首届新人书法美术作品展】 2020年11月27日,江阴市委宣传部、市文联、市文体广电和旅游局主办的“介居杯”江阴市首届新人书法、美术作品展在市展览馆开幕。市委常委、宣传部部长程政,副市长张韶峰出席开幕式并为展览揭幕。该次展览以公开征集形式,收到作品近300件,评出复评作品138件,经过严格评审,最终入展优秀作品22件。书法作品包括真、草、隶、篆等书体,美术作品涵盖国画、油画、版画、水彩等画种,作品展现新时期江阴书法、美术新人饱满的创作热情,其中高校学生作品,具有良好基本功、创作能力和发展前景。展期至12月20日。

【首届“刘半农诗歌奖”全国诗歌大赛】 2020年11月28日,“教我如何不想她”——首届“刘半农诗歌奖”全国诗歌大赛颁奖典礼在江阴市融媒体中心演播大厅举行。江苏省作家协会副主席、省文艺评论家协会主席、省作家协会诗歌工作委员会主任汪政,江阴市委常委、宣传部部长程政,《扬子江诗刊》总编胡弦等出席颁奖典礼。该次大赛由江苏省作家协会、中国作家协会诗歌委员会指导,江苏省作家协会诗歌工作委员会、扬子江诗刊社、江阴市委宣传部、江阴市文联主办,市作协、市文学院承办,累计收到海内外诗歌作品1164件共3535首。作品围绕“教我如何不想她”,描绘祖国山川自然之美、人文历史之美、现代建设之美、人民生活之美,展现中国共产党领导下的祖国取得的辉煌成就,人民群众追求幸福生活、努力奋斗的良好精神风貌,抒发家国情怀,讴歌社会进步,展现汉语诗歌当代创新创作水平。活动中,评选出一等奖2件、二等奖3件、三等奖8件、优秀奖20件。 (陈 佳)

江阴市红十字会

【概况】 2020年,江阴市红十字会以习近平新时代中国特色社会主义思想为指导,把做好新型冠状病毒肺炎疫情防控工作作为重大政治任务,坚持一手抓防控疫情不松懈、一手抓重点工作不松劲,各项工作取得较好成效。年内,募集疫情防控爱心捐赠款物2025万元;完成初级救护员培训813人,普及培训8036人;普及养老照护知识547人,入户服务1307人次;造血干细胞血样采集入库366人,完成全年目标任务366%,1名志愿者成功实现造血干细胞捐献。是年,市红十字应急救护培训基地被评为全国第二批红十字应急救护培训示范基地;市红十字会、市学校红十字工作委员会分别获2020年度中国红十字会总会报刊宣传先进集体一等奖和三等奖;3个博爱家园被江苏省红十字会评为优秀博爱家园;新桥镇黄河社区“幸福邻聚力——友邻博爱互助”项目成功申报江苏省人道服务项目。

【红十字宣传】 2020年,江阴市红十字会围绕红十字事业发展大局,进一步扩大社会知名度和影响力。联合市融媒体中心举办“12345”民生热线网上直播活动,加强网上互动交流;宣传报道社区工作者运用急救技能成功施救倒地路人事例,提升红十字会影响力。继续利用报刊、广播、微信公众号等平台,宣传爱心企业、爱心人士捐款捐物典型事例和感人事迹,传播“人道、博爱、奉献”红十字精神。在世界红十字日、世界急救日等重大节点,组织基层红十字会开展大型宣传活动。年内,市红十字会、市学校红十字工作委员会分别获2020年度中国红十字会总会报刊宣传先进集体一等奖和三等奖。《我献血 我服务 我快乐》《拯救》等4篇文稿在上海、江苏、浙江、安徽一市三省“我的献血故事”主题征文活动中获奖。

【博爱系列救助活动】 2020年,江阴市红十字会持续开展人道应急救助、造血干细胞移植救助等博爱系列救助活动,发放各类救助金130万余元。其中,红十字人道救助扶贫专项行动中救助贫困家庭100户,每户发放扶贫救助金3000元;“博爱送万家”新春救助活动中救助困难家庭700户,救助人数比2019年增长16.67%。市红十字会设计养老照护“爱心敲门”公益项目,并参与网络筹资,进一步拓宽筹资渠道,丰富筹资模式。加强东西部扶贫协作,对口援助陕西省延川县红十字会社会帮扶资金30.8万元。

【造血干细胞和遗体器官捐献】 2020年,江阴市红十字会成立“暨阳红”造血干细胞捐献先锋服务队和江阴红十字造血干细胞捐献志愿者服务队,有力推进造血干细胞捐献工作。建设红十字信用体系,推动造血干细胞捐献纳入澄江街道市民文明程度积分规范化管理实施方案加分项。年内,完成造血干细胞入库366人,志愿者顾金富成功实现造血干细胞捐献。开展遗体、器官、角膜捐献宣传和报名登记工作,遗体捐献报名登记28人;器官捐献网络志愿登记1528人,比2019年增长69%。

【红十字救护培训】 2020年,江阴市红十字会扎实推进应急救护培训工作,进一步提升群众自救互救能力。与市应急局、卫健委等部门联合开展自救互救培训进机关活动,培训机关、事业单位人员5804人;扎实推进江苏省公益性应急救护百万培训项目工作,完成初级救护员培训813人,普及培训8036人;以“助力疫情防控 红十字救在身边”为主题,组织开展公益性应急救护培训活动,举办应急救护师资培训班,设立海澜飞马水城红十字救护站,参与市文明委文化、科技、卫生“三下乡”和市政协“五送一助”(送医、送教、送文化、送健康、送器械,助残)等活动;试点开展“苏红救护”网上课堂,采取多种授课形式,不断提高全市应急救护培训工作整体水平。是年,市红十字应急救护培训基地被评为全国第二批红十字应急救护培训示范基地,钱幼亚获无锡市“红十字最美救护员”称号。

【红十字志愿服务】 2020年,江阴市红十字会组织动员广大红十字会工作人员、志愿者参与疫情联防联控,开展防疫知识宣传、进出人员体温检测、防疫物资发放等志愿服务,形成全系统动员、上下共同参与社区群防群治局面。依托博爱家园,开展养老照护、救护培训、健康咨询等志愿服务活动。3个博爱家园被江苏省红十字会评为优秀博爱家园,新桥镇黄河社区“幸福邻聚力——友邻博爱互助”项目成功申报江苏省人道服务项目;7个博爱家园被无锡市红十字会评为2020年优秀博爱家园,18个基层红十字会组织被评为无锡市红十字模范单位。市红十字会与澄江街道革新社区开展党建结对,每周参与结对社区志愿服务活动。市红十字无偿献血志愿者服务队开展“无偿献血宣传进乡镇,应急救护普及进万户”宣传活动,20余名队员分获2018—2019年度全国无偿献血金、银、铜奖和志愿奉献奖。市红十字养老照护志愿者服务队开展养老照护志愿服务,全年普及养老照护知识547人,入户服务1307人次,受到社区老年人欢迎。

(韩 斌)

江阴市残疾人联合会

【概况】 2020年,江阴市残疾人联合会(以下简称“市残联”)深入学习贯彻中共十九届五中全会精神,巩固深化“不忘初心、牢记使命”主题教育成果,扎实开展“三转一提”*专题学习活动,统筹疫情防控和年度目标任务,强化党建引领,聚焦民生福祉,加快改革创新,争创领先优势,将残疾人事业融入时代发展大局,确保疫情防控和年度目标“两手抓、两手硬”,取得常态化防疫和残疾人事业发展“双胜利”。年内,开展“残健共融,欢乐舞台”送文化进“残疾人之家”12场次,惠及残疾人和社区群众1400人以上;组织“全国助残日”“99腾讯公益”网络募捐、家电圆梦等助残活动;完成全国残疾人基本服务状况和需求专项调查数据更新工作;创建“心语”法律助残志愿服务队;做好残疾人信访维稳工作,接待处理各类来电、来信、来访159件(次);发表各类残疾人信息报道436篇。

【残疾人救助保障】 2020年,江阴市残联促进残疾人事业与全市经济社会同步协调发展,按照无锡市《关于推进残疾人事业高质量发展的实施意见》《无锡市发展残疾人专项服务扶持办法》和《无锡市残疾人保障和救助办法》及残疾儿童康复救助制度等政策文件要求，出台“六稳”（稳就业、稳金融、稳外贸、稳外资、稳投资、稳预期）和“六保”（保居民就业、保基本民生、保市场主体、保粮食能源安全、保产业链供应链稳定、保基层运转）惠残政策，支持企业共渡疫情，保障经济平稳运行。提高残疾人康复救助标准，精准施策帮扶救助，对符合救助条件重度残疾人免征医保个人缴费部分，累计为1500名相对困难残疾人发放生活补助150万元，为553名低保重度残疾人发放生活补助62.28万元，为851名重度残疾人发放托养服务补贴94.93万元。采取线上年审残疾人就业保障金办法，年审企业512个，其中51个企业获安置残疾人奖励83万元。指导残疾人服务机构疫情防控工作，有序推进企业复工复产。为因疫情影响无法参加“残疾人之家”活动的408名残疾人发放临时生活补贴24万元。

【残疾人康复服务】 2020年，江阴市残联改造提升残疾人社区康复点，新增辅具租赁服务点6个，年内，获江苏省级社区康复（体育）示范点2个、无锡市级社区康复示范点1个。落实年度康复服务项目经费1590万元，全年救助贫困精神残疾人588人、白内障患者2788人、中风偏瘫患者67人、残疾儿童358人，筛查青少年脊柱侧凸7.3万人，训练盲人定向行走65人，完成残疾人家庭无障碍改造41户，适配残疾人辅助器具920件。组织医院评残1470人，上门评残24人。换发残疾人证1446张，新办残疾人证1243张。

【残疾人就业创业】 2020年，江阴市残联推进助残就业企业联盟建设，拓宽残疾人就业渠道，扶持残疾人就业创业，开展线上线下招聘活动，年内，新增实名制就业131人，辅助性就业500人，事业单位招录1人，应届毕业大学生就业率100%。发放创业扶持补贴12.5万元，扶持残疾人自主创业8人；发放社保补贴55万元，惠及自主创业、灵活就业残疾人350余人。加强“残疾人之家”建管营和评估考核办法，新增“残疾人之家”4个，全市有“残疾人之家”36个、残疾人服务站13个。是年，市残联被无锡市政府残工委评为按比例安排残疾人就业工作优秀单位。

【残疾人教育培训】 2020年，江阴市残联坚持贯彻特教融合政策，全市建成融合教育资源教室学校54所，有随班就读学生502人，市特殊教育中心校在籍学生300人（含重残儿童送教上门服务115人），基本实现义务教育全覆盖。全年发放教育救助金15.25万元，惠及54个残疾家庭（学生）。开展线上线下培训教育，实施残疾人面点、插花、美甲、电商、服装设计等培训课目10项，与各镇（街道）联合开展“送训到家”服务，累计培训221人。

2020年12月22日，利港街道“残疾人之家”——残疾人辅助性就业工作现场 （市残联提供）

【残疾人文体活动】 2020年，江阴市残联持续开展摄影、书画、乒乓球等经典项目，继续培育象棋、二胡等精品项目，推进发展飞镖、旱地冰壶等新兴项目，全年培训400余人次。先后举办“绿水青山杯”残疾人书画摄影作品展、“书香江阴，阅读有我”读书活动、“破疫迎春 静待花开”书画摄影活动等，2件作品被评为书画摄影优秀作品。组队参加“镖新立异”2020江苏省首届飞镖联赛。参加无锡市残疾人声乐、小品比赛和乒乓球、旱地冰壶、跳绳比赛，市内残疾运动员分获乒乓球、旱地冰壶、跳绳比赛冠、亚军，市残联获优秀组织奖。组织开展江阴市第十届残疾人健身周群众性体育活动，举办江阴市第二届残疾人田径运动会和江阴市第六届盲人音乐节。以“战疫的青春最美丽”为主题，开展励志宣讲进校园、进社区、进企业20余场次，受益师生及社会公众3000余人。是年，刘文清获“江苏省自强模范”称号。

【党建助残示范点建设】 2020年，江阴市残联制定《党建助残示范点建设方案》，引导党团组织、社会组织与“残疾人之家”结对共建，探索“党建+助残”新模式，开展党建助残活动超百场次，实施“暨阳红色先锋”“微心愿”等项目，形成党建助残大联盟、助残就业企业联盟等特色党建助残品牌。继续推进党建书记项目和“暨阳红”高质量发展先锋行动，深入“残疾人之家”开展“七进”（进企业、进机关、进学校、进社区、进农村、进家庭、进公共场所）服务，引导广大残疾群众听党话、跟党走。是年，按照“党建引领、特色鲜明、服务为本、示范有力”原则，突出“政治引领、宣传展示、助残服务”等功能，至少与6个组织长期结对共建，建成无锡市党建助残示范点20个，周庄镇“残疾人之家”、南闸街道“残疾人之家”等榜上有名。

【残疾人事业现代化改革】 2020年，江阴市残联继续推进江苏省残疾人事业现代化改革试点工作，出台《江阴市残疾人事业现代化改革方案》，健全完善组织体系、政策体系、信息体系、平台体系、项目体系、生态体系和现代化发展指标体系的“6+1”残疾人事业现代化改革目标任务,并将6个工作体系细化明确30项工作推进措施,定性与定量相结合,确立14个分项60个子项指标体系,构成市残疾人事业现代化改革的基本框架和发展方向。发挥市残联党组领导核心作用,整合机构优化职能,完善助残帮扶体制机制,畅通服务残疾人“最后一公里”,提升残疾人工作者凝聚力、战斗力,营造扶残助残、残健共融浓厚社会氛围。

【残疾人协会改革】 2020年,江阴市残联试点推进村(社区)残疾人协会改革工作,调整组织构架、资源整合、服务项目等,有效解决村(社区)残疾人协会组织不强、阵地不实、主体不明、活力不足、服务不力等问题,形成“当好管家、组织当家、人员进家、服务到家”现代村(社区)残协发展和残疾人自治管理服务发展新模式,通过密切联系残疾人,倾听民意,及时回应信访诉求,依法维护合法权益,团结、教育、帮助残疾人参与村(社区)社会生活,促进广大残疾人融入社会、共建共享全面小康迈向美好生活。是年,江阴市残疾人协会改革工作被省残联评为2020年度创新创优项目。

【“心语”法律助残志愿服务队】 2020年,江阴市残联按照“建立一支队伍、明确一批项目、开通一条专线、办好一件实事、开展一系列活动”等任务要求,创建“心语”法律助残志愿服务队,畅通法律助残新渠道,打通残疾人维权服务“最后一百米”。年内,市残联邀请专职律师、法律顾问为“心语”法律助残志愿服务队和“残疾人之家”开展《中华人民共和国民法典》宣讲3场次。同时,结合数据动态更新工作,“心语”助残服务队开展惠残政策和普法宣传,宣传指导残疾人依法维护合法权益,受益2.75万人次,专线处理各类法律咨询和调解100余次,为建设法治江阴提供法治支撑和保障。 (冯 林)

江阴市无党派知识分子联谊会

【概况】 2020年,江阴市无党派知识分子联谊会(以下简称“市知联会”)深入开展“不忘合作初心,继续携手前进”主题教育活动,扎实抓好思想引领和自身建设,履行各项职能,推动各项工作取得新进展。5月,市知联会在江苏法尔胜泓昇集团有限公司成立思想政治工作基地。年内,选派副会长刘建军参加无锡市第31期党外中青年干部培训班、有12名会员参加中共江阴市委统战部组织的党外新成员培训班;举办新春联欢会、书法培训班;在市委统战部组织的“同心”文体竞赛活动中,获集体三等奖和个人项目第二名、第三名;组织会员开展徒步、爱国主义主题教育观影及观影征文活动;与张家港、常熟、扬州等地知联会开展结对联谊和交流学习活动。继续刊发《江阴知联》。全年发布新闻报道32篇,其中被市政协微信公众号录用5篇、市委统战部微信公众号“暨阳同舟”录用12篇。是年,吸收新会员1人,共有会员104人,平均年龄47岁。市知联会被江苏省知联会评为2015—2020年度全省知联会工作先进集体。在市委统战部第二届“星级支部(小组)”评选活动中,城乡建设组被评为“五星级小组”。

【参政议政】 2020年5月,江阴市知联会在市政协十五届四次会议上提交集体提案13件,均被立案;个人提案25件,立案16件;社情民意12条,均被采用。重点提案《打造公共安全“前沿哨所”助力打赢风险防控攻坚战》《加强市场规范管理,提升家政服务水平》分别由会长王新达作专题发言和书面交流;集体提案《关于推进“智慧养老”项目,打通养老服务“最后一公里”的建议》(杨婧执笔)被评为重点提案;王新达撰写的《关于有效处置重大涉企纠纷,保障社会和谐稳定的建议》、华晔撰写的《关于精细化管理人行道板停车的建议》、钱国双撰写的《关于建立江阴市中小企业工商互联网平台的建议》、计忠宁撰写的《关于加强我市院前急救体系建设的建议》被评为优秀提案;钱国双撰写的《关于推进农房建设的建议》、华晔撰写的《关于统筹规划教育信息化建设的建议》被评为优秀社情民意信息。年内,无锡市政协委员刘建军与耿靖提交的《关于加强锡澄宜大数据一体化建设的建议》,被评为无锡市政协优秀个人提案。完成调研课题《关于科学运用PPP模式进一步提升我市民生工程项目建设管理水平的建议》、自选课题《迎接高铁时代,谋划高铁新城》。提交调研报告的有城乡建设组《关于科学保护和合理利用江阴古建筑文化遗产的建议》、经济科技组《积极赢取政府部门大力支持,扎实推进特困职工解困脱困》、社会事业组《关于江阴特钢材料产业发展情况调研》《关于加强我市公立医院对财政投入改革的建议》、法尔胜组《关于加强长江大保护的建议》。在市政协民主议政会上,武传刚作《关于加快推进我市既有多层住宅安装电梯的建议》交流发言,洪朝晖、钱国双分别在市政协委员论坛、市政情交流会上作交流发言。是年,刘建军被评为无锡市优秀政协委员,宋超、武传刚、赵志坚、王罗进、安世者、刘丹、张新娟等被评为江阴市优秀政协委员。杨莉萍、杨婧、华晔、安世者、吴建明被评为江阴市政协优秀民主监督员。

【社会服务】 2020年,江阴市知联会不断完善工作机制,创新品牌服务,持续打造城中社区“同心实践基地”、南闸实验学校“爱心服务基地”“6+X”(五个民主党派、知联会和社会各界爱心人士)同心联盟,以及会员创立的“红尘有爱”爱心助学团队等品牌,为社区居民开展法律咨询、心理健康咨询和医疗服务等。春节前夕,开展“送温暖,献爱心”活动,向社区20户贫困户、残疾人家庭送上慰问品和慰问金,价值1万元。中秋节,社会事业组会员到南闸实验学校,看望20余名贫困学子,赠送物资价值1万元。城乡建设组会员连续第5年为环卫职工子女开展“金秋助学”活动,向3名环卫工人子女捐助9000元。

【会员成果和荣誉】 2020年,江阴市知联会会员立足岗位,双岗建功,不断提升知联会社会形象。刘建军获无锡市五一劳动奖章;刘丹被无锡市中级法院评为第八届全市法院我身边的青春榜样;宋超、华晔入选无锡市统一战线智库;张旭峰被评为无锡市绿色建筑与建筑节能工作突出贡献个人;李宗怿在中国集成电路设计业2020年会——封装与测试分论坛上发表《先进封装的协同设计与集成开发》演讲;王志刚撰写的《缆索用高强度钢丝热浸镀锌及锌铝合金性能研究》《斜拉索用高强度锌铝合金镀层钢丝用盘条技术研究》2篇论文分别发表于《金属制品》《附属与防护》期刊,发明的"桥梁缆索用高强度多元锌基合金镀层钢丝机器热镀工艺"获国家级发明专利证书;董千玮撰写的《融媒体背景下电视编导工作的创新改进》论文发表于《记者观察》杂志;庞宠撰写的《电信网络诈骗犯罪数额认定的实践探析》论文发表于《无锡审判》杂志。 (沈海燕)

江阴市关心下一代工作委员会

【概况】 2020年,江阴市关心下一代工作委员会(以下简称"市关工委")以习近平总书记关心下一代重要指示精神为指引,坚持党建引领,紧扣立德树人,突出工作重点,锐意实践进取。面对疫情防控常态化新情况,探索工作新路径,各项重点工作取得新进展。是年,市关工委被中国关工委、中央文明办评为全国关心下一代工作先进集体,被省关工委、省文明办评为全省校外教育辅导站工作先进集体。

【社会主义核心价值观教育】 2020年,江阴市关工委紧扣立德树人这一根本,围绕"讲""访""颂""展"等部署策划系列主题教育活动,全市开展各类活动1600余项,受教育青少年11.7万人次。年内,与市文明办等部门联合开展"童心同愿共'战'疫,江阴少年在行动"青少年系列网络活动,参与青少年5万余人。与市文明办、教育局联合开展"爱党爱国、立德立行"主题教育征文和"我心中的英雄"老少同台演讲比赛活动,收到稿件292篇,评出一、二、三等奖学生近百名,演讲比赛一、二、三等奖老少组合32组。与市文明办、教育局、妇联、团市委联合主办,由香山书屋和市文化馆承办红色经典主题阅读夏令营,组织"五老"(老干部、老战士、老专家、老教师、老模范)伴读,参营人数160余人。发动青少年参加省关工委江苏少年网"我为国旗点个赞"活动,有近7万人次点赞,16个单位获组织奖。组织开展"五老""三进"(进学校、进社区、进校外辅导站)讲"四史"(党史、新中国史、改革开放史、社会主义发展史)活动,成立宣讲报告团,266名宣讲员编写讲稿277篇,宣讲319场,听讲青少年10.6万人次,报告团成员俞伟人等4人的讲稿分获无锡市关工委"五老"优秀讲稿一等奖和三等奖。与市文明办、教育局、团市委、退役军人事务局联合开展"筑梦海天——红领巾寻访远望号"主题教育活动。持续弘扬"好家风、好家教"教育,申港街道缪氏家训、璜土镇璜土村"千人家训馆"等为青少年提供生动教育。是年,市关工委选送的老少同台演讲比赛节目《燃烧的火焰》、校外辅导站优秀活动视频《筑梦海天——红领巾寻访远望号》获省级特等奖。

【校外教育辅导站】 2020年,江阴市关工委在疫情防控常态化情况下,切实加强和规范校外教育辅导站工作,充分发挥"五老"作用,暑期参加辅导站工作的"五老"有1300余人。社会志愿者成为辅导员队伍积极力量,江阴高新区等关工委充分利用和组织社会公益组织、社会志愿者参与辅导站活动。抓好校外辅导站特色品牌建设,提升"一站一品牌、一站一特色"活动内容,暑期开设教育和实践活动1648个。新桥镇中心站课目有20余种,各辅导站每周有活动,活动均有主题。市关工委"澄露网"组织全市校外教育辅导站,开展"创特色、树品牌"优秀活动设计方案征集评选活动,收到方案50余个,评出优秀方案35个。是年,全市参加校外辅导站活动青少年1.7万人;参加辅导站活动教师义工4038人,累计31279课时。

【企业关工委工作】 2020年,江阴市关工委召开部分企业关工委座谈会,提出多形式搞好青工教育、多方位开展青工关爱、多举措稳定青工就业、多路径支持关心下一代事业的"四多"工作导向。组织企业关工委业务专题培训,继续实施"提质扩面"三年行动计划,全年新建企业关工委100个,新增市五星级示范企业关工委21个。组织2020"岗位学雷锋、争当好员工"主题活动之"青春的力量"TED演讲,表彰"十三五"期间该主题活动标兵69人、积极分子161人、优秀团队3个和优秀组织奖4个、组织奖18个,并组织"五老"整理汇编优秀青工故事集。疫情期间,企业关工委及时组织企业家捐资捐物,青工志愿者投入复工复产,加入防疫抗疫队伍。暑假期间,有40余个企业"彩虹课堂"解决外来员工子女校外学习、教育和管理困难。市属企业(驻江阴企业)关工委组织开展思想道德专题教育63场,参加青工6300余人次。"五老"青工教育讲师团走进76个企业,开展讲座54场,受教育青工4060人次。是年,市关工委《助力企业疫情防控、复工复产,用心用情服务中心大局》文章分别被江苏省关工委转发、中国关工委《中国火炬》刊发。

【青少年犯罪预防】 2020年,江阴市关工委配合市公安局党委建好关爱工作站,全市25个派出所均建立关爱工作站。加强"五老"法治报告团队伍,全年开展法治宣讲255场,受教育青少年5万余人次。拓宽关爱帮扶工作路径,采用线上活动、心理咨询、工作室、学业辅导等形式,增强帮扶实效性。适时召开关爱帮扶工作会议,动员基层关工委联合有关部门,摸清"三困(德困、学困、贫困)五失(失足、失管、失学、失业、失亲)"青少年情况,精准开展关爱帮扶。江阴高新区和长泾、南闸、月城、云亭等镇(街道)关工委实现"五失"青少年帮扶全覆盖。市关工委与市青少年权益保护协会合作的"成长呵护行动"组织实现网络全覆盖,105名"五老"志愿者全年开展个案服务300余次,帮教行为不良、严重行为不良青少年74人。各镇(街道)关工委配合相关职能部门,发动"五老"当好网吧义务监督员,持续净化校园周边环境。

(杨荣国　周　红)

■类目编辑　成苏萍

法治·军事

政法委及综治

【概况】 2020年，江阴市委政法委深化平安江阴、法治江阴、过硬队伍建设、助力疫情防控，推进县域社会治理现代化建设，稳妥处置重大涉稳问题。疫情期间，以网格后台数据比对为全市人流分级管控提供支持，预防化解涉疫矛盾纠纷，依法严厉打击涉疫违法犯罪行为，捐款捐物助力全市抗疫。建成国家安全人民防线领导小组120个，打击邪教组织、反宣煽动、有害培训和传播网络有害信息、政治谣言等违法行为；开展宣传教育，建成涉邪教人员关爱平台和反邪教宣传教育阵地，向全市初一新生印发反邪教教育读本，一部国家安全访谈节目获江苏省“4·15”（全民国家安全教育日）宣传精品项目一等奖。完善基层社会治理机制，一项工作项目被评为全国“创新社会治理典型案例”。实体化运作社会及信访稳定工作联动中心，建立社会及信访稳定“五联”机制。群租房安全管理全部整治到位，经验做法在无锡市推广。推动司法体制综合配套改革。开展“熟人社区”建设。推进“雪亮工程”（以县、乡、村三级综治中心为指挥平台，以综治信息化为支撑、以网格化管理为基础、以公共安全视频监控联网应用为重点的“群众性治安防控工程”）二期建设和应用。年内，市委政法委获评江苏省政法宣传舆论工作先进单位和无锡市庆祝中华人民共和国成立70周年安保维稳先进集体。

【维护国家政治安全】 2020年，江阴市委政法委推动建成各级国家安全人民防线领导小组120个，开展国家安全宣传教育，策划的一部国家安全访谈节目获江苏省“4·15”宣传精品项目一等奖。加强政法宣传品牌建设，参与制作江阴电视台《法治全澄》栏目，传播政法能量，提升群众对政法工作的满意度。

【基层社会治理】 2020年，江阴市委政法委充分发挥“大数据+网格化+铁脚板”工作机制实效，推进“三官一律”（法官、检察官、警官和律师）进网格，年内“三官一律”入格人数达540人。持续完善“网格+N”工作机制，清理入格事项，明确专业力量和网格员职责“两张清单”。持续加强网格员专职化、专业化建设，成立1123人组成的专职网格员队伍，组织网格员培训3期，1550人次参加。开展网格员体验活动，提升群众对网格工作知晓度，扩大网格工作影响力、认可度。优化易肇事肇祸等严重精神障碍患者服务管理举措，细化职责分工，落实救治救助、监护人“以奖代补”等政策，提高监护人履责积极性。以“蓝蚂蚁”平安志愿服务队等先进典型为指引，引导全市平安志愿者组织实体化、常态化运行。培育引导“老娘舅”等调解组织参与基层社会治理，推动“心联小站”等社会治理共同体建设，“构建矛盾纠纷化解共同体　激发基层社会治理新动能”工作项目被评为2020年全国“创新社会治理典型案例”。

【维护社会稳定】 2020年，江阴市委政法委建立风险联合研判、问题联合交办、矛盾联合化解、工作联合督导、事件联合处置“五联”工作机制，推进防范化解突出矛盾工作，开展防范化解涉法涉诉领域突出矛盾专项行动、防范化解住建领域突出矛盾专项行动、防范化解经济金融领域突出矛盾专项行动、防范化解生态环保领域突出矛盾专项行动、防范化解市场经营领域突出矛盾专项行动、防范化解劳资领域突出矛盾专项行动“一战六行动”和“排风险、建清单、除隐患、保稳定”专项行动，化解处置一批突出矛盾风险，完成各类重点节点的安保工作。

【平安江阴建设】 2020年，江阴市成立市委平安江阴建设领导小组，由市委书记担任组长，市委副书记、市长和市委常委、政法委书记担任副组长，市内47个相关单位、部门主要负责人担任成员，进一步夯实党委、政府及相关部门主要负责人的平安江阴建设第一责任人责任。全市一般道路交通事故件数、亡人数，道路运输事故件数、亡人数比2019年分别下降20.8%、20.4%、63.1%、60%。打造群租房安全管理“样本间”，全市15.5万户出租房屋、8154个住人车库全部整治到位，新建电动车集中停放点2168个、充电设施4073个，经验做法在无锡市推广。

【政法领域改革】 2020年，江阴市委政法委推动司法体制综合配套改革，制定法官审判权力和责任清单，规范审判权力运行和法官自由裁量权，探索员额法官任职回避制度，一审服判息诉率、一审改判或发回重审率、执结率均居无锡市第一。在全省率先开展法律援助参与调解程序前置工作，不断健全公共法律服务体系。建成城南、城中、城东3个警务工作站，覆盖江阴主城区，年内警情自处率99.93%，违法犯罪警情比2019年下降30.1%。推动社区警务室、基层网格一体运作，全市可防性案件比2019年下降39%，无案小区占比达81%。

【扫黑除恶专项斗争】 2020年，江阴市委政法委充分发挥市扫黑办牵头抓总作用，确保扫黑除恶专项斗争三年行动决战决胜。健全工作督导督办机制，进一步健全每半月汇总通报全市"六清"（线索清仓、逃犯清零、案件清结、伞网清除、黑财清底、行业清源）行动和新增战果绩效制度，市纪委监委机关、公检法部门分别建立每周调度制度，紧盯重要指标、重点地区和重大案件，合力提升全市斗争绩效。年内，江阴市新增战果6项指标中5项指标均位居无锡市第一。

【"熟人社区"建设】 2020年，江阴市委政法委在全市城乡村（社区）探索开展"熟人社区"建设。制定《江阴市开展"熟人社区"建设的指导意见（试行）》，明确"熟人社区"建设的重要意义、总体要求、工作举措和保障机制等内容，为开展"熟人社区"建设提供工作思路和方法。明确以人头熟、环境熟、需求熟、资源熟、业务熟"五个熟"为"熟人社区"建设基本标准，构建共建共治共享的社区治理共同体。确定全市32个村（社区）为"熟人社区"示范点建设单位，推动"熟人社区"个性化、特色化、品牌化建设，为全面推开"熟人社区"建设出经验、做示范。建立部门协同推进、镇（街道、园区）属地责任、总结宣传等工作机制，推动全市上下在"熟人社区"建设中发挥职能优势，强化工作联动，为"熟人社区"建设提供保障。

【政法宣传舆论工作】 2020年，江阴市委政法委深入学习贯彻习近平关于宣传思想工作重要思想，推动政法宣传舆论工作建设。成立政法宣传舆论工作领导小组，建立政法委统筹协调、政法单位各负其责的组织机制，搭建纵向到各镇（街道、园区）、横向到政法各单位的宣传联络机制。依托江阴市融媒体中心《法治全澄》电视栏目及微信公众号的阵地优势，讲述政法好故事、传播政法好声音，开展线上线下活动，提高群众对法治江阴、平安江阴建设的知晓率和满意度。组建覆盖政法系统、媒体记者、网络平台、社会组织等领域人员的网络评论员队伍，针对涉政法领域的网络舆情，在第一时间预警并科学稳妥处置。建立覆盖全市的平安法治志愿者组织网络，组织开展各类志愿活动，为政法工作营造良好社会氛围，至年末，全市有8.2万余名注册平安法治志愿者。是年，市委政法委被江苏省委政法委评为全省政法宣传舆论工作先进单位。

【智慧技防和"雪亮工程"建设】 2020年，江阴市委政法委深入推进"雪亮工程"二期建设和应用。以无锡市高质量考核指标任务为牵引，发挥牵头抓总作用，统筹推进全市智慧技防和"雪亮工程"建设相关工作。强化建设应用，年内建成476个基本版智慧技防小区、87所智慧技防校园和6个智慧技防示范单位，集成运用公共视频图像资源4.6万路、车辆抓拍设备3000路和人脸抓拍设备2000路。强化考核督导，将建设工作纳入条线考核，采取督查、通报等形式，加强监督指导，推动全市技防城建设持续优化，全面升级立体化、专业化、智能化社会治安防控体系。 （李细应）

公 安

【概况】 2020年，江阴市公安局以当好公安县域治理体系和治理能力现代化的领跑者为目标，瞄准现代化、聚焦高质量，以智慧公安、县域治理"两大引擎"为核心，实施风险防控、改革强警、数据赋能、执法服务、警队建设"五大品牌提升行动"，以年度"十大重点工作"（指警格网格全域治理新模式、街面警务工作站建设、警务大数据挖掘应用、全警大数据应用工作平台建设、"初侦，再侦"高质态侦查体系、公安安全智慧监管体系、道路交通事故"减量控大"治患攻坚年、全流程案件侦办图谱、机关警力合成作战机制、江阴警史馆建设）为抓手，统筹做好战疫情、护安全、保稳定、促发展各项工作，完成全年预期目标任务。年内，有66个次集体、868名个人获各级各类表彰，其中29个次集体、124人次受到无锡市公安局以上表彰。

【维护社会稳定】 2020年，江阴市公安局常态开展疫情防控工作，组织开展"六强六控"（强涉稳排查，控个人极端；强治安巡防，控违法犯罪；强隐患排查，控安全事故；强外口排查，控管理漏洞；强反诈宣传，控通网诈骗；强入企调查，控金融风险）专项行动，发挥"警格+网格"作用，做好后疫情时期安全稳定工作。组织经常性对抗演练、实战拉练，实现训促练、练为战。将三维实景、AR（指虚拟现实）鹰眼等新技术运用到应急处置中，全力打造反恐制暴、应急处突的拳头尖刀力量。组织开展两次后疫情时期安全稳定专题调研，部署开展熔喷布等防疫物资生产经营专项整治，服务保障复工复产复学。防控金融风险，针对全市317个投资受损群体、4万余名受损人员，强化风险联处、治安联管、疫情联控机制，研发"澄镜"涉众型经济风险预警监测平台，对全市16.17万个企业实施风险监测预警。年内，破获经济犯罪案件123件，抓获犯罪嫌疑人179人，避免和挽回经济损失2.52亿元。

【维护社会治安】 2020年，江阴市公安局对"黄赌娼""食药环"等民生案件始终保持高压态势，深入开展打击整治黄赌违法犯罪专项行动、"昆仑2020"专项行动、打假"蓝盾行动"。全市全年立现行刑事案件9692件，破案4215件，破案率43.5%，比2019年上升8.4个百分点；"八大类"案件（指故意杀人、故意伤害致人重伤或者死亡、强奸、抢劫、贩卖毒品、放火、爆炸、投毒）发案132件，破案132件，破案率100%；立盗窃案件3007件，破案1604件，破案率53.3%；立诈骗案件4889件，破案1327件，破案率

27.1%，其中电信网络诈骗3841件，破案768件，破案率20%；发生命案8件，全部侦破，破案率100%；侦破命案积案7件；抓获各类逃犯828人，逃犯库存下降50%；对3315人提起公诉，其中侵财公诉1488人，判5年以上侵财人员78人。年内，全市破获“黄赌娼”治安案件593件、刑事案件135件。破获生产、销售伪劣“维秘”内衣案、陈某销售伪劣化妆品案等多个涉假团伙，破获涉假案27件。推进长江流域禁捕退捕工作，开展联动执勤执法，全年立案侦查非法捕捞案件27件，采取强制措施41人，“黄某团伙非法捕捞水产品案”被公安部评为十大典型案例。研发安全监管智慧云平台，对交通运输、危化品等重点行业和区域实施智能管理，交通亡人事故连续17年下降，连续17年未发生较大以上亡人火灾事故。坚持部门联动，采取重点挂牌整治等手段，全面推进群租房和车库住人安全隐患整治。至年末，全市15.5万户出租房屋、8154个住人车库全部整治到位。新建电动车集中停放点2168个、充电设施4073套。出台《非法流动加油车打击处置流程》，侦办案件218件，行政处罚88人，刑事处罚3人，取缔非法流动加油站点11个，查扣非法流动加油车214辆，查获汽油约15.8吨、柴油约31吨。与邮政管理部门联合成立警邮联动协作室，建立健全情况通报、联合检查、联合奖惩、宣传培训、应急处理等五项联动机制，共同监督寄递单位落实“三个100%”（指100%收寄验视、100%实名收寄、100%过机安检）制度。年内，累计处罚寄递企业、网点314个。进行除夕禁放烟花爆竹宣传，发放宣传资料20余万份，推送短信270余万条，发布媒体报道33篇。除夕，联合市融媒体中心举办“文明江阴、禁燃禁放”巡查管控跨年直播。会同市应急、市场监督、城管等部门针对性开展节前专项检查，注销烟花爆竹经营临时许可证29张、长期许可证3张，没收烟花爆竹600余件，组织社区工作人员回收置换烟花爆竹800余件。

【融入基层网格】 2020年，江阴市公安局发动群众以加入“蓝蚂蚁平安志愿服务队”和“平安法治联盟”的方式，参与基层社会治理、社区建设，共享治理成果，防范以通信网络诈骗案为代表的高发案件，打造具有江阴特色的群防群治品牌。做精专职调解员，做强社区（村）警务调解室，做实警格调解工作，至年末，全市纳入“全要素”网格组织体系的有2380名警员（民警330名、辅警2050名）、62名专职调解员、2700余名网巡员（兼人民疏导员）。年内，驻派出所人民调解工作室调解矛盾纠纷8216件，社区警务室调解矛盾纠纷13852件，网格流转或联合调解1368件，化解成功率97.95%。警网融合全域治理新模式助力基层社会治理的经验做法，获公安部改革办和江苏省公安厅简报推广，《法制日报》《人民公安报》等媒体头版报道，其中“新桥模式”（智慧小镇建设）在2020年江苏省新一代“雪亮工程”（以县、乡、村三级综治中心为指挥平台，以综治信息化为支撑、以网格化管理为基础、以公共安全视频监控联网应用为重点的“群众性治安防控工程”）建设应用无锡市现场会上作汇报展示。

【出入境管理】 2020年，江阴市公安局出入境管理大队落实《国家移民管理局贯彻落实统筹推进新冠肺炎疫情防控和经济社会发展工作部署十项措施》《江苏公安出入境管理部门服务企业复工复产七条措施》等政策，有序恢复窗口服务，大力提倡“互联网+”服务，对有紧急事由的中外公民开通预约办证、容缺受理、绿色通道等便利措施。年内，受理审核公民因私出国、出境申请16409人次，其中因私出国4671人次，赴中国香港、中国澳门11478人次，赴中国台湾260人次；受理审核境外人员申办各类签证、证件806份，其中停留证件127份，签证延期及换发122份，居留许可527份，补换发台胞证30份；登记境外人员临时住宿6037人次；常住江阴市境外人员1847人。处置各类涉外案事件54件，其中组织他人偷越国边境1件、非法居留15件、非法就业20件、非法聘用7件、非法入境8件，其他案事件3件。对全市涉外单位证件专管员、涉外宾馆户管员和派出所民警开展了集中和分批培训9场，97人次参加。走访派出所45次，走访宾馆饭店40个、企业45个、境外人员住地12处。

【户籍管理】 2020年，江阴市公安局坚持疫情防控和服务民生双结合，提升公安户籍窗口服务质量。疫情期间，利用微信公众号提供网上预约，或通过窗口服务电话接收预约，分批错时办理。对急需用证的学生、医护人员等特殊群体开通绿色通道；对急需补领、换领居民身份证的申请人，安排错时办理，减少窗口人员集中。引导各派出所将户籍窗口示范点建设作为培育典型、宣传亮点、推动工作的载体，在无锡市公安局对户籍窗口满意度考核工作中，满意度99.8%，名列无锡市第一。结合“百万警进千万家”“群租房整治”等活动，组织全市派出所全面开展第七次全国人口普查户口整顿上门核查工作。登记常住人口392045户1277035人、寄住人口372130人、暂住人口923549人。清理各类户口近3.5万户，核查户口资料6万余份，更正户口登记项目39496项，清理死亡未注销人员38人，依法注销重户口12个，变更及更正主项数235项，次项数39261项。

【交通管理】 2020年，江阴市公安局交警大队树牢“靠前一步、主动作为”理念，统筹推进交通安全和疫情防控“两个大局”。压实各级责任，深化协同共治，在全省率先发布渣土运输车“五统一”（统一闭环监管、扫码举报、消患治危、限时限速、规范停放）管理规范，成立“澄畅人安”文明交通“警政、警邮、警企、警校、警保、警媒”六大合作联盟，启动“双零双百”（零酒驾、零交通亡人事故，骑乘电动车头盔佩戴率、驾乘汽车安全带佩戴率均达100%）星级企业创建行动，进一步完善道路交通安全共治体系。以全市道路交通安全专项整治为牵引，以道路交通事故预防“减量控大”治患攻坚行动为抓手，开展事故研判预警、源头隐患清零、重点违法整治、交通设施完善、宣传警示曝光“五大攻坚行动”，累计查处各类交通违法行为137.7万件。将全市2489个重点运输企业、

1.2万重点车辆、1.6万名驾驶人、1万辆农村面包车、768名高危驾驶人全部纳入“户籍化”管理并分级分类监管;建立道路隐患排查专班机制,自主研发事故“黑点”研判平台,启动事故“黑点”专项治理工程,完成整改95处,显著提升道路交通本质安全水平。紧扣智慧交通建设、城市交通组织、农村交通安全三大基础,打造精治善管交通。优化调整货车禁限行区域,创新开发交通信号灯应用新功能,主城区50组自适应信号灯实现智能调控缓堵,畅通城市“内循环”;增划23处“骑车佩戴头盔不越线”路面警示标语以及1处货车右转弯警示区。持续推进农村道路安全生命防护工程建设,全市国省干道、县乡公路临水、高落差路段,安全防护设施安装率、有效亮化率均为100%,全市10个镇(街道)完成警保合作劝导站建设,组建“交警+保险员+网格员”劝导队伍,补齐农村道路交通安全“短板”。深化交管改革,坚持流程再造,持续优化便民利民,推动“20+10+6+12”(指公安交管部门“放管服”*改革20项新举措、10项便民利民服务措施、6项交管改革新措施和12项优化营商环境措施)改革措施落实落地;深化“警邮共建”“警保联动”“警医共享”,打造共建共治共享合作亮点。搭建政务、微信、媒体三大新平台,畅通社情民意渠道,组建警风警纪监督员队伍,以融媒体助力交通社会治理创新。是年,受理交通事故113613次,致亡279人、伤440人,分别比2019年上升4.6%、下降4.1%、下降26.1%,实现重大交通事故亡人数17年连降目标。

【车驾管服务】 2020年,江阴市新增汽车43553辆,汽车保有量554910辆,驾驶证补(换)证9.4万人次。汽车年检33.59万辆。新增汽车驾驶人26463名,总数达675869人。参加满分学习人数2867,考试通过率为56.6%;参加审验学习人数15156人。办理新国标电动车上牌34910辆,受理网上临时信息牌备案登记50.29万辆,审核通过41.64万余辆,发放上牌38.24万余辆。市车辆管理服务中心连续第6次获评全国优秀车管所。

【巡防一体化改革】 2020年8月18日,江阴市首个警务工作站正式启动运行,公安巡防处置一体化改革全面推进。按照“一总站三分站”模式,建成城南、城中、城东3个警务工作站,覆盖江阴主城区,形成30秒离站、7分钟达到现场、30分钟处结完毕的“3+7+30”模式。运行后,警情自处率99.93%,管辖区域总警情比2019年下降5.9%,可防性案件下降26.6%。县级巡特警“136”工作模式(“1个品牌”,江鹰护澄;“3项机制”,维稳处突机制、多维防控机制、实战训练机制;“6支队伍”,反恐突击队、快反机动队、区域处突队、警务飞行队、应急救援队、便衣反扒队)获江苏省副省长刘旸肯定。

【大数据指挥服务体系改革】 2020年,江阴市公安局全面落实警务工作站、交警、巡特警、各派出所综合指挥室指挥长工作机制,开展常态化飞行设警演练。探索推行非紧急非警务警情“辅警现场处置、后台团队支撑”新模式,为现场处警人员提供警力、情报、手段、法律保障。建立警情“拔钉子”机制,多次重复、区域热点、疑难复杂类“钉子警情”显著下降,累计梳理75个,拔除49个,违法犯罪警情比2019年下降8.55%。

【侦查办案体系改革】 2020年,江阴市公安局推进侦查办案体系改革。实体运作合成侦查中心,建强片区合成侦查中队,担负侦查办案主责,承担全部通信网络诈骗案件破案责任。建成公安反诈中心,集中人员、手段和资源,为紧急止付、案件研判、宣传防范等工作提供精准保障,全年止付1903.41万元、冻结1.4亿元。创新集约式打击机制,全年派出集约式侦查小组83个,侦查人员1000余人,抓获嫌疑人979人,战线包含吉林省、江西省、山西省、湖南省等20个省份。全年刑事案件、传统“盗抢骗”案件、网络诈骗案件破案率分别为43.5%、53.3%和20%。持续推进扫黑除恶专项斗争,探索打击涉信息网络黑恶犯罪,健全完善综合整治长效机制,开展重点行业领域尤其是社会治安领域专项治理。2018—2020年,破获涉黑恶案件1567件,抓获涉案人员3660人。 (朱斌 胡娟)

检 察

【概况】 2020年,江阴市检察院以司法办案为中心,践行司法为民理念,全面充分履行检察职能,维护国家政治安全,确保经济社会稳定,促进社会公平正义,保障群众安居乐业。做优刑事检察,批准逮捕各类刑事犯罪嫌疑人804人,提起公诉3245人,依法作出不起诉决定225人,监督立案、撤案93件120人,纠正漏捕漏诉31人,发出再审检察建议10份,提出刑事抗诉7件。做实民事行政检察,发出民事、行政检察建议42份,监督虚假诉讼案件15件,均进入再审程序,其中11件获改判。做好公益诉讼检察,立案123件,发出诉前检察建议82份,提起刑事附带民事公益诉讼案件和单独民事公益诉讼案件14件,督促清理固体废物、生活垃圾250余吨,追偿修复生态、治理环境费用400余万元。打造未成年人检察特色品牌,深化未成年人司法保护中心专业化建设,在全省率先研发未成年人检察智慧平台,办理的一件案件入选最高人民检察院典型案例。融入社会治理,办理群众来信来访298件次,对92名刑事案件被害人或其近亲属开展司法救助;开展普法宣传,1件新闻作品获中国新闻奖,1部防性侵宣传片获第五届平安江苏微电影评比二等奖。是年,市检察院有17个集体、20名个人受到地市级以上表彰,市检察院被评为2020年度全国检察宣传先进单位。

【刑事检察】 2020年,江阴市检察院充分发挥刑事诉讼主导作用,批准逮捕各类刑事犯罪嫌疑人804人,提起公诉3245人,依法作出不起诉决定225人,监督立案41件55人、撤案52件65人,纠正漏捕漏诉31人,书面纠正侦查活动和审判活动违法项55项次,发出再审检察建议10份,提出刑事抗诉7件,监督立案的一件涉案金额达2800余万元的“零口供”特大合同诈骗案,被告人被判处有期徒刑十二年六个月。加大财产刑执行检察力度,对2675件刑事案件逐案进行审查,推动刑事案件涉财产判项执行到位525万余元。行使好检察机关部分侦查权,协助上级检察院查办司法工作人员滥用职权、玩忽职守犯罪案件2件2人。

【民事行政检察】 2020年,江阴市检察院构建多元化民事行政监督格局,将虚假诉讼监督、审判、执行违法行为监督和实质性化解社会矛盾作为工作重点,发出民事、行政检察建议42份。依托刑事检察与民事监督互通机制,从非法放贷涉黑涉恶案件中挖掘民事监督线索,监督虚假诉讼案件15件,均进入再审程序,其中11件获改判。以张某玩忽职守案为突破口,对300余件相关案件进行全面梳理排查,针对发现的审判和执行违法行为,发出检察建议18份,其中1份类案监督检察建议纠正28件执行款分配不当案。

【公益诉讼检察】 2020年,江阴市检察院聚焦生态环境和资源保护、食品药品安全、国有财产保护、国有土地使用权出让以及英烈保护领域,立案123件,发出诉前检察建议82份,提起刑事附带民事公益诉讼案件和单独民事公益诉讼案件14件,督促清理固体废物、生活垃圾250余吨,追偿修复生态、治理环境费用400余万元。打造未成年人保护"等"外领域(法定领域之外的公益诉讼,统称"等"外领域公益诉讼)新增长极,通过发出诉前检察建议,推动16个镇(街道)集中整治辖区内幼儿看护点,关停、取缔13所"黑幼儿园",整改15所卫生条件不达标、存在安全隐患的幼儿园;督促相关行政部门对全市784个酒类商家开展禁止向未成年人出售酒类商品专项整治行动。

【保障民营经济】 2020年,江阴市检察院把保障民营经济健康发展作为重中之重。依法打击损害民营企业合法权益的犯罪,审查起诉涉嫌职务侵占、资金挪用、侵犯知识产权等案件40件61人,对制售23吨假冒网红化妆品案的主要犯罪嫌疑人提起公诉。坚持少捕少押慎诉原则,依法对涉案企业负责人作出不批准逮捕决定18人,作出不起诉决定32人,对没有继续羁押必要的14人建议变更强制措施。针对涉民营企业社区矫正对象因生产经营需要外出请假难问题,联合市司法局共同出台《江阴市涉民营企业社区矫正对象外出管理规定》,彻底解决该问题。

【扫黑除恶专项斗争】 2020年,江阴市检察院全力打好决战决胜扫黑除恶专项斗争收官战,高效办结涉黑恶案件16件50人。坚持不枉不纵,依法对江苏省扫黑办挂牌督办的蒋某等黑社会性质组织案提起公诉,该组织16名成员分别被判处有期徒刑十三年六个月至一年三个月不等。严审细查,依法将翟某犯罪团伙性质由恶势力团伙变更为普通犯罪团伙提起公诉。推进"黑财见底",紧盯侦查、审判各环节,向公安机关提出查扣冻建议6份,向法院提出财产刑量刑建议8份,全部获得采纳。促进"行业清源",对金融放贷、农村自治等重点领域,发出检察建议和报送情况反映25份,全部回复整改到位。

【检察环节"三大攻坚战"】 2020年,江阴市检察院打好检察环节"三大攻坚战"。起诉非法吸收公众存款、集资诈骗、传销等经济犯罪案件15件29人。深入分析金融领域犯罪特点和规律,就农村合规小额贷款公司布局不合理问题向监管部门制发检察建议,推动在全市开展非法小额贷款整治。起诉破坏长江生态环境资源犯罪56人,办理的某药业公司污染环境刑事附带民事公益诉讼案入选江苏省检察院长江流域环境资源保护典型案例。聚焦长江流域禁捕退捕工作,依法对11名多次在长江干流水域内非法捕捞水产品的犯罪嫌疑人提起公诉。严守长江黄金岸线资源,就某船舶修造有限公司擅自占用江滩破坏港口岸线生态环境问题,督促有关部门开展联合整治,移除非法填滩土石方24万余立方米,将生产岸线退还生态岸线,该案入选最高人民检察院服务保障长江经济带发展典型案例。将司法救助融入精准脱贫工作中,对92名刑事案件被害人或其近亲属开展司法救助,防止因案致贫、因案返贫。

【维护国家安全和公共安全】 2020年,江阴市检察院把维护网络空间安全作为贯彻总体国家安全观的重要抓手,起诉利用网络危害国家安全犯罪3件5人,依法对公安部督办的一件利用网络向7000余人编造传播政治谣言案的3名犯罪嫌疑人批准逮捕。参与全市安全生产专项整治行动,坚决惩治工程建设、企业生产等领域的重大责任事故犯罪,起诉20件21人。起诉涉枪、涉爆、放火犯罪5件8人,依法对在人民路步行街放火烧毁店铺危害公共安全的一名犯罪嫌疑人提起公诉。

【助力反腐工作】 2020年,江阴市检察院联合市监委制定完善规范性文件,顺畅监检衔接,审查起诉市监委移送的职务犯罪案件21件21人。严惩城市建设领域权力腐败,以涉嫌受贿罪决定逮捕1人并提起公诉。坚决惩治侵害集体和群众利益的行为,起诉挪用和侵占村集体资金的职务犯罪案件2件2人。参与中央反腐败协调小组部署的"天网行动",依法批捕一名涉嫌窝藏、包庇江阴籍"红通人员"的犯罪嫌疑人。

【保障人民群众生命和财产安全】 2020年,江阴市检察院全力保障人民群众生命和财产安全,突出打击故意杀人、强奸、抢劫等严重暴力犯罪,批捕56人,起诉59人。对诈骗、盗窃等多发性侵财犯罪保持高压态势,起诉1198人。严厉打击销售有毒有害食品犯罪,起诉23人。对添加罂粟壳熬煮羊汤售卖危害消费者健康的龚某,提起刑事附带民事公益诉讼,被告人在受到刑事处罚同时被判处销售价款十倍的惩罚性赔偿金,并在《江阴日报》上刊登道歉声明。对毒品犯罪保持"零容忍",起诉运输、贩卖毒品案件55件60人。坚持打击与预防并重,以案释法开展警示宣传,《藏在真空包装豆腐干里的毒品》一文被《中国青年报》等30余个媒体报道,新闻作品《视频聊天网站缘何成毒品"专卖店"》获优秀新闻作品最高奖——中国新闻奖。

【保护未成年人权益】 2020年,江阴市检察院对未成年犯罪嫌疑人坚持"教育为主、惩罚为辅"原则,对情节恶劣应当依法从严惩处的未成年犯罪嫌疑人批捕10人、起诉35人,对犯罪情节轻微且认罪悔罪的依法作出不起诉决定45人。支持起诉撤销一名因监护不力导致未成年人多次遭性侵的监护人资格，协调解决被害女孩异地入学问题，向其发放救助金7万元。持续深化未成年人司法保护中心专业化建设，在全省率先研发未成年人检察智慧平台，精准帮教72名失足少年。落实落细“一号检察建议”（2018年10月19日，最高人民检察院针对儿童和学生法治教育、预防性侵害教育缺位等问题向教育部发出历史上首份检察建议，简称“一号检察建议”），严厉打击性侵未成年人犯罪，从快批捕一名入室强奸幼女的犯罪嫌疑人，从严起诉一名威逼利诱性侵多名小学生的犯罪嫌疑人；与市教育局等部门会商落实《关于建立侵害未成年人案件强制报告制度的意见》，办理的一件案件入选最高人民检察院的侵害未成年人案件强制报告典型案例；拍摄的防性侵微电影《云朵》获江苏省第五届平安江苏微电影评比二等奖。

【推进县域社会治理现代化】 2020年，江阴市检察院落实“群众来信件件有回复”制度，线上线下办理群众来信来访298件次。依托检察官进网格、检调对接工作机制，深化矛盾纠纷化解共同体建设，先后10次邀请第三方参与重信重访申诉案件公开听证、公开答复，实现息诉罢访。发挥认罪认罚从宽制度对化解社会矛盾、修复受损社会关系、促进社会和谐的重要作用，对2911名自愿认罪认罚的犯罪嫌疑人提出从宽量刑建议，提出率90.3%，法院采纳率98.7%。认真做好司法办案“后半篇文章”，针对案件反映的问题，向相关单位制发社会治理类检察建议23份，对办案中发现的“未成年人开房”监管漏洞制发检察建议，推动全市547个旅馆签署规范经营承诺书。

（惠建福）

法　院

【概况】 2020年，江阴市法院履行宪法法律赋予的职责，围绕中央“六稳”*“六保”*要求和市委决策部署，应对新冠肺炎疫情对审判执行工作的挑战，对标高质量司法领跑者的定位，着力补短板、锻长板，各项工作实现新发展。着力加强司法权力监督制约，落实《法官审判权力和责任清单》及《院庭长案件监督管理办法》，运用信息技术强化院庭长审判监督管理。涉群体性纠纷、可能影响社会稳定的案件，疑难、复杂且有重大社会影响的案件，可能发生类案裁判冲突的案件，法官可能存在违法审判行为的案件，超长期未结案件以及重点信访督办案件等“六类案件”管控做到及时有效、全程留痕，监管“六类案件”150件。规范和完善审判委员会运行机制，强化重大疑难复杂案件监督指导和发改案件评查定责，发挥审判委员会总结审判经验、统一法律适用的作用。加强员额法官动态管理，有序退出并增补一批员额法官，相关经验和做法得到江苏省委政法委肯定。强化司法能力建设，重视司法调研，1个案例被《最高人民法院公报》录用，21个案例入选《中国法院2020年度案例》，入选数量居全国基层法院第四；处理的江苏泓海能源有限公司破产重整案获评全国法院系统2020年度优秀案例。出台《关于培养选拔优秀年轻干部的意见》，突出政治标准，注重岗位锻炼和实绩考核，树立正确的选人用人导向，18名法官等级择优晋升，77名干警轮岗交流。全年受理各类案件36809件，审执结31651件，结案率85.99%，呈现收案放缓、关键质效指标稳中向好的态势，一审服判息诉率、一审判决后被上级法院改判和发回重审率、有财产可供执行案件法定期限内执结率均为无锡市基层法院最佳值。是年，市法院被中国法院网评为全国优秀直播法院；市法院司法宣传工作受到最高人民法院通报表扬；市法院民二庭被江苏省高院评为全省法院破产审判工作先进集体。全年获无锡市级以上集体荣誉8项，47人受到无锡市级以上表彰。

【优化法治化营商环境】 2020年，江阴市法院加大产权司法保护力度，全年受理商事案件9044件，涉案标的额170亿元。维护企业经营管理秩序，审结股权转让、股东出资等公司、企业类案件230件。完善破产审判机制，审理审查破产案件163件，处置债权215亿元，盘活闲置土地82.5公顷、房产68万平方米。推进“僵尸企业”执转破（执行案件移送破产审查），快速、高效推动市场出清，移送破产审查企业63个，涉案标的额53.6亿元。践行最严格知识产权司法保护理念，审结知识产权案件274件，严厉打击侵犯“茅台”“巴宝莉”等商标权的犯罪案件21件。对于食品药品类刑事案件提高实刑适用率。加大重复侵权及其他严重侵权行为的经济制裁力度，判处罚金523万元、惩罚性赔偿41万元。贯彻善意文明执行理念，在实现执行目的的前提下，采用物联网电子封条进行“活”查封，并审慎适用信用惩戒和限制高消费措施，最大限度降低对企业生产经营的不利影响。坚决打击逃废债行为，审结金融借款、保险票据等金融纠纷案件929件，涉案标的额34亿元；依法支持金融机构实现担保物权和诉前财产保全申请，开展金融债权专项执行活动，执行到位4.37亿元。开展“套路贷”*非法金融活动专项治理，纠正涉“套路贷”案件17件。依法审慎处理民间借贷案件，严厉打击职业放贷人非法经营行为，遏制民间借贷畸形发展，全年新收民间借贷案件比2019年下降57.51%。

【长江生态保护】 2020年，江阴市法院深入贯彻“两山”理念*和最严格制度、最严密法治保护要求，受理各类环境资源案件462件，审结340件。落实环境资源“9+1”审判机制（是指省法院根据省政府确立的全省生态功能区规划方案，以生态功能区为单位在9个基层法院设立生态功能区环境资源法庭，跨行政区划集中管辖相应流域、区域范围内的一审环境资源刑事、民事、行政案件。同时，经最高人民法院批复同意，成立南京环境资源法庭，集中管辖全省应当由中级法院管辖的一审环境资源案件和9个环境资源法庭审结的上诉案件。其中在江阴法院设立长江流域环境资源第一法庭，集中管辖周边18个县市区的一审环境资源案件),先后与镇江市中级人民法院、常州市中级人民法院签署环境资源保护司法协作协议。推动高质量建设长江生态安全示范区,落实长江“十年禁渔”国家政策,制定《关于为坚决打赢长江流域禁捕退捕攻坚战提供强有力司法服务和保障的实施意见》,从重从快打击非法采砂、非法捕捞、非法狩猎、污染环境等违法犯罪201件552人,其中非法捕捞案件实刑适用率45.83%。依法审理环境公益诉讼,挑选具有环境专业技术知识的陪审员参加七人制合议庭,审结33件,判决赔偿生态环境修复费用771万元。贯彻恢复性司法理念,增加“补种复绿”“增殖放流”“劳务代偿”等处理方式,与多部门会签司法修复基地框架协议,推动设立江阴市窑港口长江生态湿地司法修复基地、锡山区九里河湿地公园司法修复基地和镇江征润州环境资源司法研究修复基地等3处司法修复基地。服务保障“1310工程”*,执结违法占用耕地等土地类行政非诉执行案件5件,腾退土地0.17公顷。发挥司法裁判教育指引作用,发布环境资源审判典型案例,赴申港街道江南花园社区巡回审判一件11人非法捕捞案件并当庭宣判。

【平安法治江阴建设】 2020年,江阴市法院充分发挥审判职能作用,参与平安法治江阴建设。坚决打赢扫黑除恶专项斗争决胜仗,如期实现“案件清结”“黑财清底”目标,被无锡市委政法委评为扫黑除恶专项斗争先进集体。审结江苏省扫黑办挂牌的蒋某等16人黑社会性质组织犯罪等涉黑恶案件22件74人,其中判处五年以上有期徒刑13人,没收个人全部财产2人,判处罚金91.8万元。树立“铁案”意识,防止人为拔高或者降格处理,依法将起诉指控的徐某某等4人恶势力犯罪集团变更为普通刑事犯罪。对外加强与公安、检察等机关的沟通协作,对内强化立案、审判、执行等环节的有效配合,“打财断血”(指及时清查涉案财产,深挖利益链,依法采取查封、追缴、冻结、没收、判处财产刑和行政处罚等办法,彻底摧毁黑恶势力的经济基础,决不让黑恶势力有死灰复燃之机)执行到位1823.5万元。注重提升人民群众安全感,受理各类刑事案件3175件,审结2794件。依法严惩严重危害社会治安的各类犯罪,审结故意伤害、盗窃、抢劫、诈骗案件1078件,一件高价销售保健品诈骗老年人钱财案被告人被判处有期徒刑十一年六个月。审结黄赌毒犯罪案件229件。从重打击信息网络犯罪,审结非法获取计算机信息系统数据、侵犯公民个人信息、电信网络诈骗等案件346件。

【矛盾源头治理】 2020年,江阴市法院坚持把非诉讼纠纷解决机制挺在前面,推进诉讼与非诉讼对接中心、非诉讼服务分中心实体化运行,依托7个人民法庭在全市各镇(街道)全面启动“一站式矛盾纠纷多元化解中心”建设,构建人民调解、律师调解、司法调解联动工作体系,诉前成功调解结案2218件,司法确认739件,化解一批涉众型矛盾纠纷。发展新时代“枫桥经验”,落实“大数据+网格化+铁脚板”治理机制,深化“审务进基层、法官进网格”活动,员额法官、法官助理与全市266个二级网格结对挂钩,推进16个无讼村(社区)示范点建设,共建“有事好商量圆桌会议”“言和工作室”等平台,推动江阴市民事行政案件万人起诉率保持无锡基层板块较低比例。延伸人民法院审判职能,选派13名干警组建民法典宣讲团,深入社区、机关、企业、学校、军营等开展以案说“典”、释法答疑21场次,制作宣讲视频3个。

【民生权益保障】 2020年,江阴市法院践行司法为民宗旨,投入更多精力、采取更多创新举措为群众解忧。审结涉人民群众生命权、身体权、健康权纠纷174件,审结赡养抚养、劳动争议、医疗损害赔偿等案件644件。开展涉民生专项执行行动26次,涉民生案件执行到位4000余万元,为困难当事人发放救助金99.5万元。加大消费者权益保护力度,审结网络购物、服务合同、产品侵权等案件149件,某票务公司因恶意加价被判3倍赔偿。参与根治欠薪冬季专项行动,严厉打击、制裁拖欠农民工工资等恶意欠薪行为,严惩拒不支付劳动报酬犯罪14件,审执结涉农民工工资案件987件,为农民工追回工资2075万元。完善诉讼服务功能,推进“一站式”诉讼服务中心建设。加大法律文书集约送达力度,在诉讼服务大厅设置邮政领取窗口,当事人可跨区域线下领取法律文书。落实“12368”诉讼服务热线“一号通办”要求,为来电人士提供咨询、转办等服务3834次。健全完善“互联网+诉讼服务”体系,融入长三角司法一体化建设,指派专人负责网上立案审查、跨域立案协作等工作,网上立案690件,跨域立案32件,最快20分钟完成跨区域线上立案,实现诉讼服务“就近能办”“异地通办”。

【兑现胜诉权益】 2020年,江阴市法院持续巩固“基本解决执行难”成果,向“切实解决执行难”迈进。全年受理执行案件15476件,执结14079件,执结率90.97%。推进“切实解决执行难”长效机制建设,推动江阴市委全面依法治市委员会在无锡市率先出台《关于加强综合治理切实从源头解决执行难问题的实施意见》;与市税务局、市场监督管理局、城市综合管理局、自然资源和规划局等部门进一步完善执行联动机制,其中通过资产司法处置协助征税2.28亿元。按照江苏省法院执行指挥中心实体化运行“854模式”(指由各级法院执行指挥中心集中办理核对立案信息和初次接待、制作发送格式化文书、网络查控、收发委托执行请求、录入失信被执行人信息、网络拍卖辅助工作、接待来访、接处举报电话8类事务性工作,有力提供视频会商、4G单兵连通与执法记录仪使用、执行公开、舆情监测、决策分析5类技术服务,切实承担起繁简分流管理、流程节点管理、执行案款管理、终本案件管理4项管理职责)升级版工作导则要求,重建资产处置团队,推进执行案件繁简分流,落实“一次有效执行”举措,执行工作质效逐步提升,有财产可供执行案件法定期限内执结率、无财产可供执行案件终本合格率、执行信访办结率和执结率“3+1”核心指标居无锡市第一、江苏省第九。强化规避执行行为失信惩戒,纳入失信被执行人名单6024人次,限制高消费 9787 人次。坚持以当事人议价、网络询价为主,以委托评估为辅的原则,提高财产处置效率,司法拍卖成交额 14 亿元,为当事人节约佣金 4500 余万元。严格案款管理和发放,全面使用"一案一账号"案款管理系统,安全及时发放执行款 19 亿元。开展案款清理工作,滞留款项全部清理完毕。 (高 悦)

司法行政

【概况】 2020 年,江阴市司法局立足统筹法治工作职能,优化法治环境,提升治理能力,以法治建设的高质量推动经济社会发展的高质量。年内,编写疫情防控法律法规指引,下发《关于做好疫情防控期间法律服务工作的意见》,针对性开展科学依法防控,助力复工复产;做好经济下行背景下法律保障,部署开展防范化解重大风险、法律扶贫、污染防治专项行动,26 个法律服务团走访企业 500 余个,建立服务企业联系点 80 个,化解经营风险 2028 件,接受咨询代写法律文书 1110 份,调解矛盾纠纷 224 件,挽回损失 4.1 亿元;合法性审查重大决策事项 150 项、规范性文件 7 件、政府重大合同 251 份、上会文件 172 份、其他政策文件 75 份、出具法律意见 144 份;举办各类法治讲座(培训)100 余场,举办普法主题活动 50 余场,发放普法材料 8 万余份,顺利通过江苏省"七五"普法评估验收。是年,江阴市被评为江苏省法治政府建设示范县(市、区),市司法局被评为江苏省合法性审查先进集体。

【规范政策法规】 2020 年,江阴市司法局审查重大行政决策 150 项,规范性文件 7 份,重大政府合同 251 份,其他政策文件 75 份,出具各类法律意见 144 份。对标上级新要求,修改完善《江阴市重大行政决策程序规定》,进一步优化决策机制,依托重大行政决策网上运行系统,严格落实决策程序,加强合法性审查,实现重大行政决策合法性审核率 100%,列入目录的 10 项重大行政决策事项中,有 6 项规范落实决策程序。组织编写疫情防控工作法律指引,确保全市疫情防控决策依法、有序、有效进行。指导市国土资源规划局召开江阴市征地区片综合地价制定听证会,引导广大群众广泛有序参与决策,增强重大行政决策的可行性、稳定性。依据机构改革情况和"三定"(定职能、定机构、定编制)职能,公布《江阴市行政规范性文件制定主体清单》,并实行动态管理,禁止清单之外的单位制发行政规范性文件。起草制定《关于全面推行行政规范性文件合法性审核和备案审查工作的实施意见》,规范审查文书格式,严格落实双重审查制度,并请法律顾问协助审核。严格规范制定程序,在各镇(街道)设立基层立法联系点的基础上,增设市工商联联系点,搭建企业参与制规的常态化互动平台。督促落实后评估计划,牵头对《江阴市建设项目日照影响分析管理实施细则》进行后评估,及时了解规范性文件实施效果,适时予以调整。把握减量与提质并重原则,开展涉及《中华人民共和国野生动物保护法》《中华人民共和国民法典》的行政规范性文件专项清理,以启用省规范性文件电子备案平台为契机,组织开展全市规范性文件全面清理。推行政府法律顾问制度,发挥法律顾问作用,全市 27 个政府部门、17 个镇(街道)、江阴高新区以及临港经济开发区聘任政府法律顾问 94 人,年内法律顾问参与起草、论证、审查重大决策 150 项、各类文件 86 份,审查政府重大合同 251 份,涉标的额 27.9 亿元,为处置涉法涉诉案件、信访案件和重大突发事件等提供法律服务 190 次,涉标的额 5.5 亿元,参与处理行政复议、诉讼、仲裁等法律事务 250 件,防范和降低行政风险。

【依法治市】 2020 年,江阴市司法局根据上级指示精神,召开市委全面依法治市委员会第二次全体会议,会议审议通过《中共江阴市委全面依法治市委员会 2020 年工作要点》,明确 40 项重点任务,为全年法治江阴建设指明方向。市委全面依法治市委员会制规、执法、司法、守法普法 4 个协调小组审议通过各自领域重大事项。率先在全市 17 个镇(街道)建立依法治镇(街道)体制机制,制定下发《关于建立健全镇(街道)法治建设领导体制和工作机制的通知》,各镇(街道)建立全面依法治镇(街道)委员会,夯实基层法治建设基础。持续强化法治思维,提升依法办事能力,江阴市委常委会组织开展专题学法 2 次,市政府常务会组织开展学法 4 次,学习《中华人民共和国民法典》《优化营商环境条例》《江苏省重大行政决策程序实施办法》等法律法规。市委依法治市委员会与市委组织部联合举办"江阴大学堂"民法典专题培训,市领导、全市市管干部以及部分中层干部 1100 余人参加学习。邀请中国政法大学教授林华为全市法治干部作"全面依法治国与法治政府建设"专题辅导。组织实施领导干部任前法律知识考试、公务员网上学法考法制度,非人大任命领导干部参加任前法律知识考试 5650 人次。委托中国政法大学对江阴市 2018—2020 年法治政府建设状况进行系统评估,其间通过实地调研、网络检索、调查问卷、走访交流等方式采集数据信息,在科学分析数据成果的基础上制定《江阴市法治政府评估指标体系》和《江阴市法治政府评估报告》。开展法治政府建设"补短板、强弱项"专项活动,形成科学有效、衔接配套的长效工作机制。开发法治江阴建设监测评价系统,将全市法治建设监测评价细则按照考核单位属性分类公布,各镇(街道)、市级机关和政府各部门通过平台上传法治建设台账资料,开展大数据搜集、分析工作,实现"互联网+"监测。

【矛盾纠纷化解】 2020 年,江阴市司法局开展矛盾纠纷排查,涉及对象 5622 人次,发现矛盾纠纷 2346 件,全年成功调解纠纷 22769 件。精准落实责任,推进调解进网格参与矛盾纠纷源头化解工作,下发《关于推进调解进网格参与矛盾纠纷源头化解工作的通知》,将"调解信息员"融入社会综合治理网格,把人民调解工作的职能融入网格、责任落实到网格,努力从源头上减少矛盾纠纷的发生。全市有 243 个网格,1157 个网格员,3462 个调解信息员。根据《关于加强江阴市人民调解员队伍建设的实施意见》，重新调整全市调解组织为325个，选聘人民调解员1223名，其中415名为专职调解员。开展矛盾纠纷排查化解“百日会战”专项活动，开展矛盾纠纷分析研判，强化依法开展矛盾纠纷调处化解，严格执行报告制度，层层落实责任，形成上下左右联动的工作合力，为“两会”*召开、疫情防控、复工复产创造稳定的社会氛围和法治环境。开展“一法一条例”宣传专项活动，宣传身边的人民调解员，挖掘典型案例，并通过“法润暨阳”微信公众号、“学习强国”平台宣传，扩大人民调解工作在全社会的影响，活动期间收到人民调解经验介绍17篇、典型案例23件、典型事迹8个，“法润暨阳”微信公众号推文宣传15次，“学习强国”宣传3次。村(社区)法律顾问全覆盖，打通服务群众“最后一公里”；家事调解“进社区”，17个社区成立家事调解工作室，采用“客厅家居式”调解模式，99%矛盾纠纷就地解决。至年末，全市有法律顾问单位744个，完成诉讼案件1376件、非诉讼案件121件，参与人民调解233件，法律咨询4002人次，收费812.54万元。建成全国民主法治示范村(社区)3个，省级民主法治示范村(社区)133个。

【公共法律服务】 2020年，江阴市司法局贯彻落实江苏省司法厅“三台合一”(网络、实体、热线三个平台合为一体)试点工作，将法律服务与互联网大数据、人工智能、云服务等现代信息技术相结合，最大限度利用法律资源实现公共服务自助式供给，着力打造“12348”公共法律服务热线、江阴法网、实体平台一体化建设，实现“统一指挥、同步推送、上下联动、协调一致”的动态管理。公共法律服务热线平台回复热线近1300次，比2019年增长10.5%；江阴法网解答回复咨询500余次，比2019年增长7.3%；“法润民生”微信群实现247个村(社区)全覆盖，开展互动25730次；持续推进惠民实事工程，全市新开设“法律夜门诊”服务站点15个，总数达20个，实现城乡全覆盖，为群众提供全方位延伸式法律服务，全年服务群众约3100人次。举办“2020江阴普法骑行暑期班”“八一送法进军营”等公益活动，营造学法普法的良好社会氛围。派遣律师进驻网格提供法律咨询服务，推动人民调解员、律师、法治宣传员等法律服务力量进网格，通过“网格法律服务员”与网格长对接联系，关注基层法律服务需求。开拓“线上办”“网上办”“掌上办”等自动化、系统化线上服务模块，实现“一站式”服务，为网格内群众、企业提供精准的法律服务，保障公共法律服务零距离，人工智能公共法律服务自助平台为群众提供服务累计约250次。引进专业特色鲜明、社会认可度较高的律师事务所、仲裁委、司法鉴定所等法律服务机构，完善工业园区产品研创、知识产权保护、法律风险防控等服务，服务工业园区建设20次，法治宣传25次，提供法律咨询服务、法律文书指导71次，代理诉讼15件，调解矛盾纠纷25件，整理发布《企业常见风险50问》。开展推进法援惠民生“同心战疫情”“决胜达小康”“助力农民工”等系列活动，根据形势特点和群众需求提供法律援助。以疫情防控、复工复产和“七五”普法为契机，整合全市各类法律援助社会资源，设立针对农民工、“病残孤老灾”等重点困难群体的法律援助绿色服务阵地，办理法律援助案件1559件，接待法律咨询3578件。优选15名法援骨干进驻仲裁院工作站值班，对接流转群体性劳动争议案件，综合运用调解和仲裁的方式，引导劳动者与企业在特殊时期共担责任，受理劳资案件581件，追讨欠薪1800余万元。开通“公证扫码”服务，全年办理民生类公证3811件、涉外公证1240件。

【法治宣传教育】 2020年，江阴市司法局举办各类法治讲座(培训)100余场，开展普法主题普法活动50余场，发放普法材料8万余份，通过“七五”普法各级评估验收。制定江阴市“七五”普法终期评估验收细则、任务分解表、工作方案等，细化考核条目，明确职责任务，成立市级评估验收工作组，对全市17个镇(街道)、40余个单位实地考核。编印刊物《新闻聚焦——法治江阴纪实》，制作宣传片《德法之光耀暨阳》，梳理总结“七五”普法经验典型，全面展示江阴市五年普法成效，通过市人大对“七五”普法工作的审议和无锡市“七五”普法评估验收。制定“谁执法谁普法”集中履职评议方案，明确各单位年度普法责任以及首届集中履职评议方法要求，推动普法责任制落实到位。联合市委组织部、宣传部下发全市公务人员学法考法文件，部署全市公务人员学法考法工作。开展以案释法典型案例征集活动，征集46个部门123个案例，上报无锡典型案例38个。下发《关于加强民法典宣传教育工作的通知》，成立民法典宣讲团，开展以“美好生活 · 法典相伴”为主题的法治讲座、广场宣传、创意竞赛等活动，创作民法典微视频、微课、漫画，线上线下推送民法典相关知识。开展“情暖农民工，法护回家路”法律服务活动、“4 · 8”司法日法律服务进企业活动、法惠“三农”*活动等，助力全市经济社会健康发展。全市50余个部门相继开展“全民国家安全教育”“远离非法集资，共享美好生活”、扫黑除恶专项斗争宣传等普法活动。联合市委宣传部、市民政局、农业农村局下发《关于做好村规民约和居民公约工作的指导意见》，加强民主法治示范村(社区)动态管理，开展省级民主法治示范村(社区)复核，实施农村“法律明白人”培养工程，夯实基层基础。加强基层法治文化阵地建设，建成璜土村法治大道、泾园法治文化公园、月城法治文化墙等新阵地。全国各级媒体播报江阴法治宣传新闻稿件141篇，“江阴司法行政”官方微博发布信息174条，“法润暨阳”微信公众号发布信息610条。

【特殊人群管理】 2020年，江阴市司法局依法管理特殊人群，以维护安全稳定为主线、疫情防控为重点，加强教育引导，开展心理辅导和生活帮扶，进行拉网式隐患排查。疫情期间通过微信群等手段，落实定位巡查、“日汇报”制度，实施线上教育，严格请销假审批制度。矫正对象积极参与抗疫行动，39人参加志愿服务，捐款捐物近80万元。7月1

日,《中华人民共和国社区矫正法》正式施行,市司法局采取线上与线下相结合、传统媒体与新媒体相结合的方式进行宣传,针对落实过程中的问题,与市检察院共同调研,出台《江阴市涉民营企业社区矫正对象外出管理规定(试行)》,促进社区矫正对象融入社会。根据江苏省司法厅的"五个一"(对暂予监外执行事由复核一次,审批流程检视一次,现实表现鉴定一次,诊断检查鉴别复查一次,社会效果评估一次)、"五个到位"(走访入户到位,查阅档案资料到位,复查病情鉴定到位,核查现实表现到位,落实整改措施到位)的具体要求,对全市暂予监外执行人员进行督查,并组织其中符合条件的人员到无锡市人民医院进行年度体检,保障暂予监外执行工作的严肃性、合规性。开展安置帮教工作常态化督查,采取网上巡查和现场督查相结合的方式,规范重点帮教对象"必接必送"、通报公安机关列管、帮教小组建立、帮教协议签订、帮教计划制定情况和日常走访等情况,防范帮教对象再次犯罪。周庄矫正分中心通过江苏省司法厅验收。 (王军峰)

人民武装

【概况】 2020年,江阴市人武部以强军目标为统领,着眼新的职能使命,注重发挥党管武装的优势,抓紧抓实练兵备战、国防动员、民兵建设、兵役征集、国防教育等各项工作,完成上级赋予的各项任务。升级改造战备设施、器材,完善行动预案,高标准完成战备执勤任务和军事训练。进行民兵潜力调查,抓好民兵训练。在学校、村(社区)国防教育试点和华士镇天华国防教育馆开展国防教育。参与文明城市创建,成立"江阴市退役军人双创学院",解决军人后顾之忧。出动民兵参与疫情防控,向武汉市捐款捐物40余万元。是年,江阴市被评为"全国双拥模范城"。

【战备工作】 2020年,江阴市人武部加强战备建设,综合提升支援保障能力。加强战备值班,组织战备值班业务培训和资格认证考核,修订完善各类行动预案,动态保持指挥人员编组,常态运行指挥信息系统,突出应战能力建设,持续保持戒备状态;加强军地信息共享。狠抓军事训练,做到训练人员、时间、课题、内容四落实,抓实首长机关训练,组织人员参加江苏省军区、无锡军分区考核,取得优异成绩。参加上级组织的国防动员演练。修订江阴市国防动员方案,勘察人防指挥所,修订指挥所开设方案,完成重要防卫目标勘察并制定防卫方案。

【民兵建设】 2020年,江阴市人武部落实民兵调整改革。进行民兵潜力调查,核查退伍军人、地方与军事专业对口技术人员、适编人员、企事业单位等底数,在此基础上,编建基干民兵和专业保障分队,通过江苏省军区对民兵调整改革工作的专项检查。按实战化标准抓好民兵训练,坚持"全年训、不断线",参加上级专业分队和"四会"(会讲、会做、会教、会做思想工作)教练员轮训3批次。对基干民兵保持全年组训,应急分队分两批进行轮训。

【征兵工作】 2020年,江阴市人武部全面落实《江苏省征兵工作条例》,以深化兵役工作改革为突破,加强组织领导,落实征兵宣传"进校园、进单位、进家庭",将征兵信息纳入社会诚信体系。抓好征兵工作各环节,严格规范操作程序,坚持定性与定量相结合,围绕"五率"(报名率、上站率、合格率、择优率、退兵率)量化标准,突出大学在校生和毕业生征集。坚持廉洁征兵,教育警示与严格监督有机结合,坚持公示制度。

【国防教育】 2020年,江阴市国防教育以"政府主导、部队支持、全民参与"为思路,树品牌、增受众、扩影响。开展国防教育进校园活动,利用全民国防教育日、抗日战争胜利纪念日、国庆节等重要节日,组织学生实地参观。将优秀国防教育资源引入课堂,在两所学校试点开展"一堂好课"活动,约5000名学生接受教育。在璜土镇璜土村、华士镇陆桥社区、徐霞客镇水渚社区开展村(社区)国防教育试点工作,各项建设、软硬件设施逐步到位。华士镇天华国防教育馆全年接待省内外访客超8万人,被中央电视台国防军事频道报道。全民国防教育日期间,组织新婚夫妇向烈士献花活动,会同市住建局人防办开展全市国防教育网络知识竞赛活动。

【双拥共建】 2020年,江阴市人武部积极支援地方社会经济建设。出动民兵参与新冠疫情防控值班执勤和防汛工作。积极参与文明城市创建,组织巡逻维护秩序、打扫街道卫生、制止不文明现象。市人武部机关参加社区共建活动3次,协助社区发放文明宣传单,劝导文明停车,清除乱贴广告。与地方共同谋划解决军人的后顾之忧。引导民间资本成立江阴市退役军人双创学院,为退役军人创业创新建立线上线下立体服务网络。成立全市退役军人协会,对贫困退役军人实施资助,协调市教育局优先保障军人子女上学,协调企业为新兵父母购买人身意外险。10月,江阴市被评为全国双拥模范城。 (符银芬)

武警

【概况】 2020年,武警无锡支队江阴中队牢固树立思想政治工作首位意识,狠抓军事训练,先后完成看守所押解勤务30余次,并完成春节、国庆等重大节假日巡逻勤务。是年,中队被武警无锡支队评为优秀共产党员的有2人、训练标兵和执勤能手各1人、授予嘉奖的有9人;中队被武警江苏省总队评为基层先进党组织、正规化执勤优秀单位。

【军事训练】 2020年,武警无锡支队江阴中队强化军事训练,大力提升部队实战水平。实行"军事训练一票否决制",严格实战化训练制度落实。突出重难点科目训练。对标中心任务开展战备训练。全年组织6批次人员参加上级各类集训,多项课目成绩取得第一名。

(曹文杰 王影)

■类目编辑 朱其涛

综　述

【概况】 2020年，江阴市人社局畅通招聘渠道、加强市场引导、强化人才服务，提升人力资源服务供给能力。年内，成立人力资源服务行业协会；建成开放江阴市人力资源产业园；与泰兴市合作创建江阴—泰兴技能大师共享服务团；采取系列组合措施促进复产复工；提供就业岗位6.5万个，城镇新增就业2.92万人；扶持自主创业5817人，带动就业2.72万人；城镇登记失业率1.75%；新增各类人才4.12万人。是年，市人社局被无锡市委、市政府评为全市抗击新型冠状病毒肺炎疫情先进集体。

【江阴市人力资源服务行业协会成立】 2020年11月8日，江阴市举行人力资源服务行业协会成立大会暨第一次会员大会，首批168个单位及个人入会。会议选举产生第一届理事会成员、协会监事、常务理事会成员、协会秘书长、副会长单位、协会会长。协会成立助推江阴市形成门类齐全、业态丰富、管理规范、带动辐射作用强的现代人力资源服务体系。

【江阴市人力资源产业园开园】 2020年11月8日，江阴市人力资源产业园开园仪式在临港经济开发区举行，首批10个入驻产业园企业代表现场签约。江阴市人力资源产业园总面积约10000平方米，坐落于临港经济开发区中央商务区。项目分二期建设，一期建成5100平方米，入驻各类人力资源机构21个，计划3年内招引入驻人力资源机构75个，销售超10亿元，税收6000万元以上。作为全市培育、扶持、集聚人力资源的重要服务机构，产业园为各类企业提供"一站式""全链条"人力资源配置和管理咨询服务，努力打造"立足临港、服务江阴、辐射无锡、链接江浙沪"的人力资源服务集聚新高地。

【创建江阴—泰兴技能大师共享服务团】 2020年7月，江阴市人社局与泰兴市人社局合作组建技能大师共享服务团，签订合作协议，实现两地技能大师工作室领办人及高技能人才资源共享。组织技能大师领衔课题，集中攻关，为企业培养高技能人才，并为中小微企业解决技术技能问题，降本增效。10月，江阴—泰兴技能大师共享服务团联盟数控组，发布普通铣床实行数控化改造"大师领题"成果。11月，江阴—泰兴技能大师共享服务团联盟焊工组走进江苏扬子鑫福造船有限公司，发布"大师领题"攻关成果，推出16毫米埋弧焊不开坡口工艺。

人才开发

【概况】 2020年，江阴市人社局打造人才集聚新高地，青年人才、专技人才、技能人才、乡土人才等工作量质并举。全年新增各类人才4.12万人，其中高层次人才539人，海外留学回国人才126人，博士后15人，引进大学生7205人。调整江阴人才目标冲刺行动计划，1人入选"中国留学人员回国创业启动支持计划"，1人获国务院政府特殊津贴，3人被评为江苏省突出贡献中青年专

2020年11月8日，江阴市人力资源产业园举行开园仪式（市人社局提供）

家,2人被评为江苏省乡土人才"三带"(带领技艺传承、带强产业发展、带动群众致富)名人,5人入选无锡市"太湖人才计划";新增3个省级博士后创新实践基地。至年末,全市人才总量达43万人。

【人才招引】 2020年,江阴市将人才引育作为促进发展的关键抓手,多途径、广范围招引更多急需之才。加大政校企合作,在西安交通大学等6所高校建立6个引才联络站。推进"才聚江阴"校园招聘,赴北京、西安、郑州等地开展"'锡'望你来'澄'就未来——百企千才高校行"专场人才招聘会。联合市委组织部举办优秀海外学子家乡行活动,促进海外学子投身家乡建设。

就业创业

【概况】 2020年,江阴市人社局积极应对新型冠状病毒肺炎疫情影响,把稳就业、保就业作为首要使命,稳定就业形势。全年提供就业岗位6.5万个,本地劳动力实现就业5.97万人,其中农村劳动力就业3.05万人,城乡就业困难人员再就业6495人,城镇登记失业率1.75%,江阴籍应届返乡高校毕业生就业率93.2%。提升创业政策普惠,扩大富民创业担保贷款覆盖面,提高贷款额度,降低贷款门槛,拓宽创业者融资渠道,扶持创业载体,全市扶持自主创业5817人,带动就业2.72万人。

【助力企业疫情期间复工复产】 2020年,新型冠状病毒肺炎疫情发生后,江阴市人社局围绕促进复工复产,采取系列组合措施,创新推出"云招聘",举办网络招聘会,组织企业"点对点"包车接送、人员按"四班三运转制"赴火车站分区引导转运近万名务工人员返江阴市;组织出台惠企政策,参与制定江阴市支持企业共渡难关保障经济平稳运行的"惠企25条",细化出台5个专项政策文件,对全市企业开展线上线下相结合的劳动用工指导服务4000余次。是年,市人社局被无锡市委、市政府评为全市抗击新冠肺炎疫情先进集体。

【就业服务】 2020年,江阴市人社局加大援企稳岗力度,发放各类稳岗返还资金1.68亿元、一次性吸纳就业补贴550万元、失业补助金1279.76万元、大学生租房补贴260万元、见习实训补贴97万元,支持企业稳岗、特殊群体就业帮扶力度创历史新高。对2.2万名灵活就业困难人员发放社保补贴7761万元。举办综合性网络招聘会以及现场招聘会70余场,开展高校毕业生就业服务季系列活动,组织80个企业赴云南省普洱市、河南省南阳市等两省六地开展"春风千里行"系列劳务招聘会,新建6个劳务基地。开发就业困难人员公益性岗位65个,"零就业"家庭动态清零。77名劳动年龄段退捕渔民全部如期安置就业。加大就业扶贫力度,启动实施"江阴延川富民展翅"三年(2020—2022年)行动计划。

【创业服务】 2020年,江阴市人社局以精准扶持为突破,引领创业带动就业。实施创业环境提优计划,完善创业金融支持方式,加大富民创业担保贷款和资金池贷款展期、续贷力度,发放各类创业补贴1329.7万元、富民创业担保贷款5707万元、小微企业资金池贷款3.1亿元。实施创业项目提速计划,举办第五届大学生创业特训营,8项项目被评为2020年度江苏省大学生优秀创业项目,1项项目获第二届"创响无锡"全民创业大赛三等奖。实施创业载体提质计划,打造一批高水平、高质量创业载体,提高孵化平台整体软实力,2个创业孵化基地获评省级创业示范基地。

2020年7月25日,江阴市举办"才聚江阴"2020夏季高校毕业生专场招聘会 (市人社局提供)

劳动维权

【概况】 2020年,江阴市人社局围绕构建和谐劳动关系,织牢风险防控网、诉求维权网、欠薪治理网。开展根治欠薪等专项行动8次,协调处理农民工群体讨薪事件74件,协调办理拒不支付劳动报酬案件13件。29个企业被取消诚信评级,8个单位(个人)被列入诚信黑名单,公布重大劳动违法行为案件22件。深入实施"互联网+调解"。在镇(街道)新增派驻仲裁庭1个;建立区域间劳动争议案件协作机制;针对疫情影响开展积案化解攻坚行动。全年妥善处理各类社保监察、工伤、仲裁案件万余件,全市规模以上企业劳动合同签订率99.8%,工资集体协商建制率99.9%,全市劳动关系整体和谐。

【劳动人事争议仲裁】 2020年,江阴市人社局针对劳动争议新特点,坚持队伍强能、办案增效、服务升温,深化"数字仲裁"建设,发挥"互联网+调解"优势,开展积案攻坚,开通“快速通道”,推进调解仲裁工作,维护当事人合法权益。全年立案处理各类劳动人事争议案件3856件,涉案标的2.86亿元。立案处理案件中,工伤待遇等社会保险争议795件、劳动报酬争议1081件、确认劳动关系争议142件、经济补偿金和赔偿金以及其他争议1838件。至年末,结案3856件,结案率100%,其中裁决结案698件、调撤结案3158件,调撤率81.9%。在青阳镇设立仲裁分庭。结合“仲裁开放月”活动,开展劳动争议法律法规培训,落实源头预防劳动争议。

【工伤认定和劳动能力鉴定】 2020年,江阴市人社局完善工伤预防、工伤康复、工伤补偿“三位一体”工作体系,受理工伤认定申请5889件,认定工伤5690件;受理伤残鉴定4182人,评定伤残等级3580人,受理病退鉴定648人,符合病退条件424人;因果关系鉴定250人,司法鉴定7人。将工伤宣传重点覆盖到危化行业、建筑业等领域。江阴市工伤预防微视频在抖音传播,并获无锡市安全生产“利剑出鞘”抖音比赛二等奖。组织开展“职业健康保护我行动”宣传周等活动,7726名职工接受职业健康知识教育。推进工伤康复早期介入机制,全年工伤康复169人。

【劳资矛盾源头防控】 2020年,江阴市人社局坚持依法治理、综合治理,注重源头化解劳资矛盾。以开展《保障农民工工资支付条例》宣传为主题,发放条例文本1.5万册、宣传画本1万册、提供政策咨询2100余人次。坚持惩防并举,以“互联网+书面审查”方式审查1.1万余个企业集体合同8036份。做好企业关停、搬迁时人员安置分流指导工作,指导各类企业71个,涉及职工1万余人。

人事管理

【概况】 2020年,江阴市人社局根据事业单位改革实际,规范机构职能,调整事业单位岗位设置和人员聘用。全年完成3415人次岗位聘用变更审批,93个次事业单位岗位设置方案变更审批。审核事业人员、编外人员招聘方案30次。公开招聘教师483人、安监人员65人、医疗卫生专业技术人员156人、高端紧缺型人才18人、西藏籍毕业生1人、其他事业单位人员82人。完成全市事业单位工作人员2019年度考核审核,审核优秀3335人、不合格27人,审批嘉奖3240人、记功153人。规范事业单位干部选拔任用,20名事业人员按照全程纪实程序提拔任用。办理调动74人次,其中市外调入5人,市内调动(含机构改革人员划转)54人,调往市外4人。办理事业人员辞职辞聘9人,开除2人。

【工资福利管理】 2020年,江阴市完成9364人次事业在职人员正常晋升薪级工资审批(不含学校);审批办理1321名事业人员因职务(岗位)变动调整工资;完成新招录事业人员工资审核133人,优秀村书记录用为事业人员审核30人;审核办理事业单位461人退休;审核办理99人丧葬抚恤费及21人次遗属补助;核定全市158个全额拨款事业单位因工应休未休年休假报酬补贴3069.6万元。

【专技人员职称评审】 2020年,江阴市人社局深入推进职称评审改革,实施工程系列中级职称电子化评审试点。年内,受理工程系列职称评审730人,通过546人;组织实施全市中小学、幼儿园中级和高级(副高)职称评审,受理中小学、幼儿园教师系列一、二级职称评审407人,182人通过中小学一级教师专业技术资格评审,7人通过中小学二级教师专业技术资格评审,126人通过幼儿园一级教师专业技术资格评审,2人通过幼儿园二级教师专业技术资格评审;受理中小学、幼儿园系列副高级职称评审406人,通过185人。职称评审申报过程实现最多见一次面,全年申报并通过职称初定(含教育系列)1726人。

城镇职工队伍建设

【概况】 2020年,江阴市城镇职工总数90.38万人。年内,江阴市人社局举办各类培训班,提高职工人员素质和就业技能。全市组织企业职工各类岗位技能提升培训2.63万人,组织各类职业技能鉴定6810人,核发国家职业资格证书6699张,完成统考类职业资格鉴定报名301人。

【职业能力培训】 2020年,江阴市人社局坚持量质并重,开展职业能力培训工作,提升劳动者素质。实施企业新型学徒制培养。培训本地农村劳动力3123人,组织外来农村劳动力技能培训1030人。组织城镇再就业技能培训525人、创业培训2031人、机关事业单位工勤人员职业素质提升培训考核889人。新增高技能人才取证数6012人,技师和高级技师219人。(李秀永)

■类目编辑 朱其涛

农业农村

综　述

【概况】 2020 年，江阴市围绕“当好县域高质量发展排头兵、争做现代化建设先行军”的发展要求，牢固树立新发展理念，坚持以实施乡村振兴战略为总抓手，全面深化农业农村供给侧结构性改革，系统布局、固优补短、真抓实干，全市农业农村现代化指数连续多年位居全省或全国前列。科学谋划江阴农业生产布局和结构调整方向，着力打造优质水稻、特色水果、特种水产、绿色蔬菜、生态畜禽五大优势特色农业产业。全市园区基本建成面积 1.57 万公顷，农业园区化率由 2015 年的 43% 增长至 52%，形成以江阴（华西）省级现代农业产业示范园和江阴（徐霞客）省级现代农业产业园区为核心的 10 万亩园区，以及以 20 个千亩产业基地为主、以各类特色小园为补充的江阴现代农业园区发展布局。推进顾山红豆园艺产业园等无锡市“百企建百园”项目 19 项，璜土智慧葡萄园项目获批国家产业强镇示范项目。全市完成农业投入 41.5 亿元，农业总产值 62 亿元。协调推进城乡发展，积极开展无锡市美丽乡村示范村创建，顾山镇赤岸村、云亭街道毗山村、祝塘镇河湘村、长泾镇和平村、璜土镇高栗村、申港街道申兴村、青阳镇普照村、周庄镇周庄村 8 个村被评为无锡市 2020 年度美丽乡村示范村。是年，江阴市被评为全国县域数字农业农村发展水平评价先进县；全面完成全国农村集体产权制度改革试点及农村土地承包经营权确权登记颁证任务，被确定为第二批全国农村集体产权制度改革试点典型单位、全省农村产权交易工作成效显著单位。市农业农村局及下属单位获全国农业综合执法示范窗口单位、全国长江禁渔先进集体、“中国渔政亮剑 2020”系列专项执法行动先进集体等国家级、省级荣誉称号 30 余项。“三务”公开“户户通”* 经验被确定为第二批江阴集成改革试点经验。启动推进全国乡村治理体系建设试点及新一轮省农村改革试验区建设。

【全国乡村治理体系建设试点】 2020 年，江阴市统筹开展全国乡村治理体系“十大工程”* 建设试点，夯实农村基层基础，促进党组织领导下的自治、法治、德治三治融合发展，形成共建共治共享的治理格局，推进乡村治理体系和治理能力现代化。成立由市委书记任组长，市委、市政府分管领导任副组长，相关单位为成员的江阴市乡村治理体系建设试点工作领导小组，办公室设在农业农村局，负责市级层面的统筹协调、业务指导、整体推进。建立联席会议制度，完善部门协同推进机制，落实镇（街道）属地监管责任，形成齐抓共管的强大工作合力。化解矛盾纠纷的经验做法获评 2020 年全国创新社会治理优秀案例。党员联户“1 + 10 + N”工程* 获评 2019 年度全国城市基层党建创新案例，并在无锡全市得到推广。“三务”公开“户户通”* 工程在无锡全市推广。村级医疗互助“福村宝”项目，复制至 8 个省 52 个县区，福村宝医疗科技有限公司获 2019 年全国脱贫攻坚奖“组织创新奖”。（俞　希）

【江阴市列全省乡村振兴考核第一等次】 2020 年，江阴市深化农业供给侧结构性改革，聚焦短板弱项、突出顶层设计、创新改革驱动、强化责任担当，推动农业农村率先基本实现现代化。坚持党建引领，乡村振兴体制机制持续健全；加强“三农”* 投入，乡村现代产业发展提质增效；坚持民生优先，乡村规划建设水平提档升级；提升文明水平，城乡融合与改革创新不断深化。农村集体产权制度改革做法作为典型案例被农业农村部向全国推广，江阴市农村产权交易中心被评为江苏省工作成效显著单位。年末，江苏省委农村工作领导小组通报 2020 年度乡村振兴实绩考核情况，江阴市列全省乡村振兴实绩考核县级综合排名第一等次。（陈　光）

【农村承包地确权】 2020 年，江阴市开展农村承包地确权登记颁证工作“回头看”，105 个土地确权遗留问题成功解决。保障“即征即保”工作，做好确权人员、确权面积的核减，依法维护农民的土地承包经营权益，做到 17 个镇（街道）的 141 个村、1108 个组全覆盖，涉及农户 14613 户，核减人数 16546 人、确权面积 33.4 公顷。做好农村土地承包信访工作，受理群众反映问题 19 个，参与现场纠纷调解会 2 场，对日常来电咨询问题

2020年,云亭街道利用山水优势创建美丽乡村　　（市农业农村局提供）

均予以反馈,其中,省政府政风热线信访件1件,省农业农村厅信访件1件,无锡网站信访件4件,江阴市“12345”公共服务热线信访件8件,均按时答复处理;接收市长信箱流转信访件3件。年内,根据江阴市家庭承包经营耕地及流转情况调查结果显示,全市家庭承包经营的耕地面积2.18万公顷,涉及农户14.67万户;家庭承包耕地流转面积1.69万公顷,涉及农户9.8万户,签订流转合同5.7万份。

【无锡市特色镇村创建】 2020年,江阴市积极推进新桥产业集聚型、徐霞客生态旅游型、长泾古镇保护型城乡发展一体化示范镇建设,联合市财政局委托第三方机构对3个示范镇在2017—2019年度的28项奖补项目进行综合验收,拨付奖补资金3678.5万元。组织镇村申报2020年度无锡市美丽乡村示范村和特色镇村(城乡一体化示范镇)奖补项目,通过高标规划、组织推进、精心建设、联合验收,建成无锡市美丽乡村示范村8个,落实无锡市特色镇村奖补项目18项、拨付奖补资金345万元。（谢晓红）

农村管理

【概况】 2020年,江阴市牢固树立“绿水青山就是金山银山”理念,深化推进美丽江阴建设,加快建设乡土气息浓郁、自然环境优美、农民宜居宜业的美丽田园乡村,江阴市农村人居环境考核列无锡市第一方阵。建立“一推三治五化”*专项行动推进体系,成立市级专门推进班子,设立5000万元专项资金,组织召开农村人居环境整治提升现场督查推进会15次,推进年度目标任务落实并见效。基本完成41个自然村1898户农房建设试点任务。实施农村人居环境整治建设项目1210项,投入资金32.4亿元。

【农村人居环境整治提升】 2020年,江阴市持续深入推进农村人居环境整治提升,研究出台《关于开展全市农村人居环境整治提升专项行动的意见》《江阴市农村人居环境专项资金管理实施细则》等文件,通过开展“道路绿化改造、沿路环境提升、农田环境整理、村庄面貌整治、河塘水质清洁”五大专项行动,实施“现场督查、巡查考核、考核通报、财政支持、考核问责”五项推进机制,全力推动农村人居环境真改善大提升。是年,市政府主要领导组织召开专题推进会2次,市委、市政府分管领导组织召开现场督查推进会15次;全年落实巡查考核自然村8215村次,编发《江阴市农村人居环境整治提升专报》9期,公布市农村人居环境排行榜6期,建成农村人居环境整治示范村17个,落实农村人居环境专项奖补4400余万元。实现村级生活和装修垃圾收运、优良中等道路、三类以上水冲式公厕、主要公共场所及道路路灯、村道宜林路段绿化、行政村通公交“六个100%”达标率,农村生活污水治理覆盖率80%以上,建成江苏省特色田园乡村5个、无锡市特色田园乡村8个、无锡市美丽乡村示范村8个,美丽宜居乡村建设达标率100%。（谢晓红）

【村级公益事业建设“一事一议”项目】 2020年,江阴市按照“一事一议”思路,坚持村民民主决策,通过财政资金补助,村级筹资筹劳,建设村级公益事业项目。主要项目有:村内道路、桥梁(行政村到自然村或居民点),村内水渠(灌溉区支渠以下的斗渠、毛渠)、堰塘、桥涵、机电井、小型提灌或排灌站等小型水利设施,以及户外村内环卫设施、植树造林、村容村貌改造等。全年落实财政奖补资金1465万元,其中争取上级奖补资金1165万元,项目惠及15个经济薄弱村和30个一般行政村,有效缓解村级建设资金压力,进一步改善乡村人居环境。（杜　凯）

【农村疫情防控】 2020年,针对农村疫情防控面广量大责任重的情况,江阴市组织有关单位成立疫情农村防控组,下设办公室。防疫期间组织召开农村防控组成员单位会议18次,办公室会议24次,下发农村防控文件16份。做到“租住房必问、小旅馆必查、活动室必关、聚集会必禁、路道口必控”严控要求,力争排查无死角、管控不漏网。累计排查走访农村租住户84274户216498人,临时封闭道口3311个,设立检查道口1377个,登记流动人员102319人。畅通产销渠道,指导农业经营主体运用“锡菜通”“淘江阴”“筷牧优鲜”“邮全澄”等平台开启网上销售新模式,快速链接农户与居民,打通农产品销售“最后一公里”,办理各级通行证1114张。（谢晓红）

村级集体经济

【概况】 2020年,江阴市持续推进“三资”*监管平台二期开发,“户户通”、E银通率先在无锡市上线,“户户通”平台村级覆盖率100%。全面开展村级集体资金违规出借和资产出租问题专项清理整治工作,累计巡察审计234个村。大力发展村级经济,实现村级收入36.3亿元,让农民增收,农村居民人均可支配收入与经济同步增长；全市256个村（社区）股份经济合作社分红3.2亿元，率先培育农庄型孵化基地、金顾山水蜜桃创业孵化基地等3个基地占地面积533.33公顷。加强薄弱村扶持，经济薄弱村基本实现稳定性收入250万元以上且人均村级稳定收入500元以上的脱贫转化目标。是年，江阴市福村宝医疗科技有限公司获全国脱贫攻坚奖“组织创新奖”，成为无锡市首个获全国脱贫攻坚奖的单位。

【农村产权制度改革】 2020年，江阴市持续深化农村产权制度改革，256个村（社区）股份经济合作社完成组建和再规范，有农民股东97.4万人，量化净资产90.74亿元，股东人均量化净资产9316元，累计分红30.2亿元。255个村（社区）股份经济合作社完成注册登记赋码，获得法人地位。产权制度改革工作圆满通过省级验收。出台《江阴市村社分离——农村集体经济组织与村（居）委会财务事务分离改革试点意见》，46个村（社区）完成江苏省新一轮农村改革试验区村社分离改革试点，实现村（居）委会与股份经济合作社财务事务分离。是年，江阴市获评第二批全国农村集体产权制度改革经验交流典型单位。

【江阴市被评为省级农村产权交易年度之星】 2020年，江阴市不断加强农村产权交易的规范性建设，强力推进农村集体经营性资产进入农村产权交易平台，按照农村集体产权交易“应进必进”要求，集体经营性资产进场率保持在100%，实现市、镇（街道）两级“1+16”农村产权交易市场全覆盖。年末，江苏省农村产权交易信息服务平台公布全年农村产权工作相关情况，江阴市农村产权交易再创佳绩。是年，江阴市农村产权交易成交项目数4444笔，累计16127笔；成交金额4.2亿元，累计20.3亿元，在成交项目数和成交金额两方面均被评为江苏省农村产权交易年度之星。各镇（街道）在农村产权工作上也取得显著成效。其中，周庄镇成交项目数在全省乡镇街道中排名第8，成交金额在全省乡镇（街道）中排名第15；徐霞客镇成交项目数在全省乡镇（街道）中排名第67。 （陆新梅）

【村级“两项清理”专项整治】 2020年，江阴市在2018年率先开展村级“两项清理”（村级集体资金违规出借和资产出租问题清理）工作基础上，按照无锡市统一部署，持续开展上述专项清理整治工作，建强市、镇（街道）、村三级工作组织领导体系，精心部署，市委研究并下发本地实施方案；健全市级成员单位联席会议、工作月报、问题会商和巡回指导等工作推进机制；坚持问题导向，全面自查摸清底数，落实自查“回头看”，确保问题全面起底、应报尽报；建立问题清单、整改清单、责任清单“三份清单”，强化问题分类处置，逐项落实整改措施和责任人，确保问题逐一整改落实到位。是年，整改问题1278个，收回资金2.88亿元。 （许 嘉）

2020年11月，江阴市顾山镇红豆村入选全国乡村特色产业亿元村

（市农业农村局提供）

【经济薄弱村帮扶】 2020年，江阴市委出台《关于进一步优化经济薄弱村扶持政策的意见》，由市农业农村局牵头持续对2019年选定的24个经济薄弱村开展帮扶，通过组织开展经济薄弱村疫情防控群防群治“五五”行动，指导经济薄弱村因地制宜拓展增收渠道，优化完善“领导挂钩、部门结对、企业参与”的多元帮扶方式，落实无锡、江阴两级经济薄弱村奖补资金3100万元。制定出台《关于进一步加强帮扶防止返贫建立解决相对贫困长效机制的实施办法》，组织开展“扶贫系列主题征文”“10·17全国扶贫日江阴脱贫攻坚网络展”等活动，并会同市委组织部、市人社局做好事业单位工作人员和集体脱贫攻坚专项奖励，广泛动员社会各界参与扶贫事业，扩大脱贫攻坚的社会影响。是年，经济薄弱村脱困转化取得明显成效。 （谢晓红）

农业产业化建设

【概况】 2020年，江阴市深入推进农业供给侧结构性改革，向品牌要效益，向科技要潜力，向融合要空间，积极推动农业高质量发展。全市完成农业投入累计41.5亿元，实现农业总产值62亿元，高标准农田比重达66.5%，农业机械化水平94%。全市建成园区面积1.57万公顷，农业园区化率52%。新型农业经营主体不断壮大，拥有无锡市级家庭农场271个、无锡市级以上农民专业合作社示范社73个、江苏省股权交易中心农业板挂牌上市企业8个，全市30个农业龙头企业实现销售收入105亿元；累计建成农村一、二、三产业融合示范点10个，农产品电商销售比2019年增长35%。是年，农业科技进步贡献率72.8%。 （许 栋）

【农业农村重大项目】 2020年，江阴市紧抓农业农村重大项目实施，以此发挥对稳投资、稳增长、稳预期的重要支撑作用，作为推动农业农村年度重点工作目标任务落地落实

的重要抓手,成立由副市长任组长的市农业农村重大项目协调推进小组,建立联席会议机制,统筹各行业各条线,集中力量推进农业农村重大项目建设。年内,全市实施璜土智慧葡萄园项目、绿洁生鲜农产品配送项目、康源药材基地项目一期、奶牛养殖场改造升级建设项目、农村村庄生活污水治理项目、特色田园乡村建设项目、利澄生态猪场建设项目、爱心岛现代农业园项目等农业农村重大项目8项,完成投资6.87亿元,全年投资完成率100%,8项项目完工投产6项,项目完工投产率75%。（王　伟）

【新型职业农民培训】 2020年,江阴市紧紧围绕帮助农民、提高农民、富裕农民思路,积极创新培养模式,力争建成一支与全市农业农村发展需求相适应的新型职业农民队伍。是年,参与部级培训班3期,组织290名农业经营主体带头人赴泰州、扬州进行为期10天的系统培训;参与省级培训班15期,重点围绕各镇(街道)农业高质量发展需求开展农业职业技能培训,累计培训1551人。针对新型冠状病毒肺炎疫情防控期间人员不能聚集,但农民急需生产技术指导的情况,市农业管理部门采取信息化手段,开辟“江阴市高素质农民培育空中课堂”专栏,录制专题视频8期,短视频数累计20个,观看人数3000余人次。依据《江阴市新型职业农民认定管理办法》,经过自愿申报、镇(街道)初审、市级审核认定,全市260名农业经营主体带头人被认定为2020年新型职业农民。（王静东）

【完善生态补偿政策】 2020年,为保护生态环境、促进人与自然和谐共生,江阴市委、市政府制定出台《关于调整完善生态补偿政策的意见》。全市按照村上报、镇(街道)核实、市审核的工作流程,核实水稻面积8660公顷、蔬菜面积6540公顷、经济林地8206.67公顷、公益林地2020公顷、水产养殖3586.67公顷和重要湿地4个及全市多个水源地保护区,共发放财政补偿资金1.14亿元,惠及全市17个镇(街道)、222个行政村(社区)。（杜　凯）

种植业

【概况】 2020年,江阴市以建设农业部推出的水稻绿色高质高效行动示范县为契机,突出优良食味品种推广、绿色技术模式集成、绿色物化产品应用,通过典型示范、现场促动、品牌驱动,实现粮食产量、质量、效益齐增,为保障粮食安全、促进粮食产业高质量发展奠定坚实基础。年内,全市夏粮种植面积0.66万公顷,秋粮种植面积1.05万公顷;粮食总产量12.3万吨,其中夏粮3.11万吨、秋粮9.19万吨;小麦每公顷产量4818.2公斤,水稻每公顷产量9352.5公斤;粮食(稻麦)每亩纯效益比2019年增加292元,增长35.3%。全市常年蔬菜地面积为3230公顷,产量38.42万吨,叶菜自给率80%以上;果品种植面积2680公顷,设施化比例85%,产量6.48万吨;食用菌栽培面积13.6万平方米,鲜品总产量2110吨;花卉种植面积105公顷。

【提升稻米品质】 2020年,江阴市继续严格落实各项支农惠农政策,发放农业支持保护补贴(耕地地力保护)1507.2万元,稻谷补贴1078.73万元。全市推广以南粳系列为主的优良食味品种0.65万公顷,覆盖率70.5%,在无锡市处于领先地位。全面推广水稻绿色高效栽培技术,通过培育壮秧,提高移栽质量,减肥控药及干湿交替的水浆管理,稻米品质显著提高。在第四届“无锡好大米”品鉴活动中,华西都市农业科技发展有限公司和徐霞客谷盛农业专业合作社种植的大米分别被评为第一名、第二名。（周　燕）

【粮油病虫草害防控】 2020年,江阴市农业农村局植保部门根据全国、省、无锡市各级植保工作部署,深入贯彻“预防为主、综合防治”的植保方针,坚持“科学植保、公共植保、绿色植保”理念,以“虫口夺粮保丰收保供给、农药减量保安全提效益”为中心任务,进一步推进监测预警信息化、技术应用集成化、病虫防控无害化工作,不断提升全市病虫害绿色防控水平,全力保障农业生产安全、农产品质量安全和农业生态安全。年内,稻麦主要病虫害偏重发生,特别是重大迁飞性害虫褐飞虱大发生,经过科学防控,全市粮油主要病虫草害发生面积13.48万公顷次,防治面积19.73万公顷次,通过防治,挽回损失35017.1吨,尚有损失766吨。是年,江阴市农业技术推广中心植保站被省植物保护植物检疫站评为全省病虫害监测预警工作先进单位。（夏秋霞）

【高标准农田建设】 2020年,江阴市深入贯彻落实“藏粮于地、藏粮于技”战略部署,切实保障粮食生产安全,着力加强高标准农田建设工作,巩固和加强农业基础,提高农业综合生产能力,推动全市乡村振兴和现代农业发展。按照“灌排设施配套、土地平整肥沃、田间道路畅通、农田林网健全、生产方式先进、产出效益较高”的高标准农田建设要求,全市立项开工高标准农田建设项目9项,建设面积达351.33公顷。年底,全市高标准农田面积占耕地面积比重达66.7%。（杜　凯）

【耕地质量建设】 2020年,江阴市耕地质量建设与化肥减量工作实现高质量发展,测土配方施肥技术推广覆盖率95.5%,肥料利用率40.3%;推广应用配方肥4769吨、有机无机肥1666吨、商品有机肥4906吨,全市化肥施用量比2015年减少10.3%;完成受污染耕地安全利用67.6公顷,安全利用率100%。（冯耀栋）

养殖业

【概况】 2020年,江阴市深入贯彻落实中央、省、无锡市关于恢复生猪生产、保障市场供应的决策部署,对照省、无锡市下达的生猪恢复生产目标任务,加强统筹协调,明确责任分工,狠抓项目建设,强化技术指导服务。以恢复生猪生产工作为重心,兼顾优势特色产业发展,全市生猪、奶牛、鸽子等产业提质增效成果显著,生猪稳产保供工作扎实推进。完成地产生猪存栏2.6万头、出栏5.2万头;达成保供协议,完成域外生猪存栏9.55万头、出栏8.8万头；6个规模猪场建设项目顺利完工，新建万头规模猪场3个、5000头规模猪场3个，改扩建规模猪场2个。全市生猪产能新增6万头以上，按期完成全市年度恢复生猪生产目标任务。畜牧业机械化水平明显提升，以养殖废弃物综合治理、标准化生态健康养殖、品种与资源保护等项目建设为抓手，提升畜禽养殖基础条件和设施设备水平，改善养殖场内外环境，促进畜牧业生产方式的转变。是年，全市共使用上级扶持资金350余万元。

【畜禽良种繁育体系建设】 2020年，江阴市有4个（鹌鹑、鸽、生猪）养殖企业获得省、无锡市种畜禽许可证。为进一步加强畜禽遗传资源保护与开发利用，加强企业与省内高校及科研院校产学研合作，由江苏威特凯鸽业有限公司和中国农科院家禽研究所共同培育的“苏威1号肉鸽”配套系以及地方种质资源“太湖点子鸽”于9月通过国家畜禽遗传资源委员会审定及鉴定。是年，完成无锡市级生态健康养殖示范场创建验收2个，完成无锡市美丽牧场创建验收2个。（陆春兵）

【“江阴好螃蟹”推广】 2020年，江阴市多措并举积极为地产螃蟹宣传代言。市内“澄农荟”平台、“最江阴”直播商城联合开启团购江阴螃蟹预售；江阴电视台“吃香喝辣”栏目专门为江阴蟹农制作一期直播报道，主持人到塘口一线采访，详细解说江阴地产螃蟹的优势；举办第二届“江阴好螃蟹”品鉴会，18个养殖单位选送的优质蟹同台比拼，角逐金、银奖，并隆重颁发证书，评比活动新闻报道稿登上“学习强国”平台，打响江阴地方蟹的名气。（鲍明明）

【长江禁捕退捕】 2020年，江阴市认真贯彻落实习近平总书记关于长江禁捕退捕重要指示批示精神，围绕中央、省、无锡市决策部署要求，组建专门工作班子，切实履行职责，落实退捕保障政策，抓好禁捕严查严防各项措施，54户长江捕捞渔民全部退捕安置，54艘退捕渔船拆解征收；清理插滩网68处、地笼网83条，拔除毛竹1700根；参与排查清理各类“三无”（无船名船号、无船舶证书、无船籍港）船舶530艘，拆解496艘，驱离34艘；沿江镇、街道成立专业护渔队伍，24小时开展专项巡查；开展长江禁捕专项执法检查535次，出动执法人员1980人次；坚持第19年向长江放流河豚、刀鱼等珍稀鱼类和四大家鱼（青鱼、草鱼、鲢鱼、鳙鱼）苗种近1.7亿尾。长江禁捕退捕工作取得显著成效。（储 恺）

【加强畜禽屠宰管理】 2020年，江阴市制定《江阴市畜禽屠宰企业疫情常态化防控工作方案》，督促屠宰企业落实各项防控措施，消除疫情防控隐患，开展新冠疫情防控检查22个次，开展屠宰企业安全生产培训及会议5次，到辖区内监督检查畜禽屠宰企业5个、进行安全生产检查40个次，发现问题21个，全部得到整改。年内，开展违法违规调运生猪行为专项整治工作，推进3个屠宰企业洗消中心建设，澄记肉食股份有限公司作为省生猪屠宰标准化示范企业，于8月14日建成并投入使用，其他两个企业于12月建设完成。（殷 琴）

农业机械化建设

【概况】 2020年，江阴市农机化工作围绕实施乡村振兴战略，以促进农业机械化全程全面高质高效发展为基本要求，巩固粮食生产全程机械化成果，加快促进农业机械转型升级，全面超额完成各项目标任务。全年落实各级农机化发展资金1619万元，新增和报废更新各类农业机械455台（套）。是年末，全市有农机合作社86个，农机维修网点27个。农业机械原值2.55亿元，农业机械净值2.16亿元，农业生产综合机械化水平95%。

【农机财政补贴政策落实】 2020年，江阴市农业农村局为进一步促进农业机械装备转型升级，淘汰老旧低效污染重的机型，根据省农机局《2018—2020年江苏省农业机械购置补贴实施办法》和省农业农村厅、财政厅、商务厅联合出台的《江苏省农业机械报废更新补贴实施意见》文件精神，结合全市农机化发展的实际情况，与市财政局联合商讨和制定《2020年度江阴市农机化发展补贴实施办法》，与市财政局、商务局联合下发《关于下发江阴市农业机械报废更新补贴实施办法的通知》，通过农机现场会、网络媒体宣传、市镇两级农机人员走访等方式，向全社会广泛宣传政策和推广使用补贴资金申领手机APP和微信小程序。全年共举办5场农机现场会，计320余人参加。会上，对无人拖

2020年5月21日，得到农机财政补贴政策的无人插秧机在田间作业

（市农业农村局提供）

拉机、无人插秧机、无人联合收割机和秸秆打捆机等高端智能化设备进行现场演示。扶持政策的科学合理引导和新农机的展示,充分调动了广大农民购买、使用农业机械的积极性。全年农机化总投入 2173.82 万元,其中,中央和省级财政补贴 480.56 万元、江阴市级财政更新补贴 430.61 万元、农民个人投入 1262.65 万元。新增和报废更新各类农业机械 455 台(套),其中,大中型拖拉机 21 台,联合收割机 17 台,乘坐式水稻插秧机 31 台(其中无人插秧机 1 台),育秧流水线 2 台(套),粮食烘干机 43 台,热风炉 26 台,植保机械 38 台(农用无人植保机 30 台,喷杆式喷雾机 8 台),粮食加工机械 11 台(套)。报废补贴插秧机 7 台,收割机 36 台,拖拉机 22 台。同时,为进一步规范农机购置补贴政策科学高效规范廉洁实施,根据江苏省农业农村厅、财政厅《关于做好 2020 年农机购置补贴政策实施工作的通知》要求,联合市财政局重新制定并下发《江阴市农机购置补贴内部控制工作制度》和农机购置补贴的相关管理规范及《关于规范农机挖掘机享受农机购置补贴的通知》,强化对农机购置补贴工作的监督管理、规范操作、公开透明、资金结算、绩效考核,完善补贴政策长效机制,有效预防违规违纪行为的发生。成立专项检查小组,分别在年内 7 月和 11 月底例行检查全年新增机具和近两年享受财政补贴购置的农机具,检查结果总体良好。

【秸秆综合利用】 2020 年,江阴市按照《2020 年全省秸秆机械化还田和农机深松整地工作实施指导意见》和《关于做好 2020 年夏季秸秆机械化还田工作的通知》要求,大力推进秸秆机械化还田。6 月 4 日,由市政府办公室牵头,会同市农业农村局、生态环境局、财政局,按照省补 10 元/亩,市补 5 元/亩的标准,审核通过《2020 年江阴市秸秆机械化还田作业实施方案和实施办法》,并明确作业技术路线和作业标准。利用农机现场会、培训班等时机,就麦秸秆机械化还田集成技术和秸秆机械化还田作业补助政策进行现场答疑,发放 2020 年政策告知书和公开信等材料 4100 份。在夏、秋两季全市共投入大中型拖拉机、配套秸秆还田机 1209 台(套),完成秸秆机械化还田面积 1.34 万公顷,还田率 86.6%。年内,还积极拓展秸秆能源化利用。利用 2018 年中央农作物秸秆综合利用试点项目带动效应和秸秆按量补助政策引导,完善布局合理、运行规范的秸秆收储体系,鼓励相关资质企业、农业合作社开发和生产秸秆的生物质燃料能源化利用。引进 3 台秸秆搂草机和 4 台秸秆打捆机,试点收集利用稻秸秆 2523 吨、油菜秸秆 700 吨。全年可收集秸秆资源量 9.48 万吨,综合利用秸秆量 9.04 万吨,综合利用率 95.39%。其中,秸秆机械化全量还田利用秸秆 8.03 万吨,机械化还田秸秆利用率 84.74%;多种形式利用秸秆 1.01 万吨,主要利用形式包括:能源化利用 0.8 万吨、肥料化利用 0.11 万吨、工业原料化利用 0.1 万吨,多种形式秸秆利用率 10.65%。

【农机安全生产监管】 2020 年 5 月,农业农村部确定农机安全生产专项整治 10 项重点工作后,江阴市委、市政府高度重视,成立了专项整治工作组和工作办公室,严格按照《江阴市农机安全生产专项整治行动实施方案》和目标任务分解表中的工作目标和时间节点,有序开展推动专项整治工作。强化组织领导。每季度调研、部署相关工作,并根据农机服务组织规模、类别、风险等级等方面,制定《江阴农机行业安全生产分级分类监管实施办法》。落实安全责任。设立各级农机安全员,构建起市、镇、村、农机经营服务单位四级农机安全生产组织体系。同时,层层签订责任书,构建起农机安全生产监管责任体系。排查安全隐患。市、镇(街道)两级对全市四类农机经营服务单位进行一次大摸排、大检查。在农忙重点时期,结合日常工作,开展专项检查,累计出动检查人员 1165 人次,检查农机服务组织 113 个,排查隐患 275 处,整改率 100%,实现整治闭环。江阴市在无锡市内率先实现变拖清零,并为烘干机加装 65 套防护栏组。加强部门联动。根据无锡市政府发布的《关于调整拖拉机通行管理措施的通告》,市农林水利执法大队联合公安部门分别于 5 月、7 月开展 2 期上道路行驶拖拉机交通安全专项整治,形成道路执法合力,累计出动联合执法检查人员 103 人次,排查上道路行驶拖拉机 102 台,查处拖拉机违法事件 41 件,其中 34 台拖拉机被交警依法扣车,另有 7 名违法拖拉机机主受到罚款及扣分处罚,并将违法信息录入"警务通"。开展安全培训,通过农机安全培训和"春风行动""安全生产月""百团进百万企业"集中宣讲活动,观看警示教育片和发放告知书、宣传手册、合作社规章制度及学习烘干机操作规程等形式,营造浓厚的学习、宣传氛围,增强农机经营单位抓安全生产的主动意识和自觉性。至年末,"春风行动"已覆盖全市农机经营单位,累计开展集中宣讲 12 场次,组织农机安全培训 11 期,观看警示教育片 10 余次,发放宣传手册 3500 余册,有效地提高农机从业人员规范操作、安全作业的能力,远离事故。是年,全市农田作业未发生农机作业重大责任事故。

【农机后勤服务保障】 2020 年疫情期间,江阴市利用网络做好农机推广信息宣传工作,在无锡市人社局网站发布《水稻生产机械化技术》等推广运用资料;编制春季主要农业机械技术状态检查与维护要点,利用微信等平台发至农户手中,切实做好农机具管理及维护保养,保障农机作业不误农时。农忙前,为确保农机作业顺畅,不误农时,对全市需检修的 4248 台农机具实施检修,4 月底前完成排灌机械试机上水,5 月初拖拉机及其配套机具完成检修,是月底插秧机完成整修。全市举办新型机具技术培训班 2 期,参训人数 220 余人次。完成农机职业技能培训 62 人,基层农机人员培训 60 人。农忙作业期间,农机志愿服务队分成 3 个服务小组和 1 个应急机动小组,分片分组,责任到人,深入村间场院、田间地头,为各类农机提供贴身式优质服务。全年为农服务累计排除各类机械故障 150 多台次,大修机器 9 台,现场技术指导和技术培训 540 余人次,确保农忙期间为农志愿服务不间断，农户生产用机不耽误。

【高效农机装备及技术推广应用】2020年，江阴市按照省农机推广工作要点和内容要求、无锡市有关文件精神，扎实推进高效特色农机装备技术示范应用，认真实施省级河蟹养殖机械化装备与技术推广应用项目，对项目设备进行招投标，开展设备的试验工作，并将试验成果形成相关论文；配合项目合作单位成功申报并实施无锡市级"稻麦田间作业全程'无人化'智能农机装备试验"示范项目，并开展耕种收植保环节的无人试点工作；奶牛养殖智能化、机械化装备与技术推广应用项目成功申报2021年省现代农机装备与技术示范推广项目。

2020年江阴市农机动力及主要机具保有量一览表

表6

农机动力、主要机具名称	计量单位	数量	农机动力、主要机具名称	计量单位	数量
一、农机动力			五、其他机械		
柴油机	万千瓦	10.82	高速插秧机	台	340
汽油机	万千瓦	1.87	机械育秧设备	套	118
电动机	万千瓦	13.17	机动植保机械	台	3704
二、农用拖拉机			其中：高效植保机	台	2124
大中型	台	680	农用水泵	台	2619
小型	台	947	六、大中型农具		
三、联合收割机			旋耕机	台	966
半喂入式	台	110	开沟机	台	556
全喂入式	台	168	其中：复式开沟机	台	441
四、粮食烘干机	台	359	秸秆还田机	台	745

2020年江阴市主要农业机械项目作业面积一览表

表7 单位：万公顷

项目	机耕面积	机种面积		机收面积		机械植保面积	机械秸秆还田面积
		小麦	水稻	小麦	水稻		
数值	2.14	0.73	0.85	0.62	0.92	1.62	1.34

（陆　恺）

■类目编辑　王萍芳

水利建设

综　述

【概况】　2020年，江阴市水利工作全面贯彻中共中央总书记习近平"十六字"治水方针，扎实推进水利工程补短板、水利行业强监管、系统治水提质效，在保障新型冠状病毒肺炎疫情防控与安全生产的基础上，实现全市水利基础设施不断完善，河湖面貌显著改善，水利管理精细高效。全年实施重点水利工程（含续建）10项，完成投资7.02亿元，疏浚整治河道33条，完成土方186万立方米，建成农村生态河道2条、生态美丽家河示范样板2个。锡澄运河整治定波水利枢纽工程土建部分基本完工；芙蓉大道以北段河道工程完成进度30%，建成运河公园样板段东岸水利工程；完成对洞河排涝站工程、移山河水生态修复工程、利港河河道环境整治工程和中小河流治理重点县四期工程等项目。完善农村水利设施，维修养护农田灌排泵站57座，新改建沟渠7.41千米。打通河长制管理末梢，将家河纳入河长制管理范畴，与无锡市锡山区和苏州市张家港市、常熟市建立"联合河长制"工作制度，真正实现每条河道都有人管、有人治。启动"美丽河湖三年行动"*，完成170条河道的环境整治任务，全市河湖面貌由生态向美丽进一步提档升级。建成全市河道智慧监管中心，完成市级河道管养分离，河道日常管护能力进一步增强。精细水利工程运行管理，整个汛期排水10.37亿立方米，有效抵御年内梅雨量列历史第二的袭击和3个台风外围影响，实现全市未受淹、安全度汛；全年引水16.12亿立方米，保障全市工农业生产需要，为全市河湖畅流活水作出贡献。落实最严格水资源管理制度，做好水资源消耗总量和强度的双控工作。规范水土流失防治，出台《江阴市水土保持规划（2019—2030）》，完成水土保持方案审批60项。严厉打击非法采砂活动，协助侦破非法采砂运砂案件6件，完成省水利厅移交的9条非法采砂船拆解处置工作。加强行业监督管理，与市农业农村局建立水行政管理与执法衔接工作机制，移交水事违法案件25件，开展检查督导近百次，整治安全隐患250余处。完成江阴市水利工程公司事改企工作。

【江阴市水利工程公司转企改制】
2020年，江阴市针对从事生产经营活动事业单位发展的局限性，根据江阴市委办公室、江阴市政府办公室出台的《江阴市从事生产经营活动事业单位改革工作方案》精神，突破原有体制机制，推进从事生产经营活动事业单位的改革工作，实施事业改企业工作。江阴市水利工程公司由事业单位性质改制为企业性质，划转成为江阴交通产业集团有限公司的全资子公司，以此提高国有企业资产利用率，进行多领域的业务拓展，探索全新发展道路，增强企业生命力、竞争力。10月30日，江阴市水利工程公司转企交接仪式在江阴市政府举行。江阴市水利工程公司改制划转江阴交通产业集团有限公司后，提升了职工发展空间，调动职工工作积极性。江阴交通产业集团纳入江阴市水利工程公司，是发展中一次强大的能量注入，对充实集团工程业务版块、提升产业价值链意义重大。

水利工程

【概况】　2020年，江阴市水利工程建设以民生水利为重点，以现代水利理念为指导，继续推进河道整治，进一步提高区域防洪排涝能力，努力改善水域生态环境。是年，全市完成水利工程建设投资7.02亿元，疏浚整治河道33条，新建及加固护岸31.36千米。

【利港河河道环境整治工程】　利港河河道环境整治工程位于江阴市利港街道，概算批复投资1316.17万元。主要建设内容为对施家桥至利港闸的3783米河道进行清淤，清淤土方6.55万立方米；新建混凝土挡土墙及模袋混凝土护坡1292米，老挡土墙修复642米。该工程由江阴市重点水利工程建设管理处作为项目法人负责实施，无锡市水利设计研究院有限公司设计，江苏省泗洪县水利工程处施工，南京泰京工程项目管理服务有限公司监理，于2019年10月16日开工，2020年5月28日完工。工程实施后提高了利港河行洪排涝与水资源调度等能力，改善了河道生态环境。

【西横河河道环境整治工程】 西横河流经江阴市璜土镇、利港街道、申港街道、夏港街道、澄江街道，河道环境整治工程概算批复投资2397.74万元。主要建设内容为对澡港河至小湖港、刁里沟河至新沟河、新夏港河至通江南路段西横河总长约15千米河道进行清淤，清淤总土方29.6万立方米，新建直立重力式挡墙620米。该工程由江阴市重点水利工程建设管理处作为项目法人负责实施，无锡市水利设计研究院有限公司设计，江苏省水利建设工程有限公司施工，无锡市泓利工程监理有限公司监理，于2020年9月1日开工，2021年1月31日完工。工程实施后提升了河道调蓄能力、区域防洪能力和水资源调度能力，有利于河道生态环境的改善。

【申港河河道环境整治工程】 申港河河道环境整治工程位于江阴市申港街道，概算批复投资2281.53万元。主要建设内容为对申港河及部分支河（跃进河）进行整治，清淤河道5371米，总土方7.24万立方米，护岸整治4198米。该工程由江阴市重点水利工程建设管理处作为项目法人负责实施，无锡市水利设计研究院有限公司设计，江阴市华士水利建设工程有限公司施工，上海东华工程咨询有限公司监理，于2020年9月1日开工，2021年1月31日完工。工程实施后推进了岸坡生态修复，河道行洪排涝与水资源调度能力得到提高，水生态环境得到改善。

【锡澄运河青阳段排涝泵站提标建设一期工程】 锡澄运河青阳段排涝泵站提标建设一期工程位于江阴高新技术产业开发区青阳园区，概算批复投资5924.36万元。主要建设内容为新建及扩建排涝闸站、泵站3座，设计新增泵排流量每秒26立方米，配套新建及拓浚河道1404米，河道两岸采用生态格网固滨笼护岸及杉木桩护岸，完成土方25.38万立方米。该工程由江阴市重点水利工程建设管理处作为项目法人负责实施，无锡市水利设计研究院有限公司设计。其中，豆腐浜排涝闸站工程由江阴市水利工程公司施工，无锡市泓利工程监理有限公司监理，于2017年4月12日开工，2018年10月15日完工；西双流河排涝站扩建工程由江苏农垦盐城建设工程有限公司施工，江苏国源项目管理咨询有限公司监理，于2018年7月4日开工，2019年9月30日完工；对洞河排涝站扩建工程由江苏卓泰水利建设有限公司施工，江苏河海工程建设监理有限公司监理，于2019年10月20日开工，2020年11月30日完工。一期工程实施后优化青阳园区水系格局，提高区域防洪排涝能力，改进园区水环境与沿河景观质量。

2020年9月7日，江阴市中小河流治理项目区桐岐张塘浜效果

（市水利局提供）

【锡澄运河整治工程样板段东岸水利工程】 锡澄运河整治工程样板段东岸水利工程位于锡澄运河东岸，北起五星桥北，南至西门桥南，概算批复投资1072.94万元。主要建设内容为新建及改建堤岸771米。该工程由锡澄运河（黄昌河至长江段）整治工程建设处作为项目法人实施，江苏省太湖水利规划设计研究院有限公司设计，江苏农垦盐城建设工程有限公司施工，上海东华工程咨询有限公司监理，于2020年5月6日开工，是年10月18日完工。工程实施后改善样板段东岸岸坡环境，防洪能力得到提高，促进锡澄运河生态廊道运河公园的建设。

【芦埠港闸改建工程】 芦埠港闸改建工程位于利港街道，概算批复投资1480.36万元。主要建设工程为在老芦埠港闸北侧125米处新建单孔净宽10米的节制闸，在节制闸东西两侧各设桥头堡，并部分拆除老芦埠港闸。该工程由江阴市江港堤闸管理处作为项目法人负责实施，无锡市水利设计研究院有限公司设计，开封黄河工程开发有限公司施工，江苏国源项目管理咨询有限公司监理，于2018年12月12日开工，2020年4月23日完工。工程实施后完善区域引排水格局，增强芦埠港的水资源调配能力，提高江阴市长江沿线防洪排涝能力。

【芦埠港东西港堤除险加固工程】 芦埠港东西港堤除险加固工程位于江阴市利港街道芦埠港闸两侧，概算批复投资290.66万元。主要建设工程为新建及修复道路1265米，种植草皮（麦冬）5299平方米；新建防护隔离网461米、植物混凝土护坡394米、砖砌排水沟237米、砖砌小挡墙157米。该工程由江阴市江港堤闸管理处作为项目法人负责实施，无锡市水利设计研究院有限公司设计，江阴市澄利水利市政有限公司施工，江苏大洲工程项目管理有限公司监理，于2020年10月15日开工，2021年1月15日完工。工程实施后提高防汛道路的通行能力、堤防的防洪能力、岸坡的水土保持能力。

【应天河河道环境整治工程】 应天河流经澄江街道、云亭街道,河道环境整治工程概算批复投资910.17万元。主要建设内容为对锡澄运河至白屈港的河段进行清淤整治,清淤长度6400米;对位于世纪大道东侧、兴源大道西侧的周庄套闸进行清淤,清淤长度500米。该工程由江阴市重点水利工程建设管理处和江阴澄通工程管理有限公司作为项目法人负责实施,无锡市水利设计研究院有限公司设计,江阴市水利工程公司施工,无锡市泓利工程监理有限公司监理,于2020年11月18日开工,2021年2月1日完工。工程实施后提高应天河防洪排涝、水资源调度等能力,同时较好改善河道水生态环境。

【第四批中小河流治理重点县综合整治和水系连通试点项目】 第四批中小河流治理重点县综合整治和水系连通试点项目位于江阴市青阳镇,包括青阳、桐岐两项项目区,概算批复总投资6043.39万元。主要建设内容为治理河道11条35.6千米,清淤土方58.38万立方米;新建河道护岸及挡墙18.8千米;新建及改建桥、涵闸、泵站等配套建筑5座,岸坡绿化7.87万平方米;新建游园4505平方米、人行步道1636米等。该工程由江阴市重点水利工程建设管理处作为项目法人负责实施,江苏省太湖水利规划设计研究院有限公司设计,无锡市泓利工程监理有限公司监理,青阳项目区由江阴市璜塘水利工程有限公司施工,桐岐项目区由江阴市华士水利建设工程有限公司施工。工程于2019年5月6日开工,其中,青阳项目区于2020年7月10日完工,桐岐项目区于同年8月30日完工。工程实施后恢复部分河道功能,提高区域排涝能力,农村水环境得到改善,实现"河畅水清、功能健全、岸绿景美、人水和谐"的治理目标。

河湖管理

【概况】 2020年,江阴市不断强化河湖监管工作,持续加强河湖岸线管理。全面完成45项长江干流岸线利用项目清理整治任务,累计拆除、关停项目19项,清退长江岸线2.78千米。全面完成19项长江"三乱"(乱采、乱占、乱排)、104项内河"三乱"(乱占、乱排、乱建)问题整治任务和96项河湖"两违"(违法圈圩和违法建设)专项整治。完善河湖管理体制机制建设,完成24个重点河湖(荡)的河湖保护规划和《江阴市生态/美丽河湖评价指南》的编制,制定《江阴市村庄河塘水质净化与生态修复适用技术》手册。完成新一轮12条重点河道划界,划定管理范围线163.36千米,设立界桩778根、告示牌82块。在26条市级河道管护模式上引入市场化外包服务,对第三方的管护成效加强监督,实行绩效管理。全年清理岸坡垃圾和水面漂浮物6180吨。加强河湖巡查执法,全年开展河道执法巡查1348人次,制止各类水事违法事件53件。是年,启动河湖生态智云管理平台建设,建成投运全市河道智慧监管中心,开启河道监管智慧新模式。

【河长制管理】 2020年,江阴市河长制管理工作进一步深化,将家河纳入河长制管理范围,实现水体全覆盖,与无锡市锡山区和苏州市张家港市、常熟市建立"联合河长制"工作机制,推进区域交界河道齐抓共管,真正实现每条河道都有人管、有人治。年内,市级河长履职316人次,镇级河长履职7540人次,村级河长履职65888人次。市河长制工作办公室加大河湖巡查力度,全年开展河湖明察暗访6次,重点排查入河排口出水及水质情况,并溯源追查排污主体,发现并交办各类问题153个。是年,15条无锡市下达的环境综合整治河道中达到或优于Ⅲ类水的有12条,达标率80%,与2019年持平,无劣Ⅴ类河道;7个重点水功能区水质达标率100%;城区河道全面完成黑臭水体整治销号。

【美丽河湖建设】 2020年,江阴市委、市政府扎实推进"美丽江阴建设"工作部署。10月,江阴市政府办公室印发《关于江阴市美丽河湖三年行动(2020—2022)的实施意见》,全面启动以"随处见景""推窗见绿""开门亲水""移步进园"为总目标的江阴市美丽河湖建设。由市公安局、自然资源和规划局、住房和城乡建设局、公用事业管理局、交通运输局、水利局、农业农村局、信访局、江阴生态环境局9个部门成立12个工作专班,全面推进11项重点工作。11月,江阴市启动"河湖环境集中整治专项行动月"活动,重点开展170条河道(每个镇、街道各10条)的环境整治,并发布河道"红黑榜"评比整治成效。开展"美丽河湖"优秀摄影作品征集活动,评出优秀作品6幅。拍摄《守护》(守一方水、护一城河)宣传视频,获水利部"守护美丽河湖——争创示范河湖"全国短视频公益大赛优秀奖。是年,在"学习强国"等平台发布江阴市美丽河湖宣传报道多篇。 (潘张宇)

■类目编辑 王萍芳

工　业

综　述

【概况】 2020年，江阴工业条线坚持以推进工业经济高质量发展为主线，努力克服新型冠状病毒肺炎疫情冲击，扎实推进产业强市战略，工业经济运行总体平稳，工业发展结构优化、质效提升。全年全市完成规模以上工业产值5219.3亿元，比2019年增长6.6%，规模以上工业增加值增长6.8%。工业投资增长12.5%，技改投资减少2.2%。全年工业税务销售下降0.6%，工业用电量下降3.1%。全市规模以上工业利润总额增长3.2%。是年，江阴市蝉联中国工业百强县（市）"四连冠"；11个企业入围中国企业500强，15个企业入围中国制造业企业500强；中信泰富特钢集团股份有限公司、江苏阳光集团有限公司、双良集团有限公司的4项产品获评国家制造业单项冠军产品；江苏阳光集团、江苏红柳床单集团公司、江阴兴澄特种钢铁有限公司、江苏澄星磷化工股份有限公司、江阴华西钢铁有限公司获评国家级"绿色工厂"。

（张炳城）

【企业技术中心建设】 2020年，江阴市加快创新主体培育，强化创新载体建设。推进国家、江苏省和无锡市三级企业技术中心的创建工作，以创建企业技术中心为抓手，促转型升级。全市新增省级企业技术中心9个、无锡市级企业技术中心49个。全市累计拥有国家级企业技术中心6个、省级企业技术中心87个，无锡市级企业技术中心202个。

【新技术新产品推广应用】 2020年，江阴市有79项新技术新产品研发项目被列入省重点技术创新计划，113项新技术新产品研发项目被列入无锡市重点技术创新计划，44项新产品新技术通过省级新产品新技术鉴定，25项新技术新产品被列入江苏省重点新技术新产品推广应用目录。

（吴　明）

【节能改造】 2020年，江阴市实施33项重点节能改造与循环经济项目，其中，节能改造项目24项，节能新产品推广项目2项，资源综合利用项目3项，合同能源管理项目2项，新型墙体材料项目2项，累计投入7.3亿元，年实现节能量5.9万吨标煤。江阴市华宏化纤有限公司燃煤有机热载体炉改造为天然气有机热载体炉项目等4项节能及循环经济项目被列入省产业转型升级项目，获补助资金900万元。星科金朋半导体（江阴）有限公司等69个企业通过能源管理体系认证/评价或能源审计。全社会综合能耗约1980万吨标准煤（等价法），其中全社会电力消费量273.99亿千瓦时；全市规模以上工业综合能耗1465万吨标煤，规模以上工业增加值能耗1.326吨标准煤/万元（当量法），比2019年下降7.3%。

【清洁生产审核】 2020年，江阴市18个企业开展自愿性清洁生产审核，制订各类清洁生产改造方案及措施171项，累计投入3017万元，产生经济效益1326万元。预计所有方案及措施全部实施后，年可节约标煤4421吨，其中，节约电640万千瓦时、节约天然气10.4万标准立方米、节约蒸汽3745吨、节约水7.4万吨等；减排二氧化碳4100吨、二氧化硫55吨、氮氧化物11吨、固废粉尘（烟尘）等颗粒物6.5吨、废水0.9万吨。

（祁晓蕾）

【"三高两低"企业专项整治及化工产业安全环保整治提升专项行动】 2020年，江阴市继续开展"三高两低"（高能耗、高污染、高危险、低效益、低产出）企业专项整治工作，重点加大化工行业整治力度，开展化工产业安全环保整治提升专项行动。全年淘汰关停"三高两低"企业44个，其中关停化工生产企业43个。

（奚利松）

工业性投资

【概况】 2020年，全市工业投资比2019年增长12.5%，增速比2019年提高7个百分点。全市技改投资回落2.2%，占工业投资的比重54.1%。从投资规模看，全市有10亿元以上项目21项，5亿元至10亿元项目23项，1亿元至5亿元项目124项。按行业结构分：机械行业完成投资占投资总量的23.9%；电子信息行业完成投资占投资总量的13.6%；轻工行业完成投资占投资总量的11%；生物医药行业完成投资占投资总量的8.6%；纺织行业完成投资占投资总量的8.2%；新材料、新能源行业完成投资占投资总量的 11.1%;金属制品行业完成投资占投资总量的 6.1%;冶金行业完成投资占投资总量的 5.6%。

(吕　英)

【重点项目】 2020 年,全市有工业重点项目 62 项,总投资 587.06 亿元,年计划投资 116.34 亿元,累计完成投资 169.3 亿元,占年度计划的 145.5%。全市 62 项工业重点项目中,神宇通信科技股份公司高稳定性射频同轴电缆、江苏普莱医药生物技术有限公司抗(抑)菌制剂扩能、江苏南阳彩纤科技有限公司差别化纤及 PET 回收造粒、江苏谷田新材料科技有限公司锂电池铝塑膜、远景动力技术(江苏)有限公司锂电池、大明重工有限公司高端压力容器、江阴科强塑胶科技有限公司高性能阻燃棚布及密封材料生产、江阴润源机械有限公司高端新型装备关键零部件、江阴骏驰复合材料有限公司柔性线路板用覆铜板、江阴兴澄特种钢铁有限公司棒材深加工、阳光卫生医疗科技江阴有限公司卫生医疗产业用纺织品、江阴天江药业有限公司中药配方颗粒技改扩能、江阴兴澄特种钢铁有限公司生产线智能化改造、瀚宇博德科技(江阴)有限公司生产线智能化技术改造、江苏海德半导体有限公司半导体技改扩能、威茨曼金属制品(江阴)有限公司柔性管路系统扩能、江苏高通矿山工程新材料有限公司金属结构件、江阴市金茂特种纤维有限公司差别化和功能性涤纶短纤、江苏富朗特工程机械有限公司工程机械零部件扩能、中芯长电半导体(江阴)有限公司 12 英寸 3D 集成芯片生产基地、联动天翼新能源有限公司锂离子电池生产、江阴美纶纱业有限公司高品质色纺纱技改扩能 22 项项目基本竣工或试产,全年完成投资 75.5 亿元。

(陈　松)

新兴产业

【概况】 2020 年,江阴市新能源、新材料、车船及机械装备、生物医药、电子信息等新兴产业规模以上工业产值比 2019 年增长 7.9%,增速高于传统产业 2.3 个百分点,占全市规模以上工业产值的比重达 45%。

【新能源产业】 2020 年,江阴市新能源行业规模以上工业产值比 2019 年增长 34.1%,占全市规模以上工业比重的 11.5%。全市新能源产业以光伏产业和风电装备制造业为发展重点。光伏产业涵盖硅料生产、单晶硅拉棒(多晶硅铸锭)、硅片切割、电池片生产、组件封装和专用生产设备制造等多个环节,并介入分布式电站领域,在终端应用市场占据一定市场,形成较为完整的产业链条。风电产业形成包括风电特钢、轮毂、塔座、主轴、塔筒、法兰、齿轴、轴承座、机舱罩、特种涂料等关键零部件相互配套发展的格局,其中,风电主机年产能达到 10000 兆瓦。至年末,全市新能源产业拥有超百亿级企业 1 个,超十亿级企业 7 个。在全球风能理事会(GWEC)公布的 2020 年全球风电整机制造商排名中,远景能源有限公司比 2019 年提升 1 位,升至第 4 位。

【新材料产业】 2020 年,江阴市新材料产业规模以上工业产值比 2019 年下降 18.9%,占全市规模以上工业比重的 8.4%。全市新材料产业主要产品包括:精对苯二甲酸(PTA)、苯乙烯、可发性聚苯乙烯(EPS)、聚酯切片(PET)、聚酰胺(PA)、乙酸丁酯、沥青、不饱和聚酯树脂及聚苯乙烯上游原料苯乙烯、特种涂料上游偏酐、下游特种薄膜、工程塑料等,产品种类较为齐全。全市年产精对苯二甲酸(PTA)181.6 万吨、聚苯乙烯 59.5 万吨、沥青 133.6 万吨。

【车船及机械装备产业】 2020 年,江阴市车船及机械装备产业规模以上工业产值比 2019 年增长 8.9%,占全市规模以上工业比重的 15%。全市车船及机械装备产业拥有骨干船厂 2 个,各类车船、机械类配套规模以上企业近 500 个;拥有 380 万载重吨的大中型民用钢制船舶的年生产能力;配套产品中,汽车保险杠、气门芯等一批"小"产品占据各自细分领域的龙头地位。在新型冠状病毒肺炎疫情冲击下,龙头企业江苏扬子江船业集团公司仍保持稳健运行。

【电子信息产业】 2020 年,江阴市电子信息产业规模以上工业产值比 2019 年增长 13.8%,占全市规模以上工业的 8.1%。江阴市电子信息产业依托江苏长电科技股份有限公司、瀚宇博德科技(江阴)有限公司两个龙头企业,形成包含集成电路芯片设计及生产、新型电子元器件、光通讯、数码视听、计算机及网络、射频识别(RFID)和特种光缆等在内的产业、产品结构,并借助与中芯国际集成电路制造有限公司的合作,致力于打造国内乃至国际领先的集成电路先进产业基地。至年末,全市电子信息产业规模以上企业数量 60 余个,由中芯长电半导体(江阴)有限公司总投资 72.2 亿元的年产 12 英寸 3D 集成芯片及配套测试 300 万片能力项目进展顺利,一期项目全面投产,二期部分产线投产,大量装机及试生产,配套公寓开工建设。

【生物医药产业】 2020 年,江阴市生物医药产业规模以上工业产值比 2019 年增长 8.5%,占全市规模以上工业的 2%。全市生物医药产业规模以上企业数量近 30 个,拥有江阴天江药业有限公司、江苏华兰药用新材料股份有限公司、江阴苏利化学股份有限公司等一批销售超亿元骨干企业,并借助生物医药产业园培育出江阴贝瑞森生化技术有限公司、江苏力博医药生物技术股份有限公司等潜力股企业,涉足中、西医药,医药设备,生物疫苗等多种产品的生产,并在中药配方颗粒、畜牧兽用疫苗领域取得一定市场地位。

(张炳城)

规模经济

【概况】 2020 年,江阴市有规模以上工业企业 1843 个。规模以上工业产值比 2019 年增长 6.6%;工业增加值增长 6.8%(可比价);利润总额增长 3.2%。全市规模以上工业资产增长 2.4%;所有者权益增长 3.9%。全市规模以上工业产品销售率为 97.8%,比 2019 年增长 0.12%;成本费用利润率 6.48%。年内,全市有 11 个企业入围 2020 中国企业 500 强,15 个企业入围中国制造业企业 500 强。至年末,全市有税务销售收入超百亿元工业企业16个，有纳税超亿元工业企业35个。

【"百强"工业企业】 2020年，江阴市"百强"工业企业产值比2019年增长12%，占全市规模以上工业的62.5%；产品销售收入增长4.7%，占全市规模以上工业的66.6%；利润总额增长6.4%，占全市规模以上工业的81.3%。

2020年江阴市"百强"工业企业一览表

表8　　　　单位：万元

企业名称	税务销售	入库税金
江苏华西集团有限公司	4150875	45265
海澜集团有限公司	15684507	215518
中信泰富特钢集团股份有限公司	13714239	180417
江苏新长江实业集团有限公司	4978407	92641
远景能源有限公司	5560149	164386
江苏扬子江船业集团公司	1320436	95341
江苏利电能源集团	1175020	66832
法尔胜泓昇集团有限公司	1890652	49097
三房巷集团有限公司	7212521	66072
江阴天江药业有限公司	416945	46817
双良集团有限公司	2102914	36144
江苏阳光集团有限公司	3964061	48340
江苏长电科技股份有限公司	1836648	4534
瀚宇博德科技(江阴)有限公司	515593	48155
江阴苏龙热电有限公司	722204	27206
江阴江东集团公司	1127995	33071
江阴澄星实业集团有限公司	4455540	10198
江苏华宏实业集团有限公司	2487041	16536
江苏利安达集团有限公司	396924	23241
江阴模塑集团有限公司	537186	19974
阿法拉伐(江阴)设备制造有限公司	139743	16076
江苏紫米电子技术有限公司	195214	8023
江阴信邦电子有限公司	181506	6500
江苏富仁集团有限公司	301452	8331
江阴海达橡塑股份有限公司	237051	13372
江苏苏利精细化工股份有限公司	78385	4766
江阴华润制钢有限公司	394525	4359
江苏西城三联控股集团有限公司	2371796	10326
江阴福汇纺织有限公司	161980	13571
江苏红柳床单有限公司	396777	6287
江阴热电有限公司	186454	11040
江阴市华方新技术科研有限公司	121037	11007
东洋机电(江阴)有限公司	78274	7979
江苏云蝠服饰股份有限公司	282108	12230
江苏中印印务集团有限公司	22513	10517

续表8

企业名称	税务销售	入库税金
江阴市恒润重工股份有限公司	243749	15965
中建钢构江苏有限公司	92752	2750
江苏中基复合材料有限公司	169037	3522
中石油江苏燃料沥青有限责任公司	273998	4700
江阴宝柏包装有限公司	157826	7252
帝斯曼工程材料(江苏)有限公司	280070	15010
江苏焱鑫科技集团有限公司	214101	6474
江苏必得科技股份有限公司	33479	5271
江苏申利实业股份有限公司	122149	2987
江苏长龄液压股份有限公司	92079	9571
江苏嘉盛新材料有限公司	388983	11599
江阴电工合金股份有限公司	206292	4620
优彩环保资源科技股份有限公司	151203	5957
江阴市华骏机械有限公司	80464	7987
江苏苏青水处理工程集团有限公司	81181	7982
江苏四环生物制药有限公司	15324	1846
斗山液压机械(江阴)有限公司	224144	6142
江阴市液压油管有限公司	54234	7746
建滔电子材料(江阴)有限公司	291679	10192
江苏标榜装饰新材料股份有限公司	127483	7931
江苏华兰药用新材料股份有限公司	42013	4200
江苏振江新能源装备股份有限公司	282660	4901
艾尔姆风能叶片制品(江苏)有限公司	56596	5254
江苏吉鑫风能科技股份有限公司	207727	7840
江阴南泰家纺用品有限公司	141666	4341
江苏升辉投资集团有限公司	86291	4395
阿尔法(江阴)沥青有限公司	668641	5863
迪瑞克斯座椅(江阴)有限公司	34011	2578
江苏向阳集团有限公司	385419	4181
无锡鹰贝精密轴承有限公司	32202	3320
江阴机械制造有限公司	50316	4447
江阴新树工程塑料有限公司	41333	2351
凯澄起重机械有限公司	40406	4075
江阴华昌食品添加剂有限公司	19975	4373
江阴康瑞成型技术科技有限公司	82086	4222
江苏胜达科技有限公司	87230	3174
申达集团有限公司	26127	2196
威茨曼金属制品(江阴)有限公司	54724	5380
江阴市通利光电科技有限公司	248004	3206

续表8

企业名称	税务销售	入库税金
江苏精亚集团有限公司	76548	2632
江苏宝利国际投资股份有限公司	183588	2187
江苏省振新实业有限公司	111534	2133
江苏江顺精密科技集团有限公司	80456	5289
江苏天华纱业集团	181803	4476
江阴市长乐新科技电源有限公司	448238	2500
江苏澄阳投资集团有限公司	37678	2407
江苏和时利新材料股份有限公司	72363	2161
江阴市华盛印刷有限公司	59457	2926
江阴邦特科技有限公司	71808	2899
江苏安凯特科技股份有限公司	23558	2756
江阴长江投资集团有限公司	145553	2840
江苏秋林特能装备股份有限公司	90914	1851
江苏宝力重工科技有限公司	46476	856
江阴鑫联金属制品有限公司	31940	2483
江苏科强新材料股份有限公司	24953	2792
无锡翔龙环球科技股份有限公司	27733	2376
江阴市宏泽氯碱设备制造有限公司	19842	1643
江阴振宏重型锻造有限公司	90041	4227
江苏爱康科技股份有限公司	125335	5125
江阴裕华铝业有限公司	76794	2466
江阴市强力化纤有限公司	139161	1369
江阴东方阀门有限公司	12007	1908
江阴协统汽车附件有限公司	89984	3681
江阴市茂达棉纺厂有限公司	11678	748
江阴绮星水泥有限公司	210496	4183

说明：税务销售及入库税金数据为江阴市统计口径

【11个企业入围中国企业500强】 2020年9月27日至28日，2020年中国500强企业高峰论坛在郑州市举行。会上，2020年中国企业500强名单揭晓。江阴市有11个企业上榜，分别是：海澜集团有限公司，完成营业收入1232.3亿元，列第174位；江阴澄星实业集团有限公司，完成营业收入1085.2亿元，列第198位；三房巷集团有限公司，完成营业收入730亿元，列第280位；江苏新长江实业集团有限公司，完成营业收入665.2亿元，列第295位；江苏华西集团有限公司，完成营业收入458.4亿元，列第402位；江苏扬子江船业集团，完成营业收入452.5亿元，列第406位；法尔胜泓昇集团有限公司，完成营业收入398.1亿元，列第458位；双良集团有限公司，完成营业收入396亿元，列第460位；江苏华宏实业集团有限公司，完成营业收入389.5亿元，列第466位；江苏阳光集团有限公司，完成营业收入388.2亿元，列第467位；远景能源有限公司，完成营业收入369.3亿元，列第488位。2020年中国制造业企业500强名单同步揭晓，江阴市有15个企业上榜，除上述11个企业外，还有江苏长电科技股份有限公司、江苏西城三联控股集团有限公司、江阴模塑集团有限公司、江阴江东集团公司4个企业入围。

【税务销售收入超百亿元企业】 2020年，江阴市有16个工业企业税务销售收入超百亿元，分别是：海澜集团有限公司、中信泰富特钢集团股份有限公司、三房巷集团有限公司、远景能源有限公司、江苏新长江实业集团有限公司、江阴澄星实业集团有限公司、江苏华西集团有限公司、江苏阳光集团有限公司、江苏华宏实业集团有限公司、江苏西城三联控股集团有限公司、双良集团有限公司、法尔胜泓昇集团有限公司、江苏长电科技股份有限公司、江苏扬子江船业集团公司、江苏利电能源集团和江阴江东集团公司。

【纳税超亿元企业】 2020年,江阴市入库税金超亿元的工业企业有35个,其中税金超20亿元企业有1个,海澜集团有限公司,实现入库税金21.6亿元。税金超10亿元企业有2个,分别是:中信泰富特钢集团股份有限公司,入库税金18亿元;远景能源有限公司,入库税金16.4亿元。税金5亿元至10亿元的企业有4个,分别是:江苏扬子江船业集团公司,入库税金9.5亿元;江苏新长江实业集团有限公司,入库税金9.3亿元;江苏利电能源集团,入库税金6.7亿元;三房巷集团有限公司,入库税金6.6亿元。税金1亿元至5亿元的企业有28个。 (张炳城)

纺织工业

【概况】 2020年,江阴市纺织工业完成总产值966.01亿元,占全市工业总值的18.51%。自营出口完成27.65亿美元,占全市出口总额的22.31%。据不完全统计,销售收入在2000万元以上的规模企业有530个。全市税务销售收入前50名工业企业中纺织行业有11个,分别是:海澜集团有限公司、江苏三房巷集团有限公司、江苏华西集团有限公司、江苏阳光集团有限公司、江苏华宏实业集团有限公司、江苏利安达集团有限公司、江苏红柳床单有限公司、江苏向阳集团有限公司、江阴市天达针纺织有限公司、江苏云蝠服饰股份有限公司,江苏天华纱业集团;全市入库税金总额前50名工业企业中纺织行业有11个,分别是:海澜集团有限公司、三房巷集团有限公司、江苏阳光集团有限公司、江苏华西集团有限公司、江苏利安达集团有限公司、江苏华宏实业集团有限公司、江阴福汇纺织有限公司、江阴金凤特种纺织品有限公司、江苏云蝠服饰股份有限公司、江苏红柳床单有限公司、优彩环保资源科技股份有限公司。全年纺织行业主要产品产量为:化纤339.6万吨,其中涤纶纤维331.9万吨,锦纶31857吨,腈纶954吨;棉纺织行业生产纱37万吨,其中棉纱9.7万吨,棉混纺纱18万吨,纯化纤纱9.3万吨;布32691.52万米,其中棉布11983.58万米,棉混纺布15150.32万米,纯化纤布5557.62万米,色织布7950.02万米;印染布86951.95万米;呢绒7473.04万米;绒线4486.29吨;非织造布56452.4吨;口罩188650.81万只;服装34241.2万件,其中梭织服装4781.41万件(含羽绒服装103万件,衬衫636.36万件),针织服装29459.79万件。纺织行业中主要行业的占比情况:化纤行业占26.05%、服装行业占29.17%、毛纺织行业占18.48%、棉纺织印染行业占17.28%、纺织制成品业及其他占9.02%。是年,入围2020年度中国企业500强、中国制造业企业500强榜单中的纺织企业有5个,分别是:海澜集团有限公司、江苏三房巷集团有限公司、江苏华西集团有限公司、江苏华宏实业集团有限公司、江苏阳光集团有限公司。海澜集团有限公司以1232.3亿元的营业收入,位列中国企业500强中的第174位、中国制造业500强中的第72位,位居无锡市入围企业之首。2020年度江苏省首批星级上云企业入选名单中,四星级上云企业江阴纺织行业中有3个,分别是:江苏阳光集团有限公司、江苏华宏科技股份有限公司、江阴嘉美针织制衣有限公司;三星级上云企业江阴纺织行业中有1个,为江阴南泰家纺用品有限公司。江苏阳光集团有限公司入选2019年度江苏省企业社会责任建设典范榜和2020年度江苏省两化融合管理体系贯标试点企业。该企业的智能纺织车间和服装智能车间双双进入江苏省示范智能车间授牌名单。6个纺织企业入选2020年度江苏省两化融合管理体系贯标试点企业,分别是:江苏贝德服装集团有限公司、江阴市广业纺织有限公司、江苏阳光集团有限公司、江苏圣澜服饰创意有限公司、江阴远闻纺织有限公司和江阴日毛纺纱有限公司。无锡市圣华盾医疗科技有限公司入选中国医药保健品进出口商会公布取得国外标准认证或注册的医疗物资生产企业白名单。该企业医用口罩和医用防护服两种产品获得欧盟CE认证。3个纺织企业入选2020年度江阴市专精特新科技"小巨人"入库培育企业名单,分别是:江阴捷豹针织制衣有限公司、江阴市华思诚无纺布有限公司、江苏品创纺织科技有限公司。

【技术改造】 2020年,江阴市纺织工业完成工业投资项目60项,占全市工业投入8.19%。列入全市8项工业重点重大项目的分别是:阳光卫生医疗新材料江阴有限公司"采用非织造布复合技术生产卫生医疗产业用纺织品项目",总投资10亿元;江苏南阳彩纤科技有限公司"年产10万吨差别化纤维及3万吨PET(聚酯切片)回收造粒新建项目",总投资3.5亿元;江阴市红邦服饰科技发展有限公司"新建年产200万件免烫衬衫项目",总投资1亿元;江苏科强新材料股份有限公司"高性能阻燃棚布及密封材料生产项目",总投资3.46亿元;江阴市金茂特种纤维有限公司"年产25000吨差别化和功能性涤纶短纤维扩建项目",总投资2.5亿元;江阴美纶纱业有限公司"年新增8100吨高品质色纺纱技改扩能项目",总投资3.05亿元;江阴汉思雅纺织有限公司"年产700万条高档医疗康复用品及1200万条医用高档充气悬浮翻身床单和500万个医用止滑靠垫项目",总投资2.01亿元;江苏申利实业股份有限公司"引进关键设备生产高档功能性摇粒绒面料技术改造项目",总投资2.5亿元。

【技术创新】 2020年,江阴市纺织行业通过省级鉴定的新产品有江苏阳光集团有限公司、阳光卫生医疗新材料江阴有限公司、江阴芗菲服饰有限公司、江苏申利实业股份有限公司4个企业的16种产品。

(俞 青)

化工、医药工业

【概况】 2020年,江阴市有规模以上化工、医药企业336个,完成工业总产值925.07亿元,占全市规模以上企业工业总产值的18.27%。有6个化工、医药企业进入全市税务销售收入前50名;有5个化工、医药企业进入全市入库税金前50名。全市化工、医药工业完成投资36.62亿元,其中,设备投资24.17亿元,土建投资12.45亿元。江苏普莱医药生物技术有限公司、江阴天江药业有限公司、江阴市三良橡塑新材料有限公司的3项项目列入市重点技改项目,年内完成投资12.59亿元。江阴澄星实业集团有限公司位列全国工商联发布的“2020年中国民营企业500强”第48位,并名列中国企业联合会、中国企业家协会发布的“2020年中国企业500强”第198位,比2019年上升30位,连续第十九次跻身500强,列2020中国石油和化工企业500强第13位。

(马　骏)

2020年江阴市化工工业主要产品产量一览表

表9　　单位:吨

产品名称	年产量	比2019年增减(%)
化学农药原药	11700	3.4
涂料(油漆)	63337	-21.9
合成纤维单体	1815784	3.6
初级形态的塑料	114865	-10.7
化学药品原药	980	9
合成纤维聚合物	223319	-21.8
化学试剂	61911	-1.1
合成橡胶	17587	-7
合成洗涤剂	15089	16.5

轻工工业

【概况】 2020年,江阴市规模以上轻工企业100个,完成工业总产值97.73亿元,占全市规模以上企业工业总产值的1.93%。有3个轻工企业进入全市税务销售收入前50名;有4个轻工企业进入全市入库税金前50名。全市轻工工业完成投资46.45亿元,其中,设备投资30.66亿元,土建投资15.79亿元。联动天翼新能源有限公司、江阴长庚高科技材料有限公司、江阴骏友电子股份有限公司、江苏名阳高分子新材料有限公司、江苏三房巷薄膜有限公司等轻工企业的5项项目列入市重点技改项目,年内完成投资24.6亿元。

2020年江阴市轻工工业主要产品产量一览表

表10

产品名称	单位	年产量	比2019年增减(%)
家具	万件	87.66	-7.1
皮革服装	万件	3.2	-54.1
机制纸及纸板	吨	129249	-13.3
纸制品	吨	67445	-11.4
塑料制品	吨	812253	-9.5
多色印刷品	对开色令	33860794	13.5

(马　骏)

机电冶金工业

【概况】 2020年,江阴市机电冶金工业完成总产值3223.71亿元,比2019年增长13.77%,占全市的61.76%。其中,冶金工业完成1590.26亿元,占全市的30.46%;机械工业完成1251.01亿元,占全市的23.96%;电子工业完成382.44亿元,占全市的7.32%。是年,有机电冶金工业在建重点项目35项,占全市61.4%,完成投资总计111.93亿元,占全市工业投资的66.1%。有28个机电冶金企业进入全市税务销售收入前50名。有27个机电冶金企业进入全市入库税金前50名。

双良集团有限公司获第六届中国工业大奖。江阴塞特精密工具有限公司和江阴金童石化装备有限公司两个企业首次入围工业和信息化部专精特新“小巨人”企业。江苏新扬子造船有限公司入选2020年度江苏省工业设计中心。江阴机电冶金行业入围2020年中国民营企业500强的企业有7个，分别是：江苏新长江实业集团有限公司、江苏扬子江船业集团、法尔胜泓昇集团有限公司、双良集团有限公司、江苏西城三联控股集团有限公司、江苏华宏实业集团有限公司和远景能源有限公司。

2020年江阴市机电冶金工业重大项目一览表

表11　　　　单位：万元

序号	企业名称	项目内容	所属区域	计划总投资	2020年完成投资
1	中芯长电半导体(江阴)有限公司	12英寸3D集成芯片生产基地	高新区	864000	115098
2	联动天翼新能源有限公司	锂离子动力电池及储能用锂离子电池生产	高新区	501500	106449
3	江苏长电科技股份有限公司	年产36亿颗高密度集成电路及系统级封装模块	高新区	290000	105820
4	江苏法尔胜光通信科技有限公司	年产5000万千米光纤	高新区	150000	70772
5	江阴兴澄特种钢铁有限公司	新建棒材深加工	高新区	133100	85806
6	神宇通信科技股份公司	年产50万千米航空航天、“互联网+”用高稳定性射频同轴电缆建设	高新区	100000	38700
7	江苏深绿新能源科技有限公司	深冷储运设备及智能装备	高新区	50000	28080
8	江苏卓尔诺光电科技有限公司	年产6万吨光电通信专用新材料	高新区	28000	15700
9	江阴兴澄特种钢铁有限公司	精品特殊钢生产线智能化改造项目	高新区	18910	19911
10	瀚宇博德科技(江阴)有限公司	超细线路印刷电路板生产线智能化技术改造项目	高新区	12000	6561
11	江阴新杰科技有限公司	电子专用材料开发与制造及等离子清洗设备的研发生产	高新区	62010	13500
12	江阴齿轮箱制造有限公司	高精重载齿轮箱的组装	高新区	50000	12500
13	江阴全华丰精锻有限公司	年产300万套差速器零部件技改扩能项目	高新区	10000	6825
14	江阴康瑞卫智达科技有限责任公司	康瑞卫智达精密零部件项目	临港开发区	500000	8000
15	江苏振江新能源装备股份有限公司	8兆瓦及以上风力发电机零部件	临港开发区	10975	11433
16	江苏海德半导体有限公司	年产40亿只半导体技改扩能	临港开发区	10100	10100
17	远景动力技术(江苏)有限公司	远景高性能软包装(异型)高储能锂电物联网建设项目(一期)	临港开发区	500000	71970
18	江阴申桦密封技术有限公司	新建高端汽车零部件及研发中心	临港开发区	100000	63301
19	信越(江苏)光棒有限公司	光纤预制棒制造二期	临港开发区	43000	13500
20	威茨曼金属制品(江阴)有限公司	金属柔性管路系统扩能	临港开发区	19200	6256
21	江苏高通矿山工程新材料有限公司	江苏高通金属结构件	临港开发区	123500	62558
22	江苏远卓设备制造有限公司	换热器迁建扩能	临港开发区	38000	23300
23	江阴韦电尔电化设备有限公司	韦电尔换热器项目	临港开发区	48000	37400
24	江阴泓潮科技有限公司	年产24000只半导体坩埚及96000只分立器件与光伏坩埚	临港开发区	50000	39100
25	江苏依梯凯动力科技有限公司	新建小型风冷柴油机、发电机组、水泵等机械加工组装	临港开发区	66500	33300
26	大明重工有限公司	年产4万吨高端压力容器项目(北厂房)	靖江园区	139200	15300
27	江阴润源机械有限公司	年产6万吨高端新型装备关键零部件	云亭街道	23367	5100

续表11

序号	企业名称	项目内容	所属区域	计划总投资	2020年完成投资
28	上海富渥机械工程技术江阴制造有限公司	年产300台套矿山机械设备	云亭街道	21800	10000
29	江阴市科安传动机械有限公司	年产35000台套军民融合航空发动机关键零部件制造	云亭街道	20000	7000
30	江苏长龄液压股份有限公司	液压回转接头项目扩建	云亭街道	24618	6800
31	江苏必得科技股份有限公司	轨道交通车辆配套产品扩产项目	月城镇	20583	6020
32	江阴市锡能实业有限公司	年产8000套输变配设备材料工厂化集成生产加工	青阳镇	23000	12528
33	江苏富朗特工程机械有限公司	年产60000套工程机械零部件扩能	徐霞客镇	20000	10000
34	江阴骏驰复合材料有限公司	年产1500万平方米柔性线路板用覆铜板	长泾镇	80000	26143
35	江阴鑫源顺铝业科技有限公司	年产1.3万吨汽车零配件铝制品和7000吨铝合金喷涂型材	顾山镇	16000	14500
合计				4167363	1119331

【26种产品通过省工业和信息化厅新产品(新技术)鉴定】 2020年,江阴市机电冶金行业有7个企业26种产品通过省工业和信息化厅新产品(新技术)鉴定,分别为:江阴金童石化装备有限公司的“新型绕管式换热器”;江苏法尔胜缆索有限公司的“桥梁缆索用锌—10%铝—稀土合金镀层钢丝、悬索桥用φ5.4毫米2100兆帕锌铝合金镀层钢丝索股和φ7毫米2100兆帕超高强度锌铝合金镀层钢丝斜拉索”;江阴华新钢缆有限公司的“φ6.0毫米2060兆帕桥梁用热镀锌镁铝合金钢丝、φ5.68毫米2100兆帕桥梁缆索用热镀锌铝合金钢丝、φ5.4毫米2160兆帕桥梁缆索用热镀锌铝合金钢丝和φ7毫米2100兆帕桥梁用热镀锌铝合金钢丝”;江苏新扬子造船有限公司的“2200TEU集装箱船、2400TEU集装箱船和45000DWT散货船”;江阴兴澄特种钢铁有限公司的“大厚度738系列预硬化塑料模具钢板、超薄规格高品质出口管线钢、低裂纹敏感性超大厚度耐磨钢NM400、重载列车轴承用渗碳钢G20GrNi2MoAT、高硫高磷胀断连杆用SVdH38钢、转向器齿条用钢37GrS4HL、汽车轻量化复合稳定杆用SCM435S扁钢和百万千米级深沟球轴承用钢丝”;双良节能系统股份有限公司的“ZXQII－233JM3J型直燃型溴化锂吸收式冷(温)水机组、RXZJII(73/63)－465(23/16)(32/40)H2焦化低温热水型溴化锂吸收式冷水机组、SXZ6－116(5/0)(30/36)蒸汽双效型溴化锂吸收式低温冷水机组、SXRI6－36/30－349(45/60)蒸汽双效型第一类溴化锂吸收式热泵机组等5项新产品和LRBQII(120/20)－800(50/75)燃气增热型溴化锂换热机组”;江苏华宏科技股份有限公司的“Y81－2000金属打包液压机和Q91Y－2000型龙门式剪断机”。　　　　(张浩君)

电力工业

【概况】 2020年,江阴市有电力生产企业15个,其中江苏省统调电厂5个(1个在建),公用电厂5个,自备电厂5个,装机总容量571万千瓦;年发电量284.49亿千瓦时,比2019年减少1.2%;年供汽量2295.85万吨,比2019年减少2.7%;年供热量6888.78万吉焦,比2019年减少2.8%。全社会用电量273.99亿千瓦时,比2019年下降2.4%。工业用电量235.37亿千瓦时,比2019年下降3.12%。受新型冠状病毒肺炎疫情影响,全年全市供用电量比2019年小幅下降,总体保持基本平衡。

【电力安全整治】 2020年,江阴市在全市开展电力行业安全生产专项整治行动。督促发电、电网企业及电力用户进行自查自纠,并检查督导、整治隐患,整改提高,企业自查整改风险隐患1370余个,市级督导检查治理风险隐患107个,并打击破坏电力设施、窃电和违规用电行为,确保电网安全可靠运行。

【电力平衡管理】 2020年,根据江苏省、无锡市发改委统一部署,江阴市按43.8万千瓦时电力缺口编制有序用电错避峰方案(其中有序用电方案安排限电负荷26.3万千瓦,电力供应应急预案增加安排限电17.5万千瓦)。方案按照省、无锡市确定的分级预警原则和各地区网供最高负荷、用电量占比情况,分解到各地区。　　(吴勇翔　陈　嘉)

■类目编辑　朱其涛

开放型经济

综　述

【概况】 2020年，江阴市聚力“六稳”*“六保”*，统筹推进新型冠状病毒肺炎疫情防控和经济社会发展，制定出台8条提升利用外资质量、11条支持外贸稳定增长等政策措施，全力稳住外资外贸基本盘，积极组织企业参加各类展会，助力企业保市场保订单。落实境外投资有关疫情防控要求，扩大“走出去”人身保障覆盖面，保障境外工作人员生命健康安全。年内，利用国际、国内两种资源、两个市场，实施“稳中提质”战略，完成进出口总额191.4亿美元，比2019年下降18.1%，位列全省第4位，其中出口123.89亿美元，比2019年下降15.5%；进口67.51亿美元，比2019年下降22.5%。完成服务贸易额18.99亿美元。全年完成工商登记协议注册外资14.5亿美元，到位注册外资9.2亿美元，到位注册外资位列全省县级市第二。全年新批境外投资项目28项，完成中方协议投资额5.69亿美元，完成对外直接投资额10.54亿美元，完成全年计划的405.38%，在全省同类城市保持领先地位。至年末，全市有境外投资企业（机构）324个，中方协议出资额67.44亿美元。其中“一带一路”*沿线国家投资项目87项，中方协议出资额17.37亿美元。

【江阴经贸合作洽谈会】 2020年10月16日，2020江阴经贸合作洽谈会开幕。该届洽谈会以“新起点、新产业、新动能、新机遇”为主题，近500名国内外客商参加。开幕式现场签约项目49项，总投资604.8亿元，平均单项项目投资超12亿元，其中外资项目12项，总投资19.6亿美元。洽谈会期间签约项目137项，总投资911.5亿元，其中，外资项目15项，投资总额35.2亿美元；内资项目122项，投资总额675.5亿元。签约项目中，制造业项目111项，涉及芯片制造、集成电路、军民融合、文创旅游、新能源、新材料等领域，总投资640.2亿元；服务业项目26项，涉及智能仓储、交通物流、生物医药、跨境电商等领域，总投资271.3亿元。开幕式上，以“短片+市领导推介”形式推出3场启动式，依次是江阴市外贸直销节暨直播带货活动启动仪式、江阴市电子商务产业园启用仪式、中韩跨境电商项目启动仪式，有效促进国内国际“双循环”。会上，多名行业领军人物被聘为“江阴城市发展顾问”；海澜集团有限公司和中信泰富特钢集团签约进行战略合作，打造钢铁行业工业互联网；海澜集团有限公司签署“十四五”期间规划发展指标协议。

【江阴十佳外商投资企业】 2020年，江阴市外商投资企业主动融入全面扩大开放新格局，积极参与长江经济带建设，在江阴稳外贸、促增长和支持外贸转型提升、培育出口平台等方面做出积极贡献。是年，排名前十位的外商投资企业完成进出口额27.44亿美元，实现开票销售收入1035.99亿元，上缴税金46.6亿元，被江阴市委、市政府授予“江阴十佳外商投资企业”称号。

2020年江阴市十佳外商投资企业一览表

表12

名　　称	开票销售收入（万元）	上缴税金（万元）	进出口额（万美元）
中信泰富特钢投资有限公司	3649584.79	102779.80	70392
远景能源有限公司	3795596.70	156965.79	3470
江苏新扬子造船有限公司	410292.35	81182.50	101954
见龙投资有限公司	782695.03	29381.00	21937

续表 12

名　　称	开票销售收入(万元)	上缴税金(万元)	进出口额(万美元)
贝卡尔特公司	351967.96	13633.10	12715
帝斯曼工程材料(江苏)有限公司	283320.87	10307.66	21802
建滔电子材料(江阴)有限公司	296977.84	8935.46	5076
江阴天江药业有限公司	423553.99	47393.12	—
阿法拉伐(江阴)设备制造有限公司	134379.92	9184.44	13126
摩拓乐液压机械(江阴)有限公司	231517.44	6270.51	23964

对外贸易

【概况】 2020年,江阴市全年完成进出口总额191.4亿美元,比2019年下降18.1%,位列全省第4位,其中出口123.89亿美元,比2019年下降15.5%;进口67.51亿美元,比2019年下降22.5%。是年,市商务局落实境外参展、先进技术装备进口、应对国际贸易摩擦等政策扶持,开展优化融资、风险防控、培训指导、沟通协调等举措,兑现落实稳外贸相关政策,全年兑付到企业外贸扶持资金8235.45万元,项目1256项;发挥中小企业风险补偿资金池作用,推荐89个中小微企业至合作银行,有效缓解疫情下中小外贸企业融资难、融资贵及资金周转难困境;扩大出口信保覆盖面,全年中国出口信用保险公司承保江阴市外贸企业规模49.8亿美元,累计赔付案件43件,赔付金额538.56万美元,中小企业出口信用保险统保平台覆盖142个中小外贸企业,有效帮助外贸企业规避风险,支持企业开拓国际市场和外贸转型升级。持续培育品牌优势,不断推动江阴市产业链从加工制造向研发设计和品牌营销两端延伸,提升产业整体竞争力,全市有30个企业32个出口品牌获评2020—2022年度江苏省重点培育和发展的国际知名品牌,占全省的7.12%,占无锡市的32.6%,品牌数量和质量继续位列全省县级市及无锡市各板块第一。

2020—2022年度江苏省重点培育和发展的国际知名品牌一览表

表 13

企业名称	申报商标名称	所属板块
法尔胜泓昇集团有限公司	法尔胜	高新区
江苏申利实业股份有限公司	申利/圣戈尔	高新区
江苏长电科技股份有限公司	JCET及图	高新区
江阴兴澄特种钢铁有限公司	兴澄及图形	高新区
江阴中南重工有限公司	ZNHI	高新区
江苏华兰药用新材料股份有限公司	华兰牌	临港开发区
江苏苏利精细化工股份有限公司	苏利 SULI及图	临港开发区
江阴邦特科技有限公司	BondTape	临港开发区
双良节能系统股份有限公司	双良	临港开发区
远景能源有限公司	ENVISION及图	临港开发区
中建材浚鑫科技有限公司	JETION	临港开发区
江苏红柳床单有限公司	红柳 HONGLIU	澄江街道
江阴澄星实业集团有限公司	澄星及图形	澄江街道
江苏吉鑫风能科技股份有限公司	JIXIN及图	云亭街道
江阴康瑞成型技术科技有限公司	KRS	云亭街道
江苏爱康科技股份有限公司	AKCOME	华士镇
江苏标榜装饰新材料股份有限公司	i-Bond	华士镇

续表 13

企业名称	申报商标名称	所属板块
江苏东鋆光伏科技有限公司	ECONESS ENERGY 及图	华士镇
江苏华西村股份有限公司	华西村	华士镇
江阴市创新气门嘴有限公司	三良 Sanliang	华士镇
江苏华宏实业集团有限公司	伍仕	周庄镇
江苏倪家巷集团精毛纺织有限公司	YIRYGASU/虎跑	周庄镇
江苏兴业塑化有限公司	翠钰 JADE	周庄镇
江阴电工合金股份有限公司	超新	周庄镇
三房巷集团有限公司	三房巷	周庄镇
海澜之家股份有限公司	海澜之家 HLA	新桥镇
江苏阳光集团有限公司	阳光 SUNSHINE	新桥镇
江阴升辉包装材料有限公司	SUNRS	长泾镇
江苏云蝠服饰股份有限公司	SHERFFER	顾山镇
江苏贝德服装集团有限公司	KASUNON	祝塘镇

【外贸保障服务】 2020 年,江阴市商务局持续加强医疗物资出口管理,指导相关企业开展口罩、防护服出口白名单申报工作,有 30 个企业通过白名单;助力外贸企业拓宽思路,应对外贸不利形势,联合中国制造网推出应对疫情线上免费课程,与焦点商学院合作开展多轮次培训,全年开展各类培训 7 轮,培训 700 人次;帮助外贸企业出口转内销,加快资金回笼去库存,举办“嗨购暨阳”——2020 江阴外贸产品直销节,34 个企业参展,展位 63 个,交易额超 100 万元。制定《江阴市加快推进跨境电子商务发展实施方案》,引导形成进出口并重、多种模式并存、线上线下有序结合的跨境电商发展格局。江阴综合保税区成为无锡市首个全面走通跨境出口“9710”(跨境电子商务企业对企业直接出口)、“9810”(跨境电子商务出口海外仓)和“1210”(保税跨境贸易电子商务)跨境进口和出口双向业务的园区;云蝠海外仓获评无锡市市级公共海外仓;澄江跨境电商产业园开园,入驻企业 140 个,进出口交易额超 1 亿美元。

【组织参加进博会】 2020 年,江阴市商务局继续组织高质量交易团参加第三届中国国际进口博览会。按照江苏交易团和无锡交易分团工作部署,江阴市交易团组做好参会报名、采购成交、疫情防控、活动组织等各项工作。全市完成注册报名单位 336 个,报名人数 2471 人。进博会期间,江阴市企业积极参与,江苏长电科技股份有限公司、江阴宝柏包装有限公司、江苏新扬子造船有限公司、江阴华昌食品添加剂有限公司等多个公司在进博会上达成意向成交,完成意向成交额超 3 亿美元,比 2019 年增长 12.65%,其中 12 笔订单超千万美元。

【推进市场公平贸易】 2020 年,江阴市商务局不断加强行业预警工作,规范行业出口秩序,支持协助企业积极应对各类调查和国际诉讼。全年帮助企业备案各类公平贸易案件 11 件;新增一个省级铝箔公平贸易工作站,成为应对贸易摩擦的重要抓手和发布贸易预警的主要平台。

利用外资和对外经济合作

【概况】 2020 年,江阴市新批外资项目 40 项,其中超 1000 万美元项目 14 项、超 3000 万美元项目 13 项(含增资)、投资总额超亿元项目 8 项,工商登记协议注册外资 14.5 亿美元,到位注册外资 9.2 亿美元。远景能源有限公司及江阴天江药业有限公司被评为江苏省第十一批跨国公司地区总部。

2020 年江阴市十大新批外商投资项目一览表

表 14 单位:万美元

名　　称	协议注册外资
江苏克尔赫索斯金属制品有限公司	35899.95
江阴星河湾房地产开发有限公司	10045

续表 14

名　　称	协议注册外资
泰富医疗投资(江阴)有限公司	7000
江阴新力时代能源科技有限公司	5889.28
江阴润澄房地产开发有限公司	5830.48
江苏流明科技有限公司	5000
江阴慧捷投资有限公司	4000
优见智能制造江苏有限公司	3500
飞格舒智能制造(江苏)有限公司	2025
无锡市盛婠实业发展有限公司	1500

2020 年江阴市十大到位外资项目一览表

表 15　　单位:万美元

名　　称	到位注册外资
中信泰富特钢投资有限公司	29511.27
远景动力技术(江苏)有限公司	10000
远景能源有限公司	9999.93
江阴星河湾房地产开发有限公司	7328.95
新力时代能源科技有限公司	7218.34
江阴长强钢管物流有限公司	6688.75
星科金朋半导体(江阴)有限公司	6500
江阴润澄房地产开发有限公司	5830.48
东国制钢(中国)有限公司	3900
大明重工有限公司	3500

【对外投资与经济合作】 2020 年,江阴市全面落实省市各级决策部署,统筹推进新型冠状病毒肺炎疫情防控和境外投资发展,落实商务部、省商务厅有关疫情防控要求,扩大人身保障覆盖面,保障境外工作人员生命健康权益,632 名在外员工疫情防控平稳。积极联系省商务厅、市卫健委,为外派劳务人员接种新冠疫苗 628 人,对特殊需求人员,定制救援保险方案,增加保障范围和保障额度,解决外派员工后顾之忧。充分发挥国家和省级商务发展资金引导作用,重点支持江苏阳光集团有限公司、江阴模塑集团有限公司等企业扩大投资规模、拓展投资领域,全年获扶持资金 475.47 万元。年内,远景能源有限公司运用日本 AESC 先进技术和管理经验,增加 2.5 亿美元投资智能电池产业,新建远景日产三元锂电池项目(一期),总投资 220 亿元,新征用地 82.47 公顷,年产 20GWh(十亿瓦时)三元锂动力电池和电极材料;墨西哥名华公司增资 9500 万美元,总投资增至 2.75 亿美元,投资完成后可形成配套宝马保险杠及门槛总成 30 万套、通用汽车保险杠 9.9 万套、大众和特斯拉前后保险杠 48.9 万套、大众扰流板总成 16.7 万套、特斯拉门槛 18.5 万套,共 134 万套生产能力;海澜集团有限公司对新加坡、日本、马来西亚公司增资 1162 万美元,东南亚市场“海澜之家”门店累计 63 个;江苏贝德服装集团有限公司(缅甸)工业园总投资约 1 亿美元,建筑面积 20 万平方米;银牛微电子(无锡)有限责任公司完成总投资 10135 万美元并购以色列 Inuitive 芯片项目。

(计　燕　丁文亮　赵　亮　薛金镇)

■类目编辑　徐文辉

开发区建设

江阴高新技术产业开发区

【概况】 2020年,江阴高新技术产业开发区在全力做好新型冠状病毒肺炎疫情防控的同时,以“拼抢”为主旋律,凝心聚力,负压奋进服务大局、应对变局、开拓新局,展现了不一般的担当,交出了高质量的答卷。全年完成地区生产总值701亿元,比2019年增长4.6%;规模以上工业产值1024亿元,比2019年增长9.1%;全社会固定资产投资174亿元,比2019年增长14.2%,其中工业投入98亿元,比2019年增长10.1%,服务业投入76亿元,比2019年增长19.9%;一般公共预算收入39.5亿元;进出口总额77.5亿美元,占全市比重40.5%;到位注册外资5.16亿美元。

【主导产业发展】 2020年,江阴高新技术产业开发区以特钢新材料及制品为特色,微电子集成电路、现代中药和生物医药、机械智能制造为支撑,新能源汽车及关键零部件为战略的“1+3+1”先进制造业体系进一步发展壮大。特钢新材料及制品产业获批省级特钢新材料产业集群“两业融合”试点,总投资150亿元的中信泰富特钢主题产业园签约,江阴兴澄特种钢铁有限公司精品特殊钢厚板热轧车间入围省示范智能车间公示名单,全区特钢新材料及制品产业规模以上产值472.9亿元,比2019年增长9.7%,微电子集成电路产业形成集成电路设计、芯片制造、封装及测试的全产业链,出台《江阴高新区加快集成电路设计产业发展专项政策》,新引进集成电路设计企业4个,另有3个企业筹备入驻,江阴长电科技有限公司首次入围中国制造业500强,江阴长电科技有限公司入围省智能车间公示名单,全区微电子集成电路产业规模以上产值306.4亿元,比2019年增长19.5%。现代中药和生物医药产业构建从中药配方、创新药、诊断试剂盒为一体的产业链,形成现代中药、医疗器械、新药研发、智慧康养等四大发展方向,江阴天江药业有限公司获省长质量奖与省总部企业称号,全区现代中药和生物医药产业规模以上产值52亿元,比2019年增长0.7%。机械智能制造产业大力推进智能制造,启星智能制造产业园累计入驻智能制造项目15项,江阴金童石化装备有限公司入围国家“专精特新”“小巨人”企业,全区机械智能制造产业规模以上产值39亿元,比2019年增长7%。新能源汽车及关键零部件产业是开发区战略布局产业,总投资200亿元的新能源动力电池领域领军企业联动天翼项目一期投产并获评无锡市智能车间,全区新能源汽车及关键零部件产业规模以上产值11.6亿元。同时,开发区现代服务业成绩显著,见龙国际贸易有限公司、见龙国际投资有限公司等获批无锡总部企业,天安电商产业园获评无锡服务业集聚区,东方广场、景澄市场基本实现开票销售百亿元目标。

【项目攻坚】 2020年,江阴高新技术产业开发区聚力实施项目攻坚行动,举办“云签约”“未来产业”“主题产业园”“现代服务业”和上海科技人才合作恳谈会、开放合作创新大会等6场项目集中签约活动,累计签约超亿元内资项目和超1000万美元外资项目66项、总投资约520亿元,其中工业项目40项、服务业项目26项;外资项目19项、总投资超20亿美元;超10亿元项目11项、超50亿元项目3项,美国鲁米纳斯医用新材料、谷田电池铝塑膜二期、兴澄马科托耐磨新材料等项目成功签约。推进“证照分离”改革、工程建设项目审批制度改革,实现新设企业“全链通”*半天时间办结目标,全年新注册重点重大项目23项、新开工21项、新投产15项。

【创新提质】 2020年,江阴高新技术产业开发区全面部署创新提质行动,实施创新型企业倍增计划,无锡市“雏鹰企业”*培育入库39个、“瞪羚企业”*培育入库24个、“准独角兽企业”*培育入库3个,均占全市的四分之一;科技型中小企业评价入库188个,认定高新技术企业56个,总数143个,新增市级以上研发机构55个,其中省级工程技术研究中心8个,占全市的73%。与中科院微电子研究所合作的江阴集成电路设计创新中心、与华中科技大学合作的江阴智能制造创新研究院建成投用,江阴金属材料创新研究院落地项目8项,中国中药创新中心成功签约。建成上海、深圳2个异地孵化器,开创无锡“科创飞地”之

2020年5月27日，在上海浦东张江高科技园区举行江阴高新区（上海张江）科创孵化器揭牌仪式　　（江阴高新区提供）

先河。获评国家级众创空间2个、省级众创空间1个。举办创新创业大赛、长三角金属创新大会、智能制造技术创新论坛。入选国家重大人才工程、省"双创计划"*、无锡"太湖人才计划"、江阴"暨阳英才计划"*等各类项目人才212人，占全市的一半。科技投入超2.5亿元。高新技术产业产值占规模以上工业产值比重74.8%，全社会研发投入占地区生产总值比重5.54%，获评省"智慧园区"和首批省军民科技协同创新示范基地。

【社会事业】 2020年，江阴高新技术产业开发区进一步推进社会事业发展，扎实推进"六稳"*"六保"*，办理自主创业小额贷款650万元，发放低保补助、临时救助金935万元，实现本地劳动力就业4640人，净增参保2379人。编制美丽游线专项规划以及白屈港西滨江路北、定山东北组团城市设计。与工商银行江阴支行、建设银行江阴支行开展城市更新合作，融资17.7亿元，成为无锡首项"城市更新贷"落地项目。蟠龙山公园建设有序推进；中医外科医院、城东社区卫生服务中心主体封顶；实验中学二期、苏州外国语学校江阴校区幼儿园及小学建成投用。全年完成拆迁签约面积32万平方米、拆除15万平方米。在全市率先实施专职网格员制度，构建"1+1+N"（第一个"1"表示1名专职网格员，第二个"1"表示1名入格协警，"N"表示入格的综合执法人员、环卫工作人员、物业从业人员、楼组长、机关中层干部、志愿者等人员）网格化管理工作体系。

【生态环境】 2020年，江阴高新技术产业开发区加快推进长江大保护和"310"（从2018年起，利用3年左右时间重点开展以生态环境、违章违建、交通秩序等为主要内容的10项专项整治行动）综合整治工作，长山石宕环境整治竣工验收，建成智慧环保云平台，启动建设固体废物集中治理"绿岛"项目，滨江污水处理厂二期正式开工建设。完成锅炉低氮改造等重点污染防治工程80个，组织156个企业环保体检、环保托管68个。制定关停涉化生产项目管控方案，关停化工企业3个。关停"散乱污"企业49个、整治提升46个。减排化学需氧量1099吨、氨氮141吨、氮氧化物677吨、二氧化硫485吨，$PM_{2.5}$浓度下降15%，优良天数比率上升9个百分点。新建污水管网7千米。制订空闲土地三年整治方案，整治复绿地块7个127.47公顷。深入推进市容秩序和违法建设治理，持续开展安全生产专项整治。

【青阳园区】 2020年，江阴高新区青阳园区确立"奋战1000天，实现五个5"（新增超5亿元投入项目5项以上；新增超亿元投入项目15项以上；新增高新技术企业5个；新增工业销售超50亿元；新增税收超5亿元）的三年奋斗目标，实施"招商突破年、项目服务年、基础设施提升年"三年行动计划。全年签订超亿元项目6项，其中超亿美元项目1项，超5亿元项目2项，环普国际产业园等4项项目完成土地摘牌，到位注册外资实现零突破。总投资6亿元的必得科技项目于7月9日开工，环普产业园11月开工建设，南阳彩纤项目12月试运营。黄杨路、黄桥路、桐业路、振阳路、青桐路、斜河路等6条道路基本建设完成，徐家湾安置房一期主体全部封顶，二期工程桩基施工全部完成。新增86.67公顷流量红区的土地规划调整，理顺园区城市管理、安全管理及行政执法等相关体制机制。一期启动区内基本完成民政撤组工作，保障人员6772人，完成16.67公顷挂钩土地复垦。持续深化月城镇、青阳镇、青阳园区三地党建联盟，全年开展联盟活动十余次。

2020年江阴高新区各社区基本情况一览表

表16

社区名称	户数（户）	人口（人）	社区党支部（党总支、党委）书记	社区主任
山观社区	1431	4642	张宇忠	张宇忠
金山社区	3166	9386	刘奇云	姚　刚

续表 16

社区名称	户数(户)	人口(人)	社区党支部(党总支、党委)书记	社区主任
双牌社区	2344	6915	钱春华	钱春华
锦隆社区	1264	4073	宦华健	宦华健
杨市社区	1990	5872	王　勇	王　勇
滨江社区	1677	4721	陈　屈	梅雪虎
长山社区	2073	6122	沈民富	沈民富
石牌社区	2651	8199	黄炜冬	黄炜冬
金童社区	1488	4118	方　勇	方　勇
寿山社区	2232	7464	吴建国	周云华
蟠龙社区	1119	3902	刘卫江	刘卫江
山源社区	2104	7182	胡国才	顾耀平

(陈　健)

江苏江阴临港经济开发区

【概况】　2020 年,江阴临港经济开发区以"区块链群"为顶层设计,以改革、创新、开放为强大动力,全力打造竞争力一流的国际化开放园区。全年完成地区生产总值 850.72 亿元,比 2019 年增长 5.6%;完成工商开票销售收入 5388 亿元;全社会固定资产投资 226.24 亿元;一般公共预算收入 48.17 亿元;规模以上工业产值 1328 亿元,比 2019 年增长 14.9%;限额以上批零业销售额 1399 亿元,比 2019 年增长 1.4%;到位注册外资 4.36 亿美元。经济总量在全省 91 个省级开发区中位列第一。蝉联中国国际化营商环境建设十佳产业园区,获批省级知识产权示范园区。

【港口发展】　2020 年,江阴临港经济开发区围绕打造竞争力一流的国际化开放园区总目标,深入贯彻新发展理念,大力发展集装箱多式联运,构建高效便捷、腹地直达的港口集疏运体系,打造长三角地区江海联动组合港和区域性综合物流服务中心,完成《无锡(江阴)港高质量发展战略规划(2020—2035)》。依托江阴综合保税区平台,药品进口江阴港口岸获国务院批准;江阴苏南国际集装箱码头进境肉类指定监管场地获海关总署批准,成功落地跨境电商特殊区域出口全省首单业务;开辟"江阴—外高桥"外贸快航航线,将江阴到上海外高桥的外贸支线船舶在途时间缩短至 13 小时。是年,无锡(江阴)港完成货物吞吐量 2.56 亿吨(不包含靖江园区),比 2019 年增长 10.79%,其中临港经济开发区码头完成货物吞吐量 2.4 亿吨,占全港货物吞吐量的 94%(不包含靖江园区),比 2019 年增长 11.93%。完成集装箱吞吐量 50.6 万标箱。持续推进贸易便利化措施,江阴口岸进口整体通关时间约为 82.42 小时,比 2019 年压缩 67.04%,出口整体通关时间为 2.66 小时,比 2019 年压缩 74.57%。自 2020 年 4 月 13 日起,江阴港开始推行集装箱设备交接单无纸化,实现船公司全覆盖。江阴港港口集团码头被评为五星级江苏绿色港口,中信中煤江阴码头被评为三星级江苏绿色港口。

【城乡建设】　2020 年,江阴临港经济开发区坚持把品质作为城乡建设的亮点,配套功能逐步提升。南京理工大学江阴校区建成投运,泰富临港医院、长三角(江阴)数字创新港一期工程加紧施工。红豆万花城、恒大悦府、朗诗未来街区等城市功能项目基本建成,中金路、福星路等总长 5 千米的道路通车,"长江之心"体育文化公园改造工程竣工。新建改建环保公厕 32 座,3 个村(社区)农房翻建试点稳步推进。围绕"263"专项行动*、"绿剑行动"和"散乱污"企业专项整治等,打好污染防治攻坚战。完成 4 个工业集中区"污水零直排区"建设,及小湖港、北横沟河 2 条劣 V 类水体整治,河道水质得到明显改善,省国考水体断面全年达到优于 III 类水质目标要求。深化"散乱污"企业专项整治,关停取缔 136 个,完成 48 台工业窑炉整治、64 台天然气锅炉低氮燃烧改造,完成挥发性有机物无组织排放管理项目 39 项、挥发性有机物治污设施升级改造项目 21 项、餐饮油烟治理项目 20 项、挥发性有机物重点企业治理设施"回头看"14 个;重点化工园区挥发性有机物摸底调查,制定"一园一策"整治方案,并实施挥发性有机物污染专项治理、完成源头替代项目 5 项(溶剂型油漆替换为水性油漆),斩断污染源、斩断利益链条、斩断危害环境黑手。全年 $PM_{2.5}$ 年均浓度为 41.35 微克/立方米,比 2019 年下降 13.25%,空气优良天数比率 82.43%,比 2019 年增长 10.23%。

【江阴综合保税区】　2020 年,江阴综合保税区建有 15 万平方米保税仓库并开展相关业务,累计招引入驻企业 900 余个。全年仓库月均租仓率 90% 以上,完成进出口额 2.83 亿美元,开票销售 333.41 亿元,入库税金

1.25亿元。拥有免税、保税、退税、实际状态征税、退还增值税等政策优势,大力发展保税物流、保税加工、服务贸易、国际贸易等方面业务,提升口岸功能,围绕打造加工制造中心、物流分拨中心、销售服务中心“三大中心”,全年签约大龙网跨境电商产业园项目、盛婠冷链物流项目、进口食品预制新兴产业项目、长投双创大楼项目、乐晶进口食品预制新兴产业项目及领克动力汽车零部件出口项目等8项重点项目,同时跟踪洽谈39项新兴产业项目。6月3日,完成全省特殊区域跨境出口首单;8月6日,实现无锡地区跨境电商出口海外仓首单;8月20日,走通9710(跨境电子商务企业对企业直接出口)业务。至年末,该区是无锡跨境电子商务综合试验区城市中唯一全面走通“1210”(跨境电商网购保税进口模式)双向进出口及“9710”、“9810”(跨境电子商务出口海外仓)跨境出口业务的园区。同时,不断培育新兴业态,优化平台功能,“区港联动”业务申报模式成功落地;江阴综合保税区增值税一般纳税人资格试点通过国家税务总局、财政部、海关总署审核备案;药品进口江阴港口岸获国务院批复;江阴市进境肉类指定监管场地获海关总署批复。

【招商引项】 2020年,江阴临港经济开发区坚持“一切为了项目干、一切围绕项目转、一切服从项目快”,通过集中签约、合作恳谈、专场招商推介、小分队招商、经贸洽谈会等模式开展系列招商活动,狠抓项目招引工作。全年签约重大项目62项,总投资637.2亿元。在重大项目招引方面,招引超百亿意向项目1项、超50亿元项目4项(中新智地产业园、恒大养生谷、中信泰富新能源、扬子江液化天然气产业园项目)、超30亿元项目2项(华润新国联天然气高压管网、双良硅材料科技单晶炉项目)、超10亿元项目14项;外资超亿美元项目6项,突出体量规模、产业集群和内外并举。全年完成工商登记协议注册外资8.03亿美元,完成到位注册外资4.37亿美元。

【主导产业发展】 2020年,江阴临港经济开发区有10个企业年开票销售超百亿元,13个企业入库税金超亿元,23个企业入围中国各类企业500强。南理工工业互联网研究院等6项项目落户长三角(江阴)数字创新港,远景千亿级智慧能源产业园加快建设,双良集团有限公司获第六届中国工业大奖,中向旭曜科技有限公司获得全国第一份泥炭土壤调理剂登记证并建立院士工作站。新认定高新技术企业55个,新增“准独角兽企业”*“瞪羚企业”*“雏鹰企业”*培育库企业60个,获批省“双创计划”团队1个、人才1人。年内,新增9个无锡市工程技术研究中心,11个无锡市企业技术中心,2个省级智能车间,1个省企业技术中心,4个企业通过省“专精特新”“小巨人”评选,20余个企业开展产学研合作项目,专利授权2225件,其中有效发明专利拥有量928件。

【重点重大项目建设】 2020年,江阴临港经济开发区持续打造智慧能源、中信事业、节能环保及光催化、保税小镇及加工贸易、现代物流5个千亿级产业集群,不断壮大工程机械、高端包装新材料2个500亿级产业集群,着力建设1个科创中心——长三角(江阴)数字创新港,形成“5+2+1”的产业发展新格局。全年开工泰富临港医院、骏友电子材料、双良硅材料科技单晶炉等超亿元项目43项,总投资293.5亿元。全年竣工南京理工大学江阴校区、光大水务三期等项目32项,总投资186.5亿元。有53项项目被列入江阴市重点项目,其中省重点2项(远景AESC电池、南京理工大学江阴校区项目),无锡市重点项目20项,全部实质性开工,全面完成高质量考核目标要求,为实现“产业更高端、创新更澎湃”注入新动能。

【社会事业】 2020年,江阴临港经济开发区城镇职工养老保险、医疗保险、失业保险、被征地农民基本生活保障、最低生活保障为主的“五道保障线”水平超过全市平均水平。居民人均可支配收入57240元,比2019年增长4.5%。农村“三务”公开“户户通”*录入党务、村务、财务、群众意见建议、制度建设等各类信息2.5万余条。创新推出政府兜底、市民参与的大病医疗互助基金,参保率95%以上,全年5000多人得到救助,结报费用1500万余元。农村面貌不断改善,年内新建32座三类水冲式环保公厕,申兴村、高栗村获评无锡市美丽乡村示范村。南京理工大学江阴校区9月开学,2600多名新生入学。环卫物业化创新改革全面实施,辖区3个街道环卫改革启动。定制公交固化成功,单车成本从38万元压降到28万元,每年节省80余万元。被征地农民保障全力协调,全年投入2亿余元,做到符合条件的被征地农民应保尽保,辖区6133名被征地农民全部被纳入社保。加快养老院公建民营体制改革,辖区4个养老院“公建民营”全部改制完成。稳步实施申港、利港2个卫生服务中心新修工程,申港卫生服务中心装修完成,利港卫生服务中心完成施工许可证办理,场地施工道路正在铺设。申港河、西横河河道清淤以及护岸工程完成。长江“十年禁渔”工作显成效,查处“三无”船舶*318艘,制止违法行为500余人次。扫黑除恶专项斗争三年行动圆满收官,打掉黑恶势力团伙4个,破获九类案件399件。畅通信访渠道,完善联调联控机制,全年化解各类信访积案45件,各类纠纷调解成功率99%,全年没有发生重大群体性涉稳事件。(陈喜风)

江苏江阴—靖江工业园区

【概况】 2020年,江阴—靖江工业园区完成地区生产总值92亿元,规模以上工业产值167.26亿元,全社会固定资产投资18.68亿元,一般公共预算收入7.87亿元,限额以上单位零售额5.58亿元,限额以上单位销售额240亿元,进出口总额1.73亿美元,实际到位注册外资4009万美元。

【融合发展】 2020年4月1日,江苏省政府发布《〈长江三角洲区域一体化发展规划纲要〉江苏实施方案》,其中明确支持江阴—靖江工业园区建设跨江融合发展试验区。江阴市委书记许峰在十三届十一次全会上要求,要深度融入一体发展,稳步推进江阴—靖江跨江融合发展,并在市委工作务虚会上对园区提出要有强支撑、新亮点和大项目等具体要求。泰州、靖江市委全会也提出,要实质推进高质量跨江融合,当好融入长三角城市群的桥头堡。是年12月10日,举办"两江携手、共话发展"2020年江阴—靖江上市公司党建联盟首期活动,通过访谈沙龙、现场互动等形式,着力打造企业家交流平台,共同推动两地高质量融合发展。

【招商引项】 2020年,江阴—靖江工业园区紧紧围绕"建设高质量跨江融合发展试验区"工作目标,牢固树立产业强区意识,千方百计攻招商进展、推项目建设、抓项目服务、促外资到账,招商引资工作稳中有进。开展一系列务实而有效的小型专题招商活动,累计外出招商30余批次,拜访企业60余个;多次赴上海、苏州、无锡、宁波、杭州等十余个长三角城市进行产业对接,主动承接上述地区在产业升级中的优质项目和企业转移;与江阴上海商会签订战略合作协议,与江阴广东商会、南京商会、北京商会等建立稳定的商会关系,与日本长崎县、熊本县、大阪府驻上海办事处、新西兰上海领馆商务处建立联系机制;累计组织近100名客商参加9场在北京、上海、深圳、无锡举行的产业恳谈会,央企对接会,日本和韩国产业链对接会,城市推介会等招商活动。是年10月16日,召开2020年江阴—靖江工业园区产业发展恳谈会,签约装备制造增资、水处理环保专用设备制造、新能源航空装备、液化天然气动力船部件装备制造、东方能源增资5项项目;在江阴经贸合作洽谈会期间,园区签约优特钢棒材生产线、新能源新材料装备部件制造和高端特种环保装备制造3项项目,8项项目总投资超60亿元。全年累计引进"三个一批"(在建一批、拟建一批、重点意向一批)项目60项,总投资383.23亿元,其中在建项目13项,总投资102.99亿元,拟建项目12项,总投资88.74亿元,重点意向项目35项,总投资191.5亿元。

【主导产业发展】 2020年,江阴—靖江工业园区围绕江阴市"345"产业体系,紧扣主导产业、新兴产业和港口物流业,打造临江先进制造业基地和现代港口物流基地,做大产业、做强企业。园区重点骨干企业运行稳中有进,江苏新扬子造船有限公司占据较大的市场份额;大明重工有限公司产能扩张,新建8号厂房投入运营,压力容器、结构件、机加工等订单充足,全年产值大幅度增长;长强钢铁有限责任公司运行平稳订单充足,市场行情好转价格回升,疫情带来的负面影响逐月消化,全年产值与同期相比差距逐渐减小。园区中小型企业加快转型升级,江苏格尔顿传动有限公司研发投入超1000万元,客户需求量加大,商用车转向订单量大幅增加;海鹏特种车辆有限公司加大6项项目研发,产品多样化,订单多于2019年;江苏骥鑫船舶设备有限公司与浙江大学合作研发军用高标准船舶配套设备,产品单价高,提高利润空间;江苏盛佳精密机械有限公司抓住风电行业对调质银亮材的需求量加大的机遇,增加设备技术改造,不断提高产品质量,业务量增加,产值增速超40%。

【重点重大项目建设】 2020年,江阴—靖江工业园区坚持"项目为王"理念,在产业项目的质量、重大项目的数量、有效投资的总量上强攻突破。全年推进重点重大项目60项,其中在建项目13项,分别为总投资50亿元的大明高端金属材料精密加工项目、总投资7.3亿元的永益铸管智能化搬迁改造项目、总投资1.8亿元的江苏铭展高精不锈钢棒深加工项目、总投资1.4亿元的日本精品玩具项目、总投资4.64亿元的中晶晶润新型墙体晶板项目、总投资3.15亿元的下六圩港港池码头项目、总投资2.64亿元的长强钢铁综合料场封闭工程项目、总投资15亿元的融扬置业项目、总投资13亿元的江语天镜项目、总投资1.2亿元的盛佳精密高精度特钢深加工项目、总投资1亿元的博丞养老公寓项目、总投资1.06亿元的年产1万套机箱机柜项目和总投资0.8亿元长吉办公大楼项目。拟建项目12项,分别为总投资30亿元的特种钢管热连轧工程项目、总投资4.64亿元的新型环保建材项目、总投资9.5亿元的特种钢结构项目、总投资5.5亿元的高端特种环保装备制造项目、总投资14亿元的新能源新材料装备部件制造项目、总投资2亿元的新能源航空装备项目、总投资2.1亿元的进口食品交易中心项目、总投资5亿元的中建钢构新型建筑钢结构项目、总投资1.5亿元的中建钢构国家级检测中心项目、总投资10亿元的大明港务项目、总投资2亿元的钢纤维项目和总投资0.5亿元的电力成套设备项目;重点意向项目35项,总投资191.5亿元。

【社会事业】 2020年,江阴—靖江工业园区始终秉持"联动惠民、发展利民、融合富民"的开发理念,把增进百姓福祉作为联动开发的根本动力。配合江阴第二过江通道建设,完成签约交拆225户;完成沿江公路南北两侧占地约3公顷苗木移植工作;完成"见缝插绿"约5000平方米;莲沁苑雨污分流改造工程完成竣工验收。制定排口整治方案,黑臭水体全部建立排口清单,狠抓港口环境整治,检查涉港企业17个,巡查、检查120余次,约谈企业5个,下发整改通知8份,排查问题全部整改到位。继续推行"村民医疗互助"项目,全年有11086人参保,辖区低收入农户、贫困边缘户参保率100%。完成城乡居民保险续缴率90%。全年维修村级道路6条,重建村级道路1.4千米,通行政村双车道公路覆盖率100%,乡村道绿化率95%,乡镇村级道路亮化率100%,组级道路亮化率65%。

(毛　璧)

■类目编辑　纪晓华

上市企业

阵容变化

【概况】 2020年,江阴市企业上市工作领导小组贯彻落实市委、市政府全力打响“江阴板块”品牌的要求,积极应对资本市场政策变动新挑战,培育后备力量,打下坚实基础。年内,新增3个上市公司:江苏科茂新材料科技有限公司、优彩环保资源科技股份有限公司、江阴弘远新能源科技有限公司;新增3个申报上市材料企业:江苏华兰药用科技股份有限公司、江苏采纳科技股份有限公司、江苏标榜汽车部件股份有限公司;新增5个江苏证监局辅导备案企业:江苏采纳科技股份有限公司、江苏标榜汽车部件股份有限公司、江阴市惠尔信新材料有限公司、江阴润玛电子材料股份有限公司、无锡翔龙环球科技股份有限公司;新增3个完成上市股改企业:江苏新顺微电子股份有限公司、江苏耀坤液压股份有限公司、江苏江顺精密科技集团股份有限公司。至年末,全市累计有53个上市公司,其中境内上市33个(主板27个,创业板6个),境外上市20个。“新三板”*挂牌企业56个。

【“科茂新材料”】 2020年1月10日,江苏科茂新材料科技有限公司在澳大利亚国家证券交易所上市,股票代码KEM。公司主营业务为冷轧带钢及马口铁的生产及销售。

【“优彩资源”】 2020年9月25日,优彩环保资源科技股份有限公司在深圳证券交易所(以下简称“深交所”)中小板上市,股票代码002998。公司主营业务为涤纶纤维及其制品的研发、生产、销售。

【“弘远新能源”】 2020年10月20日,中国纳泉能源科技控股有限公司(弘远新能源)在香港联合交易所主板上市,股票代码HK01597。公司主营业务为变桨系统产品、定制物料销售等。

图为优彩环保资源科技股份有限公司外景　　（市工信局提供）

国内上市公司动态

【概况】 2020年,“江阴板块”A股上市公司严格按照中国证监会、江苏证监局等监管部门的相关文件要求,规范企业发展,提高公司市值,树立企业良好形象。神宇股份、华宏科技、百川股份、优彩资源、江苏科茂、三房巷、弘远新能源、江化微、法尔胜通过定向增发、首发募资等方式,募集资金100.6亿元;双良节能、宝利国际、江苏阳光、海达股份、长电科技、海澜之家、百川股份、吉鑫科技、三房巷、澄星股份、华宏科技、江南水务、模塑科技、神宇股份、华西股份、振江股份、恒润股份、电工合金、江阴银行、苏利股份、怡达股份、广信材料、江化微等多个公司向全体股东分配年度利润。

【“双良节能”】 2020年6月26日,双良节能系统股份有限公司发布《2019年度权益分派实施公告》:该次利润分配以方案实施前公司总股本1632295808股为基数,每股派发现金红利0.12元(含税),共计派发现金红利195875496.96元。

【"宝利国际"】 2020年7月9日,江苏宝利国际投资股份有限公司发布《2019年度权益分派实施公告》:以公司总股本921600000股为基数,向全体股东每10股派发现金红利0.1元。

【"爱康科技"】 2020年5月22日,公司发布《2019年度股东大会决议》,审议通过《2019年度利润分配预案》:公司2019年度不派发现金红利,不送红股,不以资本公积金转增股本。6月16日,张家港市法院裁定受理申请人的重整申请。10月9日,江苏省张家港市法院裁定批准爱康实业重整计划。12月26日,公司收到"江苏爱康实业集团有限公司重整计划执行终结确认书",控股股东爱康实业重整计划执行完毕。

【"江苏阳光"】 2020年4月28日,江苏阳光集团有限公司发布《2019年度利润分配方案公告》:公司拟以截至2019年12月31日公司总股本1783340326股为基数,向全体股东每10股派发现金红利0.25元(含税),合计拟派发现金红利44583508.15元(含税);2019年度公司现金分红比例为63.62%;公司不送红股,不进行资本公积金转增股本。9月16日,控股股东江苏阳光集团有限公司增持完成后,持有公司股份195879833股,占公司总股本的10.98%;阳光集团及其一致行动人合计持有公司股份580009833股,占公司总股本的32.52%。12月1日,控股股东江苏阳光集团有限公司累计增持公司股份19051312股,增持比例达公司总股本的1%。

【"海达股份"】 2020年5月19日,江阴海达橡塑股份有限公司发布《2019年度权益分派实施公告》:以公司总股本921600000股为基数,向全体股东每10股派发现金红利0.1元。

【"长电科技"】 2020年6月29日,江苏长电科技股份有限公司发布《2019年度权益分派实施公告》:该次利润分配以方案实施前公司总股本1632295808股为基数,每股派发现金红利0.12元(含税),共计派发现金红利195875496.96元。9月3日,中国银行间市场交易商协会出具同意接受公司超短期融资券注册,注册金额35亿元。17日,公司2020年第一次临时股东大会审议通过《2020年度非公开发行A股股票》。拟募集资金总额不超过50亿元,用于年产36亿颗高密度集成电路及系统级封装模块项目(26.6亿元)、年产100亿块通信用高密度混合集成电路及模块封装项目(8.4亿元)、偿还银行贷款及短期融资券(15亿元)。10月9日,非公开发行A股股票申请获中国证监会受理。21日,持有公司304546165股(占公司总股本的19%)的股东国家集成电路产业投资基金股份有限公司通过集中竞价方式减持公司股份总数的1%,减持后持股18%。12月28日,中国证监会核发《关于核准江苏长电科技股份有限公司非公开发行股票的批复》。

【"*ST中南"】 2020年4月28日,中南红文化集团股份有限公司股票被实行退市风险警示。29日,公司发布《关于2019年度拟不进行利润分配的专项说明》:公司2019年度不派发现金红利,不送红股,也不进行资本公积金转增股本。30日,公司股票简称由"ST中南"变更为"*ST中南"。5月15日,控股股东权益变动完成过户,江阴澄邦企业管理发展中心成为公司控股股东。26日,无锡市中级法院同意公司预重整。6月17日,公司董事会审议通过《选举陈飞为公司第五届董事会董事长的议案》等多项议案。12月25日,无锡市中级法院裁定终止中南红文化集团股份有限公司和江阴中南重工有限公司重整程序。

【"海澜之家"】 2020年4月29日,海澜之家股份有限公司发布《2019年度利润分配方案的公告》:公司向全体股东每10股派发现金红利2.8元(含税),剩余未分配利润结转至下一年度,2019年度不进行资本公积金转增股本。至2019年12月31日,公司总股本为4420012481股,扣除截至2020年3月31日的库存股52488762股,以此计算合计拟派发现金红利1222906641.32元(含税)。11月25日,周立宸出任公司董事长,汤勇出任董事会秘书。

【"百川股份"】 2020年1月21日,江苏百川高科新材料股份有限公司发行可转债募集资金5.2亿元。5月22日,公司发布《2019年度权益分派实施公告》:以2019年末总股本516977142股扣除回购专户持有股份12811000股后的总股本504166142股为基数,向全体股东每10股派发现金红利1.35元(含税),共计派发现金红利68062429.17元,不送红股,不以资本公积金转增股本。

【"四环生物"】 2020年5月16日,江苏四环生物股份有限公司发布《2019年度股东大会决议公告》,审议通过《2019年度利润分配预案》:公司2019年度归属于上市公司股东的净利润为14330773.52元,母公司净利润为-6125831.34元。依据《中华人民共和国公司法》和《公司章程》规定,以母公司实现的净利润为基础,提取法定公积金0元,加以上年度留存未分配利润-465552705.22元,2019年末累计可供股东分配的利润为-471678536.56元,不具备利润分配条件。

【"吉鑫科技"】 2020年6月20日,公司发布《2019年度权益分派实施公告》:向全体股东每10股派发现金红利0.13元(含税),资本公积金不转增股本。公司该次利润分配实施时股本总数为991760000股,扣减回购专用证券账户中的股份2048799股,以989711201股计算合计拟派发现金红利12866245.61元(含税)。9月28日,控股股东包士金全部归还占用上市公司非经营性资金2.44亿元。10月12日,公司2019年限制性股票激励计划终止实施,对136名激励对象已获授但尚未解除限售的限制性股票进行回购注销。11月4日,公司控股股东、实际控制人包士金计划通过大宗交易、集中竞价等方式减持其所持公司无限售条件流通股不超过5864.16万股,减持数量不超过公司总股本的6%。12月18日,部分股票解除质押后,控股股东包士金质押率变为79.69%,包士金及其一致行动人质押率变为79.45%。

【"三房巷"】 2020年4月15日,根据中国证监会并购重组委工作会议审核结果,江苏三房巷实业股份有限公司发行股份购买资产并募集配套资金暨关联交易事项未获通过。4月21日，公司发布《2019年度权益分派实施公告》：该次利润分配以方案实施前公司总股本797244230股为基数，每股派发现金红利0.03元（含税），共计派发现金红利23917326.9元。6月11日，第九届董事会第十六次会议通过《三房巷发行股份购买资产并募集配套资金暨关联交易报告书（草案）》。7月28日，该次发行股份购买资产并募集配套资金暨关联交易事项获有条件通过。9月7日，中国证券监督管理委员会出具《关于核准江苏三房巷实业股份有限公司向三房巷集团有限公司等发行股份购买资产并募集配套资金的批复》。11日，标的公司江苏海伦石化有限公司就该次交易资产过户事宜完成工商变更登记手续，变更后，公司持有海伦石化100%股权，海伦石化成为公司全资子公司。22日，该次发行的购买资产新增股份在中国证券登记结算有限责任公司上海分公司完成股份登记手续；非公开发行股份募集配套资金尚未完成。该次权益变动后，公司总股本由797244230股变为3657166407股，市值超百亿元。10月9日，公司名称由“江苏三房巷实业股份有限公司”变更为“江苏三房巷股份有限公司”；注册资本由7.97亿元变更为36.57亿元；经营范围变更为“合成材料销售，塑料制品制造，新材料技术推广服务，面料印染加工，面料纺织加工，发电、输电、供电业务，热力生产和供应，以自有资金从事投资活动，技术进出口，货物进出口，进出口代理，道路货物运输（不含危险货物）”。

【“＊ST胜尔”】 2020年4月24日，江苏法尔胜股份有限公司股票实施退市风险警示。28日，鉴于法尔胜2018年、2019年连续两个会计年度经审计净利润为负值，且2019年度经审计期末净资产为负值，公司证券简称由“法尔胜”变更为“＊ST胜尔”。5月16日，公司发布《2019年度股东大会决议公告》，会议审议通过《2019年度利润分配预案公告》：公司2019年度不派发现金股利，不送红股，不进行资本公积金转增股本。10月13日，江阴耀博泰邦企业管理合伙企业（有限合伙）持有公司股份56946224股，占公司总股本的15%，所持公司股份均解除质押。11月12日，控股股东法尔胜泓昇集团有限公司将其持有的4900万股公司股份解除质押，剩余质押股票3000万股，占其所持股份比例的37.02%。17日，中国证券监督管理委员会出具《关于核准江苏法尔胜股份有限公司非公开发行股票的批复》。30日，控股股东法尔胜泓昇集团有限公司部分股份质押，质押比例为76.51%。12月11日，接受控股股东无偿赠予4000万元。18日，非公开发行股票上市，发行股票数量39862368股，价格2.89元/股，募集资金总额1.15亿元。

【“澄星股份”】 2020年4月27日，受新型冠状病毒肺炎疫情等影响，江阴澄星实业集团有限公司决定终止重大资产重组事项。28日，公司发布《关于2019年度利润分配预案的公告》：公司以2019年12月31日总股本为基数，向全体股东每10股派发现金红利0.1元（含税），合计派发红利6625728.61元（含税），剩余未分配利润滚存到以后年度。2019年度不送股，资本公积金不转增股本。

【“华宏科技”】 2020年3月24日，鑫泰电子科技有限公司完成过户，成为江苏华宏科技股份有限公司全资子公司。4月22日，公司非公开发行股份募集配套资金3.17亿元。公司资产重组事项完成。5月23日，公司发布《2019年度股东大会决议公告》，审议通过《2019年度利润分配预案》：以公司未来权益分派实施时股权登记日的股本567721698股为基数，拟按每10股派发现金股利0.6元（含税），合计派发现金股利34063301.88元，剩余未分配利润转入下一年度。12月4日，公司发布2020年限制性股票激励计划。激励对象94人，限制性股票数量1500万股，来源为公司向激励对象定向发行普通股股票，价格为4.66元/股。

【“江南水务”】 2020年3月13日，江苏江南水务股份有限公司拟向中国银行间市场交易商协会申请注册发行规模不超过8亿元（含）的短期融资券；并拟以自身未来特定期间的供水收费收益权作为基础资产，申报发行资产支持证券规模9亿元。6月15日，公司发布《2019年度权益分派实施公告》：该次利润分配以方案实施前公司总股本935210292股为基数，每股派发现金红利0.08元（含税），共计派发现金红利74816823.36元。7月16日，持有公司总股本5.15%的江南模塑科技股份有限公司拟在预披露减持公告发布之日起15个交易日后6个月内通过集中竞价和大宗交易方式，减持公司股份合计不超过28056308股，即不超过公司股份总数的3%。减持完成后，江南模塑科技股份有限公司持有公司股份46760452股，占公司总股本的5%。

【“模塑科技”】 2020年7月1日，江南模塑科技股份有限公司发布《2019年度股东大会决议公告》，审议通过《2019年利润分配预案》：公司拟以总股本917045028股为基数，向全体股东每10股派送现金红利1.30元（含税），共计派发现金红利119215853.64元，剩余未分配利润结转至下一年度；2019年度不进行资本公积金转增股本。

【“神宇股份”】 2020年4月9日，神宇通信科技股份公司发布《2019年度权益分派实施的公告》：以截至2019年12月31日公司股份总数8000万股为基数，向全体股东按每10股派发现金股利2元（含税），合计派发现金股利1600万元。6月3日，公司2019年度非公开发行A股股票在深圳证券交易所创业板上市，发行数量14577259股，发行价格24.01元/股，共募集资金3.5亿元。7月21日，持有公司总股本5.01%的股东周芝华计划以集中竞价、大宗交易方式减持股份合计不超过2837200股，即合计不超过公司总股份的3%。10月21日，合计持有公司股份6071000股，占公司总股本6.42%的实际控制人汤建康及其一致行动人江阴市博宇投资有限公司通过集中竞价方式减持公司股份总数的1%，减持后持股5.42%。12月3日，公司非公开发行股票限售股上市流通。该次解除限售股份数量为14577259股，占公司总股本的15.41%。其中，实际可上市流通的数量为11734794股,占公司总股本的12.41%。

【“华西股份”】 2020年6月8日,江苏华西村股份有限公司拟收购Diamond Hill, L.P.权益,交易价格9.68亿元。该次交易完成后,公司将间接持有索尔思光电(成都)有限公司54.68%股权,为索尔思光电(成都)有限公司第一大股东。7月2日,公司发布《2019年度分红派息实施公告》:以公司总股本886012887股为基数,向全体股东每10股派发现金红利0.5元(含税),该次分配公司不送红股也不进行资本公积金转增股本。

【“振江股份”】 2020年6月9日,江苏振江新能源装备股份有限公司发布《2019年度权益分派实施公告》:以利润分配实施公告确定的总股本128071400股,扣除回购专用账户中的回购股份1232066股后,即以126839334股为基数,每股派发现金红利0.09元(含税),共计派发现金红利11415540.06元。7月22日,2020年第二次临时股东大会决议通过《2020年度非公开发行A股股票预案》。公司计划募集资金5.72亿元,用于8兆瓦及以上风力发电机零部件项目、光伏支架大件零部件生产线建设项目、切割下料中心建设项目、研发升级建设项目及补充流动资金。11月6日,公司首次公开发行限售股上市流通,数量为45254340股,占公司总股本的35.34%。

【“恒润股份”】 2020年6月10日,江阴市恒润重工股份有限公司发布《2019年度权益分派实施公告》:该次利润分配及转增股本以方案实施前公司总股本14560万股为基数,每股派发现金红利0.3元(含税),以资本公积金向全体股东每股转增0.4股,共计派发现金红利4368万元,转增5824万股,该次分配后总股本为20384万股。8月28日,第四届董事会第二次会议审议通过《2020年度非公开发行A股股票预案》。拟募集资金总额不超过6.97亿元,其中承立新拟以不低于6000万元现金认购,资金用于年产5万吨12兆瓦海上风电机组用大型精加工锻件扩能项目(53830万元)及偿还银行贷款(15870万元)。

【“电工合金”】 2020年5月27日,江阴电工合金股份有限公司发布《2019年度权益分派实施公告》:以公司截至2019年12月31日的总股本20800万股为基数,向全体股东每10股派发现金红利0.6元(含税),合计派发现金股利1248万元(含税),2019年度不送红股,不以资本公积金转增股本,剩余未分配利润结转至以后分配。

【“江阴银行”】 2020年6月2日,江苏江阴农村商业银行股份有限公司发布《2019年度权益分派实施的公告》:公司以总股本193027584股为基数,向全体股东每10股派发现金红利0.8元。11月12日,经中国银行保险监督管理委员会江苏监管局和中国人民银行批准,江苏江阴农村商业银行股份有限公司在全国银行间债券市场发行“江苏江阴农村商业银行股份有限公司2020年小型微型企业贷款专项金融债券(第一期)”,发行总规模10亿元,债券品种为3年期固定利率债券,票面利率为3.82%。12月18日,原董事会秘书朱杰辞职,暂由公司财务总监顾学俭代行董事会秘书职责。

【“苏利股份”】 2020年5月26日,江苏苏利精细化工股份有限公司发布《2019年度权益分派实施的公告》:公司以截至2019年12月31日的总股本1.8亿股为基数,向全体股东每10股派发现金红利6元(含税),合计拟派发现金红利1.08亿元(含税)。2019年度公司现金分红比例为35.62%,该次利润分配不进行资本公积金转增股本。12月3日,董事会审议通过议案:公司以125074980元收购控股子公司江阴苏利化学股份有限公司和泰州百力化学股份有限公司各6%股权;以1400万元增资苏利(宁夏)新材料科技有限公司。

【“怡达股份”】 2020年4月27日,江苏怡达化学股份有限公司发布《2019年度权益分派实施公告》:公司以截至2019年12月31日扣除回购专用证券账户持股数的股本80571000股为基数,每10股派发现金股利0.5元(含税),共计派发现金股利4028550元,剩余未分配利润滚存至下一年度。该次不送红股,也不进行资本公积金转增股本。9月9日,深交所出具《关于江苏怡达化学股份有限公司申请向特定对象发行股票的审核中心意见告知函》,认为公司符合发行条件、上市条件和信息披露要求,将按规定报中国证监会履行相关注册程序。11月17日,中国证券监督管理委员会出具《关于同意江苏怡达化学股份有限公司向特定对象发行股票注册的批复》。12月2日,部分限制性股票回购注销完成,公司总股本由80571000股减少至80344000股。

【“广信材料”】 2020年5月27日,江苏广信感光新材料股份有限公司发布《2019年度权益分派实施的公告》:以公司总股本193027584股为基数,向全体股东每10股派发现金红利0.8元。12月9日,公司拟将持有的东莞市航盛新能源材料有限公司60%的股权作价1875万元转让给李有明;投资设立全资子公司广东广信感光新材料有限公司。

【“江化微”】 2020年4月27日,江阴江化微电子材料股份有限公司发布《2019年度权益分派实施公告》:该次利润分配及转增股本以方案实施前公司总股本10920万股为基数,每股派发现金红利0.1元(含税),以资本公积金向全体股东每股转增0.3股,共计派发现金红利1092万元,转增3276万股,该次分配后总股本为14196万股。9月16日,中国证监会出具《关于核准江阴江化微电子材料股份有限公司非公开发行股票的批复》。12月1日,完成2020年非公开发行,募集资金289999974元。

“新三板”挂牌企业动态

【概况】 2020年,“江阴板块”56个“新三板”挂牌企业借助全国中小企业股份转让系统的平台,规范公司治理,严格信息披露,助推产业发展。江阴市新昶虹电力科技股份有限公司、江苏云峰科技股份有限公司、江阴万事兴汽车部件股份有限公司、江苏宝得换热设备股份有限公司、江阴四方游泳康复产业股份有限公司5个公司向公司全体股东分配年度利润；无锡翔龙环球科技股份有限公司通过非公开发行股份募集资金4100万元；江苏风和医疗器材有限公司、江苏金牡丹装饰工程股份有限公司、无锡市宏晟节能科技股份有限公司、江苏浩博新材料股份有限公司、江苏新光镭射包装材料股份有限公司、江阴延利汽车饰件股份有限公司、江苏大圣博环保科技股份有限公司7个公司在全国中小企业股份转让系统终止挂牌。

【"力博医药"】 2020年5月20日，江苏力博医药生物技术股份有限公司发布《2019年度股东大会决议公告》，审议通过《2019年度董事会工作报告》《2019年度监事会工作报告》《2019年度财务决算报告》《2019年度利润分配预案》：公司出于战略发展考虑，不对2019年度利润进行分配。

【"风和医疗"】 2020年2月3日，江苏风和医疗器材股份有限公司发布《关于公司股票在全国中小企业股份转让系统终止挂牌的公告》：根据全国中小企业股份转让系统有限责任公司出具的《关于同意江苏风和医疗器材股份有限公司股票终止在全国中小企业股份转让系统挂牌的函》，公司股票自2020年2月4日起在全国中小企业股份转让系统终止挂牌。

【"孚尔姆"】 2020年5月8日，江苏孚尔姆焊业股份有限公司发布《2019年度股东大会决议公告》，审议通过《2019年度董事会工作报告》《2019年度监事会工作报告》《2019年度财务决算报告》《公司2019年度利润分配预案》：鉴于公司未来长期发展需要，确保公司各项经营业务平稳、顺利进行，拟决定2019年度不做利润分配，也不进行资本公积金转增股本，未分配利润结转至下一年度。

【"硅普搪瓷"】 2020年5月20日，江阴硅普搪瓷股份有限公司发布《2019年度股东大会决议公告》，审议通过《2019年度董事会工作报告》《2019年度监事会工作报告》《2019年度财务决算报告》《公司2019年度利润分配预案》：根据公司利润情况及发展安排，公司拟不进行2019年度利润分配，也不进行资本公积金转增股本。

【"新昶虹"】 2020年6月12日，江阴市新昶虹电力科技股份有限公司发布《2019年度权益分派实施公告》：以公司总股本11054万股为基数，向全体股东每10股派发现金红利0.20元，共计派发现金红利221万元。

【"海特股份"】 2020年5月13日，江苏海特服饰股份有限公司发布《2019年度股东大会决议公告》，审议通过《2019年度董事会工作报告》《2019年度监事会工作报告》《关于公司2020年度财务预算方案》《2019年度权益分派方案的议案》：考虑公司经营情况，公司暂不进行利润分配。

【"无锡协力"】 2020年5月25日，无锡市协力新能源股份有限公司发布《2019年度股东大会决议公告》，审议通过《2019年度董事会工作报告》《关于2019年度财务决算报告》《关于公司2020年度财务预算报告》《关于公司2019年度利润分配方案》：根据公司实际情况，拟定公司2019年度利润不分配，不进行资本公积金转增股本。

【"金牡丹"】 2020年12月28日，江苏金牡丹装饰工程股份有限公司发布《关于公司股票在全国中小企业股份转让系统终止挂牌的公告》：根据全国中小企业股份转让系统有限责任公司出具的《关于同意江苏金牡丹装饰工程股份有限公司股票终止在全国中小企业股份转让系统挂牌的函》，公司股票自2020年12月29日起在全国中小企业股份转让系统终止挂牌。

【"江凌股份"】 2020年5月22日，江苏江凌测控科技股份有限公司发布《2019年度股东大会决议公告》，审议通过《2019年度董事会工作报告》《关于2019年度财务决算报告》《关于公司2020年度财务预算报告》《关于公司2019年度利润分配方案》：为促进公司业务进一步发展，基于股东长期利益考虑，经董事会研究决定，2019年度不进行利润分配，也不进行资本公积金转增股本，公司未分配利润用于补充公司流动资金。

【"云峰科技"】 2020年5月27日，江苏云峰科技股份有限公司发布《2019年度股东大会决议公告》，审议通过《2019年度董事会工作报告》《关于2019年度财务决算报告》《关于公司2020年度财务预算报告》《关于公司2019年度利润分配方案》：以公司总股本4539万股为基数，向全体股东每10股派发现金红利0.3元，共计派发现金红利1361700元。

【"宏晟节能"】 2020年10月28日，无锡市宏晟节能科技股份有限公司发布《关于公司股票在全国中小企业股份转让系统终止挂牌的公告》：根据全国中小企业股份转让系统有限责任公司出具的《关于终止无锡市宏晟节能科技股份有限公司股票挂牌的决定》，公司股票自2020年10月29日起在全国中小企业股份转让系统终止挂牌。

【"浩博新材"】 2020年9月8日，江苏浩博新材料股份有限公司发布《关于公司股票在全国中小企业股份转让系统终止挂牌的公告》：根据全国中小企业股份转让系统有限责任公司出具的《关于同意江苏浩博新材料股份有限公司股票终止在全国中小企业股份转让系统挂牌的函》，公司股票自2020年9月10日起在全国中小企业股份转让系统终止挂牌。

【"新光镭射"】 2020年9月8日，江苏新光镭射包装材料股份有限公司发布《关于公司股票在全国中小企业股份转让系统终止挂牌的公告》：根据全国中小企业股份转让系统有限责任公司出具的《关于同意江苏新光镭射包装材料股份有限公司股票终止在全国中小企业股份转让系统挂牌的函》，公司股票自2020年12月17日起在全国中小企业股份转让系统终止挂牌。

【"标榜新材"】 2020年5月19日，江苏标榜装饰新材料股份有限公司发布《2019年度股东大会决议公告》，审议通过《2019年度董事会工作报告》《关于2019年度财务决算报告》《关于公司2020年度财务预算报告》《关于公司2019年度利润分配的议案》：综合考虑2020年度公司生产规模扩大及业务增长对资金的需求,决定2019年度不进行利润分配,也不进行资本公积金转增股本。

【“翔龙科技”】 2020年5月8日,无锡翔龙环球科技股份有限公司发布《2019年度股东大会决议公告》,审议通过《2019年度董事会工作报告》《关于2019年度财务决算报告》《关于公司2020年度财务预算报告》《关于公司2019年度利润分配的议案》:根据公司经营发展需要,为提高公司财务稳健性,实现公司持续、稳定、健康发展,更好地维护全体股东长远利益,公司2019年度拟不进行利润分配。

【“延利股份”】 2020年4月24日,江阴延利汽车饰件股份有限公司发布《关于公司股票在全国中小企业股份转让系统终止挂牌的公告》:根据全国中小企业股份转让系统有限责任公司出具的《关于同意江阴延利汽车饰件股份有限公司股票终止在全国中小企业股份转让系统挂牌的函》,公司股票自2020年4月27日起在全国中小企业股份转让系统终止挂牌。

【“万事兴”】 2020年5月15日,江阴万事兴医疗器械股份有限公司发布《2019年度股东大会决议公告》,审议通过《2019年度董事会工作报告》《关于2019年度财务决算报告》《关于公司2020年度财务预算报告》《关于公司2019年度权益分派预案》:公司决定2019年度不进行利润分配,也不进行资本公积金转增股本。

【“万兴股份”】 2020年5月15日,江阴万事兴汽车部件股份有限公司发布《2019年度股东大会决议公告》,审议通过《2019年度董事会工作报告》《关于2019年度财务决算报告》《关于公司2020年度财务预算报告》《关于公司2019年度权益分派预案》:公司股本为4650万股,拟以权益分派实施时股权登记日应分配股数为基数,以未分配利润向全体股东每10股派发现金红利1.2元(含税),共预计派发现金红利558万元。

【“奥派装备”】 2020年5月26日,江苏奥派交通装备股份有限公司发布《2019年度股东大会决议公告》,审议通过《2019年度董事会工作报告》《关于2019年度财务决算报告》《关于公司2020年度财务预算报告》《关于公司2019年度权益分派预案》:为公司长远发展考虑,公司2019年度不进行利润分配。

【“润达光伏”】 2020年6月17日,江苏润达光伏股份有限公司发布《2019年度股东大会决议公告》,审议通过《2019年度董事会工作报告》《关于2019年度财务决算报告》《关于公司2020年度财务预算报告》《2019年度利润分配方案》:为公司长远发展考虑,公司2019年度拟不进行权益分派。

【“华钢网络”】 2020年5月14日,江苏华钢网络科技股份有限公司发布《2019年度股东大会决议公告》,审议通过《2019年度董事会工作报告》《关于2019年度财务决算报告》《关于公司2020年度财务预算报告》《2019年度利润分配方案》:为公司长远发展考虑,公司2019年度拟不进行权益分派。

【“博阳智电”】 2020年5月12日,江苏博阳智慧电气股份有限公司发布《2019年度股东大会决议公告》,审议通过《2019年度董事会工作报告》《关于2019年度财务决算报告》《关于公司2020年度财务预算报告》《2019年度利润分配方案》:公司处于稳定发展期,根据公司战略实施及业务开展需要,结合公司现金流情况,公司拟定2019年不进行利润分配,不送红股,不实施资本公积金转增股本。

【“舜阳科技”】 2020年7月22日,无锡舜阳新能源科技股份有限公司发布《2019年度股东大会决议公告》,审议通过《2019年度董事会工作报告》《关于2019年度财务决算报告》《关于公司2020年度财务预算报告》《2019年度利润分配方案》:根据公司战略实施及业务开展需要,结合公司现金流情况,公司拟定2019年不进行利润分配,不送红股,不实施资本公积金转增股本。

【“宝得换热”】 2020年5月22日,江苏宝得换热设备股份有限公司发布《2019年度股东大会决议公告》,审议通过《2019年度董事会工作报告》《关于2019年度财务决算报告》《关于公司2020年度财务预算报告》《关于2019年年度权益分派预案的报告》:公司拟以权益分派实施时股权登记日的总股本17948000为基数,以未分配利润向全体股东每10股派发现金红利0.43元(含税)。

【“圣博股份”】 2020年9月21日,江苏大圣博环保科技股份有限公司发布《关于公司股票在全国中小企业股份转让系统终止挂牌的公告》:根据全国中小企业股份转让系统有限责任公司出具的《关于同意江苏大圣博环保科技股份有限公司股票终止在全国中小企业股份转让系统挂牌的函》,公司股票自2020年9月22日起在全国中小企业股份转让系统终止挂牌。

【“四方游泳”】 2020年5月13日,江阴四方游泳康复产业股份有限公司发布《2019年度股东大会决议公告》,审议通过《2019年度董事会工作报告》《关于2019年度财务决算报告》《关于公司2020年度财务预算报告》《关于公司2019年度利润分配预案》:公司总股本为1500万股,拟以权益分派实施时股权登记日应分配股数为基数,以未分配利润向全体股东每10股派发现金红利0.5元(含税),预计派发现金红利75万元。

【“晓达股份”】 2020年5月26日,江阴市晓达金属制品制造股份有限公司发布《2019年度股东大会决议公告》,审议通过《2019年度董事会工作报告》《关于2019年度财务决算报告》《关于公司2020年度财务预算报告》《关于公司2019年度利润分配预案》:根据公司生产经营状况及持续发展的需要,2019年度不进行利润分配。

募集资金使用

【概况】 2020年,江阴A股上市及“新三板”挂牌企业通过定向增发等方式从资本市场直接融资101.04亿元,借力资本市场,实现企业跨越式发展。

【“法尔胜”】 2020年12月18日，江苏法尔胜股份有限公司非公开发行股份募集资金1.15亿元，用于偿还有息债券。

【“江化微”】 2020年12月17日，江阴江化微电子材料股份有限公司定向增发募集资金2.9亿元。其中1.35亿元用于年产6万吨超高纯湿电子化学品项目（四川），6820万元用于年产3万吨超高纯湿电子化学品、副产0.2万吨工业级化学品再生利用项目（四川），补充流动资金8680万元。

【“神宇股份”】 2020年6月3日，神宇通信科技股份有限公司非公开发行股份募集资金3.5亿元，用于年产40万千米5G通信、航空航天用高速高稳定性射频同轴电缆建设项目（江阴）。

【“百川股份”】 2020年1月13日，江苏百川高科新材料股份有限公司发行可转换公司债，募集资金5.2亿元，用于年产5万吨针状焦项目（宁夏）。

【“三房巷”】 2020年9月17日，江苏三房巷聚材股份有限公司非公开发行股份购买海伦石化100%股权，标的资产作价73.5亿元。

【“华宏科技”】 2020年4月22日，江苏华宏科技股份有限公司通过发行股份及支付现金相结合的方式购买刘卫华等20名自然人持有的鑫泰科技100%股权，50944.81万元由公司以发行股份的方式支付；同时，华宏科技拟向不超过35名特定投资者发行股份募集配套资金3.18亿元。

【“翔龙科技”】 2020年2月7日，无锡翔龙环球科技股份有限公司非公开发行股份募集资金4050万元，用于补充流动资金和偿还借款。

【“科茂新材料”】 2020年1月10日，江苏科茂新材料科技有限公司在澳大利亚国家证券交易所上市，首发募集资金2600万元。

【“弘远新能源”】 2020年10月20日，中国纳泉能源科技控股有限公司（弘远新能源）在香港联合交易所主板上市，首发募集资金1.08亿元。

【“优彩资源”】 2020年9月25日，优彩环保资源科技股份有限公司在深交所中小板上市，首发募集资金4.77亿元。

经营业绩

【概况】 2020年，江阴市A股上市公司总资产3368亿元，比2019年增加237亿元；总股本341.7亿股；实现营业收入1216.66亿元；年终市值2359.78亿元。至年末，16个上市公司净利润高于2019年，但华西股份、宝利国际、澄星股份、广信材料、怡达股份5个公司亏损。

2020年“江阴板块”国内上市公司业绩汇总一览表

表17

代码	公司名称	每股收益（元）	每股净资产（元）	净资产收益率（%）	每股现金净流量（元）	营业收入（万元）	净利润（万元）	总资产（万元）	净资产（万元）	负债率（%）	总股本（万股）	流通股（万股）	市值（亿元）
000518	四环生物	0.0265	0.6224	4.35	0.0015	50539.94	2765.65	82370.75	68504.80	16.83	102955.62	102953.57	52.71
000584	哈工智能	0.0085	3.1518	0.28	0.0820	161787.48	931.65	501649.82	255152.45	49.14	76093.76	59836.57	44.36
000700	模塑科技	0.0160	2.9851	0.50	0.0466	612445.26	1152.80	836331.98	276636.08	66.92	91705.28	80708.21	49.98
000890	*ST胜尔	0.0400	0.0396	0.00	-0.1400	46705.90	1595.54	92642.43	1662.45	98.21	41950.40	37962.87	11.96
000936	华西股份	-0.3800	5.3080	-6.77	0.1595	23555.87	-28795.78	867516.74	482665.90	44.36	88601.29	88537.87	69.46
002015	霞客环保	0.5928	4.2351	15.10	0.1184	1130593.17	103347.24	2820259.54	837144.80	70.32	135246.13	40070.38	84.26
002445	*ST中南	0.0600	0.6489	53.09	0.0596	38682.65	12474.12	204359.89	156389.34	23.47	240258.06	238144.18	49.01
002455	百川股份	0.1300	2.5546	4.67	-0.2252	218673.02	6645.53	500630.42	188735.25	62.30	51701.30	39313.56	30.56
300135	宝利国际	0.0040	1.3602	0.31	-0.0845	201839.44	-236.54	262124.33	124713.79	52.42	92160.00	92160.00	23.87
600078	澄星股份	-3.3400	-0.7186	0.00	-2.5292	313654.85	-216920.25	542760.60	-3022.63	100.56	66257.29	66257.29	26.17
600220	江苏阳光	0.0089	1.1451	0.76	-0.0749	197235.19	3412.18	491296.33	229825.78	53.22	178334.03	178334.03	50.83
600370	三房巷	0.1529	1.5689	10.21	0.2302	1629979.75	58593.73	1267523.74	596389.57	52.95	365716.64	79724.42	111.91
600398	海澜之家	0.4100	3.0467	13.23	0.1631	1795853.59	171754.87	2766816.21	1389370.80	49.78	431959.22	431959.22	277.32
600481	双良节能	0.0843	1.3468	6.12	0.0976	207156.34	13563.71	410892.76	221240.64	46.16	163229.58	162725.58	63.50
600584	长电科技	0.8100	8.3598	10.02	0.1878	2646399.45	130598.39	3232819.62	1340970.23	58.52	160287.46	135984.40	682.34
601199	江南水务	0.2600	3.2907	8.15	0.6412	95314.22	24103.82	545498.92	307752.35	43.58	93521.03	93521.03	36.47
601218	吉鑫科技	0.2397	2.7859	8.95	0.1051	204877.06	23428.06	423930.76	272520.94	35.72	97736.00	97736.00	37.53

续表 17

代码	公司名称	每股收益(元)	每股净资产(元)	净资产收益率(%)	每股现金净流量(元)	营业收入(万元)	净利润(万元)	总资产(万元)	净资产(万元)	负债率(%)	总股本(万股)	流通股(万股)	市值(亿元)
002610	爱康科技	0.0049	0.9138	0.45	-0.0129	301631.70	2952.57	959283.29	409732.69	57.29	448796.92	438626.63	147.65
002645	华宏科技	0.4185	5.2220	8.54	-0.0024	337568.77	22870.65	393699.75	300640.25	23.64	56772.17	44007.53	51.55
300320	海达股份	0.3300	3.0795	10.15	0.0211	226327.54	19707.27	299610.95	188564.99	37.06	60123.42	46261.16	41.79
300537	广信材料	-1.1099	5.7142	-17.51	-0.0008	75314.07	-22177.86	150058.77	110269.72	26.52	19302.76	12538.11	31.77
002807	江阴银行	0.4866	5.4199	8.85	0.4299	335128.90	107013.00	14276623.40	1226019.30	91.41	217200.41	216943.10	92.96
300563	神宇股份	0.7000	9.5921	8.62	0.7333	62148.76	6184.26	109921.00	90724.68	17.46	9457.73	6385.11	25.00
603585	苏利股份	0.9700	11.2689	8.75	-0.9178	155861.00	21901.56	306824.64	252027.59	17.86	18000.00	18000.00	33.48
603078	江化微	0.4078	7.4075	6.97	0.6143	56379.48	5742.96	198841.31	111531.71	43.91	15074.79	14196.00	51.68
603985	恒润股份	2.2721	7.4680	34.49	-0.1316	238450.98	45681.39	268845.32	154667.09	42.47	20384.00	20384.00	67.29
300697	电工合金	0.5560	4.3166	13.23	-0.1690	160648.63	11506.85	127961.82	89973.35	29.69	20800.00	9100.00	30.68
603507	振江股份	0.5400	11.2840	4.77	-0.0032	193135.22	5667.32	357466.95	146558.39	59.00	12683.64	12563.14	30.01
300721	怡达股份	-0.0499	10.3806	-0.46	0.2403	100416.00	-427.09	223735.60	88747.59	60.33	8034.40	7935.00	23.47
002998	优彩资源	0.5100	4.2987	13.36	0.0610	136360.34	13517.51	164447.15	140308.65	14.68	32639.84	8159.96	30.22
合计						12166664.58	548555.11	33686744.81	10056418.54		3416983.17	2881028.93	2359.78
平均		0.1720	4.2699	7.64	-0.0100	405555.49	18285.17	1122891.49	335213.95	70.15	113899.44	96034.30	78.66

上市(挂牌)后备企业动态

【概况】 2020年,江阴市对全市上市挂牌后备企业继续进行滚动调整,严格筛选审核后备企业名录,挖掘培育发展潜力大、效益高、后劲足的优质企业,优化后备企业资源库,不断做优做强后备企业集群。江苏华兰药用科技股份有限公司、江苏采纳科技股份有限公司、江苏标榜汽车部件股份有限公司3个企业向中国证监会、深交所申报上市材料;江苏采纳科技股份有限公司、江苏标榜汽车部件股份有限公司、江阴市惠尔信新材料有限公司、江阴润玛电子材料股份有限公司、无锡翔龙环球科技股份有限公司5个企业向江苏证监局申报辅导;江苏新顺微电子股份有限公司、江苏耀坤液压股份有限公司、江苏江顺精密科技集团股份有限公司3个企业完成上市股改工作。

【"华兰药用"】 江苏华兰药用新材料股份有限公司向深交所申报创业板上市材料,2020年7月6日,深交所受理华兰药用上市申请。

【"采纳科技"】 江苏采纳科技股份有限公司向中国证监会江苏监管局申报辅导备案,江苏证监局确认江苏采纳科技股份有限公司辅导备案日为2020年6月15日。辅导验收后,江苏采纳科技股份有限公司向深交所申报创业板上市材料。

【"标榜汽车"】 江苏标榜汽车部件股份有限公司向中国证监会江苏监管局申报辅导备案,江苏证监局确认江苏标榜汽车部件股份有限公司辅导备案日为2020年9月1日。辅导验收后,江苏标榜汽车部件股份有限公司向深交所申报创业板上

图为江苏华兰药用新材料股份有限公司车间　　（市工信局提供）

市材料。

【“润玛电子”】 江阴润玛电子材料股份有限公司向中国证监会江苏监管局申报辅导备案，江苏证监局确认江阴润玛电子材料股份有限公司辅导备案日为2020年10月14日。

【“惠尔信”】 江阴市惠尔信新材料有限公司向中国证监会江苏监管局申报辅导备案，江苏证监局确认江阴市惠尔信新材料有限公司辅导备案日为2020年11月4日。

【“翔龙科技”】 无锡翔龙环球科技股份有限公司拟申报新三板精选层挂牌，公司向中国证监会江苏监管局申报辅导备案，江苏证监局确认无锡翔龙环球科技股份有限公司辅导备案日为2020年2月28日。

政府服务

【概况】 2020年，江阴市高度重视企业上市挂牌工作，从各方面为企业上市提供“一站式”服务。年初组织召开全市金融和上市工作会议，全面部署2020年度企业上市挂牌工作；举办上市公司高质量发展论坛，助推江阴上市公司高质量发展；举办创业板注册制座谈会，引导企业抓住注册制改革机遇，全力推进上市工作；举办科创板后备企业上市培训活动，推动企业科创板上市；切实做好企业上市挂牌奖励政策兑现工作，调动企业上市挂牌积极性。是年，新增上市公司3个，上市挂牌公司通过定向增发等方式从资本市场直接融资101.04亿元。

【全市金融（上市）工作会议】 为深入贯彻落实中央、省、无锡经济工作会议和金融工作会议精神，进一步提高金融服务实体经济能力，推动江阴经济金融高质量发展，2020年4月28日，江阴市召开全市金融（上市）工作会议。会议指出，新型冠状病毒肺炎疫情对全球经济的影响日趋显现，国际贸易摩擦持续，经济下行压力加大。做好全年金融和上市工作，对于优化区域经济金融环境、推动实体经济高质量发展具有重要意义。具体措施：坚持回归本源，加大服务实体经济力度；注重量质并举，推动“江阴板块”扩容升级；强化从严监管，筑牢经济金融安全防线；深化改革创新，实现金融行业提质增效；加强服务保障，营造金融发展良好环境。

【科创板上市交流座谈会】 科创板是国家落实创新驱动和科技强国战略的重大举措，是资本市场试点注册制、激发市场活力的重要平台。为帮助江阴市科创板后备企业坚定信心，深入了解科创板制度设计和上市规则，实现科创板历史性突破，2020年9月11日，市工信局（金融局）组织企业赴上海举办“走进上交所，拥抱科创板”科创板企业上市培训活动。该活动包含主题讲座和企业考察两个环节。江阴润玛电子材料股份有限公司、江苏普莱医药生物技术有限公司、江阴市惠尔信精密装备股份有限公司等23个科创板后备企业参加该活动。座谈会介绍上交所及科创板基本情况，指出企业上市需要注意的事项，指导企业如何把握科创属性评价指引及暂行规定；对科创板IPO（首次公开募股）案例进行归类分析，分享申报企业业绩波动、客户集中度、关联交易等财务方面以及同业竞争、三类股东等法律方面问题及应对方法，为企业开展科创板上市工作提供宝贵经验。

【高质量发展论坛】 为助推江阴市上市公司高质量发展，着眼长远，把握大势，培育新理念，注入新动能，2020年9月，市工信局（金融局）组织举办“江阴板块”高质量发展研讨交流活动。江苏华宏科技股份有限公司、江阴市恒润重工股份有限公司、江阴江化微电子材料股份有限公司等近20个上市企业及拟上市企业相关负责人参加该活动。9月28日，组织考察国电南瑞科技股份有限公司、南京埃斯顿自动化股份有限公司、紫金山实验室，并在南京市江宁区组织交流座谈会。江阴市和南京市江宁区代表先后介绍各自企业上市工作基本情况，进行探讨交流。29日，在江苏省高投集团组织举办“江阴板块”高质量发展论坛。江苏证监局副处长王玮、江苏毅达股权投资基金管理有限公司董事长应文禄、江苏毅达股权投资基金管理有限公司合伙人李安峰分别围绕“江阴上市公司高质量发展与合规经营”“创投机构如何支持企业高质量发展”“做强做大上市公司的心法与招式”作主体分享。

【奖励政策兑现】 2020年，江阴市为进一步调动企业首发上市及“新三板”挂牌积极性，落实兑现企业上市挂牌各项优惠补助政策，按照《关于全力重塑“江阴板块”新优势的若干政策意见》《〈关于全力重塑“江阴板块”新优势的若干政策意见〉的补充意见》文件精神，根据镇（街道）、园区的审核申报，开展全市上市挂牌公司奖励政策兑现工作，共兑现2302.01万元。通过兑现政策，大幅度降低企业上市挂牌成本，进一步调动企业登陆资本市场的积极性。 （张盈盈）

■类目编辑 徐文辉

建筑业

综　述

【概况】 2020年，江阴市住房和城乡建设部门健全完善诚信体系，加强监管力量配置和管理执法能力提升，落实工程质量终身责任和住宅工程标准样板房等制度，施行住宅工程质量样板引路制度，推行住宅工程质量潜在缺陷保险，强化原材料管理，深入开展工程质量治理行动和安全专项整治，突出工程质量通病防治和原材料、混凝土质量管理，认真治理违规海砂，不断加强综合执法，在监项目276项，建筑面积1376万平方米。执行绿色建筑二星级设计标准，推行装配式建筑和全装修成品住房，制定海绵城市建设意见，新增节能建筑191.94万平方米。加强建筑业企业资质管理，全年完成建筑业企业的资质申报158个，其中新办29个、增项18个、升级6个、重组分立105个；监理、勘察、设计企业资质申报10个，其中增项7个、升级3个。

【建筑工程勘察设计】 2020年，江阴市建筑工程设计总产值1.66亿元，与2019年相比略有增长，建设行政主管部门完成深基坑支护设计方案审查64项中，新建民用建筑100%执行绿色建筑设计标准，总建筑面积191.94万平方米；新开工装配式建筑30.56万平方米，竣工成品住房面积25.24万平方米，海绵城市建成区面积25平方千米。建设行政主管部门完成深基坑支护设计方案审查64项，获得绿色建筑设计标识二星级以上项目23项，总建筑面积233.61万平方米。

建筑施工

【概况】 2020年，江阴市有建筑业企业492个，其中总承包企业194个，专业承包企业276个，劳务企业22个，平均从业人数42978人，全员劳动生产率人均21.49万元。全年施工面积760.15万平方米，比2019年增长6.02%，其中新开工面积348.61万平方米，比2019年增长7.27%；竣工面积243.66万平方米，比2019年下降15.07%。

【建筑工程质量监管】 2020年，江阴市建设工程质量安全监督站新增监督项目213项，建筑面积936.9万平方米，比2019年增长78.7%；新增提前介入项目37项，建筑面积86.5万平方米；拥有在监项目276项，建筑面积1376万平方米，比2019年增长70.7%；竣工验收97项（单位工程528项），建筑面积357.7万平方米，比2019年下降25.9%；新增保温节能建筑面积551.9万平方米；获得国家优质工程奖2项；"扬子杯"优质工程奖2项（其中房屋建筑1项2个单体，装饰工程1项）；获得江苏省建筑施工标准化星级工地17项（其中三星5项，二星3项，一星9项）；组织三类人员培训2497人；实施房屋安全鉴定115户，出具鉴定报告11份，意见书27份；实施消防验收项目62项；接受并处理"12345"民生热线电话、阳光信访等各类投诉事件736件；开展质量安全巡查抽查2290个次，开具质量监督抽查整改通知书248份，开具安全隐患整改通知书439份，局部停工整改通知书75份，发现安全隐患1354条，整改1300条，整改率96%；排查超过一定规模危险性较大的分部分项工程项目156项；实施信用扣分122份，移交行政处罚案件151件（其中质量36件，安全61件，文明施工29件，各分局文明施工25件），到账罚款金额227.43万元（其中分局43.75万元）。8月，出台《关于推行住宅工程质量潜在缺陷保险的实施意见（试行）》，对全市商品房、拆迁安置房和保障房全面实施质量缺陷保险制度，并列入土地出让条件。全市有23项在建房地产项目实施质量缺陷保险，涉及保险金额68.8亿元，保费1.03亿元。制定出台《对违反法定建设程序的在建工程加强检测鉴定工作的意见》，对违反法定建设程序期内完工部分强制通过第三方检测鉴定进行施工质量和结构安全进行评价，消除质量隐患，维护群众利益。实施以来，对32项项目开展检测鉴定，其中27项含有桩基工程，11项项目经检测鉴定桩基存在大小问题，占比40.7%。建筑材料监督抽测，抽测工地现场钢筋、排水管、电工套管、防水卷材56组，合格率94.6%；制作商品混凝土出厂试块49组，试压合格率98%；实体抽测430次，合格率97.7%；抽取24个混凝土结构芯样，进行氯离子含量分析，检测结果达到规范要求；实施全市混凝土实体构件普查，共抽取232个芯样，合格率98.3%。

【建筑工程安全监督】 2020年，江阴市建设工程质量安全监督站下发《关于进一步做好岁末年初建筑施工安全生产工作的通知》《关于推进住建行业开复工(复业)工作的通知》等25份文件，对全年重要时间节点建筑施工安全生产、文明施工进行部署、落实；落实安全生产各项保障措施，与施工、监理企业签订2020年江阴市建筑施工、监理企业安全生产职责告知承诺书267份；开展建筑施工企业主体责任落实专项检查，指导企业进一步落实“一必须五到位”(必须依法生产经营，安全责任到位，安全投入到位，安全培训到位，安全管理到位，应急救援到位)，检查企业46个，其中施工企业27个、建筑起重机械企业19个，签发专项督查问题清单25份；制定《建筑施工安全生产分级分类监管实施方案(试行)》，明确分类、分级标准，对建筑施工项目将实行差别化、动态化管理。年内，江阴市建设工程质量安全监督站会同局安监科分别召开全市建筑施工安全生产工作会议和开展建设领域“百团进百万企业”安全生产学习宣讲活动，受训人数500余人次。开展“春风行动”宣讲，制定《“春风行动”实施方案》，向374个建筑施工企业及项目部发放“春风行动”宣传资料，组织开展集中宣讲239次。开展“标准化观摩”活动，组织观摩安全生产标准化管理、智慧工地、防高坠管控等方面有亮点特色的样板示范工地3个，观摩人数560余人次。按照无锡市住建局、江阴市安委办的要求，制定《江阴市建筑施工安全生产专项整治实施方案》，开展为期一年的安全生产专项整治行动，做到安全问题排查到位、隐患整改闭合到位。

【建筑工程安全生产】 2020年，江阴市建设工程质量安全监督站做好春节前中止施工工作，下发《关于进一步做好岁末年初建筑施工安全生产工作的通知》，完成节前中止施工备案170项项目；严格节后复工安全检查，重点检查临时用电、安全防护、起重机械、脚手架等内容，至3月15日，全市在建工地复工率100%，工人返岗率超100%；开展建筑施工安全生产专项整治，依据整治实施方案，开展两轮全覆盖专项整治，并结合开展脚手架和模板支撑体系、临时用电、预防高坠、危大工程、起重机械和施工现场消防专项整治行动，检查项目1106项次，下发检查通报10份，开具整改通知书340份，局部停工整改通知书55份，发现安全隐患1656条，整改1605条，信用扣分104份，移交行政处罚57件；开展建筑起重机械专项检查，聘请专家6名，检查工地40个，抽查65台起重机械设备，发现隐患128条，出具整改通知书11份，局部停工通知书15份，对54个企业进行信用扣分，约谈起重机械检测机构、安装企业12个，要求12个企业暂停承接业务。开展建筑施工预防高坠专项整治，依据《建筑施工预防高处坠落高空坠物安全专项整治工作方案》，下发防高坠文件、告知书、百日行动海报等260份，出台《关于加强建筑施工预防高处坠落管控措施的通知》，所有在建工程完成自查自纠，组织开展执法检查3次，检查项目331项次，开具整改通知书118份，局部停工整改通知书6份，发现安全隐患295条，整改279条，录入工程建设不良行为信用扣分单20份，移交行政处罚案件9件。

2020年，马儿岛艺术文化主题度假酒店获国家优质工程奖

(市住建局提供)

建筑市场管理

【概况】 2020年，江阴市住房和城乡建设部门以城乡环境综合整治为抓手，建立企业建筑工地施工扬尘治理管理体系，完善主管部门施工扬尘防治监管体系，有效遏制建筑工地施工扬尘对大气污染的影响。强化建筑市场质量安全监管，健全建筑企业信用管理体系，努力规范建筑市场行为。全年立案查处各类建筑违法案件189件，送达行政处罚决定书255份，结案258件(含2019年结转)，收缴罚没款1346万元。下发《2020年江阴市建筑施工扬尘污染整治工作方案》，明确管控责任，与建筑施工企业签订“建筑施工扬尘管控责任状”，公布建筑工地扬尘污染防治攻坚“红黑榜”六期、整改榜六期。全年完成消防设计审核153项、验收216项、备案189项，抽中16项，消防审验类行政处罚6项。全年办理江阴建筑业企业年度信用手册193份，外地建筑业单项信用手册78份，录入工程建设不良行为扣分单297份。加强建设工程的计价市场管理，对市属12个造价咨询企业进行信用评价，江阴市获江苏省造价咨询企业信用单位12个。

【工程建设监管执法】 2020年,江阴市住房和城乡建设执法大队认真落实行政执法责任制,坚持教育和处罚相结合、引导和治理相结合的原则,做到执法必严、违法必究,及时有效处理各类建筑行政违法行为,维护全市建筑市场秩序。同时,约谈企业相关负责人,对其进行政策法规宣传教育,违法建设整改到位,从源头上遏制违法建设的乱象。大队重点对安全、质量、审图、文明施工等建筑违法行为进行依法查处。全年立案查处各类建筑违法案件189件,送达行政处罚决定书255份,结案258件(含2019年结转),收缴罚没款1346万元。加强与部门、镇(街道)的联络与沟通,加强信息互通和联动机制,联合执法,联手行动,共同遏制违法违规行为,形成良性的工作机制,努力营造安全、稳定、有序、健康的建筑市场环境。江阴市住房和城乡建设执法大队进一步规范执法队伍管理和行政执法工作标准,从10月起全面推行网上办案,启用无锡市住房建设综合行政执法管理系统,所有的行政处罚案件从立案到结案全部由执法人员通过平台办理。同时全面推进行政执法公示、执法全过程记录、重大执法案件法制审核"三项制度",进一步规范执法程序和执法文书,进一步提高执法质量、执法效率和执法公信力。是年,在无锡市住建系统行政执法案卷评查中,大队案卷获得第一名。

【建筑工地施工扬尘专项治理】 2020年,江阴市建设工程质量安全监督站下发《2020年江阴市建筑施工扬尘污染整治工作方案》,全面实施建筑工地扬尘治理工作要求,做到严禁施工车辆带泥上路、严禁高空抛物、严禁现场搅拌混凝土和砂浆、严禁易扬物料露天放置、严禁土方裸露堆放"五个严禁";做到审批手续不全不开工、围挡不符合要求不开工、地面硬化不达标不开工、冲洗排放设备不到位不开工、保洁人员不到位不开工、不签订"市容环境卫生责任书"不开工"六不开工",以及施工现场围挡率、进出道路硬化率、工地物料覆盖率、场地洒水清扫保洁率、密闭运输率、出入车辆清洗率"六个100%",明确管控责任,与建筑施工企业签订"建筑施工扬尘管控责任状",下发建筑施工扬尘管控告知书和江阴市建筑施工扬尘污染防治工作手册等,进一步指导企业落实扬尘管控措施。开展围挡整治提升,下发《关于规范设置建筑工地施工现场围挡的通知》,所有建筑工地更换和设置仿真绿植围挡,全市完成仿真绿植围挡面积15.1万平方米。加强土方开挖阶段管理,下发《关于进一步加强建筑工地土方开挖阶段文明施工管理的通知》,全面规范土方开挖阶段施工现场管理,遵循正常、合理的施工程序,有效控制工地扬尘污染。组织扬尘防治督查巡查,1—9月,检查工地900个次,签发整改通知书29份,行政处罚32件,金额91.5万元(其中站行政处罚22件,金额52万元;分局行政处罚10件,金额39.5万元)。实施扬尘污染防治"百日攻坚",加密工地扬尘检查频次,10月后,检查工地726个,存在问题564个,整改448个,签发扬尘整改通知书185份,扬尘停工通知书36份,录入工程建设不良行为信用扣分单22份,约谈单位48个,拟行政处罚20个;公布建筑工地扬尘污染防治攻坚"红黑榜"六期、整改榜六期(红榜上榜7项项目,黑榜上榜20项项目,其中整改17项项目已整改完毕)。

【建设工程消防验收】 2020年,江阴市住房和城乡建设部门根据住建部、省住建厅、无锡市住建局的相关规范要求,严把建设工程消防设计审查、验收关。遵循"政府多跑现场企业少跑政府"的原则,不断压降办理时间,探索"特事快办",省市重大重点项目、重大民生项目等实行提前介入、同步跟踪、即查即改;其他项目应企业申请,采用"提前服务—整改—复验—出具意见"的快速办理模式,南理工江阴校区、立新学校、省天然气祝塘分输站、南门八佰伴等一批项目,均按上述模式进行,极大地缩短建设工程消防审验流程。同时,是年10月起,启用江苏省建设工程消防设计审核验收管理系统,所有项目均通过省级平台办理,全面实现"不见面"审批。全年完成消防项目设计审核153项、验收216项、备案189项,抽中16项,消防审验类行政处罚6项。

【建筑企业信用管理】 2020年,江阴市住房和城乡建设局大力推进建设领域诚信体系建设,规范建筑市场秩序,修订和完善政策制度体系,出台《关于修订〈江阴市建筑业企业信用综合评价计分标准〉的通知》和《关于调整外地建筑业企业初始信用分有关规定的通知》。继续实行"绿、蓝、黄、黑"信用标识分级差异化管理,优化计分构成、扩大评价范围、加大惩戒力度。全年开展2次信用考评,有186个企业纳入考评对象,获绿色信用标识企业17个、蓝色信用标识企业26个、黄色信用标识企业133个、红色信用标识企业10个;加大对严重失信行为的打击力度,累计对67个失信企业进行惩处并在全市通报批评。另有9个建筑业企业和5名个人因恶意欠薪

2020年,获"扬子杯"优质工程奖的威尼斯大楼外景　(市住建局提供)

被列入黑名单;加强市场、现场“两场”联动。信用综合评价结果同步推送市公共资源交易中心,作为工程招投标依据。在全市房屋建筑及市政项目招标过程中,与政务办积极推行“诚信分与随机抽取”相结合确定中标候选人的新型招标模式。形成不同等级信用标识为区分的创新型招标入围方式,有效提升诚信经营企业中标概率,打击串标围标行为,进一步规范建筑市场秩序。全年办理江阴建筑业企业年度信用手册193份,外地建筑业单项信用手册78份,录入工程建设不良行为扣分单297份。

【工程建设造价管理】 2020年,江阴市住房和城乡建设部门继续巩固和完善工程造价体系,加强建设工程的计价市场管理,对市属12个造价咨询企业进行信用评价,江阴市获12个江苏省造价咨询企业信用单位,其中,AAAAA级企业3个,AAAA级企业2个,AAA级企业7个,AA级企业1个。是年,完成1个工程造价咨询企业的暂乙级资质申报、2个甲级企业和3个乙级企业的资质延续申报,全市有造价咨询企业12个。办理工程招标控制价备案35份,核定现场安全文明施工措施项目费18项;完成造价师注册及续期注册12人次。同时,广泛采集、及时调研、采样整理、计算汇总发布人工工资指导价、建设工程材料信息指导价和园林苗木指导价。

【城建档案管理】 2020年,江阴市城乡建设档案管理部门围绕全年的工作任务和目标,全体干部职工团结一致,共抗疫情,积极参与防控工作,全面复工复产后全员合力抓好城建档案业务工作,努力提高现代化管理水平,全面完成各项工作任务。月城镇村镇建设档案室通过江苏省村镇建设档案室目标管理评估验收,被评定为省一级村镇建设档案室。全年完成新接收项目的扫描挂接5855卷,387千兆,馆藏档案的后数字化扫描图纸档案42263张,文书档案355216张。加强档案行业管理工作,理顺业务流程,有关装饰装修工程的审核、园林绿化档案的接收整理、配合市工改工作以及联合验收优化审核流程。结合国标GB/T50328《建设工程文件归档规范》2019版局部修订后的规范,明确“必须归档”和“选择性归档”条目。推进网上业务,根据工程建设项目审批制度改革实施方案文件精神,档案验收事项进入工改系统,实行线上协同服务,全年办结14项。城建档案利用服务,接待查借阅档案人员557人次,调阅档案4653卷次。年内,为江阴城市记忆馆提供市政重点道路新旧对比照片;全力协助江南水务股份有限公司完成排水管网档案信息查阅工作,为该公司核对资产长度、材质、管径、启用年限等资产价值及资产的归属问题提供有力的保障。城建档案业务接收项目124项,单体工程637个,面积超445万平方米;签订报送责任书129份;专项验收意见书101份;出具接收凭证124份;排架入库案卷18395卷,至年末,馆藏档案205322卷,卷内目录711973条。 (邱 敏)

2020年,获“扬子杯”优质工程奖的威尼斯大楼内景 (市住建局提供)

■类目编辑 党 辉

房地产业

房地产市场监管

【概况】 2020年,江阴市住房和城乡建设部门面对疫情的冲击,在做好企业服务、恢复生产的同时,加强房产开发全过程监管,严格落实综合验收,严格预销售审批,做好商品住房价格备案管理,严厉打击违法违规开发销售行为,健全完善政策,开展群租房整治工作。是年,全市批准上市预销售楼盘100个,全市新建商品房上市面积379.59万平方米,比2019年增长50.87%;新建商品房成交296.51万平方米,比2019年下降4.73%,成交套数23384套,比2019年下降3.18%,成交金额372.54亿元,比2019年增长10.44%。成交均价每平方米12564.11元,比2019年增长15.93%。全市二手房成交170.86万平方米,比2019年下降10.1%,成交套数15187套,比2019年下降12.42%,成交金额129.97亿元,比2019年下降1.19%。全年审核房地产开发企业资质核准、延期、升级等104个,其中资质核准50个、办理延期53个、升级1个。

【商品房预销售审批】 2020年,江阴市住房和城乡建设部门于3月举办房地产开发企业代表座谈会,针对疫情对房地产开发企业的影响进行调研,会上充分听取各房企负责人的意见,会后积极向市政府建言献策,配合市政府出台《关于应对新型冠状病毒感染的肺炎疫情保障城乡有序建设的政策意见》,“意见”在商品房预售形象进度、预售监管资金提取节点、预售分期规模三方面给予开发企业相应的政策支持,促进疫情控制后,房地产开发企业生产秩序的恢复。同时,在预售审批时严格把关,遇到业务难题及时请示上级部门、主动沟通,各环节之间无缝衔接,并按行政权力公开的要求不断完善优化,全年完成100项预销售商品房项目的审批。

【房地产市场销售管理】 2020年,面对群众反映的房地产销售过程中的问题,江阴市住房和城乡建设部门高度重视,积极应对,及时回复,全年完成“12345”民生热线中涉及房产销售的问题超1000个。并与市市场监管局对接,对各在售楼盘进行联合检查,规范销售行为和销售现场公示内容,对检查不合格的楼盘立即要求整改,整改不到位一律不准销售,有力维护市房地产市场健康稳定。

【群租房整治】 2020年,根据省政府办公厅《关于加强群租房安全管理工作的意见》和《全省公安机关群租房安全隐患集中整治工作方案》精神,市住房和城乡建设部门做好房屋租赁登记备案相关工作,掌握出租房屋底数和基本情况;加强住房租赁市场管理,规范房屋租赁中介机构行为,依法查处违法租赁行为。配合公安部门,全年完成群租房整治1.2万户,大幅度减少群租房的安全隐患,保障人民群众的生活、生产安全。

房屋征收

【概况】 2020年,江阴市房屋征收管理办公室围绕市委、市政府印发的《“六攻坚六突破”三年实施行动方案(2020—2022)》要求和年初下达的2020年全市征收拆迁任务,以沿江、沿河、南门等地区作为主攻方向,制定、优化各类征收政策,拟订、调整相关征收计划,组织、参与会商解决疑难杂症,协调、推进各类征收拆迁项目,深化、细化安置房建设方案,继续贯彻“惠民、依法、阳光、和谐”八字方针,依法拆迁、惠及民生,保持全市房屋征收拆迁和安置房建设依法实施、规范操作和平稳推进的良好态势。全年全市征收拆迁完成278.4万平方米,其中主城区完成87.21万平方米;全市建成安置房53.7万平方米,其中城区已建成21万平方米。

【征收拆迁安置】 2020年,江阴市房屋征收管理办公室提早谋划,加快手续办理,发布2个征收决定,即暨阳山庄地块旧城改造项目及沿江区域(春晓路南侧、茶果路北侧、创新路东侧)旧城改造项目。对大卖场周边地块,老食品城地块等旧城改造项目暂先按自愿搬迁的模式实施,并合理确定征收评估市场交易基准单价。集体土地上征收项目主要依靠属地、镇(街道)采取自愿搬迁的模式实施。进一步完善拆迁政策,制订《江阴市房屋征收(拆迁)安置工作年度考核意见》,将各镇(街道)的房屋征收拆迁工作以及相关部门的配合工作纳入高质量发展考核中,以促进房屋征收拆迁工作。出台《关于调整市区国有土地上房屋征收中相关补偿安置标准的通知》,根据征收拆迁实际情况,调整相关补偿安置标准。在对全市城区商品房及二手房市场进行充分调研的基础上,公布是年城区25项安置房市场价(结算价格),既保持安置房市场价(结算价格)相对稳定性和连续性,又保证城区征收拆迁安置工作平稳推进。推进主城区安置房建设工作。城区在建安置房30万平方米,分别为梅园路西侧地块、黄山小区二期南侧地块、长江饭店地块。确定待建安置房项目5项:大卖场北侧3号地块完成土地出让,前期手续办理中;青果路原机械厂地块,方案完成设计初稿;通渡路西侧地块、天力燃气地块、联发市场地块均在城市设计阶段。

【征收拆迁信访】 2020年,江阴市房屋征收管理办公室根据征收拆迁和信访政策法规要求,依法做好信访处理工作。依法履行信访职责,处理信访事项。高效高质答复"12345"民生热线电话咨询,答复件73件,及时答复率100%。依法、文明接待来访群众,共接待群众来访61件次、84人次。依法处理各类书面来信16件,其中配合市信访联席办处理全市涉及征收拆迁领域的书面信访复查事项12件,信访复核事项5件。全年处理征收拆迁行政诉讼案件7件,行政赔偿案件2件。全年有4户进入司法保障程序。集体土地房屋拆迁通过责令交的方式实施司法强制执行工作推进,配合自然资源规划局作出责交令1件,为集体土地房屋拆迁提供有力的法律保障。深入推进扫黑除恶专项斗争工作,组织召开全市征收拆迁领域扫黑除恶2020年工作部署会暨警示教育会议。下发《关于开展征收拆迁领域扫黑除恶专项斗争工作督查的通知》以及《关于进一步加强征收拆迁领域扫黑除恶专项斗争工作的通知》等文件,督促各乡镇、街道、园区进一步加强征收拆迁领域扫黑除恶专项斗争的长效机制建设,推动拆迁项目平稳有序推进。

住房保障与管理

【概况】 2020年,江阴市住房和城乡建设部门进一步完善住房保障体系,优化住房保障政策,全年实际完成棚户区改造任务944套,超额完成省下达任务。实施房屋安全鉴定115户,出具鉴定报告11份,意见书27份。

【住房保障调整标准】 2020年7月,江阴市住房和城乡建设局经公开征求社会意见,对住房保障标准进行调整。享受租赁住房补贴的住房困难家庭标准调整为:家庭人均月可支配收入在2889元(含)以下,且人均住房面积在18平方米(含)以下的城市低收入住房困难家庭。申请住房保障的城市中等偏下收入住房困难家庭标准调整为:家庭人均月可支配收入在4623元(含)以下的无住房家庭。至年末,按照新标准保障新增住房保障家庭41户,其中,享受租赁住房补贴的住房困难家庭12户,享受廉租房实物配租的家庭3户,中低收入住房困难家庭16户。

【保障房准入退出制度】 2020年,江阴市住房和城乡建设局持续加大保障房入住管理,按照"三审两公示"(所在社区初审、澄江街道和民政审核、各相关部门联合会审,街道审核公示,各相关部门联合会审公示)要求规范住房保障审核准入。至年末,累计住房保障2078户,其中租金补贴599户,实物配租1479户。完善退出机制,当年取消住房保障家庭161户,其中取消租金补贴61户,腾退公租房100户。经济适用住房上市408户。

【第四期经济适用住房申购审核】 2020年,根据《江阴市经济适用住房管理办法》规定,按照"三审两公示"要求,经济适用住房申购对象所属社区、街道共受理278户申购家庭,并根据《江阴市住房保障城市低收入及中等偏下收入家庭认定办法》规定进行保障资格初审公示。220户家庭通过市民政和住建部门联合审核取得购房资格并向社会公示。

物业管理

【概况】 2020年,江阴市住房和城乡建设部门围绕中心工作,发挥职能作用,加强与各职能部门以及辖区街道、社区的沟通联系,全市物业管理工作有序开展。全年办理前期物业服务合同备案57份,业委会成立备案25份,物业承接查验备案38份,外来企业临时备案16份,外来企业正式备案10份。参与房屋交易中心新建项目竣工交付使用综合验收,完成局公众号推送信息4次。完成市物业管理项目信息统计并上报无锡市住建局。配合江阴市财政局做好2018年度物业费补贴发放绩效评价工作。会同澄江街道做好2019年度安置房转让情况梳理,并做好物业补贴发放工作。物业科配合园林科做好园林式居住区申报。组织物业企业参加是年度物业管理行业物业管理员、电工职业技能竞赛。开展业委会筹备组培训19次。答复"12345"民生热线咨询投诉184件,答复物业类信访9件。持续开展扫黑除恶斗争工作,完善物业科扫黑除恶专项斗争工作方案,按照工作要求做好物业管理行业内部线索排查核实,完成月报表的报送。组织消防验收科、质安站、绿管所、审图中心等部门召开加装电梯推进会,做好加装电梯指导工作。

【物业行业整顿】 2020年,江阴市住房和城乡建设部门按照上级各项文件精神以及住建局扫黑除恶工作小组的工作方案和要求,进一步完善物业条线扫黑除恶专项斗争工作方案,按照工作要求做好物业管理行业内部线索排查,对上报的线索进行核实,完成月报表的报送。按照2019年出台的《关于开展住宅小区搬运服务专项治理的通知》,持续督促物业服务企业全面开展自查自纠,排查各项目的搬运公司及封阳台公司,杜绝小区装修过程中出现"搬霸""楼霸",严厉打击涉黑涉恶行为,督促物业企业进一步加强装修管理,不断提升百姓居住满意度。

【成立物业管理行业党委】 2020年,江阴市住房和城乡建设部门联合市委组织部成立物业管理行业党委,出台《关于党建引领业主委员会和物业行业建设的实施意见》,把业委会、物业企业和物业项目党组织纳入网格党建范畴,建立健全党组织领导下的多方联动机制。以党组织建设为牵引,进一步规范业委会的运行和管理。通过加强物业行业党建工作统一领导,推动党建引领物业服务管理创新,以点带面提升物业服务整体水平。至年末,纳入网格党建范畴的党组织有 13 个,其中蟠龙山社区的蟠龙华都小区和文定社区的兴澄锦苑小区 2 个党组织获 2020 年度党建引领物业管理服务工作省级示范点。

【物业安全专项治理】 2020 年,江阴市住房和城乡建设部门根据上级要求并结合全市实际,督促物业企业对所辖各高层建筑项目进行消防安全隐患排查,建立消防安全责任制度,签订消防维保合同,开展项目自查自纠并严格落实整改,做好消防安全摸排统计。通过案例警示教育,督促各物业企业加强组织领导,加强安全隐患排查,保障消防通道畅通,规范电瓶车充电,及时排除高空坠物隐患,加强高空、电工作业等特殊行业的安全管理,加强安全生产培训,提高安全防范意识。配合市消防安全委员会开展物业项目打通生命通道专项整治行动。及时向各镇(街道)下发《关于在物业管理项目内开展打通生命通道专项整治行动的通知》,督促各物业企业按照时间节点,配合消防部门落实专项整治工作要求,完成各物业管理项目消防车道标志线集中划设,全市完成 515 项物业管理项目。

【物业管理】 2020 年,江阴市住房和城乡建设局收到市人大、政协的建议提案 15 份。主动与人大代表、政协委员沟通,宣传物业管理相关政策法规,汇报市物业管理基本情况、存在的问题以及下一步的对策,取得市人大代表、政协委员对物业管理工作的理解和支持。配合市人大、政协做好重点提案办理,汇报办理情况,配合市政协办开展老小区加装电梯调研。赴新桥镇、长泾镇、顾山镇、璜土镇等镇(街道)指导协调处理辖区内的矛盾纠纷。调查处理来电、来访,约谈相关物业服务企业和举报人了解相关情况,督促物业企业规范服务行为,提升服务质量。开展各类创建活动。提升物业服务行业的服务水平和服务质量,树立物业服务先进示范标杆,推动物业服务行业的规范发展。组织全市 15 项物业管理项目进行初步预检,确定 12 项项目参加年度示范项目创建并召开推进会部署做好迎检工作。其中 6 项项目通过无锡市考评验收小组现场验收,获“无锡市物业管理示范项目(平安小区)”称号。组织澄堡、白鹭湾花园西区、湖山庭、浮桥家苑二期参加江苏省优秀示范项目评比活动,其中澄堡和浮桥家苑二期获“江苏省优秀示范项目”称号。组织南门首府、扬子华都创建省宜居示范住区。

【物业管理行业培训考核】 2020 年,江阴市住房和城乡建设局按照新的业主大会指导规则要求,组织小区业委会筹备组开展业务培训,宣讲业委会的工作职责,通过培训有利于业主进一步明确自身的权利义务,有序推进小区物业管理工作。以文明城市创建为契机,下发《关于开展 2020 年度全市物业服务行业“双随机”检查的通知》,指导各镇(街道)物业管理部门开展辖区内的“双随机”(对企业随机抽查和对项目随机抽查)检查活动。对“双随机”现场达标检查标准进一步细化,将消防设施设备运作、涉黑涉恶行为、打开生命通道、协助群租房治理等纳入双随机检查范围,通过检查,进一步推动物业管理全过程中各项制度和措施的有效落实,切实维护人民群众的合法权益,营造主体诚信、行为规范、监管有力、发展稳定的物业管理服务市场。 (邱　敏)

住房公积金管理

【概况】 2020 年,江阴市新增住房公积金缴存职工 38685 人;净增住房公积金缴存职工 10500 人;归集住房公积金(不含新职工住房补贴)35.21 亿元,比 2019 年增长 8.37%;提取住房公积金 51.64 万人次、30.77 亿元;发放住房公积金贷款 4787 笔、18.05 亿元。住房公积金使用率 103.89%,为促进江阴企业规范稳健发展、支持江阴市民基本住房民生发挥显著作用。

【住房公积金扩面工作】 2020 年,面对疫情之下的新形势,中心负责人先后带队深入澄江街道、月城镇、顾山镇、申港街道、江阴高新区等镇(街道),走进阳光集团有限公司、海澜集团有限公司等企业,分析研判企业复工复产、市场运营等情况,保证企业正常运营,稳妥推进“精准扩面”。赋予镇(街道)“自主裁量权”,引导镇(街道)相关工作人员深入企业一线,根据调研掌握的实际情况,严格筛选目标企业、科学分解扩面指标,适当拉长受疫情影响企业的扩面时限,将“精准扩面”做得更细更实更稳。

【支持住房民生】 2020 年,中心坚持“房住不炒”定位,践行为民服务理念,重点支持职工刚需购房。全年发放的住房公积金贷款中,首次首套公积金贷款达 2666 笔,计 9.23 亿元,占同期江阴市公积金放款总户数的 55.69%,放贷总额的 51.17%,有效支持基本住房民生。同时,执行“上调第二套自住住房公积金个人住房贷款利率”政策,加大购房成本,有效稳定房地产市场预期,抑制炒房现象。

【业务办理更便民】 2020 年,中心全力革新服务,改善群众的办事体验。升级网办服务,落实“互联网 + 公积金”改革举措,引导职工在微信端办理相关业务,全年办理微信端个人业务 5.99 万笔,个人网上业务替代率 94.71%,群众实现“指尖办”。延伸网点服务,加强公银合作,推进住房公积金贷款前置审批服务,方便职工就近选择银行网点“一站式”办理相关业务。江阴市有银行延伸网点 8 个,全年受理前置审批 4687 笔,录入初审率 92%,比 2019 年提高 46 个百分点,群众实现“就近办”。精简材料流程,简化出境定居提取业务办理资料,落实委托还贷业务可委托他人代办等相关政策,减少业务审批流程,实现“快捷办”。 (喻惠敏)

■类目编辑　党　辉

商贸流通服务业

综　述

【概况】　2020年,江阴市委、市政府按照国家发改委等23个部委《关于促进消费扩容提质加快形成强大国内市场的实施意见》、商务部等8部门《关于进一步做好供应链创新与应用试点工作的通知》、省政府《关于应对新型冠状病毒肺炎疫情影响推动经济循环畅通和稳定持续发展的若干政策措施》和省政府办公厅《关于支持商贸服务企业积极应对疫情影响保持平稳健康发展政策措施的通知》要求,统筹推进疫情防控和经济社会发展,实行“大数据+网格化+铁脚板”常态管控,设立进口冷链食品集中监管仓,筑牢织密疫情防控网。分2期4轮摇号向江阴市民发放3000万元电子消费券:第一期发放600万元电子消费券,前两轮各300万元,适用于支持支付宝付款的餐饮、体育、旅游和图书四大类线下实体店;第二期定向发放2400万元电子消费券,其中第三轮定向发放1700万元“餐饮购物”券,第四轮定向发放700万元“文体图旅”券。举办2020江阴经贸合作洽谈会和第十五届中国徐霞客国际旅游节。深入开展江苏省服务业综合改革试点,有序推进复工复市、市场保供和消费促进工作,生产性服务业发展获省政府督查激励。江阴长三角钢铁集团有限公司、江阴市金桥化工有限公司和江苏大经供应链股份有限公司等10个企业入围2020年“中国服务业企业500强”;兑付江阴市服务业专项资金680.47万元,推进现代物流、电子商务、老字号振兴、公共服务平台和重点项目建设,促进服务业创新创优、做大做强、集聚化发展。海澜电子商务有限公司、江苏众网互联网有限公司和江苏圣澜服饰创意有限公司被评为2019—2020年度江苏省电子商务示范企业;江阴市电子商务创业孵化基地和江阴天安电商产业园被评为2019—2020年度江苏省电子商务示范基地(园、区);江阴港口岸获批药品进口口岸;苏南国际集装箱码头获批进境肉类指定监管场地。年内,市商务局贯彻商务部《关于统筹推进商务系统消费促进重点工作的指导意见》和江苏省商务厅《关于开展“促流通扩消费竞赛季”活动的通知》精神,帮助商场、综合体、生活服务业商户、餐饮(堂食)等企业有序复工复业;争取省级商务发展资金160.63万元,扶持10项推动流通业现代化和促进消费项目;每季度召开服务业工作例会;会同市农业农村局开展农商互联调研,推动农产品供应链建设,江阴牧野鲜生食品科技有限公司社区生鲜超市项目获中央财政服务业发展支持资金145万元;会同市行政审批局、市场监督管理局等部门深化农贸市场公益性改革,优化营商环境,规范市场经济秩序,落实商业单用途预付卡和成品油市场监管;联合行业协会(商会)举办“欢乐暨阳”购物节、“车行暨阳”购车节、“嗨购暨阳”外贸节、“品味暨阳”美食节和“璀璨暨阳”夜市节等五大消费促进活动,核销电子消费券1745.62万元,拉动消费8393.9万元,促进消费回补和潜力释放。市供销合作总社举办东西部农产品消费扶贫产销对接会,联合社会资本建成中国供销海外购苏南运营中心。市发改委加强粮食宏观调控,落实粮油肉菜应急储备。市邮政管理局着力提升邮政快递“村村通”服务效能。市烟草局加强烟草专卖管理,禁止向未成年人售烟,规范烟草流通秩序。市盐业有限公司应用ERP(企业资源计划)、物联网和物流标准化技术提升青阳苏南盐业锡澄配送中心运营质量,确立盐业供销服务新体系。江阴高新区、临港经济开发区和各镇(街道)围绕加快实现“六个高质量”*“五个品牌”*目标,推进特色小镇创建、新型城镇化试点和港口商贸平台及LNG(液化天然气)集散中心建设。江阴南门印象购物中心和江阴八佰伴南门店竣工营业,红豆集团万花城综合体项目完成主体工程,绿地香港绿珠文华商业、星河科创产业园、南园农贸市场等项目开工建设,海岸城商业体实施调整,澄堡商业体关闭。全年新增批零住宿餐饮规模以上企业入库数655个。江阴市服务业综合改革试点工作评估成绩名列全省第三。

2020年,全市全年实现服务业增加值1981.6亿元,比2019年增长1.6%(可比价),占地区生产总值比重48.2%;完成服务业投入454.35

亿元,比2019年增长9.1%;实现规模以上服务业营业收入159.89亿元,比2019年增长10.4%,其中信息服务业比2019年增长50.1%;实现社会消费品零售总额675.07亿元,比2019年下降3%。

2020年江阴市服务业重点重大项目投资完成情况一览表

表18　　　　单位:万元

序号	项目类别	项目名称	计划总投资额	当年完成投资额	累计完成投资额
1	科创园区	星河科创产业园	270000	16000	16000
2	科创园区	环普江阴国际产业园项目	70000	4500	4500
3	科创园区	江阴启星智能制造产业园扩建	20000	100	20000
4	科创园区	创意创智产业用房,科技产业用房二期	25000	12550	21948
5	现代物流	普洛斯江阴物流园二期项目	10000	10000	10000
6	现代物流	深国际工业供应链项目	120000	14500	14500
7	现代物流	嘉盛LNG储备调峰站工程	500000	5600	5600
8	现代物流	粮食物流仓储扩能项目	100000	24200	47460
9	现代物流	长山油库扩建项目	10000	6500	46000
10	现代物流	大昌行长三角食品加工物流园项目	325000	55600	55865
11	现代物流	天力燃气临港首站项目	30000	8250	9461
12	现代物流	中能LNG集散基地项目	200000	18000	198000
13	现代物流	八圩作业区下六圩港港池码头项目	48525	11834	33566
14	社会服务	中信医疗项目	120000	8230	8230
15	社会服务	光大西利污水处理厂项目	30000	26100	26100
16	社会服务	江阴外国语学校	100000	9800	21200
17	社会服务	阳光国际学校项目	50000	0	0
18	社会服务	南京理工大学江阴校区项目	500000	192000	497900
19	社会服务	光大水务三期项目	15000	5956	14156
20	商务商贸	绿珠文华商业项目	525000	62100	62100
21	商务商贸	山观邻里中心	20000	19050	20050
22	商务商贸	红豆集团万花城综合体项目	500000	32819	105067
23	商务商贸	江阴万怡酒店改造项目	20500	10000	24000
24	商务商贸	南门商业街区建设项目	110000	26000	72000
25	商务商贸	海澜飞马商城项目	78000	30000	75200
26	休闲旅游	江阴徐霞客梦东方文化创意产业园	2000000	100309	100309
27	休闲旅游	蟠龙山公园	15000	6310	6310
28	休闲旅游	澜马体育拓展项目	100000	0	23300
29	平台服务	海仓进口食品交易中心	18990	0	200
30	科技服务	海澜之家产业链信息化提升改造项目	72000	19980	72000
合计			6003015	736288	1611022

(沈敏能　单文春)

【江阴八佰伴南门店开业】 2020年9月26日，由江苏华地国际控股集团有限公司按照“城市级中高端时尚购物中心”定位、实施“一城多店”战略布局，投资12亿元打造的江阴八佰伴南门店在江阴市虹桥南路开业。该商业体建筑面积22万平方米，营业面积12万平方米，分地下2层、地上5层，设1928个机动车停车位，2800个非机动车位，近2000个就业岗位。商场集品牌专卖店、高端影城、精品超市、游乐体验、特色餐饮等多业态于一体，整体入驻近300个品牌商户。其中寰映影城、UR（URBAN REVIVO）、嘿鹿鹿主题乐园、卡尔飞车、西西弗书店、爱婴室、喜茶、绿茶、辛香汇·锦里、芝小官、捞王、呷哺呷哺、贤合庄、调色师、乐高、格瑞思等多个品牌首次进驻江阴；餐饮美食有星巴克、肯德基、必胜客、麦当劳四大国际品牌和小菜园、韩宫宴、星记猪骨、半天妖、九田家、诺丁牛排、花味烤肉、味舵主、味千拉面、蛙三疯等特色品牌；零售精品商家有八佰伴城市超市、三福时尚、周生生、周大福、潮宏基、谢瑞麟、六福珠宝、莱绅通灵、Lululways（我爱露露）、Edition、地素、耐克、阿迪达斯、华为、小米之家等人气品牌。至年末，江阴八佰伴南门店实现营业收入2亿元，为消费者提供一站式购物体验，助推打造江阴虹桥南路商业街。 （沈敏能）

【电子商务发展】 2020年，江阴市以入选国家级电子商务进农村综合示范县为契机，持续加大政策扶持力度，不断夯实电商产业基础，电商产业成为新的经济“增长极”。年内，市电子商务公共服务中心投入运营，建筑面积9988平方米，集数据决策、O2O展示、运营创孵、专业电商摄影、人才培训等多种功能为一体。市商务局加快电商人才培养，邀请中国国际电子商务认证讲师实操授课，先后举办7期电子商务进农村万人培训班，开设两期抖音短视频实操创造营，累计培训超1100人。助力企业开展网络直播销售，“最江阴”直播商城精选本地50余个优质品牌与企业，以市融媒体中心主持人为带货主播，举办17场直播带货活动。江阴市传澄电子商务有限公司“喜刷刷”直播社交电商平台与30余个江阴企业合作，平均每周直播3场，累计订单超25万单，销售额超3000万元。是年，江阴衣品汇电子商务有限公司和江阴市传澄电子商务有限公司被评为无锡市数字商务创新企业；加大政策扶持，对7个企业进行奖励补贴160余万元；优化电子商务发展环境，推动江阴市产业转型升级。 （刘 波）

批零贸易业

【概况】 2020年，受新型冠状病毒肺炎疫情影响，江阴百货商场、商品市场（除生鲜超市、农贸市场外）一度休市，活禽交易和商品展销会等会展活动取消，造成一季度贸易缩水。江阴市发改委、商务局和供销合作总社贯彻省政府办公厅《关于支持商贸服务企业积极应对疫情影响保持平稳健康发展政策措施的通知》精神，指导商场、超市和市场等企业按照《疫情防控技术指南》，建立常态化疫情防控经营规范，服务商贸企业有序复工复业，落实大型超市进口冷链食品管控及相关从业人员核酸检测，做好疫情期间生活必需品应急保供工作。市商务局为民生保供企业发放物流保供车辆通行函、通行证、通行证明共5000余份。传达贯彻江苏省商务厅、财政厅《关于申报2020年推动农商互联完善农产品供应链项目的通知》精神，调研农产品供应链发展情况，对江苏美天奶业有限公司产销一体化项目进行绩效评价。市商贸管理办公室指导江阴牧野鲜生食品科技有限公司申报农商互联完善农产品供应链项目，获中央服务业发展支持资金145万元。市商务局贯彻商务部办公厅《关于进一步完善重点零售企业联系制度的通知》和《关于开展便利店品牌化连锁化行动的通知》精神，支持商品市场平台建设、城市共同配送和便利店连锁化品牌化发展。江阴市苏糖烟酒销售有限公司直营门店进驻青阳镇；江阴市金路名烟名酒行进驻山观社区、南闸街道、青阳镇和常州市彩虹城；宜全生鲜社区超市进入江阴，沃好鲜超市入驻南门印象购物中心；江阴市万沅自动售货机连锁有限公司新增住宅区、医院和公共场所智能售货网点36个，智能售货网店总数86个，装备自动售货机柜186台，全年实现营业收入325万元，比2019年增长187.6%，获省级商务发展扶持资金16.36万元。市商务局按照商务部办公厅《关于做好2020年中秋国庆市场保供和消费促进有关工作的通知》和江苏省商务厅《关于开展“促流通扩消费竞赛季”活动的通知》精神，联合行业协会（商会）举办“欢乐暨阳”购物节和“车行暨阳”购车节，鼓励流通业运用大数据、云计算、移动互联网等现代信息技术，发展零售新平台、新业态、新模式。7月，资生堂入驻江阴八佰伴人民中路店，开业5天实现营业收入62万元；9月，江阴八佰伴南门店开业；12月，吉麦隆超市河北街店完成改造，引进周金生首饰、维罗纳银饰、丹阳眼镜、靓蔬菜零食等专业店。年内，中国供销海外购苏南运营中心正式运营；临港经济开发区新增江阴市新港吉麦隆超市有限公司、江阴衣百汇服饰有限公司、江阴智泽贸易有限公司3个生活品限额以上贸易企业和江苏硕品金属贸易有限公司、江苏强宸鸿业建材商贸有限公司、蒙泰优能源江苏有限公司等190个生产资料限额以上批发公司；江苏澄记优品海外购商业有限公司购销新疆、陕西、湖南、江西和安徽等7个地区农副产品近1200种。长泾镇以商务部《关于做好2020年步行街改造提升工作的通知》精神为指导，加大对长泾老街、老字号及长泾月饼、烧饼等茶食生产的扶持。市商务局简化成品油零售经营企业年检及报备手续，全市有121个成品油零售经营企业通过年检；编报“十四五”期间计划新建（迁建）加油站22座。市供销合作总社会同市农村专业合作社联社举办“品鉴农优，醉享金秋”——江阴市首届名特优农产品展销会。市商贸管理办公室服务商贸发展，支持市酒类饮品行业协会探索“联合购销，抱团发展”新模式，联销丹榴大米6吨；指导老字号企业创新发展，“苏之酥”和“邵府”老字号获省商务发展切块资金扶持；

助力京东五星电器江阴大卖场、宝诚汽车、八佰伴、澄江福地和万达广场开展“消费促进季”活动,江阴宝诚汽车销售服务有限公司被省商务厅列入重点商贸零售企业支持名单;江阴市金桥化工有限公司、江苏禹尧化工有限公司和江阴市川江化工有限公司3个化工贸易公司再次入围“中国服务业企业500强”。大统华超市五星路店关闭后被亚维华联购物中心取代。江阴市酒类饮品行业协会按照商务部等19个部门《关于开展2020年“诚信兴商宣传月”活动的通知》精神,宣传酒类消费维权知识,禁止向未成年人售酒,表彰诚信经营“优秀会员单位”33个。全市全年实现社会消费品零售总额675.07亿元,比2019年下降3%;消费品销售额完成9758.58亿元,比2019年增长1%;15个镇(街道)、园区板块中限额以上零售额实现正增长的有12个;21个大类商品限额以上零售额中实现正增长的有13个,江阴商贸经济实现稳步回升。

2020年江阴市各镇(街道)、开发区商品贸易情况一览表

表19

单位	限额以上批零企业			
	零售额(万元)	比2019年增减(%)	销售额(万元)	比2019年增减(%)
江阴高新区	90007	23.1	4222607	20.1
其中:青阳分区	2974	427.4	3624	37.7
临港经济开发区	271394	-17.7	13987075	1.4
靖江园区	55786	-15.9	2509166	-24.7
澄江街道	5373637	-6.6	5174885	2.0
南闸街道	11018	1.8	728501	19.8
云亭街道	123890	13.9	1396435	20.2
月城镇	16726	8.2	753427	-7.7
青阳镇	25610	44.6	447192	5.7
徐霞客镇	33588	7.9	2064238	6.0
华士镇	102152	77.1	948783	-16.3
周庄镇	177437	4.3	2314638	-5.6
新桥镇	51616	12.0	5485021	3.8
长泾镇	15100	8.7	247681	19.2
顾山镇	25852	15.0	344861	8.1
祝塘镇	44916	17.2	285262	3.1
全市	2123414	-1.7	40906146	1.4

2020年江阴市限额以上批零贸易企业零售商品分类销售额一览表

表20

商品分类	零售额(万元)	比2019年增减(%)
粮油食品类	197438	47.3
饮料类	15172	25.9
烟酒类	35175	8.6
服装鞋帽针纺织类	170611	35.1
化妆品类	42696	119.8
金银珠宝类	46592	-57.3
日用品类	29824	33.3

续表 20

商品分类	零售额(万元)	比 2019 年增减(%)
五金、电料类	3266	-9.7
体育、娱乐用品类	690	56.5
书报杂志类	444	110.7
电子和音像制品类	271	203.1
家电和音像器材类	21885	-14.0
中西药品类	156227	28.4
文化办公用品类	11700	38.9
家具类	3386	-21.1
通信器材类	11641	-28.9
石油及制品类	304440	3.8
建筑及装潢材料类	4	-96.4
汽车类	943550	-12.9
棉麻类	5	25.6
其他类	314	-19.0
合计	1995332	-0.8

【牧野鲜生社区生鲜超市项目获中央财政扶持】 2020 年 2 月,江阴牧野鲜生食品科技有限公司落实江苏省商务厅《关于进一步做好疫情防控期间农产品产销对接相关工作的通知》,依托自有 5000 平方米中央厨房、完整冷链物流、牧野鲜生社区生鲜超市,与江阴新华发农业科技开发有限公司签订 140.66 公顷蔬菜基地租赁协议,与 500 余农户签订 98.33 公顷农产品定向契约种植合同。作为江苏省第一批供应链创新与应用重点培育企业,向江苏省商务厅、财政厅申报 2020 年江苏省推动农商互联完善农产品供应链项目。2 月 24 日,完成对千禧苑菜场改造牧野鲜生社区生鲜超市项目审计,总投资 492.03 万元。新型冠状病毒肺炎疫情防控期间,该超市免费为 3 个社区居家隔离人员配送蔬菜 500 千克、坚果 150 箱、大米 150 余千克、食用油 100 余桶和其他生活必需品,在抗疫保供工作中获得社会好评。5 月 15 日,牧野鲜生社区生鲜超市项目通过省级专家组评审和公示。7 月,江苏省财政厅下达《关于 2020 年商务发展专项资金(第二批)预算指标的通知》,江阴牧野鲜生食品科技有限公司获中央财政扶持资金 145 万元;12 月 26 日获地方财政切块配套扶持资金 16.93 万元。至年末,江阴牧野鲜生食品科技有限公司实现销售总额 4 亿元,比 2019 年增长 46.27%。

【"禁止向未成年人售酒"行动】 2020 年 5 月,江阴市商务局根据市检察院出具的检察建议书要求,会同市市场监督管理局、工商业联合会、消费者权益保护委员会共同约谈江阴市酒类饮品行业协会、糖烟酒商会和葡萄酒协会会长、副会长,特邀市检察院参加约谈会议,要求加大宣传力度,在会员单位店铺等经营场所显著位置设置"禁止向未成年人售酒"警示标志。同时,向全市各镇(街道)、园区商务部门下发《关于开展禁止向未成年人出售烟酒专项督查检查的通知》。是月,江阴市酒类饮品行业协会制作 500 块"禁止向未成年人售酒"警示牌;6 月 1 日,江阴市消费者权益保护委员会举行"关爱青少年,保障健康权,禁止向未成年人售酒"行动启动仪式。自 6 月 23 日开始至年末,市商务局联合市市场监督管理局,动员社会力量,开展"禁止向未成年人售酒"监督检查,"关爱未成年人健康成长"在江阴酒类流通领域形成共识。

【"车行暨阳"购车节】 2020 年 11 月 13—16 日,江阴市商务局会同市汽车流通协会在江阴市体育中心举办"车行暨阳"江阴市汽车流通协会第 8 届购车节。展会现场设特装展位 20 余个,全市 70 个品牌 400 余个车型参展,车展面积 11000 平方米;严格执行观展人员佩戴口罩、进场测温和扫码防疫管控,向观展人员免费发放口罩 1000 只。车展期间客流量 3800 人次,完成整车销售 650 辆;多个国内新能源车型经销商首次参展,均实现首次到访客户成交。年内,江阴市汽车流通协会组织会员单位参加江苏省商务厅开展的"促流通扩消费竞赛第一季"活动,江阴宝诚汽车销售服务有限公司被江苏省商务厅列入"重点商贸零售企业支持名单"。至年末,江阴市汽车 4S 店完成开票销售额 94.36 亿元,比 2019 年下降 12.9%,占全市限额以上批零贸易业零售额的 47.29%。

【八佰伴人民中路店改造升级】 2020 年 2—4 月,江阴八佰伴人民中路店抓住防疫休市机会,实施“精致品味,焕新重塑”调改再提升工程。围绕“培育江阴中高端消费市场”目标,以江苏省商务厅、省发改委《关于印发〈绿色商场创建工作实施方案(2020—2022)〉的通知》为指导,根据百货消费市场变化和“一城多店”战略布局,投资 1347.3 万元更新节能照明、装饰外立面、改造卫生间、提升电梯间安全维度、优化商品陈列和购物体验空间,调改面积 13300 平方米。在二楼女装馆引进恩曼、莫佐、读我、奈寇等品牌,在四楼男装区引进音勒芬、箭鱼鲨等品牌,增强品牌集聚效应。改造后大牌商品联手促销,消费引流再创新高,带动商场整体销售逆势上扬,第十一届 VIP 回馈专场营业收入比 2019 年增长 45%。至年末,江阴八佰伴人民中路店完成零售额 12 亿元,比 2019 年增长 16%,占零售百货市场份额的 73%。

【江阴市万沅电子科技有限公司】 2020 年,江阴市万沅电子科技有限公司依托万沅自动售货机专业人才集约优势,注册 8 项 AI(人工智能)便利相关文字和图形商标,开展品牌营销,以其 4℃ ~8℃温控保鲜、无接触售卖、大数据精选补货“便利、卫生、安全、智能”特色满足年轻群体消费需求。是年,增加投资 200 万元,添置智能提货机柜 94 台,发展连锁经营;增设智能提货网点 36 个,网点总数 86 个,投入运营智能提货机柜 186 台;建成基于移动互联网的运营监控中心及配送总仓,形成集即时零售、线上预订、外卖配送于一体的智能便利售货柜营业模式。年内,通过江苏省消费扶贫专班实地调研,被省对口帮扶支援合作工作领导协调小组办公室增补为省消费扶贫专柜供应商。至年末,自动售货总交易量达 838157 笔,营业收入 325 万元,比 2019 年增长 187.6%。 (沈敏能)

供销合作经济

【概况】 2020 年,江阴市供销合作总社为参公事业单位,市总社机关有干部职工 24 人,其中党员 17 人。全系统有基层供销社 29 个,以片为中心,组建区域性基层供销合作联合社 6 个,在册在编人员 61 人;市属公司 15 个;农村供销合作经济联合会 1 个,农产品经纪人和农资行业协会 2 个。年内,市供销合作总社围绕市委、市政府工作大局,奋力推进供销合作事业高质量发展,作为县级社代表参加全国供销合作总社第七次社员代表大会,被评为全国百强县级社、省供销合作社系统“二十强县级供销合作社”,获无锡市供销合作社系统综合业绩考评优胜等次第一名。加强党建责任落实,完善“三会一课”* 制度,推进党支部标准化规范化建设和“暨阳红”先锋阵地示范工程建设。完成 3 个支部换届选举,创建 1 个四星级党支部。

【农产品消费扶贫产销对接会】 2020 年 9 月 29 日,江阴市举办东西部农产品消费扶贫产销对接会暨中国供销海外购活动,中国畜产品流通协会、江苏省供销合作总社、无锡市和江阴市领导出席。会上,江阴市供销合作总社与东西部供销合作社代表新疆霍城县、陕西省延川县、江苏省睢宁县供销社及江阴金融机构代表、快递行业代表、消费行业代表进行合作签约。年内,以全国农产品销售商为依托,广泛联络,推进江阴农产品与全国优质农产品资源深度融合、合作发展;中国供销海外购苏南运营中心正式运营,把更多优质农产品推向更广市场,实现“买全国、卖全国、买全球、卖全球”。至年末,江苏澄记优品海外购商业有限公司采购销售新疆、陕西、湖南、江西、安徽等 7 个地区农副产品,品种近 1200 种;云亭街道名特优农副产品直销店实现销售额 500 万元;山观供销社社会化服务中心建设冷冻库 650 立方米,达 200 吨牛羊肉储量,冷藏库干货区 120 立方米,水果区 180 立方米;江阴市澄记肉食股份有限公司储备贫困地区肉类 200 吨。

【基层组织强化社农联系】 2020 年,江阴市供销合作总社推进基层供销社分类提升改造,领办创办农民专业合作社 4 个,其中农民专业合作社联合社 1 个,不断扩大为农服务覆盖面,强化与农民利益联结。长泾供销合作社成功创建“三体两强”基层社(具有自主经营实体、农民社员主体、合作经济组织联合体和综合实力强、为农服务能力强的基层供销合作社),持续完善“农综社”功能。发挥农村供销合作经济联合会、农产品经纪人协会和农资行业协会组织指导、信息技术服务作用,举办各类新型职业农民培训班,培训新型农民 1740 人次。组织 4 个江阴农产品销售企业、农民专业合作社参加江苏省供销合作总社在南京举办的长三角供销合作社名优农产品展销会,实现销售额 80 万元。

【资产运营质量提升】 2020 年,江阴市供销合作总社严格落实“社有资产管理委员会”工作程序,依托信息技术加强对基层社资产监管。年内,对基层社存量资产进行有计划改造升级,改造危旧房屋 1700 平方米,提升资产质量。江阴市澄记肉食股份有限公司克服新型冠状病毒肺炎疫情影响,拓展市场,全年销售额 4 亿元。联合社会资本,建成中国供销海外购苏南运营中心。江苏澄记优品海外购商业有限公司依靠江苏省供销合作总社直属江苏省苏合投资运营集团有限公司专业金融理财能力,积极投资金融产品,在保障资金安全前提下扩大自身收益。加强财务管理,开展财务检查和业务培训。强化安全生产,开展安全检查 20 次,整治安全隐患 40 处,安全培训 80 余人次。

【经营服务领域拓宽】 2020 年,江阴市供销合作总社完善农药集中配供体系建设,克服新型冠状病毒肺炎疫情影响,加大农药化肥等物资流通保障力度。推进农药废弃包装物统一回收处理和农用地膜回收试点工作,减少农业面源污染。全年配送农药 2400 万元,销售化肥 8000 万元,完成农药废弃包装物集中无害化处置 298 万余件,总计超 70 吨。建成华西村现代农业综合服务中心,流转土地 466.67 公顷,其中种植水稻 133.33 公顷,种植经济作物 333.33 公顷,为周边农户提供机耕、机插、机收、烘干、仓储、加工、销售等一条龙服务,取得良好经济效益和社会效益。农业社会化服务面积

3133.33公顷，深化一、二、三产业融合发展，华西供销社实现“线上商城+线下星级农产品体验馆”新型销售模式，提供集农耕文化、农副产品、休闲观光、生鲜配送为一体的优质消费体验。（陆锡良）

粮油购销

【概况】 2020年，江阴市发改委切实履行依法管粮职能，把握稳中求进总基调，抓好粮食收购，做好粮油储备，完善仓储设施维修，加强监管检查，发展粮食经济，持续深化国有粮食企业改革，服务全市粮食安全保供。做好成品粮油储备和辖区内军粮供应保障，不断完善本区域粮食应急供应点体系建设，完成无锡市下达的储备粮扩储任务。原粮储备由7.9万吨增加到9.92万吨；应急成品粮油储备米面由0.32万吨增加到1.16万吨；食用油由0.06万吨增加到0.12万吨。完成地方储备粮储备保管与轮换任务，适时轮换推陈出新，完成储备粮7.22万吨轮换任务，其中小麦3.6万吨，稻谷3.62万吨。全年收购粮食7.5万吨，其中收购市内小麦1.56万吨，外购小麦2.04万吨，收购市内水稻0.53万吨，外购水稻3.37万吨，小麦收购价格2.24元/公斤；水稻收购价格2.72元/公斤。年内，9个企业通过江苏省粮食流通信用A级评价，全市有粮油应急供应店39个。

2020年江阴市主要粮油零售价格一览表

表21　　单位：元/公斤

月份	二级粳米	特二面粉	四级菜油	一级大豆油
1	4.10	3.85	9.85	7.94
2	4.19	3.85	9.75	8.07
3	4.27	3.85	9.75	8.06
4	4.33	3.85	9.75	8.20
5	4.47	3.85	9.82	7.94
6	4.46	3.85	9.85	8.01
7	4.39	3.85	9.85	8.09
8	4.40	3.85	10.19	8.08
9	4.41	3.85	10.7	8.08
10	4.44	3.85	10.7	8.09
11	4.40	3.85	10.7	8.47
12	4.50	3.85	11.03	8.47

说明：价格为当月每周价格平均数

【粮食收购】 2020年，江阴市发改委认真研究国家粮食政策精神，积极应对市场形势变化，科学制定全市粮食收购政策，确保收购秩序井然，农民余粮应收尽收，收购市内小麦1.56万吨，收购价格2.24元/公斤；收购市内水稻0.53万吨，收购价格2.72元/公斤。夏季小麦收购期间粮食丰收，质量好于预期，市发改委千方百计解决好农民“卖粮难”问题，全力维护农民利益。秋粮收购期间，受新型冠状病毒肺炎疫情和苏南地区储备粮大量扩储影响，粮价上扬，粮食收购价格一直处于高位，给秋粮收购带来困难。市发改委采取多种方法，多方筹措粮源，确保完成储粮任务；加强对粮食收购环节监督检查，严肃查处“先收后转”“压级压价”“打白条”等损害群众利益和“转圈粮”“以陈顶新”等损害国家利益的违法违规行为。

【粮油应急保供】 2020年，江阴市发改委根据无锡市《关于下达新增地方粮食储备计划的通知》精神，积极做好成品粮油储备，做好辖区内军粮供应保障。年内，新增应急成品粮油储备米、面0.84万吨；食用油0.06万吨，完成无锡市下达的应急成品粮油扩储任务。

【粮油质量监管】 2020年，江阴市发改委先后开展粮食库存检查、食用油脂库存检查、粮食收购资格核查、粮食流通统计制度执行情况检查，夏季、冬季存粮安全大检查、成品粮油储备专项检查、粮油储藏技术规范执行情况检查等各类监督检查10次，会同市市场监管局开展联合检查4次。市监测站对全市夏、秋两季地方储备粮出、入库粮食质量全面检测，在常规项目检测同时，对粮食中机磷农药、重金属、脱氧雪腐镰刀菌等卫生指标和储存品质展开检测。同时，对库存粮食3月、9月的储存品质进行质量监测。全年检测样品536个，江阴市地方储备粮出入库检测率100%，为确保地方储备粮食质量安全打下坚实基础。

全市未发生因粮油质量而引起的食品安全事故。（徐文山 邢 军）

烟草专卖

【概况】 2020年，江阴市烟草专卖局（无锡市烟草公司江阴分公司）克服新型冠状病毒肺炎疫情影响，抓基层、打基础，经济运行稳健发展，总体质效稳健提升。全年销售卷烟6.51万箱，比2019年增长1.46%；实现销售收入29.34亿元，比2019年增长7.85%；上缴税金1.26亿元，比2019年增长16.17%。年内，受理许可证3696件，其中新办1750件、变更94件、延期571件、停供358件、复供123件、注销800件。是年，江阴市烟草专卖局获无锡烟草系统2020年县级局综合质效考核一等奖。江阴市烟草专卖局党支部被评为无锡市标准化规范化党支部建设示范点。无锡市烟草公司江阴分公司被江阴市委、市政府评为江阴市重点骨干企业、上缴税金超亿元企业。周庄镇、月城镇基层服务站分别在全国、江苏省现场管理星级评价中被评为三星级、四星级现场，澄江街道基层服务站获“江苏省质量信得过班组”称号。

【现代卷烟零售终端】 2020年，无锡市烟草公司江阴分公司顺应烟草行业卷烟网络建设发展形势，开展新现代零售终端建设试点工作，推广运用“金丝利·通”“金丝利·家”“金丝利”微信公众号三大平台，赋能零售客户经营能力和盈利水平，渠道掌控力显著增强。全市建成加盟终端1个、新现代终端123个，“金丝利·家”每周零售客户登录次数2.95万次，“金丝利”微信公众号零售客户累计推荐注册数26765人。

【文明吸烟环境建设】 2020年，无锡市烟草公司江阴分公司坚持“大、中、小、微”多措并举，从小微入手，以点带面，以吸烟桶、吸烟柱为建点方向，联合城管、公安、交通运输、环卫等多个协作单位，分承接单位、区域、街道进行布点规划，有序推进文明吸烟环境建设，推动落实控烟政策，助力健康江阴、美丽江阴建设。全市新增吸烟点6645个，其中吸烟亭55个。文明吸烟环境建设实现主要街道、乡村、社区、医院、公园、主要景点、体育中心、交通枢纽等多点呈现。

【市场监管】 2020年，江阴市烟草专卖局密切与市公安局、江阴海关缉私分局、市邮政管理局、市交通运输局等部门合作，畅通卷烟打假打私和仿真烟外流信息共享渠道和衔接沟通机制；先后组织开展“百日会战”“利剑5号”“利剑6号”“违法违规大户清查清理”“电子烟市场专项检查”等整治行动，保持打假打私高压态势，强化卡口管控站执法检查，严防卷烟非法流通；严查物流寄递，加大对物流、互联网、自媒体等寄递环节涉烟违法活动打击力度；加强新型烟草制品监管，加大海上走私和免税卷烟走私打击力度；强化市场日常监管，维护卷烟市场经营秩序。全年查处涉烟案件1080件，办结“5·20”假烟国标网络案件1件；查获非法卷烟2844.6万支，其中假烟121万支；涉案卷烟案值3310.4万余元；依法取缔违法违规大户19户，拘留29人、逮捕9人，上缴罚没款314.98万余元。查获案件数、查获卷烟数和案值三项核心指标均位列江苏省烟草系统70个县级局第一方阵。（张 炜）

盐业专营

【概况】 2020年，江阴市盐业有限公司认真贯彻落实江苏省盐业集团有限公司提出的“六稳”*工作、“六保”*任务。围绕年度工作目标，全面实施“3451”（聚力聚焦盐及盐化工业、现代商贸服务业、新健康产业三大主业；坚定不移坚持品牌引领、创新驱动、国际化发展、人才兴企四大战略；扑下身子狠抓市场化改革、省内市场建设、省外市场开拓、新盐政和管理提升五大攻坚行动；一以贯之全面从严治党）行动计划；统筹抓好疫情防控、生产经营、市场开拓、内部管理等工作；认真履行盐业社会责任，做好应急储备工作，保障全市人民食盐安全，确保食盐销售主渠道地位。着力打好市场保卫战，推进经营强基工程，强化渠道下沉、信息化支撑、终端掌握、商超维护，推进访销分离、全员营销和政策刚性执行，有效制止经营业绩下滑过快趋势。全年实现营业收入3459.93万元，比2019下降11.88%，完成利润197.37万元，比2019下降30.84%。

【盐政市场协管】 2020年，江阴市盐业有限公司在菜场、超市等场所全面宣传食品安全法、食盐专营办法、食盐质量安全监督管理办法。加强食盐安全工作，强化食盐销售渠道建设，规范市场秩序。客户经理每天下乡巡查，检查食盐客户用盐情况，规范用盐行为，解决各商户在购盐方面所遇到的实际问题，发现食盐安全问题及时向市场监管部门反映。起到净化市场与保证渠道畅通相互促进作用，维护盐业市场秩序。积极配合市市场监督执法大队，进行食品安全大检查、大排查、大督查专项行动，深入开展重点企业、重点商户违规经营调查取证，定期组织派驻协管人员技能培训和业务交流，加大案件查处，进一步压实派驻协管人员工作责任。全年走访商户800余户，走访食品生产用盐企业、卤制品加工企业40余户，出动市场协管执法人员3000人次，查处违法案件18件，未发生行政复议和诉讼案件。是年，碘盐覆盖率92%，碘盐合格率100%，合格碘盐食用率100%。

【调整品种结构】 2020年，江阴市盐业有限公司面对新型冠状病毒肺炎疫情严峻形势，克服不利因素，采取一系列配套措施，充分调整产品销售结构。不断提高低钠盐销售比重，全年公司品种盐销售3615吨，占小包装食盐的40.1%；小包装食盐销售9016吨，完成计划的88.39%，基本达到保总量目标任务。

【非盐商品营销】 2020年，江阴市盐业有限公司非盐销售继续对接餐饮、团膳、集伙等消费终端，不断培育市场。全年味精销售221.07万元，食用油销售94.17万元，新增加糖销售25.26万元；盐化商品销售270.45万元；非盐商品销售616.78万元，完成年度计划的86.54%。是年，渠道非盐毛利额36.5万元。

（张 慰）

住宿餐饮业

【概况】 2020年1月20日,江阴市政府办公室发布《江阴市政府办公室关于促进江阴市乡村民宿业规范发展的指导意见》,成立江阴市乡村民宿发展协调领导小组,由市政府分管领导为组长,以市公安局、自然资源和规划局、住房和城乡建设局、公用事业局、城市管理局、农业农村局、文体广电和旅游局、卫生健康委员会、行政审批局、市场监督管理局、生态环境局、消防救援大队、各镇(街道)、园区等单位负责人为成员。因新型冠状病毒肺炎疫情影响,江阴住宿餐饮业遭受重创。江阴市、镇两级政府及行业管理部门坚决施行疫情防控措施,禁止外地车辆入江阴,禁止人员密集性活动,禁止餐饮堂食。江阴市烹饪协会、餐饮业商会配合市商务局指导餐饮企业按照商务部联合国家卫健委印发的《零售餐饮企业在新型冠状病毒流行期间经营服务防控指南》,建立"一人一档"员工健康记录档案,落实餐饮单位健康管理主体责任,于2月7日发起为江阴市14个交通卡口工作人员、志愿者免费提供爱心餐倡议,征集提供集体用餐配送餐饮企业名单,保障隔离人员、抗疫单位和经济社会部门工作人员用餐需要;按照习近平总书记关于统筹做好疫情防控和经济社会发展的指示精神和江阴市《关于疫情防控期间安全有序恢复餐饮(堂食)营业的通知》,指导全市餐饮企业对照落实恢复营业10项条件,分批分次验收,3月9日第一批84个、3月13日第二批148个餐饮企业获准恢复堂食和中小型宴会;在市商务局、文明办指导下向全市餐饮企业和广大市民发布《"公筷公勺·文明就餐"倡议书》,倡议市民使用公筷公勺、文明就餐、光盘行动;4月,在华西美食营养培训中心举办第13期养殖(控毒)河豚鱼烹调技能培训班;5月,在申港街道河豚渔村承办五一职工技能大赛暨中式烹饪技能比赛;6月,会同江苏省餐饮行业协会在江阴国际大酒店开办全省酒店餐饮业服务技能提升高级研修班;6月13日,在顾山镇新东方酒店举行江阴市传统名肴名点(非遗)产业化发展研讨会,邀请中山饼、刀鱼馄饨、蟛蜞螯、蟹黄包等技艺传承人20余人到会研讨名肴名点消费现状、存在问题及发展方向;7月9日,江阴市消费者权益保护委员会餐饮行业监督站成立;8月10日,在江阴泓昇苑酒店举办舌尖上的安全·餐饮消费维权法律知识培训班;10月,在江阴国际大酒店承办以"寻味江阴,共享美好"为主题的江阴旅游餐饮行业青年厨艺大赛。是年,江阴市烹饪协会简餐小吃专业委员会成立,承接市科学技术协会科技创新服务企会协作项目"蟹黄包烹饪技艺发扬与传承"工程。市商务局按照江苏省《关于积极应对疫情影响促进消费回补和潜力释放的若干举措的意见建议的通知》精神,发放电子消费券,引导居民餐饮消费,联合市烹饪协会、餐饮业商会和所在镇政府、企业举办"品味暨阳"美食节系列活动;以"促进江阴餐饮经济高质量发展"为导向,拨付江阴市服务业发展专项资金,奖励"江苏老字号"江阴市永丰源大酒店有限公司30万元;会同市烹饪协会、餐饮业商会开展餐饮行业燃气安全集中管理工作培训;会同市城市管理局等部门深入贯彻商务部等9部门《关于推动绿色餐饮发展的若干意见》,推广"明厨亮灶"示范,推进餐饮油烟专项治理和燃气安全管理,引导全市星级酒店和社会餐饮企业履行义务,施行"一岗双责",实现安全经营、绿色发展。年内,江阴市烹饪协会、江阴市华西幸福园餐饮管理有限公司、江阴市国际大酒店有限公司和江阴市新东方酒店被评为江阴市疫情防控工作先进集体;新广州西饼城改造后更名为彩莲轩西饼店。江苏天水雅居餐饮管理有限公司因高铁建设拆除海鲜大食代和薇庭花园餐饮有限公司,关闭朋生雅居大酒店,承包江阴长江国际会展中心,将江阴长盛温德姆至尊豪廷大酒店餐饮改造成江苏天水雅居江阴澄禧酒店和江苏天水雅居薇庭婚礼中心,获橄榄中国年度苏浙菜餐厅大奖;江阴国际大酒店推出首届喜宴团购会,11月24日单日营收超百万元,12月25日,在江苏有线文旅体验店开设"品宣NO.1"专卖品宣包子;月城镇五洋酒店"红烧双泾螺蛳""面茅头"入选无锡口味地标菜点;海底捞、拈头火锅、春天里时尚餐厅和捌佰里农家大院入驻南门印象购物中心;星巴克、肯德基、必胜客、麦当劳四大国际品牌和小菜园、韩宫宴、星记猪骨、半天妖、九田家、诺丁牛排、花味烤肉、味舵主、味千拉面、蛙三疯等特色品牌进驻八佰伴南门店;乐芝乐滋意大利披萨、百分茶、邻村二妮菜煎饼、金都鸭血粉丝、蜜雪冰城奶茶在吉麦隆超市河北街店开业;青果路美食街新增九府羊鲜羊火锅、大浪炭火鲜牛肉酒场、柴火妞海鲜城、潘哒日本料理店和万岛日本料理店;万达广场新增米亭日本料理铁板烧;如家商旅酒店进驻五星路长江星悦荟。至年末,全市住宿和餐饮业完成营业收入79.50亿元,比2019年下降15%。

【餐饮安全专项整治】 2020年,江阴市烹饪协会、餐饮业商会按照江苏省市场监督管理局疫情防控公告、省商务厅《关于切实加强商贸服务领域复工复产安全生产的通知》和《关于疫情防控期间安全有序恢复餐饮(堂食)营业的通知》要求,开展餐饮安全专项整治行动。通过文件、微信等形式对会员单位在进货查验、索证索票、禽畜产品加工等重点环节进行提示、提醒,排查食材安全隐患;严禁会员单位经营、贮藏、食用野生动物及其制品交易;严禁烹制经营病死、毒死或死因不明禽、畜及其制品,严格执行《餐饮服务食品安全操作规范》、食品留样制度和"餐具一人一用一消毒"要求,加强厨房和就餐区消毒,保持厨房和经营场所空气流通,从餐饮源头抓烹饪安全。通过验收和巡查,督促会员单位严格执行恢复堂食营业10项要求,落实测温、扫码和餐位间距等防疫规范,从营业服务上抓餐饮安全。恢复堂食的232个餐饮企业遵守限人限桌规定,不承办10桌以上宴席,不提供凉拌海蜇、生食三文鱼、龙虾等高风险食品,不烹制出售河豚等高风险菜肴,熟食冷菜当餐制作,提醒消费者疫情防控期间不打包剩余食物等。是年,江阴市烹饪协会、餐饮业商会会员单位未发生食品安全事故。

【"品味暨阳"美食节】 2020年9—12月,江阴市商务局按照商务部《关于统筹推进商务系统消费促进重点工作的指导意见》、江苏省《关于积极应对疫情影响促进消费回补和潜力释放的若干举措的意见建议的通知》和省商务厅《关于开展"促流通扩消费竞赛季"活动的通知》精神,联合江阴市烹饪协会、餐饮业商会举办"品味暨阳"美食节系列活动。9月25日,在江阴永丰源大酒店主办第十五届中国江阴汤包美食节,启动市科学技术协会科技创新服务企会协作项目"蟹黄包烹饪技艺发扬与传承"工程。10月21日,在江阴泓昇苑酒店主办首届江阴小吃(简餐)美食节暨小吃简餐烹饪技能大赛。12月16日,联合江苏省餐饮行业协会、顾山镇政府在江阴市新东方酒店举办2020全国蒸菜烹饪技能创新大赛,数百名来自全国多地餐饮行业协会代表和烹饪厨师观赛。通过"品味暨阳"美食节系列活动,培育地方特色美食文化,扩大江阴"名店、名厨、名菜"知名度和美誉度。 (沈敏能)

邮政业

【概况】 2020年,江阴市邮政业以习近平新时代中国特色社会主义思想为指导,增强"四个意识"*,坚定"四个自信"*,做到"两个维护"*,统筹推进疫情防控和改革发展,在党建引领、经营发展、转型升级、科学管控、瓶颈突破上取得新成绩,各项工作继续走在全省邮政前列。5月29日,江阴"警邮联动协作室"揭牌成立,开展公安驻点办公,以深化情况通报、联合检查、联合奖惩、宣传教育、应急处理为联动机制核心,围绕信息互通、事务协调、服务保障等方面开展工作。至年末,江阴市有快递品牌20个,无锡江阴公司5个,江阴公司14个,快递分支机构65个,备案网点365个,村邮站206个。全年快递业务量完成2.13亿件,快递业务收入13.98亿元。中国邮政集团有限公司江苏省江阴市分公司(以下简称"市邮政公司")实现总收入6.99亿元,比2019年增长7%,其中,寄递业务实现收入3.29亿元,比2019年增长14.9%,非寄递业务实现收入3.7亿元,比2019年增长0.7%,收入规模列全省县(市)公司第一。

2020年江阴市注册快递企业一览表

表22

序号	企业名称	企业品牌	企业地址
1	江阴韵达快运有限公司	韵达快递	江阴市新澄路1号
2	江阴市申通快递服务有限公司	申通快递	江阴市徐霞客镇峭岐钓岐村博爱路2号
3	江阴市神鹿航空物流服务有限公司	OCS	江阴市澄杨路98号16-1012
4	江阴市鑫达快件服务有限公司	港中能达	江阴市云亭街道新伍金家村9-1号
5	江阴市晨旭货运有限公司	百世快递	江阴市徐霞客镇璜塘璜中路70号
6	江阴市东鑫物流有限公司	优速物流	江阴市花东路188号向西500米(皮弄)
7	江阴市鑫煌运输有限公司	优速物流	江阴市长泾镇花园村张家油车里88号
8	江阴市丰通物流有限公司	百世快递	江阴市云亭街道那巷路39号
9	江苏瑞德快递有限公司	申通快递	江阴市周庄镇长寿村长啸路199号
10	中外运—敦豪国际航空快件有限公司江阴分公司	DHL	江阴市澄杨路266号
11	江苏申通国际货运有限公司	申通快递	江阴市周庄镇长寿村长啸路199号
12	江阴市全通速递有限公司	圆通速递	江阴市祝塘镇金庄路8号
13	江阴市仲快仓储物流有限公司	中通速递	江阴市月城镇冯泾路18号
14	江苏德邦物流有限公司江阴云亭分公司	德邦快递	江阴市云亭街道沈巷路1号
15	江阴市卡迪夫供应链有限公司	极兔速递	江阴市徐霞客镇峭岐迎宾大道39号
16	中国邮政速递物流股份有限公司江苏省江阴市分公司	中国邮政	江阴市梅园大街383号

【邮政产业集群市场】 2020年,江阴市邮政公司以效率和效益双提升为目标,在快递包裹内衣产业集群市场推行轻资产运营及集包一体化创新发展模式。通过新流程、轻资产、优团队、强营销、严管控,开发产业集群市场,提升邮政快递包裹业务。全年快递包裹业务量比2019年增长64%;市场占有率提高,处理能力提升5倍,全年降低成本600万元,市场占有率最高40%。创新模式推进邮政产业集群市场开发,实现规模与效益双发展。

【拥军优抚合作】 2020年8月27日,江阴市退役军人事务局、邮政公司举办党建联盟及拥军优抚合作项目签约仪式，打造“老兵邮路”建设；成立邮政老兵俱乐部，提供拥军金融服务；整合双方活动及宣传资源，做好拥军宣传服务；落实退役军人安置政策，提供拥军创业支持。会上，“老兵故事巡讲团”讲师现场讲授党课，“老兵邮路”授牌成立，投递员代表宣读“拥军倡议书”，慰问伤残退役军人代表。年内，市邮政公司组织筹备“江阴军事题材集邮巡展”，分批次在各服务站、邮政网点展出。集邮展分开天辟地、南昌走来的人民军队、五星红旗3个板块，分别展示中国共产党、人民军队及国家发展历程。

【纪念抗美援朝邮展】 2020年10月25日，为纪念中国人民志愿军抗美援朝出国作战70周年，弘扬爱国主义和奋发向上时代精神，江阴市邮政公司、集邮协会在江阴市要塞司令部旧址开展“纪念中国人民志愿军抗美援朝70周年”暨江阴市第38届集邮展览活动。该次邮展展出开天辟地、井冈红旗、建党伟人、开国元勋、抗美援朝、五星红旗、军人风采、社会主义核心价值观等邮集类别50余框，全面反映中华人民共和国成立后的发展历程。

【首单“1210”跨境国际包裹出口业务】 2020年6月3日，全省首单跨境电商特殊区域出口业务、江苏邮政体系首单“1210”（全称“保税跨境贸易电子商务”，俗称“保税备货模式”）跨境出口国际包裹在江阴综合保税区运营成功。市邮政公司及澄邮电子商务有限公司作为“1210”出口模式区内运营主体，完成区内企业注册、海关备案、电子口岸制卡授权、跨境数据通道开通、跨境出口账册设立等准备工作，实现从商家货物报关入区、区内打包发货、跨境单证申报，区内海关监管、货物放行出区、苏州国际互换局邮件交接、上海航站出发到目的地等环节有效衔接。该模式在海关监管、跨境企业商贸往来、综保区运营和邮政全球通道之间开辟绿色通道，实现集成效应，为适应产业结构、支持中小微商贸企业通过综保区实现“卖全球”举措，开创多方共赢、协同发展新业态。

【首届快递员技能大赛】 2020年6月13日，由江阴市总工会、市人力资源和社会保障局、交通运输局、邮政管理局联合主办，无锡市快递协会江阴分会、市邮政公司承办的江阴市首届快递员技能大赛在江阴市公路事业发展中心举行，10个快递公司的30名快递员参加技能比拼。大赛分理论知识和实操技能两部分，其中理论知识测试内容包括快递业务基础知识、服务礼仪、安全类法律法规、标准规范等，实操技能竞赛包括邮件验视包装、按派送路线排段和智能快递柜虚拟操作3项项目。通过选拔，江阴邮政代表队以优异成绩包揽前六名。该次大赛为展示快递员精神风貌、提升快递从业人员技能水平提供平台，提升寄递企业核心竞争力，推动寄递行业科学发展。

【首届行业消防演练】 为做好“双11”安全风险防控工作，提升全市邮政快递企业防火、防爆等应急能力，确保行业安全平稳运行，2020年10月15日，无锡市首届邮政快递行业消防应急及危险物品处置演练在周庄镇江苏申通国际货运有限公司举行。无锡市邮政管理局和江阴市公安局、交通运输局、邮政管理局、消防救援大队、周庄镇政府以及宜兴邮政管理局相关负责人出席活动，邮政、顺丰、苏宁、京东、申通、中通、圆通、韵达等主要快递品牌从业人员参与演练。该演练增强了行业消防安全意识和应急处置能力，提高各企业、各部门综合指挥和协同作战能力。

【快递车辆规范化管理】 2020年12月2日，江阴市文明办、公安局、邮政管理局、快递行业协会举办第九个“全国交通安全日活动暨快递专用电动三轮车规范化管理启动仪式”，倡导知危险会避险，安全文明出行。根据《江阴市邮政快递专用电动三轮车规范管理办法》，建立行业自治管理模式，严格执行快递专用电动三轮车备案制度，逐步淘汰非标车辆，统一外观标识，规范车辆使用，管控使用信息，实行“一人一车一证一码一险一位”统一管理。至年末，市区范围淘汰非标车100辆，完成各用车单位车辆备案300辆，发放快递专用电动三轮车统一编码98个。

【顺丰助农增收项目】 2020年，无锡市顺丰速运有限公司江阴分公司革新物流技术，实现产前端与物流端无缝链接，推动智能化农业发展进程。对农副产品寄递采取“模式升级+时效保障+应急响应”全方位升级，助力江阴葡萄、水蜜桃、大闸蟹、花卉苗木、草莓等产品通过顺丰速运寄递到全国各地。至年末，江阴顺丰速运水蜜桃收件3.5万票、大闸蟹收件13.72万票、葡萄收

2020年12月2日，市文明办、公安局、邮政管理局、快递行业协会举办第九个“全国交通安全日”活动暨快递专用电动三轮车规范化管理启动仪式

（王　莹摄）

件6000余票。农户通过顺丰寄递农副产品数量提升,农户收益增加。

(朱怡洁 刘 玲)

物流业

【概况】 2020年,江阴市依托市域境内高速公路道口、长江港口等交通资源优势,以长江港口综合物流园、江阴综合保税区、靖江园区为载体,引进、培育、服务物流业企业,发展冷链物流、加工配送、分拨采购等现代物流产业,加大商贸流通行业政策扶持力度,优化物流企业经营服务环境,初步形成现代物流业发展新格局。推进互联网技术与物流行业深度融合,制定《江阴市物流运输企业政策奖励实施办法》,鼓励发展无车(船)承运网络货运平台,通过管理和组织模式创新,集约整合物流资源,提升运输组织效率,推动物流行业转型升级。江苏华溢物流有限公司、指北针供应链管理有限公司、江苏易船货科技有限公司、鼎盛运通4个企业获网络货运平台资质,其中江苏华溢物流有限公司被评为省重点物流企业。加大现代物流业招商引资力度,通过"以商引商"等形式,引进国际化、品牌化大企业和世界500强企业,引进一批国内外知名物流企业。全市培育7个年成交额超百亿元特色专业市场。长江港口综合物流园、江阴石化物流园等园区加大招商引资力度,引进一批现代商贸物流企业,加快现代物流产业集聚步伐。全市物流快递市场呈现国有、民营多元化主体共存态势,主要包括以中国邮政为代表的国有物流快递企业,以顺丰速运、申通快递、中通快递、圆通快递、韵达速递、百世汇通、京东快递等为代表的全国性民营快递企业。至年末,全市有快递企业20余个,快递网络实现镇、村、社区全覆盖。全年江阴港完成货物吞吐量2.56亿吨,比2019年增长10.79%,位列全国港口排名第17位。全市30项服务业重点项目中,普洛斯江阴物流园二期、大昌行长三角食品加工物流园、粮食物流仓储扩能、深国际工业供应链项目、嘉盛LNG储备调峰站工程、长山油库扩建项目、天力燃气临港首站项目、中能LNG集散基地项目、八圩作业区下六圩港港池码头9项项目涉及物流领域,总投资额134亿元。

【货运物流结构优化】 2020年,江阴市优化调整货运运力结构,船舶数量保持平稳态势,水运运力结构优化;按照上级交通运输管理部门要求,鼓励发展封闭、厢式、罐式货车运输和甩挂运输等专业化货运,专业运输车辆有所提升。大力发展多式联运,鼓励将运输方式从公路运输向铁路运输和水路运输转移,着力降低运输成本、提升运输效率。坚持生态环保理念,引导企业加快淘汰国三及以下排放标准营运柴油中重型货车,淘汰高排放、高能耗老旧运输车辆,货运运力结构进一步优化。加强行业安全监管,严格开展交通行政执法,促进行业安全发展。至年末,江阴市有道路普货运输企业3483个,运输车辆13883辆(挂车2805辆),总吨位10726.39吨,道路危货运输企业37个,危货运输车辆1099辆(挂车435量),总吨位14350.69吨;水路货运企业16个,各类营运船舶59艘,总吨位296358吨,其中水路普货运输企业14个,营运船舶48艘,水路危货运输企业2个,营运船舶11艘。

【保税物流业务】 2020年,江阴综合保税区对接"长江经济带"*国家战略和"一带一路"*倡议,发挥江海联通、区港联动等优势,创新业态模式,优化平台载体,打造对外开放新高地。全年园区仓库月均租仓率90%以上,完成进出口额2.83亿美元,开票销售333.41亿元,入库税金1.25亿元。签约大龙网跨境电商产业园项目、盛媗冷链物流项目、进口食品预制新兴产业项目、长投双创大楼项目、乐晶进口食品预制新兴产业项目及领克动力汽车零部件出口项目等8项重点项目,跟踪洽谈新兴产业项目39项。

【江阴综保区打造"三大中心"】 2020年,江阴综保区围绕康瑞卫智达精密零部件项目及盛媗冷链物流、进口食品预制新兴产业项目等打造加工制造中心,推进项目建设、投产工作。打造物流分拨中心,继续做大葡萄酒区域分拨中心、美国通用电气公司风电设备部件分拨中心、德国西马克公司出口设备分拨中心等;通过区港联动新模式新增进口橡胶、棉花、葵花籽油等仓储业务。以跨境电商业务为抓手打造销售服务中心,6月3日完成全省特殊区域跨境电商出口首单,8月6日实现无锡地区跨境电商出口海外仓首单,8月20日走通"9710"(全称"跨境电子商务企业对企业直接出口")业务,是无锡跨境电子商务综合试验区城市中唯一全面走通"1210"双向进出口及"9710""9810"(全称"跨境电子商务出口海外仓")跨境出口业务园区。

【港口能级提升】 2020年,江阴临港经济开发区依托长江港口优势,发展港口物流产业,以长江港口综合物流园、江阴综合保税区、临港物流园等物流集聚区为载体,引进、培育、服务物流业企业。至年末,临港经济开发区有万吨级以上生产性泊位40个,千吨级生产性泊位45个。全区对外开放泊位32个,其中万吨级30个,千吨级2个。全年辖区港口货物吞吐量2.56亿吨;江阴港集装箱吞吐量50万标箱;散杂货码头最大可兼靠15万吨级海轮,液体化工码头年作业能力达1800万吨,仓储能力250万立方米。

【口岸效能提升】 2020年,江阴临港经济开发区实施精准奖励和扶持政策,支持稳定外贸、产业链、供应链工作,保持港口物流及其关联产业平稳发展。年内开辟"江阴—外高桥"外贸快航航线,一周两班,将江阴到上海外高桥外贸支线船舶在途时间缩短至13小时。至年末,江阴港集装箱航线航班50条,每周118班,与100余个国家和地区的600余个港口建立通航关系,建立江海河联运全方位集疏运网络体系。持续推进贸易便利化措施。是年,江阴口岸进口整体通关时间为82.42小时,出口整体通关时间为2.66小时。

【智慧港口建设】 2020年,江苏江阴港港口集团股份有限公司利用"5G"(第五代移动通信技术)网络为港口作业提供全新智慧化解决方案。在装卸设备远程控制、实时定位、无人机巡检等方面实现更丰富智慧应用，加快推进智慧港口建设，增强江阴港经济活力。4月13日，江阴港开始推行集装箱设备交接单无纸化，按照江阴港60万个自然箱测算，全年可减少纸质单证用纸500万张，减少集装箱卡车司机作业总时长约20万小时，节省燃油成本400万元。

【华溢物流被评为省重点物流企业】 江苏华溢物流有限公司是中国服务业500强企业江苏大经供应链股份有限公司全资子公司，成立于2008年5月7日，注册资本6000万元，主营物流运输服务、仓储服务等。公司拥有仓储物流园3.33公顷、独立物流园码头，具备道路运输许可证、网络货运经营许可证。2020年，公司响应国家供应链改革方针政策，推行“物流服务+互联网”，建立线上大宗商品第三方智慧物流平台“路小二”，实现货主、承运人APP（应用程序）下单等移动互联业务，引入“云平台”“北斗卫星定位”“智慧投保”等智慧物流技术，实现对运输业务在线报价抢单、运输轨迹北斗卫星实时定位跟踪、运单回执线上确认、实时开票结算等全过程记录，实现物流运输业务合同流、运输流、资金流、票流四流合一。7月，江苏华溢物流有限公司获江苏省“网络货运经营许可证”。全年实现营业收入4.37亿元，上缴税金4487万元，被评为省重点物流企业。

【干散货船选船系统】 为有效防控风险隐患，提升港口安全与绿色发展水平，2020年5月，江阴海事局走访辖区码头、航运公司及货主，广泛征求意见，推出江阴港干散货船选船系统，主要基于船舶自动识别系统，对船舶信息实现自动抓取、自动登记、自动形成台账记录。依托该系统，江阴海事局还建立船舶共享互认平台，将到港船舶分为A类白名单船舶、B类蓝名单船舶、C类黑名单船舶，分别给予不同便利及监管措施。对于被评为C类即黑名单船舶，江阴港所有码头均拒绝进港作业，促进长江航运高质量发展。

【进境肉类指定监管场地】 为规范进境肉类产品检验检疫管理，防止动物疫情传入，降低安全卫生风险，确保进境肉类产品卫生质量，2020年11月23日，海关总署发布批复，同意在江阴苏南国际集装箱码头设立进境肉类指定监管场地，是无锡地区唯一水港进境肉类指定监管场地。该监管场地设立后，进口肉类产品将经第一口岸转关到江阴场地，完成检验检疫后放行通关，节约通关时间30%，降低进口肉类产品物流成本，促进冷链物流产业发展。

【江阴综保获批增值税一般纳税人资格试点园区】 2020年9月1日，经国家税务总局、财政部、海关总署审核备案，江苏省税务局、财务厅和南京海关联合下发通知，批准江阴综合保税区开展增值税一般纳税人资格试点。获得试点资格的企业在内销货物时，可按规定开具增值税专用发票，并申报缴纳增值税、消费税；外购货物时，可索取增值税专用发票，作为增值税进项税额抵扣凭证或出口退税凭证，解决综合保税区连接国内市场问题，便于企业利用国内国外“两种资源”，拓展国内国外“两个市场”。 （韩纬华）

旅游业

【概况】 2020年，江阴市旅游业围绕新时代高质量发展要求，坚持文化引领、融合发展，引发串珠成链、连片成面带动效应，大力推动全域旅游，加快构建宾主相洽、旅居相宜、产城相融旅游发展新格局。提升旅游公共基础设施配套和旅游公共服务水平，推进“厕所革命”，新建、改建旅游厕所4座。建成运行覆盖全市的“云游江阴”智能导览系统，提升景区服务质量，促进景区完成“新旅游”转型升级。全面启动线上旅游宣传，与江苏省广播电视总台合作开展“江阴文旅，由我代言”活动；与新浪网合作开展“‘新浪’文化大V江阴行”活动；多条旅游宣传短视频登上“学习强国”平台。搭建促销平台，组织动员旅游企业参与政府部门促进客源增长优惠政策措施。5月，发动涵盖景点景区、酒店、旅游文创、美食、土特产等旅游要素的企业参与“5·19中国旅游日”无锡惠游e购节直播带货；区域联动，实施抱团营销战略，与周边县区赴郑州、西安、泉州、杭州、合肥等地开展联合推介促销，扩大区域旅游市场；继续与常熟、太仓、张家港联合推出“长三角旅游友城卡”。以“高考游”为促销卖点，推出面向全省高考录取约30万新生的专项优惠礼包。9月，赴南京、杭州等城市开展江阴城市文旅推介活动，全面展示美丽江阴无穷魅力。10月，举办第十五届中国徐霞客国际旅游节，开展“南闸杯”2020江苏省滑翔伞联赛、江阴市小小讲解员风采大赛、“霞客行”城市定向赛等系列活动18项。多措并举促进产业融合，推动“体育+旅游”，评选出海澜飞马水城、江阴市华西新市村、江阴天华生态园、江阴市敔山湾水上运动基地、江阴市月城双泾龙舟基地、江阴狮山湖文体旅融合发展基地、江阴花山滑翔伞基地首批7个体旅融合示范基地。海澜飞马水城创建“体旅融合示范基地”工作得到江苏省、无锡市支持，江苏省体育局、无锡市体育局、江阴市文体广电和旅游局、新桥镇政府、海澜集团有限公司签署五方战略合作协议。推动“旅游+非遗”，举办非物质文化遗产旅游体验日造物市集活动。推动“旅游+文创”，开展“游圣杯”江阴旅游文创产品征集评选活动，培育扶持“江阴好”“江上芸香（江博文创展示中心）”“徐霞客与茶”等多个文创品牌。年内，海澜飞马水城获评首批省级夜间文旅消费集聚区建设单位，全年接待游客突破300万人次；华西新市村入选第二批全国乡村旅游重点村名录，跻身全国乡村旅游行业前列。全年接待国内旅游人数857.75万人次，旅游总收入142.73亿元。

【“中央民族大学徐霞客研学基地”揭牌】 2020年5月19日，中央民族大学副校长石亚洲、文学院书记邓光奇，江阴徐霞客研究会会长陈捷元、江阴市文体广电和旅游局局长周晓虹分别在北京、江阴，以云端连线方式为“中央民族大学徐霞客研学基地”揭牌。中央民族大学文学院和江阴市徐霞客研究会合作设立“中央民族大学徐霞客研学基地”,推进校会合作,帮助学生了解社会、提高创新创业能力,致力于为地方文化与旅游部门、为地方企事业发展提供高层次文化人才。

【旅游文创产品征集】 2020年7月20日,由江阴市委网信办、市文体广电和旅游局主办的“游圣杯”江阴旅游文创产品征集评选活动正式开启。该活动以“创意赋能,品质文旅”为主题,经各镇(街道)、园区推荐,文创企业和团队自愿报送,征集各类文创产品60余件。经过初步筛选,8月29日至9月5日进行第一轮公开网络投票,参与投票市民500余人次。9—11月,先后在南京国际博览中心、玄武湖公园、第十五届中国徐霞客国际旅游节期间,进行文创产品现场展评。12月,召开江阴旅游文创产品征集评选工作座谈会,并邀请专家及市民游客代表现场投票。历时半年征集评选,评选出“家在三十三山半”系列杯、“教我如何不想她”团扇、“江阴文庙”状元包等10件最受欢迎江阴旅游文创产品。

【江阴城市文旅推介会】 2020年9月19日,刘半农“教我如何不想她”创作100周年暨江阴城市文旅推介会在南京玄武湖公园举行。江阴市委常委、宣传部部长程政,副市长张韶峰出席活动。活动现场,江阴刘半农研究会正式揭牌,江苏新闻广播主持人中英文双语朗诵《教我如何不想她》《新时代,她力量》,诵读诗歌漫游江阴,徐霞客故居的讲解员现场讲述江阴和徐霞客的故事。现场还展示大量江阴非物质文化遗产和文创产品,展现江阴魅力。

【第十五届中国徐霞客国际旅游节系列活动】 2020年10月17日,第十五届中国徐霞客国际旅游节暨2020长三角水上运动邀请赛在江阴黄山湖公园开幕。中国徐霞客研究会会长王宝才,江苏省体育局副局长熊伟,无锡市文化广电和旅游局局长蒋蕴洁,江阴市领导许峰、蔡叶明、孙小虎、徐冬青等出席开幕式。开幕式上,视频发布第十五届中国徐霞客国际旅游节系列活动,揭晓“第五届中国徐霞客游记文学奖”评比结果并为获奖代表颁奖,举行全国体育旅游十佳精品景区——海澜

2020年9月19日,刘半农“教我如何不想她”创作100周年暨江阴城市文旅推介会在南京玄武湖公园举行 (市文体广电和旅游局提供)

飞马水城、2019全国文明旅游优秀案例——“志在旅游”项目、第二批全国乡村旅游重点村——华西村等授牌仪式。开幕式后,举办2020年长三角水上运动邀请赛,来自江苏、浙江、上海、安徽、江西、广东、湖南等地参赛俱乐部近300名运动员参加水上桨板、动力冲浪板、陆上赛艇竞速赛、水上飞人表演赛4项项目竞赛,推动体旅融合,普及和推广水上运动。年内,围绕旅游节先后开展“美丽江阴”旅游踩线采风、江阴文旅招商推介会、“霞客宴”发布品鉴会暨江阴旅游餐饮行业青年厨艺大赛、徐霞客之路故乡篇水墨丹青展、“文明江阴 · 我主讲”——2020年江阴市小小讲解员风采大赛等文体旅游赛事活动,实现了以体促旅、以节聚客,提升江阴知名度、美誉度和影响力。 (唐　燕)

居民服务业

【概况】 2020年,江阴市委、市政府重视民生和养老服务事业,成立江阴市养老服务协会,召开居家养老援助服务推进会。年初,受新型冠状病毒肺炎疫情影响,美发美容、浴室、婚庆、废品回收等服务行业停业,养老院施行封闭管理,家政、维修等居民服务行业也遭阻碍。市发改委、商务局、人社局和民政局等部门以商务部联合国家卫健委印发的《关于做好生活服务企业新冠肺炎防控工作的通知》为指导,支持相关行业协会举行“守护最美‘逆行者’暖心行动”捐赠活动。江阴源佰经中医馆向市融媒体中心、北大街社区和南闸街道800余名一线防疫人员捐赠价值20万元防疫香囊和艾灸卡,江阴中青家政服务有限公司为25名驰援武汉医护人员捐赠价值5.5万元“家政服务暖心卡”,江阴乐澄和美护理院承诺为江阴驰援武汉医护人员直系60周岁以上亲属入住旗下养老院、护理院终身免收床位费。以省政府办公厅《关于促进家政服务业提质扩容的实施意见》为指导,按照国家发改委《加大力度推动社会领域公共服务补短板强弱项提质量促进形成强大国内市场的行动方案》,支持市家庭服务行业协会开展家政服务、养老服务、母婴护理、病患护理4个专业岗位技能培训;与陕西省延川县对接家政员、养老护理员和母婴护理员技能扶贫培训;举办江阴市“高新杯”育婴员职业技能大赛,组队参加2020年无锡市家庭服务业职业技能大赛和第三届江苏省家庭服务业职业技能大赛。市商务局拨付2020年商务发展专项资金74.1万元,持续扶持员工制家政企业发展;会同市市场监管行政执法部门加强全市美容、美发、洗染、足浴和健身等服务

行业单用途商业预付卡管理。公安部门对浴室、棋牌室、家电维修站、再生资源回收点、洗车店、美容美发店等服务网点实施社会治安网格化管理,规范其经营行为。交通、环保等行政执法部门会同市汽车维修行业协会对全市汽车维修行业推进VOCs(挥发性有机化合物)治理和“绿色汽修”创建工作,全市备案汽车维修企业250个。市总工会支持相关行业开展职业技能竞赛、组建行业工会和关爱女工工作;市妇联在澄江街道塔南社区启动乐茵母婴“公益大讲堂”进社区活动。各镇(街道)对小区服务中心和迪厅、网吧、健身房、浴室等人员密集场所进行安全生产专项督查。市美容美发业商会组织32名理发师成立志愿服务队,走进市卫生监督所、公用事业产业发展有限公司和公交公司开展“温暖理发献爱心,轻装上阵抗疫情”义务理发活动,联合行业工会开展江阴市第九届美容美发职业技能比赛。市装饰装修行业协会举办3期“家装公益讲堂”,开展“你最喜爱的家装公司”和“优秀家装设计师”等评选活动。全市居民生活服务业与社区服务事业在抗疫后期迅整恢复和发展。江阴豪挺汽车服务有限公司途虎养车延陵路工场店、江阴市连景家政服务有限公司、泰富养老服务(江阴)有限公司、江阴乐茵月子中心、江阴澄色印象摄影、申港焕新洗衣店、姿彩美丽申港店、芭芭多芦荟美容、青丝状头疗美发等一批新店开张;文眉消费在江阴兴起。年内,江阴市社区服务求助中心有限公司、江阴澄乐居养老服务中心成为长三角百强家政服务企业;江阴市南华汽车维修有限公司被中国汽车维修行业协会评为抗击新冠肺炎疫情先进单位。至年末,全市规模以上居民服务、修理和其他服务业完成服务业增加值1.2亿元,比2019年下降14.7%。

【育婴员职业技能大赛】 2020年9月13日,由江阴市家庭服务行业协会主办的2020年江阴市“高新杯”育婴员职业技能大赛在中船澄西高级技工学校举行。该大赛是江阴市总工会重点行业劳动竞赛之一,来自全市家政、月子会所、早教、教育、卫生和工矿企业从事或热爱育婴事业的253名选手参赛。比赛分理论知识和实操技能竞赛两项。实操技能考核“气管异物排除”急救处理,“穿珠游戏”精细动作和“婴儿呕吐、腹泻”处置步骤。由市家庭服务行业协会省级考评员担任竞赛裁判员,实行“一对一”公开公平考核。经过各项考核竞争,大赛选拔出江阴市乐茵儿童用品有限公司选手李涛、王玲和江阴可妈母婴工作室选手黄丽、郭晴晴,参加在徐州开放大学举行的2020年第三届江苏省家政服务行业职业技能大赛,王玲以第五名的成绩,获“江苏省技术能手”称号。

【乐茵开拓新板块】 作为江阴市巾帼家庭服务联盟成员单位之一,2020年,江阴市乐茵儿童用品有限公司积极拓展服务新板块。6月3日,联合市妇联在澄江街道塔南社区启动乐茵母婴“公益大讲堂”进社区活动,开展“乐茵帮扶计划”,为澄江街道18户育有婴幼儿困难家庭免费提供婴儿0~3岁奶粉、尿不湿等物资。11月1日,公司投资2500万元建设的乐茵亲子酒店和乐茵月子中心在江阴敔山湾开业。该亲子酒店和月子中心以“让每个家庭都能轻松育儿、科学育儿”为初心,集亲子民宿、月子中心、养生餐厅、母婴门店、小儿水疗和推拿于一体,服务项目有健康咨询、培训服务、家政服务、婴儿沐浴、摄影、美容、住宿服务、餐饮服务、婚庆礼仪、会务服务、心理咨询服务、陪护服务和母婴护理服务,营业面积5000余平方米,有各类型客房49间、专业人员47人(其中护理总监1人、营养师3人、高级母婴护理师和育婴师20人、母乳喂养指导师3人、产后康复师3人、月子餐厨师3人、胎教老师2人、客服管家团队12人),另聘请三甲医院产科、儿科、皮肤科主任担任顾问,全方位专业服务产褥期妈妈和新生宝宝。至年末,中心为江阴60余户家庭提供月子中心护理服务,为15户家庭提供住家育婴师服务,承办2个亲子团建活动。

【家政服务业提质扩容】 2020年5—10月,江阴市商务局、人社局和总工会等部门以省政府办公厅《关于促进家政服务业提质扩容的实施意见》为指导,支持市家庭服务行业协会开展家政服务、养老服务、母婴护理、病患护理4个专业岗位技能培训,参与企业24个,培训合格人员376人。6月5日,江阴市家庭服务行业协会召开2020年度工作会议,组织45个会员单位学习省政府办公厅意见,共商“提质扩容”具体行动计划,推行2020年度江阴市家庭服务行业工会工资专项集体合同;8月1—3日,组织行业骨干参加“江苏省家政服务员职业技能等级认定考评员”培训班,柳惠田、邱汝珍、陈纬、徐洁、黄丹、黄月莉、林须燕、陆丽君、苏志霞、王娟、王忠芬、程进、沈海平、何维英14人通过考核、军训拓展合格后取得“江苏省家政服务员职业技能等级认定考评员”证书;8月,在江阴市社区服务求助中心有限公司、江阴中青家政服务有限公司、江阴市惠邻家政服务有限公司设立家政服务员培训基地,在江阴市乐茵儿童用品有限公司和江阴万悦职业培训学校设立母婴护理培训基地,在江阴澄乐居养老服务中心、江阴市惠邻家政服务有限公司、江阴博丞养护院、江阴金昌铝业有限公司和市人民医院设立养老、病患服务培训基地。9月13日,市商务局支持市家庭服务行业协会举办江阴市“高新杯”育婴员职业技能大赛,248人取得高级育婴员证书;支持市家庭服务行业协会组队参加“锡汇匠才、竞无止境”2020年和第三届江苏省家政服务行业职业技能大赛,江阴市乐茵儿童用品有限公司、江阴可妈母婴工作室、江阴市惠邻家政服务有限公司获无锡市家庭服务业职业技能大赛优秀组织奖,江阴市乐茵儿童用品有限公司育婴员王玲获“江苏省技术能手”称号;支持市家庭服务行业协会参与“百城万村”家政扶贫对接陕西省延川县行动,派出江阴市澄姨职业培训学校倪国芳、江阴澄乐居养老服务中心承圆圆和何静娟3人赴延川县开展为期7天养老护理和月嫂技能扶贫培训,派出江阴可妈母婴工作室王娟和江阴伟邦职业培训学校周春英2人赴延川开展为期7天育婴员和母婴护理技能扶贫培训。

10月9日,江苏省家庭服务业协会在南京京西宾馆召开江苏省诚信建设推进会,江阴市家庭服务行业协会轮值会长、江阴澄乐居养老服务中心总经理杨丽代表江阴诚信工作组在会上签订家政诚信信息采集工作责任书。11月27日,在首届“长三角家政服务一体化发展峰会暨浙江家政节”闭幕式上,江阴市社区服务求助中心有限公司、江阴澄乐居养老服务中心被评为长三角百强家政服务企业,高琴、方秋磊、李进、徐洁、王娟、苏志霞、陈红英、何维英、周春英、龚琴10人被授予“2020年长三角金牌家政员”称号。年内,市商务局持续扶持员工制家政企业发展,向江阴市社区服务求助中心有限公司、江阴市乐茵儿童用品有限公司和江阴市利民劳务综合服务有限公司分别拨付2020年商务发展专项资金28.21万元、28.21万元和17.68万元。至年末,全市有30个单位1270名家政员进驻商务部家政服务信用信息平台。

【家装行业自律】 2020年,江阴市装饰装修行业协会宣传贯彻《中国家装行业自律公约》,依托江阴市消费者权益保护委员会装饰装修行业消费维权监督站和江阴市装饰装修行业专家组,建设江阴市家装消费维权教育基地,举办3次家装公益讲堂,向130名市民普及装修常识,接受消费者咨询135人次,派出家装行业专家组成员126人次赴现场勘查处理顶面、阳台、卫生间渗漏等家装质量纠纷和定制家具质量纠纷32件(其中承接“12345”民生热线转移投诉15件,协助政府部门处理家装纠纷5件,协助江阴电视台“帮女郎”勘查家装施工质量11件)。5月,推出免费家装监理服务。8月19日,举办第五期装饰企业沙龙活动。9月17日,召集30余名专业技术人员在家装消费维权教育基地召开防水工程技术研讨会,江阴非凡防水补漏公司总经理林志平结合案例细评防水材料性能,就下沉式卫生间回填材料和施工工艺等防水工程问题与参会人员研讨交流,向行业发布《关于住宅装饰装修施工企业使用规范合同文本的建议》。分别于9月3日、9月18日、10月28日组织会员单位赴常州、张家港、泰州,与三地装饰协会对口学习交流家装行业消费维权工作经验。支持江阴传媒集团有限公司主办、江阴市华天装饰工程有限公司协办2020年第一届家居建材节。10月13日,协会成立15周年之际,对全体会员开展“牢记使命,加强自律,珍惜荣誉,再创辉煌”教育。11月10日,在江阴职业技术学院举办第12届校园专场招聘会。年内,组织会员单位参加江苏省第十五届室内装饰设计大奖赛和第八届中国建筑装饰设计奖暨CBDA设计奖江阴站活动,召开会员企业信用评价综合评审会,会同市消费者权益保护委员会开展2020“你最喜爱的家装公司”和江阴市家装行业优秀企业、诚信企业、优秀设计师、优秀项目经理、优秀工程监理等评选活动,推进行业信用体系建设。江阴市装饰装修行业协会被评为无锡市先进社会组织、江苏省示范性社会组织和国家AAAAA级社会组织,获中国室内装饰协会“全国室内装饰行业突出贡献奖”。 (沈敏能)

重点市场

【概况】 2020年,受新型冠状病毒肺炎疫情影响,江阴市企业复工延迟,市场需求减少,企业业务、市场订单呈双下降态势,专业市场经营情况大幅下滑。随着疫情得到有效控制,大宗商品行情上升,市场发展逐步回暖。江阴长江港口物流园区交易中心、江苏华东石化物资交易市场、江阴沿江石化市场有限公司、江阴综合保税区交易市场、江阴市贯庄金属材料市场有限公司、江苏长阳金属材料市场有限公司、江阴景澄物流配送交易市场7个专业市场开票销售突破百亿元。是年,7个百亿元市场完成市场成交额3347.59亿元,比2019年下降3.03%;实现开票销售2955.76亿元,比2019年下降2.98%;上缴税收11.92亿元,比2019年下降7.65%。

2020年江阴市百亿元市场主要经济指标一览表

表23

名称	成交额(万元)	比2019年增减(%)	开票销售(万元)	比2019年增减(%)	上缴税金(万元)	比2019年增减(%)
江阴长江港口物流园区交易中心	9946688	-6.92	8841501	-6.80	49551	-17.28
江苏华东石化物资交易市场	8218134	9.11	7272685	9.11	13669	10.06
江阴市贯庄金属材料市场有限公司	5251544	6.88	4647384	7.28	7829	24.96
江阴综合保税区交易市场	3867505	-6.06	3334056	-6.06	12488	-11.79
江阴沿江石化市场有限公司	3018160	-15.48	2653239	-16.04	10204	-38.43
江苏长阳金属材料市场有限公司	1863752	-26.49	1649338	-26.49	20513	29.63
江阴景澄物流配送交易市场	1310165	12.65	1159438	12.65	4927	25.88
合计	33475948	-3.03	29557641	-2.98	119182	-7.65

【江阴长江港口物流园区交易中心】 该中心位于滨江西路2号，拥有各类商务、交易服务配套用房8万平方米，入驻企业4361个，是一个以金属材料、煤炭能源、纺织机电等产品交易为主，兼具港口货物装卸、仓储、水陆运输等功能的融物流、商贸为一体的大型综合交易市场。2020年，市场强化平台引企功能，建设"物流汇"平台。通过专业服务能力，提升对中小微物流企业服务水平，吸引中小微物流企业加入平台，入驻园区市场。"物流汇"平台成为市场集聚物流企业主要渠道，至年末，该平台集聚中小微物流企业300余个，全年开票销售超12亿元。市场还通过"星芸企业"（能源矿产）平台、"蜂鸟网络"（灵活用工）平台、"雪松控股"（大宗商品交易）平台等开展招商活动，形成集群式发展。是年，市场新入驻企业375个，完成开票销售884.15亿元，上缴税金4.96亿元。

【江苏华东石化物资交易市场】 该市场位于滨江西路2号，拥有各类商务、交易服务配套用户2万平方米，入驻企业850个，是一个以石油化工产品为主的大型专业交易市场。2020年，市场加大招商引资力度，先后引进江苏辽河石油股份有限公司、汇恩贸易有限公司等重点石化贸易企业。市场有"中国服务业企业500强"3个，分别是江阴市金桥化工有限公司、江阴达赛贸易有限公司和江阴市凯竹贸易有限公司，其中江阴市金桥化工有限公司首次入围"中国民营企业500强"。是年，市场新入驻企业72个，完成开票销售727.27亿元，上缴税金1.37亿元。

【江阴市贯庄金属材料市场】 该市场位于江阴市果园路9号，始建于2000年，占地面积15.87公顷，入驻钢贸企业400余个，是一个融钢铁贸易、物流仓储、商务服务于一体的综合性大型专业市场。2020年，市场贯彻"互联网+金融"理念，依托江阴卓能钢材电商平台（卓能网），立足钢铁行业，为国内外钢厂、经销商、终端用户及研究机构提供钢铁现货交易，实现年成交量200万余吨，交易额80亿余元。市场实施纵向一体化发展战略，建设现代化仓储管理和物流追踪管理，为用户解决存放、转运等周转问题。是年，市场完成开票销售464.74亿元，上缴税金7829万元。

【江阴综合保税区交易市场】 该市场位于江阴市海港路18号，规划总面积3.6平方千米。2020年，江阴综合保税区积极对接"长江经济带"战略和"一带一路"倡议，发挥江海联通、区港联动等独特优势，创新业态模式，优化平台载体，全力建设加工制造中心、物流分拨中心、销售服务中心"三大中心"，打造对外开放新高地。"区港联动"业务申报模式落地，助力包括橡胶、棉花、葵花籽油、太阳能板等进出口货物高效入区；全省首单跨境电商特殊区域出口业务顺利通关，为企业全球卖货开辟新通道；综合保税区信息化平台建设完成；增值税一般纳税人资格试点通过国家税务总局、财政部、海关总署审核备案，药品进口江阴港口岸获批，江阴市进境肉类指定监管场地获批。是年，市场仓库月均租仓率超90%，完成进出口额2.83亿美元，开票销售333.41亿元，入库税金1.25亿元。

【江阴沿江石化市场】 该市场位于璜土镇石化新材料产业园，成立于2006年，入驻企业750个，主要涉及石油化工、金属材料、纺织材料、新能源科技等领域。2020年，市场新入驻南荣石油化工（江阴）有限公司、江苏嘉盛珍宝国际贸易有限公司、科盛新材料科技有限公司、国信鼎新有限公司、乾源石化有限公司等各类企业25个。是年，市场完成开票销售265.32亿元，上缴税金1.02亿元。

【江苏长阳金属材料市场有限公司】 该市场位于江阴—靖江工业园区沿江高等级公路21号，是一个融仓储、金属加工、物流配送、贸易经营于一体的综合性大型物流配送交易市场。2020年，市场有限公司调整战略决策，改善现有营销模式，利用电子商务开展产品销售与市场开拓，开源节流提高效率，合理调配各种资源节能降耗。加大技术改造和招商力度，提供优质服务，完善各项配套设施，借助互联网优势，更新优化市场网站，制作微信小程序等，进行线上线下推广。根据环保要求改造雨污分流系统，梳理室内库长期不动货物，规范货物摆放，降低货物吊装危险系数。是年，市场完成开票销售164.93亿元，上缴税金2.05亿元。

【江阴景澄物流配送交易市场】 该市场位于澄江东路3号，总投资1.6亿元，占地面积13.4万平方米，是一个融仓储、金属加工、物流配送、贸易经营于一体的综合性大型商贸流通产业园，是华东地区具有一定规模的钢铁物流交易市场。至2020年年末，市场注册金属材料、化工贸易、五金机电、物流运输、纺织等贸易流通类企业450个。是年，市场完成开票销售115.94亿元，上缴税金4927万元，仓储出入库总计121万吨。

【江南农副产品批发市场】 该市场位于锡澄路88号，是一个集副食、粮油、蔬菜、水果、水产、冷冻制品等为一体的大型综合性农副产品批发市场。为保障食品安全，2011年投资350万元成立新的检测中心，2012年成立监控中心。该市场是保障菜篮子供应和餐桌安全重要场所，2016年被无锡食品药品监督管理局、无锡食品安全委员会评为"无锡市快速检测"第一名，2017—2020年食品快速检测量均位居无锡市前列。2020年检测80789次，不合格32批次，销毁1395.5千克，检测总量比2019年增加3.04%，销毁总量增加2.35%。年内，对生鲜肉类区进行改造。是年，市场完成交易额46亿元。 （陆晓晓）

■类目编辑　徐文辉

金融业

综 述

【概况】 2020年，江阴市金融系统不断加大对实体经济信贷支持，全市各项贷款呈现较快增长，企业融资成本进一步降低，对地方经济发展提供较强金融支撑。全市银行业金融机构本外币各项存款余额4394.43亿元，比2019年增加214.73亿元；各项贷款余额3439.05亿元，比2019年增加189.15亿元。至12月末，江阴市制造业人民币贷款余额1306.03亿元，占人民币贷款比重为41.07%，在无锡地区名列前茅。强化对普惠小微等重点领域的支持，全年江阴市普惠口径小微贷款余额335.10亿元，占全市人民币贷款余额比重为9.81%，比2019年增加78.97亿元，高于全市人民币贷款增速17.73个百分点。全市保险机构保费收入83.26亿元，比2019年增长3.7%；赔付支出累计17.11亿元，比2019年增长5.96%。全市小贷公司贷款余额19.12亿元。全市典当公司贷款余额1.14亿元。全市担保机构担保余额22.73亿元，平均放大倍数3.23。期货年度交易额1285.4亿元。证券交易开户总数36.45万户，年度交易额11689.56亿元。

【金融服务】 2020年年初，全市金融系统迅速建立疫情防控应急融资工作机制，开通“金融服务”专栏，全市银行业金融机构为全市533个受疫情影响企业累计信贷投放91.44亿元，为78个防疫物资供应企业累计信贷投放21.14亿元，总计112.58亿元。为330个企业和个人经营户办理无本续贷业务，涉及金额21.17亿元。全年通过开展5次政银企对接活动，累计达成27项银企合作项目签约，授信金额29.83亿元，为江阴经济社会发展注入“源头活水”。江阴市中小微企业信贷风险补偿资金池，全年贷款余额9.76亿元，惠及360余个中小微企业。江阴市澄企联中小企业转贷基金平台全年发生转贷笔数741笔，累计转贷金额57.13亿元，服务企业515个，为企业节约融资成本1990万元。市级企业应急转贷资金，全年为30个企业办理转贷业务255笔，提供转贷资金近142亿元，切实缓解企业流动资金压力。

（顾 青 查盘鑫）

银 行

【概况】 2020年，面对复杂严峻的内外部环境，江阴市银行业认真贯彻执行稳健货币政策，围绕打好疫情防控阻击战及落实“六稳”*“六保”*工作目标，加强信贷政策与产业政策的协调配合，加大金融支持力度，维护金融稳定，提升金融服务质效，为江阴疫情防控及经济社会持续平稳发展提供有效金融支撑。年末，全市各项存款余额4394.43亿元，比2019年增长5.14%，其中，非金融企业存款余额1996.98亿元，比2019年增加8.60亿元。各项贷款余额3439.05亿元，比2019年增长5.82%，其中，非金融企业及机关团体贷款余额2817.43亿元，比2019年增加73.21亿元；住户贷款余额621.58亿元，比2019年增加115.96亿元，存贷款维持平稳增长态势。全市不良贷款余额比2019年有所增加，不良率上升，不良贷款余额88.76亿元、不良率2.58%。

2020年江阴市银行机构存款情况一览表

表24

单位	人民币存款		外币存款	
	年末余额(亿元)	比2019年增减(%)	年末余额(亿美元)	比2019年增减(%)
人民银行江阴市支行	—	—	—	—
农发银行江阴市支行	18.32	24.50	0.00	—

续表24

单位	人民币存款		外币存款	
	年末余额(亿元)	比2019年增减(%)	年末余额(亿美元)	比2019年增减(%)
工商银行江阴支行	258.20	23.54	0.39	-33.90
农业银行江阴分行	587.65	10.17	2.14	-8.94
中国银行江阴支行	273.18	13.05	3.31	-26.44
建设银行江阴支行	306.34	7.59	1.02	142.86
交通银行江阴分行	194.98	2.36	1.00	13.64
浦发银行江阴支行	400.24	5.67	2.17	149.43
招商银行江阴支行	97.44	1.47	0.34	17.24
中信银行江阴支行	109.31	-0.11	0.23	15.00
华夏银行江阴支行	71.19	-4.49	0.49	122.73
兴业银行江阴支行	73.67	-42.70	0.05	-94.79
北京银行江阴支行	7.35	73400	0.02	—
南京银行江阴支行	159.90	17.31	0.10	-44.44
光大银行江阴支行	85.64	-4.78	0.49	-30.00
民生银行江阴支行	57.02	-47.91	1.35	19.47
恒丰银行江阴支行	33.98	-10.48	0.02	-33.33
浙商银行江阴支行	30.81	-1.88	0.00	—
广发银行江阴支行	63.82	2.92	0.00	-100.00
平安银行江阴支行	50.16	1.09	0.01	0.00
南洋银行江阴支行	10.19	-6.34	0.07	-30.00
宁波银行江阴支行	90.30	29.72	1.04	5.05
江苏银行江阴支行	158.91	4.61	1.17	875.00
苏州银行江阴支行	8.69	60.33	0.00	—
江阴农商银行	865.95	9.69	1.01	38.36
常熟农商银行江阴支行	5.48	-15.56	0.00	—
张家港农商银行江阴支行	10.49	-3.50	0.00	—
无锡农商行江阴支行	45.12	-9.22	0.00	—
江阴浦发村镇银行	14.06	8.91	0.00	—
汇丰银行江阴市支行	10.34	139.35	0.12	-25.00
邮储银行江阴市支行	143.00	12.63	0.00	—

2020年江阴市银行机构贷款情况一览表

表25

单位	人民币贷款		外币贷款	
	年末余额(亿元)	比2019年增减(%)	年末余额(亿美元)	比2019年增减(%)
人民银行江阴市支行	—	—	—	—
农发银行江阴市支行	80.33	42.86	0.00	—

续表 25

单位	人民币贷款		外币贷款	
	年末余额(亿元)	比2019年增减(%)	年末余额(亿美元)	比2019年增减(%)
工商银行江阴支行	320.47	4.40	0.13	8.33
农业银行江阴分行	381.28	6.11	0.80	56.86
中国银行江阴支行	208.81	-10.47	0.11	-57.69
建设银行江阴支行	290.60	-8.10	0.67	272.22
交通银行江阴分行	224.10	-6.45	0.08	14.29
浦发银行江阴支行	234.19	16.25	0.29	222.22
招商银行江阴支行	62.29	13.11	0.00	—
中信银行江阴支行	102.73	26.17	0.00	—
华夏银行江阴支行	70.33	14.45	0.14	75.00
兴业银行江阴支行	70.15	24.34	0.44	-21.43
北京银行江阴支行	4.60	—	0.00	—
南京银行江阴支行	105.37	15.00	0.00	—
光大银行江阴支行	83.36	12.28	0.18	-40.00
民生银行江阴支行	52.71	-24.32	0.00	—
恒丰银行江阴支行	36.00	-19.17	0.19	58.33
浙商银行江阴支行	13.66	27.07	0.00	—
广发银行江阴支行	51.87	73.07	0.03	-66.67
平安银行江阴支行	42.99	15.69	0.00	—
南洋银行江阴支行	17.36	55.83	0.00	—
宁波银行江阴支行	58.60	6.45	0.15	50.00
江苏银行江阴支行	138.61	16.30	0.14	-39.13
苏州银行江阴支行	21.55	37.26	0.00	—
江阴农商银行	553.24	8.27	0.21	-48.78
常熟农商银行江阴支行	16.81	37.00	0.00	—
张家港农商银行江阴支行	8.65	79.83	0.00	—
无锡农商银行江阴支行	69.21	-12.07	0.00	—
江阴浦发村镇银行	16.05	0.38	0.00	—
汇丰银行江阴市支行	0.00	—	0.02	-81.82
邮储银行江阴市支行	44.02	18.65	0.00	—

【中国人民银行江阴市支行】 2020年,支行有职工48人,内设办公室、纪检监察室、金融服务一部、金融服务二部、金融管理部、外汇管理部6个部室。全年贯彻执行稳健货币政策,落实金融逆周期调控要求,努力防范化解金融风险,提升金融服务水平,为全市疫情防控及经济社会协调发展做出新的贡献。

贯彻稳健货币政策。中国人民银行江阴市支行制定出台《关于进一步强化金融支持防控新型冠状病毒感染肺炎疫情的通知》,提出金融支持疫情防控9项措施;建立国库资金迅速拨付、防疫物资跨境采购、现金服务"绿色通道",筑牢疫情防控金融战线。用足用好抗疫专项再贷款政策,全年累计为16个防疫物资生产重点名录企业发放专项再贷款6.57亿元,财政贴息后实际融资成本低于1.6%;累计向江阴农商银行和浦发村镇银行2个地方法人银行发放再贷款资金40.7亿元,其中发放复工复产再贷款资金9亿元、普惠性再贷款资金10.7亿元、常规支农再贷款21亿元。贯彻落实普惠小微企业贷款延期和信用贷款两项直达实体的支持政策，累计向2个地方法人银行发放普惠小微企业延期还本激励资金2334.89万元，支持其为普惠小微企业办理23.35亿元贷款延期还本；为2个地方法人银行办理普惠小微企业信用贷款支持工具1.81亿元，支持其发放普惠小微企业信用贷款4.53亿元。至12月末，全市普惠小微企业贷款余额335.10亿元，比2020年年初增加78.97亿元，增长30.83%。推动企业供应链融资业务发展，组织推动远景能源有限公司作为应收账款融资核心企业，完成与银行机构、中征平台业务系统对接，借助中征平台开展在线供应链融资业务，2个合作银行累计为远景能源有限公司6个上游供应商企业提供融资1.84亿元。

推进金融生态环境建设。组织开展信贷风险排查，对全市银行客户企业贷款数据进行梳理分析，加大对重点企业、行业和地区的风险关注；按季开展重大事项报告工作核验及通报，及时向银行提示风险隐患；通过约谈银行主要负责人，督促银行机构采取有效措施防范和化解信贷风险，至12月末，收到银行报送各类重大事项报告301份。参与会商制订江阴市银行信贷不良化解处置工作方案，配合市公安局开展打击逃废债务专项行动，会同地方金融监管局组织开展防范非法集资等宣传活动。强化与公安、电信部门的沟通合作制度，参加市公安局牵头组织的“断卡”行动交流座谈会，充分发挥人民银行江阴市支行在防范打击电信网络新型违法犯罪活动中的积极作用。针对金融生态创建工作中存在不足，组织金融生态创建领导小组成员单位加强对创建工作和指标数据研究，指出反馈相关牵头部门数据填写申报过程中的问题，推动改进。提升金融服务水平。深入开展金融消费权益保护工作，抓住“3·15”“12·4”等重要时间节点开展金融知识宣传活动，做好金融消费素养及普惠金融问卷调查工作，有效提高消费者风险防范意识，全年受理社会公众通过“12345”民生热线*转来投诉咨询事件700余件。依托“全链通”*平台实现省内首单电子营业执照银行开户成功落地，进一步优化企业银行账户开户流程；助力地方财税工作开展，上线运行“无锡市财税信息共享平台”系统，实现退税全程“电子化”，全年办理惠企政策性退税3.24万笔，金额15.34亿元；办理个人所得税退税20.83万笔，金额1.44亿元；推进农村普惠金融服务点建设，年内新增普惠金融服务点20个，有效提升农村金融服务获得感；开展移动支付引领县创建，打造华西“云闪付”示范村、印象汇示范商圈等移动支付场景，推进“云闪付”APP在水费、电费、话费、公交等公共服务领域的互联互通，江阴市成功创建江苏省移动支付便民工程引领县；开展“惠满澄江”移动支付优惠活动，累计带动市民消费约500万元；推进现金服务示范区创建，与徐霞客镇政府联合下发《关于进一步深化现金服务示范区创建工作的通知》，进一步巩固创建成果。全力支持外向型经济发展，积极探索贸易新业态外汇政策支持，制定完善《新型外贸业务外汇服务指导意见》，解决辖内企业外汇收支难题；推动跨国公司跨境资金集中运营业务增量扩面，江苏长电科技股份有限公司、远景能源有限公司、江阴市新长江拆船厂等重点企业获批开展跨境资金集中运营业务；加大重点企业外汇服务工作，妥善指导解决远景能源有限公司、江苏华西集团有限公司经营中遇到的对外投资、内保外贷等业务难题；开展打击跨境赌博工作，累计调查核实39人，涉及50笔交易线索。2020年，立案查处外汇违规案件1件，罚款5万元人民币，对72个企业进行现场核查，向3个企业发出风险提示函，对2个企业进行诫勉谈话，42个企业被降为B类。（李 站）

【中国银行保险监督管理委员会无锡监管分局江阴监管组】 2020年，中国银行保险监督管理委员会无锡监管分局江阴监管组（简称无锡银保监分局江阴监管组），有员工3人。是年，无锡银保监分局江阴监管组坚持以习近平新时代中国特色社会主义思想为引领，指导辖内银行业和保险业统筹做好疫情防控和经济社会发展各项工作，全力做好“六稳”*工作、落实“六保”*任务，切实加大金融服务保障力度，守牢不发生区域性金融风险的底线，各项工作取得积极成效。探索提出“一强二导三合四融”（一强：坚定不移强党建；二导：有效传导、有力督导；三合：强党建与强班子相结合、与强监管相结合、与强能力相结合；四融：党的建设上下融合、部门融合、条块融合、内外融合）党建工作法，“五心五力”（至德惟忠，不忘初心，增强政治领导力；崇文明理，坚定信心，发挥思想引领力；求真务实，铸就匠心，深化监管融合力；开拓进取，专注专心，提升服务创新力；包容并蓄，勠力同心，激发联盟战斗力）打造“吴韵监管党旗红”党建特色品牌。同时，内部上下联动，打造“吴韵监管·系列卫士”支部特色品牌，党建特色品牌创建推进会、党建特色品牌展示会、党建特色品牌指导点评会，党支部卫士品牌成果初显。外部左右互动，打造无锡“融·媒+”党建联盟品牌，也是无锡首个行业党建联盟。积极引进新的银行业金融机构，大力支持江阴地方经济和金融事业的发展。支持渤海银行在江阴设立支行，积极引导银行金融机构合理调整营业网点布局，提高对江阴县域经济的金融支持力度。建立精准对接机制。会同市金融办、人民银行江阴市支行联合出台“中小微企业融资精准帮扶机制”，打造“银企对接品牌”。以“三合一”（将传统的政银企对接活动与“百行进万企”融资对接、金融支持乡村振兴试点示范等重点工作有机结合）形式，联合江阴市委、市政府举办“普惠金融下基层”活动。

牵头做好支持复工复产。针对年初爆发的新型冠状病毒肺炎疫情，无锡银保监分局连续出台6份政策文件，对银行保险机构疫情防控及助力复工复产及时部署。推动构建滚动式、立体式宣传网，依托主流媒体，持续宣传支持抗疫及助力复工复产政策案例，统一发布“无还本续贷”政策清单、延期还本付息申请入口。

“慧眼工程”智慧监管建设。无锡银保监管分局制定出台《智慧监管三年总规划》,明确“三位一体”的智慧监管模式,参与制定全省《智能创新实验室章程》,与江苏银保监局科技处共同作为创新实验室办公室单位。“慧眼工程”项目荣获2020年江苏金融青年“金点子”创新大赛一等奖,分局获江苏银保监局2020年EAST(监管科技)应用劳动竞赛优秀团队一等奖和优秀组织奖,实现EAST应用劳动竞赛“三连冠”。

聚力推动普惠金融高质量发展。印发普惠金融发展三年行动方案,提出六方面21条行动举措。创新实施“金融顾问伴成长计划”,构筑从“信任”到“信用”的转换路径。全省率先完成“银税互动”数据直连。全省率先启动知识产权金融赋能工程,知识产权混合险等多项创新业务率先落地无锡。继续保持物联网金融科技创新国内领先优势。

严守底线防范风险。牵头负责辖内大额风险处置工作,严守不发生区域性金融风险的底线。针对严峻的信用风险形势,秉承“政府主导、一企一策”原则,江阴监管召开协调会12次,力争将损失降至最低。三房巷集团有限公司完成资产证券化;华宏银团、西城银团的组建有序推进;江阴模塑集团、江苏红柳集团完成担保贷款平移,并维持存量授信稳定;对于江阴海达集团有限公司等僵尸企业,按“市场化、法治化”原则坚决出清;针对受声誉风险影响的江苏华西集团有限公司、江苏法尔胜股份有限公司等企业,配合地方政府正面发声,消除银行顾虑。

推进市场乱象整治专项行动。强化法人机构公司治理监管,组织开展“法人治理提升年”活动,首次开展江阴农商银行公司治理评估工作,扎实部署股权和关联交易专项整治“回头看”,对检查发现的股东关联方贷款整改不及时等问题实施行政处罚。深化推进保险市场乱象整治。制定车险自律公约,对部分车险经营机构进行监管约谈,对车险经营指标监测存在异动的公司提出监管意见。以中介渠道业务管理和财务真实性等方面为抓手,制定无锡“智慧监管+保险”工作方案,清退多个违规机构。加强行业合规文化建设。组织开展“合规文化建设提升年”专项活动,开展“监管政策下基层”活动,对银行保险员工开展合规宣讲。

维护地方金融生态环境。配合江阴市政府做好互联网金融专项整治及打击非法集资的调查工作,派员参加政府多部门的“扫街扫楼”的联合检查活动。参加金融办投资理财类公司设立、变更会商讨论。做好来电来访投诉客户的接待工作,认真开展信访件的核查取证工作,及时回复投诉人。特别是对主动上门老年客户,做到热诚接待、耐心交流,对缠访的客户,站在客观的角度开展信访调查,做好客户与银行间的沟通,争取把事情处理在萌芽阶段。全年累计成功处理金融消费者投诉事件15件,切实保护金融消费者的合法权利。扎实推进银行业安全保卫工作。按照银保监会与公安部要求精神,会同江阴市公安局对辖内银行业金融机构进行安全大检查,对存在的问题督促其整改,确保银行运行安全无事故。

深入推动银行业开展防范新型电信网络诈骗活动。及时转发上级文件,主动督促,扎实推动银行业防范和打击新型电信网络诈骗活动的开展,取得良好的成效。2020年,联合江阴市公安局、市见义勇为基金会对全市31个银行业金融机构进行表彰,表彰见义勇为先进个人14人次,发放见义勇为奖金1.2万元。

2020年年末,全市银行业金融机构31个,比2019年年初新增1个,银行网点数285个,比2019年年初减少2个,从业人员5351人,比2019年年初增加163人,在编人员5157人,比年初增加170人;存款总额4394.43亿元,比2019年年增加214.73亿元,增长5.14%;贷款总额3439.05亿元,比2019年增加189.15亿元,增长5.82%;不良贷款余额88.76亿元,比2019年增加49.64亿元,不良贷款率2.58%,比2019年上升1.38个百分点;全年实现账面利润83.72亿元。(金仁明)

【中国农业发展银行江阴市支行】 2020年,支行有在编员工19人,内设办公室、信贷业务部、会计结算部3个部室。支行以党的建设为统领,以高质量发展为主线,在服务“六稳”*“六保”*中积极发挥政策性金融“当先导、补短板、逆周期”作用,各项工作有序推进。年内获省分行党建、绩效“双优标杆行”。执行国家宏观调控政策,发挥粮食主导银行作用。至年末,累计投放粮食收购贷款1.93亿元,收购稻谷3.78万吨,小麦3.6万吨。主动对接支持疫情防控有关重点企业,积极争取规模,开辟绿色通道,向江苏阳光集团有限公司、中粮集团发放4.5亿元防疫应急贷款。持续以金融活水浇灌实体经济,服务好优质龙头企业。全年投放实体经济企业贷款9.1亿元,实体经济企业贷款余额23.34亿元。

支持地方建设。获批项目贷款30.2亿元,至年末投放19.96亿元。其中:秦望山产业园项目获批14亿元,至年末投放9.8亿元;新农村建设发展有限公司土地复垦项目获批4.2亿元,至年末投放0.63亿元;锡澄运河公园建设项目获批3亿元,至年末投放3亿元;周庄环境提升项目获批9亿元,至年末投放6.53亿元。

2020年年末,支行各项贷款余额80.33亿元,比2019年增长42.86%。累计发放贷款38.39亿元,比2019年增长38.43%。各项存款余额18.32亿元,比2019年增长24.5%;日均存款21.08亿元,比2019年增长28.38%。FTP利润2.06亿元,比2019年增长203.22%。电子支付替代率98.67%。(郁聪慧)

【中国工商银行股份有限公司江阴支行】 2020年,支行有员工372人,均为在编人员。内设综合管理部、个人金融业务部、公司金融业务部、机构与结算业务部、信贷管理部。下辖1个营业部和23个二级支行、1个储蓄所。是年,支行紧紧围绕“六攻坚六突破”*三年行动要求,强化党建引领,贯彻落实总行“48字”(党建引领、从严治理,客户至上、服务实体,科技驱动、价值创造,国际视野、全球经营,转型务实、改革图强,风控强基、人才兴业)工作思路,攻坚克难、开拓进取,统筹推进各项工作,不断增强市场竞争力,进一步提高金融服务实体经济能力,促进经济和金融健康发展。践行社会责任积极抗疫。面对新型冠状病毒肺炎疫情,支行积极响应总行号召,主动担当作为,纷纷伸出援手,组织全行干部员工捐款,认购"战疫专题国债"。组织员工参加"防疫有责、献血光荣"的公益活动,为抗击疫情贡献金融力量,用爱心传递真情。年末,支行获评江阴市重点骨干企业、江阴市服务地方先进单位,被人民银行江阴市支行评为A类银行业金融机构,被江阴市公安局表彰为2020年度内部治安保卫工作先进集体。

全力支持实体经济发展。支行立足服务江阴实体经济,认真贯彻落实市委、市政府工作部署,主动践行高质量发展理念,积极作为,全面落实"六稳"*"六保"*政策,不断提升信贷经营能力,持之以恒加强信贷投入,积极服务优质客户和重点建设项目,为建设"强富美高"*新江阴贡献金融力量。年内,支行各项贷款比2020年年初增加13.52亿元,累计投放制造业企业贷款152.84亿元,完成项目贷款审批19项,金额64.2亿元,实现投放32.61亿元。

积极拓展普惠信贷广度。支行精心组织"春润行动""千名专家进小微""万家小微成长计划"特色活动,为小微企业复工复产提供全方位金融服务保障。同时创新融资渠道,以"票据池+网络融资""房抵分期""E抵快贷"等创新业务为载体,帮助企业降低融资成本、解决小微企业和个体经济资金需求,提升经营效益,开辟中小微企业融资新途径。年末,支行小企业贷款余额15.32亿元。全年累计支持防控企业9个,贷款投放金额0.57亿元,支持受疫情影响企业15个,贷款投放金额11.19亿元。

持续提升金融服务水平。全力支持政府、社区防疫工作,响应国家号召,积极做好常态化疫情防控工作。对照总行"2020服务先行"工作要求,深入推进云网点非接触服务,推动网点服务线上化,非接触化改革。通过"工行服务"小程序、融e行、融e联等线上途径串联,为客户提供访问云网点,查询网点信息,在线取号,咨询客户经理等便捷服务,减少排队时间,提高服务效率和服务温度。认真落实人民银行江阴市支行工作部署,走进社区、企业、学校,开展"防非法校园贷""金融知识普及月""存款保险"等金融知识宣讲,拓宽金融知识普及面,提升广大群众风险防范意识,引导消费者树立理性消费和科学理财观念、增强保护自身合法权益的能力、提高风险防范能力。

深化拓展"金融+"党建服务。支行坚持"党建引领、系统联动、互学促进、抱团发展",把党建工作渗透融合到经营工作中,围绕"党建+金融",大力推进"党建联盟"建设,交流互鉴党建工作经验,推动联盟共建共创,银企融合助推经济高质量发展,促进《金融服务党建联盟实施方案》落地见实效。

2020年年末,支行本外币各项贷款余额321.32亿元;本外币各项存款余额260.71亿元,比2019年增长22.35%。 (潘 衡)

【中国农业银行股份有限公司江阴分行】 2020年,分行在岗职工663人。内设7个部门,下辖营业部等38个营业网点,有自助银行52个,存取款一体机143台,智能超级柜台28台,全面提升服务质效。分行坚持以习近平新时代中国特色社会主义思想为指导,全面贯彻落实省市分行工作会议精神,充分发扬"自加压力敢为先,担当奋进创一流"的无锡农行精神,把短板补齐,把优势做亮,凝心聚力、攻坚克难,保障主体业务稳健发展。年内,分行立足"六稳"*"六保"*全力支持地方经济、疫情防控和复工复产,被授予"无锡市三八红旗集体""无锡安全保卫先进集体单位"等荣誉称号,被人民银行江阴市支行评为A类银行业金融机构。

全力服务实体经济。分行坚决贯彻全市经济发展思路,紧紧围绕"产业强市"主导战略进程中的重大重点项目,全程参与并支持江阴经济社会的每一次重大转型,全年累计投放项目贷款21.66亿元;以服务春耕备耕、复工复产和秋播秋种为主题,扎实推进"万人进千村"活动,走进161个行政村,对接2.23万户农户,完成建档9041户。年内,与市农业农村局联合开展"农村让城市更向往"党建共建活动,以党建为引领,有效促进农户金融业务发展,全年新增农户贷款4.1亿元,居全省县域行前列。围绕旅游、文化、医疗、教育等"幸福产业",创新推出"医护e贷"等特色消费贷款产品,全力满足疫情后持续回升的消费需求。做好金融抗疫工作,疫情严防期间专门上线三款小微企业抗疫专属"绿色通道产品"——"抗疫贷""复工贷""周转贷",为9户"四类名单"客户发放0.35亿元抗疫类贷款;为323个小微企业发放14.74亿元贷款助力复工复产。

提速发展普惠金融。分行坚决贯彻市委、市政府和监管部门大力支持小微企业的部署,有效解决中小微企业"融资难、融资贵"的问题。坚持"举全行之力",设立普惠金融部,成立普惠金融专业服务团队,扩大基层授权,优化业务流程,大力提升办贷效率;深入推进"一项目一方案一授权"普惠金融发展新模式,通过批量化获客、项目化运作、表单化操作,以一个项目服务一批客户;以"挂图式作战、名单制管理、销号式落实"方式,深入推进"扫园区""进千村""拓市场"等主题营销活动,及时将金融服务送到客户身边;创新推出"税e贷""抵押e贷""房抵e贷"等一系列线上新产品,满足小微企业线上化、自动化、智能化融资需求。2020年,实现普惠贷款增量21.49亿元,增长39%。

全面提升服务质量。分行贯彻落实党中央支持疫情防控工作精神,组建金融服务小队,坚持战"疫"时期服务"不打烊",主动减费让利、加大投放,帮助企业夺取防疫、复工"双胜利",在新华社、人民网和《金融时报》、《新华日报》等媒体上均有刊登。年内,拍摄《奋进四十载、扬帆再起航》宣传片、抗疫诗歌朗诵MV;成立"江阴一大"会址党建基地,持续推进党建带"两建"(工建、团建)工作,在内部实现支部联建,在外部实现与企事业团体支部共建。全年,各党支部"联建共建"签约单位 88 个;多次深入社区、校园、机关、企业开展防范非法集资、反假币宣传等形式多样的教育活动,切实提升居民群众的金融知识与技能;组织开展无偿献血、捐衣赠暖等公益活动,连续第 12 年参加无锡分行"金钥匙"奖学金活动、连续第 8 年为贫困学子发放爱心助学金。

2020 年年末,分行本外币各项存款余额 601.6 亿元,比 2019 年增长 51.8 亿元;本外币各项贷款余额 386.53 亿元,比 2019 年增长 23.63 亿元。(夏桢阳)

【中国银行股份有限公司江阴分行】 2020 年 11 月 26 日,中国银行股份有限公司江阴支行升格为中国银行股份有限公司江阴分行。至年末,分行有职工 448 人。内设综合管理部、信息科技部、风险内控部、公司金融部、个人数字金融部、普惠金融事业部、交易银行部、纪委办公室、营业部 9 个部门。分行下辖 18 个乡镇网点、5 个城区网点。是年,分行上下坚决落实上级行决策部署,积极应对区域经济和疫情冲击的双重挑战,坚定信心、负重前行,全体干部员工励精图治、奋力拼搏,围绕总行"卓越绩效、稳健创造、开放包容、协同共赢"的价值观和省行六条经营理念,强化"五个意识"(进取的目标意识、积极的拼抢意识、强烈的奋进意识、主动的管理意识、浓厚的合规意识),奋进"1533"("1"营业净收入达 10 亿元,"5"全量金融资产达 500 亿元、"3"本外币贷款规模达 300 亿元、"3"力争实现无锡分行管辖支行考核排名前三)战略目标,在这极不平凡的大战大考之年,齐心协力、抢抓机遇、迎难而上,努力推进江阴分行高质量发展。

金融支持助发展。分行积极推进防疫政策落实到位、执行到位,有力支持疫情防控和企业复工复产,促成江阴利港发电股份有限公司成功发行省行首笔企业疫情防控债 1.5 亿元,该笔债券成为全省首单"防控防疫债";为江阴兴澄特钢有限公司建立外汇绿色通道,为企业办理跨机构交单 213 笔,累计金额 3210 万美元;通过减费让利、延期还款等多种方式帮助客户共渡难关,助力实体经济发展,通过降低贷款利率,为小微企业累计让利 800 万元;通过贷款延期、接力通宝等产品,累计延缓贷款 7550 万元,有力支撑企业生产经营的连续性,缓解资金压力。

发展外汇特色业务。分行积极参与江苏省外管局开展的货物贸易外汇收支便利化试点工作,成为江阴地区首个纳入货物贸易试点的银行。在便利外汇业务使用电子单证方面,累计为 309 个企业办理电子单证业务,实现单据上传、审核、购汇、付汇全流程线上操作,使企业足不出户即可办理付汇业务,有效提升业务办理效率。2020 年,分行为 203 户客户办理跨境人民币结算业务,累计金额 135 亿元。

担当社会责任。分行与 12 个企业签订廉洁共建协议,通过各自公开自律承诺,建立监督联动机制,共同推进党风廉政建设工作。与共建单位开展联学活动、共上党课,深化银政、银企联系。连续第 6 年举办暖冬圆梦公益活动,累计资助金额 23 万余元。

2020 年年末,本外币存款余额 307.84 亿元,比 2019 年增加 11.78 亿元;本外币贷款余额 209.53 亿元,比 2019 年减少 25.53 亿元。实现营业收入 8.12 亿元,拨备前利润 6.42 亿元,利税总额 6574 万元。

(袁　晔)

【中国建设银行股份有限公司江阴支行】 2020 年,支行有职工 406 人。内设办公室、财务会计部、公司业务部、风控合规部、个人金融部、国际业务部、住房金融业务部、普惠金融事业部、信用卡中心 9 个部门,下辖 27 个二级支行。是年,支行统筹做好疫情防控和业务发展工作,紧紧围绕中央"六稳"*"六保"*和市委、市政府相关发展要求,以服务地方经济为己任,主动作为,各项业务取得新成效,综合实力迈上新台阶。年内,获评人民银行江阴市支行政策评价 A 类行、江阴市重点骨干企业、江阴市百佳诚信单位等;在江阴金融监管局综合评价中,名列前茅。

积极服务地方建设。年末信贷余额 382.7 亿元,其中支持地方基础设施建设 68 亿元,支持民营企业 146 亿元、制造业 165 亿元,其他 3.7 亿元。牵头组建江阴高新区城镇化建设银团项目并承贷 12 亿元。量身打造创新"城市更新贷"金融产品,为江阴高新区"白屈港城市更新"项目授信 11.8 亿元,是江阴地区第一笔落地投放的城市更新项目。

践行普惠金融战略。认真贯彻中共中央、国务院决策部署,服务地区小微企业,借助金融科技创新大数据产品"小微快贷",通过信用方式解决"融资难"问题,通过平价利率解决"融资贵"问题。支行小微企业贷款总量为 32 亿元,累积服务小微企业超 5000 个,在全市银行业中名列前茅。

金融科技赋能民生。打造行政审批智慧政务,将社保、公用事业、电子档案、政务办件等多项惠民查询功能接入支行 STM 机,延伸政府服务端至支行网点智慧柜员机,有效分流行政审批中心业务办理,为市民提供更为便捷方便的服务;投资开发江阴教育 APP,实现学生家长足不出户手机缴费,缓解学校收缴现金的压力;贯彻落实总行住房租赁与数字房产相结合的新金融战略,大力发展住房租赁市场,努力化解民生痛点,实现住房租赁上线 8400 多笔,达成租赁交易 3600 万元。

合力化解金融风险。积极贯彻落实中央"六稳"*"六保"*工作要求,与政府同心同向,献计献策,战斗在化解金融风险第一线。妥善处理江苏倪家巷集团有限公司风险事项。作为倪家巷集团债委会的牵头行,积极协调各方诉求,牵头风险处置,落实政府要求,率先核销倪家巷不良贷款,为各行提供示范案例,同时积极向上级行争取政策,把部分不良贷款上挂,尽最大努力降低地区不良率。牵头制定江苏华宏实业集团有限公司担保风险隔离方案,并联合组建银团贷款。妥善平衡各方的利益和诉求,以国有大行的智慧,创新风险化解模式,依法合规采用打包方式隔离华宏担保风险,保证企业正常生产经营,维护地方金融稳定。

2020 年年末,支行本外币各项存款余额 312.5 亿元,比 2019 年增加 23.3 亿元;本外币各项贷款时点

余额315.9亿元，累计发放贷款59.4亿元。（李怡慧）

【交通银行股份有限公司江阴分行】 2020年，江阴分行有在编员工200人，下设6个支行、1个营业部、1个普惠型网点；另设有江阴板块大客户四部，下设3个分部。分行内设公司业务部、国际部、个人金融部、风险管理部、营运管理部、综合管理部、内控合规部、普惠金融部等部门。11月，城南支行（普惠网点）停止营业。年内，结合长三角一体化战略、江阴市产业强市战略，对接重点客户和重点项目，加快优质储备项目落地。坚持项目储备工作常态化，合理把握贷款投放节奏，提高储备项目投放率和授信审批提用率。积极对接疫情防控重点企业，做好支持应急防控物资生产企业金融服务。同时，通过线上服务推广，扩大普惠金融覆盖面。

疫情期间，江阴交行积极贯彻监管部门和总分行要求，将支持疫情防控作为首要任务，全面动员，全面部署，强化科技赋能，加大金融服务和保障力度。筑通信贷绿色通道，主动对接加大信贷支持，提高信贷资金落地时效，实行特别利率优惠政策，积极支持复工企业尽快恢复生产；提供应急保障服务，实行灵活还款政策，不盲目抽贷、压贷和断贷。

2020年年末，分行本外币存款余额201.5亿元，其中对公存款余额160.7亿元，储蓄存款余额40.8亿元。分行本外币贷款余额224.67亿元，其中公司类贷款余额209.7亿元，个人贷款余额14.97亿元。实现经营利润额48087万元。（薛德兴）

【上海浦东发展银行股份有限公司江阴支行】 2020年，支行扎实推进“四增三强两提高”（增客户、增规模、增收益、增位次，强化结构调整经营转型、强化风险控制合规管理、强化数字化战略实施，提高集约化管理水平和队伍素质）、“一体两翼”（以南京地区为主体、以二级分行和县域机构为两翼）高质量发展总策略深化实施，统筹推进疫情防控和经营发展，实现疫情防控和经营管理的“双胜利”，为支行25周年行庆交出一份满意答卷。年末职工248人，内设办公室（综合管理部）、公司业务部、交易银行部（普惠金融部）、零售业务部、风险管理部（法律合规部）、运营管理部6个管理部室，设有市场业务一部、市场业务二部、市场业务三部、市场业务四部、市场业务五部、私人银行中心、财富中心、信用卡部8个营销团队，下辖营业部、朝阳路支行、虹桥路支行、人民路支行、开发区支行、澄东支行、澄西支行、周庄小微支行、云亭小微支行9个营业网点。全年慰问结对帮扶对象10次，捐款捐物1.75万元；参与“慈善一日捐”捐款5.55万元；紧急为防疫物资生产企业调整授信3次计8000万元；全体员工向防疫一线捐款捐物计7次、237人次，金额9.6万元。

经营质量稳中向好。主要经营指标均达到历史最高水平，继续领跑南京分行12个异地机构，被评为经营管理先进集体，并在总行二级分行考评中排名榜首；服务公司客户超6000户、个人客户近8万户，客户服务范围进一步拓展；调动浦发集团资源，与总行长三角战略部联动，成功实现江阴市四个企业的经营提级，新增授信总量70亿元。支行在无锡金融局、人民银行江阴市支行、银保监服务实体经济考核评价中，“贷款投放、制造业贷款投放及普惠型金融领域贷款余额占比综合考评”排名第一；在人民银行无锡市支行征信工作考核评价中被评为优秀单位；人民银行江阴市支行金融机构政策执行评价中被评为A类单位。

业务创新。完成债券承销11亿元，新注册额度15亿元；协同浦银租赁新增融资4.7亿元，发债和组合融资规模15.5亿元，携手香港浦银国际为纳泉国际港交所首次公开募股（IPO）提供承销服务；实体经济银团、并购、项目贷款新增7户、合计投放13亿元；年末大类信贷投放余额近500亿元；成功落地无锡首笔中征系统对接模式下供应链在线融资业务；与中信保合作，进一步拓展信保项下保理融资服务，为多个企业提供信保项下融资池业务方案和买断型保理融资方案；与市行政审批中心合作，落地南京分行首笔“全链通”*线上预约开户，全年接受开户申请557笔；与市公共资源交易中心、财政局、住建局等单位开展交流合作，参与智慧城市建设、提供金融“数字化”服务；与江阴综保区、海关合作，成功落地江阴首笔亚马逊跨境电商收款业务。

风险合规管控有力。通过风险防控和化解并举，有力捍卫资产质量和经营成果，年末不良贷款较年初减少3801万元，不良比率较年初下降0.37%，实现“双降”；落实南京分行合规“网格化”管理要求，督促各网格管理员负责落实日常观察、家访、谈心、走访、提醒谈话、批评教育、报告7条网格管理措施，深入推进支行员工异常行为管理，继续保持江阴支行案件防控“零报告”记录；充分发挥支行纪委作用，会同相关职能部室成立党风廉政建设工作领导小组，使支行纪委监督压力在经营管理全流程穿透，全年信访实现“零受理”，支行纪委也在南京分行考核中排名榜首。

服务品质持续提升。围绕支行营业部创建中国银行业协会“千佳”单位活动，推动运营质量和服务效率持续提升；组织“迎行庆”文明规范服务星级网点内部评比，带动运营服务优化完善；持续开展常态化培训工作，提升全行整体业务技能。是年，支行荣获第七届无锡市银行业金融机构操作技能知识比赛团体三等奖，成功创建营业部“千佳”单位。

积极维护地区金融生态。扎实服务“六稳”*“六保”*，累计办理无还本续贷3.7亿元，年末延期率94%；小微“两增”（即单户授信总额1000万元以下的小微企业贷款同比增速不低于各项贷款同比增速，贷款户数不低于上年同期水平）贷款余额22.2亿元，监管指标完成率206%；积极响应国家号召，全年为实体企业减费让利近1亿元，向地方缴纳税金近8000万元；全年累计打包核销不良资产2.4亿元，年末不良率1.1%；作为两个重点企业风险银团的主要银行，积极参与组织协调工作、取得有效进展。

党建引领凝聚合力。支行党委始终坚持党建引领，充分调动工团能量、凝聚全行合力,为25周年行庆增光添彩。通过党建共建、党建联盟等创新形式,深化与社会各界的交流合作,为党建业务融合发展探索新路;党员群众积极投身抗疫一线,涌现一批先进案例和典型,被"学习强国"等重要媒体报道,向社会传递浦发正能量;坚持中心组学习常态化、书记党课制度化;第三党支部组织的"微党课"《共产党人的样子》被总行评为优秀案例,在全行引发深度共鸣;打造"职工之家"工会活动阵地,党委班子成员带头参加活动,促进"微马""太极拳""瑜伽""健美操"等俱乐部活动常态化开展,保障员工身心健康;鼓励员工积极融入南京分行行庆系列活动,获龙舟赛第二名,获工匠大赛公司、零售板块一等奖,合规、运营板块二等奖,参演南京分行职工文艺会演;加强对新一届支行团委工作指导,青年员工不断活跃在中心工作、防疫抗疫、公益事业一线,支行团委正式获上海国资委青年突击队授旗;策划行庆系列活动,组织财富论坛,领导班子带队向重点客户送出125封感谢信,在江阴政商界引起强烈反响;致敬创业骨干,传承企业文化,录制25周年行史纪录片;开展"感恩有您、一路同行"活动,向入行25年与支行同进退共成长的老员工致敬,激发"同心跨越"企业精神。

2020年年末,支行一般性存款余额353亿元,比2019年增加16亿元,同业市场占比8.15%;各项贷款余额236亿元,比2019年年初增加34亿元,增量在同业中名列前茅。

(谢思远)

【江苏银行股份有限公司江阴支行】 2020年,支行有职工102人。内设营业部、公司业务部、零售业务部、小微业务部、综合管理部、安全保卫部6个科室,下设朝阳路、科技、周庄、临港4个经营性支行。是年,支行切实把服务实体经济作为首要任务,助力做好"六稳""六保"工作,扎实开展各项工作。自新型冠状病毒疫情发生后,支行在抓紧抓实抓细自身疫情防控各项重点工作的同时,充分发挥金融服务保障功能,围绕企业实际需求,建立实时响应、专人对接、逐户了解、当日反馈的高效联动工作机制,通过新增授信、贷款延期、调整计息等方式全力支持企业复工复产,帮助企业渡过难关。年内,支行被评为江阴市重点骨干企业、江阴市服务地方先进单位、江阴市金融统计考核评比A类行、江阴市银行执行外汇管理规定A类银行、江苏银行2020年普惠金融旺季营销竞赛"明星支行"。

加大实体经济服务力度。支行坚持加快经营转型,积极参与江阴市重大项目建设,加大对制造业实体企业的信贷支持力度,助力江阴经济转型升级。充分利用江阴县域经济特色,发挥江苏银行中小企业信贷政策优势,深耕小微金融,普惠贷款总量及客户数量增长显著,普惠贷款规模位居总行辖内县域支行首位。2020年,支行成为无锡市信保基金"普惠贷"江阴地区首批签约合作银行,江阴高新区创新产品"高科贷"唯一合作银行。年内,支行发放各类贷款113.25亿元,促进江阴地方经济发展。

提升消保工作水平。支行秉承"以客户为中心"的服务宗旨,积极践行"善待消费者"的理念,推进网点转型与服务提升工程,在理财产品销售、收费项目公示、贷款流程优化等方面做到替消费者着想、为消费者办事,真正将保护消费者权益纳入日常考核和企业文化建设中,网点环境、服务水平、客户满意度大幅度提升。年内,支行在无锡分行员工业务技能竞赛中获团体第一名,在分行107个营业网点服务质量考评中,江阴辖内5个营业网点均名列前茅,江阴支行在17个管辖行考评中名列第一。

2020年年末,支行各项存款余额166.56亿元,比2019年增加13.87亿元,增长9.09%;各项贷款余额139.51亿元,比2019年增加18.71亿元,增长15.49%;全年完成国际结算业务量23.92亿美元,累计签发银票65.98亿元,累计办理银票贴现128.35亿元。

(石 蕾)

【江苏江阴农村商业银行股份有限公司】 2020年,江阴农商银行有在职员工1835人。内设办公室、公司金融部、零售金融部、普惠金融部、小微金融部、信贷管理部、计划财务部、稽核审计部等29个部室。江阴地区下辖1个营业部、25个支行、50个分理处;江阴辖外设立常州、无锡、苏州3个分行,盱眙等8个异地支行,以及海口苏南等5个村镇银行。是年,该行紧紧围绕"战略引领、价值创造、风险管理和营收提升"工作主线,进一步突出"立足三农、普惠城乡"的经营理念,统筹疫情防控和经营发展,深化改革转型和创新提质,推动各项业务稳健可持续发展。年内,上榜"全球银行1000强""中国服务业企业500强";获评2020年度最具竞争力中小银行、中国地方金融十佳农村商业银行等。

服务地方经济。全面开启"党建共创、金融助企"三年行动,明确对全市实体经济市场主体信贷投放三年新增300亿元、3000户的目标。年内累计开展党建联盟推介会15场、现场评审会69场,走访客户超7万户,新增"首贷户"837户、用信41.5亿元。大力推进以核心制造企业为主轴,产业链、供应链、价值链及物联网相结合的"链圈金融",创新推出"链融贷""厂房贷""环保贷"等专项信贷产品,助推地方产业发展,助力"实体兴市、产业强市"。

积极防疫纾困。深入落实中央金融方针政策,各级政府和监管机构决策部署,及时出台"信贷惠企惠民八条",开辟绿色应急通道,设立专项资金,落实利率优惠、实施征信保护,为防疫抗疫、纾困解难积极贡献金融力量。年内,累计投放"防疫快速贷"1.5亿元,为83个小微企业提供展期服务,涉及金额7.8亿元。年末,普惠小微企业贷款延期率80.08%,普惠信用贷款新增占比48.46%,切实推动稳企业保就业"两项政策工具"落地见效。

践行普惠金融。发行10亿元小型微型企业贷款专项金融债券,专项用于小型微型企业贷款;申请获得39.4亿元的央行专项再贷款,惠及1060个涉农、小微企业,在信贷窗口指导从紧的背景下,为中小微企业争取更充裕的投放空间和更优惠的贷款利率。开发"普惠e点通"营销服务平台,构建普惠产品体系,先后推出"长享贷""无忧贷"

“信友贷”“乡村振兴卡”“双创通卡”等普惠创新产品，满足市场和客户多元需求。年末，普惠型小微企业贷款增速为25.9%，户数新增1019户，贷款平均利率同比下降0.3个百分点，累计为企业减费让利近2亿元。

加速零售转型。围绕市民百姓的“衣食住行”，在前期“智慧医疗”“智慧公交”“工会权益”等成功实践下，年内，又打造“市民微商城”线上商城、“365”健康平台、“智慧农贸”等多个“智慧场景”，不断丰富零售金融内涵。顺应金融科技发展大势，增设网络金融部、数字金融部两个专职部门，加快数字化转型，开发线上平台，优化客户体验，助力全行产品创新、渠道创新、精准营销和精细管理。加快布局智能机具，推进营业网点轻型化、智慧化转型。

勇担社会责任。与经济薄弱村党建共建、结对帮扶，为南闸街道南闸村发放产业扶贫项目贷款，助力该村顺利脱贫。加大消费扶贫力度，带头认领陕西延川苹果树面积1.33公顷，助力江阴延川结对共建、山区群众脱贫增收。年内，发放个人类精准扶贫贷款4087.8万元，比2019年增长110.9%。向江阴市慈善总会捐款150万元，作为“湖北疫情防控专项捐款”，荣获“江阴慈善抗疫突出贡献奖”等荣誉称号。

2020年年末，该行资产总额1427.7亿元，比2019年增长13%。各项存款总额1030.6亿元，比2019年增长10.7%；各项贷款总额802.3亿元，比2019年增长14.3%。江阴辖内缴纳税费2.82亿元。

（吴芝琮）

【中国邮政储蓄银行股份有限公司江阴市支行】 2020年，支行有员工124人。内设综合管理部、风险合规部、零售金融部、公司金融部4个部门，下辖7个二级支行、28个代理营业所。是年，全行上下聚焦价值创造和资本回报，立足江阴经济社会发展实际，持续加大支农支小服务力度，加强业务创新和服务创优，坚持稳中求进的总基调，实现平稳健康发展。抓和谐企业文化建设，持续推进“职工之家”建设。组织开展“踏响夏日旋律、展现邮储魅力”绿道行活动、无偿献血贡献战“疫”力量活动、工会包馄饨比赛、参加人民银行江阴市支行组织的羽毛球比赛等系列活动，提高职工的凝聚力和忠诚度。

支持地方经济。根植于江阴实体经济的丰厚土壤，参与辖内各类重点企业与项目的金融服务。至2020年年末，公司类贷款余额68.27亿元，债券发行金额5.4亿元。优先支持“两小”（小微金融、小区金融）业务的发展，优先给予小微企业资源配备和政策倾斜。全年投放中小微企业贷款加权平均利率为4.33%，比2019年下降0.5个百分点。始终坚守大型零售商业银行的战略定位，坚持根植农村，全年累计发放涉农贷款86笔，金额4305.35万元。金融“抗疫”，守土有责，全年投放防疫类贷款4笔，金额1.6亿元，以实际行动积极助力疫情防控工作。

风险内控管理。全年多次开展警示教育、制度教育、典型案例剖析教育等。深入开展安全保卫能力提升活动，全年全行平安运行，未发生重大风险隐患和重大资金案件。资产质量管控扎实有效，全年清降不良贷款2095万元。

2020年年末，支行各项存款余额143.01亿元；表内外贷款余额112.29亿元，制造业贷款净增1.17亿元，增长34.95%；全年营业收入2亿元、利润总额1.36亿元。 （瞿佳红）

【华夏银行股份有限公司江阴支行】 2020年，支行有员工60人。内设营业部、公司客户部、个人客户部、小微企业客户部、贸易金融部、风险管理部6个部室，下辖周庄、新桥、临港、人民路4个支行。是年，支行努力夯实客户基础，调整业务结构，加大项目储备，加强人员管理，统筹疫情防控和经营发展，各项工作取得显著成效。按照“贴着政府，贴近市场，融入主流，服务实体”的经营策略，目标储备和投放一批政府平台、央企、上市公司、大型民企和房地产项目，助力地方经济建设。根据市政府、监管部门、人民银行江阴市支行的协调会会议精神，支行协同同业积极参与债委会、银团，落实政府要求，协调各方诉求，妥善处理风险事项，为江阴地区金融生态环境的稳定作出贡献。坚持把制造业作为贷款支持重点行业，加大对制造业贷款的投放力度，制造业贷款余额19.35亿元，比2019年增加5.52亿元。进一步巩固国际业务特色支行地位，稳步发展进口开证，结售汇等传统老产品，加大“国内证+福费廷”业务等新兴产品的推广工作，贸易融资产品等业务运用，寻找新的利润增长点。降低小微企业融资成本，投放小微企业贷款36.49亿元，比2019年增加2.05亿元，贷款客户92户，缓解小微企业融资难的困境。创新普惠金融产品和服务，研发出“网络贷”，运用自主研发的支付融资系统在线发放贷款，可循环使用、随借随还，可与平台客户系统对接，提供资金结算、现金管理、在线融资等金融服务。

个贷业务。年内，支行加大平台项目储备，强化专业性，积极开发一手按揭平台、二手房中介平台等，个贷业务规模快速增长，规模占比提升，个人住房贷款余额36860万元，比2019年增加8645万元，新增个贷客户202户。

常态化开展宣传教育活动，践行社会责任。开展防范电信网络诈骗、防范非法集资、反假币宣传、征信宣传等活动，并成功堵截多起通信网络诈骗。开展医护人员慰问活动，组织人员走访周边药店及医院，送去爱心礼品，邀请援鄂医护人员开展座谈，讲述抗疫期间感人事迹。帮扶璜土镇常泽桥村贫困户。动员无偿献血，积极履行社会责任。开展全年全员健步行活动，倡导绿色出行生活理念。

2020年年末，支行本外币各项存款余额74.42亿元；本外币贷款余额71.24亿元，比2019年增长14.9%。实现利润额1.92亿元。

（陈颐菁）

【江阴浦发村镇银行】 2020年，该行有正式职员44人。内设综合管理部、资金财务部、风险管理部、授信审查部、业务管理部、微贷中心、营业部、零售业务组8个部门，下辖周庄支行1个网点。是年，该行紧密围绕“调结构、稳增长；严合规、提质量；优管理、强能力”的经营主线，强化党的领导,聚焦重点工作,深化客户经营,调整业务结构,各项工作取得较好成效。年内,被评为全国百强村镇银行。

立足百姓民生。该行秉承“以客户为中心”服务宗旨,落实厅堂管理“6S”标准,推行柜面员工积分考核管理,响应中老年客群需求,以周庄支行为试点建设保健特色功能区,完善服务细节,优化客户体验;以网点为阵地,开展浓情端午包粽子、情满中秋月饼、重阳敬老送福利等微型沙龙,多次举办金融知识宣讲和公益义诊,多样化丰富普惠便民活动;疫情期间帮助中老年市民、小学师生跨越“科技鸿沟”,免费为其打印“锡康码”,搭建疫情防控综合服务平台,主动践行社会责任,真正把金融实惠带给社会大众。

聚焦普惠金融。该行坚持“立足县域、服务三农、支持小微”经营理念。响应银保监会“百行进万企”活动,聚焦乡村振兴,发展普惠金融;大力支持乡村振兴试点示范工作,承办“金融服务进乡村”整村授信活动,金融创新大力支持美丽乡村农房建设项目,开发推出“美丽家园贷”产品,户均贷款30万元,年内投放775万元;响应无还本续贷政策,优化续贷程序,解决创业贷客户资金周转难题,持续保持创业贷款份额;贯彻落实普惠小微企业贷款延期还本付息政策、普惠小微企业贷款支持政策,强化首贷户营销,降低企业融资成本,加大对受疫情影响严重行业的信贷投放,为复工复产提供金融支持3980万元,为受疫情影响的企业和个人实施延期还本6.65亿元,帮助172个企业和个人渡过难关。

严守合规底线。该行细化内控管理机制,进一步夯实风控合规管理基础,把合规理念融入经营发展全过程,深层次营造合规文化;优化信贷结构,加强授信管理,严格把好风险入口关;制定年度不良化解方案,精准施策,落实风险化解实效;围绕监管部门要求,开展“法人治理提升年”“合规文化建设提升年”“信用风险管理提升年”系列活动,严查政策执行,严查风险隐患,严查违法违规行为,多措并举坚守合规底线。

2020年年末,该行各项存款余额14.06亿元,比2019年增加1.15亿元,增长8.9%;各项贷款余额16.05亿元,比2019年增加512.45万元,增长0.32%;实现账面利润额2687.37万元。 (吴梦萦)

保　险

【概况】 2020年,江阴市保险行业贯彻落实国家、江苏省、无锡市各级政府的决策部署,主动融入服务实体经济、支持乡村振兴战略之中,立足江阴、深耕细作、锐意创新,聚焦重点领域,把握政策机遇,应对市场挑战,以更完善的保障体系、更高效的金融服务为江阴高质量发展贡献保险力量。至年末,江阴市保险行业实现产险、寿险保费收入83.26亿元,比2019年增长3.7%,赔付支出17.11亿元,比2019年增长5.96%。其中产险保费收入24.24亿元,比2019年增长4.31%,赔付支出14.31亿元,比2019年增长5.51%;寿险保费收入59.02亿元,比2019年增长4.04%,赔付支出2.80亿元,比2019年增长8.27%。

2020年驻江阴市各财产保险公司业务情况一览表

表26

公司名称	保费收入（万元）	比2019年增减（%）	赔款（万元）	比2019年增减（%）	赔付率（%）
人保产险江阴支公司	82603	2.07	59376.09	16.92	71.89
太保产险江阴支公司	65302.51	5.98	35945.36	1.45	55.04
平安产险江阴中心支公司	62031.13	9.52	30713.67	3.71	49.51
天安产险江阴支公司	1253.31	-15.47	716.42	8.58	57.16
大地产险江阴支公司	995.75	-20.81	0.00	0.00	0.00
华安产险江阴支公司	1604.04	13.76	766.16	-21.10	47.76
安邦产险江阴支公司	572.59	-5.04	270.47	-12.75	47.24
阳光产险江阴支公司	2610.25	-17.55	1202.08	-22.21	46.05
太平产险江阴支公司	5584.18	-1.19	2846.41	2.76	50.97
国寿产险江阴支公司	11797.25	0.54	6504.07	-18.58	55.13
国任产险江阴支公司	1517.76	7.21	984.03	94.27	64.83
安诚产险江阴支公司	216.74	-62.03	0.00	0.00	0.00
紫金产险江阴支公司	2989.03	35.10	1712.26	-8.58	57.28
渤海产险江阴支公司	375.61	-61.93	262.35	156.25	69.85

续表 26

公司名称	保费收入（万元）	比 2019 年增减（%）	赔款（万元）	比 2019 年增减（%）	赔付率（%）
英大产险江阴支公司	1160.76	39.13	593.66	24.61	51.14
安盛天平产险江阴支公司	1781.00	-5.15	1172.03	-10.28	65.81

2020 年驻江阴市各寿险保险公司业务情况一览表

表 27

公司名称	保费收入（万元）	比 2019 年增减（%）	赔（给）付			
			赔款（万元）	比 2019 年增减（%）	其他各类给付（万元）	比 2019 年增减（%）
中国人寿江阴支公司	226460.90	13.46	13634.73	21.46	21689.32	5.32
太保人寿江阴支公司	122573.30	-3.53	7431.13	-6.69	21639.09	37.94
平安人寿江阴支公司	83923.01	-5.76	4834.14	13.03	4756.07	1.82
泰康人寿江阴支公司	1273.32	34.10	64.33	-59.23	0.00	0.00
同方全球人寿江阴支公司	5403.92	16.81	308.93	31.61	245.72	7.57
太平人寿江阴支公司	33693.35	-9.16	0.00	0.00	0.00	0.00
新华人寿江阴支公司	8892.96	120.82	68.08	-52.37	1954.05	-17.93
友邦人寿江阴支公司	18627.98	19.38	1062.82	28.91	334.37	9.40
中意人寿江阴支公司	67232.41	17.45	0.00	-100.00	0.00	-100.00
人民人寿江阴支公司	985.20	-79.58	1.25	-98.83	72.02	-95.97
国联人寿江阴支公司	21105.67	-22.43	591.50	-21.78	950.05	-43.11

（顾 青 查盘鑫）

【中国人民财产保险股份有限公司江阴支公司】 2020 年，江阴支公司深入贯彻市委、市政府和上级公司部署要求，以“温暖工程”引领高质量发展转型，聚焦实体经济、社会治理和民生健康，持续抓好疫情防控、不断升级保险供给、推进服务模式创新。年内，新型冠状病毒肺炎疫情发生后，支公司按照市委、市政府“一手抓防疫防控、一手抓复工复产”工作要求，第一时间成立疫情防控应急小组，扎实做好公司的疫情防控工作，确保工作不停、服务不断、标准不降，助力打赢疫情防控。对赴武汉驰援的医务人员赠送 100 万元保额/人的法定传染病责任险，对江阴市所有医疗人员赠送 30 万元保额/人的法定传染病责任险。主动加大保险保障力度，疫情期间，推出复工复产综合保险项目、小微企业复工复产综合保险等多项保险产品。同时，针对各类企业不同需求，全面提供免费扩展传染病责任、免费延长保险期限、及时支付保险赔付资金、提供金融服务等“十项举措”，助力广大企业积极做好疫情防控和复工复产工作。公司连续第 7 年获评江阴市服务地方先进单位，连续第 4 年被授予“江阴市年度重点骨干企业奖”荣誉称号。

助力企业安全生产。支公司主动参与社会综合治理，积极优化环责险运行模式，提高企业参保积极性，形成“政府政策引导、企业积极响应、事先预防为主、事后补救为辅”的多方共赢的良性体系，全年为 496 个企业提供责任限额近 4.3 亿元的环污险。工程质量潜在缺陷保险（IDI）项目再创新高，全年实现保费收入 2919.04 万元，累计承担风险金额超 20 亿元，成为全省 IDI 项目推广的标杆城市。同时，充分发挥保险机构参与风险评估管控和事故预防的功能、经济补偿和社会管理的功能，加大公益安全宣传投入，开展安全教育培训、防控风险、查治隐患，有效增强企业投保意识和安全生产意识，全年为全市 186 个企业提供 8.8 亿元保额的安全生产责任保险，致力服务安全生产大局。

聚焦乡村振兴工程。响应国家乡村振兴战略，进一步加大农村网点和队伍建设，形成“部、站、点”三级农险服务网络格局，打造政策性“农险 + 商业性农险”协调发展的新模式。疫情期间，主动对接江阴市政府农产品稳产保供相关工作方案，充分发挥农业保险的风险保障作用，对主要粮食作物、重要“菜篮子”产品等重要农产品，优先做好承保和到期续保工作，实现“愿保尽保”，全力支持地方切实加大农险产品有效供给，确保疫情期间及疫情过后农产品的正常生产供应。年内，支公司承保农业保险 25 个险种，参保农户 72593 户，累计承担风险保障5.65亿元;全年处理案件1203件,累计赔款金额784.31万元,赔款惠及农户2134户;特别是在超长梅雨季节及时定损赔付,有效促进农业灾后恢复生产、保障社会稳定,得到广大农户的高度认可。

开设保险新品种。围绕助推经济社会发展,支公司充分发挥保险服务和保障功能,进一步加大产品创新,推动融合发展。年内,对照农业保险深度目标,全方位梳理农险保源,政策性农业保险新增露地旱生蔬菜、果品防鸟设施、苗木种植、水稻增额和公益林保险5个险种;商业性农险新增设施大棚增额和桃综合气象指数保险2个险种。投标保证保险成功上线,年内累计签单25笔,实现用保单现金价值替代保证金现金的突破,有效帮助竞标人解决在竞标前较大数额保证金的后顾之忧。持续深化与江阴市法院的合作,积极推进"执行无忧"悬赏保险,助力市法院解决"执行难"问题,切实维护申请执行人的合法权益。

推进服务体系建设。持续深化警保联动成果,组建江阴警保联动队伍,在全市9个镇打造标准警保合作劝导站,探索建立快处快赔新模式。加大物联网、大数据等现代科技应用创新力度,启动"保险+物联网消防"灾害防控服务系统安装工作,向企财险在保客户赠送物联消防设备,提高企业风险防范能力。结合文明城市建设,进一步加大各类职场和窗口单位规范化建设,持续推进柜面一体化整改升级工作。全年支公司累计承担风险11417亿元,处理各类事故案件57291件,支付赔款超5.93亿元,为江阴地方经济建设和江阴人民幸福生活提供坚实的后盾和有力的保障。

2020年年末,支公司完成保费收入82603万元,其中车险完成保费收入62834万元,非车险完成保费收入18049万元,农险完成保费收入1720万元,市场份额保持第一,持续引领江阴财险市场。

(卞　莉)

【中国人寿保险股份有限公司江阴支公司】 2020年,江阴支公司面对突如其来的新冠疫情,面对错综复杂的发展局势,面对转型升级的高质量发展要求,顶住巨大的目标压力,以创新的思想引领发展,以踏实的工作稳步推进,坚定走在重振国寿和高质量发展最前列。全年实现总保费收入22.65亿元。占江阴市场份额的40%。年末,江阴支公司个险渠道保费规模持续保持系统县支公司第一名,连续第18年蝉联第一;荣获"江阴市重点骨干企业"荣誉称号。

强化队伍晋升。年内,根据省公司提出的"以城区为近卫军,营销为主力军,收展为生力军,新队伍为战略军"的队伍发展,定位筑巢引凤,发挥网点布局优势,形成以"城区三大核心地标,两乡六个重乡重镇"为鲜明架构。晋升为王,建立五才主管生产线,围绕晋升文化,对五才发展体系进行全面升级,建立主管生产流水线。育成助力,创新培训提高新人质态,创新队伍育成模式,建立新人成长之路,促进新人育成体系的完善。创新项目,激发资深主管发展活力,网格员新增项目,为联动创造良好的平台,更是奠定公司以队伍发展为核心的基调。

强化渠道基础管理。年内,支公司夯实队伍战斗力,塑造星级文化,踩好业务节奏,围绕健体工程做好宣导、追踪、表彰三件事,倡导荣誉体系,积极打造三体小组,搭建星钻营业网点,强化月度保障类的稳步推进,平台和自展同步推进,规划好精准客户开拓,实现各项业务指标稳定增长。强化小早管练,推动六步成福,巩固伙伴出勤有事做、有成果是基础管理的根本。结合六步成福训练,统一伙伴销售语言,提升伙伴开口能力,让小早管练真正落地。

聚焦队伍基础建设。年内,支公司坚持以大个险发展为核心,强抓基础管理,围绕高质量发展开展工作,开门红规模期交和"五六联动福禄相伴"两方面取得突破,开门红规模期交大个险实现保费超1.7亿元,是全省唯一规模超亿元的支公司,诞生3个千万职场。"五六联动福禄相伴"战役,大个险完成保障类保费4276万元,比2019年增长28.76%。其中营销渠道保费3262万元,超3个地级市分公司。标保和保障在全省营销贡献度上升0.21%和0.93%。

(刘　燕)

证券·典当

【证券】 2020年,江阴市主要有26个证券公司,全年开户数364502户,托管市值1010.75亿元,年度交易额11689.56亿元,营业收入27224.42万元,上缴税金910.71万元。

2020年驻江阴市主要证券营业部经营情况一览表

表28

单位 \ 指标	开户数(户)	托管市值(亿元)	交易额(亿元)	营业收入(万元)	上缴税金(万元)
华泰证券江阴分公司	127064.00	593.56	6589.46	12482.56	100.62
国联证券江阴分公司	47619.00	60.30	1074.87	3893.08	20.28
东北证券江阴营业部	47366.00	69.98	988.22	3404.70	19.12
南京证券江阴营业部	23813.00	113.15	426.05	1881.71	210.59
光大证券江阴营业部	6043.00	15.08	183.78	496.45	1.89

续表 28

指标 单位	开户数 （户）	托管市值 （亿元）	交易额 （亿元）	营业收入 （万元）	上缴税金 （万元）
东吴证券江阴营业部	3193.00	8.88	198.07	521.21	3.34
海通证券江阴营业部	21184.00	12.82	430.75	390.69	4.62
中信证券江阴营业部	6588.00	10.41	171.39	263.92	167.74
中泰证券江阴营业部	5559.00	6.83	114.70	423.58	9.91
银泰证券江阴营业部	637.00	0.59	20.55	77.29	3.30
西部证券江阴营业部	2679.00	7.95	69.02	288.53	1.03
东海证券江阴营业部	2219.00	3.71	75.82	153.36	0.66
银河证券江阴营业部	18069.00	23.72	212.99	672.24	60.14
国元证券江阴营业部	4631.00	14.81	42.27	91.02	3.54
国信证券江阴营业部	6450.00	1.91	17.85	121.72	5.99
长城证券江阴营业部	3365.00	6.46	94.49	244.77	15.22
招商证券江阴营业部	11951.00	18.91	106.47	215.62	1.26
长江证券江阴营业部	7014.00	2.08	71.07	135.87	36.34
中天证券江阴营业部	211.00	0.09	5.03	9.73	8.97
东方证券江阴营业部	2018.00	2.26	80.81	236.26	1.40
中信建投证券江阴营业部	2700.00	15.01	419.36	551.81	1.82
东方财富证券江阴营业部	678.00	0.88	68.15	114.17	0.45
申万宏源证券江阴营业部	1831.00	2.83	69.69	161.61	181.98
天风证券江阴营业部	1707.00	0.44	28.07	45.72	1.59
国泰君安证券江阴营业部	6500.00	7.78	98.28	227.43	48.80
广发证券江阴营业部	3413.00	10.32	32.35	119.37	0.11

【典当】 2020年，根据上报的江阴大阳典当有限公司、江阴泰昌典当行、无锡银信典当有限公司等8个典当公司。至12月的经营情况：当户数945户，典当余额11420万元，绝当贷款余额2038万元，上缴税金6.18万元。

2020年江阴市主要典当公司经营情况一览表

表 29

公司名称	当户数 （户）	典当余额 （万元）	绝当贷款余额 （万元）	上缴税金 （万元）
江阴大阳典当有限公司	428	1061.00	447.00	0.00
江阴泰昌典当行	100	1859.10	1513.10	0.00
无锡银信典当有限公司	40	1582.70	77.95	0.07
江阴市元通典当有限公司	91	1557.70	0.00	1.04
无锡宝信典当有限公司（分公司）	3	1225.00	0.00	1.68
江苏天华典当有限公司（分公司）	211	303.89	0.00	0.63
江苏新亿典当有限公司江阴分公司	6	1115.00	0.00	0.00
江苏瑞祥典当有限公司	66	2715.80	0.00	2.76

（顾　青　查盘鑫）

■类目编辑　纪晓华

港口口岸建设与管理

【概况】 2020年，江阴口岸在海事、海关、边检、引航等口岸部门的紧密配合下，尽职尽责，勇于担责，呈现出稳中向好的发展态势。全年完成货物吞吐量2.56亿吨，比2019年增长10.79%，其中外贸吞吐量完成6474.55万吨，比2019年增长23.32%；集装箱吞吐量完成50.6万标箱，其中外贸箱量2.98万标箱；口岸进出国际航行船舶5045艘次，比2019年增长5.37%；进出口货值135.6亿美元，比2019年增长2.59%；征收关税106.11亿元，比2019年增长1.54%；进出口货物平均通关时间分别为69.3小时和2.7小时，比2019年压缩72%和73.6%。按照国家11部委要求，对口岸集装箱进出口作业时限进行规定及公示；推进查验无问题费用改革，降低企业通关成本，全年累计减免费用16.5万元，惠及企业80余个。

【口岸开放】 2020年1月15日，江苏省政府同意江阴中信中煤码头有限公司6号码头一期工程对外开放，至此，江阴口岸开放泊位增至40个，其中万吨级泊位38个。6月30日和11月17日，无锡（江阴）港申夏港区五号码头二期工程3号和4号、5号泊位通过对外开放预验收，为省级验收及正式对外开放做好各项准备。在口岸各部门和江阴综保区的共同努力下，11月17日，江阴港口岸药品进口口岸获批；是月23日，江阴进境肉类指定监管场地获批。

【江阴跨境电商线上综合服务平台运行】 2020年7月10日，江阴跨境电商线上综合服务平台项目专家验收组听取建设方江阴市商务局和承建方江阴电子口岸有限公司关于项目建设情况的汇报，观看系统演示，查看相关验收资料，经质询与讨论，一致同意该项目通过验收。至年末，江阴跨境电商线上综合服务平台入驻各类电商企业、物流企业、支付企业等40个，平台流转数据42384票，申报金额540万余元。

【口岸开放码头规范化建设与管理】 2020年10月中旬至12月下旬，依据《江苏省港口口岸码头开放管理规定》，江阴市商务局牵头海事、海关、边检等查验部门对全市22个开放码头企业进行年度联合检查，在注重吸收以往好经验好做法的基础上，着力优化时间、细则、评价、奖惩等四项检查要素，经现场量化打分、现场交换意见，结合平时检查，将受检单位区分为4类等次，并实施相应的奖惩措施，江阴口岸年度联合检查的主要做法还分别上报至无锡市商务局和省商务厅，受到上级业务部门的肯定。

【省口岸协会政策法律法规培训会】 2020年12月11日，江苏省口岸协会政策法律法规培训会在江阴举办。省口岸协会常务副会长、省商务厅陆空港处处长强培，省商务厅海港处处长李明双，无锡市商务局口岸办副主任刘西有出席会议。省口岸协会会员单位代表170余人参加培训，全市29个会员单位代表全员参加。会议由李明双主持。会上，江阴市商务局党委委员、市口岸办副主任谭荣伟致欢迎词；省口岸协会常务副会长、省商务厅陆空港处处长强培作开班讲话。授课专家紧贴口岸工作实际、结合案例分析，分别从《口岸相关安全管理与规范》《海关口岸工作标准与规范》《海事口岸工作标准与规范》《边检口岸工作标准与规范》《口岸开放与管理》五个方面进行专题授课。该次培训内容涵盖口岸各类业务知识，通俗易懂、信息量大、实用性强，得到与会人员一致好评。

（郝　冰）

【江阴港货物吞吐超2.5亿吨】 2020年，江阴港完成吞吐量2.56亿吨，比2019年增长10.79%，创下近10年吞吐量之最。12月，江阴港完成货物吞吐量2641.95万吨，比2019年上涨18.83%，创下单月吞吐量最高纪录。随着码头日趋规模化、专业化，江阴港成为7万吨级及以上船舶减载直达港口，矿石进港成本优势凸显，大型矿石运输船舶靠港数量猛增。1—12月，全港金属矿石吞吐量完成1.03亿吨，比2019年增长18.31%，占全港吞吐量的40.15%。由于江阴港大力发展超大型外贸矿石船舶直达装卸业务，港口外贸吞吐量大幅攀升，自2月后一直保持两位数增幅，年内完成外贸吞吐量6474.55万吨，比2019年增长23.32%。集装箱吞吐量完成50.61万标箱，比2019年下降6.17%，外贸箱量下滑明显，共完成2.98万标箱，比2019年下降28.55%。

【港口集团码头获评五星级江苏绿色港口】 2020年，江阴港港口集团践行绿色环保理念，实施风电光电互补供电系统、光伏发电系统、内燃轮胎吊油改电、堆场作业设备油改气等多个节能减排项目，并在港区内种植竹林、草坪、树木等植物，港区可绿化区域绿化率100%。建立完善环保管理体系，设立安全生产环保指挥中心，引入港口智能化生产管理系统，对港区生产进行24小时实时督查考核，提升环保管理水平。12月20日，在南京市举行的江苏港航高质量发展论坛上，江阴港港口集团码头被评为五星级江苏绿色港口，全省仅4个。

2020年江阴港分货类吞吐量一览表

表30　　　　单位：万吨

货物分类	吞吐量	其中		其中		占全港(%)	比2019年增减(%)
		进港	出港	外贸	内贸		
煤炭及制品	8510.68	4997.26	3513.42	107.46	8403.22	33.21	-8.9
石油、天然气及制品	743.61	487.38	256.23	274.59	469.02	2.9	-3.17
金属矿石	10287.05	5563.65	4723.4	4595.75	5691.3	40.15	18.31
钢铁	2078.93	1485.53	593.4	664.69	1414.24	8.11	92.79
矿建材料	1902.9	1068	834.9	1.07	1901.83	7.43	173.71
木材	2.66	1.91	0.75	0.43	2.23	0.01	-11.63
非金属矿石	7.16	7.16	0	0	7.16	0.03	20.74
化肥及农药	53.54	27.17	26.37	2.22	51.32	0.21	-4.77
粮食	169.4	145.32	24.08	74.01	95.39	0.66	-14.67
机械、设备、电器	33.14	3	30.14	11.6	21.54	0.13	-50.03
化工原料及制品	1354.52	1146.45	208.07	719.14	635.38	5.29	-13.86
有色金属	4.67	2.13	2.54	0.21	4.46	0.02	-57.2
轻工、医药产品	48.23	37.43	10.8	0.86	47.37	0.19	-39.45
农、林、牧、渔业产品	19.95	3.4	16.55	0.51	19.44	0.08	-56.93
其他	407.63	217.21	190.42	22.01	385.62	1.59	-20.1
合计	25624.07	15193	10431.07	6474.55	19149.52	100	10.79

说明：吞吐量统计口径不包括靖江工业园区

（朱怡洁）

海　事

【概况】 2020年，江阴海事局围绕江苏海事二次飞跃暨现代化强局战略纲要，取得疫情防控和复工复产的双重胜利，打赢船舶污染防治攻坚战，保持辖区安全形势持续稳定。是年，累计保障辖区船舶进出港40.2万艘次，比2019年增长17.4%；保障到港船舶装卸货量3.8亿吨，其中外贸货物6377.2万吨，比2019年分别增长11.4%和24.2%，在新型冠状病毒肺炎疫情全球爆发的情况下，辖区港口业务量实现逆势增长。加大现场执法力度，实施行政处罚2407件，罚金2006万元，比2019年分别增长43.87%和264%。全年累计实施水上救助行动138次，成功救助船舶197艘次、救助遇险人员644人次，人员救助成功率98.8%。

【稳定水上安全形势】 2020年，江阴海事局全面净化辖区通航环境。深入推进“8+2”（超载超航区检查、进江海船检查、船名标识、进出港报告、渡运安全整治、无线电、船载危险货物、船舶配员、船舶污染防治、航运公司安全监管专项整治）水上交通安全生产专项整治，实现无船名船号、无船籍港和无船舶证书船“三无”历史性清零，率先在江苏水域取缔水上临时过驳区，全力助推长江禁捕退捕工作，一批“老大难”问题成为历史。深化新夏港河口江河海统筹一体化监管先行区建设，连续两届4年保持“安全畅通文明航区”称号。全力抓好事故预防预控。接受国务院、江苏省、无锡市、江阴市四级安全督导,及时整改督导反馈问题。健全完善“四图一册”(水上风险隐患标识示意图、船舶航行安全警示图、辖区搜救力量分布图、网格化监管示意图和典型事故案例警示手册),加强渡船、危化品船、易流态化固体散装货物运输船舶、砂石运输船舶等四类重点船舶监管,开展典型事故案例“五进”(进社区、进企业、进学校、进农村、进家庭)宣传活动,保障“春运”“两会”“国庆”等重要时段水上交通安全。全面提升水上应急力量。推动地方政府建立江阴市水上搜寻救助服务中心,保证水上搜救中心实体化运行。全年累计实施水上救助行动138次,救助船舶197艘次、救助遇险人员644人次,人员救助成功率98.8%。

【船舶污染防治】 2020年,江阴海事局打造船舶污染防治样板区。持续深化“一零两全四免费”(靠港和锚泊船舶污染物零排放、全接收,在航船舶污染物排放全达标;内河船舶免费生活垃圾接收、免费生活污水接收、免费水上交通、免费锚泊),每月公布辖区码头船舶污染物接收比例排名,约谈排名靠后的码头单位。深化联合监管,从运用电子联单到全面应用“长江干线船舶水污染物联合监管与服务信息系统”,全年接收船舶生活污水6.8万艘次,计1.8万立方米,接收船舶垃圾9.1万艘次,计330.9吨,创历史新高。开展长江经济带船舶和港口污染突出问题整治,成立“124”专办(“一零两全四免费”专项办公室),实施涉污类行政处罚事件440件,比2019年增长97.3%。打造岸电使用示范区。编制《无锡(江阴)港口岸基供电系统方案》,实现辖区18个非危化码头、122个泊位岸电设施全覆盖,辖区2.4万艘次船舶使用岸电727.2万度,比2019年分别增长626%和558%。打造危化品监管模范区。推动建成丽天石化码头洗舱站,绘制危化品监管“两图一卡”(船载危化品安全风险图,防污应急资源分布图,船载危险货物信息应知卡),推动辖区13个危化品码头减少危化品作业品种59种,按期淘汰单壳油船23艘,持续降低辖区危化品安全风险。

【服务地方经济发展】 2020年,江阴海事局着力优化港口营商环境。建成5个政务受理无人值守站,累计办理港建费核销6803件,行政许可1326件,为行政相对人提供24小时便捷化政务服务。全面贯彻国务院惠企政策,全年免征外贸进出口货物3795件,免征港口建设费超3亿元。累计保障辖区船舶进出港40.2万艘次,比2019年增长17.4%;保障到港船舶装卸货量3.8亿吨,其中外贸货物6377.2万吨,比2019年分别增长11.4%和24.2%。着力推动港航经济发展。维护8艘新造船舶安全下水试航,服务江阴港口集团有限公司20万吨级码头加固改造,支持新长江集团有限公司4个港池完善手续,指导中金再生、长达国际码头办理对外开放手续,帮助中信江阴码头通过对外开放省级验收,港口经济活力进一步增强。着力构建诚信管理体系。推进信用海事建设,充分运用“大船、码头、小船”和“船舶、港口、货主”两条管理链,推动信用信息实现互通共享。落实船舶红、黄、黑名单管理,143艘船舶被列入黑名单,接近江苏辖区黑名单船舶总量的一半,形成守信奖励、失信惩戒的鲜明导向。 (常 佳)

海 关

【概况】 2020年,江阴海关依法履行海关职能,服务地方外贸发展。全年监管进出口货物5524.29万吨、货值135.6亿美元,比2019年分别增长42.6%和2.6%;征税106.1亿元,比2019年增长1.5%。立案侦办走私犯罪案件7件,案值1.09亿元,涉税7400万元,办理海关总署缉私局一级挂牌督办案件1件;立案调查行政案件103件,案值1.5亿元,涉税6914万元,罚没入库267万元。进出口通关时间分别为71.09小时和2.56小时,比2019年分别压缩71.57%和75.52%,口岸营商环境进一步优化。

【“国门利剑2020”专项行动】 2020年,江阴海关认真贯彻落实习近平总书记对打击走私犯罪的重要指示批示精神,以江阴为中心,南京、靖江多地联动,一举侦破“60527”走私免税香烟系列案件,案值9800余万元,涉税6769万元,该系列案件被总署缉私局列为2020年度一级挂牌督办案件。全年立案侦办刑事案件7件,案值1.09亿元,涉税7400万元,立案调查行政案件103件。严厉打击“洋垃圾”、濒危物种及其制品走私,退运禁止进境固体废物3批113.6吨,查处2件船员携带濒危物种制品进境案件。

【口岸进出口货运量创新高】 2020年,江阴口岸实现进出口货运量5524.29万吨,比2019年增长42.6%,其中进口货运量5278.42万吨,比2019年增长45.8%,出口货运量245.87万吨,比2019年下降3%。货物类型上,进口铁矿4501.6万吨,货值44.52亿美元,比2019年分别增长25.22%和38.35%。年内,港口集团五号码头3号泊位和长达国际物流码头4号、5号泊位通过对外开放预验收,其中3号泊位经省口岸办同意临时开放,药品口岸、肉类指定口岸先后成功获批,港口吞吐能力进一步增强,货物种类进一步完善。设立南京关区首个燃料油出口监管仓库,年内,办理出口监管仓库出入库燃料油179票,共68.35万吨,货值2.99亿美元,业务量稳居全国前三名。

【“两段准入”监管作业改革启动】 2020年12月3日,由厦门国贸集团股份有限公司进口的一批8.6万吨铁矿砂通过“两段准入”模式申报,标志着江阴口岸“两段准入”信息化监管正式启动。“两段准入”是指以进口货物准予提离进境地口岸海关监管作业场所(含场地)为界,分段实施“是否允许货物入境”和“是否允许货物进入国内市场销售或使用”两类监管作业的海关监管方式。该模式下企业在海关现场查验正常并取样后,就可将货物提离至仓库,待确认检验检疫合格,办结相关手续后,即可进入国内市场销售或使用,极大缩短货物口岸滞港时间,降低通关成本。

【进出口检验检疫】 2020年,江阴海关落实长江大保护战略,牵头组建进出境船舶压载水检测实验室联盟。年内，截获有害生物 141 种、4344 种次，其中检疫性有害生物 22 种、821 种次；截获多件携带珊瑚、干海马等禁止进境动植物及其制品入境事件；检出不合格货物木质包装 167 批次，在对一批进境阿尔及利亚板坯随货木质包装查验时截获重要林木有害生物欧洲木白蚁约 20 只，为国内口岸首次截获；封存处理 63 批次 2716 公斤来自非洲猪瘟疫区的动物产品；检出植物产品检疫不合格 3 批；检出不合格商品 14 批，销毁或退运进口不合格食品 2 批次；查出 2 个酒精免洗手消毒液企业无证生产，向地方应急管理局作专门通报；完成出入境人员传染病监测体检 2488 人次，检出病例 4 例；开展“口岸天平”行动，检出不合格进口商品 623 批次，涉及重量 3032.22 万吨，货值 29.02 亿美元，发现进口短重 400 批次 18.74 万吨，累计挽回损失 1935.24 万美元。

【江阴综合保税区进出口业务】 2020 年，江阴综合保税区一线进出境值 19.52 亿元，比 2019 年增长 67.5%，二线进出区值 106.54 亿元，比 2019 年增长 13.5%；累计征收税款 1.18 亿元，比 2019 年增长 73.7%；区内注册企业 48 个，比 2019 年增长 80%。年内江阴综合保税区完成江苏首单跨境电商特殊区域出口（1210 出口）业务，并走通 B2B（企业间网上交易）跨境 9810 与 9710 模式。区内新注册跨境电商企业 21 个，跨境电商业务初具规模。

【“企业问题清零”机制】 2020 年，江阴海关上线“企业问题清零工作管理系统”，打通企业向海关申请处理疑难问题的通道，以化解企业发展难题。系统上线后已为中芯长电股份有限公司等 12 个企业解决特殊货物属地查验、减免税货物后续监管手续便利化等问题 16 个，全年企业反映问题 100% 清零。　（韩冬冬）

边防检查

【概况】 2020 年，中华人民共和国江阴出入境边防检查站（以下简称“江阴边检站”）在全面建成小康社会和“十三五”规划收官之年，深入学习贯彻全国公安工作、全国移民管理工作、总站边检工作会议要求，坚决落实总站党委决策部署，不断深化边检改革，以实际行动为推动江阴经济高质量发展走前列，积极贡献边检智慧和力量。全年动用警力 10000 余人次，检查出入境船舶 3051 艘次，出入境人员 57948 人次，检查出入港船舶 1092 艘次，出入港人员 38865 人次，巡视检查各类船舶 13000 余艘次，办理各类边检证件 25059 份。核查船舶轨迹 4532 艘次，重点船舶 54 艘次，重点国家船员 11404 人次，检查出入境人员行李物品 3422 件，推送指导性信息 500 余条，发现移交各类案件线索 24 件。成功查处违法违规案件 9 件 9 人次，查获携带政治性有害宣传品 4 类 115 件。开通“边检绿色服务通道”6 次，救助遇险、患病船员 89 人次，收到锦旗、感谢信 7 面（封）。联合相关单位开展水上防偷渡演练、船舶联合登临检查、江上集中整治、打击非设关地走私及跨境赌博等专项行动 8 次，定期实行桌面推演、“红蓝对抗”，变“处突演练”为“常态备战”，有效打击违法分子嚣张气焰，推进口岸稳定。组织警力开展码头企业基本情况、口岸社会面治安状况基础调研，提供边检法律法规咨询、现场办公 4 次，开展边检业务培训 3 场次。疫情防控工作开展以后，江阴边检站坚持“外防输入、内防反弹”总体策略，落实口岸联防联控机制，制定各类方案、指引和规定 12 份，定期开展疫情防控处置演练，在卡口、梯口建立“一报一戴一测一消一登记”五个一机制，为疫情防控奠定扎实基础。年内，江阴边检站抓住长三角一体化、长江经济带、“一带一路”、锡澄一体化等多重叠加的重大战略机遇，主动与苏锡常片区各边检站签订推进边检工作高质量一体化发展实施意见，研究制定 2 项边检服务举措，与口岸企业单位签订合作备忘录、联动协议 3 份，完成全国全省“两会”、中共十九届五中全会和第三届中国国际进口博览会等重大边防安保任务；连续 4 年开展“深化边检服务、促进企业发展”大走访活动，通过电话、网络平台等渠道走访 21 个码头单位，实地走访企事业单位 5 个，外籍船舶 36 艘次，服务对象 800 余人次；先后开展“警营开放日”、法律法规宣传等活动 7 次，发放回收征求意见表 1000 余份，解答各类咨询事宜 71 条，为企业、群众解决实际困难 4 个。为定点扶贫村广西玉马村引入江苏企业投资 30 万元发展小黄牛养殖产业，列支 13.98 万元定点扶贫专项经费帮助建设五彩椒种植基地，有效履行扶贫责任。是年，41 名民警职工因疫情防控工作表现突出受到表扬，该站民警陆琦美术作品在国家局获奖，《逐梦青春，国门新“警”色》荣获首届全国移民管理机构微视频大赛三等奖，《我们的扶贫点——玉马村印象》获“新机构新作为新形象”活动二等奖，4 名民警被江苏省出入境边防检查总站记个人三等功，1 名民警被江苏省出入境边防检查总站嘉奖。

【边防安保工作】 2020 年 10 月 10 日起，江阴边检站按照上级要求，迅速成立中共十九届五中全会和第三届中国国际进口博览会边防安保指挥机构，通过召开党委会、专题办公会等形式传达学习上级安保有关政策规定和上级领导批示指示精神，制定站安保工作总体方案及配套工作预案，明确工作任务、目标、步骤、措施和要求，建立畅通、高效、统一的领导指挥机制，各级进行层层动员部署，统一思想，队伍进入安保状态，全面启动口岸风险评估预警机制，在安保临战阶段（10 月 10—20 日），召开全警大会，进一步鼓舞士气、激励斗志，层层抓好工作落实，围绕国家政治安全部署开展“清港”、反恐“防回流”等专项活动，全面加强口岸查控、内部安全管理，确保口岸、队伍“双稳定”。全面落实 24 小时值班值守制度，成立 5 人组应急小队，按照工作方案开展针对性训练、演练，完善并执行人员培训、汇报交流、风险评估、协作配合、区域联动、综合保障等安保工作机制，加大进出口岸船舶、人员排查力度，与兄弟单位建立信息共享机制，时刻掌握口岸动态。在安保实战阶段（10 月 21 日至 11 月 10 日），启动实战阶段安保措施、安保等级勤务，领导小组下设机构相关人员进入 24

小时备勤状态,各工作组每天1人参与指挥中心值守,强化实体指挥,组建前进指挥所,深入重点单位靠前指挥、督导帮扶,落实战时管控,全面启动信息每日研判制度,动态评估风险隐患,制定工作对策,常态化开展督导检查,即查即改、随查随改,及时消除各类隐患,应急分队24小时进入实战状态,随时待命,为江阴口岸营造平安、稳定的边防环境。整个安保期间,研究制定口岸管控8项举措、决战决胜3项措施、战时指挥6项机制等系列安保工作技战法。其间,全站出动警力2300余人次,动用车辆100余台次,检查出入境船舶468艘次、入出境人员9821人次,检查重点国家船舶6艘次、重点国家人员162人次,检查搭靠船舶9艘次,检查船艇9艘次,查获1名韩国籍不准入境在控对象,发现处理1件中国海员证拆装案件,查处违法违规案件3件3人次。

【复工复产】 2020年,江阴边检站抓住长三角一体化、长江经济带、"一带一路"、锡澄一体化等多重叠加的重大战略机遇,充分发挥边检机关职能作用,坚决贯彻落实移民管理机关疫情防控和经济社会发展工作部署10项措施,实行"一企一策""一情一案"边检服务机制,开通"零等待"绿色通道,为经济社会秩序加快恢复提供国门"加速度"。完善"亲""清"警企关系,推行"三上门"(即服务上门、问计上门、送法上门)工作法,提前介入新开新建码头项目规划,在政策允许范围内为经济发展创造条件、简化手续、高效通关。年内,完成口岸中金码头、长达码头对外开放市级验收工作。全面实行24小时随到随检服务,推行便民"四办"(即网上办、指尖办、预约办、电话办)举措落实工作,鼓励服务对象通过"边检行政许可网上窗口"等各类网上系统、APP(应用程序)申办上下外国船舶、搭靠外国船舶等各类边检行政许可证件,实现边检进出口岸联系单电子化审核。按照"一企一策一档"的原则,及时出台支持口岸复工企业转型升级发展的边检政策措施,为21个开放码头41个泊位建立疫情优惠服务政策档案,全力保障疫情防控支撑企业正常运转,为口岸企业提供精准高效服务。 (刘海波)

长江引航

【概况】 2020年,长江引航中心认真贯彻落实江阴市委、市政府和上级主管部门的决策部署,结合引航职业和服务辖区特性,坚守国内国际双循环战略要道和境外疫情水上输入防控主战场,紧扣"服务"主题,紧抓"安全"主线,紧盯"队伍"主体,克难奋进统筹做好内外疫情防控和引航服务保障。是年,长江引航中心引领中外籍船舶61748艘次(含移泊10320艘次)、里程792万千米、净吨6.42亿吨。其中引领国际航线船舶43818艘次(含移泊8001艘次),国内航线船舶17930艘次(含移泊2319艘次)。引领江阴港中外籍船舶7235艘次(含移泊608艘次)、里程101.1万千米、净吨1亿吨,比2019年分别增长3%、5%、14%。长江引航中心获评第六届"全国文明单位"、交通运输部抗击新型冠状病毒肺炎疫情先进基层党组织和先进集体。

【获评交通运输部抗疫先进基层党组织和先进集体】 2020年,长江引航中心迅速行动,积极应对,全体职工闻令而动,落实落细各项防控措施,全力保障内外疫情防控形势稳定。1月24日,组建疫情预防应对领导小组,坚持疫情防控24小时应急值班。并根据国内外疫情发展变化,阶段性调整防控策略,3月1日,将疫情防控重心由"内防扩散"调整为"外防输入",制订并持续完善《引领国际航行船舶防控新冠疫情输入风险工作方案》。依托属地政府联防联控机制,建立信息共享渠道,对入境进江船舶精准实施分类,分级强化疫情防护措施,采取固定专班引航员、固定交通车艇、固定休息场所的"三固定"模式引领,定期核酸检测,闭环管理。建立引领国际航行船舶新型冠状病毒肺炎疫情应急响应处置预案,切实有效防止疫情发生和扩散。全年调派专班引航员2.3万人次,引领高风险船舶2.1万艘次,妥善处置应急响应56件(其中重大风险14件),流调隔离引航职工261人,未发生引航职工感染事件。长江引航中心荣获交通运输部抗击新型冠状病毒肺炎疫情先进基层党组织和先进集体。

【引航安全】 2020年,长江引航中心认真贯彻落实习近平总书记关于安全生产系列指示讲话精神,围绕"疫情防控和引航船舶"安全主线,深入推进双重预防机制,全力保障口岸经济安全绿色发展。成立安全委员会,全覆盖、逐层级压实安全责

2020年,长江引航中心引航4.1亿元海工产品出口 (长江引航中心提供)

任。修订《引航安全风险防控手册》《引航安全重点人员管理办法》，开展“安全风险隐患排查整治巩固年”“安全生产专项治理三年行动”。组织现场技术交流、线上安全培训1600人次。强化应急处突能力，应对特大汛情，有效处置引航船舶失控险情168次。全年安全引领受限船舶1.1万艘次，危化品船舶2.7万艘次，夜航船舶3.2万艘次，无上报等级责任事故，引航安全形势持续稳定。

【“双循环战略”要道运输保障】 2020年，长江引航中心认真贯彻执行《长江引航中心引航服务标准》，安全引领近6.17万艘次中外籍船舶进出长江，总载货量4.5亿吨，比2019年增长5.6%。优先保障载运电煤、粮油、集装箱等民生物资船舶9578艘次，引领17艘次重要物资船舶助力武汉，确保防疫物资原材料、重点民生物资、复工复产物资及运输“三不断”。有效应对寒潮大风、雾霾等恶劣天气影响125天，累计疏港船舶4000余艘次，确保不发生压船压港现象，有力保障港口物流供应链顺畅。聚焦港航企业个性化需求，提供精准引航服务，全年引进开普型船1845艘，仅此一项直接为港口企业带来近30亿元经济效益。引领载运海工设备、精密仪器等高附加值产品的特种船舶，确保国内、国际双循环主动脉畅通。

【服务港口发展】 2020年，长江引航中心引领江阴港受限船舶2145艘次，比2019年增长34.1%；夜航船舶5427艘次。优先保障江阴港266万吨防疫物资及原材料运输，电煤490万吨、成品油196万吨、粮食95万吨等重点民生物资运输，以及铁矿石4709万吨、集装箱船舶248班次等复工复产物资运输。为江阴市重点企业提供“定制式”引航服务，精准响应服务对象需求。全年引领船长280米以上的开普型船舶489艘进江阴港，运载货物约4400万吨，给港航企业带来直接经济效益达5.87亿元，节约物流成本超17.8亿元；引领473艘装载矿砂的超大型船舶靠泊黄田港，保障江阴港口集团4301万吨铁矿进口；助力中国制造走出国门，保障22艘满载风塔设备的船舶出江；助推中船澄西船舶修造有限公司船舶修造业务升级拓展，安全引领30艘次船长250米以上船舶进出澄西船厂。

（黄　伟）

船舶检验

【概况】 2020年，中国船级社江阴办事处（以下简称“江阴办事处”）贯彻落实中国船级社（以下简称“CCS”）系统工作会、安全质量工作会各项要求，开展职业健康安全教育和安全生产月活动，提升服务质量水平，确保检验安全质量；为江阴港口的航运、船舶制造业服务，努力保护江阴港口水上的人命和财产安全，保护相关水域及环境，全年江阴办事处未发生人员安全事故和安全质量责任事故。年内，完成各类船舶检验683艘次，其中入级营运检验船舶222艘次，国内营运检验船舶375艘次，入级建造和国内建造船舶10艘，船舶审核76艘次，各类船用产品检验3081个工作控制号，各类检验总收入5484余万元。

【400客游览船“双拥”轮交付】 2020年12月14日，由中国船级社（CCS）负责检验的400客游览船“双拥”轮交付。“双拥”轮总长62.3米，型宽14米，型深3.5米，设计吃水2.16米，载客400人，由无锡东方船研高性能船艇工程有限公司建造，是一艘具有高规格商务接待、水上休闲观光、特色餐饮等功能的精品水上旅游旗舰，也是首艘黄浦江游船入级建造项目。在项目推进过程中，江阴办事处现场项目组多次就船舶建造工艺、密性和探伤大纲制定、法规规范重点等方面对船厂开展专项培训，帮助船厂提升技术，保证船舶建造质量。在船舶下水前，项目组协调组织探伤专家对“双拥”船进行飞行检验，额外抽查一些重要焊缝，从而识别现场焊接质量是否得到有效控制，为船舶安全增强保障。随着全国疫情逐渐得到有效控制，国内旅游行业正逐渐复苏，“双拥”轮的成功交付，是CCS服务国家长三角一体化战略、生态优先绿色发展和畅通国内国际双循环主动脉的创新延伸，展现CCS作为国家船检主力军的使命与担当。

（戴　怡）

■类目编辑　党　辉

城乡建设与管理

城市建设

【概况】 2020年，江阴市住房和城乡建设局聚焦现代化有特色美丽宜居城市目标，突出长江生态安全示范区、城市快速化交通体系、乡村振兴等建设重点，深化统筹协调，注重手续办理，加快拆迁清障，严格施工管理，扎实推进所有项目。"澄堡"配套道路改建工程、沿江景观大道一期工程、塘前路东段一期改建工程、通运路工程和青果路南段改建工程等8项项目竣工。

【"澄堡"配套道路改建工程竣工】 该项目位于江阴市澄江街道，道路西起花山路，南至毗陵路，呈东西方向衔接南北方向倒"L"形，道路全长约409米，路宽12米（9米机非混行车道+3米人行道），为单幅路形式，道路等级为城市支路。排水工程分为雨水和污水，雨水主要收集道路路面和北侧澄星广场南半部分雨水，接入花山路和毗陵路；污水收集道路北侧澄星广场南半部分的生活污水，由北向南接入毗陵路污水系统。工程总投资1463万元，由江阴市城乡规划设计院负责设计，江阴市新德建设工程有限公司负责施工，江苏外建工程管理有限公司负责监理，于2019年3月5日开工，2020年1月14日通过竣工验收。

【沿江景观大道一期工程竣工】 该项目位于江阴滨江地区，东西走向，西起韭菜港路，东至林荫大道，道路全长1517米，工程总投资11575万元，道路等级为城市次干路。其中，韭菜港路至春阳路段长约1222米，宽30米，设置13米机动车道、7米非机动车道、5.5米人行道和5.5米绿化带；春阳路至林荫大道段长295米，宽26.5米，设置13米机动车道、7米非机动车道、5米人行道和1.5米绿化带。排水工程分为雨水和污水，主要收集道路路面、道路两侧地块雨水和北侧公园污水，分别排入鲥鱼港河和南北向道路污水系统内。该工程由江阴市城乡规划设计院负责设计，无锡太湖明珠建设咨询有限公司负责监理，江阴市市政建设工程有限公司负责施工，林荫大道至江阴长江引航中心站段，于2013年4月开工，2015年4月通过竣工验收。江阴长江引航中心站至韭菜港涉江段，在北侧人行道外边沿增加设置护坡防浪墙，使该段道路满足江堤防洪要求。该段涉及水利部分由无锡市水利设计研究院有限公司负责设计，江苏利通建设管理咨询有限公司负责监理，江阴市市政建设工程有限公司负责施工，于2019年9月15开工建设，2020年12月24日完工。

【塘前路东段一期改建工程竣工】 该项目位于江阴市澄江街道，西起花山路，东至澄南路，呈东西走向，道路全长450米，宽33米，沿线主要相交的现状及规划道路由西向东依次为花山路、袁家路及澄南路。塘前路为三幅路型式，即路宽33米=15米（机动车道）+2米（侧分带）×2+4米（非机动车道）×2+3米（人行道）×2。道路设计等级为城市次干道，路面采用沥青玛蹄脂碎石混合料，双向四车道。排水工程分为雨水和污水，主要收集道路两侧地块雨水和生活污水，分别排入已建花山路和澄南路排水系统。该工程总投资3645万元，由江阴市城乡规划设计院负责设计，江阴市凯达市政建设工程有限公司负责施工，江苏外建工程管理有限公司负责监理，于2017年5月25日开工，2020年7月28日通过竣工验收。

【通运路工程竣工】 该项目位于江阴市南门地区，呈东西走向，西起拟建青果路，东至花山路，道路全长约241米。通运路为三幅路型式，路宽为20米=11米（机动车道）+1.5米（机非分隔带）×2+2米（非机动车道）×2+1米（人行道）×2。通运路路面雨水、道路两侧汇水范围内的雨水通过道路雨水管道，近期与花山路雨水系统沟通，远期通过通运路往西排入运粮河。污水管收集通运路两侧的生活污水，其收集的污水近期与花山路污水系统沟通，远期接入青果路污水系统，最终排入塘前路污水系统。该工程合同价约570.2万元，由江阴市城乡规划设计院负责设计，江阴市市政建设工程有限公司负责施工，江苏上耀项目管理有限公司负责监理，于2019年5月4日开工，2020年11月27日通过竣工验收。

【青果路南段改建工程竣工】 该项目位于江阴市南门地区，呈南北走向，北起通运路，南至毗陵路，道路全长361.62米。青果路为三幅路型式，路宽为27米=14米（机动车道）+2

米(机非分隔带)×2+3米(非机动车道)×2+1.5米(人行道)×2。青果路路面雨水、道路两侧汇水范围内的雨水通过道路雨水管道近期与毗陵路雨水系统沟通,远期通过通运路往西排入运粮河。青果路污水管收集青果路两侧地块和转输的其他道路的污水。其收集的污水近期与毗陵路污水系统沟通,远期向北排入塘前路污水系统。该工程合同价780.1万元,由江阴市城乡规划设计院负责设计,江苏澄佑建设工程有限公司负责施工,江苏中研工程设计有限公司负责监理,于2019年4月10日开工,2020年11月27日通过竣工验收。

【应天河整治工程竣工】 该项目位于江阴市南门地区,围绕应天河两侧,包括城际铁路以西、锡澄运河以东、前进路——华侨路以南、应天路以北区域,规划总面积约68公顷,该项目总投资9876万元,建设内容为:应天河(皮弄路—梅园路)整治工程河段总长2042米,新建驳岸共4121.5米,公园绿化、铺装、景观桥等设施。本次验收段为应天河风光带南侧(澄南路—花山路),该段全长约410米,平均宽度为20米,总面积约8200平方米,包括景观亭1座、亲水平台2座、3米宽挑空临水栈道、园路、挡墙、台阶、座椅、指示牌、木栏杆及绿化工程等。该工程由江阴市城乡规划设计院负责设计,江苏锦盛园林建设工程有限公司负责施工,江苏飞扬建设咨询管理有限公司负责监理,于2019年5月10日完工,2020年12月30通过竣工验收。

【辅延幼儿园工程竣工】 该项目位于江阴市城中迎宾路南、环城南路北、青果路西、原机械厂地块。项目占地面积0.667公顷,建筑面积4500平方米。设置5轨15班,可接收幼儿450人。建筑整体色调鲜艳活泼,设置一栋单体建筑,中间是一个小型中庭,二楼到底楼有一个跨层滑滑梯。智能化监控和设备齐全,所有教室设有先进的多媒体设施、午睡间、实木课桌椅等。建筑由塑胶运动场地、游乐设施环绕,二层平台和屋面同时设置塑胶运动场地。该工程由江苏滨建集团有限公司负责施工,由江苏华电工程设计院有限公司负责设计,江苏马洲项目管理有限公司负责监理,于2018年6月开工,2020年8月通过竣工验收。

【立新中学工程竣工】 该项目位于北潮河路以西,花北路以南,立新中心小学北侧,占地面积7公顷,初中20轨60班,总建筑面积42879.02平方米(其中地下室2002.2平方米),总用地面积70522.1平方米。主要建设项目有教学楼科技信息楼(教学楼与科技信息楼用文化长廊连接)、行政办公图书楼、体艺馆、食堂及附楼、体育看台、门卫等。同时设有一片塑胶标准400米标准跑道和塑胶标准足球场、篮球场、乒乓球场。该项目由江苏中锐华东建筑设计研究院负责设计,江苏苏阳建设有限公司负责施工,江苏中源工程管理股份有限公司负责监理,于2018年6月开工,2020年8月通过竣工验收。 (邱 敏)

城市管理

【概况】 2020年,江阴市城市综合管理局坚持以习近平新时代中国特色社会主义思想为指导,全面贯彻中共十九大和十九届二中、三中、四中、五中全会精神,深入落实江阴市委十三届十一次全会精神,以全面提升城市精细化管理水平为引领,以市容环境集中整治为抓手,精心统筹组织,完善工作机制,提高治理能力,落实长效举措,提升管理效能,着力构建城市管理工作新格局,全面推动城市综合管理高质量发展。城乡共拆除户外广告设施1.1万余处,18.2万平方米,拆除违法建设3400余处,共27万余平方米。城区新增公共停车泊位1072个,查处车辆违停2万余次;市综合执法平台受理各类事件18.47万件;网格化管理平台上报事件43万余件,99.7%在镇(街道)、村(社区)层面得以化解;"城市啄木鸟"数字城管系统受理各类事件2.35万件,结案率97.6%。是年,获评全省"七五"普法中期先进集体、无锡市抗击新冠肺炎疫情先进集体、江阴市首届国家机关"谁执法谁普法"履职评议"优胜单位",《深化生活服务体系,打造智慧城市样本》荣获法治江阴建设惠民实事工程一等奖,并纳入无锡市复制推广第二批江阴集成改革试点经验项目,《深化三项制度、推行非接触式执法》获无锡市法治惠民实事工程二等奖。

【综合执法改革】 2020年,江阴市城市综合管理局围绕深化综合执法改革要求,牵头制订《江阴市综合行政执法改革专项行动实施方案》,完成主城区执法力量下沉,实现澄江街道综合执法一队伍。进一步明确综合执法部门与相关业务主管部门的职责权限,建立健全综合执法运行模式,全力构建市镇联动、权责统一、精简高效的综合执法体系。统筹推进高速公路和主次干道沿线环境专项整治、全市露天焚烧和露天烧烤专项整治行动等,市综合执法平台共受理各类事件18.47万件,处置率99.9%,受理各类案卷7674件,处理完成案卷6747件,处罚金额1368万元。全年向镇(街道)发出督办单(函)85件,督办跟踪单10件,形成综合执法运行情况通报11份。

【优化市容环境秩序】 2020年,江阴市城市综合管理局牢牢把握文明城市复检的有利契机,组织实施市容环境集中整治"春雷行动""靓丽行动",有效治理一大批影响城市环境、群众反映强烈的突出问题,助推文明城市建设取得省内第一、全国第三的好成绩。牵头开展户外广告牌和店招标牌设施安全专项整治,城乡拆除户外广告设施1.1万余处,18.2万平方米,其中,城区拆除户外广告设施4100余处,9.4万平方米;开展违法建设专项治理,城乡共拆除违法建设3400余处,共27万余平方米,其中,城区拆除违建1200余处、11.5万余平方米。全力实施油烟污染治理。牵头高新区、南闸街道、夏港街道,联合澄江街道对清单中1210个餐饮门店展开逐一排查,检查出未安装油烟净化设施等问题174个,并全部完成整改。全面开展餐饮油烟检测,对387个群众反响强烈的餐饮门店申请专业检测机构进行油烟检测。有序推动停车秩序整治。推动市政府出台《关于实施江阴市停车秩序综合治理的意见》，试点机关、居民小区停车场所对社会车辆错时共享开放，城区新增公共停车泊位1072个。加大对主次干道尤其是严管道路机动车人行道板违停处罚力度，共查处车辆违停2.8万余起，拖车840余起。

【"12345"城市管理民生热线受理】 2020年，"12345"民生热线电话继续积极反馈民声诉求、提升管理服务质量、加速平台融合升级，为全市疫情防控和经济社会发展大局贡献力量。全年接到有效诉求事件36.4万余件，比2019年增长68.34%；电话系统为市民服务72万余次；群众诉求办理整体满意率为98.38%。"城市啄木鸟"数字城管系统受理各类诉求事件23548件，结案率97.6%。全年举办"12345"民生热线电话网上直播活动15期。同时，根据江苏省热线运行管理办法的要求，"12345"民生热线重新制订突发事件应急预案，建立群众反映、政府收集突发事件信息的快速渠道。疫情发生后，"12345"民生热线电话作为市政府对外咨询、求助、举报相关疫情情况的统一号码，主动对接相关部门，广泛收集应急管控措施，全年受理有关疫情诉求8.2万余件，办结率100%，向市委、市政府报送《江阴市"12345"民生热线疫情诉求情况简报》128期，为市委、市政府的决策部署提供参考依据。

【网格化管理平台】 2020年，全市网格化管理平台流转办理事件52万余件，99.75%的上报事件在镇(街道)及村(社区)层面得以化解，0.25%的上报事件经市级平台流转至相关部门处置，有效解决一大批与群众生产生活息息相关的民生问题。助力疫情联防联控工作，网格化管理平台承担全市统一发布网格摸排、流转处置相关疫情信息的工作任务。借助平台联动指挥优势，配合市防控指挥部，纵向实时贯通17个镇(街道)指挥中心、274个村(社区)、1123个网格员，横向联动83个市级部门(单位)，第一时间向一线网格化工作人员传达市政府的决策意见和工作要求，第一时间发布摸底排查相关工作任务，收集汇总防控工作信息数据。全年流转到江阴市管控人员信息2.59万条，全部实行闭环管理，为有序开展疫情防控工作提供有力支撑。网格化管理平台与税务、法院、教育、民宗等多个部门深入对接，推动基层治理"多网融合"成"一张网"。加强"网格+党建""网格+政法综治""网格+警格""网格+综合执法""网格+数字城管""三官一律进网格"等行政管理资源的信息数据互通互享，进一步推动条线专业力量融入网格解决专业问题，高效解决网格内各类流转事项。 (陆军浩)

人防工程

【概况】 2020年，江阴市住房和城乡建设部门(人防办)坚持以中共十九大精神为指引，以中华人民共和国人民防空创立七十周年为契机，按照上级人防办统一部署，立足问题导向，全面开展人防系统腐败专项整治工作并取得良好成果；增强忧患意识，努力提升防空备战能力；坚持以人为本，努力提升社会应急防护能力；积极推进军民融合发展，努力打造信息安全平台；人防各项工作有序推进，运行状态良好，城市地下防护工程体系建设稳步推进，人防工作全年目标任务圆满完成。

【防空备战能力建设】 2020年，江阴市住房和城乡建设部门(人防办)以提升战备能力为引领，强化打仗思想，聚焦实战化标准，抓重点，补短板，转方式，组织按纲训练工作。组织人防机关编组人员进行实弹射击训练，组织人防指挥中心赴如东、张家港进行机动拉练；指导江苏利港电力有限公司开展综合防护演练；参加无锡市组织的机动指挥通信系统实战化训练，以及苏、锡、常三地人防机动指挥通信跨区支援训练，无锡、泰州两市人防机动指挥通信系统联合拉动训练。与市交通战备办公室共同组织"2020年道路抢修及人员疏散运输演练"，大力提高交通运输专业队快速反应和遂行任务的能力。严密组织抗击新冠肺炎疫情全国哀悼日防空警报鸣响，警报鸣响率100%。组织人防志愿者参与抗击疫情工作，出动人员3800多人次、车辆3100余次，对10多个社区、100多个居民小区及10多所学校、100多个公共场所及相关机构等处进行全方位防疫消杀，充分发挥急时应急的能力，为全市的防控工作做出较大贡献。

【社会应急防护能力提升】 2020年，江阴市住房和城乡建设部门(人防办)坚持民防工作进社区、进学校、进企业，普及应急防护常识，组织指挥应急演练，提高居民群众、学生、企事业单位职工的日常遇险防护能力。开展"庆祝新中国人民防空创立70周年"人防主题宣传月活动，发放人民防空知识手册，通过网络媒体开展人防知识有奖竞答活动，提升市民国防意识、防空意识。全年组织指导社区应急逃生救护演练30余次；中小学生安全教育培训2次；企业、社会单位人防知识宣传培训2次，受益群体12000余人。完善社区人防设施器材的配置，全年给全市31个社区配备防护物资29万余元。

【人防系统腐败专项整治回头看】 2020年，江阴市住房和城乡建设部门(人防办)进一步规范易地建设费征收，坚决做到应收尽收，足额征收，严防发生新的易地建设费违规减免缓行为。全年全市人防工程建设审批涉及人防易地建设费减免缓项目12项，未发现违规减免缓情况；全年无未批先建的项目；累计征收人防易地建设费9952万元。规范行政权力阳光运行，积极推进工程建设项目审批管理信息化系统与"阳光人防"平台的建设，确保江苏阳光人防平台系统有关数据全部上传和人防审批项目进工改及时到位，实现审批数据、人防工程全生命周期管理工作全程公开透明。

(邱　敏)

公用事业

【概况】 2020年，江阴市公用事业管理局坚持以习近平新时代中国特色社会主义思想为指导，深入学习贯彻中共十九大和十九届二中、三中、四中、五中全会精神，克服疫情、超长汛期等不利因素影响，奋力攻坚克难，公用事业保障能级和服务水平进一步提升。各类垃圾处理成体系，建成省级生活垃圾分类达标小区30个，建设环卫运营中心、餐厨废弃物集中处理、建筑垃圾资源化利用等项目，全年无害化焚烧处理生活垃圾72万吨，处理建筑垃圾125万吨，城市建成区居民小区垃圾分类设施覆盖率100%。新改扩建农村公厕123座。制订《2020年度高质量发展（垃圾分类集中处理率）考核方案》《江阴市城区生活垃圾分类管理考核办法》《江阴市城区环卫保洁提升三年行动计划（2020—2022）》等，新增洗扫车3辆，多功能抑尘车2辆，打造“超净路”15条、“优胜路”144条、五星级公厕9座。新建管径100毫米以上供水管道30千米，改建40千米，完成肖山、澄西水厂80万吨深度处理改造、2105户农村供水管网和户表改造、4个居民住宅小区的二次供水设施改造，供水2.57亿立方米。实施27条城区河道综合治理，改造四大截流系统，实施56个小区控源截污，建成污水管网151千米、排水达标区24个，完成961个村庄生活污水治理。完成澄西污水处理厂中水回用（3.3万吨/日）建设，开工建设光大水务滨江污水处理厂二厂（4万吨/日）、西利污水处理厂（5万吨/日）。累计执法检查排水户1500余户，核查问题900余个，发出整改通知书（现场取证单）287份，排查出公共排水问题15个，整治急需解决问题8个。完成污水管网检测133.2千米，全年养护污水管网1300余千米，设施运行率98%以上，完好率95%以上。新敷设天然气管道127千米，新增天然气居民用户2.3万户，累计供气9.4亿立方米。液化石油气累计售气2.8万吨，汽车加气累计售气1422万立方米。新建热力管网10千米，供汽430万吨。建成智慧燃气平台，全市餐饮场所累计安装泄漏报警器5862户、自闭阀5786个，成功预防和解除6起燃爆事故。完成对9个瓶装燃气经营企业的一体化整合，建立瓶户实名制管理，累计建档24.5万户，实施钢瓶置换实名销售55.72万只，培训考核送气服务人员291人。实施城市照明专项规划修编，完成1万盏路灯光源节能改造等，建成2个镇街照明二级监管平台，推广安装物联网单灯控制和智慧灯杆建设。补装199盏路灯，迁移、拆除路灯32盏，照明设施亮灯率99%，设施完好率96%。参加“市民热线”“作风面对面”和“领导干部信访接待日”等活动，主动回应民生关切，累计办理人大建议、政协提案26件，办理“12345”民生热线电话诉求4805件，签收办理污染防治线索事件226件，参加无锡、江阴电视台新闻综合频道“作风面对面”直播、空中热线等活动7次。

【安全生产】 2020年，江阴市公用事业管理局围绕“安全生产专项整治年”行动，局党委研究部署安全生产工作，召开安全生产会议63次，开展宣传教育培训65次，组织应急演练38次，检查企业（工地）281次，排查、整改隐患767条。开展燃气经营企业检查，排查燃气企业200个（次），排查隐患247处，排查覆盖率、隐患整改率100%。开展企业自建液化天然气设施专项整治，检查在用液化天然气企业46个，停用14个，拆改13个。开展四轮餐饮场所使用瓶装燃气安全督查，抽查企业172个，排查并整改隐患293处；抽查学校、医院等场所32个，排查、整改隐患92处。加强监管中心平台建设，完成第二批视频监控项目，处置各类报警信息及异常情况3531条。

【污水处理】 2020年，江阴市新建污水主管网21.8千米，创建排水达标区24个。完成20个城镇污水处理厂新一轮提标改造，滨江污水处理二厂（4万吨/日）、西利污水处理厂（5万吨/日）新建项目开工建设，澄西污水处理厂中水回用工程（3.3万吨/日）完工。完成961个以上村庄生活污水治理，全市生活污水治理村庄覆盖率80%以上。完成城区排水管网资产经营权转让。城区污水管网养护1273.35千米，排查污水管网133.2千米，养护村庄分散式污水处理设施133套。20个污水处理厂全年处理污水15109万吨。实施城区排水执法检查专项行动，执法检查排水户1530户，移交执法整改排水户715户，实施城区公共排水户接管改造工程（一期）。全年验收新、改、扩建项目33项。对620个排水达标区开展第三方评估验收。印发《江阴市城镇污水处理精准攻坚“333”行动实施方案》《江阴市城镇污水处理提质增效行动实施方案（2019—2021）》。完成城区27个污水处理提质增效达标区划分和建设计划制定，结合城区黑臭水体整治、污水管网排查与修复、排水执法检查专项行动推进1个示范区、5个达标区建设。

（张　彤　叶　炜　李晓丹　高　磊）

【供水设施建设】 2020年，江阴市完成华士镇中康大桥管径500毫米、云东路管径500毫米、祝塘镇景阳路管径600毫米等30个工程的竣工验收。祝塘镇金昌路管径600毫米、顾山镇福康路管径500毫米、新桥镇西环路管径600毫米等62个工程竣工通水，累计敷设管径100毫米以上管道66.64千米。完成肖山水厂60万吨/日、澄西水厂20万吨/日的深度处理改造项目建设并投入运行。至此，全市3个水厂均完成深度处理改造，城乡供水水质得到进一步的提升。（崔红发）

【照明管理】 2020年，江阴市完成《江阴市城市照明专项规划》修编。完成38个方案审查，30个照明单项验收，完成16条（个）道路、小区1419盏路灯移交接管工作；完成340省道江阴段路灯建设；做好长山大道快速化、大桥南路快速化、地铁S1线、南沿江高铁涉及原有道路路灯的拆除、迁移工作；完成2020年度1万盏路灯节能改造项目。维修路灯4542盏，亮化1776盏，完成24个小区补装199盏路灯，迁移、拆除路灯32盏，路灯光源亮灯率99.6%、亮化光源亮灯率98.06%，设施完好率99.81%，各项指标均高于行业标准。在340省道江阴段路灯建设项目中安装物联网单灯210套，指导产业公司在澄江路试点安装多功能智慧灯杆。做好照明城乡一体化工作，有序推进云亭、南闸等街道照明节能改造及智能监管平台建设工作。（秦丽娟）

【监管中心平台】 2020年，江阴市公用事业监管平台全年运行正常，按时生成各类报告。现有在线视频监控点位250个,全年处置各类报警信息3531条(环卫137条、水务2141条、燃气1253条)、农村分散式生活污水处理与有机垃圾就地式处理视频项目故障信息237条。办结“12345”民生热线电话诉求事件4804件,接收无锡市污染防治综合监管平台线索件226件。(吴晨宇)

【建筑垃圾管理】 2020年,江阴市初步实现建筑垃圾运输的市场化、规范化、公司化运营,全市23个建筑垃圾运输企业473辆新型环保建筑垃圾运输车辆全部纳入统一监管平台,形成“全程许可管理、综合资源利用、统一平衡消纳”的建筑垃圾收运处置体系。11月末,建成江阴市建筑垃圾资源化处理项目(一期),该项目年处理以装修垃圾为主的建筑垃圾30万吨,实现建筑垃圾“减量化、无害化、资源化”处理目标。(殷 澄)

市政管理

【概况】 2020年,江阴市市政管理部门按照年初确定的工作目标,迎难而上、砥砺奋进,强化市政设施养护行业精细化管理,加快疏通城区道路微循环。实施并完成环城绿道改造提升和标识标牌安装工程、彩云大桥加固维修工程。城区沥青混凝土路面修补7929平方米、人行道板修复8001平方米,侧平石修复6224米、灌缝44854米、盲道修补941米。按照文明创建长效化管理工作要求,完成皮弄路、通渡路、花山路局部缺失人行道增补626平方米;完成黄山路、五星路、青山路树穴侧石及周边人行道板维修,涉及树穴271个,维修面积818平方米;完成南街、文化路、长江路等12条市政道路废弃树穴及花箱人行道增补,涉及废弃树穴36个,移除花箱85个,增补面积306平方米;完成文富路(五星公园段)盲道及收边侧石增补,面积约53平方米;对非单位管养范围的道板及19个停车场地应急维修,面积2323平方米。紧抓城区防汛排涝这一民生实事重要工作,对城区中山路、长江路、文定路、虹桥北路等局部破损雨水管道进行汛前应急抢修,对部分支管堵塞无法疏通的雨水收水井进行改造,排除积涝风险,保障城区雨水管网安全稳定运行。加大雨水管网养护力度,全年完成雨水主管清疏627.4千米,检查雨水井10420个、雨水篦19126个,清理污泥量1012立方米,更换雨水井盖75个、雨水篦278个。道路排水设施巡视工作有序开展,累计巡查道路里程68550千米,处理违章排水事件35件,全面提升城市的防汛抗涝能力。

【市政设施管养】 2020年,江阴市市政管理部门对照省生态园林城市标准及市美丽河湖三年行动的要求,进一步提升市政设施精细化养护水平。全年完成雨水主管清疏627.4千米,检查井10420个、雨水篦19126个,清理污泥量1012立方米,更换雨水井盖75个,雨水篦278个。巡查道路里程68550千米,处理违章排水事件35件;城区沥青混凝土路面修补7929平方米、人行道板修复8001平方米,侧平石修复6224米、灌缝44854米、盲道修补941米;为及时发现并预防市政道路安全隐患,按照轻重缓急的原则(重点对标志性建筑、商业综合体、大型公共建筑等周边道路),对立新路、中山路、延陵路等13条城区管养范围内市政道路进行地下隐患的检测,并按照检测结果及建议,对存在地面塌陷隐患的路段进行应急抢修。办理开挖审批件121件,验收住宅小区市政工程30个,组织召开市政管线协调会67次;受理“12345”民生热线投诉件854件,满意率100%;完成滨江立交维修工程;组织开展镇(街道)城市桥梁安全隐患整改工作回访;对管养范围内损坏的桥梁限高限载标识标志牌进行修复;根据2019年城区桥梁检测情况完成城区桥梁维修工作,并完成2020年度16座桥的结构定期检测;根据规范要求完成对杏春桥吊索的检查及维护;完成澄江西路隧道消防检测中发现隐患的整改,组织澄江西路隧道进行消防演练。确保城区所有市政道路、雨水设施、桥梁、隧道均运行良好。

【市政道路改造】 2020年,江阴市市政管理部门按照一手抓进度,一手抓管理的要求,规范工程现场管理,加快推动重点项目建设。全年完成环城绿道改造提升及标识标牌安装工程和彩云大桥加固维修工程。同时,严格落实安全责任,构建安全体系。各项工程进场前,均由局分管领导组织对中标单位进行约谈,落实工程周报制度和工程例会制度,每项工程项目安排2名工作人员进行现场管理和协调,责任落实到人,高标准、严要求,确保每一个环节符合质量要求和安全规范。各市政工程施工现场严格按照“六个100%”落实布置,施工围挡外侧采用绿色仿真草坪饰面,外侧重点部位设置规定的宣传标语,顶部设置连续自动雾状喷淋装置和警示照明灯,并定期对围挡进行清洁、修复或更换。现场铣刨沥青、破损混凝土期间,另安排专人对施工区域进行洒水降尘。铣刨沥青、破碎混凝土当天无法外运,采用密目式安全网进行覆盖。工地出入口处也配备人员对进出渣土车辆及地面进行冲洗,避免车辆带泥上路。

【城市防汛排涝应急管理】 2020年,江阴市市政管理部门在前期完成三轮共37项城区防汛应急工程的基础上,对城区中山路、长江路、文定路、虹桥北路等局部破损雨水管道进行汛前应急抢修,对部分支管堵塞无法疏通的雨水收水井进行改造,排除积涝风险,保障城区雨水管网安全稳定运行。同时,坚持“1+2”防汛应急队伍体系(一个雨水管网单位,两个道路管养单位),组织150人、16套移动泵、14台发电机、3台移动泵车、18辆应急车辆的城区防汛应急力量。开展防汛抢险应急演练,组织相关职能部门及防汛应急单位召开城区防汛排涝工作协调会,对年内防汛排涝工作重点难点进行梳理,并修订完善城区防汛职责分工表及2020年城区防汛应急处置方案。强化区域责任落实,实行无缝隙、网格化应急管理,将城区主次干道分区责任落实到防汛单位,防汛单位分配到人。在入汛后的几次强降雨天气中,市政管理部门提前部署、迅速反应,安排防汛应急值班人员60人,累计出动防汛巡查抢险人员1448人次,出动防汛抢险车辆421辆次,出动移动泵车3辆。使用雨水井架160套、护栏160套、水泵11套。城区范围局部区域出现过短时积水,但经迅速处置后未造成长时间大范围积涝情况,各项防汛工程均发挥应有的作用。 (邱 敏)

电力供应

【概况】 2020年,江阴市供电公司坚决落实江阴市委、市政府和上级公司决策部署,担当作为、攻坚克难,全力服务全市疫情防控和经济社会发展,积极推动上级战略落地实践,各项工作取得新成绩。公司第一时间成立疫情防控领导小组,启动突发公共卫生事件一级应急响应,落实落细各项防控举措,公司职工、职工亲属始终保持“零确诊、零疑似”。主动服务全市防疫大局,用最快速度建设相关配套供电设施,为全市医疗机构、防护用品生产企业、重点用户和人民群众提供可靠用电保障。出台助力复工复产全力惠企惠民十项举措,坚决执行国家降低用电成本政策,全年减免用户电费5.58亿元。开展电力大数据统计分析,编制并报送《疫情防控期间用电情况分析日报》16期,为政府决策提供参考。开展驰援湖北医疗救护人员“用电无忧”行动。积极服务驰援湖北医疗救护人员,及时解决其家庭用电需求和困难,主动进行家庭用能情况分析和用电隐患检查。江阴市锡能实业有限公司因抗疫表现突出被江苏省建筑行业协会通报表扬。全市全社会用电量273.99亿千瓦时,比2019年下降2.4%;公司完成售电量242.79亿千瓦时,比2019年下降2.03%;调度最高用电负荷437.75万千瓦,创历史新高,比2019年增长0.95%。至年底,江阴地区有35千伏及以上变电站94座、变电容量1770万千伏安,35千伏及以上输电线路2580千米,10(20)千伏配电线路7071千米。是年,公司荣获“国网江苏省电力有限公司安全生产先进集体”等称号。开展电网设备跳闸专项整治,电网跳闸数量同比下降18.6%。上线试运行全省首个县级停电计划精益化流转系统,用户年平均停电时间比2019年下降46.5%。建成不停电作业培训中心,开展不停电作业1658次,实现33类作业项目全覆盖,使6.39万户用户免于停电。成功应对强降雨、强寒潮等恶劣天气,迎峰度夏、迎峰度冬期间电网保持安全运行。完成高考、卫星发射测控等重要保电任务。配合相关部门做好小区电线私拉乱接和群租房安全隐患治理,整改问题500余个。组织编制“十四五”电网规划。与江阴临港经济开发区、市水利局签订战略合作协议,共同推进重点工程建设。白鹤滩水电入苏、500千伏凤城至梅里长江大跨越工程开工建设,500千伏茅斗线改造完成,110千伏迎瑞变、璜塘变等8项工程按期投产。稳步实施南沿江铁路江阴段、锡澄轨道交通S1线等工程线路迁改,投运华能燃机送出工程新建段线路、高考考点南菁高中双电源完善工程。完成固定资产投资3.78亿元,新建改造10(20)千伏线路145.03千米、配电变压器273台。公司承建工程分别获评国网江苏省电力有限公司配电网优质工程、无锡市“太湖杯”优质工程奖。公司获国网江苏省电力有限公司综合能源站工程设计竞赛一等奖。推动江阴高新技术产业开发区增量配电试点项目落地,高效完成项目配网规划及可研报告评审、区域内存量资产评估、配售电公司营业执照申领等工作。主动服务全市3427户用户参与电力市场化交易,减少用户用电成本5.13亿元。广泛宣贯《江苏省电力条例》。承办国网江苏省电力有限公司配电网工程先进技术交流现场会、移动储能暨不停电作业现场会,全面展示公司不停电作业、电气模块化装配、土建工厂化预制成果。不停电作业创新成果“全绝缘接地引流线夹”入选《国家电网公司配电网工程典型设计(2020版)》。配合相关部门关停2个燃煤自备电厂、1个燃煤公用电厂,推动华西热电成为全省首个自备转公用电厂,完成“瓶改电”、粮食电烘干等130余项电能替代项目,实现替代电量9.37亿千瓦时,相当于减少散烧煤51.8万吨、减排二氧化碳94万吨。拓展楼宇用能优化等综合能源服务,助力提升全社会终端用能效率。推行“特快电力、阳光业扩”服务,配合相关部门出台电力工程300米免审批实施细则、打通“水电气联合过户”渠道,推出业扩工程“典型设计套餐”,高、低压客户平均接电时长分别压降至22.9个和3个工作日。跟踪服务全市110项重点重大项目,完成中芯长电、南理工江阴校区等42项项目接电。配合物价部门全面整改转供电加价行为。推广“网上国网”APP(应用程序)等线上办电渠道,推动服务事项“网上办、掌上办、指尖办”。强化投诉分析考核,“95598”服务电话投诉数量下降58.3%。深入实施“党建+”工程,开展安全生产、优质服务、结对共建、文明创城等特色实践活动。在新华社、中央电视台等主流媒体发稿9篇,作品《用电,用心,点亮前行路》获第八届全国品牌故事大赛征文比赛一等奖。

【江苏凤城至梅里500千伏线路长江大跨越工程在江阴开工】 2020年9月25日,江苏凤城至梅里500千伏线路长江大跨越工程在江阴市开工。国家电网公司副总经理刘泽洪出席动员会并宣布工程开工。国家电网公司副总工程师张宁主持动员会。国网江苏省电力有限公司董事长、党委书记肖世杰、无锡市市长杜小刚出席动员会并讲话。该项长江大跨越工程起自泰州凤城500千伏变电站,止于无锡梅里500千伏变电站,是江苏境内第六条穿越长江的高等级电力通道,计划2022年竣工。工程涉及新建及改造500千伏线路178.1千米,跨越长江段档距2550米,是中国电力建设史上规模最大、技术难度最大的跨江联网输变电工程。工程跨越铁塔高385米,建成后杆塔高度、电梯提升高度、抱杆高度等均将创下输电领域世界第一。工程建成后最大输送容量将达到660万千瓦,可以将大规模风电、光伏所发电能从苏北地区运送到苏南负荷中心,促进清洁能源的消纳,同时也将有效提升长江两岸电网互联互通能力,提高电网运行方式的灵活性。

【与两个单位签订战略合作协议】 2020年5月11日,江阴市供电公司和江阴临港经济开发区签订战略合作协议。双方将充分发挥各自优势,提升协同规划建设能力,有序投资建设一批重点输变电工程,打造江阴临港经济开发区高端电网;加强政企合作,进一步优化电力接入营商环境,实现接电手续政企联办,提升电力用户获得感;共同开展综合能源利用工作,推动能源消费结构转型,助推地区能源互联网产业发展;建立健全涉及市政和电力设施安全运行的应急预案和保障机制,加强应对防范,全面提高突发事件处置能力。9月8日,江阴市供电公司与市水利局签署战略合作协议。双方本着相互支持、共同发展的原则,充分发挥各自优势,共同努力协调落实江阴地区水利基础设施及供电基础设施建设工作,提高协同建设能力,服务打造江阴地区一流基础设施;对在涉水、涉岸施工以及电力杆线接入、迁改工程等需求方面,坚持合法合规,开辟绿色通道,优化流程,简化手续,及时办理;共同推进水利领域内电能替代和清洁能源替代,推动绿色发展、循环发展、低碳发展;协同建立防汛抗灾、自然灾害和突发事件情况下涉及水利设施和电力设施安全运行的应急预案和保障机制,加强应对防范,全面提高突发事件处置能力。

【电网负荷创历史新高】 2020年入夏后,江阴市气温持续走高,居民空调等制冷负荷显著增加,同时随着全市经济稳步恢复,用电需求增长较为明显,拉动电力负荷攀升。8月7日为“立秋”节气,但高温天气仍在持续。是日下午,江阴电网调度负荷3次创历史新高:14时42分,江阴电网调度负荷蓄力冲高,攀升至433.79万千瓦,一举突破2019年历史最高值433.63万千瓦,创历史新高;随后负荷又连续2次刷新纪录,于15时31分达437.75万千瓦。为确保迎峰度夏期间电网设备安全运行,江阴市供电公司提前整治重载线路5条、超重载配变15台、配变关口“低电压”494个、用户“低电压”244个,全面消除超载、低电压问题。制定江阴市大面积停电应急预案,举办迎峰度夏防汛防台反事故演习,增强应急处置能力。合理安排电网调度运行方式,提前制定需求侧管控措施、应急预案,加强有序用电管理,保障电力供应。缩短巡视周期,充分利用红外测温、无人机巡视等手段,加大重点设备、设备重点部位的特巡特护力度,排查变电设施附近的树障、鸟害、线下违章作业等隐患,提高设备防雷及安全运行水平。加强应急抢修管理,充分发挥不停电作业优势,尽可能带电消除隐患,最大限度减少停电时间、缩减停电范围,确保人民群众生产生活用电无忧。

【多技术融合服务锡澄轨道交通S1线建设】 2020年,江阴市供电公司在服务锡澄轨道交通S1线建设中,主动与建设、施工方沟通,了解其用电需求,并大量应用创新技术加快接电进度。9月4日,江阴市供电公司采用10千伏不停电立杆、搭头作业及工厂化装配技术,在10千伏君北线煤栈支线为锡澄轨道交通S1线江阴外滩站建设工地新上一台630千伏安的临时基建箱式变电站。不停电的同时,原先从土建到电气施工需耗时10天的工程,是日仅用4个小时完成。在制定此次施工方案时,公司考虑到10千伏君北线煤栈支线为近400户居民及十余个企业供电,决定采用成熟的10千伏不停电立杆、搭头作业技术,有效避免因施工而停电。施工所需的柱上开关是提前在公司配网工厂化装配车间内安装完成的,可以大大缩短现场安装时间。以往在箱式变电站基础建设时,大多数均采用现浇式施工方法,需要现场支模、现场浇筑混凝土、后期拆模等工序,工期长、花费高、不能重复利用。此次公司利用工厂化装配技术,实现箱式变电站基础提前预制、加工,使用时现场吊装、组装,不用时可即时吊走,整体移动,重复利用,既经济又环保。

【推动华西热电成为全省首个转公用的企业自备电厂】 江阴市自20世纪80年代“地方办电”以后,先后建设26个大小不等的热电企业。自备电厂燃煤锅炉运行效率低、出热量小、煤炭消耗量大,经济、环境效益不高。2017年起,江阴市加快新一轮热电行业整合整治进程。江阴市供电公司积极做好热电整合和自备电厂关停过程中的电力服务工作,多次深入政府、企业,就关停整合的相关供电事宜进行协商,深入分析自备电厂关停后接入电网的经济性和可行性,按企业生产实际情况制定相应的关停接入方案。同时结合相关区域的产业转型升级、负荷增长特点进行规划布点,提前做好相应的电网规划,加大电网投资建设力度,满足负荷增长需求。2020年10月13日,无锡市发改委发出《关于江阴市华西热电有限公司由企业自备电厂变更为公用电厂的函》,正式批准江阴市华西热电有限公司燃煤自备电厂转公用。这是全省首个转公用的企业自备电厂。华西热电有限公司共有3台燃煤发电机组,装机容量6.5万千瓦。该燃煤自备电厂转公用后,原先自发自用电全部接入公用电网。

【充电桩建设助力“新基建”】 2020年全市复工复产以后,江阴市供电公司抢抓“新基建”机遇,围绕“布局合理、智能高效”目标,推动实施电动汽车充电桩(站)“新基建”模式,修订江阴市电动汽车充电桩布局规划,完善充电设施检修、抢修和现场服务体系,打造“电动汽车+”15分钟生态圈。加强与市公交公司、市出租车公司、网约车公司、中国石化股份有限公司等单位的合作,共同投资建设充电桩,增加充电桩布点。推广居民电动汽车充电桩安装业务,满足新能源汽车车主的充电需求,方便市民绿色出行。至是年末,公司累计建成投运充电站(点)115座、充电桩799个;充电桩充电量为401万千瓦时,比2019年增长141.57%。

【江阴德晟配售电有限公司召开第一次股东大会】 2020年12月2日,受国网江苏省电力有限公司委托,江阴市供电公司组织江阴高新技术产业开发区增量配电试点项目各股东方召开第一次股东大会暨第一届董事会会议。国网江苏省电力有限公司、江苏海澜电力有限公司、江阴市新国联集团有限公司委托代表人，推荐董事、监事及其他高级管理人员出席会议。股东大会听取前期筹备工作汇报和相关建议，审议通过《关于确定江阴德晟配售电有限公司名称的议案》《公司章程》，选举成立配售电公司第一届董事会及监事。董事会会议选举董事长，聘任配售电公司高级管理人员。会上，三方股东一致就该配售电公司的成立及发展达成共识，明确配售电公司将充分利用各方在资源和专业技术领域的优势，共同探索混合所有制合作模式，积极建立市场化运营和管理模式。此次股东大会的成功召开，标志着增量配电业务试点项目在江阴的真正落地，为电力体制改革在江阴的纵深推进做出积极贡献。

【海上测控任务电力保障】 2020年，江阴市供电公司上下高度重视，把每一次卫星发射测控保电工作定为特级保电任务，按照海上测控安全供电工作要求，克服疫情影响，加强领导，精心组织，层层落实保电工作责任，确保保电工作万无一失。每次接到保电任务，公司立即与重要用电客户协商，制定详尽的保电方案和应急预案。对于与重要用电同线路和同母线的客户进行重要用电时段告知，要求他们在重要任务期间加强安全用电管理。用电检查人员对相关变电站及下级配电设施防渗漏、防雷电等情况进行重点检查，协助完成柴油发电机、UPS（不间断）电源投切试验。提前对相关线路和变电所进行巡视检查和消缺，合理调整停电计划，保证任务期间电网封网运行。保电期间，相关变电所由无人值班改为有人值班，用电检查人员到现场参与值守，公司领导带领相关部门负责人在公司值班室加强值班，按照“零差错、零闪动、零投诉”保电要求最大限度提高电力保障的可靠性。年内，江阴市供电公司圆满完成卫星发射测控保电任务32次。 （祝宇星）

村镇建设

【概况】 2020年，江阴市住房和城乡建设局按照“产业兴旺、生态宜居、乡风文明、治理有效、生活富裕”的总体要求，以推进农村住房建设和特色田园乡村建设为抓手，努力把江阴农村建设成安居乐业、“记得住乡愁”的美丽家园。建成5个省级特色田园乡村、8个无锡市特色田园乡村、41个自然村启动农村住房建设。10个镇镇区现状用地面积8928公顷，人口25.2万人；农村现状用地面积10306公顷，人口44.6万人。长江自来水覆盖率100%，日供水能力52.36万立方米，供水管道长1711千米，绿地面积2268公顷。

【农村住房建设管理】 2020年，江阴市住房和城乡建设局以城乡发展一体化为目标，通过试点先行、典型引路，全市农房建设提速扩面。全市有14个镇（街道）、21个行政村、41个自然村启动农村住房建设工作，累计开工2286户、竣工1990户。出台《江阴市农村住房建设改革专项行动实施方案》，深入推进农村住房建设改革试点工作，确定强化规划引领作用、制定镇级新农村规划、推进审批服务优化、强化建设过程监管等12项重点改革任务。出台《江阴市农村住房施工质量安全指导意见（试行）》，进一步建立健全施工质量安全管理机制，把农房建设施工质量管控和安全监管情况纳入镇（街道）建设管理考核。

【特色田园乡村建设】 2020年，江阴市住房和城乡建设局围绕“产业兴旺、生态宜居、乡风文明、治理有效、生活富裕”要求，不断因地制宜改善环境，统筹优化资源，推动特色田园乡村建设“试点深化”和“面上创建”并举。是年，顾山镇红豆村红豆树坞，璜土镇璜土村马家头、东贯庄，云亭街道花山村姚家村，长泾镇蒲市村蒲市里、习礼村小庄圩、河塘村徐家宕、河塘村楼下8个村建成无锡市特色田园乡村；其中顾山镇红豆村红豆树坞，璜土镇璜土村马家头、东贯庄，云亭街道花山村姚家村，长泾镇蒲市村蒲市里5个村建成省级特色田园乡村。 （邱　敏）

■类目编辑　党　辉

综述

【概况】 2020年，江阴市着力整改突出环境问题，加快完善环境治理体系，持续提升环境保护管理能力，开展污染防治攻坚战。年内，江阴市委、市政府主要领导高度重视，对环保部署、推动、督导成为工作常态，首次出台环保领域"50项硬任务"，建立量化刚性月度考核办法，推动并实施"蜗牛警示牌"工作责任制，组织开展"百日攻坚"等重点专项行动。持续开展"环境月"等主题活动，首次每月在《江阴日报》等主流媒体公布各镇(街道)、园区环境质量排名情况。澄江街道等5个镇(街道)、月城镇双泾村等5个行政村分别建成省级生态镇、生态村，市实验小学获评省级绿色学校。进一步强化日常执法、夜间巡查和司法联动，建立"非现场监管"模式，全年下达行政处罚决定书541份，罚款6081万元。"十三五"规划期间下达行政处罚决定书和处罚金数为"十二五"规划期间的2.8倍和5.5倍。中央环保督察及"回头看"问题全部整改销号，环境信访数比2019年下降20%，其中省级以上下降46.6%。光大垃圾焚烧发电三期扩建工程、秦望山工业废弃物综合利用等项目建成投运。环境质量明显提升，逐步呈现"美丽江阴"生态之美。全市$PM_{2.5}$(细颗粒物)年平均浓度37微克/立方米，比2019年下降11.9%；空气质量优良天数比率77.9%，比2019年增长5个百分点；国省考断面水质优Ⅲ比例为88.9%，水气环境质量均为有数据记录以来最佳值。是年，江阴生态环境局第四次获评全国执法大练兵先进集体。

【环保体制机制创新】 2020年，江阴市委、市政府在生态环境领域高位部署、高频推动、高压督导成为工作常态。3月，生态文明议题首次列入全市每季度经济运行分析会例行讨论事项，实现"像重视经济工作一样抓环保"机制。新型冠状病毒肺炎疫情管控期间，召开全市污染防治攻坚视频大会，完善目标任务体系，制定下发污染防治攻坚专门文件，提出"50项硬任务"(十大奋斗目标、十大攻坚行动、十大绿色工程、十大突出环境问题整治、十大创新制度)，下达至各责任部门。年内，每月在《江阴日报》等媒体发布全市各镇(街道)、园区环境质量情况及排名，在全国环保领域率先出台环保工作"蜗牛警示牌"制度，倒逼各责任部门压实工作责任，建立污染防治攻坚全民参与机制，提升关注度、影响力，强化工作积极性和主动性。揭牌并启动建设江阴市窑港口长江生态湿地司法修复基地，该基地为无锡市首个。12月22日，挂牌成立无锡市江阴生态环境综合行政执法局，至此，江阴市初步完成生态环境综合行政执法改革。

【环保宣传】 2020年，江阴生态环境局坚持舆论导向，以构建生态环境社会行动体系为主线，聚焦污染防治攻坚战核心工作，全面开展宣传引导和公众参与。年内，举行"环境月"暨2020年"美丽江阴·美丽长江·我是行动者"主题活动，与市教育局联合开展"长江大保护·绿色共成长"活动。结合世界环境日和全国低碳日，开展环保主题宣传活动。召开媒体通气会，发布阶段性环保工作动态和成果。举行江阴市首届"生态环保之歌"征集活动，创作且收集优秀歌曲20首。组织全市青年、中小学生开展长江大保护建设，建立青年河长(小河长)工作机制。建成长江大保护环境宣传教育基地，推动光大环保能源(江阴)有限公司、江阴滨江污水处理厂建成省级向公众开放环保设施，每月均集中向公众开放。与市教育局、江苏省南菁高级中学联合创新设立市生态环境宣传教育专项基金，为环保宣传提供资金保障。是年，在省级以上媒体发表稿件12篇(次)，市级媒体刊登和报道生态环保工作新闻70余篇(次)。全年"江阴生态环境"微信公众号发布信息281条，其中原创141条；微博发文258篇。

【环保审批服务】 2020年，江阴生态环境局制定《关于加快江阴市重大产业项目环评审批的意见》，简化项目编制审批手续，实施项目豁免、简化环评内容、试点降级审批"三部曲"。江南大学江阴校区(一期)建设项目试行重点项目告知承诺制审批，实现当日收件、当日办理。疫情期间，服务企业复工复产，对200余个疫情物资涉及企业实行"容缺审批"，对32个问题免于处罚。出台《关于历史遗留问题及轻微环境违法行为不予处罚实施意见》，对214

个历史遗留问题给予豁免。是年，审批建设项目各类环境影响评价749份。

长江生态安全示范区建设

【概况】 2020年，江阴市全面贯彻落实习近平总书记“共抓大保护、不搞大开发”战略思想，持续推动长江生态安全示范区建设。年内，编制《长江经济带(江阴)生态安全示范区建设规划纲要》，制定《江阴市推动长江经济带高质量发展当好长江大保护排头兵三年行动计划》《江阴市推动长江经济带高质量发展当好长江大保护排头兵2020年工作重点》，全力推进并完成长江生态安全示范区建设50项硬任务。优化沿江生产、生活、生态空间，启动建设江阴市窑港口长江生态湿地司法修复基地。部署长江流域江阴段禁捕退捕工作，江阴段捕捞渔船全面退出；基本完成沿江32个码头企业水污染防治设施建设。

【推进产业绿色发展】 2020年，江阴市出台《江阴市推进产业链高质量发展工作方案》，推动企业融入国内国际双循环新发展格局，加快构建以战略性新兴产业为引领、以先进制造业为基础、以现代服务业为支撑的产业新发展体系。年内，持续推进煤炭消费减量替代行动，加快建设华能江阴燃机热电联产项目。关停小热电企业3个，建成璜塘热电蒸汽保供管网。全市非公煤炭消费量229.63万吨，比2016年减少149.58万吨，超额完成年度减煤目标任务。关停化工生产企业33个。关停整治新发现“散乱污”企业178个。引导和支持企业开展绿色工厂、绿色产品等示范创建工作，有1个企业申报第五批国家绿色工厂，5个企业12种产品获评绿色设计产品。稳步推进“互联网+江阴制造”，46个企业获评省星级上云企业，其中五星级上云企业数量位居无锡市各板块第一。

【岸线整治】 2020年，江阴市深入推进长江岸线清理整治，统筹推动山水林田湖草系统治理，构筑生态安全屏障。启动编制长江岸线及市级河道保护利用规划，港口规划岸线从23.4千米主动压缩到16.85千米。完成国家长江办下达江阴市45项长江干流岸线利用项目清理整治，清理整治及销号长江“三乱”(乱采、乱占、乱排)19项和河湖“三乱”(乱占、乱建、乱排)104项、河湖“两违”(违法圈圩、违法建设)96项。基本完成沿江32个码头企业水污染防治设施建设，推行沿江港口船舶污染物接收、转运、处置电子联单制度，试用江阴港洗舱站项目。实施最严格耕地保护制度，划定永久基本农田2.53万公顷，严格管控21.34平方千米国家级生态红线和108.1平方千米省级生态空间。成片造林429.47公顷，林木覆盖率24.49%，自然湿地保护率22.6%。推进城市园林、道路绿化建设，建成区绿地率40.87%。开展沿江10千米范围内废弃矿山治理工作。

【长江江阴段禁渔】 2020年，江阴市按照长江十年禁渔，实施长江流域重点水域禁捕退捕，推进长江流域生态文明建设，开展生态环境治理和促进长江经济带绿色发展的要求，成立全面推进长江流域禁捕退捕工作领导小组，通过悬挂长江禁渔横幅、印发通告等方式，宣传“不捕、不卖、不买、不食”长江非法捕捞渔获物。完成长江捕捞渔民建档立卡、渔船征收拆解工作。开展渔具清理整治专项行动和非法捕捞渔具集中清理行动，清理插滩网68处、“地笼网”83条，销毁非法捕捞禁用渔具61套。重点查处“地笼网”“电捕鱼”等违法行为，执行长江非法捕捞行政处罚案件20件，公安部门立案24件，36人被追究刑事责任。

污染防治攻坚战

【概况】 2020年，江阴市开展“碧水美丽”“蓝天幸福”“无废城市”“生态能力”四大示范建设，坚定信心打赢污染防治攻坚战，环境质量持续稳定提升。加强大气管控，推进$PM_{2.5}$和臭氧浓度“双控双减”($PM_{2.5}$和臭氧浓度同时控制同时减少)，深化“河长制”“断面长制”管理，继续推动碧水保卫战，持续加强土壤污染防治，推进重点行业企业用地调查工作。组织开展污染防治“百日攻坚”行动，制定“蜗牛警示牌”评价办法，落实攻坚工作“专班机制”，开展污染天气“应急管控”，出台量化细化考核新办法。启动江苏省生态文明示范市创建工作。强化与国务院发展研究中心资源与环境政策研究所合作，江阴市被列入首批习近平生态文明思想实践固定调研点。是年，江阴市全面完成江苏省、无锡市下达的各项污染防治攻坚目标任务。

【蓝天保卫战】 2020年，江阴市推进$PM_{2.5}$和臭氧浓度“双控双减”，实施重点区域、重点企业第三方专业跟踪监测，出台《江阴市空气质量自动监测站点“点位长”履职办法(试行)》，明确各“点位长”工作职责，编制测绘各空气监测站周边3千米范围大气污染源清单和污染源地图，推动各“点位长”每月对污染源排查和动态更新，限期治理新问题，每月上报“点位长”履职情况。整合江阴华美热电有限公司、江阴市康顺热电有限公司、江阴市升辉热能有限公司，关停江苏阳光璜塘电厂；实施清洁能源替代；推进华能江阴燃机热电有限责任公司的热电联产工程、江阴热电有限公司的燃机2×6F热电联产工程、江阴华西钢铁有限公司的资源综合利用发电项目的年度任务完成。治理柴油货车和船舶污染，淘汰国Ⅲ及以下营运中型和重型柴油货车，防治非道路移动机械污染，建设并使用港口码头岸电系统，督促加油站、成品油储罐单位加装油气回收装置，专项整治非法流动加油。深度治理建筑工地扬尘，建设“智慧工地”，42个在建工地安装扬尘在线监测和视频监控设备；实施道路清扫保洁和洒水抑尘，机械化清扫率90%；开展精准管控，对重点区域分片进行VOCs(挥发性有机物)大气走航监测，发现问题及时交办整改；专项治理城区餐饮油烟；对城市建成区内建筑、政府投资建设公用建筑全面使用低(无)VOCs含量涂料。全年完成重点治气项目工程694项，整治工业炉窑75台，改造天然气锅炉低氮燃烧器149台，综合治理VOCs源头替代、无组织深度治理、设施提标改造等企业281个,有64个餐饮企业安装油烟在线监控系统,有56个码头建成扬尘在线系统。是年,全市空气环境质量持续提升改善,$PM_{2.5}$年平均浓度37微克/立方米,比2019年下降11.9%,空气质量优良天数比率77.9%,比2019年增长5个百分点。

【碧水保卫战】 2020年,江阴市进一步深化“河长制”“断面长制”管理,深入推动“美丽河湖”建设。制定年度水污染防治计划,推进实施治水重点工程项目58项,持续推进工业园区污水零直排区建设,省级以上工业园区实现污水管网、污水收集处理全覆盖。启动建设江阴西利污水处理厂的5万吨/日新建工程及配套管网工程。围绕不能稳定达标的金童桥、泗河桥、晃山桥断面,制定达标整治方案,提出涉水问题整治措施和时间,落实每周调度、定期通报制度,推动问题整改。开展重点区域、重点河段支浜、排涝站、排污口专项控污整治,削减入河污染负荷。开展水源地巡查,保障水源地饮水安全,饮用水源地水质达标率100%。实施污水处理提质增效“333”行动*和城区排水执法检查专项行动,检查排水户1510户;开展城区河道综合治理,黑臭水体省级督察问题全部销号。实施城乡生活污水治理,建成污水主管网20.8千米,新建排水达标区24个,620个排水达标区完成第三方评估验收项目招标准备工作,治理650个村庄生活污水;整治镇(街道)劣Ⅴ类河道,全面排查和规范整治入江入河排放口,加快建设污水零直排区;提标改造工业污水处理厂20个;治理农业农村污染,化肥减量使用,比2015年下降11.3%,完成年度目标任务;农药减少使用45.9吨,为零增长;全市畜禽粪污综合利用率95%以上,规模养殖场粪污处理设施装备配套率和畜禽规模养殖场治理率100%;回收废旧农膜1014吨,回收率95%,超过年度目标;推广应用稻麦专用配方肥、有机无机肥、商品有机肥2500吨。是年,国省考断面水质优Ⅲ比例为88.9%。

【净土保卫战】 2020年,江阴市持续防治土壤污染,调查重点行业企业用地土壤环境,核查721个地块调查信息,布点采样分析地块57个。完善全国污染地块土壤环境管理信息系统相关信息。加强污染地块安全利用,实施联动监管、名录管理和信息共享,全年有98个污染地块纳入管理,安全利用率100%。执行建设用地土壤污染调查评估制度,全年评审57个地块场地调查报告,对关停598个化工企业、24个电镀企业实施建设用地准入管理。进一步完善土壤污染重点监管单位名录,确认第一批重点监管企业24个,年内新增第二批7个,要求重点监管单位制定并实施厂区土壤和地下水自行监测方案。

【百日攻坚专项行动】 2020年10月,江阴市委、市政府为进一步确保全面完成污染防治攻坚战目标任务,组织开展污染防治“百日攻坚”专项行动。制定“蜗牛警示牌”评价办法,落实攻坚工作“专班机制”,出台量化细化考核办法。对重要区域及点位进行“驻点督查”“联合执法”,并会同市纪委开展联合督查。对污染天气实行“应急管控”,对高值排放区域和大气子站等重点区域实行专项行动,全市排查汽车修理店185个、餐饮店1019个、工地569个、码头27个、渣土等运输车辆175辆、非道路移动机械109辆,发现问题842个,均落实整改。5个驻点小组推动重点区域驻点督查方,出动135批578人次,实地查看点位774个,发现问题454个。至年末,出动执法人员4480人次,检查企业2049个次,立案250件、涉案金额4874万元,分别比2019年增长44%、172%。

【生态环境治理体系建设】 2020年,江阴市推动建设生态环境现代化治理体系,提升治理能力。4月,市委制定《“六攻坚六突破”三年行动实施方案》,实施“六攻坚六突破”*行动,全面打造“碧水美丽”“蓝天幸福”“无废城市”“生态能力”四大示范建设。江阴生态环境局出台“压紧压实环境质量十条措施”和“六清单六制度”(目标责任细化分工清单、工作措施量化要求清单、问题交办限时限期整改清单、各级各部门自查自纠整改清单、同级纪检监察部门检查监督问题问责清单、工作规定工作成效检查督查问责清单;“一企一策”“一地一案”强制减排提质达标制度、问题交办限时限期整改销号平台公示制度、环境质量及重点工作成效月度考核排名制度、“长江大保护50项硬任务”季度通报点评制度、各镇(街道)园区各部门主要领导每周检查每月推进制度、“日督查、周曝光、月约谈问责、后进移送”制度),建立和完善监测预警、问题交办、通报约谈工作机制,组织“百日攻坚”“专班驻点督察”“每周会商”等治理工作机制,建立江阴生态环境局与市住建局、市公用事业局等部门联动管控机制、各级点位长常态化一线督导机制,应急天气管控机制日益成熟。完成入江入河排放口排查和规范整治工作,市内17个工业集中区均建成污水零直排区,在全省率先建设污水零直排区。开展多污染物协同治理,有效控制扬尘、油烟、工业源等污染。秦望山产业园危废二期项目进入联调联试,基本解决危废污染处置能力不足问题。在全国环保领域内首创“排污证企业分类分级积分制”管理制度,推动企业自我管理、自证守法、自主公开。生态环保“测管治”一体化改革成果被无锡市委、市政府列入“试点经验”,并在无锡市内推广。在无锡市率先试行小微企业危险废物集中收集贮存工作,推动“危废智能云仓”管理,破解小微企业危险废物收集处置难题。年末,江阴市完成并通过全省生态文明示范市创建资料审核工作,进一步强化与国务院发展研究中心资源与环境政策研究所合作,被列入首批习近平生态文明思想实践固定调研点,污染防治“江阴标准”已具雏形。

【“绿岛建设”】 2020年,江阴市为帮助中小企业降低污染治理成本,解决环保难题,推动实施环保“绿岛建设”。通过政府参与和多元投资,配套建设可供多个市场主体共享的环保公共基础设施,实现污染物统一收集、集中治理、稳定达标排放。年内,全市筛选出“绿岛”试点建设项目28项,总投资60亿元,居全省前列。其中江阴高新区危险废物收集系统、秦望山产业园危险废物集中收集系统、江阴市汽车修理厂集中“喷涂”设施建设3项项目入围全省首批“绿岛”试点建设项目。江阴市汽车修理厂集中“喷涂”设施建设项目,能有效减轻城区汽车维修企业钣喷废气排放强度,进一步规范汽车维修行业危险废物安全处置,并为小汽修企业年节省费用600万元。 (姚京君)

生态环境优化

【概况】 2020年,江阴市住房和城乡建设部门继续加强园林绿化行业信用管理,开展绿化造林、工程建设、环境整治、绿化管护等工作。是年,锡澄运河公园样板段竣工;八字桥公园开工建设,基本建成地下车库及配套用房、桥梁、驳岸;完成锡澄运河公园二期南段、三期北段施工图设计,虹桥南路南延段、青山路、征存路、紫金路、S340江阴段等5条道路配套绿化施工图设计,环城绿道标识标牌、滨江道东延、湖山道北延等3项绿道项目施工图设计,锡澄运河公园二期北段扩初方案设计。至年末,全市新增绿地131.3万平方米。建成区绿化覆盖率43.94%,绿地率40.64%,人均公园绿地面积15.65平方米。

【锡澄运河公园样板段竣工】 锡澄运河公园样板段位于五星桥至西门桥之间,长700米,宽80米~100米,占地面积11.2万平方米(不包括水面),总投资5000万元,分园林景观工程和水利驳岸工程。2019年9月,公园西侧开工建设,西侧以自然生态为主要风格,有雨水花园、素质拓展区、昆虫旅社等,地形自然起伏,形成密林、洼地、生态滨水岸线等景观效果。2020年5月,公园东侧开工,东侧以多样城市文化活动为特色,有漕运文化纪念园、宠物运动园、儿童游乐园、刘天华音乐广场、林荫棋牌、乐活健身等配套设施,公园绿道南北贯通,有健身港湾,配有各类健身器材、旅游生态公厕、停车位、标识牌、座椅等基础设施。6月,公园西侧建成开放;12月,公园东侧竣工。

【八字桥公园开工】 八字桥公园南至通运路、北至塘前路、东至虹桥南路、西至征存路,占地面积3.53万平方米。基地分为A、B、C 3个地块,A地块以中药房修缮为着手点,建设“药草”主题园中园;B地块以休闲文化为主,含配套用房及地下车库;C地块呼应南门风光,打造水街风貌(该地块因地铁S1线建设,暂缓实施)。2020年3月,该公园房建标段(地下车库及配套用房)、市政标段(桥梁、驳岸)开工建设,12月基本建成。

【绿化管护】 2020年,江阴市住房和城乡建设局(以下简称“市住建局”)规范全市园林绿化养护企业信用管理,制定《江阴市园林绿化养护企业信用体系管理办法(试行)》《江阴市园林绿化养护企业信用管理评分细则(试行)》,考核评定36个绿化养护企业信用管理。继续与江苏省测绘工程院、江阴市城市规划信息咨询中心合作,调查采集全市域城区国道、省道、市级道路、铁路、高速防护林带等51条道路绿地数据,总面积25.6平方千米,完善信息化系统数据。是年,市住建局完成绿化管理“110”联动处理事件69件,“12345”民生热线绿化管护咨询投诉2059件,绿化行政审批踏勘167次。

【园林绿化企业信用体系建设】 2020年,江阴市住建局建立全市园林绿化企业信用体系,出台《江阴市园林绿化施工企业信用评分管理办法》,实施企业信用分与招投标挂钩,同时,加大对在建工程考核与管理,从根本上遏制借企业参与招投标进行恶性竞争行为,确保园林绿化建设市场逐步走向健康良性发展轨道。至年末,信用考核正常。 (邱 敏)

生态基础设施建设

【概况】 2020年,江阴市持续推进垃圾分类管理工作,市公用事业管理局制定《2020年度高质量发展(垃圾分类集中处理率)考核方案》《江阴市城区生活垃圾分类管理考核办法》《江阴城区环卫保洁提升三年行动计划(2020—2022)》等,形成各类垃圾处理体系,建设环卫运营管理中心、餐厨废弃物集中处置、建筑垃圾资源化利用等项目,全年无害化焚烧处理生活垃圾71.96万吨,处理建筑垃圾125万吨,城市建成区居民小区垃圾分类设施覆盖率100%。建成省级生活垃圾分类达标居民小区30个。持续抓好蓝天保卫战大气污染防治工作,严格落实洒水抑尘、机械化清扫等工作,年内,新增洗扫车3辆,多功能抑尘车2辆,建成“超净路”15条、“优胜路”144条、五星级公厕9个。 (周爱华)

【环境卫生管理】 2020年,江阴市环境卫生管理处全力保障市内生活垃圾收运系统高效规范运转,无害化焚烧处理生活垃圾71.96万吨,日均处理1972吨,生活垃圾无害化处理率和全量焚烧率均为100%;继续督促全市各环卫所开展环境卫生专项整治行动,城乡环境面貌明显提升;持续抓好蓝天保卫战大气污染防治工作,严格落实洒水抑尘、机械化清扫等工作,新增洗扫车3辆,多功能抑尘车2辆,至年底主城区(含江阴高新区)配备洒水抑尘车15辆,有专用取水口42个;持续开展“厕所革命”,全年完成农村新(改)建公厕123个;餐厨废弃物集中处置项目建成并调试运行,江阴市环卫运营管理中心项目完成主体工程建设,启动江阴市大件垃圾处理项目各项前期工作。是年,城市道路机械化作业率90%,城区背街小巷机械化作业率70%。

【垃圾分类】 2020年,江阴市新增城区市场化服务垃圾分类居民小区157个,设施覆盖率100%,市场化服务率100%。累计完成垃圾分类设施覆盖单位350个,公共区域投放分类设施3108个,设施覆盖率85.18%。建成省级垃圾分类达标居民小区30个,均通过省住房和城乡建设厅评价考核,分类小区达标率100%。推进镇(街道)垃圾分类工作,新增无锡市垃圾分类全镇域试点示范镇1个。指导江阴高新区、新桥镇开展“三定一督”(定时、定点、定人,督导)试点工作,为全市推广“三定一督”作示范引领。是年,全市有餐厨、果蔬类有机垃圾处理点32个,均建立配套收运体系,全年处理果蔬、餐厨类有机垃圾3.06万吨,日处理能力172吨。 (宋明新)

生态环境执法

【概况】 2020年，江阴市创新生态环境执法监管方式，利用技防技术和在线监测，建立“非现场监管”模式，进一步优化提升执法效能，打造最严生态环境管控区。年内，接受国务院安全生产危险废物专项整治督导。推动突出问题化解，完成中央、省环保督察及“回头看”反馈问题整改与销号。化解环境信访，全年受理各类环境信访事件1814件，比2019年下降20%。开展“绿刃2020”专项执法行动，严厉打击环境违法行为，全年下达行政处罚决定书541份，罚款6081万元，其中移送环境污染犯罪案10件，行政拘留案5件。深化环境质量监测，排查环境安全隐患，妥善处置突发事件，全力维护生态安全，是年，全市未发生较大以上突发环境事件。

【突出环境问题整改】 2020年，江阴市牢固树立“环保工作是最大民生”理念，全面化解突出环境问题。年内，审核报送问题整改和销号材料，制定整改进度周计划清单，全面跟踪，每周调度。针对具体问题，明确整改目标、措施和时限，实施属地领导包案制，每月定期上报进度，实施考核通报，约谈整改进度缓慢镇(街道)。是年，中央环保督察反馈问题14个、信访问题103个，“回头看”反馈问题3个、信访问题141个均完成整改销号；省环保督察反馈问题19个、信访问题272个均完成整改并报无锡销号。江苏省、无锡市两级人大审议《2018—2020年江阴市突出环境问题清单》四大类32个问题均完成整改销号。

【环境信访化解】 2020年，江阴市持续推动环境信访问题化解，梳理重点信访企业19个，落实“一企一策”“一人一策”措施，组织办理人员培训学习，提升调处和化解能力。加强信访系统平台建设，提升信访工作效率。约谈问题企业55个，梳理排查问题122个，累计投入整改资金1.1亿元。是年，受理各类环境信访比2019年下降20%；其中省级以上比2019年下降46.6%。信访件中，水污染投诉、大气污染投诉、噪声污染投诉、固废污染投诉、其他投诉分别占12.7%、53.5%、22%、3.7%、8%。

【危险废物安全专项整治】 2020年，江阴市深入开展危险废物安全专项整治，制订方案，明确任务分工和时间节点，组织“百团进百万企业”安全生产(生态环境领域)主题宣讲活动，开展环境污染防治设施生产安全专项整治，重点检查企业RTO(高效有机废气治理设备)焚烧炉、污水处理设施等，发现安全隐患线索289条。年内，在危险废物安全专项整治中，出动检查人员7900人次，排查企业2104个，发现问题隐患3065处，其中安全隐患810处，环境隐患2255处，均落实整改。是年，完成国务院安全生产危险废物专项整治督导迎检工作。

【环境执法监管】 2020年，江阴市继续开展环境执法大练兵，提升监管水平。深入推进“绿刃2020”专项执法行动，在安全生产、“散乱污”企业、高值排放区域等领域打击环境违法行为。完善污染源信息库，规范执法流程，创新推行“非现场监管”措施，利用IC卡(集成电路卡)、工况监控、在线数据等信息化方式，建成高效监管模式。与司法部门进行有效衔接，形成环境执法合力，提升执法效能，全面打击环保违法违规行为，定期召开环境污染犯罪案件司法联动会议，开展日常联合执法；在处置重要案件初期，市公安局、检察院提前介入，实现信息共享；共同交流研讨环保法律法规、配套政策、重要文件及会议精神、遇到新问题等，改进工作方法，公开曝光典型案例。年内，对已整治的“散乱污”企业开展“回头看”，发现新“散乱污”企业(作坊)178个，下令关停取缔172个，升级改造6个。是年，出动环境执法检查20320人次，检查企业7815个次，下达行政处罚决定书541份，罚款6081万元。实施新环保法配套办法处置案件113件，其中，查封扣押案87件、限产停产案11件、移送环境污染犯罪案10件、行政拘留案5件。

【环境监测】 2020年，江阴市持续加强环境监测工作，专项监测农村、重金属控制区、化工园区等，全年监测长江入河排污口48个、农村生活污水口90个、重点污染源590个等。加强建设自动监测站点，提升预警能力，维护管理大气自动站27个、水质自动站75个、简易站点250个，在江苏省南菁高级中学、临港经济开发区石化新材料产业园、利港化工园区建设VOCs大气自动监测站各1套。引入大气污染防控第三方服务，应对夏季臭氧污染和秋冬季节重污染天气。应用$PM_{2.5}$在线源解析、颗粒物激光雷达扫描观测、大气六参数走航监测、VOCs走航监测、无人机航测、卫星遥感及人工巡查现场服务等，分析全市大气污染成因、来源及迁移规律。同时，利用机动车尾气遥感监测设备和激光雷达走航车开展相关监测，全年机动车遥感监测160余万次，激光雷达走航80余次，发现污染线索近200个。加强环境监测标准化、规范化建设，拓展实验室能力，完成新国标方法变更9个和4大类57项项目扩项验证。是年，获得手工数据89650个、自动站数据150万余个，编发《手工监测异常快报》15期、《自动监测异常快报》457期。

【环境应急管理】 2020年，江阴市狠抓环境安全隐患排查、妥善处置突发事件、完善应急管理信息系统、落实企业环境安全达标建设等应急管理重点工作，全力维护全市环境安全平稳态势。年内，修订完善《江阴市突发环境事件应急预案》《江阴市集中式饮用水水源地突发环境事件应急预案》，组织开展突发环境事件应急演练，全市17个镇(街道)、园区和393个环境风险企业开展应急演练。整改化工企业环境安全隐患问题576个，修编246个企业突发环境事件应急预案备案，环境安全建设达标企业18个。是年，接报5件突发事件信息，快速出动，迅速响应，有效应对，未造成次生环境影响。

(姚京君)

水资源管理

【概况】 2020年，江阴市落实最严格水资源管理制度，深入开展节水型社会建设，按期发布水文水资源监测报告和规范编制生态河湖健康评估报告，切实加强饮用水水源地长效管护，完成取水许可电子证照首批改革试点，通过水利部专项督查，水资源规范化管理工作取得新成效。是年，全市用水总量12.80亿立方米，比2019年减少0.86亿立方米，万元地区生产总值用水量32.66立方米，比2015年下降29.93%，饮用水水源地水质达标率100%，征收水资源费5959.94万元。

【获省最严格水资源管理考核优秀等次】 2013年始，江阴市执行国家最严格水资源管理制度及江苏省政府发布相关实施意见后，逐年加强水资源消耗总量和强度双控工作。2020年，加快推动水资源管理向精细化转变，不断夯实水资源管理基础，新增江苏省水资源管理信息系统（江阴分工程）设备15套，实现取用水情况实时在线监控，完成取水许可电子证照首批改革试点和用水统计制度改革。严格规范取水许可，开展水资源论证38次，新核发取水许可证32本、注销24本。全市用水总量12.80亿立方米，万元地区生产总值用水量32.66立方米，万元工业增加值用水量9.31立方米，地下水漏斗中心水位埋深32.77米，上述四项比"十二五"规划期末分别下降4.62%、下降29.93%、下降22.46%、增加24.93米，农田灌溉水有效利用系数由2015年的0.652提高到0.6705。是年，江阴市获江苏省水利厅2019年度最严格水资源管理考核优秀等次。

【节水型社会建设】 2020年，江阴市全面落实国家节水行动，切实加强节水体系顶层设计，与市发改委联合出台《江阴市节水行动实施方案》《〈江阴市节水行动实施方案〉分工方案》，强化水资源承载能力刚性约束，建立健全水资源管理和节约用水协调机制与监管机制。大力推进节水技术创新与示范项目创建引领，印发《关于下达2020年度江阴市节水型社会建设目标任务的通知》，着力提高节水载体覆盖率和创建质量，完成涵盖省市级节水型企业、学校、小区、水效领跑者引领行动等节水型社会建设任务14个，及6个取用水企业用水审计和水平衡测试，宣传落实载体创建补贴及相关财税激励政策。严格计划用水管理，全市332个自备水取用水户计划率100%。继续推进"水到井封"，封填地下水井4眼，通报各镇（街道）地下水管理和封井情况，地下水取水总量比2019年下降18%，比治理前（2015年）削减约80%。

【通过水利部专项督查】 2020年9月，江阴市接受水利部（委托太湖流域管理局）专项监督检查2020年度水资源管理和节约用水以及长江取水工程（设施）整改提升工作，被检查相关企业6个、酒店3个、整改提升项目11项。市水利局对照考核要求，全力协调、指导、督促各相关单位配合做好检查工作，通过水利部专项监督检查。结合督查结果，以问题为导向，印发《关于组织开展水资源规范化管理专项检查的通知》《关于开展2020年度取水许可集中监督检查工作的通知》，全面部署和检查全市计量设施管理、"两违三超"（违法取水、违规减免水资源费，超许可、超定额、超计划取用水）行为等年度重点工作，年内，完成取水工程（设施）整改项目11项。

【生态河湖评估】 2020年，江阴市全面贯彻落实生态河湖行动计划，按照省水利厅、无锡市水利局生态河湖状况评价工作要求，实施新沟河（江阴段）、锡澄运河（江阴段）、应天河和东青河（含锡山区段）4条河道的生态河湖状况评价，形成《2020年度江阴市生态河湖状况评价报告》，为进一步加强河流管理和保护，落实最严格的水资源管理制度，加速推进水利现代化和水生态文明建设提供技术指南。经评估，该4条河流生态状况总体优良，河流呈现生态平衡态势。

【水法宣传】 2020年3月22日为第二十八届"世界水日"，联合国宣传主题是"Water and climate change"（水与气候变化）；22—28日为第三十三届"中国水周"，中国纪念"世界水日"和"中国水周"活动宣传主题是"坚持节水优先，建设幸福河湖"。其间，由于受新型冠状病毒肺炎疫情影响，江阴市水利局采取线上活动为主、线下活动为辅的宣传方式，在《江南晚报》上宣传介绍江阴市月城芙蓉湖、第三实验小学、应天河风光带、江苏江南水务股份有限公司4个省市级节水教育基地。在"水利江阴""水资源"微信公众号进行专题报道，并开展"世界水日""中国水周"有奖问答活动。在各镇（街道）醒目位置、沿江闸站、重点河道沿线，通过悬挂横幅标语、设置展板、电子显示屏滚动播放、宣传栏张贴海报等方式，向市民群众宣传普及水利法规与政策。年内，结合巡管长江采砂、督导安全生产、管理河道、检查取用水等，深入走访涉水企业、沿河家庭，通过问题整改与发放宣传资料，倡导水资源节约利用、水生态保护、共建美丽河湖等理念和措施。组织全体职工学习水利部部长鄂竟平在《人民日报》发表的署名文章《坚持节水优先　建设幸福河湖》，观看《守护宪法珍爱水流》公益广告片、《法治节水新时代》动漫短视频和依法行政专题视频讲座，参观无锡市"生态幸福河湖建设"网上成就展览，参加水利部、省水利厅网上有奖答题活动，营造全社会节约水资源、保护水环境浓厚氛围。

（潘张宇）

■类目编辑　成苏萍

信息化建设

综　述

【概况】　2020年,江阴市加快推进新型智慧城市建设,完成各项信息化建设目标任务,信息化建设水平得到全面提升。根据《无锡市推进新型"智慧城市"建设三年行动计划(2018—2020)》和《江阴市"十三五""智慧江阴"建设发展规划》的要求,围绕高质量发展目标,持续健全完善县域治理"1+5"体系(建设大数据中心,构建便捷高效的政务服务体系、沉底到边的基层治理体系、精准有力的社会救助体系、温馨周到的生活服务体系、全域覆盖的公共安全体系)。开展"十四五"规划期间高质量建设新型智慧城市体系思路研究,启动"十四五"智慧城市规划编制。是年,江阴市入选2020年江苏省大数据开放共享与应用试验区,获评2020全国县域数字农业农村发展先进县,江阴临港经济开发区获评江苏省工业互联网示范工程"互联网+先进制造业"基地培育对象,江阴市公安局"网格化治安防控平台"获评《法制日报》"智慧警务优秀案例"等荣誉。

【入选省大数据开放共享与应用试验区】　2017年以来,江阴市以集成改革试点工作为契机,统筹谋划、先行先试,在全省范围内率先开展大数据整合应用工程,推动全市公共数据整合、共享、协同、开放。坚持"大数据共享、大体系集中、大业务协同"的系统性思维,统筹推进全市大数据建设,无论数据数量还是应用效果,均在江苏全省同类城市中保持领先地位。至2020年年底,大数据中心接入58个部门(单位)超17亿条数据,累计交换量超93亿条,在城市综合管理、生活服务集成、社会精准救助、户籍不见面办理、教育入学资格审核、澄事之窗、疫情防控等多个领域实现76项跨部门共享应用,互联互通、共建共享的大数据共享交换体系日趋完善。是年,市大数据中心参与省大数据管理中心开放应用试验区评选,该评选工作主要从组织机制、产业支撑、开放共享、数据应用4个方面,来检验各区域数据开放共享以及在各领域应用探索情况。年末,江阴市成功入选2020年江苏省大数据开放共享与应用试验区,成为2020年度全省唯一入选的综合类试验区。

【"大数据+"共享应用】　2020年,江阴市大数据中心在"政务服务、城市管理、社会救助、生活服务、公共安全"5大体系76项跨部门共享应用中起到重要支撑作用。"最江阴"APP全面整合政务、公共、便民、公益、咨询等服务。平台涵盖1841项政务服务、190项公共服务、102项便民服务事项等,接入数据总量超过15亿条,真正打通服务群众"最后一千米"。智慧城市综合管理平台整合综治、城管、公安、应急等32个重点部门的230余项数据信息,承载全市人口管理、公用设施、社会保障等25个部门、160项入格事项、157张表单的信息采集工作,构建沉底到边的城市管理新体系。"澄事之窗"依托市大数据共享交换平台,建立起市镇村三级24小时自助服务区,提供100项功能事项的自助办理,截至年末,自助办件总量29万余件,月均办件量2万件,单月最高办件量突破5万件,实现政务服务24小时不打烊。此外,大数据在教育入学资格审核、疫情防控、医疗救助、经济运行分析、税收共治、社保审计等领域的体系协同优势得到充分体现。　(李春香)

信息化基础设施建设

【概况】　2020年,江阴市具备向居民提供1000兆带宽家庭网络和最高下载速率300兆宽带网络接入能力,完成江阴区域L800和NB-IOT(窄带物联网)网络全覆盖;全市各通信运营商共建共享第五代通信基础设施,持续推进网络基础设施建设,初步建成覆盖主城区、重点镇区的5G网络,至年底,完成1822个5G基站建设;在疫情防控期间,通过部署基站网络、视频监控、视频会议、应急广播系统,运用大数据、人工智能等技术手段积极参与政府和社群的疫情防控工作,全力支撑疫情防控及复工复产工作;强化创新场景研发,推动5G创新应用,打造"智慧水利",深化工业互联网平台建设,助力智慧城市高质量发展;加快移动数据中心建设,建成后可提供服务器托管、流量清洗、定制化混合云及私有云等一站式服务;加强安全管控，重点从打击通信信息诈骗、用户信息资料保护、加强实名登记管控等方面落实“断卡”行动的工作要求，维护和保障客户权益。

【中国电信江阴分公司】 2020年，中国电信集团公司江阴分公司围绕“光网城市 · 智慧江阴”建设，统筹做好疫情防控与企业可持续发展。快速响应疫情防控需求，顺利完成14个新增防疫卡口的宽带安装与无线覆盖；落实医院、宾馆等集中隔离观察点通信保障需求，推出智能音响、智能门铃、红外测温系统、“锡惠在线”在线教育等助力解决复工复产复学。加快推进网络升级，打造高质量光宽网络，着力提升网络安全，加强业务保障能力，把江阴全光网水平提升到新的高度，整体居民区覆盖优良率提升至县级同等城市前列。推进5G网络建设，完成800余个5G基站建设，5G覆盖各镇（街道）核心商圈和重点区域，推进建设全市工业园区5G/5G-MEC专属全覆盖项目，公司与江苏江阴—靖江工业园区和中国电信靖江分公司三方联动，共同启动园区“5G+工业互联网”建设。以5G行业应用业务为引领，开展“5G+智慧行业”应用工作，助力江阴数字经济的发展。进一步推进江阴港口“5G+智慧港口”应用，同时拓展江苏三房巷集团有限公司“5G+物流仓储”应用业务试点，初步形成江阴5G行业应用的新趋势。持续推进企业上云，完成上千个企业上云部署。加快开展工业互联网建设推进工作，与江苏江阴港口集团股份有限公司、江苏三房巷集团有限公司、江苏华兰药用新材料股份有限公司等数十个企业进行重点项目推进。不断深化和完善江阴市智慧城市综合管理平台，将停车、视频等基础智能设备信息汇聚于平台，同时，在平台重点区域建设三维地图，形成“一屏观天下、一网管全城”的智慧城市大脑雏形，为后续智慧城市形成“网格+大数据+铁脚板”的新模式，助力江阴市基层管理更加精细化，智能化。进一步树立“电信就是快”的宽带服务品牌承诺和持续关注骚扰电话、垃圾短信治理工作，规范门店服务，促进服务质量提升。 （黄梦玮）

【中国移动江阴分公司】 2020年，中国移动通信集团江苏有限公司江阴分公司深入实施“5G+”计划，持续开展5G网络建设，助力智慧江阴建设，不断改善服务质量，积极推进5G基站建设，完成5G一期工程，二期工程建设，启动5G三期工程建设。年末，5G基站规模超1000个，全市5G网络覆盖率可达85%以上，并开展京沪高铁、京沪高速、沿江高速、江阴长江公路大桥等主要交通沿线5G网络覆盖，实现5G信号全线贯通。开展江阴城市公交沿线、绿道沿线5G网络无缝覆盖，并且通过专项优化切实提升用户感知，提供优质的网络环境。建设扩容骨干传送网络，应对流量增长，提升网络承载及疏导能力，面向云化业务，打造扁平化、低时延、高可靠、可扩展网络，建成具备100Gbps传输能力的核心骨干网络。城域网出口带宽（不含IDC）达3.2Tbps，IDC出口带宽达3.15Tbps。加快打造千兆精品家庭网。居民小区光纤宽带100%覆盖，宽带用户平均接入带宽达200Mbps，小区基本具备千兆宽带接入能力，家庭宽带整体质量持续提升。年内，对全市143个小区进行飞线整治，完成65个安全隐患点整治，配合月城镇美丽乡村整治，完成水韵路等16条道路上的线路整治光缆入地工作；做好第十五届中国徐霞客国际旅游节、南京理工大学江阴校区开学等网络通信保障工作，凭借5G超高清视频实时传输特点，为江阴“两会”提供全程5G直播。疫情期间，为江阴防疫指挥部、全市发热门诊及两大医疗集团快速安装云视讯视频会议系统25套，云视讯平台承担大量防疫指挥远程会议任务，先后出动80余车次、180余人次，完成全市40个集中隔离点视频监控的布控工作；运用“5G+云视讯”助力市政府完成总投资80亿元的重点项目网络集中签约，为江阴常住人口发送疫情防控短信700万人次，为高新区、澄江街道等多个镇（街道）搭建复工平台。配合市工信局“企业上云”行动，引导企业业务上云，打造智慧新工厂，加快云计算技术在全市的落地部署，在社会治理、民生应用、行业发展等各类场景推进“上云”步伐，推动工业化与信息化融合，探索5G、物联网等新技术应用。与江阴临港开发区管委会、江苏海澜新能源等68个单位签订5G战略合作协议，开展多个5G应用的探索合作，涌现多个技术领先并具有社会意义的信息化项目。与市水利局合作智能雨量监测平台上云项目，入选水利部智慧水利案例；海澜集团智云主营节能管理服务平台上云，被工信部评定为2020年江苏省五星级上云企业。助力江阴公交“全澄通”平台上云，保障全市电子站台和公交、自行车系统的运营。为华明电力、吉麦隆等企业提供桌面云服务。加快属地数据中心建

2020年9月，江阴市新桥镇海澜飞马水城5G信号全覆盖 （汪海欧 摄）

设,建成后可提供万台云服务器、PB级云存储服务,机房连接无锡移动太科园数据中心(钻石五星级机房),有骨干路由通向全国各省,可实现“一点接入,服务全国”目标,并具备独立的国际出口带宽,拥有从托管到流量清洗等3大类多项服务以及移动云,为客户提供集团标准化公有云产品以及定制化混合云、私有云等一站式云计算解决方案。是年,承建江阴市智慧技防小区工程项目,与市医保局合作建设“互联网+监管服务”系统,利用数据传输、视频处理、生物识别等新技术,切实提高医保监管能力和医保基金安全保障能力。落实“断卡”行动要求,做到宣传教育、系统支撑、监督检查、内外协同“四个到位”,坚持多措并举、综合治理,确保实名制工作要求落实到位,有效压降诈骗电话。践行“客户为根,服务为本”理念,大力构建全方位、全过程、全员的“三全”服务体系,积极探索数字化服务新模式,持续深入锻造优质服务,为客户创造新价值。（陶国海）

【中国联通江阴分公司】 2020年,中国联合网络通信有限公司江阴市分公司扎实推进全面互联网化运营,努力成为客户信赖的360度数字化生活创造者。年内,加快推进5G网络建设,促进5G全产业链领先发展,建设共享5G基站681个、4G基站52个、4G室分25个,节约工程投资2.4亿元。开展“网络尖兵行动”和“网络扫雷行动”,全年重点解决22个网络覆盖难点地区,4G网络覆盖率99.8%。推进城域网和本地网建设,旨在建成一张云化、扁平化、低时延、高可靠、可扩展的通信网,具备100Gbps传输能力的核心骨干网络,居民小区光纤宽带覆盖率为100%,宽带用户平均接入带宽达150Mbps,新建小区基本具备千兆宽带接入能力,家庭宽带整体质量持续提升。完成第十五届中国徐霞客国际旅游节、南理工江阴校区开学等网络通信保障工作。完成全市27个小区的飞线整治,35杆长千米通信线路整治,配合月城镇美丽乡村整治,完成水韵路等16条道路的线路整治及光缆入地工作。是年,认真履行央企责任,在全力保障疫情期间网络畅通的基础上发挥技术业务优势,充分运用大数据、人工智能等技术手段积极参与政府和社群的疫情防控工作。疫情期间,在市公安局大数据作战中心合署办公,对江阴常住人口发送疫情防控短信100万人次,为市政府的疫情防控和复工复产提供数据支撑和服务。为政府部门、学校等社会各界提供云视频会议、电子政务、教育类信息化服务和红外测温服务,实施完成市澄江中心幼儿园、辅延中心幼儿园、天鹤幼儿园等学校的沃复学项目。用实际行动助力企业纾困发展,助推江阴市经济高质量发展。为澄江街道建设燃气安全监管平台,走访签约上线800多个燃气使用的企业和门店,做到智慧燃气监管,守护江阴安全。为江阴生态环保局迭代升级企业生产用电工况在线监控智慧云平台、大气管控等,全年有380个企业接入安装,提高政府相关部门对实施项目的风险监控、快速预警和应急响应能力。参与教育信息化“智慧技防校园”平台项目建设,完成市立新中学标准化考场建设,南闸实验学校多媒体系统服务和教室环境改造项目等。按照江阴市政府工作部署要求,落实提速降费国家战略,通过丰富套餐内容、提升套餐价值、流量加量不加价等举措抓好精准降费的落地实施工作。与江阴市残联、市聋人协会合作,为江阴听力有残疾的人群提供助残优惠套餐和优质服务。围绕“民生为重,服务为先”的服务宗旨,重点从打击通信信息诈骗、用户信息资料保护、加强实名登记管控、强化计收监督管理、行业端口管理和审核治理垃圾短信五方面加强客户权益服务保障,切实维护客户合法权益。（石钰婷）

【江苏有线江阴分公司】 2020年,江苏有线网络发展有限责任公司江阴分公司紧密围绕“争当行业智慧广电的标杆企业、争做国内有影响力的大型文化示范企业、走在现代化一流国企前列”的“两争一前列”奋斗目标,自觉承担起“举旗帜、聚民心、兴文化、展形象”的使命任务,不断壮大主流媒体传播力影响力,探索集成改革发展新道路,全力为江阴智慧城市建设勇担重任、推波助澜。年初疫情防控阻击战打响后,公司即时响应省、市政府和市公安局、卫生健康委等有关部门最新防疫工作要求,为江阴16个高速入口、省道卡口、渡口设立的临时查报隔离点接入公安内网和视频网,铺设光缆10余千米。48个小时内为市人民医院城中院区的13个病房全线接通数字电视信号,并为市委、市政府视频会议召开提供全程优质服务保障。充分发挥应急广播系统在疫情防控期间的“声”力军作用,快速启动市、镇、村三级应急广播系统建设,全面建成全省唯一可进行双向传播的应急广播平台,实现全市17个镇(街道)级平台240个村(社区)应急广播“村村通”全覆盖。采用行业内主流的先进技术进行江阴下一代广播电视网(NGB)的双向化改造建设,至年底,完成70余万户的用户覆盖。公司建成覆盖全市的万兆城域网和MSTP环网,以高端承载力和强大的支撑能力,为向上连接政府、向下服务用户搭建沟通的桥梁,实现广电网络在全市镇(街道)、村(社区)的全覆盖。为加快有线电视网络与融合媒体、5G移动网等新兴业态和传播渠道的相互融通和协同服务,推动有线电视网络“云、网、端”资源要素的有效整合,江苏有线江阴分公司着力构建高速、泛在、智慧、安全的新型有线电视网络,成功上线运行“三务”公开“户户通”、新时代文明实践中心“一云四屏”(新时代文明实践云与有线电视屏、手机屏、电脑屏、展示大屏)、问价江阴、智慧党建、智慧镇村、电视交警、有事好商量、电视文旅等多个平台,有效服务地方党委、政府中心工作。全面运用物联网、大数据、智慧化云平台解决社会治理难点和监管痛点,持续提升民生服务满意度。建成江阴生态环境监控项目,实现全市重点环境污染监管企业及相关车辆24小时实时监控,涉及安装798路视频监控、40路污泥运输车辆监控。全年完成管道建设11.2千米,新建主干光缆245千米。（吴栩赟）

【江阴市大数据中心】 江阴积极贯彻落实国家大数据发展战略,持续深化大数据共享体系建设,促进跨领域、跨部门数据融合应用。建成多源异构资源池。围绕“社会主义现代化试点”任务,积极对接省大数据管理中心,成功落地省交通厅、人社厅、市监局等多个部门的93条资源近700万条数据,形成以江阴自建系统数据为主,国家、省、无锡市数据有效补充的多源数据池,夯实数据地基。探索数据标准化治理。开展先“体检”后“瘦身”的数据治理工作。年内,建成数据治理平台项目,对57个部门的720张库表资源、18094个数据项关联国标,建立质检规则,从可用性、完整性、准确性等方面进行数据质量检验。梳理完成人员、机构、时间、金融、位置、公文、其他七类公用数据元标准,为部门信息化系统标准化建设,提高源头数据质量奠定基础。推动公共数据有序开放。统筹开展公共数据资源目录普查和数据开放相关工作,对全市85个机关事业单位、群众团体、镇街园区、国资公司的应用系统和资源目录进行全面普查、梳理。累计梳理信息化系统近500个,梳理资源1093个,指标2.6万余项;建立江阴市首批公共数据开放清单,依托无锡市公共数据统一开放平台,开放资源80个,字段4300余个,数据量超12万条,开放数据数量位居无锡市各板块第一。至年底,江阴市大数据中心累计接入58个部门、1093个数据集、超17亿条数据。其中,2020年新增接入信息化系统15个,新增数据接入量3.6亿条。市大数据中心先后获得全国“互联网+政务服务50强”“智慧江苏建设成果和优秀案例”“2020年江苏省大数据开放共享与应用试验区”等荣誉,大数据开放合作经验2018年被无锡市委、市政府确定为首批可复制推广的集成改革经验之一。 （李春香　钱秋洪）

信息产业

【概况】 2020年,江阴市政府针对全市信息产业强化顶层设计,优化产业政策,陆续出台《关于大力推进产业强市建设 推动经济高质量发展的政策意见》《江阴市加快推进数字经济高质量发展三年行动计划(2020—2022)》《江阴市工业互联网和智能制造发展三年((2020—2022)行动计划)》等文件,全市信息产业(物联网产业、集成电路产业、软件和信息技术服务业3大领域)发展迅速,物联网产业营收增速为40.2%,集成电路产业产值增速为22.1%,软件和信息技术服务产业业务收入增速为29.4%,传感器营业收入为40.7亿元。完成重点智能化建设项目投资76.6亿元,新增江苏省示范智能车间9个,新增省两化融合贯标试点企业43个,新增省星级上云企业73个,其中四星级及以上51个,新增省智能制造服务领军机构1个,新增标杆类企业(项目)3个。江苏长电科技股份有限公司入围全国电子信息百强,中芯长电半导体(江阴)有限公司荣获“江苏省企业技术中心”,江苏远望神州软件有限公司、江苏睿鸿网络技术有限公司获评江苏省“专精特新”软件企业,江阴市创仁软件科技有限公司、江苏远望神州软件有限公司、江阴驿威软件科技有限公司获评江苏省软件企业核心竞争力评价(创新型)企业,江苏远望神州软件有限公司“国防动员智慧化全域管理平台”获评江苏省2020年“腾云驾数”转型升级计划融合创新发展案例,江苏斯菲尔电气股份有限公司“斯菲尔云憬综合管廊智慧运维统一管理平台软件V2.0”项目入选江苏省重点领域首版次软件产品应用推广指导目录,无锡互联物流科技有限公司“无锡互联网众创园”获评江苏省互联网众创园(无锡市唯一),江阴驿威软件科技有限公司获2020年度无锡市软件和信息技术服务业著作权登记先进单位“金码奖”。

【信息产业重点项目建设】 2020年,江阴市纳入无锡市新一代信息技术产业考核内容的2项重大产业项目均提前并超额完成年度目标任务。中芯长电半导体(江阴)有限公司配套7纳米先进技术节点的中段凸块工艺平台开发项目,年底完成计划总投入,实际投入1.43亿元。项目包括建成一条配合7纳米先进技术节点的凸块加工生产线,开发配套工艺流程,项目设计月产能2万片,年产能超24万片,填补国内空缺,有效推动国内产业链完善。江阴新杰科技有限公司的电子专用材料开发与制造及等离子清洗设备的研发生产项目,5月开工建设,年底完成土地、规划、建设、环评等前期手续,厂房主体封顶,项目投入1.35亿元,总投资6.39亿元,建设周期2020—2022年,占地约2.47公顷,建筑面积约2.4万平方米。项目建成后预计年产半导体薄型载带10亿米、等离子清洗设备40台、模具备品500套。 （陈　燕）

【工业互联网标准二级解析节点建设】 2020年8月,江阴市先后启动江苏阳光集团、江阴市富仁高科股份有限公司两个工业互联网标准二级解析节点建设。工业互联网标识二级节点是工业互联网标识解析体系的中间环节,直接面向行业和企

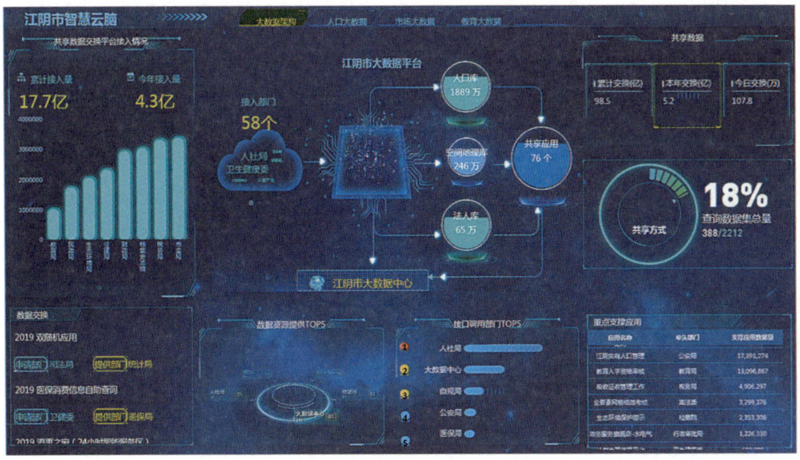

2017年,江阴市建成大数据共享交换平台。至2020年12月,接入超17亿条数据。图为市智慧云脑平台正常运行画面 （李春香 摄）

业提供服务,具备标识注册、标识解析、业务管理、标识数据管理、安全保障等核心功能,有助于建设新型供应链管理体系,促进行业领域的数据交换及协同制造,实现服务价值链延伸,有效推动商业模式创新。江苏阳光集团、江阴市富仁高科股份有限公司作为各自行业内领先企业,承担毛纺行业、计量加注行业的二级解析节点建设任务。两个企业围绕系统建设、行业应用、标准制定等方面,积极推动标识解析体系各项工作,并与北京泰尔英福网络科技有限责任公司进行接洽,商讨软硬件部署建设协议。　(邓敏霞)

信息化应用

【概况】 2020 年,江阴市政府统筹部署信息化应用建设,推动完成智慧养老服务可视化云图、智慧交通市公路泵站运行监管平台、“多规合一”信息化平台等信息化项目建设。市教育局开展江阴智慧教育项目,全面实施教育信息化 2.0 行动计划,切实提升全市教育信息化整体水平。市公安局立足市数据资源一张图,研发建设智能指挥调度体系,并启动全市 476 个智慧技防小区建设。市行政审批局开展不动产集成平台建设,实现不动产登记“网上申报”,让老百姓在二手房交易过程中真正实现“只跑一次腿”。

【智慧养老服务可视化云图】 2020 年 12 月 18 日,江阴市民政数据中台建设项目完成验收。该平台充分整合服务对象、服务机构、服务人员、服务信息等相关数据资源,解决谁最需要养老服务、谁来提供养老服务、如何提供养老服务等问题,实现养老服务资源的优化配置。该项目运用大数据分析技术,建立养老服务驾驶舱,一屏化展示养老服务的整体运行成果,为养老服务决策提供辅助。　(徐　超)

【公路泵站运行监管平台建设】 2019 年,江阴市落实中共中央、国务院出台的《交通强国建设纲要》和江苏省政府办公厅颁布的《智慧江苏建设三年行动计划(2018—2020 年)》文件要求,是年 11 月,对公路泵站进行信息化改造。整个改造过程充分应用物联网、大数据、互联网 + 等信息化新兴技术,对接相关信息资源,完成地理信息服务系统、泵站运行监控系统、平台运行管理系统 3 大模块的建设,构建公路泵站运行监管平台,2020 年 4 月完成平台整合改造。该平台不仅提升泵站管理自动化、智能化水平,同时实现与无锡市、江苏省交通部门相关系统相互协调,互联互通,资源共享。还将科学指导江阴公路泵站日常精细化管理,逐步实现泵站运行管理少人值守,甚至无人值守的目标。　(羌　鹏)

【“多规合一”信息化平台建设】 2020 年 1 月 15 日,江阴市率先在《江阴市城乡发展一体化体制改革方案》中正式提出统筹推进“多规合一”,并予以推进实施,构建空间规划体系,助力生态文明建设和新型城镇化建设。经过调研考察,市自然资源和规划局借鉴国内试点城市及先发地区的成功经验,坚持“城乡一体、资源协调、规划衔接”,以数字化赋能市自然资源管理,启动“多规合一”信息化平台建设工作,助力实现“一级政府、一本规划、一张蓝图”。11 月 25 日,江阴市“多规合一”信息平台建设项目通过专家组验收。该项目以第三次全国国土调查数据为基础,编制全市自然资源数据资源目录,制定基础地理信息数据库、规划信息数据库和三调数据库标准规范体系;完成项目要求的专项规划数据整理工作,以及基础地理信息数据、规划信息数据和三调数据的归集和建库工作;完成数据库管理信息系统升级改造、市“多规合一”信息化平台的建设以及市自然资源和规划局信息化应用。平台实现对各类专项规划的兼容性,保证各专项规划与其他规划的无缝对接,并以统一的现状底数底图为基础,实现专项规划对总体规划相关内容的深化反馈,为后续建设一张底图奠定实践基础,为全市新一轮国土空间规划编制工作提供有效支撑。

【“自然澄锋云服务平台”建设】 2020 年 9 月 18 日,江阴市自然资源和规划局以“优化空间、保护资源、保障发展”为目标,建立“畅通有效、理解支持”的沟通机制,推进自然资源事业高质量发展,探索建设“自然澄锋云服务平台”,以切实提高规划管理业务服务效能,提升服务镇(街道)水平,加强与镇(街道)规划管理业务的沟通和互动,加强自然资源和规划内部的高效协同办理、咨询服务的支撑,主动向基层推送项目进程基本信息,做到“让数据多跑路,让群众少跑腿”。11 月 15 日,该平台试运行,主要包含云服务协同管理系统、建设项目规划管理移动审批系统、自然资源和规划移动一张图等。该平台将根据服务内容,继续开发空间成果应用、市政交通规划应用、空间管制、征地服务等。自然澄锋云服务平台,对内提升市自然资源和规划局业务协同,对外延伸规划服务支撑,提前介入、多措并举,加快推进全市镇(街道、园区)工程建设项目落地。　(蔡敏翔)

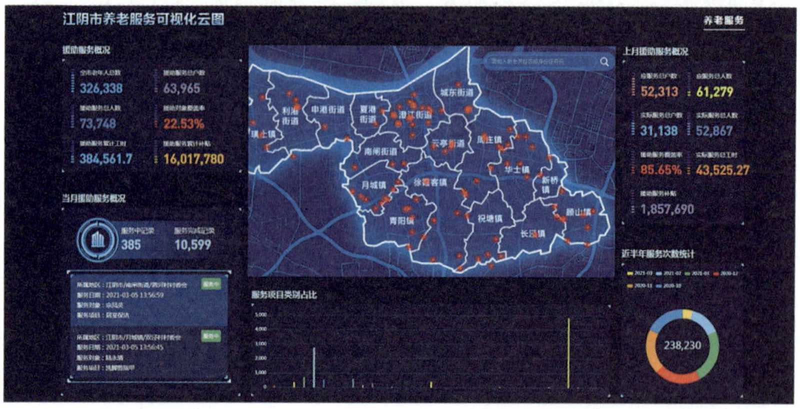

2020 年 12 月,江阴市民政数据中台建设项目完成验收。图为市养老服务可视化云图运行画面　(徐　超　摄)

【大数据中心基础支撑平台建设】 2020年，江阴市为深入贯彻“共建、共享、共用”新发展理念，围绕数据全生命周期重要环节，打造基础支撑平台，推进全市信息系统集约节约化建设。市大数据中心为全市41个部门提供数据共享交换服务，支撑全市76个应用，月均交换数据2270万条；围绕基础库建设，升级完成新型人口数据库和新型法人数据库，保持数据的常态化更新，对外提供人口和法人信息查询、比对、标签、画像等数据服务，进一步深化主题数据应用；围绕数据可视化，6月，上线可视化开发平台，提供易配置、可扩展、美观性强的可视化开发服务，基于平台完成大数据架构、人口、市场、教育、生态等专题开发，方便部门快速构建数据展示界面。围绕分析挖掘，统筹建设大数据通用分析平台，探索构建模块化、定制化、专业化数据分析模型，为部门提供制式模型开发服务，降低模型建设的技术壁垒，深入挖掘数据潜在价值。 （李春香　钱秋洪）

【全警大数据应用平台建设】 2020年，江阴市公安局通过大数据汇聚治理、建模运算、数据输出、订阅推送等组件，打造全流程数据应用链。全面汇聚公安各类数据350亿条，涉及房产与公积金、住院门诊及社保、工商、求助等各类社会数据8亿余条。分类建库治理，构建数据治理服务平台，按照部、省、市三级标准，清洗、分类建库，完成市公安局300余张数据表的治理、清洗，形成符合实战需要的人员、车辆主题库、专题库10个。通过以华为大数据平台为基座，打造江阴全警应用平台，实现多种类型数据库数据的接入，并为数据资源池提供统一算力支撑。建成模型大屏、模型超市、模型开发、模型管理等功能模块，实现对多种数据源进行挖掘分析、过滤、碰撞、分组、排序等算法，对消息进行分类处置、按需订阅调度、派发反馈，实现对各业务系统的横向推送。 （张　恒）

【实施CGCS2000坐标系数转换】 2020年，江阴市按照国土资源部国家测绘地理信息局《关于加快使用2000国家大地坐标系的通知》和省自然资源厅网络安全和信息化领导小组办公室《关于加快推进2000国家大地坐标系转换工作的通知》精神，市自然资源和规划局对规划系统内的各类专题数据进行2000国家大地坐标系转换工作。4月3日完成验收，9月建立并实施CGCS2000坐标系数据应用环境，逐步构建全市统一的坐标体系，建立统一的数据标准，为全市自然资源国土空间规划的编制和建设奠定基础。 （蔡敏翔）

【重点监控对象视频监控项目建成】 2020年4月，江阴市重点监控对象视频监控系统项目通过验收，该系统将江阴移动、江阴电信、江阴广电3个单位环保视频监控平台进行集成，累计接入2235路视频，并推送至江阴市视频联网共享平台和无锡市生态环境局视频监控平台。视频监控涵盖全市印染、电力、造纸、污水处理等行业单位，利用视频监控平台的抓拍比对、录像回放等功能，第一时间将证据固定，做到“早发现，早处理”，举一反三，摸排类似环境问题，以点带面治标治本。通过这些技防手段，进行精细化管理，解决监管人手不足的难题，还加大对企业的有效监管，为全市环保风险企业的防控体系建设，以及打好污染防治攻坚战提供有力支撑。 （李晓卫）

【升级企业生产用电工况在线智控】 2020年，江阴生态环保局迭代升级企业生产用电工况在线监控智慧云平台，利用物联网、大数据、云计算技术升级监控功能，并有效运用于大气管控的监管。至年底，累计接入安装1499个企业，并与市政府网格化管理平台进行有效融合，实施项目能提高政府相关部门的风险监控、快速预警和应急响应能力，对区域内企业生产建立便捷化、智能化的长效监管机制。项目实施后，实现从“传统监测”到“过程监测”，从“人防”到“技防”的创新，为环境监管和企业安全生产提供有力的技术支撑。 （石钰婷）

【智慧教育项目启动建设】 2020年，江阴市教育局启动建设智慧教育项目，该项目为《江阴市教育高质量发展三年行动计划（2020—2022）》确定的重点工作，分3年配套投入6000万元建设资金，每年投入2000万元。该项目以教育部提出的“三全两高一大”（即教学应用覆盖全体教师、学习应用覆盖全体适龄学生、数字校园建设覆盖全体学校，信息化应用水平和师生信息素养普遍提高，建成“互联网＋教育”大平台）为发展目标，全面实施教育信息化2.0行动计划，切实提升全市教育信息化整体水平。根据项目实施流程，市教育局在经过充分调研、学习和论证的基础上，及时撰写项目可行性研究报告，4月，通过市行政审批局和发改委的审批，并列入2020年度政府投资项目计划；8月，获市财政局批准列入政府投资项目资金平衡表。至年底，项目完成招标采购，按计划有序实施建设。该项目将主要完成创建面向全市学校的江阴智慧教育云平台、建设江阴教育数据中心、帮助部分学校完成江苏省智慧校园达标校创建、完成全市中小学校智慧技防校园建设、开展人工智能创客类项目的试点工作等，构建以移动学习、人工智能、智慧教室、智慧教育云平台等为主要标志的智慧教育环境，推进信息技术与教育教学、管理的深度融合，提高教育教学质量，提升教育治理水平，促进全市教育优质均衡发展。市教育局将按照“统筹规划、顶层设计、试点先行、示范带动、分步实施”的策略，分类分步推进智慧校园建设，实现至2022年75%的中小学校为省定智慧校园标准目标。 （万增林）

【技防小区全面升级】 2020年，江阴市为进一步深化新型智慧城市建设，全面提升城市治理法治化、科学化、精细化水平，加快推进立体化、信息化社会治安防控体系建设，结合《2020年度江阴市新型智慧建设工作要点及任务分解》和《全市新一代雪亮技防工程建设专项行动实施方案》要求，全市投入资金4007万元，建设基本版技防小区，新建智能抓拍相机、汇聚视频、升级中心处理能力，均具备小区出入口人脸和车辆抓拍等功能，织密智能感知网络；在此基础上，对未交付验收的小区和新建小区按技防小区标准版及高级版要求建设，进一步提升全市居民居住安全感。至年底，建成基本版技防小区476个。 （杜　勇）

【“大数据+”应对疫情】 2020年年初,江阴市依托大数据构建起“大数据+网格化+铁脚板”城市协同管理新体系。通过多维度大数据挖掘关联比对180余万名暂住人口信息,5亿条涉及市人社局、卫生健康委、市场监督管理局、教育局数据,改变传统“大海捞针式、守株待兔式”排查,减轻基层摸排工作负担。至年底,市大数据中心累计支撑全市76个跨部门共享应用,在税收共治、经济运行、入学审核、社保审计、专项资金审核等多个新领域发挥重要作用。 (李春香)

【融媒体生产平台引领抗疫】 2020年初,江阴市融媒体中心融媒体生产平台建成投入使用之际,适逢江苏省、无锡市相继启动重大突发公共卫生事件一级响应后,中心(集团)迅速成立抗疫宣传工作领导小组,统一策划、快速反应,报、台、网、微、端、屏“六位一体”梯度推送,24小时不间断发布权威信息。推出可扫码的报纸、看得见的广播、能交流的电视,发行量、收听率、收视率逆势迸发。微信公众号矩阵同向发力、同频共振,近100条原创推文阅读量超10万。“江阴发布”连续两个月领跑江苏省县市政务公号排行榜;“最江阴”粉丝量67万人次,锁定全国县级广电新媒体排行榜第一位置。平台的建成打通江阴市融媒体中心的多终端发布渠道,进行统一的选题策划,基于融媒体生产平台丰富的内容采集渠道,多元化的内容生产工具,实现优质原创内容的持续发布,一稿多发的模式确保重大新闻内容的及时性、高效性和全渠道覆盖。让主流媒体借助各种传播渠道,牢牢占据舆论引导、思想引领、文化传承、服务人民的传播制高点。 (李 同)

【智能指挥调度体系建设】 2020年,江阴市公安局立足全市数据资源一张图,研发建设公安智能指挥调度体系。12月,启动接处警、视频标签管理、警员精准定位、身份信息查询备案、公安应用统一认证登录管理服务、AR鹰眼3.0等系统建设部署,对接基础部省市县各类应用系统100余个,实现社会数据的采集、人员背景核查、访客人员管理等功能,同步实现移动端数据支撑、接处警移动端警信平台的上架应用,在公安警情处置、疫情防控、网格化社会管理中得到应用。 (江亚东)

【不动产集成平台建设】 2020年,江阴市行政审批局、税务局、住房和城乡建设局、不动产权交易等部门通力配合,从打破数据壁垒、实现数据共享入手,打造不动产集成服务平台,解决不动产交易涉及部门多、提交材料多、跑动次数多、办理时间长等问题。5月6日,该平台上线,线上办件率80%。该平台启用后,针对使用过程中的各项功能进行提升和完善,并进行人性化操作优化,加强系统统计管理功能,开发手机操作功能。12月起,该平台向17个镇(街道)级政务中心、3个银行网点进行扩展延伸,同时引导买卖双方和中介在公司(家里)或授权网点操作,实现政务大厅人员的分流。至年底,该平台线上办结件6186件。 (刘惠清)

信息化环境建设

【概况】 2020年,江阴市进一步推进信息化发展基础环境建设。“最江阴”APP不断拓展平台功能,持续完善温馨周到服务体系;江阴融媒体生产平台全面启用,打造报、台、网、微、端、屏“六位一体”的信息采集、发布渠道;电子政务外网及电子政务云平台基础设施建设不断深化,体现平台对信息系统的支撑性,提升运维服务的规范性。年内,加强信息化行业的学术交流与培训,携手机关、行业协会与企业开展信息沙龙、研讨会和培训等活动。

【“最江阴”生活体系推广】 2020年,江阴市继续推进“最江阴”平台建设,以口罩预约销售、3000万元消费券、云祭扫、来澄通、新生登记、澄农帮系统、婚姻预约登记、危旧房屋申报等多项民生项目推动智慧城市建设,“最江阴”APP集成1841项政务服务、292项公共便民服务、2项公益服务、8项资讯专栏以及直播、视频、广播电视在线收听收看等服务,接入数据总量超过15亿条,功能模块访问总量超3000万次,平均日活量近5万人次,高峰期日活量达15万人次,智慧生活覆盖率超40%,并入选江阴集成改革第二批可复制可推广试点经验。(陶志宇)

【提升电子政务保障能力】 2020年,江阴市进一步强化政务云对全市信息化应用的统一支撑作用,加强全市政务云平台管理,促进电子政务集约化发展,全市制定并印发《江阴市政务云平台管理办法》《江阴市政务云平台服务指南》《江阴市政务云运维考核办法》等文件,规范政务云资源的管理、使用,为云平台上各业务系统提供更加安全、可靠的服务。至年底,江阴市政务云平台承载44个委、办、局181个应用系统,部署云主机数量达985台。为确保全市政务网络安全稳定,严格按照无锡市级要求,全面完成市、镇、村三级接入改造工作,电子政务外网实现全网实名制认证上网,接入部门286个,实现100%全覆盖。 (陈新元)

【信息化行业学术交流与培训】 2020年,江阴市信息化协会积极开展信息化行业学术交流与培训。通过走进企业,开展信息沙龙活动,赴江阴天江药业有限公司、中信特钢集团、江阴名鸿车顶系统有限公司等企业参观智能车间,分享转型经验,为企业提供搭建互动交流的平台。联合市工信局,开展“无锡市智能制造园区行江阴站”活动,全市各镇(街道)200余名企业代表参加活动。协会还开展培训和研讨会,针对机械装备行业开展专题研讨会,为企业提供专业方案与咨询指导,协办数据管理能力成熟度评估模型(DCMM)国家标准宣贯培训会等。

(蔡梦娜)

■类目编辑 赵修平

交通运输

综　述

【概况】　2020年,江阴市交通运输各项工作稳步推进。南沿江城际铁路江阴段加快推进,江阴第二过江通道、无锡至江阴城际轨道交通工程、长山大道快速化改造等开工建设,江阴港洗舱站建设完成,集疏运体系不断完善。行业管理规范有序,各项安全专项整治持续推进,超限超载治理实现全链条监管,实行渣土车"五统一"(统一闭环监管、统一扫码举报、统一消患治危、统一限时限速、统一规范停放)管理,沿江"三无"(无船名船号、无船舶证书、无船籍港)船舶清零。继续推进内河港口码头整治,取缔长江水上过驳区,深化大气、水污染防治。民生服务便捷高效,优化调整公交线路,城镇公交实现移动支付乘车;参与政风热线问题解答,妥善处理各类咨询投诉;加强水上应急处置及救助,群众满意率100%。党风廉政建设不断加强,持续深化"逐梦交通、先行有我"主题活动,成立交通重点工程建设项目党建联盟,开展"暨阳红色先锋"党支部星级化创建。至年末,江阴市交通系统完成建设投资30亿元。江阴市境内公路总里程2450.11千米。其中,高速公路72.7千米,一级公路404.18千米、二级公路756.08千米、三级公路371.78千米、四级公路845.38千米。长江汽渡2个。有航道43条,总里程394.55千米,包括可通航航道33条,里程353.29千米,不可通航航道10条(均为等外级航道),里程41.26千米。三级航道(锡澄运河)里程25.39千米;四级航道(锡十一圩线)里程8.33千米;五级航道(申张线29.98千米、锡十一圩线1.37千米、老锡澄运河11.26千米)里程42.61千米;六级航道(锡十一圩线2.17千米、澄虞线2.35千米)里程4.52千米;七级航道(白屈港23.49千米、新沟河5.1千米、北塘河7.7千米)里程36.29千米;等外级航道里程277.41千米。通航船闸1座。铁路里程江阴段44.46千米。城市万人拥有公交车20.1标台,行政村公交覆盖率100%,自然村公交通达率93.2%。全年完成旅客运输量6584万人;货物运输量5223万吨,其中公路货运量4005万吨,水路货运量1218万吨。铁路发送货物18.18万吨,货运周转量23698.27万吨千米。年内,市交通运输局被评为无锡市抗击新型冠状病毒肺炎疫情先进集体。

铁　路

【概况】　2020年,江阴市铁路建设取得突破性进展,南沿江城际铁路江阴段征地拆迁工作基本完成,完成桥梁桩基5870余根,承台660个,墩柱652个,梁体安装、管线迁改等有序推进,下穿18条规划道路方案设计确定;盐泰锡常宜铁路通过项目可研评审;江阴铁路综合枢纽站总设计图进一步完善,施工图设计同步开展;无锡至江阴城际轨道交通工程顺利推进,民房拆迁基本完成,外滩站、汽车客运站等站点土方开挖,管线迁改等工作加快实施。

【南沿江城际铁路江阴段】　2020年1月10日,南沿江城际铁路江阴段完成110千伏化星线双回电缆线路迁改;2月29日,完成110千伏化技线停电迁改。5月12日,南沿江城际铁路江阴段开始架设千吨箱梁,成为中国第一条大规模采用40米千吨箱梁建设的高速铁路。7月1日,南沿江城际铁路6标箱梁架设启动,标志着江阴段高铁全线施工重心由桥下施工逐步向桥上施工转移。是月16日,南沿江城际铁路项目全线首次采用千吨级穿隧式分体架桥机架设40米高铁箱梁。9月12日,项目重难点工程——跨科技大道(48+80+48)米连续梁合龙,为后续架梁工作打开关键通道。10月,南沿江城际铁路项目全线唯一铺轨基地开始施工。是月9日,完成跨江阴大道110千伏运暨线拆线,用时12分钟。12月1日,跨创新大道连续梁合龙。至年末,南沿江城际铁路江阴段通信光(电)缆、电力线路、给排水和燃气管线迁改工作完成迁改总量的97%。12月31日,南沿江城际铁路项目全线"四电"(通信工程、信号工程、电力工程和电气化工程)及相关工程启动仪式在江阴举行,项目建设翻开崭新一页。

【无锡至江阴城际轨道交通工程】　2020年7月31日,无锡至江阴城际轨道交通工程江阴外滩站、江阴外

2020 年 5 月 12 日，南沿江城际铁路江阴段完成首孔 40 米箱梁架设

（寇嘉炜 摄）

滩站—中山公园站区间风井、中山公园站、南门站主体工程全面进入施工阶段。9 月，江阴高铁站—南闸站（出地面段）、南闸站—江阴南站高架区间先后取得建设工程规划许可证。是月 23 日，无锡至江阴城际轨道交通工程项目部五分部举行开工仪式，随即进行施工便道表土清除工作。该便道位于江阴高铁站和南闸站之间，总长 700 米，宽 6 米，兼顾墩施工、盾构设备运输和渣土外运功能，对保障无锡至江阴城际轨道交通工程整体工期起着决定性作用。10 月 5 日，南门站开工，正式进入主体围护结构施工阶段。是月 27 日，无锡至江阴城际轨道交通工程高架段首根钻孔灌注桩成功开钻，工程高架段进入实质性施工阶段。

公　路

【概况】 2020 年，江阴市各项公路新建及改扩建工程持续推进。年内，第二过江通道正式开工，南接线工程进行环评公示；第三过江通道相关方案报长江航务管理局审查；沿江高速改扩建工程前期工作有序开展，江阴段设置互通 5 个；快速路网不断拓展，长山大道一期工程进行绿化移植、灌注桩施工，滨江路快速化改造工程优化设计方案。锡澄一体化通道进程加快，徐霞客大道快速化改造工程、S229 江阴段（暨南大道—惠山界）开工建设。范钱路东延项目开工。

【江阴第二过江通道】 江阴第二过江通道是《长江经济带立体综合交通走廊规划（2014—2020）》中批复的江苏省 14 条过江通道之一。工程位于江阴大桥和泰州大桥之间，北接靖江，南连江阴，距泰州大桥约 54 千米，距江阴大桥约 5 千米。起点位于靖江市城西大道与公新公路交叉处，向南沿城西大道布线，在新港大道以北设置隧道，从七圩港处穿越长江，在江阴市通富路以南出隧道，向南沿西外环路布线，止于芙蓉大道，路线全长约 12 千米。2020 年 3 月 25 日，江苏省发展和改革委员会正式批复江阴第二过江通道可行性研究报告。4 月 28 日，省委副书记、省长吴政隆出席全省重点交通工程集中开工动员会，工程正式开工。

【锡澄高速公路花山互通工程竣工】 锡澄高速公路花山互通（江阴南互通）工程位于徐霞客镇和云亭街道交界处，距锡澄高速公路江阴互通约 5 千米，采用主线拼宽加互通匝道方案，与峭岐枢纽形成复合式互通。主线全长 3 千米，互通匝道共 8.3 千米，全线设拼宽桥梁 1 座、新建桥梁 7 座、收费站 1 处。该工程于 2014 年 6 月开工，2016 年 3 月完工并完成交工验收进入试运营，2020 年 1 月通过竣工验收。该项目的建成优化区域交通路网结构，改善城区对外交通条件，加强江阴南部地区与周边高速便捷联系。

【国省道路网监测设施项目完工】 江阴市 2019 年度国省道路网监测设施建设项目包含建成一套车辆检测器设备，在 G346、S122、S229 和 S357 沿线新增 15 处高清视频监控。该项目于 2019 年 11 月 18 日开工，2020 年 5 月 21 日，项目通过江苏省交通运输厅公路事业发展中心验收。项目监控摄像机焦距可调，云台可控，可实现省、市、县三级联网。投运后对分析道路通行状况具有重要参考作用。

【河豚路大修工程通过竣工验收】 河豚路（滨江路—港城大道）位于江阴申港街道，建于 2004 年，是沟通滨江路、镇澄路、港城大道和芙蓉大道等公路南北向重要纽带，是 6 号码头主要疏港道路。河豚路大修工程起点滨江路，路线向南依次经过福星路、中央公路，终点港城大道，全线总长 2.1 千米，于 2017 年 1 月 30 日完工并完成交工验收进入试运营。2020 年 5 月 26 日，河豚路大修工程通过竣工验收。该工程的竣工有效提高周边居民通行效率，改善区域交通环境。

【亚包大道大修工程通过竣工验收】 亚包大道位于江阴申港街道，建于 2002 年，是连接东西向芙蓉大道、镇澄路、港城大道、滨江路等道路南北向主要通道，是 5 号码头主要疏港道路。亚包大道大修工程起点福星路，路线向南依次经过福星路、港城大道、崇文路、申新路，终点镇澄路，全线总长 1.54 千米，于 2017 年 10 月 30 日完工并完成交工验收进入试运营。2020 年 5 月 26 日，亚包大道大修工程通过竣工验收。该道路完成大修，对服务周边居民、提升路网服务水平具有重要意义。

【独柱墩加固项目完工】 2020 年 4 月，江阴市独柱墩加固项目开工建设，先后投入 13 个专业队伍和班组，现场近 160 人参与独柱墩加固应急抢险工程。7 月中旬，项目完工。项目累计加固实体墩 37 只，完成钢盖梁施工 107 座，更换或新增支座 523 个，安装上下支座垫石 428 个、钢抱箍 40 个。该项目是应急抢险工程，建成后消除独柱墩桥梁倾覆极限工况中的安全隐患，为群众出行保驾护航。

【公路养护工作】 2020年，江阴市公路养护投资5600万元，完成国省干线公路维修保养工程；完成干线公路主线分道行驶和区间测速违法抓拍项目改造；完成江阴公路泵站智能化改造。深化“四好（建好、管好、护好、运营好）农村路”建设，完成农村公路乡村道桥梁定检。年内，该项工作通过交通运输部“十三五”全国干线公路养护管理评价工作验收测评。

公共交通

【概况】 2020年，江阴市公共交通运输服务持续优化。年内，完成123辆新能源公交车辆更新，其中城市公交74辆，城镇公交49辆。新增镇村公交线路1条，优化调整公交线路12条。新开通江阴至常州、江阴至张家港两条毗邻公交线路，完成南京理工大学江阴校区公交组织、杏春站整体搬迁。持续推进公交信息化建设，城镇公交实现银联、微信、支付宝等移动支付乘车。至年末，全市累计拥有公交车1242辆，其中新能源和清洁能源车917辆，占73.83%；公交电子站牌总数456个，主城区站覆盖率85%；公共自行车系统规模有网点386个、锁止器10150个、自行车7600辆，主城区公共自行车服务半径缩小至200米～300米。完成130辆出租车报废更新手续。办理“网络预约出租汽车运输证”147辆，1216人通过考试并领取网约车驾驶员从业资格证。

【江阴—张家港毗邻公交开通】 为推进长三角一体化进程，经无锡、苏州两地交通运输部门协商同意，2020年10月，江阴—张家港毗邻公交线路试运营，江阴市城镇公交222路延伸至张家港李巷公交首末站，张家港市公交35路延伸至江阴市新桥客运站，为满足群众出行需求提供便利，有力推动苏锡常交通一体化发展。

【城镇公交实现刷码乘车】 为推广绿色出行，倡导简约适度、绿色低碳生活方式，引导公众出行优先选择公共交通、步行和自行车等绿色出行方式，2020年9月起，城镇公交推出“刷支付宝乘公交”活动。市民只需在支付宝开通“江阴电子公交卡”服务，上下车各扫一次乘车码，即可享受支付宝刷码乘车快捷支付方式。年内，城镇公交实现银联、微信、支付宝等多种移动支付方式乘车，实现出行便利。

水　运

【概况】 2020年，江阴市水路运输持续保持畅通高效。年内，各项水上设施建设有序推进，江阴船闸（新夏港船闸）通过竣工验收，通闸运行效率得到提升。江阴港洗舱站通过洗舱调试运行验收，具备洗舱和接收洗舱水能力。锡澄运河水上服务区船舶污染物接收设施及其配套工程完工，水上服务区功能不断完善。建成内河船舶污染物接收转运处置联合监管平台，完成内河码头船舶污染物电子联单相关制度及规范的建立与应用。年内，江阴船闸累计通过船舶21.75万艘，比2019年下降0.8%；船舶通过量8588万总吨，比2019年增长5.5%；单日通过船舶数首次突破1000艘。全年征收过闸费7504万元，比2019年增长6%；按政策减免过闸费1876万元。

【江阴船闸通过竣工验收】 作为锡澄运河三级航道整治工程重要组成部分，江阴船闸（新夏港船闸）项目于2012年开工建设，2015年12月试通航。船闸建设规模为三级航道双线船闸，工程采用“闸首错位布置、三墙两闸、全钢板桩闸室墙”的全新设计，填补国内双线船闸错位布置方式的空白。2016年5月，江阴船闸搬迁至新夏港船闸。2020年6月24日，江阴船闸（新夏港船闸）通过省交通运输厅竣工验收。自试运行以来，江阴船闸尽快适应新的航道、水文情况，通过科学调度套闸、通闸，强化通闸安全放行，提升通闸运行效率，船舶待闸时间大为缩短，为实现江海联运全力打造安全、高效、快捷、便民的智慧船闸。2016年5月至2020年年末，累计安全通过船舶967792艘，平均每天通过船舶569艘；通过货物量3.54亿吨，年增长率5.9%。

【江阴港洗舱站通过验收】 江阴港水上洗舱站位于江阴石利港区，由江苏丽天码头有限公司利用既有码头设施改扩建而成，年洗舱600艘次，满足江阴、周边船舶洗舱需求。2020年11月23日，江阴市石利港区长江干线水上洗舱站项目通过洗舱调试运行验收，标志着江阴港洗舱站具备前沿洗舱、内部转运、后方接收洗舱水的能力。洗舱站污水零排放，提升长江下游船舶污染物接收、转运和处置能力，为长江航运船舶提供全流程洗舱服务奠定基础。对于落实国家长江环境保护政策、改善长江下游水环境、促进江苏省水污染防治工作有积极作用。

【内河船舶污染物监管平台通过验收】 2020年12月1日，江阴市内河船舶污染物接收转运和处置联合监管平台通过验收。该平台上线

2020年6月24日，江阴船闸通过省交通运输厅竣工验收　（吴鹏飞 摄）

2020 年 11 月 23 日,江阴港石利港区长江干线水上洗舱站项目通过洗舱调试运行验收（王 莹 摄）

后,船舶垃圾接收转运和处置数据实时上传、实时更新,有效解决原先联单易损毁、数据难查询、监管不连续、信息不互通、处置不覆盖等问题,实现对内河船舶污染物接收转运和处置工作的实时监控与量化管理。相关单位只需在手机上就能看到船舶污染物接收转运和处置情况,提高船舶污染物接收效率,提升管理部门监管能力,实现船舶污染物规范化管理。

【锡澄运河江阴段航道整治工程通过竣工验收】 锡澄运河航道整治工程按三级航道标准进行全面整治。江阴南段航道整治工程包括整治航道 17.87 千米和改建桥梁 11 座,江阴北段航道整治工程建设包括整治航道 5.85 千米和改建桥梁 8 座,先后于 2015—2017 年期间完成交工通航。2020 年 12 月 25 日,锡澄运河江阴南、北段航道整治工程通过省交通运输厅竣工验收。该工程的实施,有效解决锡澄运河江阴段航道问题,对促进区域经济协调发展具有重要意义。

【申港河口段航道疏浚工程通过验收】 申港河口段航道维护性疏浚工程是 2020 年度航道养护重点工作,于 9 月 1 日开工,10 月 30 日完工,12 月通过验收。工程位于申港河入长江口,疏浚长度 150 米,疏浚土方约 4.2 万立方米。申港河口段航道疏浚完成后,经实测扫床,疏浚断面达航道设计水深 7.8 米、航道通航宽度 90 米的设计标准。航道整体通航能力与通航安全水平得到有效提升。

交通行政执法与监管

【概况】 2020 年,江阴市加快推进法治交通建设,行政管理效能不断提升。严格落实安全生产责任,建立安全监管对象底数清单,进行分级分类监管。开展"春风行动""百团进百万企业""护盾"等宣讲整治活动,提升安全生产管理水平。开展"两客危货"(公路客运车辆、旅游客运车辆、危化品运输车辆和普通货运车辆)专项整治,清理整改"两客一危"挂靠车辆 21 辆,查处违章客运车辆 122 辆次、道路危险货物运输违规案例 27 件;全面实行超限超载全链条监管,累计查获超限超载车辆 2082 辆;推行渣土运输车"五统一"管理规范,443 辆渣土运输车首次实现"一车一码"入库管理;推进非法港口码头清理整治,清理内河港口码头 120 个。完善各类应急预案,组织开展沿江港口企业应急器材比赛,举办应对新型冠状病毒肺炎疫情港口设施保安演习、港口危险货物事故区域联动应急救援演练,有效提升突发事件应对能力和处置速度。加强生态环境治理力度,打好"蓝天保卫战",淘汰中重型营运柴油货车 1444 辆。沿江 12 个易起尘装卸散货码头建成 58 台(套)粉尘在线监测系统,在线监测覆盖率 100%。推广港口码头岸电建设使用,沿江 18 个非化工港口企业建成岸电设施 68 套,岸电用电量大幅提高。实施港口绿化和港容港貌美化工程,沿江港口绿化率达可绿化面积 100%。严格港口船舶污染物接收转运和处置监管,完成 14 艘 400 总吨以下运输船舶生活污水储存装置改造,全年累计接收船舶生活垃圾 742.65 吨,接收处理生活污水超 1.8 万立方米,接收处置油污水 1.3 万余立方米。

【路面动态称重检测系统工程】 2020 年 3 月 27 日,《江阴市路面动态称重检测系统工程可行性研究报告》通过专家审查。项目主要包括新建 10 套、改造 1 套动态称重检测系统及相应综合监管平台,应用支撑系统建设以及配套指挥中心建设。项目建设对改善公路通行环境、提高治超执法效率、保护路产路权具有重要意义。建成后,11 处科技治超监测点将覆盖全市 10 条道路、56 个车道,有效提升执法效能,推动交通执法方式由"人海战术型"向"科技高效型"转变。

【超限超载全链条监管】 2020 年,江阴市交通运输局深化全链条管理模式,抓源头监管,梳理全市 120 个货运源头企业、66 个重点货运源头企业"两张清单"并向社会公布。完善货物装载源头管理平台,64 个重点源头单位称重和视频数据接入监管信息系统。对重点货运源头单位每月开展不少于 2 次执法监督检查,抽查称重和视频监控数据,防止超限超载车辆上路。加强路面执法,通过"固定 + 流动"执法方式,持续保持对违法超限超载运输车辆高压态势。至年末,累计查获超限超载车辆 2082 辆,其中"百吨王"11 辆,卸驳载货物 1.66 万吨,责令 67 个运输企业停业整顿,全市超限率首次降至 0.2% 以下。

【"三无"船舶专项整治】 2020 年 4 月,江阴市委、市政府启动长江沿线"三无"船舶专项整治。是月 21 日,市交通运输局根据《江阴市长江沿线

“三无”船舶专项整治工作方案》，牵头成立“三无”船舶整治办公室，抽调交通、海事、公安、农业、水利等有关涉水执法单位人员成立工作专班，联合各镇（街道）、开发区，按照属地管理、分类分级、挂图作战、精准打击、全力围歼原则，推进长江沿线及内河水域“三无”船舶整治工作。开展沿江大规模集中整治行动12次，7月20日，实现沿江板块清零，累计排查清理各类“三无”船舶530艘，其中拆解496艘，驱离34艘，范围覆盖非法捕捞、水上供应、船舶修理、非法交通以及住宿船、僵尸船等“三无”船舶，拆除沿岸违建14处。自8月1日起，“三无”船舶整治向内河推进，开展大规模集中整治行动3次，摸排“三无”船舶327艘，11月27日完成清理拆解工作，为全市“美丽河湖三年攻坚行动”奠定基础。

【长江江阴段水上过驳专项整治】 长江江阴段水上临时过驳作业区是江苏省整治办2017年统一设立的长江江苏段7个临时过驳作业区之一，临时过驳区内保留50条浮吊，其中南京籍6条，扬州籍4条、常州籍11条、泰州籍29条。江阴市大禹水上过驳服务有限公司作为长江江阴段水上临时过驳作业区市场经营管理主体，负责临时过驳区建设和日常经营管理工作。2020年12月14日，无锡市长江江阴段水上过驳专项整治领导小组办公室（以下简称“整治办”）组织召开长江江阴段水上过驳取缔动员部署大会。无锡市交通运输局、江阴海事局、江阴市交通运输局、长航公安江阴派出所等单位以及南京、常州、泰州三地整治办、50条浮吊业主参加会议。会议传达《无锡市长江江阴段水上过驳作业取缔实施方案》，部署强调水上过驳取缔期间治安管理、水上交通安全、环保等工作。会后，50条浮吊业主签订承诺兑现书，承诺于2020年12月20日前无条件拆解或撤出江苏省辖水域，20日后将自行承担浮吊在长江江阴段涉及的停泊、看管以及安全等责任。12月17日，泰州籍浮吊“中伟工929号”在江阴市夏港长江拆船公司正式拆解，成为长江江苏段首台拆解的浮吊。是月19日，长江江阴段水上过驳区正式关停，为长江经济带高质量发展、黄金水道焕发新光彩贡献交通力量。

【全面实施机动车维修经营备案】 根据交通运输部办公厅《关于贯彻实施〈机动车维修管理规定〉的通知》、无锡市交通运输局《关于印发无锡市机动车维修经营备案指南的通知》，为规范机动车维修经营活动，保护机动车维修各方当事人合法权益，保障机动车运行安全，2020年7月1日起，江阴市全面实施机动车维修经营备案工作。机动车维修经营由许可审批改为备案，是交通运输部门深入推进机动车维修领域“放管服”改革重要举措，旨在放宽市场准入，推动行业转型升级和高质量发展。年内，累计完成308个机动车维修企业经营备案。

【渣土运输管理】 2020年1月10日，江阴市渣土运输管理第一次联席会议在市交通运输局召开，各部门和单位共商渣土运输专项整治工作。是月20日，《江阴市渣土运输管理办法》正式施行。7月15日，江阴市渣土运输管理工作联席会议办公室发布《关于在全市范围实施渣土运输车“五统一”规范管理的通告》。是月16日，举行江阴市渣土运输车“五统一”管理规范发布仪式，全市渣土运输车辆步入规范化管理轨道。年内，累计443辆渣土运输车统一安装车辆放大号牌及违法举报二维码，首次实现“一车一码”入库管理，有效推动渣土运输走向安全、规范、有序。

【“两客一危”挂靠车辆清理】 为进一步规范江阴市“两客一危”运输市场秩序，有效提升安全水平，根据《江阴市“两客一危”挂靠车辆清理工作方案》，自2020年6月起，市交通运输局牵头市公安、人社、应急管理、市场监管、税务、城管、财政等部门，建立协同推进工作机制，开展“两客一危”挂靠车辆清理工作。清理范围为省市际包车客运、三类以上班线客运、危险货物道路运输。通过全面清理道路客运和危险货物运输企业中存在的挂靠车辆，督促企业全面落实安全生产主体责任。至年末，完成37个企业682辆“两客一危”车辆联合甄别，清理整改挂靠车辆21辆，从源头上管控事故风险，确保道路交通运输安全有序。

（朱怡洁）

2020年7月16日，江阴市举行渣土运输车“五统一”管理规范发布仪式　（王　莹摄）

■类目编辑　徐文辉

经济事务管理

发展计划管理

【概况】 2020年，江阴市发改委改善工作作风，认真履行宏观经济部门职责，践行高质量新发展理念，扎实推进经济社会发展、重大项目建设、供给侧结构性改革、能源结构调整等重点工作，确保全市经济和社会健康有序发展，实现全市“十三五”规划圆满收官。集成改革持续推进，全力扶持特色小镇建设，完善政府和社会资本合作模式，推进江阴阳光璜塘热电有限公司关停整合工作，华能江阴燃机热电工程项目建设。加大重点重大项目推进力度，全力推进高新区中芯长电项目、临港经济开发区远景AESC电池项目和南京理工大学江阴校区项目等重特大项目加快建设。完善“阳光发改”平台，深入推进全省投资项目在线审批监管平台建设，督促各部门做好项目代码的应用工作。提升服务质量，科学排定年度为民办实事项目和富民目标任务。

【国民经济和社会发展目标管理】 2020年，江阴市发改委围绕高质量发展需求，牵头制定国民经济和社会发展年度计划，细化目标任务分解，协调推进高质量考核。全市完成地区生产总值4113.75亿元；一般公共预算收入增长1.2%；规模以上工业增加值增长6.8%；规模以上服务业营业收入增长10.4%；固定资产投资额增长9.8%；社会消费品零售总额下降3%；进出口总额191.4亿美元；实际利用外资9.2亿美元；城镇居民人均可支配收入和农村居民人均可支配收入分别比2019年增长4.1%和6.4%；城镇登记失业率控制在1.77%；万元地区生产总值能耗比“十二五”规划期末下降19.5%；主要污染物化学需氧量、二氧化硫、氨氮和氮氧化物削减完成上级下达目标任务；空气质量优良天数比率77.9%。工业经济稳中有进，有11个企业入围中国企业500强，15个企业跻身中国制造业企业500强，实现中国工业百强县（市）“四连冠”。新增上市企业3个。现代服务业持续优化，规模以上服务业营业收入增长10.4%，10个企业入围中国服务业企业500强，新增总部企业8个。省服务业综合改革试点综合测评排名前三，先进制造业与现代服务业“两业融合”工作得到省政府督查表彰。农业现代化提质增效，全年累计完成“三资”*投农5.5亿元，农业总产值62.5亿元，建成农村一、二、三产业融合示范点10个。“璜土智慧葡萄园”获批国家产业强镇示范项目，顾山镇红豆村入选全国乡村特色产业亿元村。新型冠状病毒肺炎疫情防控有效落实，扎实开展医疗救治，建成核酸检测实验室6个，实施重点人群、重点场所常态化核酸检测，实现确诊患者“零死亡”、医护人员“零感染”、治愈病例“零复发”。落实惠企措施，出台“惠企25条”政策，新增减税降费50余亿元，兑付奖补资金7亿元，减轻企业及灵活就业人员负担6亿元，累计减免企业职工养老保险、失业保险、工伤保险、职工医疗保险34.2亿元；累计节约用电成本5.5亿元、用气成本1.4亿元。保障民计民生，发放失业稳岗返还补贴2.06亿元、一次性吸纳就业补贴550万元、就业困难人员社保补贴7782万元、困难群众临时生活补贴和物价补贴3626万元。提升创新能力，获评省级科技进步奖2项；净增高新技术企业150个；全社会研发投入占地区生产总值比重3.3%，高新技术产业产值占规模以上工业产值比重的40.9%。不断完善创新平台，新增国家技术标准创新基地、省级院士企业研究院、省企业重点实验室各1个，新认定省、无锡市工程技术研究中心分别为11个、52个；中科院集成电路研究院江阴设计创新中心、江阴高新区（张江）科创企业孵化器正式投运。加速集聚创新资源，新引进国家重大人才工程入选者3人、省“双创计划”*团队1个和人才6人、省科技副总19人、无锡市“太湖人才计划”*人才团队项目16项；实施重点产学研合作项目70项，新建企业院士工作站4个，新引进科创项目45项，对接海内外高层次人才项目35项、落地7项。

【工作目标绩效考核】 2020年，江阴市发改委发挥牵头协调作用，根据省和无锡市高质量发展考核指标，合理分解落实。定期召开协调推进会，加强高质量发展考核的监测评估。根据指标对口原则，督促各责任单位明确专人负责考核的日常工作，做好各项指标季度和年度完成情况的推进、对接和对上争取工作，确保考核情况真实反映全市经济社会发展实绩。同时，通过学习和深入调研，根据当前形势和主要任务，研究制定镇(街道)高质量发展考核方案，及时将省和无锡市考核体系的绝大部分指标，分解落实到位。引导激励全市各个板块推进高质量发展的积极性、主动性。是年末，接受无锡市考核委员会对江阴市高质量发展的全面考核，并承接省对无锡市高质量发展考核的部分工作内容；完成对各个镇(街道)高质量发展考核工作，提供市委、市政府评价使用。

【经济运行分析调研】 2020年，江阴市发改委根据全市经济出现的新情况、新问题，牵头财税等相关经济部门，走访各镇(街道)，通过历史对比、趋势分析，不同指标的互相印证，全方位系统查找问题，分析经济运行中可能出现的新动向。按照月跟踪、季预测等方式，对全市经济运行情况进行跟踪分析，每季度形成经济分析报告，提出稳定经济发展的对策建议。是年，牵头召开4次全市经济运行分析联席会，编写8份经济运行监测报告，及时掌握经济发展动态，预警经济风险，预测运行态势，确保全市经济运行平稳，经济发展势头良好。

【固定资产投资管理】 2020年，江阴市发改委牵头制定《2020年度政府投资项目计划》《2020年度列入市人大资金监督的政府投资重点项目资金计划》《2020年度列入市人大资金监督的园区及街道政府投资重点项目资金计划》，安排年度全市政府投资项目133项，计划投资总额545亿元，年内计划完成投资额141亿元，其中列入市人大监管的市级重点项目30项，总投资额161.56亿元，年内计划完成投资额46.05亿元，实际完成投资额33.23亿元，完成计划的72.17%。完善政府投资管理制度并加强管理，提高政府资金利用效能。根据政府投资条例，出台《江阴市政府投资管理办法》，保障全市经济和社会健康发展。及时调整项目，缓解资金压力，组织评审项目20项，审核政府投资项目88项，涉及金额115亿元，参加其他单位组织的政府项目协调会50次。根据政府资金压力、投资形势、规模变化的情况，做好项目审核把关，组织人大督查项目2次、调研项目2次，召开项目梳理会9次，编写项目调研论证材料6份。

【重点重大项目管理】 2020年，江阴市发改委科学排定全市重点重大项目计划和市领导挂钩联系重大项目计划，进一步加强重大项目推进力度。全市省级重大项目3项，分别为高新区的中芯长电项目、临港开发区的远景AESC电池项目和南京理工大学江阴校区项目，总投资额350亿元，年内计划投资额45亿元，实际完成投资额46亿元，完成年计划的102.2%。其中，南京理工大学江阴校区项目竣工投运。无锡重大项目74项，计划总投资额1052.3亿元，年内计划投资额201.3亿元，实际完成投资额251.3亿元，对标260亿元目标，任务完成率96.7%。江阴重点重大项目183项，计划总投资额1554.8亿元，年内计划投资额381.4亿元，实际完成投资额432.7亿元，对标350亿元目标，任务完成率123.6%。开工建设项目208项，总投资额1188.7亿元，年内完成投资额424.4亿元。6项投资额在50亿元以上项目开工建设，分别是高新区2015年备案的中芯长电3D芯片集成加工项目、2018年备案的联动天翼锂电池项目、2019年备案的智建美住智慧移动建筑项目和临港开发区2018年备案的远景动力锂电池项目、2018年核准的红豆万花城项目、2019年备案的康瑞卫智达项目，总投资额323.5亿元，年内完成投资额35.5亿元。积极对上争取，组织申报中央、省级各类专项资金项目，全年拨付省级战略性新兴产业项目1项，补助资金1600万元。协调做好化工项目部门联审，有关科室按《江阴市化工项目备案暂行管理办法》要求，配合市化工园区整治，对江阴华西化工码头、江阴怡达化学有限公司、江阴嘉盛新材料有限公司等企业的7项项目进行联合会审。

【减煤"攻坚战"】 2020年，江阴市全力打赢减煤"攻坚战"，扣除公用电厂用煤，全市非公煤炭消费275.22万吨，比2016年减少182.53万吨，超额完成无锡市下达的年度减煤目标任务。市发改委加快推进热电企业关停整合工作。年内，江阴华美热电有限公司、江阴康顺热电厂、江阴升辉热能有限公司正式整合关停，并顺利通过省发改委组织的关停核查，江阴阳光璜塘热电有限公司关停整合工作有序推进，华能江阴燃机热电工程按期建成投运。持续做好各级环保督察销号工作，完成省级环保督察反馈问题9个、省级突出环境问题销号、中央环保督察"回头看"及大气污染问题专项督察反馈意见3类涉及减煤工作的环保督察整改销号工作。不断优化调整全市能源结构，加快推进清洁能源和节能减排重点工程。至年末，全市分布式光伏共3385户，装机容量645.77兆瓦，其中企业509户，装机容量625.21兆瓦，居民2876户，装机容量20.56兆瓦。风电共6户，装机容量共36.3兆瓦。

【供给侧结构性改革攻坚】 2020年，江阴市深入推进供给侧结构性改革，出台《江阴市2020年供给侧结构性改革指导意见》，将供给侧结构性改革工作分解细化为54项具体目标任务，着力激发市场主体活力，推动经济循环畅通。加大落后产能淘汰力度，组织开展钢铁化解过剩产能回头看工作，钢铁行业僵尸企业全部出清。严控房地产用地计划审批，有序调控房地产市场，年商品住宅去库存化期限为12个月，商品房库存去化周期为18个月。市发改委推进发展多层次资本市场和创新型产业金融，建立健全去杠杆风险监测和信息通报机制，合理控制政府负债水平；推动降本减负政策落实，通过"惠企25条"等各类惠企政策为企业营造更为宽松的发展环境。同时，提升民生保障整体水平。是年，全市降低实体经济企业经营成本额70亿元；新增就业岗位6.5万个，扶持自主创业5817人；南京理工大学江阴校区、江阴外国语学校一期、礼延实验学校、辅延幼儿园等建成投用。

（董　虎）

财　政

【概况】 2020年,江阴市各级财政部门围绕全市重点工作任务,充分发挥财政职能作用,扎实做好“六稳”*“六保”*工作;坚持科学精准施策,支持打赢疫情防控阻击战;落实积极财政政策,全力稳住经济发展基本盘;聚焦产业转型升级,助力增强经济发展新动能;加强基本民生保障,提升民生福祉满意度;持续深化改革创新,提升财政管理新成效。全年全市财政运行平稳有序,为取得疫情防控和经济社会发展“双胜利”、推进“强富美高”*新江阴建设提供坚实财政保障,实现“十三五”圆满收官。是年,全市完成一般公共预算收入259.66亿元,比2019年增长1.2%,完成无锡市下达的目标任务。

【助力企业复工复产】 2020年,面对新型冠状病毒肺炎疫情,江阴市各级财政部门全力支持抗击疫情,做好“六稳”*“六保”*工作,助力企业复工复产。启动财政绿色通道,坚持急事急办,畅通支付渠道,简化采购流程,打通预算安排、资金拨付、物资采购等环节,确保财政资金、防控物资及时快速到位。全市累计拨付防疫相关资金2.2亿元,主要用于医疗设备和防疫物资采购、重症病区和发热门诊改造、疫情防控人员临时性工作补助等。帮助市场主体纾困,全面落实市颁布的“惠企25条”政策,及时向受疫情影响严重的行业、企业送上政策“红包”。安排疫情惠企扶持资金7.54亿元,惠及全市4000余个企业。安排发放电子消费券价值3000万元,落实中小企业减免租金2000万元,惠及市内餐饮、零售、文体旅等行业。对上争取到12个防控重点保障企业贷款贴息资金720万元。落实好企业稳岗返还、岗位培训补贴、一次性吸纳就业补贴等稳岗就业政策。是年,全市各级财政部门为企业复工复产,交出财政“战疫”合格答卷。

【缓解基层财政困难】 2020年,江阴市抓紧抓牢财税收入征管,为抗击疫情提供保障。坚持以月保季、以季保年,多次召开由税务部门和重点板块参加的财税联席会、防疫物资企业税收征管推进会,研究强化疫情期间征管举措。全面落实减税降费政策,坚决执行国家出台的更大规模阶段性减税降费政策,全年全市累计减税降费50亿余元。继续压降政府一般支出,出台《关于优化支出结构、带头落实过紧日子要求,做好“六稳”“六保”工作的意见》,进一步压减一般性支出近3亿元。持续加大对上争取力度,抓住中央为应对疫情冲击发行特别国债、增加专项债券契机,梳理充实专项债券储备库,争取到新增债券资金39.6亿元、抗疫特别国债资金6.36亿元,在全省同类城市中名列前茅。快速推动中央直达资金落地见效,将中央特殊转移支付资金7486万元和抗疫特别国债中的八成分配给基层使用,有效缓解基层财政困难。

【聚焦产业转型升级】 2020年,江阴市综合运用财政政策、财政资金组合拳,重塑经济增长新动力,培育经济发展新优势。深入推进产业强市战略,全市投入暨阳英才、中小微及服务型制造、企业技术改造、企业创新能力建设等各类企业扶持资金20亿余元,扶持产业强市项目1600余项,补助企业近4000个,推动新业态和新模式加快成长,助力新消费和新基建加快布局,促进新产业和新经济转型升级。持续加大金融信贷支持,推进中小微企业信贷风险补偿池工作,全年全市有317个中小微企业受益,累计投放贷款8.81亿元,平均利率5.2%,有效降低企业融资成本。组建政府性融资担保公司,破解中小微企业和“三农”*融资难题。全面保障重大项目建设,运用地方政府债券,支持南沿江铁路、江阴第二过江通道、中医院异地新建、滨江路快速化改造等重点项目建设。运用PPP*等融资方式,支持锡澄S1线、高铁综合枢纽等重大工程建设。

【基本民生保障】 2020年,江阴市强化民生保障和民生实事落实,切实兜牢兜实民生底线。支持社会保障事业发展,投入近70亿元用于保障企业退休人员基本养老金;居民养老保险待遇、被征地农民养老补助金、居民最低生活保障标准每人每月分别提高到362元、960元、1010元,居民医保人均筹资标准提高至1100元;投入超1亿元用于残疾人救助补贴及养老服务补助。落实提高临时价格补贴标准、增发困难群众临时生活补贴、加大临时救助等支出约2600万元,惠及群体近2万人。支持医疗卫生改革发展,安排4.43亿元支持城乡居民基本医疗财政补助标准稳步提高;安排城乡居民大病救助基金7000万元对城乡困难居民、门诊特殊病种患者、重大疾病患者进行大病救助,覆盖城乡的医疗救助体系得到进一步完善。支持教育均衡优先发展,全年教育支出56亿元,不断提高教师待遇、学生人均公用经费标准,推动义务教育均衡发展;安排教育项目总投资额7亿元,推动智慧教育项目、江阴市长泾高级中学校安工程、江阴高级中学教学楼建设、江阴中专校改扩建(二期)、毗陵路小学新建、敔山湾第二幼儿园、先锋幼儿园等教育学校标准化建设。

【财政管理体制完善】 2020年,江阴市全面深化各项财政改革,建立完善现代财政制度。将南闸街道、云亭街道纳入市级财政预算统一管理;推进城市管理和社会建设一体化发展;试点推进镇(街道)、园区绩效评价,将基层政府纳入绩效管理范围。有效防范债务风险,加强督导债务化解,压降债务成本,确保存量债务转通,全年超额完成省、无锡市下达的年度化解债务任务,实现政府性债务规模、债务率双下降。盘活存量资产资源,加快国有企业和行政事业单位资产清理和盘活进程,持续推进权证办理工作。是年,推进全市预算绩效管理落到实处。

【深化国资国企改革】 2020年,江阴市在行政事业单位及部分街道推行预算绩效管理基础上,开展国有资本经营预算绩效评价试点,实现四本预算绩效管理全覆盖。启动国资国企市场化改革三年专项行动,加大为国资谋篇布局力度。大力发展混合经济,围绕秦望山环保产业园,南沿江高铁站、江阴第二过江通道等重大项目建设,与国有资本、民营资产共同成立混合所有制子公司8个。持续提升国资营运水平,设立产业基金,组建总规模20亿元的江阴毅达基金、30亿元的无锡联澄优化产业基金,充分发挥国有资本在金融投资领域的"引导和放大"作用。完善国有企业管理人员公开招聘、竞争上岗制度,拓宽选人用人渠道。出台《市属国企工资总额办法》,突出以考核为重点,完善工资总额与经济效益联动机制。全面加强国资监管,出台《江阴市国资监管清单》等制度,明确监管职能,厘清职责边界。不断提高信息化监管水平,完成国资信息化动态监管平台二期建设,对国有企业实现线上审批、实时监管。至年末,市属国企资产总额450亿元,年度利润总额19亿元。

2020年江阴市一般公共预算收入情况一览表

表31 单位:万元

项目	财政收入						
	合计			税务		财政	
	完成实绩	比2019年增长(%)	2019年	完成实绩	比2019年增长(%)	完成实绩	比2019年增长(%)
市本级	450489	13.73	396099	122178	-0.21	328311	19.97
高新区	395278	-5.67	419018	375328	-6.10	19950	3.36
临港经济开发区	481667	3.24	466546	457310	3.68	24357	-4.31
靖江工业园区	78716	-11.63	89073	75889	-8.91	2827	-50.94
镇(街道)合计	1190450	-0.39	1195064	1128400	-0.53	62050	2.25
全市合计	2596600	1.20	2565800	2159105	-1.00	437495	13.68

2020年江阴市财政预算执行情况一览表

表32 单位:万元

项目	当年度预算数(调整)	当年度完成情况		2019年完成	与2019年相比	
		完成数	完成调整预算%		增减额	增减%
一、一般公共预算支出合计	2351784	2378609	101.14	2310984	67625	2.93
(一)一般公共服务支出	195537	177387	90.72	206885	-29498	-14.26
(二)国防支出	1922	1172	60.98	1860	-688	-36.99
(三)公共安全支出	137113	123140	89.81	135939	-12799	-9.42
(四)教育支出	374521	402161	107.38	365225	36936	10.11
(五)科学技术支出	99955	88973	89.01	99061	-10088	-10.18
(六)文化旅游体育与传媒支出	36801	58035	157.70	36791	21244	57.74
(七)社会保障和就业支出	297736	363550	122.10	289899	73651	25.41
(八)卫生健康支出	123902	140385	113.30	121849	18536	15.21
(九)节能环保支出	97063	92770	95.58	96290	-3520	-3.66
(十)城乡社区支出	426848	494971	115.96	445596	49375	11.08
(十一)农林水支出	85082	93770	110.21	84790	8980	10.59
(十二)交通运输支出	38521	43824	113.77	37650	6174	16.40
(十三)资源勘探信息等支出	142663	49848	34.94	141781	-91933	-64.84
(十四)商业服务业等支出	18742	16302	86.98	17074	-772	-4.52
(十五)金融支出	300	617	205.67	393	224	57.00

续表32

项目	当年度预算数（调整）	当年度完成情况		2019年完成	与2019年相比	
		完成数	完成调整预算%		增减额	增减%
(十七)援助其他地区支出	23100		0.00	20164	-20164	-100.00
(十八)自然资源海洋气象等支出	26793	22217	82.92	26649	-4432	-16.63
(十九)住房保障支出	149315	155772	104.32	139695	16077	11.51
(二十)粮油物资管理事务	2832	1694	59.82	2724	-1030	-37.81
(二十一)灾害防治及应急管理支出	12704	22370	176.09	13421	8949	66.68
(二十二)其他支出	31184	1283	4.11	628	655	104.30
(二十三)债务付息支出	29000	28238	97.37	26534	1704	6.42
(二十四)债务发行费用支出	150	130	86.67	86	44	51.16
二、政府性基金预算支出	1908000	2477263	129.84	1528938	948325	62.03
三、国有资本经营预算支出	9800	9538	97.33	20300	-10762	-53.01
四、社会保险基金预算支出	1451629	1434927	98.85	1333157	101770	7.63

（王羽婷）

税　务

【概况】 2020年，江阴市税务部门统筹推进疫情防控和经济社会发展，全力服务“六稳”*“六保”*大局，巩固征管体制改革成果，持续优化税收营商环境，较好完成各项既定目标任务。全年累计完成各项收入506.32亿元。其中，税收收入408.77亿元，非税收入13.35亿元，社保费84.19亿元；完成一般预算税收收入215.91亿元，税收占比83.2%。新增减税降费53.74亿元，其中税收减免17.59亿元、社保费减免32.8亿元。完善党建制度建设，细化“全面从严治党责任清单”，压实10类责任主体的主体责任和监督责任，构建经纬监督网络，为高质量推进税收治理体系和治理能力现代化提供坚强政治保证，在疫情防控期间，组建11支党员突击队志愿服务、助力抗疫。完善税收征管体系建设，夯实征管基础，以标准化规范化为目标，进一步优化税务执法方式。主动融入社会治理，税收征管保障机制不断完善，司法协作、网格共治等创新举措落地见效，税收共治合力不断增强。按照职权法定、科学规范、便捷高效的原则，围绕行政许可、行政处罚、行政强制、行政征收、行政检查、行政确认等七类行政执法权力，梳理形成江阴市税务部门96张权责事项表，编制形成1078张对应的权责事项信息表及税务行政职权运行流程图，推进行政执法权力透明规范高效运行。全面排查梳理行政管理权、税收执法权“两权”运行中的风险点，形成闭环管理，规范操作，处置风险，消除隐患。提升队伍内生动力，系统构建税收体制机制，梳理常用制度规定1715条，建立操作指引1743条，解决系统问题92个，基本成型制度—机制—管控循环提升的管理链条。创新队伍正向行为评价，为人才培养、选优树优、交流晋升等工作打下良好基础。是年，江阴市被评为江苏省2019年度科技税收政策落实成效突出地区。

【组织税费收入】 2020年，江阴市税务部门坚持依法组织收入原则，坚决不收“过头税费”，监控14项组织收入相关内容，构建45项评价指标，形成实时预警、常态长效的收入质量监控机制。夯实税基，摸排42项重点税源，强化对废旧金属回收利用、陆路运输等重点行业和南沿江高铁、南京理工大学江阴校区等重点项目的征收管理，建立全税种、全流程管理，形成分行业管理指引。实施6个废旧金属行业税收管理试点、3个网络货运企业纳入代开发票试点。完成企业所得税年度汇缴工作，参与汇缴纳税人5.49万户，申报实际应入库税款17.45亿元，汇缴率和汇缴收入均列无锡市第一。建立标准化、规范化、精准化的企业所得税后续管理机制，企业所得税收入由2019年的96.23亿元增至106.44亿元，增长10.61%，占全部税收收入的比例从2019年的23.39%增至26.04%。完成首次个人所得税年度汇算，实行“专班+网格”的汇算机制，全市实际汇算申报人数35.82万人。强化跨境税源管理，做好大额未分配利润分析跟踪，加强非居民股权转让核查和税收协定审核，完成830个“引进来”和100余个“走出去”企业全球（集团）股权架构信息采集工作，全年入库非居民税收7.3亿元。反避税工作在国家税务总局统一指挥组织下，历时3年完成某跨国集团江阴公司的反避税全国联查，调增税款及利息985万元，维护国家税收权益。

【落实税收优惠政策】 2020年，江阴市税务部门认真贯彻落实国家更大规模减税降费政策，坚持把减税降费作为重要政治任务，在疫情防控期间配合市委、市政府推出“惠企25条”政策，编制并4次更新支持疫情防控税收优惠政策指引，点对点推送优惠政策、分级分类加强对纳税人辅导服务。落实小微企业普惠性税费减免8.4亿元，办理增值税留抵退税5.01亿元，充分释放个税改革红利3.05亿元。严格落实印花税核定标准调整减税5037万元，城镇土地使用税下调等“六税两费”（资源税、城市维护建设税、房产税、城镇土地使用税、印花税、耕地占用税和教育费附加费、地方教育附加费）地方性政策减税降费3500万元。确保抗疫、复工复业优惠政策应免尽免、应享尽享，有3.4万个次企业享受疫情防控优惠政策合计减免税额5.5亿元。推动科技体制改革创新，落实高新技术企业税收优惠额14.13亿元，享受优惠金额连续3年稳定增长，落实研发费加计扣除优惠政策，全年加计金额34.41亿元。首次个人所得税年度汇算退税申报人数20.9万人，累计成功退税额1.11亿元。

【推动税收协同共治联动机制】 2020年，江阴市税务部门在全市积极推动健全税收协同共治联动机制，通过项目化和网格化形成“一体两翼”工作格局，持续完善税收共治方式，确保各部门、板块的协同共治落到实处，有效提升税收治理效能。探索联合执法，落实“双随机、一公开”*监管，营造公平、透明、高效的税收营商环境。联合市住建局、市场监管局等部门开展房地产领域随机抽查，选取部分房地产企业检查环境保护税税源登记、建筑业预缴进度等内容，提醒企业准确申报。联合市市场监管局对领取营业执照但未办理税务登记的企业采取实地检查，督促及时办理税务登记或注销，并将检查结果进行公示，接受社会监督，进一步提升联合执法效果。开展个体双定户的漏征漏管户检查和清理工作。通过“双随机、一公开”形式，形成随机检查与风险应对互补互促的税收风险防控机制，提高监管效能，规范市场执法行为。促进税收信用融入社会信用管理，与市发改委（信用办）开展联合惩戒与激励，建立失信信息传递、联合惩戒、信用修复闭环运行机制，利用市场监管信息平台与“诚信江阴”网站实施公示惩戒，全年累计传递失信纳税人名单4批147户次，纳税人主动申请修复税收违法信用，主动清缴欠税2100余万元。与市法院共同制定并完善涉税执行联动机制，双方在信息联络交换、司法拍卖涉税事项、双向协助互助机制等方面加强联动，规范司法协作，保障生效法律文书执行和国家税款及时入库。是年，依托涉税执行联动机制，通过司法协作环节组织入库税款3.5亿元，超过2019年全年司法协助环节入库总额23%，其中，破产债权清偿入库3157.4万元。为堵塞自然人股权转让税收流失漏洞，联合市市场监管局建立信息共享和协作机制，在纳税人办理股权转让事项时，细化“先完税、后股权变更”工作流程和业务衔接方式，实现新的《中华人民共和国个人所得税法》实施后自然人股权转让税收管理的无缝衔接，提高税收征管效率。全年受理自然人股权转让5205人次，征收个人所得税1.3亿元，调整面占15%以上。与江阴生态环境局互相推送各类信息5183条，筛选出未按要求进行环保税申报的纳税人，查补税款466万元。深入推进“网格+税治”管理模式，与市财政局、城市综合管理局联合制发《关于推进江阴税收管理服务融入网格化社会治理的工作意见（试行）》，建立网格化机制保障，初步搭建起责任明确、监管到位的共治网络。增补6项税务管理工作作为网格员信息采集类入格事项，通过人员、事项、服务三要素同步入格，实现服务管理沉下去、共治共享效能提上来。江阴智慧城市综合管理平台“综合治税”模块于10月正式上线后发布两批次、330户网格化管理任务，初步达到提高工作效能、防范税收风险的目标。

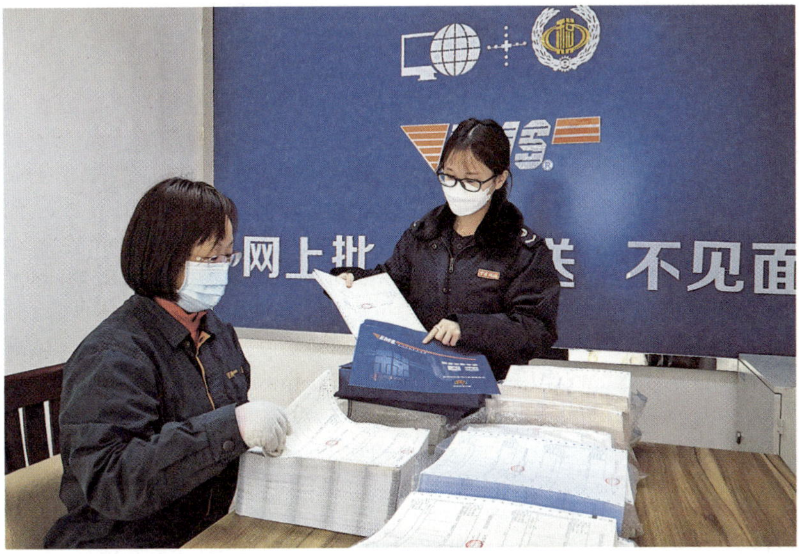

2020年，江阴市税务系统在全程“网上办”基础上，落实“非接触式”办税服务，用邮寄办税的方式打通新办企业办税“最后一公里” （市税务局提供）

【优化税收营商环境】 2020年，江阴市税务部门构建渠道更立体、标准更规范、效能更优化的征管服务新体系，切实增强纳税人和缴费人的获得感。落实跨部门集成办、前后台衔接办和线上线下一体办要求，不断拓展业务集约处理中心事项，实现审批再提速，进一步降低市场主体制度性交易成本。以新办企业套餐自动化审批平台上线为契机，与市行政审批局合作设立“全链通”*办理窗口，按照无缝对接要求对业务流程进行改造，打造新办涉税业务全程电子化不见面审批“0.5天”服务模式，审批时效提速75%。全年审批通过新办企业涉税登记及新办企业套餐12000户，新办企业信息补充采集率列无锡市第一。加大与市自然资源与规划局、市住房和城乡建设局等部门的联动，上线使用“不动产集成服务平台”，实行不动产交易网上申报、预审及预约受理，实现不动产交易缴税线上统一受理、线下只跑一次，不动产交易线上办理率70%，办理时长缩短67%。扩大非接触式服务覆盖面，全面实行办税事项“全程网上办”和“最多跑一次”清单，综合审批效率提升50%，纳税人平均等候和办税时长压缩40%以上，全年提供非接触服务近320万次，非接触办税率97.57%。推进“网上申领、邮寄配送”发票扩大范围及邮递配送业务，惠及全市5.3万个企业，线上申领、免费邮寄配送比例全省第一。出口退(免)税“无纸化申报”实现全覆盖，出口退税平均办理时间保持在2个工作日内。灵活就业社保费和城乡居民养老保险费实现网上批扣，城乡居民医疗保险费实现手机银行APP自行查缴，改变以银行柜面查缴为主的单一缴费模式。强化涉税信用数据增值应用，“税银互动”扩大范围至M级企业，全年提供“税银互动”贷款1160余笔16亿元。助力稳外资、稳外贸，实施服务贸易等项目支付电子化税务备案，纳税人、税务、银行三方数据线上流转，对外付汇时间由原来的2天以上缩短至几小时。主动宣传利润分配再投资递延纳税政策，鼓励境外投资者持续扩大在江阴的投资，全年为9个企业办理再投资递延纳税备案手续，递延纳税额1.29亿元，推动利润再投资额12.89亿元。简化税收协定优惠手续，由原来备案手续改为“自行判断、申报享受、相关资料留存备查、税务机关后续管理”的形式，全年受理非居民纳税人享受税收协定待遇申报110户次，优惠税额2.51亿元。是年，江阴市税务局税收营商环境指标在无锡市位居前列，满意度在全省位列第一。

【税收风险防范】 2020年，江阴市税务部门完善税收风险防范、应对措施，实施风险任务分级分类递进应对，风险管理累计实现应对总成效额18.92亿元，位列无锡市第一，比2019年增长45.9%。制定《关于建立防范税收风险完善税收监管体系的实施方案》，梳理完成73大类110条风险点、164项防控措施，形成年度风险点及防控措施清单。依托大数据形成依据职能风险分析预警机制，采集互联网数据2119条、第三方数据17541条，全年外部数据应用成效4.98亿元。优化与政府部门情报数据交换方式，由线下人工提供转变为线上一键获取，向20个部门提供涉税数据42次，实现内外部数据交互共享。优化应对方式，全面运用提示提醒策略，对5732户实施提示提醒策略。开展防疫物资产生经营涉税风险排查，在全市摸排出1769户防疫物资生产经营纳税人，通过提示提醒，辅导纳税人申报入库税款5.37亿元，其中对12户开展递进应对形式，入库税款2111.6万元，对22户开展联合执法检查，取得成效额1000.31万元，有效规范市场行为和税收征管秩序。严格发票管理，严防虚开发票违法行为，日常管理涵盖企业发票领用、开具、报税全过程，及时防范、发现企业的涉票风险。完善稽查案源管理与风险管理的衔接，承接发票受托协查事项，实现稽查事项向风险管理事项的平稳过渡，规范全市涉税违法案件移送税务稽查处理范围和标准。是年，全市未发现源头虚开企业，接受异常凭证数与2018年和2019年相比，分别下降91.66%、75.89%；全年移送稽查案件12件。

（王海怡　胡雨晨）

审　计

【概况】 2020年，江阴市审计局坚持疫情防控、依法履职“两手抓、两促进”，圆满完成各项工作任务。全年完成206项审计任务，包括36项审计项目、29项临时交办事项以及141项计划外拆迁审计项目，查出违规及管理不规范资金93.79亿元，为政府增收节支和挽回损失2.61亿元；发挥审计建设性作用，推动建立健全58项制度，移送违纪违法案件线索5件，向社会公开审计结果和审计信息102项。全市审计系统结合审计工作特点，制定个性化的廉政清单，层层签订党风廉政建设和意识形态工作责任书，开展以学促廉、以行践廉、以教倡廉系列活动。在全国助残日，联合锦隆社区发起“健残同行”主题活动，向残疾人伸出援手，组织向新疆维吾尔自治区霍城县红十字会捐赠爱心衣物300余件。

【预算执行审计】 2020年，江阴市扎实开展预算执行审计，提高资金绩效，落实过“紧日子”要求。市审计局完成市本级、澄江街道2019年度财政预算执行和其他财政收支情况审计，在年度项目计划之外，开展2019年四季度中央财政转移支付资金拨付进度情况审计，新增财政资金直达市县基层直接惠企利民情况专项审计，部门预算首次实现全市60个一级预算单位及其下属单位预算执行情况审计全覆盖。审计紧扣财税管理改革和预算执行全过程，坚持问题导向，重点审查预算收支执行情况，分析预算追加调整对预算执行的影响；关注存量资金，分析资金长期闲置的因素，盘活资金存量，提高资金使用效益；关注资金分配环节，重点揭示资金分配周期长、使用效率低下等问题。2019年度同级审报告反映330个问题，涉及54个部委办局、3个镇(街道)和7个国资公司，查出管理不规范金额81.87亿元，违规金额5.09万元。

【政策跟踪审计】 2020年，江阴市审计局围绕“六稳”*“六保”*等全市重大决策部署，及时跟进审计，找准审计切入点，加大对突出问题、深层次矛盾和潜在风险的揭示力度，开展应对疫情保发展、就业优先、新增财政资金直达市县基层直接惠企利民、市级经营性国有资产处置等专项审计，持续跟踪重大投资项目落实落地、拖欠民营企业中小企业账款、“放管服”*改革、创新创业、优化营商环境、减税降费等情况，持续推动重大政策措施落地见效，除了关注上述重大投资项目落地、拖欠民营企业中小企业账款等外，还重点关注市级经营性国有资产处置情况、应对疫情防控资金和捐赠款物使用等情况。向市慈善总会、红十字会发出疫情防控捐赠款物管理及内控风险提示，推动各部门全面落实中央重大决策部署和省、无锡市目标任务。对企业职工基本养老保险基金、残疾人救助补助资金等民生资金开展专项审计，涉及专项资金总规模近200亿元。完成江阴市人民医院综合改革政策落实情况专项审计，审计专项资金规模58.39亿元，审计报告反映12个问题，并针对问题提出审计建议。是年，先后派出12名审计人员参与省委巡视、无锡市委巡察、江阴市委巡察，以及相关专案审计工作，充分发挥审计“利剑”作用。

【三大攻坚战相关审计】 2020年，江阴市确立把防范化解重大风险、精准脱贫、污染防治作为三大攻坚战。市审计局扎实开展三大攻坚战相关审计，推动如期完成目标任务。聚焦防范化解重大风险，把政府债务和隐性债务风险防范跟踪审计作为政策跟踪审计常规工作，动态掌握政府债务和隐性债务情况，重点关注地方政府债券使用绩效、政府隐性债务化解政策措施落实和年度计划完成情况、政府隐性债务增减变动情况，推动债务化解工作做真做实，积极稳妥化解政府性债务风险。重视精准脱贫的审计工作，结合镇（街道）经济责任审计项目，以促进农业农村高质量发展、提高涉农资金使用绩效、维护农民利益为目标，关注乡村振兴相关政策措施的落实、目标任务的完成、资金使用绩效等，促进涉农资金优化整合，完善相关体制机制，发挥财政资金的杠杆效应。做好污染防治的相关审计，完成申港街道原党工委书记自然资源资产离任审计，重点关注任职期间自然资源资产开发利用和保护情况，审计报告反映7个问题并提出4条审计建议，有效促进领导干部认真履行自然资源资产管理和生态环境保护责任，推动生态文明体制改革落实到位。配合无锡市审计局开展沿江水污染防治专项审计，全面落实中共中央总书记习近平关于“共抓大保护，不搞大开发”要求，重点关注长江大保护等政策措施落实情况，推动践行绿色发展理念。

【经济责任审计】 2020年，江阴市审计局根据市委组织部委托，开展领导干部经济责任审计，推动权力规范运行。组织实施申港街道、靖江工业园区和市城市综合管理局、农业农村局、商务局、残联、档案史志馆、红十字会、新国联、人民医院主要领导经济责任审计项目10项，其中任中审计8项。在年度项目计划之外，组织开展澄江街道原党工委书记任期经济责任审计（离任）、华士镇财政状况专项审计、华士镇原党委书记任期经济责任审计（离任）、江阴农村商业银行领导干部薪酬审查等审计项目，审计查出197个问题，移送案件线索5件，提出审计建议40余条。审计中聚焦权力运行和责任落实，重点关注领导干部贯彻执行党和国家经济方针政策、重大决策部署和发展规划等情况，盯紧重点环节和重点领域，加强对公共资金使用、公共资源交易、公共资产运营、公共工程建设的审计，促进优化资源配置；加强对改善民生、生态文明建设和领导干部廉洁情况的审计，坚持实事求是原则，真正把容错纠错融入审计工作，促进干部履职尽责、担当作为。

【政府投资和征收拆迁审计】 2020年，江阴市审计局开展政府投资审计和征收拆迁审计，推动提高政府投资绩效。组织开展农村供水管网及户表改造、春申幼儿园新建、长山大道快速化改造、江苏（江阴）沿江危险化学品应急救援基地等261项公共投资项目跟踪审计和拆迁审计，完成范钱路改建工程、云顾线大中修工程、江阴职业技术学院危旧除险加固工程、全民健身综合馆项目等9项政府投资项目审计，重点关注招投标、物资采购、投资控制、土地征用、环境保护、工程质量等方面存在的突出问题，不断促进政府投资项目规范运行，促进提高政府投资绩效，有效防范廉政风险，全年完成政府投资额审计8.69亿元，核减1.03亿元。年内实施土地收储、市级重点建设项目前期征收（拆迁）跟踪审计，出具审核意见407份，涉及拆迁民房3401户，企业及非住宅403个（处），拆迁面积167.87万平方米，送审金额51.35亿元，审定金额50.43亿元，节约财政资金9126.66万元；实施拆迁决算审计7项，涉及拆迁民房904户，企业及非住宅157个（处），拆迁面积36.71万平方米，送审拆迁补偿金额5.56亿元，审定金额5.38亿元，核减1738.57万元。高效开展对口援疆审计，以保障援疆资金和项目安全为目标，重点关注对口支援发展资金使用、项目建设管理和绩效情况，有效促进援疆政策措施落地落实。是年，全市工程、拆迁审计核减财政支出额2.12亿元。

【审计整改】 2020年，江阴市审计局全力推进审计整改销号制度，聚

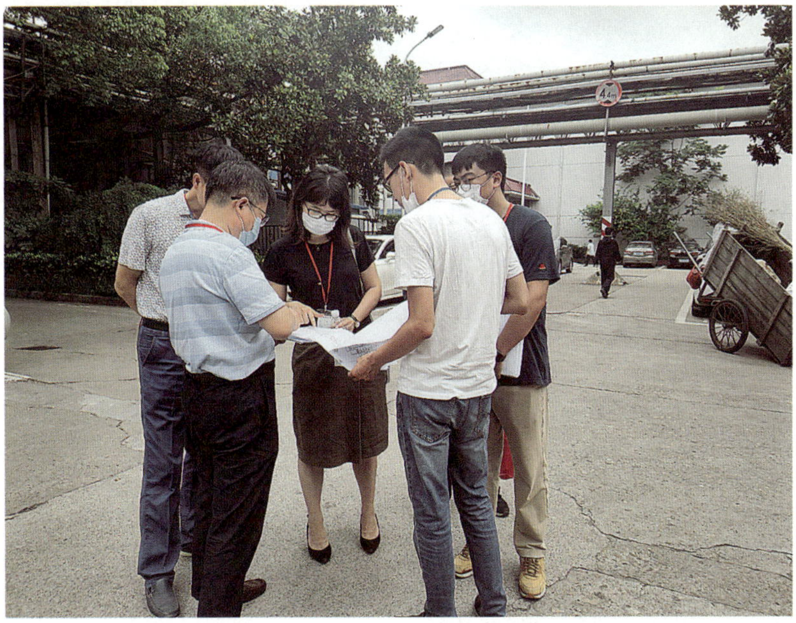

2020年6月16日，市审计局工作人员在征收（拆迁）现场进行勘察计量

（市审计局提供）

焦审计整改落实,做好审计“后半篇文章”。全年审计发现451个问题,至年末,累积2019年到整改期的问题有369个,整改销号257个,审计成效明显。是年9月28日,市政府专题召开2019年度同级审整改工作推进会,研究部署同级审整改工作,同级审反映的330个问题中,至年末有243个问题整改到位,整改后,盘活存量资金2.92亿元,收回各类欠款4919.29万元,清退涉企资金6208.98万元,加快落实上级转移支付资金项目7项,促进政府投资项目开工20项,修订完善制度43项,同级审整改取得阶段性成效。是年,市委、市政府继续把审计配合、审计整改工作纳入年度市级机关高质量发展工作目标考核体系,审计影响力和威慑力进一步提高。

(陈敏敏)

统　计

【概况】 2020年,江阴市统计系统贯彻落实国家、省、无锡市统计工作部署要求,围绕市委、市政府中心工作,推动完成地区生产总值统一核算改革、第七次全国人口普查、各项统计监测三大攻坚任务;打造统计基础强化、数据质量优化、服务水平提升三大工程;聚焦强化党的建设、科学量化队伍建设、持续深化法治建设三大建设,以实干实绩为勇当新时代县域高质量发展排头兵、社会主义现代化建设先行军、区域一体化发展领跑者,建设“强富美高”新江阴贡献统计力量。

【地区生产总值统一核算改革】 2020年,江阴市统计局健全工作机制,印发《关于完善地区生产总值统一核算能力提高数据质量的实施意见》,以局内部联动、市级部门联动、全市上下联动“三个联动”为抓手,落实职责分工。为了完善地区生产总值统一核算改革措施,印发《江阴市季度地区生产总值统一核算方案》《江阴市地区生产总值数据质量管理办法》,推动实现市、镇两级地区生产总值总量、速度、行业结构衔接。抓好对口联系,组织部门及镇(街道)、园区业务培训3次,解读季度核算方法及指标变化内容,推动市政府印发《江阴市地区生产总值统一核算工作联席会议制度》,组织召开联席会议3次,共享基础数据,共同研判形势。

【第七次全国人口普查】 2020年,江阴市开展第七次全国人口普查,成立由市领导任组长、35个部门组成的人口普查领导小组,抽调20人常驻人口普查办公室,落实市级经费1700余万元。建立镇级人口普查机构18个、村(社区)级普查小组275个,落实两级经费2300余万元,选聘、培训普查指导员和普查员8400余人。在《江阴日报》开通专版、专栏,刊登公益广告,电视台新闻频道每晚黄金时段滚动播出口号标语,每周开展跟踪报道。组织统计开放日广场宣传、童言童语“画”人普、“我有个‘七人普’故事想@你”作品征集等大型普查宣传活动,通过“江阴发布”“江阴统计”和镇(街道)、园区微信公众平台开展有奖问答和进行相关宣传百余条次,投放覆盖160万人以上江阴用户的朋友圈视频广告,联合成员部门启动电子屏、公交和出租车显示屏标语滚动和中小学“人口普查宣传一堂课”等宣传。强化数据核查,将数据审核关口前移,多部门开展资料对接,多角度开展比对分析,多方面处理信息分类,多频次排查编码差错,指定专人全天候接受咨询,及时下发业务解答,并在摸底、登记、检查验收和比对复查等重点阶段开展现场督查指导。全市完成正式登记250余万人,核实比对复查人口信息近10万条,完成行业职业编码12万余条。

【统计监测】 2020年,江阴市统计局牵头开展江苏省高质量发展监测,推动市委专题召开考核委员会会议,专题研究全年短板弱项指标,配合市委组织部对考核指标进行红、黄、蓝标识。按月开展省指标数据监测,年内召开联络员会议4次,对指标进行研究培训。配合研究制定全市高质量发展考核方案,开展镇(街道)、园区高质量发展核心竞争力和部门的省高质量发展“争先进位”考核,发挥引导、激励、约束作用。同时,进一步完善高水平全面建成小康社会监测和开展好社会主义现代化江阴试点监测,强化与职能部门对接协作,加强监测分析和跟踪问效,对进度缓慢、落差较大的指标集中攻坚、对标找差、补足短板,推进各项指标全面达标,并编写有关2019年小康、现代化江阴发展报告。建立主要经济指标月度预警监测制度,对主要经济指标的累计总量、增速等进行监测,针对出现的异常波动,及时查找分析原因,提高经济指标间的关联性和匹配度,提高对经济发展整体走势的预测预判水平。是年,每月形成分析报告,供市委、市政府主要领导阅研。

【统计基础工作】 2020年,江阴市统计局做好3936个联网直报单位的年定报统计工作,全面开展农业单位调查、劳动力、企业创新和“四下”单位(不是规模以上工业企业、资质等级建筑业企业、限额以上批零住餐企业、限额以上服务业企业)抽样等调查工作,全年新增联网直报单位1128个,新增数量位列无锡市第一。扎实开展各专业培训,组织面向全局、镇(街道)、园区、村(社区)和企业统计人员的业务培训96批次、覆盖近1.1万人次。持续推进统计各专业改革,继续做好500万元至5000万元投资项目的联网直报,加强项目入库管理,强化投资数据比对分析;增加非一套表单位劳动工资抽样调查,形成覆盖城乡法人单位的劳动工资统计调查体系;深化农业直报平台的运用,加强与部门间的业务共建和数据共享,配合做好乡村振兴监测工作;按照统计属地原则,推动原部门扎口的规模以上服务业部分企业转归镇(街道)、园区扎口,进一步畅通业务流程,提高统计效率。推进统计信息化创新建设,持续优化宏观经济库系统平台,同步加载月、季、年度指标数据,实现模型自动更新,加载2019年高水平全面建成小康社会、社会主义现代化江阴试点监测内容,形成立体化可视化界面,做好“江阴统计”微信平台和“最江阴”APP统计数据查询的数据动态发布工作。出台《2020—2022年江阴市统计局统计分析能力提升行动计划》,培育全市统计分析能力领军人才和后备人才。开展统计分析写作、宏观数据库加载更新、统计平台建模、保密管理和安全生产等各项专业学习培训8次，提升统计干部的综合素质和业务水平。

【数据质量管理】 2020年，江阴市统计局贯彻落实《江苏省统计数据全程质量管理体系(2020)》，从统计业务各个环节管控统计数据质量，出台《统计资料管理和使用》等相关制度，提升统计调查能力、统计数据质量和统计公信力。同时，落实省统计局《关于开展统计数据质量核查工作的通知》，积极开展自查自纠，推进企业统计台账制度建设，统一规范基础数据来源和方法，从源头上提高统计数据质量。年内，建成职责明确、过程可控、信息化程度较高的部门统计一套表采集系统平台，首批加载省高质量发展考核指标表36张，并组织开展对相关责任部门的平台操作培训，进一步统一部门统计业务流程，整合部门数据资源，提升政府统计工作整体效能。

【统计服务中心工作】 2020年，江阴市统计局坚持疫情防控和统计调查两手抓、两手硬，完成7次关于疫情对企业生产经营影响情况、口罩生产情况和无产值单位复工情况等调查，实事求是、全面准确分析疫情对经济的影响。围绕当好“四个排头兵”*、打赢“四场硬仗”*等市委、市政府中心工作和重大决策部署，结合江阴产业实情，撰写经济信息52篇，撰写统计分析、专题调研报告59篇，撰写课题和技术类论文5篇，在无锡市统计系统评比中获一等奖1篇、二等奖2篇、三等奖4篇。改版升级《统计数据》《统计年鉴》等重点统计产品，确保指标设置科学合理、紧跟形势。在《江阴日报》发布统计公报、第四次全国经济普查公报。积极为市委、市政府重大会议做好服务，做好数据材料咨询核对，并制作经济形势分析展板、排行榜等会议资料。通过“江阴统计”微信公众号开展统计工作和江阴经济发展宣传及公众满意度调查，提高阅读量和转发量，在全国统计调查系统微信公众号的综合影响力(区县级)稳居前列。

【统计法治建设】 2020年，江阴市统计局认真学习《江苏省贯彻落实国家统计局第六统计督察组督察反馈意见整改方案》，有序推进统计督查整改，推动市委办、政府办印发《关于全面贯彻〈江苏省贯彻落实国家统计局第六统计督察组督察反馈意见整改方案〉的通知》《江阴市党政领导干部防范和惩治统计造假、弄虚作假责任制实施细则》，针对整改措施清单逐条对照整改。推动各镇(街道)、园区党政领导班子学习习近平总书记关于统计工作重要讲话及指示批示和党中央、国务院重要文件精神及统计法律法规。推进《中华人民共和国统计法》进党校课堂，在全市新录用公务员初任培训班上作统计法治专题讲座。开展统计监督检查，印发《统计行政执法公示制度》《统计执法全过程记录制度》《重大统计执法决定法制审核制度》，并制定《重大执法决定法制审核目录清单》《行政执法音像记录清单》，购买执法记录仪等执法设备，实现行政执法信息公开透明、执法全过程留痕、执法决定合法有效。年内，对5个镇(街道)、园区共144个联网直报单位开展“双随机”检查，并开展“双随机”统计执法，对1个统计违法单位进行立案查处，全市镇(街道)、园区检查实现三年全覆盖。联合发改、住建、市场监管、税务等部门对6个房地产企业开展实地联合检查，对2个涉外调查单位开展专项检查，审批部门统计调查项目1项。多点联动开展普法宣传，举办全市统计法治培训会议6次，广场宣传1次。在《江阴日报》刊登普法专版，制作“七五”普法画册。强化政务诚信建设，与镇(街道)、园区、村(社区)统计从业人员和部分联网直报企业签订统计信用承诺书、建立信用档案850件。

(尤志静)

自然资源规划管理

【概况】 2020年，江阴市自然资源规划部门立足新职能、把握新定位、履行新使命，较好地履行“优化空间、保护资源、保障发展”职责。注重规划引领，抓紧规划修编实施，国土空间持续优化。国土空间规划完成6个专题和1个专项规划。完成主城南部片区、高铁枢纽地区、无锡至江阴城际轨道交通S1线站点及周边地区、第二过江通道及夏东路沿线区域、北大街及周边地区等重点区域规划研究，深化绮山水源地周边地区和花山景区规划设计。指导镇(街道)完成20个“多规合一”实用性村庄规划编制。注重用地保障和资源高效利用，用地潜力持续释放。年内，统筹疫情防控与保障发展，成立项目用地审批保障工作专班，全市重点重大项目实现应保尽保。出让经营性土地179.26公顷、成交款200.74亿元，成交款创历史新高。供应土地616.06公顷，保障S1线等重点项目用地。出台节约集约用地“1+5”文件，完善具有江阴特色的节地政策体系。《江阴市“三进三退”*护长江促生态产品价值实现案例》入选自然资源部典型案例，探索生态产品价值机制实现的江阴路径。注重改革创新，抓服务效能提升，群众幸福感持续增强。上线运行江阴市不动产统一登记平台和不动产电子证照，启用“银行网申”系统，推动不动产登记提速增效，企业办理抵押登记时长压缩至2个工作日、工业用地整宗地办理转让时长压缩至2个工作日，不动产登记全部业务实现在3个工作日内办结。创新开发“自然澄锋云”服务平台，加快工程建设项目落地。用地预审和规划选址实现“两证合一”，统一核发建设用地预审与选址意见书。省级试点实现新突破，自然资源违法行为实时监管试点工作被省自然资源厅发文推广，农村乱占耕地建房问题专项整治试点完成省级系统图斑填报，集体经营性建设用地入市完成，全市首幅集体经营性建设用地使用权挂牌出让地块网上公告，林长制试点初步实现森林等资源“三保、三增、三防”(即保森林覆盖率稳定、保林地面积稳定、保林区秩序稳定；增森林蓄积量、增森林面积、增林业效益；防控森林火灾、防治林业有害生物、防范破坏森林资源行为)目标。紧抓资源环境保护，生态文明持续深入。划定永久基本农田储备区面积513.8公顷，完成占补平衡项目面积27.26

公顷、增减挂钩复垦项目面积217.8公顷、耕作层剥离项目面积5.56公顷。扎实开展日常执法监管和扫黑除恶、违建别墅等专项整治行动,营造良好的用地秩序。完成造林绿化面积442.8公顷,创建5个省级绿美村庄和6个国家森林乡村,窑港口湿地保护小区建成无锡市首个环境司法联合修复示范基地,完成沿江10千米范围内21个露天废弃矿山生态修复治理主体工程。注重防灾减灾,抓安全责任落实,平安建设持续推进。健全市、镇(街道)、村三级群测群防网格,全市36个地质灾害隐患点均落实防灾方案。编制《江阴市"十四五"森林防火规划》,制定森林防火、城市地下管网维护规章制度,完成森林防火、城市地下管网专项整治问题整改,助力平安江阴建设。注重基础业务建设,管理能力持续提升,完成第三次国土调查和农村不动产权籍调查。上线运行江阴市"多规合一"信息化平台,构建城市空间规划建设管理"一张蓝图"。公布江阴市征地区片综合地价标准,修改《江阴市征地补偿和被征地农民社会保障实施细则》,规范征地补偿安置工作。完成市委巡察,完善内部防控机制,梳理全系统廉政风险点110个,筑牢干部职工的安全防线。

【主城南部片区空间发展规划】 2020年3月,江阴市为了优化南部以高铁站为核心的城市功能,挖掘江阴城市底蕴,助力锡澄一体化发展,由市自然资源规划局委托江苏省城镇与乡村规划设计院启动《江阴主城南部片区空间发展规划》编制工作。规划范围是:东至东快速路,西至新夏港河,北至芙蓉大道,南至江阴大道,涉及城东、澄江、云亭、南闸、夏港、月城、周庄、徐霞客共8个镇(街道),总面积约100.4平方千米。目标定位是建立展示现代化江阴的窗口区、融汇生态与人文的活力区、推动城乡融合发展的先导区。总体空间结构是"一轴三心三板块",其中一轴是主城南部片区功能发展轴,三心是高铁商务心、教育科研心、宜居生活心,三板块是中部高铁新城板块、西部教育科研板块、东部双山宜居板块。10月,该规划完成编制。

【高铁枢纽地区城市设计】 江阴市为高起点规划建设综合交通枢纽和南部城市副中心,自2019年3月起,由市自然资源规划局委托上海同济城市规划设计研究院有限公司编制高铁枢纽地区城市设计,对高铁枢纽地区进行全方位、高标准、多层次的城市设计。规划范围为:东至皮弄路,西至谢园路,南至云南路,北至规划澄杨路北侧支路及铁路线,总面积7.3平方千米。该规划依托高铁枢纽地区自身独特的山水景观资源,突出站城一体和城景融合的设计理念,规划形成"一轴串山城,四心聚一核,五片塑活力,多廊联山水"的功能结构。其中一轴串山城:由花山—高铁南广场、高铁北广场、站前商务金融区—虹桥路形成的山、水、城景观轴线;四心聚一核:由商务金融轴线、活力文创中心、站前商业中心、会议会展中心形成的组合中心,即江阴高铁都心;五片塑活力:由高铁商业商务核心区与四大居住社区,共同构成江阴高铁枢纽地区五大功能片区;多廊联山水:形成向花山指状渗透的多条生态廊道,联动山、水、城。规划打造江阴高铁枢纽新门户、国际商务新中心、生态宜居新城区,形成江阴城市南部副中心和城市新门户。2020年12月,该规划完成编制。

【北大街历史文化街区及周边地区城市设计】 2019年3月起,江阴市为了充分挖掘街区文化遗存,延续历史文脉,传承和展示江阴地方传统文化,由市自然资源和规划局委托江苏省城镇与乡村规划设计院编制北大街历史文化街区及周边地区城市设计。该规划范围是:东至君山公园—君山路,西至通江北路,南至环城北路,北至滨江路,总面积约92.92公顷。该规划目标是:江阴文化底片,山水艺岛新城。规划结构是:一核、双心、两廊、三带、六片,其中一核是北大街历史文化区核;双心是君山禅意文化中心、北门江阴国乐岛中心;两廊是君山—锡澄运河视廊、君山—北门岛视廊;三带是北大街历史文化带、锡澄运河生态景观带、闸桥河活力休闲带;六片是生态休闲片区、文化众创片区、传统体验片区、活力生活片区、文化艺术片区、运河游憩片区。规划将该区域打造成集传统文化体验、文化产业、创意产业、公共服务、旅游休闲、宗教游览、生活居住等功能于一体的江阴最具文化的历史街区。2020年10月,该规划完成编制。

【江阴市第三次国土调查】 根据国家、省和无锡市关于开展全国第三次国土调查工作(简称"三调",包括土地利用现状调查、土地权属调查、专项用地调查与评价)总体部署,自2017年10月起,市自然资源和规划局部署开展该项调查。落实项目经费719万元,公开招标确定4个甲级测绘资质作业单位和1个甲级监理单位。2018年3月,市政府下发《关于开展第三次全国土地调查的通知》,成立江阴市第三次国土调查领导小组,下设江阴市第三次国土调查领导小组办公室,抽调人员组成调查技术组和质量监理组等工作组,保障"三调"工作有序推进。2020年11月9日,江阴市"三调"统一时点更新调查成果,通过省级检查,标志着历时3年多的江阴市"三调"主体工作基本完成。江阴市"三调"调查图斑20.7万个,面积986.97平方千米,全面查清江阴市土地利用状况,掌握真实准确土地基础数据,为江阴经济社会发展和自然资源规划管理工作绘好一张"底图"。

【农村不动产权籍调查】 2019年8月,江阴市自然资源和规划局为优化和完善现有不动产登记基础数据,显化农村集体和农民土地资产价值,有效保护人民群众合法权益,根据江苏省政府《关于开展第三次全省土地调查的通知》要求,全面启动江阴市农村不动产权籍调查工作。落实专项资金1659万元,公开招标确定江苏省地质测绘院、江苏星月测绘科技股份有限公司、江苏兰德数码科技有限公司为技术单位,南京捷鹰数码测绘有限公司为监理单位。调查主要任务:依据上级技术规范,在江阴市农村宅基地和集体建设用地使用权调查、江阴市农村建设用地调查的基础上,开展宅基地与农房统一调查与更新,建立江阴市农村不动产权籍数据库。至2020年10月,市自然资源和规划局历时一年多完成除城东街道因剩余部分农房纳入拆迁范围而未列入调查外的江阴市16个镇(街道)19.79万宗、面积4771.48公顷的农村不动产权籍调查,成果通过省级检查,为江阴市开展农村不动产统一登记奠定基础。

【出台节约集约用地"1+5"文件】 2020年4月17日后,江阴市为切实解决土地利用低效粗放的问题,加快培育高质量发展新动能,陆续出台节约集约用地"1+5文件",即1个主文件《关于加快推进土地节约集约利用的实施意见》和《关于优化工业用地供给方式提升土地利用效益的实施意见》《江阴市工业用地再开发及交易管理办法(试行)》《2020年度盘活存量土地专项行动工作方案》《江阴市土地综合整治建新指标统筹及有偿使用交易实施细则(试行)》《江阴市工业用地项目评审办法(试行)》5个配套文件,构建"项目准入—土地供应—供后监管"完整的土地利用体系,在土地使用标准、项目评审、产业用地弹性年期出让、分级监管、降低用地成本、项目效益评估、土地转让监管、扶持标准厂房建设等政策方面实现突破,标志着江阴市全面开启以存量用地内涵挖潜代替新增用地外延扩张的用地方式。是年,全市盘活存量土地637.53公顷,完成低效再开发用地147.26公顷。

【自然资源违法行为实时监管】 2019年9月,江阴市自然资源和规划局作为全省5个自然资源违法行为实时监管试点单位之一,根据省自然资源厅和无锡市自然资源和规划局要求,部署开展上述省级试点工作。在系统上运行执法监察全流程,录入相关违法项目,运行案件查处流程,反馈系统运行问题,提出系统改进建议,完成各项试点任务。同时,制定《江阴市自然资源违法行为实时监管工作职责和流程(试行)》,理清实时监管工作各个环节的工作职责和要求,明确工作流程办结时限,规范执法监察工作流程,压实各级执法监察工作人员工作职责。2020年8月14日,省自然资源厅办公室转发《江阴市自然资源违法行为实时监管工作职责和流程(试行)》,在全省推广学习。是年,市自然资源和规划局开展实时监管巡查3703次,巡查发现线索142条,涉及土地面积62.5公顷,发现的自然资源违法线索录入率、依法处置率、闭环操作率均实现100%。

【江阴市征地区片综合地价制定】 江阴市自然资源和规划局为切实维护被征地农民和农村集体经济组织的合法权益,保障被征地农民原有生活水平不降低、长远生计有保障,在2019年12月就根据江苏省自然资源厅《关于开展征地区片综合地价制订工作的通知》要求,启动江阴市征地区片综合地价制定工作,综合考虑江阴市土地原用途、土地资源条件、土地产值、土地区位、土地供求关系、人口以及经济社会发展水平等因素,合理划分区片,采用农用地价格因素修正、征地案例比较、现行征地补偿标准累加等方法综合测算补偿标准,形成江阴市征地区片及综合地价制定成果。至2020年11月17日,江阴市出台《关于公布征地区片综合地价的通知》,公布江阴市征地区片综合地价标准,全市范围内征收集体农用地区片综合地价为每亩68000元,其中土地补偿费标准为每亩33000元,安置补助费标准为每人35000元,保证土地征收的正常开展,维护被征地农民权益。

【"多规合一"信息化平台建设】 2020年1月,江阴市自然资源和规划局为统筹推进各部门规划衔接,确保各规划中开发边界、保护空间、容量指标等要素的一致性,根据《江阴市城乡发展一体化体制改革方案》统筹推进"多规合一"试点要求,启动江阴市"多规合一"信息化平台建设。该平台以基础地理信息数据库为基础,构建"多规合一"空间信息平台,将局各部门的规划成果数据、基础地理空间数据、审批数据、三调数据、林地和耕地数据等梳理、整合和入库,构建城市空间规划建设管理"一张蓝图"。主要建设内容包括:建立完善的江阴市自然资源数据资源目录体系、数据资源归集和整合建库、数据库管理信息系统改造和江阴市"多规合一"信息化平台。11月25日,江阴市"多规合一"信息平台建设项目通过专家组验收,为国土空间规划编制提供数据支撑和技术服务。

【"自然澄锋云"服务平台】 2020年6月,江阴市自然资源和规划局为提高规划管理业务服务效能,启动"自然澄锋云"服务平台开发。该平台由"自然澄锋云"服务协同管理平台、投资建设项目行政许可移动审批平台、自然资源规划局移动"一张图"三大基础管理平台组成。依托PC端、移动端,在移动端上嵌入江阴市自然资源和规划局微信公众号,将部分线下业务调整"入云"管理,打破局内部,尤其是与镇(街道)、园区沟通不畅、业务不通、数据不详等问题,为服务对象提供预审与选址项目、工业类项目规划条件、经营性项目用地规划条件、地块城市设计方案审查、建设工程基础验线委托流程、建设工程竣工核实等业务的提前介入、提前服务,做到业务随时流转、沟通实时畅通,进一步加快工程建设项目落地,做到项目审批全程网办,优化了营商环境。是年12月,该平台成功上线运行。

【江阴市城乡规划设计院转企改制】 2020年7月30日,江阴市自然资源和规划局根据江阴市分类推进事业单位改革工作领导小组办公室印发的《江阴市城乡规划设计院转企改制实施方案》要求,启动江阴市城乡规划设计院转企改制工作。江阴市城乡规划设计院改制为由江阴市国资办持股的国有全资公司,注销事业单位法人,完成43名在职事业编制人员和7名事业退休人员转隶工作。同时,为适应生产经营类事业单位改革的需要,稳妥处理转企改制后事业人员安置问题,根据江阴市委机构编制委员会《关于设立江阴市自然资源和规划事业人员托管中心的批复》要求,市自然资源规划局设立江阴市自然资源和规划事业人员托管中心,将市城乡规划设计院参与转企改制的在职事业人员及提前退休人员、退休人员整体划入托管中心管理,妥善解决转企改制后事业人员安置问题。

【江阴市不动产统一登记平台建设】 江阴市根据不动产登记中有关"统一信息平台"要求,梳理各类不动产登记业务,整合各类不动产登记数据,实现不动产登记业务“一套系统、一个数据库”的运行模式。2019 年 10 月,由市自然资源和规划局委托南京国图信息产业有限公司启动江阴市不动产统一登记平台建设。该平台建设是在不动产登记的基础上,在网络环境下,采用海量数据管理技术、WebGIS(扩展和完善地理信息系统)技术、大数据技术、云计算技术等,基于面向服务(SOA)的系统架构,建立结构完整、功能齐全、技术先进,并与不动产统一登记工作要求相适应的、以电子政务信息化为主要目标的信息平台体系,支撑不动产登记管理部门的办公运转,对内统一信息资源管理、对外实现信息资源共享。该平台主要包括数据库建设与数据迁移,不动产权籍调查管理系统、不动产登记业务管理系统、不动产登记信息实时上报系统、不动产登记电子证照共享服务系统以及相关接口的建设。2020 年 5 月 6 日,江阴市不动产统一登记平台正式上线,全面开启江阴市不动产登记新模式,打破部门之间信息壁垒,实现住建、税务、登记以及水电气等相关部门的互联互通,进一步优化营商环境。 (卫志友)

市场监督管理

【概况】 2020 年,江阴市市场监督管理局结合集成改革,清理完善机构编制,先后撤并商标事务所、创建办、市场公司、基建办等多个自设机构,抓好职能调整和队伍融合,设 18 个职能科室、1 个执法大队、1 个食品安全监测中心和 18 个基层分局,另受江苏省市场监管局委托管理江苏江阴—靖江工业园区分局。面对突如其来的新型冠状病毒肺炎疫情和严峻的宏观形势,全局上下一心,履职尽责,坚持“以改革促创新,以严管保安全,以服务促发展”的总基调,抓好主责主业,服务发展。成立党员先锋攻坚队,开展入企指导服务,精准助力高质量发展。是年,市场监管领域各项工作稳步推进。

【常态化疫情防控】 2020 年,江阴市严格取缔、严厉打击野生动物交易。江阴市市场监督管理局对全市 67 个商品交易市场(含批发市场和 56 个农贸市场)进行不间断巡查,确保 151 个活禽经营户停止交易,指导市场规范化清理和消毒,严格管控入场人员,做好保供应、稳物价等工作。出台《关于支持复工复产缓解新型冠状病毒肺炎疫情影响的若干措施》,结合市场监管工作实际,从协调减免相关服务收费、优化检验检测服务,包容审慎加强事前事中事后监管,加大企业复工复产保障力度,促进经济稳定持续高质量发展四方面入手,制定 25 条措施。在“最江阴”APP 推出“江阴市政府保障性口罩线上预约、购买”系统,售出平价口罩 447 万只。收集上报药店购买发热、咳嗽药品人员信息 14.2 万余条。为 178 个企业免费制定并公示 209 项防疫产品企业标准。坚决维护好防疫物资市场秩序,查处全省首例以水刺无纺布冒充熔喷布的生产、销售伪劣产品案,对涉及防疫物资违法行为立案 113 件,得到国务院督导组的两次表扬。按照进口冷链食品全检测、外包装全消杀、进口冷链食品来源全追溯的“三全”管理要求,对于进入江阴市场储存、加工、销售的进口冷链食品,开展针对性防控措施,牵头设立进口冷链食品集中监管仓,加强进口冷链食品闭环监管,阻断进口冷链食品在疫情传播中的风险。是年,江阴市市场监督管理局被评为无锡市抗击新型冠状病毒肺炎疫情先进集体。

【推动企业高质量发展】 2020 年,江阴市市场监督管理局优服务、保民生,当好高质量发展的推动者,助力江阴产业提质增效、转型升级,不断夯实质量发展根基。年内,组织召开江阴市市长质量奖申报培训班,全市 71 个企业高层管理人员 150 余人参训,其中近 30 个企业的董事长、总经理参加培训。组织辖区内 13 个企业申报“江苏精品”14 种,其中 1 个企业的 1 种产品获得“江苏精品”认证;组织辖区中国质量奖及提名奖企业、江苏省省长质量奖及提名奖企业、“中华老字号”企业、工业品牌 50 强企业及农业品牌企业参加江苏省质量成果展览活动。引导和激励广大企业或组织建立和实施卓越绩效模式,提高产品、工程和服务质量水平,持续改进经营业绩,增强城市经济的综合竞争力,并组织开展 2020 年江阴市卓越绩效兴澄基地活动,全市 11 个市长质量奖申报企业 30 余名代表参加活动。牢固树立“质量第一”“以质取胜”的观念,促进工业企业增强质量法制意识,切实履行法定质量义务,引导企业信守质量信誉,推进工业企业质量诚信自律机制的形成,3 个企业获江苏省质量信用 AA 级以上企业称号。是年,江阴天江药业有限公司获江苏省省长质量奖;获无锡市质量管理优秀奖企业 1 个、江阴市市长质量奖企业 2 个、江阴市质量管理优秀奖企业 3 个。

【标准化项目实施】 2020 年,江阴市市场监督管理局向社会公示政务服务标准,通过市、镇(街道)、村三级“澄事之窗”自助服务终端公示政务服务标准;8 月,徐霞客镇行政管理体制改革综合标准化省级试点项目以 90 分的成绩通过考核验收;“江阴市社会联动救助基本公共服务标准化专项试点”作为无锡市年度获批的唯一一项国家级基本公共服务标准化试点项目,实施方案定稿发文,并于 10 月初召开全市的项目工作推进会;推动“江阴标准”上升为无锡市、省级地方标准,其中《基层治理网格化运行考核规范》和《社会救助联动程序规范》报批稿完成主管部门审批。推动企业标准上升为国家标准、行业标准,完成主导、参与制(修)订国内外标准 64 项,累计 564 项。法尔胜泓昇集团有限公司承担建设的国家技术标准创新基地(金属线材制品国际标准化)通过考核验收,成为全国首批获准筹建、省内首个获批并通过验收的国家技术标准创新基地。江阴市黄山船舶配件有限公司“水密防护盖海洋装备战略性新兴产业标准化试点”项目获批 2020 年度江苏省战略性新兴产业标准化试点项目。年内,推动管理标准化,推进全省首个基层分局综合管理标准化试点工作,收集、制定基层分局综合管理标准 96 项,该试点项目于 7 月通过中期评估,12 月 26 日以优异成绩通过考核验收。是年,市市场监督管理局“澄事之窗”自助服务终端铺设完成 105 台自助终端,政务服务日趋标准化。

【优化营商环境】 2020年,江阴市市场监督管理局推进"放管服"改革,深化106项涉企行政审批事项的"证照分离"改革,构建登记、审批、监管互联互通和有效衔接的市场主体行政管理机制。整合市场监管职能资源,延伸服务触角,细化服务事项,在外资企业联合年报、商务信息报告等领域拓宽服务内容,帮扶疫情常态化情况下有诚信保障的外商投资企业缓解登记困难,配合重大外资招商项目到江阴落户,探索包容审慎的容缺办理模式。推行柔性执法,联合市司法局出台《关于在市场监管领域推行行政处罚"三张清单"制度实施包容审慎柔性执法优化营商环境的实施意见》,编制市场监管领域不予处罚事项134项,减轻处罚事项9项,从轻处罚事项9项;在市场监管领域坚持处罚和教育相结合的原则,充分运用政策辅导、行政建议、警示告诫、规劝提醒、走访约谈等方式,加大对企业的行政指导力度,突出市场监管执法对新产业、新业态和新模式的包容审慎监管和柔性监管,打造活力有序的市场竞争环境。是年,办理出质股权折合1.02亿美元,为企业融资24.55亿元;全年累计动产抵押注册登记736件,其中新设立登记515件,比2019年增长9%,担保主债权数额159.32亿元。

【信用体系建设】 2020年,江阴市市场监督管理局推动全市55个部门和板块在全省统一的江苏省市场监管信息平台上归集涉企信息,涉及许可、处罚、检查结果、联合惩戒等类型信息27.11万余条,为信用监管提供基础数据,归集情况在无锡市领先;配合协助查询信息29985条,为206个企业出具市场主体守法经营状况意见书,协助市委统战部对17人次非公经济人士评先评优进行信用评价;在"企业信用信息公示系统"和"信用中国"平台,对25个企业的27条处罚记录进行信用修复。带头实行单部门"双随机、一公开"抽查,完成8945户市场主体"双随机"抽查,涉及食品、特种设备、广告、年报、商标、质量等各个方面,占全市市场主体比例的4%,抽查结果全部向社会公示;牵头开展部门联合"双随机、一公开"抽查,推动全市市场监管领域的其他18个部门开展各自的"双随机"抽查,牵头全市16个部门开展联合"双随机"抽查13次,基本实现"双随机"抽查全覆盖,并进一步完善在市场监管领域以"双随机、一公开"为基本手段,以重点监管为补充、以信用监管为基础的新型监管机制。

【化解矛盾】 2020年,江阴市市场监督管理局牵头推进全市防范化解市场经营领域突出矛盾的工作,成立专项行动工作办公室,制定具体工作方案,切实做到"事要解决、人要稳定"。年内,专项行动工作办公室积极排查市场经营领域的各类矛盾,针对排查中发现的矛盾全力推动化解,对一时难以化解的突出矛盾做好吸附稳控工作。是年,成功防范化解突出风险或隐患事件5件。

【综合执法】 2020年,江阴市市场监督管理局开展全面禁售长江流域非法捕捞渔获物行动,对重点行业、品类、点位开展全面排查,强化网络交易监测和违法违规广告监测,依法依规查处以"长江野生鱼""野生江鲜"等为噱头的宣传营销行为;持续深入开展扫黑除恶专项斗争,江阴市市场监管执法大队被评为2019年度无锡市扫黑除恶专项斗争成绩突出集体;加大对重点领域、重点行业和群众反映强烈的传销和非法会销等不正当竞争行为的打击力度;持续开展单用途预付卡清理整治行动,加强网络市场监管,规范电商平台经营者行为,强化其履行主体责任和义务。年内,通过加快原工商、质量、食品、药品4个执法职能与文化、旅游、物价、商务、粮食、盐业6个新归并执法职能的集成融合,下放镇(街道)综合执法处罚权事项,着力解决市场领域权责交叉、多头多层执法问题,基本形成市场监管领域"十合一"的综合执法格局。是年,查处案件1182件,罚没款2709.34万元,移送公安机关涉罪案件43件。

【消费维权】 2020年,江阴市市场监督管理局在开展消费维权工作中,倾听基层群众呼声,推进放心消费示范单位创建,完成116个创建无锡市级放心消费先进示范单位及18个先进示范街区复核、新申报33个示范单位审核;开展放心消费创建巡回宣传活动,在15个镇(街道)开展巡回宣传;在市区主要路段制作大型放心消费公益广告牌2块;实施江阴市汽车市场放心消费创建活动。在疫情防控时期,向全市广大消费者、经营者发出打好疫情防控阻击战的倡议书,倡导市民落实政府工作要求做好防控措施,稳定消费市场。及时处理消费咨询和消费投诉举报,对旅游、家装、餐饮等投诉事项依法及时妥善处理,妥善处置群体投诉。开展维权公益服务,与江阴市家装行业商会开展家装专家组义务上门服务,为消费者排忧解难;与江阴市烹饪协会、餐饮业商会共同发出"诚信经营,文明消费"倡议书,促进餐饮市场健康发展;召开江阴市汽车市场放心消费创建活动年度工作会议,提高汽车经营服务质量,营造汽车放心消费环境;通过互联网、公众号、融媒体等多种途径开展"3·15"消费者权益保护日线上系列宣传活动,在是日举办直播与消费者互动,接受咨询、投诉,分析疫情防控期间消费维权问题;联合市检察院、教育局、工商联和酒类饮品行业协会举办"关爱青少年保障健康权,禁止向未成年人售酒活动"启动仪式,切实保障青少年消费安全;缓解疫情影响,助力消费"回暖",参与开展"有情常相叙、无锡礼相随"特色伴手礼评测活动,组织江阴10种特色伴手礼产品参加测评。是年,市市场监督管理局投诉举报中心受理投诉举报事件21124件。其中,全国"12315"平台接受投诉举报事件6968件;无锡"智慧315"平台接受投诉举报事件3593件;江阴"12345"平台接受投诉举报事件10563件。所有投诉举报事件都在规定时间内办结。市消保委接收投诉事件2387件,其中群体投诉17件,重大投诉69件,接待到访和咨询22641人次,为消费者挽回经济损失381万元。市消保委获中国消费者报社消费维权新闻宣传突出贡献奖。

(耿柯镠)

国有资产经营管理

【江阴市新国联集团有限公司】 2020年,公司按照市委、市政府决策部署,围绕发展思路,坚持稳中求进总基调,在突如其来的疫情冲击和严峻复杂的宏观形势下,全员坚定信心、克难奋进,较好完成全年目标任务。年内,新国联公司正式变更为新国联集团有限公司,进一步强化三级管控模式和人财物等要素一体化管理,根据信息化管理要求,利用网络平台加快办公自动化建设。积极推进项目建设,华能江阴燃机项目1号、2号机组完成168小时满负荷试运行后正式投产;江阴热电两台6F燃机项目土建工程基本完工,9F燃机项目1号机组获省发改委创新发展示范项目批复;天然气高压管网二期项目开工建设;成立澄东南热力公司并实体化运行。新增股权投资"江特科技""天邦涂料""惠尔信"3项项目,与江苏资产管理有限公司合资设立江苏联澄资产管理公司、合资组建无锡联澄优化调整产业投资合伙企业。开展不良资产处置、实体企业投融资和上市公司纾困等相关业务,拨付纾困资金近50亿元。执行市政府发布的25条惠企政策,全年各相关单位签订减租协议计1462户,减免租金1166.27万元。做好中小微企业扶持工作,全年新增贷款担保笔数663笔,新增贷款担保金额21.44亿元,优惠担保笔数336笔,优惠担保费842.31万元。常态化开展疫情防控、文明城市创建、安全检查等相关工作。是年,公司实现营业收入72.42亿元,利润总额10.87亿元,上缴税金4.3亿元。至年末,公司总资产249.97亿元,净资产117.39亿元。(陈 炜)

【江苏江南水务股份有限公司】 2020年,公司围绕年度目标任务,上下同心、携手同力,完成供水量2.62亿立方米,售水量2.39亿立方米,水质综合合格率100%。年内,做好安全保供,推动优质供水,高标准新建改建华士镇中康大桥DN(公称直径100毫米)500、云东路DN500、祝塘镇景阳路DN600等给水管道工程,敷设DN100以上管道34.7千米。新增远传水表小区27个、新增远传水表27078只,全方位把控全市408个小区共26.53万只远传水表。对府前花苑、通渡花苑、锦隆四村等7个小区2500户水表开展线路改造及水表周检,改造不锈钢保暖水表箱216只,完成大口径水表周检1647只。全年完成22个小区51套二供设备的安装调试、30个新建小区62套二供设备的综合验收,有377个小区726套设备纳入统一运行维管范围。绮山等市内应急水源地运行稳定。完成实验室认可现场评审和扩项工作,完成认可要求的化学和微生物领域能力验证工作,以及实验室内部质控考核。成立新型冠状病毒肺炎疫情防控工作领导小组,配合市疫情防控指挥部开展人员大排查。严格按照市指挥部要求,禁止外来人员进入水厂、加压站,营业厅办事人员、公司访客人员遵循测温+扫码+登记程序,实现疫情防控常态化。攻坚重点工作,中标江阴天安数码城产业二期室外雨污水管网及青阳镇老镇区生活污水改造等2个工程。完成福建省福州市西二环路DN800灰口铸铁管道、江阴鲥鱼港路污水管道非开挖修复施工工程。完成肖山水厂、澄西水厂深度处理工程,并投入试运行。建立水量异常与漏损监测体系方案,构建各辖区分区计量一级、二级关系,实现各辖区每日供水量定时推送。对远传表小区进行DMA(分区计量)搭建,全年完成102个小区。推进产学研项目"城市水处理厂絮凝投药智能复合控制系统研究"。在管网养护、排水业务上有新进展,全面养护南闸、徐霞客、华士、申港、夏港等镇(街道)和敔山湾、高新区等区域排水设施,养护污水泵站124座,清疏管网854.9千米,清掏污水检查井、雨水箅52231座。对新华路隧道、澄张公路、南闸大洋桥、马镇红星4个重点泵站安装远程监控系统,即时掌控设备、设施运行状态。优化服务,提高效率效能,出台《进一步优化用水报装营商环境的实施方案》,推行用水报装工程费用定额收费办法,降低工程收费;推行不同类型3个、8个、15个工作日办结时间制度;推行"先通水后付费"制度和客户管家制度,跟踪服务项目全过程。集中采集各镇(街道)停水、降压信息,按照规范要求统一对内、对外发布停水降压信息,通过微信精准告知,全年微信发布点对点停水通知28次,受益用户88612户。推出年度水费电子账单,结合季节变化,为大用户点对点推送用水友情提醒及技术指导。是年,公司获实用新型专利11件、软著权2件,参股公司江阴华控人居供水技术服务有限公司获评科技型中小企业。(胡 菁)

【江阴公用事业产业发展有限公司】 2020年,公司克难奋进、开拓创新,保持持续发展良好态势。主营业务再开新局面,新增湿电子化学品等检测项目425项,全年为社会各界提供检测公共服务5.1万批次,比2019年增长28%,检定校准计量器具35.1万件,比2019年增长43.9%,检测业务范围延伸至上海、浙江、四川、新疆等地;推广"智慧停车"系统,全市17个停车场、14个路段上线"智慧停车"平台,新建王朝、文庙西等6个停车场,新增近400个停车泊位;实施照明设施节能改造二期工程,完成89条道路10092个光源的节能改造。出台《检测公司技术岗位设置规定》,打通专业技术人才的成长通道;推进检验检测资质整合,完成国家船舶材料质量监督检验中心(江苏)和江苏省塑料及塑料包装产品质量监督检验中心依托母体的变更;全面推进绩效管理,建立与工作质量、效率、态度和能力紧密关联并覆盖全员的管理体系;提升采购工作质量和效率,探索采购项目制管理新模式,推行分段式流程管理,强化采购工作的协同能力,提升各环节的管理和服务水平。注重科技研发,新增高新技术企业1个,新入库高新技术企业1个、科技型中小企业2个;2项国家标准正式发布,1项国家标准获批立项;2项省级科技项目顺利通过验收,1项省级科技项目获批立项;完成4项发明专利、11项实用新型专利的申报,7项实用新型专利获得授权;与江苏科技大学合作申报的省研究生工作站通过评审。提高运营发展实效,制定新规章制度7项,修订完善规章制度11项，提升工作的规范性和效能；定期开展预算执行情况分析，持续优化预算支出结构，严格控制预算外支出，提高预算管理水平和实施效果；加强重点领域、重点环节风险防范，对3个子公司经营的规范性和工会经费收支的合规性实施专项审计。完善安全生产责任体系，组织开展20次综合安全检查和7次专项安全检查，一批安全隐患得到整改；实施照明设施应急演练和消防应急演练，有效提升突发事件应急处置能力。是年，公司完成营业收入1.48亿元，比2019年增长14.4%；利润总额2134万元，比2019年增长102%；上缴税金1186万元，比2019年增长84.45%，超额完成市财政局（国资办）下达的目标任务。（王　敏）

【江阴城建产业发展有限公司】 2020年，公司围绕年度目标任务，开展“重点项目推进年、工程管理规范年、关联业务拓展年”活动，以“策划、建设、运营、管理”四大发展战略为统领，内强外拓，较好完成全年各项目标任务。年内，推动管党治党各项举措落地见效，党的建设质量不断提升；组织开展结对共建文明创建和志愿者服务活动，响应国务院扶贫办社会力量助力挂牌督战村项目，完成与挂牌督战村云南省昭通市镇雄县麻地村的结对帮扶关系，完成与陕西省延川县的结对帮扶任务。致力于成长为城市建设综合运营服务商目标，确立工程管理、建材贸易、招商运营、物业服务4项核心业务，并继续承担敔山湾区域的大物业管理职能。年内，组建江阴筑诚工程管理有限公司（二级子公司），推进各项重点项目建设。全年承接政府房建类集中建设项目17项，至年末，开工建设8项，处在前期设计或项目招标阶段9项。公司项目忠义街区有序推进，A标段完成主体单位工程，B标段完成底板结构。在建材贸易上，以保障项目建设质量、提升项目建设效益为根本出发点和着眼点，稳步探索建材贸易业务。在招商运营上，与第三方运营单位银城商管合作开展忠义街区招商工作。同时做好敔山客厅、酒吧街等存量房产的招商和续租工作。通过成立少年宫敔山湾分部，面向城东片区提供青少年教育培训服务，改造部分场馆打造敔山湾运动中心，并利用闲置湖面建设水上运动基地，举办江苏省青少年帆船俱乐部联赛，被授予“江苏省帆船培训发展基地”称号，有效提升周边储备土地价值。在物业服务上，成立江阴汇诚物业管理有限公司（二级子公司），做好机关物业公司转隶过渡和资源整合，更新现代物业服务理念、理清业务发展思路、提升服务管理水平，提供优质的全流程物业服务。在敔山湾区域管理上，完成敔山会所、七夕茶庄、敔山客厅、会展中心、酒吧街5件不动产登记证，在市属国资公司中率先完成补办权证任务。全力做好敔山湾区域的安全保障、维护保养、绿化养护等日常性管理工作，在公共基础设施尚未移交的情况下尽力使该区域维持有序管理。在公司管理上，始终坚持“制度管人、流程管事”的理念，注重建章立制，深化标本兼治，强化制度意识，不断完善制度流程，加强队伍建设，注重品牌打造。（陆　澄）

【江阴交通产业集团有限公司】 2020年，公司克服疫情带来的不利影响，稳住高质量发展基本盘。组织集团志愿者200余人，参与支援澄江、南闸、云亭、夏港4个街道的防控任务；成立应急保障队伍6支，抽调驾驶员111人，完成防疫人员转运、核酸样本送检等支援工作。完成芙蓉大道快速化改造、全市独柱墩加固、市道大中修等重点工程。市公共交通有限公司硬件设施持续升级，投资4760万元更新公交车74台；配合锡澄运河公园建设，杏春站搬迁改建工程有序推进；外滩首末站正式启用。公交服务质量显著改善，百万人次有责投诉率1.13件，比2019年减少0.8件，问卷调查满意率90%，超出年度目标10%。市暨阳道路养护工程有限公司养护水平持续提升，全市国省道管养年度综合考核排名无锡市前三名；有效应对各类灾害天气，全年出动人员1619人次，机械车辆328辆次，有力保障市民安全出行。市电子口岸公司政务服务平台新增注册企业55个，比2019年增长45%；跨境电商平台正式上线，全省跨境保税进口首单及无锡地区跨境进出口首票在江阴市电子口岸开出。市交通驾驶培训有限公司增设长寿、申港2个校位点，全年新招学员人数2300余人。市交产汽车服务有限公司新增公车租赁和校车接送业务，中标市教育局、苏州外国语学校江阴校区等多个单位项目。市风樯网络科技有限公司拓展广告、车载设备等信息化业务，销售额首次突破1000万元。市澄安服务中心有限公司依托国资品牌优势，进军私家车修理市场。江苏骏壹城市运营科技有限公司成功中标天鹤社区改造和梅园安置房物业项目。成立全市首个国资信用管理公司，完成全市17个镇（街道）、园区的诚信村（社区）评定工作。年内，集团公司党支部被评为无锡市标准化规范化建设示范党支部，集团公司工会被评为江苏省“工人先锋号”；公司微信公众号正式上线，关注人数突破6000人，累计推文689篇；红色公交线路、交通产业论坛、“凡星剧团”新编节目、交产工匠评选、高质量发展论文评审等活动成功举办；助力文明城市创建，组织400余名职工完成全市123个点位的志愿工作。是年，公司经济逆势上扬，全年完成营业收入5.8亿元，超额完成市财政局下达目标任务的26.63%；利润总额4453万元，超额完成市财政局下达目标任务的65.48%；上缴税金1104万元。

（姚勇宇）

【江阴市秦望山产业园投资发展有限公司】 2020年，公司在抗击疫情中加快建设，围绕创建“全国一流的现代化资源循环利用基地”目标，攻坚固危废处置、资源再生循环利用、环保基础设施等重点项目，努力克服外部制约因素影响，全面超额完成年度目标任务，园区建设取得阶段性成果，为打造“无废城市”、建设美丽江阴打下坚实基础。年内，加强党组织建设，完成党支部换届选举；完善现代企业制度，开展公司发展研讨和企业文化理念征集活动，明确公司使命、愿景和价值观；严格遵守疫情防控管理规定，推进公司和项目建设工地如期复工复产；充分发挥公司的一般工业固废处置试点项目在疫情防控中的优势作用，为江阴企业解决固废处理后顾之忧,并开展降本助企活动,与祝塘镇、临港开发区等签订工业废弃物处置战略合作协议。克服疫情的不利影响,做好资金、土地等保障工作,开展多渠道融资工作,完成公司增加注册资本金、产业园基础设施改造项目以及区域环境提升项目融资授信,满足园区开发建设和项目推进的资金需求,累计供地46.67公顷。全力对产业园范围所涉月城镇秦皇村、沿山村及南闸街道邵庄村进行拆迁清障,全年累计完成1038户民房、24个企业39万平方米的拆迁任务,并实施供电、燃气等管线迁改工程,确保园区重点项目的入驻。加快基础建设,统筹规划、分期启动园区两横两纵道路以及环山河桥梁建设。至年末,"横二路"全面建成,"纵二路"初步成型,环山河桥梁主体建成;"横一路""纵一路"完成设计、勘查招标。加大项目推进力度,光大环保能源生活垃圾焚烧发电项目三期、锦绣江南工业废弃物综合利用项目一期(应急线)完成并稳定运行;锦绣江南工业废弃物综合利用项目二期(常规线)竣工;长江经济带生态环境问题、省环境保护督察问题整改销号;建筑装修垃圾资源化利用项目、餐厨废弃物集中处置项目作为省和无锡市高质量考核项目于年底前建成,建筑装修垃圾项目开创江阴市"拿地即开工"的先例;废矿物油再生利用项目、工业废液资源化利用项目正在加快建设;园区内水回用项目、天然气项目完成前期工作,一般工业固废无害化处置等项目正在实质推进。树立品牌形象,围绕打造生态花园式园区,做好重要节点的方案设计及形象提升。完成园区入口"精神堡垒"设计施工,树立产业园"绿色、循环、智慧、共享"品牌形象;完成产业园规划展厅设计,打造环保教育公共开放平台。健全内控体系,建章立制,累计出台《支委会议事决策规则》《市场化选聘管理办法》《对外投资管理规定》等规章制度逾30项,推动公司规范化管理。是年,秦望山工业废弃物综合利用项目被列入2020年中央预算内投资支持项目;秦望山工业废弃物综合利用项目(东区)被列入江苏省建筑施工标准化星级工地项目名单。

(陈　瑜)

【江阴市旅游文化产业发展有限公司】 2020年1月,公司作为市一级国有企业正式独立运营;9月底,集散旅行社全体员工、7个公园景区重新回归公司;10月起,长江大保护馆、城市记忆馆两个重点展示馆划归公司。落实市委国企改革的要求,在做好资产和人员移交的同时,对外拓展市场承揽工程业务以增加效益,对内统一思想营造发展氛围以激发活力,各项工作稳步推进。公司根据市委第一巡察组对公司市属国有资产开展机动巡查的反馈意见,即刻启动整改工作,将巡察发现的意见和问题整改落实到位。巡查整改48个问题中,除时代置业因破产清算进入司法程序外,其余问题均得到妥善解决。园林养护有效提升,不断提升绿化管理水平,加强公园景区管理,发挥绿化养护管理突击队优势,主动作为,争创社会经济效益。管理维护3300万平方米绿地,日常管养全市8.6万棵行道树。建设苗圃与废弃物处理站,全年累计完成园艺废弃物粉碎量6000立方米,解决市内绿化植物修剪滋生物的处理问题,减轻环卫部门的压力。配合全国文明城市创建重点工作,及时处理或完成110突击任务及"12345"民生热线平台、城管投诉、市民求助等事项千余件,抓好管辖范围内绿化环境、园容园貌、环境布置等各项工作,不断优化设施,完善功能,美化环境。压实安全生产工作责任,做好公司安全生产工作,组织安全培训5次,9人取得消防安全管理人资格;开展安全生产联合应急演练5次,参加演练人数300人次。全年排查隐患55处,其中重大隐患2处,开出整改通知书18份,整改率95%。围绕"国有资产做大做强、国有资本保值增值"目标,强化"绿化养护是基本盘、园林工程是增长极"理念,主动向市场要效益。抓住政府集中建设的契机,拓宽工程领域业务,策应重大项目建设,做好移植开挖工作,在市场竞争中寻求新的增长点;重视服务品牌建设,展示企业良好形象。城市记忆馆、长江大保护馆划归公司以后,公司高度重视讲解团队的培训提升工作。长江大保护馆在9—12月接待325批次总计6484人,城市记忆馆于12月接待12批次总计258人。是年,公司实现营业收入2.1亿元,比2019年增长13.61%;利润总额1440.65万元,比2019年增长13.25%;上缴税金1270万元,比2019年增长7.9%,完成年初市财政局下达的各项任务指标,成为年度重点骨干企业。

(冯　奕)

【江阴暨阳体育产业发展有限公司】 2020年,公司立足发挥全民健身主阵地作用,紧扣公益性发展基本方向,围绕"迎难而上、稳中求进"工作总基调,持之以恒做好疫情防控,精准施策助力复工复产,有序恢复场馆开放经营秩序,推进强机制、固基础、稳主业、惠民生等各项工作,保持长远稳健发展的良好态势。年内,先后承办中国足球协会足协杯、甲级联赛以及江苏省青少年足球锦标赛等省级以上大型赛事3项24场次;组织举办元旦公益徒步大会、"8·8"全民健身日活动、首届短池游泳赛以及乒乓球、羽毛球、篮球、排球、网球、足球、田径比赛等全市性群众体育赛事10项140余场次;组织举办或协办市游泳场馆从业人员岗前培训、市教练员及救生员应急救援技能培训、三级社会体育指导员培训班、中老年人柔力球培训等全市性体育培训5项6场次;参加疫情防控志愿服务217人次;组织消防应急救援培训、演练8次;公司党支部开展结对扶贫及志愿服务活动6次。全年累计获省级以上奖励补贴资金447万元,完成营业收入3700余万元,利润总额720万元;累计培训各类体育学员4311人;接待观众及各类健身休闲市民80万人次。是年,江阴暨阳体育产业发展有限公司被江苏省体育局评为2020—2022年度江苏省体育产业示范单位。

(朱博文)

■类目编辑　王萍芳

科学技术

综　述

【概况】 2020年，江阴市围绕打造具有全国影响力的先进制造业科创中心的总目标，坚持产业强市首要战略与创新驱动核心战略“双翼齐飞”、科技创新与制度创新“双轮驱动”，培育创新主体、建强平台载体、强化人才引育、优化创新生态，推进以科技创新为核心的全面创新。年内，全社会R&D（研究与开发）支出占地区生产总值的比重达3.3%。全市高新技术产业产值占规模以上工业产值比重达40.9%，规模以上工业企业中有研发活动企业数占比达74.2%。完成《江阴市科技创新发展第十四个五年规划》；举办江阴市第三十届科技节、江阴市第三届科技创新创业大赛；帮助企业承担实施无锡市级以上各类科技项目165项，其中无锡市级以上各类科技计划项目22项，无锡市级以上各类创新载体11个，无锡市级以上各类研发机构65个，无锡市级以上人才项目42项，无锡市级以上各类荣誉、奖项25项。获批无锡市级以上各类科技型企业1946个。

【第三十届科技节】 2020年10月29日至11月3日，江阴市第三十届科技节举行，主要包括开幕式、主动融入长三角科技创新一体化发展恳谈会、2020长三角金属材料产业创新大会、2020长三角工业互联网产业发展合作论坛和2020江阴—江南大学产学研合作研讨会等活动。10月29日，江阴市委、市政府在江阴大剧院举行江阴市第三十届科技节开幕式。全体市委常委，市人大、政协主要领导，市政府全体领导，市有关部门、镇（街道）、园区负责人以及2020年度“创新江阴”建设先进代表，全市高新技术企业、科技型中小企业代表，创新创业领军人才代表等近1000人参加。市委书记许峰致开幕辞；副市长赵强发布《2020江阴科技创新发展报告》；市委书记许峰为3名院士颁发江阴市科学顾问聘书；江阴籍科学家、中国科学院院士孙和平讲话。会上，为江阴市第三届科技创新创业大赛一等奖和二等奖项目颁奖；表彰2020年度“创新江阴”建设先进代表；为获2019年度国家科技进步奖一等奖的江阴兴澄特种钢铁有限公司颁发市委、市政府配套奖励证书；为无锡市“太湖人才计划”创新创业领军人才代表颁奖；为江苏省“双创计划”*“双创团队”*“双创人才”*颁奖；为企业院士工作站、东北大学研究生创新实践基地、工业互联网“5G+边缘服务平台”、江苏省产业技术研究院企业联合创新中心等科研单位揭牌；举行中国科学院金属研究所合作协议、省产研院全面合作框架协议、MIT REAP（麻省理工学院区域创新加速项目）长三角（江苏）国际创新中心、工业互联网创新发展工程项目、江苏智海新材料与人工智能研究院5项科技招商项目，以及8项江阴市第三届科技创新创业大赛落地项目现场签约；举行科技金融授信仪式。第三十届科技节期间，开展主动融入长三角科技创新一体化发展恳谈会、2020长三角金属材料产业创新大会、2020长三角工业互联网产业发展合作论坛暨走进南理工活动、2020江阴—江南大学产学研合作研讨会等系列活动。　（李志坚）

【第三届科技创新创业大赛】 2020年8月1日至10月18日，江阴市举办第三届科技创新创业大赛，吸引国内外涉及电子信息、互联网、先进制造、新材料、生物医药、新能源及节能环保等行业创业团队及企业194项项目报名参赛。首次在深圳市、杭州市设立分赛区，并设立线上国际赛，通过“线上+线下项目征集、宣传推介、辅导优化、路演竞赛、创投对接”一体化服务，从长三角、珠三角以及海外地区征集一批创新创业项目，集聚高层次人才资源。大赛产生24项获奖项目，签约落地10项项目。

（李海春）

科技管理和服务

【概况】 2020年，江阴市科技局深入贯彻落实国家、省市各项科技创新政策措施，重点抓好市委、市政府“创新25条”等科技创新政策的落地落实。规范科技中介服务机构管理，促进科技服务业健康发展。支持企业申报科技计划项目，争取上级各类科技人才资金7526.32万元。

（李志坚）

【承担科技计划项目165项】 2020年，江阴市科技局认真做好国家和省级重大科技专项、市科技计划项目申报工作。全市获批实施国家、

2020年10月29日,江阴市第30届科技节开幕式现场　（市科技局提供）

省、无锡市级各类科技、人才项目165项,获科技资金7526.32万元。获批无锡市级以上各类科技计划项目22项,分别为省重大科技成果转化项目2项,省级重点研发专项资金(产业前瞻与关键核心技术)2项,省级重点研发专项资金(社会发展)2项,省级重点研发专项资金(现代农业)2项,省重点研发计划(现代农业)专项资金农业科技社会化服务后补助1项,苏南国家自主创新示范区建设1项,省产学研合作项目10项;无锡市科技发展资金第二批科技发展计划(新型冠状病毒感染应急防治)项目2项。获批无锡市级以上各类创新载体11个,分别为国家级众创空间4个;省级备案众创空间2个、星创天地1个;无锡市众创空间4个。获批无锡市级以上各类研发机构65个,分别为省企业重点实验室1个,省院士企业研究院1个,省工程技术研究中心11个;无锡市工程技术研究中心52个。获批无锡市级以上人才项目42项,分别为省"双创计划""科技副总"19名,省政策引导类计划(引进外国专家人才专项)3项,省"外国专家工作室"4项;无锡市"太湖人才计划"创新人才5名,创业人才11名。获无锡市级以上各类奖项25项,分别为国家火炬统计工作先进单位1项;省科学技术奖2项,省工程技术研究中心绩效评优项目15项,省科技企业孵化器绩效评价(优良)单位4个;无锡市科技企业孵化器和众创空间绩效评优项目3项。

2020年江阴市获江苏省以上科技计划项目一览表

表33

类　别	项　目　名　称	参　与　单　位
国家级众创空间	江阴牛商e工场	江阴市牛商众创网络科技有限公司
	江阴乐创汇众创空间	江阴乐创汇孵化器管理有限公司
	江阴海之语创客空间	江阴海之语电子商务有限公司
	金顾山创客汇	江苏众网互联网有限公司
2019年度火炬统计工作先进单位	2019年度火炬统计工作先进单位	江阴高新区
江苏省科技成果转化专项资金项目	油—散—化(OBO)组合兼装船的研发及产业化	江苏新扬子造船有限公司
	超高强度强黏合橡胶增强用钢丝绳研发及产业化	法尔胜泓昇集团有限公司
江苏省重点研发专项资金项目	系杆拱桥用碳纤维复合材料吊杆关键技术研究	法尔胜泓昇集团有限公司
	第三代核电站用高效核级离子交换树脂关键技术研发	江苏苏青水处理工程集团有限公司
	海绵城市排水路面沥青材料关键技术的应用与示范	江苏宝利国际投资股份有限公司
	四氢生物蝶呤代谢途径作为食管癌放射增敏新靶点的分子机制及转化研究	江阴市人民医院
	冷链储运用可追溯高阻隔收缩包装膜关键制备技术与产品开发	江阴升辉包装材料有限公司
	基于可控益生菌生物膜成膜技术的富含胞外多糖蓝莓益生浆生物加工关键技术研究与应用	江苏佰澳达生物科技有限公司
	江阴经济林果产业分店	江阴故乡情农业发展有限公司

续表33

类　别	项　目　名　称	参　与　单　位
苏南国家自主创新示范区建设专项资金	苏南国家自主创新示范区建设专项资金	江阴高新区
江苏省科学技术进步奖	高阻隔复合包装膜低成本与绿色制备关键技术及应用	江阴升辉包装材料有限公司
	果蔬作物灰霉病菌和菌核病菌抗药性及治理关键技术	江阴苏利化学股份有限公司
江苏省产学研合作项目	高校实验室废液无害化处理关键技术开发	江苏帕斯玛环境科技有限公司
	正交异性钢箱梁双面全熔透U肋角焊缝的超声相控阵检测工艺研究	无锡金诚工程技术服务有限公司
	自动卷料光纤激光切割控制系统开发	江阴市华硕机械制造有限公司
	液晶纯化技术开发研究	江阴市华亚化工有限公司
	切割刀防误击发装置及其质量智能控制系统研发	无锡博康医疗器械有限公司
	船用薄板激光电弧复合高速焊焊接工艺开发	江苏新扬子造船有限公司
	低锡超薄马口铁关键技术研究	江苏科茂新材料科技有限公司
	大型轮壳类锻件精密成形工艺及模具研发	江阴市万里锻件有限公司
	低成本高强度胎圈钢丝盘条研发及拉丝工艺优化研究	江苏胜达科技有限公司
	真空贴体包装膜的开发	江阴升辉包装材料有限公司
江苏省“双创计划”科技副总	省“双创计划”科技副总	江苏君澄空间科技有限公司
	省“双创计划”科技副总	江阴市春瑞金属制品有限公司
	省“双创计划”科技副总	江阴市华硕机械制造有限公司
	省“双创计划”科技副总	江苏力博医药生物技术股份有限公司
	省“双创计划”科技副总	无锡金诚工程技术服务有限公司
	省“双创计划”科技副总	江阴市德惠热收缩包装材料有限公司
	省“双创计划”科技副总	江阴市华亚化工有限公司
	省“双创计划”科技副总	江阴市创佳电器有限公司
	省“双创计划”科技副总	江阴恒兴涂料有限公司
	省“双创计划”科技副总	无锡博康医疗器械有限公司
	省“双创计划”科技副总	江苏新扬子造船有限公司
	省“双创计划”科技副总	江苏方程电力科技有限公司
	省“双创计划”科技副总	江阴宝柏包装有限公司
	省“双创计划”科技副总	江苏宝得换热设备股份有限公司
	省“双创计划”科技副总	江苏科茂新材料科技有限公司
	省“双创计划”科技副总	江阴长源机械制造有限公司
	省“双创计划”科技副总	江阴市万里锻件有限公司
	省“双创计划”科技副总	江阴升辉包装材料有限公司
	省“双创计划”科技副总	江苏晟林科技有限公司
江苏省政策引导类计划(引进外国专家人才专项)	引进外国专家人才专项	江苏风和医疗器材股份有限公司
	引进外国专家人才专项(新加坡)	江苏华兰药用新材料股份有限公司
	引进外国专家人才专项(马来西亚)	江苏华兰药用新材料股份有限公司

续表33

类别	项目名称	参与单位
江苏省“外国专家工作室”	省“外国专家工作室”	江苏力博医药生物技术股份有限公司
	省“外国专家工作室”	江苏风和医疗器材股份有限公司
	省“外国专家工作室”	江苏中济万泰生物医药有限公司
	省“外国专家工作室”	江苏华兰药用新材料股份有限公司
江苏省科技企业孵化器绩效评价(优良)	江阴百桥国际生物科技孵化园有限公司	江阴百桥国际生物科技孵化园有限公司
	江阴高新技术创业中心	江阴高新技术创业园管理委员会
	江苏江阴软件和文化创意产业发展有限公司	江苏江阴软件和文化创意产业发展有限公司
	江阴天安数码城科技创业服务中心	江阴天安数码城置业有限公司
江苏省工程技术研究中心绩效考评优秀项目	江苏省海工装备工程技术研究中心	江苏华西村海洋工程服务有限公司
	江苏省轿车外覆盖件工艺装备工程技术研究中心	江阴精力汽车装备有限公司
	江苏省金属型材热切割机床工程技术研究中心	江苏博大数控成套设备有限公司
	江苏省清洁能源装备工程技术研究中心	江苏双良锅炉有限公司
	江苏省船舶修造工程技术研究中心	中船澄西船舶修造有限公司
	江苏省(中绿)特种化纤工程技术研究中心	江阴中绿化纤工艺技术有限公司
	江苏省环保新型农药制剂工程技术研究中心	江阴苏利化学股份有限公司
	江苏省(新扬子)船舶与海洋工程装备工程技术研究中心	江苏新扬子造船有限公司
	江苏省静液压驱动及控制工程技术研究中心	江苏海鹏特种车辆有限公司
	江苏省加油站设备工程技术研究中心	江阴市富仁高科股份有限公司
	江苏省振动与压实工程技术研究中心	柳工无锡路面机械有限公司
	江苏省重型机械用液压中央回转体工程技术研究中心	江苏长龄液压股份有限公司
	江苏省液压机械工程技术研究中心	江苏华宏科技股份有限公司
	江苏省高精度工业模具数字化设计工程技术研究中心	江苏江顺精密科技集团有限公司
	江苏省电子精密冲压模具工程技术研究中心	江阴华新电器科技股份有限公司
江苏省工程技术研究中心	江苏省轻小型起重机械工程技术研究中心	凯澄起重机械有限公司
	江苏省耐腐蚀高性能石油管件工程技术研究中心	江阴市天柠管道有限公司
	江苏省汽车塑料饰件注塑模具工程技术研究中心	江阴精力模具工程有限公司
	江苏省新能源车用高压控制及连接组件工程技术研究中心	江阴信邦电子有限公司
	江苏省高净超纯微电子化学品材料工程技术研究中心	江苏中德电子材料科技有限公司
	江苏省橡胶绿色循环利用装备及新材料工程技术研究中心	江苏中宏环保科技有限公司
	江苏省精密电子零件包装载带工程技术研究中心	江阴新杰科技有限公司
	江苏省半导体封测自动化设备工程技术研究中心	江阴新基电子设备有限公司
	江苏省轨道交通装备工程技术研究中心	江苏必得科技股份有限公司
	江苏省轮胎压力监测系统工程技术研究中心	江阴市创新气门嘴有限公司
	江苏省高效光伏电池组件工程技术研究中心	江苏东鋆光伏科技有限公司
江苏省企业重点实验室	江苏省高品质轴承钢关键技术重点实验室	江阴兴澄特种钢铁有限公司

续表33

类　别	项　目　名　称	参　与　单　位
江苏省院士企业研究院	江苏省院士企业研究院	法尔胜泓昇集团有限公司
江苏省级备案众创空间	校品荟众创空间	江阴校品荟科技孵化器有限公司
	两江创客空间	江苏两江创客空间科技孵化器有限公司
江苏省级星创天地	华西都市现代农业星创天地	江苏华西都市农业科技发展有限公司

（夏建军）

产学研合作

【概况】 2020年，江阴市科技局推动企业、行业、联盟、协会、高校等相关资源深度融合，深入推进具有江阴特色的政产学研协同创新体系建设。围绕江阴市主导产业，鼓励企业对接国内外高校院所开展技术合作，分专题、分领域组织实施专题产学研对接行动。是年，全市实施重点产学研合作项目99项，获批省级院士企业研究院1个，无锡市级企业院士工作站2个，新建江阴市市级企业院士工作站4个，新增江苏省级企业重点实验室1个、省级工程技术研究中心11个、无锡市级工程技术研究中心52个、江阴市级工程技术研究中心172个。

【重点产学研合作项目】 2020年，江阴市科技局实施"百家企业进高校、百项成果进企业"双百行动计划，组织法尔胜泓昇集团有限公司、江苏双良锅炉有限公司、江苏华宏科技股份有限公司等21个企业携31项技术需求赴西安市开展产学研对接活动。组织圣华盾防护科技股份有限公司等17个企业参加2020无锡市产学研合作科技成果洽谈会，其中5个企业与产学研合作单位现场签约。组织江阴市精成数控有限公司、江阴市凯业纺织机械制造有限公司等20个企业赴苏州市、杭州市，参加2020走进中科院、江阴市长三角（杭州）科技创新资源对接会，围绕新型研发机构建设和企业智能化改造等方面进行考察对接。组织江阴润玛电子材料股份有限公司、江苏圣澜服饰创意有限公司、江阴爱科森博顿聚合体有限公司等15个企业及科技服务机构携16项技术需求赴江南大学，举行2020江阴—江南大学产学研合作研讨会。至年末，江阴市累计建成校企联盟429个。获批省产学研合作项目立项10项，99项项目获江阴市产学研后补助立项，30项项目获江阴市技术吸纳方奖补立项，1个企业获江阴市技术转移机构奖补立项，拨付2020年度江阴市技术转移奖补资金754.39万元，立项数量与奖补金额均比2019年大幅增长。

【企业院士工作站建设】 2020年，江阴市继续推进"院士集聚计划"，以企业创新需求为导向、企业研发机构为依托、产学研合作项目为纽带，引导省内外院士及其创新团队向企业集聚，为企业服务，攻克产业核心关键技术，促进科技成果产业化，培养企业创新人才队伍，为增强企业自主创新能力和市场竞争力提供支撑。是年，新建江阴市级企业院士工作站4个，分别是中向旭曜科技有限公司（中国工程院院士张佳宝）、江阴金属材料创新研究院有限公司（乌克兰工程科学院院士、乌克兰高等学院科学院院士亚历山大·维利奇克）、江阴挪能材料科技有限公司（挪威技术与科学院院士特鲁斯·埃文德·诺比）、江阴市富仁高科股份有限公司（英国皇家工程学院院士白点基）。至此，全市累计引进58名国内外院士与市企业合作建站。

【企业研发机构建设】 2020年，江阴市聚焦培育企业创新能力，把企业研发机构建设作为提升自主创新能力的战略抓手。新增江苏省级企业重点实验室1个，省院士企业研究院1个，省级工程技术研究中心11个；无锡市级工程技术研究中心52个；江阴市级工程技术研究中心172个。至年末，全市累计建有国家级工程技术研究中心2个；江苏省级工程技术研究中心173个；无锡市级工程技术研究中心359个；江阴市级厂办研究所及工程技术研究中心1285个。（王黎君　周京利）

知识产权保护

【概况】 2020年，江阴市市场监督管理局克服省、市、县三级知识产权管理机构调整的影响，在新一轮机构改革中整合商标、专利、地理标志等知识产权管理工作，完善体制机制，围绕江阴市产业发展"六攻坚六突破"*战略和市委、市政府对知识产权工作的总体要求，推进知识产权强市战略实施，知识产权各项工作稳步推进。优化创新氛围，服务企业发展。推进知识产权运营服务平台和服务业集聚区建设。全市专利申请总量和专利授权总量进一步增加。新增无锡市专利奖金奖1项、银奖2项、优秀奖2项。协助企业办理知识产权质押融资3.64亿元。严厉打击违法行为，办理知识产权行政执法案件132件。

【促进知识产权创造】 2020年，江阴市专利申请总量12133件，其中发明专利申请2354件；新增专利授权9241件，其中发明专利授权586件。万人有效发明专利拥有量26.8件。全市驰名商标总量56件，新增知识产权管理贯标备案企业33个。获批江苏省企业知识产权战略推进计划项目1项，无锡市高价值专利培育中心项目2项、知识产权战略推进项目2项、企业知识产权预警项目5项、知识产权维权补助项目1项。开展知识产权宣传培训和"4·26"世界知识产权日系列宣传活动，组织企业参加线上线下各类知识产权培训,组织知识产权金融政策辅导及对接交流活动。

【知识产权运用】 2020年,江阴市市场监督管理局推进知识产权运营服务平台和服务业集聚区建设。在江阴高新区创业园建设江阴市知识产权运营服务平台和服务业集聚区,推动知识产权服务业向专业化、高端化发展。截至11月,引进有效发明专利125件。推动企业知识产权质押融资工作,完善知识产权质押融资政策,发挥政策引导作用,推进知识产权金融平台建设,探索制定“澄知贷”知识产权金融产品方案,完善政府、企业、金融机构的知识产权金融工作协调推进机制。开展知识产权金融服务对接交流活动,做好政策宣传、产品介绍等服务工作,帮助企业协调解决知识产权质押融资办理环节的各类问题。全年实现知识产权质押融资额3.64亿元。

【知识产权保护】 2020年,江阴市市场监督管理局建立健全知识产权公共服务体系,推进知识产权维权援助中心建设,推动形成以司法保护、行政保护、维权援助服务为重点的知识产权保护体系。鼓励商贸流通单位开展“正版正货”示范活动,开展打击侵犯知识产权和制售假冒伪劣商品专项行动,严厉打击各类商标、专利违法行为,加强知识产权保护,提升行政执法效能,保护商业秘密,提升知识产权市场监管的有效性、规范性,推进行政执法与刑事司法紧密衔接,净化市场环境,保障公平竞争,维护公平竞争的创新环境。全年办理知识产权行政执法案件132件。 (耿柯锣)

科技创新载体

【概况】 2020年,江阴市科技局聚焦短板薄弱环节,量质并举推进载体平台建设。以集聚科技型人才、孵化创新型企业为导向,提高创新型企业、科技成果、科技项目的产出效率,提升科技企业孵化载体的运行质效。全市获批省级以上科技创新载体7个,其中,国家级众创空间4个、省级众创空间2个、省级星创天地1个。江阴高新区(张江)科创企业孵化器正式投入运行。成立江南大学江阴技术转移中心、上海交通大学国家技术转移中心江阴分中心。 (李志坚)

【新型研发机构建设】 2020年,江阴市突出体制机制创新,强化政策引导保障,通过发展新型研发机构,强化产业技术供给,促进科技成果转移转化,推动科技创新和经济高质量发展。主动对接高校院所、诺贝尔奖得主、中国科学院院士和中国工程院院士、海内外高层次人才或创新创业团队、海外知名企业、跨国公司以及江苏省产业技术研究院,推进新型研发机构建设。是年,江阴集成电路设计创新中心、江阴智能制造创新研究院正式投入运行。江阴金属材料创新研究院有限公司、无锡佰翱得生物科学有限公司、江阴市本特塞缪森生命科学研究院有限公司进入2020年江苏省新型研发机构列统名单。 (王黎君 周京利)

【技术转移机构建设】 2020年,江阴市科技局先后与江南大学、上海交通大学签订合作协议,成立江南大学技术转移中心江阴分中心和上海交通大学国家技术转移中心江阴分中心,发挥高校和科研院所人才培养优势,推动高校和科研院所科技成果转化为生产力,为江阴市经济社会发展提供科技和智力支持。

【众创空间】 2020年,江阴牛商e工场、江阴乐创汇众创空间、江阴海之语创客空间和金顾山创客汇被确定为国家备案众创空间。两江创客空间和校品荟众创空间被确定为省级备案众创空间。全市累计建成众创空间32个,其中,国家级众创空间6个、省级众创空间13个。 (李海春)

【新增江苏省“星创天地”1个】 2020年,江阴市新增江苏省“星创天地”1个。江苏华西都市农业科技发展有限公司创建的“华西都市现代农业星创天地”被江苏省科技厅认定为第四批“星创天地”。华西都市现代农业星创天地营造低成本、专业化、社会化、便捷化的农村科技创业服务环境,推进一二三产业融合发展,加快农业科技成果转移转化和产业化,集中打造融合科技示范、技术集成、成果转化、创新创业服务为一体的农村科技创业平台。 (周 婧)

科技创新型企业

【概况】 2020年,江阴市科技局坚持企业创新主体地位不动摇,靶向发力、精准扶持,培育以创新型领军企业为引领,高新技术企业为重点,科技型中小企业为主体的“雁阵型”

2020年9月18日,江阴市举办第三届科技创新创业大赛 (市科技局提供)

企业集群。全年被列入江苏省科技企业上市培育计划项目4项；获评江苏省农业科技型企业1个、高新技术企业241个；江苏省高新技术企业培育库入库企业212个，江苏省民营科技企业217个，通过无锡市评价遴选“雏鹰企业”*8个、“瞪羚企业”*14个，无锡市“准独角兽企业”*培育入库12个、“瞪羚企业”培育入库95个、“雏鹰企业”培育入库151个，科技型中小企业评价入库企业991个。（李志坚）

【高新技术企业】 2020年，江阴市扎实开展高新技术企业培育工作，江苏欧卓输送设备科技有限公司、江阴市中庆机械有限公司等241个企业被科技部火炬中心认定为高新技术企业，通过率71.1%，在全省名列前茅。全年新认定高新技术企业150个，累计高新技术企业数达650个。江阴市鉴鑫文化交流有限公司、江阴市万和自动设备有限公司等212个企业入选江苏省高新技术企业培育库。（李海春）

2020年江阴市认定高新技术企业一览表

表34

序号	企业名称	所在园区、街道、镇
1	江苏法尔胜光电科技有限公司	江阴高新区
2	江阴凹帆电子科技有限公司	江阴高新区
3	无锡菩禾生物医药技术有限公司	江阴高新区
4	江阴汇智软件技术有限公司	江阴高新区
5	无锡歌迪亚自动化科技有限公司	江阴高新区
6	联动天翼新能源有限公司	江阴高新区
7	江阴嘉云铝材有限公司	江阴高新区
8	江阴法尔胜泓昇不锈钢制品有限公司	江阴高新区
9	江苏普莱医药生物技术有限公司	江阴高新区
10	无锡华轶法兰有限公司	江阴高新区
11	江阴德尔热能机械有限公司	江阴高新区
12	江苏智冷物联技术有限公司	江阴高新区
13	江苏长电科技股份有限公司	江阴高新区
14	江阴金缘锯业有限公司	江阴高新区
15	江阴市春瑞金属制品有限公司	江阴高新区
16	无锡波士思达环保科技有限公司	江阴高新区
17	江阴凯博通信科技有限公司	江阴高新区
18	江阴新顺微电子有限公司	江阴高新区
19	江苏中宏环保科技有限公司	江阴高新区
20	江阴德龙激光能源设备有限公司	江阴高新区
21	江阴特锋机械有限公司	江阴高新区
22	江苏景源泓科技有限公司	江阴高新区
23	江阴精力汽车装备有限公司	江阴高新区
24	江阴市立信智能设备有限公司	江阴高新区
25	江阴市黄山船舶配件有限公司	江阴高新区
26	江阴慕达斯真空设备有限公司	江阴高新区
27	江苏斯菲尔电气股份有限公司	江阴高新区
28	江阴兴澄特种钢铁有限公司	江阴高新区
29	江阴市华硕机械制造有限公司	江阴高新区
30	江阴市远帆软件有限公司	江阴高新区

续表34

序号	企业名称	所在园区、街道、镇
31	江苏风和医疗器材股份有限公司	江阴高新区
32	江阴帕沃特起重机械有限公司	江阴高新区
33	无锡贝塔医药科技有限公司	江阴高新区
34	江苏紫米电子技术有限公司	江阴高新区
35	江苏中德电子材料科技有限公司	江阴高新区
36	江苏圣富利环境工程有限公司	江阴高新区
37	江阴芯扬微电子有限公司	江阴高新区
38	凯澄起重机械有限公司	江阴高新区
39	江苏飞慕生物科技有限公司	江阴高新区
40	江苏华西节能装备有限公司	江阴高新区
41	江苏济冠通环保科技股份有限公司	江阴高新区
42	江阴万康医疗科技有限公司	江阴高新区
43	江苏触宇光电有限公司	江阴高新区
44	江苏易政达信息科技有限公司	江阴高新区
45	无锡旗连电子科技有限公司	江阴高新区
46	江苏易船货科技有限公司	江阴高新区
47	江苏垦乐节能环保科技有限公司	江阴高新区
48	江苏泽成生物技术有限公司	江阴高新区
49	江苏华西村海洋工程服务有限公司	江阴高新区
50	梭莱镀膜工业(江阴)有限公司	江阴高新区
51	江阴拓普电气有限公司	江阴高新区
52	江阴横河自动化技术有限公司	江阴高新区
53	江阴联众环保工程有限公司	江阴高新区
54	江苏新申奥生物科技有限公司	江阴高新区
55	江阴市产品质量监督检验所	江阴高新区
56	江阴硕人节能环保科技有限公司	江阴高新区
57	江阴法尔胜精密机械有限公司	临港经济开发区
58	江阴矽捷电子有限公司	临港经济开发区
59	江阴中达软塑新材料股份有限公司	临港经济开发区
60	江苏怡达化学股份有限公司	临港经济开发区
61	江阴市天邦涂料股份有限公司	临港经济开发区
62	江苏远望神州软件有限公司	临港经济开发区
63	江苏法尔胜缆索有限公司	临港经济开发区
64	江苏朗润环保科技有限公司	临港经济开发区
65	安洁利德科技(江苏)有限公司	临港经济开发区
66	江苏孚尔姆焊业股份有限公司	临港经济开发区
67	江苏斯派尔建材科技有限公司	临港经济开发区
68	江阴天汇环保设备有限公司	临港经济开发区

续表34

序号	企业名称	所在园区、街道、镇
69	江苏双良锅炉有限公司	临港经济开发区
70	江阴市德惠热收缩包装材料有限公司	临港经济开发区
71	江阴诚公转印包装材料有限公司	临港经济开发区
72	江苏德纳精工轴承有限公司	临港经济开发区
73	江苏燕宏达重工机械有限公司	临港经济开发区
74	无锡市骏视照明电子有限公司	临港经济开发区
75	江苏华兰药用新材料股份有限公司	临港经济开发区
76	江阴市六和智能设备有限公司	临港经济开发区
77	江苏晋德铁路器材有限公司	临港经济开发区
78	江阴市宝虹电器有限公司	临港经济开发区
79	江苏神州万隆节能环保科技有限公司	临港经济开发区
80	江苏惠康特种纤维有限公司	临港经济开发区
81	江苏界达特异新材料股份有限公司	临港经济开发区
82	江苏友诺环保科技有限公司	临港经济开发区
83	江阴市蓝天工业炉窑制造有限公司	临港经济开发区
84	江阴金盾工程机械制造有限公司	临港经济开发区
85	江阴市腾马标准件工具有限公司	临港经济开发区
86	江阴智算信息技术有限公司	临港经济开发区
87	江阴市卡利格机械有限公司	临港经济开发区
88	江阴蔚蓝环境机械科技有限公司	临港经济开发区
89	江阴铠乐丰环境工程科技有限公司	临港经济开发区
90	江阴市洪峰五金锻造有限公司	临港经济开发区
91	江阴市乐天紧固件有限公司	临港经济开发区
92	江苏盖姆纳米材料科技有限公司	临港经济开发区
93	江阴市艾帕格包装制品有限公司	临港经济开发区
94	江阴市华工机械有限公司	临港经济开发区
95	江阴宏力工程机械有限公司	临港经济开发区
96	江阴听阳机械有限公司	临港经济开发区
97	江苏古川机械有限公司	临港经济开发区
98	江苏中泰检测检验有限公司	临港经济开发区
99	江苏申牌万向轮有限公司	临港经济开发区
100	双良节能系统股份有限公司	临港经济开发区
101	江苏大东新材料科技有限公司	临港经济开发区
102	江苏海德频率科技有限公司	临港经济开发区
103	江阴市新盛医疗器材设备有限公司	临港经济开发区
104	江苏欧迈格板式换热器制造有限公司	临港经济开发区
105	无锡市天牛智能装备有限公司	临港经济开发区
106	江苏绿奥环保科技有限公司	临港经济开发区

续表 34

序号	企业名称	所在园区、街道、镇
107	江阴市艺澜电子技术有限公司	临港经济开发区
108	中建材浚鑫科技有限公司	临港经济开发区
109	江阴市坤仑机械制造有限公司	临港经济开发区
110	江阴艾能赛瑞能源科技有限公司	临港经济开发区
111	江阴诺明精密五金有限公司	临港经济开发区
112	江苏骥鑫船舶设备有限公司	靖江工业园区
113	大明重工有限公司	靖江工业园区
114	中铁建电气化局集团康远新材料有限公司	靖江工业园区
115	江苏海陆科技股份有限公司	澄江街道
116	江阴市万和自动设备有限公司	澄江街道
117	江苏方程电力科技有限公司	澄江街道
118	江阴信和电力仪表有限公司	澄江街道
119	江阴市中庆机械有限公司	澄江街道
120	江阴宝柏包装有限公司	澄江街道
121	江苏欧卓输送设备科技有限公司	澄江街道
122	江阴市安海船舶设备有限公司	南闸街道
123	江阴市华瑞德玻璃制品有限公司	南闸街道
124	江阴市兆锦机械有限公司	南闸街道
125	江阴市勤丰金属制品有限公司	南闸街道
126	江阴市宏运电器有限公司	南闸街道
127	江阴市永欣印染机械有限公司	南闸街道
128	江阴市东泽铝业科技有限公司	南闸街道
129	江苏宝得换热设备股份有限公司	南闸街道
130	江阴祥瑞不锈钢精线有限公司	云亭街道
131	江苏吉鑫风能科技股份有限公司	云亭街道
132	江苏源能环境工程有限公司	云亭街道
133	江阴康瑞成型技术科技有限公司	云亭街道
134	江阴润源机械有限公司	云亭街道
135	江阴富汇新材料科技有限公司	云亭街道
136	江苏长龄液压股份有限公司	云亭街道
137	江阴市大云纺机科技有限公司	云亭街道
138	江苏宝利国际投资股份有限公司	云亭街道
139	江阴市天福科技有限公司	云亭街道
140	江阴市聚鑫花式线有限公司	云亭街道
141	江苏江凌测控科技股份有限公司	云亭街道
142	江阴屹立机械制造有限公司	云亭街道
143	江阴市中源环境仪器有限公司	云亭街道
144	江阴中和包装材料有限公司	云亭街道

续表34

序号	企业名称	所在园区、街道、镇
145	江苏秋林特能装备股份有限公司	月城镇
146	江阴宏江锻造有限公司	月城镇
147	江苏必得科技股份有限公司	月城镇
148	世泰仕塑料有限公司	月城镇
149	江苏宜宝设备制造有限公司	月城镇
150	江阴市洪建炉业制造有限公司	月城镇
151	江阴市华盛印刷有限公司	月城镇
152	江阴市嘉宇新材料有限公司	青阳镇
153	江阴市华恒仪表有限公司	青阳镇
154	无锡德贝尔光电材料有限公司	青阳镇
155	江阴市南方不锈钢管有限公司	青阳镇
156	江阴博衍机械设备有限公司	青阳镇
157	江阴市茂辉铝业有限公司	青阳镇
158	江阴市辉龙电热电器有限公司	青阳镇
159	江阴丹尼尔冷却器有限公司	徐霞客镇
160	无锡市玉邦树脂涂料有限公司	徐霞客镇
161	江苏富朗特工程机械有限公司	徐霞客镇
162	江阴林格科技有限公司	徐霞客镇
163	江阴天田容器制造有限公司	徐霞客镇
164	江苏锋菱超硬工具有限公司	徐霞客镇
165	江阴市凯信模锻有限公司	徐霞客镇
166	江阴市同方机械配件制造有限公司	徐霞客镇
167	江阴双特机械设备有限公司	徐霞客镇
168	江阴市亚龙换热设备有限公司	徐霞客镇
169	江阴市海江高分子材料有限公司	徐霞客镇
170	江阴市万里锻件有限公司	徐霞客镇
171	无锡凯瑞德流体技术有限公司	徐霞客镇
172	江阴博尔汽配工业有限公司	华士镇
173	江苏苏轶新材料科技有限公司	华士镇
174	力同铝业(无锡)有限公司	华士镇
175	江苏天顺印业有限公司	华士镇
176	江苏胜达科技有限公司	华士镇
177	江阴开源非织造布制品有限公司	华士镇
178	江阴市美泰装饰材料有限公司	华士镇
179	江阴市高胜金属制品有限公司	华士镇
180	江苏粤华新材料科技有限公司	华士镇
181	江阴东邦钢球机械有限公司	华士镇
182	无锡翔龙环球科技股份有限公司	华士镇

续表 34

序号	企业名称	所在园区、街道、镇
183	江阴市沙江纺织科技有限公司	华士镇
184	江阴市神鹿塑胶有限公司	华士镇
185	江阴市华正金属科技有限公司	华士镇
186	江阴华士医疗器械有限公司	华士镇
187	江阴海斯瑞交通装备有限公司	华士镇
188	江阴燎原装备制造有限公司	华士镇
189	无锡市爱诺泰能源科技有限公司	华士镇
190	江阴市传澄电子商务有限公司	华士镇
191	江阴市德伯仁管件有限公司	周庄镇
192	江阴思安塑胶防护科技有限公司	周庄镇
193	江阴万事兴汽车部件股份有限公司	周庄镇
194	江苏江顺精密机电设备有限公司	周庄镇
195	江阴海虹精密机械有限公司	周庄镇
196	江阴市瀚宇机械有限公司	周庄镇
197	江苏华宏科技股份有限公司	周庄镇
198	江苏名阳高分子新材料有限公司	周庄镇
199	江阴市劲松科技有限公司	周庄镇
200	江阴鼎鑫铝业有限公司	周庄镇
201	江阴市四纺机新科技制造有限公司	周庄镇
202	江阴市华方新技术科研有限公司	周庄镇
203	江阴名旭模塑有限公司	周庄镇
204	江阴市乐腾电器有限公司	周庄镇
205	江阴市龙玉锻压有限公司	周庄镇
206	江阴市德赛环保设备有限公司	周庄镇
207	江阴龙源石英制品有限公司	周庄镇
208	江阴市鸿源锻造有限公司	周庄镇
209	全通汽车装备科技江阴有限公司	周庄镇
210	江阴森豪金属科技有限公司	新桥镇
211	江苏元和新能源科技股份有限公司	新桥镇
212	江苏柯恒石化电力机械有限公司	新桥镇
213	江阴市鑫泓环保科技有限公司	新桥镇
214	江苏焱鑫科技股份有限公司	新桥镇
215	江阴苏达汇诚复合材料有限公司	长泾镇
216	江苏同能天然气设备有限公司	长泾镇
217	江阴市恒宇网业有限公司	长泾镇
218	江阴市永兴机械制造有限公司	长泾镇

续表 34

序号	企业名称	所在园区、街道、镇
219	江阴市明康绝缘玻纤有限公司	长泾镇
220	江阴市鑫宝铁塑制品有限公司	长泾镇
221	江苏文明人造草坪有限公司	长泾镇
222	江阴市花园铝塑包装有限公司	长泾镇
223	江阴市蒋氏汽摩部件有限公司	长泾镇
224	江阴骏华纺织科技有限公司	长泾镇
225	江阴市仕旋机械有限公司	顾山镇
226	江阴达克罗金属制品有限公司	顾山镇
227	江阴沐祥节能装饰工程有限公司	顾山镇
228	无锡亿恩科技股份有限公司	顾山镇
229	无锡市向燕消防设备有限公司	祝塘镇
230	无锡全世全流体科技有限公司	祝塘镇
231	无锡市恒特力金属制品有限公司	祝塘镇
232	江苏恒泽复合材料科技有限公司	祝塘镇
233	江阴市亿达电器有限公司	祝塘镇
234	江阴市龙天机械科技有限公司	祝塘镇
235	江阴市宏华机械装备有限公司	祝塘镇
236	江阴市雨晨机械制造有限公司	祝塘镇
237	江阴福泰化工有限公司	祝塘镇
238	江阴宏恒机电科技有限公司	祝塘镇
239	江阴市盛田机械制造有限公司	祝塘镇
240	江阴市苏麦克汽车回收处理设备有限公司	祝塘镇
241	江阴嘉德瑞乐器有限公司	祝塘镇

（李海春）

【新增省级农业科技型企业 1 个】 2020 年，江阴市加快构建以企业为主体的现代农业产业技术体系，持续推进农业科技创新，增强农业企业科技创新能力，以科技创新驱动乡村振兴发展。是年，中向旭曜科技有限公司被江苏省科技厅认定为第十批省级农业科技型企业。该企业新建“张佳宝院士工作站”，依托企业技术研究中心开展创新，加大研发投入，提升自主创新能力和核心竞争力。至年末，全市累计拥有省级农业科技型企业 16 个。

【科技金融】 2020 年，江苏省科技企业融资路演服务中心江阴分中心保持全省排名前列，形成江阴市科技信贷品牌效应。是年，确定中国农业银行江阴市分行、江苏银行江阴支行、江苏江阴农村商业银行、中国银行江阴支行、南京银行江阴支行、建设银行江阴支行、宁波银行江阴支行、交通银行江阴分行、浦发银行江阴支行、兴业银行江阴支行 10 个银行为科技信贷合作银行。全年推荐 14 批 82 个科技型中小微企业申报“澄科贷”、12 批 44 个科技型中小微企业申报“锡科贷”。组织企业参加 24 次融资对接路演，涵盖工业企业融资、农业企业融资、股权融资、最具成长性高科技企业评选等类别，累计向科技企业发放各类优惠贷款逾 20 亿元。为分担企业创新风险，市科技局制定《江阴市科技保险费补贴项目管理办法（试行）》，在全省率先实施科技保险试行办法，确定第一批科技保险品种，全年为企业发放科技保险补助 234 万元。（周　婧）

科技人才工作

【概况】 2020 年，江阴市集聚创新资源“强动能”，构建开放创新“强磁场”，实施江阴市“暨阳英才计划”，吸引海内外高层次人才项目来江阴市创新创业，做好科技人才及外国专家管理服务工作。全年引进科技人才项目 32 项，引进外国高端人才

2020年3月19日,江阴市召开全市科技创新和人才工作大会

(市科技局提供)

53人,外国专业人才322人。入选省“科技副总”*19人。

【海外高层次人才征集】 2020年,江阴市科技局组织企业参加中国(江苏)—韩国线上技术对接系列交流会、中国—以色列线上技术对接会论坛、MIT(麻省理工学院)关于“下一代燃烧技术”区域性会议等。依托中国国际人才市场江阴市场开展海外高层人才项目远程视频路演、海外高层次人才项目实地对接等活动,全年开展项目对接35项、签约项目9项。组织参加无锡“才交会”,推荐93项项目参加中国无锡“太湖杯”国际精英创业挑战赛,其中12项项目进入复赛。开展“智汇江阴”海外高层次人才项目远程路演和实地对接活动6场,对接项目28项,签订框架协议项目9项。

【科技人才项目】 2020年,江阴市科技局组织申报省“科技副总”*21人,入选19人;申报省级引智项目5项,入选3项;申报省外国专家工作室4个,入选4个;组织申报无锡市“太湖人才计划”人才团队项目36项,入选“太湖人才”创业类人才11名、创新类人才5名;组织评审2020年度江阴市“暨阳英才计划”新兴产业创业人才34名;组织评审江阴市外国专家工作室4个。

【科技人才服务】 2020年,江阴市科技局办理外国人才来华工作许可证332张;疫情期间,推出外国人才来华工作许可不见面审批,最大限度减化办事流程;保障外国人才身体健康,对聘用外国人才企业进行电话、上门走访,动态掌握外国人才复工情况。组织外国专家开展“寻梦中国”联谊活动。组织科技沙龙4场、江阴跨境项目国际峰会1场、江苏科技企业融资金融路演5场。中国国际人才市场江阴市场新引进科技人才中介机构2个。 (陶郁科)

科技成果

【概况】 2020年,江阴市科技局认真贯彻实施创新驱动核心战略,加大科技投入力度,积极营造科技创新的浓厚氛围,优秀科技成果不断涌现。江阴市企业获江苏省科学技术进步奖二等奖2项。

【2项项目获江苏省科学技术进步奖二等奖】 2020年,江阴升辉包装材料有限公司与江南大学合作完成的“高阻隔复合包装膜低成本与绿色制备关键技术及应用”项目获江苏省科学技术进步奖二等奖。该项目属于有机高分子材料领域,主要通过研发PVA(聚乙烯醇树脂)—EVOH(乙烯—乙烯醇共聚物)作为阻隔层的稳定熔融共挤复合技术,制备满足单一材质要求的高阻隔PVA(聚乙烯醇树脂)复合功能膜,无有机污染排放,无溶剂残留,形成绿色环保、安全卫生的功能复合膜制备技术体系。项目组通过对生产关键技术多年的协同创新研究取得多项自主创新成果。项目获授权国家发明专利23项,实用新型专利1项,形成国家、行业标准5项,发表论文18篇。项目产品涉及食品与医药等包装领域,长期供货国际、国内等多个知名企业,扭转中国长期以来高阻隔功能膜依靠进口的局面,填补国内空白。江阴苏利化学股份有限公司参与完成的“果蔬作物灰霉病菌和菌核病菌抗药性及治理关键技术”获江苏省科学技术进步奖二等奖。该项目属于化学工程精细化学品领域,针对江苏省乃至全国果蔬作物重大病害可持续防控需求,历经12年系统研究危害最重的灰霉病菌和菌核病菌抗药性发生机制和发展规律,研发并产业化应用系列抗药性检测和治理关键技术。项目获授权国家发明专利10项,3种产品进入登记验证阶段,3种产品获得农药登记证,近两年在江苏省累计应用26万公顷,较以往技术减少用药量33.9%~90%,防治效果提高1倍以上,新增经济效益30余亿元,生态效益显著。

(王黎君 周京利)

■类目编辑 朱其涛

综 述

【概况】 2020年，江阴市教育系统抓住立德树人根本任务，持续深化教育改革，扎实推进素质教育，取得教育高质量发展和新型冠状病毒肺炎疫情常态化防控“双胜利”。不断推进义务教育均衡发展，江苏省义务教育优质均衡达标项目30项，达标率93.75%，比2019年增加5项，增长15.65%。全市中小学校全部纳入省义务教育标准化建设监测，达标率100%。有序推进集团化办学，制定《江阴市基础教育集团化办学规划（2020—2022）》《江阴市2020年集团化办学实施方案》《江阴市基础教育集团化办学质量评估实施办法》，举行全市集团化办学现场推进会4次，组建教育集团15个，成员学校39所，义务教育学校集团化办学覆盖率25%。全面实施幼儿园义务教育学位制，升级优化新生预登记系统，完成4.7万名新生登记和大数据审核，实施义务教育公办、民办学校同期招生。继续深化义务教育教师“县管校聘”改革，新增5所改革试点校。南京理工大学江阴校区建成启用。进一步推进“放管服”（简政放权、放管结合、优化服务）改革，年内，教育部门厘清权力事项44项，审批期限比法定期限整体压缩88%，“最多见一次面审批”项目22项，政务服务即办件10项。综合督导素质教育实施中小学、幼儿园17所，整改省、市督政考评问题5个。2019年度教育现代化建设监测综合得分94.43分，为历史最高值。进行春、秋季两次卫生监督专项检查，获评江苏省健康促进学校3所。江苏省南菁高级中学（以下简称“南菁高中”）等4所学校获评省文明校园，江苏省江阴市第一中学等18所学校获评无锡市文明校园。185名学生获评江苏省追梦好少年。至年末，全市有市管高等学校1所、普通高中12所、中等职业学校2所、初中41所（含九年一贯制学校8所、体育中学1所、特殊教育学校1所）、小学43所、幼儿园（办班点）142所（个）。（吴建新）

【教育经费投入】 2020年，江阴市教育经费总支出54.61亿元，其中一般公共教育经费38.84亿元，占一般公共预算支出的16.33%。全市义务教育阶段公用经费拨款总额18463.14万元，新市民学生经费由财政保障。继续实行家庭经济困难学生减免和补助政策，免除学前教育阶段特别困难幼儿保教费，减免义务教育阶段特别困难学生午餐费，减免高中阶段特别困难学生学费及住宿费，做到“应助尽助”“应补尽补”，保障经济困难家庭学生安心上学，完成学业。全年资助困难学生6913人次，发放资助经费705.49万元，发放生源地大学生助学贷款48笔计42.65万元。（谭 华）

【学校基本建设】 2020年，全市列入市级政府投资计划教育项目21项，其中续建项目10项，新开项目8项，增列项目3项，总投资36.8亿元，全年完成投资4.18亿元。年内，礼延实验学校和辅延幼儿园（易地新建）建成投运；人民东路小学、毗陵路小学、敔山湾第二幼儿园、滨江幼儿园等新建项目开工建设；南菁高中实验学校改扩建、敔山湾实验学校教学楼新建、青阳中学宿舍楼改造等项目开工建设；长泾中学校安工程、江苏省江阴高级中学（以下简称“江阴高中”）教学楼建设、江阴中专校改扩建（二期）、先锋幼儿园建设等项目获批立项，完成方案设计；江南大学江阴校区（一期）项目完成方案初步设计及论证；启动澄西高中新建项目、江阴中专校校园扩建项目。（李迟丰）

【学生德育工作】 2020年，全市学校以培育和践行社会主义核心价值观为主线，深入开展“童心同愿共战疫，江阴少年在行动”“我们的节日”“童心里的诗篇”“爱党爱国，立德立行”等主题教育活动。在“传承中华传统美德，涵养核心价值观”主题教育实践活动中，全市有3人获无锡市特等奖、46人获一等奖、117人获二等奖、162人获三等奖。在“爱党爱国，立德立行”主题教育征文活动中，有102篇文章获奖。在“全面小康追梦成长”江苏省老少同台演讲比赛中，花园实验小学《燃烧的火焰》获特等奖第一名。南菁高中“指向南菁气质培育的自主性德育课程建构”项目列入江苏省基础教育内涵建设项目。璜土中学“田园大学堂：砥砺璞玉少年的新时代劳动教育实践”、第一中学“砺实青年在场行动”项目获评江苏省第四批品格提升工程项

2020 年，江阴市教育局与市融媒体中心联合举办《校长讲坛》栏目(共 9 期)，系列介绍全市基础教育集团化办学情况。图为江苏省南菁高级中学实验学校教育集团交流办学思路　　（市教育局提供）

目。辅延中心小学“国学经典浸润辅延少年的诚意正心行动”、南菁高中实验学校“菁一少年的‘阳光守正’行动”、桐岐中心小学“新时代小先生‘自觉觉人’行动”、澄西中学“赓续红色基因的澄中奋斗者行动”、敔山湾实验学校“吾文山水尚善美，日新少年行悟迹”项目获评无锡市第四批品格提升工程项目。是年，夏港中学、市实验小学、南华中等专业学校创建成全国第三批国防教育特色学校；市实验小学创建成江苏省“绿色学校”；山观高中等 6 所学校申报第四批无锡市中小学心理健康教育特色学校。55 节心理健康教育微课分获江阴市一、二等奖。南菁高中教师顾梅燕录制的《春暖花开 · 等你来——高三学生复学第一课》被“学习强国”平台录用，点击超 1.6 万余人次。市特殊教育中心校教师戴娅萍获评第七届“德耀江阴 · 十佳江阴好人”。30 人获评无锡市德育能手，49 人获评江阴市德育能手。全市各校全部建立家长学校，评选优秀家长学校 21 所，优秀家庭教育指导师 147 人，优秀家长 765 人，征集优秀家庭教育案例 1354 篇，微课视频 155 个，《家长必读》心得征文 812 篇。利港实验小学徐白妤、临港实验学校尤晨冉获评新时代江苏好少年。　　（鞠　斌）

【校园安全】 2020 年，江阴市教育局成立教育校园和校车安全专项整治工作组，制定专项整治总体方案和 7 份专项方案，召开动员部署会 3 次，开展为期一年教育(校园和校车)安全专项整治行动。制定学校危化品管理、市镇两级校园安全分级分类管理、学校一键报警系统性能保持、学校食堂燃气安全管理等长效制度，市镇两级财政投入经费近亿元。年内，投入 800 余万元，完成 93 个校区“智慧技防校园”建设。市财政拨付 4285.5 万元专项资金，加固 4 所直属学校 9 幢 C 级房屋；安排 900 余万元，改造直属学校消防设施设备。出动检查人员 12366 人次，检查学校、幼儿园和社会培训机构 387 所(个)，录入安全生产监管平台一般隐患 1399 处，均按期完成整治。完成新一轮校舍安全鉴定 294 幢。组织 57 个校区回收 647 种危险废弃物，其中液体 407 升、固体 872 公斤。全市 193 个使用燃气校区均加装泄漏报警或自动截断装置。是年，调整学校保安人员 78 人，新增 39 人。第三实验幼儿园获评江阴市安全生产先进集体，华姿中等专业学校、市实验幼儿园等 41 所学校(幼儿园)获评无锡市平安校园。全市学校未发生责任事故和校内死亡事故，未发生自然灾害、公共卫生、社会安全等突发事件。　　（陈宝俊）

【“智慧校园”建设】 2020 年，江阴市教育局继续按照《江阴市教育信息化项目建设与管理办法》《江阴市智慧教育建设规划设计方案(2020—2022 年)》要求，加快“智慧校园”建设，全市有 169 个公办校区重点部位监控信息接入公安平台，提高校园安全等级。年内，建成无锡市“智慧校园”试点学校 62 所，周庄实验小学、南菁高中建成江苏省首批“智慧校园”示范学校。　　（沈军辉）

【教育科研成果】 2020 年，江阴市围绕“走向美学的江阴教科研”主题方向，推动后疫情时代区域教科研工作方式转型，提升区域教科研品质。在第五届江苏省教科研成果奖评比中，晨光实验小学、长泾中学、南菁高中获一等奖，临港实验学校等 2 项项目获二等奖。10 月，南菁高中实验学校、江阴初级中学、要塞幼儿园获评省先进教科研集体，夏江萍、印晓明、王新刚、李松等 11 人获评省教科研先进个人。是年，江阴市获评省基础教育前瞻性教学改革重大项目“先行示范区”。　　（许建国）

【教育工会】 2020 年，江阴市教育工会坚持做好服务大局、服务学校、服务教工的“三服务”工作，组织市第 19 届教师技能大赛，参加校级比赛 4100 人，江阴市级 93 人，6 名优秀教师参加无锡市级赛，青阳实验小学胡林等 5 人获无锡市一等奖。陈晓萍、杨培明工作室获评江苏省教科系统示范性劳模和工匠人才创新工作室。包彩娥获评无锡市“最美人物”。澄江中心小学高年级数学组、山观高中高三年级巾帼组获评江阴市“工人先锋号”。强化师德修养，开展专项督查行动，形成师德管理长效机制，营造风清气正育人环境，全市近 1.5 万名教职工签署师德师风承诺书。是年，市教育工会获评江苏省模范“职工之家”、江苏省推动厂务公开民主管理工作先进单位，《“两报三导(基层学校工会职代会的会前、会后报告制度，教育工会在职代会中的会前指导、会中视导、会后督导制度)工作法”促进职代会提质增效》获评 2020 年无锡市十大民主管理创新创优成果。

“彩虹课堂”文明实践志愿服务项目获评第五届江苏志愿服务展示交流会金奖，分别被江苏省文明办和无锡市文明办推送到“学习强国”平台。（张建菁）

基础教育

【概况】 2020年，江阴市持续推进基础教育集团化办学，覆盖率为25%。在江苏省义务教育优质均衡发展县（市、区）年度监测中，江阴市达标指标数30个（自评），达标率93.75%。省义务教育标准化建设监测无锡市审核中，江阴市达标率100%。组织全市学校申报评审内涵建设项目，被无锡市立项7项并择优选送，其中，南菁高中“劳动教育实践基地”、南菁高中实验学校“初中‘活力英语’学科教学示范中心”、市实验小学“小学艺术课程‘臻美’行动”3项项目被确定为省2020年中小学课程基地建设项目。南菁高中“指向南菁气质培育的自主性德育课程体系建构”“重构校园生活——普通高中大美育课程体系建构”、华士中心幼儿园“亲历课程”项目被确定为省2020年基础教育前瞻性教学改革项目。年内，制定《江阴市高品质示范学校和优质特色学校建设意见》《江阴市中小学高品质示范学校和优质特色学校建设评估标准》，全面启动高品质示范学校和优质特色学校建设。通过现场评审，确定市高品质示范学校建设项目学校6所、市高品质示范学校培育项目学校3所、文化建设优质特色学校建设项目学校20所、教学改革优质特色学校建设项目学校15所、评价改革优质特色学校建设项目学校6所。（史建青）

学前教育　2020年年末，全市有幼儿园（办班点）142所（个），学前教育资源配置率为0.86。3～6岁在园幼儿44480人，其中新市民子女9473人，江阴市户籍适龄幼儿入园率100%。小荧星艺术幼儿园、徐霞客星光幼儿园2所民办园建成江苏省优质幼儿园，敔山湾实验幼儿园、新桥实验幼儿园何巷分园、英桥国际幼儿园、云亭中心幼儿园东区分园4所公办园以及安庭幼儿园、徐霞客陈子幼儿园、华士小巨人幼儿园、文林和湘幼儿园4所民办园建成江阴市优质幼儿园。至此，全市有江苏省优质幼儿园66所，无锡市优质幼儿园23所，在省、市优质园就读幼儿占比85.73%，比2019年增长3个百分点。年内，异地新建启用辅延中心幼儿园1所公办园和延陵幼儿园、蒙世学堂幼儿园等7所民办园。专项治理全市临时照护点，制定“一园一策”治理方案，实行销号管理，全面稳妥取消临时照护点74个。（冯竹君）

小学教育　2020年年末，全市有小学43所，在校学生103818人，其中新市民学生44338人，小学入学率、巩固率、毕业率均保持100%，有省义务教育现代化学校35所。至秋季开学，小学语文、道德与法治两门学科于2019年使用国家统编教材后，继续分学科、分层次、多样态组织全体任课教师开展新教材培训及研讨活动，其中语文学科线下培训7次，有1800余人次参加；道德与法治学科线上培训5次，2000余人次参加。（苏岱昌　江红梅）

中学教育　2020年，出台《2020年江阴市体育中考实施方案》《2020年江阴市初中学生艺术素质测评实施方案》，首次开展初中毕业生艺术测试。6月，组织实施普通高中自主招生、特长生自主招生工作，南菁高中和江阴高中分别自主招生90人和45人。至年末，全市有普通中学53所，其中公办普通高中12所（四星级高中8所、三星级高中4所），初中41所（含九年一贯制学校8所、体育中学1所、特殊教育中心校1所）；在校初中生42414人（含新市民学生16691人），高中生21274人（含新市民学生5709人）。初中生入学率、巩固率、毕业率分别为100%、98.9%、99.7%。是年，有6546人参加江苏省学业水平合格性考试，有5472人参加高考，录取5391人，录取率98.51%，其中本科录取率88.36%，普通高中文理科类本一进线2603人，进线率53.03%；本二进线4545人，进线率92.59%。（史建青　华　猛）

特殊教育　2020年年末，全市各类学校（幼儿园）在校特殊教育需要儿童805人，其中市特殊教育中心校在籍学生300人（含送教上门115人），随班就读502人（幼儿园30人、小学380人、中学92人）。江阴市户籍适龄残疾儿童少年义务教育入学率100%。全年新建无锡市融合教育资源中心合格校19所，无锡市融合教育示范校3所，全市融合教育资源中心实现全学段、全覆盖。市特殊教育中心校开展“普特联手”爱心联盟送教上门活动，取得良好社会影响，并被江苏省、无锡市教育媒体报道。（冯竹君　居张洪）

【体艺科技教育成果】 2020年，江阴市继续实施中小学体育工作综合评比和中小学生体质健康监测，相继举办全市中小学校园足球联赛、两项技能比赛、武术比赛等，组队参加江阴市级以上各项体育比赛活动。华士高级中学获2020年江苏省青少年击剑俱乐部联赛总决赛男子花剑14～15岁组团体第一名。在2020中国（无锡）青少年啦啦操精英赛中，祝塘中心小学、高新区实验小学、夏港实验小学、虹桥小学、立新中心小学分别获儿童组集体街舞、集体自由舞蹈、集体花球（丙组）、集体花球（乙组）、技巧1级规定动作第一名；夏港中学、南闸实验学校、暨阳中学分别获俱乐部少年组花球校园啦啦操、公开少年组花球校园啦啦操、花球规定动作和集体花球自选动作第一名。在全国首届少儿舞蹈网络评选活动中，全市学校获金奖28个、银奖23个。峭岐实验小学获评第六批江苏省中小学艺术教育特色学校，城南小学获评江苏省“十三五”科学教育综合示范学校。是年，新增江阴市级体育传统学校23所。全市小学生、初中生、高中生体质健康合格率分别为99.89%、99.53%和99.10%。（刘学东　孔喜林）

【传统文化进校园】 2020年，江阴市继续推进传统文化进校园活动，推广中华武术传统体育项目，开展全市中小学生阳光体育运动。12月，市教育局在南菁高中举办2020年江阴市中小学生武术比赛，全市72所中小学校、2048名运动员、170

2020 年 12 月 18 日,江阴市锡剧进校园十周年成果汇报演出在江阴大剧院举行 (市教育局提供)

多名裁判员参加赛事。大力推进“锡剧、二胡进校园”活动,组织开展“锡剧进校园十周年”展演。至年末,全市有小锡班小学 20 所、二胡班学校 17 所。 (史建青 刘学东)

【全国青少年校园足球试点工作】 2020 年,江阴市继续推进青少年校园足球试点工作,创建体育特色学校。云亭幼儿园获评 2017—2019 年度江苏省体育(快乐体操)特色幼儿园;周庄实验小学、虹桥小学、青阳实验小学、华士实验小学、澄西中学、暨阳中学、江阴实验中学、江阴初中被评为 2017—2019 年度江苏省体育特色学校。在 2020“省长杯”卡尔美江苏省青少年校园足球联赛中,市第一中学和市第二中学分别获得高中男子组、高中女子组冠军。12 月,教育部体卫艺司处长李勇到江阴实地调研全国青少年校园足球“满天星”训练营工作。

(刘学东 孔喜林)

职业教育

【概况】 2020 年,江阴市中等职业教育继续深化布局调整和资源整合,坚持内涵发展战略,加强学校基本建设和师资队伍培养,全面开展现代学徒制试点,职业教育办学能力不断增强。全市职业学校招生 3547 人,外地高职和部省属中专招生 1018 人,对外培训 3.5 万人次。毕业学生 3080 人,98% 的学生拥有学历毕业证书和中级技能等级证书,一次性就业率 99%,专业对口就业率 85%。有 461 人参加江苏省普通高校对口单独招生考试,录取率 100%,其中本科进线 313 人,进线率 67.9%。江阴中专校、华姿中专校继续与江阴职业技术学院、南京信息职业技术学院、无锡科技职业学院、苏州农业职业技术学院、常州机电职业技术学院等高职院校开展分段培养试点,设立分段培养专业 12 个,招生人数 420 人。江阴中专校“会计专业群”获评省现代化专业群,机电一体化技术、汽车运用技术 2 个实训基地获评省现代化实训基地。华姿中专校电子设计自动化等 10 门课程获评无锡市职业教育精品课程。至此,全市中等职业教育有省职业学校现代化专业群 3 个,无锡市现代化品牌专业 4 个,无锡市职业教育精品课程 17 个;有计算机应用与软件技术、数控技术 2 个国家级紧缺型人才培训基地,省现代化实训基地 3 个,无锡市校企合作示范组合 12 个、无锡市现代学徒制示范项目 3 项,校外实训基地 248 个。年内,江阴市获江苏省职业学校技能大赛一等奖 4 个、二等奖 11 个;获无锡市技能大赛一等奖 4 个、二等奖 22 个,江阴中专校首次成为无锡市技能大赛数字影音制作项目赛点学校。江阴中专校校长潘永惠获评 2020 年“苏教名家”培养对象,10 名教师获评无锡市教学能手。至年末,全市有中等职业学校 2 所,专任教师 1161 人,其中高级及以上职业资格证书教师 449 人,“双师型”(拥有教师职称和中级以上技术职称)教师 412 人,在校学生 12469 人。

(张建宏)

【品质职业学校建设】 2020 年,江阴市围绕创建江苏省现代化示范性职业学校和省优质特色职业学校规划,持续推进高品质学校建设。年内,华姿中专校创建江苏省优质特色职业学校,在专业群建设、实习实训条件、技能大赛、教学资源建设、礼乐文化教育等取得显著进展。10 月,经评估验收,华姿中专校创建成江苏省优质特色职业学校。暑期,江阴中专校临港校区停止招生,部分教师调至江阴中专校本部工作。

【现代职教体系建设】 2020 年,江阴市继续深化现代职业教育体系建设,设立“3+3”(中等职业教育学习 3 年,进入高等职业教育学习 3 年)分段培养专业 12 个,计划招生 420 人。各中职学校与江阴职业技术学院开展合作,培养现代学徒制人才,招生并开设现代学徒制试点班 28 个,计划招生 1480 人。 (黄庆业)

社会教育

【概况】 2020 年,江阴市社会教育继续完善社区教育三级网络,开展多层次、多形式培训活动。年内,周庄成人教育中心校“‘三位一体’(社区、学校、辅导站三位一体)辅导课堂”和澄江街道成人教育中心校“红色远望学习社”成为 2020 年江苏省社区教育特色品牌。江阴市在“江苏学习在线”平台激活账号数及有效账号数,位列入围 17 个县(市、区)第一,获评优秀;在全省入围的 30 个街道(乡、镇)中,江阴市占 4 个,其中申港街道获评优秀,徐霞客、月城和周庄 3 个镇被提名表彰。周庄成人教育中心校“江阴周庄益家人公益课堂”项目获 2020 年省级社区教育品牌项目。

【课程建设成果】 2020 年,在无锡市社区教育优秀数字化课程资源评选活动中,江阴市有 7 所学校获奖，其中临港成人教育中心校“非遗文化宣传课堂”和澄江街道成人教育中心校“《七彩早味道》系列课程”获一等奖。在无锡市社指中心第二届“无锡市社会教育(教学)成果奖”评审中，有4所学校获奖，其中江阴高新区成人教育中心校“‘和谐一隅’亲子活动”获一等奖。年内，组织开展社区教育微课程评选活动，收到参评微课22件，评出一等奖3件、二等奖3件、三等奖5件、优秀奖5件。开展社区教育品牌特色项目征集评选活动，收到社区教育特色品牌项目14项，有5项获江阴市特色品牌项目。（沈菊萍）

【民办教育】 2020年，江阴市教育局开展校外培训机构防疫和清查整治校外培训机构从业人员授课内容等活动。是年，新设立民办幼儿园8所、民办教育非学历机构45所。至年末，全市有民办学校和社会培训机构198所，其中民办中小学3所，民办幼儿园50所，民办非学历教育培训机构145所。（顾金锋）

高等教育

【概况】 2020年，南京理工大学江阴校区(以下简称“南理工江阴校区”)建成启用。年内，全市高校招收全日制研究生、本科生、高职新生5383人。是年，江阴职业技术学院2020届应届毕业生814人，年终就业率92.6%，高于全省高职院校平均水平；成人高等学历教育完成成人高考、开放教育、网络教育、联办本科、自学考试等本科、专科招生2487人，毕业1646人；非学历教育为企事业单位开展各级各类培训1.11万人次，组织各类社会化考试1.5万人次；有21名学生应征入伍；获评省平安校园建设示范高校、省体育特色学校、省七五普法中期先进集体、第九轮学生资助管理绩效考评优秀，通过省级“智慧校园”审核认定，第二次获无锡市文明校园；继续教育学院获评全国统一考试优秀考点、省优秀成人继续教育院校、无锡市成人教育先进单位，红舞鞋社团获评无锡市优秀学生社团。年末，全市有市管高校1所。

【南理工江阴校区建成启用】 2018年9月20日，南理工江阴校区开工建设，2020年9月11日建成启用。首批本科生、研究生、继续教育和国际教育新生2609人、教师168人入驻。校区位于江阴临港经济开发区亚包大道东、滨江西路南、新沟河西、福新路北，占地面积74.33公顷，建筑面积约32万平方米，高度融合南京理工大学校园文化与江阴地域文化，通过校风碑、水杉林、二月兰、学子湖、钟楼等生态布局和法式建筑元素，构成纵横交错、中西合璧现代大学校园。江阴校区为南京理工大学普通高等教育功能区、“一校三区(南京校区、江阴校区、盱眙校区)”办学布局重点工程、“两个强国”(制造强国、网络强国)先行区、新兴交叉学科先试区和国际化办学示范区。按照“小机关、大服务”原则，校区管理服务机构设立党政办公室、教学事务办公室、人事财务办公室、学生事务办公室、校区建设办公室、后勤事务办公室和信息中心。根据区域经济发展需要和地方产业优势，结合学校优势特色以及“双一流”(世界一流大学、一流学科)建设需要，设置志道书院、鼎新研究院、基础教学与实验中心、动商研究院、中法工程师学院、网络空间安全学院、智能制造学院、新能源学院、工业互联网研究院、国际教育项目和继续教育项目(江阴学院)11个教学科研机构，涵盖现代装备制造、新能源、微电子、网络空间安全、工商管理、公共管理、项目管理、社会工作等相关学科方向，建设机械工程、材料科学与工程、智能制造工程、网络空间安全、信息管理与信息系统、新能源科学与工程等特色专业。建设数据专线，实现南京校区和江阴校区信息互联、财务互联。运用虚拟卡技术，打通两校区一卡通消费功能，搭建面向全校业务综合预约平台，便捷各类审批流程、合理整合校区资源。按照“大后勤”“社会化”整体思路，校区物业、餐饮、安保、医疗以及商业配套等服务保障工作外包，选聘专业团队，实现专业管理。23日，江苏省委常委、常务副省长樊金龙调研校区。11月15日，新东方创始人、新东方教育科技集团董事长俞敏洪为校区师生作讲座。

【南理工江阴校区教育教学】 2020年，南理工江阴校区推行协同保障机制，通过南京校区和江阴校区数据专线，实现两地直播互动教学。开学首个学期，开设课程182门，实现新生研讨课100%覆盖，本科生导师制100%覆盖。出台《南京理工大学江阴校区书院制协同育人工作实施方案(试行)》《南京理工大学江阴校区书院制章程(试行)》，设立志道书院，搭建学生事务与发展中心，启用各类功能区间，为学生素质发展提供空间支撑。组织学生思想情况调研，举办军训歌咏比赛、微党课大赛等活动，出台《国旗护卫队管理办法》，组织“一二·九”运动主题升旗仪式等，加强学生爱国主义教育和国防教育。组织开展篮球赛、校园马拉松、新生文艺会演、畅游江阴、学术文化和学业指导讲座等活动，丰富学生校园文化生活。施行有品行学风塑造养成教育，组织开展“学风建设月”工作、“最美笔记”评选、先进事迹报告会等，塑造良好学风环境。通过线上、线下服务平台，推进学生日常事务管理，为师生信息交互提供便利。

【南理工江阴校区师资队伍建设】 2020年，南理工江阴校区结合专业设置，组织开展人才引进工作，参与各类线下招聘会48场，覆盖国内20余省份。举办“暨阳”海内外人才系列论坛，参会人数超过300人。建立人才引进工作台账，实行人才引进全过程管理，及时跟进人才引进情况。年内，累计获取海内外博士简历813份，组织面试25场，审批通过超50人。校区与江阴市委、市政府、临港经济开发区共同制定支持校区事业编制管理办法和人才引进优惠政策，出台《江阴市支持南京理工大学江阴校区高等教育人才专项编制使用和人员管理规定》和《关于支持在澄高等院校引进高层次人才的实施办法(试行)》，明确校区编制数量、类别、考核方案，解决校区人才家属就业和子女入学问题，为校区人才引进工作打下良好基础。

2020年9月11日,南京理工大学江阴校区建成启用　　（市教育局提供）

【南理工江阴校区教产融合】 2020年,南理工江阴校区积极谋求与地方政府、知名企业合作,培养服务国家战略和区域经济发展的高级人才。是年,与江阴临港经济开发区签订政产学研战略合作协议,与远景能源有限公司、江苏法尔胜泓昇集团有限公司、中信泰富特钢集团股份有限公司、江阴市万沅电子科技有限公司等9个单位签订产教融合协同育人合作协议,在学生实习实践、人员聘用和培训、资源共享、合作科研、创新创业教育、高端人才引进、共建行业学院和产业学院等方面合作。聘用6名企业高水平人员担任企业教授,推动教产研深度融合。9月11日,南京理工大学和江阴市政府签署长三角(江阴)数字创新港战略合作协议,创新港项目列入江苏省发改委"十四五"新基建、数字经济规划和江阴市"十四五"规划。

【江阴职业技术学院专业群建设】 2020年,江阴职业技术学院制定《江阴职业技术学院专业群建设规划(2020—2022)》,形成专业群建设梯队布局,围绕地方特色和支柱产业,设置专业群9个。年内,坚持以诊断促改进,从"全景敞视式"观课迈向"全息片段式"诊改,质量监控覆盖线上线下,形成问题导向—课堂观察—评课议课—行动跟进"教研培一体化"课堂教学质量监控模式。推进在线开放课程建设,有1件在线课程案例获评江苏省体育网络课程优秀案例一等奖,6门课程获评无锡市职业教育精品课程。1部教材立项为省"十三五"高等学校重点教材,2部教材被评为"十三五"职业教育国家规划教材。2项教改课题获省级立项,省大学生实践创新训练计划项目获立项27项。入选国家第三批"1+X"(学历证书+若干职业技能等级证书)认证项目4项。环境专业教学团队获中国化工教育协会教学成果奖1项。探索订单式、现代学徒制等工学结合人才培养模式,先后与中国移动无锡分公司、江苏中源工程管理股份有限公司、远景能源有限公司、江阴恒润重工股份有限公司等企业签署校企合作框架协议。是年,新增无人机应用技术专业,有备案专业39个。"服装设计与工艺专业群"获评江苏省高等职业教育高水平专业群,"服装设计与工艺专业群""机电一体化技术专业群"立项为无锡市职业教育现代化专业群。

【江阴职业技术学院师德师风建设】 2020年,江阴职业技术学院不断优化人才治理,突出师德师风建设,提升师资队伍水平,全年外派各级各类培训200余人次。完成江苏省第五期"333"工程*培养对象和省"青蓝工程"培养对象期满考核,入选省"青蓝工程"优秀青年骨干教师培养对象2人。做好2020年江苏紫金项目推荐工作,获评"文化创意优青"1人。有1人获评无锡市有突出贡献中青年专家,8人获评江阴市"名特优"教师。年末,有在编教职工476人,其中专任教师340人(博士研究生学历8人),"双师"素质教师占比73.2%;副高级以上职称教师占比50.9%;正高级职称教师22人。

【江阴职业技术学院科研创新服务】 2020年,江阴职业技术学院瞄准与地方经济社会发展结合点,完善产教融合协同育人机制,打造融人才培养、科学研究、技术创新、企业服务、学生创业等功能于一体的"现代班组长"型人才培养平台。突出结果导向和应急需求,为疫情防控提供科技支撑,机电系"熔喷模头的多目标优化设计与熔喷设备的快速调试研究"项目被2020年省高校自然科学研究面上资助项目立项。全年签约横向课题17项、结项15项,到账资金37.7万元。年内,立项省高校哲学社会科学项目20项、省教育科学"十三五"规划课题3项、省教育纪检监察学会课题1项,无锡市哲学社会科学招标课题3项、无锡市职教创新发展课题2项,无锡市科协软课题6项、企会合作项目1项;结项省高校哲学社会科学项目15项、省高校自然科学项目1项、省教育科学"十三五"规划课题2项、省信息化课题1项、省社会科学精品工程项目1项、省高校招生就业中心课题1项、省教育纪检监察学会课题2项,无锡市哲学社会科学招标课题3项,无锡市科协软课题6项、企会合作项目2项。全年出版专著9部,发表论文313篇,其中三大检索论文4篇、核心期刊论文18篇;获省级论文奖1篇、地市级论文奖15篇。申请专利37件,授权专利26件,其中发明专利2件、实用新型专利19件、外观专利5件,授权软件著作权5件。是年,学院获江苏省职业院校创新创业大赛三等奖1项、省第十五届大学生职业规划大赛三等奖2项,无锡市大中专院校创新创业大赛二等奖2项、三等奖1项,院科协被评为无锡市四星级高校科协。

【江阴职业技术学院学生技能竞赛】 2020年,江阴职业技术学院艺术系6名师生联合创制成衣作品"年味”，获江苏省第六届“紫金奖”文化创意设计大赛服装创意设计赛金奖，并实现版权转让和成果转化。获全国高职院校信息素养大赛特等奖1人，获评共青团中央、全国学联中国大学生自强之星1人。获第九届POCIB全国外贸从业能力大赛团体一等奖、二等奖各1项及个人二等奖、三等奖15项，第六届OCALE全国跨境电商创新创业能力大赛团体一等奖2项、三等奖2项及个人一等奖6人次、二等奖3人次，江苏省高校第十七届高等数学竞赛一等奖4人、二等奖5人、三等奖9人，第六届江苏省科普公益作品大赛三等奖1项，“省长杯”大学生足球联赛高职高专组第四名及足球技能比赛团体二等奖，第十一届江苏省大学生龙狮精英赛第一名和第二名各1项、第三名2项，江苏省高校健身气功比赛一等奖1项、二等奖2项、三等奖2项，获评江苏省大学生抗疫先进个人2人，获“疫情下的中国”江苏高校大学生征文活动二等奖1人。获无锡市大中专院校“传承工商精神　推进创新创业”系列活动二等奖、三等奖各1项，无锡市跨境电商创新创业大赛三等奖1项，无锡市大学生社科普及创新创意作品大赛二等奖1项，2人被评为无锡市疫情防控青年志愿服务典型人物。

（张龙龙　陈　斌）

教师队伍

【概况】 2020年，江阴市教育系统公办学校在职员工21515人，其中公办教职工13706人，在岗合同民办153人，市统招幼教编外用工1037人，临时代课（含返聘教师）1903人。公办学校在编专任教师12843人，其中幼教809人、小学4748人、初中3679人、普通高中2099人、职业高中912人、成教119人、大学477人、特殊教育61人、体校28人。全市幼教、小学专任教师本科率分别为94.03%和89.41%，初中、高中、中等职业学校专任教师研究生以上学历分别占5.85%、25.39%、13.31%。是年，新增正高级职称教师6人，落实“暨阳英才计

2020年11月1日，“彩虹课堂”文明实践志愿服务项目获第五届江苏志愿服务展示交流会金奖　　（市教育局提供）

划”引进B类人才2人、C类人才1人、D类人才1人，引进柔性人才13人。周莉萍获评省班主任基本功大赛一等奖，顾梅燕获评江苏省最美班主任提名奖，姜跟华、朱峰磊分获省教学说课比赛第一、第二名；顾梅燕、张晶晶、陈芷竹获无锡市五一劳动奖章，高宇峰、周莉萍、王艳华获评无锡市班主任基本功比赛特等奖，胡林等5人获无锡市教师技能大赛一等奖。全市参加志愿服务教师12551人，“彩虹课堂”文明实践志愿服务项目获第五届江苏志愿服务展示交流会金奖。督学缪丽君撰写的总结被“中国教育督导”微信公众号全文刊登，督学杜亚萍撰写的案例入选江苏省优秀督学案例。年末，全市教育系统拥有江苏省人民教育家培养工程培养对象1人、“苏教名家”培养工程培养对象2人、省“333”工程*培养对象和博士7人、江苏省特级教师24人；有无锡市中小学教育名家培养工程培养对象5人、无锡市名教师7人、无锡市名校长2人、无锡市学科带头人233人；有江阴市名教师109人、江阴市名校长13人，教授级高级教师25人。全市拥有江苏省名师工作室2个、无锡市名师工作室16个、江阴市名师工作室58个。

【教师“县管校聘”改革】 2020年，江阴市教育局继续深入推进义务教育教师“县管校聘”改革，5月，举行“县管校聘”试点校校长专题动员会，部署改革工作及相关要求。6—8月，各试点校出台校本化《教职工适岗竞聘工作实施方案》，按照规定程序组织开展“适岗竞聘”工作。10月，调研各试点校“适岗竞聘”工作，并召开经验分享会，进一步健全竞争择优、能上能下、能进能出用人机制，完善校内竞聘、跨校竞聘、组织调剂相结合的教师资源配置模式。是年，于2019年试点改革城区7所直属初中校后，新增高新区实验中学、云亭中学、夏港中学、长山中学、南闸实验学校（初中部）5所镇（街道）初中改革试点校，改革范围由城区向镇（街道）推进。至此，累计试点学校12所。

【教育系统组织建设】 2020年，江阴市教育局党委深入实施“暨阳红色先锋”基层党建质量提升行动，直属单位党支部均三星级动态达标。深化“一校一品”党建文化品牌建设，江阴高中“新时代红色‘领跑者’”、澄西中学“承红色基因，扬‘弘毅’精神”获评第二批省党建文化品牌项目建设成果，北漍中心小学等3所学校入选无锡市示范品牌建设项目。实施年度基层党建书记项目101项，其中市教育局党委“凝聚教育向心力，绘就党建同心圆”获评2020年度江阴市十佳基层党建书记项目。加强市委教育工委与镇（街道）、园区党（工）委横向沟通，组建覆盖全市公办学校党建工作联盟10个。围绕“2020民办学校党建工作推进年”目标任务，出台《关于组建党建协作联盟、建立党建帮扶

机制进一步加强民办学校党的建设工作的实施意见》,召开全市民办学校党建工作现场推进会议,着力构建"经纬交织、条块联动"教育大党建格局。落实党风廉政建设,深化"廉洁文化进校园",组织"5·10"警示教育,出台《江阴市教育系统"助教助学"资金管理使用办法》,健全教育系统工作人员违规违纪违法行为查处情况报告制度。

【教师定向培养】 2020年,江阴市完成乡村教师定向培养计划80人,其中小学50人(文科30人、理科20人)、学前10人(文理科各5人)、初中20人(语文、数学、英语各5人,物理3人,地理2人)。通过宣传动员,进一步优化师源储备,全市高三应届毕业生填报师范志愿495人,文、理科录取分数线分别为358分、362分,均超省本一控制线,其中文科录取最高分为389分,理科录取最高分为391分。是年,全市录取乡村定向师范生236人,秋季第一批26名毕业生到岗。

【教师招聘】 2020年,江阴市教育局面向社会公开招聘事业编制教师434人,其中南菁高中提前招录优秀高校毕业生14人、A类岗位(普通中小学教师)358人、B类岗位(职业类学校教师)12人、C类岗位(初中、小学、幼儿园教师)50人,实际录用427人。市礼延实验学校等部分学校补充招录教师20人,实际录用20人。招录幼教编外用工60人。录用分配2020届免费男幼师10人、乡村定向师范生26人。

【教师职称评审】 2020年,江阴市中小学申报一级教师232人,正常晋升229人,转评2人;幼儿园申报153人,均正常晋升;在乡村学校连续任教满30年,且距法定退休年龄不满5年的二级直接认定一级13人(中小学6人、幼儿园7人)。中级职称中小学通过175人(含转评2人),乡村教师通过率78.32%,非乡村教师通过率69.77%;幼儿园通过120人,乡村教师通过率80.0%,非乡村教师通过率71.43%。中小学申报高级职称370人,通过174人,通过率47.03%;幼儿园申报36人,通过11人,通过率30.56%。

【教师交流】 2020年,江阴市教育局按照《关于进一步做好义务教育学校教师交流工作的实施意见(试行)》要求,进一步规范教师交流工作,深化"三人一校三学科"城乡结对交流机制,探索超编学校额外交流机制,交流经历成为职称(职务)评聘、学术荣誉评审等必要条件。年内,有1名教师和1名校长分别参加"长三角访问学者计划"和"长三角名校长联合培训"交流,赴新疆、陕西支教交流教师分别有35人和6人,在全市范围内单向交流的有15所超编学校的19名教师,义务教育学校有674名教师参加交流,占符合交流条件总人数的18.05%,其中,名优骨干教师270人,占交流总数的40.06%。

【援疆援陕支教】 2020年,江阴市教育局选派23名教师赴新疆维吾尔自治区伊犁哈萨克自治州霍城县支教(其中万人援疆计划18人、响应中组部号召援疆支教5人),6名教师赴陕西省延安市延川县支教。11月,按照霍城县实际需求和"柔性援疆人才计划",精选教育教学专家12人赴霍城进行为期1~3个月柔性援疆支教讲学,推进对口支教工作不断深入。

【名师培养】 2020年,江阴中等专业学校潘永惠和南菁高中马维林获评江苏省首批"苏教名家"工程培养对象。南菁高中刘正旭、马俊燕,南菁高中实验学校谢建民,澄江中心小学吴静,晨光实验小学粱昌辉,金童中心小学刘敏威6人获评正高级教师。马维林、张庆堂获评无锡市有突出贡献中青年专家,南菁高中薛胡洁等109人获评无锡市第九批中小学教学能手。新增江阴市名师50人、名校(园)长4人,有175人被评为第十一批江阴市中小学学科带头人。

【教育系统干部队伍建设】 2020年,江阴市教育局党委调整干部269人。其中,学校校级领导调整135人,局机关及直属事业单位调整38人,直属学校调整96人。更新完善校级领导后备人才库244人、40周岁以下中层正职后备人才库220人和30周岁以下的青年后备人才库235人。举办第六期教育系统中青年干部培训班,储备政治思想优、教育情怀深、业务水平高、管理能力强中青年干部力量。

【"暨阳英才"计划落实】 2020年,江阴市教育局继续按照江阴市委《印发〈关于聚力创新实施"暨阳英才计划"的意见〉的通知》精神,引进高端人才4人,分别为江阴高新区实验小学、山观实验小学B类人才各1人,江阴高中C类人才1人,辅延中心小学D类人才1人。同时,南菁高中等3所学校引进高端柔性人才13人。与市人才办公室联合下发《关于开展2020年江阴市"暨阳英才"子女入学申请工作的通知》文件,进一步规范人才子女入学政策,是年,解决落实13名人才子女的入学问题。 (汤永锋)

■类目编辑 成苏萍

文 化

综 述

【概况】 2020年，江阴市文化部门以中共十九大精神为指导，进一步深入学习贯彻习近平总书记关于文化建设的重要论述和重要指示精神，落细落实上级各项部署要求，统筹疫情防控和事业发展，全力推进文化建设高质量发展，各项工作取得积极进展。年内，启动图书馆江阴人著作厅改造工程和中山公园24小时自助图书馆建设，新增“三味书咖”城市阅读联盟点1个，布设艺风微书房图书自助借阅系统7个。完成介居书院布设工作，开放江上芸香——江博文创展示中心。举办市民文化节和“文化走基层、服务进万家”“我和我的乐队”等文化惠民活动3600余场。丰富线上文化产品供给，打造“声动江图”线上故事会和“澄韵·群文微课堂”“澄事·江阴故事汇”“云上送戏”“网上展厅”等品牌线上产品。承办江苏省第14届“五星工程奖”苏南片区初评活动，组织江阴小锡班十周年演出活动。获无锡市“群芳奖”8金、5银、4铜，列区县第一名。小话剧《那年橘花开》获江苏省“五星工程奖”称号，小锡剧《一碗馄饨》、评弹表演唱《漂亮MM找上门》入选江苏省文化和旅游厅“江苏省庆祝中国共产党成立100周年舞台艺术精品创作工程”重点创作作品，锡剧《徐霞客》和图书《庆历四年秋》获“五个一工程”优秀作品奖。“文化遗产日”期间，举办文庙会场等各类非物质文化遗产展示活动40余场次，花海兵等5人入选省级非物质文化遗产传承人。产业发展增添活力，制定《江阴市文化产业发展扶持专项资金管理实施细则》，全市有6个企业7项项目获文化产业专项资金扶持215.41万元。海澜飞马水城获评首批省级夜间文旅消费集聚区建设单位，有力推动江阴文化软实力与经济硬实力同步提升。

【沈鹏文化艺术促进会第三届会员大会】 2020年6月29日，江阴市沈鹏文化艺术促进会第三届会员大会在市文化馆召开。市委常委、宣传部部长程政参加会议。会议听取沈鹏文化艺术促进会第二届理事会工作报告，选举产生第三届理事会的会长单位、副会长单位和秘书长。中信泰富特钢集团党委书记、董事长钱刚当选为第三届理事会会长单位负责人。沈鹏文化艺术促进会自2013年换届以来，致力于通过对沈鹏文化艺术的宣传和研究，宣传沈鹏的艺术成就和在文化领域做出的突出贡献，提升和发挥沈鹏的名人效应，激发江阴文化建设的精神动力。同时，着力支持重点书法骨干外出学习交流，参加各级各类展览，搭建多种活动平台，形成服务社会特色品牌，书法事业在多个领域取得了长足发展。

【刘半农研究会成立】 2020年9月18日，江阴市刘半农研究会成立暨第一届会员大会在江阴天华文化中心召开。会议选举产生第一届理事会成员，宣布研究会理事长、副理事长、秘书长、监事长、顾问名单及内设管理机构。市刘半农研究会致力于挖掘和发展更多的刘半农文学爱好者加入研究队伍，组织一系列卓有成效的研讨活动，在条件合适的情况下，推动设立中国刘半农文学奖，向世界展示刘半农文学艺术的魅力。

文化设施

【概况】 2020年，江阴市文化工作注重优化资源配置，不断巩固、完善和提升公共文化基础设施网络，推动公共文化设施提档升级。年内，启动中山公园24小时自助图书馆建设，在供销社网点新增“三味书咖”城市阅读联盟点1个，在市政府机关大楼、政务服务中心和4个综合体布设7个“艺风微书房”图书自助借阅系统，“江阴全民阅读社会化”经验被无锡市纳入第二批江阴集成改革试点经验予以复制推广。启动图书馆江阴人著作厅改造工程，介居书院完成改造提升。推动城乡公共文化服务进一步均等化，完成新桥镇文化中心建设和顾山镇文体中心主体建设，通过图书馆、文化馆总分馆建设，促进优质资源向基层延伸。升级“江阴公共文化云”平台，优质公共文化资源高效运行，城市的文化辐射功能进一步增强，渠道进一步打通。

【新桥镇文化中心落成】 2020年，位于新桥镇新郁中路的新桥镇文化中心落成。该文化中心经过一年多时间的筹建,累计投入资金1.2亿元,占地面积1.46万平方米,建筑面积1.5万平方米,使用面积1.2万平方米,主要有时裳客厅、江阴市图书馆新桥分馆、书吧、报告厅、小剧场、展览厅及舞蹈房、排练厅、书画室、健身室、视听室等各类功能厅、室24个。它不仅是一座融知识性、娱乐性、互动性为一体的综合性文化中心,同时,作为新桥镇新时代文明实践所,结合群众生产劳动和生活需要,运用新桥资源优势,开展群众喜闻乐见的志愿服务活动,全力实现人民群众的美好文化愿景。

【"艺风微书房"正式启用】 2020年,江阴市图书馆秉承"中国近代图书馆之父"缪荃孙"艺风堂"藏书的传承,以"智能信用借书柜"为载体,在市政府机关大楼、政务服务中心和4个综合体安装7台"艺风微书房"图书自助借阅机。该模式突破了传统凭借书证借书的局限,只需凭借支付宝的信用积分便可实现无证借书,进一步扩大图书馆的服务范围和使用人群,为市民打造了触手可及的阅读空间。

公共文化

【概况】 2020年,江阴市全面启动"文化走基层、服务进万家"文化惠民活动,组织做好"五送"下乡工作。年内,送演出85场、送评弹255场、送书2.35万册、送电影2976场,专门为农民工送电影50场,为消防大队送电影144场。博物馆、展览馆全年举办各类展览28个。深入开展文化惠民工程,持续多年打造"书香江阴"读书节和市民文化节两大公共文化服务品牌。开展"教我如何不想她"系列文化活动,承办经贸洽谈会开幕式演出及草坪主题音乐会。主动服务高校,"我们的诗和远方——江南名人漫话刘半农和徐霞客""我和我的家乡"新年音乐诗会等活动走进南京理工大学江阴校区。承办江苏省第十四届"五星工程奖"苏南片区初评活动,江阴市文体广电和旅游局获优秀组织奖。

【新年戏曲晚会】 2020年1月14日,江阴市新年戏曲晚会在江阴大剧院举办。该晚会由市委宣传部指导、市文体广电和旅游局主办,市领导程政、张韶峰、陈兴初出席活动。晚会在锡剧《穆桂英挂帅》中拉开帷幕,锡剧《梁祝·我家有个小九妹》《沙家浜·遮不住红太阳万丈光芒》《玉蜻蜓·阵阵喜讯天外传》《吃面条·有事应该大家做》《红花曲·朵朵红花》《小刀会·中华百姓不可辱》,京剧《三岔口》,戏韵《云水》,基本功展示《梨园芳华》等节目相继上演,让全场观众领略戏曲艺术之美。

【无锡市优秀摄影作品巡展】 2020年3月26日,无锡市优秀摄影作品展暨第16届无锡市摄影艺术展(江阴巡展)在市展览馆开展。该摄影展分为艺术类和记录类两个类别,汇集无锡市众多摄影家在第27届全国摄影艺术展、第23届江苏省摄影艺术展中的获奖作品和在第16届无锡市摄影艺术展中的获奖、入选的佳作。

2020年4月,市政府机关大楼一楼大厅"艺风微书房"启用

(市文体广电和旅游局提供)

【"书香江阴"读书节】 2020年4月24日,第二十四届"书香江阴"读书节在天华文化中心艺术剧场开幕。该届读书节继续秉承"爱读书爱生活爱江阴"的主题,以"小康路上、阅读力量"为分主题。开幕式上,举行向"中国好人"、全国道德模范提名奖获得者、最美战"疫"先锋及援鄂医务人员代表赠书仪式,同时,举行十佳"农家书屋"、十佳"书香家庭"、十佳"书香校园"、十佳"书香机关"、十佳"书香企业"表彰仪式。读书节历时3个月,分为"启动推广""专家讲座""系列比赛""评选活动""阵地活动""展览展示"和"网络互动"七大板块的活动。该届读书节有市级主题活动67项,各镇(街道)、园区各类主题活动105项。

【汪家芳画说《徐霞客游记》江阴首展】 2020年5月19日,汪家芳画说《徐霞客游记》江阴首展在市展览馆开幕。该展览由中国徐霞客研究会、上海市美术家协会、市文体广电和旅游局、市文联联合主办。汪家芳创作的《汪家芳画徐霞客游记》由上海书画出版社出版,由中国科学院院士、矿物学家、人文地理学家叶大年作序,收录汪家芳潜心创作的百幅作品。书中大部分精品在江阴展出。这些作品以国画形式呈现明代旅行家徐霞客波澜壮阔的一生。

【江苏省"五星工程奖"苏南片区赛】 2020年6月21日,第十四届江苏省"五星工程奖"苏南片区赛在海澜会展中心拉开帷幕。江苏省文化和旅游厅党组成员、副厅长裴旭参加开幕式。"五星工程奖"是江苏省为繁荣群众文艺创作、推出优秀群众文艺作品、促进群众文化事业发展、激发人民群众文化创造活力而设立的政府奖,每两年举办一届。这次比赛汇聚苏州、无锡、常州和南通地区的群众文化工作者和群众文化爱好者,展示了舞蹈、音乐、戏曲和曲艺4场共60余件作品。江阴有舞蹈《又见希望的田野》、混声小合唱《一群人的故事》、小话剧《那年橘花开》、故事《撞猪》4件作品参评。

【“教我如何不想她”主题音乐会】 2020年10月16日，由市委宣传部和市文体广电和旅游局联合主办的“教我如何不想她”百年英伦回响草坪主题音乐会在江阴黄嘉喜来登酒店大草坪举办。音乐会以刘半农作词的歌曲《教我如何不想她》拉开序幕，女声独唱《听雨》、钢琴三重奏《卡农》轮番登场，《我心永恒》《花儿为什么这样红》等经典曲目也以全新的面貌和形式展现给现场听众。这场演出作为第十五届中国徐霞客国际旅游节系列活动之一，向各界展现江阴独特的文化艺术魅力。

【文化人漫话刘半农和徐霞客系列活动】 2020年10月17—18日，由市文体广电和旅游局、共青团江阴市委员会联合主办的“我们的诗与远方”江南文化人漫话刘半农和徐霞客系列活动在市博物馆、南京理工大学江阴校区等地举行。在市博物馆，沈乔生、庄若江、许静波、陶青4位文化人围绕徐霞客、刘半农相关的话题展开讨论，分享各自对徐霞客精神、刘半农诗歌文化的理解。在南京理工大学江阴校区，4位文化人围绕“徐霞客为江阴带来了什么”“‘霞客精神’对当下的启示”“教我如何不想她，刘半农‘她’字的纷争与意义”等子话题进行分享讨论，与近300名学生漫话刘半农和徐霞客。

【首届新人书法美术作品展】 2020年11月27日，“介居杯”江阴市首届新人书法美术作品展在市展览馆开展。该展览由市委宣传部、市文学艺术界联合会、市文体广电和旅游局联合主办，市书法家协会、市美术家协会、市介居书院承办。活动旨在引导广大文艺工作者深入生活、扎根人民，推出更多文艺精品，为书法美术新人的成长搭建展示和交流平台。展览累计收到参评作品290件，经过严格评审，最终评选出展览优秀作品22件。　（唐　燕）

文学艺术

【概况】 2020年，江阴市文艺事业坚持以人民为中心的创作导向，加大精品创作的统筹规划、资源整合、政策扶持力度，扎根人民，深入生活，创作了一批精品力作。是年，征集首届“刘半农诗歌奖”全国诗歌大赛作品3535件、“伟大时代·圆梦小康”文艺作品530件、“介居杯”首届新人书法美术作品290件。创作“民富村强画小康”采风作品400余件。文学类，出版文学著作4部，获国家级奖项20件，在省级以上核心刊物发表作品16件，全年编发《雪浪湖》4期；传记文学《流风》再版，年内有60余个媒体对该书进行评论和报道；民间文艺类，获省级以上奖项9件，在省级以上核心刊物发表作品5件；戏剧曲艺类，获省级奖项8件；音乐舞蹈类，获省级奖项1件；美术类，入选国家级展览7件（3件获奖），入选省级展览21件（3件获奖）；书法类，入选省级展览35件，在省级以上核心刊物发表论文1篇；电影电视类，获省级奖项5件。

2020年10月16日，“教我如何不想她”百年英伦回响草坪主题音乐会在江阴黄嘉喜来登酒店大草坪举办　（市文体广电和旅游局提供）

【8件作品获无锡市“群芳奖”金奖】 2020年5月27日，无锡市第五届“群芳奖”获奖名单揭晓，江阴市群文作品获8金、5银、4铜，在无锡各板块中获金奖数排名第一。“群芳奖”是无锡市群众文化系统政府最高级别的比赛，每两年举办一次，此次评比设音乐、舞蹈、戏剧、曲艺4个艺术门类。江阴市选送17件原创作品参加各门类的角逐，混声小合唱《一群人的故事》等8件作品获金奖，独唱《我要去看黄鹤楼》等5件作品获银奖，舞蹈《嫁》等4件作品获铜奖。

【小话剧《那年橘花开》获江苏省“五星工程奖”】 2020年12月1日，乘风破浪再扬帆——第十四届江苏省“五星工程奖”优秀作品展演暨颁奖晚会在南京江苏大剧院举行。江阴市选送作品《那年橘花开》获“五星工程奖”。“五星工程奖”是江苏省群众文艺的政府最高奖，是江苏省群众文艺的重要品牌赛事活动，每两年举办一届，与中国文化艺术政府奖“群星奖”接轨。

【2件作品入选江苏省重点创作作品】 为高质量推进江苏省庆祝中国共产党成立100周年舞台艺术创作，用艺术的形式展现中国共产党走过的光辉历程和建立的不朽功勋，江苏省文化和旅游厅决定实施“江苏省庆祝中国共产党成立100周年舞台艺术精品创作工程”。经过专家遴选，选出50部大型作品、20部小型节目作为重点创作作品。江阴市小锡剧《一碗馄饨》、评弹表演唱《漂亮MM找上门》入选小型节目。　（陈　佳　唐　燕）

2020年江阴市文学创作主要成果一览表

表35

类别	作品名称	作者	体裁	出版社或发表刊物
文学著作	《何处望神州》	夏坚勇	散文集	复旦大学出版社
	《彪悍南北朝之枭雄的世纪》	陈　炜	长篇历史小说	现代出版社
	《一壶江山》	金　彪	诗集	中国书籍出版社
	《老家旧时味》	杨德生	散文集	上海文艺出版社
文学作品	《父亲的纱布》	邬丽雅	小说	《海燕》
	《醍醐灌顶》	邬丽雅	小说	《芒种)
	《报春鸟》	庞　培	诗歌	《诗刊》《诗收获》
	《水的认识》	庞　培	散文	《芒种)
	《陆家庄》	陆文勤	散文	《芒种》
	《山桃寒重亦能花——李寄与〈徐霞客游记〉》	陶　青	散文	《钟山》
	《烟火镇的盛典》	吴正毅	小说	《儿童文学选刊》
	《航速》	里　拉	组诗	《诗刊》
	《苏轼在黄州》	里　拉	散文	《散文百家》
	《女人花》	缪文宗	小说	《飞天》
	《在塔布河谷》	严　寒	组诗	《诗刊》
	《声声慢》	卞文达	短篇小说	《天津文学》

2020年江阴市文学作品参赛情况表

表36

作品名称	作　者	体　裁	参赛名称	获奖情况
《迷迭香盛开的小铺》	吴正毅	散文	第五届“读友杯”全国少年儿童文学创作大赛短篇文学创作比赛	优秀奖
《渡江第一船的境界》	周国强	散文	第五届徐霞客游记文学征文活动	二等奖
《一粒罗汉松的种子》	周华军	散文	第五届“中国徐霞客游记文学奖”	优秀奖
《江阴三题》	李建华	散文	第五届“中国徐霞客游记文学奖”	优秀奖
《圆陀角日出(外一首)》	金　彪	诗歌	第三届“通灵宝玉杯”全国现代诗歌大赛	三等奖
《黎里古镇,水、月光和诗交织的梦境》	金　彪	诗歌	第四届“柳亚子杯”全国诗歌大赛	三等奖
《大江之上(组诗)》	金　彪	诗歌	“小康中国,美好江苏”全国诗歌征集	三等奖
《大美江阴,教我如何不想她》	金　彪	诗歌	首届“刘半农诗歌奖”全国诗歌大赛	优秀奖

2020年江阴市民间文艺作品参赛(参展)情况表

表37

作品名称	作　者	门　类	参赛(参展)名称	获奖情况
《抱搀着妈妈看红叶》	徐凤清	故事创作	中国故事节爱眼故事会	优秀奖
《燃烧的火焰》	蔡晓英	情景故事	江苏省老少同台演讲比赛	特等奖
《百年和合》	顾振信	铜艺雕塑	第十五届中国民间文艺山花奖初评展览	入展

续表 37

作品名称	作　者	门　类	参赛(参展)名称	获奖情况
《中国龙青铜透光镜》《四神熏香炉》《百年和合》	顾振信	铜艺雕塑	江苏省乡土人才经典作品展	入展
《仕女》四条屏	陈惠平	麦秆画	“艺博杯”工艺美术精品大奖赛	银奖
《竹韵》《虎啸雄风》《雨后花下闲》《花鸟作品》《花开富贵》	陈惠平	麦秆画	第二届大运河文旅博览会暨第三届中国(淮安)大运河文化带城市“非遗”展	入展
《特殊的考察》	赵爱萍	故事展演	长三角方言故事大赛	最佳展演奖
《郁金香》	顾晓萍	纸艺	第三届海峡两岸(厦门)纸艺产业博览会	入展

2020 年江阴市民间文艺作品发表情况表

表 38

作品名称	作者	门类	发表刊物	主办单位
《疯狂养生》	徐凤清	故事创作	《民间文学》	中国民间文艺家协会
《怪老太》	徐凤清	故事创作	《故事会》	上海文艺出版总社
《野生河豚》	徐凤清	故事创作	《故事会》	上海文艺出版总社
《给个理由》	卞光绪	故事创作	《民间文学》	中国民间文艺家协会

2020 年江阴市戏剧、故事、音乐作品参赛情况表

表 39

作品名称	作者	门类	参赛名称	主办单位	获奖情况
《嫁媳·冬去春来》	曹诗韵	锡剧片段	第四届上海(浦兴)淮音艺术节长三角地方戏青年演员演唱擂台赛	中国戏剧家协会、上海(浦兴)淮音艺术节组委会	金奖
《那年橘花开》	编剧:蔡晓英 辅导:沈鸣华、严新、梅红岗 表演:刘昇含、夏添、余雯瑾、戴正清、朱家怡、华津、季子艺、方宏诚、严福华	小话剧	第十四届江苏省“五星工程奖”评选	江苏省文化和旅游厅	五星工程奖
《阚得胜的船》	胡永忠	现代锡剧	江苏省戏剧文学剧本评选	江苏省文化和旅游厅	提名奖
《撞猪》	姜少伯、叶子华	故事讲演	首届江苏省故事会大赛	江苏省曲艺家协会	银奖
《升旗》	赵　琼	故事讲演	首届江苏省故事会大赛	江苏省曲艺家协会	铜奖
《一个都不落下》	蔡红霞	故事讲演	首届江苏省故事会大赛	江苏省曲艺家协会	优秀奖
锡剧	马祥文	锡剧	第二十四届“中国少儿戏曲小梅花荟萃”评奖活动	中国戏剧家协会、中国少儿戏曲小梅花荟萃组织委员会	金花奖
《一盅缘·茶遇》	朱佳怡	锡剧片段	第二十四届“中国少儿戏曲小梅花荟萃”评奖活动	中国戏剧家协会、中国少儿戏曲小梅花荟萃组织委员会	金花奖
《一群人的故事》	作词:周林海、孙红莺 作曲:顾黎强	混声小合唱	江苏省文艺大奖·音乐奖声乐作品、小型器乐作品、音乐理论征集评奖活动	江苏省文学艺术界联合会、江苏省音乐家协会	声乐作品二等奖

2020 年江阴市美术作品参赛(参展)情况表

表 40

作品名称	作者	门　类	参赛(展)名称	主办单位	获奖情况
《大地》	徐剑鹏	油画	第四届“朝圣敦煌”全国美术作品展	中国美术家协会	入会资格奖
《使命》	王晓露	中国画	悲鸿精神——第四届全国中国画作品展	中国美术家协会	入会资格奖

续表40

作品名称	作者	门　类	参赛(展)名称	主办单位	获奖情况
《赛季有约》	王晓露	中国画	第二届“乡风墨韵”全国中国画作品展	中国美术家协会	入选
《英雄时代》	王晓露	中国画	江苏省抗疫主题美术书法精品展	江苏省委宣传部	入选
《小憩》	仰　超	油画	第十一届中国西部大地情中国画、油画作品展	中国美术家协会	入会资格奖
《最美情侣》	仰　超	油画	“同心战疫”江苏省美术、书法主题作品展	江苏省委宣传部	入选
《勇士》	仰　超	油画	江苏省抗疫主题美术书法精品展	江苏省委宣传部	入选
《岁月悠悠》	陈　亮	中国画	民族百花奖——中国各民族美术作品展	中国美术家协会	入选
《夙风兮九歌》	陈　亮	中国画	同源——第二届中国画作品展	中国美术家协会	入选
《大江晨晖》	陈　亮	中国画	第二届“香凝如故”全国美术作品展	中国美术家协会	入选
《最美背影》	陈　亮	中国画	“同心战疫”江苏省美术、书法主题作品展	江苏省委宣传部	入选
《畲乡烟雨》	嵇雯翃	中国画	民族百花奖——中国各民族美术作品展	中国美术家协会	入选
《春江行》	夏　静	油画	小康颂·第三届江苏美术奖作品展	江苏省委宣传部	提名奖
《他》	夏　静	油画	第十一届江苏省油画展	江苏省文化和旅游厅	优秀奖
《疫中“花”》	夏　静	油画	江苏省抗疫主题美术书法精品展	江苏省委宣传部	入选
《春江行》	夏　静	油画	江苏省全面小康主题优秀美术书法作品展	江苏省委宣传部	入选
《最可爱的人》	夏晓云	中国画	“同心战疫”江苏省美术、书法主题作品展	江苏省委宣传部	入选
《心系武汉》	夏晓云	水彩画	江苏省抗疫主题美术书法精品展	江苏省委宣传部	入选
《畅想》	陈　成	油画	小康颂·第三届江苏美术奖作品展	江苏省委宣传部	入选
《旧园新说》	陈　成	油画	第十一届江苏省油画展	江苏省文化和旅游厅	入选
《巨轮之子》	陶　镧	中国画	江苏省全面小康主题优秀美术书法作品展	江苏省委宣传部	入选
《适园雪》	王　俭	油画	第十一届江苏省油画展	江苏省文化和旅游厅	入选
《城市记忆》	曹亚明	油画	第十一届江苏省油画展	江苏省文化和旅游厅	入选
《静谧的书房》	陈　爽	油画	第十一届江苏省油画展	江苏省文化和旅游厅	入选
《新城》	周文忠	中国画	2020扬州美术双年展	江苏省美术家协会	入选

2020年江阴市书法论文发表及书法作品参展情况表

表41

类别	作者	发表刊物和展览名称	主办单位	获奖情况
论文《北宋江阴葛氏家族墓志》	武宝民	《中国书画》	经济日报社、中国书画杂志社	发表
书法作品	许　达	“同心战疫”——江苏省美术、书法作品展	江苏省委宣传部、江苏省文学艺术界联合会	入展
	严春亚	“同心战疫”——江苏省美术、书法作品展	江苏省委宣传部、江苏省文学艺术界联合会	入展
	周利宗	江苏省第九届青年书法篆刻作品展	江苏省青年书法家协会	入展
	徐兴国	江苏省第十二届新人书法篆刻作品展	江苏省书法家协会	优秀奖
	黄虹烨	江苏省第十二届新人书法篆刻作品展	江苏省书法家协会	优秀奖

2020年江阴市摄影作品参展情况表

表42

作品名称	作者	参展名称	主办单位
《蓝色清真寺》	顾　强	中国·张家界首届世界遗产摄影大展	中国摄影家协会
《雾涌山乡》	顾　强	“世界文化遗产　中国画里乡村”“网聚黟县”全国摄影大展	中国摄影报社

续表42

作品名称	作者	参展名称	主办单位
《大美狮山湖》	张晓钟	“影像的力量”中国摄影报社全国摄影拉力赛	中国摄影报社
《江苏国强》	张晓钟	摄影发现中国·溧阳生态摄影大展	中国摄影家协会
《油坊》	卢小海	第三届“中国原生态最美山乡——安徽石台”全国摄影大展	大众摄影杂志社
《平分秋色》	卢小海	第三届“中国原生态最美山乡——安徽石台”全国摄影大展	大众摄影杂志社
《气死我也》	周湘基	“生态河口　百鸟乐园”全国鸟类摄影大展	中国摄影报社
《我们是摄影人》	黄亮安	“锦绣新盐城　魅力大洋湾”全国摄影大展	中国摄影家协会纪实摄影委员会、中国摄影报社
《棕榈湾小区》	黄亮安	“魅力黎里　生态汾湖”全国摄影大展	中国摄影家协会纪实摄影委员会、中国摄影报社
《金色大地》	黄亮安	“水韵宛山·写意羊尖”全国摄影大展	大众摄影杂志社
《兴国塔晨曦》	黄亮安	“影像的力量”中国摄影报社全国摄影拉力赛	中国摄影报社
《抗击疫情管控核查》	黄佳琴	中国·张家界首届世界遗产摄影大展	中国摄影家协会
《雪后文庙》	黄佳琴	“影像的力量”中国摄影报社全国摄影拉力赛	中国摄影报社
《古村童趣》	庄东威	第四届歙县古城全国摄影大展	中国摄影报社
《畅游飞马水城》	庄东威	“影像的力量”中国摄影报社全国摄影拉力赛	中国摄影报社
《高城墩良渚文化遗址》	徐颖莹	“影像的力量”中国摄影报社全国摄影拉力赛	中国摄影报社
《古镇晨曦》	徐颖莹	“魅力黎里　生态汾湖”全国摄影大赛	中国摄影家协会纪实摄影委员会、中国摄影报社
《霞映惊涛》	于建新	“影像的力量”中国摄影报社全国摄影拉力赛	中国摄影报社
《秀夜》	于建新	“大美阳山　幸福桃源”摄影展	江苏省摄影家协会
《蓝色之光》	于建新	“行走伯渎河”摄影展	江苏省摄影家协会
《激情时刻》	汪石毅	“影像的力量”中国摄影报社全国摄影拉力赛	中国摄影报社
《黄海森林温泉酒店》	汪石毅	2018黄海森林公园秋季影展	江苏省摄影家协会
《佛光照千华》	汪石毅	句容宝华第二届“千华古村杯”摄影展	江苏省摄影家协会
《春风十里卢村等你》	陆　波	“世界文化遗产　中国画里乡村”“网聚黟县”全国摄影大展	中国摄影报社
《风光绝佳处》	陆　波	首届“锦绣中华”全国风光摄影大赛	江苏省摄影家协会
《鸟瞰》	陆　波	2018黄海森林公园秋季影展	江苏省摄影家协会
《醉美牯牛降》	庞澄勋	第三届“中国原生态最美山乡——安徽石台”全国摄影大展	大众摄影杂志社
《奥莱一角》	庞澄勋	“行走伯渎河”摄影展	江苏省摄影家协会
《交汇线上》	庞澄勋	“行走伯渎河”摄影展	江苏省摄影家协会
《江阴的漂流书屋》	周昌华	“书香中国美丽人生”全国全面阅读摄影大展	中国摄影报社
《美丽江阴》	周昌华	“小康光景”江苏摄影大展	江苏省委宣传部、江苏省文化和旅游厅、江苏省文联
《美丽华西村》	周昌华	“小康光景”江苏摄影大展	江苏省委宣传部、江苏省文化和旅游厅、江苏省文联
《夏港河春色》	陈凌虹	“影像的力量”中国摄影报社全国摄影拉力赛	中国摄影报社
《秋风霞毡戏蟹塘》	陈凌虹	“蟹塘月色”摄影展	江苏省摄影家协会
《阳产春意浓》	郭　松	第四届歙县古城全国摄影大展	中国摄影报社
《黑脸琵琶鹭》	郭　松	首届“生态崇明　海上花岛”全国摄影展	上海市摄影家协会
《桃花盛开的村庄》	勇晓伟	“影像的力量”中国摄影报社全国摄影拉力赛	中国摄影报社
《苏龙热电防尘实施》	勇晓伟	“小康光景”江苏摄影大展	江苏省委宣传部、江苏省文化和旅游厅、江苏省文联

续表 42

作品名称	作者	参展名称	主办单位
《农民本色》	陆卫宇	第三届“中国原生态最美山乡——安徽石台”全国摄影大展	大众摄影杂志社
《悟空寺佛光》	周震东	“影像的力量”中国摄影报社全国摄影拉力赛	中国摄影报社
《大江之阴》	高一峰	“影像的力量”中国摄影报社全国摄影拉力赛	中国摄影报社
《羊尖雕花》(组照)	於光愉	“水韵宛山·写意羊尖”全国摄影大展	大众摄影杂志社
《学艺》《齐心协力》	褚澄刚	“行走伯渎河”摄影展	江苏省摄影家协会
《田园风情》	褚澄刚	“大美阳山·幸福桃源”摄影展	江苏省摄影家协会
《红娘》	费耀耀	“大美阳山·幸福桃源”摄影展	江苏省摄影家协会

2020 年江阴市电影电视作品参赛情况表

表 43

作品名称	参赛名称	主办单位	获奖情况
《感人！一段从武汉传来的视频》	第二届江苏女性融媒体创意大赛	江苏省委宣传部、省委统战部、省委网信办、省妇联	最佳融媒体新闻奖
《村里的跑腿小分队》	江苏省社会主义核心价值观主题微电影(微视频)征集展播评比	江苏省委宣传部、江苏省委网信办	二等奖
	江苏报业抗疫短视频大赛	江苏省报业协会	一等奖
《我们的节日》(广告片)	第六届江苏省“紫金奖”文化创意设计大赛	江苏省委宣传部、省文明办	公益广告影视类优秀奖
《江水清清》(微电影)	江苏省“污染防治攻坚故事”大赛	江苏省打好污染防治攻坚战指挥部	微电影三等奖

(陈　佳)

文化产业

【概况】 2020 年,江阴市强化文化产业发展理念,不断加大工作力度,积极引领和推动文化产业实现新发展。年内,制定《江阴市文化产业发展扶持专项资金管理实施细则》,根据实施细则公开有序评审,全市有 6 个企业 7 项项目获 215.41 万元市文化产业专项资金扶持。积极争取各类省级产业引导资金,华西新市村、海澜飞马水城获江苏省文旅厅引导资金 130 万元。开展“游圣杯”江阴旅游文创产品征集评选活动,培育扶持“江阴好”“江上芸香”“徐霞客与茶”等多个文创品牌。东方口琴博物馆成功开馆。海澜飞马水城获评首批省级夜间文旅消费集聚区建设单位,获江苏省奖补资金 100 万元。

【江博文创中心展示区开放】 2020 年 5 月 18 日,位于市博物馆一楼的江上芸香——江博文创中心展示区正式开放。该展示区主推“手账”“三十三山半”“教我如何不想她”三个系列文创产品,“手账”系列通过将馆藏文物元素融入其中,赋予“手账”新的内涵;“三十三山半”系列聚焦江阴山水风光,将人文景观幻化在器物之上;“教我如何不想她”系列充满浓郁民乐风,展示江阴民乐之乡特色。这些产品涉及生活各方面,既有水杯、手机壳、台灯等日常生活用品,也有手账、书签、笔筒、二胡摆件等文化用品,还有跳棋、印章、胶带、拼图等文创产品。在集中设计推出文创产品的同时,市博物馆还配合不同的展览,结合活动推出相应文创产品。

【海澜飞马水城获评首批省级夜间文旅消费集聚区建设单位】 海澜集团从 2008 年起打造马文化品牌,建成国内首个集马术训练、表演比赛及健身休闲度假为一体的标准型、国际化、综合性马术训练表演基地。海澜飞马水城自对外开放以来,吸引许多国内外游客到此参观,2020 年,接待游客突破 300 万人次。2020 年 9 月 16 日,江苏省文化和旅游厅公示省级夜间文旅消费集聚区建设单位名单,全省共 30 个单位入选,江阴市海澜飞马水城位列其中。

【市锡剧团社会效益和经济效益双丰收】 2020 年,市锡剧团积极配合市委、市政府中心工作和各部门工作需求,开展宣传演出活动,全年演出超 130 场次。年内,高质量完成文化惠民、市总工会送戏进企业专场、残健共融欢乐舞台——送文化进残疾人之家文艺演出等活动,参与无锡市文艺志愿者文化惠民演出、江阴市小锡班十周年庆典。积极开拓演出市场,策划完成长泾镇抗疫先进表彰主题活动、周庄宗言村国庆惠民周、兴澄特钢年终表彰大会演出和山观“姚澄小锡班”展演等活动,充分展示了专业团体的业务水准和业务能力,获得社会多方好评。(唐　燕)

【市融媒体中心营业收入超亿元】 2020 年,江阴市融媒体中心以“突破传统思维、突破固有市场”的理念,直面新形势新市场,充分利用全媒体平台，全媒营销、全案解决，围绕“媒体+政务+服务+N”进行突破，打造新的产业增长极，产业经营持续上扬。政务服务、教育培训、文创事业作为经营改革新兴培育重点成效明显。演艺事业部、印务发行部试水市场化运作，实行独立运营、自负盈亏、利润分成的经营模式。依据“最江阴”APP大数据平台，开展教育信息化合作、线上车展、网上房交会、“最江阴”直播商城等活动，扎实推进大数据公司建设、户外广告运营等中心战略布局，形成中心新的强有力的经营增长板块，有效优化了整体经营结构。至年末，中心实现营业收入1.09亿元，比2019年增长13.17%。　（沈铭玉）

群众文化

【概况】 2020年，江阴市群众文化工作始终坚持以人民为中心，立足基层，改革创新，更好地宣传群众、凝聚群众、服务群众，城乡群众文化活动蓬勃开展。年内，组织开展全民诗歌朗诵大赛、阅读知识现场大赛、“芙蓉花奖”群众文艺会演、群众文艺优秀节目巡演等。开展江阴市优秀群众文艺团队评比工作，群众文艺社团经过整顿、改选，推陈出新，发展到30余个。完成社会艺术考级备案工作。丰富线上文体产品供给，打造“声动江图”线上故事会和“澄韵·群文微课堂”“澄事·江阴故事汇”“云上送戏”“网上展厅”等品牌线上产品，利用数字化媒介推广普及群众文化活动。

【江阴全民诗歌朗诵大赛】 2020年6—8月，江阴市文体广电和旅游局主办、市图书馆承办主题为“相约·经典诗文”的江阴市第九届全民诗歌朗诵大赛。该次比赛收到全市广大市民读者和诗歌爱好者近700件朗诵作品，最终有53件作品入选。经评审，薛义天等人的《江阴个性》、严子涵的《我是你的藤椅》、顾乔茜的《红高粱》；陆涵和华玙璠的《采蒲台的苇》、周佳钰的《红高粱》、缪蓓亿的《我是你的藤椅》；叶子华和王晓磊的《等待》、夏萍的《又见平遥》、王玉芸和佘玲红的《就是那一只蟋蟀》分别获得小幼组、中学组和成人组一等奖。

【江阴市“芙蓉花奖”群众文艺会演和优秀节目巡演】 2020年9月17—18日，2020年紫金文化艺术节无锡分会场——第七届江阴市“芙蓉花奖”群众文艺会演在市文化馆小剧场上演。江阴市“芙蓉花奖”是市委、市政府为繁荣群众文艺创作，促进社会文化事业繁荣与发展而设立的政府奖，是检阅江阴群众文艺年度创作成果的重要窗口。这次会演分为音乐舞蹈和戏剧曲艺两台专场演出，以网络直播的形式展现给观众。“芙蓉花奖”除举行群众文艺会演之外，还举行评奖，评出美术、书法作品一等奖5个、二等奖11个、三等奖20个。10月26日至11月2日，由市文体广电和旅游局主办、市文化馆承办的2020年江阴市群众文艺优秀节目巡演暨江苏省紫金文化艺术节群众文艺广场演出分别在长泾镇、周庄镇、利港街道、夏港街道举办。该次巡演以“梦圆小康、大美共赏”为主题，节目包含“芙蓉花奖”群众文艺比赛中挑选出来的歌舞、小品、越剧等12个优秀作品，代表江阴群众文艺的水平。

【2020年中国摄影报全国摄影拉力赛（江阴站）】 2020年10月25日，由中国摄影报社、江阴市委宣传部、市文体广电和旅游局、市文联联合主办的“影像的力量”——2020年中国摄影报全国摄影拉力赛（江阴站）在江阴天华文化中心文化馆艺术剧场举行。这次拉力赛专门设置影友擂台赛，收到市内及邻近县市100余名影友投稿作品400余幅。江苏省摄影家协会领导和中国摄影报社专家最终评选出反映江阴旅游“新景观、新面貌、新气象”为主题的获奖作品20幅。

【市民读者节系列活动】 2020年11—12月，“图书馆之夜”江阴市民读者节系列活动在市图书馆举办。该次市民读者节以“让更多的人读更多书”为目标宗旨，通过深入推进全民阅读，全面提升居民综合阅读率。策划打造“艺术·人生”“阅读·分享”“风雅·暨阳”“阅读·有礼”“种子乐读”“江图好读”“全澄共读”“讲座展览”8个主题板块，包含胡乐民经典诗文朗诵会、“围炉夜话”读书会、书适生活·创意集市、惠民书券轻松领等133项活动。

【阅读知识现场大赛】 2020年9月，“书香飘扬·全澄接力”——江阴市第七届阅读知识现场大赛启动后，全市32所初中组织初赛，推选出202名选手。11月30日，在市图书馆举行复赛（笔试），有6所学校18名选手入围决赛。12月11日，在市图书馆举行决赛，最终江阴市敔山湾实验学校获一等奖，市礼延实验学校和江苏省南菁高级中学实验学校获二等奖，市陆桥中学、市夏港中学、市石庄中学获三等奖。

【“赞星杯”首届街舞大赛】 2020年12月26日，“赞星杯”江阴市首届街舞大赛在八佰伴南门店拉开帷幕。大赛由市文体广电和旅游局、市文联主办，市文化馆、市音乐舞蹈家协会（舞蹈专业委员会）承办。大赛旨在推动全市街舞的普及与提高，促进舞蹈艺术的繁荣发展，宣扬主流文化，倡导健康生活，引导时尚潮流，突出青少年活力无限、热情洋溢、朝气勃勃的特点。经过角逐，《灵动舞蹈》《Triangle》获一等奖，《ACE》《Galaxy》《JX街舞》获二等奖，《Y·DS流行舞蹈》《B&B》《EN》《青舞天下》获三等奖。　（唐　燕）

企业文化

【概况】 2020年，江阴市城乡各企业深入开展企业文化活动。市总工会、卫生健康委等单位组织名医进企业、健康讲座进企业等活动，帮助企业开展健康文化活动。年内，市职工学校送教进企业9场，先后到澄江、申港、云亭等街道的企业讲授《6s现场与自视化管理实践》《情绪与压力管理》《演讲技巧》等课程。市总工会还与工商银行江阴市支行等单位联合举办乒乓球比赛等文体活动。

【“安康幸福我的家”女职工征文比赛】 2020年“三八”妇女节前后，江阴市总工会发动全市女职工开展以“安康幸福我的家”为主题的征文比赛。各基层工会的女职工委员会积极发动、认真组织，广大女职工积极参与,收获了一批优秀作品。经评委评选,周庄镇工会选送的《武汉需要我,那我就到武汉去》等30篇作品获奖。其中,一等奖2篇,二等奖5篇,三等奖8篇,优秀奖15篇。临港经济开发区工会等6个基层工会获组织奖。

【“决胜全面小康·建设美丽江阴”征文比赛】 2020年,江阴市总工会组织发动全市职工开展以“决胜全面小康·建设美丽江阴”为主题的读书征文比赛。共收到150余篇征文作品,华士镇贺爱琼的《守望幸福花开》等5篇作品获一等奖,月城镇陈莉的《脱贫攻坚、逐梦小康》等10篇作品获二等奖,澄江街道黄勇卫的《蜀锦征袍自裁成》等15篇作品获三等奖,利港街道许雨蓉的《墨香江阴、美丽江阴》等30篇作品获优秀奖。 (聂小琴)

【长电科技编发抗疫书籍《逆行担当》】 2020年5—7月,江苏长电科技股份有限公司组织人员,编撰以“长电员工心连心、众志成城抗疫情、同舟共济保生产、攻坚克服鼓干劲”为主题的企业文化书籍《逆行担当》。该书通过该公司评出的20名“防疫先锋”和15名“最美志愿者”在抗疫期间的感人事迹,生动地展现长电职工奋不顾身、勇于担当的大无畏精神和奉献美德。公司还将书中的内容拍摄微视频。7月20日,该公司举行向防疫先锋和最美志愿者颁奖典礼,向370名参加会议的代表颁发抗疫书籍《逆行担当》,还将该书发到车间和图书室,发动全体员工阅读学习。

【“长电好声音”歌咏比赛】 江苏长电科技股份有限公司从2016年起,每年组织举行一次名称为“长电好声音”的歌咏比赛。2020年5月,第五季“长电好声音”歌咏比赛拉开序幕,有200余名职工参加海选,演出形式有独唱、自弹自唱、舞蹈伴唱和双人合唱等,最终产生11名选手。7月24日,公司举行“长电好声音”总决赛。经评委评定,公司员工郑航获冠军,傅丞荣、刘磊分获亚军和季军。 (陆静艳)

【兴澄特钢编发企业文化系列丛书】 2020年,江阴兴澄特种钢铁有限公司编发《疫情下的兴澄人》《兴澄人诗歌散文集萃》《兴澄人书法美术摄影作品集》等企业文化系列丛书。《疫情下的兴澄人》是在组织征文和演讲比赛的基础上,精选27篇优秀作品编撰而成,反映兴澄人在抗击新冠病毒疫情中主动出击、服从指挥、无私奉献、不惧危险、严格管理、众志成城的精神风貌。《兴澄人诗歌散文集萃》从该公司67名员工创作的100余篇文学作品中,精选出优秀诗歌21首、散文9篇编入该书。《兴澄人书法美术摄影作品集》收入公司年内举办的“兴澄人·劳动美”——书法美术摄影作品展中展出的80幅优秀作品。 (何冬梅)

【法尔胜开展“四千四万”精神教育】 2020年5月28日,法尔胜泓昇集团有限公司被命名为无锡市首批20个“四千四万”(踏尽千山万水、吃尽千辛万苦、说尽千言万语、历经千难万险)精神现场教学点之一。6月,集团公司发动员工开展弘扬“四千四万”精神征文竞赛,至8月14日,收到51篇稿件,评出一等奖3篇、二等奖5篇、三等奖10篇。是月18日始,各分公司举行“四千四万”精神主题演讲比赛。10月22日,集团公司组织复赛,从各分公司推荐的20名选手中产生10人入围决赛。11月27日,集团公司在总部文化中心举行决赛,10名选手在规定的每人8分钟时间内完成脱稿演讲,最终决出一等奖3人、二等奖3人、三等奖4人。 (周建忠)

文化交流

【概况】 2020年,江阴市认真贯彻习近平总书记关于文化交流互鉴的重要论述,采取“走出去、请进来”的方式,积极开展文化交流活动。市博物馆先后与广东东莞博物馆、河南南阳考古所、江苏苏州博物馆等联合举办文物展览4次,市图书馆积极参与长三角城市图书馆诗文朗诵会。年内,赴南京、杭州等城市开展江阴城市文旅推介活动。

【江南与海上丝绸之路特展】 2020年1月17日,“万里江海通”——江南与海上丝绸之路特展在吴江博物馆开幕。该次展览由江阴、吴江、常熟、太仓、张家港五地博物馆联合主办,遴选出五地馆藏文物100余件参展,展览分为“丝乡绸市”“外贸港口——黄泗浦遗址”“沿江口岸——常熟福山港”“外贸机构——江阴市舶务”“外贸集散地——樊村泾遗址”等板块,通过实物与文字的形式,讲述了江南与海上丝绸之路的不解之缘。江阴市博物馆有25件展品参展。

【“玉出山河”——南阳地区出土古玉精品展】 2020年7月26日,由河南省南阳市文物考古研究所、江阴市博物馆主办的“玉出山河”——南阳地区出土古玉精品展在市博物馆陶瓷馆亮相。该次展览分为“美石有灵、事神致福”“辨等明序、王权以彰”“以服以佩、比德君子”“法天象地、为念永生”四个部分,展出南阳地区出土的自上古至两汉的良工精琢之珍品玉器113件(套)。这些展品纹饰精美、造型生动、品类丰富,兼具自然精华与人文理想之美。

【江阴城市文旅推介会】 2020年9月19日,刘半农“教我如何不想她”创作100周年暨江阴城市文旅推介会在南京玄武湖公园举行。江阴市委常委、宣传部部长程政,江阴市副市长张韶峰出席活动。活动现场,江阴市刘半农研究会正式揭牌,还演出中英文朗诵《教我如何不想她》《新时代,她力量》和诗歌漫游江阴等节目。现场还展示代表性“非遗”和文创产品,展现江阴的文化魅力。

【长三角城市图书馆诗文朗诵会】 2020年9月25日,长三角城市图书馆诗文朗诵会在昆山市文化艺术中心举行。这次诗文朗诵会以“战‘疫’有我,感谢有你”为主题,安徽省合肥市图书馆、上海市嘉定区图书馆、浙江省德清县图书馆、江苏省苏州图书馆、江阴市图书馆、昆山市图书馆等长三角城市图书馆的工作人员和读者参加。朗诵会上,江阴市图书馆演出人员表演诗文朗诵《2020,我们坚信武汉一定是浪漫的》,向听众述说了武汉抗疫故事。

【海宁皮影戏在江阴上演】 2020年11月8日,海宁皮影戏在江阴市文化馆艺术剧场上演。这次演出由江阴市文体广电和旅游局、浙江省海宁市文化和广电旅游体育局联合主办,江阴市文化馆、海宁市文化馆共同承办。这次演出分为两场,先后上演《水漫金山》《龟与鹤》《孙悟空大战牛魔王》《采蘑菇》《闹龙宫》等多个剧目,进一步扩大两地文化交流的广度与深度,打造了文化联动的共享平台。

【原创昆剧《顾炎武》在江阴上演】 2020年12月23日,原创昆剧《顾炎武》在市文化馆艺术剧场上演。这部昆剧由昆山市委、市政府重点打造,江苏省演艺集团、昆山当代昆剧院联合出品,是一部将“昆曲”“顾炎武”两张文化名片集成之作。整部戏分为思归、诀母、惊碑、对狱、荐试、问陵等部分,以顾炎武的生平为主线,展现“天下兴亡、匹夫有责”的内涵。作品先后获第二届紫金京昆艺术群英会“京昆艺术紫金奖·优秀剧目奖”、第四届江苏省文华奖优秀剧目奖、2019年江苏省优秀版权作品一等奖、江苏省“五个一工程奖”、第三届苏州文华奖“文华荣誉大奖”等奖项。

文化遗产保护

【概况】 2020年,江阴市坚持“保护先行、利用相辅”的工作思路,扎实做好新时代、新征程中的文化遗产保护传承工作,让文化遗产展现出永久魅力和时代风采。年内,调研文保点近300处,对江阴蚕种场、适园、刘氏兄弟故居等9处文保单位进行局部维修,完成重点文保单位防雷工程方案编制。黄山炮台旧址修缮及环境整治重点工程有序推进,总体进度超60%。定期开展安全大检查,落实文物保护每月巡查制度常态化。深入挖掘要塞司令部文保所旧址的厚重历史,举办吴汀鹭150周年诞辰系列活动。与市中医院签订曹颖甫故居全面战略合作协议。编辑出版《全国第一次可移动文物普查成果江阴篇》,协助出版《匠艺澄心》江阴传统手艺类非遗图文志。发挥“非遗”的社教功能,“非遗”传承人积极创作抗疫题材的“非遗”作品助力抗疫。开展“‘非遗’进校园”系列活动,整合《江阴好味道》《江阴好手艺》等非遗纪录片在各中小学校宣传播放,举办江阴市“非遗”进校园成果展,丰富校园文化生活。组织江阴小锡班十周年汇报演出。文化遗产日期间举办文庙会场等各类“非遗”展示活动40余场次。举办江阴市“米酒王”比赛、传统名肴名点产业化发展研讨会等活动,有力助推非遗项目产业化进程。启动第六批江阴市非物质文化遗产名录项目申报工作,花海兵等5人入选省级“非遗”传承人。

【文物维护修缮】 2020年,市文体广旅局克服多重困难,不断加大文物修缮力度。年内,相继完成刘氏兄弟故居、徐霞客故居、唐公祠、江阴蚕种场、曹颖甫故居、适园、青阳万源布厂、月城惠济桥、双桥9处文保单位维护修缮,数量创近年之最。其中唐公祠、曹颖甫故居等多年未修的文保点也得以修缮,全市文物完好率进一步提升。持续推进黄山炮台旧址修缮及环境整治工程,全年完成10余座炮台的本体维修,总体进度超60%。

【新升级文保单位“两线”划定】 2020年6月,按照江苏省文物局、自然资源厅《关于做好我省第八批省级以上文物保护单位保护范围及建设控制地带划定工作的通知》要求,市文体广电和旅游局联合市自然资源和规划局对第八批国家级文物保护单位江阴蚕种场以及第八批省级文物保护单位高城墩遗址、紫金桥重新合理划定“两线”(保护范围及建设控制地带),并正式公布“两线”范围。11月,梳理并重新制作安置全市范围内新升级及损坏的文物保护标志碑。

【吴汀鹭诞辰150周年纪念研讨会】 2020年4月28日,由江阴市委宣传部、市文体广电和旅游局、市文联、市工商联联合主办的吴汀鹭诞辰150周年纪念研讨会暨《百年故居》出版签约仪式在吴汀鹭故居举行。活动现场,吴汀鹭的嫡孙吴文宗代表家人捐赠物件49件。市文体广电和旅游局局长周晓虹与江苏人民出版社副总编辑曹斌进行《百年故居》出版签约。该作品详细记录爱国实业先驱吴汀鹭的生平及江阴民族工商业的兴衰与发展,阐述百年故居在中国近代军事史上的作用及贡献。

【“非遗”旅游体验日暨造物市集活动】 2020年6月13日,由市委宣传部、市文体广电和旅游局、顾山镇政府联合主办的江阴市“非遗”旅游体验日暨造物市集活动在顾山镇丰硕东方造物馆举行。市领导程政、张韶峰、陈兴初参加活动。在活动现场,“非遗”传承人代表、造物手工艺人以“文脉传澄、风物雅集”为主题,将“记忆中的‘非遗’”“舌尖上的‘非遗’”“文创里的‘非遗’”进行演示。常熟、张家港、海门等地分别带来“非遗”项目展示。同时,活动现场举行新时代文明实践的“非遗”主题教育阵地、东方造物馆“非遗”研学课堂的授牌仪式。

【5人入选第五批江苏省“非遗”传承人】 2020年7月31日,江苏省文化和旅游厅公示了第五批江苏省非物质文化遗产代表性项目代表性传承人推荐名单,江阴市的朱氏诊法(咽喉诊、脐腹诊)传承人花海兵、精细木作技艺传承人吴丰硕、二胡艺术传承人陈冰栩、锡剧传承人徐惠、黄酒酿造技艺传承人徐满治5人上榜。至此,江阴市有国家级“非遗”传承人1人、省级“非遗”传承人7人。

【锡剧进校园十周年成果汇报演出】 自2010年开设首个“小锡班”以来,江阴市始终把推进锡剧进校园工作作为打造文化标识、讲好江阴故事的重要抓手。全市开设“学校小锡班”20个,学生中有1.16万余人次学习演唱锡剧。累计举办24场教学质量现场推进会,10场艺术展演、8场精品节目汇报演出。“小锡班”多次登上央视和省市级舞台。2020年12月18日,“暨阳锡韵飘香、梨园芬芳绽放”江阴市锡剧进校园十周年成果汇报演出在江阴大剧院举行。整台节目由传统剧目、锡剧实验教材联唱、形体组合、红色经典、锡剧联唱5个部分组成,演出《花开江南》《双推磨》等作品。(*唐　燕*)

融媒体

【概况】 2020年,江阴市融媒体中心(以下简称“中心”)紧紧围绕融合发展既定目标,奋力攻坚克难,积极探索实践，新闻舆论阵地不断拓展，融媒产品丰富多彩，平台建设有声有色，产业经营持续上扬，各项制度制定完善，融合改革取得显著成效。6月中旬，中宣部在“学习强国”平台上举行“县级融媒体中心建设”网络培训班，作为此次进行“如何提升实战能力”经验分享的全国4个县级融媒体中心之一，市委常委、宣传部部长程政受邀为培训班直播授课，分享江阴媒体融合的导向、部署、实践和建设融媒体中心的主要做法和成效，改革融合成果得到各级主管部门和全国同行的肯定。6月17日，按照高标准、严要求，中心通过江苏省委宣传部组织的领导专家团队对县级融媒体中心建设的验收。是年，中心获江苏省首批互联网新闻信息服务许可证，获评2020年广播影视业创新年会管理创新团队、江苏省广播电视政府奖先进广播电视单位、江苏省县市融媒体2020年度先进单位等40余项奖项。

【主题宣传】 2020年，中心合力推出“聚力强富美高、决胜全面小康”大型全媒体新闻行动、《澄企新观察》专栏、《登高望远补短板、对标先进站排头》系列报道等一系列新闻专栏及组合式系列报道，浓墨重彩地展示江阴在迈向高水平小康社会、继续领跑全国县域发展的闪光足迹。全年向中央和省级主流媒体发稿650余篇，发稿数量和质量全面领跑全省县市，位列全省县市区第一方阵。其中，被央视《新闻联播》录用9篇；中央人民广播电台《新闻与报纸摘要》栏目用稿5篇，《新闻联播》用稿1篇，《江苏新时空》用稿79篇。“学习强国”县级融媒号入驻，江苏学习平台年内录用江阴稿件近500篇，位列无锡市第一。新闻作品成果获江苏省广播电视新闻奖一等奖1件，三等奖7件；获无锡市广播电视新闻奖一等奖12件，二等奖16件，三等奖5件。在全省好新闻奖评选中，1件获二等奖，5件获三等奖；在江苏县市报好新闻评选活动中，4件获一等奖，5件获二等奖，8件获三等奖；在无锡市报纸优秀作品评选中，4件获一等奖，7件获二等奖，8件获三等奖；在无锡市新闻论文评选中，获一等奖1件，二等奖1件，三等奖2件。

【抗疫报道】 2020年，中心在省市相继启动重大突发公共卫生事件一级响应后，第一时间成立抗疫宣传工作领导小组，启动报、台、网、微、端、屏“六位一体”全媒体战役。《江阴日报》推出15期《江阴，战“疫”!》新闻图片专版，在头版头条、报眼等重要位置及时转发党和国家对疫情防控工作的最新决策部署。《江阴新闻》《帮女郎》展现各行各业抗疫感人故事、非常时期人生百态。广播原创制作五集抗疫广播剧。“最江阴”APP每天发布各类资讯、短视频100余条，成为市民获取信息的主要掌上阵地。“江阴发布”“最江阴”微信公众号150条原创推文阅读量超过10万人次。“最江阴”抖音号主攻正能量短视频，“最江阴”头条号周阅读量长期稳定在100万人次以上。各平台每天创新研发数十件以上的口碑、流量兼具的融媒体新产品，设计制作100余张立意高远、创意新颖的朋友圈海报，策划推出近100个短视频、纪录片、广播剧、方言大小喇叭、MV，引起全网刷屏转发。邀请专家、医生进行多场全媒体直播，倡导“口罩文明”，在线观看人数400万人次。防疫期间，有90%以上的市民通过以上平台获取江阴权威信息。

【融合传播】 2020年，中心把广播、电视、报纸以及新媒体等各个平台相互支撑，深度融合，实现“四级矩阵传播”。第一层级：所有新闻事件发生的第一时刻在“最江阴”APP、微信朋友圈首发，率先抢占信息第一落点；第二层级：10个10万+微信公众号矩阵发声，同向发力、同频共振；第三层级：电视、广播在固定时间段给观众带去全面资讯报道；第四层级：报纸进行深度报道，第二天及时送到读者手中，实现24小时梯度推送、全面覆盖。加强传播平台无缝“嫁接”，推出“可扫码”的报纸、“看得见”的广播、“能交流”的电视，各平台传播力、引导力、影响力、公信力显著提升。年内，江阴广播整体市场占有率46.65%；江阴电视晚间整体收视份额20.02%，均高于年初制定的目标任务；“江阴发布”微信号粉丝数41万人，稳居全省县级政务微信榜第一；“最江阴”微信粉丝数66万人，稳居全国县级媒体微信排行榜第一；“最江阴”抖音号粉丝360万人；“最江阴”APP累计下载量超90万次，高峰期日活跃用户15万人次，累计服务用户超1200万人次。全媒体运作推出助农平台“澄农帮”，首次尝试“报道—销售—配送”全闭环运作的新模式，将滞销农产品变为热销农产品，成为传统媒体和新媒体、内容和市场无缝融合的成功案例。

【技术建设】 2020年，中心以江苏省“荔枝云”平台为支撑、总投资3500万元的全媒体生产指挥平台“中央厨房”全面启用，围绕内容、技术、平台、经营、管理“五个融合”，实现“一个平台、一次采集、多种生成、多元发布”的融合生产模式。平台拥有超高清编辑转码、短视频编辑分发、AI智能等多个业内领先的新产品、新技术，为未来发展提供稳定、高效、先进的技术支撑。平台与“荔枝云”合作，打造“一朵云，五个功能区”，核心私有云采用先进的分布式架构，承载视频生产、融合生产、大数据指挥中心、智慧媒资、融合发布矩阵五大功能区。以人工智能、大数据、云计算、VR虚拟现实等新技术为引领，推动节目创新和内容生产。创新应用《新媒体直播轻量化技术方案》，实现轻量化、快速化部署，在“主播看房”“天吾说车”“直播带货”等各类新媒体直播活动中广泛应用，节约了技术上、节目上人力物力投入，明显提高了节目生产效率。首次利用5G的高带宽、低延时等先进技术，完成江阴市“两会”的现场直播和实时素材高质量回传，提高直播的安全性和新闻发布的及时性。在华西村“高举旗帜扬‘六爱’、决胜小康重‘六保’座谈会”新媒体直播活动中，利用“热线电话器”和“小鱼易联”系统实现覆盖全国11个村庄的视频连线和电话连线互动。“融媒体直播系统轻量化技术优化改造”和“‘吃香喝辣’节目组融媒体直播系统工程”项目获江苏省广播电视科技创新三等奖。 （沈铭玉）

■类目编辑 李缉宁

卫生健康

综　述

【概况】 2020年是极不平凡的一年。面对突如其来的新型冠状病毒肺炎(以下简称“新冠肺炎”)疫情冲击和严峻复杂的宏观形势,江阴市卫生健康系统坚决落实上级决策部署,坚定信心、加压奋进,在大战大考中经受住了重重考验,防疫治疗工作成效显著、居民健康水平全面提升、综合医改工作稳步推进、中医药工作持续推进、基层服务能力不断加强、行政监督管理持续提升、党的建设全面加强,取得新冠疫情防控阻击战和卫生健康事业高质量发展双胜利。年内,全市有医疗卫生机构645个,其中医院、卫生院52个,社区卫生服务中心11个;编制床位7470张,实际开放床位9789张;卫生技术人员12120人。全市用于卫生健康支出14.04亿元,占全市财政支出的5.9%。全市医疗服务总诊疗1009.3万人次,同比2019年下降11.9%;收治住院26.5万人次,与2019年同比下降13.8%。是年,江阴市卫生健康委员会被江苏省委、省政府评为全省抗击新冠肺炎疫情先进集体;璜土医院、南闸社区卫生服务中心被江苏省爱国卫生运动委员会办公室评为健康单位;市中医院获江苏省医学新技术引进奖二等奖;市人民医院被江苏省卫生健康委员会评为江苏省母婴安全优质服务单位。

【全面加强智慧医疗建设】 2020年,江阴市卫生健康系统全面推广五大共享型中心信息化建设,在市人民医院集团共享中心建设基础上,重点建设市中医院集团共享型中心信息化建设,先后建成集团内影像会诊系统、B超会诊系统、心电会诊系统3个共享中心信息化平台,并实现基层医疗机构预约使用中医院大型检查设备,方便城乡居民在基层获取优质医疗资源。年内,全市完成网上影像会诊26479例、心电会诊1537例、双向转诊1358例,试点开展网上B超会诊、电子胶片等业务。全市“银医通”医保线上签约居民超67万人,签约居民就诊人数超300万人次,签约用户就诊占门诊就诊用户的50%,支付金额超4亿元,全市居民就诊平均等待时间减少20%～50%,移动支付用户占签约用户就诊的80%。是年,涵盖住院、自助机、互联网医院等内容的“银医通”二期项目完成招标采购工作。

【筑牢疫情防控底线】 2020年,江阴市卫生健康委按照上级政府和部门“坚定信心、同舟共济、科学防治、精准施策”的总要求,统筹推进各项防控工作。第一时间成立新冠肺炎医疗救治领导小组,制订和完善《江阴市新型冠状病毒感染的肺炎医疗救治工作预案》,严格落实“四早”(早发现、早报告、早隔离、早治疗)要求,坚持严防严控、精准防控。制定疫情期间住院病人及陪护人员管理办法,全面取消现场挂号及简易门诊,全面推广预约挂号,实行预约诊疗。依托市人民医院敔山湾院区设立定点救治医院,紧急建设全市发热门诊13个,扩容改造片区隔离病房6个,组建市级医疗救治梯队,组织全市医务人员学习各版本诊疗方案,持续优化发热门诊就诊流程和隔离病房新冠肺炎确诊和疑似患者诊疗流程。派出2批25人支援武汉,3人支援无锡定点医院;全市定点救治医院收治确诊患者5人,无症状感染者2人,均治愈出院,无一人复阳返院,实现“确诊患者零死亡、医务人员零感染、治愈患者零复发”目标。是年,全市各发热门诊累计接诊患者13248人,留观4071人次,收治排除疑似病例100余例。组织市人民医院、中医院等8个医院建设病毒核酸检测实验室,其中市人民医院成为省内首个开展新冠病毒检测的县级医院,全市各医疗机构完成核酸检测超10万余人次。完成各级、各类人员新冠肺炎预防与控制知识及技能培训数十次,开展常态化防控应急演练,并定期组织各级督查、考核。全市医护人员1万余人次接力实施卫生检疫措施,守住入澄门户。集中医学观察7715人,居家医学观察76182人,追踪摸排密切接触者466人,最大限度地阻断疫情传播。出动消杀人员12万余人次,对14万余个公共场所开展预防性消杀,防范“粪口传播”风险。编制印发各类宣传折页、手册、海报累计38万余份,提升全市居民健康素养。市卫生健康委被评为江苏省抗击新冠肺炎疫情先进集体,先后评选出江苏省抗击新冠肺炎疫情先进个人2人、省卫生健康行业优秀党务工作者和省卫生健康委抗疫先进个人各 1 人,被省、无锡市政府记功奖励 3 人,有无锡市先进党组织 1 个、无锡最美战疫先锋 1 人。

【省危化品运输爆炸事故紧急医学救援应急演练】 2020 年,为全面落实国家、省、无锡市关于安全生产、防灾减灾救灾和卫生应急等工作决策部署,11 月 24 日,江苏省危化品运输爆炸事故紧急医学救援应急演练活动在江阴市举办,演练模拟江阴市某段公路,因一辆液化气运输车与同向行驶的公交车发生碰撞引发爆炸,从而进行现场救援的过程。演练由省卫生健康委副主任周明浩担任总指挥,江阴市卫生健康委副主任蒋玉军任现场指挥长。江阴市卫生健康委、市公安局、市交通运输局、市文体广电旅游局、市消防救援大队、市急救中心等单位及无锡、苏州、泰州市急救中心参加演练。爆炸发生后,江阴市卫生健康委员会迅速启动突发公共事件医疗卫生救援应急预案,无锡市、苏州市、泰州市在省应急办现场指挥部的指令下联合实施紧急医学救援。整个过程模拟实战,生动直观,较好体现紧急医学救援工作多年来所取得的成就,横向检验多地区、多部门的协同作战能力,纵向检验多层次、多级别指挥协调能力,综合检验区域性紧急医学救援整体能力。

【二级以上医院取消现场挂号】 2020 年 3 月 12 日始,除急诊、发热门诊外,江阴市二级以上医院所有普通门诊、专科门诊、专家门诊全面实行预约诊疗、分时段就诊,取消现场挂号。具备条件的其他医疗机构参照执行。全市医疗机构积极开展互联网预约、电话预约、诊间预约等多种预约途径,方便居民预约就诊,减少接触。为保证预约诊疗顺利开展,保障市民快速有序诊疗,市各级医疗机构迅速组建志愿者服务队,为就诊市民提供咨询和引导服务。线上预约诊疗最大程度方便市民,简化患者就医流程,简化医护工作流程,预约、就诊、检查、拿药“一气呵成”,仅凭一部手机即可完成就医全流程,节省大量时间,减少患者多跑路、医护多忙碌的局面。市人民医院全年门诊预约比例由 16% 提升至 65%,市中医院预约比例由 7% 提升至 77%。

【名医进企送服务】 2018 年 7 月开始,江阴市卫生健康委、总工会、人才办联合举办的“健康守护 · 名医进企”成为常态化开展的特色志愿服务项目。2020 年,市卫生健康委充分发挥领域优势,利用优质医疗人才资源,根据企业需求,为企业职工提供全方位的健康服务,把对职工的关心关爱落到实处细处。6 月 5 日,市卫生健康委“健康守护 · 名医进企”先锋服务队走进江苏红柳床单有限公司,给职工送上最需要的“健康大餐”。7 月 24 日,市卫生健康委“健康守护 · 名医进企”先锋服务队走进江苏吉鑫风能科技股份有限公司,为广大职工提供义诊、医疗咨询等健康服务。

【卫生系统安全生产】 2020 年,江阴市卫生健康委认真贯彻落实安全生产专项整治工作要求,在积极做好新冠肺炎疫情常态化防控的同时,坚持安全生产工作不放松,牢固确立风险意识和底线思维,扎实推进安全生产专项整治各项工作,努力确保全市卫生行业安全生产形势平稳向好。牵头成立并实质化运作卫生健康安全专委会,分管副市长 2 次召集成员单位召开专委会议,成员单位积极履行职责范围的监管责任,联动配合,形成合力,成效明显。制定《党委班子成员责任清单》《机关职能科室安全生产工作职责》,按照安全生产责任体系“五落实五到位”规定的要求,严格落实党委班子、机关科室安全生产行业责任,医疗卫生单位的主体责任和从业人员的岗位责任;细化和完善安全生产网格化管理网络。开展“春风行动”“安全生产月”等各类解读、讲座、培训 128 场次近 1.5 万人次参加活动。深入开展“百团进百万企业”安全生产学习宣讲活动 82 场次,受众 11200 人次。举办安全管理人员培训班,156 人通过新证注册考试以及旧证复训考试,调整扩充卫生系统安全生产专家库 145 人。结合“119”消防宣传月活动,组织消防演练培训 230 余次,有效的提升参训人员的实战能力。会同市公安等部门对全市 20 余个二级医疗机构进行安保、信息监控等综合隐患排查,发现安全隐患 66 处并及时整改到位;对存在安全隐患的 12 个医疗卫生单位,进行“瓶改气”“瓶改电”工程;与江阴锦绣江南环境发展有限公司等沟通协商,处置历史积存危化品废液 2081.13 公斤;强化疫情防控常态化安全生产,对全市 1 个定点收治医院和 21 个医学集中观察点开展实地安全督查。全年累计发现隐患 540 处,累计投入整改资金 202 万余元,整改率 100%。是年未发生安全事故。

【高考期间医疗保障】 2020 年,江阴市卫生健康委针对高考是在疫情防控常态化下的一次特殊考试,为做好高考期间疫情防控和医疗保障工作,确保考试安全有序进行,精心组织,提前部署,成立市考试疫情防控领导小组和技术指导组,根据疫情需要,设立巡视组、卫生防疫组等,严把健康监测关、环境卫生关、

2020 年 11 月 24 日,江苏省危化品运输爆炸事故紧急医学救援应急演练在江阴市体育馆举行 (章 婵 摄)

考场防控关以及优化医疗服务关、强化卫生监督关等,确保疫情防控无死角、无疏漏。在全市4个考点,配备12名医务人员全程参与医疗保障。同时在考生入住的9个酒店设置9个临时医疗服务点,配备9名医生做好医疗保障工作。市急救中心为高考准备4辆急救车,随时处于待命状态。从考前14天开始,所有考生由所在学校负责每日体温测量记录并进行健康状况监测。每个考点都设有临时医务室和隔离监察室,为考生和监考老师提供及时周到的医疗服务。同时,市人民医院敔山湾院区急诊科开辟绿色通道,一旦考生遇有突发情况,医院将及时启动应急预案进行处置。

【新冠肺炎小规模疫情处置演练】 2020年9月30日,江阴市举行新冠肺炎小规模疫情处置演练。参加现场演练的人员来自市委宣传部、市发改委、卫生健康委、公安局、市场监管局、教育局、民政局、商务局、文体广电和旅游局、澄江街道、市人民医院、市疾控中心、市三院、城南社区卫生服务中心等单位。该次演练由市新冠肺炎疫情防控指挥部主办,市卫生健康委承办。演练以某冷冻食品经销企业职工接触外地输入性新冠肺炎无症状感染者后,在企业内发生的局部新冠肺炎暴发疫情和食品冷链环节污染为背景,各级各部门及时报告疫情并迅速组织力量开展相关应急防控工作。通过演练,检验各级各部门在发生新冠肺炎疫情时的防控职责、联防联控处置流程和技术措施等,确保精准、实用和最大程度降低新冠肺炎疫情输入及本地扩散风险。

【泰富临港医院二期项目开工】 2020年10月16日,江阴临港开发区举行重大项目集中开工暨泰富临港医院开工仪式。江阴市委书记许峰,市长蔡叶明,市领导孙小虎、徐冬青、张国兴、许晨、张少波等参加泰富临港医院开工仪式。泰富临港医院二期项目是临港开发区打造千亿级中信事业产业集群的重磅项目,是泰富医疗板块的重点项目,总投资2亿美元。建筑面积14万平方米,建设融门诊、住院、医技及其他附属设施于一体的城市医疗综合体,设置床位650张,以骨科、妇产科、内分泌科为重点,发展心内科、肿瘤放疗等特色专科,全力打造一所品质卓越、特色鲜明的三级甲等综合性医院。 (潘 燕)

爱国卫生

【概况】 2020年,江阴市爱国卫生工作紧紧围绕新冠疫情防控、爱国卫生组织建设、卫生镇村创建与复审、“健康江阴”建设工作、病媒生物防制、烟草烟雾控制等内容开展,全市的环境卫生得到较大改善,广大群众的健康水平不断提高。年内,月城镇创建国家卫生镇,通过省级评估;6个镇(街道)通过国家卫生镇复审,43个村通过江苏省卫生村复审;“健康江阴”建设持续推进,各项指标均达到上级要求;健康细胞建设加快推进,发挥辐射带动作用;农村改厕工作通过省级验收;居民健康素养水平达到29.05%,15岁以上人群吸烟率达到21.86%。全市环境卫生得到较大改善,广大群众的健康水平稳步提高。

【疫情防控爱国卫生运动】 2020年,江阴市爱卫办立足“广动员、早部署、重宣传、强落实、抓常态”目标,广泛开展疫情防控爱国卫生运动,铸牢疫情防控基础。年初,市爱卫办制定下发《2020年江阴市爱国卫生工作意见》,明确各镇(街道)年度工作任务,细化各项工作,压实属地责任;联合市文明办下发《加强在精神文明创建中的爱国卫生工作》等多个文件,以志愿者服务等多种创新模式开展新形势下的爱国卫生工作。联合市文明办、卫生健康委、商务局、市场监督管理局在全市开展农贸市场环境卫生集中整治周活动。采用爱国卫生工作交叉督查方式,促进各镇(街道)相互学习、取长补短、开拓思路。采取“倡议书”“小视频”“乡音小喇叭”等多种方式,利用传统媒体、新媒体等多种平台,广泛发动全社会共同参与爱国卫生工作,全方位宣传防疫健康知识,最大程度提高公众防疫水平。紧急采购消毒药剂,下发各镇、街道,解决物资紧缺困难。因地制宜开展全市公共场所预防性消毒培训。部署及规范对农贸市场、超市、社区等重点场所消毒工作。成立爱国卫生工作专门班子,组织开展爱国卫生专项督导。制定下发《关于持续开展爱国卫生运动全面做好环境卫生整治和精准消毒工作的通知》,建立周末卫生日、每月大扫除等制度,常态化开展好爱国卫生工作。注重爱国卫生宣传发动,全年在媒体宣传报道爱国卫生工作38次。

【“防疫有我、爱卫同行”主题爱国卫生月】 2020年4月是第32个爱国卫生月暨江苏省第24个健康教育宣传月,活动主题为“防疫有我、爱卫同行”。江阴市爱卫办联合市文明办等10部门联合下发《开展第32个爱国卫生月活动助力全面打赢新冠肺炎疫情阻击战的通知》,全市各部门、各镇(街道)积极围绕爱卫历史主题宣传、改善环境共享健康、向不卫生不文明陋习宣战、和谐心态快乐生活四大重点任务,组织开展爱卫月主题活动,努力以全面打赢新冠肺炎疫情阻击战为契机,掀起爱国卫生运动新高潮。市爱卫办编纂《江阴市爱国卫生运动历史大事记》,全市各镇(街道)、各部门,单位、社区(村)实现爱国卫生运动广覆盖。爱国卫生月期间,累计在重点场所、社区张贴“防疫有我,爱卫同行”海报1800余份,设置电子屏1189个;开展健康教育主题活动120余次,参与人数1.2万余人;集中开展灭鼠、灭蚊活动,设置或完善毒饵站5990个,投放药物500千克,清理四害(鼠、蟑螂、蚊、蝇)孳生地6581处,群众职工开展卫生大扫除928次。

【卫生镇村创建复审】 2020年,江阴市月城镇启动国家卫生镇创建工作,南闸、夏港、申港、利港4个街道和徐霞客、祝塘2个镇先后迎来国家卫生镇复审,市爱卫办积极邀请专家组织培训,采取交叉暗访、全覆盖明查等方式进行督促指导,以“问题通报”“情况反馈”等多种形式跟踪问绩效,落实问题整改。年底,月城镇顺利通过省级暗访及专家技术评估;6个复审镇、街道通过省级暗访,获全国爱卫会重新命名。对照《江苏省卫生村标准》,市爱卫办进一步明确各项工作要求,细化评分标准,以村自查、镇街复查、市级抽查的形式组织开展省级卫生村复审工作。年内,全市农村环境卫生得到明显改善,群众健康素养水平不断提升,全市43个省级卫生村均通过省级复审,省卫生村建设水平得到有效提升。

【农村改厕】 2020年,江阴市爱卫办农村改厕工作重点为全面取缔"大三格"化粪池,巩固农村无害化卫生户厕基本全覆盖成果,按需新建农村水冲式公厕。结合实际工作,全市对少数农村群租户、独居老人户不卫生户厕、"大三格"化粪池等情况进一步摸清底数,明确各镇(街道)目标任务。同时,建立完善非无害化卫生户厕动态摸排整改工作机制,将非无害化卫生户厕纳入网格员巡查内容,加强日常检查,每月组织大排查,建立"一户一档"制度,严格整改,动态清零。结合农村人居环境改善提升、美丽乡村建设、"一推三治五化"*等工作,加大农村"厕所革命"力度,推进"大三格"化粪池等清零工作的督促、检查、整改。10月,农村改厕工作顺利通过省级验收销号。是年,新(改)建家庭卫生户厕273户,取缔"大三格"化粪池、露天粪坑、旱厕229个。

【烟草烟雾控制】 2020年,江阴市加强公共场所控制吸烟工作,加大控烟工作督查与指导力度。继续巩固无烟医疗卫生系统创建成果,组织开展医疗卫生机构控烟抽查暗访、通报整改。5月31日,开展以"保护青少年远离传统烟草产品和电子烟"为主题的世界无烟日活动,组织全市各行业参加江苏省"我为控烟发声"活动。市爱卫办、文明办共同开展"烟头不落地、江阴更美丽"活动,向全社会发布倡议书。是年,市爱卫办、文明办联合启动全市无烟党政机关建设活动,全市有47个党政机关和25个独立法人事业单位开展无烟党政机关建设。

【病媒生物防制】 2020年,江阴市爱卫办为有效预防"四害"传播的疾病,切实保障群众的身体健康和生命安全,结合疫情防控工作,根据"四害"季节性活动特点,组织开展"春、冬季灭鼠行动""夏、秋季灭蚊行动"等活动。各镇(街道)、各部门认真组织、广泛发动,开展以清除"四害"栖息繁殖场所的环境综合整治,对农贸市场、食品餐饮行业、建筑工地、居民小区等重点场所进行病媒生物防制规范化设置,统一集中投药,有效降低和控制"四害"密度。着力在全市打造病媒生物防制示范化小区(社区),要求每镇(街道)至少一个,可以点带面,发挥辐射作用,促进病媒生物防制工作增质提效。是年,全市建设病媒生物防制示范小区18个。 (黄凯烨)

健康促进

【概况】 2020年,江阴市卫生健康委坚决贯彻落实省、无锡市防控工作要求,以"江阴健康"品牌服务为抓手,全面安排部署,迅速开展公众健康教育和宣传舆论引导工作。第一时间制定下发《江阴市新型冠状病毒感染的肺炎疫情健康教育宣传方案》《关于做好新型冠状病毒感染的肺炎疫情防控健康教育工作的通知》文件。同时,加强分析研判,密切关注新冠肺炎疫情动态,根据疫情发展形势,随时调整健康教育工作策略,通过健康教育科普宣传,做到防控疫情全覆盖。搜集整理权威疫情防控信息,归纳分类,传播权威规范健康科普知识,为防控疫情和制作健康传播材料提供科学依据。利用"江阴发布""最江阴""健康江阴"等官方微信、手机短信发布疫情防控核心信息,加强公众健康教育。及时回应社会关切和市民心声,引导舆论,消除恐慌,进一步增强公众打赢防控疫情的信心。征订、编印、发放各类健康教育资料累计21种62万余份,制作宣传版面105块,编辑出版《江阴健康》赠刊2期,免费赠阅12000份。在《江阴日报》之"健康你我她"专栏刊登科普文章32篇;《江阴新闻》前15秒健康科普宣传7次。多部门合作,策划直播特别节目两期《新冠肺炎的认知和防范》《防疫第一课——让家更温暖》,通过"最江阴"APP、"最江阴"微信公众号等平台同步播放,点击量分别为50余万人次、116.7万人次。联合举办"防疫有我,爱卫同行"全市健康知识竞赛,微信参与85315人次,分享10128人次,知识点传播数72.55万次。组织参加市文化、科技、卫生"三下乡"(科技、服务、知识)、"五送一助"(送医、送教、送文化、送器械、送健康、助残)、第九期"心光同行粉红家园"肿瘤科普巡讲直播等活动和肿瘤防治宣传周、全民营养周、"健康直通车"等活动17场。是年,老龄健康工作围绕建立"医养结合"养老模式、老年医学科建设、安康关爱行动、"老年节"敬老系列活动、打造老年关爱中心和为老服务品牌、老年文体特色团队活

2020年9月28日,江阴市老年协会成立。图为成立大会现场

(章 婵摄)

动等内容展开。开展老年人安康关爱行动,参保2020年中国人寿江阴支公司老年人意外伤害保险人口14.9万人次,参保比例46.1%,总保费745万元,总赔款521.8万元,赔付率70.5%。成立江阴市老年协会。青阳镇毓秀社区"老幼同乐毓秀大同"为老服务品牌、华士镇陆桥片区"江阴天华老年关爱中心"通过上级验收;组织申报无锡市老年文体特色团队,江阴市阳光女子乐坊等8个老年文体特色团队特色鲜明,被评为无锡市"老年文体特色团队";江阴市老年大学荣获"全国敬老文明号"称号。进一步完善老年健康服务体系,加大老年医学学科建设,全市二级及以上公立综合医院设置老年医学科比例60%以上,三级公立综合性医院设置率达到100%。不断提升老年健康服务内涵,加强老年人健康管理项目力度,全市65周岁及以上常住老年人健康管理率70%以上(含辖区医养结合机构)。　　(李燕芳　程绮艳)

【"健康江阴"建设】 2020年,江阴市健康办进一步强化组织推进,"健康江阴"建设工作纳入市重要议事日程和全市综合考核内容。根据"健康无锡"实施方案,结合全市实际情况,市健康办制定下发《2020年"健康江阴"建设重点工作安排》,明确各成员部门年度目标任务和工作要求,科学确定年度26项重点工作。定期召开"健康江阴"建设各项会议,强化工作部署,检查指导,考核评估。对照考核标准,定期收集统计各项指标、重点工作完成情况,及时督促项目推进,总结评价取得效果。加强"健康江阴"各项政策文件宣传,利用各类媒体广泛开展宣传,普及健康知识,全市公交站台、公交车内1006个视频滚动播放防控知识;户外大型广告屏滚动播放防控等科普知识21条,单日不低于120次;发送中国移动短信34条34万余人次;推送"健康江阴"微信45期共269条,关注达48万余人次,转发25162人次;在"早安江阴"广播栏目推送健康知识98期49篇;利用"银医通"平台推送防控知识短信息3条覆盖87万人;制作15秒"健康小喇叭"防控知识和微信小视频《一起抗"疫",守护健康》各一个。在全市各医院、社区卫生服务中心及服务站建立"全市同步、一网到底、智能管理"的"互联网+"健康教育视频联播平台,有26类1099个宣传视频每天循环播放,并实现市域全覆盖;全市235个医疗单位联播平台运行正常。年内,新桥镇申报"健康江苏建设示范点",南闸街道花果村等5个村、澄江街道江锋社区等5个社区获评江苏省健康村(社区),全市新建(提升)健康主题公园(健康小游园)8个、健康步道10条、健康小屋7个,完成240户健康家庭评选工作。市卫生健康委、市教育局联合建立并实施《江阴市中小学健康校长工作制度》,完成各医疗卫生单位健康校长人选推荐工作。

(黄凯烨)

【推进线上健康服务模式】 2020年,江阴市健康促进中心改变传统观念,在常态化疫情防控下,加快推进健康讲座、学术交流秩序全面恢复,积极探索推进线上服务形式。将"健康五进"(进家庭、社区、学校、企业、机关)的"主战场"从学校、社区、企业等搬到"线上"。年内,线上线下组织开展讲座52场,受益群众5448人次;举办学术交流活动96次,其中线上学习班9期、线上线下相结合的学习班6期,省级项目11项、无锡市级项目20项,参会人员9476人次。

【城乡居民健康素养与烟草流行全监测】 2020年,江阴市健康促进中心按无锡市级统一要求,组织各社区卫生服务中心(医院)、健康创建单位,采用江苏省居民健康素养自测评估系统,开展城乡居民健康素养调查工作,完成10.16万人次。同时,对江阴市居民健康素养实行全监测,累计调查完成素养有效问卷888份、65岁以上人群烟草监测问卷100份。调查统计分析全市居民健康素养水平为29.05%,吸烟率为21.86%。

【全国肿瘤防治宣传周活动】 2020年4月15—21日,江阴市健康促进中心为落实"健康中国行　癌症防治"专项行动,推进"健康江阴"建设,提高全社会癌症防控意识,举办"癌症防治,共同行动"为主题的肿瘤防治宣传周活动。4月15日,在市癌症康复协会多功能厅举行启动仪式,宣传周期间,市健康促进中心、各医院、社区卫生服务中心围绕活动主题,利用下发的宣传海报、癌症防治核心及知识要点,通过主流媒体和新媒体开展形式多样的癌症防治宣传教育。结合各自实际,创新活动形式(以线上活动为主),充分发挥网络、微信、微博等新传媒的平台宣传作用,组织开展群众参与度高、覆盖面广、传播效果好的活动。

【第17个世界献血日系列活动】 2020年6月14日是第17个"世界献血日",主题为"安全血液拯救生命",口号是"献血,让世界更健康"。江阴市开展世界献血者日无偿献血系列宣传活动,分别在江阴市红十字血站、学院广场、南门印象三地同步开启。市血站全体干部职工、市无偿献血志愿者协会、市无偿献血志愿者服务队100余人参与活动。是日,有53人献血,机采成功采集12份,献血量17000毫升。

【第32个"全国爱牙日"活动】 2020年9月20日是第32个"全国爱牙日",主题为"口腔健康、全身健康",副主题为"均衡饮食、限糖减酸、洁白牙齿、灿烂微笑"。江阴市卫生健康委为加大口腔健康科普宣传力度,提升大众口腔健康素养,创建有利于口腔健康的社会环境,联合市教育局、市融媒体中心、市科协共同举办"口腔健康　全身健康"大型直播义诊宣传活动,副市长许晨出席启动仪式。启动仪式后,由市口腔病防治所牵头,与市人民医院、中医院等协作,为约8000名适龄儿童免费窝沟封闭与龋齿填充。同时为4~6岁幼儿牙齿涂氟约2万人次。市健康促进中心利用"健康江阴"视频联播平台等载体,广泛开展"三减三健"(减盐、减油、减糖,健康口腔、健康体重、健康骨骼)口腔健康宣教,为落实健康口腔专项行动提供有力的支撑。

【"世界艾滋病日"宣传活动】 2020年12月1日是第33个"世界艾滋病日"。江阴市疾病预防控制中心和市健康促进中心组织专业人员走进江阴职业技术学院,开展以"携手防

2020年9月20日,江阴市卫生健康委、市教育局、市融媒体中心、市科协在市融媒体中心启动"全国爱牙日"活动 (市卫生健康委提供)

疫抗艾,共担健康责任"为主题的大型宣教活动。该次活动主要通过知识讲解、咨询解答、检测体检、设立展板、张挂横幅、发放图册和安全套等形式宣传防艾知识,号召学生提高防艾意识,培养健康文明的生活方式。市健康促进中心、市疾控中心为推动实施《中国遏制与防治艾滋病"十三五"行动计划》《遏制艾滋病传播实施方案(2019—2022年)》,展开系列宣传。在市区127辆公交车尾屏和456个公交电子站牌全时段滚动播放防艾宣传标语,在"全澄通"APP投放公益广告,向全市126名学校心理老师开展防艾知识讲座,通过江阴广播电台"早安江阴"栏目、《江阴日报》"健康你我她"栏目以及全市视频联播平台播放和宣传艾滋病防治专项题材科普视频。制作《预防艾滋病,你我共参与》海报及三句半《有爱无"艾"》节目,选送参加江苏省首届艾滋病防治健康教育作品征集活动,分别荣获图文类、文艺类三等奖。全市各医院、社区卫生服务中心,利用下发的宣传海报、艾滋病防治核心信息,通过主流媒体和新媒体开展形式多样的艾滋病防治宣传教育,充分发挥网络、微信、微博等新传媒的平台宣传作用,营造全民参与艾滋病防治工作的良好氛围。 (李燕芳)

【养老院启用"远程医护"平台】 2020年年初,江阴市26个机构养老院实施全封闭式管理,切实有效地降低院内外交叉感染风险。疫情防控期间,市政府出资40.5万元,为全市养老机构安装"远程医护"平台。利用信息化手段,科学、安全、高效地做好养老机构封闭管理期间各项防控工作。为进一步加强个人防范,严格消杀措施,严管医疗废物,提高机构内工作人员院感防控意识。3月12日,市人民医院感染管理科科长、主任医师赵茹通过"远程医护"平台对全市养老机构、护理院、康复医院院感、医疗、护理等相关负责人及工作人员,开展院感防控工作培训。市卫生健康委、市老龄办充分利用优势资源依托"远程医护"平台,扎实开展老龄健康服务工作,打通老龄健康服务工作最后"一公里",切实保障老年人身心健康,安度晚年。

【"老年节"敬老系列活动】 2020年10月22日,在全国第八个"老年节"到来之际,江阴市举行庆祝全国第八个"老年节"暨敬老先进表彰大会,表彰8个全市"老年文体特色团队"、10名全市"最美护理员",现场老年大学学员及老年文体特色团队进行民乐演奏、锡剧、小品等精彩的文艺演出,生动展示老年朋友乐观昂扬的风采面貌。市四套班子领导对高龄老人、医养结合机构、老年大学等进行走访慰问活动。市委书记许峰带领市领导到市军队离休退休干部服务管理中心,看望军休干部代表,为6名抗美援朝老兵颁发"中国人民志愿军抗美援朝出国作战70周年"纪念章。各镇(街道)主要领导也相继在辖区内进行走访慰问。

【推进"医养结合"养老模式】 2020年,江阴市深入推进医养结合养老模式,持续提升服务质量,组织相关人员参加全国医养结合人才能力提升培训项目。每季度组织全市医养结合机构填报全国医养结合管理信息表,及时掌握各医养结合工作的动态,监测服务质量。积极开展护理院标准化建设试点,确定江阴市颐乐居爱心护理院为标准化建设试点单位,明确标准化建设和实施进度,规范全市护理院的软硬件建设和服务管理,为全面推进护理院标准化建设提供示范引领。 (程绮艳)

生育管理

【概况】 2020年,江阴市人口出生7568人,人口出生率4.7‰,出生政策符合率99.63%。出生人口性别比105.99。围绕全国计划生育优质服务先进单位创建目标,抓好各项工作落实。全年办理生育服务登记8181条,其中一孩4090人、二孩3738人,流动人口再生育登记134人。全市户籍人口再生育审批250份。严格执行计划生育"一票否决",审核25个批次331个单位(个人)人口和计划生育信息。接收省内外流动人口婚育协查信息712条,发送流动人口婚育协查信息1937条。作为无锡市唯一的全国人口与家庭动态监测的样本县(市),顺利完成国家级全面两孩政策实施效果的抽样调查。

【计划生育奖励扶助】 2020年,江阴市落实计划生育各项奖励扶助政策,切实保障计划生育家庭合法权益。审核农村计划生育家庭奖励对象28925人,发放农扶金2738万元;审核计划生育家庭特别扶助对象2595人,发放特别扶助金2055.25万元,为全市2420名计划生育特扶对象办理2020年度住院护工服务保险，合计47.19万元；疫情期间发放一次性生活补助974户计48.7万元。发放计划生育公益金606户170万元。向339人发放计划生育并发症扶助金计80.8万元。审核企业持独生子女父母光荣证退休人员一次性奖励对象10745人，发放奖励金3868.2万元，其中，对外地户籍在江阴企业持证退休的68人进行登记和资格审录工作。机关事业单位工作人员退休独生子女父母审核402人。

【婴幼儿照护服务】 2020年，江阴市对全市提供托育服务的机构开展全面调查摸底，通过下发托育机构备案告知书、托育机构申请办理及备案指南，进一步规范机构的经营范围。根据《托育机构登记和备案办法》，规范市场准入条件，统一登记、备案流程，培训指导托育机构备案。年内，有5个机构成功备案。推动开展普惠性示范托育机构试点工作，3个符合规范、价格亲民的婴幼儿照护服务机构被列入省民生实事项目，获得专项资金12.8万元，用于机构开展普惠托育服务，1个机构创建为江苏省示范机构。

【庆祝中国计划生育协会成立40周年】 2020年5月29日是中国计划生育协会成立40周年纪念日，也是计划生育协会第22个会员日。江阴市计划生育协会联合云亭街道计划生育协会，共同开展庆祝中国计划生育协成立40周年暨“5·29”会员活动日宣传服务活动。活动现场进行太极拳、舞蹈等健身展示和计划生育健康知识有奖问答，医护人员为群众提供血压测量、血糖检测、生殖健康咨询等义诊服务。基层计划生育专职干部和志愿者通过发放宣传册等方式，向居民宣传国家政策法规和优生优育、生殖健康、新冠肺炎防控等健康知识，普及健康生活方式。华士镇、祝塘镇、璜土镇、夏港街道等在辖区开展形式多样的走访慰问和关爱服务，丰富以“壮阔四十年、奋斗新时代”为主题的会员日活动，为广大计划生育家庭送去健康知识、健康理念和贴心服务。

（曹明珠）

卫生人才队伍建设

【概况】 2020年，江阴市卫生健康委始终把人才队伍建设，作为卫生健康事业高质量发展的重点工作，充分发挥党管人才职能作用，深化平台建设，强化人才引进，以“暨阳英才”*计划为依托，立足卫生健康事业发展实际，从引、育、留等环节完善人才政策支撑。是年，全系统有工作人员8965人，其中卫生专业技术人员7908人，占总人数的88.20%。卫生专业技术人员具有卫生类高级专业技术职称1745人，中级专业技术职称4348人，占77.05%；具有博士研究生学历的工作人员29人，硕士研究生学历的工作人员686人，大学本科学历工作人员3596人，占54.15%。

【卫生人才招录】 2020年，江阴市卫生健康委本着“提高层次、优化结构、完善梯队、宁缺毋滥”的原则，根据全市基层卫生医疗单位岗位情况，结合工作需要，科学合理地制定人员补充计划，建立完善符合实际需求的人员补充机制，采取“早启动、广发动、常年化、集团化”的形式组织人才招聘工作。通过参加卫生健康人才交流会、校园招聘会等活动，吸引优秀卫生专业人才到江阴市工作；利用两大医疗集团的优势及影响力，将同专业的人才集中录取，然后根据成绩高低依次选岗，提高人才录取成功率。全年招聘事业编制工作人员150人，其中硕士研究生69人，本科81人；落实基层卫生人才“县管乡用”政策，27人纳入专项计划管理；合同制工作人员录用137人。

【卫生人才引进培养】 2020年，江阴市卫生健康委为有效提升医务人员业务技术水平，组织开展全市“三基”（知识、技能、操作）理论知识竞赛、“优质服务基层行”感控团队知识竞赛和危急重症护理技能竞赛，遴选专家对全市478名乡村医生分六批进行集中理论与临床实践技能操作相结合的培训工作。不断提升住院医师规范化培训质量，全市新增规范培训人员45人，市人民医院在全国规范培训理论水平考核中位列全国前20%（江苏省内仅3个单位）的单位中，规范培训通过率排名全市第一。年内，科研项目质量持续提升，获国家自然科学青年项目1项、省科技厅项目1项、省卫生健康委新技术引进奖二等级4项，通过与高校合作，引进横向课题2项，并获得中华中医药学会科学技术奖二等奖1项。全市发表SCI论文71篇，中华级杂志74篇，获批实用新型专利133件。申办省、无锡市级以上继续医学教育项目，全年举办学习班、培训班等学术活动96次，参会人员9476人次，其中举办省级继续教育项目11项，无锡市继续教育项目20项。根据疫情防控要求，积极探索学术交流新模式，全年开展线上学习班9期、线上线下相结合学习班6期。

（沈宇芳）

卫生监督

【概况】 2020年年初，江阴市依法把好卫生许可关，共审核发放、注册、变更各类许可证、资格证9288件，其中不见面审批7587件，办理比例为81.69%。全市依照省、市新冠病毒肺炎疫情防控指挥部要求开展防控工作，围绕各级各类目标任务，全年部署各条线专项检查28次，抽检各类样品384份，立案查处违法案件72件，罚没款74.8万元。完成国家“双随机”检查单位123个，立案查处单位11个，完结率100%。完成执法全过程记录行政检查数3879条，采集音视频资料2571条，报送重大行政执法案件法制审核5件。监督检查集中式供水单位3个，二次供水单位33个，现场抽检出厂水、饮用水样31份，合格率100%。检查涉水产品生产企业71个，有效卫生许可批件167件，抽检涉水产品样品21份，合格率100%。开展春秋两季学校卫生和传染病防控专项督查及学校疫情防控、学校结核病防控抽查，检查各级各类学校118所。抽检学校饮用水，其中4份样品不合格。完成学校卫生监督综合评价工作，评出A级65所，B级53所。检查各级各类有证医疗机构606个,开展医疗服务依法执业、医疗废弃物管理、消毒质量控制、病原微生物实验室备案、母婴保健及产前诊断技术安全等专项整治。抽检16个公立医疗机构透析液、内镜消毒液等样品218份,消毒效果总合格率95.9%。抽检13个口腔诊所、门诊部的牙针,合格率100%。立案查处无证行医案件25件,罚没款58.25万元,没收非法药品和器械58箱(袋),牙床5台,向公安机关移送非法行医涉嫌犯罪案件1件1人。协助卫生健康委完成290个医疗机构的诊所、门诊部等校验工作。组织开展消毒产品生产企业"双随机"抽查和分类监督综合评价试点工作,评查单位15个,其中5个为优秀等级。餐(饮)具集中消毒单位全年抽检4批次计60份样品,合格率100%。开展爱国卫生监督,检查105个医疗机构控烟情况,达标率98%。完成28名镇(街道)卫生监督协管员业务培训和工作考核。指导各镇(街道)做好公共场所、企业复工复产指导验收和其他公共卫生监督工作。利用媒体、网络发布对外宣传材料88篇次。受理各种投诉举报案件92件,回复结报率100%。

【卫生监督系统新冠肺炎疫情防控】 2020年年初,江阴市卫生监督所根据疫情一级响应要求,派29人参与高速卡口、车站、码头等进入江阴通道和靠岸船舶管控检疫工作59班次。1月23日至3月1日,全员上班无休息。重点加大对医疗机构预检分诊、发热门诊、消毒隔离、医疗废物处置、个人防护等疫情防控措施落实情况的监督检查。至5月25日,出动卫生监督员5884人次,检查医疗机构1610个次、集中医学观察场所136个次、学校托育机构298个次、餐(饮)具集中消毒单位等其他单位13个次,取缔无证行医场所9个,立案查处有证医疗机构2个,抽查重点公共场所414个次。"江阴卫监"微信公众号发布抗疫相关监督动态、抗疫科普信息28条,摄制、播发抗疫宣传小视频6次,市级媒体播出抗疫工作动态新闻15次。

【职业健康检查】 2020年,江阴市卫生监督所配合市卫生健康委对各镇(街道)开展职业卫生监督的协调指导、行业督查。梳理并督查职业危害高危企业、粉尘治理回头看企业、工作岗位检测超标企业、职业危害普查不配合企业等。对5个企业的违法违规情况书面移交至企业所在镇(街道)做进一步处理。根据全市职业病防治项目工作方案,开展放射诊疗机构专项检查,检查88个,立案查处4个。对88个放射诊疗机构和145个放射性危害企业的放射管理人员进行培训,指导完成江苏省放射信息管理平台及职业病危害申报网申报及普查。督查全市14个职业健康检查机构,对其中未备案和不规范单位进行了行政处罚,并全部整改到位。

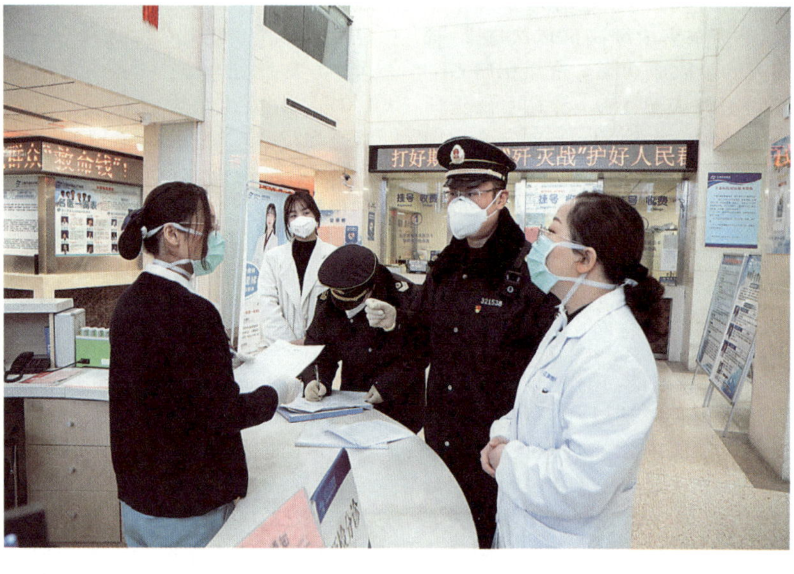

2020年1月24日(除夕),江阴市卫生监督所突击检查民营医疗机构疫情防控设施到位情况。图为监督员在市开泰医院检查现场 (徐 洁摄)

【卫生健康赋权】 2020年,江阴市持续推进集成改革,加强与镇(街道)沟通衔接,积极做好公共场所、职业健康等赋权事项的培训、指导、督查等工作。会同市内其他行政执法部门开展游泳场所卫生监督抽检18个。协助开展镇(街道)执法人员集中培训2次,移送涉嫌违法公共场所的卫生单位3个、违法职业健康危害的企业6个。年内,各镇(街道)公共场所卫生许可213项,赋权事项行政处罚22件,罚没款6.2万元。

【卫生法制宣贯】 2020年,江阴市卫生监督所建立健全法制宣传培训制度,创新宣传形式,贴近群众实际,提高全民守法意识。年内,开展"七五"普法宣传活动11次,悬挂宣传标语30幅次,接受现场咨询1500余人次,印发宣传资料5000余份。其中围绕"食品安全 人人有责"的主题,城乡联动开展食品安全宣传周活动8场次,进一步普及群众食品安全标准知识。完成卫生监督员培训10次、各行业单位主要负责人和管理人员卫生法律法规知识培训15次。 (徐 洁)

疾病预防控制

【概况】 2020年,江阴市人均期望寿命82.4岁。全年累计报告乙类传染病11种1278例,累计报告发病率为77.45/10万,比2019年下降11.56%,总体呈平稳态势。传染病网络报告率、及时率和完整率均为100%。累计报告死亡病例10例。全市发生3件突发公共卫生事件,均得到规范有效的处置。市疾控中心在全市首个开展新型冠状病毒感染肺炎核酸检测,全市具备检测能力的医疗机构累计核酸检测7万余份。是年,继续加大艾滋病的检测筛查力度,全年检测各类人群23.26万例,总人群检测率为14.1%,VCT门诊免费咨询检测1276人次。在省内率先布设自助服务机9台,24小时向需要的人群提供成本价艾滋病快检试剂。召开失足妇女行为干预项目工作总结表彰大会暨2020年江阴市失足妇女行为干预项目业务培训。开展螺情监测工作，完成调查面积119.76万平方米，任务完成率108.87%，未发现活钉螺；完成血吸虫病查病3280人，任务完成率106.67%，未发现阳性患者。开展对高血压、糖尿病患者的健康管理，完成率分别为114.63%和115.22%，其中，规范管理率分别为77.30%和77.16%，血压控制率65.12%，血糖控制率60.27%，以上指标均超过上级下达的行政指标。开展慢性病发病监测和死因监测，累计报卡新发慢五病26492例和死亡10030例，各项工作指标均达到上级要求。开展心脑血管监测质量评估和漏报调查工作。新建慢性病患者自我管理小组198个，其中省级自我管理小组18个，市级自我管理小组180个，参与人数3000余人，社区覆盖率66%。稳步推进社区—志愿者—患者一体化管理，与江阴市暨阳义工爱心服务社协作招募志愿者25人，累计招募并确认志愿者892人。全年诊断职业病19人，尘肺病例73%。对10个医院机构进行CT机房和普通X射线机房检测。收集28种重点职业病监测数据，完成监测数据8万条。尘肺病随访与回顾性调查在2019年随访基础上，进一步核查信息。完成职业病危害因素现状普查，调查生产企业6339个，9个国家调查重点镇（街道）上报企业数据4021条，通过省市数据审核；非重点镇（街道）完成调查企业2318个，完成普查申报工作。抽取25个有代表性的生产企业工作场所，进行职业病危害因素现场监测，完成数据上报。全年食品安全风险监测样品155份，任务完成率100%。监测食源性疾病病例1999例，任务完成率100%。处置食源性疾病暴发事件8件。全面开展各类环境卫生监测，监测农村居民室内健康危害因素，完成医院、商场、车站、农贸市场等7个国家室内环境监测项目。监测婴幼儿沐浴场所夏、冬季健康危害因素，监测城乡单位10个次、400项项目。监测不吸烟女性肺癌危害因素，完成病例与对照210例。完成并及时上报江苏省农村生活饮用水枯水期卫生监测数据，开展生活饮用水监测，监测覆盖率、任务完成率均为100%。完成省农村环境卫生监测工作。对全市的中小学校开展学生伤害监测工作，监测工作覆盖率100%，日报告率98.93%，伤害发生率5.35%。建设营养餐厅1个。是年，市疾控中心承担国家级监测点项目14项，省级监测点项目7项；在研课题8项，其中国家自然科学合作课题1项，无锡市卫健委课题1项，江阴市卫健委课题6项；发表科技论文30篇，其中中文核心期刊8篇、统计源期刊14篇。是年，市疾控中心获2004—2019死因登记报告工作先进集体奖、“疾控机构二十周年”全省疾控工作作出贡献单位、无锡市文明单位等荣誉；有多人分获全省抗击新冠肺炎疫情先进个人、无锡市五一劳动奖章、“疾控机构二十周年”全省疾控工作作出贡献个人、第五届无锡市“百名医德之星”等荣誉。

【新冠肺炎疫情防控指导】 2020年2月2日，江阴市疾控中心在全市首个开展新冠肺炎病毒核酸检测，全年开展流调926次，出动流调人员1585人次；累计排查密切接触者896人次，一般接触者1516人次，对上述人员进行采样安排，确保在规定的时间内进行核酸检测，为尽早发现和报告疑似病例争取主动权。对卡口值勤、志愿者、社区工作者、返工企业工人等进行新冠肺炎防控知识培训工作20余次；组织技术骨干开展疫情防控指导，包括医学隔离观察点选择等，指导100余次；开展新冠肺炎防控相关知识卫生系统全员培训8次，视频网络培训覆盖卫生专业人员9728人次；公共场所的现场消杀指导20余次、防疫志愿者岗前培训和返工企业卫生安全指导30余次；为重大会议、考试保障100余次。

【新冠隔离点疟疾防治宣传】 2020年，归国人员作为新冠肺炎高危人群，也是输入性疟疾的高发人群。为避免新冠隔离点出现疟疾病例未及时检出、得不到有效治疗的情况发生，10月20日，江阴市疾控中心血地寄防所工作人员先后来到宜必思酒店集中隔离点和良居快捷宾馆集中隔离点，分别向两个隔离点负责人发放疟疾防治宣传易拉宝、海报、行李牌及折页等物品，培训讲解疟疾防治的有关知识及如何鉴别新冠肺炎，告知工作人员若从东南亚、非洲等地入境，一旦有发热症状，即采用“快检”方法进行排查疟疾，半小时左右出结果。若确诊后，排查同行人员。通过宣传活动，提高回国、赴境外疟疾高度流行区务工和

2020年4月10日，江阴市卫生健康委在市体育馆连夜搭建外来人员核酸检测采样点，翌日一早投入使用，切实守好进入江阴“关口”

（市卫生健康委提供）

旅游人群的防范意识和自我防护能力，做好防止境外人员输入性疟疾的发生，普及疟疾防治知识，营造出全社会共同关注和参与疟疾防治的良好氛围。是年，发现2例输入性疟疾病例，得到及时规范治疗。

【首个“营养餐厅”成立】 2020年，江阴市疾控中心为全面普及膳食营养和健康知识，引导市民形成“减盐、减油、减糖”的科学饮食习惯，在中国烹饪协会美食营养专业委员会江阴市华西村美食营养培训中心大力配合下，11月29日，牵头在江阴市幸福园餐饮管理有限公司成立市首个“营养餐厅”。“营养餐厅”是指能够提供营养均衡膳食，开展营养教育，创建营养支持环境、开展从业人员和就餐人员的营养健康教育的饮食就餐场所。餐厅成立现场，市疾控中心工作人员为用餐的市民测量身高体重、计算BMI指数、测量血压、宣传均衡膳食观念、分发慢性病防治手册。计划在市内继续推广“营养餐厅”建设，联合市烹饪协会对全市在职厨师和企事业食堂负责人进行培训，打造能为就餐者提供合理膳食搭配建议的规范化营养餐厅，助力“健康江阴”建设。

【第15个世界卒中日】 2020年10月31日，江阴市疾控中心为宣传“第15个世界卒中日”，提高广大群众对脑卒中的认识和关注，增强公众对脑卒中防治意识，联合城中社区卫生服务中心、市暨阳义工爱心服务社，在澄江街道文定社区文化活动中心举办以“守护银龄”为主题的健康知识讲座和慢性病知识竞答活动。市疾控中心慢病所和暨阳义工的健康志愿者们走进文定社区，为社区居民讲解相关知识，50余名中老年居民参加讲座。活动还倡议大家将学到的慢性病知识和健康生活方式传递给更多的人，为市民的健康贡献一份力量。

【ERA国际实验室能力验证】 美国ERA创建于1977年，是美国最大的实验室能力验证方案及质控考核样品供应机构，为工业实验室以及政府认证机构举办实验室间的能力验证活动比对提供帮助，全世界有数千个实验室定期参加其组织的能力验证计划，其提供的能力验证活动获中国合格评定国家实验室认可委员会(CNAS)认可，系国际性的实验室能力验证。2020年9月1日，江阴市疾控中心以优异成绩通过美国ERA组织的水中总硬度能力验证，成绩在全球25个参加能力验证的实验室中处于领先水平。这标志着江阴市疾控中心在生活饮用水检测能力方面，达到国际一流水平。

【可疑肺结核患者免费耐药筛查】 近年来江阴市通过结核病防治规划的实施，结核病疫情总体呈缓慢下降趋势。2020年1月起，市政府继续加大投入，对所有可疑肺结核患者，均可免费进行快速结核分枝杆菌鉴定及利福平耐药筛查。全市建立疾控中心、定点医院和基层医疗机构相互配合、上下联动的“三位一体”结核病防治管理模式。市人民医院敔山湾院区开展快速结核分枝杆菌鉴定及利福平耐药诊断技术。该技术最快2小时内出结核分枝杆菌及药敏结果，大大缩短检测时间，填补江阴市不能开展耐药结核诊断的空白，显著提高耐药结核特别是利福平耐药结核诊断的准确性和及时性，降低传染风险，为结核病患者带来福音。至年底，全市筛查疑似肺结核患者1035人，确诊467人。

【国家心脑血管事件报告质量调查评估】 2020年9月起，江阴市疾控中心慢病所根据国家疾控中心心脑血管报告质量评估项目工作要求，开展为期约两个月的心脑血管事件报告质量评估工作，系全国10个工作试点之一。该项评估工作，通过查询电子和纸质病案，按要求采集相关诊疗信息，对全市2015—2019年急性心肌梗死和脑卒中抽样病例350例进行复核，所有病例均可溯源到医疗机构原始病案，诊断依据充分，诊断明确，完整性和规范性符合心脑血管事件监测工作要求。11月9日，江苏省及无锡市疾控中心专家在江阴市疾控中心对心脑血管事件报告质量调查评估工作进行专题调研，对该项工作取得的成效给予充分肯定。专家们还通过系统简介及市人民医院医生现场演示，了解江阴市心脑血管疾病发病监测工作的详细流程，并对江阴基于医院HIS系统的心脑血管疾病发病报告工作模式加以赞赏。该项评估工作的实施，对于完善全市心脑血管疾病发病报告工作路径，提高相关人员专业水平，提升工作质量，进一步保障数据的完整性、一致性和准确性，促进数据利用，夯实心脑血管疾病防控基础，制定更好的防控策略提供了依据。

【通过省新冠病毒核酸检测实验室验收】 2020年8月6日，江阴市疾

2020年8月6日，江阴市疾病预防控制中心接受省疾控中心新冠病毒核酸检测实验室现场验收　（刘晓骏 摄）

控中心新冠病毒核酸检测实验室通过江苏省疾病预防控制中心的考核验收。专家组详细审阅实验室质量体系文件、生物安全管理体系要求及相关的各项规章制度，通过实地查看、现场提问、查阅记录等形式，对实验室的相关资质、生物安全体系、环境与设施设备、人员健康及防护管理、感染性生物样本的保存管理、废弃物处置等方面进行现场督导。此次新冠病毒核酸检测实验室的验收，充分证明江阴市政府高度重视，市疾控中心核酸检测质量控制、实验室管理等工作扎实，为全市新冠病毒核酸检测工作安全、高效、高质量地开展奠定基础，为疫情防控常态化工作的进行提供技术支撑。

【通过省新冠病毒核酸盲样考核】 2020年7月30日，江阴市疾控中心参加由江苏省疾病预防控制中心组织的首批新冠肺炎病毒核酸检测盲样考核工作。根据江苏省疾病预防控制中心《关于第一批新冠肺炎病毒核酸检测盲样考核结果的通知》，江阴市新冠肺炎病毒盲样考核结果准确率100%，考核合格。这充分说明市疾控中心高度重视核酸检测质量控制，严格执行新冠病毒实验活动管理要求，规范和重视实验室生物安全管理和核酸检测人员培训，中心检测能力得到充分验证，检测质量也得到认可。为疫情防控工作常态化开展和风险评估提供更为可靠的科学依据，能加快对疫情的研判和处置速度，为依法、科学、有序、高效地应对疫情提供坚强的保障。

（缪　英）

妇幼保健

【概况】 2020年，江阴市妇幼健康工作紧紧围绕江苏省、无锡市妇幼健康工作要求，深入开展妇幼健康促进行动，树立"大妇幼"发展理念，坚持"补短板、强弱项、夯基础、提质量"，不断完善妇幼健康服务体系，全面提升服务质量和能力，深入拓展服务内涵，着力加强服务监管，打好"十三五"规划的收官之战，为全市妇女儿童的全生命周期提供高质量的健康服务。全市分娩总人数10719人，活产数10696例，未发生孕产妇死亡，婴儿死亡率2.57‰，五岁以下儿童死亡率3.52‰，严重出生缺陷发生率0.37‰，孕产妇死亡率0/10万，孕产妇健康管理率98.14%，儿童健康管理率100%。为10113人提供免费婚孕前健康检查，婚检率95.2%，为38例医学需要人工终止妊娠的孕妇出具医学诊断意见书。全年妇幼公共卫生服务项目经费2039.15万元，全额拨付各项目单位确保基本及重大妇幼公共卫生服务项目的实施。周庄、青阳、南闸3个医院完成省级基层医疗机构妇幼健康规范化门诊创建，年内建制镇(街道)建成率64.7%，完成"十三五"指标要求。

【出生缺陷综合防治惠民措施】 2020年初，江阴市将可享受免费产前筛查和新生儿疾病筛查服务的目标服务人群，由原来的江阴户籍孕产妇扩大到常住人口孕产妇，免费结报符合对象要求应报尽报，全市有17个社区卫生服务中心同时开展该项目。3月中旬，开始试用妇幼"臻鼎"系统出生缺陷防治补助信息模块；5月，在全市产科医院和社区中心全面启用信息模块，完成从审批表打印、报销项目、金额审核及发放各流程的线上闭环管理。是年，全市辖区产前筛查率95.94%，遗传代谢病筛查率99.7%，新生儿听力筛查率99.17%，先心病筛查率98.9%，阳性确诊28例。筛查报销13702人次，合计报销金额1071227元。

（唐妍彦）

【提升妇幼公共卫生服务】 2020年上半年，受新冠疫情影响，面临妇幼公共卫生驻点工作无法全面开展的困难，江阴市卫生健康委及时调整工作思路，积极探索妇幼健康管理驻点工作新模式。对妇幼公共卫生服务项目存在突出问题的单位，由市卫生健康委牵头，妇幼项目负责人组成专家团队，集中对问题单位进行现场办公，听取基层单位的工作难点和问题，专家组给予解决方案，逐一进行整改落实，并组织专家组开展"回头看"，真正做到精细化、点对点服务，实现妇幼公共卫生与临床深度融合。10月，全市推进免费孕前优生健康检查服务项目进一步落实，各镇(街道)负责做好目标人群的宣传、组织、发动工作，市妇幼保健院组建孕前优生健康检查团队提供就地就近检查，抓牢目标人群，降低胎儿出生缺陷，提高出生人口的素质。全年完成免费孕前优生健康检查3808对。

（苏秋霜）

【流产后关爱公益项目】 2020年6月，由江阴市妇幼保健院负责指导全市开展计划生育技术服务的医疗保健机构，申请加入江苏省PAC(流产后关爱)联盟和无锡市PAC联盟，PAC服务涉及术前初诊、手术当日和术后随访等环节，内容包括宣传教育、一对一咨询、指导人工流产后即时落实高效避孕措施等方面。年内，市妇幼保健院全面推动PAC公益项目的开展，切实提高育龄妇女生殖健康水平，有11个医疗机构加入省PAC联盟，22个医疗机构加入无锡市PAC联盟，并获授联盟成员证书。

（袁薇婷）

【出生医学证明电子证照】 2020年，江苏省启动出生医学证明电子证照的生成、归档和出证应用工作，出生医学证明电子印章统一省级制作。5月初，江阴市根据江苏省卫生健康委《关于开展出生医学证明电子印章信息收集工作的通知》文件要求，组织辖区出生证明签发机构开展相关信息收集工作。市卫生健康委授权市妇幼保健院为城东社区卫生服务中心等10个被取消助产资质的机构，进行"出生医学证明"委托管理。市妇幼保健院与委托单位签订授权委托书，负责委托单位的"出生医学证明"领用发放管理、首发换发、签发材料归档工作，并进行统一备案。5月20日，全市完成44个"出生医学证明"印章信息的收集汇总工作，信息报送无锡市妇幼保健院，并抄送市公安局备案。

（金春花）

【与省妇幼健康信息系统数据对接】 2020年上半年，根据省妇幼系统的部署、对接、应用的要求，江阴市妇幼保健院完成HIS(医院信息系统)端计划生育、孕妇检查模块设计以及全市妇幼信息系统的改造，相关数据先经HIS系统与市妇幼"臻鼎"系统对接，经处理后再与省妇幼健康信息系统对接，最终实现三方数

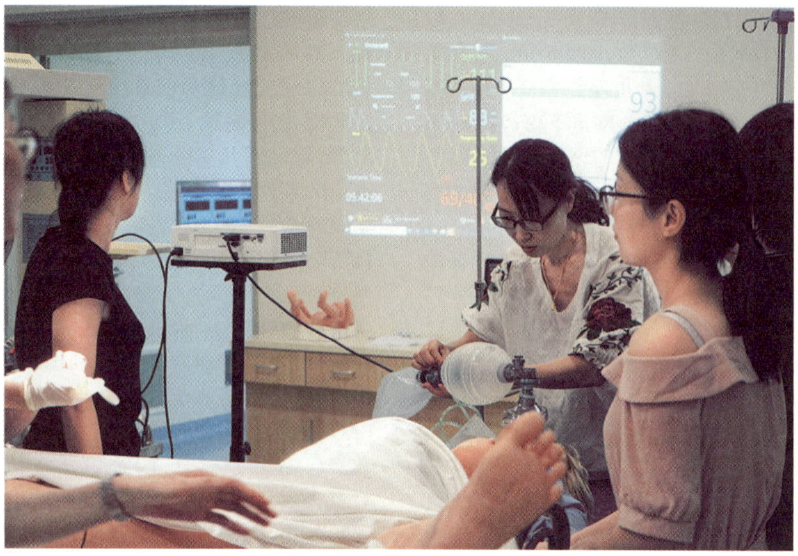

2020 年 8 月 16 日，江阴市产科医生在苏州市立医院教育基地进行危急重症救治实训演练　　（曹爱琴 摄）

据对接，经过不断地调适和检验，该系统运行良好。5 月底，全面切换出生证明模块；6 月，正式使用省妇幼信息平台进行出生证明的签发。

【产科危急重症救治技能训练】 2020 年 8 月 15—16 日，由江阴市卫生健康委牵头、市妇幼保健院负责，组织全市 30 名产科骨干医生组成受训队伍，前往苏州市立医院教育基地进行产科危急重症救治培训及实训演练。培训班上，苏州市立医院的产科专家们首先分享临床经验和前沿理论，夯实学员的理论基础；再采用高端、仿真模拟人进行现场抢救演示，指导学员操作训练。学员们分成若干抢救小组，根据专家们现场给出的模拟临床真实病例，进行产后出血和羊水栓塞的危急重症实战演练，专家现场给予点评。通过训练，进一步提升全市产科医务人员对产科危急重症的识别、处理及急救能力。　　（曹爱琴）

医政管理

【概况】 2020 年，江阴市卫生健康委持续深化医药卫生体制改革，以公平可及、群众受益为改革的出发点和立足点，加强部门协调，推进县域医共体建设。推广医院政府合作经验，两大医疗集团与 5 个镇签订“院府合作”协议；充分调动社会办医参与医联体建设的积极性，全市 12 个社会办医疗机构加入医共体；充分发挥龙头医院专科辐射引领能力，上下联动，建成名医（中医）工作室 31 个；慢病联合门诊 10 个，联合病房 3 个，专科护士工作室 3 个，逐步引导建立社区首诊、双向转诊、分级诊疗的服务格局。落实《江阴市“十三五”医疗机构设置规划》，市四院、五院被江苏省卫生健康委评为农村区域医疗中心，临港医院通过二级甲等医院评审；1 个卫生院通过国家卫生健康委“优质服务基层行”推荐标准、5 个达到基本标准；1 个村卫生室、2 个社区卫生服务站完成基层医疗卫生机构提档升级建设工作；新桥卫生院被评为省 COPD（慢阻肺）基层孵化基地。推进临床重点专科建设，市人民医院消化内科等 3 个科室被确认为省级临床重点专科。文林卫生院内分泌科被评为省级基层医疗卫生机构特色专科，城东社区卫生服务中心针灸推拿科等 3 个机构科室被评为无锡市基层医疗卫生机构特色科室。家庭医生签约从重数量向重质量转变，完成家庭医生签约 14.8 万余人，续签率 56.8%，建成医疗机构外家庭医生工作室 17 个，家庭医生签约工作惠民覆盖面逐步提升。贯彻落实国家和省关于完善国家基本药物制度政策措施，进一步扩大基本药物制度实施成果，印发《江阴市实施国家基本药物制度综合试点工作方案》，围绕基本药物功能定位，选择市人民医院和中医院医疗集团作为综合试点，全面推进基本药物配备使用、供应保障、合理用药指导等工作。巩固平安医院创建成果，加强医疗纠纷预防与处置能力，青阳医院和中医肝胆医院获评无锡市示范平安医院。全年接待来访 297 批次 1225 人次，受理纠纷事件 157 件，协议调解 119 件，理赔金额 598 万元，无重大伤医案件发生。整治医药购销领域商业贿赂和医疗、服务中不正之风，全市行风工作省级媒体正面报道 38 次，市级媒体正面报道 127 次，拒收、退回、上缴红包合计 60 万余元。加强实验室生物安全管理，完成 13 个医疗机构生物安全实验室备案工作（含 PCR 实验室）。强化全市医务人员“三基”训练与考核，组织“三基”理论知识竞赛、“优质服务基层行”感控团队知识竞赛、危急重症护理技能竞赛，组织专家对全市 478 名乡村医生分 6 批进行集中理论与临床实践技能操作相结合的培训工作，有效提升医务人员业务技术水平。加强医疗质量、医院感染管理，按照院感“零容忍”的原则，对全市医疗机构拉网式自查和抽查，落实整改 60 个，行政约谈 13 个。是年，市人民医院院长高恒在中国县域健康大会上获“优秀院长奖”、医院信息化建设获“信息化建设创新奖”。市人民医院的案例《流程再造提效率，智慧服务暖人心》从全国县域医院 1087 个案例中脱颖而出，获“最具价值案例”。市人民医院申报的案例《引领　协同　共享——深化紧密型县域医共体建设》和《基于医联体的以专科护理为核心创新优质护理新模式“护联体”建设》分别在国家卫生健康委全国医院改善医疗服务擂台赛（县域类）总决赛上获金奖和银奖，并分别荣获小组赛一等奖、总决赛银奖和最佳示范案例。市人民医院在香港艾力彼医院管理研究中心主办的“2020中国医院竞争力大会”上，获中国医院竞争力县级医院排行榜第三名，连续 10 年位居前三。同时连续 10 年在江苏省县级医院排名第一。　　（李高辉）

【**市人民医院获中国县域抗疫英雄和全国医共体建设示范奖**】 2020年年初，江阴市人民医院第一时间成立新冠肺炎防控救治领导小组及工作小组，明确分工，责任到人。医院加强发热门诊及隔离病房建设，完善新冠肺炎患者救治流程，开展核酸检测，实现早发现、早报告、早隔离，提高诊断和救治能力。医院通过多渠道保障防护物资供应，严格防护用品使用，实现精准防护，同时持续加强院感管理，制定院感应急预案，进行实战演练，顺利完成江阴市新冠肺炎病人救治工作，确保医护零感染。同时，医院克服人员紧缺困难，先后派出两支医疗队共计18人支援湖北武汉，并圆满完成任务。9月26日，第二届中国健康县域大会暨致敬“中国县域抗疫英雄”特别峰会系列评选活动颁奖典礼，在四川省成都市举行。市人民医院荣获中国县域抗疫英雄、全国医共体建设示范奖，医院大内科主任、消化内科主任刘鹏飞，骨关节中心副主任、骨关节中心一科主任姜雪峰荣获中国基层好医护奖。

（朱晓强）

【**首批援鄂医疗队**】 2020年1月25日下午，江阴市人民医院郭春辉、司煜安、李娟、潘静婉、顾斌5人组成江阴首批医疗队出征，支援湖北新冠肺炎疫情的救治工作。5人中，有1名医生、1名检验技师、3名护士，分别来自感染性疾病科、检验科和重症医学科，既有高年资的主任级的医生，也有年轻的“90后”护士，他们无一例外在春节家人团聚之际，为更多人的生命健康，舍小家为大家。从接到命令到正式出发，仅用3小时。晚上6时许，在无锡高铁站，江阴医疗队人员与来自无锡的20余人会合，组成无锡市医疗队，一起踏上驰援湖北的征程。1月27日，市中医院ICU副护士长汪杰随无锡市第一批援鄂医疗队出征武汉，进驻武汉江夏区第一人民医院开展新冠肺炎医疗救治工作，3月15日病区清零。50余天，医疗队收治患者200人。4月1日，在解除14天的医学观察期后，首批6人医疗队返回。

【**第二批援鄂医疗队**】 2020年2月8日元宵佳节夜，江阴市人民医院、市中医院接到上级再次组建医疗队指令后，迅速组织人员组建医疗队，相关部门连夜为医疗队准备物资。9日晨，第二批援鄂医疗队由市人民医院感染科副主任、主任医师张建春，呼吸与危重症医学科副主任医师曹励强，重症医学科主治医师沈基，重症医学科主管护师范春亚，重症医学科护师程雪、叶静、蒋胡虹、姚芳，急诊科主管护师李杨，呼吸与危重症医学科副护士长、主管护师俞敏娟，呼吸与危重症医学科护师曹亚洁、金晨华、黄彩燚；市中医院呼吸科副主任医师崔娣、内科副护士长方海燕、顾晓青，内科护士蒋心自、陶雨霞，急诊科护士朱玲娜6人等医护人员19人组成的医疗队踏上征程。江阴队员参与无锡市卫生健康委征召组建的医疗队，有医护人员130人，以整支医疗队接管武汉华中科技大学同济医学院附属同济医院光谷院区的模式开展医疗支援。该病区拥有50张床位的重症病区，收治的患者中，60岁以上的老年人占70%，危重症患者17例。3月29日上午11点18分，位于武汉的华中科技大学同济医学院附属同济医院光谷院区，市人民医院医疗队参与负责的E1—8病区患者人数降为零。无锡市3月31日，作为江苏省第五批支援湖北医疗队队员，无锡市第二批支援湖北医疗队员的19人在湖北战斗49个日夜，圆满完成抗疫任务胜利凯旋。

（张 祥 黄梦达）

【**江阴新冠肺炎清零**】 2020年年初，江阴市决定由市人民医院敔山湾院区承担医治任务，市委、市政府高度重视新冠肺炎患者医疗救治工作，市卫生健康委多次督导医疗救治工作。市人民医院针对疫情防控，尤其是新冠肺炎患者的救治工作，动员全院一切力量，调集一切资源，以强大的技术力量，优质的护理服务，对患者采取中西医结合“一人一方案”的精细化诊疗模式，密切跟踪病情变化，及时调整诊疗方案。2月6日，一女子因咳嗽7天、发热1天，在市人民医院发热门诊就诊，考虑新冠肺炎疑似病例而收住院，入院核酸检测呈阳性被确诊。患者入院后经中西医结合的治疗，病情迅速得到控制，该女子CT复查肺部炎症明显吸收，咽拭子核酸检测6次阴性，肛拭子核酸检测连续10次阴性，完全达到或超过国家卫生健康委的出院标准。市人民医院敔山湾院区新冠肺炎患者收治点共收治确诊5人，经过精心治疗，3月13日，最后一位患者痊愈出院，这是江阴市这场疫情阻击战取得阶段性胜利的重要标志。江阴市在这场战“疫”

2020年3月31日，江阴市第二批援鄂医疗队返回。图为江阴市人民医院的援鄂队员在苏南国际机场合影

（张 祥 摄）

中,治愈率100%,实现患者治疗过程中“零重症,零死亡,医务人员零感染”,展现出医院的“硬核”实力。患者出院后均按照要求,继续进行隔离观察和健康状况监测。

(邓国炯　邓立春　张　祥)

【直升机应急救援通道】　2020年2月17日,江阴市人民医院敔山湾院区一架载有3箱口罩的直升飞机平稳降落在停机坪,这是敔山湾院区启用以来,停机坪首次降停直升飞机,标志着该院空地应急救援通道正式开通。这架归属于青海天美通用航空有限公司所有的直升飞机是专程从浙江桐乡起飞,给江阴精准投递抗“疫”物资。这批爱心医用防护物资包括3200只医用外科口罩、500只KN95防护口罩,由两名机组人员将医疗物资与院方完成交接。建设空中救援力量是提高综合应急处置能力的重要举措,此次直升飞机的顺利起降,检验市人民医院敔山湾院区停机坪管理及助航设备的使用,为空中救援等服务打下坚实基础。　(张　祥)

【家庭医生签约服务】　2020年6月1日,江阴市人民医院医疗集团在敔山湾院区举办家庭医生签约服务支撑专家培训。医疗集团总院长高恒对家庭医生签约服务支撑专家团队近200名专家进行动员和培训,以进一步推进全市家庭医生签约服务工作。市人民医院医疗集团组建新桥镇、长泾镇、祝塘镇、南闸街道、申港街道、华士镇、澄江街道、夏港街道、利港镇、璜土镇10个家庭医生签约服务支撑专家团队,每个团队包含心血管内科、消化内科、呼吸与危重症医学科、内分泌科、普通外科、骨科、神经外科、泌尿外科、耳鼻咽喉头颈外科、眼科、妇产科、儿科、感染科、中医科等30余名专家。各支撑专家团队将作为全市家庭医生团队,提供服务和技术指导。家庭医生签约服务,是各类基层医疗卫生机构借助各级纵向卫生资源,以群众健康为中心,通过契约式服务,为群众提供综合、连续、有效、个性化的全面健康管理服务;是新时代医药卫生体制改革的重要内容;是促进优质医疗资源下沉,实现基层首诊、分级诊疗就医新秩序的有效措施。　(范晓东)

【乡村医生培训】　2020年,江阴市卫生健康委为适应新形势下基层卫生工作的需要,提升乡村医生业务技术水平和整体素质,满足人民群众日益增长的卫生健康需求。9月21日至12月11日,组织20名经验丰富的专家,对全市478名乡村医生分6批进行理论与临床实践技能操作相结合的能力提升集中培训,受培训人员由市社区卫生管理中心、市健康促进中心负责组织实施。市人民医院、市中医院共12名专家分别就中医适宜技术应用、高血压的诊断与治疗、糖尿病的诊断与治疗、卒中的早期诊断与治疗等开展理论授课。市人民医院、新桥卫生院实训基地8名专家分别就心肺听诊、心肺复苏、清创缝合、包扎止血、吸氧、导尿、雾化吸入等适宜卫生技术开展临床实践技能操作培训。授课的各位专家精心备课、贴近基层、通俗易懂,培训指导思想、目的明确,安排有条不紊,考核程序规范,有472名学员通过理论和实践技能考核,考核通过率98.7%,12名学员获“优秀学员”称号,4名专家获“优秀老师”称号。

【家庭医生团队感控技能竞赛】　2020年9月29日,江阴市卫生健康委为贯彻落实习近平总书记关于健全国家公共卫生应急管理体系的重要讲话精神,夯实全市公共卫生体系基层基础,切实增强基层防控重大传染疫情风险的能力,举行“优质服务基层行”家庭医生团队感控技能竞赛。全市各基层机构分管领导以及18支参赛队100余人参赛。竞赛理论考试环节采用手机小程序在线考方式,分别考查领队、医生、专管员和其他人员对医院感染基础理论和业务知识的掌握情况。操作技能比赛考查全科医生、院感专管员对医院感染控制的技能操作。知识竞答考查团队成员对医院感染控制的应对和分工协作能力。经过激烈角逐,城东社区卫生服务中心、马镇卫生院团队获一等奖。

(李高辉)

【首例超声支气管镜下针吸活检术】　2020年7月18日,江阴市人民医院呼吸与危重症医学科开展全市首例超声支气管镜下针吸活检术(EBUS-TBNA)。该术极大地提升位于纵隔及气管旁肿物的诊断水平,为该院在支气管镜操作活检领域的又一次新突破。在引进超声支气管镜(EBUS)之前,临床上的经支气管针吸活检术都是根据胸部CT上的定位行纵隔淋巴结穿刺,在一定意义上是属于盲穿,穿刺取得的病理阳性率相对较低,很大程度上阻碍对疾病的精准诊断和治疗。采用超声支气管镜,对复杂部位的穿刺有更好的手段,让经支气管壁穿刺活检不再盲目,是一种安全性高、诊断率高的气管镜活检新技术,真正实现无需开胸即可获取组织病理。超声支气管镜下针吸活检术适应于对肿瘤患者进行分期;纵隔、肺门肿大淋巴结的鉴别诊断;转移性肺部肿瘤的淋巴结评估。　(曹　磊)

【首例无导线心脏起搏器植入手术】2020年9月下旬,江阴市人民医院敔山湾院区心血管内科收治71岁的吴某,病人患有高血压、糖尿病多年,几天前因胸闷心悸头晕,不慎跌倒,导致肋骨骨折住院。其间,安装在吴大妈胸口的遥测心电监护显示,她的心电图波形在两次心脏搏动之间,多次出现较长的时间间隔,最长达7秒左右,并且都伴有明显头晕及胸闷不适的症状。经诊断,是病态窦房结综合征和阵发性心房快慢综合征。对于病态窦房结综合征患者而言,植入心脏起搏器是较为有效的治疗方法。心血管内科主任崔俊友及团队在准备为吴某进行常规心脏起搏器植入联合药物抗房颤治疗时,发现患者双侧锁骨下静脉均提示血管畸形迂曲闭塞,无法接受传统方法置入有导线的起搏器。30日,在与患者和家属进行充分沟通后,崔俊友治疗团队选择无导线起搏器进行植入治疗方案。医生通过大腿根部的股静脉穿刺,将起搏器通过导管顺利植入患者心腔内部。手术时间仅用30分钟左右,术后吴某的心跳恢复正常,如获新生。该手术系无锡市首例,标志着该院在心律失常方面的诊疗技术迈入国际领先水平,给更多心脏病患者带来福音。　(周天一　张　祥)

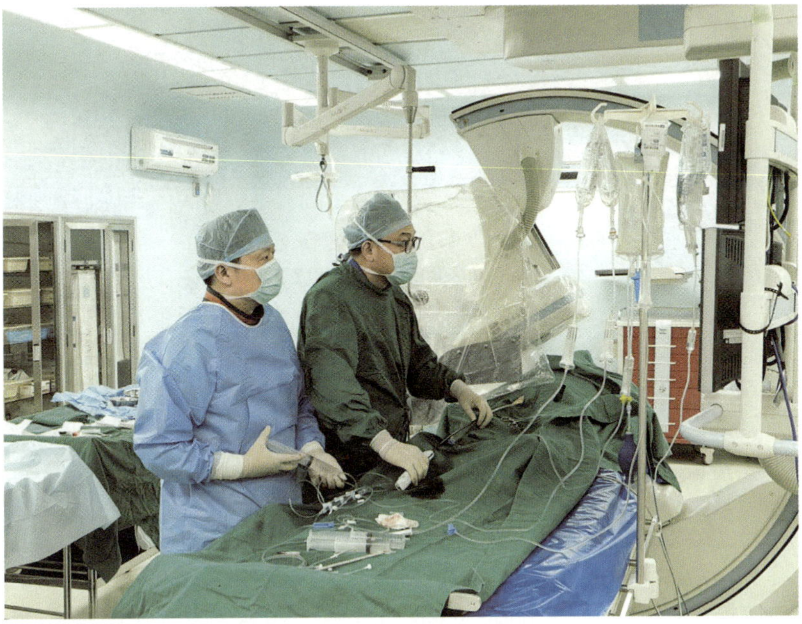

2020年9月30日，江阴市人民医院成功开展无锡市首例无导线心脏起搏器植入术。图为手术现场 （张 祥 摄）

中医药工作

【概况】 2020年，江阴市卫生健康委中医药工作以学习贯彻中共中央、国务院《关于促进中医药传承创新发展的意见》，学习领会全国中医药大会精神，贯彻落实《中华人民共和国中医药法》《江苏省中医药条例》为契机，继承中医传统、弘扬中医特色，优化服务体系、提升服务能力，坚持中西医并重，不断提升全市中医药服务能力和水平。推进江阴市中医院异地新建工程，打造富有地域特色的江阴市中医院；推进中医师承教育，申报无锡市名中医传承工作室建设项目，完成12名老中医传承工作室建设项目周期建设评审，开展第二期9个传承工作室建设，招收学员99人。组织专家评审江阴市中医药适宜技术，对可供基层实行的中医药适宜技术进行个性化推广与应用；组织遴选中医药科普讲师，开展中医药文化科普系列宣传活动，持续推动中医药“六进”（进机关、进乡村、进社区、进学校、进企业、进单位）活动，不断扩大江阴中医药文化的影响力。开展健康直通车——秋冬时节中医治疗及调理活动，宣传“我身边的名中医”。完成夏港社区卫生服务中心省级中医馆建设项目核查，利港、长泾、申港、周庄、南闸5个社区卫生服务中心完成省级中医馆建设项目。开展《江苏省中医药条例》宣传月暨龙砂健康管理中心、第十一届龙砂特色膏方节启动仪式，用心打造具有江阴特色的中医药全生命周期健康管理服务新模式；加强龙砂医学流派学术传承工作，主办“第九届龙砂国际论坛”暨龙砂医学特色诊疗技艺培训班，共同探讨研究龙砂医学特色诊疗技艺的传承与创新。积极推进中医重点专科建设，市中医院脑病科、脾胃病科、心内科通过复核评审；市中医院肺病科、肛肠科、内分泌科和青阳医院针灸科建成无锡市中医重点专科；中医骨伤医院骨伤科建成无锡市中西医结合重点专科建设单位。市中医院主任医师陈正平、市人民医院主任医师沈伟生被江苏省人力资源社会保障厅、省卫生健康委、省中医药管理局联合认定为江苏省名中医。

【中医师承教育】 2020年9月15日、12月8日，江阴市卫生健康委为贯彻落实江苏省、无锡市关于做好中医药工作传承创新的要求，探索名老中医药专家人才培养的有效方法及培养模式，邀请省、无锡市级专家6人，分别对袁士良等12个建设期满的名老中医传承工作室进行周期考核，通过听取汇报、查阅资料、个别访谈等形式，对工作室建设及培养对象的理论学习、跟师学习、临床实践、医疗服务水平等进行全面考核检查。评选袁士良、陈正平、沈伟生名老中医传承工作室为优秀工作室，授予袁士良、陈正平、沈伟生“优秀带教老师”称号，评选优秀学员15人。为更好地实施卫生健康“三名”（名院、名科、名医）战略，传承推广名中医学术经验，市卫生健康委组织新建第二期9个传承工作室，招收学员99名，同时成功申报无锡市名中医工作室2个（陈正平、沈伟生名老中医工作室），为进一步整理、继承、推广名老中医药专家学术思想和临床经验，培养中医药骨干人才奠定良好的基础。

【中医药适宜技术推广】 2020年8月，江阴市卫生健康委为贯彻落实中共中央、国务院《关于促进中医药传承创新发展的意见》，加强中医药人才队伍建设，促进中医药适宜技术推广，进一步提高基层医护人员的中医技术技能，启动全市中医药适宜技术的遴选工作，征集临床效果好、特色明显的中医药适宜技术，在全市基层医疗卫生单位进行推广。11月26日，经过前期的初选，12个单位33项项目参加评审会，为期一天的会议上，外聘专家逐个听取项目负责人的PPT汇报，针对每项项目的亮点与不足进行点评。根据“针对基层常见病、多发病，能够体现中医药‘简、便、验、廉’特点，适宜在基层医疗卫生单位医务人员中广泛推广和应用”的原则，结合专家评审意见，公布“中药穴位贴敷治疗产后腹痛”等十项技术为江阴市中医药适宜技术，并将其纳入全市医学继续教育项目管理。要求各项目推广单位配备好师资人员，完善推广方案，落实推广措施并取得实效。

【中医药科普讲师评选】 2020年5月18日，江阴市卫生健康委为弘扬中医药传统文化，普及中医药知识，充分发挥全市中医药专家在宣传健康知识传播中的主导作用，不断提高市民健康素养，启动全市科普讲师与优秀作品的评选工作。7月27日，市卫生健康委邀请市中医药学会、市教育局、市科学技术协会、市妇联、香山书屋的专家对申报的25名科普讲师及其作品进行初审,有20人入围。12月10日,市卫生健康委联合市健康促进中心的专家举办江阴市中医药科普青年讲师选拔赛,经过对讲师的PPT制作与现场试讲进行打分,最终聘任奚蕾等16人为全市中医药科普讲师。中医药科普讲师实行动态管理,聘期两年,市卫生健康委将根据宣讲情况对受聘讲师进行及时调整。受聘讲师主要面向全市普及中医药知识,做好中医药文化的传承与推广。

【中医药宣传月活动】 2020年10月1日,《江苏省中医药条例》正式颁布。为进一步加强中医药宣传工作,做好中医药宣传月活动,提高群众对中医药的全面认识,深入学习贯彻条例,推动中医药传承创新发展,江阴市卫生健康委员会组织全市各医疗卫生单位,召开座谈会8场,开展活动11场,展示展板27块,张贴宣传海报26张,发放宣传资料1547份,参与活动1662人次。充分应用新媒体平台、微信公众号等开展中医药宣传月活动,其中微信公众号宣传6期、网络平台宣传2期、电视宣传4期、广播宣传2期,读者数量1773人,媒体报道6次,多途径做好中医药宣传工作。10月25日,市卫生健康委、市文体广电和旅游局主办,市中医药学会、市中医院和天江国医馆承办的“弘扬龙砂医学 护佑百姓健康”——《江苏省中医药条例》宣传月暨龙砂健康管理中心、第十一届龙砂特色膏方节启动仪式在市学院广场举行。11月8日,市卫生健康委举办《江苏省中医药条例》培训会议,培训全市各医疗卫生单位中医药工作主要负责人,要求从上至下做好中医药条例的宣传解读工作。

2020年11月7—9日,第九届龙砂医学(国际)论坛暨龙砂医学特色诊疗技艺培训班在江阴市举行。图为论坛现场 (吴国英 摄)

【龙砂医学特色诊疗技艺培训班】 2020年11月7—9日,第九届龙砂医学(国际)论坛暨龙砂医学特色诊疗技艺培训班在江阴市举行,300余名来自全国各地的龙砂弟子和中医学者齐聚一堂。市卫生健康委主任谈海平主持开幕式,副市长许晨致辞,卫生部原副部长兼国家中医药管理局局长佘靖、江苏省卫生健康委中医科教处副处长戴运良、无锡市中医药管理局副局长徐雯在开幕式上讲话。活动期间,举办五运六气专业委员会2020年年会、龙砂医药(国际)论坛、国家中医药管理局龙砂医学流派传承工作室第二轮建设第三批后备传承人拜师典礼、致和堂130周年纪念论坛、国家级龙砂医学特色诊疗技艺培训班、膏方经典门诊示范带教等活动,与会专家分别分享五运六气、龙砂膏方、龙砂开阖六气针法等龙砂特色技艺在临床实践中的应用方法,并进行现场示教、观摩活动,共同探讨研究龙砂医学特色诊疗技艺的传承与创新。

【中医重点专科建设】 2020年5月,无锡市中医药管理局正式开展无锡市中医重点专科评审和复核工作,中医重点专科建设工作一直以来都是江阴市中医药工作要点之一。7月,无锡市组织市内外专家对各个重点专科进行现场评审,通过对专科基本条件、人才队伍、专科服务、医疗质量及中医药特色建设、传承与科研发展等方面进行考察,客观、科学、公平公正地开展评审工作。市卫生健康委收到评审通知后,立即通知相关参评单位,按照各医院的发展目标及群众的健康需求,努力协助专科打造中医药特色优势,严格按照无锡市级重点专科评分标准完善评审材料,完成现场评审工作。市中医院脑病科、脾胃病科、心内科通过复核评审;市中医院肺病科、肛肠科、内分泌科和青阳医院针灸科成功创建成无锡市中医重点专科,中医骨伤医院骨伤科创建成无锡市中西医结合重点专科建设单位,实现市内基层综合医院创建中医重点专科项目的零突破。 (缪海蓉)

■类目编辑 赵修平

体　育

综　述

【概况】 2020年,江阴市体育工作始终坚持"体育服务民生"理念,主动融入大局,统筹推进群众体育、竞技体育、体育产业协调发展,各项工作成效显著。年内先后承办中国足球甲级联赛、中国象棋协会城市团体赛、江苏省帆船俱乐部联赛等省级以上体育竞赛8项次。全年组织各级各类群体赛事245场次,举办各类健身培训活动5项23次。开展江阴市级青少年阳光体育联赛系列赛事10项次,参赛运动员近4000人次。江阴一中男足、二中女足分获"省长杯"江苏省青少年校园足球联赛冠军。是年,江阴市获评2020—2022年度江苏省综合类体育产业基地,江阴体育中心等4个单位获评2020—2022年度江苏省体育产业示范单位。江阴绿道和黄田港公园分别获评全省最美跑步线路和最美乡村健身公园。

【江阴市获评省综合类体育产业基地】 2011年,江阴市加快推进体育产业,出台《关于加快发展体育产业实施意见》,以建设国家、省体育产业基地为抓手,以优化布局为引领,以品牌建设为重点,以扩大消费为目标,积极推动体育产业发展,逐步建立以体育竞赛表演、体育用品生产、体育休闲旅游等为主的产业体系,实现体育产业与体育事业良性协同发展。同时体育产业积极适应"双循环"发展格局,产业创新驱动成绩斐然、优势凸显。2020年1月11日,江阴市获评2020—2022年度江苏省综合类体育产业基地。是年,全市体育产业实现总产出248.45亿元,吸纳从业人员3.41万人。

【江阴市创建体旅融合示范基地】 2020年5月10日,江苏省体育局、无锡市体育局、无锡市文化广电和旅游局、江阴市文体广电和旅游局、新桥镇政府、海澜集团有限公司联合国家非物质文化遗产太极拳发源地河南省焦作市,共同在海澜飞马水城举行创建体旅融合示范基地启动仪式。无锡市委书记黄钦、焦作市市长徐衣显、江苏省政府副秘书长王思源等触屏启动示范基地。江苏省体育局副局长王伟中、河南省体育局副局长王炳奇、无锡市副市长刘霞分别致辞。活动现场,江苏省体育局、无锡市体育局、无锡市文化广电和旅游局、江阴市文体广电和旅游局、新桥镇政府、海澜集团共同签署"联合打造体旅融合示范基地"战略合作协议,引进优质武术资源,联合国家非物质文化遗产太极拳发源地河南省焦作市,打造海澜体育旅游精品示范工程。东武太极研修院新桥分院、江苏省武术队新桥集训基地、江苏省摔跤柔道队新桥集训基地同时揭牌成立,海澜集团董事长周建平被聘为江苏省武术运动协会名誉会长。

【入选省最美跑步线路和乡村健身公园】 2020年12月5日,"魅力江苏　最美体育"江苏省全民健身运动会(线上、线下)闭幕式暨全省最美跑步线路、最美乡村健身公园颁奖仪式在南京市紫金大戏院举行。全省各市县有24条路线入选最美跑步线路、32个公园入选最美乡村健身公园。江阴绿道、黄田港公园分别入选全省最美跑步线路、最美乡村健身公园。江阴绿道依靠城市滨水靠山的独特地形,主打"滨水历史人文景观"和"山体生态森林景观"两大主题路线,串连城区内的江、河、湖、园、林等不同类型的生态风光和多个历史人文景点,形成"三经六脉连江山、环城绿道串碧澄"的独特格局。绿道大桥段北起芙蓉湖公园,南至永安绿苑,总长约5千米。黄田港公园总占地面积16.3万平方米,作为城市滨江公园中最大的一个开放性空间,该公园以打造综合性滨水休闲区域为定位,设置中心广场和西侧休闲两个功能区。中心广场区保留原有港口的形态,打造独有的港口漕运记忆文化;西侧休闲区设有门球场、篮球场、健身步道、儿童游乐场等活动场所,方便周边居民运动休闲。

群众体育

【概况】 2020年,江阴市群众体育工作坚持普惠共享,在增进民生福祉上持续发力。"10分钟体育健身圈"进一步提档升级,全市建成体育公园43个,新增健身步道23千米,配送设置健身路径148套、篮球架40副、乒乓球台50张,建成江阴首个拼装式无边泳池。体育社团拥有市级单项体育协会57个,市级体育健身俱乐部63个;拥有社会体育指导员5979人,实现每万人拥有社会体育指导员36人。完成国民体质测试3419人样本,达标率96.1%。组织开展元旦公益徒步等群众体育活动245场次,直接参与活动者近5万人次。疫情期间,丰富线上体育活动,举办首届网络掼蛋比赛、首届广场舞网络比赛、2020年江阴线上跑等5项线上赛事活动。

【迎新年全民健身系列活动】 2020年1月1日,"江阴银行杯"第六届元旦公益徒步大会在江阴体育中心体育场举行。江阴市"四套"班子领导出席并参加徒步活动。全市5000余名市民参加全长6千米的健步行。该活动报名费全部捐赠用于江阴孤寡老人和失学、患病儿童。活动现场设置捐衣、捐书点,捐赠物品送往江阴市贫困家庭和西部贫困山区。除元旦公益徒步大会以外,同时还举行健身展示、棋类比赛、拔河比赛等各种活动,各镇(街道)也同时组织开展各式体育活动或体育表演。

【全民健身日启动仪式】 2020年8月8日,江阴市全民健身日启动仪式在江阴体育中心举行。江阴市委组织部部长邵文松和宣传部部长程政、副市长张韶峰出席启动仪式,近500名体育爱好者和志愿者共同参与活动。启动仪式上,邵文松为江阴市体育社会组织党委和5个体育协会党支部授牌,程政为十佳体育志愿者颁发荣誉证书,张韶峰为全市首批7个体旅融合示范基地授牌。同时还发布全市年内包括首届广场舞网络大赛、全国百城千村健身气功展示交流赛、马拉松接力赛等36项群体赛事活动,以满足市民个性化、多样化健身需求;启动"霞客行全澄欢乐跑"城市定向赛,该赛项由参赛选手自由组队,每队5人,利用3个周末,通过若干条线路,在运动健身中打卡江阴的10个景点景区,实现体旅融合。

【庆祝老年节健身项目展演活动】 2020年10月23日,江阴市庆祝中国第八个老年节暨老年人健身项目展示大会在市体育馆举行,副市长许晨出席活动。该活动由市委老干部局、市人社局、市文体广电和旅游局、市卫生健康委和市老年人体育协会联合主办,全市各镇(街道)和市空竹协会的18支健身队伍、300余位中老年人参与健身节目表演。展演活动以"决胜小康,快乐健康"为主题,全面展示老年人健康向上的精神风貌和良好的体育健身技能,引导和推动全市老年人体育健身运动全面发展。

【《江南好》获省广场舞活动最佳表演奖】 江阴市健身操舞协会成立于2014年。2017年该协会艺术团荣获无锡市"江苏邮政杯"广场舞大赛铜奖。2018年,获评3A社团。2019年1月,该艺术团荣获无锡市一线社会体育指导员技能交流大赛规定舞一等奖、自选舞三等奖、团体总分第二名。同年9月参加无锡赛区"同唱祖国好,幸福舞起来"广场舞大赛,获江苏省广场舞大赛无锡赛区决赛一等奖。自健身操舞协会成立以来,该会艺术团在江阴各社区健身点上发挥骨干带头作用,受益群众超过6万余人。2020年7月,在江苏省委宣传部、省文明办、省文化和旅游厅、省体育局、省文联联合组织开展的"共圆小康梦、幸福舞起来"广场舞活动中,江阴市健身操舞协会艺术团表演的舞蹈《江南好》荣获最佳表演奖。至2020年年末,该协会有会员3000余名。

竞技体育

【概况】 2020年,江阴市竞技体育强优固本,发挥优势,呈现出稳步提升的良好态势。江阴一中男足、二中女足获"省长杯"江苏省青少年校园足球联赛冠军,江阴籍运动员在省级以上体育竞赛中共获得24枚金牌。年内,竞技体育工作着力推进"人人学会游泳"惠民工程,全年培训合格学生3065人,合格率为97.5%。加强竞技体育后备人才培养,在第二十届省运会周期完成向无锡市队输送并注册入队队员不少于300人。全年组织承办中国足球甲级联赛、中国象棋协会城市团体赛、江苏省帆船俱乐部联赛等省级以上体育竞赛8项次;开展江阴市级青少年阳光体育联赛系列赛事10项次,参赛运动员近4000人次。

【获"省长杯"校园足联赛高中男子组冠军】 2020年"省长杯"卡尔美江苏省青少年足球联赛暨全国青少年校园足球夏令营选拔赛,于9月2日在盐城市大丰区开赛。作为江苏青少年足球赛事体系重要赛事和省内校园足球最高水平联赛,该届比赛在克服前期疫情带来的影响下,调整赛制,设高中男子、女子组,初中男子、女子组,小学男子、女子甲组精英训练营以及小学男子、女子乙组精英训练营8个组别,有117支代表队,超过2100名校园足球运动员参赛。江阴市第一中学男足以2:1的比分获小组第一,提前进入该比赛"四强"行列。最终与南京雨花台队对决,江阴一中队以1:0领先,并将比分保持到终场,最终获"省长杯"冠军。江阴一中男足时隔9年再次夺得高中男子组冠军,队员蒋浩军获"最佳球员奖"。

【获"省长杯"校园足联赛高中女子组冠军】 2020年9月11—18日,在盐城市大丰区举行2020"省长杯"卡尔美江苏省青少年校园足球联赛暨全国青少年校园足球夏令营选拔赛高中女子组比赛。该赛事高中女子组有15支参赛队,由13个地级市"市长杯"校园足球联赛冠军队伍及上一届"省长杯"总决赛的前三名队伍组成。比赛分4个小组,由各小组第一名决出前四名,小组第二名决出第5~8名。江阴市第二中学高中女子足球队代表无锡市出赛。9月18日上午,江阴二中女足在高中组决赛中3:0战胜江苏省梁丰高级中学队夺得冠军。

【全国象棋业余棋王赛江苏赛区总决赛】 2020年11月14—15日,全国象棋业余棋王赛"乐在棋中"江苏赛区总决赛在江阴市新爵国际大酒店举行。该赛事由江苏省体育总会、江苏棋院、省棋类运动协会主办,江阴市文体广电和旅游局承办,市体育彩票管理中心、棋类协会、棋院协办,省体育总会副会长兼秘书长李一冰、省棋牌运动管理中心主任杨伊明、省棋牌运动管理中心综合部主任伍霞等领导出席开幕式。该决赛有来自全省各市的14支代表队、198位选手参加,设置老年组、公开组、少年组、儿童组、会长组和团体6个组进行比赛,于15日上午结束比赛,决出8位棋王,苏州市、南京市、镇江市代表对分获团体赛前三名。

【中国足球甲级联赛首轮开赛】 2020年9月13日，中国足球甲级联赛（常州/江阴赛区）首轮比赛在江阴体育中心开赛。该赛事有来自全国各地的6支甲级队伍、180名球员在江阴分赛区参赛，赛程有10轮次，于10月17日落下帷幕。此次赛事严格落实疫情防控要求，整个赛程采用赛会制、全封闭方式进行。

【长三角水上运动邀请赛】 2020年10月17日，长三角水上运动邀请赛在江阴滨江要塞旅游区黄山湖公园举办。来自江苏、浙江、上海、安徽、江西、广东、湖南等省市俱乐部近300名运动员参赛，分别参加水上桨板、动力冲浪板、陆上赛艇竞速赛、水上飞人表演4项项目的竞赛。该赛事设全民体验区，市民每十人一组进行陆上赛艇项目的比赛。此次比赛与第十五届中国徐霞客国际旅游节开幕式一同举办，凸显体旅融合的主题。

2020年10月17日，长三角水上运动邀请赛在江阴黄山湖公园举行。图为比赛现场　（市文体广电和旅游局提供）

【青少年阳光体育】 2020年，江阴市文体广电和旅游局根据无锡市小学生体育竞赛要求，围绕项目布局，规范办赛要求，制定下发《2020年江阴市青少年体育竞赛计划》，科学谋划江阴市级青少年体育联赛。年内，秉承“健康、运动、阳光、未来”理念，先后举办中小学田径比赛、小学生羽毛球赛、校园足球（决赛）、中小学生篮球赛等10项次的比赛，参赛运动员近4000人次。同时选派市优胜队伍参加无锡市小学生乒乓球、足球、羽毛球、跆拳道、武术等7项项目的比赛，成绩优异。

2020年江阴市承办省级及以上比赛一览表

表44

赛事名称	时间	参赛队（个）	人数（人）	地点
江苏省“小太阳杯”儿童棋类比赛	1月4—5日	14	1080	江阴市新爵大酒店
江苏省青少年足球锦标赛（14—15岁组）	8月8—16日	10	323	江阴体育中心
江苏省帆船俱乐部联赛	9月12—13日	7	86	江阴市敔山湾
中国足球甲级联赛（常州/江阴赛区）	9月13日至10月17日	6	180	江阴体育中心
长三角水上运动邀请赛	10月17日	8	70	江阴市黄山湖公园
“南闸杯”江苏省滑翔伞俱乐部联赛	10月18—20日	—	80	江阴市南闸街道
全国象棋业余棋王赛江苏赛区总决赛	11月14—15日	14	210	江阴市新爵大酒店
中国象棋协会城市团体网络赛	11月21日	26	200	线上
中国足协杯赛	11月28—29日	2	80	江阴体育中心

2020年江阴市参加国家级及以上比赛成绩一览表

表45

运动员	赛事名称	时间	地点	项目组别	名次
徐　超	'2020“棋聚五洲”首届世界象棋棋王赛	4月9—19日	网络赛		二
周艳兵	全国田径锦标赛	9月15—18日	浙江绍兴	女子100米	六
				女子200米	五
汪　丽				女子100米栏	六

续表 45

运动员	赛事名称	时间	地点	项目组别	名次
陈　佳	全国女子垒球锦标赛	9 月 27 日至 10 月 5 日	贵州兴义	女子垒球	一
	全国女子垒球冠军赛	10 月 10 日	贵州兴义	女子垒球	四
张恒妍	全国青年女子垒球锦标赛	10 月 19 日	贵州兴义	女子垒球	一
	全国女垒锦标赛	10 月 19 日	贵州兴义	女子垒球	八
尤云飞	2020 年长三角城市象棋公开赛	10 月 24—25 日	安徽滁州	公开组	一
曾子辰	第一届全国“智圣杯”智力运动国际跳棋比赛	10 月 31 日	浙江杭州	公开组	一
张羽琳					七
徐　超	2020 年全国象棋团体锦标赛	11 月 8—14 日	河北秦皇岛	团体赛	二
程　鸣					二
孙逸阳					二
马惠城					二
尤云飞	2020 中国体育彩票全国象棋业余棋王赛江苏总决赛	11 月 14 日	江苏江阴	公开男子组	六
刘子炀				少年男子组	三
刘柏宏				儿童男子组	六

体育产业

【概况】 2020 年,江阴市体育产业突出重点,统筹兼顾,稳步推进体育产业高质量发展。加快推进省级体育产业示范基地(单位)建设,江阴市获评省综合类体育产业基地,江阴体育中心和江阴市天华纱业有限公司、江阴四方游泳康复产业股份有限公司、江苏海澜国际马术俱乐部有限公司获评 2020—2022 年度江苏省体育产业示范单位。推动“体育 + 旅游”,评选月城双泾龙舟基地等首批 7 个体旅融合示范基地。海澜飞马水城创建“体旅融合示范基地”,签署五方战略合作协议。年内,对照落实有关通知和专项资金管理办法要求,做好省体育产业发展专项资金 2018 年资助项目绩效审计工作;组织企业开展 2020 年省级体育产业发展专项资金申报工作,江阴市澄和体育产业发展有限公司、江苏文明人造草坪有限公司获省体育局引导资金计 120 万元。是年,全市体彩销售克服疫情影响,完成销售总量 7.31 亿元,被国家体育总局体彩中心评为全国区县优秀体彩机构。暨阳体育产业发展有限公司完成营业收入超 3700 万元,全年接待观众及各类健身休闲市民超 80 万人次。

【体育产业单位服务保障】 2020 年 9 月 28—30 日,中国国际体育用品博览会在国家会展中心(上海)举行,江阴市文体广电和旅游局组织江阴四方游泳康复产业股份有限公司、江阴市文明体育塑胶有限公司、无锡棱光智慧物联技术有限公司、无锡绿舒坦人造草坪有限公司参展。江阴四方游泳康复产业股份有限公司在展会推出最新的装配式游泳馆。7 月,组织开展 2020 年中国体育旅游精品项目推荐申报工作,江阴海澜马文化主题旅游景区获评中国体育旅游十佳精品景区。

【江阴体育中心运营稳步提升】 2020 年,江阴体育中心紧扣公益性发展基本方向,立足发挥全民健身主阵地功能作用,持之以恒做好疫情防控,精准施策助力复工复产。年内先后承办中国足球协会足协杯、甲级联赛以及江苏省青少年足球锦标赛等省级以上大型赛事 3 项 24 场次;组织举办元旦公益徒步大会、“8 · 8”全民健身日活动、首届短池游泳赛以及乒乓球、羽毛球、篮球、排球、网球、足球、田径等全市性群众体育赛事 10 项 140 余场次;举办或协办游泳场馆从业人员岗前培训、教练员及救生员应急救援技能培训、三级社会体育指导员培训班、中老年人柔力球培训等全市性体育培训 5 项 6 场次;组织消防应急救援培训、演练 8 次;217 人次参加疫情防控志愿服务;公司总支部开展结对扶贫及志愿服务活动 6 次。全年获省级以上奖励补贴资金 447 万元,完成营业收入超 3700 万元,实现利润总额约 720 万元;累计培训各类体育学员 4311 人;接待观众及各类健身休闲市民超 80 万人次;被江苏省体育局评为 2020—2022 年度江苏省体育产业示范单位。

(唐　燕)

■类目编辑　赵修平

社会事务

人口管理

【概况】 2020年，江阴市公安局以民生警务、民意警务建设为引领，从提升户籍窗口工作效率、服务质量和创新窗口管理机制入手，把握“放管服”*改革背景下对基层户政工作的要求，打造户政窗口规范化建设示范点，让群众体会到专业、细致、高效的优质服务。年内，市公安局出入境管理部门受理审核公民因私出国出境16409人次，含因私出国4671人次；受理审核公民赴中国香港、中国澳门11478人次，赴中国台湾260人次；受理审核境外人员申办各类签证、证件806件，含停留证件127件，签证延期及换发122件，居留许可527件，补换发台胞证30件。至年末，全市户籍人口1266587人，总户数391780户，其中男性625113人、女性641474人；外来暂住人口932995人，其中务工689160人、建筑43084人、投资经商27101人、服务业20747人、其他人员152903人。

【开展户口整顿】 2020年，江阴市公安局助力第七次全国人口普查，摸清全市人口底数，保障人口普查工作质量，结合“百万警进千万家”“一标三实(标准地址，实有人口、实有房屋和实有单位基础信息采集维护)”“群租房整治”等活动，组织全市派出所全面开展户口整顿上门核查工作。运用“传统入户+现代网络”模式广泛宣传，扩大人口普查的覆盖面和参与率，提高群众核对自身信息的积极性和自觉性，鼓励群众主动申报、核销、纠正户口信息。将户口整顿工作纳入“一把手”工程，建立由“社区民警、网格员、户口核查员”组成的三级网格。通过系统反查、交叉互查、电话访查、实地抽查等方式，及时发现问题并整改，确保户口整顿工作落细落实。其间，开展督导检查30余次，清理各类户口近3.5万户，核查户口资料6万余份，更正户口登记项目39496项，清理死亡未注销人员38人，依法注销重户口12本，变更及更正主项数235项、次项数39261项。

【市人口信息数据并入江苏省人口管理一体化平台系统】 2020年，根据江苏省公安厅关于推动长三角区域一体化发展的相关部署，全省户籍管理业务全面转换至“江苏省人口管理一体化平台”办理，在实现省内户口迁移网上办理的基础上，逐步推动实现长三角城市群间户口迁移一体化运作。江阴市人口信息数据自8月28日起正式并入江苏省一体化平台系统。

【出入境服务管理】 2020年，江阴市公安局积极落实《国家移民管理局贯彻落实统筹推进新型冠状病毒肺炎疫情防控和经济社会发展工作部署十项措施》《江苏公安出入境管理部门服务企业复工复产七条措施》等政策，有序恢复窗口服务，采用“互联网+”服务方式，对有紧急事由的人员开通预约办证、容缺受理、绿色通道等便利服务。针对疫情防控期间限制人员出入境、航班减少、暂停来华签证申请等给企业复工复产带来的困难，出入境管理部门把握守牢底线与服务发展的关系，积极向上沟通争取，在确保签证申请安全性、真实性、必要性的前提下，全力为企业提供签证申请便利，服务地方经济恢复发展。严格贯彻“外防输入、内防反弹”的策略，全面排摸江阴市常住境外人员情况，每日做好实时滚动研判，开展精准数据排查，在精准防疫中发挥重要作用。借势发力，着力夯实疫情期间涉外管理基础工作，以及紧扣人口普查契机积极加强出入境人员摸排工作的经验做法得到江苏省公安厅出入境管理总队的肯定并在全省推广。7月2日，无锡市公安局出入境管理支队在江阴市召开现场会，学习江阴市在疫情期间夯实涉外基础工作的经验做法。

(朱 斌 胡 娟)

居民收入与消费

【概况】 2020年，国家统计局江阴调查队城乡一体化住户抽样调查资料显示，全市居民收入持续增长，生活水平继续提升。全体居民人均可支配收入61859元，比2019年增长4.8%。其中城镇居民人均可支配收入72185元，增长4.1%；农村居民人均可支配收入38416元，增长6.4%。受新型冠状病毒肺炎疫情影响，城乡居民消费水平有所下降，年内呈现稳步恢复态势。城镇居民人均生活消费支出34329元，农村居民人均生活消费支出22275元，比2019年分别下降0.9%和4.9%。

【食品消费】 2020年,江阴市城镇居民人均食品消费支出9555元,农村居民人均食品消费支出6678元,均比2019年增长1%。食品类消费呈现刚性增长。居民家庭食品消费支出占家庭生活消费支出的比重(即“恩格尔系数”),城镇与农村分别为27.8%和30%,分别比2019年增长0.5和1.8个百分点。

【衣着消费】 2020年,江阴市城镇居民人均衣着消费支出2806元,农村居民人均衣着消费支出1583元,分别比2019年下降5.5%和7.8%。

【生活用品及服务消费】 2020年,江阴市城镇居民人均生活用品和服务消费支出1861元,比2019年增长7.0%;农村居民人均生活用品和服务消费支出1321元,比2019年下降7.8%。每百户城镇居民家庭主要耐用物品年末拥有量:电冰箱114台、洗衣机119台、彩色电视机228台、空调机284台;每百户农村居民家庭主要耐用物品年末拥有量:电冰箱108台、洗衣机120台、彩色电视机217台、空调机257台。

【居住消费】 2020年,江阴市城镇居民人均居住消费支出5392元,比2019年增长9.3%;农村居民人均居住消费支出3437元,比2019年下降0.5%。居住条件进一步改善,城镇居民人均住房面积66平方米,农村居民人均住房面积61平方米。

【交通和通信消费】 2020年,江阴市城镇居民人均交通和通信消费支出6064元,农村居民人均交通和通信消费支出3400元,分别比2019年下降0.5%和9.9%。调查资料显示,至年末,每百户城镇居民家庭拥有私家车86辆、移动电话285部、计算机81台;每百户农村居民家庭拥有私家车67辆、移动电话290部、计算机80台。

【医疗保健消费】 2020年,江阴市城镇居民人均医疗保健消费支出1480元,比2019年增长3.7%;农村居民人均医疗保健消费支出1021元,比2019年下降4.2%。

【文教娱乐消费】 2020年,江阴市城镇居民人均文教娱乐消费支出5716元,农村居民人均文教娱乐消费支出3847元,分别比2019年下降9.5%和9.0%,占全年生活消费支出比重分别为16.7%和17.3%。

(夏　蒙)

社会保障

【概况】 2020年,江阴市人社局坚持以人民为中心,民生保障求实,公共服务求快,提升保障惠民水平。居民养老保险基础养老金、被征地农民月保养金标准分别调高至362元、960元。连续第16次提高企业退休人员养老金,增资后人均月养老金达2230元。规范执行江苏省统一的缴费基数上下限、被征地农民社会保障、灵活就业女性参保人员退休年龄等相关政策。落实阶段性减免、缓缴社保费政策,全年减免3.23万个企业社会保险费34.2亿元。年末,基本养老、工伤、失业保险参保人数分别达63.97万人、56.8万人、56.8万人。

【实施全民参保计划】 2020年,江阴市人社局实施“全民参保登记”长效化管理,企业职工基本养老保险扩面参保新增5.5万人,净增2.2万人;妥善解决被征地农民安置历史遗留问题,保障被征地农民进保受益;鼓励城乡居民基本养老保险缴费人员转移参加企业职工基本养老保险;出台补充工伤保险试行办法。

【完成人社部“人社快办服务行动”试点任务】 2020年,江阴市被确定为人社部“人社服务快办行动”江苏省5个试点城市之一。市人社局基本完成试点任务,人社服务工作全面提效。7项高频服务事项即时办结,18项限时办结事项提速50%以上,基本实现10件企业群众眼里的“一件事”(企业招用员工、企业与员工解除终止劳动合同、失业、高校毕业生就业〈含灵活就业〉、事业单位工作人员聘用、创业、职工退休、申领工亡人员有关待遇、退休人员过世、申领社会保障卡)打包办理。创新推出“江阴人社”线上“一站式”公共服务平台,整合59项高频事项,将多种仅支持线下提交的资料改为支持线上提交,支持24小时业务受理。

(李秀永)

民政事务

【概况】 2020年,江阴市民政局围绕“美丽江阴”建设目标,积极认领民政任务,全面推动民政事业高质量发展。是年,持续完善社会救助体系,精准帮扶各类困难特定群体,切实兜牢基本民生保障。大力发展居家养老服务网络,强化养老机构安全管理和疫情防控,养老服务体系日趋健全。扎实推进撤村建居、村(居)民委员会换届选举,创新社区治理和服务机制,打造共建共治共享的社会治理新格局。加强社会组织孵化基地建设,开展社区治理创新实践、社区营造公益创新项目,推进社区、社会组织、社会工作者“三社联动”。规范做好婚姻登记、地名命名、殡葬服务、救助管理等专项事务,深化智慧民政建设,提高各类民政业务信息化、精准化、规范化水平。加强福利彩票销售管理,全年福利彩票销售3.19亿元。

【社会救助体系】 2020年,江阴市民政局持续深化完善以城乡低保为基础、专项救助为支撑、临时救助为补充、慈善救助为辅助、深度救助为兜底、村级互助为拓展的社会救助体系。推进社会救助标准化建设,社会救助标准体系列入市场监管总局、国家发改委、财政部公共服务标准化试点。初步建成“智慧救助”模式,完善住房救助、医疗救助低收入认定等相关业务模块及数据接口。开通社会救助相关部门业务数据上传通道,累计整合入库各类救助数据2000余万条。出台《关于应对新型冠状病毒感染的肺炎疫情,切实加强民生保障的政策意见》,全年发放困难群众物价补贴886万余元,临时生活补贴1460万余元。规范运行各类救助政策,城乡低保标准上调至每人每月1010元,城乡特困供养生活标准一体化上调至每人每月1525元;全年发放最低生活保障金2940万元,特困人员供养资金1585.66万元,269户次困难群众临时生活救助金193万元,11.97万人次残疾人生活补贴8415.79万元,12.06万人次重残护理补贴1496.88

万元，保障困境儿童1653人360万元。推广复制村级医疗互助“江阴模式”，累计发放27.5万人次补助资金1.65亿元，平均减轻困难群众医疗负担38.49%。村级医疗互助“福村宝”项目获国务院扶贫开发领导小组颁发的全国脱贫攻坚奖组织创新奖。

【养老服务】 2020年，江阴市民政局优化养老设施供给，扩面居家养老援助服务，加强养老服务队伍建设，推动养老服务质量稳步提高。逐步构建市、镇(街道)、村和机构、社区、居家双向融合的三级养老服务网络。至年末，全市有养老机构27个，完成公建民营13个，公建民营率78%；有养老床位14991张，千名老年人拥有床位45.6张；全市16个医养结合养老机构设有护理床位5387张，占机构总床位的62.3%；全年新增标准化居家养老服务中心(站)6个、老年人日间照料中心2个、助餐中心助餐点6个。强化机构安全生产管理，制定出台专项整治制度性文件40余份，全方位排查问题隐患，养老机构安全重大隐患问题全部清零。严格养老机构疫情防控，按照早预防、早发现、早报告、早隔离、早救治、强保障的原则，第一时间落实机构封闭式管理和疫情防控常态化，确保机构“零感染”。对照江苏省居家和社区养老服务创新示范建设要求，完成困难老年人家庭适老化改造700户，居家养老援助受益老年人约7.2万人，占全市老龄人口的22.3%。提升养老护理员队伍素质，组织开展235名养老护理员岗前培训和职业技能等级评定。

【儿童福利】 2020年，江阴市民政局加大儿童福利基础设施建设，规范收养登记流程，落实困境儿童基本生活供养标准，持续完善困境儿童关爱保护体系。下发江阴市《关于加强重残、重病困境儿童基本生活保障和困境儿童动态管理的通知》，明确重病重残儿童保障金额。自7月1日起，机构、散居孤儿标准分别调整为2730元/人/月和2320元/人/月，全年保障困境儿童1653人，发放困境儿童基本生活费360万元。落实家庭收养评估工作，保障收养儿童权益，全年办理儿童收养登记69件。打造“儿童关爱之家”，完成江阴高新区、澄江街道、云亭街道、青阳镇4个省级困境儿童“关爱之家”的建设。培育壮大4个困境儿童“关爱之家”，通过政府购买服务、公益创投等方式，初步形成社会组织、专业社工和志愿者等多元参与的儿童福利服务保障体系。是年，江阴市儿童福利院投资800余万元建设残疾儿童康复中心，以项目合作的形式与江阴金钥匙儿童启智中心和英智江阴康复医院合作，为院内残疾儿童和低收入家庭残疾儿童开展特教和康复服务。

【区划地名及界线】 2020年，江阴市民政局贯彻落实《江苏省地名管理条例》和《无锡市地名管理条例》，规范地名日常管理和审批，全年命名地名72个。在全市集中开展路名牌整治专项行动，对城区村道、街巷类路名牌实地巡查，查损补缺。下发《关于开展市镇两级区划地名图编制工作的通知》，全面启动新版《江阴市政区图》及各镇、街道区划地名图编制工作。加强第二次全国地名普查成果转化应用和地名信息化建设，推进《江阴二十四城七十二墩》编纂工作，完成地名信息工作平台开发建设。响应民政部与央视联办的《中国地名大会》(第二季)节目题库编制工作，选送江阴地名文化知识题目10道。深入开展平安边界创建和界线界桩管护工作，完成县际界线(澄锡线、澄惠线)第四轮行政界线界桩联检，澄锡线、澄惠线界线沿线市、镇、村同时对平安边界协议书进行重新签订。

【基层政权建设】 2020年，江阴市民政局制定《江阴市民政局扫黑除恶专项斗争长效机制建设方案》，将开展扫黑除恶专项斗争的成熟机制、有效做法固化为民生领域制度规范。深入村(社区)阵地，宣讲习近平新时代中国特色社会主义思想、宣传社会主义核心价值观，加强对群众的法治宣传教育。制定《江阴市撤村建居改革专项行动方案》，稳步推进撤村建居工作，完成全市28个空壳村全部撤销建制任务，村(社区)管理体制进一步理顺。依法依规对镇(街道)各村(居)民委员会换届选举工作进行指导和监督，引导选民正确行使民主权利，有序推进各村(居)民委员会换届选举工作。

【婚姻登记】 2020年，江阴市民政局制定疫情期间婚姻登记办理流程，开展预约登记、分时分流办理，确保婚姻登记、疫情防控两不误。组织“局长为您来颁证”等活动，规范办理登记，全年办理结婚登记5902对，离婚登记2464对，补领婚姻登记证1545本，涉外婚姻登记6对，登记率和登记合格率均为100%。启用江苏省婚姻登记新系统，与公安人口信息库、法院系统、信用体系、档案系统共享信息，实现人脸识别、声明书电子化打印、婚姻登记档案电子化、自助查询档案、办理过程中拍照留痕等功能，提升婚姻登记信息化建设和服务水平，对婚姻当事人提供一站式一窗式服务。

【流浪乞讨人员救助管理】 2020年，江阴市民政局贯彻落实民政部《生活无着的流浪乞讨人员救助管理机构新型冠状病毒感染肺炎疫情防控工作指南》，强化街面巡查、警民联动等常态主动救助，全年救助流浪乞讨人员141人次，32名长期滞留流浪乞讨人员得到落户安置，实现流浪乞讨滞留人员公办福利机构托养率100%。开展“寒冬送温暖”“夏季送清凉”救助行动，做到“发现一例，救助一例”。开展“大爱寻亲，温暖回家”救助寻亲服务，协调公安部门，通过DNA(脱氧核糖核酸)比对、人像识别等方式甄别临时遇困滞留人员身份，在各类救助平台发布寻亲信息10条，成功寻亲2人。

【殡葬服务】 2020年，江阴市民政局坚持殡葬日常业务和疫情防控两不误，规范墓区管理，倡导文明祭扫，扎实推进殡葬改革。开展违建墓地专项整治成果巩固提升行动，多措并举加强墓区日常监管，对违规销售墓穴行为及时启动查处程序。发放文明祭扫倡议书，多元提供清明祭扫服务，免费鲜花代祭扫33.89万套墓穴、骨灰格位，“江阴网上云祭扫”近4万人次，错峰预约现场祭扫22.68万人次。推进殡葬领域信息化建设，“白事通”平台初步建成。推进镇(街道)安息堂设施建设改造,改造提升6个镇街安息堂。落实绿色惠民殡葬,全年免除基本丧葬费850万元,惠及9417名对象所在的家庭。

【残障人士补贴发放】 2020年,江阴市民政局围绕残疾人"两项补贴"(困难残疾人生活补贴和重度残疾人护理补贴)精准发放率,严格执行相关政策,突出信息比对、日常核发等环节,全年发放困难残障人士生活补贴8415.79万元,惠及对象11.97万人次,重度残疾人护理补贴1497万元,惠及对象12.06万人次。

【江阴市慈善总会】 2020年,江阴市慈善总会拓宽募资渠道,落实慈善救助,加强义工管理,推动慈善事业健康发展。持续做好一日捐、冠名捐、项目捐、定向捐等传统慈善资金募集工作,设立微信公众号线上捐赠平台,依托"腾讯公益""公益宝"等互联网公募平台,与市教育局、团市委、市妇联等部门合作,开展网络募捐活动,全年募集慈善资金1.14亿元。开展疫情防控募捐,科学制定募捐方案,及时公示捐赠情况,规范使用捐赠资金和物资,募集疫情防控资金1497批次6137.63万元,疫情防控物资85批次价值392万元。做好慈善临时救助、重大疾病救助、贫困学生救助等常规救助,持续开展"帮困千户""助学千人""爱心午餐""援助单身贫困母亲"等项目救助,全年支出慈善资金1.05亿元,救助困难对象1.9万人次。探索推行村级医疗互助"福村宝"项目,在江苏省率先推出"互联网+"村级医疗互助模式,全市有27.5万人次享受补助,累计发放补助资金超1.65亿元,困难群众平均减轻医疗负担38.49%,"福村宝"项目获国务院扶贫开发领导小组颁发的全国脱贫攻坚奖组织创新奖。完善义工管理制度,逐步清理长期不参加活动的注册义工及团队,提高义工及团队活跃度,至年末,全市注册慈善义工总人数22299人。组织实施"善客"志愿服务项目20项,引导义工团队向专业化方向发展,支出扶持资金35.5万元。开展对口援建,与陕西省延川县慈善协会合作,完成首位先天性心脏病困难对象手术及救助。召开市慈善总会第四届会员大会,调整会员结构,完善总会章程,依法选举理事及领导班子,优化总会总体架构和日常议事程序。评选江阴慈善突出贡献奖,表彰先进,宣扬典型,传播慈善文化。申报第五届"江苏慈善奖",江苏天华色纺有限公司获评最具爱心慈善捐赠企业。

【城乡社区自治组织】 2020年,江阴市民政局进一步加强村级民主管理和监督,深化社区治理创新,推动城乡社区减负增效。至年末,全市有194个村民委员会,81个社区居民委员会(2个村居合一)。制定出台《江阴市关于做好村规民约和居民公约工作的指导意见》《江阴市村务监督委员会工作规则(试行)》《村(居)民委员会盖章证明事项清单》《村(居)民委员会依法履行职责事项清单》《村(居)民委员会依法协助工作事项清单》和《不应由基层群众性自治组织出具证明事项清单(第一批)》等政策性文件。以璜土镇璜土村、徐霞客镇璜塘村、申港街道申港村为试点,着力实施村规民约树新风工程。开展第二届社区治理创新实践项目征集评选活动,12个镇(街道)的35个村(社区)参与项目申报,17项项目入围,评出3个一等奖、7个二等奖、7个三等奖。依规对申港街道申港村、澄江街道新华社区、青阳镇街西村、华士镇华西六村等村(社区)的办公服务用房新建、改扩建补助经费合计190万元。规范镇(街道)、村(社区)属地接管、养老及办公用房保障工作,完成属地验收34个,养老用房验收22个,社区办公服务用房验收1个。组织全市社区工作者"星级+薪级"工作申报,全市627名城市社区工作者中评出五星社区工作者6名。

【社会组织】 2020年,江阴市民政局不断健全社会组织管理机制,加强培育引导,完善监管方式,努力实现社会组织数量质量双提升。制定出台《市政府办公室关于成立江阴市社会组织管理工作联席会议的通知》,建立市社会组织管理工作协调机制。牵头召开全市社会组织管理工作联席会议全体成员(扩大)会议,进一步压紧压实监管责任,统筹、规划、协调指导社会组织管理工作,加强综合监管的部门合力。加强直接登记社会组织监管,推动慈善社工机构、非民政类社会组织、社区社会组织等归口管理,确保监管"不失位""不越位""补好位"。指导镇(街道)建立社会组织孵化培育基地,建成祝塘、新桥、云亭、月城4个镇级社会组织培育孵化中心,镇(街道)社会组织孵化培育和活动场所覆盖率88%。大力发展社区社会组织。全年新增登记社会组织239个,注销18个。至年末,全市有社会组织1420个,其中社会团体401个,民办非企业单位1013个,基金会23个(含江苏省民政厅登记15个,无锡市民政局登记2个),全市每万人(常住人口)登记社会组织数达8.6个,全市备案社会组织1767个。开展第三批40个社会组织与40个村(居)结对扶贫帮困活动,于2018年起实施"社会组织结对村(社区)扶贫帮困三年行动(2018—2020年)"后,有200个社会组织结对200个社区,217项项目落地实施。探索建立社会组织第三方评估机制,组织社会组织等级评估培训会,首次举办等级评估专家现场评审会,全年有6个社会组织被评定为AAAA级、11个社会组织被评定为AAA级、3个社会组织被无锡市民政局推荐申报AAAAA级。结合社会组织年检、纪委巡查整改、行业协会商会自查自纠和部分"僵尸"组织注销等工作,开展社会组织现场抽查,抽查社会组织38个。加强年检信息的利用,首次以EMS(邮政快递)的形式对95个未参检、年检不合格社会组织发出书面整改通知。印发《关于进一步加强社会组织安全生产工作的通知》和《全市民政部门主管的其他社会组织安全整治专项行动实施方案》等通知,督促业务主管单位履行相关安全监督责任,并部署开展民政主管的其他社会组织安全整治专项行动,筑牢安全底线。 (夏文洁)

退休职工管理

【概况】 2020年,江阴市围绕"六个老有"(老有所养、老有所医、老有所为、老有所学、老有所教、老有所乐)工作目标,认真履行工作职责。在新型冠状病毒肺炎疫情常态化防控形势下,形成“规范化管理、人性化服务”的企业退休人员社会化管理工作新特色。年内,全市20215人退休,接收21441份退休人员档案(含属地管理国企退休人员档案),为退休人员提供工龄复审、独生子女补贴、入伍退伍资料、房产过户、户口迁移等查借阅档案2511份,复印档案资料5782份;进行养老金资格异地网上认证1132人次、纸质认证252人次。启动国有企业退休人员社会化管理工作,11月底,江阴市16个国有企业的退休人员社会化管理移交协议全部签订完毕,接收国企退休人员1439人。

【文体活动】 2020年,江阴市退管办坚持创特色品牌,“老有所乐”活动丰富。9月21—22日,在江阴市全民健身馆举办江阴市第十届退休人员“人社杯”乒乓球比赛,全市21支代表队、160余名退休人员参赛。11月18—19日,在江阴市老干部局活动中心举办第十届退休人员“人社杯”象棋、围棋比赛,全市21个单位100余名老年选手参加角逐。11月4日,在徐霞客镇水产养殖场举办江阴市第六届退休人员“人社杯”钓鱼比赛,全市100余名退休人员参加。11月中旬,在江阴高新区开展为期15天的“评弹下乡”公益演出活动。12月11日,在江阴市文化馆小剧场举办“越韵漫澄传非遗,文化惠民艺前行”越剧演出,400余名国有企业退休人员观演。全年组织春、秋两季健康讲座20场,为全市的退休人员送上科学、健康的保健知识。江阴市《锦绣百寿》节目参加无锡市“夕阳美、社保情”企业退休人员非遗文化大型活动,获一等奖,并代表无锡市参加江苏省企业退休人员非遗文化艺术云展览活动,获二等奖。 (刘利芬)

文明创建

【概况】 2020年,江阴市文明创建工作坚持以习近平新时代中国特色社会主义思想为指导,全面贯彻全国、江苏省和无锡市宣传思想工作会议和文明办主任会议精神,以服务决胜高水平全面建成小康社会为主线,以培育和践行社会主义核心价值观为根本,以蝉联全国文明城市为目标,聚焦培养时代新人、弘扬时代新风,大力推进新时代文明实践中心建设,深入实施公民道德建设工程,持续加强未成年人思想道德建设,深化拓展群众性精神文明创建,加快构筑道德风尚建设高地,市民文明素养和社会文明程度达到新高度,为合力谱写“强富美高”*新江阴建设新篇章,奋力当好新时代县域高质量发展排头兵提供强大精神动力和丰润道德滋养。

【高分蝉联全国文明城市】 2020年,江阴市围绕建设“崇德向善、文化厚重、和谐宜居”文明城市目标,坚持为民、育民、惠民理念,大力弘扬江阴精神,始终把文明创建工作放在全市经济社会发展和高质量发展总体布局,健全完善各级组织领导,压实35个创建网格责任,及时召开创建推进会和创建协调会,协调市领导常态落实下沉社区挂钩网格,开展“全澄有爱”志愿服务活动日,帮助基层解决创建难题。坚持问题导向、目标导向、效果导向,纵深推进“十大专项提升行动”*、深入开展江阴文明“八不”(指出行不违规、车辆不乱停、垃圾不乱扔、守序不插队、节俭不浪费、养宠不扰民、友爱不冷漠、言语不喧哗)系列活动,牵头协调相关创建责任单位,全面推动“公勺公筷、文明用餐、拒食江鲜”主题宣传活动、“烟头不落地、城市更美丽”主题实践活动、“礼让斑马线、我为你点赞”“一盔一带”文明交通劝导行动、“文明养犬、从我做起”宣传实践活动、“文明停车、方便你我”城警联动集中整治暨“小微执法”长效管理行动、“美丽江阴,美家美户”系列评选活动等,针对性破解历史欠账多,基础管理薄弱,环境面貌与经济实力、城市影响力不相称等突出问题,为确保通过国考、省检打下坚实基础。常态落实周暗访督查、季度测评排名、媒体曝光、问题交办督办等制度,组织常态测评组、市民巡访团暗访督查80次,组织城市文明程度指数测评2次,编发周通报33期,协调媒体曝光11期,通报整改问题1.2万余个,持续提升创建工作成效。是年,江阴市在“复查确认保留荣誉称号的前五届全国文明城市名单(县级市和县)”中名列第三(在江苏省内排名第一),蝉联全国文明城市,并作为复查测评成绩排名靠前的全国文明城市(区)被中央文明办通报表扬。

【深化拓展新时代文明实践中心建设】 2020年,江阴市以担负全国新时代文明实践中心建设试点为引领,进一步完善涵盖1个新时代文明实践中心、19个新时代文明实践所、267个新时代文明实践站、514个新时代文明实践点、19个所支队、25个特色支队、267个队、1435个团队的新时代文明实践志愿服务网络,形成市级负总责、镇(街道)抓推进、村(社区)抓落实的工作机制。充分运用文明创建和集成改革成果,在全市建立三级网格1800多个,将新时代文明实践工作融入网格,发挥基层网格长、网格员等“一长五员”(网格长、网格员、督察员、信息员、巡查员、联络员)作用,推动新时代文明实践工作精准精细、全域联动。各新时代文明实践中心、所、站、点发挥统筹协调作用,组织“阻控疫情志愿同行”志愿服务专项行动,助力联防联控、关爱特殊群体,倡导科学文明理念和健康生活方式,为疫情防控做出重要贡献。设立“全澄有爱”志愿服务活动日,利用周末组织全市机关单位的志愿者下沉挂钩村(社区),带动全市267个新时代文明实践站1.4万余名志愿者开展文明创建志愿服务活动。继续坚持“学雷锋、学炎黄、见行动”一月一主题,开展传统文化、迎新送暖、学习雷锋、卫生健康、舞动青春等12项重点志愿服务项目,结合科技、卫生、文化“三下乡”活动和学雷锋纪念日等重要节点,发布全市志愿活动项目12期1450项,吸引志愿者21万余人次,受益群众超60万人次。

【公民思想道德素质提升】 2020年,江阴市持续推动核心价值观建设“五融六进”(融入社会生活、常态教育、文化活动、媒体网络、法治建设,进机关、进学校、进企业、进社区、进乡村、进家庭)。按照“统筹规划、合理布局、提升品位、美化环境”的要求,城乡统筹布设100余处核心价值观景观小品,推动核心价值观日常化、具体化、形象化、生活化。发挥先进典型示范引领作用,大力推进时代楷模、最美人物、身边好人等典型选树宣传,全年新增“中国好人”2人、“江苏最美人物”1人、“江苏好人”4人、“无锡最美人物”8人、“无锡好人”6人。3人被评为无锡最美战“疫”先锋。疫情期间,组织道德模范张纪清、吴协恩、李全兴等人录制宣传倡议视频,大力宣传“中国好人”周森树、沈福才捐赠退休工资、“中国好人”田小猛便民“疫”剪等感人事迹,不断凝聚起众志成城、共克时艰的强大正能量。春节期间累计走访18名道德模范、身边好人,发放慰问金7.6万元。

【第七届“德耀江阴·十佳江阴好人”评选】 2020年,江阴市通过多渠道、多形式、多角度的深入评选,选出具有代表性和影响力的“十佳江阴好人”,分别是热血筑爱的真勇士怀国刚、良善暖心的好阿婆赵六宝、挺身而出的“正义侠”姜赤彬、烈焰无畏的冲锋者王国荣、诚信无价的“美容师”张利华、拾金不昧的“70后”冯玉祥、村民健康的贴心人贡旦旦、点亮心灵的“启明灯”戴娅萍、体贴入微的至孝儿陈新红、无声守护的巧儿媳徐彩琴。江阴德爱之家义工社、江阴市援鄂医疗队获“江阴好人”团队奖。9月7日,由江苏省委宣传部、省文明办、省美德基金会主办,无锡市委宣传部、无锡市文明办及江阴市委、市政府承办,在江阴市举行“爱国、敬业、诚信、友善”——江苏省道德模范与身边好人(无锡·江阴)现场交流活动暨第七届“德耀江阴·十佳江阴好人”颁奖典礼,对获奖好人和团队进行表彰。现场交流活动以“五老”(指老党员、老专家、老教师、老战士、老模范)志愿者在“道德讲堂”给新时代好少年上课的形式呈现,通过视频短片、情景剧、文艺表演、访谈交流等不同环节的组合,讲述“十佳江阴好人”的感人故事。活动现场,全国道德模范提名奖、中国好人、江苏省道德模范等荣誉获得者为“十佳江阴好人”和“十佳江阴好人提名奖”获得者颁奖。华西村、江苏红柳床单集团公司等10个爱心单位为“江阴好人”送上“福袋”。活动现场还发布8月“江苏好人”和“新时代江苏好少年”名单。江阴市乡村医生贡旦旦获评“江苏好人”,江阴市临港实验学校“锡剧小票友”尤晨冉获评“新时代江苏好少年”。江苏省委宣传部副部长、省文明办主任葛莱,无锡市委常委、宣传部部长袁飞,江阴市领导蔡叶明、袁秋中、程政、张光伟、虞卫才、陈兴初参加颁奖典礼。

【群众性精神文明创建】 2020年,江阴市广泛开展文明村镇、文明单位、文明社区、文明家庭、文明校园评选工作,表彰2016—2018年度江苏省、无锡市、江阴市群众性精神文明创建工作先进单位,开展2019—2021年度江苏省文明村镇、单位、校园预申报工作。是年,新增全国文明村3个(周庄镇山泉村、夏港街道长江村、长泾镇蒲市村)、全国文明单位1个(长江引航中心)、全国文明家庭1个(吴协恩家庭)。2个镇(华士镇、新桥镇)、2个村(华士镇华西新市村、璜土镇璜土村)、3个单位(海澜集团、江阴海事局、江阴海关)通过全国文明村镇、单位复审。组织文明单位常态化开展文明创建志愿服务活动,疫情期间发出致全市各级文明单位的倡议书,动员文明单位切实发挥示范带头作用,为全市打赢疫情防控阻击战做出积极贡献。大力倡导移风易俗,开展“公筷公勺·文明就餐”行动,推广文明健康生活习惯。联合市民政局发布婚俗倡议书,联合市民政局、商务局、文体广电和旅游局下发《关于严禁规模性操办婚丧喜事的通知》,引导减少聚会。会同市爱卫办大力开展爱国卫生运动,密集发布3份文件部署相关工作。组织开展“文明健康,有你有我”公益广告征集和刊播工作,并与文明城市创建、新时代文明实践中心建设、爱国卫生运动紧密结合,在各类公共场所广泛刊播。深化“我们的节日”主题活动,推动传统文化深入基层和群众。江阴健身操舞协会艺术团的《江南好》获江苏省“共圆小康梦@幸福舞起来”广场舞大赛最佳表演奖。

【未成年人思想道德建设】 2020年,江阴市围绕“全面建成小康社会”的目标,部署开展“全面小康 追梦成长”主题教育活动。开展“童心同愿共战‘疫’、江阴少年在行动”青少年系列网络活动,累计征集稿件6000余件。举办江阴市“童心里的诗篇”少儿诗会、“童话里的世界”童话故事创作大赛,遴选优秀作品——童话故事《数字王国》参加江苏省第二届“童话里的世界”童话故事创作大赛,获一等奖。持续开展全市性“八礼四仪”[*]示范观摩活动,举办“无畏风雨,筑梦青春”——江阴市十八岁成人仪式线上观摩活动。开展第二届“新时代好少年”推荐评选和学习宣传活动,发布江阴市“新时代好少年”100名,其中标兵10名,2名学生被推荐上报后当选“新时代江苏好少年”,9名学生当选无锡市“新时代好少年”。六一儿童节期间,无锡市市长杜小刚接见江阴市“新时代好少年”代表。组织开展第七届“芙蓉花开”未成年人心理健康月活动,举办心理健康讲堂、团体辅导、家长沙龙、公益咨询等400余场,护航青少年健康成长。

诚信建设

【概况】 2020年,江阴市信用工作紧盯争当县域信用建设排头兵目标,以“信用治市”理念谋划顶层体系机制建设,在信用建设广覆盖、深应用、准切入上拉长项补短板,推动全市社会信用体系建设创新创效,持续保持每月综合信用考核指数稳步上升。是年,江阴市各期城市综合信用指数监测排名在全国县级城市稳居第二、第三。11月,创新高位列全国第一,全年名列全省第一。

【社会信用信息体系建设】 2020年,江阴市制定下发《2020年江阴市社会信用体系建设工作意见》《2020年江阴市社会信用体系建设考核办法》等19个信用政策文件,加强对平台建设、信息归集、分级分类信用监管、信用应用、基层政务诚信、个人诚信等重点内容顶层设计,新建并运行全市信用监管服务一体化平台系统,与43个部门和单位实现多领域数据联网共享,归集信用基础信息800万余条,双公示信息22万余条,完成首批全市12.82万余个市场主体的公共信用分类评价,“诚信江阴”网站累计访问量突破100万人次。建立健全公共信用评价公开应用机制,全年公开信用承诺7万余份,对企业和个人开展行政事项信用核查1.2万个(人)次,推出两期94000余个市场主体公共信用评价,累计公开共享行业信用评价信息17.4万余条。建立守信激励和失信惩戒信息共享、行业外监管联动化机制,1万余人次因信用好而享受“绿色通道”“线上查”“网上办”“容缺受理”等“信易批”“信易查”等惠民便企服务;失信被执行人、800个行业信用评价列入信用等级黑名单企业被公开曝光。创新建立全市公共信用服务清单制度,依法公开并提供一站式应用查询,推动部门(单位)、镇(街道)在191个行政管理或公共服务事项上机制化应用。拓展信易+应用,年内新增“信易优学”“信易气”“信易有礼”3个守信惠民场景,持续推动实施“信易贷”“信易租”“信易行”“信易批”等12类信用惠民便企场景应用,引导3500余名信用分A+级以上市民和6万余个A+级企业实现可“扫码”激励应用33项“信易+”项目。

【深化落实诚信示范创建要求】 2020年,江阴市持续开展“诚信建设万里行”活动,加强诚信江阴品牌建设。以“诚信文化六个进”(进机关、进学校、进医院、进企业、进社区、进农村)为载体,推动重点部门和镇(街道)开展“诚信建设万里行”活动,市工信局、应急管理局、高新区、澄江街道、青阳镇、顾山镇、月城镇等分别举行文明加分、诚信企业宣言、校园食品安全、环保安全、高利贷借款危害等涉诚信宣传活动21场次,发放宣传资料1万余份。全面宣传诚信守法企业24个,做好国家信用监测推介12期,向全国“城市信用监测”系统推送“诚信建设万里行”宣传案例文稿1475篇。制定下发《2020年诚信镇街(园区)、社区(村居)、村(居)户示范创建工作实施意见》,加强基层政务诚信品牌建设。组织开展诚信示范镇(街道、园区)、村(社区)户评选活动。年内,88个企业上榜诚信红榜单,新增2个江苏省信用示范企业、9个无锡市信用示范管理企业、119个省级信用贯标企业。至年末,全市累计有76个企业获评江苏省、无锡市信用管理示范企业,665个企业通过省信用企业管理贯标验收。创新编制《江阴信用建设月报》9期,分期通报绩效优秀和较差部门(镇、街道)144个次,分类分析部门(镇、街道)双公示信息量、信用监测指标上报量、联合奖惩系统应用量等3大指标建设情况。以“诚信江阴”网、“江阴市发改委”微信公众号、《江阴日报》为载体,发布江阴信用建设法规政策及文件解读文章17篇,公示税务、安监、市场监督、环保等领域红黑名单涉及企业127个,刊登发改信用建设及动态简讯646篇,宣传江阴市信用工作成果和诚信导向。

社会志愿服务

【概况】 2020年,江阴市志愿服务工作以市新时代文明实践中心建设被列为全国试点为契机,结合深化推进新时代文明实践中心(所、站、点)建设,创新推进新时代文明实践志愿工作,围绕完善工作机制、优化志愿服务管理体系,突出深化品牌建设创新志愿服务活动形式,大力加强礼遇激励,造浓志愿服务参与氛围,制度化、规范化、常态化推动全市志愿服务,薪火相传“炎黄”精神,志愿服务日益成为全社会的价值追求和自觉行动。

【推进志愿服务制度化建设】 2020年,江阴市深化拓宽志愿江苏·江阴平台的使用范围,落实一体化推进,强化一网式管理,实现一站式标准,注册志愿者36万余名、志愿服务组织1400余个,志愿江苏·江阴平台新增活动27241项,新增服务时长152210小时。组织进行平台使用培训18次,志愿服务座谈交流会4次、评审会1次;组织志愿服务各类培训20余次。开展志愿服务站(岗)提升工程,建成“理响江阴”学习驿站,组织志愿服务站(岗)运行情况大调研,市民巡访团对全市志愿服务站(岗)进行专题巡访2次。

【深化志愿服务品牌建设】 2020年,江阴市以“学雷锋、学炎黄、见行动”为主题,坚持“一月一重点”,开展传统文化、迎新送暖、学习雷锋、卫生健康、舞动青春等12大项重点志愿活动。组织“邻里守望、情暖万家”志愿服务社区行4站,受益群众近3500人。启动新春暖心故事征集,组织开展“迎新送暖”志愿活动,走访慰问困难群众家庭500余户。开展“文明暖冬、志愿先行”“文明回家路、志愿者在行动”等活动,让近2万名旅客感受到志愿服务的温暖。参加第五届江苏志愿服务展示交流会,“彩虹课堂”文明实践志愿服务项目获评该交流会金奖。探索推进实施全市新时代文明实践志愿服务保障计划,为每名参与新时代文明实践活动的志愿者购买人身意外保险,保障额度达210亿元。20个“益”路有你礼遇志愿典型爱心联盟成员单位为志愿服务典型提供“衣食住行乐”等方面20余项优先、优惠、优待礼遇。是年,获评2020年度无锡市学雷锋志愿服务先进典型7个(项)、无锡市规范化志愿服务站点2个。 (林豆豆)

■类目编辑 朱其涛

自然灾害防治

·气象预报预警·

【概况】 2020年，江阴市气象局贯彻落实习近平总书记对新中国气象事业70周年所作重要指示精神，践行“监测精密，预报精准，服务精细”要求，按照江苏省政府有关推进气象事业高质量发展的意见，完善部门间统筹规划、共建共享和预报预警联动机制，提高重大灾害性天气和突发天气的预报预警服务能力；开展气象灾害防御科普宣传，发挥“消息树”（预警信息发布）和“发令枪”（应急处置）的作用，为公共安全、社会安全等提供气象保障。全年24小时晴雨预报准确率89.9%，最高气温预报准确率86.9%，最低气温预报准确率91.8%，均高于上级指导预报要求；短时临近预报准确率95%以上。在各类灾害性天气预报服务中，无漏发气象灾害预警信号现象，在国家预警信息发布中心发布的质量通报中，江阴市预警信息发布正确率100%。年内，江阴市气象局被评为无锡市文明单位。

【气象服务】 2020年，江阴市气象局在汛期、农业生产时节（春耕春播、夏收夏种和秋收秋种）、节假日（元旦、春节、清明、五一、端午、中秋、国庆）、重大社会活动（“两会”、春运、高考、中考、疫情防控、第十五届徐霞客国际旅游节暨2020年长三角水上运动）等发布各类专题天气服务信息。主动联合地方部门，更新接收气象灾害预警信息名库。全年制作发布重要天气报告43期，天气旬报36期，春运专题气象服务材料40期，农业专题气象服务材料49期（其中农业气象服务情报13期、春耕春播气象服务13期、夏收夏种气象服务11期，秋收秋种气象服务12期），护林防火专题气象服务材料14期，市人大、政协“两会”专题气象服务材料6期，疫情防控气象保障专报70期。发送灾害性天气预警信号83次，预警信号发布准确率95%以上，平均提前量为2小时至3小时；发气象应急短信198条送108.9万人次；开具气象资料证明73份。全年通过电台、电视台、报纸、“96121”声讯电话、“江阴气象”网站、“江阴气象”微博、“江阴气象”微信、“直通式为农气象服务”QQ群、气象信息员钉钉群等多种媒体或信息平台向社会公众及时发布最新的预报、预警、天气实况以及空气污染气象条件预报等级等，为市民的生产生活以及出行活动提供重要参考。

【重大气象灾害应急响应】 2020年，江阴市气象局继续与市农业农村局、市水利局、江阴生态环境局、市自然资源和规划局、市应急管理局等单位保持紧密联系，发布重污染预警2次，地质灾害气象风险预警2次；启动内部（气象系统）应急响应8次、外部（江阴市气象灾害防御领导小组）应急响应3次。年内域内梅雨入梅早、出梅晚、梅雨量大，梅雨量和梅雨期分别列有气象记录历史以来的第二数值和第三数值，长江防汛形势十分严峻。市气象局在梅雨汛期累计发布16期重要天气报告，对梅雨汛期内8次强降水过程，均提前1～2天预报，并准确把握雨量的级别。精准发布暴雨、雷暴、大风3类预警信号累计37次，为梅雨汛期的防汛工作和气象防灾减灾工作站好第一道岗。

【防雷减灾】 2020年，江阴市气象局防雷部门按照市政府统一部署，完成江苏省政务服务系统中县级权力事项的认领和业务标准化清单的编制工作，全年气象行政审批窗口完成防雷装置设计审核8件，防雷装置竣工验收10件，升放无人驾驶自由气球或者系留气球活动许可12件。为营造良好营商环境，进一步压缩行政许可承诺时限，将行政许可事项“防雷装置设计审核”的承诺办结时限从5个工作日压缩至3个工作日。紧跟江阴市政府部署的“互联网＋监管”工作，安排专人对接负责，认真做好江苏省“互联网＋监管”系统中清单认领、项目编制、信息录入等环节，年内完成执法人员库、监管对象库、检查情况录入等工作，并实行动态维护。

【气象科普】 2020年，江阴市气象台接受新闻媒体采访29次。根据疫情不宜聚集要求，利用“3·23”世界气象日、科普宣传周、“5·12”防灾减灾日、安全生产宣传月等开展气象科普网上宣传，还通过微博、抖音、头条等进行网上气象科普宣传

活动,提升基层及公众防灾意识和能力。居民踊跃参与,线上互动气氛热烈。 （耿丹 沈浩）

·防汛防旱·

【概况】 2020年,江阴市在入梅前,全市少雨干旱,沿江各闸站利用潮位差及动力累计调引长江水71383.93万立方米,保障全市生产生活和保持河道生态水位需要。在5月1日进入汛期时,立足旱防,至9月30日汛期结束,汛期总降水量1011.6毫米,比常年同期多42.7%,属于偏多。其中,5月偏少35.3%,6月异常偏多135.4%,7月明显偏多80%,8月偏少45.7%,9月正常。梅雨期为6月10日至7月22日,呈现入梅早、出梅晚、梅雨量大的特点。梅雨期长42天(常年平均24.6天),为有气象记录以来第三数值;梅雨量711.9毫米,为常年(常年平均248.6毫米)梅雨量的2.9倍,为有气象记录以来第二数值(第一数值是1991年梅雨量810.3毫米)。全年汛期内河水位(青阳)出现44天超警戒水位,7月20日出现全年汛期最高内河水位4.98米,超警戒水位0.98米。汛期长江潮位出现20天超警戒潮位,7月24日出现全年汛期最高潮位6.52米,超警戒水位0.62米。针对汛情,市防汛防旱指挥部周密部署、积极防控、科学调度、沉稳应对,及时启动、调整防汛防台风应急响应8次,充分发挥水利工程优势,科学调蓄内河水位,在满足生活、生产、生态用水需求的同时,最大限度发挥江河调蓄水功能,汛期沿江各闸站利用潮位差及动力,向长江排水10.38亿立方米,完成防汛防台风各项任务,维护全市经济社会发展秩序和人民生命财产安全。

【抵御短时间强降雨】 2020年,江阴市在汛期降雨量偏多,呈现时空分布不均的特点,出现大暴雨1天,为6月15日,日雨量为125.5毫米;出现暴雨2天,分别为6月28日和7月15日,日雨量分别为59.3毫米和55.4毫米。由于降雨范围集中,雨势普遍较强,致使局部道路、小区出现短时积水现象。针对雨情、汛情,市防汛防旱指挥部积极应对,科学指挥,统一调度,最大限度地降低灾害影响。

【防御台风】 2020年,江阴市在汛期受台风影响次数虽多,但受影响程度较小,对市内有影响的台风有3次,分别为2004号台风“黑格比”、2008号台风“巴威”、2009号台风“美莎克”。受台风“黑格比”影响,8月4—5日,市内局部出现暴雨,其中4日文林站雨量53.2毫米,全市普遍出现5~6级阵风;受台风“巴威”影响,8月25—26日,市内局部出现大雨,其中25日雨量利港站46.1毫米,申港站45.2毫米,文林站28.8毫米,徐霞客站26.4毫米,全市普遍出现5~6级阵风;受台风“美莎克”影响,利港街道和璜土镇在9月1日出现短时强降雨,日雨量分别为34.1毫米和28.6毫米,9月1—2日,全市普遍出现5~6级阵风,华士镇在9月2日出现14米/秒的7级阵风。面对台风的袭击,市防汛防旱指挥部各成员单位协调配合,各级防汛指挥机构靠前指挥,扎实做好各项防御工作,抵御住了台风暴雨的袭击,未造成人员伤亡或重大财产损失,社会生产生活秩序稳定。

2020年江阴市汛期降雨量一览表

表46

站名	汛期总雨量(毫米)	雨日(天)	汛期最大日雨量(毫米)
肖山	951.00	68	69.20(6月15日)
青阳	1098.00	68	79.20(6月28日)
定波	918.60	72	69.40(6月15日)
气象台	1011.60	73	125.50(6月15日)

2020年江阴市汛期水位特征值一览表

表47

江河名	站名	最高水位(米)	日期	最低水位(米)	日期
长江(江阴段)	肖山	6.52	7月24日	1.80米	5月9日
锡澄运河	青阳	4.98	7月20日	3.30米	5月3日

（潘张宇）

·防震减灾·

【概况】 2020年,江阴市加强地震灾害防御,防震减灾工作着重加强建设工程抗震设防管理;广泛开展防震减灾科普宣传,努力提高市民抗御地震灾害的综合能力;全面有效地保护地震观测环境和监测设施。是年,江阴市被省地震局评为防震减灾年度县级优秀单位。

【地震灾害防御】 2020年,江阴市加强建设工程地震安全监管检查。

根据上级通知要求，组织人员参加年度防震减灾工作联席电视电话会议。以联席会议的名义向相关职能单位发出协助完成统计数据的通知，多次协调审图中心统计建设工程目录及相关参数。积极与相关工程的设计单位、建设单位沟通，核实相关信息内容，在规定时间内上报数据台账资料。是年，建设工程全部落实地震安全要求。

【防震减灾科普宣传】 2020年，江阴市地震办组织好“5·12”防灾减灾日宣传活动。以科普探索形式在《江阴日报》以专版进行防震减灾科普宣传；利用市住建局“众智澄城”平台进行两期的防震减灾科普宣传；发挥住建大平台优势，利用物业公司人员直接面对广大业主的优势、利用人防多媒体警报信息报知系统等进行防震减灾宣传；联合局妇联开展防震减灾知识讲座，提高市民地震应急能力，减轻地震灾害损失。是年，通过开展防震减灾科普宣传活动，市民提高地震灾害防御能力，自我防震减灾意识得到加强。

【地震监测】 2020年，江阴市加强地震监测台站建设和维护工作。积极维护白石山、周庄卧龙湖地震台和君山强震台设施，保障正常运行；MDCB电磁波地震前兆监测台运行良好，数据交换及时准确。全年完成各台站安全巡查27次，白石山运行率99.57%，卧龙湖运行率100%。

【完善防震减灾体系】 2020年，江阴市积极推进应急避难场所建设工程。市地震办及时向市政府提出关于落实应急避难场所建设经费的申请。多次与园林管理部门、高新区、设计单位等对接沟通，现场踏勘多个公园绿地，经多次反复推敲，最终确定建议选址。年末，市财政资金已经到位，各功能区域设计进一步深化，该系统信息化方案通过由市工业和信息化局聘请的专家评审。

【《江阴市城市抗震防灾规划》评估】 2020年，江阴市在取得《江阴市城市抗震防灾规划》编制工作前期阶段性成果基础上，组织开展对上述规划的风险性评估和制度廉洁性评价。通过江阴市司法局的合法性审查，报市政府常务会议审议通过。市地震办多次组织人员与上海同济城市规划设计研究院专家对接沟通，根据要求进行修改完善。年末，市政府下发相关批复文件，同意该规划施行。（邱　敏）

·地质灾害防治·

【概况】 2020年，江阴市自然资源和规划局组织对全市地质灾害易发区域进行全面排查，对所有隐患点编制了单点应急预案，充分发挥属地政府、村（社区）的优势，为隐患点附近村、社区、企业发放地质灾害防灾避险明白卡，核查危险区域警示牌、警示标志的有效性，强调预防为主，准备优先，确保汛期安全。

【发放地质灾害防灾避险明白卡】 2020年，江阴市自然资源规划局加强地质灾害监测，在5—9月汛期地质灾害容易发生时期，加强定时监测，定时巡查，普及地质灾害防治、避险知识，确保及时疏散和转移群众。针对部分山区存在崩塌、滑坡、泥石流、地裂缝等地质灾害危害，可能威胁到市民生命财产安全的情况，在可能发生危害点发放地质灾害防灾避险明白卡和防灾工作明白卡，旨在提高市民的防灾减灾意识，增强防灾参与的积极性和主动性。该明白卡提示灾害类型、灾害体位置、避险路线等内容，确保一点一卡，做到家喻户晓。是年，市自然资源规划局发放地质灾害防灾避险明白卡36张、防灾工作明白卡36张，做到群策群防，并同时建立起完善的监测体系。（卫志友）

农产品质量安全

【概况】 2020年，江阴市坚持绿色发展理念，狠抓农产品质量安全监管，实施全程监管、重点监控、产地准出、市场准入。出台《江阴市现代农业高质量发展奖励政策意见》，对年内通过绿色食品、有机食品认定的单位给予每种产品1万元的奖励；获得农产品地理标志的每种产品奖励10万元。通过积极引导、鼓励发展优质农产品，年末，全市通过绿色产品、有机农产品认证的企业有23个，获得绿色食品和有机农产品证书44份，启动“璜土葡萄”地理标志农产品申报工作。全面实施农药集中配供和废弃包装物回收处置工作，农药和化肥使用量比2015年分别下降5.83%、11%，畜禽规模养殖场治理率85%，畜禽粪污综合利用率90%。是年，江阴市严格实行定点屠宰和集中检疫，全市3个定点生猪屠宰企业共完成生猪定点屠宰45万头，检出并无害化处理病害猪及其产品折合2041头，屠宰环节瘦肉精抽检24766份，均为阴性，PCR检测13000次，均为阴性。全市2个肉鸭屠宰企业年屠宰量480万羽，无害化处理5000羽，消毒车辆8440辆次；牛屠宰集中在澄记肉食股份有限公司和周庄屠宰加工有限公司，全年屠宰牛14766头，瘦肉精抽检3488份，无害化处理产品282公斤。

【开展“放心农资下乡进村”活动】 2020年，江阴市为保障农业生产和农产品质量安全，规范农资市场经营秩序，多措并举开展“放心农资下乡进村”活动。发放识别伪劣变质及真假农药、国家禁限用高毒农药名单和防农药残留中毒常识等宣传资料600份，切实提高农民质量安全意识及识假辨假维权能力。发放有机肥30袋，农药助剂1000包，将农资送到种植（养殖）户手中，真正做到技术不缺位，农资有保障。为带动农业安全生产工作，约请种植（养殖）户代表40人下乡宣传。江阴市联业生物科技有限公司、江阴市江农农资有限公司、江苏南农高科技有限公司现场展示并宣传肥料、农药、兽药样品10种，打开“放心农资下乡进村”专用通道，进一步扩大放心、优质、安全农资产品覆盖面。以农资下乡宣传为契机，扎实做好普法教育工作，现场发放禁种铲毒宣传单150份，农机安全生产宣传手册150份，并积极宣传涉农扫黑除恶专项斗争。农资下乡活动有温度、贴人心、见实效。

（丁建英）

【农药减量达标】 2020年，江阴市农业农村局植保部门根据无锡市“两减六治三提升”专项行动要求和目标，坚持科学防控，强化监测预警，推进专业化统防统治、绿色防控、合理休耕，以及结构调整、农药集中配送、加强宣传培训等各项措施，确保有效控制重大病虫危害，保障重要农产品有效供给，实现农药减量使用目标。据测算，全年农药使用量为781.6吨，比2015年的830吨下降48.4吨，下降率5.83%，完成了无锡市下达的比2015年下降5%以上的目标任务。

【绿色防控示范区建设】 2020年，江阴市大力推进农作物病虫害绿色防控示范区建设，全市建成水稻、蔬菜、果品绿色防控示范区4个。自2015年后累计建成9个，核心区面积252.2公顷，辐射面积达5200公顷。是年，徐霞客镇水稻绿色防控示范区被省农业农村厅评为A级示范区。（夏秋霞）

【重大动物疫病防控】 2020年，江阴市重大动物疫病防控工作以防控高致病性禽流感、口蹄疫、猪瘟、非洲猪瘟、高致病性猪蓝耳病和小反刍兽疫为重点，突出抓好强制免疫、疫情监测和人畜共患病防治工作，先后组织开展春季动物防疫、夏季高温消毒灭源、秋冬季动物防疫三大动物防疫的集中行动。全市使用猪瘟疫苗5.43万份，防疫猪3.08万头次；使用猪口蹄疫疫苗5.83万毫升，防疫猪3.05万头次；使用牛羊三价口蹄疫苗0.6万毫升，防疫牛0.22万头次；使用高致病性猪蓝耳病弱毒苗2.85万份，防疫猪1.53万头次；使用禽流感二价联苗（H5+H7）疫苗近54万毫升，防疫鸡27.14万羽、鸭2.37万羽、鹅0.49万羽、特禽121万羽；使用新城疫苗25.57万羽份，防疫鸡27.09万羽。其他疫苗的使用也得到积极的推广，防疫密度、消毒密度均达到100%。全年全市未发生重大动物疫病疫情。是年，全市监测各类动物疫病血清学样品2426份，其中禽血清640份，猪血清625份，奶牛血清1161份，各项检测抗体合格率均达到国家及江苏省要求的抗体水平。（陆春兵）

【渔业安全生产监管】 2020年，江阴市水产养殖业安全生产工作被纳入市级安全生产专项整治行动序列，要求高，标准严。行业内首次摸排出养殖投料作业、设备设施维护、用电线路清整等七大安全风险点，制定水产养殖业安全生产检查记录表、安全生产十大禁令，落实分级分类监管举措，重点聚焦10个养殖企业和51个涉渔家庭农场。是年，出动水产养殖业安全生产检查312人次，签订安全生产承诺书61份，排查出一般性安全生产隐患28处，检查覆盖率100%，隐患录入率100%，整改到位率100%。

（鲍明明）

食品药品安全

【概况】 2020年，江阴市市场监督管理局在抗击新型冠状病毒肺炎疫情中，紧紧围绕食品安全监管“四个最严”（建立最严谨的标准、实施最严格的监管、实行最严厉的处罚、坚持最严肃的问责）总要求，贯彻习近平总书记“实施食品安全战略，让人民吃得放心”的重要讲话精神，按照市委、市政府决策部署，坚持稳中求进，严格落实食品药品监管有责、有岗、有人、有手段，切实履行监管职责和检验职责的“四有两责”，齐心协力攻坚克难，打基础、辟路径、搭平台，着力解决突出问题，创新监管方式，加强执法力度，食品药品安全治理能力持续提升。

【完善食品安全监管组织架构】 2020年，江阴市将食品安全作为政治任务、民心工程，摆到重要工作位置，坚持党政同责，强化组织保障。贯彻落实中共中央、国务院《关于深化改革加强食品安全工作的意见》和中共中央办公厅、国务院办公厅印发的《地方党政领导干部食品安全责任制规定》，围绕江苏省委、省政府，无锡市委、市政府相继出台的有关食品安全工作的意见，制定出台江阴市《关于深化改革加强食品安全工作的实施意见》，明确各级党政领导干部食品安全工作责任。市场监督部门逐条梳理工作要求，逐项建立责任清单，逐级分解工作任务。同时，出台《江阴市食品安全工作三年行动计划》，明确2020—2022年全市食品安全工作主要任务。年内，根据机构改革调整情况，充实调整食品安全委员会成员单位，进一步明确工作职能。狠抓基层市场监管队伍、农产品质量监管队伍、刑侦执法队伍、食源性疾病防控队伍和检验检测技术队伍5支队伍建设，不断提升监管能力和水平，形成“公安、食安、农安”良性互动机制。印发《2020年江阴市食品安全重点工作安排》，将任务细化分解落实到各镇（街道）、园区和各部门，对食品安全重点环节，分别确定牵头部门和配合单位，形成政府领导、牵头部门负责、责任单位落实的良好工作格局。修订完善《江阴市食品安全事故应急预案》，提升食品安全事故应急处置能力。夯实各镇（街道）、园区食品安全委员会及其办公室职责，在各行政村（社区）设立食品安全工作站，打通食品安全监管“最后一公里”。是年，配备食品安全协管员271人、信息员1536人。

【食品安全监管】 2020年，江阴市市场监督管理局联合市委宣传部和市公安局、商务局、文体广电和旅游局及市卫生健康委员会共同发布《江阴市保健食品行业专项清理整治行动实施方案（2020—2021）》，开展保健食品行业专项清理整治行动。重点整治保健食品非法生产经营、欺诈和虚假宣传、未经审查发布保健食品广告以及发布虚假保健食品广告的违法行为。食品安全实验室抽检6批次/千人，总量达9910批次，合格率98.7%；全年备案农村居民集体聚餐600余户次5725桌次；入网“明厨亮灶”餐饮单位3621个，294所学校开展“阳光厨房”建设。161个农业企业进入江苏省农产品质量追溯平台，计有709种溯源产品，农产品可追溯率80%。对食品经营环节的2646个经营主体（重点检查对象1877个、一般检查对象769个）进行“双随机”检查，检查各级各类学校和托幼机构食堂294所（个），检查校园周边食品经营单位1038个，校内食品经营单位16个，检查覆盖率100%，累计检查食堂及食品经营单位3965个次；对155个食品生产企业开展监督检查421个次，发现问题企业185个次，排查食品生产安全风险隐患575处，对存在食品安全风险隐患的企业进行整改约谈14次。是年，全市开展全面禁售长江流域非法捕捞渔获物行动,市场监督部门对重点行业、品类、点位开展全面排查,彻底斩断市场销售长江流域非法捕捞渔获物产业链条,共同维护长江流域生态环境安全,依法依规查处以"长江野生鱼""野生江鲜"等为噱头的宣传营销行为。在餐饮行业深入开展"厉行勤俭节约、反对餐饮浪费"主题活动,将"光盘"体现在细微之处。

【食品小作坊整治】 2020年,江阴市市场监督管理局推进食品小作坊整治提优行动,加快食品小作坊集中加工区建设。年内,全市建成青阳镇、顾山镇、云亭街道、长泾镇食品小作坊集中加工区(街)4个,申港食品小作坊集中加工区即将建成投运。全市食品小作坊建档率100%,登记办证率98.5%以上,基本解决食品小作坊无证无照、环境脏乱差等问题,提升全市食品小作坊整体形象。澄江街道、徐霞客镇食品小作坊集中加工区初步完成选址。是年,制定食品小作坊生产加工"负面清单",落实食品小作坊建档登记动态管理,确定在3年时间内做到区域性全覆盖目标。

【食品安全宣传】 2020年,江阴市市场监督管理局联合市发改委、教育局、公安局等9个部门开展"2020年全市食品安全宣传周"活动,主要开展"以案释法、案例解读"教育活动、厉行节约反对浪费"爱粮节粮从我做起"体验活动、"师生健康、中国健康"主题健康教育活动、"大手牵小手、安全你我他"活动,以及"进口食品国门守护行动"网络知识竞答、"你点我讲"食品安全科普讲座、"食品安全"科普主题巡展等活动,通过一系列宣传活动,把食品安全知识送到千家万户。在组织开展的第二届"最美食安卫士"评选活动中,各级各部门和社会各界广泛关注、热情参与,发动公众微信投票,访问量达111.14万次,总投票数132.15万余票。通过网络投票、评委评定等程序,评选出"最美食安卫士"10名及提名奖获得者10名。年内,以"食品安全·共治共享"为主题,扎实开展科普宣传活动。举办以"食安江阴·禁食野味"为主题的食品安全知识竞赛,吸引5622人参加,73150人次答题;在全市建立17个食品安全流动科普宣传站,在各大超市、商场、农贸市场、广场等处轮回展示。开展"当好主力军、建功新征程"江阴市首届食品安全技能竞赛,吸引市场监管、各食品企业20支队伍的80名队员参加竞赛活动,提升了监管部门和企业食品安全工作能力。

2020年6月16日,江阴市市场监督管理局组织对市场经营的海产品进行安全检查 (市市场监督管理局提供)

【食品安全检测】 2020年,江阴市食品安全检测中心持续加强能力建设,检测水平再上台阶。助力新型冠状病毒肺炎疫情的防控,依托技术优势,抽调技术骨干力量,开展食品安全专项监督抽检,对全市40余个复工企业食堂、大型商业超市及食品生产企业进行抽检,主要针对米面粮油、蔬菜、畜禽肉类、蛋类及乳制品等大宗生活用品中的农药残留、兽药残留、抗生素、食品添加剂、微生物、真菌毒素、重金属等多个重要指标参数进行检测,共抽检280批次。积极探索与高校开展"产学研"深度合作模式,该中心与江南大学食品学院签订战略合作框架协议,并举行教学实习基地揭牌仪式。稳步推进实验室资质认定和体系建设,年内通过农产品质量安全检测机构CATL现场评审,涉及参数266项。是年,按照体系要求更新标准14份,取消作废且无替代的产品标准8份,发放标准10份。

【药械监管】 2020年,江阴市市场监督管理局围绕药械监管工作要点强化监管,全年检查药品经营企业430个次、医疗机构227个次、疾病预防控制机构1个次、疫苗接种单位43个次、实施三级监管医疗器械批发企业64个次,以及二、三级医疗机构16个次。对9个重点监管医疗器械网络销售企业进行全覆盖日常监管。做好卫生部新修订《药品不良反应报告和监测管理办法》的贯彻实施工作,上报ADR(上升下降比指标)报告753例、MDR(用户数据)报告623例,药物滥用检测32例。开展中药饮片质量集中整治、无菌和植入性医疗器械专项监督检查、药品网络销售违法违规行为专项整治,并开展疫苗流通和预防接种全覆盖监督管理。年内,牵头联合市商务局、江阴临港综合保税区开展进口药品口岸(江阴港)药品进出口优抉政策前期调研工作。

【食品药品执法工作】 2020年,江阴市市场监管执法大队药品中队先后开展药品网络销售专项整治、中药饮片专项整治、熔喷布和口罩产品专项执法行动、零售药店专项检查、医疗器械经营企业专项整治、口腔诊所及医疗美容诊所专项整治等多项专项执法检查，对使用过期器械、从非法渠道购药、虚假宣传、违法广告、九价疫苗案等多类型多领域的案件依法查办。联合市公安局查办“1·17”网络直播销售假冒国际一线品牌化妆品案件，成功捣毁售假窝点2个，查获假冒进口化妆品74种品牌229种类共8618件商品，扣押涉案物品货值超600万元，销售金额700余万元，调查犯罪嫌疑人8人，刑事拘留7人，在逃1人，取保候审5人；抓获上线1人，核查下线30余人次，逮捕1人，起诉1人。该案引起国家药监局和省药监局的高度重视和关注，国家药监局在6月和10月两次到江苏听取该案的专题汇报。江阴市市场监管执法大队食品中队与市公安局、江阴海关等部门加强工作联动，做到食品、餐饮违法线索共同梳理、相互通报，全年查办食品类行政案件415件、罚没款471.45万元，侦办食品安全领域犯罪案件16件，采取强制措施28人，公诉食品类犯罪嫌疑人40人。（耿柯镠）

公共卫生安全

【概况】 2020年，江阴市卫生健康委员会在抗击新型冠状病毒肺炎疫情中，发挥主动性，坚守主阵地，加强公共卫生的监管。强化传染病预警监测和风险评估，规范开展疫情报告管理工作，未发生法定传染病漏报现象；进一步加强疫苗管理和溯源管理，一类疫苗接种率全部在95%以上，无接种差错事故发生；健全卫生应急组织体系，提升卫生应急人员的素质，有效规范地应对3件突发公共卫生事件。进一步强化公共卫生监测，做好食源性疾病、室内环境、沐浴场所健康危害因素、生活饮用水等监测，监测任务完成率100%，监测覆盖率100%。

【传染病防控】 2020年，江阴市卫生健康管理部门强化传染病预警监测和风险评估，及时发现聚集性传染病疫情的苗头倾向，同时做到及时发现和快速有效处置各类传染病疫情。全市报告乙类传染病病例11种1278例，发病率77.45/10万；报告丙类传染病病例4种2736例，发病率165.80/10万，比2019年的5024例减少2288例，下降率45.54%。累计报告聚集性疫情13件，其中，新型冠状病毒肺炎聚集性疫情1件、手足口病聚集性疫情4件、诺如病毒感染聚集性疫情4件、流感3件、水痘1件，比2019年聚集性疫情38件（水痘聚集性疫情8件、手足口病聚集性疫情24件、手足口病暴发疫情1件、流感暴发疫情3件、诺如病毒感染聚集性疫情2件）减少25件，下降率65.79%。完成国家伤寒+副伤寒、手足口病监测点任务，完成腹泻病监测任务和无锡市霍乱、流感监测任务。规范开展疫情报告管理工作，未发生法定传染病漏报现象，网络直报率100%，及时率100%，卡片完整率100%，卡片综合指数100分，疫点措施落实率100%，均达到工作目标要求。继续加大艾滋病的检测筛查力度，1—12月检测各类人群23.26万例，总人群检测率14.1%，VCT（艾滋病自愿咨询检测）门诊免费咨询检测1276人次。全市肺结核发病人数和发病率稳步下降，全年全市登记肺结核患者467例，比2019年的585例减少118例，下降率20.17%，并开展患者追踪与规范化管理，追踪及转诊到位率99.45%，患者成功治疗率95.81%。

【免疫规范管理】 2020年，江阴市严格执行接种人员持证上岗制度，开展岗前培训和考核，全年全市培训各类预防接种单位业务人员1800余人次。加强疫苗管理，反复对各有关单位强调严格按规范要求做好疫苗的储存、运输和分发工作，落实验收、储存、运输、盘库、报废等工作制度，启用疫苗管理信息新系统和接种确认系统，强化疫苗的溯源管理。每日监控疫苗有效期，近效期疫苗及时隔离，统一回收。各单位必须按月盘点储存疫苗情况。持续改进接种门诊标准化建设，在全市28个标准化门诊的基础上建成4个智慧化门诊，提升服务能力，改善服务环境，提高群众满意度。是年，接种一类、二类疫苗57万余人次，一类疫苗接种率均在95%以上，无接种差错事故发生。

【突发公共卫生事件处置】 2020年，江阴市进一步健全卫生应急组织体系。市卫生健康委员会组织卫生系统开展应急培训和演练等，全面提升卫生应急人员的素质，有效且规范应对各类突发事件。报告突发公共卫生事件3件，其中新型冠状病毒肺炎首例1件、新型冠状病毒肺炎聚集性疫情1件、水痘暴发疫情1件，比2019年（登革热疫情1件，手足口病疫情1件）增加1件。面对高发的学校、幼托机构水痘、手足口病、诺如病毒感染、流感等疫情，积极采取多项措施。对全市各医疗卫生单位疫情管理人员进行伤寒、手足口、水痘、流感等识别培训，提高基层单位人员处置初始疫情能力。在疾病流行前开展对全市托幼机构、小学拉网式预防性指导5次，累计1216次，尽可能降低暴发流行的风险。在流行期间与教育部门每日互通信息，发现疫情苗头尽早介入处理，严格落实措施控制疫情，没有发生大面积暴发。积极推进手足口病EV71型疫苗、流感疫苗和水痘疫苗接种，最大程度减少病例的发生，保障易感儿童的健康。是年，全市未报告重症手足口病。

【公共卫生监测】 2020年，江阴市开展食品安全风险监测，全年共监测155件样品，任务完成率100%；完成食源性疾病病例1999例，任务完成率100%，处置食源性疾病暴发事件8件。开展各类环境卫生监测及农村居民室内健康危害因素监测，完成医院、商场、车站、农贸市场等7项国家室内环境监测项目。开展婴幼儿沐浴场所在夏、冬季健康危害因素监测，监测城乡单位10个次，共涉项目400项。开展不吸烟女性肺癌危害因素监测，完成病例对照210例。完成并及时上报省农村生活饮用水枯水期卫生监测数据，生活饮用水监测覆盖率100%，任务完成率100%。完成江苏省下达的农村环境卫生监测工作。对全市的中小学校开展学生伤害监测工作，监测覆盖率100%，日报告率98.93%，伤害发生率5.35%。建设营养餐厅1个。（缪　英）

应急管理

【概况】 2020年,江阴市应急管理局深入贯彻习近平总书记关于应急管理工作的重要论述和批示精神,落实江阴市委、市政府决策部署,以"坚持杜绝较大及以上事故,有效防范遏制一般事故,安全生产事故次数、亡人数持续下降"为工作目标,狠抓安全生产和应急管理各项重点工作落实,进行安全宣讲928场,受众4.98万人;健全责任体系,制定党政领导、部门监管、企业主体三张责任清单,推行分级分类监管;开展专项整治,化解安全风险,整改隐患2.86万处,解决一批难点问题,推动全市安全生产形势持续稳定向好。年内,沿江危化品应急救援基地成为全省唯一的长三角一体化应急协同发展重点项目,化学储罐(仓库)、危险作业实现可视化、信息化监管;制定高处作业等多项地方标准,长山油库管理系统强化专业人员配备,充实基层一线监管执法力量;完成11个自救互救项目点建设,开展应急救护培训3万余人次。是年,市应急管理局被评为全省执法工作先进集体、应急指挥工作先进集体、危险化学品安全生产先进集体和应急管理普法宣传工作先进单位;在无锡市应急系统安全生产执法技能竞赛、行政执法卷宗评比中分获一等奖、二等奖。

【健全安全责任体系】 2020年,江阴市持续加强安全生产工作,市委全会2次、市委常委会和市政府常务会议21次研究部署安全生产工作,召开全市大会3次、专项整治推进会11次,推进安全生产工作落到实处。实行党政主要负责人、市安委会双主任制,出台《市委常委会成员、市政府领导班子成员2020年安全生产重点工作清单》《江阴市安全生产警示提示制度》等4项制度,推进各级安委会、专委会工作机制规范化、实质性运行。出台镇(街道)、园区、部门、村(社区)领导干部安全生产职责清单,12项生产安全事项纳入网格化管理,不断健全责任体系。实施安全生产专业委员会工作规则,调整优化安全生产专业委员会成员。修订市级职能部门、单位安全生产职责规定,实现"宁可跨前一步形成重叠,不可退后一步形成盲区"压力传导。率先在全省探索行业领域安全监管体制机制,全市18个板块53个市级职能部门增设或加挂安全生产监管内设机构。

【安全风险防控】 2020年,江阴市安全生产工作实行分级分类管控、全面整治和重点整治相结合,开展危险化学品、冶金等工贸领域、烟花爆竹行业等重点行业领域专项整治,全年累计排查治理隐患2.86万处。完成93个危化品重点企业两轮检查,责令停产整顿企业39个,关停企业11个。推动违法违规"小化工"专项整治行动,整治违法违规企业(个人)98个(人)。排摸使用危化品工贸企业1144个,对市重点监管企业实施"一企一策"整改提升。验收25个深井铸造企业的技术改造,对37个粉尘涉爆企业安全诊断,为139个重点监管企业高处作业备案登记。聘请专业机构完成对25个厌氧罐印染企业安全检测评估。出台《江阴市工业企业安全生产技术服务工作管理办法(试行)》,对在江阴开展评价业务的评价机构开展专项检查,并实行一企一档管理。加强安全生产监管信息化建设,完善重大危险源预警监测平台,对高危作业现场和储存装置场所实现可视化、数字化监管。建立问题隐患、安全专家、监管人员等信息数据库,为防范化解风险提供技术支撑。

【推行监管执法新模式】 2020年,江阴市加大安全生产执法监督。市应急管理局修订《行政执法公示制度》《行政执法全过程记录制度》《重大行政执法决定法制审核制度》,促进执法公正文明;加强业务培训,年内开展安全生产行政执法、新版安全生产行政执法文书使用、全市领导干部"三转一提"*(安全生产)等专题培训,不断提升安全生产监管能力;推行"监管+执法+技术"模式,突出问题导向,做到精准执法、靶向执法;开展"厂中厂"安全生产专项整治雷霆行动、"利剑出鞘"等专项执法行动。发挥市安委办职能作用,组织安全生产巡查、季度考评、派驻督导等各类督查检查20余次,跟踪督促各级交办须整改问题1028个,促使各地安全生产监管执法深度融合。配合市镇两级人大、政协开展安全生产"一法两条例"执法检查和民主评议,市公共安全体系建设被列入市政协重点视察项目,进一步形成安全生产"齐抓共管"工作合力。是年,全市应急管理系统共事前立案977件,其中5万元以上重大案件228件,处罚金额3399.65万元,关停企业346个,申请法院强制执行案件6件,对多名事故责任人追究刑事责任。

【构建公共安全体系】 2020年,江阴市科学编制1个总体规划和危化品、冶金等工贸、交通运输、公共卫生等26个分领域或行业专项规划,出台《江阴市公共安全体系"1+26"规划(2019—2025)》,率先破题县域公共安全体系"三位一体"总体框架,形成"防救集成、全域全民"的县域公共安全体系江阴模式。坚持"先急后缓、先重点后一般"原则,先行开展全市化工企业安全生产信息化管理平台建设、建立油气管道保护网格化管理体系、推进燃气安全技防体系建设、在老旧住宅及群租房等高风险场所推广技防设施、打通"生命通道"、打造街面警务工作站、推进校舍安全工程建设等20项工程项目,以项目化工程化来有序推动规划落地落细。因地施策出台安全村(社区)建设江阴标准"16条",以"小细胞"安全创建提升全市域本质安全水平,首批60个村(社区)创建达标,并在以后每年继续推进20%以上村(社区)参与创建工作,力争5年实现全覆盖。创新编制市民应急科普读物,发放《江阴市民应急与安全手册》2.4万册。推进自救互救工程建设,新建11个自救互救项目点,全年培训3万人次。是年,积极融入长三角一体化应急管理协同发展,高标准建设江苏省沿江(江阴)危化品应急救援基地。

【应急宣教质量提高】 2020年,江阴市应急管理局开展"百团进百万企业"安全生产宣讲活动928场,宣传教育职工49841人;组织13500个工业企业参加"学重要论述 促安全发展"网络学习活动;组织逾5.6

万人报名参加全国第二届应急管理普法知识竞赛活动；落细落实“企业安全生产主体责任主题征文活动”，选送作品获得省级、无锡市级一等奖。组建应急管理信息员队伍，在省级以上媒体刊发文章53篇，创作安全文化和科普作品5部，一部作品获应急科普全国十佳融媒体作品。组织开展“安全生产月”系列工作，江阴市在“全国安全知识网络竞赛”中获县级市全国第六、江苏第一。开展“我为安全代言”的典型选树、“安全吹哨人”短视频征集、自救互救运动会等活动。建成江阴市安全生产培训考试考核点，有企业负责人、安全管理员、特种作业人员等2.5万余人参加考试。是年，市应急管理局被评为全国应急管理新闻宣传先进单位、江苏省“安全生产月”活动先进单位。

【自救互救项目】 2020年，江阴市全民应急救援（自救互救）项目建设稳步推进，全年完成市政大厦、行政事业中心、江阴绿道、成化高中、长泾高中、兴港社区、北澗小学、消防教育馆、特殊教育学校、江阴体育中心全民健身馆、沿江危化品应急救援基地等项目点11个。按计划实施“自救互救培训进机关”活动，组织党政群机关党员干部参加230余场自救互救培训，培训8000人次。采取项目点普训、社会力量培训、社区普及讲座、中小学校专题培训等多种方式，进一步提升公益自救互救能力和服务水平，增强居民对应急救援的认知感，全年参与人数超31000人。

【应急演练】 2020年，江阴市组织市级专项演练2次，镇（街道）、园区组织专项演练10余次。11月24日，在市体育馆举办江苏省危化品运输爆炸事故紧急医学救援应急演练活动。此次演练模拟液化气运输车与并排行驶公交车发生碰撞引发爆炸事故。演练中，江阴市迅速启动《江苏省突发公共事件医疗卫生救援应急预案》，无锡市、泰州市、苏州市多地联动，检验展示全省卫生应急联动机制响应情况及江阴市应对突发事故时应急处置能力。12月2日，在南京理工大学江阴校区成功组织应急疏散和救援演练，通过演练全面普及防灾、减灾、救灾知识，培养师生正确的逃生要领，增强师生的防灾、减灾、救灾意识和自救互救能力。

【防灾减灾宣传】 2020年，江阴市围绕第12个“5·12”全国防灾减灾日的主题“提升基层应急能力，筑牢防灾减灾救灾的人民防线”，开展防灾减灾活动。5月9日下午，市应急管理局牵头组织的全市自救互救运动会在云亭街道举行，各镇（街道）、各相关部门200余人参与，比拼项目有伤员救助、心肺复苏、接力灭火等，在模拟场景中锻炼协调互动、实际操作技能，提升应急自救互救能力，并普及推广。在防灾减灾宣传周活动中，利用微信、微博、手机报、数字电视电影等新媒体，通过刊发署名文章、开设专版专栏、在线访谈等形式开展宣传活动。 （唐小雯）

特种物品与设备安全

【概况】 2020年，江阴市加强对危险化学品监管、做好辐射污染安全管控，对危害百姓美好生活的白蚁进行高质量防治，开展全市特种设备安全生产专项整治，防范各类安全事故发生。年内，市公安局同时推进疫情防控和安全监管，坚持“两手抓、两手硬”，依托“网格化+大数据”治理手段，在排摸见底、隐患整改、督导推进等方面下力攻坚，有效做好危险物品安全监管，提前完成全部从业单位治安防范达标建设，未发生重大涉危涉爆案事件发生；市应急管理局着力江苏省沿江（江阴）危险化学品应急救援基地建设，促使该基地于上半年正式挂牌并实质运行；江阴生态环境局开展辐射安全生产大检查行动，确保风险放射源应收尽收，同时不断提升江阴市白蚁防治工作的科技含量；市市场监督管理局做好特种设备安全的摸底排查和质量监督抽查，促进企业加强对特种设备的安全管理。是年，特种物品与设备未发生重大安全事故。

【危化品安全隐患排查】 2020年，江阴市公安局按照上级公安机关和市委、市政府部署要求，做好危险化学品隐患排查。发挥“警格+网格”双网融合先发优势，全面排查各类隐患。突出专业市场实地排查，以网格为单位，发动社区民警、外口辅警、网格员对江南食品城、新百业广场、永康五金城等专业市场开展明察暗访，严查严管非法销售管制刀具、仿真枪、烟花爆竹等违法违规行为，及时发现散失在社会的危险物品，做到应报尽报、应收尽收；突出涉危单位联动摸底，依托网格数据共享和推送机制，积极对接应急管理、环保等网格成员单位，获取全市剧毒、易制爆、放射源等危险物品单

2020年5月30日，江苏省沿江（江阴）危险化学品应急救援基地和江阴市沿江危险化学品应急救援中心揭牌 （市应急管理局提供）

位名录,对照做好日常排查和走访工作,及时发现并按要求列管涉危从业单位;突出复工企业安全检查,结合全市复工复产形势,及时掌握和更新全市涉危企业生产经营状况。用好"专管民警+社区民警"的双重工作制度,对已复工涉危企业,上门开展治安防范检查,督促、指导从业单位做好危险物品治安防范措施,确保人防、物防、技防、制度防等措施落实到位;对停产的企业,督促严格落实停产方案的要求,强化对车间、仓库、罐区等重点场所、重要部位的日常巡查,切实消除事故隐患,确保安全停产。此外,采取线上视频培训方式,对复工复产涉危从业人员进行安全知识和监管技能培训。是年,共收缴管制刀具24把、枪支3支、子弹204发、烟花爆竹1500余箱;排查列管烟花爆竹经营批发单位3个、易制爆单位529个、放射源单位76个。

【危化品安全数字化监管】 2020年,江阴市公安局对危险化学品监管强化数据赋能,依托各类信息系统进行研判,加强预警和风险评估,确保风险隐患及时整改到位。强化平台监管,通过智慧安全监管在线视频系统,实时在线监督涉危企业治安防范设施设备运行情况,安保人员24小时值守情况;强化技防设施建设,在涉危企业重点部位建设入侵报警系统,实时掌握库房、车间等部位异常情况;强化数据监测,依托危险化学品治安管理信息系统,对危险物品日常购买入库、领用出库等流向数据进行比对,实时推送预警数据异常、单位资质过期、未备案等情况。将获得的数据信息与税务(开票)、市场监管(发证)等部门业务数据比对,及时有效发现违法违规线索。是年,未发生涉危企业漏管现象。

【涉危企业安全督导】 2020年,江阴市公安局为确保安全监管推进到位,采取严格督导检查手段,压实各方安全监管责任。年内,联合市环保、安监等政府职能部门进行联合督导,通过实地走访、明察暗访,检查重点涉危企业生产经营情况,督促落实安全防范措施,对检查发现的安全隐患,下发整改通知书,明确时间要求,确保整改到位;结合治安防范达标建设进行专项督导,组织专业警种做好危险物品从业单位技防建设验收和检查,指导加强技术防范设施投入,落实各项安全生产制度;针对前期实地验收检查中发现的问题进行回头督导,逐一开展"回头看",查整改进度、盯整改成效,确保问题隐患发现一处、整改一处、消除一处,落实企业安全生产主体责任。 (朱斌 胡娟)

【江苏省沿江(江阴)危险化学品应急救援基地挂牌运行】 2020年5月30日,江苏省沿江(江阴)危险化学品应急救援基地正式挂牌运行。该基地建成投用应急指挥综合楼、集成"防救训"六大信息化应急指挥平台系统,即数据监控系统、双重预防系统、指挥调度系统、应急救援系统、安全培训系统、应急演练系统,以及全市安全生产考试点。设立市政府直属正科级事业单位——江阴市应急指挥中心,核定事业编制40人,实现24小时接报、指挥调度。购置6510万元的国内外先进消防救援装备等投入执勤,具备对危化品储罐和码头、大跨度厂房等情况复杂点位的精准观测、精准处置能力。运用物联网技术能对危化品重大危险源同步预警监测和仓库、森林等重点部位动态进行网上巡查。运用高空瞭望及红外温感技术,对临港沿江化工园区全覆盖预警监测,能成功消除沿江芦苇荡火灾引发危化品码头、罐区重大事故的风险。12月,江阴市应急指挥中心与无锡市应急管理局依托应急指挥平台开展危化品泄漏应急救援桌面推演。至年末,江阴市应急指挥中心处置各类报警1031次,妥善处置各类突发公共事件46件。

(唐小雯)

【核与辐射安全管控】 2020年,江阴市加强辐射污染安全管控。开展辐射安全生产大检查行动,对市级管控涉源单位、废旧金属熔炼企业、伴生放射性矿开发利用单位检查率100%,市级管控射线装置检查率50%以上,组织开展Ⅱ类r射线移动探伤单位辐射安全生产检查。建立闲置源季度排查制度,风险放射源应收尽收。年内,全市送贮15个单位116枚废旧放射源,数量为历年之最。完成辐射事故应急预案修编,开展辐射事故应急演练。是年,累计检查辐射企业271个次,出动人员542人次。其中,检查涉源化工企业8个,四类、五类放射源单位67个,伴生矿利用单位1个,外来移动探伤单位1个,废旧金属熔炼单位9个,三类射线装置单位101个,检查率均为100%。 (姚京君)

【白蚁防灭治】 2020年,江阴市高质量完成白蚁防治公共服务,减少白蚁对老百姓美好生活的危害。新增农村集体建设项目的白蚁预防工作,年内完成全市110处新建房屋白蚁预防项目处理,做好市内1586个蚁情监测站点的维护和观察工作,并做好宣传工作,及时通过公共媒体和微信平台发布白蚁分飞高峰期预警,提高市民对白蚁防治意识。注重白蚁预防工程回访复查,全年回访1300多个新建房屋白蚁预防工程,对指定街区(虹桥四村)进行白蚁调查,并对其中存在白蚁危害现象的工程及时进行治理,有效保障房屋的使用安全。对全市26个公园开展林地白蚁综合治理,有效控制白蚁对园林分化的危害。开展土白蚁研究探索,并引用白蚁电子监控装置,不断提升全市白蚁防治工作的科技含量。 (邱敏)

【特种设备安全监管】 2020年,江阴市市场监督管理局牵头组织开展全市特种设备安全生产专项整治工作,促进企业对特种设备进行安全管理。深入推进压力管道专项整治,全市累计完成730千米的压力管道定期检验,其中涉危化企业压力管道全部完成定期检验。持续开展叉车安全集中整治,对全市叉车使用情况进行全面摸底排查,对"三无"(无产品合格证、无整机铭牌、无制造厂家制造许可证)叉车进行重点治理。通过专项行动,全市新增叉车注册登记3704台,超过全市总量的三分之一。开展电梯维保质量监督抽查,检查电梯维保单位51个,发现维保单位存在管理问题215个,开展电梯维保质量现场抽查107台,发现电梯安全隐患153处,立案查处电梯维保违法案件12件。开展大型游乐设施和客运索道专项检查，对全市4个游乐场所和1个客运索道运营单位进行两轮全覆盖检查，要求运营单位严格落实特种设备安全管理制度，加强设备日常巡检和人员安全培训等工作，保障设备安全运行。开展气瓶充装检验单位“四不两直”（不发通知、不打招呼、不听汇报、不用陪同接待，直奔基层、直插现场）执法检查，重点检查企业的充装检验情况、作业人员持证情况以及应急演练情况等，检查气瓶充装、检验单位34个，发现隐患42处，均完成整改。开展电力企业电站锅炉专项检查，对全市16个电力企业61台电站锅炉安全管理及运行状况、人员持证情况和安全教育培训情况开展专项检查。加强对重点涉危企业的特种设备安全监管，组织全市20个重点涉危企业主要负责人赴无锡进行集中培训并参加考核取证，组织专家对上述企业开展特种设备安全全方位检查，发现各类安全隐患65处，开具整改指令书5份，隐患全部落实整改。落实起重机械专业维保，向使用单位广泛宣传起重机械专业维保的意义和作用，全面推进起重机械专业维保工作，对全市从事起重机械专业维保业务的企业开展许可资质、人员条件等审核备案工作，年内完成起重机械维保备案单位92个；对大型起重机械和冶金起重机使用单位进行全面梳理，全市110个企业186台大型起重机和冶金起重机全部落实专业维保。开展特种设备安全事故警示教育，通过典型事故案例帮助企业相关人员进一步掌握事故发生的原因、防范措施和特种设备使用注意事项，全面强化安全意识，防范事故发生。

（耿柯锣）

火灾事故与防范

【概况】 2020年，江阴市消防救援大队在抗击新型冠状病毒肺炎疫情中，紧急动员消防救援指战员停止春节休假，全面启动战时状态。及时发文部署加强医疗卫生机构、集中观察点和保供单位，以及复工复产企业消防安全工作。全年全市共发生火灾159次，亡0人，伤4人，直接财产损失580.02万元，与2019年相比，火灾次数和直接财产损失数分别下降50.31%、34.78%，伤人数下降42.86%，亡人数净减2人。继2001年后，连续20年未发生有较大人员伤亡的火灾事故。是年，江阴市消防教育馆被评为全省首批应急消防科普教育基地，全年接待参观人员3000余人次。

【灾情分析】 2020年，江阴市发生火灾事故159次，从火灾发生区域看，周庄镇辖区火灾总数位居前列，发生27次火灾事故（含交通工具火灾），占总数的16.98%；华士镇辖区火灾发生18次，占总数的11.32%；璜土镇辖区火灾发生15次，占总数的9.43%；徐霞客镇辖区火灾发生14次，占总数的8.8%；澄江街道辖区火灾发生10次，占总数的6.29%；祝塘镇辖区火灾发生9次，占总数的5.66%；申港街道、云亭街道、月城镇辖区火灾均发生8次，各占总数的5.03%；夏港街道、青阳镇、长泾镇辖区火灾均发生7次，各占总数的4.4%；新桥镇、顾山镇辖区火灾均发生5次，各占总数的3.14%；高新区、南闸街道辖区火灾均发生4次，各占总数的2.52%；利港街道辖区火灾发生2次，占总数的1.26%；其他区域火灾1次，占火灾总次数的0.62%。

从起火场所情况看，住宅火灾52次，直接财产损失97.24万元，占总数的32.7%和16.76%；厂房火灾41次，直接财产损失242.35万元，占总数的25.79%和41.78%；交通工具火灾29次，直接财产损失75.21万元，占总数的18.24%和12.97%；商业场所火灾10次，直接财产损失65.89万元，占总数的6.29%和11.36%；物资仓储场所火灾5次，直接财产损失44.44万元，占总数的3.14%和7.66%；餐饮场所火灾4次，直接财产损失45.4万元，占总数的2.52%和7.83%。此外，农副业场所、宿舍火灾各2次，办公场所、宾馆招待所、汽车库火灾各1次，其他火灾11次。

从火灾发生原因看，因电气引发火灾54次，占总数的33.96%；因遗留火种引发火灾49次，占总数的30.82%；因生产作业引发火灾17次，占总数的10.69%；因自燃引发火灾15次，占总数的9.43%；因生活用火不慎引发火灾14次，占总数的8.81%；此外，玩火引发火灾1次，其他引发火灾9次。

从火灾发生时段看，火灾高发时段为10时至12时，发生火灾20次。14时至16时发生火灾18次，16时至18时发生火灾16次，18时至20时发生火灾15次，20时至22时发生火灾14次，0时至2时、8时至10时、12至14时、22时至24时发生火灾均为13次，6时至8时发生火灾9次，2时至4时发生火灾8次，4时至6时发生火灾7次。

2020年10月22日，江阴市消防救援大队的队员冒险灭火现场

（市消防救援大队提供）

【火灾防范】 2020年,江阴市消防救援大队组织检查集中观察点、定点医疗机构等42个次、商场超市20个次、医疗应急物资生产企业18个次,督改隐患168处。定期开展消防安全形势分析评估,在全市部署开展火灾防控专项整治、冬春火灾防控、电动车专项整治行动、高层建筑专项整治及打通"生命通道"等工作。派员参加市安全生产派驻督导组、文明城市创建暗访督查组工作,安排1名干部常驻市专治办,常态化开展全市各个层面火灾防控督导督查工作。及时调整确定消防重点单位1051个,其中二级重点单位596个、三级重点单位455个,每季度召开全市消防重点单位例会。开展"1234 + N"(一完善、二确定、三规范、四落实和N推进)标准化创建,二、三级重点单位达标率均为100%。年内检查单位3692个次,督改隐患4791处,执法处罚案件439件,责令"三停"(停水、停电、停产)单位115个,临时查封单位63个,罚款393.65万元。开展"双随机、一公开"* 抽查单位812个,下发责令改正通知书61份。挂牌督办4个重大火灾隐患单位,2个督改销案,1个关停。受理公众聚集场所开业前消防安全检查项目116项,出具安全检查合格意见书75份。组织调查101次火灾事故,其中,一般程序火灾事故71次、简易程序火灾事故30次,对42次火灾事故责任人进行处罚,拘留4人,罚款29.5万元。现场直接认定处理微小火灾1717次。组织基层中队出动283车次1595人次,深入504个居民区实地测试消防车道,发现隐患353处,督改隐患22处。指导552个小区、117栋高层公共建筑完成消防车道划线工作。排查各类高层建筑2328栋,检查"三合一"场所(住宿场所与加工生产、仓储、经营等场所在同一建筑内混合设置)117个、群租房341户、养老服务机构10个、学生宿舍5个、医院病房楼11栋及其他单位857个。年内,推广安装独立式火灾感烟探测器1688只、简易喷淋设施314套,电气火灾监控系统253套,建设设有智能充电装置的电动车集中停放点809个;开展集中消防宣传16次,深入15个大型社区广场开展"面对面"消防宣传,开展群众性消防安全宣传教育85次;设计印发"消防自查一本通"等书籍和宣传海报等10万余份,各类消防宣传资料和环保袋2.2万份,消防安全告知书1.8万余份;播出、播放消防提示标语和公益广告1.2万次,推送发布各类消防资讯信息285条;开展"百名消防指挥长消防安全宣讲"活动2次,单位消防责任人、单位消防管理人、消防控制室人员、微型消防站站长、基层网格员、行业部门主管人员、公安派出所民警七类重点人群消防业务培训62场次,累计培训1万余人;组织开展"863"熟悉139次、实战演练515次,节假日前置陈兵282次,修订预案569份;开展"防消联勤"工作,组织基层队站出动人员14896人次,对4355个单位进行防火巡查和消防宣传,指导3841个单位注册应用"慧消防"APP。同时,加强森林防火,组织基层中队出动2975人次、521车次对辖区山林进行道路水源熟悉、取水点检查。组建抗洪抢险专业队,调派1辆模块车30人到太湖周铁段参加防洪执勤,出动16车次84人次及时处置排涝警情16次。 (郁璐娴)

【森林防灭火】 2020年,江阴市不断建立健全森林防火责任体系,深入开展宣传教育,扎实开展隐患排查,着力提升应急能力。江阴市委、市政府重视工作部署的落实,3月31日,市政府组织召开全市森林防灭火工作会议,下发森林防灭火目标管理责任状,并组队抽查华士镇、江阴高新区森林防灭火工作;4月3日,市政府组织召开清明节森林防灭火工作会议,严防发生森林火灾。年内,全市部门联动,扎实开展专项整治工作,累计出动1257人次进行排查,共检查单位、场所996个,排查隐患75处,全部加以整改。12月16日,市应急管理局组织全市专业、半专业森林扑救队伍骨干82人,开展"实战化"森林应急技能培训与检验性演练,全面提升实战技能的同时,检验队伍实力。开展"实战化"抽查,突出涉山板块森林火灾扑救应急响应及森林防火扑救能力检查,应急扑救能力得到明显提升。是年,未发生森林火灾事故。 (唐小雯)

域内安全技防

【概况】 2020年,江阴市公安局围绕"智慧公安"建设总目标,打造智慧警务建设应用生态体系。推进智慧城市建设,完成智慧技防单位563个;推进重点智慧项目,建强全域数据汇聚融合的基础后台,大数据资源池累计汇聚数据426类65.8亿条;提升实战应用效能,研发应用涉稳风险目标采集汇聚平台,汇聚各类风险人员、事件档案5008件;借力大数据深度开展信息分析和案件研判,破解命案积案。

【智慧城市"雪亮工程"】 2020年,江阴市公安局科学规划智慧发展脉络,依托科技发展基础,在智慧城市建设中实施联网报警、视频监控和社会综治等相关信息化和智慧化多网融合的"雪亮工程",作为新形势下治安防控工作的创新举措,把信息技术深入应用到公共安全领域,并将此工程列为全市年度智慧城市建设的重点任务。争取近1亿元经费用于智慧技防建设,其中,智慧技防小区建设投入资金4100余万元,组建工作专班,实行日跟进与周推进相结合,完成社区监控联网5014路,完成率125%;智慧技防校园建设,明确由市教育部门牵头,28所市直属学校建设资金600万元由市级财政保障,其余59所学校建设资金由镇(街道)自筹解决。坚持以科技换人力,打造2个智慧检查站、7个智能缉查堵控点、25个智能卡点,社会面治安视频监控二期项目2499路视频监控完成接入,安装电子围栏126套、网络围栏1500余套。打造科创联盟,成立警务科技孵化室,与20个高科技企业签约并完成入驻,选定"AI感知""多维通讯""智慧数据""数字空间""系统防御"5个发展方向,加大产学研究。是年,全市完成476个智慧技防小区、87个智慧技防校园建设任务。

【搭建大数据平台】 2020年,江阴市公安局重点推进大数据平台建设,建强全域数据汇聚融合的基础后台,联合华为技术有限公司完成大数据平台的搭建。年内，汇聚融合江阴公安网、政务网、互联网内海量信息；对接市大数据中心获取民政、卫健、交通等多部门90余类11.6亿条数据。建优多维模型智能推送的数据中台、视图中台，满足专业警种深度应用、普通民警常态应用之需。开展警务大数据挖掘应用，实现各类警务数据全要素汇聚，实现质态多维度监测、流程闭环式监管；建好精准信息个性应用的业务前台，以“蜂窝”地图为载体，整合多源地理信息资源，围绕社区、治安、刑侦等不同警种需求，打造“千人千面”民警工作前台，实现数据灵活组合、个性应用。至年末，数据平台功能基本开发完成，将进入应用阶段，大数据资源池累计汇聚数据426类65.8亿条。

【引进“反诈卫士”APP】 2020年，江阴市公安局及时引进公安部第三研究所推出“反诈卫士”APP。该APP是一款为个人终端设备提供安全防护、反诈预警、反诈知识宣传、诈骗行为举报、警民互动等功能于一体的应用程序，一旦有居民下载疑似诈骗软件，“反诈卫士”会自动告警，相关信息同步推送反诈中心。年内，“反诈卫士”APP在全市推广，居民安装后，能实现事前预警、事中拦截、事后举报多个环节并举，提高了群众防范电信网络诈骗犯罪的意识和能力，网络环境也得到净化。

【大数据服务疫情防控】 2020年，江阴市公安局在抗击新型冠状病毒肺炎疫情中，优化升级公安安全监管智慧云平台，嵌入“大数据+网格化”的整体框架，实现安全隐患的动态采集、实时监管、协同处置。坚持运用数据功能，提升服务疫情防控的质量，利用“城市哨兵”系统搭建疫情防控模块，运用大数据对全市的疫情防控指数进行评估。是年，该系统为疫情防控工作输出42万余条研判结果。（朱斌 胡娟）

场所安保

【概况】 2020年，江阴市公安局治安大队作为保安监管部门，坚持服务与管理并重，发挥保安队伍作用，成为治安防控重要辅助的正向力量。规范全市保安服务秩序，在全市开展清理整治保安服务行业突出问题的专项行动，实现保安服务行业监管能力、保安从业单位服务项目备案率、保安服务行业违法案件查处率的“三个提升”；完成百分百开展岗位培训、百分百通过背景审查、保安员百分百持证上岗的“三个百分百”目标，促进江阴保安行业健康发展。年末，全市保安队伍有4500余人，服务单位930余个。

【江阴市保安服务有限公司】 2020年，江阴市保安服务有限公司（以下简称“公司”）认真履职、优化管理，在队伍稳定、业务发展、科技创新等方面取得较好成绩。

在构筑抗疫防线中彰显担当，根据市公安局党委关于疫情防控工作的紧急部署，公司于1月24日召开紧急会议，第一时间成立疫情防控工作领导小组，以及后勤、安全、勤务运营等疫情保障组，制定周密的应急预案，构建了“4+4”（4个副总经理+4个保安管理大队长）组织架构，按照管理区域属地负责、部门守岗尽责的原则，由主要领导挂帅指挥，分管领导分片区监管，公司上下联动工作。广大保安人员忠于职守、坚守一线，在服务岗点、居民社区构筑起一道道安全防线。公司领导带头在江阴南、江阴北、江阴轮渡等卡口管控站执勤；每天有1900余名保安员坚守全市政府机关、企事业单位、医院、金融等565个人力防范点执勤，由点串面，织成一面防控疫情的牢固大网。疫情防控中，公司为客户单位消除安全隐患1594处，制止灾害事故228次，扑灭火情（险）360次，为群众做好事1869件次，检查、消杀车辆540多万辆次，为1000万人次出行群众测量体温和登记，开展应急处突演练1130余次，有效处理各类应急突发事件325件，抓获犯罪嫌疑人2人，2000余人次参加市公安局组织的联勤联防义务巡逻，为全市疫情防控和社会治安持续稳定发挥重要作用。年内，公司建立良好的用工制度，认真贯彻《中华人民共和国工会法》《中华人民共和国劳动法》等法律法规，依法与保安员签订劳动合同，实行全员劳动合同制；按政策做好就业困难人员社会保险补贴工作，向市人社局申报符合政策的再就业人员社会保险补贴，使员工享受社会福利；为工伤保安员获取医疗救治，办理工伤保障补贴，使保安员的医疗救治得到保障；督促单位实行每日工作8小时、每周工作40小时工作制度和国家法定节假日休息制度，以及婚假、丧假、产假、计划生育假等制度，对个别执行不好的单位进行调查和纠正。在公司内部建立劳动关系自主协调机制，保护、调动、发挥好职工和企业两者积极性，不断提升保安队伍的专业水平和履职能力。根据人防工作的特点，做到长计划、短安排，开展保安队伍春季和冬季大练兵，参训人员2000余人；举行消防业务、安检技能、人事管理、风险管控等培训8次，受训保安员500余人；培养20余名具有职业资质证书的专业安检员、消防员。公司还鼓励员工参与学习，提升专业技能，组织3人参加高级保安员考试、3人参加中级保安员考试、4人参加无锡市人力资源服务资格培训，有13人通过无锡市安检员岗位技能考试，361人通过保安员资格证考试。通过练兵和培训，队伍的专业技能和水平得到提升。

积极组织参加助残助教活动、帮扶济困、无偿献血等公益活动。注重形象宣传，通过微信公众号、工作简报等宣传公司政策部署、先进人物、典型事迹等，全年更新微信公众号信息12期，在《江苏省保安报》等媒体发表稿件50余篇。在公司内部宣传邢新宏等7名保安员的抗疫事迹，树立抗疫榜样；表扬顾宝林等20名保安员鼎力救人、救火抢险、拾金不昧、助人为乐的事迹。至年末，公司发展成为集人防、技防、消防和社区网格员等多元化服务于一体的安保产业链整合服务商，公司规模、企业效益、综合实力不断提升。是年，公司被无锡市公安局治安警察大队授予“2020年度优秀保安服务公司”称号，被无锡市公安局授予“五星级保安服务公司”称号。

2020 年江阴市(场所)保安服务有限公司一览表

表 48

公司名称	成立时间	公司地址	从业人数	服务单位
江阴市保安服务有限公司	1992 年 7 月	江阴市人民东路 715 弄 7 号	1986 人	565 个
江阴市飞鹰保安服务有限公司	2005 年 3 月 29 日	江阴市大桥路 96－100 号	400 余人	80 余个
江阴市金鹏保安服务有限公司	2010 年 6 月 28 日	江阴市新园路 6 号澄商汇 A 幢 8 楼	400 余人	65 个
江阴市雄鹰保安服务有限公司	2010 年 8 月 13 日	江阴市杨岸路 101 号	400 余人	30 余个
江阴市春风保安服务有限公司	2012 年 3 月 28 日	江阴市周庄镇宏苑路 7 号	300 余人	58 个
江阴市飞龙保安服务有限公司	2012 年 10 月 28 日	江阴市澄杨路 11 号	800 余人	100 余个
江阴市特种押运保安服务有限公司	2009 年 12 月 6 日	江阴市梅园大街 395 号	300 余人	35 个

(李小良)

信息安全

【概况】 2020 年,江阴市紧紧围绕建设网络强国、维护国家网络主权和网络安全的总目标,依据《中华人民共和国网络安全法》等法律法规,在全市大力开展网络安全综合整治,检测排查并督促整改网络安全漏洞隐患、风险和突出问题,不断提升重点行业、重要部门的网络安全防护意识和综合防护水平,优化提高数据容灾备份能力,积极开展重要系统网络安全等级保护测评,增强全市企事业单位应对网络安全事件能力,全面提升网络安全保障能力和防护水平。

【数据容灾备份系统升级】 2020 年,江阴市数据容灾备份中心不断提高备份系统安全管理水平。年内,容灾备份系统运行平稳,容灾备份数据安全可靠,按照国家计算机三级等级保护标准完成年度测评工作,综合测评得分 84 分;推进容灾备份中心系统升级改造,完成容灾备份系统网络安全加固、灾备系统升级扩容和政务云数据接入等建设项目,灾备系统的数据容量达 900T,数据备份性能得到优化提升。至年末,全市有党政机关和企事业单位的 97 个数据库实现异地容灾备份,数据容灾备份体系基本覆盖全市信息化建设重点单位。

(龚伟丰)

【强化等级保护制度】 2020 年,江阴市根据《中华人民共和国网络安全法》实行网络安全等级保护制度的规定,要求网络运营者必须按照网络安全等级保护制度,履行安全保护义务,保障网络免受干扰、破坏或者未经授权的访问,防止网络数据泄露或者被窃取、篡改。全市信息化重点企业、部门积极响应,开展重要网络系统的等级保护测评。年内,实施网络安全等级保护系统的单位 61 个,等级保护系统 113 个,其中三级等级保护系统 32 个、二级等级保护系统 81 个。江阴市电子政务外网、大数据和政务云平台、公共财政网上办公平台、市金保工程、市公安局数据资源管理平台等系统通过三级等级保护测评,人力资源和社会保障服务网系统、人民医院网站系统、中医院门户网站、公安视频汇聚平台、市数字档案馆等系统均通过二级等保测评。

【网络安全执法】 2020 年,江阴市网络安全保卫大队制订《江阴市公安局网络安全执法检查工作方案》,建立以行政区域划分的通报机制,全年接收部、省、无锡下发的各类网络安全通报,以及江阴市公安局自主预警的各类网络安全通报 330 余件,全部快速处置办结,大幅提升全市网络安全案、事件处置和掌控能力,有效压降涉事单位网络安全问题造成的损失和因此产生的负面社会影响。提升执法效能,年内处置 1 件互联网网站被境外反动黑客组织攻击并张贴反动标语的重大网络安全政治案件、109 件互联网网站被挂淫秽色情链接、赌博链接和发布负面信息的网络安全事件、220 余件互联网网站存在高危重大安全漏洞的安全事件,处罚不履行网络安全保护义务单位 210 个;办理一批利用信息网络实施违法行为、从事危害网络安全活动、提供程序工具的违反《中华人民共和国网络安全法》的行政案件,行政拘留 26 人,罚款 5 万元。

(陆清华)

■类目编辑　王萍芳

街道·镇概况

澄江街道

【概况】 澄江街道地处江阴市中心城区，是江阴市委、市政府所在地及全市政治、经济、文化中心，孕育“刘氏三杰”（刘半农、刘天华、刘北茂）、教育家吴研因、爱国高僧巨赞、中国中药化学研究先驱赵承嘏、“中国机器人之父”蒋新松等一批人。区域面积65平方千米，下辖31个社区居委会和6个行政村。2020年年末，有户籍人口276024人，其中男性134288人、女性141736人；有少数民族26个970人，其中蒙古族72人、苗族96人、回族170人、土家族116人、满族233人、朝鲜族35人、壮族81人、维吾尔族2人、侗族26人、彝族10人、畲族8人、黎族11人、布依族12人、藏族8人、白族6人、水族2人、羌族8人、瑶族23人、土族27人、仫佬族4人、哈尼族1人、达斡尔族2人、俄罗斯族6人、锡伯族5人、佤族4人、鄂温克族2人。有外来人口73529人，其中男性41303人、女性32226人。

政治建设　深入学习贯彻习近平新时代中国特色社会主义思想和中共十九届二中、三中、四中、五中全会精神，严格落实意识形态工作责任制，街道获评全省基层党员冬训工作示范乡（镇、街道）。全面推进新时代文明实践所（站、点）建设，街道市民文明程度积分管理平台成功上线，累计发布各类志愿活动1000余个。建强基层队伍，新增“五强”（政治素质强、担当作为强、发展本领强、治理能力强、作风纪律强）型书记14人，重用提拔村（社区）“两委”*干部101人，调优配强村（社区）“两委”班子队伍，选拔15名机关年轻干部充实到村（社区）一线，村（社区）“两委”班子学历层次、年龄结构进一步优化。社区工作者和村“两委”干部全部纳入“星级+薪级”职业体系管理平台。新增先锋驿站12个、“暨阳红色先锋”五星级堡垒党支部8个。以深入开展“三转一提”*专题学习活动为契机，着力纠治“四风”*问题，重点查处“庸懒散浮拖”现象。扎实开展村级集体资金违规出借和资产出租问题专项清理工作，整改追回资金3455万余元。严格执行党内监督条例，全年诫勉谈话16人，提醒谈话15人；立案49件，党纪处理42人。年内，澄江街道第一时间成立新冠肺炎疫情联防联控工作领导小组，积极应对突发公共卫生事件一级响应，全民动员、全员参与，全面织密织牢疫情防控网，严格落实常态化疫情防控举措，坚决守牢疫情防控澄江防线。上下一心形成合力。累计排查辖区居民14.8万户，居家观察1.43万人，集中隔离观察720人，核酸检测1.14万人，实现确诊病例“零死亡”、医护人员“零感染”和治愈病例“零复发”。街道311个基层党组织、2102名党员干部、4093名志愿者奔赴抗疫一线，5463名党员向中组部自愿捐款137万余元，向湖北武汉捐赠41万余元。政企同心共克时艰。强化“外防输入、内防反弹”各项措施，积极指导推动辖区企业错峰复工复产，全面落实援企惠企各项政策，疫情期间减免个体工商户等税金2000万元，减免租金415万余元，统筹做好村（社区）、企业、学校和涉外等防控工作，以最快的速度恢复正常生产生活秩序。周怡科获评江苏省抗击新冠肺炎疫情先进个人，程涛获评无锡市抗击新冠肺炎疫情先进个人，王永康获评无锡最美战疫先锋。

经济建设　实现地区生产总值600.36亿元，完成一般公共预算收入31.17亿元，规模以上工业产值138.27亿元，全社会固定资产投资113.42亿元，限额以上单位零售额108.13亿元，限额以上单位销售额517.49亿元，进出口总额8.39亿美元，到位注册外资3730万美元。启动新华工业集中区升级改造，完成奥丽雅鞋业地块收储工作。项目建设加速发力。澄江跨境电商产业园一期、博丞养老公寓、惠友骨科医院、八佰伴南门店等服务业重点项目建成投运，其中电商产业园入驻企业150个，实现出口1.5亿美元，南门商业街区、万怡酒店等在建项目加速推进。江苏红柳床单有限公司年增300万套床品配套件、江阴宝柏包装有限公司年产3000吨绿色环保印刷和智能制造等工业技改项目竣工投产。经贸洽谈会新签约中南高科（国际）智造港、都市工业智造加速基地等项目6项，总投资近30亿元。

社会建设　全年新增国家级高新技术企业7个、有效高企28个，高企培育入库 7 个，科技型中小企业入库 36 个，“雏鹰企业”*入库 2 个，“瞪羚企业”*入库 3 个；新引进科技人才项目 1 项，申报“太湖人才计划”*创新领军人才 1 人，入围省科技副总 2 人，完成技术合同成交额 7416.98 万元，获批江阴市院士工作站 1 个。辅延中心幼儿园新校区建成投运，投入近 9000 万元用于学校维修改造和设施设备添置。改造投运新华社区和虹桥北路社区卫生服务站，免费公共体检 9.8 万人次，新增家庭医生签约 5924 人，深入开展爱国卫生运动，江锋社区获评省健康社区。加强食安办规范化建设，食品安全全面纳入智慧城市综合管理平台。持续开展文化惠民走基层活动，天鹤社区书屋、革新社区书屋获评江苏省五星级示范农家书屋。新增体育场地 70 处、面积 10 万平方米，黄田港公园获评全省最美乡村健身公园。全年完成征地拆迁 87.21 万平方米，安置分房 1145 户 1577 套，安置面积 17 万平方米。完成健民巷 32 弄、澄康路 85 弄等 16 条背街小巷提升改造工程。深入开展农村人居环境整治专项行动，完成皮弄村、通运村、红光村 3 个行政村环境综合整治，全年新增绿化 13.33 公顷。大力推进污染防治攻坚战，完成 38 项涉气重点工程以及 3 台工业窑炉、3 台燃气锅炉淘汰任务，集中整治城区 1024 个餐饮门店，建成 2 个汽车集中钣喷中心。开展“美丽河湖”建设，长江流域澄江段禁捕退捕工作扎实推进。城市治理不断深化。新建绮山、板桥、运河、西郊、黄田港 5 个社区，完成要塞社区和花山社区更名。顺利完成 28 个村的村社分离改革，实施黄田港、君山、五云桥、秦泾、塔南、绿园 6 个“空壳村”和 16 个行政村撤村工作。农村集体“三资”*监管力度不断加强，“e 银通”累计交易 3383 笔，全年共审核支出 1.88 亿元。制定完善街道网格“一长五员”（网格长、网格员、督查员、信息员、联络员、巡查员）名单及任务清单，入格事项明确为 154 项，二级网格调整为 37 个，三级综合网格优化为 181 个，设置 4 个专属网格。街道指挥中心受理和流转网格员上报事件 60024 件，办结 59950 件，入格事件办结率 100%。市综合行政执法局执法力量下沉街道，综合执法“一队伍”力量进一步加强。全力办好街道十件民生实事，全年民生支出 9.7 亿元，比 2019 年增长 10.23%。本地劳动力实现就业人数 10918 人，扶持自主创业 447 人，推荐就业 659 人。完成城保扩面 12280 人，发放被征地农民保障金 7709.2 万元，完成谢园村、皮弄村、璜塘上村、红光村 4 个行政村 2118 名被征地农民保障工作。发放最低生活保障金 500 余万元、各类补助补贴 2250 余万元。居家援助服务对象超 1 万人。“慈善一日捐”活动深入开展，募集慈善基金 200 余万元。扎实开展第七次全国人口普查工作，摸清人口家底，推动高质量发展。深化行政审批改革制度，建立健全商事主体事中事后联动监管制度。完成街道为民服务中心“全科式业务综窗受理”改革，15 个条线专窗精简为 8 个综窗，59 个赋权事项细分为 185 项子项，全年办理事项 66680 件，提前办结率 100%。落实优化营商环境各项举措，半天时间完成新开办企业审批流程 619 个，新增市场主体 12215 个。

2020 年澄江街道主要经济社会指标一览表

表 49

指　　标	单　位	数　量	比 2019 年增减（%）	指　　标	单　位	数　量	比 2019 年增减（%）
地区生产总值	亿元	600.36	0.10	限额以上单位零售额	亿元	108.13	-6.60
其中：第一产业	亿元	0.82	1.10	固定资产投资总额	亿元	113.42	19.20
第二产业	亿元	217.73	-0.40	其中：工业投资	亿元	0.58	—
第三产业	亿元	381.81	0.30	进出口总额	亿美元	8.39	-14.90
一般公共预算收入	亿元	31.17	-7.82	其中：出口额	亿美元	7.01	-5.41
农业总产值	亿元	1.47	5	到位注册外资	万美元	3730	—
粮食总产量	万公斤	78.60	-40.46	居民人均可支配收入	元	65404	4.70
工商业开票销售总收入	亿元	1882.23	-8.71	中小学校在校学生数	人	26360	3.32
其中：工业开票销售收入	亿元	—	—	社保参保率	%	93	0（百分点）
服务业开票销售收入	亿元	—	—	劳动合同签订率	%	99.9	0（百分点）
规模以上工业利润总额	亿元	0.07	—	城乡居民基本医疗保险	%	98.4	0（百分点）

说明：澄江街道辖区内中学均为市属学校，故只统计小学在校学生数

2020年澄江街道开票销售收入前10名企业一览表

表50

名次	企业名称	销售收入（亿元）	法人代表	名次	企业名称	销售收入（亿元）	法人代表
1	江阴市贯庄金属材料市场有限公司	343.41	王国安	6	江阴市安基橡胶工业有限公司	16.06	刘燕明
2	江阴澄星实业集团有限公司	277.54	李　兴	7	江阴八佰伴商贸中心有限公司	14.27	方　芳
3	江苏红柳床单有限公司	39.67	黄建钧	8	江阴宝柏包装有限公司	12.23	王　清
4	江苏富仁集团有限公司	28.95	王　娟	9	江苏海鹏投资集团有限公司	11.70	胡鹏飞
5	江苏大众医药集团	20.54	刘柏生	10	江阴宝诚汽车销售服务有限公司	9.69	陈　涛

2020年澄江街道各村（社区）基本情况一览表

表51

村（社区）名称	户数（户）	人口（人）	村（社区）党支部（党总支、党委）书记	村（社区）主任	村（社区）开票销售收入（亿元）
绮山社区	422	1054	陆　斌	—	3.50
立新社区	2940	8099	沈　刚	沈　刚	0.34
板桥社区	1875	5224	李联峰	—	—
花山社区	1469	4048	陆惠军	—	1.28
运河社区（筹）	167	374	夏惠文	—	4.53
革新社区	2461	6917	范春燕	冯洪清	1.05
先锋社区	3099	8163	顾建刚	顾建刚	5.83
澄南社区	3297	8629	徐中兴	徐中兴	2.29
梅园社区	1366	3637	薛玲芝	凌荣亚	—
塔南社区	3091	7876	夏　菁	卞荷娟	—
文富社区	1587	8817	蒋　敏	黄和洪	13.71
西郊社区	3215	4352	匡小萍	匡小萍	—
贯庄社区	4760	13664	徐建卫	徐建卫	1.91
新华社区	4490	12569	巫　敏	巫　敏	0.58
天鹤社区	3020	8056	赵丽君	吴　钢	—
蒲桥社区	3441	9159	陆惠明	陆惠明	2.15
文定社区	4060	10942	张　静	承　育	—
环城东路社区	2891	8341	吕桂芬	眭菊萍	—
城中社区	4874	14280	吴娅荣	黄晓峰	—
西大街社区	1782	4863	顾亚华	杜慧菁	—
芙蓉社区	2838	7306	承　育	杜海华	—
要塞社区	3121	8806	丁士福	马荷华	2.64
花园社区	5012	14100	吴胜男	吴胜男	—
澄康路社区	5441	16554	周怡科	浦　嵘	—
澄江路社区	5282	15794	吴　海	徐丽君	—
君山社区	3176	9024	王利民	陈玉琴	—
北大街社区	2670	6461	赵　蕾	季波娜	—
浮桥社区	2437	6757	吴　敏	蒋星卫	1.75

续表 51

村(社区)名称	户数(户)	人口(人)	村(社区)党支部(党总支、党委)书记	村(社区)主任	村(社区)开票销售收入(亿元)
黄田港社区	2488	6897	毛锦洁	—	—
黄山社区	5750	15940	汪金子	宋建年	3.93
江锋社区(含江锋村)	2606	6468	许　钢	许　钢	—
皮弄村	1047	3160	钱海祥	钱海祥	4.99
谢园村	344	948	张　敏	张　敏	1.93
花北村	437	1053	徐国强	徐国强	1.49
通运村	597	2087	林　勤	黄华良	3.46
红光村	843	3258	沈建明	刘建刚	0.5
璜塘上村	689	2347	陆怡安	沈　洪	3.08

说明:各社区无开票收入,故无数据,部分社区有数据为社区含撤村前村级经济数据

【澄江街道拆迁安置】 2020年,澄江街道完成征地拆迁87.21万平方米,其中拆除住宅1348户18.99万平方米,非住宅335个68.22万平方米。安置分房1145户1577套,安置面积17万平方米。全年拆迁腾地92公顷,保障63.93公顷土地顺利出让,城区土地出让金首破百亿元大关。完成21项"清点清障"项目,通过无锡市达标验收并受到表彰,完成5年以上遗留拆迁户85户,主城区24个地块实现清障,保障南沿江高铁江阴段、锡澄运河公园一期工程等重点建设工程和民生工程施工。

【"平安澄江"建设】 2020年,澄江街道安全监管全面强化,成立26个安全生产专项整治工作组,深入开展"利剑出鞘"专项整治行动。建立"一企一档"企业379个,完成小微企业托管260个,建设"双重预防机制"企业112个,举办安全培训班7期。深入开展烟花爆竹禁放工作,实现全域烟花爆竹"零燃放",全年安全生产亡人事故"零发生"。综合治理成效明显,深化"平安澄江"建设,开展扫黑除恶"六清行动"(线索清仓、逃犯清零、案件清结、伞网清除、黑财清底、行业清源)。组织对金融领域166个存量风险企业进行"回头看"。健全城市治安防控体系建设,完成38所学校技防设施联网工作。推进平安志愿者分会实体化运行,社会满意度和公众安全感明显提升。矛盾纠纷多元化解,开展"宪法日""司法日""思廉日"等主题普法宣传活动,"七五"普法圆满收官。公共法律服务"夜门诊"增加至4个,受理法律援助案件49件。推进"一站式矛盾纠纷多元化解中心"建设,累计受理各类民事纠纷事件2500余件,调解成功率100%,街道人民调解委员会获评全国模范人民调解委员会。

【澄江街道教育发展】 2020年,澄江街道投入近9000万元用于辖内学校维修改造和设施设备添置。为消除校园安全隐患,完成实验小学、城中中心幼儿园等首批10所学校智慧技防校园建设,12所幼儿园4.7万平方米教学区实施安全性鉴定检测,完成英桥国际、虹桥小学、大桥中心小学3所学校的食堂管道燃气改造,完成要塞中心幼儿园等5所学校的电力扩容工程。成立辅延中心幼儿园教育集团,辅延中心幼儿园新校区建成投运。出台《澄江街道教育发展专项奖励办法(试行)》,教师节表彰538名各类优秀教工人员。规范招生管理,严格执行新生入学大数据比对政策。探索积分入学政策,出台《澄江街道2020年市民文明程度积分入学操作办法》,拿出公办幼儿园79个、公办小学107个新生空余学位,实现积分入学143人。关停3所非法办学机构,关闭1所看护点,3所看护点升格为合格园,答复市民咨询投诉1000余条。

【澄江街道社区治理】 2020年,澄江街道投入社区经费5630万元,新建绮山、板桥、运河、西郊、黄田港5个社区,完成要塞社区和花山社区更名。交接住宅小区58.65万平方米、社区办公活动用房2140平方米。新增注册社区社会组织16个,举办第二届党建公益项目大赛。加强社区基层干部队伍建设,调整村(社区)干部223人。扎实开展村(社区)"两委"换届工作。全力推进红色、自治、法治、德治、安全、健康、绿色、智慧"1+7"居民小区建设,切实提高小区建设水平。全面推进垃圾分类全覆盖,累计334个小区安装垃圾分类设施。贯庄一村电梯加装试点工程,定波小区、文定二村等老小区电动自行车集中充电试点工程竣工投运。

(孟　熹　苏襄中)

南闸街道

【概况】 南闸,因闸得名。宋天禧年间,建黄田闸和蔡泾闸,黄田闸位于江阴以北,又称北闸,蔡泾闸位于黄田闸之南,明万历年间,改称南闸。该街道地处江阴市南郊,东接云亭街道,东南与徐霞客镇相连,南与月城镇隔河相望,西邻常州市郑陆镇,西北与夏港街道接壤,东北紧挨中心城区澄江街道。辖区面积45平方千

米,下辖3个社区居委会和10个行政村。2020年年末,有户籍人口48069人,其中男性24299人、女性23770人;有少数民族17个225人,其中蒙古族10人、苗族38人、回族17人、土家族66人、满族10人、朝鲜族5人、壮族31人、维吾尔族3人、侗族13人、彝族7人、布依族8人、藏族2人、白族3人、羌族7人、瑶族1人、哈尼族3人、景颇族1人。有外来人口25808人,其中男性15669人、女性10139人。

政治建设 深化理论武装,全年开展党工委中心组理论学习13场。落实意识形态责任制,开展中共十九届四中全会精神宣讲16场。创新冬训学习模式,借助“学习强国”平台,以“网络+学习”形式,召开强国视频会议,推动建立“云上党建”。组织开展南闸街道年轻干部素质提升行动,干部能力显著提升。深入实施农家书屋提升工程,成立街道南书房读书会,打造特色阅读品牌,开展全民阅读活动160余场。用好新时代文明实践所(站、点)等各类阵地,推进宗教活动场所开展“四进”(国旗国歌进场所、宣传标识进场所、法制教育进场所、道德规范进场所)活动,持续抓好南闸大学堂、南闸青年干部大讲堂、南闸道德大讲堂三大讲堂建设。突出典型引领,谢南村获评“雁阵计划”5A级达标单位。深化党员联户“1+10+N”制度*,新设党员中心户42户,选树行动中心户11户。实施“两新”组织*“红色领航”工程,新增“红色车间”5个,紫金社区党支部和南工锻造党支部获评“暨阳红色先锋”五星级堡垒党支部。开展村(社区)“两委”班子2019年度考核工作,有序推进村(社区)党组织换届选举各项工作。培育“五强五带头”(政治素质强、担当作为强、发展本领强、治理能力强、作风纪律强和带头履行党建主责、带头践行为民服务、带头聚焦发展富民、带头抓好基层治理、带头严守纪律规矩)型村书记,7名村书记参加无锡市村党组织书记“乡村振兴大学堂”培训。召开推进“五联”(组织联建强引领、党员联管聚合力、活动联办显实效、政企联动促发展、阵地联用强保障)党建决胜脱贫攻坚誓师大会,4个经济薄弱村如期脱贫甩帽。“两个责任”*持续压实,全面从严治党纵深推进,“三转一提”*专题学习活动深入开展。组织村(社区)巡察整改自查,全面进行“两项清理”整治工作,开展“三务”公开*专项督查。全年受理信访举报案件12件,处置问题线索21件,办理案件15件,办结12件,党内警告7人,留党察看1人,开除党籍1人。精准运用监督执纪“第一种形态”,诫勉谈话22人,谈话提醒15人。运用容错免责“三项机制”(鼓励激励机制、容错纠错机制、能上能下机制),容错免责党员干部2人。召开街道第一届选民代表大会第二次会议,收集办理选民代表意见28条。深入推进新的社会阶层人士工作,打响南闸特色新阶层实践联盟“城南新士”品牌。坚定青年团员理想信念,开展青年大学习活动,举办纪念“五四运动”101周年主题团日活动。强化企业保障服务,开办抖音直播培训班,推动湖北恩施绿硒农业科技有限公司产品上线。新建工会组织2个,推动联通新纪元职工之家建设。开展乡村建设巾帼行动,帮助妇女实施创新创业项目,花果和祥农场被评为巾帼示范基地。江苏南农高科技股份有限公司获评江苏省博士后创新实践基地。年内,第一时间落实疫情防控一级响应各项措施,街村两级干部全员全程参与疫情防控,625名防疫志愿者主动加入防疫队伍。在一级响应期间,对重点区域、重点人员全面布控,全街道11个行政村、134个自然村封堵道口85处,设立农村道路卡口111个,部署520余人实行24小时值守。对建筑工地、社区物业、交通码头、出租房、宾馆、超市及商场、商贸流通市场、餐饮单位、农贸市场等重点场所进行全覆盖排查。在疫情防控工作中,累计排查风险人员23390余人,集中隔离346人,居家隔离1503户3796人。

经济建设 主要经济指标稳步回升,全年完成工商开票销售341.65亿元,比2019年增长8.3%,完成一般公共预算收入4.2亿元,比2019年下降7.9%;完成规模以上工业产值103.89亿元,比2019年增长2.7%;完成固定资产投资10.13亿元,比2019年增长22.9%;完成地区生产总值72.77亿元,比2019年增长4%。街道全年有千万元以上项目18项,居氏机械海上风电项目、华屹给排水科技有限公司给排水设备项目完成签约,枫雅国际幼儿园项目顺利落地,华瑞东玻璃、华信药化设备项目竣工投产。加快推进观西村建设“健康家园”项目,建设“狮涧久田”民宿12间,观西高标准农田建设83.33公顷通过验收。

社会建设 科技创新成为转型原动力,高新技术企业完成产值40.77亿元,高新产值占规模以上工业产值的45.4%。全年申报“瞪羚企业”*4个、“雏鹰企业”*8个,新增高新技术企业6个、江苏省民营科技企业5个、科技型中小企业26个,建设研发机构6个,企业科技创新能力大大提升。塞特精密被认定为国家“专精特新”“小巨人”企业。国家卫生镇通过复审,花果村建成省级“健康村”,2个村通过江苏省卫生村复审。加强社区卫生服务中心(站)标准化建设,南闸医院、南闸街道社区卫生服务中心和10个社区卫生服务站纳入“一体化”管理。开展各类文化惠民活动300余场,《中国的声音》获无锡市第五届“群芳奖”银奖,《老弄堂》获江阴市第七届“芙蓉花”群文会演音乐舞蹈类表演金奖。第五届“狮山湖杯”定向越野赛、第三届“南闸杯”江苏省滑翔伞俱乐部等赛事成功举办。社会保障不断完善,全年提供就业岗位2165个,解决本地劳动力就业3741人,扶持自主创业192人,新增城保扩面1126人。困难家庭大学毕业生就业率100%。加强社会救助,落实城乡一体化低保标准增长机制,累计发放低保金、救助补助金及优抚金1145万元。深化农村产权制度改革,完成村级股份经济合作社登记赋码,完成曙光村村社分离试点改革。创新“红橙黄绿青蓝紫”七彩服务行动,举办各类助残活动,南闸街道“残疾人之家”被评为江苏省残疾人社区康复示范点。第七次全国人口普查基本完成。深化法治南闸建设,做好人民调解,全年接待来

访118批次,调处率100%,成功率100%。完成"七五"普法总结验收工作。集中开展群租房专项整治,累计排查整改10人以上群租房554户。全力提升社会综合治理能力,完善网格巡查,累计开展巡查4896人次,上报巡查事件4401件,政务服务中心全年办结30916件。优化营商环境,高效推行"2440"审批服务*,设立新开办企业半天时间通过审批流程业务。综合执法效能全面提升,全年实施行政处罚案件786件,罚没款95.83万元。扎实开展重点行业领域"利剑出鞘"安全生产专项执法行动,深化"小化工""厂中厂"等重点行业领域专项排查整治,累计排查"厂中厂"企业126个,关停3个,行政处罚15个,罚款金额38.2万元。城市功能设施更加完善,完成施元路南段道路建设、南闸中心小学塑胶跑道及操场翻新等工程。完成集镇区主干道禁停禁货智能监控改造工程。白玉二村安置房建设完工,加快实施观山新居住房建设。全力推进征收拆迁项目,完成城市轨道交通工程S1线南闸段征收拆迁涉拆民房洽谈签约户100户,涉拆建筑面积26400.44平方米。深化文明城市创建,城市精细化管理水平不断提升。推进市容环境集中整治"春雷行动",组织无证摊贩、户外广告、建筑工地不文明施工等专项整治120余次,城市环境明显提升。推进农村人居环境整治提升专项行动,观西殳桥村通过绿美村庄创建验收。常态化落实"河长制"巡查,丰收河、向阳河等黑臭河道治理成效明显。完善向阳河泵站改造等水利设施建设,完成堤防加高加固1.2千米,清淤河道(含家河)11条,清理土方3万余立方米、水葫芦10余万平方米。完成115座农桥安全隐患排查,封闭危急桥梁1座、提前维修改造1座。落实街道环境监管网格化管理,开展重点企业重点区域巡查500余次。深化"散乱污"企业清查整治,严防关停企业死灰复燃。守牢南闸的蓝天碧水,对62个涉气工业企业、6个码头堆场、3个建筑工地、10个餐饮重点单位实施重点管控,全年$PM_{2.5}$平均浓度每立方米35.4微克。狠抓秸秆禁烧巡查及护林防火工作,实现秸秆焚烧"零火点"、护林防火"零火情"。大力开展国土绿化"三化"*建设,完成成片造林面积6.67公顷,更新造林面积2.67公顷。

2020年南闸街道主要经济社会指标一览表

表52

指　　标	单　位	数　量	比2019年增减(%)	指　　标	单　位	数　量	比2019年增减(%)
地区生产总值	亿元	72.77	4	限额以上单位零售额	亿元	1.10	1.80
其中:第一产业	亿元	2.61	-3.10	固定资产投资总额	亿元	10.13	22.90
第二产业	亿元	32.20	4.70	其中:工业投资	亿元	3.80	6.10
第三产业	亿元	37.96	3.90	进出口总额	亿美元	1.66	8.50
一般公共预算收入	亿元	4.20	-7.90	其中:出口额	亿美元	1.51	14.50
农业总产值	亿元	3.62	2.80	到位注册外资	万美元	15	-90.90
粮食总产量	万公斤	302.72	-4.80	居民人均可支配收入	元	53086	4.50
工商业开票销售总收入	亿元	341.65	8.30	中小学校在校学生数	人	4840	2.70
其中:工业开票销售收入	亿元	132.73	4.80	社保参保率	%	95.60	0.1(百分点)
服务业开票销售收入	亿元	203.47	10.60	劳动合同签订率	%	98.70	0.2(百分点)
规模以上工业利润总额	亿元	3	-11.90	城乡居民基本医疗保险	%	99.80	0.2(百分点)

2020年南闸街道开票销售收入前10名企业一览表

表53

名次	企　业　名　称	销售收入(亿元)	法人代表	名次	企　业　名　称	销售收入(亿元)	法人代表
1	江阴市双宇线缆有限公司	12.21	符明君	6	江阴市惠尔信精密装备股份有限公司	3.20	徐惠民
2	江苏双宇电工材料有限公司	9.09	符明君	7	江阴市恒通电器有限公司	3.03	吴　祎
3	江阴南工锻造有限公司	6.49	高　欣	8	江阴市东泽铝业科技有限公司	3.03	孙宇东
4	江苏安科瑞电器制造有限公司	4.96	周　中	9	江苏宏晟模具钢材料科技有限公司	2.75	偶洪元
5	江阴市圣曼不锈钢线棒品有限公司	3.58	施爱英	10	江阴市双宇有色线材有限公司	2.70	张正贤

2020年南闸街道各村(社区)基本情况一览表

表54

村(社区)名称	户数(户)	人口(人)	村(社区)党支部(党总支、党委)书记	村(社区)主任	村(社区)开票销售收入(亿元)
紫金社区	829	3032	张　微	张　微	—
施元社区			徐国刚	徐国刚	
南新社区	1433	4029	何　刚	何　刚	0.89
花果村	949	3462	顾志刚	顾志刚	0.09
谢南村	889	2811	谢兴福	谢兴福	5.57
曙光村	1078	3890	金顺才	金顺才	2.34
涂镇村	874	3057	袁达成	袁达成	8.29
蔡泾村	1842	6159	薛建忠	冯学森	4.97
龙运村	1736	5701	薛建忠	冯学森	2.81
南闸村	1071	3590	王　梁	陆惠忠	1.40
观山村	896	3112	吴克平	吴克平	48.21
泗河村	1228	4204	曹国洪	曹国洪	0.57
观西村	1507	5015	徐　锋	张君伟	2.86

【南闸街道通过国家卫生镇复审】 2020年,为做好国家卫生镇复审迎检工作,街道制定《南闸街道国家卫生镇复审迎检工作方案》,成立复审迎检工作领导小组,下发任务书,建立“区域网格制、工作督查制、问题通报制、联合执法制、志愿活动制”工作机制。设立专项经费预算150万元,为复审工作落实财政保障。在迎检工作中,严格对照复审标准,及时整改辖区内问题,加大创卫宣传力度。在全国爱卫会印发的《关于2020年度国家卫生乡镇(县城)复审结果的通报》中,南闸街道通过国家卫生镇复审。

【塞特精密入围国家级“小巨人”企业】 2020年11月,工业和信息化部中小企业局对第二批“专精特新”“小巨人”企业进行公示,江阴塞特精密有限公司入围。该公司拥有员工300余人,科研人员53人,聘用院士1人,教授2人,专家2人,高级工程师2人。建立以中科院院士王立鼎、南京工程学院教授张思弟为首,科技人员为主体的新型创新团队。公司拥有院士工作站,工程研究中心。同时,企业内部设立技术部、研发部、数控刀具技术研究所。至年末拥有各项专利44项,其中发明专利7项,实用新型专利37项。

【街道“残疾人之家”获评省级示范点】 南闸街道残疾人社区康复示范点改造提升工作是2020年省政府重点民生实事项目,南闸街道残联结合实际,分类落实“红橙黄绿青蓝紫”七彩服务行动,推进残疾人社区康复示范点建设提质增效,走出一条既满足需求又可复制推广的社区康复新模式。通过形成帮助更多残疾人掌握劳动技能融入社会的模式,提高残疾人自强自立的意识与融入社会的能力,促使残疾人无差别、无障碍融入社会。2020年11月19日,江苏省人大常委会副主任、党组副书记王燕文率队到南闸街道调研“残疾人之家”,实地了解“残疾人之家”建设和运行情况。12月7日,南闸街道“残疾人之家”被评为江苏省残疾人社区康复示范点。

【殳桥村通过省级绿美村庄验收】 2020年,观西殳桥村有192户,总人数570人,其中男性299人、女性271人。该村庄面积7.47公顷,年内新增造林面积1.33公顷。创建期间,观西殳桥村投入大量资金用于村庄绿化、植树造林、村庄整洁三项建设。在村民家前屋后进行栽绿、补绿、插绿,全面提升村庄绿化覆盖率。在村内原有道路的基础上,重点提升主路两侧的绿化景观,补植行道树建设绿色走廊,美化环境,同时建造健身广场方便村民纳凉锻炼,绿化工作取得较好的成果。年末,殳桥自然村通过省级绿美村庄验收。

【南闸街道村(社区)“两委”换届】 2020年10月14日,街道成立换届工作领导小组,本着依法依规、高质高效的原则,做足摸底调研、动员部署、业务培训等准备工作。11月14—18日,街道12个村(社区)党组织相继召开党员和群众代表会议,对村(社区)党组织领导班子及成员进行民主测评,推荐产生党组织委员会候选人初步人选。12月16日,各村(社区)依法按程序成立选举委员会,制定各村(社区)换届选举办法和工作方案,并经村(居)民代表会议及时讨论通过,明确村(居)委职数、换届选举日、选民登记日、提名候选方式及相关工作人员等事项,并按照时间节点向村(居)民公告或公布。街道村(社区)“两委”换届工作指导小组工作人员督查指导会议各个环节,确保换届工作全程公开、公平、公正。年底,12个村(社区)“两委”换届工作有序推进。

【南闸街道推进脱贫攻坚】 2020年,南闸街道曙光村、龙运村、南闸村、蔡泾村4个村为无锡市级经济薄弱村,街道党工委深化组织联建、人才联育、产业联合、治理联抓、保障联动"五联"党建模式,集中优势力量,引领决战决胜脱贫攻坚。突出村企联建,街道12个重点骨干企业分别与4个经济薄弱村结对,支持经济薄弱村村级公益事业累计29万元,免息贷款300万元;大力实施"头雁"工程,全面实行村书记、主任"一肩挑",落实村书记"专职五级"管理,注重经济薄弱村党组织建设;"输血"+"造血"双管齐下,通过联扶投资平台的稳妥运作,确保资产保值增值,增加经营收入;通过"党建引领+服务平台+综合网格+社会组织"模式,推动自治法治德治有效融合,高效服务群众;设立集体经济薄弱村财政专项补助资金,按照村级规模,分70万元、80万元、90万元3个档次,每年给予薄弱村资金支持。至年末,4个经济薄弱村脱贫。

【南闸街道施元社区成立】 2020年11月16日,南闸街道举行新建(更名)社区揭牌仪式,施元社区揭牌成立。街道全体党政领导,全体机关中层干部,各村(社区)党组织书记、主任,新建(更名)社区部分党组织成员参加会议。施元社区辖区范围为东至霞客大道、西至施元路南段(白玉路北段)、南至云南路(紫金路东段)、北至站西路,辖区住宅小区有宏基名城、称心阁北区、称心阁南区、嘉福花园、碧桂园御鑫苑、中梁国宾府(未交付)。南闸街道新建(更名)社区,是结合撤村与推进社区管理服务全覆盖要求做出的一项重要举措,进一步促进了资源的优化配置,提高了管理效率。 (李星星)

云亭街道

【概况】 云亭街道位于江阴城区东南部,距城区中心6千米,是国家重点文物保护单位——佘城遗址所在地,绮山森林公园大部分面积在其境内。东邻周庄镇,南邻徐霞客镇,西与澄江街道、南闸街道相接,北与城东街道毗连。长山大道、云顾公路贯穿南北,澄鹿公路、江阴大道横亘东南。区域面积40.17平方千米,耕地面积1107公顷,下辖6个行政村(其中1个村居合一)和4个社区居委会。敔山湾新城受其管辖。2020年年末,有户籍人口54358人,其中男性26636人、女性27722人;有少数民族15个268人。其中蒙古族20人、回族24人、苗族55人、彝族17人、水族18人、布依族11人、朝鲜族7人、满族19人、侗族35人、瑶族1人、土家族51人、哈尼族2人、畲族6人、景颇族1人、仫佬族1人。有外来人口40985人,其中男性24663人、女性16322人。

政治建设 街道三套班子成员常年坚持党工委中心组理论学习12次,领会中共十九大和十九届二中、三中、四中、五中全会精神,认真落实"不忘初心、牢记使命"长效机制,强化"四个意识"*,坚定"四个自信"*,做到"四个维护"*,持续深化文明创建。创新行政管理体制,强化组织机构建设,认真做好江阴市村(社区)"两委"*换届选举试点工作,街道和村(社区)成立换届选举领导机构和工作机构,抽调机关年轻干部组建换届工作青年突击队,对在任村(社区)"两委"相关成员进行经济责任审计,对全街道16名村(社区)领导干部、67名"两委"干部和40名后备干部开展考核考察。推行"选情民情直通车"联系服务党员群众制度,实施村(社区)年轻干部队伍"耕云工程",开展导师培训、项目化锻炼、"双提升"培训制度。分层分类召开专题调研和座谈26次,按照不少于委员职数20%的差额比例,推荐新一届村(社区)党组织委员会候选人初步人选,完成街道11个村(社区)"两委"换届选举。年内有二级党委4个,其中新建毗山村党委1个,保留农村党支部35个,非公企业党支部42个。培训入党积极分子1次39人,年内发展新党员37人。新提拔街道干部1人,有"蹲苗干部"4人。健全选民代表大会制度,召开街道第一届选民代表大会第二次会议,会议答复基础设施改造、公共交通、城市安全等6个方面16条意见建议,除1条属于长线内容外,其余15条均办结,办结率94%,代表回复率100%。持续优化依法行政决策机制,规范行政执法行为,制定《行政权力监督制约条例》,确定1名党工委委员具体负责依法行政工作,夯实基层依法行政,实行基层行政对应管理。坚持政府信息公开,严格执行江阴市政府关于政府信息发布范围、保密审核制度、责任追究办法。优化政务服务环境,配齐配优政务服务窗口,健全完善云亭街道行政服务窗口考核细则,下发《云亭街道行政服务中心关于加强业务学习的通知》,对照上级单位赋权清单批准的办事权限,落实就业创业、社会保障、人口计生、工商税务、政务公开等服务办事事项,全年办理业务45762件,办结率100%。优化重大行政决策,认真落实《江阴市重大行政决策程序规定》,完善公众参与、专家论证、风险评结、合法性审查、集体讨论决策等行政决策秩序。严格执行党工委议事制度,制定云亭街道党工委议事规划,明确议事范围、议事程序、会议议题等,否定个人决策。严格落实决策前缜密论证、广泛听证、专家论证、民主协商等制度。落实政府法律顾问制度,法律工作者全程参与文件规范、政府合同合法性和突发性事件处置,解答群众法律政策咨询,参与信访矛盾化解。严格行政执法制度,规范行政执法行为,严格按照《江阴市全面推行行政执法公示制度执法全过程记录制度重大执法决定法制审核制度实施方案》要求,明确执法信息的采集、传递、审核、发布职责,严格遵守行政执法人员持证上岗制,落实责任管理和资格管理。定期组织执法人员学习《中华人民共和国行政许可法》《中华人民共和国行政处罚法》等相关法律法规,邀请法律专业人士举行专题讲座3次,组织执法人员参加市执法资格培训和考试。全年办理行政执法案件201件,发放宣传资料3000余份,解答法律咨询300余人次,提供法律援助案件8件,解决各类矛盾纠纷案件673件。加强廉政建设,筑牢反腐防线,街道党工委召开党风廉政建设专题会1次,制定下发《云亭街道2020年度纪检监察工作意见》。组织观看《背离初心的代价》警示教育篇，针对定山小公墓小金库问题集中召开警示教育专题民主生活会1次。紧扣元旦、春节、五一等重要节点，督查7个单位，查阅账册105册，提出整改意见32条。年内，对8名村级干部进行谈话提醒，对4名村党员干部进行诫勉谈话，对1名机关干部、9名村级干部谈话提醒。立案查办党员违纪案件18件，办结13件，2名党员被开除党籍，给予2名党员党内严重警告处分、6名党员被党内警告处分。是年，疫情防控成效显著，实现“零确诊”和医护人员“零感染”。统筹做好村（社区）、企业、学校和涉外等防控工作，最短时间恢复正常生产生活秩序。

经济建设　全力保稳经济指标，全年完成地区生产总值155.93亿元，比2019年增长6.1%；工商开票销售418.36亿元，比2019年增长14.3%；一般公共预算收入9.21亿元，比2019年增长24.3%；限额以上单位零售额12.39亿元，比2019年增长13.9%；实现工业总产值304.6亿元，比2019年增长5.8%；规模以上企业工业产值179.75亿元，比2019年增长7%；新增海外上市企业1个，IPO过会企业1个，到位注册外资92万美元；完成进出口总额3.18亿美元。全年完成固定资产投资51.58亿元，比2019年增长39.8%，其中工业投资18.08亿元，比2019年增长45.6%。盘活存量土地38.69公顷。有在建工业项目23项，总投资207.1亿元。拟开工项目6项，总投资30.1亿元。意向项目8项，总投资20.7亿元。全社会研发投入占地区生产总值比重4.1%，完成高新技术产业产值72.25亿元，占规模以上产值比重40.2%。主体建设富渥矿山机械、大圣博液压机械、长龄高端液压件等4项项目；基础建设顺鸿工业自动控制体系、科安军民融合2项项目；拟开工项目8项，总投资23.62亿元，其中工业项目7项，总投资16亿元，服务项目1项，总投资7.62亿元；规划办理新昶虹配电箱柜、鑫弘瑞新材料、联义达高档纺织布料等4项项目；为远闻包芯纱、工程机械精密件2项项目办理土地权证手续，为无锡绿珠文华酒店办理建设手续；拟签约、落户项目4项，总投资9.4亿元。与嘉美新材料、互鸿高档服装等项目进行洽谈签约。开展企业家转型发展专题学习研讨活动，充分发挥机械装备和纺织两大主导产业优势，以行业协会为基础，加快推进企业创新驱动和技术改造。全力扶持平台经济发展，大经网络货运平台全年开票销售超3亿元，入库税金超3200万元。坚持党政班子领导挂钩联系企业制度，制定2020年云亭街道《关于大力推进产业强市建设推动经济高质量发展的配套政策意见》，兑现落实2019年度产业强市街道配套政策补助资金1006万元。组织江苏海基新能源股份有限公司、江苏科茂新材料科技有限公司2个企业申报2020年江阴市“专精特新”材料“小巨人”企业；指导江阴远闻纺织有限公司、江苏科茂新材料科技有限公司、江苏海基新能源股份有限公司、江阴康瑞成型技术科技有限公司4个企业成功申报省“两化融合”*试点；指导江阴远闻纺织有限公司成功申报无锡市智能车间；协助江阴康瑞成型技术科技有限公司成功申报省级“小巨人”资金项目补贴、江苏长龄液压股份有限公司成功申报省级技改资金补贴；组织江阴康瑞成型技术科技有限公司、江阴祥瑞不锈钢精线有限公司申报江苏省企业技术中心。10月22日，长龄液压上市过会。年内街道有上市企业梯队5个。开展企业诚信建设、非法金融排查、中频炉专项排查、电力安全检查、化工企业隐患专项检查、关停化工企业“回头看”、商务领域安全检查等专项行动，对街道4个商业场所、36个废品回收站及5个加油站全覆盖安全检查，全面开展362个有地0.2公顷以上工业企业绩效评价结果告知、异议复核，为激励企业转型升级提供数据支撑。农业经济基本平稳，种植水稻228.47公顷，单产611.5公斤，种植三麦137.3公顷，单产282公斤。农业机械化程度逐年提高，年内机耕面积365.7公顷，占比100%。有轮式拖拉机45台，旋耕机45台，开沟机45台，烘干机11台，秸秆粉碎机13台，联合收割机15台，插秧机8台。农田水利设施完善，新建高标准农田20公顷，翻建电灌站2座，新建2座。是年，出栏生猪10047头，年末存栏4783头，有鱼塘面积66.73公顷，蔬菜园地272.5公顷。年内保留农业合作社3个，累计盘活存量土地38.69公顷。

社会建设　用科技引领经济，引进科技人才项目1项，招引各类人才390人，新入选江苏省科技副总1人，新增外国专家工作室1个，科技型中小企业评价入库62个，“雏鹰企业”*培育库入库企业15个，新增高新技术企业8个，新增各类专利829件。全年教育投入1.45亿元，启动云亭中心幼儿园本部扩建工程，完成建筑拆除、建筑设计、装修设计和绿化设计。云亭实验小学于9月完成西区运动场项目改造，12月中旬验收合格。云亭中学智慧课堂项目建设工程于是月下旬竣工并通过验收，2020年中考成绩创历史新高，提前招生录取7人，竞争入线1人，录取南菁、市中总数45人。公共医疗服务水平有效提升。完成核磁共振、口腔数码全景、三维口腔CT功能X射线机的采购及安装；全年组织开展健康知识讲座及履约活动12场次，对8251名签约服务对象开展家庭医生履约服务；组织老年人、慢性病患者、适龄妇女及新农合群众15779人开展免费健康体检；另对2500人次进行“两癌”筛选。集镇建设加速提升，加大投入路网建设，完成环镇南路改造，东起云顾路，西至环西路，全长820米，实行全面改造，新建主路面宽10米，实行管线入地、道板铺装，总投资2600万元；实施建设路畅通工程，东起小学东区，西至海基新能源厂区，长550米，宽24米，总投资1200万元。改造园区道路，年内投资1000万元，对松文头路、那巷路、沈家浜路3条主干道破损混凝土路面进行大修，沈家浜路南延长350米，宽16米，分东西双幅摊铺沥青路面。沈巷路东延300米，宽6米，摊铺沥青路面。新农村建设完成街道、村布局规划编制，及花山村村域规划编制。新建花山村朱家宕农房105户，建筑面积24978平方米。年内开工242户,完工32户,6户主体施工,4户基础施工,建配套公共服务中心450平方米。农村人居环境有效改善,实施农村供水管道改造,完成28个自然村的生活污水处理改造。新建星级公厕12座,整治家河98条;实施垃圾分类工程,镇区新增垃圾分类智能设备17套,全街道生活垃圾分类小区23个,新建村级垃圾分类点22个,垃圾分类处理率100%。完善街道村(社区)物业多级管理机制,清理"三乱"(乱张贴、乱写画、乱悬挂)11000余处,拆除违法广告5600平方米,清除各类违法建筑和设施45处,累计面积11981平方米,实施行政处罚案件158件。集中开展群租房专项整治,累计排查整改10人以上群租房629户。夯实安全生产责任制,与企业签订安全生产责任状44份,安全生产承诺书1200余份,开展30个领域安全生产专项整治行动,累计排查企业(场所)5847个次;整改隐患5538处,下发责令整改指令113份,实施现场停产措施处置21次,立案处罚企业43个,罚款96.3万余元;对450余个中小微企业进行安全托管,建立860个企业"一企一档"安全基础信息库。关停整治"散乱污"企业50个,关停"三高两低"化工企业1个,32个涉气企业被列入重污染天气应急减排措施范围,7个码头堆场和10个建筑工地扬尘治理得到有效监控,全年$PM_{2.5}$平均浓度每立方米36.9微克。启动工业集中区零直排区建设和印染集中点建设,空气质量优良天数持续向好。开展绮山水源地周边环境连片综合整治,拆除低效用地厂房7.65万平方米,整理建设用地16.6公顷。实施定山村东宕、轧石厂宕口、团结宕宕口国土空间修复。启动村控区范围内土地复垦工作,完成城乡建设用地增减挂钩5.67公顷,新增造林面积3.33公顷,森林覆盖率30.1%,花山村获评国家森林乡村。配合完成国家自然资源部第二批生态价值实现典型案例申报工作。完成街道、村两级联动24小时自动服务体系、7台"澄事之窗"自助服务终端建设,打造"一网通办、多端协同"互联网+政务服务体系,对政务服务中心24小时自助服务站政务服务中心大楼同步改造。落实保就业各项政策,新增本地劳动力就业3980人,扶持自主创业240人。加大城镇困难职工解困脱困和保障力度,统筹做好社会救助、社会福利等工作,新增城保扩面1904人,社保净增2045人,发放原社办企业员工各类待遇995.37万元,为3520名历次被征地农民发放保障款3341.02万元,完成新增1217名村民被征地保障手续,发放各类补助帮扶金920.9万元,其中残疾人及退役军人优抚金869.06万元,帮扶各类优抚人员7008人。强化政务服务机制,健全完善云亭街道行政服务窗口考核细则,全年办理就业创业、社会保障、人口计生、工商税务等业务45762件,其中"一门式"受理办理业务27460件,办结率100%;营业执照半天时间办结率100%。开展"绿色行动""国家宪法日""法治宣传月""禁毒日""消费者权益保护日"等"法律七进"(法律进机关、法律进乡村、法律进社区、法律进学校、法律进企业、法律进单位、法律进寺院)活动20余次,发放宣传资料3000余份,解答法律咨询300余人次,提供法律援助8件,发挥街道、村(社区)"两委"作用,化解各类矛盾事件673件,其中疑难复杂纠纷20件。全年办理行政执法案件201件,其中14件疑难复杂案件列入会审范畴。持续深化网格化管理,新增技防监控探头120只,违法犯罪率比2019年下降9.65%,依法处理各类涉法涉诉信访案件,累计化解矛盾纠纷698件,接待来访咨询、调解处理矛盾事件998件2994人次。

2020年云亭街道主要经济社会指标一览表

表55

指标	单位	数量	比2019比增减(%)	指标	单位	数量	比2019比增减(%)
地区生产总值	亿元	155.93	6.10	限额以上单位零售额	亿元	12.39	13.90
其中:第一产业	亿元	1.83	13.10	固定资产投资总额	亿元	51.58	39.80
第二产业	亿元	77.75	8.80	其中:工业投资	亿元	18.08	45.60
第三产业	亿元	76.35	8.80	进出口总额	亿美元	3.18	-21.60
一般公共预算收入	亿元	9.21	24.30	其中:出口额	亿美元	2.81	-18.60
农业总产值	亿元	2.25	17.10	到位注册外资	万美元	92	—
粮食总产量	万公斤	338.20	-3.50	居民人均可支配收入	元	60760	4.90
工商业开票销售总收入	亿元	418.36	14.30	中小学校在校学生数	人	5091	5.40
其中:工业开票销售收入	亿元	215.12	0.10	社保参保率	%	100	0(百分点)
服务业开票销售收入	亿元	198.13	31.90	劳动合同签订率	%	100	0(百分点)
规模以上工业利润总额	亿元	10.34	16.10	城乡居民基本医疗保险	%	100	0(百分点)

2020年云亭街道开票销售收入前10名企业一览表

表56

名次	企业名称	销售收入（亿元）	法人代表	名次	企业名称	销售收入（亿元）	法人代表
1	江苏吉鑫风能科技股份有限公司	20.80	包振华	6	江阴康瑞成型技术科技有限公司	7.81	朱　卫
2	江苏宝利国际投资股份有限公司	18.33	周文彬	7	江苏科茂新材料科技有限公司	7.43	陈　东
3	江苏百川高科新材料股份有限公司	13.51	郑铁江	8	江苏和时利新材料股份有限公司	7.24	瞿建华
4	江阴绮星水泥有限公司	10.28	刘德旗	9	柳工无锡路面机械有限公司	5.51	谭佐州
5	江苏长龄液压股份有限公司	9.21	夏继发	10	江阴市万祥铝业有限公司	4.92	高张度

2020年云亭街道各村（社区）基本情况一览表

表57

村（社区）名称	户数（户）	人口（人）	村（社区）党支部（党总支、党委）书记	村（社区）主任	村（社区）开票销售收入（亿元）
定山村	1887	6607	朱华忠	朱华忠	17.82
云新村（云东社区）	1471	5150	曹经纬	陈　强	7.26
毗山村	2179	7629	沈建钧	沈建钧	18.71
云亭村	1555	5445	李金虎	江和平	26.02
佘城村	1450	5075	谭金中	谭金中	6.07
花山村	1438	5033	朱雪春	吴建锋	12.75
新敔山社区	606	2123	钱锡江	钱锡江	—
云亭社区	2090	7315	刘敏虎	刘敏虎	—
金云社区	2257	7900	卜晓东	卜晓东	—
迎瑞社区	522	1828	李　芬	李　芬	—

【朱家宕农房翻建样板房结顶】 2020年年初，花山村在朱家宕开展农房翻建试点工作，房型分别为3间2层式和2间3层式混凝土框架结构花园小洋房别墅，一期规划用地面积5.73公顷，建设105套。3月初，2套样板房结顶竣工，其余陆续计划施工，朱家宕整体规划以“新江南人家”为主题特色。建造完成后该村将成为云南公路农村建设的亮丽风景线。

【应天河畔植树】 2020年4月7日，云亭街道于周庄镇接壤区的应天河畔栽种0.67公顷水杉树。位置东起季庄桥北侧，西至昕悦府东侧，该地原为废弃奶牛场，环境污染严重，属于脏乱差地带。是日，由街道党工委书记率领三套班子成员，组织新时代文明实践志愿支队、新时代文明实践云博志愿服务队数百人，挥锹挖坑种植水杉树2000余棵，该活动有利于改造生态，绿化环境，打造成“山水绿城·活力云亭”式的景观公园。

【打通绮山环山“断头路”】 2020年4月5日，云亭街道组织施工队伍加班加点接通绮山环山“断头路”。该路段位于花山村西湾头至定山村小山头，路程1000余米，该处原为应急水源地，仅有砂石路面，人称“断头路”。此路建成后，西面可以与绮花路、东面可以与松桥路接通，改善村民出行条件。

【引进日本红颜草莓】 2020年6月7日，佘城靠谱农场引进2.5万株日本红颜草莓苗，红颜草莓又称红颊，是日本静冈县用章姬与幸香杂交育成的早熟新品种。该品种茎粗叶茂，具有挂果早、成熟早、果大质美等特点。靠谱农场搭建5个钢杆大棚，按照行距株距间隔标准种植，用双层尼龙薄膜保温，实现太阳能喷雾和滴水远程控制技术栽培，11月上市出售，吸引游客旅游观光现场采摘，实现庭院经济高效发展。

【敔山湾实验小学被授予帆船培训基地】 2020年9月12日，江苏省帆船俱乐部联赛于敔山湾站正式开赛。该次比赛由中国帆船帆板运动会组委会和江苏省体育总会作为指导单位，由江苏省帆船帆校运动会组委会、江苏省水上运动管理中心主办，江阴市文体广电和旅游局、江阴城建产业发展有限公司承办，无锡蠡湖君来文体体育发展中心执营，江苏省有7支队伍，赛期2天，角逐iboat、op、topper3个级别7个组别的奖牌。敔山湾实验小学作为江阴市第一所帆船运动特色学校参加比赛，并被授予江苏省帆船培训发展基地。

【街道文联换届选举】 2020年11月17日，云亭街道文学艺术界联合会召开换届选举大会。首先由街道文联副主席邬士金作工作报告并审议通过，再由夏陈林作章程修改说明并审议通过。会议选举产生文联理事12人，街道党工委副书记包煜当选文联主席。该届文联下设书画、戏曲、音舞、文学、摄影5个协会，成员有120余人。会上由文联主席聘任街道党工委书记张晓新、办事处主任邬闽澄为名誉主席，徐惠君、夏晓云为名誉副主席，邬士金为文联顾问。江阴市文联及街道其他群团组织向大会致贺词，会议由街道党工委委员王苏雄主持。

（邬士金）

夏港街道

【概况】 夏港街道位于江阴市城区西郊，东邻主城区，南邻南闸街道，西至申港街道，北枕长江。区域总面积34.76平方千米，其中长江水域面积5.73平方千米，下辖11个行政村（社区）和2个城市社区。2020年年末，有户籍人口39768人，其中男性19557人、女性20211人；有少数民族16个124人，其中布依族2人、朝鲜族6人、侗族8人、回族9人、黎族1人、满族33人、蒙古族9人、苗族7人、羌族2人、水族1人、土家族12人、锡伯族1人、彝族5人、仡佬族4人、壮族23人、瑶族1人。有外来人口50583人，其中男性31230人、女性19353人。

政治建设　深入贯彻学习中共十九届五中全会精神，坚持以习近平新时代中国特色社会主义思想为指导。街道党工委书记带头履行党风廉政建设“一岗双责”*，同时将意识形态工作作为党的建设和政权建设的重要内容，做到“五个纳入”*“四个一同”*“四个责任”*落实到位。党工委中心组学习15次。深化党建课堂实践，打造党建品牌3个、书记项目19项，“小红砖”品牌更加响亮。评定五星级支部2个，三元村脱离软弱涣散党组织序列，村（社区）“两委”*换届圆满完成，基层基础更加牢固。持续做大“万安·颂”、“为你诵读”宣讲品牌，“学习强国”日均参与度、人均积分保持镇（街道）第一，“‘学习强国’进家庭”云分享活动在街道长江村村民活动中心新时代文明实践点开展。制定全面从严治党责任清单，立案查办违纪案件18件，办结信访件8件，党内处理22人，政治生态更加清正。与江阴电信加强5G战略合作，推动智慧夏港建设，办结网格事件1万余件，办结率99.7%，获评无锡市网格化社会治理先进镇（街道）。异地新建为民服务中心，“澄事之窗”投入使用，“一窗通办”办理业务4.2万余件，满意度100%，政务服务更加高效。14个赋权领域行政执法工作全面开展，办理案件135件，处罚金350余万元，召开案审会审理案件9件，行政执法更加规范。坚决贯彻落实疫情防控要求，街道上下一心，众志成城构筑地毯式联防联控网络，加强重点人群、重点场所、重点单位的精准防控，实现辖区人员“零确诊、零感染”。精准有序组织规模以上企业100%复工复产，全面落实“惠企25条”专项扶持政策，帮助2000余个企业申报社会保险费减免，230余个企业申领稳岗补贴。江苏新长江实业集团有限公司、江阴市西城三联控股集团有限公司等辖区企业和社会各界“以义战疫”，捐款捐物折合人民币1500余万元。

经济建设　主要指标逐季回升，完成地区生产总值238.6亿元，规模以上工业产值252.02亿元，限额以上销售259.93亿元，规模以上服务业营业收入17.66亿元，以上指标同比2019年保持正增长。到账外资1.15亿美元，创历史新高。一般公共财政预算收入9.74亿元，总量位居临港开发区第二。特种金属设计与先进制造协同创新中心签约成立，江阴市人力资源产业园开园运营，引进嘉美精密模具、瑞景二期、扬皓等超亿元项目10项，经济发展的基础更稳、后劲更实。“村社分离”改革试点工作有序推进，4个村完成撤村建居。扎实开展“两项清理”，4个富民合作社完成年度清退任务，10个村级集体经济合作组织完成赋码登记，“三资”*监管更加严格。全力推进金江四期安置房、毗陵路西延段建设，全面完成“长江之心”公园改造、夏南停车场建设等惠民工程。全力攻坚过江二通道等项目的拆迁清障，累计签订拆迁协议240余份。全力开展市容环境整治，持续深化精神文明创建，通过文明城市“国考、省考”，长江村获评全国文明村。

社会建设　全力整治新旧违章建筑89处，拆除1.5万余平方米，“春雷行动”拆除各类广告1万余平方米。全力提升农村人居环境，完成土地复垦6.59公顷，7个自然村建成美丽家园，於王村入选江阴市级示范村序列。完成中央环保督察“回头看”北横河销号，各类环保信访件比2019年下降26.1%，整治“散乱污”企业47个，重点环境问题得到有效整改。工业窑炉整治、有机挥发物削减、扬尘治理等大气管控工作扎实有力，年均$PM_{2.5}$浓度比2019年下降12.39%，空气质量优良天数占比比2019年增长17.8%。码头初期雨水治理工程、河道清淤整治等水质提升工作按时完成，新夏港河长济桥国考断面稳定在Ⅲ类水质。土壤调查、企业危废整治等工作有力推进。长江禁捕工作扎实有效，整治河湖“两违”*项目18项，新增植树造林13.67公顷，生态环境质量明显提升。扎实开展企业安全生产主体责任“春风行动”、“百团进百万企业”安全宣讲70场，企业安全文化阵地得到拓展。制定《夏港街道安全生产专项整治三年行动实施方案》，紧盯9大重点领域，排查各类场所5000余次，整改隐患9000余处。开展“厂中厂”整治回头看、“三无”船舶*清理、“小字头”专项整治等行动，企业“双重”预防机制建设，小微企业安全托管数量明显增多，安全形势平稳可控。实现本地劳动力就业新增1267人，扶持自主创业258人，社保扩面、“阳光扶贫”、村级医疗和临港大病医疗互助等社会保障更加完善。发放第一届夏港教育发展基金，家庭医生签约、居家养老服务等社会事业加快发展。规范处置“12345”民生热线*投诉事件4600余件，调解信访矛盾事件800余件，常态化开展扫黑除恶专项斗争，“老蔡”调解室等法制品牌特色鲜明，群租房整治、重点地区治安整治扎实有力，第七次全国人口普查稳步推进，社会大局安定有序。

2020年夏港街道主要经济社会指标一览表

表58

指　　标	单　位	数　量	比2019年增减(%)	指　　标	单　位	数　量	比2019年增减(%)
地区生产总值	亿元	238.60	—	限额以上单位零售额	亿元	19.68	—
其中:第一产业	亿元	0.73	—	固定资产投资总额	亿元	46.61	—
第二产业	亿元	106.00	—	其中:工业投资	亿元	23.18	—
第三产业	亿元	131.85	—	进出口总额	亿美元	10.13	—
一般公共预算收入	亿元	9.74	—	其中:出口额	亿美元	9.02	—
农业总产值	亿元	0.80	—	到位注册外资	万美元	11512	—
粮食总产量	万公斤	20.80	—	居民人均可支配收入	元	46021	—
工商业开票销售总收入	亿元	773.60	—	中小学校在校学生数	人	27474	—
其中:工业开票销售收入	亿元	446.39	—	社保参保率	%	85	0(百分点)
服务业开票销售收入	亿元	327.21	—	劳动合同签订率	%	100	0(百分点)
规模以上工业利润总额	亿元	22.02	—	城乡居民基本医疗保险	%	100	0(百分点)

2020年夏港街道开票销售收入前10名企业一览表

表59

名次	企　业　名　称	销售收入(亿元)	法人代表	名次	企业名称	销售收入(亿元)	法人代表
1	江苏新长江实业集团有限公司	295	李洪耀	6	江阴宗承钢铁有限公司	15	余宗勋
2	江阴市西城三联控股集团有限公司	235	孟珍娣	7	东国制钢(中国)有限公司	12	郑洙焕
3	中船澄西船舶修造有限公司	53	陆子友	8	江阴邦特科技有限公司	7	徐彩容
4	江阴天力燃气有限公司	32	张伟志	9	江阴利之星汽车维修服务有限公司	6	DR. CONRAD, TILLHENRIK
5	江阴苏龙热电有限公司	25	严倪芳	10	江阴享悦宝诚汽车销售服务有限公司	6	陈　涛

2020年夏港街道各村(社区)基本情况一览表

表60

村(社区)名称	户数(户)	人口(人)	村(社区)党支部(党总支、党委)书记	村(社区)主任	村(社区)开票销售收入(亿元)
长江村	818	3280	李洪耀	范兴龙	39.44
普惠社区	3391	10052	王俊华	王俊华	1.68
夏东社区	4558	13060	夏建峰	夏建峰	3.05
夏港社区	3615	22000	夏宏武	夏宏武	14.64
普惠苑社区	5727	10796	蔡国明	蔡国明	0.06
苏港路社区	1336	9971	吴海芳	吴海芳	3.11
三元村	2007	4448	徐晓芸	徐晓芸	22.46
李沟头村	666	1766	张　平	张　平	4.50
新沟村	0	0	蔡国明	蔡国明	2.02
三联村	2862	4053	恽裕兴	恽裕兴	274.50
景贤村	2102	4085	蒋惠军	蒋惠军	8.05
夏南村	4871	11563	黄惠忠	黄惠忠	1.30
葫桥村	3079	6126	李君成	李君成	2.71

【长江村获评全国文明村】 夏港街道长江村地处江阴市西城郊接合部,全村总面积6.5平方千米,总人口3280人,有818户、19个村民小组。拥有5千米长江岸线,有国内较大的村级港口码头群,被誉为“中国港口第一村”。长江村经济实体新长江集团2019年底实现产值620亿元,销售665亿元,利润15亿元,税金超10亿元。经济成果普惠村民百姓。至2020年年末,全村村民过上“家家有别墅、户户有存款、人人有股份、个个有黄金、年年有保障、处处有美景”的幸福生活。是年,该村获评第六届全国文明村。

【江阴第二过江通道夏港段拆迁】 江阴第二过江通道位于江阴大桥和泰州大桥之间,起点位于靖江公新公路与城西大道交叉处,向南过长江后止于江阴西外环路与芙蓉大道交叉处,路线全长约11.8千米,其中过江隧道长约6408米,项目估算投资141.48亿元,项目建设期为五年,项目涉及夏港街道辖区普惠村、葫桥村等10个自然村、222户农户、11个企业。夏港街道于2019年7月提前启动第一批拆迁安置工作,2020年8月启动第二批拆迁安置工作。至年末,完成征收拆迁9.6万平方米,其中拆除住宅217户,6.21万平方米;非住宅2个、3.39万平方米。安置分房98户109套。

【夏港教育发展】 2020年9月,夏港街道成立夏港教育发展基金会,并对100多名夏港辖区内荣获优秀班主任、优秀教育工作者、江阴市名师等教师,发放首届教育发展基金60万元。按照政策妥善解决2020年秋季772名小学新生和565名初中新生入学。关停看护点2个,异地新建看护点1所,转建托儿所2所,完成市里下达的看护点整治任务。答复市民电话“12345”民生热线*投诉事件2000余条。启动近4000平方米的夏港中学综合楼建设。投入8万余元委托江苏省建筑工程质量检测中心有限公司,对夏港实验幼儿园进行结构安全性及抗震性检测鉴定。投入100余万元落实学校疫情防控物资配发、分餐设施改造及扩班教室改造等。

【参与全国文明城市创建】 2020年是江阴市第六轮全国文明城市评选表彰的大考之年,作为临近主城区的夏港街道,为确保圆满完成创建迎检工作,年内,夏港街道周密部署、突出重点、注重实效。全体党政领导、机关干部和共建单位代表分组下沉到各村(社区),持续开展志愿服务活动,发放宣传资料、引导文明交通,清扫垃圾,清理绿化带漂浮物、杂物,铲除“牛皮癣”小广告等,街道(园区)上下坚定信念、统一思想、各司其职,形成合力,确保通过文明城市“省考”“国考”。

【夏港街道完成人口普查】 2020年6月,夏港街道召开动员大会,街道上下统一思想、明确任务、统筹兼顾,准确把握第七次全国人口普查关键节点、普查方式和统计内容。成立第七次全国人口普查领导小组,招聘4名专职普查人员加入普查队伍,充实力量。全街道有13个普查区、733个普查小区、13个虚拟普查小区、6602个建筑物,其中指导员94人,普查员210人。7月,街道组织普查员参加全市试点工作培训。入户调查于11月1日零点正式开始。其间,从普查区域划分、绘图工作启动、前期摸底、快速汇总、短表入户登记、长表入户登记,全体普查人员逐街逐巷、逐楼逐室、逐门逐户、逐项核对,认真填制,做到“不漏一户、不漏一人、不漏一表、不漏一项,高质量完成第七次全国人口普查工作。

(夏亚蓉)

申港街道

【概况】 申港街道位于江阴市城区西部,东与夏港街道紧邻,西与利港街道相连,南与南闸街道和常州市相邻,北枕长江5.5千米岸线。街道区域总面积38.8平方千米,下辖10个行政村(社区)。2020年年末,有户籍人口47272人,其中男性23688人、女性23584人;有少数民族20个256人,其中壮族155人、布依族6人、朝鲜族5人、傣族3人、侗族3人、哈尼族4人、回族13人、黎族3人、满族10人、蒙古族2人、苗族7人、纳西族1人、羌族5人、畲族2人、水族3人、土家族15人、维吾尔族1人、乌孜别克族1人、瑶族7人、彝族10人。有外来人口27273人,其中男性17665人、女性9608人。

政治建设 以深入学习贯彻习近平新时代中国特色社会主义思想和中共十九届四中、五中全会精神为主线,多形式、多载体组织开展党工委中心组理论学习18次,理论宣讲进农村、进社区、进学校、进企业62场次,累计培训党员6000余人次。打造申港“诚信·廉政·初心”党建文化带,创建申港街道政治生活馆、守护长江“绿色战斗堡垒”、高质量红色动能车间3个党建品牌,缪燧纪念馆、党性体检中心全年接待参观学习3000余人次。建成“暨阳红色先锋”五星级堡垒党支部3个,获评市新时代文明实践站建设示范点2个、市优秀新时代文明实践站长项目3项。完成村(社区)党组织书记“专职五级”管理试点和社区工作者星级评定。全年提拔机关中层正职1人、副职5人,选任疫情防控表现突出的优秀村(社区)书记到街道事业单位岗位2人、职级晋升3人。横塘村、申港社区通过无锡市“5A雁阵计划”验收,获评“五强”(队伍强、设施强、产业强、素质强、作风强)书记4人。组织开展“作风纪律整顿年”活动和违规吃喝问题专项督查,严实开展“三转一提”*专题学习教育。新一轮村级“两项清理”(村集体资金违规出借和资产出租问题)整改问题64个,收回应收款项2757.1万元。完成东刘村村社分离改革试点和10个股份经济合作社登记赋码,核准村级经费支出3845笔总金额3.56亿元、产权交易81宗总金额1014万元,小微权力监管进一步强化。依纪依规查信办案,全年立案12件、结案7件;受理信访件12件、办结10件;提醒诫勉6人,在维稳、新农村建设试点等方面按规定为村(社区)进行创新容错备案3项。

经济建设 全年完成公共财政预算收入13.42亿元,比2019年增长22.3%,规模以上工业产值517.12

亿元,比2019年增长53.7%;完成固定资产投入54.52亿元,到账外资2.19亿美元。其中远景能源有限公司全年完成开票收入556.01亿元,比2019年增长82.7%,入库税金16.44亿元,比2019年增长63.3%。南京理工大学江阴校区开学,远景日产电池项目一期第一条生产线试生产,普洛斯工业地产二期建成投运,红豆万花城综合体主体封顶,申桦密封技术汽车零部件项目完成主厂房建设,泰富临港医院启动建设。在建技改项目33项,总投资20亿元。新增拟上市培育企业7个,华兰药用新材料即将上市实现新申港街道成立后零的突破。中信泰富医疗服务领域投资及管理等9项项目签约落地,总投资约43亿元。完成7户农户签约、8个企业前期评估审计和1个企业丈量评估,中央公园、申港路项目遗留十余年的3户拆迁户实现签约并拆迁。协调推进原江阴中矿立兴机械制造有限公司等3个企业矛盾问题解决,有力保障各项项目顺利实施。申桦高端密封技术研发项目作为江阴市重大产业项目集中开工建设。申港辖区江阴德玛斯特钻具有限公司、江苏中煤矿山设备有限公司、江苏孚尔姆焊业股份有限公司、江苏博诚节能玻璃有限公司、江阴尚驰机械设备有限公司、江阴市欧姆机械设备有限公司6个公司入选江阴市“专精特新”科技“小巨人”入库培育企业名单。

社会建设　完成全社会研发投入15.7亿元,比2019年增长68.67%,有效发明专利拥有量271件。认定高新技术企业13个、培育入库12个,新增“瞪羚企业”*6个、“雏鹰企业”*11个、“独角兽”企业*1个。华兰药用新材料获批省级外国专家工作室。南京理工大学江阴校区建成投运后,第一批入学大学生报到开学时,街道100余名志愿者协助开展学校保障工作。完成南理工江阴校区警民服务中心建设,启动农贸市场翻建,启动临港实验学校中小学分设,完成金杯幼儿园达标建设。申港文学协会在红豆·香江华府举行首届申浦笔会暨《乡贤》撰写启动仪式。凝聚申港文学协会会员力量,服务申港本土文化,创作出有申港特色的高质量文学作品。举办“四时书韵、阅美申港”主题活动,厚植申港底蕴,弘扬阅读文化,在新时代文明实践中更加响亮地传播申港声音。申港街道民间文艺协会在缪荃孙图书馆召开妇联成立大会暨第一次妇女代表大会。大会选举产生民间文艺协会妇联第一届执委。完成20个自然村主管网建设。完成钱新路、申圩路、镇东路等6条污水主管网建设,实施港城大道、福星路沿线6座泵站改造。持续推进违法用地整治,整改4宗、拆除4宗;完成河湖“两违”*专项整治11宗;完成“绿斑”整治项目7项,依法拆除违法建设22宗8250平方米。完成春申公园、肯德基快餐店2处生态公厕建设,完成春申公园喷泉修复、河塘清淤和荷花种植,完成3127根灯杆1661只节能钠灯改造。清淤街道村级河道及家河家塘25条,清运垃圾8824车约18300余吨,清除违章搭建及河边、路边鸡鸭棚400余处,翻修村道17条。申兴村被命名为国家森林乡村、无锡市美丽乡村示范村。申兴村谢家湾、申浦村东街村创成市人居环境示范点。完成申港河、西横河、移山河河道环境综合整治和跃进河东段、申新一号河、申泰河清淤整治。基本完成横塘村西横塘新农村建设试点一期工程,38幢“新江南人家”主体封顶。完成21个大气污染防治工程项目,完成申兴村“污水零直排区”建设。开展新沟河、申港河、西横河等主要河道周边企业雨污管网排查治理,完成长发耐指纹废水预处理中水回用建设和港口集团2个污水处理站建设。完成江阴市嘉盈电器有限公司、江阴福斯特纺织有限公司、江阴市华电国际贸易有限公司等6个企业遗留危废处置,开展江阴市华亚化工有限公司等19个企业地块调查。江阴港港口集团股份有限公司获评五星级江苏绿色港口,横塘村被命名为省生态文明建设示范村,创新村1人获评江苏最美生态环境保护者。实施安委办实体化运作,建立事故隐患排查治理报告制度和建档制度,建成企业安全生产双重预防机制建设示范单位1个,开展第二轮安全托管服务企业328个。全面完成国务院督导组反馈的3处油气管道隐患点、无锡市安全生产派驻督导组反馈的9个企业27个问题整改,先行先试完成“三无”船舶*整治,作为全市亮点接受国务院江苏安全生产督导组现场督导。全年完成城保扩面2002人,社保净增1789人,本地劳动力实现就业1916人,扶持自主创业272人,新增创业担保贷款27批次。在全市首次开设“线上”招聘模式,提供岗位1800余个。推进8个村村级医疗互助“福村宝”计划,完成家庭医生签约7000余人次。完成58个村组即征即保,推进朱家湾一村、二村、三村安置房产权证办理。完成黄歇主题文化、缪燧廉政文化、季子法制文化阵地建设和第七次全国人口普查。全年受理各类审批事项69216件,月均办件5768件,办结率100%。启动申兴村、创新村政务服务网延伸,申兴村便民服务中心完成“以标准化推进社会治理现代化”国家专项调研。街道通过文明城市省级复审,蝉联国家卫生镇,创新村获评省健康村,临港实验幼儿园荣获“全国足球特色幼儿园”称号、1人获评“江苏最美少年”。探索建立“矛盾纠纷不出网格”的体制机制,累计调处矛盾纠纷事件597件,化解重大纠纷事件5件,开展重点矛盾纠纷排查24余次,追讨农民工工资2000余万元,1人获评江苏省优秀人民调解员。打造“小郎中”法律夜门诊,办理法律援助案件38件。率先完成群租房全面整治,“三联工作法”(联防、联动、联调)、标准化整治、网格化多元共治等先进做法获无锡市领导小组肯定。新入选“太湖人才计划”*创新领军人才1人、企业高级经营管理人才1人、江苏省乡土“三带”(带领技艺传承、带强产业发展、带动群众致富)新秀2人。索贝克精密机械有限公司获市创新创业大赛决赛第一名。

2020年申港街道主要经济社会指标一览表

表61

指　标	单　位	数　量	比2019年增减(%)	指　标	单　位	数　量	比2019年增减(%)
地区生产总值	亿元	202.94	—	限额以上单位零售额	亿元	0.44	-13.9
其中:第一产业	亿元	1.64	—	固定资产投资总额	亿元	54.52	0.59
第二产业	亿元	135.95	—	其中:工业投资	亿元	47.98	19.65
第三产业	亿元	65.35	—	进出口总额	亿美元	4.75	-29.98
一般公共预算收入	亿元	13.42	22.27	其中:出口额	亿美元	4.28	-32.66
农业总产值	亿元	1.57	-6	到位注册外资	万美元	21935	256.90
粮食总产量	万公斤	246	4.02	居民人均可支配收入	元	48351.08	18.86
工商业开票销售总收入	亿元	981.82	33.93	中小学校在校学生数	人	3639	-6.33
其中:工业开票销售收入	亿元	404.70	50.96	社保参保率	%	98	0(百分点)
服务业开票销售收入	亿元	324.50	11.43	劳动合同签订率	%	98	0(百分点)
规模以上工业利润总额	亿元	37.69	65.61	城乡居民基本医疗保险	%	100	0(百分点)

2020年申港街道开票销售收入前10名企业一览表

表62

名次	企　业　名　称	销售收入(亿元)	法人代表	名次	企　业　名　称	销售收入(亿元)	法人代表
1	远景能源有限公司	556.01	张　雷	6	江苏中基复合材料有限公司	16.90	杜继兴
2	新华发集团有限公司	94.37	孙志华	7	江阴阳东钢贸有限公司	11.57	俞红娅
3	中建材浚鑫科技有限公司	33.56	孙建安	8	江阴长江投资集团有限公司	11.26	任锦华
4	江苏长达国际物流有限公司	21.48	范建丰	9	江苏潞能能源有限公司	8.22	曲　凯
5	江苏江阴港港口集团股份有限公司	17.93	华　江	10	江阴华新钢缆有限公司	7.46	廖志诚

2020年申港街道各村(社区)基本情况一览表

表63

村(社区)名称	户数(户)	人口(人)	村(社区)党支部(党总支、党委)书记	村(社区)主任	村(社区)开票销售收入(亿元)
创新村	1941	2568	郑华叶	—	587.46
于门村	1812	2763	李秋珍	—	125.33
滨江村(江南社区)	5060	8130	宋桃英	宋桃英	87.14
东刘村	3184	4659	虞国裕	沈东华	49.37
申西村	3142	4734	毛剑峰	符林章	37.40
申兴村	3648	6245	薛栋亭	薛栋亭	21.04
申南村	2676	3605	何惠忠	余　军	13.30
申浦村	3251	5560	盛　开	—	12.76
申港村(申港社区)	10483	16632	殷振迅	殷振迅	9.38
横塘村(锦湖苑社区)	3795	7140	黄明华	殷　梁	7.57

2020 年 5 月 22 日,春申君黄歇雕像揭幕　　(申港街道提供)

【横塘村获评省级示范村】 2018 年以来,横塘村开展村庄环境综合整治工作,在各自然村全部完成村庄整治的基础上,查漏补缺,为申报美丽乡村和旅游村做准备。实行社区改造,一村老旧小区完成改造提升工程,雨污水管道改造并新建长度 1800 余米,改造停车位,新建车位 230 余个。此外,横塘村关闭规模养猪场,复耕土地 3.33 公顷;完成向阳河清淤 5000 立方米。横塘村"两委"班子围绕"生态文明建设"持续发力,村级经济不断发展、生态环境更加优美、居民素质更加提高、社会法治更加和谐。2020 年 5 月,申港街道横塘村被江苏省生态环境厅评为江苏省生态文明建设示范村(社区)。

【横塘村新农房建设奠基】 2020 年 5 月 28 日,申港街道横塘村举行新农房建设翻建工程奠基仪式。横塘村新农村改造试点自然村为西横塘村和坝头 2 个自然村,新农村规划方案批复的新农村建设用地 19.6 公顷,涉及一般农田 4 公顷。总计规划新农房 466 户,其中 250 平方米户型 84 户(18%),210 平方米户型 82 户(18%),180 平方米户型 155 户(33%),120 平方米户型 72 户(15%),80 平方米户型 72 户(15%)。西横塘河北侧一期启动区作为新农村建设样板区,占地 4.2 公顷,涉及一般农田 2.22 公顷。总计规划新农房 56 户,其中 250 平方米户型 48 户,210 平方米户型 4 户,180 平方米户型 2 户,120 平方米户型 2 户,此次首批开工建设 32 户。

【缪燧纪念馆建成开馆】 2020 年 5 月 9 日,申港街道缪燧纪念馆建成开馆。缪燧是申港街道申浦村缪家村人,清康熙年间,曾先后任山东沂水和浙江定海的县令,缪燧一生勤于政事,廉洁奉公,他的政绩德行在民间广为传颂,代代相传,堪称古代清官廉吏的表率。"为天地立心,为生民立命"是他一生精神的写照。缪燧纪念馆传承和弘扬缪燧勤政清廉、一心为民的精神,被江阴市监委授予缪燧纪念馆"江阴市廉政文化建设示范点"称号。该馆建成开放后,以多样的形式和丰富的内涵,引导各级党员干部"学廉、思廉、践廉",把清官缪燧的故事送进机关、学校、乡村、企业、家庭。至 12 月 31 日,累计接待各类参观者 3000 余人次。

【春申君黄歇雕像揭幕】 2020 年 5 月 22 日,申港街道在春申公园举行"绿动申港新境界、青舞环境再出发"——春申君黄歇雕像揭幕仪式。市委常委、临港开发区管委会主任计军,申港街道党工委、新能源产业园党委书记叶海舟,申港街道办事处主任陶郁峻等领导,机关中层干部、各村(社区)书记以及青年企业家代表、黄氏宗亲等参加活动。春申君黄歇雕像的落成,进一步传承了申港文脉,优化了申港人居环境。

(江龙平　吴　林)

利港街道

【概况】 利港街道位于江阴市西部,东与申港街道、西与璜土镇相接,南邻常州市,北靠长江,区域面积 59.42 平方千米,下辖 16 个村(社区)。2020 年年末,辖区总人口 79715 人,有户籍人口 57349 人,其中男性 28611 人、女性 28738 人;有少数民族 20 个 237 人,其中蒙古族 4 人、壮族 132 人、朝鲜族 3 人、水族 1 人、侗族 8 人、哈尼族 6 人、白族 2 人、回族 6 人、满族 14 人、苗族 17 人、畲族 1 人、土家族 15 人、瑶族 2 人、傈僳族 2 人、彝族 14 人、维吾尔族 2 人、仡佬族 1 人、布朗族 2 人、锡伯族 2 人、佤族 3 人。有外来暂住人口 22366 人,其中男性 14187 人、女性 8179 人。

政治建设　深化"不忘初心、牢记使命"主题教育成果,扎实开展"三转一提"* 专题学习活动,全面提升工作效能。新增 2 个五星级堡垒党支部,双良集团有限公司党委获评无锡市"四千四万"(说尽千言万语、吃尽千辛万苦、踏遍千山万水、历尽千难万险)精神现场教学点。成立利港街道新的社会阶层人士联谊会,江阴市利港商会成功换届。接收办理疫情、民生、环境、权益等各类投诉和咨询共 2996 条,接收率、及时反馈率 100%。严格落实党风廉政建设责任制,贯彻执行中央八项规定* 及其实施细则精神,强化监督执纪,全面深化内控机制建设,全年查办各类违纪线索 22 条,立案 22 件,办结 9 件,开除党籍 2 人,警告处分 6 人,立案免处 1 人。集中整治形式主义、官僚主义突出问题,全面落实基层减负工作,街道(园区)文件数量比 2019 年下降 60.2%、会议数量比 2019 年下降 45.8%。着力增强舆论引导,全年在江阴主流媒体发表各类报道 130 余篇,有 16 篇报道登上"学习强国"平台。陈杏妹入选"2020 年度正能量人物"和"江苏好人"。认真听取社会各界人士意见,按时办理人大代表、选民代表意见建议 18 件,办理满意率 100%。政协打造 17 个"有事好商量"民主协商议事室和社情民意收集点,通过民主协商办结社情民意50件。年内,围绕“疫情就是命令,防控就是责任”和“外防输入、内防扩散”总要求,迅速落实上级关于疫情防控工作各项决策部署,成立利港街道新型冠状病毒肺炎疫情防治工作领导小组,并动员1500余名党员干部、志愿者奔赴抗疫一线,第一时间在街道范围内筑起联防联控、群防群控的抗疫坚强防线,实现居民“零确诊”、医护人员“零感染”。全年累计注册“锡康码”70311人,实施各类医学观察3765人,收到慈善捐赠款313.13万元。

经济建设　年内,总投资50亿元的中新欧洲智造产业园项目、总投资7000万美元的中信动力新能源项目、总投资1亿元的振江西门子D3发电机组总装项目签约,3项项目签约落户临港开发区机械装备产业园。全年街道完成一般公共预算收入9.49亿元、工业投入38.16亿元、到位注册外资8712万美元;高新技术产业产值增长22%。重点项目有序推进,中向木本泥炭土壤调理剂、泓潮高纯石英材料、信越光棒二期、光大西利污水处理厂等一批项目加速建设;中新智能制造产业园、深国际工业供应链等项目有力推进。双良集团有限公司上榜“2020年中国企业500强”并荣获第六届中国工业大奖项目奖。中向旭曜获批以泥炭为主要原料的全国第一张土壤调理剂登记证。江苏振江新能源装备股份有限公司被评为工业互联网标杆企业、四星级以上“云企业”,入围“2020年全球新能源企业500强”。成立利港街道装备制造行业企业科协联盟。高新技术产业产值占规模以上工业产值比重32.2%。全力推进高新技术企业培育,高新技术企业数量累计34个。完成“雏鹰企业”*入库8个,其中江苏舒登机械装备有限公司、富华中元江苏重机科技有限公司顺利通过无锡市“雏鹰企业”遴选;“瞪羚企业”入库5个;“独角兽”企业*入库1个。江阴市慧居环境技术科技有限公司等5个后备企业筹备上市,江苏耀坤液压股份有限公司完成股改。

社会建设　完成福星路西延段、西石桥生态园改造、西利污水处理厂配套管网建设工程,累计完成93个农村自然村生活污水治理工程。陈墅村花家桥新农房建设建成新居45幢,高品质打造“如意人家”品牌。推进“厕所革命”,完成窑港口生态公厕等12座农村公厕新建改造。实施亮化工程,实现辖区主要道路和场所路灯全覆盖。城镇管理更趋精细,以深化全国文明城市创建为契机,集中开展农贸市场、停车秩序、门店经营、广告店招、违章建设、餐饮燃气六大专项整治。全力推进垃圾分类,被列为生活垃圾分类无锡市试点镇(街道)。取缔菜场周边流动摊贩50余处。增设停车位119个,道桩230个。全年累计拆除各类违建138处,共14696平方米;累计拆除楼顶广告等各类广告设施666处,共5070.45平方米;拆除“大棚房”1.7公顷。黄丹村东二过江通道拆迁完成签约314户,完成率93%。全年完成土地复垦44.67公顷,盘活存量土地18.11公顷。深化乡村振兴战略,高标准推进村企联建工作,有12个村(社区)、22个企业参与村企联建行动,组成24组结对关系,努力实现互促共赢的良好局面。深入实施农村人居环境整治“一推三治五化”*专项行动。东支村被评为江苏省生态文明建设示范村;西奚墅东肖庄村成功创建江苏省村庄绿化示范村;街道黄丹村等13个村(社区)被省农业农村厅认定为“绿色优质农产品(水稻)基地”。大气质量实现新提升,启动机械行业废气污染治理专项行动,开展现场排查企业63个;实施32台燃气锅炉低氮改造;全力削减有机性挥发物,完成江阴市双菱环境设备有限公司等8个企业挥发性有机物综合治理工作,完成江阴双辉值储运有限公司等5个企业餐饮油烟在线监测设施安装。全年优良天数占比82.8%,比2019年增长12.7%。水环境质量实现新突破,深化“河长制”,完善河道长效管理制度,实施27处河道清淤工程,共清淤22.6万立方米;开展河湖“两违”*整治;完成84艘“三无”船舶*清理整治。完成工业企业雨污分流45个。利港河卫东桥省考断面全年平均水质达到II类水质标准,比2019年提升一个水质类别。治废工作实现新进展,启动危险废物处置专项行动,出台《利港街园危险废物处置安全专项整治实施方案》,完成辖区133个危险废物生产、经营单位现场核查和隐患问题整改工作。扎实推进民生工程,苏州外国语学校国际双语幼儿园顺利开园,建成拥有80张护理床位的香港光大金夕延年利港护理院。全力稳定就业创业,助力保障各类企业用工需求,新增就业岗位2500个,实现本地劳动力就业2836人。抓好重点群体就业工作,街道户籍高校毕业生就业率92%以上,其中困难家庭大学生就业率100%。实名援助就业困难人员211人,扶持自主创业258人,保持“双零”家庭动态清零。全面加强社会保障,充分实现被征地农民刚性进保,大力推进城保精准化扩面,完成城保扩面1545人。累计发放低保金162.35万元;发放尊老金146.85万元;阳光扶贫结对帮扶低保户、五保户751户,其中街道结对慰问461户,发放慰问金22.86万元。农村大病医疗互助基金覆盖面98.31%。居家养老援助服务对象扩面至2897人,占街道老年人比例18.65%。全面提升服务水平,加快建立“互联网+服务”平台、开启“一站式”办理和绿色通道。开展第七次全国人口普查工作,登记3.45万户10.3万人。加强社会治理能力,纵深推进扫黑除恶专项斗争。实现人民来访中心和公安警务室一体化运行,严格执行街道领导班子成员每个工作日接访制度;无锡首个司法修复基地——江阴市窑港口长江生态湿地司法修复基地揭牌启动。惠民活动全面开展,做优做实公共文化配送服务,全年开展送戏下乡、纳凉晚会等各类文化惠民活动40场,惠及群众8万人次,切实构建起乐民、聚民、育民的基层综合文化服务体系。安全形势总体稳定。全面完成上级各类安全生产督导提出的88处隐患整改工作。推进“厂中厂”安全生产专项整治。深入开展违法违规“小化工”专项整治行动。持续开展27个行业领域安全生产专项整治。全年排查单位2739个,查出各类隐患3264处,整改

3048处。依法从严从重处罚，开展利港街园安全生产“利剑出鞘”专项执法行动，严厉打击安全生产违法行为，全年立案49件，行政处罚款116.3万元。全面抓牢民生安全，扎实开展食品安全整治，联合综合执法局等部门查处食品类流动摊贩360处，组织辖区内符合条件的2305人次从业人员进行免费体检；与企业、餐饮店签订承诺书266份，与民间厨师签订承诺书45份。推进校外培训机构专项整治，关停无证无照机构2个。推进养老机构安全整治，9个问题民间养老机构全部整改到位。

2020年利港街道主要经济社会指标一览表

表64

指　标	单　位	数　量	比2019年增减(%)	指　标	单　位	数　量	比2019年增减(%)
地区生产总值	亿元	—	—	限额以上单位零售额	亿元	2	5.30
其中：第一产业	亿元	—	—	固定资产投资总额	亿元	44.92	
第二产业	亿元	—	—	其中：工业投资	亿元	38.16	
第三产业	亿元	—	—	进出口总额	亿美元	—	—
一般公共预算收入	亿元	9.49	-14.30	其中：出口额	亿美元	—	—
农业总产值	亿元	6.64	0.80	到位注册外资	万美元	8712	
粮食总产量	万公斤	1072.01	-10.75	居民人均可支配收入	元	—	—
工商业开票销售总收入	亿元	—	—	中小学校在校学生数	人	4331	
其中：工业开票销售收入	亿元	—	—	社保参保率	%	88.30	0.1(百分点)
服务业开票销售收入	亿元	—	—	劳动合同签订率	%	99.80	0(百分点)
规模以上工业利润总额	亿元	23.40	-16.30	城乡居民基本医疗保险	%	100	0(百分点)

2020年利港街道开票销售收入前10名企业一览表

表65

名次	企　业　名　称	销售收入(亿元)	法人代表	名次	企　业　名　称	销售收入(亿元)	法人代表
1	双良集团有限公司	208.93	缪双大	6	江苏苏利精细化工股份有限公司	7.84	缪金凤
2	江苏海伦石化有限公司	97.20	何世辉	7	江苏怡达化学股份有限公司	7.18	刘　准
3	江苏利电能源集团	92.72	孙　峰	8	江阴市鸿萌橡塑制品有限公司	6.24	吴红清
4	江苏振江新能源装备股份有限公司	28.27	胡　震	9	江苏耀坤液压股份有限公司	5.58	谢文庆
5	江阴市华骏机械有限公司	7.98	高建华	10	江阴加华新材料资源有限公司	2.86	Jeffrey Robert Hogan(吉夫·火根)

2020年利港街道各村(社区)基本情况一览表

表66

村(社区)名称	户数(户)	人口(人)	村(社区)党支部(党总支、党委)书记	村(社区)主任	村(社区)开票销售收入(亿元)
黄丹村	1193	4530	朱建良	朱建良	1.20
西安社区	617	2300	魏国瑜	魏国瑜	0.0024
兴利社区	410	2612	赵勇洪	赵勇洪	0.01
芦埠港社区	1362	4610	蒋国伟	蒋国伟	0.0012
陈墅村	865	3458	江建洪	江建洪	—

续表66

村(社区)名称	户数(户)	人口(人)	村(社区)党支部(党总支、党委)书记	村(社区)主任	村(社区)开票销售收入(亿元)
利港村	1769	5947	姚建军	姚建军	12
兴港社区	891	2721	缪　云	缪　云	0.02
巨轮村	1132	4125	曹建锋	曹建锋	6
西奚墅村	810	3050	陈华中	缪仲昌	12
北郭庄村	1482	4697	孙佩俊	孙佩俊	2.35
江市村	1190	4160	汤春明	汤春明	21.50
苍山村	1082	3525	康晓春	康晓春	1.90
西石桥社区	1460	4627	牟学军	牟学军	0.01
后梅社区	811	2575	盛南华	唐建华	2.73
维常村	821	2759	钟　渊	钟　渊	1.12
东支社区	676	2353	常国和	薛　强	8

【院士张佳宝工作站落户利港】 为推动产学研融合,促进知识转移和科技成果转化,加速技术创新要素向企业集聚,增强企业的发展动力和技术创新能力,2020年6月1日,临港开发区中向旭曜科技有限公司张佳宝院士工作站签约仪式在南京土壤研究所举行。中向旭曜科技有限公司董事长朱锐,中信泰富能源投资有限公司副总裁姚勇,中向旭曜科技有限公司总经理谭钧及全体高管,机械装备产业园管委会主任曹鸣,院士张佳宝,南京土壤研究所党委书记蔡立、所长沈仁芳等参加签约仪式。本着诚信合作、共同发展的原则,中向旭曜科技有限公司、南京土壤研究所、院士张佳宝三方共同建立院士工作站,后续将开展具有巨大市场应用前景的耕地质量提升和土壤生态环境修复方面的长期合作研究和新技术、新产品转化工作。

【无锡首个司法修复基地在利港揭牌】 为认真贯彻落实市委、市政府全面深化长江生态安全示范区建设战略部署,2020年6月3日,无锡首个司法修复基地——江阴市窑港口长江生态湿地司法修复基地正式揭牌启动。无锡中院党组副书记、副院长赵建聪,江阴市委常委、政法委书记吴芳,江阴市副市长郁秋皓,江阴法院党组书记、院长徐振华,临港开发区纪工委书记卢澄晓出席启动仪式并为司法修复基地揭牌。利港街道办事处领导江城、陈奕、吴玉兰、沙晓军、刘志龙、朱昊辉等参加启动仪式。徐振华主持启动仪式。依托司法修复基地,建立环境司法修复联席会议制度、区域一体化环境修复平台、环境污染案件区域修复机制、生态保护联合宣传工作制度、环境资源审判研究平台、生态修复劳务代偿工作机制,对窑港口长江生态湿地环境进行系统修复和完善对于促进生态环境司法保护一体化,推进长江流域生态环境的整体性治理,具有重要意义。

【市中医院医疗集团与江阴澄西医院技术协作签约】 2020年7月16日,市中医院医疗集团与江阴澄西医院技术协作签约揭牌仪式举行。临港开发区党工委副书记方枫云,市卫生健康委党委书记、主任谈海平,临港开发区管委会副主任江城,市中医院医疗集团党委书记严海东、总院长严峥,临港开发区社会事业局局长周青,利港街道办事处副主任凌建华,澄西医院领导班子及中层干部、各科室医务人员代表参加签约揭牌仪式。此次签约标志着市中医院与澄西医院的合作步入实质性阶段。市中医院将重点扶持澄西医院的专科建设,力争在五年内将澄西医院的骨科、疼痛科、呼吸内科、心血管内科等相关专科建成市级重点专科或特色专科,为进一步增强群众看病就医获得感夯实基础。

【党建助残示范点启动】 2020年7月30日,街道举行"党建融合、爱心助残"党建助残示范点启动仪式。市残联理事长蒋万春,街道办事处主任陈奕、街道党工委副书记吴玉兰、街道办事处副主任凌建华及相关科室负责人,街道"残疾人之家"全体成员,各村(社区)残联专职委员以及残疾人代表、结对党组织党员代表、志愿者参加活动。街道将突出服务优势,充分发挥红色助残党建服务队的优势,开展好"送温暖""党建助残""法律援助"等活动,为残疾人提供各类暖心服务;突出精准帮扶,切实为残疾人办实事、解难题、务实效;宣传党和政府发展残疾人事业的政策、措施、成效以及残疾人先进典型,传播社会正能量。

【利港机械装备行业科协联盟成立】 2020年9月18日,利港街道召开街道装备制造行业企业科协联盟成立大会,正式成立江阴市首个企业科协联盟。该科协联盟的成立,既是科协各级组织推进科协系统深化改革的重要举措,也是企业从自身出发的需求。街道将以企业科协联盟为平台,促进企业与企业,企业科协联盟与有关高等院校、科研院所之间的密切联系,进行技术、信息交流和研讨。同时将不断推进科技创新投入,攻坚克难,为利港街园机械装备行业企业创新发展、破解技术难题献计献策。

【街道新的社会阶层人士联谊会成立】 2020年9月29日,街道新的社会阶层人士联谊会成立大会召开。江阴市委统战部常务副部长汤建影、利港街道党工委副书记吴玉兰、江阴市委统战部部务委员汪小琳、利港街道党工委统战委员周炜以及利港街道新的社会阶层人士联谊会全体会员、各村(社区)统战干部参加会议。会议由周炜主持。会上,街道党工委统战委员周炜作新联会筹备工作报告,表决通过《利港街道新的社会阶层人士联谊会章程(草案)》和选举办法,选举产生利港街道新的社会阶层人士联谊会第一届会长、副会长、秘书长、监事。

【利港商会换届】 2020年10月24日,街道召开江阴市利港商会三届一次会员大会。江阴临港开发区纪工委书记卢澄晓,市委统战部副部长、市工商联党组书记陈雪源,江阴市工商联副主席金锡妹,利港街道办事处主任陈奕等街园领导及街道有关部门负责人、利港商会第三届会员和各村(社区)书记出席会议。会议选举出名誉会长缪双大、江荣方;会长缪志强;副会长张波、缪金凤、胡震、刘准、单志才、高建华、谢文庆、刘跃生、吴红清、谢国平、顾晋南、周耀庆;秘书长刘跃生;副秘书长周冬敏。 (崔 健)

璜土镇

【概况】 璜土镇历史悠久,是5000多年前良渚文化发祥地之一。该镇位于江阴市与地级市常州交界处,是江阴市西大门,南、西部与常州市天宁区、新北区(高新区)相邻,东接利港街道,北枕长江。国道滨江西路,省级公路扬子大道、芙蓉大道西段、镇澄路和市级公路港澄大道,及璜土母亲河——桃花港纵横境内,交通十分便捷。璜土镇先后荣获江苏省文明镇、健康镇。镇辖璜土村获评全国文明村。璜土镇是全国卫生镇、全国环境优美镇、中国特色村、江苏省法治文化示范村等。璜土镇生态环境优美,是中国优质葡萄生产基地,享有“江苏葡萄第一镇”美誉。区域面积64.49平方千米,耕地面积2800公顷,其中农作物面积568.4公顷,果品花木面积1957.2公顷,蔬菜瓜类及其他面积274.4公顷。镇辖12个行政村(其中璜土村、石庄村为村居合一)和华湖社区。2020年年末,全镇总人口114030人,其中户籍人口56376人,其中男性28127人、女性28249人;有少数民族18个204人,其中壮族80人、布依族3人、彝族3人、藏族1人、哈尼族1人、土族1人、毛南族1人、水族1人、瑶族1人、朝鲜族6人、侗族17人、苗族17人、回族9人、满族11人、蒙古族10人、土家族38人、维吾尔族2人、仡佬族2人。有外来暂住人口57654人,其中男性33666人、女性23988人。

政治建设 坚持党建引领,全面贯彻落实新时代中国共产党建设的总要求,始终把党的政治建设放在首位,积极做好宣传思想文化、意识形态工作,持续加强在思想上、政治上、行动上始终与习近平总书记为核心的中共中央保持高度一致,不折不扣地认真贯彻落实中共中央的路线、政策、指示。党委中心学习组集中学习22次,学习习近平总书记系列讲话重要精神、《习近平谈治理政》(第三卷)和中共十九届四中、五中全会精神及中央、省、市有关文件精神等内容。邀聘专家、讲师专题讲座4次,受教育3800余人;完成各类调研报告17篇;集中廉政教育2次;坚持镇村两级每月一次党员活动日(学习日);基层党组织书记上党课118次,受教育党员3500余人;年度发展新党员31人,其中76.2%新党员来自生产、工作第一线的骨干青年。进一步完善和加强镇村道德讲堂建设,全镇有道德讲堂23个,道德宣讲92课,受教育4500余人。在廉政教育的同时,签订廉政责任书38份。持续开展“5·10”思廉日活动,在重大活动和节庆期间,向有关人员发送廉政微信3000余条。坚持执行党政领导带班接待人民群众来访制度,全年党政领导带班接待群访295人次,排查分析,化解矛盾纠纷,结办上级转办人民来信275件,结办率100%。解决一批信访矛盾积案,化解4000余户房产项目办证矛盾,5980人被征地农民得到保障。面对新冠肺炎疫情的冲击和严峻复杂的宏观形势,璜土全镇人民守望相助,党员干部尽锐出战,设立省级管控站3个,投入3884人次,进行科学防疫管控,329个村道口实施严密管控。防疫期间,累计居家隔离7600余人,集中隔离306人。首创返江阴复工人员服务站13个,累计服务4.2万人次,为复工人员提供一站式服务,被荔枝网、《无锡日报》等媒体报道。镇辖区公共密集场所、重点单位严格落实常态化疫情防控措施,镇域实现“零感染、零疑似、零输入”,夺取疫情防控阶段性胜利。

经济建设 全镇经济社会实现平稳健康发展,社会大局保持和谐稳定。全年完成工商开票销售817.17亿元,其中工业开票销售收入522.37亿元,服务业开票销售收入290.66亿元,主要经济指标逐月回升。完成一般公共财政预算收入9.37亿元,比2019年增长3.8%,连续第5年实现正增长。税收超1000万元企业24个、超5000万元企业8个、超亿元企业4个,比2019年净增3个。新引进中联新建华东智能制造等9项重大项目,累计总投资30亿元。高新技术产值77.46亿元,比2019年增长29.3%,高新技术投入8.47亿元,列临港开发区各板块之首。城乡一体化全面统筹,乡村振兴扎实推进,全力打造“葡萄风情小镇”,建立“互联网+农业”新模式;完善葡萄电商建设,大力推动葡萄产品线上销售,加速发展特色农业,建成中央农业产业强镇示范项目——“智慧葡萄园”主体工程。有序推进美丽乡村建设,创建无锡市美丽乡村示范带,高栗村获评无锡市美丽乡村示范村,全镇累计总数占全市的12.5%;璜土村东贯庄和马家头2个自然村获评江苏省特色田园乡村,总数占全市的25%;高栗村许家头自然村获评江阴市农村人居环境整治提升示范村。富民增收取得成效,常泽桥村、芦墩村薄弱村摘帽。

社会建设 举行“从心出发、向新而行”璜土镇教育发展基金成立大会;开展第七次全国人口普查工作;开展基层群众文化活动,下乡(社区)文艺演出35场次,璜土镇获评江阴市锡剧进校园先进单位。璜土敬老院实现公建民营体制,优化公共服务;举办第十三届璜土葡萄文化节系列活动,持续扩大璜土葡萄品牌魅力。30套新农村农房改造试点工程、璜土实验小学小湖校区教学楼建设、路网升级等民生工程有序进行。完成融城苑二期582套分房工作,使拆迁户得到安置。全镇本地劳动力实现就业3381人,完成年计划112%;发放疫情生活补贴、低保金、特困供养金、尊老金、残疾人补贴和慈善救助资金共1205万元,璜土镇获评江阴市慈善突出贡献单位。璜土村被评为全省"扫黄打非"先进基层示范点;启港苑村获评江苏省健康村;小湖村被评为无锡市文明村;北湖西村获评江阴市文明村。深入推进生态文明建设,全镇年度关停整治"散乱污"企业38个,完成25个化工企业升级改造,璜土镇获评江苏省生态文明建设示范乡镇。强化安全生产监督管理,推进"群租房""厂中厂""小化工"等违法违规专项整治,执法检查企事业单位238个,完成1319处安全隐患闭环整改。加强"平安璜土"建设,打击涉黑涉恶、非法集资、网络诈骗等犯罪活动。江阴市公安局璜土派出所年度破获刑事案件190件,治安案件293件,处理696人,其中涉黑涉恶案件12件23人,网络诈骗案件27件35人。加大安全生产和环境保护力度,安全生产做到零容忍、全覆盖,环境保护工作坚持周周自查、月月互查、季度抽查通报的长效管理。是年,全镇经济强镇、城乡发展、生态建设、人民生活、镇村管理、民生服务等工作完成年初预定目标。

2020年璜土镇主要经济社会指标一览表

表67

指标	单位	数量	比2019年增减(%)	指标	单位	数量	比2019年增减(%)
地区生产总值	亿元	—	—	限额以上单位零售额	亿元	—	—
其中:第一产业	亿元	—	—	固定资产投资总额	亿元	48	—
第二产业	亿元	—	—	其中:工业投资	亿元	37	—
第三产业	亿元	—	—	进出口总额	亿美元	—	—
一般公共预算收入	亿元	9.37	3.80	其中:出口额	亿美元	—	—
农业总产值	亿元	—	—	到位注册外资	万美元	—	—
粮食总产量	万公斤	997.76	3.80	居民人均可支配收入	元	46498.03	—
工商业开票销售总收入	亿元	817.17	-29.17	中小学校在校学生数	人	5345	—
其中:工业开票销售收入	亿元	522.37	-35.03	社保参保率	%	100	0(百分点)
服务业开票销售收入	亿元	290.66	-18.18	劳动合同签订率	%	100	0(百分点)
规模以上工业利润总额	亿元	13.35	30.45	城乡居民基本医疗保险	%	100	0(百分点)

2020年璜土镇开票销售前10名企业一览表

表68

名次	企业名称	销售收入(亿元)	法人代表	名次	企业名称	销售收入(亿元)	法人代表
1	汉邦(江阴)石化有限公司	83.78	吴亮	6	斗山液压机械(江阴)有限公司	22.41	赵范济
2	江阴澄高包装材料有限公司	62.95	吴亮	7	江阴卓奥国际贸易有限公司	22.36	杨玲珍
3	江阴市川江化工有限公司	51.50	何晓东	8	中联重科股份有限公司江阴分公司	20.92	黄群
4	阿尔法(江阴)沥青有限公司	45.17	周剑峰	9	江苏大江金属材料有限公司	17.86	郁协明
5	江苏嘉盛新材料有限公司	26.65	韩冰	10	江阴市辰华物资有限公司	17.39	赵丽

2020年璜土镇各村(社区)基本情况一览表

表69

村(社区)名称	户数(户)	人口(人)	村(社区)党支部(党总支、党委)书记	村(社区)主任	村(社区)开票销售收入(亿元)
利城村	1462	4593	周肖军	周肖军	0.98
北湖西村	1112	3708	刘建维	刘建维	0.75

续表 69

村(社区)名称	户数(户)	人口(人)	村(社区)党支部(党总支、党委)书记	村(社区)主任	村(社区)开票销售收入(亿元)
高果村	1551	6227	许建明	金建东	2.16
璜土村(社区)	2547	9152	钱俊贤	钱俊贤	7.42
小湖村	4632	1965	周国伟	周国伟	72.78
篁村村	2842	13405	高旭伟	许俊华	0.38
常泽桥村	1121	4713	张建清	仇震亚	0.42
汇南村	1087	3752	丁　成	丁　成	0.46
芦墩村	1000	4528	蔡志国	周　雷	1.98
石庄村(社区)	2162	5822	彭　辉	朱立军	0.45
花港苑村	2835	13722	彭文锋	彭文锋	294.70
启港苑村	859	5803	刘小东	金岳彪	0.23
华湖社区	7248	15467	曹　洁	曹　洁	—

【璜土村被命名为全国民主法治示范村】 璜土村坐落于璜土镇集镇中心,全村占地面积 4.2 平方千米,有 20 个自然村,常住人口 9373 人,外来人口 4400 余人,农业以种植葡萄为主业。2019 年以来,该村紧紧围绕实施乡村振兴战略总体部署,秉持“把家园当公园建设”的理念,以打造“物质小康村”“生态小康村”“文化小康村”为目标,坚持走自治、法治、德治“三治融合”的乡村治理道路,形成富有特色的“省钱模式”“多位一体模式”“文化渗透模式”“共建共享模式”和“经济可持续发展模式”五大工作模式,较好地实现“生产发展、生活富裕、乡风文明、村容整洁、管理民主”的社会主义新农村建设目标,先后获得全国文明村、中国特色村、中国美丽乡村建设示范村等 5 项国家级荣誉、30 余项省市级荣誉。2020 年,璜土村“两委”以民主法治示范村创建工作提升基层治理能力现代化,践行乡村振兴的活水源泉,以党建引领为核心,牢记习近平总书记“幸福是奋斗出来的、撸起袖子加油干”的教导,率领村民真干、苦干、实干,较好实现“生产发展、人民富裕、乡风文明、环境优美、管理民主、生活幸福”的美好愿景。村书记带头干,党员干部上一线,多项目同时开展、共同推进、互为补充、省资金提实效。在新农村建设中,村民自愿捐款 350 万余元,形成干部群众共建共享。联系村民实际生活,打造图文并茂、形象生活的法伴人生路长廊、法治文化园、法治宣传栏等宣传阵地、教育引导村民远离违法犯罪,严格遵纪守法。璜土村 20 个自然村“村村有文化、村村有特色”,打造党建、道德、清廉、孝道、法治、爱国、家教、良渚、礼仪等 20 种“道德融合”特色文化。年末,被司法部、民政部联合命名为全国民主法治示范村(社区)。

【“学习强国号共享车”启用】 为持续深化全民阅读“十百千万”工程,以更优质的阅读服务,满足广大人民群众高质量阅读需求,全力推动“书香璜土”建设再上新台阶。2020 年 12 月 16 日,在花港苑小区举行“文化进乡村、文明进万家”主题巡演暨“学习强国号共享车”启动仪式,进一步加强主题阅读引领、阅读活动推广、阅读阵地建设,建设书香村社、书香企业、书香家庭。“学习强国号共享车”内藏有各种书籍、报纸杂志等,是流动性农家书屋,并实行通借通还。共享车定期流动巡回,满足群众的便捷需求,打通全民阅读的“最后一米”。

【“璜土镇教育发展基金会”成立】 2018 年以来,璜土镇党委、政府始终把“立德树人”放在全镇发展的战略高度,以“教育名镇”建设为抓手,合理配置、科学配置、优化配置各种教育资源,不断推进璜土教育事业的均衡发展。围绕教育发展高质量目标,为璜土教育发展搭建平台,全力服务璜土教育,促进璜土教育事业高质量发展,镇党委、政府筹划成立“璜土镇教育发展基金会”。2020 年 12 月 5 日,璜土镇在镇体育馆举行“从心出发、向新而行”璜土镇“教育发展基金会”成立大会。先后有 350 个单位及个人捐赠总额 1800 余万元,为璜土教育事业发展提供有力保障。

【江阴·璜土第十三届葡萄文化节开幕】 2020 年 8 月 18 日,每年召开一届的江阴·璜土第十三届葡萄文化节开幕。璜土镇放大葡萄文化节等品牌效应,着力在农业增效上下功夫,进一步优化农业产业布局,加大“三资”* 投农力度,大力发展“互联网 + 农业”,加快农业基础设施建设,推动农业产业向“规模化、品牌化、智慧化”发展。着力在农民增收上下功夫,重点做好“葡萄文化”等文章,加快推进农旅文产业融合发展。打造葡萄风情小镇等特色项目,深入推进农村人居环境整治,加快农村住房和基础设施建设。现场还颁发第二届江阴好水果金奖、银奖,抖音大赛、摄影大赛优胜奖;

举行葡萄产业助推脱贫攻坚——村企共建签约仪式。江阴农商银行向果农发放“乡村振兴卡”,中国农业银行江阴分行向葡萄产业集群授信。 (曹 云)

月城镇

【概况】 月城镇是中国民间文化艺术之乡,位于江阴市西南,东与徐霞客镇毗邻,南连青阳镇,西接常州市经开区,北以秦望山为界与南闸街道接壤;紧靠沪宁、沿江高速公路,锡澄公路、锡澄运河、南沿江高铁、海港大道和江阴大道纵贯全镇,镇东设有新长铁路货运站。镇域总面积38平方千米,耕地面积1740公顷,下辖8个行政村和2个社区。2020年年末,有户籍人口42846人,其中男性21223人、女性21623人;有少数民族16个157人,其中白族4人、傣族1人、侗族16人、彝族3人、布依族8人、土族1人、满族4人、回族9人、黎族3人、蒙古族2人、苗族84人、羌族1人、水族4人、土家族1人、瑶族6人、壮族10人。有外来人口12083人,其中男性7251人、女性4832人。

政治建设 始终把深入学习贯彻习近平新时代中国特色社会主义思想作为首要政治任务,扎实开展“三转一提”* 主题活动,打响“支部进网、党员联户”月城党建工作品牌,建有党建主题园和新时代文明实践公园。坚持从严治党管党,扎实完成市委巡察问题整改,清正廉洁的政治生态更加巩固。创新创优“支部进网、党员联户”机制,形成“双网融合”“双网联动”格局,打响“四全四有”网格党建工作品牌,切实加强政府自身建设,不断提高政府服务效能。自觉接受人大及社会各界监督,办理人大代表建议意见11件,办理满意率100%。全年“12345”民生热线*、“空中热线”办理各类社会诉求事项1800余件。推动基层政务公开全覆盖,全年发布各类政务信息156条。持续压降非刚性非急需支出,全镇“三公”经费* 支出压减18%。履行党风廉政建设“一岗双责”*,遵守中央“八项规定”* 及其实施细则,驰而不息纠正“四风”*。年内,镇第一时间启动重大突发公共卫生事件一级响应,建成投用镇级集中隔离点,月城医院建成核酸检测实验室;实行“大数据+网格化+铁脚板”常态管控,出动16609人次管控过境车辆、排查重点人群,实施各类医学观察2254人,守住“零确诊”病例防线;科学组织复工复产,严格执行“五到位”(防控机制到位、员工排查到位、隔离设施到位、防护措施到位、内部管理到位)要求,全面落实“惠企25条”等扶持政策,减免各类租金费用101.86万元;保障疫情期间困难群众基本生活,发放临时补助81.04万元。

经济建设 经济运行稳中有进,全年实现地区生产总值68.06亿元,比2019年增长2.6%。完成一般公共预算收入3.7亿元,比2019年下降9.67%。实现工商业开票销售262.74亿元,比2019年增长5.70%。完成规模以上工业产值112.6亿元,比2019年增长9.5%。完成固定资产投资10.12亿元,比2019年增长10.5%,其中工业投入8.48亿元,比2019年增长48.6%。完成进出口总额1.77亿美元,其中自营出口1.26亿美元。实际到账外资50万美元。必得科技轨道交通控制系统等11项总投资16.1亿元的在建项目进展顺利,安凯特、秋林特能、恒大商业地产等8项总投资36亿元的拟建项目做好开工准备。全年新增高标准农田33.33公顷,艾格瑞牧业生猪养殖项目完成主体建设。弘远新能源在香港联交所主板上市。必得科技、安凯特审查过会,江苏秋林特能装备股份有限公司、江苏鑫城印刷集团有限公司等上市后备企业资本经营进程提速。新增规模以上工业企业8个、规模以上服务业企业7个,其中新增开票销售超亿元企业4个,新增入库税金超千万元企业3个。年内,江阴弘远新能源科技有限公司获批“瞪羚企业”*,江苏必得科技股份有限公司获批省工程技术中心、“独角兽”企业*,江苏秋林特能装备股份有限公司荣获无锡市创新创业大赛二等奖,江阴市十佳科技创新企业、技术创新示范企业。

社会建设 全年研发投入占地区生产总值比重提升至3.4%,企业研发经费占主营业务收入2.2%,高新技术产值占规模以上工业总产值比重提升至32%。全年新增省高新技术企业5个,坚持镇村并举,加快产城融合,“一城两翼三区”联动发展格局日益完善。深化落实文化奖励激励办法,整合文化阵地,打通文化平台,实现资源共享。促进文化与金融、信息、旅游、体育等融合,文化产业增加值在地区生产总值占比提升至7.8%。依托新时代文明实践基地,持续推进“书香月城”建设,以“春和、夏韵、秋实、冬炫”为主题,全年开展理论宣讲80余次、文化惠民活动310余场次。大力实施文明创建活动,整改不文明问题462个,高标准通过全国文明城市复查和省文化服务指标测评。打响“中国民间文化艺术之乡”品牌,做优“龙舟文化”“小戏文化”“水韵文化”,做强秦望雅集特色品牌,打造文化亮点。加强文化遗产保护与传承,整合月城文化人才资源,打造更多文艺精品,提升月城文化事业品质和能级。完成敬老院、秦南路、畅园路及篮球场周边景观绿化工程,修缮马圩路,改道水韵新河。敬老院、幼儿园消防设施全面提升。新建公厕2座、改建公厕3座。全面推进84个自然村生活污水治理工程。全力保障南沿江铁路、秦望山产业园等重点项目建设,全年拆除民房167户计5.25万平方米、企业13个计3.49万平方米。对标城镇精细化管理要求,加大保洁力度,持续洒水降尘,切实开展镇容镇貌、户外广告、架空杆线、停车秩序等专项整治,着力提升农贸市场周边环境秩序,改造提升小商品市场,新建路灯86盏。高标准通过国家卫生镇省级综合验收评估。持续推进农房改造,双泾村、沿山村、下塘村、月城村完成村庄规划编制,双泾村40套公寓楼、20套农房完成主体建设。大力推进农村人居环境整治提升,清理各类垃圾6.98万立方米,新增造林绿化面积17.47公顷,黄桥村薛北村薛家弄获评年度江阴市农村人居环境整治提升示范村。坚持红线意识、底线思维,全力提升本质安全水平。制定“党政领导、部门监管、属地管理、企业主体”四张责任清单，推进落实安全生产分级分类监管，实现监管对象和监管责任全覆盖。全面实施安委办实体运作、专委会专项整治、安全隐患清零销号等制度。建成月城消防中队。深入开展“厂中厂”安全隐患整改“回头看”，抽查280个次，整改隐患1319处。关停化工生产企业（脱化）4个。关停取缔“厂中厂”39个，立案6件。深入推进全镇28个重点行业领域安全生产专项整治，整改安全隐患9537处，整改率99.14%，处罚款123.7万元。开展出租房屋安全隐患集中整治，整改出租房屋3371户、住人车库181个，新建集中充电设施464个。开展全覆盖、拉网式大排查大整治行动，重点做好危化品、交通运输、金属熔融、特种设备、城镇燃气等领域和“三合一”场所的监管和集中整治。用好“环安税信”APP，健全综合执法与公安、环保、消防、市场监管等部门的联合执法机制，落实关停取缔、停产整顿、顶格处罚、追究法律责任等严管措施，重大安全隐患整治率100%。持续深化污染防治攻坚，全力打好蓝天、碧水、净土保卫战。坚持生态产业化、产业生态化发展理念，加快推进秦望山产业园建设，利锦莱德固废综合利用、锐盛环保等项目及园区道路等配套基础设施加快推进，工业废弃物综合利用项目（二期）完成联调联试，餐厨废弃物集中处理项目、建筑垃圾资源化利用项目建成投运。坚持综合施策，全面落实大气污染防治和水环境整治。完成企业有机挥发物治理15个，实施码头治理1个，完成锅炉低氮改造7台。全镇$PM_{2.5}$下降至40.9微克/立方米，空气质量优良天数比例提升至85.5%。完成文化小区景观河、卧龙家园、红旗路两侧门店、月翔路主管网及两侧企业雨污分流工程。溯源整治团结河、环山河、东风河、创新河等重点河道，全力提升锡澄运河断面水质。工业集中区62个企业完成排水标准化、规范化建设。完成秦望山露天废弃矿山治理。完善“环保21条”，强化网格巡查督查，规范巡查登记，全年环保排查企业320个，环保第三方监管新增签约企业105个，新增安装用电工况监控企业102个。围绕新时代人民群众文化需求，切实承担好“举旗帜、聚民心、育新人、兴文化、展形象”五项使命。用心满足人民向往，民生事业更加普惠均衡。全年实现本地劳动力就业2662人，援助就业困难人员146人，完成职业技能培训92人。城保、住房公积金缴纳人数分别新增1824人、1348人，新增办理被征地农民保障2269人，全年发放各类保障资金6136.29万元。完善救助保障体系和村级医疗互助长效机制，扎实开展“阳光扶贫”结对帮扶，发放各类补助资金1254.9万元。持续推动优质教育资源均衡配置，支持和规范民办教育发展，水韵幼儿园项目完成技术审查，中小学灯光照明及多媒体教学设施全面更新，中学操场草坪改造项目完成招标手续。投入450万元，采购B超等医疗仪器，改造医院设施，金夕延年医养结合护理院建成投用。提供老人、妇女、儿童群体免费体检，老人健康建档率100%。深入实施“大数据+网格化+铁脚板”治理机制，打响“双网双融、双创双优”品牌，全面融合管理44个网格支部、50个管理网格，成立专职网格员队伍，广泛开展疫情防控、安全整治、文明创建、环境巡查等工作。深入推动扫黑除恶专项斗争，排查整治辖区各类投资理财类企业78个，涉案资金300余万元。深化“平安月城”建设，新增社会治安监控29只，改造提升老小区技防监控147只；幼儿园、小学建成智慧技防校园，13个小区建成智慧技防小区。年内，月城镇获评2020年度江苏省一级村镇建设档案室、省文化厅“十百千”示范工程。

2020年月城镇主要经济社会指标一览表

表70

指　　标	单　位	数　量	比2019年增减(%)	指　　标	单　位	数　量	比2019年增减(%)
地区生产总值	亿元	68.06	2.60	限额以上单位零售额	亿元	1.67	8.20
其中：第一产业	亿元	2.99	-5.90	固定资产投资总额	亿元	10.12	10.50
第二产业	亿元	32.58	8.30	其中：工业投资	亿元	8.48	48.6
第三产业	亿元	32.49	-2.70	进出口总额	亿美元	1.77	-15.70
一般公共预算收入	亿元	3.70	9.67	其中：出口额	亿美元	1.26	-17.40
农业总产值	亿元	3.92	-12.99	到位注册外资	万美元	50	-75
粮食总产量	万公斤	0.05	7.31	居民人均可支配收入	元	53831	4.40
工商业开票销售总收入	亿元	262.74	5.70	中小学校在校学生数	人	2732	-0.20
其中：工业开票销售收入	亿元	145.63	12.30	社保参保率	%	100	0(百分点)
服务业开票销售收入	亿元	117.02	-1.50	劳动合同签订率	%	100	0(百分点)
规模以上工业利润总额	亿元	6.59	-1.40	城乡居民基本医疗保险	%	100	0(百分点)

2020 年月城镇开票销售收入前 10 名企业一览表

表 71

名次	企业名称	销售收入(亿元)	法人代表	名次	企业名称	销售收入(亿元)	法人代表
1	江阴华润制钢有限公司(含仕明)	39.45	张亚彬	6	江阴市华盛印刷有限公司	5.94	严树珊
2	江苏秋林特能装备股份有限公司	9.09	钱秋林	7	江苏省宏晟重工集团有限公司	5.79	偶洪元
3	江阴协统汽车附件有限公司	9.00	钱德洪	8	江苏吉麦隆物流有限公司	5.51	黄华坤
4	江阴锦澄钢铁有限公司	7.99	刘海洋	9	江阴泰富沥青有限公司(含耀大)	5.10	丁爱民
5	世泰仕塑料有限公司	7.83	Mathieu Purrey	10	江苏华权有色炉料有限公司	5.10	包玉明

2020 年月城镇各村(社区)基本情况一览表

表 72

村(社区)名称	户数(户)	人口(人)	村(社区)党支部(党总支、党委)书记	村(社区)主任	村(社区)开票销售收入(亿元)
戴庄村	1173	4145	邹建刚	邹建刚	12.32
月城村	1465	4952	殷建伟	殷建伟	6.90
秦皇村	806	3093	葛建清	葛建清	1.21
沿山村	1166	4257	顾栋华	顾栋华	57.16
卧龙村	1153	4110	吴国华	吴国华	2.06
双泾村	2724	9049	钱　芳	钱　芳	29.96
下塘村	828	2804	薛金方	薛金方	4.29
黄桥村	1742	5971	翟　民	翟　民	5.17
月城社区	768	2176	司建荣	司建荣	—
水韵社区	568	2289	刘登峰	刘登峰	—

【国家卫生镇创建工作接受省考核评估】 2020 年 12 月 8 日,以南通市卫健委副主任罗庆华为组长的省考核评估组对月城镇创建国家卫生镇工作进行考核评估。无锡市卫健委健康促进处处长邬先赞以及江阴市卫健委、疾控中心负责人等陪同。镇党委副书记、镇长顾春宇,镇三套班子部分领导,相关部门人员参加。汇报会上,评估专家组在综合听取汇报、现场检查和查看资料的基础上,商定形成对月城镇创卫工作的考核评估意见,肯定月城镇创建工作成效,各项指标达到国家卫生镇标准要求,将建议省爱卫会审核上报全国爱卫会予以命名。同时,也指出创卫过程中存在的问题和薄弱环节,并对下一步整改工作提出专业性建议。顾春宇代表镇党委、政府作表态发言。月城镇将在下一步创卫工作中,珍惜荣誉,不忘初心,发扬传统,持续巩固与扩大创建成果,确保人民群众得实惠。

【无锡市皮划艇基地项目落地揭牌】 月城镇双泾生态园于 2016 年获评国家级水利风景区、江苏省湿地公园。该次无锡市皮划艇训练基地选址双泾生态园龙舟赛道,是基于河道常年保持Ⅱ类水质的优秀自然环境,是月城镇作为江苏十大体育名镇、中国龙舟赛事基地深厚的体育文化内涵。2020 年 1 月 6 日,无锡市皮划艇训练基地签约、揭牌仪式在双泾生态园龙舟赛基地举行。江阴市副市长张韶峰、无锡市体育局副局长杨宇华、江阴市文体广电和旅游局局长周晓虹、月城镇党委书记顾志强、无锡市体育运动学校代表等领导出席签约仪式。仪式现场,江阴市副市长张韶峰、无锡市体育局副局长杨宇华共同为皮划艇基地项目落地揭牌。无锡市体育运动学校副校长王远明、月城镇副镇长徐小虎、江苏双泾生态农林开发有限公司董事长钱德洪进行三方签约。该基地的落成,能广泛传播水上运动文化,激发广大群众参与水上竞技运动,也为培育输送优秀运动人才提供保障。

【月城镇第十九届人代会第七次会议召开】 2020 年 1 月 5 日,月城镇第十九届人民代表大会第七次会议在镇政府第二会议室召开。来自全镇各条战线的 63 名镇人大代表积极履行代表职责,为月城发展建言献策。会上,全体代表听取和审议月城镇政府工作报告和月城镇人大主席团工作报告,审议和批准月城镇 2019 年财政预算执行情况和 2020 年财政预算草案的报告,通报月城镇第十九届人民代表大会第六次会议代表建议、批评、意见办理情况,票决产生 2020 年度月城镇民生实事项目。大会的召开为全镇指明2020年奋斗目标和主要任务,充分反映全镇人民的意志,体现时代发展的要求。

【月城镇内两村合并成立黄桥村(新)】 2020年3月28日,月城镇蔡庄村与黄桥村合并成立黄桥村(新),成立大会在黄桥村委会议室举行,市民政局局长顾洪伟、高新区青阳工业园区党委书记陈炜,镇领导顾志强、顾春宇、杨峰、赵华等及镇村干部、企业家代表、村民代表参加大会。市民政局局长顾洪伟、镇党委书记顾志强与黄桥村(新)党总支第一书记严伟明、党总支书记翟民共同为黄桥村(新)揭牌。黄桥村(新)的成立,是月城镇党委、政府创新贯彻落实中共十九大精神、积极践行新发展理念、全面建成小康社会、奋力实现经济薄弱村脱贫转化的重要举措。

【月城镇第36个教师节暨表彰大会】 2020年9月9日,月城镇庆祝第36个教师节暨表彰大会在月城实验小学多功能厅举行。大会表彰一批一直致力于镇教育事业发展的热心人士和在教学、教研等相关领域尤其是在疫情期间表现突出的先进集体和个人。会上,6名新入职教师进行庄严的入职宣誓;月城中学校长邹芳娣围绕学校教育发展方向进行交流发言;月城中心幼儿园副园长、骨干教师钱丽兰结合教学经历分享幼儿教育的心得体会;月城实验小学新入职教师代表张丹妮畅谈入职体验和教育信念。镇长顾春宇代表镇党委政府向受表彰的先进集体和优秀教师表示祝贺,并就加快推进教育改革发展,全力提升教育教学质量提出要求。

【月城镇"院府合作"签约】 2020年5月22日,江阴市中医院医疗集团与月城镇政府"院府合作"签约暨揭牌仪式在江阴市中医肝胆医院举行。市卫健委党委书记、主任谈海平,市中医院医疗集团党委书记严海东、院长严峥,月城镇领导顾志强、顾春宇、徐小虎等参加。实施"院府合作",是建立分级诊疗制度,合理配置医疗资源,促进基本医疗卫生服务均等化的重要举措。合作后,江阴市中医院医疗集团与月城镇政府按照深化医改和推进区域卫生一体化发展要求,优化医疗资源结构布局和服务机制,提升医疗卫生服务能力和质量,推进中医药工作持续快速发展,有效有序解决群众就医和健康保障问题。

【月城镇第二届全民运动会】 2020年11月8日,月城镇第二届全民运动会在月城中学开幕,全面展示全民健身运动成果,集中检阅群众体育发展水平。该届运动会在疫情防控常态化的特殊时期举办,遵循"快乐运动、圆梦小康"主题,以大众体育增强文明健康意识,以全面参与为月城经济社会高质量发展聚势聚能。运动会自9月开赛,历时3个月,参与运动员2000人,分为成人组、学校组和老年组3个组别,设置篮球、乒乓球、中国象棋、掼蛋、广场舞、自行车巡游等十余项竞赛和体育健身展示项目。通过举办此项赛事,进一步引导广大群众积极参与体育锻炼,致力营造崇尚健康、科学健身、追求文明的良好生活氛围,不断巩固和提升全镇文明城市建设成果。（周立君）

青阳镇

【概况】 青阳镇位于江阴市南端,东与徐霞客镇相接,南与无锡市惠山区堰桥街道、前洲街道相邻,西与常州市武进区横山桥镇隔河相望,北与月城镇毗邻。中心镇区距江阴市区18千米,区域面积67.56平方千米,下辖15个行政村和4个社区居委会。2020年年末,有户籍人口69653人,其中男性34550人、女性35103人;有少数民族13个593人(男性71人、女性523人),分别是土家族238人、苗族231人、侗族55人、回族19人、满族14人、壮族10人、彝族9人、布依族5人、瑶族4人、黎族5人、仡佬族1人、藏族1人、维吾尔族1人。有外来暂住人口33053人,其中男性18903人、女性14150人。

政治建设 严格按照相关要求每月对意识形态领域风险点进行排查上报。加强讲座、讲坛审批备案管理,共备案各类讲座30场次。充分发挥青阳大讲堂讲师团、红色理论讲师团、凝秀湖艺术宣讲团3支理论宣讲队伍的作用,运用"理论+文艺+网络"的形式,彰显具有青阳特色的微信平台、流动舞台、沙龙戏台、教室常规课堂、客厅微型课堂、广播空中课堂、礼堂固定课堂等"三台四堂"的魅力,让党的创新理论"飞入寻常百姓家"。大力加强"学习强国"参与度,通报日党员参与率保持在75%以上;"学习强国"学习平台录用稿件14篇,举办"学习强国"线上知识竞赛2次。镇党校挂牌成为江阴市委党校教科基地,实现市镇党校一体化发展。共开展宣讲百余场次,受众人数万人。持续推动文明程度提升,新时代文明实践深入人心,精准开展志愿服务活动。实施"四单三式"服务*模式。组建青阳镇志愿者协会,推动志愿服务活动精细化、实效化。全镇有43支志愿服务队,注册志愿者2万余人。开展"我推荐我评议身边好人"活动,选树一批群众身边可亲、可敬、可信、可学的先进人物。"先锋理论微课堂"和原有19个村(社区)的农家书屋、镇级3个书屋共101个书屋遍布全镇。开展镇级道德讲堂活动4次,开展百姓名嘴理论巡讲活动30场次,开展锡剧演出活动100场次,文化体验空间举办系列文化活动100余场次。做好"悦读悦慧"全民阅读品牌,派出15名镇级公益阅读推广人,参与组织指导村级农家书屋,并开展阅读推广活动。推进党员中心户先锋微课堂的阵地建设,打造党员中心户示范点阵地,全年重点指导微课堂375次。围绕"党建引领、乡村善治"主题,确定19个村(社区)2020年度党建书记项目。有序推进19个村(社区)"两委"换届工作。创新推进青年干部素质提升工程,组织35岁以下青年干部154人开展三大类9项项目导师制、常态化、进阶式、全方位培训。新增各类人才258人,其中含专技人才158人,高层次人才17人,海外留学人才5人,柔性合作专家20人,新入选"无锡太湖人才计划"创新人才1人。2020年度老干部支部获评无锡市"六有一提升"*示范党支部。成立新型冠状病毒感染的肺炎疫情防控工作领导小组及12个专班工作组。

镇党政领导、疫情防控领导小组成员单位和一线工作人员全部取消休假，严格落实24小时值班值守制度和领导在岗带班制度，各专班工作人员于1月23日(小年夜)全部到岗上班。抽调机关干部、派出所民警、村“两委”人员、志愿者500余人在主干道、重要路口设置卡口，实施24小时蹲点值守。累计在249个自然村设置卡口70个，在主要道路和村(社区)增挂600条抗疫宣传横幅标语，张贴2000余份海报、树立1000余块公益广告；通过90处的应急大喇叭、16辆流动宣传车、30台流动音响循环播放宣传疫情相关音频；利用“大美青阳”微信公众号、“今日青阳”电视节目实时展示青阳抗疫动态。发放《致全镇人民的倡议书》《江阴市公安局关于疫情防控期间严管严控“十个一律”的通告》等宣传材料8.5万余份。通过指导各学校充分利用“校信通”发送各类防疫信息20余万条。用好“大数据+网格化+铁脚板”有效机制，严格落实入境人员、重点地区到江阴人员、高风险岗位从业人员等群体管控措施，抓好常态化疫情防控各项工作。自6月24日至12月31日，共核查公安大数据1657人次，累计自行排摸(含转运)核查62人，累计投入839名核查力量、出动1970人次参与核查工作。落实入境人员管控43人，未发生一例疑似、确诊病例，实现“外防输入、内防反弹”的目标任务。

经济建设　全年完成地区生产总值83.83亿元，规模以上工业产值110.8亿元，全社会固定资产投资28.56亿元，限额以上单位销售额44.84亿元，限额以上单位零售额2.56亿元，进出口总额2.3亿美元，一般公共预算收入4.93亿元，居民人均可支配收入4.98万元。实施工业企业培育工程，完善2020年产业强镇奖励政策，出台集体资产租赁绩效评价管理办法(试行)；新增规模以上企业14个，完成规模以上工业增加值25.7亿元，新增工业投入12.5亿元，实现工业应税销售155亿元；新增省信用示范企业1个、省“两化融合”*贯标试点企业1个、省信用贯标企业10个、“上云”企业5个。农业产业化不断发展，建成全市首个机械农业综合化服务中心，新增高标准农田22.47公顷，投资1500万元建设康源药材基地(一期)。服务业投资12.28亿元，实现服务业应税销售110.6亿元。友邦家具、东亚纸业、博格达包装等项目竣工投产，33个企业完成技改入库申报；锡能实业、航虹钢管等重大项目开工建设，华澄线缆、江苏利核、春申堂、美奥新材料等签约项目完成市级评审。强化产业项目招引，开展商务会谈58次，意向新项目21项。深化院所对接合作，镇政府与国家环境保护土壤环境管理与污染控制重点实验室签订战略合作协议，打造产学研一体化研发中心；武汉科技大学和洪腾机械合作成立产学研协同创新基地。成功申报太湖人才1人，推动20名柔性专家进企业。促改革、优服务，协调解决融资信贷、技术创新、用工引才、品牌提质、基础配套等企业关切的重点、难点问题。为20个企业申请资金池低息贷款6692万元，推荐3个企业申报各类专项扶持资金263.5万元。加速推进“放管服”改革，实现个体开业“秒批”，企业执照申领半天时间办结。力推政务服务“网办优先”，开通办理事项102项，全年办理各类事项1.8万件，位居全市前列。升级电子化招投标平台，累计完成限额以下公开招标项目37项，完成限额以上市公共资源交易中心公开招标项目8项，涉及资金3.33亿元。镇村集体资产改造提升工作有序推进，小桥村、街西村等村级工业园区标准化厂房加快建设，存量资产持续盘活。青阳园区清障工程加速推进，道路、燃气、雨污管网等基础设施不断完善。

社会建设　强化企业创新主体地位，全社会研发经费支出占地区生产总值比重2.8%，企业研发经费投入占主营业务比重2.4%，规模以上高企有效研发机构建有率100%。申报认定“专精特新”“小巨人”企业3个、省高新技术企业7个、省民营科技企业7个、科技中小企业29个；培育“雏鹰企业”*1个、“瞪羚企业”*2个、“高新企业”6个。深度参与锡澄协同发展区新一轮总体规划编制工作，确立“田园小城市”未来建设发展蓝图。轨道交通S1线、徐霞客大道快速化改造先导段青霞路节点、新锡澄路S229线等锡澄一体化重大基础建设稳步推进。全面推进农村人居环境整治提升专项行动，完成240个自然村基础清理，打造17个特色示范村。下庄坝、开花寺西村获评江阴市人居环境整治提升示范村。完成4300余户集镇区住户“一户一表”改造，完成锡金浜综合治理，有序推进杨庄浜、张塘浜景观滨水绿带建设，打造凝秀湖东南亲子休闲绿地。持续推进文明城市创建活动，开展市容环境集中整治“春雷行动”、户外广告和店招标牌设施安全专项整治及主、次干道沿线环境综合整治三项行动，拆除各类违法建筑5500余平方米，清理拆除各类违法违规广告标识367处，查处市容管理类违章案件2600余件，推进五金商贸城违建片区治理，恢复公共面积3000余平方米。开展田容田貌整治，拆除各类蔬菜大棚17.26公顷。发放困难群众救助资金、补贴1386.5万元，惠及各类困难群众4886人。新增就业岗位1608个，实现本地劳动力就业3763人，扶持自主创业205人。推进社保扩面提标，城保扩面1756人、公积金扩面1104人。完成即征即保280人，民政撤组6641人，集中办理居保转城保人员538人，发放被征地农民待遇1896万元、居保待遇3468万元、镇办企业退休职工生活补贴999万元。为155名退役士兵补办社保接续补缴手续。引进无锡金桥实验学校优质教育资源，完成青阳实验小学尚仁分校教学楼主体建设，启动青阳实验小学本部教学楼改造工程。完成各村(社区)居家养老服务中心和助餐建设。创成省级社区康复示范点1个，新增江阴市社区康复点1个；高标准新建青阳医院发热门诊区，装备1台进口核磁共振仪器，切实提升医疗保障水平。落实乡村振兴战略，超额完成“村企共发展”联建任务，联建率100%。持续开展扫黑除恶、打击非法集资和高利贷等专项行动，升级立体化、智能化防控体系，新增电子围栏8个、高清探头249只，织牢织密平安防线。加强公共场所、生产经营、建筑施工、交通运输、食品药品等25个方面的安全监管，整治隐患1278处，关停搬迁“厂中厂”50个，取缔违法违规“小化工”1个、“小电镀”1个。$PM_{2.5}$平均浓度为每立方米37.8微克，空气优良率为82.4%，综合治理工业窑炉5座、改造天然气锅炉7座、治理挥发性有机物污染企业33个，完成上级下达的主要污染物减排任务。严格落实中央、省、市各级环保督察问题整改，查处各类环境违法案件62件。实施煤炭总量控制，规模以上工业增加值能耗下降8%。全面深化“河长制”，取缔5个涉水违法企业，开展11条总长约36千米的中小河流综合整治，清淤60余万立方米。实施“散乱污”企业连片砸笼式整治，关停取缔45个、整治提升76个。推进“厂中厂”专项整治，完成368个企业环保领域问题整改任务。启动建设中心污水厂工程，加快148个村庄生活污水治理，完成集镇区污水主、次管网改造，开展青阳商城、公园新村、建新二村等6个排水达标区建设，建成污水主管网10.7千米。健全涉水企业巡查机制，全面排查锡澄运河沿岸27个企业的雨污分流、污水处置等情况。建立建设用地准入管理机制，完成32个重点行业企业用地调查信息采集。新增造林绿化面积23.6公顷，全镇绿化覆盖率20.1%。

2020年青阳镇主要经济社会指标一览表

表73

指　　标	单　位	数　量	比2019年增减(%)	指　　标	单　位	数　量	比2019年增减(%)
地区生产总值	亿元	83.83	5.04	限额以上单位零售额	亿元	2.56	9.50
其中:第一产业	亿元	3.27	-9.90	固定资产投资总额	亿元	28.56	12.10
第二产业	亿元	53.24	6.04	其中:工业投资	亿元	12.76	4.50
第三产业	亿元	27.32	5.16	进出口总额	亿美元	2.30	-3.89
一般公共预算收入	亿元	4.93	5.52	其中:出口额	亿美元	1.90	-3.59
农业总产值	亿元	5.47	-25.94	到位注册外资	万美元	30	925.51
粮食总产量	万公斤	1131	-7.77	居民人均可支配收入	元	49800	3.70
工商业开票销售总收入	亿元	270.27	12.89	中小学校在校学生数	人	12034	-0.19
其中:工业开票销售收入	亿元	173.11	3.43	社保参保率	%	75.30	0.24(百分点)
服务业开票销售收入	亿元	97.16	29.27	劳动合同签订率	%	98.80	0(百分点)
规模以上工业利润总额	亿元	4.06	-58.90	城乡居民基本医疗保险	%	100	0(百分点)

2020年青阳镇开票销售收入前10名企业一览表

表74

名次	企　业　名　称	销售收入(亿元)	法人代表	名次	企　业　名　称	销售收入(亿元)	法人代表
1	江阴市澄润石油化工有限公司	19.46	赵亚军	6	江特科技股份有限公司	3.04	谭岳兴
2	无锡市金涛铜业有限公司	15.63	金　唐	7	江阴多复包装材料有限公司	2.69	马勇军
3	江阴市方强铜业有限公司	11.86	王美林	8	无锡早川电子有限公司	2.36	早川雅弘
4	江阴鑫顺泰钢铁供应链有限公司	6.59	臧二伟	9	江苏巴赛尔聚烯烃新材料有限公司	2.16	谭冬春
5	江阴市五进商贸有限公司	3.84	黄景森	10	江阴市精诚房地产开发有限公司	0.99	李　兴

2020年青阳镇各村(社区)基本情况一览表

表75

村(社区)名称	户数(户)	人口(人)	村(社区)党支部(党总支、党委)书记	村(社区)主任	村(社区)开票销售收入(亿元)
建义村	951	3355	张国清	张国清	23.98
青联村	874	2942	沈国清	沈国清	23.46

续表75

村(社区)名称	户数(户)	人口(人)	村(社区)党支部(党总支、党委)书记	村(社区)主任	村(社区)开票销售收入(亿元)
悟空村	1488	5490	吴上飞	吴上飞	6.36
里旺里村	1436	5254	朱伟清	朱伟清	21.31
小桥村	1307	4782	闵海华	闵海华	13.97
芦塘村	1335	5036	薛　俊	薛　俊	8.49
赵宕村	1138	4214	李立新	李立新	4.82
泗河口村	1119	4366	曹文江	曹文江	8.34
塘头桥村	1145	3915	陈林芳	陈林芳	6.08
邓阳村	729	2735	王建峰	王建峰	4.94
桐岐村	1071	3709	马兴洪	马兴洪	4.54
树家村	1409	5580	江　海	江　海	4.15
普照村	1345	5117	张陆军	张陆军	3.64
街西村	578	1796	郑　云	郑　云	3.34
新安村	998	3507	吴伟祥	吴伟祥	3.68
旌阳社区	1143	2876	沈海峰	沈海峰	—
迎秀社区	1635	3908	何　萍	何　萍	—
旌秀社区	379	960	姜　桦	姜　桦	—
毓秀社区	41	111	王　勇	王　勇	—

【武汉科大与洪腾机械产学研协同创新基地成立】 2020年12月18日，武汉科技大学与洪腾机械有限公司产学研协同创新基地成立仪式在洪腾机械有限公司举行。武汉科技大学党委副书记孙国胜、镇党委书记何忆芳出席仪式，镇领导赵玺、刘莉，武汉科技大学相关院领导、洪腾机械有限公司董事长薛洪权等参加活动。武汉科技大学党委副书记孙国胜与镇党委书记何忆芳共同为“研究生工作站”揭牌。武汉科技大学和洪腾机械有限公司签署建立研究生实践基地协议、共建比例/伺服液压缸联合研究中心协议和奖学金捐赠协议。此次武汉科技大学与洪腾机械有限公司携手合作，为青阳企业在技改升级、招才引智、产学研转化等方面起到示范作用。通过深化校企合作，打造出更多产业特色鲜明、规模集聚明显、产学研合作紧密、产业竞争优势显著的创新型领军型企业。为青阳打造成为“产业更高端、创新更澎湃、城市更美好、人民更幸福”的宜居宜业、魅力新城镇汇聚科技新能量。

【“悦读悦慧”全民阅读品牌活动启动】 2018年以来，青阳镇以“书香青阳”建设为抓手，始终把倡导全民阅读作为一项文化惠民工程大力推进，在党员中心户家庭建设“百家先锋理论微课堂”，建设村级全民阅读公益服务点，打造星级农家书屋，完善公共阅读设施，实现服务群众零距离。2020年9月28日，为展现新时代青阳人的“最美姿态”，推动高质量全面建成小康社会、建设“产城人”深度融合的田园小城市，青阳镇全民阅读活动领导小组通过“12345”民生热线，打造“悦读悦慧”全民阅读品牌活动正式启动。“悦读悦慧”全民阅读品牌活动常态化开展“七进五坊”活动，通过进家庭、进村社、进机关、进学校、进企业、进军营、进融媒，构建青阳特色的“领阅坊”“童阅坊”“民阅坊”“企阅坊”“慧阅坊”等五坊体系。同时，组织开展100场公益阅读主题活动，培育20名公益阅读推广人，命名30个公益阅读推广点，开展4个十佳评选活动，覆盖党员群众5万人，帮助基层提升阅读推广能力，打通全民阅读服务“最后一公里”。

【青阳镇志愿者协会成立】 2018年以来，青阳镇各志愿服务团队开展“理论宣讲”“文艺会演”“帮贫济困”“助老扶弱”“环境整治”“爱心募捐”等各种各样的志愿者活动，充分彰显“自信自强、开放大气、务实进取、勇创一流”的青阳精神。2020年4月25日，青阳镇志愿者协会在新时代文明实践志愿者总站举行成立仪式。协会的成立是为了更好地把青阳镇各志愿服务团队和未加入志愿团队的志愿者团结起来，不断壮大志愿者队伍，规范运行机制，创新孵化服务项目，形成青阳志愿特色品牌，打造大美青阳“志愿者之乡”美誉。成立后，协会积极弘扬“奉献、友爱、互助、进步”的志愿服务精神，团结优秀志愿团队，凝聚社会爱心人士，整合优势资源，不断推动青阳公益事业健康有序发展。 （刘明钧 沈炅琰）

徐霞客镇

【概况】 徐霞客镇是明代杰出地理学家、旅行家、探险家徐霞客的故乡，是国家卫生镇、全国环境优美乡镇、全国特色景观旅游名镇、江苏省省级休闲旅游度假区和全国经济发达镇行政管理体制改革试点镇。该镇位于江阴市南部，东与祝塘镇、周庄镇接壤，南和无锡市惠山区堰桥隔界河相望，西同青阳镇、月城镇毗邻，北连南闸街道、云亭街道。区域面积110.17平方千米，下辖21个行政村。2020年年末，有户籍32289户107304人，其中男性53408人、女性53896人；有少数民族23个1027人，其中侗族172人、苗族339人、土家族334人、壮族79人、仡佬族6人、白族4人、满族8人、蒙古族3人、羌族8人、回族20人、黎族6人、畲族3人、土族1人、锡伯族2人、瑶族3人、彝族11人、布依族15人、藏族5人、朝鲜族3人、傣族2人、高山族1人、仫佬族1人、达斡尔族1人。有外来暂住人口49186人，其中男性28916人、女性20270人。

政治建设 增强“四个意识”*，坚定“四个自信”*，做到“两个维护”*，举旗帜、聚民心、育新人、兴文化、展形象，坚持守正创新，勇于担当作为，奋力开创崭新局面。全年开展党委中心组学习研讨16次，邀请江阴市委常委、政法委书记吴芳旁听党委中心组学习1次；注册使用“学习强国”平台的学员占党员总数103.64%，参与度平均80%以上。采取“一把手”讲党课、老干部宣讲、青年党员讲党课、微信公众号党员微课堂、文艺宣讲、送戏下乡、知识竞赛、书法展览等形式，大力实施对象化、分众化、互动化宣讲。全年“学习强国”平台录用文稿14篇，在各大媒体上发表100余篇。常态化长效化创建水平持续提高，全年累计检查发现问题600余个，开展各类志愿活动1000余场。推荐3人为江阴好人，1人获评第七届“德耀江阴·十佳江阴好人”，挖掘霞客好人6人，妥善处理舆情12起。1月、8月，分别召开徐霞客镇第四届人民代表大会第七次、第八次全体会议；办理人大代表建议12件。6月举办徐霞客镇第七届“廉政书画大赛”，筛选作品80多幅举办展览。建立和完善党外后备干部人才库，有5人充实党外代表人士队伍；25处未经批准宗教活动场所已关停或改作他用。7个商会企业创2020年度“守法诚信示范企业”，全年增补商会企业19个，各会员企业参与募集冠名慈善基金100余万元。首次尝试以项目化方式推动妇联维权工作，打造妇联维权3.0版本。“百人千企”法律监督志愿服务行动走进63个小微企业。全镇企业职代会建制总数105个，百人以上企（事）业单位职代会建制率100%。建立工资集体协商指导工作室。创建“杜永卫职工创新工作室”。镇纪委全年收到案件线索69条，立案32件。围绕疫情防控、农村人居环境整治等重点开展专项监督，发现问题51个，提出纪律检查建议51份，主动约谈10人次，第一种形态处理18人次。协助镇党委对接无锡市委提级巡察整改工作，配合做好无锡市委巡察回头看工作，收到转交信访件8件。建立青少年传统文化教育基地1个。向市政协提交提案5件、社情民意5件，撰写调研报告1篇。成立行政村“有事好商量”协商议事组织21个，自然村协商议事组织60个，开展协商议事活动126次。完成19个行政村村书记考核，评定优秀村书记7人。推荐3名村书记选任镇属事业单位副职领导。推广使用无锡先锋智慧党建平台，全镇支部活动开展率和完成率均为90%以上。全年进行党建检查4次。徐霞客镇老干部党总支获评江苏省离退休干部先进集体。深化“1+10+N”党员联户制度*，打造“以党员联户小支点，撬动基层治理大工程”书记项目，在全镇推广“璜塘经验”，探索党员引领、乡贤带头、群众参与的“三治融合”基层治理新模式，全镇348个自然村成立1097个“三治”组织，形成党建引领下“有场议事、有人管事、有钱办事、有章理事”的“四有”基层治理新格局。全年新立单建非公党支部2个、联建非公党支部1个。升级打造1个党建展厅和5个红色车间，1个企业党支部作为无锡市新一轮“两新”组织*党组织“雁阵计划”培育对象，1个党支部获评2020年度“暨阳红色先锋”五星级堡垒党支部。新增3个党支部获评江阴市五星级堡垒党支部。全年发展新党员49人，党员转正51人。“地毯式”排查规范党员发展关，排查2012年以来发展的农村党员413人，统一口径整改。举办“五彩霞光耀青春、岗位建功勇争先”年轻干部成长论坛，全镇85名镇机关35周岁以下中层副股及以下干部、90后村干部参加。全年提拔机关中层干部13人、镇属学校中层干部8人、村书记2人、晋升职级8人。完成征兵任务。协调4名民兵干部进“两委”班子锻炼。全年累计接待205批次2870人次，发布各类政务信息323条。成立徐霞客镇疫情防控应急指挥部及办公室，坚持“外防输入、内防扩散”的防控策略。医院、派出所、交警中队等单位联合组成防疫“铁闸”24小时值守，累计查验车辆9万余辆，检查人员10万人次。实行“大数据+网格化+铁脚板”常态管控，排查租住人员1.7万户、3.9万人，核查上级下发数据7785条，实行居家观察4866人，集中医学观察184人。全镇各企业和爱心人士捐赠抗疫资金和物资价值700余万元。建立和完善疫情防控物资保障机制，确保防控物资稳供保价。

经济建设 全年完成地区生产总值147.28亿元，比2019年增长3.0%；一般公共预算收入7.96亿元，比2019年增长2.8%；全社会固定资产投资28.94亿元，比2019年增长5%；完成进出口总额4.4亿美元，其中自营出口3.4亿美元；到位注册外资73万美元。全年农业投资8850万元，比2019年增长4.1%；粮食作物面积2601.3公顷，总产量1805万公斤；新建高标准农田149.3公顷,新建1个千亩以上水稻种植基地,全镇轮作休耕验收面积383.3公顷;建成占地面积38.69公顷、年出栏1.75万头生猪企业1个;鮰鱼养殖车间改造、青禾农业生产示范基地提升、奇异莓采后储藏设施3项农业建设项目完成并通过验收。完成3个水产养殖企业36.69公顷养殖池塘开展养殖池生态化改造,完成修缮南苑村园区道路及门楼。实施限用农药实名销售,可溯源管理。全年蔬菜农残检测送检样品1815份,样品合格率100%,接受省、市级农产品检测6次,样品合格率100%。对846场户进行全面监管,对80个农业生产单位实现全覆盖巡查。对全镇180余座灌溉泵站、150余座排涝泵站进行维修和保养。开展月度河道考核11次,巡查214人次;处理河湖水面岸坡问题78处;投入资金78.29万元,对70余条河道(塘)进行疏浚清淤,清淤面积15.37万平方米,土方10.76万立方米,垃圾清运1.23万立方米,清淤村庄河塘15.21公顷;对103条"三无"船舶*、住家船舶进行拆除分解清理。新增造林13.54公顷、更新造林8.3公顷。全年完成农业保险保费476万元;获得江苏省"味道小镇"称号。全年完成工业总产值320亿元,比2019年增长4%,实现规模以上工业产值207亿元,比2019年增长4.2%,全年工业投资9亿元。4月,成立徐霞客镇第七次全国人口普查领导小组和人口普查办公室,在21个村中选聘540余人作为指导员及普查员,于11月底,全面完成第七次全国人口普查。加强统计报表的跟踪检测、分析研究,监测分析工业产值、利润、能源消费、固定资产投资等重要经济指标;完成2019年度725个工业企业绩效评价结果告知及异议复核工作;全年备案项目117项,总金额63.47亿元;新增入库项目22项;3个企业成功申报科技"小巨人",5个企业成功申报省"两化融合"试点,成功申报"企业上云"三星、四星企业3个,1个申报无锡市智能车间;发放23个符合条件的企业资金池贷款。出台《徐霞客镇关于加强农村"三资"管理的指导意见》,5月完成21个行政村2018年、2019年度农村集体资产清查工作。摸排2018年以来的集体资金违规出借和资产资源出租问题,发现问题208个,涉及金额4126.85万元,已收回758.44万元。完成21个行政村股份经济合作社登记赋码、成员再确认等工作,完成2个行政村社分离试点工作。全年完成服务业投资19.05亿元,比2019年增长89%,实现限额以上批零总额205亿元,比2019年增长5.3%;规模以上服务业营业收入1.66亿元。完成签约项目6项,备案项目4项,新开工项目4项。支持企业参加各类境内外展会,累计发放奖励资金196.8万元。审核15个企业外贸贷款延期、进出口展会补助补贴。1个企业被评为中国服务业500强企业,1个企业被评为江苏民营企业200强。规范资产报损审批手续流程,完成结算审计项目138项,核减750.5万元。持续控制$PM_{2.5}$(细颗粒物)浓度,全年空气质量优良率为83.9%。4项水环境治理考核断面平均数据全部达标。实施峭岐工业园区"污水零直排区"建设,完成排查检查企业107个,发现整改问题125条。完成60个自然村村庄污水治理工程。完成甜园路、新镇区开发地块及外环西路等污水管网工程1.8千米;完成廖庄排水达标区建设工程。实施83个涉气企业停限产,完成4座工业炉窑整治清洁能源替代;完成2个污水处理厂臭气治理,6台燃气锅炉低氮燃烧改造,7个重点企业的有机挥发物废气治理,完成餐饮企业油烟在线监测1个;加强废气治理设施运行管理,完成安装13个企业污染防治用电工况设施;开展危废处置专项行动,做好18.68公顷复垦地块的土壤检测工作;整治取缔"散乱污"企业34个,关停化工企业1个、高能耗企业5个;完成摸排、核查危险废物产生单位246个,排查整改问题隐患437处。审批项目51项,拒批项目9项。做好中央环保督察和"回头看"督办问题整改销号工作,完成整治并销号督办问题3个,大气走航巡查发现交办整改问题7个。调处"12369"信访件118件,其中省级信访件5件;办结污染攻坚平台问题线索434条。

社会建设　全年实现高新技术产业产值72亿元,比2019年增长22%,全社会研发投入4.4亿元。认定高新技术企业13个,培育入库13个;认定省民营科技企业12个;培育入库"雏鹰企业"*17个,"瞪羚企业"*4个,科技型中小企业72个。获批江苏省研究生工作站1个,市级以上工程技术中心16个,完成技术合同成交额1.14亿元。推动产学研合作,签订重点合作项目12项,获批江苏省重点产学研合作项目1项。入选江苏省科技副总、创业领军人才、高级经营管理人才各1人,柔性引进教授博士30人。帮助企业申请科技贷款3500余万元,1个企业获评无锡市农业科普基地。全年新增就业5260人,援助就业困难296人,扶持自主创业334人,新增创业担保贷款20批次,应届返江阴大学生就业率92.65%,完成劳动用工书面审查网上填报企业1106个,省级企业薪酬调查5个,无锡市级企业薪酬调查32个。新增城保扩面2322人,居民养老保险续保3750人,续保率98%。住房公积金扩面774人。完成被征地农民进保障人员3683人。建立镇、村、企联动招工服务联系平台。劳动监察立案案件5件,涉及金额400余万元;调解工伤、工亡及意外死亡案件42件,涉及金额993.42万元。行政审批局全年办件量233538件,办理新设企业半天时间全流程服务237个,实际完成234个;实现二手房交易、房屋租赁备案事项全流程办理;完成"户外广告审批"等全流程电子化试点工作。在江阴市率先实现全流程电子招投标及远程异地评标。铺设"澄事之窗"自助一体机1台,并增铺至7个村。完成镇村招标工程项目172项,项目中标价7134.15万元,资金节约率18.7%。全年招录公办教师20人,评选市交流教师先进个人10人;投入379.2万元实施防雷设施、智慧技防等各项校园安全工程;发放校车运营补贴241.07万元;关停看护点2所,1所幼儿园申办无锡市优质园;徐霞客中学成功组建女子橄榄球队,全年徐霞客镇社区教育中心分平台学习登录人数24500余人，2个社区教育非物质文化遗产项目作品获奖。核对城乡低保175户288人，“阳光扶贫”111人。慰问困难群众483户509人，收缴冠名基金152万元，“慈善一日捐”87万余元。发放居民养老、被征地农民、统筹保养人员等各类保障金1.35亿元。发放各类生活补助4200余万元。启动徐霞客镇助残就业企业联盟，首批有22个成员企业；建成党建助残示范点和村残疾人协会改革试点1个。完成126个社会组织的备案工作，完成3个社会组织与村居结对工作，成立21个新时代文明实践站民办非组织，完成慈善分会、老年协会、义工站和19个居家养老服务站的年检工作。商品房销售面积20万平方米，继续推进峭岐冯溪花园五期、霞栖苑六期安置房建设，共1272套。完成新丰排涝站移建工程；完成凤凰路北侧地块配套道路工程及农村道路交通安全设施工程；完成璜塘农贸市场提升改造一期工程；徐霞客“梦东方文化创意产业园”特色小镇、文化乐园、商品住宅同步开工建设，完成主体工程的75%；完成凤凰路北侧地块配套道路工程；完成农村道路交通安全设施工程。新农村建设拆迁149户，开工建设178户，建成165户，在建13户；启动7项拆迁项目，完成151户签约，签约面积15.04万平方米，腾出土地指标18.21公顷。新建健身场地7个，镇级健身气功站点服务中心1个，新增群众体育健身场地1万余平方米，完成建设开放式群众文化体育公园2个。村文化体育指导员配备率100%，完成霞客公园门球场改造建设。全年参加市级以上体育比赛13次。新增文化体育产业企业4个。21个行政村图书室100%完成提档升级工作，100%创建省级村(社区)综合文体中心。全年举办各级各类培训班77期，培训5306人。查处违规网吧2个，收缴各类非法出版物35件，收缴非法有害少儿出版物70余件。开展“文体惠民、十送进村”系列活动，完成送戏送演出送文化等活动进村400余场次；开展徐霞客特色文创产品研发，逐步实现徐霞客文创产品市场化、产业化和全链路化。采用“四不两直”*方式督查行政村21个、216批次；方园村完成申报“病媒生物防治示范化小区”；北渚村完成申报省级“健康社区”。实现政府和保洁单位管干分离；新增洒水车、雾炮车、扫地车各1辆，高位垃圾收集车2辆；提档升级改造镇区公厕10座，新建及改造冲水式公厕87座，其中3类及以上21座。新增垃圾桶7255个，设立垃圾分类亭83个；新设路灯946盏；修复破损路面1.1万平方米，粉刷墙面7000余平方米。家庭医生签约1.3万人，续约1万余人。787人献血257370毫升，7人捐献造血干细胞。办理一孩服务证201张、二孩生育服务登记证224张、再生育一孩证31张、独生子女父母光荣证13对。为290人办理农村奖扶，为838人办理一次性奖励，新增特扶19人。完成109名流动人口子女出生信息通报。安置退伍士兵，给现役义务兵发放优待金341.93万元；退役士兵完成社保补缴工作；抗美援朝老战士获颁纪念章；获批江阴市退役军人创业示范基地2个。全年各部门接待受理各类群众来访1348人次；组织社会矛盾纠纷排查283次，受理纠纷事件1530件，调解率100%，调处成功率100%；受理人民来信及上级交办事项40件；化解各级交办信访积案11件；办理法律援助案件186件。排查出租房屋10936户，整治完成10633户。镇办公系统平台矛盾纠纷数据库录入241条；开展12项群众项目稳评；完成梳理治安技防点位1483个，完好率保持96%以上。制定《徐霞客镇重大行政决策法律顾问制度》，聘请3名法律顾问。综合执法局全年开展各类清理整治行动160余次，查纠违章行为2000余次。拆除75处、1.3万余平方米违章搭建，拆除老旧、不规范户外广告和店招标牌728处5992平方米；拆除历史违建亭棚8处；取缔食品类无证摊点350余个、无证食品小作坊6个；取缔无证行医10起。开展金凤北路综合整治工作，清理沿线占绿种菜并补植绿化；全年发生安全生产事故2起，亡2人；开展安全生产隐患排查专项整治行动，检查182个、复查162个，开具责令限期整改指令书43份；开展28个重点行业领域专项整治，排查隐患5656处，整改5606处，整改率99.1%；组织行政执法案件集体会审10次，审核通过案卷303份；全年立案303件，罚没款180.06万元。结案282件，结案率93.1%。制定下发网格员绩效考核办法，网格员出勤率、里程合格率均在97%以上，网格员上报有效入格事件6116件，有效非入格事件7454件；全年“12345”民生热线便民服务平台受理群众和企业诉求5173件，及时反馈率99.96%，办结率100%。完成户外法治漂流书屋打造工程，通过江苏省、无锡市“七五”普法终期评估验收组的检查。解除社区矫正38人，对社区矫正对

2020年10月29日，开展“五彩霞光耀青春、岗位建功勇争先”徐霞客镇年轻干部成长论坛之“小霞说天下”辩论赛 （徐霞客镇宣传科提供）

象进行集中教育52人次,个别谈话教育50人次,心理辅导87人次,组织社区矫正对象参加公益劳动48人次。徐霞客镇行政管理体制改革综合标准化试点项目通过省级终期考核验收。

2020年徐霞客镇主要经济社会指标一览表

表76

指　标	单 位	数 量	比2019年增减(%)	指　标	单 位	数 量	比2019年增减(%)
地区生产总值	亿元	147.28	3	限额以上单位零售额	亿元	3.36	7.90
其中:第一产业	亿元	6.47	-0.10	固定资产投资总额	亿元	28.94	5
第二产业	亿元	92.08	5.40	其中:工业投资	亿元	9	-46.70
第三产业	亿元	48.73	-0.70	进出口总额	亿美元	4.40	-13.80
一般公共预算收入	亿元	7.96	2.80	其中:出口额	亿美元	3.40	-7.90
农业总产值	亿元	9.15	0.32	到位注册外资	万美元	73	-95.90
粮食总产量	万公斤	1805	6.62	居民人均可支配收入	元	54145	4.60
工商业开票销售总收入	亿元	517.38	0.40	中小学校在校学生数	人	9007	1.50
其中:工业开票销售收入	亿元	292.71	1	社保参保率	%	98	0(百分点)
服务业开票销售收入	亿元	224.67	-0.30	劳动合同签订率	%	92	0(百分点)
规模以上工业利润总额	亿元	8.33	0.50	城乡居民基本医疗保险	%	100	0(百分点)

2020年徐霞客镇开票销售收入前10名企业一览表

表77

名次	企 业 名 称	销售收入(亿元)	法人代表	名次	企 业 名 称	销售收入(亿元)	法人代表
1	江苏嘉奕和铜业科技发展有限公司	97.16	缪桂娣	6	阿法拉伐(江阴)设备制造有限公司	13.61	PER MIKAEL TYDEN
2	江阴市双东金属材料有限公司	29.22	黄雪锋	7	无锡圣马科技有限公司	5.27	孙晓宇
3	江阴新仁铝业科技有限公司	27.67	曾超林	8	江阴市海江高分子材料有限公司	5.11	张国清
4	江阴市第一化纤有限公司	17.14	余玉标	9	江阴市向阳特种化纤有限公司	4.78	李国良
5	江苏马安社经贸发展有限公司	16.20	许　丽	10	江阴市通达特种管制造有限公司	4.72	计跃全

2020年徐霞客镇各村(社区)基本情况一览表

表78

村(社区)名称	户数(户)	人口(人)	村(社区)党支部(党总支、党委)书记	村(社区)主任	村(社区)开票销售收入(亿元)
金凤村	1556	5307	张国兴	张国兴	29.72
任九房村	1464	4249	任巍峰	任巍峰	151.15
方园村	2144	7276	王　健	王　健	41.56
新须毛村	950	3451	张亚良	张亚良	20.57
璜东村	1013	3719	严　刚	严　刚	37.77
上东村	1696	6004	张同昌	张同昌	4.70
璜塘村	1273	3791	张银初	张银初	33.62

续表78

村(社区)名称	户数(户)	人口(人)	村(社区)党支部(党总支、党委)书记	村(社区)主任	村(社区)开票销售收入(亿元)
北渚村	2015	6441	徐　虎	徐　虎	24.07
徐霞客村	1253	4038	沈贤斌	沈贤斌	25.75
马镇村	1097	3804	俞立华	俞立华	9.17
湖塘村	1034	3380	范燕月	范燕月	2.45
红星村	1388	4796	顾建彬	顾建彬	12.65
阳庄村	1250	4285	金　平	金　平	4.65
皋岸村	1797	6039	孔维章	孔维章	137.73
东宏村	1768	6068	蒋洪青	蒋洪青	21.23
黎明村	1416	4772	封晓忠	封晓忠	32.28
峭岐村	2132	5699	陈加平	陈加平	27.17
钓岐村	1562	5155	林文兴	林文兴	12.05
宏岐村	1737	6061	吴余清	吴余清	3.15
新街村	963	3460	胡建国	胡建国	3.36
南苑村	2760	9524	吴国荣	吴国荣	6.97

【全省首个限额以下远程异地评标工程】 2019年8月,徐霞客镇高标准建成镇级公共资源交易场所。是年12月,在全市率先实现限额以下工程全流程电子化招投标。依托公共资源电子交易平台,镇建设工程交易项目从公告发布、下载招标文件、质疑答疑、递交投标文件、专家抽取、开标、评标等环节均实现全流程电子化封闭运行。所有数据操作网上留痕,所有电子文件加密流转,“互联网+”公共资源交易,加强监管效力,提高交易效率,同时也降低各交易主体的交易成本。2020年4月8日,“凤凰路北侧地块配套道路建设工程”项目在徐霞客镇公共资源交易中心开标,这也是江阴市乃至江苏省首个限额以下远程异地评标工程项目。通过远程异地评标,将招标人、投标人与评标专家从地域上最大限度隔离,有效减少人为因素干扰,实现全程实时在线监督,有利于克服长期存在的乡镇评标专家资源不足、评标专家“来回跑”等问题。作为全市镇级公共资源交易平台规范化建设试点单位,徐霞客镇持续深化公共资源交易领域“放管服”改革,持续优化建设领域营商环境。

【徐霞客镇第四届人代会】 2020年1月10—11日,徐霞客镇第四届人民代表大会第七次会议召开,出席代表111人。会议听取和审议《徐霞客镇人民政府2019年度工作报告》《人大主席团工作报告》,会议严格按照选举程序,以不记名投票、等额选举的方式,依法选举周锋、赵伟为徐霞客镇人民政府副镇长。表决通过《代表议案建议意见审查报告》和《财政预结算审查报告》。并对2020年8项政府民生实事候选项目进行票决,人大代表提交建议意见9件。8月14—15日,徐霞客镇第四届人民代表大会第八次会议召开,出席的人大代表108人。会议听取和审议《徐霞客镇政府2020年上半年经济和社会发展情况报告》《2019年以来徐霞客镇环境状况和环境保护目标完成情况的工作报告》,审议和批准《2019年财政决算和2020年上半年财政结算执行情况的报告》,书面审议和批准《徐霞客镇“七五”普法的工作报告》。人大代表提交建议意见3件。

【徐霞客镇第七次全国人口普查】 从2020年4月动员大会启动开始,徐霞客镇始终坚持任务量化、时间细化、人员职责化、措施具体化四项要求,成立第七次全国人口普查领导小组,招聘6名专职普查人员充实普查队伍。历经人口普查区域划分和绘图工作启动、摸底、快速汇总、短表登记、长表登记,全镇普查员535人,严格落实每一个普查数据。镇人普办在推进普查进度的同时,严控数据质量,严守普查数据“生命线”。先后组织550人参加“两员”市级培训,召开村会计和业务骨干培训会议25次,精心组织实施、细化业务指导、灵活时间安排、广泛发动力量,通过“理论讲解+实操指导”,确保每一位普查指导员和普查员合格上岗。通过市级督查、镇镇互查,取长补短、查漏补缺,保证第七次全国人口普查数据全面、客观、准确。第七次全国人口普查于是年11月1日零点正式开始,是月28日,徐霞客镇第七次全国人口普查长表登记工作完成,提前2天结束。

【徐霞客年轻干部成长论坛】 论坛时间为2020年9—12月。9月12日,徐霞客镇举行年轻干部成长论坛启动仪式。该次论坛主旨是促进年轻干部成长成才,为年轻干部搭建交流思想、展示风采的平台,进一步提高年轻干部参与徐霞客镇经济社会发展的主观能动性。其间,开展模拟竞争上岗、主题拓展训练、“小霞说天下”辩论赛、年轻干部写作论坛等丰富多彩的活动。全镇85名镇机关35周岁以下中层副股及以下干部、90后村干部参加此次成长论坛活动。组织部门对此次参加论坛的年轻干部实行全程关注了解,将表现突出的年轻干部列入后备干部库进行跟踪管理、重点培养。

【徐霞客镇农村人居环境整治】 2020年是全国农村人居环境整治行动攻坚年,徐霞客镇成立农村人居环境整治提升专项行动工作领导小组、专项行动专班及专项行动督查专班。至11月底,全镇21个行政村、414个自然村共清理各类垃圾4.8万立方米,粉刷墙面7132平方米,清理房前屋后乱堆放5812处,清理垃圾房2511个,新增垃圾桶7255个,村内入户道路实现硬化的农户数9.68万户,新(改)建农村公厕42个,拆除畜禽棚舍2744个,拆除过季蔬果棚架4327个,清理河塘沟渠1145处,修复破损路面11211平方米,新设置路灯946盏。督查专班分组检查近450余次,对接市农业农村局、市考察组,把每月江阴考核组、江阴第三方、无锡暗访等反馈的图片文字资料整理成册,下发各村整改,形成全镇每月整改报告。

【市乡镇首笔二手房交易全流程办理】 2020年8月7日,江阴市乡镇首笔二手房交易在徐霞客镇行政审批局完成。群众只需要在行政审批局大厅自助服务区即可完成不动产交易办理。该事项主要依托江阴市不动产集成服务平台,与市住建、税务、不动产、公安、审批等相关部门开展信息数据共享、业务工作协同、审批结果互认,实现二手房交易的业务申报、网签备案、税务预核、面签过户、缴税、发证等流程。

【征集评选徐霞客相关内容】 活动于2020年11月2—14日开展。通过微信发布征集评选,向全市青少年征集与徐霞客相关的视频内容,形式包括绘画、书法、朗诵。目的是为让更多的青少年了解这位伟大的旅行家,继续发扬游圣徐霞客精神。活动收到各类参赛作品近300件,分类别评选一、二、三等奖共29件。其中视频作品10件、美术作品10件、书法作品9件。11月16日,在霞客岛举行颁奖仪式。

【徐霞客中学组建女子英式橄榄球队】 2020年5月,无锡市体育局、江阴市文体广电和旅游局同意在徐霞客中学组建女子英式橄榄球队。6月起,面向江阴市5~7年级在籍女生中选拔运动员,8月完成运动员的初选工作。学校组建有2006~2007年龄组和2008~2009年龄组(乙组和丙组)2支球队,球队总人数28人。徐霞客中学橄榄球队是无锡市市队项目,是无锡市唯一的女子橄榄球专业球队,2022年将代表无锡市参加江苏省第20届省运会橄榄球项目比赛。

【徐霞客镇再生化纤行业协会成立】 2020年11月26日,徐霞客镇再生化纤行业协会正式成立。行业协会的成立,将进一步增强行业整体竞争力,积极应对市场变化,形成企业与政府之间的桥梁纽带。至年末,徐霞客镇有一定规模的化纤企业40余个,化纤生产线接近110条,化纤产业是重要的支柱产业之一。镇相关领导李彩琴向大会作再生化纤行业协会筹备工作报告。全体会员以举手表决的方式通过《江阴市徐霞客镇再生化纤行业协会章程(草案)》《徐霞客镇化纤行业协会理事会选举办法(草案)》。第一届理事会第一次会议选举产生徐霞客镇再生化纤行业协会第一届会长、副会长、秘书长。 (卢淑琴)

华士镇

【概况】 华士,原名华墅、华市,又称龙砂,素为江南名镇,有5000年的考证史、3200年的记载史。宋元时,华士地区已成为江南棉花交易集散中心,有"日出万匹、衣披天下"之美誉。华士钟灵毓秀,曾有"小小华墅赛苏州"之誉。华士人文荟萃,南宋至清末,出进士50人、举人62人。华士名医辈出,有"大江南北延医者,都于华墅"之说。华士镇位于江阴市东部,东与张家港接壤,沿江高速公路、340省道横贯该镇,地理位置优越,水陆交通便捷,是华西新市村的所在镇。镇域总面积74.58平方千米,耕地面积2198.98公顷,下辖27个行政村和2个社区居委会。2020年年末,有户籍人口92062人,其中男性45688人、女性46374人;有少数民族21个292人,其中土家族53人、苗族49人、布依族44人、侗族31人、回族27人、壮族15人、满族16人、彝族13人、蒙古族6人、白族7人、仫佬族3人、仡佬族5人、朝鲜族4人、羌族5人、瑶族6人、水族1人、黎族2人、达斡尔族1人、德昂族1人、拉祜族1人、畲族2人。有外来暂住人口92355人,其中男性51765人、女性40590人。

政治建设 全年统筹召开党建工作推进会、纪念建党99周年大会暨抗疫先锋故事会、"三转一提"*专题学习研讨等。落实基层党组织书记抓基层党建述职考核评议制度,有效推动党建责任层层落实落地。夯实党组织"三化"(制度化、规范化、程序化)建设。全年创评"暨阳红色先锋"五星级堡垒党支部4个,申报"两新"*组织雁阵计划1个,成立华士商会党总支。规范有序推进村(社区)"两委"换届工作,华西新市村党委及周边村13个党支部12月底完成党组织换届选举工作。实施农村党员教育365计划,开办青年干部培训班,开展"学史爱国知史励行"主题活动,组织党务红管家专题化培训5期。年内涌现出曙新村聚合式党建、振宏实业党员联职"1+15"、陆新村"六心"党建工作法、陆南村党总支"党旗红·惠三农"党建、天华集团"天彩"党建等特色品牌。全面落实意识形态工作责任制,全年中心组理论学习13次,印发《华士镇意识形态工作责任清单制度实施细则》,定期分析研判,召开华西精神研讨会,成立镇新媒体人士联谊会。全年对151个文化宗教场所开展"扫黄打非"和安全专项检查,持续强化意识形态领域安全。发挥全镇新时代文明实践所、站"六大平台"和镇"龙砂理论宣讲志愿服务队"作用,全年开展各类新时代文明实践活动800余场次,参与服务的志愿者6000余人次,受益群众逾10万人次。整合天华生态园中的国防教育馆、天华博物馆、天华书场、露天电影院、天华体育馆、灯光篮球场等

阵地资源，提升其精神内涵，打造成为新时代文明实践的精品基地，让优势资源从惠及周边辐射到惠及全镇。坚持全面从严，看牢党风廉政底线。制定村级"小微权力"清单，做好市委对村(社区)巡察问题整改，累计建章立制10项；进行村级集体资金违规出借和资产出租问题专项清理；开展廉政警示教育月、讲述家风故事等系列活动，引导党员干部学思践悟，用制度筑牢廉洁底线；严查党员干部违纪行为，下发纪律检查建议4份，全年镇纪委立案审查39件，市纪委直处3件，配合市纪委监委立案审查调查5件。开展新冠肺炎疫情防控及企业复工复产督查，制发督查通报6期。协调市委巡察审计第三方机构对农村集体"三资"管理监督检查。开展农村人居环境整治、安全生产专项整治监督检查。对集体决策程序、财务公开、资金管理、工程建设、村监委履职等进行全面核查，进一步规范民主管理。年内，把新冠肺炎疫情防控作为重大政治任务，科学防治、精准施策。组建"一办九组一专班"，及时对接派发平台信息。根据防控部署，2020年1月28日至2月24日(共28天)在华西高速道口设置管控站，镇党政班子成员带队实行24小时值守，全年发放疫情防控宣传资料22.5万份、居家隔离温馨提示卡5000张、爱心健康袋2000个、通行证1000多张。建立华士镇应急物资生产企业联系群，摸排应急物资生产和配套企业50余个，促进上下游企业信息互通、产业协作。常态化疫情防控以来，按照"外防输入、内防反弹"的原则，及时更新发布中高风险地区调整信息，严格落实防人、防物举措，指导村(社区)、企业、商超、银行等注册"锡康码"17万余人。筹建江阴市第四人民医院PCR实验室，防控医院、学校、农贸市场等重点场所，确保全镇人民健康安全。

经济建设　坚持"产业强镇"战略不动摇，通过攻项目、促转型、增效益，着力提升经济发展质效。全年完成一般公共预算收入11.81亿元，比2019年增长21.08%；工业总产值682.8亿元，规模以上工业产值546.3亿元；工业投资23.95亿元，比2019年增长8.6%；限额以上单位零售额10.21亿元，比2019年增长43.4%；高新技术产业投资11.66亿元，占固定资产投资比重37.6%，比2019年增长4.0%；规模以上服务业营业收入3亿元，比2019年增长2%；服务业投入7.04亿元。开展企业家转型发展专题学习研讨活动，开工无锡市重点重大项目3项，江阴市重点重大项目8项，超额完成年度投资任务。推动企业上市工作，在江苏股权交易中心(四板)挂牌企业13个。推荐19个企业23项项目，完成市企业技术改造专项资金、中小微专项资金及信息化专项资金申报，帮助企业对上争取资金889.11万元。加快发展现代农业，完成高标准农田建设206.67公顷。华西都市农业做大做强休闲农业产业集群，构建农村第一、第二、第三产业深度融合的现代农业产业体系，华西大米连续3年获省级"江苏好大米"特等奖。完成总投资2000万元的天资华科奶牛场提标改造项目，新建5000头规模养猪场项目动工。新冠疫情防控期间，镇农村工作科主动作为，联合协调镇疫情指挥部、交通管理部门、各村委，为各农业企业、合作社、种养大户共14户联合出具"通行函"，及时解决附近农产品的销售。

社会建设　全年新增专业技术人才430人、高层次人才28人、柔性专家22人，入选江阴市"暨阳英才计划"*新兴产业创业领军人才1人，江苏省乡土人才"三带"(带领技艺传承、带强产业发展、带动群众致富)新秀1人。高质量开展教师素养提升工程，扎实推进校园安全工程。开展文化惠民活动400余场，举办"我们的小康"系列活动。通过"全国文明镇"复审。实施家庭医生签约21358人。第五届"全澄欢乐跑"走进华士暨华士镇"圆梦小康"职工长跑活动举行，来自镇机关、各村(社区)、企事业单位和微马队的20余支队伍，500余名长跑爱好者参加全澄欢乐跑活动。保持华士镇全国文明镇、华西新市村全国文明村荣誉称号，承办第十二届江苏省新人书法篆刻作品展，举办"春华秋实、圆梦小康"系列活动、"忆峥嵘岁月听老兵讲述抗美援朝故事"活动和抗疫先锋故事会等活动，传承和弘扬伟大的抗美援朝精神和抗疫精神。推进《华士镇总体规划(2018—2030)》编制工作，加快实施国土空间全域综合整治试点项目，开展勤丰村、龙河村、龙砂村、曙新村"多规合一"实用性村庄规划编制，进一步优化国土空间规划。加快推进安置房建设，华益苑建成投用，环西路二期4—6号楼及室外工程开工建设，环南路三期安置房开工前期手续即将完成。华西四村、勤丰村、龙河村农房翻建工程全面展开。完成污水主管网建设1.5千米。全面推进183个村庄生活污水治理工程，完成华士颐养中心、华明北新区、史家基新区、马桥东区、马桥西区5个排水达标区建设。完成勤丰路华中段摊铺工程，进一步优化集镇区域道路。完成和平街幼儿园改建和华士消防中队大楼改造。着力推进农村人居环境整治，陆丰村东陆家基完成市级示范点创建并通过考核验收。进一步推进城镇精细化管理，开展"春雷行动""百日攻坚"等行动，拆除各类违建350处11650平方米，亭棚改造、摊位管控取得较好成效。坚决扛起生态环境属地责任，完成企业有机废气治理工程5个、企业天然气锅炉低氮燃烧改造4个、工业炉窑综合治理5座、餐饮店安装油烟净化装置66个。镇域范围内取得施工许可证的在建建筑工程项目，全部安装扬尘在线监测监控设备并联网。开展土壤污染调查信息收集工作，检查企业(单位)248个次，发现一般隐患155处，全部完成整改。25个新增"散乱污"企业(作坊)全部完成关停。开展"六五"环境日宣传活动，带领全镇环保网格员实地学习观摩危废集中处置工艺流程。严把建设项目环保预审关，全年预审通过64项建设项目。深入推进"河长制"工作，保持镇域内55条市镇村河道和1132条家河实现"河长制"管理全覆盖。扎实推进河湖"两违"*专项整治和河湖"三乱"(乱占、乱建、乱排)专项整治，张家港河养猪场及陈家坝、张家圩浜等河道河湖"三乱"整治通过无锡市验收。在完成国务院、省市各级督导检查组反馈的各类隐患整改基础上,全面巩固安全生产巡查及专项整治成果,统筹压实工作职责,开展安全生产专项整治,对群租房、"厂中厂"、小化工、食品安全等重难点领域加强监管查处力度。全年发生安全生产亡人事故比2019年下降36%,其中属于安全生产责任事故比2019年下降50%。深化体制机制建设,实现镇安委办实体化运作,全年各专委会累计检查企业和场所20897个次,发现隐患19127处,事前立案106件,罚款249.77万元。深化车辆超限超载治理,货物装载源头信息化监管平台全面启用。全力推进专职网格员转隶工作,全年网格员接收、处置各类事件20221件,按期办结率100%。着力推进平安华士建设,通过"七五"普法终期评估验收,打造"法治主题公园""法律夜门诊"等学法阵地,调处社会矛盾纠纷事件776件。全面推进社会事业,群众生活不断改善。全年提供就业岗位4210个,促进本地劳动力就业4079人,扶持自主创业309人,新增城保扩面6066人。年内发放被征地农民保障费6763.5万元,新办被征地农民纳入保障1736人,归集保障费9024万元。发放养老金3991万元、镇办人员退休金2457.5万元。为3.8万名居民办理城乡居民医疗保险,全年财政补助1672.4万元。全面推行29个村(社区)便民服务中心标准化建设,打通服务基层群众的"最后一公里"。全年发放各类帮扶济困经费1715万元,为4442名老年人提供居家养老援助服务。在全市率先建立覆盖镇、村两级的退役军人服务站30个,天华国防教育馆获评江苏省国防教育基地。完成镇第七次全国人口普查。全年完成公共资源交易项目31项,节约资金1888.54万元。办理人大代表意见建议11件,按规定网上公开文件45件。

2020年华士镇主要经济社会指标一览表

表79

指　标	单　位	数　量	比2019年增减(%)	指　标	单　位	数　量	比2019年增减(%)
地区生产总值	亿元	246.13	-7.60	限额以上单位零售额	亿元	10.21	43.40
其中:第一产业	亿元	2.35	46	固定资产投资总额	亿元	31.47	-27.60
第二产业	亿元	164.65	-9.60	其中:工业投资	亿元	23.95	8.60
第三产业	亿元	79.13	-4.30	进出口总额	亿美元	8.30	-24.20
一般公共预算收入	亿元	11.81	21.08	其中:出口额	亿美元	7.20	-24.80
农业总产值	亿元	2.02	-28.60	到位注册外资	万美元	49	-75.50
粮食总产量	万公斤	679.16	2.86	居民人均可支配收入	元	61722	4.80
工商业开票销售总收入	亿元	968.56	-14.70	中小学校在校学生数	人	11618	-12.50
其中:工业开票销售收入	亿元	699.89	-14.90	社保参保率	%	99	3.66(百分点)
服务业开票销售收入	亿元	267.60	-10.60	劳动合同签订率	%	98	-0.50(百分点)
规模以上工业利润总额	亿元	17.40	-5.70	城乡居民基本医疗保险	%	98	0(百分点)

2020年华士镇开票销售收入前10名企业一览表

表80

名次	企业名称	销售收入(亿元)	法人代表	名次	企业名称	销售收入(亿元)	法人代表
1	江阴华西钢铁有限公司	48.61	杨永昌	6	江阴市华士金属材料制品有限公司	22.82	黄建刚
2	江苏华西集团有限公司	48.41	吴协恩	7	江阴市华西高速线材有限公司	22.36	杨永昌
3	江阴华西制铁有限公司	34.14	杨永昌	8	江阴博丰钢铁有限公司	21.35	吴岳庆
4	江阴市天阳金属制品有限公司	23.81	李梦婷	9	江苏华西村股份有限公司特种化纤厂	20.59	李满良
5	江阴协记金属材料有限公司	22.94	黄国荣	10	江阴德谦贸易有限公司	20.54	杨　程

2020年华士镇各村(社区)基本情况一览表

表81

村(社区)名称	户数(户)	人口(人)	村(社区)党支部(党总支、党委)书记	村(社区)主任	村(社区)开票销售收入(亿元)
华西村	1832	5629	吴协恩	吴协恩	269.86
华西一村	1932	8115	薛奔弟	薛奔弟	3.27
华西二村	2103	6772	朱文明	朱文明	4.01
华西三村	1736	4824	刘进杰	刘进杰	8.17
华西四村	802	2924	谢士兴	谢士兴	0.31
华西五村	710	2664	朱惠洪	朱惠洪	12.20
华西六村	698	2344	周建国	周建国	1.42
华西七村	653	2314	吴　挺	吴　挺	0.77
华西八村	820	2951	季海庆	季海庆	0.73
华西九村	520	1867	吴惠兴	吴惠兴	12.42
华西十村	699	2640	唐玉兴	唐玉兴	2.56
华西十一村	1219	4821	龚丽红	龚丽红	3.77
华西十二村	1053	4187	王　超	王　超	10.43
华西十三村	998	3379	费仁德	费仁德	5.66
向阳村	1460	5380	李　华	李　华	27.53
华士村	1738	5156	徐华江	徐华江	7.49
龙砂村	812	3075	汪少清	汪少清	26.28
曙新村	1912	7489	赵正洪	赵正洪	60.83
龙河村	3325	9970	陶玉良	陶玉良	15.85
华益村	1153	4369	孙　科	孙　科	4.27
华中村	2289	6916	黄惠荣	黄惠荣	16.44
勤丰村	2514	7853	赵卫东	赵卫东	30.44
红苗村	1738	5050	王　勤	王　勤	22.67
陆新村	1202	3988	夏　斌	夏　斌	9.84
陆丰村	2135	6383	周新刚	周新刚	26.53
陆桥村	1180	3844	张忠敏	张忠敏	4.65
陆南村	735	2615	费　澄	费　澄	5.93
华士社区	2803	6879	殷浩全	李　哲	—
陆桥社区	519	1490	陈东升	徐勤弟	—

【华士镇困境儿童“关爱之家”考核列省第一】 2019年,华士镇党委、政府高度重视,在困境儿童相对集中区域的新时代文明实践所内,高标准建成全市首个镇级困境儿童“关爱之家”。建成后,发挥政府引导作用和社会力量主体作用有机结合,引入专业的社会组织运营,整合社会资源,汇聚慈善力量,围绕“三结合”精心打造“彩虹课堂”“心暖花开”家庭教育课堂、华士微公益心理热线等关爱服务项目,开展各类关爱服务活动50余场次,服务儿童、家长3000多人次,形成全镇儿童关爱保护新格局。是年获评“全国优秀儿童之家”。2020年高分通过省民政厅建设运营情况考核,名列全省第一。

【华士镇招商引资成果】 2020年,华士镇完成1项超3000万美元重大外资项目注册并实现外资到位。6月,参加2020年江阴(上海)产业合作恳谈会,签约10亿元的食品级液态包装材料项目。无锡市招商护商大会上与传澄电商签约总投资5亿元的传澄电商总部经济项目。2020年,江阴经贸合作洽谈会上与标榜汽车签约总投资5亿元的环保型先进发动机管路及新能源汽车电池热管理系统管路项目;与爱康科技签约总投资1亿美元的新能源产业投资基金项目。华西村等5个企业出口品牌获江苏省重点培育和发展的国际知名品牌。对外直接投资1467万美元。

【传澄“妇女微家”建成】 2020年6月29日,江阴市首个传澄“云妇联”在华士镇正式成立。在成立线上传澄“云妇联”的同时,同步推动成立线下的传澄“妇女微家”,构筑线上线下妇联工作“同心圆”。传澄“妇女微家”作为传澄女员工日常活动和交流培训的线下阵地,通过开展微活动、提供微服务,打造成传澄女员工最贴心、最活跃的微阵地。成立江阴市传澄“云妇联”,建设传澄“妇女微家”,打造全市首个“云妇联”组织,是灵活多样在新兴领域设置妇联组织的重要探索。既为传统的妇联组织增添了活力,也符合广大电商女性从业者的需求,能够凝聚女性创业群体,为女性赋能,推动女性学习提升、促进女性创业就业,成就女性出彩人生,发挥女性在经济社会高质量发展中“半边天”作用。

【陆桥“残疾人之家”建成】 2020年10月,陆桥“残疾人之家”成立,有在册人员11人。该“残疾人之家”按市级“残疾人之家”的硬件标准投入建设,加强“家”的服务功能基础建设,为残疾人提供集日间照料、技能培训、康复训练、辅助性劳动、志愿服务等各项服务为一体的“一站式”服务,大大提高服务水平和效率,实现一家多能、一室多用。成立以后,陆桥“残疾人之家”创新工作思路,引入第三方托管机构管理运营,通过“四化”(制度化、简单化、人性化、合理化)管理方式做好现场管理工作;通过引入手工劳动项目,实现残疾人学员的“赋能增收”;通过多样化的教育培训课程,开展认字、识字、写字以及历史文化、民风习俗等基本知识学习;通过社区康复点建设,帮助残疾人学员在“家门口”实现康复锻炼;通过丰富多彩的文体和志愿者活动,帮助残疾人学员实现社区共融;丰富“残疾人之家”的内涵,最终帮助残疾人学员实现更好的生活。

【天华国防教育馆对外开放】 天华国防教育馆是江阴市青少年国防教育基地的重要组成部分。自2019年年初开始建设,于2020年1月22日建成开馆。该馆总建设面积16000平方米,地面五层、地下一层,地面层分别设有:一层为前厅(三大爱国主义教育大型雕板区)、模型展示厅、中日海空大战馆,二层为国防教育馆、将军书画馆,三层为一代伟人馆、红色记忆馆、互动体验区,四层为体育博物馆、临展厅、互动体验区,五层为研学区、影视报告厅,地下一层为地道战实景区。有10个馆及展示区、影视报告厅、互动研学区,总投资近1亿元。全馆展出各类藏品40余万件,仅一代伟人馆展出的各类毛主席像章达30余万枚。该馆通过大量实物和现代科技表达方式,重现历史情景,为全市党员干部群众、青少年进行爱国主义、国防教育增添新的教育阵地。8月,该馆获评江苏省国防教育基地。至年末,该馆接待党员干部群众和青少年学生5万余人次。

【陆南村股份合作制改革】 2020年,华士镇陆南村严格按照登记赋码、清产核资、成员界定、股份量化等规范流程进行操作,完成改革任务,登记赋码全部结束。在完成股份经济合作社的前提下,列入江阴市村社分离改革试点村,下半年完成村社分离改革试点。

【华士镇总工会实施“龙砂精工”培养工程】 2020年,华士镇计划三年投入专项资金80万元,以“思想素质提升、职业技能提升、文化修养提升、法律意识提升、安全素养提升”为主题,培养一批思想政治坚定、专业技术精湛、创新能力高超的“龙砂精工”。具体做法有推进“123”职工素质提升工程,开展劳动技能竞赛活动;开展职工科技创新成果和合理化建议征集活动;开展“青蓝工程”师徒结对活动。年内,江阴标榜汽车部件有限公司向海林荣获第三届“江阴工匠”,李祥庆劳模创新工作室获评江阴市示范性劳模创新工作室。

【第十二届省新人书法篆刻作品展在华士举行】 2020年9月18日,由江苏省书法家协会、江阴市委宣传部主办,江阴市文学艺术界联合会、江阴市书法家协会、华士镇政府承办,江苏天华纱业集团、江阴市介居书院协办的第十二届江苏省新人书法篆刻作品展及开幕式在天华国防教育馆举行。来自全省各地相关领导、书协相关负责人、书法工作者、爱好者,优秀作者代表、入展作者代表以及新闻媒体和社会各界人士600余人参加。

【东陆家基村获评市人居环境整治提升示范村】 华士镇陆丰村东陆家基自然村位于华士镇西南部,全村有农户101户,分2个村民小组,户籍人口470人。2020年,按照江阴市农村工作会议精神,结合人居环境三年行动计划,东陆家基自然村被列入2020年度华士镇人居环境提升示范点,总投入超过350万元,其中用于河道驳岸920平方米58万元;健身篮球场1500平方米65万元;道路拓宽维修2200平方米28万元;路灯工程32只9万元;补绿工程350平方米27万元;墙面整修1.8万平方米28万元、河道清泥5万元;垃圾分类5万元;三类厕所一座22万元;杂物清理、拆旧建新、整修下水道、新建文化墙、版面布置等85万元。年内,该村通过人居环境提升工程建设,村庄环境卫生面貌得到明显改善,环境整治成果得到市里肯定,获评市人居环境整治提升示范村。 (赵洪高)

周庄镇

【概况】 周庄镇是具有6000多年历史的文明古镇,地理位置优越,经济发达,人口众多。该镇西距江阴市区17千米,沿江高速公路、云顾公路穿镇而过,省道澄鹿公路、芙蓉大道东西横亘,世纪大道及国家3级航道张家港河纵贯南北,修建中的苏南沿江高铁穿镇北而过;东与华士镇毗连,南与祝塘镇、徐霞客镇为邻,西与云亭街道、江阴高新区接壤,北以东横河为界与张家港市相望。区域面积75.96平方千米，耕地面积2358公顷，下辖15个行政村和1个社区居民委员会。该镇宋、元时期就有“江南布码头”盛誉，有工业企业2000余个，拥有三房巷集团有限公司、江苏华宏实业集团有限公司、江阴江东集团公司、江阴模塑集团有限公司、江阴海达橡塑股份有限公司等一批龙头骨干企业，涤纶化纤、纺织、装饰型材、汽车零部件、橡塑制品、轨道交通、新能源太阳能配件等为优势产业。2020年年末，该镇有户籍人口105039人，其中男性52466人、女性52573人；有少数民族21个439人，其中蒙古族7人、苗族90人、回族26人、土家族128人、满族17人、朝鲜族5人、壮族21人、侗族43人、彝族17人、畲族1人、黎族1人、布依族54人、傣族4人、白族6人、羌族2人、瑶族4人、土族3人、仡佬族7人、达斡尔族1人、毛南族1人、佤族1人。有外来暂住人口102528人，其中男性58159人、女性44369人。

政治建设 扎实开展“三转一提”*专题学习活动，切实转变工作作风，提升服务效能。镇党委中心组集中学习13次。召开意识形态工作专题部署会和意识形态领域情况分析研判联席会议各2次。全年“学习强国”录用文章13篇。新时代文明实践活动超500场次。山泉村创建成全国文明村。创评江阴市五星级堡垒党支部4个。非公企业党员培育“鹰计划”获评无锡市十佳镇街道“书记项目”。江阴海达橡塑股份有限公司党支部“三红工程”（红色堡垒、红色榜样、红火事业）获评江阴市十佳基层党建品牌。推行村书记专职化五级管理和社区工作者“星级+薪级”职业体系建设，1名村书记被评定为五星级，5名村书记被评定为四星级。完成16个村（社区）党组织换届选举，有序推进村（居委）换届。山泉村党委获评无锡市先进基层党组织。开展全面从严治党自查自纠工作、村级集体资金违规出借和资产出租问题专项清理整治工作，制发问题反馈清单15份。强化监督检查，约谈200余人次。立案查处案件34件。“统战进村、联动基层”三年行动计划（2018—2020）“一村一品”特色工作培育结题。“周庄乐群新联盟”被无锡市委统战部评为“无锡新英汇”新社会阶层人士实践基地。

经济建设 2020年10月16日，周庄镇举行2020年周庄经贸合作恳谈会，来自各行各业的40多名客商参加。该经贸合作恳谈会以“爱上周庄、创想未来”为主题，全面展示周庄的发展新机遇、开放新优势和创新成果，携手开创周庄美好未来。会上，由苏州市光华教育投资集团有限公司和三房巷集团有限公司共同投资4亿元的光华教育项目，以及方圆环段法兰有限公司总投资近2亿元的8万吨风电关键部件项目签约。全年实现地区生产总值351.80亿元，比2019年增长4.1%；完成一般公共预算收入15.03亿元，比2019年增长4.52%；完成工商业开票销售1532亿元，总量保持全市领先；入库税金27.4亿元，比2019年增长7.75%；完成工业总产值950亿元，其中规模工业产值568.8亿元，比2019年增长6.5%；全社会固定资产投资56.78亿元，其中工业投资26亿元，比2019年增长32.52%；完成进出口总额18.46亿美元，完成到账外资1344万美元。成片造林17.33公顷，建成东林村、稷山村高标准农田36公顷，完成长南村高标准农田验收86.67公顷，农业适度规模经营化率90%以上。全社会研发投入占地区生产总值比重3.3%，高新技术产业产值占规模以上工业产值比重22.9%；万人有效发明专利拥有量482件；高新技术企业55个，“雏鹰企业”*“瞪羚企业”*以及“准独角兽”企业*数量分别为19个、10个和1个。获评国家知识产权优势企业3个。

社会建设 累计建有省级工程技术研究中心15个、博士后工作站8个。累计获评江苏省、无锡市科技企业家7人、江苏省科技副总1人、江阴市首席技术官4人。新增省“双创人才”*、省科技企业家、省“乡土人才”、无锡“太湖人才”、江阴“暨阳英才计划”*等各类人才24人。周庄镇稷山村丁丁农场第一届“美丽周庄杯”足球联赛开幕。比赛有18支球队报名，参赛人数超300人，有38场比赛，为期近一个月。镇行政审批局承接市政务服务新平台、公共资源交易招投标全程电子化等试点工作，累计受理各类审批、服务、咨询事项13万余件。网格化管理平台接收处置民生类、平安稳定类和矛盾调处类事件96791件，指派事件87000件；综合执法平台处理执法类事件7839件；“12345”民生热线*处理各类诉求事项5547件、满意率100%。启动《周庄镇空间规划》编制，出台《关于进一步规范全镇域工程建设管理的若干规定》等相关文件，完成倪家巷村、东林村、周西村等村庄规划论证。完成拆迁面积4.5万平方米，在全市范围内率先完成省级重点项目南沿江城际铁路的清点清障工作。完成砂山大道路面大修，完成宗言路等3条道路改造。完成路灯节能改造1886盏。全面开展农村人居环境整治“一推三治五化”*专项行动，推进农村住房翻建，交付223户、完工（未交付）30户、结顶40户、在建44户；新建或改建“三类”以上标准公厕15座。持续专项整治市容环境秩序，拆除各类违法建设153处，立案478件、处罚金额64.52万元。完成27台燃气锅炉的低氮燃烧改造升级、2台工业窑炉清洁能源替代改造。完成8个企业有机挥发物无组织深度治理、6个企业有机挥发物治污设施升级改造。完成24个港口码头粉尘在线监控安装。累计完成195个废气排放企业工况在线监控的安装。完成3个重点餐饮企业废气治理设施在线监控。加强秸秆禁烧和综合利用。完成5个工业污水处理厂的提标改造。完成双泾浜整治。铺设污水管网2.5千米，完成达标区2个、105个村庄的农村生活污水治理PPP项目建设。完成长南村垃圾堆场综合整治和杨家庄固废专项整治。开展全镇涉危废单位安全专项整治，排查整改隐患问题998处，301个企业完成整改销号。完成6个企业的踏勘及信息采集工作。环境信访总数下降12.1%，省级信访总数下降55.2%，无锡级信访总数下降5.2%。开展企业节能监察3个，申

报重点节能及循环经济项目3项,实施自愿性清洁生产审核企业1个。以“一年小灶”“三年大灶”*为抓手,推进“百团进百万企”安全宣讲活动,深入开展安全生产专项整治,25个行业领域共出动23628人次,检查单位23995个,整改隐患28316处,立案784件、处罚金额329.91万元,责令停产停业69个,对100个存在重大安全隐患出租房屋采取停电、停水强制措施。关停取缔“小化工”企业5个、“小字头”企业22个。完成工业企业安全生产基本情况普查1771个,开展安全托管企业1015个。深化扫黑除恶专项斗争,推动长效常治。完善“雪亮”工程三年建设计划,建成社会面技防探头1300只。完成智慧技防校园建设4所。深入推进系列平安创建,“七五”普法收官取得实效。开展纠纷排查888次,受理调解各类矛盾纠纷事件847件,调解成功率100%。提供各类就业岗位4100个,实现本地劳动力就业2800人。调解工伤案件70件,赔偿金额667.97万元;调解劳资纠纷事件780件,追回拖欠工资229.35万元。新增城保4523人,完成被征地农民并轨城保1540人,居民养老参保率96%,居民医保参保率100%。发放临时救助金等各类保障资金1210.48万元。江阴泰博实验学校竣工投用。各级各类学校招收新市民子女7521人。山泉文化中心图书馆获评江阴市首批省级五星级农家书屋。创新开展“线上文艺”作品展示,服务群众超29万人次。“文化走基层·服务进万家”送电影、送评弹、送演出200场次。镇乐群艺术团进村(社区)巡演16场。献血人数699人,华宏村村民顾金富成为周庄镇造血干细胞捐献第一人。强化食品安全日常监管,做好职业病防治检查及卫健等各项工作。高质量完成第七次全国人口普查。

2020年周庄镇主要经济社会指标一览表

表82

指标	单位	数量	比2019年增减(%)	指标	单位	数量	比2019年增减(%)
地区生产总值	亿元	351.80	4.10	限额以上单位零售额	亿元	17.74	4.30
其中:第一产业	亿元	2.24	0.60	固定资产投资总额	亿元	56.78	10.70
第二产业	亿元	244.52	9.30	其中:工业投资	亿元	26	32.52
第三产业	亿元	105.04	-6.50	进出口总额	亿美元	18.46	-40.58
一般公共预算收入	亿元	15.03	4.52	其中:出口额	亿美元	12.58	-40.72
农业总产值	亿元	3.11	-1.90	到位注册外资	万美元	1344	20.75
粮食总产量	万公斤	907	-3.40	居民人均可支配收入	元	66535	4.80
工商业开票销售总收入	亿元	1532	-1.71	中小学校在校学生数	人	15546	2.50
其中:工业开票销售收入	亿元	1223.84	-3.57	社保参保率	%	96	0(百分点)
服务业开票销售收入	亿元	308.36	6.46	劳动合同签订率	%	99	0(百分点)
规模以上工业利润总额	亿元	37.53	14.45	城乡居民基本医疗保险	%	100	0(在点)

2020年周庄镇开票销售收入前10名企业一览表

表83

名次	企业名称	销售收入(亿元)	法人代表	名次	企业名称	销售收入(亿元)	法人代表
1	三房巷集团有限公司	536.31	卞平刚	6	江阴方圆环锻法兰有限公司	17.99	赵元忠
2	江苏华宏实业集团有限公司	147.80	胡士勇	7	江阴热电有限公司	17.05	马坚
3	江阴模塑集团有限公司	34.43	曹克波	8	江阴电工合金股份有限公司	16.43	陈力皎
4	江阴市长乐新科技电源有限公司	21.45	李生虎	9	江阴市余润金属制造有限公司	14.31	余林法
5	江阴海达橡塑股份有限公司	18.83	钱振宇	10	江阴海虹新能源科技有限公司	13.70	陈良东

2020 年周庄镇各村(社区)基本情况一览表

表 84

村(社区)名称	户数(户)	人口(人)	村(社区)党支部(党总支、党委)书记	村(社区)主任	村(社区)开票销售收入(亿元)
周庄村	3763	13403	赵　峰	赵　峰	119.45
金湾村	1326	5316	周国民	周国民	28.54
三房巷村	2835	10378	孙　庆	孙　庆	618.45
鸡龙山村	732	2801	赵浩良	赵浩良	25.42
山泉村	809	3234	李全兴	李全兴	29.95
华宏村	2207	8564	胡士勇	胡士勇	248.21
陶城村	1968	7135	袁晓华	袁晓华	26.43
东林村	1182	4172	刘金龙	刘金龙	19.56
稷山村	828	3095	吴忠平	吴忠平	3.32
宗言村	2146	8216	殷良忠	殷良忠	63.38
倪家巷村	1423	5867	杨忠庆	杨忠庆	36.45
周西村	977	3768	葛珠良	葛珠良	63.21
长乐村	1138	4095	李浩庆	李浩庆	53.47
长寿村	2931	10307	蔡永兴	蔡永兴	52.50
长南村	2440	8503	孙长福	孙长福	17.20
北新社区	2762	6237	周　奇	周　奇	—

【山泉村获评全国文明村】 山泉村村域面积 2.3 平方千米,有村民 809 户、3234 人。一直以来,以“美丽山泉村、幸福山泉人”为目标,坚持高目标引领创建,高定位谋划发展,全力开创乡村振兴新局面,实现水清岸绿景美,村庄整洁干净,社会文明和谐,邻里和睦团结。2020 年 11 月 20 日,在全国精神文明建设表彰大会上,周庄镇山泉村获中央文明委表彰,获评全国文明村,这是该镇首个全国文明村。

【首个消防主题宣传广场启用】 中翔广场占地面积 10 万平方米,于 2018 年正式建成对外开放,是一站式商业综合体。2020 年 11 月,周庄镇中翔广场举行 2020 年江阴市“119”消防宣传月暨无锡首个消防主题宣传广场启用仪式。为响应深化消防安全“网格化”管理工作,完善消防科普教育基地建设,中翔广场结合现有的整体布局,在广场现有景观的基础上进行科学划分,大力建设消防知识宣传阵地。通过在广场设置消防知识栏、消防雕塑、消防人偶等主题装饰物,让广大群众了解如何防范、应对火灾,火灾发生后如何处理及如何火场逃生。广场上还有 AI 消防隐患排查、灭火实战操作等“新玩意儿”,吸引更多市民主动学习消防安全常识。

【省第一套“智慧广播”开通】 2020 年 1 月中旬,周庄镇宗言村新安装的“智慧广播”循环播放防控新型冠状病毒肺炎相关知识,让村民第一时间了解疫情防控情况,在一定程度上减少宣传工作人员与群众接触导致交叉感染的可能性,大大提高宣传效率。这是该镇开通的全省第一套“智慧广播”系统,用于村委疫情防控布置和告知,助力农村疫情防控。该“智慧广播”通过电信 5G 网络进行部署,辅以太阳能等新能源供电方式,做到真正的全无线架设。同时,“智慧广播”平台可以实现内容的定时、自动和应急播发,还能实现分组分域的播发,不同的广播音箱根据需要播放不同的内容,所有播发可管理可追溯。“智慧广播”充分发挥“空中”宣传优势,通过定点、定时、定内容的方式,把关于防控新型冠状病毒肺炎应知应会知识、相关动态信息传播到群众耳中。

【市不动产集成服务平台上线周庄】 2020 年 8 月,江阴市不动产集成服务平台正式登陆周庄镇政务服务中心,并与镇服务中心综合窗口连接。江阴市不动产集成服务平台的上线,实现多部门的数据共享,原本需要市民打印并通过人工审核的不动产纸质材料,如今可以通过新系统直接调取审核。工作人员登录江阴市不动产集成服务平台后,输入房屋及买卖双方信息,扫描资料,通过平台提交相关部门,后台通过审核,便能完成不动产业务受理、税款收缴及发票打印。居民可以选择证件邮寄到家,也可以自行前往中心不动产出证窗口领取,便捷的办理业务流程也获得市民一致的好评,真正打通服务群众的"最后一公里"。该镇政务服务中心是全市范围内首批上线的江阴市不动产集成服务平台,方便群众实现不动产业务"就近办"。

【周庄镇完成第七次全国人口普查】 2020年,周庄镇精心组织,周密部署、依法实施。4月底,成立13个部门组成的周庄镇第七次全国人口普查工作领导小组,镇长张学春担任领导小组组长。6月召开全镇动员大会,明确基层普查指导员、普查员的选调标准与要求。是月底确定选调普查指导员、普查员共560人。7月底,完成16个普查区、795个普查小区图、21475个建筑物标绘。9月,组织普查指导员和普查员参加市级培训,统一讲解人普方案、普查摸底、法律法规及入户注意事项。10月底,完成普查摸底,登记户主姓名底册共92382户。11月15日完成正式登记。是月底前完成长表抽样6871户。12月底完成编码,完成该次全国人口普查。

(梁立岗　符李敏)

新桥镇

【概况】 新桥镇明代属江阴县白鹿乡,清代属马嘶镇,民国时属马嘶乡。中华人民共和国成立后隶属多变,1961年形成现有区域。该镇位于江阴东大门,东北与张家港市毗邻,东南与顾山镇连接,西与华士镇相接,西南与长泾镇隔泰清河相望。西距江阴市政府驻地25千米,镇政府驻新郁中路128号。境内有沿江高速服务区兼出口一个。区域面积19.6平方千米,下辖9个行政村和5个社区居委会。2020年年末,有户籍人口7450户25800人,其中男性12578人、女性13222人。有少数民族12个66人,其中蒙古族3人、苗族9人、回族10人、土家族4人、满族1人、朝鲜族3人、壮族5人、侗族13人、彝族1人、布依族7人、羌族3人、仡佬族7人。外来暂住人口36847人,其中男性19957人、女性16890人。

政治建设　坚持以习近平新时代中国特色社会主义思想为指导,认真贯彻落实中央、省市委决策部署,统筹疫情防控和经济社会发展,抓"六稳"*促"六保"*,社会大局和谐稳定。加强舆论导向,不断增强"四个意识"*,坚定"四个自信"*,坚决做到"两个维护"*。以全面提升星级党支部党建质量为抓手,深入推进基层党建"四项工程"*,何巷村撤村建居成立社区,完成村(社区)"两委"换届工作,进一步优化队伍结构,夯实基层基础。完成省级特色小镇年度创建任务,通过全国文明镇复审,海澜集团创始人周建平获评全国劳动模范。严格落实党风廉政建设"两个责任"*,扎实开展"三转一提"*主题活动,深入基层调研走访,切实改进工作作风,浓厚干事创业氛围。持续深化政务改革,投用"澄事之窗"24小时自助服务点4个,启用限额以下建设项目电子化招投标,全年办理业务21859件。落实全面从严治党要求,严肃抓好问题整改,加强财务预算和审计,规范公务接待和办公用房管理,一般性支出及"三公"经费*支出压降31%。自觉接受人大监督,按时办复人大意见建议20条。坚决贯彻落实习近平总书记"坚定信心、同舟共济、科学防治、精准施策"的防控总要求,紧紧依靠广大人民群众,充分发挥"网格化+大数据+铁脚板"作用,落实重要场所精准管控,强化风险区域回新桥人员排查,累计排摸18503户53876人。设立乐时、新隆两个隔离点,实施各类医学观察297人,核酸检测5000余人。加强口罩、额温枪、消毒液等应急物资储备,持续抓好常态化疫情防控。科学复工复产,组建复工督导组,实施驻厂督导制度,一线跟踪服务,搭建招聘平台,畅通物资保供通道;认真落实国家、省市税收缓交、社保减征、援企稳岗等惠企政策,发挥镇转贷平台作用,助力贷款5.34亿元,推动企业复工达产。组织党员干部、医护工作者、公安民警、志愿者等挺身抗疫一线,全力保障交通、卫生、供水供电等正常运转。海澜集团有限公司、江苏阳光集团有限公司企业、爱心人士捐款捐物超2000万元。

经济建设　全年完成地区生产总值216.8亿元,比2019年增长3.9%;完成公共财政预算收入14.6亿元;规模以上工业产值331.6亿元,增长6.9%;工商业开票销售1841.1亿元,比2019年增长18.9%;限额以上单位批发额548.5亿元,到账注册外资2500万美元。全年完成固定资产投资56.7亿元,比2019年增长14.7%,其中工业投资18.1亿元,比2019年增长49%。海澜集团有限公司、江苏阳光集团有限公司、江苏淼鑫科技集团有限公司、江阴精亚集团有限公司、江阴鑫联金属制品有限公司、江苏宝力重工科技有限公司、江苏省振新实业有限公司等企业有效应对疫情影响,行业地位更加巩固,支撑作用更加明显,全镇经济发展水平保持全市第一方阵。海澜集团有限公司、江苏阳光集团有限公司持续位列中国企业500强。海澜集团有限公司加速布局数字经济,开启"新零售"模式,线上奥莱单日销售额破亿元。江苏阳光集团有限公司稳步推进智能化改造,加快打造绿色制造体系,获评工业产品绿色设计示范企业。江苏淼鑫科技集团有限公司订单充足,江阴精亚集团有限公司"上云"企业*,江阴鑫联金属制品有限公司跨入精密制造新阶段。创新要素不断集聚。全社会研发投入占地区生产总值的4.4%。新增省示范智能车间2个、省重点工业互联网平台1个、省"两化融合"*贯标试点企业4个、省星级以上"上云"企业*4个。

社会建设　全年全镇新增高新

技术企业3个、科技型中小企业23个,培育入库"瞪羚企业"*"雏鹰企业"*"小巨人"企业9个。新引进科技人才项目1项,新入选省"双创计划"*人才、"太湖人才计划"各1人、享受国务院特殊津贴人员1人,高层次人才45人。改造提升中学教学楼和室外活动场地,提档升级智慧校园系统;新桥中心小学在全市率先建成"智慧校园"。强化校外培训机构长效管理,落实教育资源普惠化、均质化,1262名新市民子女秋季有序入学,实验幼儿园何巷分园创建无锡市优质幼儿园。组织文化惠民演出130场次,全民阅读持续向群众家门口延伸。故事《数字王国》荣获江苏省"童话里的世界"童话故事创作大赛一等奖。参加"相约·经典诗文"江阴市第九届全民诗歌朗诵大赛,荣获一等奖、二等奖各1个。故事《不走寻常路》荣获江阴市红色故事演讲大赛一等奖。小品《县长下乡》、小组唱《乡村大舞台》获第七届江阴市"芙蓉花奖"创作表演一等奖。女子群舞《又见希望的田野》、故事《撞猪》分别获第五届无锡市"群芳奖"舞蹈类、曲艺类金奖第一名,并入围江苏省第十四届"五星工程奖"终评活动获入展奖。推进"院府合作"项目,建立肿瘤联合康复病房,启动基层呼吸系统疾病专科建设,家庭医生续签率全市第一。全年免费体检9023人,完成育龄妇女"两癌"筛查1500人,为全镇5451名适龄妇女投保安康险给予50%补贴。1222名老人享受居家养老上门援助服务,免费助餐、志愿送餐服务年龄段下调至80周岁,新增受益老人800余人。文化服务中心、孝仪服务中心、小镇客厅规划展示馆建成投用,水景花苑二期安置房主体封顶,环卫所异地新建项目启动。新郁中路、新民路等主干道完成提升改造,道路管养年度考核全市第一。更新西环路、新杨路等主干道护栏9.2千米、路牌236个,增设公共自行车租赁点5个、电瓶车集中充电点位4个。打通19个安置小区、5个商品房小区生命通道。无锡市城乡一体化三年创建通过验收,海澜马文化主题旅游景区获"2020年中国体育旅游十佳精品景区"称号。大力推进农村人居环境综合整治,建成庄桥农房翻建27户,清理农村垃圾2.7万立方米,修补农路1.1万平方米,出新墙面2.3万平方米,改建"三类"公厕10个、卫生户厕113个,清淤家河133条,加固农桥11座。建立考核奖补机制,公开公示"红黑榜",考核成绩名列全市前茅。实施农村集体产权制度改革,何巷村完成撤村建居。扎实开展"万企联万村"行动,优化村企联建机制。集镇管理取得新成效。深化城警联动,开展"春雷行动"专项整治,查纠违规摊贩809起,拆除违规户外广告牌2000平方米、违章建筑2171平方米。试点推行"三定一督"(定时定人定点督导)垃圾分类,建成5个垃圾集中投放点及4个大件垃圾堆放点,分类投放准确率90%以上。率先成立专职网格员队伍,及时办结上报事项10633件,办结率98.99%。扎实开展"美丽河湖三年行动"*,严格整治河湖违法圈圩,关停取缔"散乱污"企业、小作坊17个,整治码头6个,落实隐患整改128处。综合整治叫花浜、雷下浜水环境,清淤3.5万立方米,规范处置固废危废,环境信访同比压降52.9%。全年大气$PM_{2.5}$平均浓度完成市级下达目标任务,空气质量优良天数比例为87.1%,位列全市第一。生态设施持续完善。坚持标本兼治,继续做好节能减排设施建设。提前完成12个企业挥发性有机物设施提升改造任务,新增餐饮油烟在线监控企业2个,扬尘在线监控企业2个,环保设备用电工况监控企业5个,智能化监管实现信息可追溯。提档闸站、泵站等防汛设施,新建污水管网2千米、排水达标面1个,河道水质监测稳中向好。生态修复加快步伐。持续实施增绿造景、岸坡修复工程,串点连线构建生态廊道。完成小镇客厅、新华路、芳华路等重要节点绿化种植,加固大振河、双联河两侧圩岸,因地制宜植绿补绿,全年完成复垦15.4公顷,新增绿化面积3.4公顷,造林3.33公顷。出台《新桥镇安全生产职责》,压紧压实党政领导、属地管理、企业主体责任链条,建立安全生产联防联控机制,实体化运作9个专委会,积极落实安全生产分级分类监管,全面覆盖监管对象和监管责任。高压推进工贸企业、建筑工地、公共旅游等26个行业领域整治,排查整治隐患8408处,完成交办问题94个。重拳出击"厂中厂""小化工"等专项整治,排查点位3200余个,关停取缔企业72个。出租房屋、宗教场所等专项整治行动全面顺利收官。东方花苑、新桥花园消防设施完成改造提升。全镇未发生重大安全事故,总体形势保持稳定。开展"百团进百万企"主题宣讲,不断浓厚安全生产氛围。深化安全生产第三方服务机制,完成12个企业双重预防机制建设。组织技能培训和应急演练,受训人员1632人。扩容"云上新桥·智慧小镇"管理平台,新增出租房屋管理、企业四色风险图等5个智慧应用模块,39个消防应急设施、41个交通卡口、14个小区技防设备、300余个公共场所接入指挥平台,实现动态监管。全民普及《中华人民共和国民法典》,基本完成第七次全国人口普查,高水平通过"七五"普法终期考核。强化金融风险防控,推进企业诚信信用体系建设,切实维护群众利益。积极调解矛盾纠纷,妥善处置信访事项130件,有效化解纠纷事件621件,调处成功率100%。壮大"法律明白人""平安志愿者"等基层队伍,推动社区、社会组织、社员"三社"共建共治。民生支出占一般公共预算支出比重76.14%,居民人均可支配收入继续保持全市镇(街道)第一。开展就业创业技能培训,扶持创业710人,新增就业岗位2200个,全镇充分就业率稳定在98%以上。新增城保参保1727人、被征地农民进保571人,调增养老金人数1377人。持续关爱"老弱病小"重点人群,发展慈善事业,优抚退役军人,发放各类保障资金5052万元。

2020年新桥镇主要经济社会指标一览表

表85

指　　标	单　位	数　量	比2019年增减(%)	指　　标	单　位	数　量	比2019年增减(%)
地区生产总值	亿元	216.80	3.90	限额以上单位零售额	亿元	5.20	12
其中:第一产业	亿元	1.10	-9.30	固定资产投资总额	亿元	56.70	14.70
第二产业	亿元	148.60	7.40	其中:工业投资	亿元	18.10	49
第三产业	亿元	67.10	-4.30	进出口总额	亿美元	3.60	-27.40
一般公共预算收入	亿元	14.60	-10.30	其中:出口额	亿美元	2.10	-26.70
农业总产值	亿元	1.40	-4.80	到位注册外资	万美元	2500	持平
粮食总产量	万公斤	71.10	-1.30	居民人均可支配收入	元	68147	4.80
工商业开票销售总收入	亿元	1841.10	18.90	中小学校在校学生数	人	4972	3.56
其中:工业开票销售收入	亿元	837.60	49.30	社保参保率	%	100	0(百分点)
服务业开票销售收入	亿元	1003.40	1.40	劳动合同签订率	%	99	0(百分点)
规模以上工业利润总额	亿元	22.50	-27.10	城乡居民基本医疗保险	%	100	0(百分点)

2020年新桥镇开票销售收入前10名企业一览表

表86

名次	企业名称	销售收入(亿元)	法人代表	名次	企业名称	销售收入(亿元)	法人代表
1	海澜集团有限公司	134.60	周建平	6	江阴恒臣实业有限公司	87.60	薛惠忠
2	江阴海澜之家新桥销售有限公司	106.40	许庆华	7	江阴源顺毛纺有限公司	81.70	陶明锋
3	江阴海澜之家供应链管理有限公司	106.20	许庆华	8	江阴恒泰隆毛纺有限公司	77.10	陶明锋
4	江阴晟德纱业有限公司	93.70	仇志英	9	江苏阳光集团有限公司	69.60	郁琴芬
5	江阴海康毛纺有限公司	88.60	陶明锋	10	江阴市锦泰纺织厂	69.30	仇志英

2020年新桥镇各村(社区)基本情况一览表

表87

村(社区)名称	户数(户)	人口(人)	村(社区)党支部(党总支、党委)书记	村(社区)主任	村(社区)开票销售收入(亿元)
郁桥村	774	2664	钱　刚	姚利丰	8.10
圩里村	897	3174	刘建东	徐川宝	1.60
黄河村	786	2740	谢福祥	谢福祥	9.80
雷下村	539	1864	许柏新	张国龙	1.70
新桥村	920	3446	张建锋	张海明	11.00
六保村	350	1236	薛丽娜	薛丽娜	22.00
马嘶村	878	3162	陶永明	周建斌	15.00
何巷社区	611	2054	陈建国	陶正阳	7.40
苏墅村	658	2350	陶雪峰	陶雪峰	11.30
苏圩村	455	1615	陶妙锋	徐宏伟	1.40
绿园社区	70	180	叶永毅	—	—

续表 87

村(社区)名称	户数(户)	人口(人)	村(社区)党支部(党总支、党委)书记	村(社区)主任	村(社区)开票销售收入(亿元)
康定社区	101	283	尤惠清	—	—
黄河社区	10	22	石　烨	—	—
新桥社区	402	1005	张海明	—	—

【阳光集团入省示范智能车间授牌名单】 2020年,江苏阳光集团有限公司紧紧围绕信息化、工业化和可持续发展,有效应对外部环境与内部条件深刻复杂变化给经济发展带来的严峻挑战,打破传统行业壁垒,主动适应经济新常态,深度结合信息化和工业化,关注企业可持续发展,走新型工业化道路。以创新为驱动,建立以博士后科研工作站、国家级技术中心、国家毛纺新材料工程技术研究中心、江苏省工业设计中心为主要支撑的"一站三中心"技术创新体系,充分激发科技人才的创新创造活力,全力打造智能化创新型企业,加快设备技改和智能化步伐,通过云技术、智能化管理系统软件等实现生产效率提升,应用数字化技术,自动采集纺机、织机数据,自动发送工艺数据,自动监控纺机、织机生产状态,自动分析效率、质量,进一步提升阳光集团的织造水平。12月14日,阳光集团智能纺织车间和服装智能车间双双进入省工信厅江苏省示范智能车间授牌名单,通过省工信厅江苏省星级"上云"企业"、江苏省"两化融合"管理体系贯标试点企业、无锡市科学技术协会《基于大数据驱动的定制服装智能流水线平衡优化与仿真设计》等多项评定。

【新桥镇创建体旅融合示范基地】 2018年以来,新桥镇依托全镇体育旅游资源,以省体育健康特色小镇创建工作为突破口,持续优化体育旅游消费环境,推进体育和旅游深度融合,不断满足人民群众多层次多样化运动健康生活需求。2020年5月10日,江苏省6个单位在新桥镇海澜飞马水城联合举行创建体旅融合示范基地启动仪式。启动仪式上,新桥镇与东武太极研修院正式签约,成立东武太极研修院新桥分院。东武太极研修院新桥分院、江苏省武术队新桥集训基地、江苏省摔跤柔道队新桥集训基地揭牌成立,海澜集团董事长周建平被聘请为江苏省武术运动协会名誉会长,省体育局,无锡市体育局、文化广电和旅游局,江阴市文体广电和旅游局、新桥镇政府、海澜集团共同签署"联合打造体旅融合示范基地"战略合作协议,引进优质武术资源,联合国家非物质文化遗产太极拳发源地河南省焦作市,打造新桥镇及海澜集团体育旅游精品示范工程。观看太极拳展演。创建体旅融合示范基地,标志着新桥镇以"体育+"旅游为突破口,朝着打造示范花园城镇加速迈进。

【新桥镇创新为民服务】 2020年,新桥镇行政审批局(为民服务中心)根据市集成改革的要求,把为民、利企作为改革的目标,不断创新。在政务大厅设立"澄事之窗"24小时政务服务自助大厅、"不动产"自助办理区,在绿园社区广场设置"澄事之窗"24小时政务服务自助服务点。年内建成电子招标室、专家评标室,并完成多起电子招标,进一步规范招标流程。5月1日起,推行企业开办在半天工作日,完成营业执照办理、银行开户预约、刻章预约、新设企业税务套餐,大大缩短企业准入市场时间,方便企业用最短的时间达到预定生产经营状态。下发"代办事项手册",完成所有网格代办员的业务培训,并开始完成代办业务。实现审批事项"综窗受理—平台流转—联合审批—推送上云—日常监管—综合执法—事件归档"的闭环管理。完成多项项目的联合审批。

【新桥镇生活垃圾分类启动】 2020年10月24日,新桥镇举行"三定一督"生活垃圾分类启动仪式。"三定一督"是一种垃圾分类源头开展模式,即"定时定点定人督导"。实行"三定一督"是对现有垃圾分类方式进行再提升,将进一步实现垃圾减量化、无害化和资源化,优化小区人居环境,增进群众获得感、幸福感。同日,雷下小区试点推行"三定一督"垃圾投放新模式;12月12日,绿园社区新桥花园东区、黄河社区水景花园试行,26日新桥社区圩里一村、圩里新村试行。"三定一督"垃圾分类新模式的推行,将进一步提升小区人居环境质量,让老百姓生活得更舒心、更幸福,更好地展示新桥新社区、新家园的美丽风采。

【新桥镇居家养老助餐服务】 2017年起,新桥镇依托第三方养老机构,开展居家养老助餐服务,为户籍在新桥镇,实际居住在社区的老人,提供社区助餐服务。同时,推进居家养老服务中心智慧化建设,打造"百意智慧居家养老信息平台",平台涵盖老人日常基本信息管理、智能社区医务管理、智能助餐管理、智能行政管理、智能监测管理等功能模块。为老年人提供日间照料、助餐送餐、康复护理、家政援助等服务。送健康到社区,为老年人提供讲座、培训,以及中药泡脚、中药熏蒸、中医推拿、中医拔罐等健康服务。2020年,实行免费用餐福利,从90周岁以上的老人,拓宽到80周岁以上的老人。全镇80周岁以上老人约1000人,每天提供"免费午餐"近800份,居家养老助餐服务覆盖全镇4个社区。绿园社区免费就餐老人数245人,设置4个取餐点位,分别为绿园社区门卫、新桥花园西区门卫、东方花苑先锋驿站、六保新村门卫。康定社区免费就餐的老人数223人,设置4个取餐点位,分别为社区点、雷下二村、新都苑二村西区、新都苑一村。新桥社区免费就餐的老人数129人,有两个领餐点,分别为圩里二村南门卫、府前居家养老中心。黄河社区153名免费就餐的老年人则分别在社区点、黄河一村东门卫领餐。重阳节期间发放老年慰问金33.95万元,近三年累计发放96.5万元;发放尊老金61.33万元,近3年累计发放174.47万元。

【新桥镇新的社会阶层人士联谊会成立】 2020年10月14日,新桥镇新的社会阶层人士联谊会(以下简称"新联会")成立,张新振当选为第一届理事会会长。新联会是以私营企业和外资企业的管理人员和技术人员、社会组织从业人员、自由职业人员、新媒体从业人员等为主组成的具有统战性、联谊性的非营利性社会组织。新联会的成立是新桥镇大统战新格局的新起点,标志着全镇统战工作迈上新台阶,成为党和政府联系各界新的纽带和桥梁,带来的新思路、新力量将展示新作为,助推新桥高质量发展。

【创设职工法律服务"夜门诊"】 2020年6月17日,新桥镇总工会在绿园社区新时代文明实践点举行职工法律"夜门诊"揭牌仪式。无锡市总工会民管部部长徐良、女工部部长吉黎为其揭牌。职工法律服务"夜门诊"每周一次开展法律服务,镇总工会法律援助团成员在职工居民下班方便的时间段到社区"坐诊"值班,免费给职工群众提供法律咨询、法律援助、参与职工维权,进行法治宣传教育,化解矛盾纠纷,提供公证、司法鉴定、行政复议、仲裁等公共法律服务指引,引导职工用法律途径、程序来解决问题,维护职工权益,为职工打造"零距离+精准化"维权服务。

【首个企业"爱心母婴休息室"投用】 2020年5月,新桥镇总工会为进一步推动《女职工劳动保护特别规定》的贯彻落实,加强女职工"四期"(经期、孕期、产期、哺乳期)保护,倡导关爱哺乳期女职工,切实解决女职工最关心、最直接、最现实的问题,选择在女职工较多的海澜集团有限公司"职工之家"内率先推进"爱心母婴休息室"建设。该"爱心母婴休息室"配置空调、冰箱、沙发、饮水机、微波炉、电视等基本设施,电源插座、储奶器具、婴儿床等一应俱全,放置母婴杂志、宣传手册等,为女职工提供健康资讯。墙上悬挂"爱心母婴休息室"管理办法,详细明确使用流程和注意事项。"爱心母婴休息室"的创建是企业工会维护女职工权益、提升女职工幸福感的有效举措,起到"筑巢引凤"作用,对企业和职工都具有积极意义。9月28日,无锡市总工会女工部部长吉黎一行对海澜集团有限公司"爱心母婴休息室"进行验收并授牌。

【新桥太极学会成立】 2020年1月5日,新桥太极学会举行成立大会,标志着新桥太极运动开启组织化、规范化、品牌化发展新征程。江阴市副市长张韶峰、市文体广电和旅游局局长周晓虹为新桥太极学会成立揭牌,新桥太极学会名誉会长周建平致辞。"东方芭蕾"太极拳是广受市民欢迎的健身运动,新桥太极学会的成立,为广大太极爱好者搭建学习交流的平台,得到广大市民朋友的支持与响应,对促进全民健身热潮、激发文旅产业活力、推动新桥文体事业的发展有着深远意义。

(曹丽华)

长泾镇

【概况】 长泾镇北依长江,南临太湖,古名"东舜城",是吴文化的发祥地之一,也是中国著名电影表演艺术家上官云珠和著名化学家、催化学科奠基人之一张大煜的故乡;地处江阴市东南,界于沪宁高速公路与沿江高速公路之间,东与顾山镇毗邻,南与无锡市锡山区相接,西与祝塘镇交界,北连华士镇、新桥镇两镇。区域总面积54平方千米,耕地面积2298公顷,下辖12个行政村。2020年年末,有户籍人口56246人,其中男性27429人、女性28817人;有少数民族16个155人,分别是回族8人、苗族28人、布依族35人、壮族19人、侗族10人、朝鲜族1人、土家族31人、彝族4人、羌族2人、仡佬族3人、蒙古族2人、毛南族1人、藏族2人、满族5人、哈尼族1人、畲族3人。有外来暂住人口35599人,其中男性19608人、女性15991人。

政治建设 开展基层党建"大调研",加大基层党建支部"三化"(标准化、规范化、信息化)建设力度,星级化比例超90%,3个支部获评五星级堡垒支部。建设先锋阵地示范工程2个、"红色车间"5个。激发队伍活力,稳妥推进村"两委"*换届,村书记、主任"一肩挑"比例为75%。抓实党员队伍建设,举办7期"组织生活线上课堂",中心户联系党员实现全覆盖。打造品牌亮点,持续推进实施农村家河党员"塘长制",强化党员作用发挥。指导培育花园村"五助掌柜"、河塘中学"红荷先锋站"等品牌项目6项,以品牌建设引领党建提质。严格落实"22212"工作机制*,镇党委专题研究、专题听取工作汇报各2次,召开联席会议2次,牢牢掌握意识形态工作领导权。党委中心组率先垂范,全年开展中心组学习16次,举办"东舜大学堂"专题讲座4期,组织开展"百姓名嘴"理论宣讲72场次,推动党的创新理论"飞入寻常百姓家"。加强自媒体等平台管理,及时有效做好民办非规范幼托机构整治等敏感时点的舆情应对。组建基层网评员、网络监督志愿者队伍,构建最广泛的"互联网统一战线"。标本兼治转作风。镇党委全年2次专题部署党风廉政建设工作,签订党风廉政建设责任书49份,进一步推动"一岗双责"*落实到位。全力支持执纪问责,全年办结各类案件21件、立案审查21人,约谈、提醒谈话、诫勉谈话29人次。举办廉政建设知识竞赛,开展新提拔干部廉政文化读书交流活动,丰富廉政教育活动形式,推动反腐倡廉教育常态化,引导党员干部提升纪律意识、规矩意识。围绕无锡市委"一体化"巡察反馈问题,制定有效整改方案,监督落实整改措施,深化推进"两项清理",持续规范村级管理。聚焦疫情防控、安全环保、土地腾退等中心工作,强化纪律监督,杜绝廉政风险。认真落实重大突发公共卫生事件一级响应要求,第一时间成立镇新冠肺炎疫情防控应急指挥部。强化国内中高风险地区人员和入境人员管理,动员党员干部、志愿者等1800余人奔赴抗疫一线,设立集中隔离点2处、应急隔离点3处、管控卡口139个,累计排摸登记5.2万人、集中医学观察96人、居家健康管理

3391人,注册“锡康码”用户9.3万余人;排查进口冷链从业人员337人,开展常态化核酸检测2500余人,疫情防控实现“零确诊”“零疑似”;落实“大数据+网格化+铁脚板”常态管控,调配口罩60万余只,科学组织复工复产复学,按下全镇经济社会发展“快进键”。

经济建设　产业发展协调并进。工商开票销售突破200亿元大关,完成地区生产总值74.47亿元,比2019年增长0.9%;完成一般公共预算收入4.11亿元,比2019年增长5.66%;工业经济稳健运行。完成工业开票销售收入153.77亿元,比2019年增长0.95%;实现规模以上工业产值108.2亿元,新兴产业产值占规模以上工业产值比重上升3个百分点。严格执行工业企业资源利用绩效评价,基本完成16.27公顷低效用地腾退。服务业发展稳中有进。完成商业开票销售收入49.72亿元、比2019年增长22.17%;完成限额以上批零企业销售额24.8亿元、限额以上社会消费品零售额1.51亿元。举办第五届文化旅游活动和老街文商旅推广活动,老街游客接待中心建成投用。农业发展提质增效。建设高标准农田46.67公顷,农业适度规模经营比例达86%,农业机械化作业率超95%;完成2677头生猪出栏任务。转型发展动能强劲。大力推进项目招引、建设,不断强化科技创新,全力推动产业优化升级。发展后劲持续增强。开展企业家转型发展专题学习研讨活动,年内开展各类招商活动15次,完成7项项目签约、总投资8.7亿元。全年完成固定资产投资18.03亿元,比2019年增长5.1%。骏驰复合材料、大浩置业等3项超5亿元项目顺利推进。推进行政审批改革,配备“澄事之窗”自助设备6台,建成24小时自动服务区,为民服务中心窗口全年办理各类业务19529件。全力扩大开发开放,完成进出口总额2.98亿美元,实现对外直接投资238万美元,到账外资1455万美元。

社会建设　科技创新持续深化,江阴升辉包装材料有限公司入围工信部“专精特新”“小巨人”企业,全年申报认定省高新技术企业9个,高新技术产业产值占规模以上工业产值比重为39%。新增“两化融合”贯标试点企业2个、工程技术研究中心2个。新增省“双创人才”,省“乡土人才”、“三带”能手、“三带”新秀各1人,新增“无锡太湖人才计划”2人。持续教育投入,改善办学条件,完成河塘中心小学教学楼主体建设和4所学校智慧校园工程建设。加强学校管理,强力推进无证民办幼托机构专项整治,新建转建合格民办幼儿园,促进民办幼托机构规范安全有序运行。加强教师队伍建设,抓好教育质量,长泾中学高考本一录取率51%。着力做好公共卫生工作,完成健康体检2.6万余人、家庭医生签约7229人,镇中医馆建成使用。开展群众体育活动,新增体育场地约6万平方米。推进“全民阅读工程”,举办阅读日活动278场次。打造新四军六师驻地旧址纪念馆等载体,开展各类新时代文明实践志愿活动3170场次、“文化惠民月”演出140余场,蒲市村获评第六届全国文明村。社会保障持续加强,泾东花园安置房验收分房。全年新增本地劳动力就业2687人,扶持自主创业317人。新增社保扩面2733人、公积金扩面1203人。完成11个村、98个组被征地农民保障工作,惠及1988人。完成退役士兵社保补缴,创成市示范型退役军人服务站。试点推行老年人助餐服务,为全镇3189名老年人提供居家养老援助服务,深入开展“阳光扶贫”等帮困救助活动,切实保障好困难群众生活。社会事业持续发展。第七次全国人口普查顺利推进。“七五”普法圆满收官。全年调解各类劳资纠纷事件310件,化解各类矛盾纠纷1812件。

2020年长泾镇主要经济社会指标一览表

表88

指　　标	单　位	数　量	比2019年增减(%)	指　　标	单　位	数　量	比2019年增减(%)
地区生产总值	亿元	74.47	0.90	限额以上单位零售额	亿元	1.51	8.70
其中:第一产业	亿元	2.51	4.70	固定资产投资总额	亿元	18.03	5.10
第二产业	亿元	44.65	-1.50	其中:工业投资	亿元	9.72	7.90
第三产业	亿元	27.31	5.10	进出口总额	亿美元	2.98	-0.82
一般公共预算收入	亿元	4.11	5.66	其中:出口额	亿美元	2.59	2.81
农业总产值	亿元	3.59	4.57	到位注册外资	万美元	1455	-9.10
粮食总产量	万公斤	1546.70	-6.90	居民人均可支配收入	元	54000	4.40
工商业开票销售总收入	亿元	206.13	5.18	中小学校在校学生数	人	5696	-0.16
其中:工业开票销售收入	亿元	153.77	0.95	社保参保率	%	99	0(百分点)
服务业开票销售收入	亿元	49.72	22.17	劳动合同签订率	%	98	0(百分点)
规模以上工业利润总额	亿元	6.95	0.20	城乡居民基本医疗保险	%	100	0(百分点)

2020年长泾镇开票销售收入前10名企业一览表

表89

名次	企业名称	销售收入(亿元)	法人代表	名次	企业名称	销售收入(亿元)	法人代表
1	江阴通利光电科技有限公司	24.8	周永南	6	江阴和创服饰有限公司	4.54	赵志刚
2	江苏升辉投资集团有限公司	8.33	宋建新	7	江阴兴吴呢绒科技有限公司	3.59	吴栋标
3	江苏苏青水处理工程集团有限公司	8.09	蒋惠平	8	无锡邦舵服饰有限公司	2.70	吴琴贤
4	江阴市明康电子科技有限公司	6.50	颜明康	9	江苏文明人造草坪有限公司	2.56	宋文明
5	江阴市康源印染有限公司	4.67	夏国庆	10	无锡共成交通器材有限公司	2.48	李文义

2020年长泾镇各村(社区)基本情况一览表

表90

村(社区)名称	户数(户)	人口(人)	村(社区)党支部(党总支、党委)书记	村(社区)主任	村(社区)开票销售收入(亿元)
泾南村	625	4157	吴宪宏	吴　刚	9.78
和平村	920	3320	吴文勇	吴文勇	7.59
泾东村	1974	3198	张　明	张　明	11.21
习礼村	1110	4058	陈伟南	陈伟南	2.89
南涠村	1885	6543	李明法	李明法	16.03
长东村	1068	3959	吴栋标	吴栋标	19.17
花园村	1450	4750	宋建新	宋建新	58.56
刘桥村	1420	4975	刘　达	刘　达	6.73
河塘村	1556	5665	王永芳	王永芳	21.28
王家村	1303	4750	顾明香	顾明香	4.48
蒲市村	1523	5778	浦益锋	浦益锋	5.13
蔡桥村	630	2336	蒋海滨	蒋海滨	6.19

【蒲市村获评第六批全国文明村】 蒲市村位于江阴市最东南,与无锡市锡山区毗邻。2002年3月由原蒲市村、范庄村、河东村合并而成,因其境内蒲市里自然村而得名,蒲市里村曾为新四军六师及十八旅驻地旧址。该村依托深厚的红色资源和新农村农房建设先行优势,围绕打造"红色蒲市、绿色家园"品牌,建设新四军六师驻地纪念馆,以此引导村民赓续红色精神、投身村级建设。2019年以来,启动文明村创建,加大村级基础设施建设力度、严格村庄环境整治长效管理,村庄环境有了较大改善。12月,蒲市村获评江苏省文明村。2020年2月获评无锡市文明村。蒲市村集中居住点配套艾贝尔幼儿园于9月1日正式开园,"聚谊家园"于10月竣工交付,2000余平方米的菜场完成招商,极大地改善村民的生活居住条件。11月,该村被中央精神文明建设指导委员会评为第六批全国文明村。至年末,该村村域面积6.5平方千米,有27个自然村,常住人口5778人。

【升辉包装入围"专精特新""小巨人"企业】 江阴升辉包装材料有限公司是专业从事多层共挤功能性薄膜的研发、生产、销售和服务的创新型企业,产品涉及食品、充气、工业、医药等包装材料,是亚洲最大的多层共挤薄膜生产基地之一,是中国肉类协会会长单位,是2016年度"中国肉类装备科技创新杰出贡献企业"和"包装与环境标准化先进单位"。2019年以来,升辉包装与江南大学建立长期的产学研合作关系,建立江南大学—江阴升辉多功能多层共挤薄膜材料研究所,公司依托"江苏省多功能共挤薄膜材料工程技术研究中心""江苏省企业研究生工作站"和"江苏省企业技术中心",制定完善研发管理体系。累计申请专利100余件,其中授权专利55项,申请PCT(专利合作条约)3件;获25件商标,其中著名商标1件。获国家"火炬"计划产业化示范项目、"中国包装总公司科学技术奖二等奖""中国包装总公司科学技术奖三等奖"及"江阴市第四届专利奖优秀奖"等荣誉。2020年11月13日,工业和信息化部中小企业局公布第二批"专精特新""小巨人"企业名单,江阴升辉包装材料有限公司入围。

【长泾镇获评第三批省生态文明建设示范乡镇】 2020年,长泾镇深化实施污染防治攻坚战,关停"散乱污"企业52个、热电企业2个、化工生产企业3个,完成减煤任务30.1万吨。3个企业落实清洁生产。减少化肥使用量673吨,测土配方施肥技术覆盖率95%以上。积极响应长江大保护,扎实开展"美丽河湖三年行动"*,深入推进"污水零直排区"建设,完成140条家河清淤,4条考核断面河道水质均达到优三类。强化大气精准管控,新增3座废气焚烧炉,完成3台燃气锅炉低氮改造,实施17个重点废气排放企业挥发性有机物深度治理,新增绿化23.8公顷,全年$PM_{2.5}$浓度比2019年下降17.75%,空气质量优良天数比率比2019年增长10.21%。开展餐饮行业污染环境专项整治,查封9个企业设备11台(套),安装油烟净化器132个、油水分离设施147台(套)。开展危险废物专项排查整治,排查危废环境风险企业118个,整改各类隐患310处,查处偷倒工业固废案件35件次。年末,长泾镇获评第三批江苏省生态文明建设示范乡镇。

【无锡市委第四巡察组对长泾各村开展综合巡察】 2020年7月29日至9月29日,无锡市委第四巡察组对长泾镇12个村(社区)党组织开展综合巡察,其中9个村(社区)属巡察"回头看"。其间,7月30日,召开巡察工作动员会,无锡市委第四巡察组组长吴惠明、副组长王雪松,江阴市纪委副书记、市监委副主任、市委巡察工作领导小组成员朱佳虎,江阴市委巡察办副主任董克伟,以及无锡市委第四巡察组的其他各位领导,长泾镇党政领导班子全体成员,镇机关各部门负责人,各村(社区)书记、主任参加动员会。巡察期间,听取各村(社区)党组织工作汇报,召开村民代表见面座谈会12场,民主测评281人,在线问卷调查4585人,个别谈话63人次,受理来信、来电、来访涉事68件次,走访企业31个,走访村民家庭32户,督促立行立改问题45个。11月6日,进行巡察意见反馈,反馈4个方面12个问题。7日,长泾镇党委召开专题会议,研究整改落实工作,制定32条整改措施。12月3日,向无锡市委巡察组提交巡察反馈意见整改方案。29日,长泾镇党委召开巡察整改专题民主生活会,按照要求逐条认真落实整改,上报巡察整改报告,并向社会公布整改情况。

【长泾镇新农村建设加快推进】 2020年,长泾镇统筹推进基础设施建设,着力改善农村人居环境,城乡一体化步伐不断加快。年内,修编古镇保护规划和国土空间规划,优化城镇用地规划和控制性详规。完成泾南路北段、东舜路东段、横二路、刘庄路建设,镇区面貌明显改善。实施兴园路东段、通港路、花园路改造,工业园区整体形象得到提升。持续推进新农村农房建设,建成农房298户,交房290户、装修130户、入住30户,蒲市村聚谊家园配套设施及物业用房建设全面竣工。深入实施农村人居环境整治"一推三治五化"*专项行动,完成村庄生活污水治理项目55项,新建农村公厕2座,农村生活垃圾无害化处理率100%,蒲墅里获评省级特色田园乡村,小庄圩、楼下、徐家宕获评无锡市级特色田园乡村,和平村获评无锡市美丽乡村示范村,南涸村红旗新村获评江阴市农村人居环境整治提升示范村。强势开展市容环境整治,强化城市精细化管理,整治主次干道20余条,规范门店经营秩序400余个,清除户外违规广告940处,计1.2万平方米,拆除违建32处,计8200平方米。

【长泾镇开展企业安全生产集中整治】 2020年,长泾镇持续强化安全生产责任落实,夯实安全发展基础,加快全镇公共安全体系建设,制定"党政领导、部门监管、属地管理、企业主体""四张责任"清单,推进企业安全风险分级管控和隐患排查治理双重预防机制体系建设。以安全生产"开小灶"为契机,扎实开展26个行业领域安全生产集中专项整治,发现整改隐患7398处,整治违法违规"小化工"2个。深化实施"厂中厂"专项整治"雷霆行动",有序推进群租房、防高处坠落等专项整治,各类安全生产事故数、亡人数同比均下降50%。积极开展"安全生产月"系列活动,组织实施"春风行动"、"百团进百万企业"等安全生产学习宣讲百余场次,组织千余人参加企业安全生产管理培训,强化各级树牢安全发展意识。小微企业安全托管率96%。

【长泾镇开展企业家转型发展专题学习】 2020年,长泾镇按照市委统一部署,8月下旬至9月底,组织辖区内规模以上企业负责人、高新技术企业负责人、上市企业和拟上市后备企业负责人、重点外贸外资及电商企业负责人、重点用能企业相关负责人、新生代企业家以及相关党政领导、部门负责人130余人,开展企业家转型发展专题学习研讨活动。成立活动联络办公室,14名党政领导分组分片包干85个规模以上企业,指导企业做好"十四五"发展规划。长泾镇分别于8月28日、9月11日、9月16日分3批次组织党政领导、村书记、企业负责人共108人次外出学习考察,学习周边江苏阳光集团有限公司、海达橡塑股份有限公司等传统企业的转型经验,远赴杭州海康威视数字技术股份有限公司、万事利集团有限公司和苏州苏大维格科技集团股份有限公司等企业了解最新的产业发展技术、企业管理模式。开展党委书记专题辅导,邀请复旦大学经济学院教授刘焕明作《"十四五"时期的新技术、新产业、新经济及数字化、智能化转型》专题讲座。9月21日召开骨干企业座谈会,深入分析全镇共性、行业通性、企业个性问题,研究探讨转型发展应对措施。

【第五届长泾文化旅游推广会举办】 2020年7月2日,第五届长泾文化旅游推广暨纪念上官云珠诞辰100周年主题活动在长泾老街举行。市委宣传部、市政府相关单位领导,长泾镇全体党政领导,各村(社区)"两委"成员、群众代表等参加活动。市委常委、宣传部部长程政,副市长张韶峰,长泾镇党委书记江国虔,上官云珠的儿子张其坚、韦然共同启动第五届长泾文化旅游推广及上官云珠诞辰100周年纪念活动。活动现场对上官云珠的儿子张其坚、韦然进行访谈,共同追忆上官云珠的光影人生。老街上还举办长泾月饼、烧饼、茶食、糖画、剪纸等非物质文化遗产项目展,文艺表演等活动,助农和服装企业产品销售。

【举办长泾老街文商旅推广暨最美院子评选活动】 2020 年 9 月 27 日，由市委宣传部、市文明办、市文体广电和旅游局、市文联共同举办的长泾老街文商旅推广暨最美院子评选启动仪式在长泾老街举行。市委常委、宣传部部长程政参加活动，启动“我们的小康生活 · 长泾最美院子评选活动”。活动为身边好人和省市级文明村镇、文明单位、文明校园等颁奖。活动现场还通过宣传片、走秀、访谈、朗诵等形式充分展示长泾悠久的茶食文化、名人文化和产业文化。是日，老街上还进行月饼展销活动。

【长泾镇第七次全国人口普查】 2020 年 5 月，长泾镇成立第七次全国人口普查领导小组，启动人口普查工作，领导小组下设普查办公室，12 个行政村分别成立村级“七人普工作小组”。7 月，完成普查小区的划分和建筑物的标绘。8 月，全镇选聘 285 名普查指导员和普查员，并于 9 月参加市级业务培训。10 月起，有序开展摸底调查、短表登记、长表登记、比对复查、行职业编码、事后质量检查等各项工作，年末完成 2020 年度人口普查工作任务。

【成立长泾镇新材料行业协会】 2020 年 6 月 18 日，长泾镇召开新材料行业协会成立大会暨第一次会员大会，江阴市委相关领导，市工商联及镇党委、政府相关领导，长泾商会、服装协会、呢绒协会代表等出席大会。会议审议并通过协会章程，通过选举产生长泾镇新材料行业协会第一届理事会理事，周永南当选为长泾镇新材料行业协会会长，钱平、杨伟、沈诚、包年冬、宋文明当选为副会长，周克非当选为监事长。该新材料行业协会的成立，更好地整合发展资源，凝聚发展合力，推动行业自律，实现有序竞争，畅通沟通渠道，成为企业协作发展的平台，使长泾镇新材料产业迈上一个新的发展高度。 （费 倩）

2020 年 9 月 15 日，长泾镇召开第七次全国人口普查动员会

（长泾镇党政办提供）

顾山镇

【概况】 顾山，新石器时期末就有先民聚居，禹治震泽称龟山，春秋时期是吴楚通衢，南梁时定名顾山，宋元时成集设镇至今。该镇位于江阴市东南边缘，距江阴市城区 41 千米，东、南以顾山山为界，和常熟市尚湖镇、无锡市锡山区东港镇相接；西紧连长泾镇；北隔新沙河，与张家港市杨舍镇毗邻。省道云顾公路、暨南大道横越东西，通锡高速、锡张公路纵贯南北，并直达沪宁高速公路、常合（沿江）高速公路两道口。申张航道、十一圩航道在境域内相交畅流。境内有千年红豆树、古犀带桥、香山寺等名胜古迹，素有“金顾山”之美称。镇域东西长 12.6 千米，南北宽 10.4 千米，总面积 49.51 平方千米，耕地面积 1863 公顷，下辖 12 个行政村、3 个社区居委会。2020 年年末，有户籍人口 55353 人，其中男性 26914 人、女性 28439 人；有少数民族 16 个 200 人，其中蒙古族 1 人、回族 8 人、藏族 1 人、苗族 32 人、彝族 13 人、壮族 25 人、布依族 62 人、朝鲜族 3 人、满族 6 人、侗族 1 人、瑶族 3 人、白族 2 人、土家族 38 人、水族 2 人、羌族 1 人、仡佬族 2 人。有外来暂住人口 50914 人，其中男性 28477 人、女性 22437 人。

政治建设 以习近平新时代中国特色社会主义思想为指导，认真贯彻新时代党的建设总要求，落实全面从严治党。制定“不忘初心、牢记使命”主题教育常态化方案，明确学习内容、方式方法，完善党政领导班子理论学习中心组制度；开展中共十九届四中、五中全会精神解读、学“四史”（党史、新中国史、改革开放史、社会主义发展史）等集中授课 6 次。同时利用“学习强国”“智慧党建”和“金顾山”公众号等平台，采用“集中学 + 随时学”的方式，教育引导全体党员深入学习新思想、新理念，达到全员参与、全员学习。落实意识形态工作责任，开展企业家转型升级发展、“三转一提”* 专题学习等活动，推进“领航学习”“春雨培优”“活水引育”三大学习培训工程，激发干部、企业家干事创业活力。完成村（社区）“两委”* 换届，选优配强村（社区）“两委”班子。落实“三化”（制度化、规范化、程序化）建设要求，创建江阴市五星级党支部 4 个。加强党建阵地建设，新建“红色车间”8 个。创新载体激活力。整合党建资源，构建“共享式”组织生活体系，“书记项目”入选江阴市十佳基层书记项目，建成“共享式”组织生活点 6 个，10 个“共享式”党员志愿服务项目活动定期开展。江苏众网党支部“动车党建”入选江阴市十佳基层党建品牌项目。通过“理论学习 + 实境课堂 + 调查研究 + 项目攻坚”的培育模式，全力推动年轻干部队伍建设。严把“入党关”，做好培养、考察、培训和审核工作，完成 33 名发展对象的入党程序。完善新时代文明实践体系建设，以新时代文明实践所、站、点为平台，开展理论宣讲、关爱救助等志愿服务活动，大力传播文明风尚、弘扬文明精神。依托“新时代文明实践 +”活动载体，助力文明城市创建、人居环境整治等行动，进一步培养文明行为习惯、提升社会文明程度。缪培家庭被评为全国五好家庭、冯玉祥获评无锡好人、郭健获评江阴市慈善突出贡献个人。正风肃纪塑形象。深化党风廉政建设，开展廉政教育，认真落实无锡市委巡察顾山镇13个村（社区）反馈问题整改工作。持续强化农村“三资”*管理，推进“两项清理”*专项整治，规范农村“三务”公开*，确保权力在阳光下运行。全年办理人大意见、建议19条，满意率100%。坚决贯彻习近平总书记“坚定信心、同舟共济、科学防治、精准施策”的防控总要求，第一时间成立镇新冠肺炎疫情防控工作领导小组，并下设11个专项工作组，组建党员志愿服务队24支，参与党员志愿者521人。组建党员“突击队”7支，设立党员先锋岗56个、党员责任区34个。累计发动党员干部、志愿者近6万人次，全面参与“外防输入、内防扩散”的精准防疫战，实施各类医学观察6800余人，开展常态化核酸检测503人次，实现全镇域零感染的防控成效。科学组织复工复产，落实常态化精准化疫情防控举措，确保群众生产生活正常运行。

经济建设　扎实推进“产业强镇五年行动计划”，经济运行保持健康有序、稳中有进的发展态势。主要指标逆势增长。全年完成地区生产总值101.59亿元，比2019年增长6.3%。完成一般公共预算收入6.1亿元，比2019年增长5.3%。完成工业总产值227.8亿元，比2019年增长12.8%。完成工商业开票销售收入328.08亿元，比2019年增长9%。完成限额以上单位零售额2.59亿元，比2019年增长15%。完成进出口总额4.6亿美元，比2019年增长14.1%。完成全社会固定资产投资31.39亿元，比2019年增长29.2%，其中工业投入18.9亿元，比2019年增长45.6%。总投资19.43亿元的云蝠跨境电商产业园人才公寓、格美毛纺等11项项目竣工投产，总投资20.95亿元的鑫源顺铝业、北控翰林府等7项项目加快建设。完成农业投资4085万元，新增新型农业经营主体2个，红豆村成为江阴首个全国乡村特色产业亿元村，紫荆合作社的花海民宿入选省级主题创意农园。在全市率先开展优化土地资源利用试点工作，涉及拆旧复垦土地11.93公顷、征收拆迁土地12.6公顷。其中拆旧复垦涉及9个村（社区）、57个企业，完成协议签订47个，完成复垦土地面积5.19公顷。全镇新增造林面积10公顷、更新造林面积4公顷。持续做好农村产权交易工作，完成7村230个农村产权交易申报资料审核，计金额1722万元。完成13个村（社区）完善土地确权档案资料整理报送。基本完成南村村社分离试点工作、理顺村（居）委会和农村集体经济组织关系，建立归属明确的农村产权结构，完善现代乡村治理体系。

社会建设　完成全社会研发投入3.16亿元，实施产学研项目9项，完成技术合同交易0.21亿元。全年获批省高新技术企业4个、科技型中小企业70个、民营科技企业13个，高新技术产业产值28.97亿元，占规模以上工业产值17.8%。获评江苏省乡土人才“三带”（带领技艺传承、带强产业发展、带动群众致富）能手3人和“三带”新秀1人、无锡市乡土人才大师工作室1个、无锡“太湖人才”优秀乡土人才1人，芗菲服饰博士后科研工作站进站博士开题。加大教育投入，改善办学条件。总投资1.8亿元的顾山实验小学新校区建成投用，顾山中学与敔山湾实验学校组建一体化教育集团。筹集资金超2000万元，成立金顾山教育基金。大力开展文化惠民工程，举办第四届红豆文化旅游节、非遗旅游体验日暨造物市集等文体活动。提升医疗服务水平，履行家庭医生签约服务49030人次。深入实施乡村振兴战略，基础设施不断完善，功能品质持续提升。新建福新路，完成顾西桥、顾山南桥等桥梁改造以及金顾山公园、北漍胥湖公园改造提升和漍华路沥青摊铺、新镇区自来水管改造等一批工程，新（改）建镇级公厕8座、农村公厕11座。深化文明城市建设，强化农村人居环境整治提升，镇村环境面貌得到较大改善，累计清除垃圾杂物4.83万立方米，清理房前屋后乱堆放2.68万处、河塘沟渠898处，修复破损路面2.13万平方米，村庄补绿、增绿1.25万平方米。推进红豆村农村住房试点建设，完成21户别墅主体工程，多层建筑加快建设中。红豆村红豆树坞获评江苏省第四批特色田园乡村，赤岸村获评无锡市美丽乡村示范村。全力打好污染防治攻坚战，强化突出环境问题整改。关停“三高两低”*企业12个，新增关停整治“散乱污”企业26个。完成大气污染防治工程项目51项，新增53个涉气企业用电工况监控设施安装，全年$PM_{2.5}$平均浓度每立方米37微克，空气优良天数比率86.4%，空气质量排名全市第二。完成漍民路北侧小地块、漍东模范废砖窑大地块整治，中央环保督察“回头看”问题全部整改销号。有效化解环境信访矛盾，全年调处环境信访事件70件，信访总量比2019年下降13.6%。推进家河清洁工程、“美丽河湖”行动，清理河道749条。加强港口码头清理整治，清理、规范、提升内河港口码头28处。完成张家港河支浜清淤工程，清淤4.9万立方米。强化危废处置专项整治，整改危废风险隐患82处。强化农村生活污水治理，完成72个村庄控源截污工程。推进工业园区“污水零直排区”建设，完成23个企业生活污水接管。推动城镇污水处理“提质增效”，完成2个城镇污水厂新一轮提标改造。加大就业创业扶持力度，实现本地劳动力就业1500人，扶持自主创业225人。完善社会保障体系，新增城保扩面2262人。强化被征地农民保障，把11个村1700人纳入被征地农民保障体系，市镇拨付资金9380万元。精准化做好养老、扶贫、助残等工作，深入推进“阳光扶贫”工程，关心关爱弱势群体，累计发放各类帮扶救助资金971万元。做好保民生、优服务、促发展等工作，政府行政效能不断提升。完善指挥中心平台运行，优化调整网格划分，提高巡查处置效率，全镇网格员全年有效巡查里程22433千米，上报各类事件7574件，办结率99.9%。优化镇村代办服务，深化“互联网+政务服务”模式,新建“澄事之窗”自助政务服务大厅,累计受理各类审批和服务事项47685件。全力提升综合执法水平,开展综合执法4925次,查处各类行政处罚案件776件。4月起,顾山镇第七次全国人口普查工作全面启动后,选聘普查员340人,完成建筑物标绘21516个,达到省下发任务的116.6%。及时编制登记录入及汇总户主姓名底册和短表,确保做到区不漏房,房不漏户,户不漏人,人不漏项。基本完成顾山镇第七次全国人口普查,进入数据修改汇总阶段。深化“平安顾山”“法治顾山”建设,全面筑牢和谐稳定根基。深入开展“1+30”安全生产专项整治和违法违规“小化工”、违法违规“小字头”企业专项整治等行动,累计排查整改各类安全隐患6203处(其中群租房3398处),关停“厂中厂”40个,依法查处安全生产案件169件,处罚金额201.37万元。落实法治惠民实事工程项目,“七五”普法圆满收官。推进矛盾纠纷多元化解,镇、村受理各类矛盾纠纷案件852件,调处成功率97.8%,民主法治建设水平不断提升。

2020年顾山镇主要经济社会指标一览表

表91

指　标	单　位	数　量	比2019年增减(%)	指　标	单　位	数　量	比2019年增减(%)
地区生产总值	亿元	101.59	6.30	限额以上单位零售额	亿元	2.59	15
其中:第一产业	亿元	3.28	6.40	固定资产投资总额	亿元	31.39	29.20
第二产业	亿元	61.13	9.40	其中:工业投资	亿元	18.90	45.60
第三产业	亿元	37.18	1.20	进出口总额	亿美元	4.60	14.10
一般公共预算收入	亿元	6.10	5.30	其中:出口额	亿美元	4.33	20.80
农业总产值	亿元	3.95	1.50	到位注册外资	万美元	150	200
粮食总产量	万公斤	699.10	0.10	居民人均可支配收入	元	56257	4.90
工商业开票销售总收入	亿元	328.08	9	中小学校在校学生数	人	6055	1.77
其中:工业开票销售收入	亿元	213.15	12.70	社保参保率	%	93	0(百分点)
服务业开票销售收入	亿元	111.02	2.70	劳动合同签订率	%	98	0(百分点)
规模以上工业利润总额	亿元	6.46	15.10	城乡居民基本医疗保险	%	100	0(百分点)

2020年顾山镇开票销售收入前10名企业一览表

表92

名次	企　业　名　称	销售收入(亿元)	法人代表	名次	企　业　名　称	销售收入(亿元)	法人代表
1	江苏云蝠服饰股份有限公司	28.21	郭　健	6	江阴富裕铝业有限公司	10.75	刘富镭
2	江苏众网互联网有限公司	19.16	吴锦明	7	江阴裕华铝业有限公司	7.68	徐　丹
3	江阴爱居兔服装有限公司	14.71	赵方伟	8	江阴市江洲铜业有限公司	6.24	尤方云
4	江阴市源盛铝业有限公司	11.82	王爱东	9	江苏通达家居用品有限公司	4.62	陈泱光
5	沐祥集团有限公司	10.83	郭亚霓	10	江阴市铂晟金属材料有限公司	4.30	陆　敏

2020年顾山镇各村(社区)基本情况一览表

表93

村(社区)名称	户数(户)	人口(人)	村(社区)党支部(党总支、党委)书记	村(社区)主任	村(社区)工商开票销售收入(亿元)
新龚村	1965	7206	郭正平	郭正平	35.38
南曹庄村	1120	4194	吴志鹏	毛二度	23.97
红豆村	1742	6222	吴敏东	吴敏东	18.53
顾北村	741	2564	王爱东	周旦平	43.22

续表93

村(社区)名称	户数(户)	人口(人)	村(社区)党支部(党总支、党委)书记	村(社区)主任	村(社区)工商开票销售收入(亿元)
解放村	787	2729	许敏达	许敏达	9.93
李家桥村	786	2883	刘利荣	徐 敏	4.80
东岐村	1108	3855	吴红一	吴红一	10.08
鉴青村	648	2103	陈金星	陈 新	6.94
万兴村	954	3084	王洪兴	王洪兴	5.32
涸南村	937	3229	徐健荣	徐健荣	5.60
涸东村	889	3083	杨 亮	杨 亮	20.48
赤岸村	1257	4321	沈耀峰	沈耀峰	7.99
顾山社区	1972	5658	孙祖涛	孙祖涛	20.59
北涸社区	1431	4168	徐 波	徐 波	7.67
金桃社区	43	100	朱敏华	朱敏华	—

【红豆村入选全国乡村特色产业亿元村】 顾山镇红豆村地处顾山东首,是江阴市的东大门。从2012年起,红豆村科学规划、精心打造,立足农业农村资源,发展特色产业,开发特色产品。从建设现代农业出发,加强产业融合,由种粮向种桃转变,从传统农业向现代生态农业和乡村旅游业转型,增加农民收入,利用千年红豆树来打造乡村旅游,以产业来促收。以水蜜桃种植产业和花卉种植业两大现代农业基地为发展载体,金顾山水蜜桃基地占地面积233.33公顷,年产水蜜桃约7000吨。推进村庄环境整治,完成40个自然村的整治工作,其中红豆树坞自然村以省三星级康居乡村的标准,结合红豆文化,投入1700余万元实现道路硬化亮化,墙面立面出新,文化牌楼和景观小品的建成。村内修建8.73公顷的百花园、1千米的乡村休闲绿道、5千米的自行车道,建成村民十分钟健身圈11处,为村民休闲娱乐提供好去处。自2018年以来,红豆村先后获得“全国一村一品示范村”“中国美丽休闲乡村”“农业部美丽乡村试点村”“江苏休闲观光农业示范村”“江苏省卫生村”“江苏省生态村”“无锡市百村奔小康工程达标村”等称号。至2019年,完成工商业开票销售收入16.3亿元,村级收入1132万元,人均可支配收入5.3万元。2020年11月11日,农业农村部公布2020年全国乡村特色产业十亿元镇亿元村名单中,顾山镇红豆村上榜。

【红豆树坞入选省特色田园乡村】 红豆树坞位于江阴市顾山镇红豆村,地处江阴、张家港、常熟、锡山区四市(区)交界处,东接张家港市凤凰镇、常熟市尚湖镇,南接锡山东港镇。红豆树坞以水蜜桃、花卉种植为特色产业;以田园风光为特色生态;以红豆文化、饮食文化为特色文化。2017年,聘请江苏省城市规划设计院、江苏省城市交通规划研究中心编制《江阴市顾山镇红豆树坞村特色田园乡村建设试点规划》,并制定建设清单,特别注重空间生态、基础设施、公共服务和特色产业的有机融合。充分展现村庄的自然地理和历史人文特征,民居建筑风格与村庄整体风格协调。展现“南涸相思处、世外桃花源”的特色田园乡村风貌。2018年,入选无锡市特色田园乡村首批试点。2019年,入选省级特色田园乡村第三批试点。2020年5月14日,江苏省特色田园乡村建设工作联席会议公布文件,红豆树坞入选省特色田园乡村。

【紫晶花海民宿获评省级主题创意农园】 该主题创意农园坐落于顾山镇新龚村,占地面积20公顷,于1995年创立,主要以果品和花卉生产为主营业务,分为果品种植区、花卉种植区、花海观赏区、农家休闲垂钓区4个区域。果品种植区以十余种水果的种植为主,如枇杷、火龙果、葡萄、梨、油桃、樱桃、桑葚、蓝莓、无花果等。花卉种植区主要种植四季草花、盆花、宿根等花卉及地被植物,占地面积5.33公顷。花海观赏区由多个花卉品种、颜色相互组合搭配,主要用于观赏、露营、婚纱摄影等。农家休闲垂钓区有2.67公顷原生态水面,规划建设休闲、垂钓、烧烤、花卉观赏、露营草坪等特色农家项目。自2018年以来,以“圆梦农旅”为主旨,为游客提供绿色水果采摘、花海欣赏、休闲垂钓、田园烧烤、果蔬种植体验、科普教育、滨水房车民宿、树林木屋、星空房等“圆梦”服务。2020年11月27日,江苏省农业厅公布2020年江苏省主题创意农园名单中,该园名列其中。

【“顾山扇子骨”入选省百道乡土地标菜】 作为江阴市级非物质文化遗产,“顾山扇子骨”因选料严格、配料考究、做工精细、火功适度而具独特的风味。相传古时候,在偶然的情况下,顾山人发现拆下猪腿扇子骨上的肉很嫩、很鲜,特别是经过腌制的扇子骨肉非常入味。经过历史的传承,腌制扇子骨工艺越来越讲究,流程也越发精当细致,“顾山扇子骨”的吃口别有一番风味,以色泽鲜明、肉质酥松、芳香四散、油而不腻著称;既可热吃,也可冷食,佐酒下饭皆宜,是馈赠亲友的佳品。

2020 年 9 月,由江苏省餐饮行业协会、江苏省休闲旅游农业协会等单位组成的评比中,“顾山扇子骨”成为江阴市唯一入围江苏省百道乡土地标菜的菜肴。

【顾山实验小学新校区启用】 2020 年 10 月 27 日,顾山实验小学正式启用。新校区位于顾山镇新镇区,府前西街南、英才西街北、福新路西、新沈路东。学校占地面积 5.33 公顷,总建筑面积约 38400 平方米。新校区以园林化、生态化、现代化、智慧化、特色化、人本化的理念和江苏省中小学智慧校园标准进行规划设计和建设,总规模为 10 轨 60 班,总投资超过 1.65 亿元。按功能分为教学、生活、运动、办公、共享文体、景观、种植等区域。新校区设施完备,功能分区科学合理,整体协调,动静分离,既方便联系又避免相互干扰,为师生营造网络化、信息化、个性化的智慧教育环境。

【市首个跨城乡教育集团揭牌成立】 2020 年 8 月 27 日,敔山湾实验学校教育集团成立大会在顾山中学举行。敔山湾实验学校,是城区一所办学时间虽短、但有着优秀教育质量和较高社会美誉度的优质学校。顾山中学,是市东大门的一所办学历史悠久、教育质量位居全市中上位次的乡镇强校。江阴市敔山湾实验学校与江阴市顾山中学以“协作型”方式组建成江阴市敔山湾实验学校教育集团,是江阴市成立的首个跨城乡模式的教育集团。标志着江阴市集团化办学在探索城乡义务教育优质均衡的路径上迈出坚实的第一步。 (陈金良)

祝塘镇

【概况】 祝塘镇是徐霞客的祖居地,为江阴“四大古镇”之一。位于江阴市东南,南北分别与无锡市区、江阴市区相距 20 千米,云顾、祝陆、祝璜、祝文公路在镇区交会,暨南大道和长山大道分别在镇域内过境 4.9 千米和 3.3 千米,锡华大河贯穿全境,是江阴东南地区重要的交通枢纽,拥有“江南名镇”“江南外贸第一镇”“中国针织服装名镇”“国家卫生镇”“全国环境优美镇”“全国中小城市生态实验区”“江苏省综合实力百强镇”等荣誉称号,是江苏省重点中心镇。区域面积 59.59 平方千米,耕地面积 2826.7 公顷,下辖 12 个行政村。2020 年年末,有户籍人口 59638 人,其中男性 30148 人、女性 29490 人;有少数民族 18 个 470 人,其中白族 3 人、布依族 49 人、藏族 1 人、朝鲜族 3 人、侗族 40 人、回族 11 人、黎族 2 人、傈僳族 2 人、满族 6 人、蒙古族 6 人、苗族 127 人、羌族 2 人、土家族 167 人、土族 2 人、瑶族 2 人、彝族 6 人、仡佬族 4 人、壮族 37 人。有外来人口 86028 人,其中男性 45147 人、女性 40881 人。

政治建设 深入学习贯彻中共十九届五中全会精神、市委十三届十次全体(扩大)会议精神,组织“三转一提”* 专题轮训班,培训干部 11 批 124 人次。组织 8 名村书记参加无锡市乡村振兴大学堂培训,选送“苗圃计划”首批党员参加村(社区)干部人才政治素养、能力素质“双提升”培训。根据中央和省市委的部署要求,指导全镇 12 个村党组织有序规范开展换届工作。全面落实村党组织书记“县乡共管”制度和村“两委”* 成员人选预审联审制度,严格按照“一村一册”“一人一档”要求,建立村级档案和村党组织书记档案。完成软弱涣散村级党组织永平村党总支整顿提升。认真落实“三会一课”*、组织生活会、民主评议党员等组织生活制度,全年开展 12 期主题党日活动,发放“政治生日”贺卡 3400 余张。推动非公企业党组织从“有形覆盖”到“有效覆盖”转变,新建 2 个非公企业党支部,12 个非公企业推行党员联职“1+N”制度*,163 名党员联系 1628 名职工。新增评定“暨阳红色先锋”五星级堡垒党支部 3 个、四星级 20 个、三星级 43 个,全镇 90% 以上的党支部达到三星级以上标准,江苏贝德服装集团有限公司第一党支部获评无锡市党支部标准化规范化建设示范点,北湾村党委获评无锡市村党组织“雁阵划”5A 级党组织。新增 62 户党员中心户,全镇党员中心户累计 171 户,联系党员 2719 人,覆盖村党组织党员比例 100%。疫情防控期间,全镇党员干部冲锋在前,448 名医护人员、1261 名志愿者投身防控工作,设立管控卡口 64 个,临时封堵道口 178 个,排摸并登记各类人员 9 万余人,集中医学观察 134 人,居家观察 5000 余人,调配 14.4 万余只口罩等防疫物资。疫情防控进入常态化后,按照“外防输入、内防反弹”的原则,严格落实防人、防物各项举措,抗击疫情取得阶段性胜利。江苏贝德集团向祝塘镇政府捐款 20 万元,助力抗击新型冠状病毒肺炎疫情。

经济建设 经济运行平稳。完成一般公共预算收入 6.58 亿元,比 2019 年下降 9.06%;完成工业总产值 396.14 亿元,比 2019 年增长 6.80%;完成规模以上工业产值 151.02 亿元,比 2019 年增长 0.38%;完成全社会固定资产投资 30.23 亿元,比 2019 年增长 7.89%,其中工业投入 20.57 亿元,比 2019 年增长 2.18%,服务业投资 9.36 亿元,比 2019 年增长 20.94%;完成自营进出口 4.91 亿美元,比 2019 年下降 20.38%,其中自营出口为 4.76 亿美元,比 2019 年下降 20.92%。转型升级步伐加快。坚持“产业强镇”战略不动摇,优彩环保资源科技股份有限公司成功上市,成为镇第一个境内主板上市的企业。高标准做好企业家转型发展专题学习研讨活动,年内赴深圳、上海、长沙等地开展招商活动 4 次,完成总投资 39.54 亿元的 13 项项目签约,全力保障总投资 51.3 亿元的 9 项在建项目建设;无锡市“十三五”能源发展重点项目华能燃机热电联产项目建成投运。全年为企业争取上级各类奖补资金 840.98 万元,兑现镇级各类奖励资金 279.61 万元。着力盘活土地资源,完成 0.65 公顷挂钩地块、9.3 公顷占补地块验收;拆旧复垦工作累计签约企业 137 个,建筑面积 17 万平方米,完成 13.31 公顷复垦任务。完成 70 公顷高标准农田建设,夏熟小麦、秋熟水稻丰产丰收,亩均产量分别为 327 公斤、658.08 公斤,1153.33 公顷绿色优质水稻基地被认定为省绿色优质农产品基地,生猪稳产保供目标任务完成。

社会建设 完成新申报高新技

术企业入库17个，通过13个、净增11个，超额完成目标任务2个；引进“暨阳英才计划”科技人才项目1项，创业领军人才1人；新增“专精特新”科技“小巨人”入库培育企业1个；新增江苏省“两化融合”贯标试点企业3个；新增研究中心10个；贝德服装被确定为江苏省职业技能等级认定机构。新增留学回国人才5人、高层次人才19人、柔性专家15人，江苏威特凯鸽业陈卫彬获评第二批江苏省乡土人才“三带”（带领技艺传承、带强产业发展、带动群众致富）新秀，常州大学副教授吕继东与江苏晟林科技有限公司合作，成功申报江苏省科技副总项目。完成引育科技和人才项目1项，公司执行董事、研发总工程师罗小松成功入选2020年江阴市“暨阳英才计划”新兴产业创新领军人才项目。成功申报江苏贝德为江苏省“职业技能等级认定机构”，并举办2期高技能人才培训与认定工作，认定高级工（缝纫工）53人。申报茂达棉纺厂为祝塘镇第二个江苏省“职业技能等级认定机构（纱工）”。投资1800万元，建筑面积4800平方米文林中心小学教学楼于10月开工建设，年内完成主体建设；投资3000万元，启动富昌幼儿园教学楼新建；开展教师素养提升工程，成立“炎黄”教育基金，发放教师节表彰奖励18.69万元，扎实推进校园安全工程，全镇中、高考再创佳绩。推进幼儿临时照护点关停和转建合格民办园工作，文林和湘幼儿园被评为江阴市普惠性幼儿园和无锡市优质幼儿园。广泛开展群众体育活动，举办第五届全澄欢乐跑徒步活动，镇健身气功队获江苏省健身气功网络比赛一等奖。大力开展爱国卫生运动，高标准做好“国家卫生镇”复审迎检工作，持续推进“健康细胞”工程、“厕所革命”。市五院获江苏省“防治卒中中心”称号，文林卫生院创建成“全国优质服务基层行（推荐版）”，家庭医生签约14200人。组织开展新时代文明实践活动738次，活跃志愿者87000人次，徐彩琴获评“江阴十佳好人”。深入开展全民阅读工程、文化惠民、非物质文化遗产文化展等活动，编印2期《筑塘》，新增5项500万元以上文化产业项目。无锡鹰贝公司向文林中心小学捐赠5万元图书，并建立“鹰贝”小书屋，助力当地教育。环西路和华昌路路口完成改造，400米西街延伸段及周边绿化完成新建，1千米人民北路完成改造。百丈桥完成扩建。投资180万元，新建4座高标准公厕于5月完成；石墨烯产业园配套工程于7月启动建设，年内完成总投资7100万元。完成660米建南路改造、350米大宅浜东路沥青路面升级改造、560米富康路和金庄路沥青路面提升改造、3千米环西路二期（暨南大道—祝璜路）提升改造、建筑面积4044平方米消防中队业务用房新建、1千米北前路改造、颜家桥改造；金昌路北段、名流路南段及文塘湾区域进行绿化提升改造、1.9千米新安路富庄路压力管改造和3号排水达标建设等10项项目。投资200万元，完成永昌工业园区和文林社区3号排水达标区建设；投资600万元，1.8千米环西路（北前路—祝璜路）污水压力管于11月完成改造；投资500万元，1.9千米新安路富庄路压力管于11月完成改造；液化天然气设施专项安全检查3次。深入开展农村人居环境综合整治，河湘村大龚家被评为无锡市美丽乡村示范村。加快五福村荡南、茂龙村黄家基142套农房翻建进程。2019年、2020年两年完成104个自然村村庄生活污水治理任务，实际开工建设113个。组织餐饮户进行燃气安全检查42次，检查餐饮户619户次，累计安装自闭阀389户，泄露报警器381个，安装率均超100%。完成21项大气污染防治工程，关停3个化工企业、25个“散乱污”企业、47个“厂中厂”企业，$PM_{2.5}$浓度比2019年下降21%，空气优良天数比率比2019年增长24%。深入推进“河长制”，制定《祝塘镇美丽河湖三年行动（2020—2022）的实施意见》，开展河湖“两违”*、“三乱”（乱占、乱建、乱排）专项整治，完成大宅浜、影剧院浜、宾馆浜等引流补水工程。进一步推进城镇精细化管理，开展“春雷行动”“百日攻坚”等行动，拆除各类违建约2.3万平方米，亭棚改造、摊位管控取得明显成效。全年提供就业岗位3800个，促进本地劳动力就业4372人，扶持自主创业237人，实名援助就业困难人员195人，新增城保扩面1778人、公积金扩面1064人，完成1609人被征地农民保障工作，稳步提高城乡居民基础养老金、被征地农民养老年龄段人员政府保养金、城乡居民基本医疗保险人均筹资标准。推进企业职工工资月薪制，调处各类劳动争议事件435件，立案6件，调处成功率98%，培育无锡市劳动保障诚信企业3个，治欠保支工作成效明显。定期开展“阳光扶贫”，全年发放各类帮扶济困经费1516.96万元，为全镇3349余名老年人提供居家养老援助服务，建成金庄村居家养老服务站，稳步推进村委会换届选举。开展“优秀退役军人”评选，率先成立“老兵故事宣讲团”，完成退役军人社保续接工作。全面巩固安全生产巡查及专项整治成果，统筹压实各专委会工作职责，依托中小微企业安全生产托管、“红黑榜”“红袖套”等创新制度，对群租房、“厂中厂”、小化工、食品安全等重难点方面及领域加强监管查处力度，全年立案65件，处罚金额170万元。政务服务村级延伸实现全覆盖，着力打造简约的“前台+后台”新机制，承接各类业务近4万件。完成市公共资源交易中心赋予的限额以下建设工程项目全流程电子化试点，42项项目进入镇公共资源交易中心招标，项目总额3098.64万元。全力推进专职网格员转隶工作，全年网格员发现并处理各类事件12564件，结案率99.84%，经指挥中心流转并办结事项7244件，办结率98.57%。建立健全扫黑除恶专项斗争长效机制，着力推进平安祝塘建设，祝塘派出所被表彰为全国公安机关执法示范单位。全年办理“12345”民生热线*诉求事项3623件，创建成无锡市“人民满意窗口”。通过“七五”普法终期评估验收，打造“学法客厅”“每周说法”“法律夜门诊”等学法阵地，推进“一站式矛盾纠纷多元化解中心”建设，调处各类社会矛盾纠纷事件620件。开展第七次全国人口普查，完成农村集体经济股份合作社登记赋码，持续推进“村企联建”、“三资”*管理、“两项”清理等工作。

2020 年祝塘镇主要经济社会指标一览表

表 94

指　标	单　位	数　量	比 2019 年增减(%)	指　标	单　位	数　量	比 2019 年增减(%)
地区生产总值	亿元	105.90	2	限额以上单位零售额	亿元	4.52	17.23
其中:第一产业	亿元	4.41	—	固定资产投资总额	亿元	30.23	7.89
第二产业	亿元	76.61	2.20	其中:工业投资	亿元	20.57	2.18
第三产业	亿元	24.88	1.50	进出口总额	亿美元	4.91	-20.38
一般公共预算收入	亿元	6.58	-9.06	其中:出口额	亿美元	4.76	-20.92
农业总产值	亿元	56034	1.11	到位注册外资	万美元	122	—
粮食总产量	万公斤	1550.80	-5.50	居民人均可支配收入	元	54524	4.60
工商业开票销售总收入	亿元	259.65	-8.70	中小学校在校学生数	人	9873	1.23
其中:工业开票销售收入	亿元	214.95	-9.82	社保参保率	%	100	0(百分点)
服务业开票销售收入	亿元	44.70	-2.88	劳动合同签订率	%	98	0(百分点)
规模以上工业利润总额	亿元	8.43	13.27	城乡居民基本医疗保险	%	100	0(百分点)

2020 年祝塘镇开票销售收入前 10 名企业一览表

表 95

名次	企业名称	销售收入(亿元)	法人代表	名次	企业名称	销售收入(亿元)	法人代表
1	江阴市恒润环锻有限公司	19.45	承立新	6	无锡林科服饰有限公司	3.60	周和兴
2	优彩环保资源科技股份有限公司	15.12	戴泽新	7	江苏采纳医疗科技有限公司	3.52	陆　军
3	江阴市百舸有色金属材料有限公司	12.07	徐宇清	8	江阴双马服饰有限公司	3.25	唐良君
4	江苏贝德服装集团有限公司	8.09	蒋忠伟	9	无锡鹰贝精密液压有限公司	3.22	王　东
5	江阴嘉澜服饰有限公司	4.17	朱　斌	10	江阴市文林利达布厂	2.59	包兴忠

2020 年祝塘镇各村(社区)基本情况一览表

表 96

村(社区)名称	户数(户)	人口(人)	村(社区)党支部(党总支、党委)书记	村(社区)主任	村(社区)开票销售收入(亿元)
建南村	1597	6018	王　良	王　良	53.25
金庄村	1923	7230	孔瑞用	孔瑞用	42.79
文林村	2039	6857	龚东良	龚东良	36.45
景阳村	1557	4883	沈岳虎	沈岳虎	26.10
永昌村	1231	4940	王　华	王　华	24.35
永平村	1325	5035	须晓华	须晓华	18.84
河湘村	1251	4463	龚　军	龚　军	17.15
北湾村	907	3114	王军伟	王军伟	16.28
富顺村	1564	5408	潘浩德	潘浩德	7.59
五福村	1410	4656	张星伟	张星伟	6.95
茂龙村	921	3490	陆　军	陆　军	5.90
石堰村	1021	3581	黄岳兵	黄岳兵	3.37

【“优彩资源”在深交所上市】 优彩环保资源科技股份有限公司成立于2003年，专注于涤纶纤维及其制品的研发、生产、销售，企业拥有再生有色功能性复合型聚酯纤维12条生产线，每年可循环再生利用废旧聚酯纺织品15万吨，是首批取得中国化学纤维工业协会、纺织化纤产品开发中心颁发的“绿色纤维认证证书”的企业之一。作为国家再生有色纤维新材料研发生产基地，公司建有“江苏省PET和纳米材料复合型纤维工程技术研究中心”“中国工程院俞建勇院士工作站”，成功主导制定3项协会标准，并参加科技部“十三五”重点研发计划——“再生聚酯纤维高效制备技术”项目，多项技术打破国外垄断，多种产品填补国内外空白。至2019年，公司销售收入18.56亿元，净入库税收5867万元。2020年9月25日，优彩公司在深圳证券交易所中小板上市，成为“江阴板块”第52位成员。“优彩资源”股票代码为002998，发行价为每股5.85元，该次公开发行股票数量为8159.96万股。

【祝塘镇获评年度优秀服装供应链产业基地】 纺织服装产业是祝塘镇的重点产业，服装企业在全镇经济的关键一环中发挥着重要作用。自2018年以来，祝塘镇坚持为企业发展提供精准服务，提振企业发展信心，抓住转型机遇，大力实施人才战略、品牌战略、创新驱动战略，集合优秀企业家和专家的智慧为企业发展谋心谋力，推动服装行业持续健康发展。2020年7月，全国服装物流与供应链行业年会在上海召开。会议由中国物流与采购联合会主办，中国物流与采购联合会服装物流分会承办。在该年会上，祝塘镇获评2020年度优秀服装供应链产业基地。

【文林村侨务进“三区”工作通过评审】 自2016年以来，文林村积极申报创建全国“侨务进社区”示范点，成功打造社区“侨务之家”——侨馨园，并按照“标准化设计、个性化布局”的思路，建成面积1000多平方米的侨务活动室。为进一步完善活动功能，侨馨园还增设电脑上网室、图书阅览室、棋牌活动室、康复锻炼室、书画展览室、侨胞议事站等区域，常年为广大侨界人士免费开放，真正做到“以活动促交流、以阵地促品牌”。2016年12月，文林村获“江苏省社区侨务示范单位”称号。2020年9月22日，省委统战部第三评审组一行对祝塘镇文林村侨务进“三区”（进社区、进园区、进校区）工作进行考察评审。通过实地察看、听取汇报，评审组一行对该项工作取得的成绩给予充分肯定。

【东方口琴博物馆开馆】 2020年8月15日，坐落于祝塘镇的江苏惠文文化发展有限公司创建的东方口琴博物馆举行开馆典礼。江阴市委常委、宣传部部长程政，江阴市文体广电和旅游局局长周晓虹，中国大众音乐协会口琴专业委员会会长白燕生，中国乐器协会口琴专业委员会会长周伟义，以及镇村有关领导共同出席开馆典礼。祝塘镇党委书记王凯、中国大众音乐协会秘书长于玲玲先后为开馆典礼致贺词。东方口琴博物馆的落成开馆，有利于口琴文化更远更广地推广。该博物馆建筑面积1200平方米，总投资1100多万元，馆藏口琴实物超3000余件，并拥有各个时期口琴书籍、报刊、音像制品等2000余件。

【祝塘镇4项重大产业项目集中开工】 2020年6月10日，祝塘镇举行总投资14.68亿元的4项重大产业项目集中开工仪式。此次集中开工的4项重大产业项目分别为汉思雅纺织高档医疗用品、圣澜实业智慧工厂、北控地产翰棠华筑、东禾置业现代生活广场。汉思雅纺织高档医疗用品项目建成后，将形成年产700万条高档医疗康复用品及1200万条医用高档充气悬浮翻身床单和500万个医用止滑靠垫的生产能力；圣澜实业智慧工厂项目建成后，将形成年产218台（套）制药、食品、化工机械和500万套校服的生产能力；北控地产翰棠华筑将着力打造成包含多高层住宅、沿街商业、物业配套及地下车库为一体的高档住宅社区，项目位于祝塘镇纵三路东、环北路南、环东路西、镇北路北侧，总投资约6亿元，用地面积3.87万平方米，总建筑面积9.18万平方米；东禾置业现代生活广场项目位于祝塘镇香草花苑东侧、纵二路西侧、镇北路北侧、华舜雅园南侧，总投资5亿元，用地面积1.72万平方米，建筑总面积约3.5万平方米，为现代生活商业综合体。这4项项目涵盖产业转型升级、民生质量改善等领域，投资总量大、支撑作用强、综合效益高，对祝塘加快调整产业结构、优化产业布局、提升产业水平、提高群众生活品质，具有重要的推动作用。

【市五院创建二级甲等综合医院】 江阴市第五人民医院是澄东南片区域性医疗卫生中心，拥有主任医师1人、副高职称人员28人，市级专家组成员5人，学科带头人8人，市级专科护士十余人。普外科、康复科、妇产科相继创建成无锡市重点专科。普外科在做精原有三级手术的同时，开展肠癌根治腹腔镜手术和保胆手术内镜下治疗、经腹腔镜、胆道镜复发性胆总管探查术等新项目，妇产科新开展全子宫加输卵管内镜下切除等手术，麻醉科开设疼痛科，内科抢救重危病人能力进一步加强，儿科业务发展迅速，在周边享有盛誉，放射科开设磁共振，中医科开设中医妇科、高血压科、皮肤科，成立名中医“姚立丹工作室”“沈伟生名医工作室”“刘鹏飞名医工作室”等。完成无锡市科研立项3项，江阴市立项3项，发表SCI论文1篇，核心期刊论文10余篇，成功承办市级继续项目10余项，建成实习基地1个，完成对护理、影像专业实习生的带教任务，并按照现代化医院建设要求，深化改革、创新驱动，人才、技术、设备、科研、专科、管理以及创新能力等方面取得成果。2020年1月15日，市五院通过等级医院评审，创建二级甲等综合医院。

【“苏威1号肉鸽”配套系审定育种场通过现场测试】 江苏威特凯鸽业有限公司成立于2001年，公司占地面积20公顷，建筑面积6.5万平方米，存栏各类生产种鸽17.5万对，涵盖十余种品种，为全国最大的鸽业企业之一。公司总经理陈卫彬作为第一完成人，承担20多项国家和省市级科技研发、农业产业化项目，牵头制定3项江苏省信鸽标准、

2 项江阴市地方标准,参与出版多部养鸽科普书籍。2020 年 8 月 28 日,国家畜禽遗传资源委员会办公室组织杨宁、陈继兰等 5 名行业专家到该公司育种场现场考察配套系各纯系饲养情况。专家组一行深入现场,详细了解"苏威 1 号肉鸽"配套系育种群情况,并抽测其品系体重、体尺及蛋重。"苏威 1 号肉鸽"配套系是由该公司和江苏省家禽科学研究所共同培育的父母代繁殖力高和商品代生长速度快、均匀度好的三系配套系。父母代体型大,头圆颈粗,胸肌发达,全身羽毛白色。公鸽成年体重 625 克 ~ 740 克,母鸽成年体重 560 克 ~ 680 克。年产蛋数 19 ~ 21 个,年产乳鸽数 16 只 ~ 18 只。28 天乳鸽平均体重 570 克。同时,专家组还现场抽取 3 种品系的公鸽、母鸽各 3 只(计 18 只),对他们的脚环号进行系谱查询。专家组在分析测试结果后一致认为,该育种现场测试结果符合畜禽新品种配套系审定和遗传资源鉴定办法的要求。

【10 项重点项目落户祝塘】 2020 年 10 月 16 日,祝塘镇举行经贸合作洽谈会暨重点项目签约仪式。镇全体党政领导,相关企业代表,有关驻镇单位和镇机关相关部门负责人,各村书记等参加。签约仪式上,总投资 5.38 亿元的 12 兆瓦海上风电机组用大型精加工锻件项目、总投资 4.88 亿元的新型功能型复合低熔点纤维技改项目、总投资 2.5 亿元的粉末冶金高端零部件项目、总投资 2.08 亿元的医疗器械智能化技改项目等 10 项项目成功签约,项目总投资 26.04 亿元。仪式上,江阴市恒润环锻有限公司承立新、江苏采纳医疗科技有限公司陆军、优彩环保资源科技股份有限公司戴泽新、江阴双马服饰有限公司唐良君、微利百家公司孙中华和上海泰禾集团田晓宏等 6 名企业家受聘为祝塘镇招商顾问。

【五福村荡南新农村建设项目开工】 2018 年以来,祝塘镇按照全市统一部署,在五福村、茂龙村启动农村房屋建设试点,按照"集聚提升、融入城镇、特色保护、搬迁撤并"的思路,通过"政策延续、规划引导、分类施策、先急后缓"的办法,稳步有序推进农村住房建设管理工作。2020 年 3 月 28 日,五福村荡南新农村建设项目举行开工仪式。该项目位于祝塘镇南部地区,全村有 100 余户,自然村村域面积约 6.67 公顷。五福村荡南新农村建设项目将围绕危房改造、生态修复、产业发展"三步走",切实改善群众居住条件,提升农村人居环境质量,立足长远规划发展。该次开工仪式是五福村的新起点,也是祝塘新农村建设农房翻建的新起点。

【镇辖区 18 个"学法客厅"建成开放】 作为 2020 年度祝塘镇政府和江阴市司法局重点打造的司法行政惠民实事工程,11 月,祝塘镇辖区 18 个"学法客厅"正式建成开放,成为全镇居民学法的好去处。"学法客厅"依托各村"党员中心户"、"法律明白人"家庭和若干公益场所打造设立,在全镇 12 个村精选 1 户至 2 户有条件的家庭实施试点建设。通过在村民家庭(包括合适公益场所)建设小型阅览室,配置学习桌椅和法律小书柜,放置相关法律图书,布置法治文化背景墙、公示学法二维码、悬挂"学法客厅"书法镜框等内容展示和营造法治文化书香氛围,并由党员"法律明白人"作为专门的管理服务人员负责客厅日常运行,为来访学客进行法律知识咨询、学习提供便利。

【祝塘镇服装行业工会联合会成立】 2020 年 11 月 23 日,祝塘镇召开服装行业工会联合会第一次代表大会,宣告全镇服装行业工会联合会成立,并选举产生祝塘镇服装行业工会联合会第一届代表大会委员和第一届经费审查委员会委员。沈艳担任祝塘镇服装行业工会联合会主席,张健、颜芳君、魏富会 3 名担任祝塘镇服装行业工会联合会副主席,周惠兴担任经费审查委员会主任,孔锡英担任女职工委员会主任。祝塘镇服装行业工会联合会的成立,为祝塘镇服装行业推进职工民主化管理、构建和谐劳动关系、推动行业健康良性发展发挥积极作用。

【祝塘镇机关档案室通过省四星级档案室复查验收】 自 2005 年祝塘镇机关综合档案室通过省四星级档案室验收以来,2010 年、2015 年,均通过省四星级复查。2018 年以后,全镇档案工作按照规范化、科学化的要求,加强组织领导,加大资金投入,健全管理网络,完善管理制度,重视档案管理基础设施和信息化建设,狠抓档案资料的收集整理,不断提高档案管理人员素质,档案管理水平逐年得到新发展、新提升。2020 年 12 月 9 日,无锡市档案史志馆等专家组成员一行到祝塘镇对省四星级档案室建设工作进行现场复查验收。该次复查验收采用现场检查、实地考察、综合评议的方式,对镇档案工作进行全方面测评。评审组一致认为,祝塘镇高度重视档案工作,组织领导有方,管理体系健全,基础工作扎实规范,编研材料丰富翔实,信息化建设成效显著,开发利用业绩突出,完全符合《江苏省机关团体企事业单位档案工作规范》四星级标准要求。

【《众志成城——祝塘镇文联抗击新冠疫情诗词辑录》刊印】 2020 年 11 月,由祝塘镇文联组织编辑的《众志成城——祝塘镇文联抗击新冠疫情诗词辑录》刊印。该诗词集收录镇文联文学协会成员余振民、翟顺云、孔仰山、姚毓青、苏钧天等多名诗词爱好者创作的 300 余首诗词,体格上既有绝句、律诗等近体诗,又有词作以及现代诗作等,内容上反映 2020 年在防控新冠肺炎疫情期间,举国上下众志成城,合力抗击疫情的伟大斗争。 (沈伟星)

■类目编辑 纪晓华

组织机构和领导人员名录

市级机构

中共江阴市委

书　　记　王进健（至7月）
　　　　　许　峰（7月任）
副 书 记　蔡叶明（至10月）
　　　　　包　鸣（10月任）
　　　　　袁秋中
常　　委　计　军
　　　　　吴　芳（女）
　　　　　陈兴华
　　　　　费　平（至11月）
　　　　　邵文松
　　　　　程　政
　　　　　尹　平
　　　　　靳佳高
　　　　　赵　强（12月任）
　　　　　黄　宇（12月任）
　　　　　姜　锵（12月任，挂职）

江阴市人大常委会（党组）

主　　任　孙小虎
副 主 任　唐仲贤（至5月）
　　　　　龚振东（至5月）
　　　　　朱　敏
　　　　　黄耀清（至5月）
　　　　　赵巧新（5月任）
　　　　　张光伟（5月任）
　　　　　吴国忠（5月任）
党组书记　孙小虎
副 书 记　唐仲贤（至5月）
　　　　　朱　敏（5月任）

江阴市人民政府（党组）

市　　长　蔡叶明（至10月）
代 市 长　包　鸣（10月任）
副 市 长　费　平（至11月）
　　　　　赵　强
　　　　　姜　锵（12月任，挂职）
　　　　　虞卫才
　　　　　郁秋皓
　　　　　张国兴
　　　　　张韶峰
　　　　　许　晨（女）
　　　　　王庆春
　　　　　许迎春（挂职）
　　　　　顾文浩
　　　　　孙协军（4月任，至10月，挂职）
党组书记　蔡叶明（至11月）
　　　　　包　鸣（11月任）
副 书 记　费　平（至11月）
　　　　　赵　强（12月任）

政协江阴市委员会（党组）

主　　席　徐冬青
副 主 席　韩　民
　　　　　张英毅
　　　　　喻伟力
　　　　　陈兴初
　　　　　张晓东
党组书记　徐冬青
副 书 记　韩　民

中共江阴市纪律检查委员会

书　　记　靳佳高
副 书 记　朱佳虎
　　　　　陆　欣
常　　委　冯　涛（赴睢宁工作）
　　　　　高振华
　　　　　刘　敏（女）
　　　　　丁宏斌

江阴市监察委员会

主　　任　靳佳高
副 主 任　朱佳虎
　　　　　陆　欣
委　　员　高振华
　　　　　丁宏斌
　　　　　周　巍
　　　　　殷天锡

市委巡察工作办公室、市委巡察组

市委巡察工作办公室
主　　任　冯　涛（赴睢宁工作）
副 主 任　董克伟
　　　　　钱东昕
市委第一巡察组
组　　长　袁金英（女）
副 组 长　沙雪蓉（女）

刘丽渊(女)

市委第二巡察组

组　　长　王　青

副 组 长　沈国庆

王霁霞(女)

石京东

市委第三巡察组

组　　长　夏宏伟

副 组 长　李　亚(女)

吴智勇

市委第四巡察组

组　　长　钱丽英(女)

副 组 长　黄永平

李　伟

市纪委派驻纪检监察组

派驻第一纪检监察组

组　　长　倪涛峰

派驻第二纪检监察组

组　　长　吴燕萍(女)

派驻第三纪检监察组

组　　长　吴　灏(女,至11月)

刘　莉(女,11月任)

派驻第四纪检监察组

组　　长　张新东

派驻第五纪检监察组

组　　长　张　磊

派驻第六纪检监察组

组　　长　陈建国

派驻第七纪检监察组

组　　长　陆　慧

派驻第八纪检监察组

组　　长　李国忠

派驻第九纪检监察组

组　　长　韩映红(女)

市委办公室

主　　任　郭　诚

副 主 任　张　伟

唐晓峰

石效民

邓国平(兼)

朱学民(女)

林贤青(女)

王　熹(至11月)

徐喜洪

刁　衍

市委全面深化改革委员会办公室

副 主 任　刁　衍(兼)

徐　卓(至4月,挂职)

市委研究室

主　　任　石效民(兼)

副 主 任　袁建明(11月任)

市委机要局

局　　长　唐晓峰(兼)

市委组织部

部　　长　邵文松

常务副部长　谢映军

副 部 长　王建新(兼)

马忠洪(赴新疆工作)

冯明刚

周　麒(12月任)

部务委员　周　麒

任　洁(女)

盛　达

市考核工作委员会办公室

副 主 任　宗　泽

市委非公有制企业和社会组织工作委员会

书　　记　马忠洪(赴新疆工作)

副 书 记　范　荣(至3月)

蔡晓华(至4月)

市委市级机关工作委员会

副 书 记　沈晓锋

市公务员局

局　　长　冯明刚

副 局 长　冯祥松

市委宣传部

部　　长　程　政

常务副部长　薛建国

副 部 长　吴　燕(女)

姜　浩

部务委员　曹　琰(女)

文明办主任　薛建国

副 主 任　余益平

市委网络安全和信息化委员会办公室

主　　任　吴　燕(女)

副 主 任　王　健(11月任)

市委统战部

部　　长　袁秋中

常务副部长　汤建影

副 部 长　陈雪源(兼)

蔡　欣(至11月)

周　琛(12月任)

吴家湘

潘少峰

王　熹(11月任)

部务委员　汪小琳(女)

程　晔

市委台湾工作办公室

主　　任　吴家湘(兼)

副 主 任　周　东

陈剑雄

市民族宗教事务局

局　　长　潘少峰

副 局 长　李　放

市人民政府侨务办公室

主　　任　蔡　欣(至11月)

王　熹(11月任)

市委政法委员会

书　　记　吴　芳(女)

常务副书记　顾培植(至11月)

徐　勇(11月任)

副 书 记　王庆春(兼)

沈　军(兼)

梅　强(至3月,无锡派挂)

许　伟(3月任,无锡派挂)

袁春霞(女)

市委机构编制委员会办公室

主　　任　张志浩

副 主 任　张　华

邓秀琴(女)

张　勇

市事业单位登记管理局

副 局 长　赵蓓蓓(女)

市委老干部局(市委离退休干部工委)

局　　长　王建新

副 局 长　薛　卫

孙　渊

市委离退休干部工委

书　　记　王建新

副 书 记　卞国忠

市人大常委会办公室

主　　任　梅海荣

副 主 任　李华兴

陆云峰

市人大常委会各工作委员会

内务司法工委

主　　任　徐　斌

副 主 任　李　兵
财政经济工委
主　　任　黄立新(女)
副 主 任　陈晓平
环境资源城乡建设工委
主　　任　徐志伟
副 主 任　缪宇强
教科文卫工委
主　　任　高小乒(女)
副 主 任　赵　东
人事代表联络工委
主　　任　徐　强(女)
　　　　　熊　黠(女,12 月任)
副 主 任　熊　黠(女)
农业农村工委
主　　任　陈　骏
副 主 任　唐　微(女)

市人民政府办公室(党组)

主　　任　魏　锋
副 主 任　刘晓军
　　　　　徐韶润
　　　　　顾行行(至 11 月)
　　　　　池　永
　　　　　刘益锋
　　　　　吴芸芸(女)
　　　　　徐慧南
党组书记　魏　锋
　　　　　仇　丰(12 月任)
市人民政府外事办公室
副 主 任　吴芸芸(女,兼)

市发展和改革委员会(党组)

主　　任　陈卫东
副 主 任　韩　俊(3 月任)
　　　　　陈　华
　　　　　张　虎
　　　　　门开阳
　　　　　徐文山
　　　　　项　勇
党组书记　陈卫东
　　　　　魏　锋(12 月任)

市教育局(党委)

局　　长　徐前锋
副 局 长　周雯虹(女)
　　　　　王　健(至 11 月)
　　　　　邹凤翔(女)
　　　　　姚　斌
　　　　　陆振华(11 月任)
党委书记　徐前锋
副 书 记　周雯虹(女)
市委教育工作委员会
书　　记　徐前锋
副 书 记　周雯虹(女)
　　　　　王　健(至 11 月)
市人民政府教育督导室
主　　任　王　健(至 11 月)
副 主 任　刘　开

市科学技术局(党组)

局　　长　周　琛
副 局 长　浦　强
　　　　　汪运志
　　　　　刘小微
党组书记　周　琛
　　　　　徐　飞(12 月任)
副 书 记　浦　强

市工业和信息化局(党委)

主　　任　王利峰
副 主 任　肖朱东
　　　　　邬海江(3 月任)
　　　　　陆正宇
　　　　　刘建军
　　　　　俞卫东
　　　　　胡光远
　　　　　谈海燕(女)
党委书记　王利峰
　　　　　季　震(12 月任)
副 书 记　肖朱东
　　　　　邬海江(3 月任)
市地方金融监督管理局
局　　长　胡光远(兼)
副 局 长　谈海燕(女,兼)

市公安局(党委)

局　　长　王庆春
副 局 长　赵　敏
　　　　　卢　刚
　　　　　杨　勇
　　　　　陆林东
　　　　　叶　青(11 月任)
党委书记　王庆春
政　　委　严会东
副 书 记　严会东
　　　　　卢　刚
政治处主任　朱福顺

市民政局(党委)

局　　长　顾洪伟
副 局 长　陈晓东
　　　　　许海英(女)
　　　　　吴春华(女)
党委书记　顾洪伟
副 书 记　陈晓东

市司法局(党组)

局　　长　万小溪
副 局 长　陈卫宏
　　　　　彭松波
　　　　　唐卫娟(女)
　　　　　梅士强
党组书记　万小溪
　　　　　蒋万春(12 月任)
市委全面依法治市委员会办公室
副 主 任　陈卫宏(兼)

市财政局(党组)

局　　长　张少波
副 局 长　张海红
　　　　　陈正华
　　　　　王　辉
　　　　　张海霞(女)
　　　　　赵晓平
党组书记　张少波
党组副书记　陈明波

市人力资源和社会保障局(党委)

局　　长　王光华
副 局 长　施晔新(女)
　　　　　赵勇兵(至 11 月)
　　　　　王力伟
党委书记　王光华

市自然资源和规划局(党委)

局　　长　翟　菁
副 局 长　张　斐
　　　　　赵晓敏(女)
　　　　　吴　勇
　　　　　唐文忆
　　　　　陈　江(女)
　　　　　那中兴
　　　　　张　旻
　　　　　朱　炜(至 4 月)
　　　　　朱惠龙
　　　　　陆　勇

党委书记　翟　菁
副 书 记　张　斐
　　　　　赵晓敏(女)
市林业局
局　　长　翟　菁(兼)

市住房和城乡建设局(党委)

局　　长　严军明
副 局 长　陈　斌
　　　　　洪朝晖
　　　　　计慧红(女)
　　　　　陈　林
　　　　　朱念东
　　　　　陈君平
　　　　　邵　骥
　　　　　张　悦(女)
　　　　　张　平
　　　　　陶卫凯
党委书记　严军明
副 书 记　陈　斌
市人民防空办公室
副 主 任　计慧红(女,兼)

市公用事业管理局(党委)

局　　长　陈国君
副 局 长　吴群力
　　　　　黄勇锋
　　　　　沈天星
　　　　　潘　江
党委书记　陈国君
副 书 记　吴群力

市城市综合管理局(党委)

局　　长　沈　军
副 局 长　姚剑刚
　　　　　吴子东
　　　　　吴　新
　　　　　陈　开
党委书记　沈　军
副 书 记　姚剑刚

市交通运输局(党委)

局　　长　缪　慧
副 局 长　毛　亚(女)
　　　　　沈　平
　　　　　傅士才
　　　　　邱明玉
　　　　　华　明
　　　　　钟　卿
党委书记　缪　慧
副 书 记　毛　亚(女)

市水利局(党委)

局　　长　傅建荣
副 局 长　席卫平
　　　　　陈转兰(女)
　　　　　孙明丰
总工程师　范　斌
党委书记　傅建荣
副 书 记　席卫平

市农业农村局(党委)

局　　长　胡品洪
副 局 长　龚定娟(女)
　　　　　张金龙
　　　　　舒建华
　　　　　胡振芳
　　　　　张雪峰
党委书记　胡品洪
　　　　　万小溪(12月任)
副 书 记　龚定娟(女)
　　　　　杨　峰(12月任)
市委农村工作领导小组办公室
副 主 任　杨　峰(12月任)

市商务局(党委)

局　　长　查建标
副 局 长　钱　彪
　　　　　王　吉
　　　　　时　平
党委书记　查建标
　　　　　六　扬(女,12月任)
副 书 记　钱　彪
市口岸办公室
副 主 任　谭荣伟

市文体广电和旅游局(党委)

局　　长　周晓虹(女)
副 局 长　楚海芹(女)
　　　　　张　健
　　　　　吴有为
　　　　　李克雨(女)
党委书记　周晓虹(女)

市卫生健康委员会(党委)

主　　任　谈海平
副 主 任　范　荣(3月任)
　　　　　顾敏华(女)
　　　　　蒋玉军
　　　　　顾李忠
　　　　　高　恒
党委书记　谈海平
副 书 记　范　荣(3月任)

市退役军人事务局(党组)

局　　长　宦雪忠
副 局 长　洪向宇(女)
　　　　　刘仁富
党组书记　宦雪忠

市应急管理局(党组)

局　　长　朱孝兵
　　　　　顾行行(12月任)
副 局 长　郁海江(至3月)
　　　　　朱　伟
　　　　　马　凯
　　　　　包凯凯(12月任)
　　　　　孙　博
　　　　　刘东来
总工程师　朱晓君(11月任)
党组书记　朱孝兵(至11月)
　　　　　顾行行(11月任)
市安全生产委员会办公室
副 主 任　徐　卓(4月任)

市审计局(党组)

局　　长　许忠新
副 局 长　顾国平
　　　　　李　焱(女)
　　　　　潘银龙
　　　　　顾　敏(女)
党组书记　许忠新

市行政审批局(党委)

局　　长　仇　丰
副 局 长　周正洪
　　　　　刘忠明
　　　　　王旭东
党委书记　仇　丰
　　　　　江国虔(12月任)
市政务服务管理办公室
副 主 任　周　勤(女,11月任)

市市场监督管理局(党委)

局　　长　陈俊虎
副 局 长　易海红(女)
　　　　　潘文伟
　　　　　黄新栋
　　　　　施丽娟(女)
　　　　　缪志东

陈光亚(女)
党委书记　陈俊虎
潘文伟(12月任)
市知识产权局
副局长　陈光亚(女,兼)

市统计局(党组)

局长　夏建辉
副局长　季克军
倪秋萍(女)
总统计师　谢红伟
党组书记　夏建辉

市医疗保障局(党组)

局长　胡莹洁(女)
副局长　吴敏(女)
夏晓
党组书记　胡莹洁(女)

市信访局

局长　邓国平
副局长　蔡忠逸
胡丹(女)
苏晓华(女,12月任)

江阴高新技术产业开发区(党工委、纪工委)

党工委书记　王进健(至7月)
许峰(7月任)
副书记　蔡叶明(至10月)
陈兴华(主持日常工作)
主任　蔡叶明(至10月)
副主任　陈兴华
陶正贤
赵志军
赵炯
杭成
人大常委会高新区工作委员会
主任　曹乐平
党政办公室
主任　徐岳明
副主任　陈海叶(女)
周翀
党群工作部
部长　柳蔚(女)
副部长　俞晓峰
张燕(女)
缪海龙
招商局
局长　陈勇奇
副局长　缪恒彬
王寅(12月任)
洪云锋(12月任)
经济发展局
局长　曹雪刚(至4月)
张晓华(12月任)
副局长　张晓华
承晓华
许磊(女)
科学技术局
局长　徐飞
副局长　秦伟
李强
财政局
局长　周铁
副局长　黄志峰
陈笑(女)
袁洪杰
规划建设局
局长　林琪
副局长　吕道锋
刘明波
薛莲(女)
社会事业局
局长　严伟荣
副局长　许玲(女)
李强
行政审批局
局长　孙企华
副局长　周建峰
陈栋辉
董录科
综合执法局
局长　沈斌
副局长　单晓宁(兼)
王峰
蒿玉中
王红星(12月任)
纪工委
书记　郁李达
副书记　吴艳阳(女)
监察局
局长　吴艳阳(女,兼)
副局长　陆枫
王灿(12月任)
财政国库集中收付中心
主任　顾霞(女)

城东街道党工委

党工委书记　李满刚
副书记　单晓宁(至11月)
周建峰
人大工委
主任　刘平华
办事处
主任　单晓宁(至11月)
副主任　邱振叶(女)
许玲(女)

江阴高新技术创业园管委会

主任　夏天华
副主任　顾芳(女)
薛红燕(女)
阮波
严芳(女)

江阴高新区青阳工业园区(党委、纪委)

党委书记　陈炜
副书记　钱建清(赴睢宁挂职)
主任　葛燕峰
副主任　陈斌
陶琦
王锋
纪委书记　金童童(女)
财政和资产管理局
局长　何欣(女)
经济发展局
局长　李国建
规划建设局
局长　丁正方
招商局
局长　王翔

江阴临港经济开发区(党工委、纪工委)

主任　计军
党工委
副书记　计军
尹志华(赴陕西工作)
方枫云
副主任　尹志华(赴陕西工作)
严建定
顾志强(5月任)
江城(5月任)
陈卫东(12月任)

纪工委
书　　记　卢澄晓(女)
　　　　　方枫云(12月任)
副书记　戴士良
人大常委会临港经济开发区工作委员会
主　　任　朱节文
党政办公室
主　　任　徐剑锋
副主任　奚　涛
　　　　　龚　翼
党群工作部
部　　长　时军文
副部长　李啸天
　　　　　范春燕(女)
　　　　　包旗胜(12月任)
监察局
局　　长　戴士良
财政局
局　　长　吕中立
副局长　侯骥菁
　　　　　华　炯(女)
经济发展局
局　　长　许　伟
副局长　韩　俊(至3月)
　　　　　王生虎(赴新疆工作)
　　　　　王　剑
招商局
局　　长　邵红良
副局长　王　嵘
规划建设局
局　　长　缪建伟
副局长　黄　海
　　　　　陈　云
　　　　　殷屇荣
港口发展局
局　　长　陈海峰
副局长　仰炯豪
　　　　　顾文俊
社会事业局
局　　长　周　青
副局长　刘光旭
行政审批局
局　　长　汤振伟
副局长　沈　平
综合执法局
局　　长　吴　钢
副局长　俞　晖
江阴综合保税区管理局
副局长　徐健锋(主持工作)
　　　　　陈　华(女)
　　　　　何洪滨

江阴临港经济开发区下属事业单位

金属新材料产业园管委会
党委书记　季　震(兼)
　　　　　徐洪伟(兼,12月任)
副书记　周　英(女)
主　　任　周　英(女)
副主任　吴华峰
　　　　　钱海英(女)
　　　　　张春梅(女)
新能源产业园管委会
党委书记　叶海舟(兼)
副书记　李罗娜(女)
主　　任　李罗娜(女)
副主任　孙惠峰(至3月)
　　　　　俞冠军
　　　　　李　倩(女)
　　　　　陈　华(女)
机械装备产业园管委会
党委书记　江　城(兼,至11月)
　　　　　陈　奕(女,兼,11月任)
副书记　曹　鸣
主　　任　曹　鸣
副主任　朱昊辉
　　　　　徐坚雯(女)
　　　　　华科锋
石化新材料产业园管委会
党委书记　谢　挺(兼)
副书记　李　昀
主　　任　李　昀
副主任　赵雄伟
　　　　　曹　波
　　　　　沈　雷
长江港口综合物流园区管委会
主　　任　徐建栋
副主任　韩林华
　　　　　张剑江
　　　　　周　燕(女)
财政国库集中收付中心
主　　任　徐　雁(女)

靖江园区(党委、纪委)

书　　记　赵巧新(至5月)
　　　　　杭　成(5月任)
主　　任　梁英航(至11月)
　　　　　吴晓东(11月任)
副书记　梁英航(至11月)
　　　　　吴晓东(11月任)
　　　　　孙明江
纪委书记　孙明江
副主任　章　军
　　　　　徐宇锋
　　　　　张文向
　　　　　于景峰(赴新疆工作)
办公室主任　马建民
招商局
局　　长　张文俊
经济发展局
局　　长　刘　铭
财政局
局　　长　刘海良
规划建设局
局　　长　沈　强
港口事务局
局　　长　金柏伟

市政协办公室

主　　任　黄林法(至4月)
　　　　　邹鹏辉(4月任)
副主任　陆　雁(女,至5月)
　　　　　陈　健(至4月)
　　　　　袁建明(4月任)
政协研究室
主　　任　瞿江烨(女)

市政协专门委员会

学习文史委员会
主　　任　邹鹏辉(至4月)
副主任　陈　健(4月任)
提案委员会
主　　任　郁志刚
经济科技委员会
主　　任　薛德网
社会法制与海外联络委员会
主　　任　吕　涛
教文卫体委员会
主　　任　缪剑波
城镇建设与环境保护委员会
副主任　陆　雁(女,5月任)

市法院(党组)

院　　长　徐振华(5月任)
代理院长　徐振华(至5月)
副院长　夏明丰
　　　　　王新达

陈忠宇
朱行军
党组书记　徐振华
党组副书记　夏明丰
政治处主任　陶晓东

市检察院(党组)

检察长　胡洪平
副检察长　赵建新
朱彩娟(女)
诸梦莺(女)
党组书记　胡洪平
党组副书记　赵建新
政治处主任　缪红雄

市工商联(党组)

主　席　周　江(兼)
副主席　陈雪源
金锡妹(女)
赵雁军(赴新疆工作)
党组书记　陈雪源
党组副书记　刘志伟(12月任)

市总工会(党组)

主　席　张　忠
副主席　胡荣华(赴新疆工作)
张红霞(女)
张　艳(女)
赵云飞
曾昭平(至1月,挂职)
党组书记　张　忠

团市委(党组)

书　记　居　琳(女,赴无锡挂职)
副书记　吴泽昱
石子朝
周佳能(12月任)
党组书记　居　琳(女,赴无锡挂职)

市妇女联合会(党组)

主　席　王　馥(女)
副主席　佘晓萍(女)
曹玲洁(女)
党组书记　王　馥(女)

市科学技术协会(党组)

主　席　孔晓燕(女)
副主席　杨红波(女)
沈小狮
党组书记　孔晓燕(女)

市归侨侨眷联合会(党组)

主　席　曹建峰
副主席　苏曦泓
党组书记　曹建峰

市文学艺术界联合会(党组)

党组书记　吴海英(女)
唐晓峰(12月任)
主　席　钱　晴(女)
副主席　周林海
陈　亮(12月任)

市残疾人联合会(党组)

主　席　虞卫才(兼)
副主席　蒋万春
徐韶润(兼)
理事长　蒋万春
副理事长　沈小狮(至1月)
朱新开
刘敏芳(女)
党组书记　蒋万春
潘少峰(12月任)

市红十字会

会　长　许　晨(女)
副会长　严军明(至6月)
张少波
顾洪伟
薛建国
刘益锋
徐前锋
谈海平(6月任)
檀春节

市哲学社会科学界联合会(党组)(★)

党组书记　陈海峰(12月任)

市档案史志馆

馆　长　张　伟
副馆长　郭　盛
李孜渊
陈宏兵
邢　盈(女)
徐　辉(女)

市招商局

局　长　徐立刚
副局长　杨军颜
刘　礼(女)

市委党校

校　长　陈金虎(至1月)
袁秋中
副校长　刘　锋(主持日常工作)
杨　赟(女)
陈建华
吴　瑞(女)

市融媒体中心

主　任　王　敏(女)
总编辑　刘志刚
副主任　朱琳琳(女)
陈　忠
许　坚
夏新炯
徐富康

市供销合作总社(党委、纪委)

主　任　朱富强
副主任　包云丹
黄伟庆
党委书记　朱富强
副书记　包云丹
纪委书记　冯　亮

市土地储备中心(党组、纪检组)

主　任　陈明波
翟　菁(12月任)
副主任　季德鸿
党组书记　陈明波
翟　菁(12月任)
纪检组长　邱雅军(女)

职业技术学院(党委、纪委)

院　长　钱　红
张庆堂(12月任)
副院长　张庆堂
刘文君
杭　强(至11月)
吴懋刚

单　旭
党委书记　钱　红
副书记　张庆堂(12月任)
沈春英(女)
纪委书记　张新华

南菁高级中学(党委)

校　长　杨培明
副校长　戴加成
马维林
张敏军
冯德强
党委书记　杨培明
副书记　刘正旭

江阴高级中学(党委)

校　长　郁洪千
蒋志远(12月任)
副校长　张国英(女,至11月)
吕有为
陈培东
杨凤楼(至11月)
陈　亚(11月任)
沈明强(11月任)
党委书记　郁洪千
副书记　张国英(女,11月任)

江阴中等专业学校(党委)

校　长　潘永惠
副校长　朱永林
常　征
张　寅
尹志军(11月任)
党委书记　潘永惠
副书记　邵鹏飞(至11月)
朱永林(11月任)

街道、镇级机构

澄江街道党工委、纪工委

党工委书记　叶韩清
副书记　刘建国
唐雪江
许曹军
纪工委书记　金晨海
人大工委主任　毛　勇
办事处主任　刘建国
副主任　卢　芳(女)
周海兵
俞　健
朱建江
周秋龙
李　奕

南闸街道党工委、纪工委

党工委书记　李志浩
副书记　袁　飞
费天雄(12月任)
蔡晓华(5月任)
纪工委书记　张　琼(女)
办事处主任　袁　飞
费天雄(12月任)
副主任　张　纲
杨迎彬
金　莉(女)
倪树峰

云亭街道党工委、纪工委

党工委书记　张晓新
副书记　邬闽澄
李　宁(12月任)
包　煜
纪工委书记　顾建萍(女)
人大工委主任　张建明
办事处主任　邬闽澄
李　宁(12月任)
副主任　沈利兴
费天雄
陈　芳(女)
李富国

夏港街道党工委、纪工委

党工委书记　季　震
徐洪伟(12月任)
副书记　沈彦锋
周　英(女,兼)
钱　锋(至4月)
计鹏宇(12月任)
纪工委书记　王　洁(女)
人大工委主任　杨种峰
副主任　吴国平
办事处主任　沈彦锋
副主任　缪敏华
刘江军

申港街道党工委、纪工委

党工委书记　叶海舟
副书记　陶郁峻
李罗娜(女,兼)
严建军
纪工委书记　范建华
人大工委主任　吴建兵
办事处主任　陶郁峻
副主任　孙惠峰(3月任)
钱恒剑

利港街道党工委、纪工委

党工委书记　江　城(至11月)
陈　奕(女,11月任)
副书记　陈　奕(女,至11月)
许铁军(11月任)
曹　鸣(兼)
吴玉兰(女)
纪工委书记　许经纬
王　涛(12月任)
人大工委主任　王顺元
办事处主任　陈　奕(女,至11月)
许铁军(11月任)
副主任　凌建华
沙晓军
贡　庆

璜土镇

党委书记　谢　挺
副书记　朱小卫
李　昀(兼)
李　宁
臧　新
纪委书记　许晓刚
人大主席　占纪平
镇　长　谢　挺(至1月)
朱小卫
副镇长　徐霞红(女)
黄　辉
胡建军
陈　云(至1月)

月城镇

党委书记　顾志强(至11月)
副书记　顾春宇
赵　华
纪委书记　吴剑毅
人大主席　杨　峰
镇　长　顾春宇
副镇长　孙　健
徐小虎

朱晓君
周韧逸

青阳镇

党委书记 何忆芳(女)
副书记 邱振海
冯 健
纪委书记 李昱峰
人大主席 袁忠良
镇长 邱振海
副镇长 华林其
张振军
赵 玺
葛 艳(女)
叶志伟

徐霞客镇

党委书记 陈剑雄
副书记 徐洪伟
袁 飞(12月任)
张浩伟
许铁军(至11月)
李啸天(12月任)
纪委书记 鲍文君(赴睢宁工作)
顾 贤(12月任)
人大主席 陆峥嵘
镇长 徐洪伟
副镇长 包凯凯
李 强(至1月)
陈中华
王 寅
朱 勇
葛伟栋
周 锋

华士镇

党委书记 陈 峰
副书记 邹宇伟
杨伟兵
程 云
胡 丹(12月任)
纪委书记 王 灿
黄剑君(12月任)
人大主席 张光明
镇长 邹宇伟
副镇长 王士龙
曹海凌(至7月)
费学兵
周 鑫
徐 平

周庄镇

党委书记 吴 广
副书记 张学春
沈宏伟
张建国(4月任)
纪委书记 李 刚
人大主席 何玉林
镇长 王 凯(至1月)
张学春(7月任)
副镇长 王春平
张建国(至7月)
朱军安
赵振宇
许剑锋
庞远超(7月任)

新桥镇

党委书记 顾文瑜
副书记 季 勇
高 升
赵叶勤(女,12月任)
纪委书记 潘 丹
刘 屹(12月任)
人大主席 张国江
镇长 季 勇
副镇长 陶培鸿
张 萍
冉隆峰
赵叶勤(女)

长泾镇

党委书记 江国虔
薛建国(12月任)
副书记 余 江
孙仲英
刘迅风(12月任)
纪委书记 李刘洪
人大主席 季 峰
镇长 陶郁峻(至1月)
余 江
副镇长 刘国兴
钱 浩
陶理江
刘迅风
蔡 云

顾山镇

党委书记 王文平
副书记 何志强
吴晓东
王新龙(12月任)
纪委书记 丁 毓
潘 峥(12月任)
人大主席 俞新钢
镇长 何志强
副镇长 王新龙
徐 斌
瞿国丰
刘志伟
吴 洁(女)
颜 虎

祝塘镇

党委书记 王 凯(4月任)
副书记 徐志军
严 枫(女)
纪委书记 吕季军
薛 暄(12月任)
人大主席 汪汉明(至1月)
马 军
镇长 夏建辉
副镇长 徐向东
章瑞江
陈文奇
王锡明
常惠琴(女)

(市委组织部)

驻江阴机构

国家税务总局江阴市税务局(党委、纪检组)

局长 万庆涛
副局长 张农高
顾敏明(至10月)
陈增伟
闵三红(至10月)
陆晓东
杨潮阳
顾 恩(至10月)
徐 益
朱 斌
党委书记 万庆涛

副 书 记　张农高
纪检组长　陈洪庆
党委委员　倪　江

无锡市江阴生态环境局
(党组)

局　　长　陈福良
副 局 长　张　荣
　　　　　金丹菁(女)
　　　　　李　煜(女)
　　　　　徐　伟
　　　　　张晓敏
　　　　　唐海刚
党组书记　陈福良
副 书 记　张　荣

江阴市气象局

局　　长　黄　葵
副 局 长　李玉照

无锡市住房公积金管理中心江阴市分中心

主　　任　张建忠
副 主 任　沈桂祥
党支部书记　张建忠

国家统计局江阴调查队

队　　长　江兆成
副 队 长　徐佳瑛(女,3月任)
纪检组长　姜倬雅(女)

江阴邮政管理局

局　　长　毛　亚(女)
副 局 长　刘中岳

江阴市烟草专卖局(无锡市烟草公司江阴分公司)
(党组)

党组书记　韩剑操
　　　　　万国锋(12月任)
局长(经理)　韩剑操
　　　　　万国锋(12月任)
副 经 理　沈　浩
　　　　　吴晓唯(12月任)
副 局 长　陈　刚

中国邮政集团有限公司江苏省江阴市分公司
(党委、纪委)

总 经 理　袁雪梅(女)
副总经理　黄晔炯
　　　　　徐　颖
　　　　　王文红(女)
党委书记　袁雪梅(女)
纪委书记　黄晔炯

江阴市供电公司
(党委、纪委)

党委书记　陈　喜
总经理(兼党委副书记)　张　峰
副总经理　沈才元
　　　　　吴卫东
　　　　　谢斌鑫
党委书记　陈　喜
纪委书记　俞　伟(至7月)
　　　　　赵惠萍(女,7月任)

江阴市电信局
(党委、纪委)

局　　长　洪　伟(至5月)
　　　　　张　健(5月任)
副 局 长　徐宏良
　　　　　陈建东
　　　　　陈燕武(至9月)
　　　　　秦冬华
党委书记　洪　伟(至5月)
　　　　　张　健(5月任)
纪委书记　徐宏良

江阴市盐业有限公司

经　　理　王雨鸥
副 经 理　孙　敏

中国人民银行江阴市支行

行　　长　刘文敏
副 行 长　勇晓东(5月任)

中国银行保险监督管理委员会无锡监管分局江阴办事处

主　　任　朱立新

中国工商银行股份有限公司江阴支行

行　　长　朱皆康
纪委书记　徐　园(7月任)
副 行 长　孙爱进(8月任)
　　　　　张　璟(10月任)
　　　　　陈晓锋
　　　　　徐　鸣(至10月)
　　　　　马晓东(至4月)

中国农业银行股份有限公司江阴分行

行　　长　吴雅英(女,3月任)
纪委书记　钱孝忠
副 行 长　宋　健
　　　　　胡兴洪
　　　　　严益群(女)
　　　　　何俨伟

中国农业发展银行江阴市支行

行　　长　陶　翔
副 行 长　董积微(9月任)
　　　　　朱晓华
　　　　　那华芳(女,10月任)

中国建设银行股份有限公司江阴支行

行　　长　梁　柱
纪委书记　徐　锋
副 行 长　王永清
　　　　　车　琳(女)
　　　　　黄　明
　　　　　王　芳(女)

中国银行股份有限公司江阴分行

行　　长　沈毅锋
纪委书记　裴建民(11月任)
副 行 长　王　晶

李伟刚
邱冬艳(女)
行长助理 浦鹏飞
潘　勇

交通银行股份有限公司江阴分行

行　　长 姜澄华
副 行 长 吴一鸣
庞文洁(女)
顾阳洋(女)
蔡智鹏

江苏江阴农村商业银行股份有限公司

董 事 长 孙　伟
行　　长 宋　萍(女)
监 事 长 金　武(6月任)
副 行 长 仲国良
王　峰
过晟宇
倪志娟(6月任)
王　凯(6月任)
行长助理 袁　坤(7月任)

上海浦东发展银行股份有限公司江阴支行

行　　长 李　明
副 行 长 徐红英(女)
夏晓刚
吴燕群(女)

江苏银行股份有限公司江阴支行

党支部书记 陈　虹(女)
行　　长 陈　虹(女,9月任)
季海洪(至8月)
副 行 长 季海洪(9月任)
张慧芸(女,至8月)
行长助理 顾喜明

中国邮政储蓄银行股份有限公司江苏省无锡市江阴市支行

行　　长 顾　薇(女)
副 行 长 赵　辉(8月任)
林　莉(女)
李佳敏(至7月)

中国人民财产保险股份有限公司江阴支公司

总 经 理 何尧军
副总经理 顾　军
顾志锋
王　盛

中国人寿保险股份有限公司江阴支公司

总 经 理 张　芳
副总经理 陈苗华
吴　楠
景小进

江阴海事局(党委、纪委)

局　　长 李宏兵
党委书记 李宏兵
政　　委 黄　鹂
党委副书记 黄　鹂
副 局 长 沈锁荣
祝忠武
王长宁
纪委书记 黄　鹂

江阴海关(党委)

关　　长 陈解平
党委书记 陈解平
副 关 长 陶　宏
姚　武
封君兴(至7月)
季健清(11月任)
徐　迅

南京海关第七派驻纪检组

组　　长 肖国平

江阴海关缉私分局

局　　长 陶　宏
政　　委 陈　明

江阴出入境边防检查站(党委)

站　　长 陈正雷
政　　委 王建波(12月任)
副 站 长 朱宇翔(至11月)
程景涛
冯士伟
党委书记 陈正雷
副 书 记 王建波(12月任)
边防检查处长 徐智文
政治处主任 李雨成
后勤保障处处长 周王龙

中国船级社江阴办事处

主　　任 蔡　高
副 主 任 王宏斌
衡　霖

长江引航中心(党委、纪委)

主　　任 程学仁
党委书记 张铜宁
党委副书记 宋　维(兼)
纪委书记 宋　维
副 主 任 孙琪琳(至2月)
吴福康
王　新(9月任)

(*为机构撤销或更名,★为新成立机构或机构整合)

■类目编辑　徐文辉

人物

新任江阴市委书记、市长简历

许　峰

1967年10月生,江苏扬州人,中共党员,中央党校大学学历、硕士学位。1985年10月参加工作,1993年7月加入中国共产党。历任共青团无锡市委办公室主任,无锡市滨湖区新安镇党委副书记、纪委书记(正科级),无锡市滨湖经济技术开发区党工委委员、管委会副主任兼项目招商部部长,无锡市滨湖经济技术开发区党工委副书记、管委会副主任,无锡市滨湖区外经局局长、招商局局长,无锡市滨湖区委常委。其间,2005年7—11月,挂任新疆霍城县委常委,兼清水河经济技术开发区管委会主任;2005年11月至2008年7月,挂任新疆霍城县委常委,兼清水河经济技术开发区(清水河镇)党委书记、管委会主任。2008年6—7月,挂任新疆伊犁州党委副秘书长。2008年7月至2012年3月,任无锡新区党工委委员、纪工委书记(正处级)。2012年3月至2014年12月,任无锡市委农村工作办公室主任。2014年12月至2015年12月,任无锡市纪委副书记、市委农村工作办公室主任。2015年12月至2016年6月,任无锡市纪委副书记。2016年6月至2017年7月,任无锡市纪委副书记、市监察局局长。2017年7—8月,任无锡市滨湖区委书记、无锡太湖国家旅游度假区党工委书记、市监察局局长。2017年8月至2020年7月,任无锡市滨湖区委书记、无锡太湖国家旅游度假区党工委书记。2020年7月至2021年1月,任江阴市委书记、江阴高新技术产业开发区党工委书记。2021年1月起,任无锡市委常委、江阴市委书记、江阴高新技术产业开发区党工委书记。

(郭　诚)

包　鸣

1969年3月生,江苏无锡人,中共党员,大学学历。1988年9月至1991年8月,在江南大学经济管理系工业管理工程专业学习。1991年8月至1996年3月,任无锡县联运公司办公室工作人员。1996年3月至1997年8月,任锡山市交通局汽车维修行业管理处企管科工作人员。1997年8月至1999年11月,任锡山市交通局汽车维修行业管理处企管科副科长。1999年11月至2001年11月,任锡山市(区)交通局公路管理处副处长、党支部副书记。2001年11月至2002年9月,任无锡市锡山区交通局党政办主任。2002年9—12月,任无锡市锡山区交通局党政办主任、党委委员、局长助理。2002年12月至2005年12月,任无锡市锡山区交通局副局长。2005年12月至2008年6月,任无锡市锡山区安镇镇镇长、党委副书记,锡山经济开发区东区管委会副主任。2008年6月至2012年2月,任无锡市锡山区交通局党委书记、局长。2012年2月至2017年3月,任无锡市锡山区副区长。2017年3月至2020年10月,任无锡市住房和城乡建设局党委书记、局长。2020年10月至2021年1月,任江阴市委副书记、代市长。2021年1月起,任江阴市委副书记、市长。(吕　锋)

江苏省级以上先进个人

周建平

1960年5月生,新桥镇人,中共党员,大专学历,海澜集团有限公司原董事长、党委书记、高级经济师。第十届全国人大代表,第十一届、十二届、十三届全国政协委员。1988年12月1日创办江阴市第三毛纺厂。2001年12月,三毛集团正式更名为海澜集团。32年来,周建平带领集团经历从粗纺起家,精纺发家,服装当家,再到品牌连锁经营的发展历程。自2002年创立"海澜之家"男装品牌后,集团实现中国服装业内营业收入、利润总额、增长幅度、市值、上缴税收、品牌价值等"六个第一",集团成为中国职业装领军企业,"海澜之家"品牌成为中国驰名商标。在他的带领下,海澜集团成为无锡市首个营收超千亿企业,2019年,海澜集团位列中国制造业企业500强62位、中国民营企业

500强39位。他先后荣获中国青年五四奖章、全国优秀青年企业家、全国优秀厂长经理、中国服装行业功勋奖章、江苏省劳动模范、第五届全国非公有制经济人士优秀中国特色社会主义事业建设者等荣誉称号。2020年11月，周建平被中共中央、国务院授予“全国劳动模范”称号。

（夏伟刚）

曹秀明

1973年5月生，安徽蚌埠人，中共党员，本科学历，江苏阳光集团技术中心主任，研究员级高级工程师，中国纺织工程学会毛纺专业委员会副主任，全国纺织品标准化技术委员会毛纺分技术委员会副主任委员。1996年，毕业于中国纺织大学纺织材料专业。一直负责公司技术管理工作，承担3项国家技术创新项目、2项国家“863”项目开发与管理，组织实施1项国家科技支撑计划课题和2项国家十三五重点研发项目课题。作为技术负责人主持1项江苏省科技成果转化专项资金项目。对纺织行业技术升级、产品结构调整起到重要的推动作用。累计申请发明专利15件，获授权发明专利2件，获江苏省和中国纺织工业联合会省部级科技进步奖5项，发表论文6篇，负责组织7项国家和行业标准制修订工作并颁布实施；6种新产品、新技术通过省级新产品鉴定，实现经济效益7亿余元。2011年，获评江苏省劳动模范。2014年，获评中国纺织技术带头人。2015年，被评为江苏省有突出贡献中青年专家、全国纺织青年科技创新领军人才。2016年，连续第二次被列为江苏省“333工程”第三层次培养对象，江苏省第十三批“六大人才高峰”高层次人才。2017年，获第二届全国“杰出工程师鼓励奖”，被评为江苏省第四批“产业教授”、江阴市首届十大“科技之星”。2020年12月，人社部下发《关于公布2020年享受政府特殊津贴人员名单的通知》，曹秀明获批享受国务院政府特殊津贴。

（章倩蓉）

缪金凤

女，1957年8月生，利港街道人，中共党员，江苏苏利精细化工股份有限公司董事长。多年来，缪金凤始终坚持科技进步，走独立自主创新之路，苏利公司呈现持续、快速、健康发展的态势，取得社会效益与经济效益双丰收。缪金凤勇于承担社会责任，热心支持慈善事业的发展，至2019年，累计为慈善事业捐赠300余万元。2020年初，缪金凤通过江阴慈善总会，向武汉协和医院定向捐赠200万元，并向企业所在利港街道捐赠30万元用于疫情防控工作。身为利港街道女企业家协会会长，她带领利港女企业家协会会员积极响应省妇联号召，发起“守护逆行者暖心行动”网上募捐，并带头捐款2万元，组织20名会员捐款18.6万元，用于购置健康暖心包750份，慰问江阴支援武汉医疗队和全市抗疫一线的医务人员。在国外疫情暴发期间，缪金凤还向意大利合作公司赠送3万余套口罩、防护服等防疫急需物资。2020年9月，缪金凤被全国妇联评为抗击新冠肺炎疫情全国三八红旗手。

（黄丽娟）

陈福良

1962年8月生，月城镇人，本科学历，中共党员，江阴生态环境局党组书记、局长。2016年起，全面负责江阴市第二次全国污染源普查具体工作，第一时间组建江阴生态环境局污染源普查领导小组，任领导小组组长，下设污染源普查工作办公室，负责污染源普查日常工作。在全国污普工作中，创新打造相关工作机制。建立例会制度，每周普查办负责人、入户单位项目负责人、质量评估单位项目负责人参会。每月通报问题，督促落实整改，提高工作效率保证数据质量。打造数据共享模式，汇总镇（街道）工业企业产排污情况，形成各镇（街道）的污染源污染情况报告和行业分布，下发至各镇（街道），为各镇（街道）领导了解掌握实际情况提供数据支撑。实施普查加执法联动，确定不符合产业政策和规划布局、排污超标以及存在其他违法行为的“散乱污”企业名单，为环保监察执法提供依据。按照上级部署，有序推进“前期准备、清查建库、全面普查、总结发布”各个流程，出色完成污染源普查任务。2020年9月，陈福良被国务院第二次全国污染源普查领导小组办公室评为全国固定污染源排污许可全覆盖工作表现突出个人。

张　军

1968年9月生，澄江街道人，大学本科，中共党员。江阴市环境监察大队副大队长，全面负责江阴市第二次全国污染源普查领导小组办公室工作。2016年起，全程参与、组织协调江阴市第二次全国污染源普查所有工作，坚持“全面、真实、可靠”的要求，做到普查对象全覆盖，规定动作规范到位，普查数据真实有效。每周落实普查工作分析、布置、协调例会，按照规范要求解决工作中发现的问题。以镇（街道）为单位编制镇（街道）污染源调查报告，为江阴市乡镇环境管理提供依据，使江阴生态环境局成为全省和无锡地区唯一编制乡镇污染源调查分析报告的局。全面组织完成江阴市8189个污染源的普查工作。完成江阴市农村生活污水处理设施调查报告，使江阴市成为唯一在全省开展对农村生活污水治理设施调查报告的地区。江阴市普查工作质量在全省普查质量现场检查中，列无锡市区县第一，远高于全省平均水平。2020年9月，张军被国务院第二次全国污染源普查领导小组办公室评为全国固定污染源排污许可全覆盖工作表现突出个人。

邱国赋

1970年9月生，江苏如东人，大学本科，中共党员，江阴市环境监察大队科员。2016年起，主要从事江阴市第二次全国污染源普查管理工作。他结合各阶段工作的特点、难点,多角度思考、创新工作方法,保证普查工作顺利开展。打造日常工作机制,强化工作交流,将各镇(街道)普查工作人员纳入普查工作群,将各类文件、技术规范和工作要求及时通过微信群传达到各镇普查人员,高效推动工作开展和信息传递,做到第一时间上情下达和下情上达。加强学习培训,化繁为简,强化专题教育培训,在吃透相关技术规范的前提下,简化内容,将重点难点内容以通俗易懂的方式给相应的镇(街道)普查人员,便于普查人员对企业填报人员的培训和填报。做好宣传普及,组织各镇(街道)利用微信公众号、宣传手册等形式加强污染源普查宣传,明确企业主体责任、政府属地责任。2020年9月,邱国赋被国务院第二次全国污染源普查领导小组办公室评为全国固定污染源排污许可全覆盖工作表现突出个人。 (姚京君)

管　茜

女,1981年10月生,江苏南京人,中共党员,大学学历,江阴市法律援助中心副主任,专职援助律师。她长期奋战在法律援助第一线,切实维护弱势群体合法权益。深入推进"放管服"改革,突出"创新、规范、发展"的工作理念,认真研究基层法援工作实际,创新探索刑辩法援全覆盖先试先行、农民工讨薪纠纷援调对接、特困群体法援定向发力等工作方法,以适应江阴市法律援助的新情况和新问题。整合社会资源,吸纳新兴办案力量,扩充法援骨干律师团队至96人,培育发展市法律援助志愿者协会,实现无锡市范围内经民政部门批准注册的法律援助志愿者社会组织零的突破。持续加大对法律援助工作动态、经验成果、典型案例的宣传报道力度。2018年,报送各类法援信息、优秀案例50余件,其中1件案例获评2018年度江苏省法律援助十大优秀案件,3件案例获评无锡市法律援助十大优秀案件。狠抓法律援助办案队伍和网络体系建设,推动全市14个条线法律援助站点实现全线连通,市镇村三级援助站点实现全域覆盖。2019年12月,被司法部评为全国法律援助工作先进个人。 (陈冠瑜)

朱敏华

1973年11月生,青阳镇人,中共党员,大学学历,江阴市公安局刑事警察大队有组织犯罪侦查中队副中队长。朱敏华全身心投入扫黑除恶工作,为江阴扫黑除恶工作始终走在全省前列和为江阴创造和谐稳定的社会治安环境做出贡献,先后参与侦办黑社会性质犯罪组织案件15件。荣立二等功1次、三等功4次,获嘉奖10次,并获得公安部刑侦局刑侦改革创新纪念章。先后被评为江阴十佳侦查破案标兵、"双争一创"业务能手、首届江阴十大杰出民警、无锡最美警察、无锡市优秀共产党员、全省优秀人民警察、江苏优秀刑警、江苏好人、江苏最美警察提名。2019年以来,公安部部署开展为期三年的政治大轮训和实战大练兵,他在全警实战大练兵第一阶段工作中成绩优异,表现突出。2020年7月,朱敏华被公安部评为全国公安机关"标兵个人"。 (胡　娟)

黄宇昕

女,1970年12月生,祝塘镇人,本科学历,民盟盟员,民盟江阴市委常委、秘书长。2020年,盟市委面对突发的新冠疫情,迅速反应,向全市盟员发出捐款倡议。黄宇昕动员和组织广大盟员通过各种途径积极参与和支持疫情防控工作。疫情期间,盟市委筹集善款10.78万元,并通过江阴市慈善总会定向捐助给湖北黄冈和江阴市人民医院,缓解疫情初期物资紧张的状况。黄宇昕还积极联络企业家盟员慷慨解囊,通过其他渠道共捐资39.75万元,并做好登记汇总工作。黄宇昕积极指导各基层支部发挥各自优势,拓宽社会服务范围,综合一支部与市童领未来培训中心新建关爱少儿成长社会服务基地,南菁实验支部与云亭中学新建学科共建社会服务基地。在她的指导下,盟市委和各支部捐资助学、关爱老人、慰问环卫工人等传统社会服务项目长期坚持,充分彰显党派特色和民生情怀。她还加强与基层镇(街道)的联系,使盟市委分别与徐霞客镇政协工委、月城镇政协工委共建青少年传统文化教育基地和月城实验小学实践基地,并由综合二支部和文艺支部作为实践活动实施单位,不断提升社会服务特色化、精准化、实体化水平。12月,黄宇昕被民盟中央评为民盟社会服务工作先进个人。 (刘嘉蕙)

王小立

1970年12月生,澄江街道人,大学学历,民建会员,江阴贝贝集团有限公司董事长,政协江阴市常委。江阴贝贝集团成立于1993年,主要生产经营纺织品。长期以来,王小立一直致力于扶贫帮困。1998年,在陕西延长捐建"贝贝希望小学",并先后资助广西、陕西等地的贫困学生累计达120多人。2016年,王小立响应中央关于精准扶贫的号召,分别与云南省双江县、山西省石楼县两地政府签订"精准扶贫战略合作协议",并分别在两地注册成立公司,开展以消费扶贫带动产业扶贫的精准扶贫模式。2017年,他发起并召集爱心人士共同捐建云南双江三元坊江阴希望小学。2020年,受新冠肺炎疫情的影响,山西省石楼县农副产品严重滞销,王小立作为石楼县精确扶贫战略合作伙伴,在团中央、求是小康杂志社等部门支持下推出第一批"认领一分田,播种一份爱"活动,即认种2000亩石楼核心产区天然硒塬谷黄金小米,赠送石楼天然硒洋槐蜜和血枣蜜的爱心活动。在他的牵线搭桥下,以南京理工大学为首的5所知名大学,出资1000万元,会同19名农科专家,与山西石楼签订"智慧农业"项目。12月,王小立被民建中央评为民建全国优秀会员。 (耿澄娟)

梅士强

1982年10月生,利港街道人,大学学历,民进江阴市委常委、市司法局副局长。梅士强坚持把政府、党派、政协、统战工作相互结合,相互促进,打通各方信息及资源的互联,及时了解掌握上级重大决策、重要工作部署和每个阶段工作重点,经常性的比较地区政策的差异,从而提出见解。发挥岗位优势,打造一支由政府人员、企业负责人、高层领军人才、教师、医生、法律工作者、科技工作者等组成的参政议政顾问队伍。在分管普法依法治理、公共法律服务、法律援助、民主法治现代化工作的同时,依托市矛盾调解中心、法律援助中心及司法所,针对土地纠纷、农村股份制改革、劳动争议审判等问题组织律师积极建言献策,提出法律意见及解决对策。撰写各级各类调研报告、意见建议、社情民意105篇,被全国政协、江苏省委统战部等采用。2020年12月,在民进中央召开的全国履职能力建设主题年工作会暨2020年参政议政年会上,梅士强被评为民进全国履职能力建设先进个人。

(何　炬)

崔　娣

女,1968年12月生,江苏武进人,中国农工民主党党员,本科学历,江阴市中医院呼吸内科副主任中医师。2020年2月9日,崔娣作为江阴市第二批援鄂医疗队员紧急出征,支援华中科技大学同济医学院附属同济医院光谷院区抗疫。崔娣所在的医疗队整建制接管一个新冠肺炎危重症病区——E1-8病区。作为一名在临床一线工作30年的呼吸科骨干,良好的职业素养使她迅速进入战斗状态。作为江阴市中医院医疗队领队,除日常工作外,还要肩负起医疗队的所有事宜,要确保每一位队员的安全。她主动加班加点,克服种种困难,与死神争分夺秒地战斗,圆满完成工作任务,完成医务人员零感染的目标任务。2020年2月,崔娣被评为农工党江苏省委优秀农工党员,被江苏省人力资源社会保障厅和江苏省卫健委记功表彰。12月,被农工党中央评为2020抗击新冠肺炎疫情先进个人。

薛艳芳

女,1973年4月生,澄江街道人,中国农工民主党党员,本科学历,一级播音员,农工党江阴市委秘书长,第十六届、第十七届江阴市人大代表,政协江阴市第十二届、第十三届委员。2017年7月,由江阴电台调入农工党江阴市委机关担任秘书长。从一名业务型的主持人转向为事务型党务工作者,薛艳芳不断探索新时代党员思想教育的新方式,讲好农工故事,做出农工特色。利用业余时间录制《党史留声机》音频节目,于2018年5月在“喜马拉雅”平台发布。27期《党史知识读本》、8集《党章》系列节目先后在“无锡农工”和“江苏农工”微信平台连载。2019年9月,农工党江苏省委党史研究音频工作室在江阴揭牌。2020年,录制8集《邓演达瑰奇的一生》系列节目向农工党建党90周年献礼。薛艳芳引导各支部重视宣传工作,对每一篇稿件严格把关,实现向上级发稿数、录用数大幅增长,农工党江阴市委获2019—2020年度无锡农工宣传思想工作一等奖。新冠疫情期间,薛艳芳积极组织撰写医卫、防疫、社区、志愿者等各条战线上党员抗疫的先进事迹,各级共录用稿件20多篇次,朗诵原创诗歌《同心战疫》并制作成视频节目播出。2020年8月,薛艳芳在农工中央纪念中国农工民主党成立90周年评选表彰活动中被评为先进个人。

(薛艳芳)

郭春辉

1974年4月生,江西吉安人,博士研究生,九三学社社员,江阴市人民医院感染疾病科副主任、主任医师。郭春辉是市人民医院支援湖北抗击疫情首批医疗队队长,1月25日正月初一晚,郭春辉同队友一起奔赴武汉疫区一线,与疫情作战。到达武汉后,被安排在武汉市江夏区第一人民医院,经过两天的培训后,1月28日,郭春辉和队友们正式进驻武汉市江夏区第一人民医院开展新冠肺炎医疗救治工作,至3月15日病区清零,和队友一起收治患者200例。3月17日晚10点左右,郭春辉等江阴市第一批援鄂医疗队队员,随无锡市医疗队抵达无锡,平安归来,历时53天。2月21日,他被九三学社江苏省委评为优秀九三学社社员。3月21日,被无锡市委宣传部、市卫健委评为无锡最美战“疫”先锋。11月23日,郭春辉被九三学社中央评为抗击新冠肺炎疫情湖北抗疫一线优秀社员。(郁　昉)

王荣达

1972年1月生,江苏武进人,大学本科学历,中共党员,长江引航中心靖江引航站高级引航员。从业26年来,他保持引航零事故、服务零投诉的纪录。在靖江工作期间,他针对靖江港航道特点,研究创立“S”形掉头靠泊操作法,为靖江港航企业节约数千万元的运输成本,被评为中国引航科研创新十大新成果之一。2020年,作为一名引航员,他在疫情初期就主动报名加入专班,专门引领来自疫情严重国家地区船舶,全年引领船舶216艘次,总吨706万吨,里程2.4万千米,累计保障10万吨防疫物资原材料和36万吨铁矿石、24万吨电煤、15万吨粮食、3.6万吨成品油等重点民生物资安全及时抵港。工作之余,他不忘社会责任,放弃难得的休息时间,带头走进社区,参加社区疫情防控工作,帮助缓解社区防疫力量不足状况。带动身边的同事向武汉捐款,募集款项9000多元,第一时间汇往武汉红十字会专用账户。5月,被人力资源和社会保障部、交通运输部评为全国交通运输系统先进工作者。7月,被评为交通运输部系统优秀共产党员。是年,还获评长江航运系统抗击新冠肺炎疫情先进个人、港航物流业感动社会十大人物、港航物流业最美逆行者。

张　蕾

1991年4月生,湖南永川人,本科学历,中共党员。2013年7月,进入长江引航中心工作,成为一名引航员。2020年年初,为严防疫情输入,长江引航中心组建专班,专门负责引领来自疫情严重国家和地区的船舶。虽然妻子在预产期,张蕾第一时间主动报名请缨,并圆满完成各项专班引航任务。他积极践行志愿精神,参加各类公益志愿活动。他加入多个志愿服务组织,每年走进敬老院,为老人剪头发、修指甲,给老人举办生日聚会,陪老人一起唱歌一起做手工。他组建"引航精灵服务队",连续多年开展"水上安全知识进校园活动",传播水上出行安全知识。他参与"一起抗疫,驰援巴铁"活动,和11个志愿组织成员一起历时7天募集10万只口罩和爱心善款,经巴基斯坦领事馆沟通后全部寄往巴基斯坦。2020年10月,被共青团中央、中国青年志愿者协会评为全国抗击新冠肺炎疫情青年志愿服务先进个人。　（黄　伟）

江苏省条线系统、无锡市、江阴市先进个人

【江苏省条线系统先进个人】

姓　名	工　作　单　位	荣　誉　称　号	授　予　单　位
2019年度:			
缪金凤	江苏苏利精细化工股份有限公司	江苏省三八红旗手	江苏省妇联
韦立勇	市公安局禁毒大队	全省"禁毒2019两打两控"专项行动成绩突出个人	江苏省公安厅政治部
毛　亚	市交通运输局	扫黑除恶专项斗争工作先进个人	江苏省交通运输厅
钱　宇	国网江阴市供电公司	劳动模范	国网江苏省电力有限公司
黄薇萍	国网江阴市供电公司	档案整理归档劳动竞赛先进个人	国网江苏省电力有限公司、国网江苏省电力有限公司工会
杨静超	国网江阴市供电公司	供电可靠性劳动竞赛先进个人	国网江苏省电力有限公司、国网江苏省电力有限公司工会
黄　新	国网江阴市供电公司	推动乡村电气化工作劳动竞赛先进个人	国网江苏省电力有限公司、国网江苏省电力有限公司工会
许　吉	国网江阴市供电公司	调控运行专业劳动竞赛先进个人	国网江苏省电力有限公司、国网江苏省电力有限公司工会
陈　斌	国网江阴市供电公司	江苏省优秀建造师	江苏省建筑行业协会建造师暨项目经理工作委员会
姚　立	市市场监督管理局	全省市场监管系统执法稽查工作优秀个人	江苏省市场监督管理局
刘　崟	新桥镇经发局	江苏省第四次全国经济普查优秀工作者	江苏省第四次全国经济普查领导小组
张薇薇	新桥镇经发局	江苏省第四次全国经济普查优秀工作者	江苏省第四次全国经济普查领导小组
刘晓柯	江苏阳光集团有限公司	江苏省第四次全国经济普查优秀工作者	江苏省第四次全国经济普查领导小组
朱　蕾	江阴中等专业学校	江苏省中学中职共青团工作先进个人	共青团江苏省委
何　翔	国家税务总局江阴市税务局	江苏省科技税收政策落实成效突出个人	国家税务总局江苏省税务局、省科技厅
王海滨	市农林水利执法大队	农机安全监理宣传信息工作先进个人	江苏省农业机械安全监理所
陈　涛	江阴海关	关区信息工作先进个人	南京海关
李梦晓	江阴海关	关区优秀新闻通讯员	南京海关
郝是忞	江阴海关	关区新闻舆论工作先进个人	南京海关

陈解平	江阴海关	南京海关十佳优秀关(处)长提名(个人嘉奖)	南京海关
谢建军	江阴海关	南京海关二十佳优秀科长(个人三等功)	南京海关
李　晶	江阴海关	南京海关百名优秀关员(个人嘉奖)	南京海关
刘　杰	江阴海关	南京海关百名优秀关员(个人嘉奖)	南京海关
沈鸿宇	江阴海关	南京海关百名优秀关员(个人嘉奖)	南京海关
沈鸿宇	江阴海关	南京海关诚实守信类“身边好人”	南京海关政治部、直属机关党委
张艺瀚	江阴海关	南京海关“优秀共青团员”	南京海关直属机关团委

2016—2019 年度：

徐少宗	华士法律服务所	全省优秀基层法律服务工作者	江苏省司法厅、省基层法律服务工作者协会
吴邀达	峭岐法律服务所	全省优秀基层法律服务工作者	江苏省司法厅、省基层法律服务工作者协会
许金辉	江阴海关	南京海关先进工作者	南京海关

2019—2020 年度：

周禹珺	民盟综合一支部	民盟江苏省委反映信息工作先进个人	民盟江苏省委
石陈云	民盟高新区支部	民盟江苏省委参政议政工作先进个人	民盟江苏省委

2020 年度：

程学仨	长江引航中心	江苏省抗击新冠肺炎疫情先进个人	中共江苏省委、省人民政府
胡　丹	江阴海关	江苏省抗击新冠肺炎疫情先进个人	中共江苏省委、省人民政府
浦金涛	江苏信卓律师事务所	江苏省见义勇为模范	江苏省人民政府
薛花娟	民盟法尔胜支部	江苏省科技进步三等奖	江苏省人民政府
郑金良	申港街道	江苏最美生态环境保护者	中共江苏省委宣传部
任晨洁	市融媒体中心	“紫金文化人才培养工程”新闻出版优青	中共江苏省委宣传部
严　飞	市融媒体中心	“紫金文化人才培养工程”新闻出版优青	中共江苏省委宣传部
姜少伯	市文化馆	“紫金文化人才培养工程”文艺优青	中共江苏省委宣传部
刘志刚	市融媒体中心	江苏省第二批群众文化“百千万”工程优秀群文骨干	中共江苏省委宣传部、省文明办、省文化和旅游厅、省文联
单建东	市文化馆	江苏省第二批群众文化“百千万”工程优秀群文骨干	中共江苏省委宣传部、省文明办、省文化和旅游厅、省文联
蔡红霞	市文化馆	江苏省第二批群众文化“百千万”工程优秀群文骨干	中共江苏省委宣传部、省文明办、省文化和旅游厅、省文联
顾黎强	市文化馆	江苏省第二批群众文化“百千万”工程优秀群文骨干	中共江苏省委宣传部、省文明办、省文化和旅游厅、省文联
谭旭仰	市文化馆	江苏省第二批群众文化“百千万”工程优秀群文骨干	中共江苏省委宣传部、省文明办、省文化和旅游厅、省文联
熊年俊	市司法局	全省“七五”普法中期先进个人	中共江苏省委宣传部、省法治宣传教育工作领导小组办公室、省司法厅
许金辉	江阴海关	全省“七五”普法中期先进个人	中共江苏省委宣传部、省法治宣传教育工作领导小组办公室、省司法厅

顾建平	新桥镇司法所	全省“七五”普法中期先进个人	中共江苏省委宣传部、省法治宣传教育工作领导小组办公室、省司法厅
韩伟祥	长泾镇人民调解委员会	江苏省优秀人民调解员	江苏省司法厅、省人民调解协会
曹伟洪	申港街道人民调解委员会	江苏省优秀人民调解员	江苏省司法厅、省人民调解协会
陈静华	月城镇人民调解委员会	江苏省优秀人民调解员	江苏省司法厅、省人民调解协会
张　伟	周庄镇长寿村人民调解委员会	江苏省优秀人民调解员	江苏省司法厅、省人民调解协会
成志昀	市人民法院	全省法院刑事审判先进个人	江苏省高级人民法院
杨　勇	市公安局	全省政法系统参加新冠肺炎疫情防控工作突出干警、个人三等功	中共江苏省委组织部、政法委员会
吴立红	市公安局出入境管理大队	个人二等功	江苏省公安厅
贾龙成	市公安局治安大队	个人二等功	江苏省公安厅
段　强	市公安局巡特警大队	个人二等功、江苏最美警察提名奖	江苏省公安厅
包国昌	市公安局禁毒大队	江苏最美警察特别奖	江苏省公安厅
刘晓丽	市公安局指挥中心	江苏最美辅警	江苏省公安厅
吴　瑜	市公安局西郊派出所	江苏最美辅警特别奖	江苏省公安厅
姜赤彬	华士镇	江苏好人	江苏省文明办
贡旦旦	华士镇	江苏好人	江苏省文明办
陈杏妹	利港街道	江苏好人	江苏省文明办
徐白好	江阴市利港中学	新时代江苏好少年	江苏省文明办
尤晨冉	临港实验学校	新时代江苏好少年	江苏省文明办
李煜旸	新桥中心小学	第二届“童话里的世界”童话故事创作大赛一等奖	江苏省文明办
夏　磊	长泾镇泾东村村委会	江苏好青年	江苏省文明办、省团委、省通信管理局
缪　慧	市交通运输局	全省交通运输行业五一先进个人	江苏省交通运输厅
潘孝平	江苏裕安律师事务所	江苏省律师行业统筹推进疫情防控和经济社会发展工作先进个人	中共江苏省律师行业委员会
谈　蕾	江苏振强律师事务所	江苏省律师行业优秀党员律师	中共江苏省律师行业委员会
奚若岚	江苏春申律师事务所	江苏省律师行业优秀党务工作者	中共江苏省律师行业委员会
谢红光	江阴华联商厦有限公司	江苏省模范退役军人	中共江苏省委退役军人事务工作领导小组办公室、省委组织部、省人力资源和社会保障厅、省退役军人事务厅、省军区政治工作局
瞿立人	市投资促进中心	全省商务系统先进工作者	江苏省人力资源和社会保障厅、省商务厅
陆　飞	市气象局	江苏省气象局重大气象服务先进个人	江苏省气象局
潘永惠	江阴中等专业学校	“苏教名家”培养对象	江苏省教育厅
徐建萍	周庄实验小学	第二十六届江苏省青少年科技模型大赛创意电子焊接制作竞赛优秀科技辅导员	江苏省教育厅、省青少年科技教育协会
王美娟	要塞中心幼儿园	江苏省幼儿园教科研工作先进个人	江苏省教育科学研究院
朱永方	市长江房地产开发有限公司	江苏省五一劳动奖章	江苏省总工会
刘丽艳	江苏阳光集团有限公司	江苏省五一劳动奖章	江苏省总工会
陈育新	江苏普莱医药生物技术有限公司	江苏省五一劳动奖章	江苏省总工会

李　倩	临港经济开发区新能源产业园	组织建设先进个人	九三学社江苏省委
曹亚明	江阴职业技术学院	组织建设先进个人	九三学社江苏省委
郭春辉	市人民医院	优秀九三学社社员	九三学社江苏省委
		百名医德之星	中共江苏省委宣传部、省文明办、省卫健委
陈建国	新桥镇何巷村	“双胜利”平安卫士	江苏省委政法委员会
崔　娣	市中医院	新冠肺炎疫情防控“记功”	江苏省人力资源和社会保障厅、省卫健委
		新冠肺炎疫情防控救治工作“优秀农工党党员”	农工党江苏省委
赵　茹	市人民医院	抗击新冠肺炎疫情先进工作者	农工党江苏省委
汪永周	市卫生监督所	抗击新冠肺炎疫情先进工作者	农工党江苏省委
奚海明	市攻坚办	抗击新冠肺炎疫情先进工作者	农工党江苏省委
		中国农工民主党成立90周年先进党员	农工党江苏省委
奚　蕾	市人民医院	中国农工民主党成立90周年先进党员	农工党江苏省委
顾　斌	市人民医院	在新冠肺炎疫情防控工作中表现突出的先进团员青年	共青团江苏省委
陈　婷	市少年宫	江苏省优秀共青团干部	共青团江苏省委
杨　菊	利港街道苍山村	江苏省优秀共青团干部——团支部书记专项	共青团江苏省委
何　晶	江阴中等专业学校周庄校区	“启航新时代，筑梦新江苏”江苏省中学生社会实践活动先进个人	共青团江苏省委、省学生联合会
胡鹏飞	江苏海鹏投资集团	民建江苏省委优秀会员	民建江苏省委
高文蓓	江苏省南菁高级中学	民建江苏省委优秀会员	民建江苏省委
范建芬	市口腔病防治所	抗击新冠肺炎疫情先进个人	民建江苏省委
沐卫军	民盟经济支部	抗击新冠肺炎疫情先进个人	民盟江苏省委
朱　斌	国家税务总局江阴市税务局	江苏省税务局减税降费专项工作嘉奖	国家税务总局江苏省税务局
邵亚东	江阴出入境边防检查站	个人三等功	江苏出入境边防检查总站
张可儿	江阴出入境边防检查站	个人三等功	江苏出入境边防检查总站
曹　焱	江阴出入境边防检查站	个人三等功	江苏出入境边防检查总站
朱　俊	江阴出入境边防检查站	个人三等功	江苏出入境边防检查总站
朱宇翔	江阴出入境边防检查站	嘉奖	江苏出入境边防检查总站
姜倬雅	国家统计局江阴调查队	三等功	国家统计局江苏调查总队
江兆成	国家统计局江阴调查队	嘉奖（优等）	国家统计局江苏调查总队
彭　翔	国家统计局江阴调查队	嘉奖（优等）	国家统计局江苏调查总队
赵晓敏	市自然资源和规划局	全省自然资源规划系统优秀党务工作者	江苏省自然资源厅
吴　洁	夏港街道普惠社区	“江苏省巾帼党课讲师联盟”讲师	江苏省妇联
王新潮	江苏新潮科技集团有限公司	江苏省五好家庭	江苏省妇联
方海燕	市中医院	江苏省抗疫最美家庭	江苏省妇联
李岐霞	江阴澄星实业集团有限公司	江苏省巾帼建功标兵	江苏省妇联

聂多庆	市顾山中学	江苏好少年	江苏省少工委
朱锡军	市消防救援大队	优秀党务工作者	江苏省消防救援总队
袁亚刚	市消防救援大队	优秀党员	江苏省消防救援总队
金　浩	市锡能实业有限公司	线路三维设计软件应用考评线路结构专业优秀个人	国网江苏省电力有限公司建设部
钱阿兴	云亭街道关工委	全省校外教育辅导站工作优秀辅导员	江苏省精神文明建设委员会办公室、省关心下一代工作委员会
吴建元	顾山镇关工委	全省校外教育辅导站工作优秀辅导员	江苏省精神文明建设委员会办公室、省关心下一代工作委员会
耿国萍	南闸街道关工委	全省校外教育辅导站工作优秀辅导员	江苏省精神文明建设委员会办公室、省关心下一代工作委员会
谢　劼	长泾镇关工委	全省校外教育辅导站工作优秀辅导员	江苏省精神文明建设委员会办公室、省关心下一代工作委员会
吴雪莲	市华士实验小学	全省校外教育辅导站工作优秀辅导员	江苏省精神文明建设委员会办公室、省关心下一代工作委员会
王亚燕	市璜塘实验小学	全省校外教育辅导站工作优秀辅导员	江苏省精神文明建设委员会办公室、省关心下一代工作委员会
高东霞	市祝塘中心小学	全省校外教育辅导站工作优秀辅导员	江苏省精神文明建设委员会办公室、省关心下一代工作委员会
龚　斌	市顾山实验小学	全省校外教育辅导站工作优秀辅导员	江苏省精神文明建设委员会办公室、省关心下一代工作委员会
陈　平	市水产指导站	江苏省渔业技术推广系统先进个人	江苏省渔业技术推广中心
高　阳	市农业机械化技术推广服务中心	江苏省农机科技志愿服务优秀志愿者	江苏省农业机械技术推广站
陶　梦	中国农业发展银行江阴市支行	存款之星	中国农业发展银行江苏省分行工会工作委员会
苏晴晴	江阴海关	南京海关个人嘉奖	南京海关
沈鸿宇	江阴海关	南京海关个人嘉奖	南京海关
范朝晖	江阴海关	南京海关个人嘉奖	南京海关
谢建军	江阴海关	关区优秀共产党员	南京海关直属机关党委
张开术	江阴海关	关区优秀共产党员	南京海关直属机关党委
徐　迅	江阴海关	关区优秀党务工作者	南京海关直属机关党委
张吴军	江阴海关	关区优秀党务工作者	南京海关直属机关党委
朱小军	江阴海关	关区“善行义举最美家庭”	南京海关直属机关党委
陈解平	江阴海关	关区优秀共产党员	南京海关直属机关党委
陈解平	江阴海关	学会之友	南京海关学会
陈　涛	江阴海关	学会工作者	南京海关学会
李志刚	江阴海关	优秀会员	南京海关学会
李志刚	江阴海关	中国海关学会上海分会优秀学会工作者、会员之星	南京海关学会
戴蓉蓉	江阴海关	优秀会员	南京海关学会

附:其他条线系统先进个人

姓　名	工　作　单　位	荣　誉　称　号	授　予　单　位
杨澄青	市融媒体中心	2020 广播影视业创新年会创新人物	中国广播电视社会组织联合会广电研发委员会
尤国耀	民盟综合二支部	优秀工作者	中国象棋协会
朱峰磊	市华西实验学校	全国中小学实验教学能手	中国教育装备行业协会、中国教师发展基金会

杨梅珍	市第一中学	全国优秀科技辅导员	中国地理学会
楚龙飞	江阴生态环境局	2020年长江经济带生态环境警示片制作工作表现突出个人	生态环境部办公厅
李亚明	江阴生态环境局	蓝天保卫战重点区域秋冬季监督帮扶工作表现突出人员	生态环境部华东督察局
徐志刚	市供销合作总社	2020年度“红背篓”精神传承奖	中华合作时报、中华全国供销合作总社信息中心、声像中心
许　栋	市农业农村局	2020年全国县域数字农业农村发展评价工作先进个人	农业农村部信息中心
姜彦希	市古琴协会	2020年度古琴文化艺术委员会先进工作者	中国传统文化促进会、古琴文化艺术委员会

【无锡市先进个人】（无锡市委、市政府表彰）

一、新中国成立70周年大庆全市安保维稳工作先进个人

强伟华（市委政法委）　刘国平（市教育局）　丁　劼（市退役军人事务局）
陈益军（市人民检察院）　许建锋（周庄镇）　赵　华（月城镇）
陶良丰（新桥镇）　薛　松（璜土镇）　孙　静（长泾镇和平村）
陆文革（徐霞客镇）　吴宇航（顾山镇）　孙云民（祝塘镇）
黄崇双（市公安局）　李　澹（市公安局）　徐佳仁（市公安局）
刘恩新（市公安局）　沈　炜（市公安局）　沈　江（市公安局）
顾惠刚（市公安局）　蒋　新（市公安局）　张年清（市公安局）
陆国兴（市公安局）　刘　丽（市公安局）　金　超（市公安局）

二、无锡市服务科技创新先进个人

王敏娟（徐霞客镇政府）

三、2020年度无锡市有突出贡献中青年专家

宫昌俊（市图书馆）

【江阴市先进个人】（江阴市委、市政府表彰）

一、2020年度优秀企业家

（一）工业、建筑业企业

周立宸　钱　刚　张　雷　任乐天　李洪耀　孙　峰　卞平刚　周　江　陈丽芬
俞　敏　吴协恩　缪文彬　赵　峰　严倪芳　黄丽泰　曹克波　胡士勇　拉尔斯·法布里修斯
承立新　袁　勇　华　锋　戚继尧　钱振宇　孙政刚　郭　健　陆子友　马　坚
吴奕宏　蔡晓洪　袁永凯　钟　研　唐少芳

（二）服务业企业

王新潮　许丽芳　郭　靖　张　峰　朱永方　赵厚璞　孙　伟　李国忠　许庆华
张伟志　吴锦明　刘　淼　万国锋　华　江　盛东健　吴雅英　朱皆康　梁　柱
李　明　周　杰　刘　丰　姜澄华　朱禛峰　沈毅锋　任玉玲　陈　磊　孙　燕
李　静　庄　伟　陈　磊　明　科　方　芳　徐志强　任乐天　周　金　陈　欣
孙小烈　吴　坚

二、2020年度优秀总经理

（一）市属

服务业：陈　虹　薛　健　周　嵩　陈文蓉　王新颜　何尧军　徐　巍　徐少逸　张　芳

（二）高新区

工业、建筑业：张　峰　刘　叶　汤晓楠　李天伟　郑　力　黄珑琳　唐瑞刚　孙　华　冯东明
服务业：秦伟华　徐　峰　陈玉平　孙荣红　刘　伟

（三）临港开发区

工业、建筑业：高建华　谢文庆　赵范济　周剑峰　奚英军　吴　钊　胡　震　缪金凤　薛记良
陈利民　华国平　杜继兴　郑洙焕

服务业:赵建国　袁耿生　丁仲麒　范建刚　陈星星　王　钢　徐新锋　张　波

(四)靖江园区:

服务业:张智勇

(五)澄江街道:

工业、建筑业:袁仁伟　王　清　黄　磊　徐士官

服务业:刘柏生　胡建新　季晓春　胡鹏飞　李小刚　王国安　郭顺华

(六)南闸街道:

工业、建筑业:徐惠民

服务业:房士楠　蒋晓峰

(七)云亭街道:

工业、建筑业:夏泽民　包振华　朱　卫　刘德旗

服务业:黄奇评　雷　刚　杨　飞　毕　胜

(八)月城镇:

工业、建筑业:王坚群　陈　龙　张亚彬　钱德洪

(九)青阳镇:

服务业:李明辉

(十)华士镇:

工业、建筑业:赵建明　龚庆堂　陈顺勇　邹承慧　周爱明　赵正洪　李国良　杨　洁　俞建钢　张钟雷　费庆和　徐一铭

服务业:唐晓明　张　玮

(十一)周庄镇:

工业、建筑业:张理罡　陈力皎

(十二)新桥镇:

工业、建筑业:周国华

服务业:俞　伟　陶　园

(十三)长泾镇:

工业、建筑业:蒋惠平　宋建新　周永南

(十四)顾山镇:

服务业:陆正达

(十五)祝塘镇:

工业、建筑业:戴泽新　王　东　陆　军

三、2020年度先进工作者

(一)高新区

白　云　孔庆亮　邱伟松　马晓明　马聂磊　王永志　刘远波　刘晓刚　刘子豪
陶贤会　包　健　张阳洋　陈玉平　马　凯　张惠芬　赵雷振　钱春华　刘焕发
周　良　唐　军　陆荣荣　朱爱国

(二)临港开发区

曹怡纯　吴　玲　李　莉　殷届荣　傅　香　陈亚红　楚健健　王　健　曹　波
周肖军　刘建维　杨　平　李　波　黄　涛　朱东俭　牛新亭　卜　雪　尹　强
奚亚敏　朱玉文　范建国　王俊华　蒋惠军　徐正华　刘理淳　单叶峰　殷　梁
郑华叶　宋桃英　汤　玉　黄汉财　杨吉明　郑　洁　王　曼　高亚楠　唐旻昊
陈华中　曹建锋　朱建良　牟学军　刘振宇　朱建华

(三)靖江园区

蒋才平　修晓华　刘志勇　花思明　罗智辉　钱鹏海　周凤彬　缪华强

(四)澄江街道

丁建霞　孙　伟　黄卫东　马　玲　费敏伟　邹　萍　吕桂芬　吴　海　徐建卫
蒋建娣　沈建明　沈　剑　陈敏进　王国平　张之豪　符建明

(五)南闸街道

王晓龙　周　成　沈云彪　符明君　吴满元　吴　祎　刘伯林　孙宇东

(六)云亭街道

李金虎　曹经纬　钱锡江　张　欣　徐　巍　沈利球　谢纪锋　李凤霞

(七)月城镇							
严　明	徐文新	房廷海	王雪炎	严伟明	钱秋林	顾谷香	周立君
(八)青阳镇							
朱伟清	王　勇	郑　云	马兴洪	曹文江	赵玲娣	陆继生	华　刚
罗　贤	金　唐						
(九)徐霞客镇							
俞立华	张国兴	封晓忠	黄星海	夏国建	李金平	孙秉忠	薛国昌
张人尹	杜永卫	林文雄	孔葵生				
(十)华士镇							
何建南	瞿全兴	吴　挺	赵正洪	王　勤	张忠敏	刘德强	张　英
徐建东	陈　敏	程　云	程春红				
(十一)周庄镇							
刘金龙	孙长福	戈士勇	殷福华	卞良法	承良元	赵浩良	缪明宏
黄克亮	李全兴	王晓平	朱荣华				
(十二)新桥镇							
徐兴福	赵　荣	郁正达	刘柏松	何海华	周协兴	张　渠	陶妙锋
(十三)长泾镇							
浦益锋	谢　明	陈秋佼	费　倩	胡　光	朱海明	缪醒海	夏国庆
李文义	宋文明						
(十四)顾山镇							
赵方伟	周　檬	李一新	徐　丹	杨　亮	王万里	郭亚霓	毛二度
赵丽忠	陆海能						
(十五)祝塘镇							
唐良君	刘国荣	朱　斌	蒋忠伟	朱建飞	孙建刚	何德兴	徐　昕
吕惠军	贺文娟						
(十六)工业直属企业							
唐严君							
(十七)服务业直属企业							
顾　军	张小英	俞　强					

逝世人物

吴树青

1932年1月生,顾山镇人,中共党员。著名经济学家,北京大学原校长、哲学社会科学资深教授、经济学院教授,教育家。3岁随母到常熟生活、读书,初中就读常熟县立中学,高中就读上海中学。1949年8月参加革命,被选送华东人民革命大学学习后分配至浙江桐乡县委工作。1952年,被选送为中国人民大学经济系政治经济学教研室研究生,1955年加入中国共产党,同年毕业留校,致力经济学教学和理论研究工作,历任助教、讲师、副教授、教授、博士生导师。1985年起,先后任中国人民大学研究生院副院长、中国人民大学副校长兼研究生院院长、北京大学校长等职。1996年8月离任。主政北京大学7年间,他按中央要求将科研开发和市场开拓紧密结合,大力扶持高新科技项目"北大方正",拆北大南围墙建成"中关村"现代化电子街,为创建中国硅谷提供较好条件;设立教学和科研奖励基金,培养年轻人才,使具有博士学位的教师由不足100人扩展至600余人;主持制订北大面向21世纪的宏伟蓝图,为北大跻身世界一流大学行列打下坚实基础。曾兼任北大校务委员会名誉主任、教育基金会理事长、北大经济学院顾问委员会名誉主席,中国城市经济学会副会长等职。经济学研究著作颇丰,先后发表《正确认识社会主义生产目的》《关于社会主义基本经济规律的几个问题》《正确认识我国社会主义建设的战略目标》《社会主义经济中的互助合作关系和等价交换关系》《加快城市改革的必要性和迫切性》《关于增强企业活力的几个问题》等专文,出版《中国社会主义建设》《模式·运行·调控》《吴树青选集》《中国宏观经济管理》《政治经济学》《略论股份经济》等专著,主编《邓小平理论概论》《经济改革名词解释》《政治经济学常识》《政治经济学入门》等著作。专著《中国社会主义建设》《政治经济学》获国家教委优秀教材一等奖,论文《坚持社会主义必须弄清什么是社会主义》获中宣部"五个一工程"论文奖。2020年1月10日,吴树青在北京逝世,享年88岁。(澄　鉴)

■类目编辑　邢　盈

重要文件目录

2020 年中共江阴市委重要文件目录

一、1 月 23 日，中共江阴市委、江阴市人民政府联合发《〈长江三角洲区域一体化发展规划纲要〉江阴行动方案》(澄委发〔2020〕5 号)。

二、2 月 3 日，中共江阴市委发《关于贯彻落实党的十九届四中全会精神推动县域治理体系和治理能力现代化建设走在前列的实施意见》(澄委发〔2020〕6 号)。

三、2 月 5 日，中共江阴市委发《关于深入贯彻落实习近平总书记重要指示精神切实加强党的领导坚决打赢疫情防控阻击战的通知》(澄委发〔2020〕9 号)。

四、2 月 8 日，中共江阴市委、江阴市人民政府联合发《关于应对新型冠状病毒感染的肺炎疫情支持企业共渡难关保障经济平稳运行的政策意见》(澄委发〔2020〕11 号)。

五、2 月 12 日，中共江阴市委、江阴市人民政府联合发《关于应对新型冠状病毒感染的肺炎疫情切实加强民生保障的政策意见》(澄委发〔2020〕13 号)。

六、2 月 13 日，中共江阴市委、江阴市人民政府联合发《关于应对新型冠状病毒感染的肺炎疫情保障城乡有序建设的政策意见》(澄委发〔2020〕12 号)。

七、2 月 18 日，中共江阴市委办公室发《中共江阴市委关于抓全面从严治党述职反馈意见的整改方案》(澄委办〔2020〕3 号)。

八、3 月 4 日，中共江阴市委办公室、江阴市人民政府办公室联合发《关于打好全面小康收官仗 2020 年工作要点》(澄委办〔2020〕6 号)。

九、3 月 9 日，中共江阴市委办公室、江阴市人民政府办公室联合发《打好产业强市纵深仗 2020 年工作要点》(澄委办〔2020〕7 号)。

十、3 月 11 日，中共江阴市委办公室发《江阴市当好改革再出发排头兵 2020 年工作要点》(澄委办〔2020〕9 号)。

十一、3 月 12 日，中共江阴市委发《江阴市当好改革再出发排头兵三年行动计划(2020—2022 年)》(澄委发〔2020〕22 号)。

十二、3 月 12 日，中共江阴市委、江阴市人民政府联合发《江阴市推进长江经济带高质量发展当好长江大保护排头兵三年行动计划(2020—2022 年)》(澄委发〔2020〕23 号)。

十三、3 月 12 日，中共江阴市委、江阴市人民政府联合发《江阴市进一步优化营商环境实施方案》(澄委发〔2020〕24 号)。

十四、3 月 12 日，中共江阴市委、江阴市人民政府联合发《江阴市推进长三角一体化当好区域发展排头兵三年行动计划(2020—2022 年)》(澄委发〔2020〕25 号)。

十五、3 月 15 日，中共江阴市委、江阴市人民政府联合发《“创新江阴”三年行动计划(2020—2022 年)》(澄委发〔2020〕26 号)。

十六、3 月 16 日，中共江阴市委、江阴市人民政府联合发《关于建设先进制造业科创中心加快创新发展的若干政策措施》(澄委发〔2020〕27 号)。

十七、3 月 19 日，中共江阴市委办公室、江阴市人民政府办公室联合发《2020 年全市农业农村工作要点》(澄委办〔2020〕16 号)。

十八、3 月 19 日，中共江阴市委办公室、江阴市人民政府办公室联合发《关于开展全市农村人居环境整治提升专项行动的意见》(澄委办〔2020〕17 号)。

十九、3 月 20 日，中共江阴市委发《关于加强新时代人大工作和建设的实施意见》(澄委发〔2020〕28 号)。

二十、3 月 31 日，中共江阴市委、江阴市人民政府联合发《江阴市当好经济高质量发展排头兵三年行动计划(2020—2022 年)》(澄委发〔2020〕31 号)。

二十一、3 月 31 日，中共江阴市委办公室、江阴市人民政府办公室联合发《关于印发〈打好重大风险防控(金融安全)攻坚仗 2020 年工作要点〉〈打好重大风险防控(安全生产)攻坚仗 2020 年工作要点〉的通知》(澄委办〔2020〕22 号)。

二十二、4 月 2 日，中共江阴市委办公室、江阴市人民政府办公室联合发《江阴市社会主义现代化建设试点实施方案》（澄委办〔2020〕23 号）。

二十三、4 月 24 日，中共江阴市委、江阴市人民政府联合发《“六攻坚六突破”三年行动实施方案（2020—2022 年）》（澄委发〔2020〕36 号）。

二十四、4 月 25 日，中共江阴市委、江阴市人民政府联合发《关于大力推进产业强市建设推动经济高质量发展的政策意见》（澄委发〔2020〕37 号）。

二十五、6 月 1 日，中共江阴市委办公室、江阴市人民政府办公室联合发《关于深入解决形式主义突出问题持续为基层减负的通知》（澄委办〔2020〕33 号）。

二十六、6 月 2 日，中共江阴市委办公室、江阴市人民政府办公室联合发《江阴市 2020 年供给侧结构性改革指导意见》（澄委办〔2020〕32 号）。

二十七、6 月 8 日，中共江阴市委、江阴市人民政府联合发《江阴市 2020 年国民经济和社会发展重点管理目标责任分解》（澄委发〔2020〕44 号）。

二十八、6 月 16 日，中共江阴市委、江阴市人民政府联合发《江阴市城乡建设三年行动计划（2020—2022 年）》（澄委发〔2020〕45 号）。

二十九、9 月 2 日，中共江阴市委、江阴市人民政府联合发《江阴市率先基本实现农业农村现代化示范建设实施方案（2020—2022 年）》（澄委发〔2020〕53 号）。

三十、9 月 4 日，中共江阴市委办公室、江阴市人民政府办公室联合发《江阴市安全生产专项整治三年行动实施方案》（澄委办〔2020〕40 号）。

三十一、9 月 8 日，中共江阴市委办公室、江阴市人民政府办公室联合发《关于加快推动新基建积极培育新动能的实施方案》（澄委办〔2020〕56 号）。

三十二、9 月 27 日，中共江阴市委、江阴市人民政府联合发《关于扎实推进美丽江阴建设的实施意见》（澄委发〔2020〕58 号）。

三十三、10 月 12 日，中共江阴市委办公室、江阴市人民政府办公室联合发《市委十三届十次全会重点任务落实分工方案》（澄委办〔2020〕60 号）。

三十四、11 月 3 日，中共江阴市委办公室发《关于开展全市机关干部“三转一提”专题学习活动方案》（澄委办〔2020〕61 号）。

三十五、11 月 19 日，中共江阴市委办公室、江阴市人民政府办公室联合发《江阴市推进产业链高质量发展工作方案》（澄委办〔2020〕65 号）。

三十六、12 月 22 日，中共江阴市委办公室、江阴市人民政府办公室联合发《关于坚持和完善“大数据 + 网格化 + 铁脚板”治理机制加快推进基层社会治理现代化的实施意见》（澄委办〔2020〕72 号）。

三十七、12 月 22 日，中共江阴市委办公室、江阴市人民政府办公室联合发《关于加快推进总部经济高质量发展的若干政策意见》（澄委办〔2020〕74 号）。

（市委办）

2020 年江阴市人大常委会重要文件目录

一、3 月 31 日，江阴市人大常委会办公室发《关于表彰 2019 年度人大信息宣传工作先进的通知》（澄人办发〔2020〕7 号）。

二、4 月 14 日，江阴市人大常委会发《2020 年江阴市人大常委会工作要点》（澄人发〔2020〕6 号）。

三、4 月 15 日，江阴市人大常委会发《关于 2020 年基层人大工作的指导意见》（澄人发〔2020〕7 号）。

四、4 月 15 日，江阴市人大常委会发《关于 2020 年市人大代表小组活动的意见》（澄人发〔2020〕8 号）。

五、5 月 25 日，江阴市人大常委会发《关于市十七届人大常委会领导分工的通知》（澄人发〔2020〕14 号）。

六、6 月 8 日，江阴市人大常委会发《关于印发〈江阴市人大常委会安全生产法执法检查方案〉的通知》（澄人发〔2020〕15 号）。

七、6 月 12 日，江阴市人大常委会发《关于印发〈2020 年江阴市人大代表小组定向视察活动方案〉的通知》（澄人发〔2020〕16 号）。

八、6 月 24 日，江阴市人大常委会办公室发《关于印发〈江阴市人大常委会关于开展涉野生动物“一决定一法”及省“条例”执法检查工作方案〉的通知》（澄人办发〔2020〕15 号）。

九、6 月 28 日，江阴市人大常委会办公室发《关于印发〈江阴市人大常委会 2020 年度“代表建议督办月”活动方案〉的通知》（澄人办发〔2020〕14 号）。

十、7 月 28 日，江阴市人大常委会发《关于批准江阴市 2019 年度市级财政决算的决议》（澄人发〔2020〕17 号）。

十一、8 月 4 日，江阴市人大常委会办公室发《关于印发〈江阴市人大预算联网监督系统使用管理办法〉的通知》（澄人办发〔2020〕20 号）。

十二、8 月 12 日，江阴市人大常委会办公室发《关于印发〈2020 年江阴市基层人大工作考核标准〉的通知》（澄人办发〔2020〕22 号）。

十三、8 月 21 日，江阴市人大常委会办公室发《关于印发江阴市人大常委会〈中华人民共和国土壤污染防治法〉执法检查方案的通知》（澄人办发〔2020〕24 号）。

十四、8 月 26 日，江阴市人大常委会办公室发《关于印发〈江阴市人大常委会关于组织开展 2020 年度“市人大代表履职活动周”活动的实施意见〉的通知》（澄人办发〔2020〕25 号）。

十五、9 月 21 日，江阴市人大常委会发《关于组织开展人大代表建言献策“十四五”规划活动的通知》（澄人发〔2020〕23 号）。

十六、9 月 22 日，江阴市人大常委会办公室发《关于印发〈江阴市人大常委会关于开展代表建议办理工作专题询问的实施方案〉的通知》（澄人办发〔2020〕26 号）。

十七、10 月 31 日，江阴市人大常委会发《关于批准

2020 年财政收支预算调整方案的决议》(澄人发〔2020〕25 号)。

十八、10 月 31 日,江阴市人大常委会发《关于批准 2020 年列入人大资金监督的政府投资项目计划调整方案的决议》(澄人发〔2020〕26 号)。

十九、11 月 25 日,江阴市人大常委会办公室发《关于印发〈2020 年市人大代表“接待联系日”暨会前视察活动方案〉的通知》(澄人办发〔2020〕28 号)。(市人大办)

2020 年江阴市政府重要文件目录

一、1 月 13 日,江阴市政府办公室发《关于印发江阴市市场监管领域全面推行部门联合“双随机、一公开”监管实施办法的通知》(澄政办发〔2020〕1 号)。

二、1 月 14 日,江阴市政府办公室发《转发省政府办公厅关于印发〈江苏省政府信息公开申请办理答复规范〉的通知》(澄政办发〔2020〕2 号)。

三、1 月 16 日,江阴市政府办公室发《关于成立江阴市社会组织管理工作联席会议的通知》(澄政办发〔2020〕3 号)。

四、1 月 17 日,江阴市政府办公室发《关于印发〈江阴市卓越绩效管理示范基地认定和管理办法〉的通知》(澄政办发〔2020〕4 号)。

五、1 月 19 日,江阴市政府发《关于收回国有土地使用权的决定》(澄政发〔2020〕10 号)。

六、1 月 19 日,江阴市政府发《关于收回国有土地使用权的决定》(澄政发〔2020〕11 号)。

七、1 月 19 日,江阴市政府发《关于公布江阴市行政执法主体(第一批)的通知》(澄政发〔2020〕12 号)。

八、1 月 19 日,江阴市政府发《关于印发〈江阴市畜禽养殖禁养区调整划定方案〉的通知》(澄政发〔2020〕13 号)。

九、1 月 22 日,江阴市政府办公室发《关于稳定生猪生产保障市场供应的实施意见》(澄政办发〔2020〕5 号)。

十、2 月 18 日,江阴市政府办公室发《关于应对新冠肺炎疫情支持农业经营主体稳定“菜篮子”产品生产供应的政策意见》(澄政办发〔2020〕7 号)。

十一、2 月 20 日,江阴市政府办公室发《关于印发江阴市危险化学品安全综合治理实施方案的通知》(澄政办发〔2020〕8 号)。

十二、3 月 4 日,江阴市政府发《关于应对新冠肺炎疫情支持外贸企业稳定发展的政策意见》(澄政发〔2020〕19 号)。

十三、3 月 5 日,江阴市政府发《关于调整全市“工业百强企业”和“创新型百佳中小企业”名单的通知》(澄政发〔2020〕20 号)。

十四、3 月 5 日,江阴市政府办公室发《关于调整 2020 年度江阴市安置房建设单位名录的通知》(澄政办发〔2020〕9 号)。

十五、3 月 11 日,江阴市政府办公室发《关于印发 2020 年度市政府常务会议学法计划的通知》(澄政办发〔2020〕10 号)。

十六、3 月 11 日,江阴市政府办公室发《关于开展市政府重大行政决策和规范性文件后评估工作的通知》(澄政办发〔2020〕11 号)。

十七、3 月 11 日,江阴市政府办公室发《关于江阴市政府投资工程集中组织建设的工作意见(试行)》(澄政办发〔2020〕12 号)。

十八、3 月 11 日,江阴市政府办公室发《关于下达 2020 年住房公积金扩面任务的通知》(澄政办发〔2020〕13 号)。

十九、3 月 16 日,江阴市政府办公室发《关于江阴市安全生产行政执法工作的实施意见》(澄政办发〔2020〕14 号)。

二十、3 月 30 日,江阴市政府办公室发《关于印发〈江阴市政府购买服务目录〉的通知》(澄政办发〔2020〕18 号)。

二十一、3 月 31 日,江阴市政府办公室发《关于印发〈2020 年江阴市政府规范性文件立项计划〉的通知》(澄政办发〔2020〕21 号)。

二十二、4 月 1 日,江阴市政府办公室发《关于印发进一步促进生猪生产若干政策的通知》(澄政办发〔2020〕19 号)。

二十三、4 月 1 日,江阴市政府办公室发《关于印发〈江阴市水土保持规划(2019—2030 年)〉的通知》(澄政办发〔2020〕20 号)。

二十四、4 月 2 日,江阴市政府办公室发《关于公布〈2020 年度江阴市政府重大行政决策事项目录〉的通知》(澄政办发〔2020〕22 号)。

二十五、4 月 7 日,江阴市政府发《关于调整江阴市城区房屋征收(拆迁)安置工作指挥部成员名单的通知》(澄政发〔2020〕27 号)。

二十六、4 月 9 日,江阴市政府发《关于江阴市 2020 年度重点重大项目安排的通知》(澄政发〔2020〕29 号)。

二十七、4 月 9 日,江阴市政府发《关于做好我市第七次全国人口普查工作的通知》(澄政发〔2020〕30 号)。

二十八、4 月 10 日,江阴市政府办公室发《关于成立江阴市江阴第二过江通道建设协调领导小组及服务指挥部的通知》(澄政办发〔2020〕24 号)。

二十九、4 月 13 日,江阴市政府办公室发《关于江阴市 2020 年节能工作的实施意见》(澄政办发〔2020〕25 号)。

三十、4 月 13 日,江阴市政府办公室发《江阴市长江沿线“三无”船舶专项整治工作方案》(澄政办发〔2020〕27 号)。

三十一、4 月 17 日,江阴市政府发《关于加快推进土地集约利用的实施意见》(澄政发〔2020〕33 号)。

三十二、4 月 17 日,江阴市政府办公室发《关于印发〈江阴市 2020 年度国有建设用地供应计划〉的通知》(澄政办发〔2020〕26 号)。

三十三、4 月 21 日,江阴市政府发《关于收回国有土地使用权的决定》(澄政发〔2020〕36号)。

三十四、4月27日,江阴市政府发《关于2019年度江阴市市长质量奖和江阴市质量管理优秀奖的通报》(澄政发〔2020〕40号)。

三十五、4月30日,江阴市政府办公室发《关于印发〈江阴市智慧城市综合管理平台网格化管理业务工作考核细则〉的通知》(澄政办发〔2020〕28号)。

三十六、5月19日,江阴市政府发《关于进一步加强职业病防治工作的意见》(澄政发〔2020〕45号)。

三十七、5月20日,江阴市政府办公室发《关于印发〈江阴市2020年工业经济发展目标分解表〉的通知》(澄政办发〔2020〕31号)。

三十八、6月2日,江阴市政府办公室发《关于进一步加快推进第五代移动通信网络建设发展的若干意见》(澄政办发〔2020〕33号)。

三十九、6月5日,江阴市政府发《关于印发〈市政府重点工作落实分工方案〉的通知》(澄政发〔2020〕48号)。

四十、6月6日,江阴市政府发《关于印发〈投资建设类权力事项全链委托高新区、临港经济开发区实施方案〉的通知》(澄政发〔2020〕57号)。

四十一、6月6日,江阴市政府办公室发《关于实施江阴市城乡居民大病保险制度的意见》(澄政办发〔2020〕34号)。

四十二、6月9日,江阴市政府办公室发《关于实施江阴市停车秩序综合治理的意见》(澄政办发〔2020〕35号)。

四十三、6月10日,江阴市政府发《关于印发〈江阴市政府投资管理办法〉的通知》(澄政发〔2020〕56号)。

四十四、6月19日,江阴市政府办公室发《关于印发〈江阴市职业技能提升行动实施方案(2019—2021年)〉的通知》(澄政办发〔2020〕36号)。

四十五、7月7日,江阴市政府办公室发《关于印发〈江阴市地区生产总值统一核算工作联席会议制度〉的通知》(澄政办发〔2020〕38号)。

四十六、7月9日,江阴市政府办公室发《关于印发〈江阴市国土空间总体规划(2020—2035)编制领导小组成员名单〉的通知》(澄政办发〔2020〕39号)。

四十七、7月14日,江阴市政府办公室发《关于印发〈江阴市加快推进跨境电子商务发展实施方案〉的通知》(澄政办发〔2020〕41号)。

四十八、8月4日,江阴市政府办公室发《关于优化支出结构带头落实过紧日子要求做好"六稳""六保"工作的意见》(澄政办发〔2020〕42号)。

四十九、8月5日,江阴市政府办公室发《关于印发江阴口岸进境肉类产品质量安全保障工作方案和江阴市进境肉类指定监管场地重大突发事件应急处理预案的通知》(澄政办发〔2020〕43号)。

五十、8月11日,江阴市政府发《关于印发〈全面推进我市长江流域禁捕退捕工作实施方案〉的通知》(澄政发〔2020〕73号)。

五十一、8月13日,江阴市政府办公室发《关于印发〈江阴市房屋征收清点清障攻坚行动计划〉的通知》(澄政办发〔2020〕44号)。

五十二、8月13日,江阴市政府办公室发《关于印发〈江阴市棚户区改造范围和界定标准实施方案〉的通知》(澄政办发〔2020〕45号)。

五十三、8月19日,江阴市政府办公室发《关于开展"村企共发展　同奔现代化"行动的实施意见》(澄政办发〔2020〕49号)。

五十四、8月24日,江阴市政府办公室发《关于印发〈江阴市自然资源统一确权登记工作总体方案〉的通知》(澄政办发〔2020〕50号)。

五十五、9月19日,江阴市政府发《关于印发〈江阴市"十四五"农村生态河道建设规划〉的通知》(澄政发〔2020〕90号)。

五十六、9月21日,江阴市政府发《关于印发〈江阴市创建国家生态园林城市三年行动计划(2020—2022年)〉的通知》(澄政发〔2020〕91号)。

五十七、9月21日,江阴市政府办公室发《关于印发〈2020年江阴市各镇(街)、开发区污染防治重点指标及工作月度考核办法〉的通知》(澄政办发〔2020〕55号)。

五十八、9月28日,江阴市政府发《关于修改〈江阴市征地补偿和被征地农民社会保障实施细则〉的决定》(澄政发〔2020〕97号)。

五十九、10月10日,江阴市政府发《关于印发〈江阴市社会联动救助基本公共服务标准化专项试点实施方案〉的通知》(澄政发〔2020〕94号)。

六十、10月12日,江阴市政府办公室发《关于印发〈江阴市通信基础设施空间布局规划(第五代移动通讯)(2019—2024)〉的通知》(澄政办发〔2020〕58号)。

六十一、10月22日,江阴市政府办公室发《关于全面推行行政规范性文件合法性审核和备案审查工作的实施意见》(澄政办发〔2020〕59号)。

六十二、10月26日,江阴市政府发《关于全面推行涉企轻微违法行为不予处罚、一般违法行为从轻、减轻处罚清单的实施意见》(澄政发〔2020〕100号)。

六十三、11月4日,江阴市政府办公室发《关于做好全市"十四五"市级专项规划编制工作的通知》(澄政办发〔2020〕60号)。

六十四、11月6日,江阴市政府发《关于对国有土地上房屋实施征收的决定》(澄政发〔2020〕104号)。

六十五、11月17日,江阴市政府发《关于公布征地区片综合地价的通知》(澄政发〔2020〕106号)。

六十六、12月1日,江阴市政府办公室发《印发〈关于进一步提升消费信心激发消费需求的若干措施〉的通知》(澄政办发〔2020〕63号)。

六十七、12月2日,江阴市政府发《关于收回国有土地使用权的决定》(澄政发〔2020〕114号)。

(市政府办)

先进集体

(以时间为序)

全国条线表彰的先进集体一览表

附表1

时　间	单　位	荣　誉　称　号	授予机关(部门)
2019.12	江阴市司法局	全国法治政府建设工作先进单位	司法部
	璜土镇璜土村	国家森林乡村	国家林业和草原局
2020.1.9	江阴市融媒体中心	2019年度国家广播电视和网络视听产业发展项目库入库项目	国家广播电视总局
2020.1	江阴市妇联	2019年度全国妇联舆论阵地建设光荣榜、《中国妇女》宣传推广突出贡献奖	中国妇女杂志社
2020.2.18	江阴市公安局刑事警察大队	全国示范刑事科学技术室	公安部
2020.4.6	江阴市	第二批全国农村集体产权制度改革试点典型单位	农业农村部
2020.5.15	江阴市供销合作总社	2019年度全国供销合作社系统百强县级社	中华全国供销合作总社
2020.6	江阴市公安局祝塘派出所	全国公安机关执法示范单位	公安部
	江阴市公安局禁毒大队	全国禁毒工作先进集体	国家禁毒委员会
	江阴市总工会	全国"安康杯"竞赛优秀组织单位	中华全国总工会、应急管理部、国家卫生健康委员会
	国网江阴市供电公司电力调度控制分中心调控班	全国"安康杯"竞赛优胜班组	
2020.7	民盟江阴市委综合一支部	盟务工作先进基层组织	民盟中央
	祝塘镇	优秀服装供应链产业基地	中国物流与采购联合会服装物流分会
	长江引航中心太仓引航基地党支部	交通运输部系统先进基层党组织	交通运输部办公厅
2020.8.12	江阴市公安局车辆管理服务中心	2018至2019年度全国一等县级车辆管理所	公安部
2020.8	民进江阴市委	民进全国会史工作先进集体	民进中央
2020.9.10	海澜集团有限公司、江阴澄星实业集团有限公司、江苏阳光集团有限公司、三房巷集团有限公司、江苏新长江实业集团有限公司、江苏扬子江船业集团、法尔胜泓昇集团有限公司、双良集团有限公司、江苏西城三联控股集团有限公司、江苏华宏实业集团有限公司、江阴长三角钢铁集团有限公司、远景能源有限公司、江苏大经集团有限公司、江阴市金桥化工有限公司	2020中国民营企业500强	中华全国工商业联合会
2020.9.16	江苏阳光集团有限公司	2020年国家技术创新示范企业	工业和信息化部
2020.9.28	江阴生态环境局	全国固定污染源排污许可全覆盖工作突出集体	国务院二污普领导办公室

续附表1

时　间	单　位	荣　誉　称　号	授予机关（部门）
2020.9.28	海澜集团有限公司、江阴澄星实业集团有限公司、三房巷集团有限公司、江苏新长江实业集团有限公司、华西集团有限公司、江苏扬子江船业集团、法尔胜泓昇集团有限公司、双良集团有限公司、江苏华宏实业集团有限公司、江苏阳光集团有限公司、远景能源有限公司	2020中国企业500强	中国企业联合会、中国企业家协会
	海澜集团有限公司、江阴澄星实业集团有限公司、三房巷集团有限公司、江苏新长江实业集团有限公司、华西集团有限公司、江苏扬子江船业集团、法尔胜泓昇集团有限公司、双良集团有限公司、江苏华宏实业集团有限公司、江苏阳光集团有限公司、远景能源有限公司、江苏长电科技股份有限公司、江苏西城三联控股集团有限公司、江阴模塑集团有限公司、江阴江东集团有限公司	2020中国制造业企业500强	
2020.10	江阴市	全国双拥模范城（县）	全国双拥工作领导小组、退役军人事务部、中央军委政治工作部
	江阴市人民检察院	2020年度全国检察宣传先进单位	最高人民检察院、检察日报社
	江苏阳光集团有限公司	工业产品绿色设计示范企业	工业和信息化部
	长江引航中心	全国交通运输系统抗击新冠肺炎疫情先进集体	交通运输部
	长江引航中心党委	全国交通运输系统抗击新冠肺炎疫情先进基层党组织	
	江阴市红十字会	2020年度中国红十字会总会报刊宣传先进集体一等奖	中国红十字会总会办公室
	江阴市学校红十字工作委员会	2020年度中国红十字会总会报刊宣传先进集体三等奖	
	江阴市关心下一代工作委员会	全国关心下一代工作先进集体	中国关心下一代工作委员会、中央精神文明建设指导委员会办公室
2020.11.13	江阴高新区	2019年度火炬统计工作先进单位	科学技术部火炬高技术产业开发中心
2020.11.20	江阴市	全国文明城市	中央精神文明建设指导委员会
	江阴海事局、江阴海关、长江引航中心、海澜集团	全国文明单位	
	新桥镇、华士镇、华士镇华西新市村、璜土镇璜土村、周庄镇山泉村、夏港街道长江村、长泾镇蒲市村	全国文明镇村	
2020.11.27	江阴市	2020年全国县域数字农业农村发展先进县	农业农村部信息中心
	海澜马文化主题旅游景区	2020中国体育旅游十佳精品景区	国家体育总局体育文化发展中心
2020.11	江阴市	2020年中国工业百强县（市）	中国信息通信研究院
	江阴升辉包装材料有限公司	专精特新“小巨人”企业	工业和信息化部中小企业局

续附表1

时　间	单　位	荣　誉　称　号	授予机关(部门)
2020.12.9	澄江街道人民调解委员会	全国模范人民调解委员会	中华人民共和国司法部
2020.12.18	江阴市融媒体中心	2020广播影视业创新年会管理创新团队	中国广播电视社会组织联合会广电研发委员会
	江阴市科学技术协会	2020年全国科普日优秀活动	中国科协办公厅
2020.12.29	江阴市人民法院	司法宣传和通联工作先进单位	人民法院新闻传媒总社
	江阴市渔政监督大队	“中国渔政亮剑2020”系列专项执法行动工作成绩突出先进集体	农业农村部
2020.12	民盟江阴市委	《群言》发行工作突出成绩奖	民盟中央
	江阴市香山书屋“巾帼志愿阳光站”	全国首批巾帼志愿“阳光站”	全国妇联宣传部
	江苏天华色纺有限公司工会委员会	全国模范职工之家	中华全国总工会
	江阴市夏港实验小学	全国校园大课间啦啦操推广实施单位	教育部体育卫生与艺术教育司、国家体育总局体操运动管理中心、全国啦啦操委员会

江苏省条线表彰的先进集体一览表

附表2

时　间	单　位	荣　誉　称　号	授予机关(部门)
2019.11.9	江阴市云亭中心幼儿园新伍分园	江苏省优质幼儿园	江苏省教育厅
2019.12	徐霞客镇离退休干部党总支	全省离退休干部先进集体	中共江苏省委组织部、省委老干部局、省委离退休干部工作委员会
	江阴市桐岐中学	江苏省2019年度餐饮质量安全示范店(食堂)	江苏省市场监督管理局
2020.1.13	江阴市消防救援大队	全省信息调研工作先进基层单位	江苏省消防救援总队
2020.1.14	国网江阴市供电公司锡能公司配电带电作业班	2019年工人先锋号	国网江苏省电力有限公司
2020.1.15	江阴市	2019年健康江苏建设示范点	健康江苏建设领导小组办公室
	江阴兴澄特种钢铁有限公司科协、中船澄西船舶修造有限公司科协、法尔胜泓昇集团有限公司科协	2019年江苏省示范企业科协	江苏省科学技术协会
2020.1.19	“德法书香”实战平台	公民“全生命周期”公共法律服务优秀类产品	江苏省司法厅办公室
	阳光回归工程、保障消费者维权服务产品	公民“全生命周期”公共法律服务推广类产品	
2020.1.21	国网江阴市供电公司	2019年推动乡村电气化工作劳动竞赛优胜单位	国网江苏省电力有限公司、国网江苏省电力有限公司工会
	国网江阴电力调控分中心调控班	2019年调控运行专业劳动竞赛先进集体	
2020.1.22	江阴市科学技术协会	2019—2020年度江苏省全民科学素质大赛网络赛优秀组织单位	江苏省科学技术协会
	江苏省江阴高级中学	江苏省十佳中学中职共青团组织(高中组)	共青团江苏省委
2020.1.23	江阴市消防救援大队	2019年度全省消防执法先进单位	江苏省消防救援总队

续附表2

时　间	单　位	荣　誉　称　号	授予机关(部门)
2020.1	江阴市文体广电和旅游局	2019年度江苏省县级体育工作先进单位	江苏省体育局
	江阴市澄江街道北大街社区	2019年度江苏省优秀志愿服务社区	江苏省委宣传部等14个部门
	江阴职业技术学院	全省“七五”普法中期先进集体	江苏省委宣传部、省法治宣传教育工作领导小组办公室、省司法厅
2020.2.12	江阴市公安局要塞派出所	学习“枫桥经验”优秀派出所、集体二等功	江苏省公安厅
2020.2.13	江阴市司法局	2019年度全系统新闻宣传工作先进集体	江苏省司法厅
	“法润暨阳”(江阴市司法局官方微信)	全省司法行政系统十佳优秀政务微信公众号	
2020.2.20	江阴市司法局	2019年度全省司法行政系统绩效考核优秀单位	江苏省司法厅
	江阴市消防救援大队	2019年度消防宣传工作先进基层单位	江苏省消防救援总队
2020.2.25	江阴市消防救援大队	十佳基层大队	江苏省消防救援总队
2020.2	新桥镇新桥社区	江苏省五星级农家示范书屋	江苏省新闻出版局
2020.3.6	江阴海关第四党支部	2019年度江苏省省级机关“服务高质量发展”标兵党支部	中共江苏省委省级机关工作委员会
2020.3.13	江阴市发展和改革委员会	全省发展改革系统2019年度综合先进单位	江苏省发展和改革委员会
2020.3.17	国家税务总局江阴市税务局青阳税务分局、徐霞客镇行政审批局	江苏省健康单位	江苏省爱国卫生运动委员会
2020.3	民盟江阴市委	2019—2020年度江苏民盟社会服务工作特别贡献奖	民盟江苏省委
	江阴中等专业学校	2019年度江苏省优秀中学中职学校共青团组织	共青团江苏省委、省教育厅
2020.4.1	江阴市周庄实验小学	江苏省体育特色学校	江苏省教育厅
2020.4.9	江阴市南闸医院团支部	在新冠肺炎疫情防控工作中表现突出的先进青年集体	共青团江苏省委
2020.4.23	江阴农村商业银行	2019年度江苏省银行业金融机构普惠金融服务先进单位	中国银保监会江苏监管局
2020.4	江阴市退役军人服务中心	江苏省退役军人工作模范单位	中共江苏省委退役军人事务工作领导小组办公室、省委组织部、省人力资源和社会保障厅、省退役军人事务厅、省军区政治工作局
	双良集团有限公司	江苏省五一劳动奖状	江苏省总工会
	江阴市西郊环境卫生发展有限公司清扫保洁清运小组、优彩环保资源科技股份有限公司特种纤维生产一车间甲班、江苏锦明工业机器人自动化有限公司机器人研发与应用中心、江阴协统汽车附件有限公司发泡班组、中建钢构江苏有限公司邱明辉蓝领创新工作室	江苏省工人先锋号	
	精亚集团环境车间数控班组	2019年度江苏省“安康杯”竞赛优胜班组	江苏省总工会、省应急管理厅
	江阴职业技术学院	2017—2019年度江苏省体育特色学校(高校)	江苏省教育厅

续附表2

时　间	单　位	荣　誉　称　号	授予机关(部门)
2020.5.1	江阴市周庄实验小学	江苏省智慧校园示范校	江苏省教育厅
2020.5.13	江阴市云亭街道团委、江阴市农业农村局团委	江苏省五四红旗团委	共青团江苏省委
	江阴市融媒体中心(传媒集团)编委会团支部、江阴市人民检察院团支部、江苏省江阴高级中学高三(1)班团支部	江苏省五四红旗团支部	
2020.5.24	无锡三新供电服务有限公司江阴分公司	2018—2020年度全省厂务公开民主管理先进单位	江苏省厂务公开协调小组
2020.5	澄江街道、璜土镇、华士镇、周庄镇、长泾镇	第三批江苏省生态文明建设示范乡镇(街道)	江苏省生态环境厅
	夏港街道三元村、申港街道横塘村、利港街道东支村、月城镇双泾村、徐霞客镇阳庄村	第三批江苏省生态文明建设示范村(社区)	
2020.6.1	江阴建工集团有限公司、江阴市锡能实业有限公司	抗击新冠肺炎疫情表现突出集体	江苏省建筑行业协会
2020.6.3	江苏振强律师事务所	江苏省律师行业统筹推进疫情防控和经济社会发展工作先进集体	中共江苏省律师行业委员会
2020.6.15	江阴市公安局监所管理大队	二级看守所	江苏省公安厅
2020.6.17	江阴海关团支部	南京海关2019年度五四红旗团支部	南京海关直属机关团委
2020.6.23	江阴海关第七党支部	2020年度南京关区先进党支部	南京海关直属机关党委
	江阴市住房和城乡建设局党委	全省住房和城乡建设行业先进基层党组织	中共江苏省住房和城乡建设行业委员会
2020.6.30	江阴市消防救援大队党委	先进基层党组织	江苏省消防救援总队
	中国农业发展银行江阴市支行党支部	优秀支部工作法	中共中国农业发展银行江苏省分行委员会
2020.6	璜土镇璜土村、新桥镇绿园社区	江苏省美丽家园省级示范点	江苏省妇女联合会、省妇女“双学双比”竞赛活动领导小组办公室
	新桥镇六保村	江苏省乡村振兴巾帼行动十佳案例	江苏省妇女联合会
	江阴职业技术学院	江苏省平安校园建设示范高校	江苏省教育厅、省委政法委、省公安厅
2020.7.1	江苏普悦律师事务所党支部	江苏省律师行业先进党组织	中共江苏省律师行业委员会
2020.7.8	祝塘镇总工会	全省工会促进就业创业优秀项目	江苏省总工会
2020.7.21	农工党江阴市中医院总支部委员会	中国农工民主党成立90周年先进基层组织	农工党江苏省委
2020.7	民进江阴市委	2019—2020年度参政议政成果一等奖	民进江苏省委
	璜土镇璜土村	江苏省特色田园乡村	江苏省住房和城乡建设厅
2020.8.13	江苏天华色纺有限公司	第五届“江苏慈善奖”最具爱心慈善捐赠企业	江苏省人民政府
2020.8.17	夏港法律服务所	2016—2019年度全省优秀基层法律服务所	江苏省司法厅、省基层法律服务工作者协会
2020.9	江阴市商务局	第二届中国国际进口博览会江苏交易团组织工作先进集体	江苏省人力资源和社会保障厅、省商务厅
	江阴市委政法委	全省政法宣传舆论工作先进单位	中共江苏省委政法委员会

续附表2

时　间	单　位	荣　誉　称　号	授予机关(部门)
2020.9	海澜之家股份有限公司	江苏省重点培育和发展的国际知名品牌	江苏省商务厅
	徐霞客镇伊甸园家庭农场	省级示范家庭农场	江苏省农业农村厅
	江阴市第二中学	"省长杯"卡尔美江苏省青少年校园足球联赛高中女子组冠军	江苏省青少年校园足球工作领导小组办公室
	江阴市第一中学	"省长杯"卡尔美江苏省青少年校园足球联赛高中男子组冠军	
	江阴市第一中学	2020年江苏省足球后备人才示范学校	江苏省教育厅、省体育局
2020.10.16	江阴市人民法院民事审判第二庭	全省法院破产审判工作先进集体	江苏省高级人民法院
	民建江阴市委	民建江苏省委先进集体	民建江苏省委
2020.10.19	江阴市科学技术协会	全省科协系统先进集体	江苏省人力资源和社会保障厅、省科学技术协会
2020.10	江阴高新技术产业开发区	江苏省侨联新侨创新创业基地	江苏省侨联
	新桥时裳小镇	第一批省级特色小镇	江苏省发展和改革委员会
	江阴市关心下一代工作委员会	全省校外教育辅导站工作先进集体	江苏省精神文明建设委员会办公室、省关心下一代工作委员会
	高新区蟠龙社区校外辅导站、华士镇陆桥社区校外辅导站、夏港街道普惠苑社区校外辅导站、祝塘镇丁道昌家庭辅导站、江苏红柳床单有限公司彩虹课堂	全省优秀校外教育辅导站	
	澄江街道文定社区夕阳之约艺术团	江苏省第二批群众文化"百千万"工程优秀群文团队	江苏省委宣传部、省文明办、省文化和旅游厅、省文联
2020.11.17	江阴市公证处	企业全生命周期公共法律服务优秀奖	江苏省司法厅办公室
2020.11.18	江阴市教师志愿服务支队	第五届江苏志愿服务展示交流会金奖	中共江苏省委宣传部、省文明办、省民政厅、共青团江苏省委
2020.11.23	江阴市司法局	全省合法性审查先进集体	江苏省司法厅
2020.11.27	海澜智云	2020年江苏省智能制造领军服务机构	江苏省工业和信息化厅
2020.11	江阴市公安局	全省抗击新冠肺炎疫情先进集体	中共江苏省委、省人民政府
	江阴市文体广电和旅游局	第十四届江苏省"五星工程奖"优秀组织单位	江苏省文化和旅游厅
	江阴市人民检察院	全省先进基层检察院	江苏省人民检察院
	璜土镇璜土村	江苏省"扫黄打非"先进基层示范点	江苏省"扫黄打非"工作领导小组办公室
	江阴市顾山实验小学	江苏省优秀少年科学院	江苏省少工委办公室、省少年儿童研究会、省青少年科技教育协会
2020.12.2	江阴市锡能实业有限公司	2020年度综合能源站工程设计竞赛一等奖	国网江苏省电力有限公司建设部
2020.12.4	国家税务总局江阴市税务局	江苏省2019年度科技税收政策落实成效突出地区	国家税务总局江苏省税务局、省科技厅
2020.12.7	南闸街道"残疾人之家"、青阳镇毓秀社区"残疾人之家"	江苏省残疾人社区康复示范点	江苏省残疾人联合会办公室
2020.12.9	江阴市应急管理局	全省应急管理普法宣传工作先进单位	江苏省应急管理厅
2020.12.10	长泾镇	第三批江苏省生态文明建设示范乡镇	江苏省生态环境厅

续附表2

时间	单位	荣誉称号	授予机关(部门)
2020.12.15	江阴市委、市政府	2018—2020年度江苏省法治建设创新奖	中共江苏省委全面依法治省委员会办公室、省司法厅
2020.12.15	江苏振强律师事务所	首届江苏省律师行业基层党建工作创新项目	中共江苏省律师行业委员会
2020.12.16	江阴市住房和城乡建设局	2020年度全省县级防震减灾工作优秀单位	江苏省地震局
2020.12.20	江阴市人大常委会办公室	2020年度《人民与权力》杂志宣传通联标兵单位	江苏省人大常委会研究室
2020.12.21	江阴市融媒体中心	江苏省广播电视政府奖先进广播电视单位奖	江苏省广播电视局
2020.12.21	江阴市科学技术协会	2020年江苏省"全国科普日"优秀组织单位	江苏省科学技术协会
2020.12.25	江阴市公证处	2020年度涉外公证服务示范机构	江苏省公证协会
2020.12.28	江阴市残联	全省残联系统2020年度创新创优项目	江苏省残疾人联合会
2020.12.28	江阴海关	2020年南京海关学会工作先进集体	南京海关学会
2020.12.29	江阴市人力资源和社会保障局	2020年度全省人社窗口单位业务技能练兵比武活动二等奖	江苏省人力资源和社会保障厅、省总工会
2020.12.30	月城商会、周庄商会、徐霞客总商会、申港商会、云亭商会、江阴市装饰装修行业协会、江阴市福建商会	2019—2020年度江苏省"四好"商会	江苏省工商业联合会
2020.12.31	江阴市唯才人力资源开发有限公司	2019年度全省诚信人力资源服务机构	江苏省人力资源和社会保障厅
2020.12.31	江阴市政协	2020年全省政协工作最佳创新案例	江苏省政协
2020.12.31	国网江阴市供电公司	2020年度安全生产先进集体	国网江苏省电力有限公司安全生产委员会
2020.12.31	南闸街道花果村、申港街道创新村、徐霞客镇北渚村、璜土镇启港苑村、月城镇下塘村	江苏省健康村	江苏省爱国卫生运动委员会办公室
2020.12	江阴市融媒体中心	江苏省县市融媒体2020年度先进单位	江苏省县市报(融媒)研究会
2020.12	江阴市妇联	第二届江苏女性融媒体创意大赛优秀组织奖、2020年度全省妇联优秀融媒体工作案例征集活动优秀案例奖	江苏省妇女联合会
2020.12	江阴名妆企业管理有限公司	江苏省巾帼示范电商服务站	江苏省妇女"双学双比"竞赛活动领导小组
2020.12	无锡市霞客耕耘园农业专业合作社	江苏省巾帼示范专业合作社	江苏省妇女"双学双比"竞赛活动领导小组
2020.12	江苏阳光集团有限公司	第一批省四星级上云企业	江苏省工业和信息化厅
2020.12	江苏精亚环境科技有限公司	第一批省三星级上云企业	江苏省工业和信息化厅
2020.12	江苏阳光集团有限公司、江苏阳光股份有限公司	江苏省示范智能车间	江苏省工业和信息化厅
2020.12	江苏精亚洁净工程有限公司、江阴市凯华机械制造有限公司、江苏阳光集团有限公司、江苏百利达股份有限公司	2020年江苏省两化融合管理体系贯标试点企业	江苏省工业和信息化厅
2020.12	民进江阴市委	江苏统一战线微视频创意大赛三等奖	中共江苏省委统战部
2020.12	九三学社江阴市委员会	宣传工作先进集体	九三学社江苏省委
2020.12	九三学社江阴市农业技监支社	组织工作先进集体	九三学社江苏省委

续附表2

时　间	单　位	荣　誉　称　号	授予机关(部门)
2020.12	徐霞客镇离退休干部党总支	“老干部新乡贤　助力基层治理”获全省首届最佳老干部志愿服务项目	中共江苏省委老干部局、省委离退休干部工作委员会
	江阴中等专业学校	江苏省2020年度餐饮质量安全示范店(食堂)	江苏省市场监督管理局
	江阴市要塞中心幼儿园	2020年江苏省幼儿园教科研工作先进集体	江苏省教育科学研究院
	江阴市城南中心小学	“十三五”江苏省科学教育综合示范学校	江苏省教育厅、省科学技术协会
	江阴市夏港实验小学	江苏省优秀红领巾小社团	江苏省少工委

无锡市级先进集体

一、无锡市委、市政府表彰的新中国成立70周年大庆全市安保维稳工作先进集体(2020年1月25日)

江阴市委政法委　江阴市公安局指挥中心　江阴市公安局治安卡口大队

二、无锡市政府表彰的2018年度腾飞奖(2020年2月)

璜土镇璜土村

三、无锡市政府表彰的2019年度金融工作先进单位(2020年3月26日)

江阴市人民政府　江阴农村商业银行

四、无锡市委表彰的无锡市先进基层党组织(2020年6月)

江阴市妇联党支部

江阴市级先进集体

一、镇街园区综合考核(12项)

(一)综合奖项

1.2020年度综合考核优胜单位(7个)

高新区　临港开发区　澄江街道　云亭街道

周庄镇　新桥镇　顾山镇

(二)专项奖项

2.2020年度高质量发展考核综合优胜单位(7个)

一等奖:新桥镇

二等奖:澄江街道　云亭街道

三等奖:周庄镇　顾山镇

园区奖:高新区　临港开发区

3.2020年度高质量发展考核经济核心竞争力优胜单位(7个)

一等奖:高新区　新桥镇

二等奖:澄江街道　云亭街道　顾山镇

三等奖:周庄镇　长泾镇

4.2020年度高质量发展考核财政收入优胜单位(6个)

一等奖:云亭街道

二等奖:华士镇　临港开发区

三等奖:周庄镇　青阳镇　顾山镇

5.2020年度高质量发展考核产业投入优胜单位(7个)

一等奖:云亭街道　临港开发区

二等奖:祝塘镇　顾山镇　高新区

三等奖:新桥镇　澄江街道

6.2020年度高质量发展考核招商引资优胜单位(8个)

一等奖:新桥镇

二等奖:长泾镇　周庄镇

三等奖:澄江街道　顾山镇　云亭街道

园区奖:高新区　临港开发区

7.2020年度高质量发展考核企业上市(挂牌)工作优胜单位(6个)

一等奖:月城镇

二等奖:云亭街道　祝塘镇

三等奖:临港开发区　华士镇　周庄镇

8.2020年度高质量发展考核文明城市管理优胜单位(6个)

一等奖:澄江街道

二等奖:新桥镇　周庄镇
三等奖:南闸街道　长泾镇　夏港街道
9.2020 年度高质量发展考核生态文明优胜单位(7 个)
一等奖:新桥镇
二等奖:祝塘镇　云亭街道
三等奖:徐霞客镇　顾山镇　澄江街道　靖江园区
10.2020 年度高质量发展考核科技与人才工作优胜单位(6 个)
一等奖:高新区
二等奖:临港开发区　长泾镇
三等奖:新桥镇　云亭街道　祝塘镇
11.2020 年度高质量发展考核拆迁安置优胜单位(6 个)
一等奖:澄江街道
二等奖:高新区　徐霞客镇
三等奖:云亭街道　祝塘镇　青阳镇
12.2020 年度高质量发展考核争先进位优胜单位(4 个)
一等奖:华士镇
二等奖:周庄镇　顾山镇　南闸街道

二、先进集体(14 项)

(一)机关部门和金融单位
1.2020 年度人民满意机关(22 个)
纪委监委机关(巡察办)　市委办(档案史志馆)
人大办　政府办　政协办　组织部
宣传部　统战部　政法委　编　办
发改委　工信局　公安局　财政局
人社局　自然资源规划局　交通运输局
卫生健康委　应急局　行政审批局
市场监管局　统计局
2.2020 年度服务地方先进单位(16 个)
税务局　生态环境局　国调队　人民银行
海　关　供电公司　江阴农商行　浦发银行
农业银行　工商银行　建设银行　中国银行
交通银行　江苏银行　中国人寿　太平洋寿险
(二)企业和社会组织
3.2020 年度百强明星企业(100 个)
(1)工业、建筑业企业(70 个)
海澜集团有限公司(新桥镇)
中信泰富特钢集团股份有限公司(高新区)
远景能源有限公司(临港开发区)
江苏扬子江船业集团公司(靖江园区、澄江街道)
江苏新长江实业集团有限公司(临港开发区、靖江园区)
江苏利电能源集团(临港开发区)
三房巷集团有限公司(周庄镇、临港开发区)
法尔胜泓昇集团有限公司(高新区、临港开发区)
江苏阳光集团有限公司(新桥镇)
江阴天江药业有限公司(高新区)
江苏华西集团有限公司(华士镇)
双良集团有限公司(临港开发区)
江阴江东集团公司(周庄镇)
江阴苏龙热电有限公司(临港开发区)
江苏利安达集团有限公司(高新区)
江阴模塑集团有限公司(周庄镇)
江苏华宏实业集团有限公司(周庄镇)
阿法拉伐(江阴)设备制造有限公司(徐霞客镇)
江阴市恒润重工股份有限公司(周庄镇、祝塘镇)
帝斯曼工程材料(江苏)有限公司(高新区)
江苏江南水务股份有限公司(市属)
江阴福汇纺织有限公司(高新区)
江阴海达橡塑股份有限公司(周庄镇)
江阴金凤特种纺织品有限公司(华士镇)
江苏云蝠服饰股份有限公司(顾山镇)
中船澄西船舶修造有限公司(临港开发区)
江阴热电有限公司(周庄镇)
江阴市华方新技术科研有限公司(周庄镇)
江苏中印印务集团有限公司(澄江街道)
江苏西城三联控股集团有限公司(临港开发区)
建滔电子材料(江阴)有限公司(临港开发区)
中联重科股份有限公司江阴分公司(临港开发区)
江苏长龄液压股份有限公司(云亭街道)
江苏富仁集团有限公司(澄江街道)
江苏紫米电子技术有限公司(高新区)
江阴市华骏机械有限公司(临港开发区)
江苏苏青水处理工程集团有限公司(长泾镇)
江苏标榜装饰新材料股份有限公司(华士镇)
江苏吉鑫风能科技股份有限公司(云亭街道)
江苏耀坤液压股份有限公司(临港开发区)
江阴宝柏包装有限公司(澄江街道)
江阴信邦电子有限公司(高新区)
江苏焱鑫科技集团有限公司(新桥镇)
江苏红柳床单有限公司(澄江街道)
斗山液压机械(江阴)有限公司(临港开发区)
优彩环保资源科技股份有限公司(祝塘镇)
阿尔法(江阴)沥青有限公司(临港开发区)
神宇通信科技股份公司(高新区)
威茨曼金属制品(江阴)有限公司(临港开发区)
江苏江顺精密科技集团股份有限公司(周庄镇)
江苏必得科技股份有限公司(月城镇)
江阴欣远无纺布制品有限公司(华士镇)
艾尔姆风能叶片制品(江苏)有限公司(临港开发区)
江阴飘迈医疗用品有限公司(华士镇)
江苏爱康科技股份有限公司(华士镇)
江阴南方建设集团有限公司(澄江街道)
江苏振江新能源装备股份有限公司(临港开发区)
江苏苏利精细化工股份有限公司(临港开发区)
中石油江苏燃料沥青有限责任公司(高新区)
江阴电工合金股份有限公司(周庄镇)
江苏长电科技股份有限公司(高新区)
江苏天华纱业集团(华士镇)

江阴机械制造有限公司(月城镇)
江苏升辉投资集团有限公司(长泾镇)
江阴华昌食品添加剂有限公司(临港开发区)
江阴华润制钢有限公司(月城镇)
江阴南泰家纺用品有限公司(临港开发区)
江阴振宏重型锻造有限公司(华士镇)
江阴康瑞成型技术科技有限公司(云亭街道)
江苏华兰药用新材料股份有限公司(临港开发区)
(2)服务业企业(30个)
江苏新潮科技集团有限公司(高新区)
见龙投资有限公司(高新区)
江阴景裕房地产开发有限公司(澄江街道)
国网江苏省电力有限公司江阴市供电分公司(市属)
江阴市长江房地产开发有限公司(澄江街道)
植誉投资管理有限公司(高新区)
江苏江阴农村商业银行股份有限公司(市属)
江阴澄东炉料有限公司(高新区)
江阴海澜之家供应链管理有限公司(新桥镇)
江阴天力燃气有限公司(临港开发区、澄江街道)
江苏众网互联网有限公司(顾山镇)
江阴昌锋置业有限公司(澄江街道)
无锡市烟草公司江阴分公司(市属)
江苏江阴港港口集团股份有限公司(临港开发区)
江阴润澄房地产开发有限公司(澄江街道)
中国农业银行股份有限公司江阴分行(市属)
中国工商银行股份有限公司江阴支行(市属)
中国建设银行股份有限公司江阴支行(市属)
上海浦东发展银行股份有限公司江阴支行(市属)
江阴利昌房地产开发有限公司(高新区)
江阴市锡能实业有限公司(市属)
交通银行股份有限公司江阴分行(市属)
江阴睿科房地产有限公司(澄江街道)
中国银行股份有限公司江阴分行(市属)
无锡奥卓置业有限公司(徐霞客镇)
江阴星河博裕房地产开发有限公司(高新区)
江阴红豆置业有限公司(临港开发区)
江苏长强国际贸易有限公司(靖江园区)
江阴市碧桂园房地产开发有限公司(华士镇)
江阴海澜之家电子商务有限公司(新桥镇)
4. 2020年度上缴税金净增超亿元企业(7个)
远景能源有限公司(临港开发区)
江苏新潮科技集团有限公司(高新区)
无锡绿珠文华房产开发有限公司(云亭街道)
江阴金凤特种纺织品有限公司(华士镇)
江阴市长江房地产开发有限公司(澄江街道)
见龙投资有限公司(高新区)
江阴润澄房地产开发有限公司(澄江街道)
5. 2020年度上缴税金超亿元企业(50个)
(1)工业、建筑业企业(34个)
海澜集团有限公司(新桥镇)
中信泰富特钢集团股份有限公司(高新区)
远景能源有限公司(临港开发区)
江苏扬子江船业集团公司(靖江园区、澄江街道)
江苏新长江实业集团有限公司(临港开发区、靖江园区)
江苏利电能源集团(临港开发区)
三房巷集团有限公司(周庄镇、临港开发区)
法尔胜泓昇集团有限公司(高新区、临港开发区)
江苏阳光集团有限公司(新桥镇)
瀚宇博德科技(江阴)有限公司(高新区)
江阴天江药业有限公司(高新区)
江苏华西集团有限公司(华士镇)
双良集团有限公司(临港开发区)
江阴江东集团公司(周庄镇)
江阴苏龙热电有限公司(临港开发区)
江苏利安达集团有限公司(高新区)
江阴模塑集团有限公司(周庄镇)
江苏华宏实业集团有限公司(周庄镇)
阿法拉伐(江阴)设备制造有限公司(徐霞客镇)
江阴市恒润重工股份有限公司(周庄镇、祝塘镇)
帝斯曼工程材料(江苏)有限公司(高新区)
江苏江南水务股份有限公司(市属)
江阴福汇纺织有限公司(高新区)
江阴海达橡塑股份有限公司(周庄镇)
江阴金凤特种纺织品有限公司(华士镇)
江苏云蝠服饰股份有限公司(顾山镇)
中船澄西船舶修造有限公司(临港开发区)
江苏嘉盛新材料有限公司(临港开发区)
江阴热电有限公司(周庄镇)
江阴市华方新技术科研有限公司(周庄镇)
江苏中印印务集团有限公司(澄江街道)
江苏西城三联控股集团有限公司(临港开发区)
建滔电子材料(江阴)有限公司(临港开发区)
中联重科股份有限公司江阴分公司(临港开发区)
(2)服务业企业(16个)
江苏新潮科技集团有限公司(高新区)
见龙投资有限公司(高新区)
江阴景裕房地产开发有限公司(澄江街道)
国网江苏省电力有限公司江阴市供电分公司(市属)
江阴市长江房地产开发有限公司(澄江街道)
植誉投资管理有限公司(高新区)
江苏江阴农村商业银行股份有限公司(市属)
江阴澄东炉料有限公司(高新区)
江阴海澜之家供应链管理有限公司(新桥镇)
江阴天力燃气有限公司(临港开发区、澄江街道)
无锡绿珠文华房产开发有限公司(云亭街道)
江苏众网互联网有限公司(顾山镇)
江阴昌锋置业有限公司(澄江街道)

无锡市烟草公司江阴分公司(市属)
江苏江阴港港口集团股份有限公司(临港开发区)
江阴润澄房地产开发有限公司(澄江街道)
6. 2020年度先进市场(6个)
江阴长江港口物流园区交易中心(临港开发区)
江苏华东石化物资交易市场(临港开发区)
江阴市贯庄金属材料市场(澄江街道)
江阴综合保税区交易中心(临港开发区)
江阴沿江石化市场(临港开发区)
江苏长阳金属材料市场(靖江园区)
7. 2020年度十佳科技创新型企业(10个)
中芯长电半导体(江阴)有限公司(高新区)
江苏安科瑞电器制造有限公司(南闸街道)
远景能源有限公司(临港开发区)
江苏吉鑫风能科技股份有限公司(云亭街道)
江阴市劲松科技有限公司(周庄镇)
江苏骥鑫船舶设备有限公司(靖江园区)
江苏振江新能源装备股份有限公司(临港开发区)
江苏东鋆光伏科技有限公司(华士镇)
江阴森豪金属科技有限公司(新桥镇)
江阴佩尔科技有限公司(高新区)
8. 2020年度十佳节能减排先进企业(10个)
江阴兴澄特种钢铁有限公司(高新区)
江阴利港发电股份有限公司(临港开发区)
三房巷集团有限公司(周庄镇、临港开发区)
双良集团有限公司(临港开发区)
江苏阳光集团有限公司(新桥镇)
法尔胜泓昇集团有限公司(高新区、临港开发区)
江苏华宏实业集团有限公司(周庄镇)
江阴华西钢铁有限公司(华士镇)
江苏红柳床单有限公司(澄江街道)
海澜智云科技有限公司(新桥镇)
9. 2020年度十佳诚信企业(10个)
中信泰富特钢集团股份有限公司(高新区)
海澜集团有限公司(新桥镇)
江苏新长江实业集团有限公司(临港开发区、靖江园区)
江苏长电科技股份有限公司(高新区)
江苏阳光集团有限公司(新桥镇)
江苏双良集团有限公司(临港开发区)
法尔胜泓昇集团有限公司(高新区、临港开发区)
江阴天力燃气有限公司(临港开发区、澄江街道)
江苏大经供应链股份有限公司(云亭街道)
江阴市飞达出租汽车有限公司(澄江街道)
10. 2020年度十佳热心慈善企业(10个)
双良集团有限公司(临港开发区)
江苏长电科技股份有限公司(高新区)
江阴欣远无纺布制品有限公司(华士镇)
江苏苏利精细化工股份有限公司(临港开发区)
江阴华西钢铁有限公司(华士镇)
江阴模塑集团有限公司(周庄镇)
江苏江阴农村商业银行股份有限公司(市属)
江苏新长江实业集团有限公司(临港开发区、靖江园区)
中芯长电半导体(江阴)有限公司(高新区)
江苏江南水务股份有限公司(市属)
11. 2020年度十佳外贸企业(10个)
江苏长电科技股份有限公司(高新区)
三房巷集团有限公司(周庄镇)
江苏云蝠服饰股份有限公司(顾山镇)
双良集团有限公司(临港开发区)
摩拓乐液压机械(江阴)有限公司(临港开发区)
中芯长电半导体(江阴)有限公司(高新区)
江阴模塑集团有限公司(周庄镇)
江苏扬子江船业集团(靖江园区、澄江街道)
中船澄西船舶修造有限公司(临港开发区)
江苏红柳床单有限公司(澄江街道)
12. 2020年度十佳外商投资企业(10个)
中信泰富特钢投资有限公司(高新区)
远景能源有限公司(临港开发区)
江苏新扬子造船有限公司(靖江园区)
见龙投资有限公司(高新区)
贝卡尔特公司(高新区)
帝斯曼工程材料(江苏)有限公司(高新区)
建滔电子材料(江阴)有限公司(临港开发区)
江阴天江药业有限公司(高新区)
阿法拉伐(江阴)设备制造有限公司(徐霞客镇)
摩拓乐液压机械(江阴)有限公司(临港开发区)
13. 2020年度十佳社会组织(10个)
江阴市企业家协会
江阴市青年企业家协会
江阴市老年人体育协会
江阴市慈善总会
江苏新潮仁爱基金会
江阴市太极拳协会
江阴市青阳商会
江阴市爱在临港志愿者协会
江阴市青年点点爱心港
江阴周庄益家人公益坊
(三)社区
14. 2020年度十佳和谐文明社区(10个)
锦隆社区(高新区)　天鹤社区(澄江街道)
先锋社区(澄江街道)　北大街社区(澄江街道)
申港社区(申港街道)　毓秀社区(青阳镇)
华士社区(华士镇)　北新社区(周庄镇)
康定社区(新桥镇)　金桃社区(顾山镇)

经济社会发展统计资料

一、综合

2020年江阴市社会经济主要指标一览表

附表3

指标	单位	2020年	比2019年增减(%)	指标	单位	2020年	比2019年增减(%)
户籍人口	万人	126.66	0.2	金融业年末存款余额	亿元	4394.43	5.1
全社会从业人数	万人	104.04	5.1	其中:住户存款	亿元	1588.24	13.8
地区生产总值	亿元	4113.75	3.0	金融业年末贷款余额	亿元	3439.05	5.8
全社会粮食总产量	吨	123031	-5.2	保费收入	亿元	83.26	3.7
油料作物总产量	吨	1885	-0.9	证券机构交易金额	亿元	11689.56	55.5
水产品总产量	吨	24093	-4.1	各类学校在校学生数	人	186295	3.9
生猪全年出栏数	万头	5.25	134.4	各类学校专任教师数	人	15503	2.7
货物运输量	万吨	5223	6.1	各类卫生机构医疗床位数	张	9789	2.1
旅客发送量	万人	6584	-17.9	卫生技术人员人数	人	12120	5.7
邮电业务总量	亿元	1099778	-15.0	其中:执业(助理)医师数	人	5231	7.1
全社会用电量	亿千瓦时	273.99	-2.4	公共图书藏书量	万册	295.5	2.6
江南水务股份有限公司供水量	万立方米	26215	-1.3	城镇非私营单位从业人员平均工资	元	104980	3.8
固定资产投资额	亿元	881.37	9.8	城镇私营单位从业人员平均工资(无锡全市)	元	65428	6.5
其中:第二产业投资	亿元	423.88	12.5	城镇居民人均可支配收入	元	72185	4.1
社会消费品零售总额	亿元	675.07	-3.0	农村居民人均可支配收入	元	38416	6.4
进出口总额	亿美元	191.40	-18.1	城乡居民人均储蓄存款余额	元	89277	13.6
其中:出口额	亿美元	123.89	-15.5	人均地区生产总值(按常住平均人口)	元	231239	2.8
一般公共预算收入	亿元	259.66	1.2	人均一般公共预算收入(按常住平均人口)	元	14596	1.1
一般公共预算支出	亿元	237.86	2.9	人均社会消费品零售额(按常住平均人口)	元	37947	-3.1

2020年江阴市地区生产总值及构成一览表

附表4　　　　单位:亿元

指标	2020年	比2019年增减(%)(按2015年不变价)	指标	2020年	比2019年增减(%)(按2015年不变价)
地区生产总值	4113.75	3.0	住宿和餐饮业	47.66	-15.5
第一产业	38.04	2.5	金融业	262.83	-0.7
第二产业	2094.11	4.2	房地产业	170.56	9.9
工业	1892.52	4.2	农林牧渔服务业	5.98	-1.3
建筑业	201.81	4.2	金属制品、机械和设备修理业	0.22	-18.2
第三产业	1981.60	1.6	营利性服务业	301.74	6.5
交通运输、仓储和邮政业	99.58	5.4	非营利性服务业	271.50	3.1
批发和零售业	821.53	-1.0			

2020 年与 2019 年江阴市总户数和总人口数比较一览表

附表 5　　单位:万人

年份	户籍总户数(万户)	户籍总人口	按性别分		按农业、非农业分		人口密度(人/平方千米)
			男	女	农业人口	非农业人口	
2020	39.18	126.66	62.51	64.15	55.94	70.72	1283
2019	38.72	126.41	62.51	63.90	58.62	67.79	1281

2020 年与 2019 年江阴市人口变动情况比较一览表

附表 6　　单位:人

年份	年户籍平均人口(万人)	自然变动						机械变动	
		出生人数	出生率(‰)	死亡人数	死亡率(‰)	自然增长人数	自然增长率(‰)	迁入人数	迁出人数
2020	126.54	8811	6.96	9565	7.57	-754	-0.60	10200	6950
2019	126.18	8733	6.92	8340	6.62	393	0.30	8378	4117

2020 年与 2019 年江阴市计划生育情况比较一览表

附表 7

年份	生育率(‰)	一孩率(%)	二孩率(%)	平均期望寿命(岁)
2020	22.52	56.97	40.92	82.4
2019	30.88	53.74	44.77	82.32

二、农村和农业

2020 年江阴市农村基本情况一览表

附表 8

指标	单位	年末实有数	指标	单位	年末实有数
(一)农村组织情况			稻谷	千公顷	9.22
镇	个	10	豆类	千公顷	0.78
街道办事处	个	7	油料	千公顷	0.79
村民委员会	个	194	其他农作物	千公顷	13.49
居民委员会	个	81	其中:蔬菜	千公顷	12.23
村居合一	个	2	(三)农业机械总动力	千瓦	270981
(二)农作物总播种面积	千公顷	31.44	1.柴油机	千瓦	109515
粮食作物	千公顷	17.16	2.汽油机	千瓦	18695
其中:小麦	千公顷	6.23	3.电动机	千瓦	142770

2020 年江阴市主要农副业产品产量一览表

附表 9

产品名称	单位	产量	产品名称	单位	产量
粮食总产量	吨	123031	羊全年出栏	万头	0.40
其中:稻谷	吨	86230	家禽全年出栏	万羽	40.59
小麦	吨	30017	牛年末头数	万头	0.10

续附表9

产品名称	单位	产量	产品名称	单位	产量
豆类	吨	2580	猪肉	吨	3938
油料	吨	1885	羊肉	吨	100
茶叶	吨	2.4	牛奶	吨	3427
水果	吨	84115	禽蛋	吨	3418
奶牛	万头	0.10	淡水产品产量	吨	24093
生猪全年出栏	万头	5.25	其中:养殖产量	吨	24093

2020 年江阴市农村集体经济收益分配一览表

附表 10　　单位:万元

指标	2020 年	2019 年	比 2019 年增减(%)	指标	2020 年	2019 年	比 2019 年增减(%)
一、总收入	335494	351425	-4.5	3. 其他支出	135432	59471	127.7
1. 经营收入	166492	184155	-9.6	三、全年收益	128199	213786	-40.0
2. 发包及上交收入	14736	106649	-86.2	四、年初未分配收益	27896	340863	-91.8
3. 投资收益	29093	2907	900.8	五、其他转入	19809	6502	204.7
4. 补助收入	80781	29968	169.6	六、可分配收益	175904	561151	-68.7
5. 其他收入	44392	27747	60.0	1. 提取公积金、公益金	109352	469706	-76.7
二、总支出	207295	137640	50.6	2. 提取应付福利费	17004	40347	-57.9
1. 经营支出	16109	19310	-16.6	3. 农户分配	19250	21620	-11.0
2. 管理费用	55754	58859	-5.3	4. 其他分配	2888	1582	82.6
其中:干部报酬	21033	22752	-7.6	七、年末未分配收益	27410	27896	-1.7
报刊费	964	959	0.6				

三、工业和固定资产投资

2020 年江阴市规模以上工业企业单位数及从业人员平均人数一览表

附表 11

指标	工业企业单位数(个)		2020 年从事工业生产活动平均人数(万人)
	2020 年	比 2019 年增减(%)	
合计	1843	6.6	33.82
按轻重工业分			
其中:轻工业	812	7.3	14.74
重工业	1031	6.1	19.08
按规模类型分			
其中:大型企业	40	11.1	7.88
中型企业	222	0.5	9.88
小型企业	1540	6.9	16.00
微型企业	41	28.1	0.06

续附表11

指标	工业企业单位数(个)		2020年从事工业生产活动平均人数(万人)
	2020年	比2019年增减(%)	
按经济类型分			
1.国有企业	0	—	—
2.集体企业	13	持平	0.25
3.股份合作企业	0	-100.0	0.00
4.股份有限公司	1594	8.9	25.44
5.外商和港澳台商投资企业	221	-7.1	7.94
6.私营企业	1416	8.8	18.51

2020年江阴市规模以上工业生产主要产品产量一览表

附表12

产品名称	单位	产量	产品名称	单位	产量
发电量	万千瓦时	2907299	化学纤维	吨	3396247
粗钢	吨	11204246	机制纸及纸板	吨	129249
钢材	吨	12469732	塑料制品	吨	812253
生铁	吨	8395553	服装	万件	34241
化学农药原药	吨	11700	呢绒	万米	7473
集成电路	万块	1425886	工业锅炉	蒸吨	982
水泥	吨	3921330	铜材	吨	100118
纱	吨	370102	铝材	吨	879178
布	万米	32692	自来水	万吨	23886
合成纤维聚合物	吨	223319	石油沥青	吨	1084024
印染布	万米	86952			

2020年江阴市固定资产投资完成情况一览表

附表13　　单位:万元

指标	金额	指标	金额
全社会固定资产投资总额	8813731	其中:工业	4238775
其中:民间投资	6767846	3.第三产业	4543530
(一)按产业分		(二)按报表种类分	
1.第一产业	31426	1.项目投资	5783314
2.第二产业	4238775	2.房地产开发投资	3030417

四、商贸、外经

2020年与2019年江阴市社会消费品零售总额分季度比较一览表

附表14　　单位:万元

指标	2020年	比2019年增减(%)	指标	2020年	比2019年增减(%)
1季度累计	1373081	-20.2	1~3季度累计	4739375	-6.0
1~2季度累计	2998277	-11.4	1~4季度累计	6750700	-3.0

2020年与2019年江阴市外向型经济综合指标比较一览表

附表15

指标	单位	2020年	2019年	比2019年增减(%)
(一)进出口总额	万美元	1914042	2336354	-18.1
(二)出口总额	万美元	1238928	1465523	-15.5
(三)进口总额	万美元	675114	870811	-22.5
(四)新批外资项目	项	40	36	11.1
其中:超千万美元项目	项	14	20	-30.0
(五)到位注册外资	万美元	92016	93092	-1.2
(六)服务外包业务合同总额	万美元	75340	88969	-15.3
(七)服务外包业务执行总额	万美元	66561	65739	1.3
(八)服务外包离岸业务合同金额	万美元	60111	80606	-25.4
(九)服务外包离岸业务执行金额	万美元	53300	58631	-9.1
(十)新批境外投资项目	项	27	33	-18.0

五、财政、金融

2020年江阴市财政、金融一览表

附表16　　单位:万元

指标	金额	指标	金额
(一)财政(预算内)		金融支出	617
1.一般公共预算收入合计	2596600	自然资源海洋气象等支出	22217
其中:税收收入	2159105	住房保障支出	155772
2.一般公共预算支出合计	2378609	粮油物资储备支出	1694
其中:一般公共服务支出	177387	灾害防治及应急管理支出	22370
国防支出	1172	其他支出	1283
公共安全支出	123140	债务付息支出	28238
教育支出	402161	债务发行费用支出	130
科学技术支出	88973	(二)银行	
文化旅游体育与传媒支出	58035	1.银行机构人民币存款余额	42865920
社会保障和就业支出	363550	其中:住户存款	15770980
卫生健康支出	140385	非金融企业存款	19017718
节能环保支出	92770	2.银行机构人民币贷款余额	34156597
城乡社区支出	494971	其中:短期贷款	15150773
农林水支出	93770	中长期贷款	16611518
交通运输支出	43824	3.银行机构外币存款余额(万美元)	165269
资源勘探信息等支出	49848	其中:城乡居民储蓄存款余额(万美元)	17069
商业、服务业等支出	16302	4.银行机构外币贷款余额(万美元)	35841

说明:2020年美元汇率1:6.5249

六、交通、邮电、电力、城建

2020年与2019年江阴市交通、邮电情况比较一览表

附表17

指标	单位	2020年	2019年	指标	单位	2020年	2019年
(一)交通				(二)邮电			
公路通车里程(不含高速公路)	千米	2377.41	2361.76	邮政局、所合计	个	32	32
公路桥梁	座	973	938	邮政业务总量	万元	71329	66113
内河航道通航里程	千米	353.29	394.55	特快专递	万件	3010	1505
旅客发送量	万人	6584	8016	集邮业务	万枚	120	228
旅客周转量	万人千米	43428	130658	邮政储蓄年平均余额	万元	1053626	909017
公路货运量	万吨	4005	3705	邮政储蓄点	个	28	28
公路货运周转量	万吨千米	468512	441993	全市固定电话用户合计	万户	21.18	22.00
水路货运量	万吨	1218	1218	其中:住宅电话	万户	9.86	10.43
水路货运周转量	万吨千米	1583225	1603263	互联网用户	万户	72.87	72.10
港口货物吞吐量	万吨	25624	23128	移动电话用户	万户	217.45	237.10
港口集装箱运量	标箱	506073	539339	其中:4G电话用户	万户	151.98	199.47
				其中:5G电话用户	万户	25.92	—

2020年江阴市供电用电情况一览表

附表18　　单位:万千瓦时

指标	2020年	比2019年增减(%)	指标	2020年	比2019年增减(%)
全社会用电量	2739922	-2.4	金属制品业	292365	-12.38
1.农林牧渔业	6859	6.24	通用及专用设备制造业	164828	13.35
其中:排灌	944	-13.95	3.建筑业	11578	33.42
2.工业	2353769	-3.12	4.交通运输、仓储和邮政业	20963	-3.24
其中:纺织业	405181	-7.38	5.住宿和餐饮业	14056	-8.7
化学原料及化学制品制造业	92005	-4.95	6.其他行业	150491	0.96
黑色金属冶炼及压延加工业	511277	-1.93	7.城乡居民生活用电	182206	3.22
非金属矿物制品业	39333	-4.34	其中:农村	139264	4.11

2020年江阴市城市建设情况一览表

附表19

指标	单位	数量	指标	单位	数量
城市面积	平方千米	198	天然气供气总量	万立方米	86314
城市建成区面积	平方千米	125	其中:家庭用	万立方米	2912
城市人口密度	人/平方千米	1955	家庭用气户数	户	118651
城市建成区绿地率	%	40.64	燃气普及率	%	100
城市建成区绿化覆盖率	%	43.94	污水处理率	%	98.82
城市自来水年供水总量	万立方米	6714	市政道路长度	千米	461.5

续附表19

指标	单位	数量	指标	单位	数量
城市自来水年售水总量	万立方米	6180.76	市政道路面积	万平方米	1036
用水户数	户	150956	人均市政道路面积	平方米	26.79
人均日生活用水量	升	178.4	市政桥梁	座	98
用水普及率	%	100	防洪堤长度	千米	4
城市液化气供气总量	万吨	0.39	绿化覆盖面积(城区)	公顷	5492
其中:家庭用	万吨	0.12	绿地面积(城区)	公顷	5080
用气户数	户	17903	公园绿地面积	公顷	581

七、科、教、文、卫

2020年江阴市各类科技机构、科技人员、科技项目情况一览表

附表20

指标	单位	数量	指标	单位	数量
(一)科技团体、机构			3.研究生工作站	个	81
1.市级学会、协会	个	35	(三)科技型企业		
2.科技服务中心	个	15	1.高新技术企业	个	650
3.企业科协	个	169	2.高新技术企业培育库企业	个	181
4.镇(街道)、园区科协	个	18	3.科技型中小企业	个	991
(二)科技研发机构			(四)科技人员合计	人	180879
1.工程技术研究中心	个	1819	1.国家科技人员(在职)	人	162054
其中:国家级	个	2	2.乡镇科技人员	人	18825
江苏省级	个	173	(五)政工专业职称人员合计	人	2792
无锡市级	个	359	(六)技术工人	人	447863
江阴市级	个	1285	(七)科技进步奖励总计	项	2
2.院士工作站	个	58			

2020学年江阴市各级各类学校基本情况一览表

附表21

指标	学校数(所)	在校学生数(人)	专任教师(人)	指标	学校数(所)	在校学生数(人)	专任教师(人)
(一)幼儿园	94	44480	3030	初中	38	42414	3827
(二)小学	43	103818	5184	(五)中等职业学校	2	7171	931
(三)特殊教育	1	300	63	(六)普通高校	1	6020	340
(四)普通中学	50	63688	5842	(七)技工学校	2	5298	113
其中:高中	12	21274	2015	(八)成人教育	91	141845	817

2020 年江阴市文化、广播、电视基本情况一览表

附表 22

指标	单位	数量	指标	单位	数量
(一)影剧管理机构	个	1	(七)工人文化宫、少年宫	个	1
(二)电影放映单位	个	30	(八)市博物馆	个	1
票房收入	亿元	0.33	(九)公共图书馆图书总藏量	万册	295.5
(三)市锡剧团演出	场	130	(十)纪念馆	个	14
观众人数	万人	10.4	(十一)文物保护单位	个	97
演出收入	万元	143.0	国家级	个	8
(四)市评弹团演出	场	315	省级	个	8
观众人数	万人	6.3	市级	个	81
演出收入	万元	9.76	(十二)江阴报社	个	1
(五)营业性舞厅、歌厅	个	115	(十三)市电视台	个	1
(六)市图书馆、文化馆	个	2	(十四)市广播电台	个	1

2020 年江阴市卫生事业基本情况一览表

附表 23

指标	机构数(个)	床位数(张)	年末人员数(人)				
				卫生技术人员			管理人员
					执业(助理)医师	注册护士	
总计	645	9789	14926	12120	5231	4985	616
一、医院	37	7935	8629	7109	2718	3346	370
综合医院	18	5133	5770	5027	1935	2380	161
中医医院	2	748	1276	1125	481	475	77
专科医院	8	763	984	685	243	309	83
口腔医院	1	15	29	16	8	8	2
眼科医院	1	65	150	74	29	39	3
妇产(科)医院	2	125	268	187	73	99	22
骨科医院	1	105	214	135	61	59	43
康复医院	3	453	323	273	72	104	13
护理院	9	1291	599	272	59	182	49
二、基层医疗卫生机构	598	1834	5680	4555	2328	1535	237
社区卫生服务中心(站)	83	553	1143	968	430	297	30
社区卫生服务中心	11	553	875	735	323	262	30
社区卫生服务站	72	—	268	233	107	35	—
卫生院	15	1281	1920	1647	678	634	65
村卫生室	123	—	448	228	201	27	—
门诊部	60	—	1003	719	368	294	92
诊所、卫生所、医务室	317	—	1166	993	651	283	50

续附表23

指　标	机构数（个）	床位数（张）	年末人员数（人）	卫生技术人员	执业(助理)医师	注册护士	管理人员
三、专业公共卫生机构	7	20	561	412	181	88	9
疾病预防控制中心	1	—	193	139	89	15	2
口腔病防治院(所、站)	1	—	37	34	21	9	
健康教育所(站、中心)	1	—	12	4	2	—	1
妇幼保健院(所、站)	1	20	117	103	50	29	2
急救中心(站)	1	—	86	31	15	13	4
采供血机构	1	—	60	45	4	22	—
卫生监督所(中心)	1	—	56	56	—	—	—
四、其他卫生机构	3	—	56	44	4	16	—
其他	3	—	56	44	4	16	—

2020 年江阴市体育事业情况一览表

附表24

指标	单位	数量	指标	单位	数量
(一)体育场	个	33	(五)健身路径	套	1861
其中:31888 座体育场	个/平方米	1/157980	(六)篮球场	片	1338
(二)田径场	个	17	其中:灯光篮球场	片	855
(三)体育馆	个	15	(七)门球场	片	35
其中:3338 座体育馆	个/平方米	1/46666	(八)网球场	片	38
(四)跳水游泳馆(3014 座)	个/平方米	1/42300	(九)2000 平方米以上全民健身中心	个	21
游泳池馆	个	58			

八、人民生活

2020 年江阴市人民生活一览表

附表25

指标	单位	数量	指标	单位	数量
(一)农村住户家庭基本情况			(二)城镇居民家庭基本情况		
1. 调查户数	户	60	1. 调查户数	户	140
2. 家庭常住人口	人	207	2. 家庭常住人口	人	463
3. 家庭就业人口	人	168	3. 家庭就业人口	人	362
4. 农村居民人均可支配收入	元	38416	4. 人均年可支配收入	元	72185
5. 农村居民人均生活消费支出	元	22275	5. 人均年生活消费支出	元	34329
6. 每百户耐用消费品拥有量			6. 每百户耐用消费品拥有量		
电冰箱	台	108	电冰箱	台	114
彩色电视机	台	217	彩色电视机	台	228

续附表25

指标	单位	数量	指标	单位	数量
洗衣机	台	120	洗衣机	台	119
微波炉	台	92	微波炉	台	99
照相机/摄像机	台	13	照相机/摄像机	台	25
淋浴热水器	台	113	淋浴热水器	台	117
电话机	架	33	电话机	架	33
移动电话	辆	290	移动电话	辆	285
空调器	台	257	空调器	台	284
家用计算机	部	80	家用计算机	部	81
助力车	部	167	助力车	部	140
摩托车	台	12	摩托车	台	11
家用汽车	辆	67	家用汽车	辆	86

九、经济发展排行榜

2020年江阴市开票销售收入前30名村(社区)一览表

附表26　　单位:万元

名次	单位名称	实绩	名次	单位名称	实绩
1	周庄镇三房巷村	6184520	16	周庄镇周西村	632117
2	申港街道创新村	5874636	17	长泾镇花园村	585570
3	华士镇华西新市村	4787530	18	月城镇沿山村	571610
4	夏港街道长江村	4377027	19	华士镇陆丰村	561357
5	璜土镇花港苑村	2947033	20	南闸街道观山村	558278
6	夏港街道三联村	2744956	21	周庄镇长乐村	534734
7	周庄镇华宏村	2482083	22	祝塘镇建南村	532549
8	利港街道陈墅社区	1514643	23	周庄镇长寿村	524954
9	徐霞客镇任九房村	1511490	24	申港街道东刘村	493691
10	申港街道于门村	1253271	25	顾山镇顾北村	432191
11	周庄镇周庄村	1194461	26	祝塘镇金庄村	427914
12	申港街道滨江村	871421	27	徐霞客镇方园村	415633
13	璜土镇小湖村	727751	28	华士镇龙河村	396855
14	华士镇曙新村	686096	29	徐霞客镇璜东村	376527
15	周庄镇宗言村	633803	30	祝塘镇文林村	364487

2020年江阴市开票销售收入前50名工业企业一览表

附表27　　单位:万元

名次	单位名称	实绩	名次	单位名称	实绩
1	海澜集团有限公司	15684507	26	江苏红柳床单有限公司	396777
2	中信泰富特钢集团股份有限公司	13714239	27	江阴华润制钢有限公司	394525
3	三房巷集团有限公司	7212521	28	江苏嘉盛新材料有限公司	388983

续附表27

名次	单位名称	实绩	名次	单位名称	实绩
4	远景能源有限公司	5560149	29	江苏向阳集团有限公司	385419
5	江苏新长江实业集团有限公司	4978407	30	江阴市天达针纺织有限公司	329213
6	江阴澄星实业集团有限公司	4455540	31	江苏双宇电工材料有限公司	314310
7	江苏华西集团有限公司	4150875	32	江苏富仁集团有限公司	301452
8	江苏阳光集团有限公司	3964061	33	建滔电子材料(江阴)有限公司	291679
9	江苏华宏实业集团有限公司	2487041	34	江苏振江新能源装备股份有限公司	282660
10	江苏西城三联控股集团有限公司	2371796	35	江苏云蝠服饰股份有限公司	282108
11	双良集团有限公司	2102914	36	帝斯曼工程材料(江苏)有限公司	280070
12	法尔胜泓昇集团有限公司	1890652	37	中石油江苏燃料沥青有限责任公司	273998
13	江苏长电科技股份有限公司	1836648	38	江阴鑫裕装潢材料有限公司	250856
14	江苏扬子江船业集团公司	1320436	39	江阴市通利光电科技有限公司	248004
15	江苏利电能源集团	1175020	40	江阴市恒润重工股份有限公司	243749
16	江阴江东集团公司	1127995	41	江阴海达橡塑股份有限公司	237051
17	江阴苏龙热电有限公司	722204	42	中联重科股份有限公司江阴分公司	233688
18	阿尔法(江阴)沥青有限公司	668641	43	斗山液压机械(江阴)有限公司	224144
19	中船澄西船舶修造有限公司	547814	44	江苏焱鑫科技集团有限公司	214101
20	江阴模塑集团有限公司	537186	45	江阴绮星水泥有限公司	210496
21	瀚宇博德科技(江阴)有限公司	515593	46	江苏吉鑫风能科技股份有限公司	207727
22	江阴市长乐新科技电源有限公司	448238	47	江阴电工合金股份有限公司	206292
23	江苏蝙蝠塑料集团有限公司	445452	48	江苏紫米电子技术有限公司	195214
24	江阴天江药业有限公司	416945	49	江阴热电有限公司	186454
25	江苏利安达集团有限公司	396924	50	江苏宝利国际投资股份有限公司	183588

2020年江阴市入库税金前30名服务业企业一览表

附表28　　　　单位:万元

名次	单位名称	实绩	名次	单位名称	实绩
1	江苏新潮科技集团有限公司	60172	16	江阴润澄房地产开发有限公司	10060
2	见龙投资有限公司	37313	17	中国农业银行股份有限公司江阴分行	9121
3	江阴景裕房地产开发有限公司	35894	18	中国工商银行股份有限公司江阴支行	8875
4	国网江苏省电力有限公司江阴市供电分公司	33936	19	中国建设银行股份有限公司江阴支行	8136
5	江阴市长江房地产开发有限公司	33501	20	江阴融恒置业有限公司	8016
6	植誉投资管理有限公司	27619	21	上海浦东发展银行股份有限公司江阴支行	7413
7	江苏江阴农村商业银行股份有限公司	27520	22	江阴利昌房地产开发有限公司	7293
8	江阴澄东炉料有限公司	26879	23	江阴市锡能实业有限公司	7197
9	江阴海澜之家供应链管理有限公司	20271	24	交通银行股份有限公司江阴分行	6867

续附表 28

名次	单位名称	实绩	名次	单位名称	实绩
10	江阴天力燃气有限公司	17844	25	江阴睿科房地产有限公司	6750
11	无锡绿珠文华房产开发有限公司	15499	26	江阴恒泽房地产开发有限公司	6457
12	江苏众网互联网有限公司	13941	27	中国银行股份有限公司江阴分行	6295
13	江阴昌锋置业有限公司	13832	28	无锡奥卓置业有限公司	6207
14	无锡市烟草公司江阴分公司	12063	29	江阴星河博裕房地产开发有限公司	6187
15	江苏江阴港港口集团股份有限公司	10773	30	江阴红豆置业有限公司	5842

2020 年江阴市进出口前 30 名企业一览表

附表 29

名次	单位名称	名次	单位名称
1	江苏长电科技股份有限公司	16	江苏云蝠服饰股份有限公司
2	三房巷集团有限公司	17	江阴福汇纺织有限公司
3	江苏扬子江船业集团有限公司	18	江阴信邦电子有限公司
4	江阴兴澄特种钢铁有限公司	19	江苏阳光集团有限公司
5	中船澄西船舶修造有限公司	20	江苏振江新能源装备股份有限公司
6	中芯长电半导体(江阴)有限公司	21	江苏中基复合材料有限公司
7	江阴澄星实业集团有限公司	22	江苏嘉盛新材料有限公司
8	江苏红柳床单有限公司	23	江苏爱康科技股份有限公司
9	双良集团有限公司	24	阿法拉伐(江阴)设备制造有限公司
10	法尔胜泓昇集团有限公司	25	瀚宇博德科技(江阴)有限公司
11	摩拓乐液压机械(江阴)有限公司	26	江阴南泰家纺用品有限公司
12	江苏华西集团公司	27	江阴市晟源石化贸易有限公司
13	见龙投资有限公司	28	江阴市惠尔信国际贸易有限公司
14	帝斯曼工程材料(江苏)有限公司	29	江阴模塑集团有限公司
15	江阴市金桥化工有限公司	30	江阴市全骏商贸有限公司

(市统计局)

■类目编辑　朱其涛　惠　晨

索　　引

该索引是以正文部分(不包括彩色插页)为主要内容的综合性主题索引。标目一般采用主题词、中心词,并按汉语拼音字母顺序排列。其右侧数字表示页码,字母 a 为左栏,b 为中栏,c 为右栏。

A

B

C

D

E

F

K

L

M

N

P

Q

R

S

X

Y

Z

■类目编辑 惠 晨

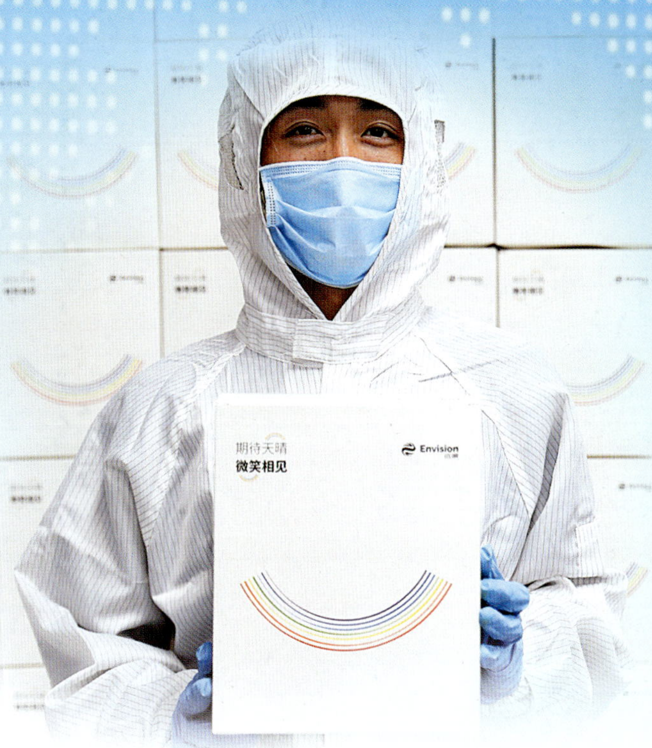

防疫抗疫

编者按：2020年，江阴市疫情防控成效显著。第一时间成立市新冠肺炎疫情防控应急指挥部，启动重大突发公共卫生事件一级响应。实行“大数据+网格化+铁脚板”常态管控，设立进口冷链食品集中监管仓，织牢织密疫情防控网，全市未发生集聚性疫情、二代病例和死亡病例。强化国内中高风险地区人员和入境人员管理，动员党员干部、志愿者等1.4万余名奔赴抗疫一线，转运各类人员5600余人，实施各类医学观察8万余人，开展核酸检测近19.5万人次，疫情防控取得阶段性胜利。科学组织复工复产，出台“惠企25条”等扶持政策，减免租金、城市基础设施配套费等1.9亿元，累计提供各类专项信贷112.5亿元。主动服务疫情防控大局，组织25名医疗队员驰援武汉，累计保供市场口罩1300余万只，接收各界捐款捐物8512万元，展现非常时期的江阴担当。

① 2020年1月25日，江阴市人民医院首批医疗队奔赴武汉（沈思远　摄）

② 2020年2月9日，江阴市中医院6名白衣战士出征（吴国英　摄）

③ 2020年2月11日，江阴市中医院5名援鄂护理人员在华中科技大学同济医学院附属同济医院光谷院区重症病区合影（市卫健委提供）

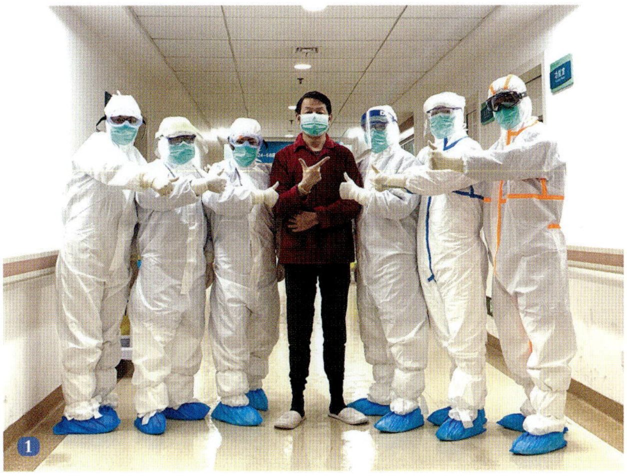

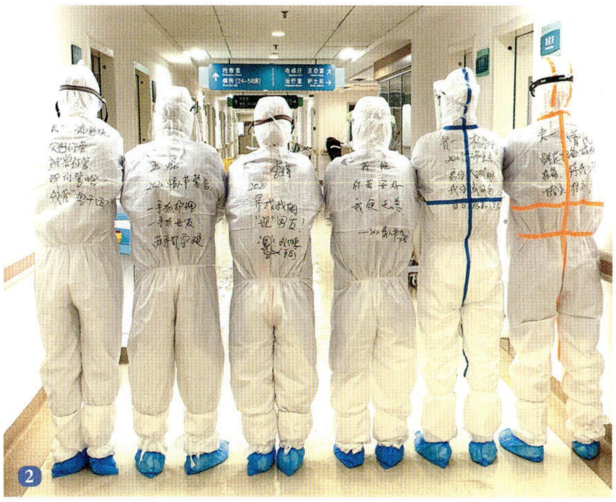

① 2020年2月14日，江阴市人民医院第一批援鄂医疗队员在武汉江夏区第一人民医院合影（市卫健委提供）

② 2020年2月14日，江阴市人民医院第一批支援武汉医疗队员潘静婉（左一）、李娟（左三）与其他队员合影（市卫健委提供）

③ 2020年2月14日，江阴市人民医院第一批援鄂医疗队员(后排左四：潘静婉 左六：郭春辉 前排左四：顾斌 左五：李娟)与其他队员合影（市卫健委提供）

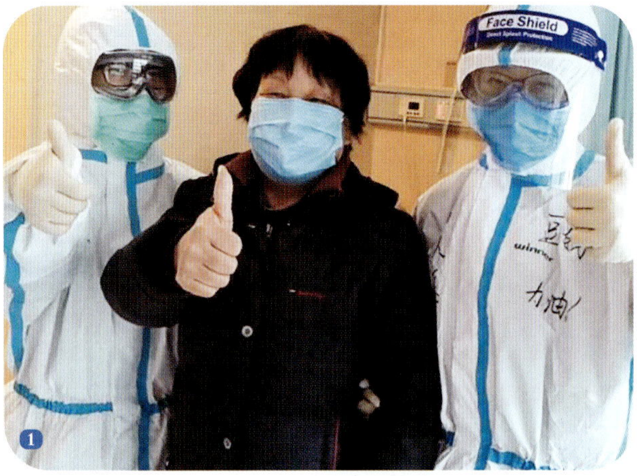

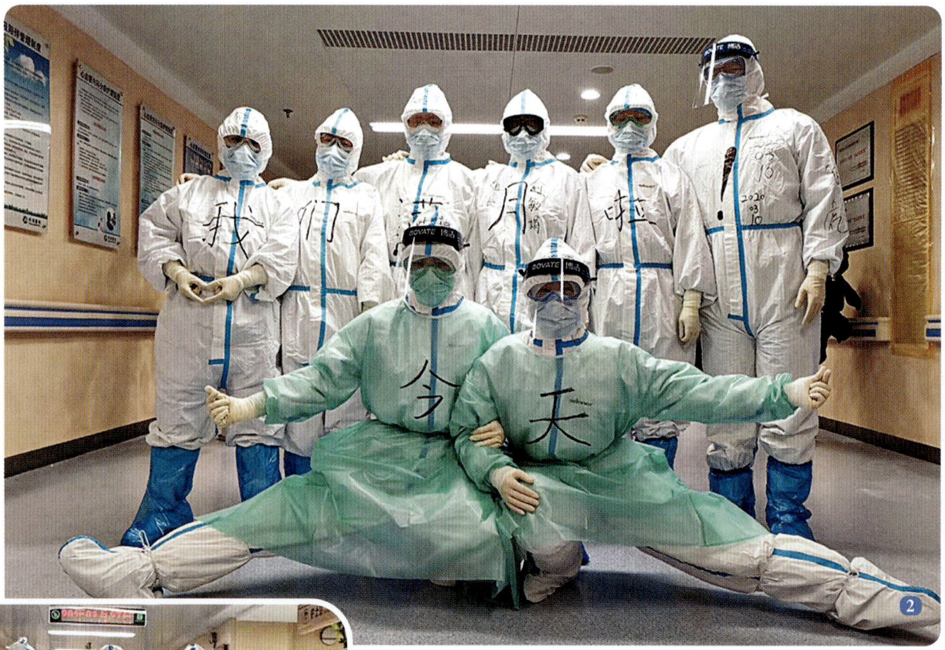

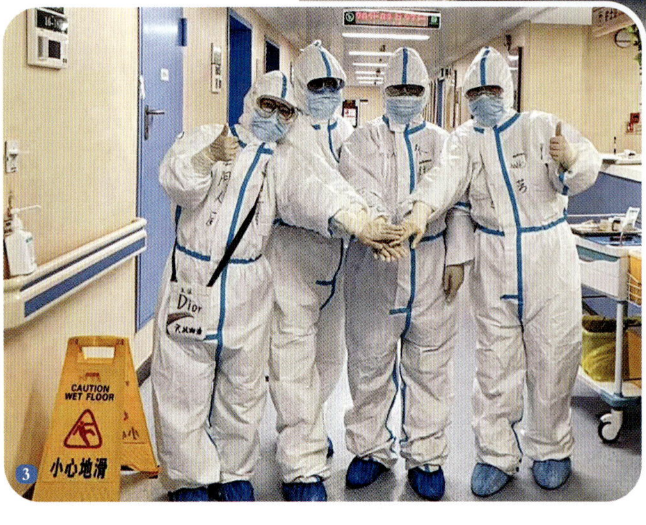

① 2020年2月23日，江阴市人民医院第二批援鄂医疗队救治的重症患者好转出院

（市卫健委提供）

②③ 2020年3月11日，江阴市人民医院第二批援鄂医疗队合影（市卫健委提供）

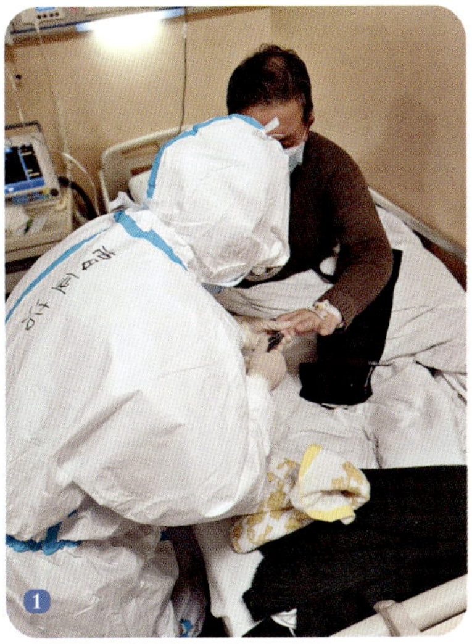

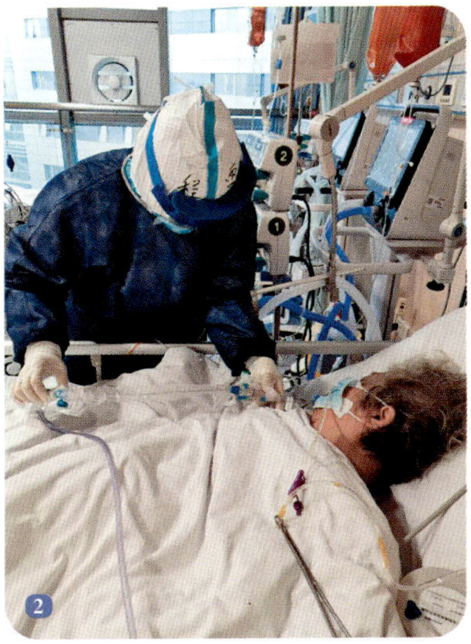

① 援鄂医务人员曹亚洁在工作中（市卫健委提供）

② 援鄂医务人员程雪在工作中（市卫健委提供）

③ 江阴市人民医院第二批援鄂医疗队合影（市卫健委提供）

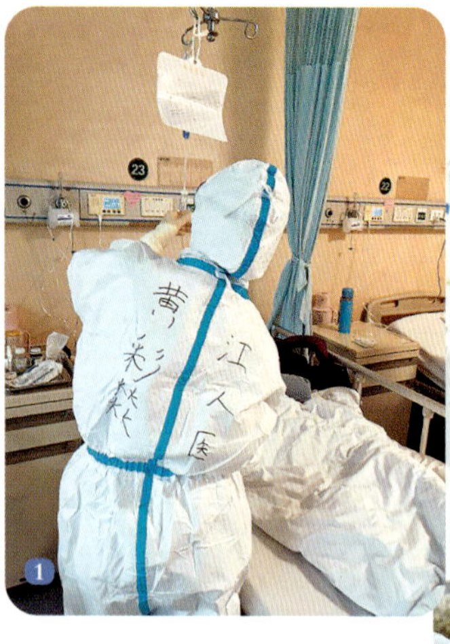

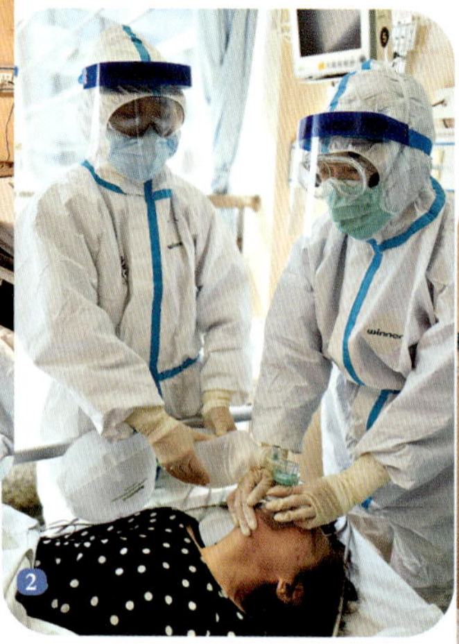

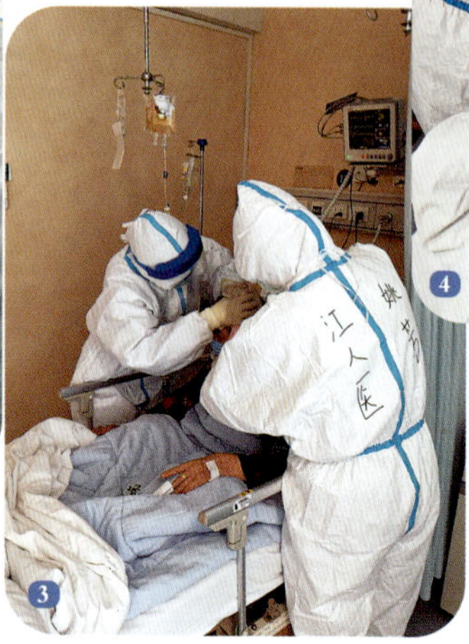

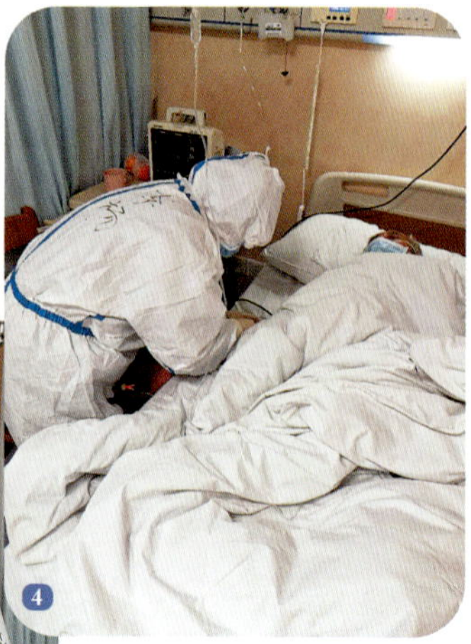

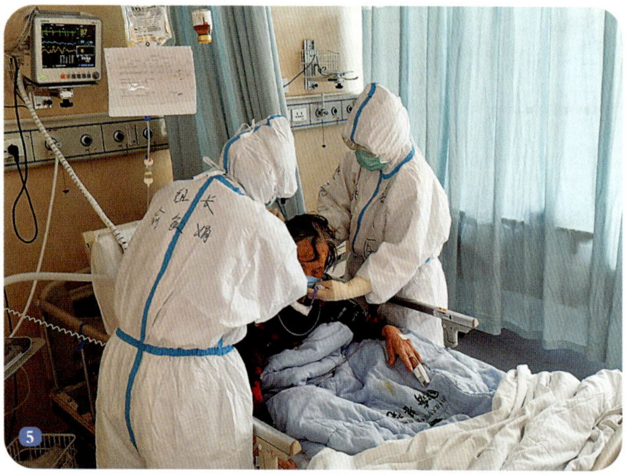

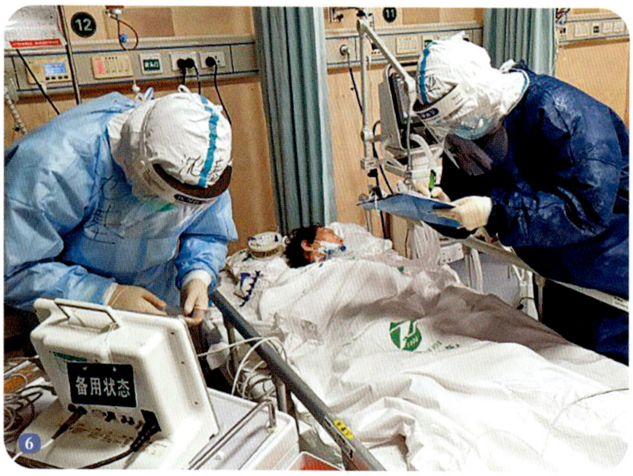

① 援鄂医务人员黄彩燚 （市卫健委提供）

② 援鄂医务人员金晨华（右） （市卫健委提供）

③ 援鄂医务人员姚芳（右） （市卫健委提供）

④ 援鄂医务人员李杨 （市卫健委提供）

⑤ 援鄂医务人员俞敏娟（左） （市卫健委提供）

⑥ 援鄂医务人员沈基（左）、范春亚（右） （市卫健委提供）

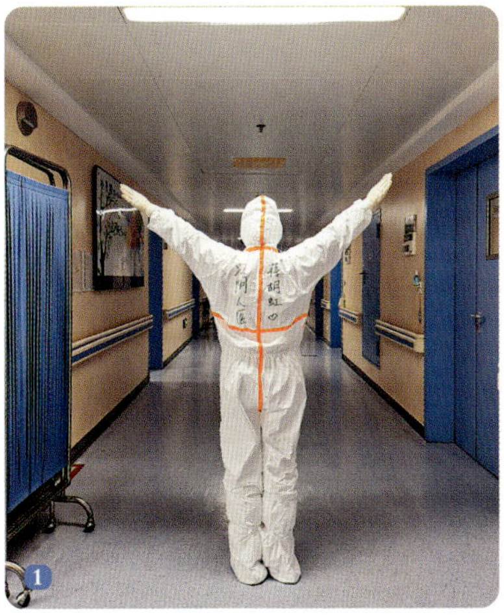

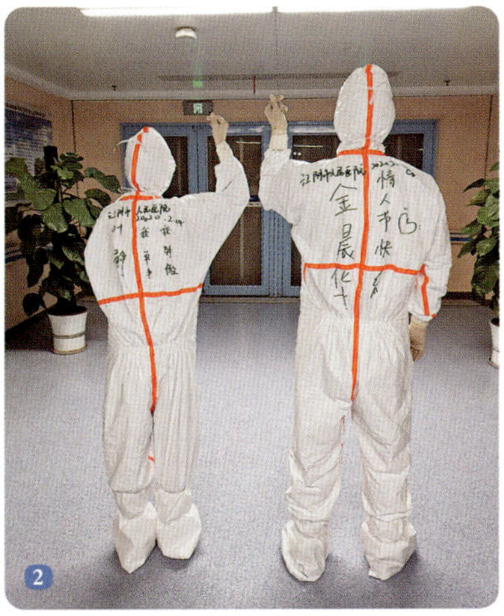

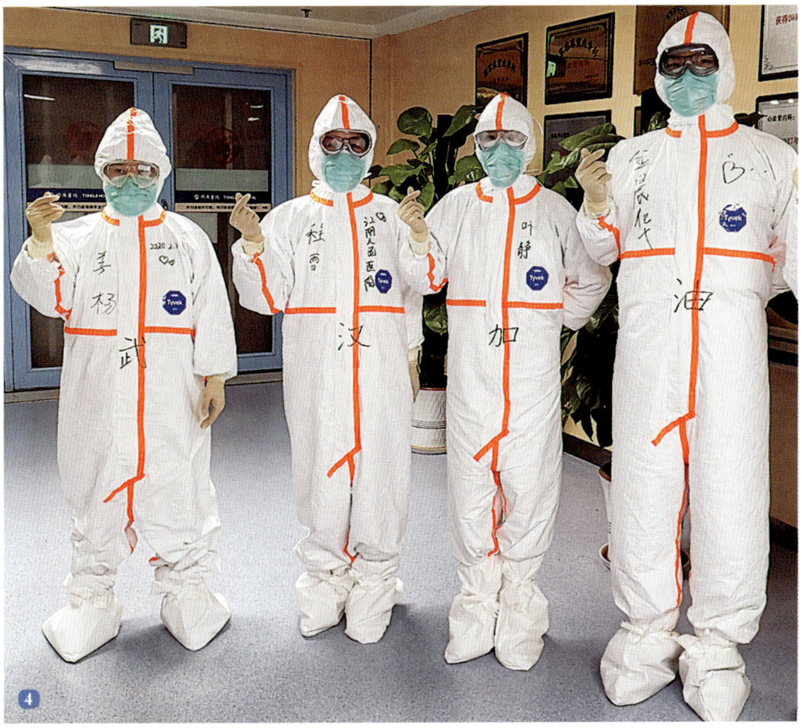

① 接鄂医务人员蒋胡虹

（市卫健委提供）

② 接鄂医务人员金晨华、叶静

（市卫健委提供）

③ 江阴市人民医院第二批支援武汉医疗队合影 （市卫健委提供）

④ 接鄂医务人员李杨、程雪、叶静、金晨华 （市卫健委提供）

① 2020年4月14日，江阴市中医院第二批援鄂医疗队员返回江阴合影（吴国英 摄）

②③ 2020年4月14日，江阴市中医院欢迎第二批援鄂医疗队员凯旋（吴国英 摄）

④ 2020年4月17日，江阴市中医院援鄂医疗队员参加“艺”起前行——江阴市抗击新冠肺炎疫情美术、书法、摄影主题展（钱有君 摄）

2020年1月30日，江阴海澜之家向武汉捐赠价值1500万元的物资　　（图片由海澜集团提供）

① 远景“微笑制造中心”口罩工厂
② 远景“微笑口罩”
③ 远景“微笑口罩”出厂捐赠
④⑤ 远景“微笑制造中心”口罩工厂生产线

（图片由远景能源公司提供）

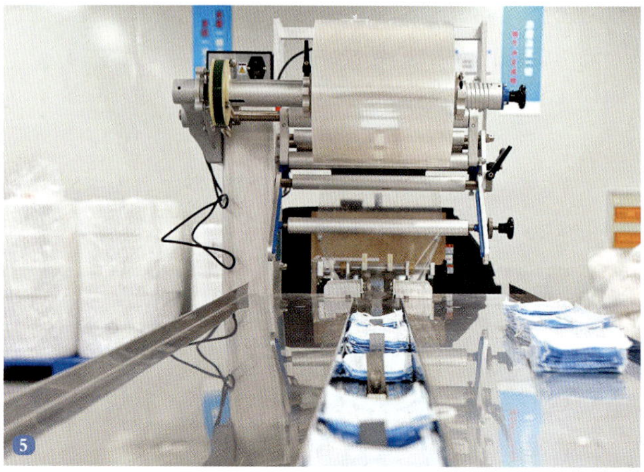

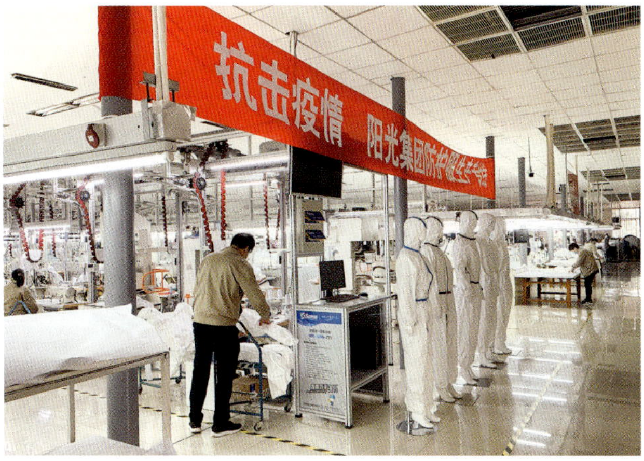

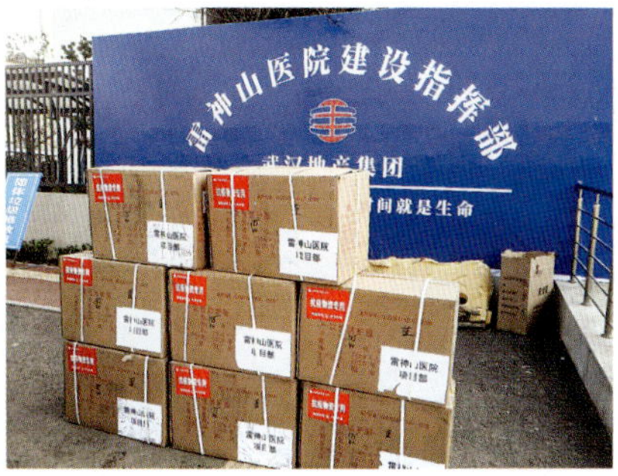

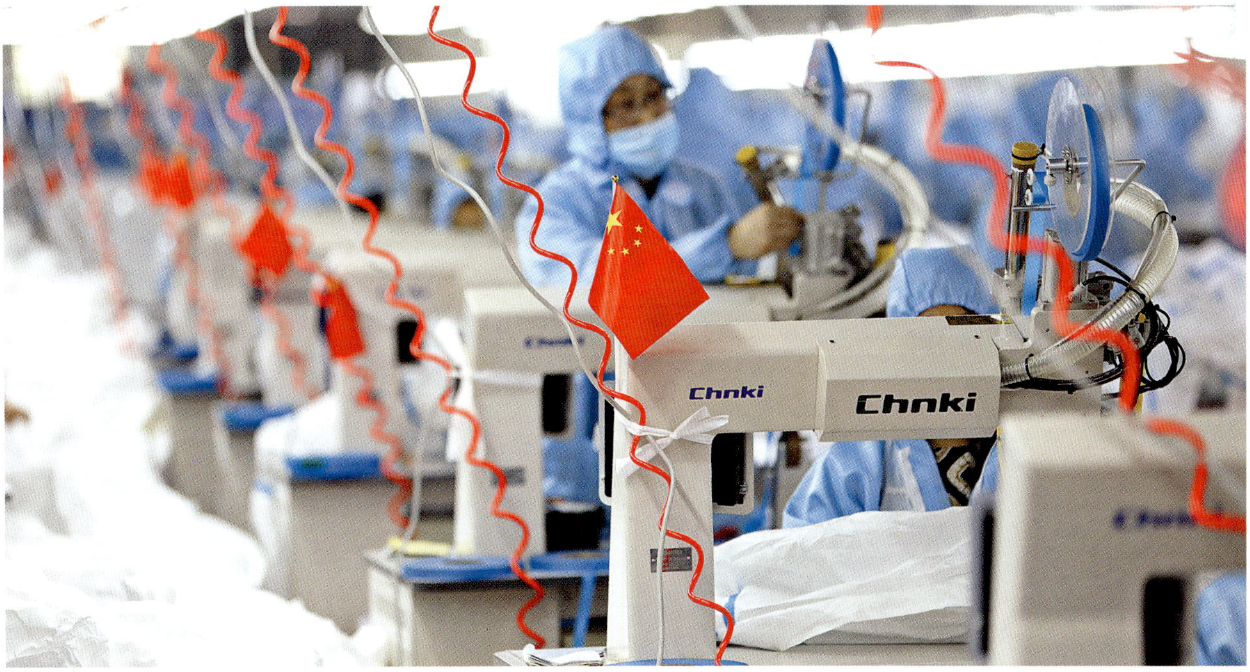

2020年疫情期间，江苏阳光集团有限公司开足马力生产防护服　　（图片由阳光集团提供）

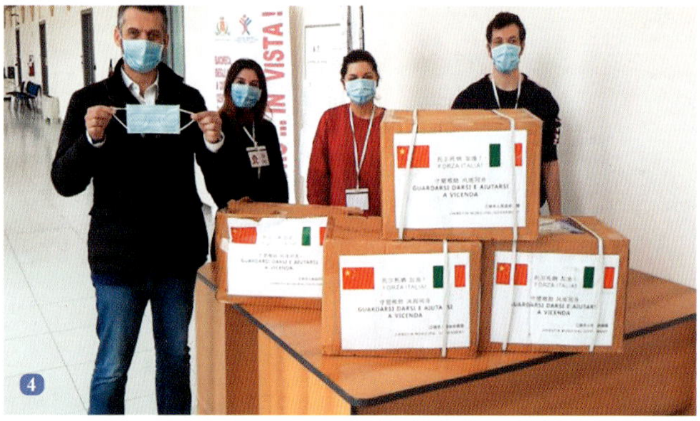

①②日本友城南城市接收江阴市捐赠口罩

③ 日本友城藤冈市接收江阴市捐赠口罩

④ 意大利友城托尔托纳市接收江阴市捐赠口罩

（市卫健委提供）

⑤ 韩国友城群山市接收江阴市捐赠口罩

（市外事办提供）

① 筹集第四批江阴市支援霍城县疫情防控物资（市卫健委提供）

② 2020 年 1 月 30 日，江阴高新区爱心企业向江阴市红十字会捐赠的医疗物资装车发往武汉（市红十字会提供）

③ 支援武汉一线物资（市退役军人事务局提供）

① 防疫人员在江阴南卡口值勤 （顾　强　摄）

② 防疫人员在雨中坚守值勤 （黄谷盈　摄）

③ 志愿者走店串巷检查防疫情况 （黄惠刚　摄）

④ 2020 年 1 月 24 日，江阴市卫生监督所工作人员检查门诊分诊情况 （徐　洁　摄）

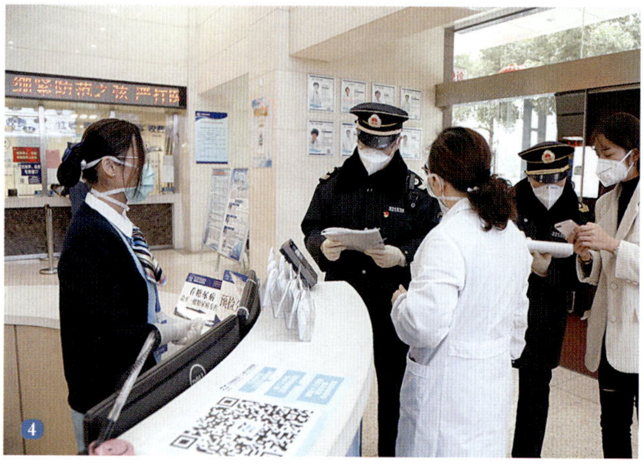

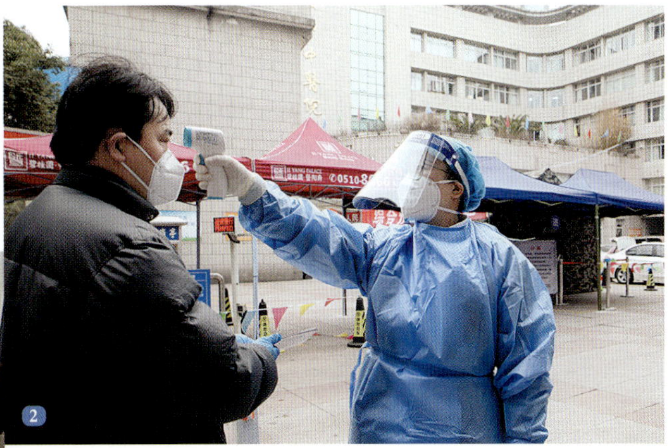

① 2020年1月30日，高速江阴北出口，一位医护人员严阵以待（陶永强　摄）

② 2020年2月8日，江阴市中医院医护人员在为入院人员测体温（吴国英　摄）

③ 2020年2月14日，江阴市人民医院就诊病人通过安装有红外测温仪器的通道（顾　强　摄）

① 2020年2月20日，澄西船舶修造厂下班的工人在接受体温检测 （顾 强 摄）

② 2020年2月20日，江苏云蝠集团派专车去河南南阳接回回家过年的员工，一位工作人员对刚下车的行李进行消毒 （缪 培 摄）

③ 2020年3月3日，江阴联众门诊部看病人员出示“锡康码” （徐 洁 摄）

① 防疫人员对进入银行人员测体温（缪 培 摄）

② 防疫人员对菜场中卖菜人员进行体温测量（汪 敏 摄）

③ 疫情期间营业中的新华书店（柳 玉 摄）

①	2020 年 2 月 4 日，澄张公路卡口医务人员对过往车辆司机测量体温	（蒋　赢　摄）
②	卡口检查	（黄亮安　摄）
③	2020 年 2 月 12 日，医务人员对确诊患者住所及外环境消杀	（宋犴各　摄）
④	2020 年 1 月 31 日，平时热闹的江阴学院场几乎看不到游人	（顾　强　摄）

①② 卡口检查人员 （赵 刚 摄）
③ 2020年2月15日，新桥镇包基管控站卡口，大雨中医务人员对过往车辆人员测温
（宋牙各 摄）

① 2020年1月31日，江阴市中医肝胆医院中药房制作防疫香囊 （缪雄刚 摄）

② 2020年2月1日，江阴市中医院制作的预防方 （蒋 赢 摄）

③ 2020年1月31日，江阴市卫生监督所工作人员在夏港河码头协助海事局对船民开展防疫指导工作 （徐 洁 摄）

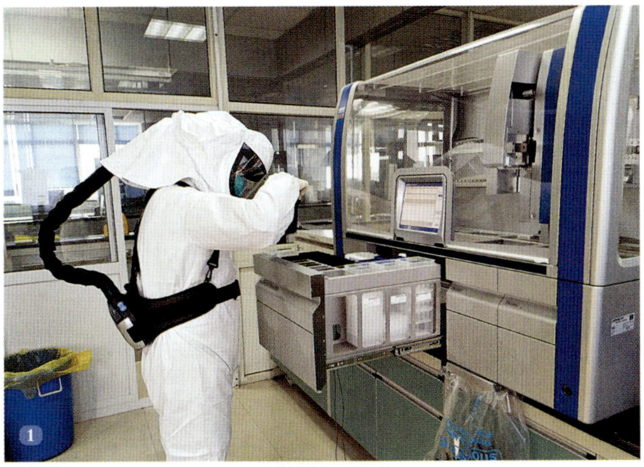

① 2020年8月，市疾控中心通过江苏省新冠病毒核酸盲样考核。图为医务人员在接受考核（市卫健委提供）

② 2020年8月5日，江阴海关工作人员登轮实施检疫前登记信息（陈 涛 摄）

③ 2020年8月，涉外转运专班小组成员合影（市卫健委提供）

① 2020年9月30日，江阴市举行2020年新冠肺炎小规模疫情处置演练（市卫健委提供）

② 2020年10月27日，江阴边检站民警使用无人机对靠泊大港五号码头的希腊籍艾恩瑟轮进行巡查（江阴边检站提供）

③ 防疫人员火线入党（王 琰 摄）

④ 志愿者岗前培训（胡明珠 摄）

① 值勤人员进行上岗前消杀 （朱 敏 摄）

② 值勤警察在户外用工作餐 （杨苏军 摄）

③ 图为青阳镇于 2020 年 2 月 1 日动工，仅用 15 天建成投用的 300 平方米的发热门诊 （张 冲 摄）

④ 企业复工后，工作人员用餐情景 （于建新 摄）

① 市民在公园踏春　（朱　华　摄）

② 2020年2月22日，几位同学戴着口罩打篮球　（顾　强　摄）

③ 滑板少年　（王　琰　摄）

④ 市民在公园晨练　（张晓钟　摄）

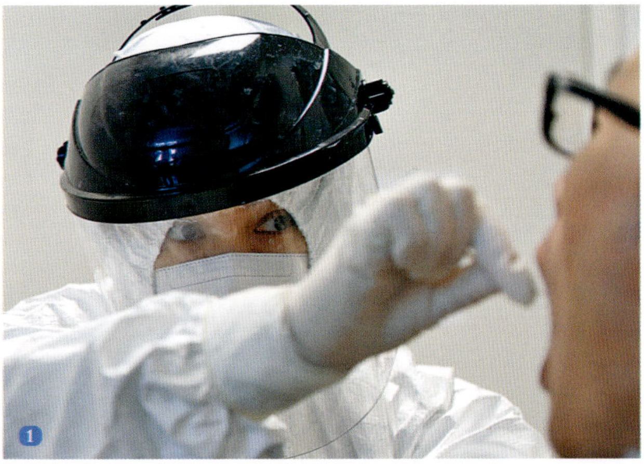

① 2020年2月10日，江阴市人民医院发热门诊护士采集咽拭子标本（张 祥 摄）

② 市民接种新冠疫苗（丁家骏 摄）

③ 2020年2月12日，新桥镇包基管控站，医务工作者为体温异常人员再次复测体温（宋牙各 摄）

④ 图为戴武汉加油口罩的小朋友（沈思远 摄）

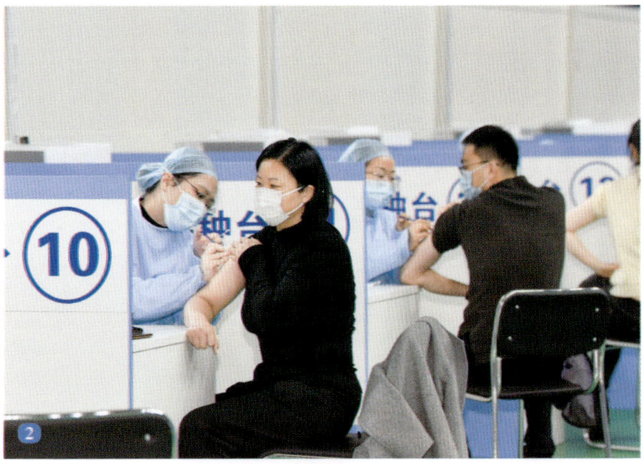

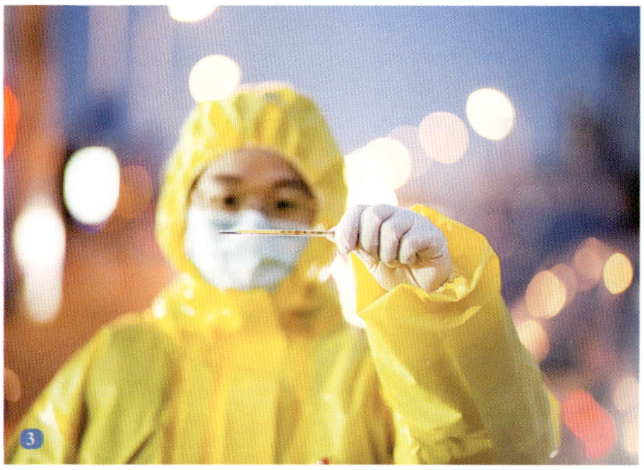